키루스 대왕의 조각상 시드니 올림픽 공원 소재
키루스 2세(BC 576~530)는 페르시아 아케메네스 왕조의 시조로, 그가 다스리는 29년 동안 서남아시아, 중앙아시아 대부분을 정복하여 대제국으로 성장하였다. 메디아·리디아 제국을 정복하고 신바빌로니아를 굴복시킨 뒤 바빌론에 잡혀 있던 유대인을 해방시킨 것은 그의 위대한 업적이다.

〈바빌론 유수〉 BC 538년, 바빌론을 점령한 키루스 2세는 바빌론에 유폐되어 있던 이스라엘인을 해방시켜 본국으로 돌려보냈으며, 유대교의 신앙과 제례의식도 허가하였다.

키루스 2세의 무덤 이란 파사르가다에 소재. 세계문화유산

〈헬레네의 납치〉 부분 귀도 레니. 1631. 파리, 루브르박물관
헬레네와 함께 스파르타(그리스)를 떠나 트로이로 향하던 파리스는 표류하여 이집트에 닿게 된다《일리아드》. 이 사
건은 트로이 전쟁의 빌미가 되었다.

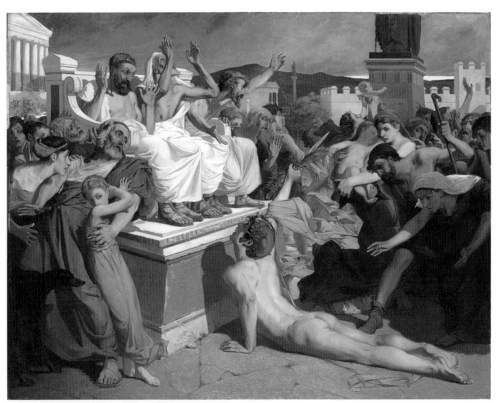

〈마라톤 전투 승리를 아테네에 알린 병사〉 뤽 올리비에 메르송. 1869.
BC 490년, 페르시아 제국 다레이오스 1세의 제2차 그리스 원정군이 아테네를 공략하기 위해 마라톤 광야에 상륙했으나, 아테네 중장보병군의 작전에 말려들어 대패하였다. 42.195km를 달려 승전보를 전한 병사는 곧 숨을 거두었다.

〈살라미스 해전〉 빌헬름 폰 카울바흐. 1868.
다레이오스 1세가 죽고 그의 아들 크세르크세스가 제위에 올라, BC 480년 제3차 그리스 원정에 나섰으나 살라미스 해전에서 그리스 연합군에게 대패하였다.

Herodotos
HISTORIAE

헤로도토스 역사

헤로도토스 지음/박현태 옮김

동서문화사

헤로도토스 역사
차례

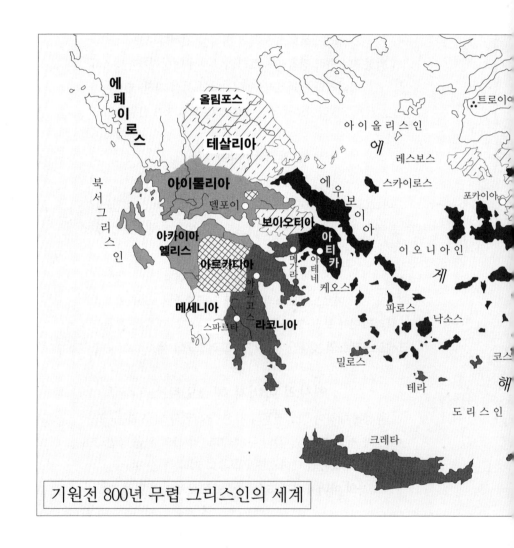

에
페
이
로
스

올림포스

테살리아

아이올리스인

에

레스보스

스카이로스

트로이아

포카이아

북
서
그
리
스
인

아이톨리아

델포이

보이오티아

에
우
보
이
아

아카이아
엘리스

아르카디아

메가라

아
티
카

이 오 니 아 인

제

아테네

메세니아

스파르타

아
르
고
스

라코니아

케오스

파로스

낙소스

밀로스

테라

도 리 스 인

코스

해

크레타

기원전 800년 무렵 그리스인의 세계

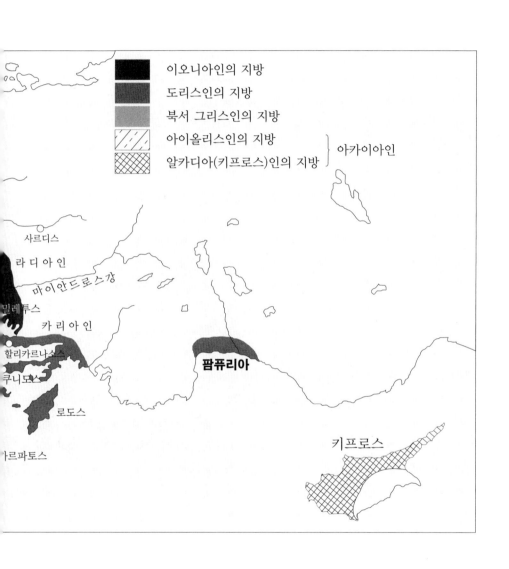

이오니아인의 지방
도리스인의 지방
북서 그리스인의 지방
아이올리스인의 지방
알카디아(키프로스)인의 지방 } 아카이아인

사르디스

라 디 아 인

마이안드로스강

밀레투스

카 리 아 인

할리카르나소스

쿠니도스

로도스

팜퓨리아

카르파토스

키프로스

제1권
클레이오
Kleio

인간 세계에서 일어난 일은 시간이 흐름에 따라 망각되기 마련이다. 그리스인이나 이방인이 이룩한 위대하고 놀라운 갖가지 업적, 특히 무엇 때문에 서로 싸우게 되었는가에 대한 사정은 어느 정도 시간이 지나면 사람들의 기억에서 잊혀 갈 것이다. 이 책은 할리카르나소스[1] 출신인 헤로도토스가 이 망각을 염려하여 자신이 직접 연구·조사한 것을 적은 것이다.

전설시대의 동서 항쟁

페르시아 쪽 학자들에 따르면, 다툼의 원인이 된 것은 페니키아인이었다고 한다. 페니키아인은 이른바 홍해(紅海)[2]에서 이쪽 바다로 옮겨와, 현재 그들이 살고 있는 곳에 정주했다. 그 뒤 원양 항해를 떠나 이집트나 아시리아의 화물을 싣고 곳곳을 돌았는데, 아르고스에도 왔다고 한다. 그 시절 아르고스는, 오늘날 헬라스(그리스)라고 불리는 지역의 나라들 가운데 모든 점에서 가장 강대한 나라였다. 페니키아인들은 아르고스에 도착하자 싣고 간 화물을 팔아 치웠다. 도착한 지 5, 6일 되던 날, 상품도 거의 팔렸을 무렵에 많은 여자들이 해안으로 왔다. 그중에는 왕의 딸도 있었다. 왕녀의 이름은 그리스에서 전해오는 이야기와 마찬가지로, 이나코스의 딸 이오였다고 한다. 여자들은 배 뒤 근처에 서서 저마다 자기들이 가장 원하는 물건을 사고 있었는데, 이때 페

---

1) 할리카르나소스는 소(小)아시아 남부의 카리아 지방에 있던 도시.
2) 여기서 말하는 '홍해'는 오늘날의 관용어보다는 넓은 뜻으로 쓰여 홍해뿐 아니라 아라비아 만, 페르시아만도 포함한다. '남쪽 바다'라고 부르는 경우도 있다. 다음에 나오는 '이쪽 바다'는 지중해를 가리킨다.

니키아인들이 서로 눈짓을 주고받더니 여자들에게 덤벼들었다. 여자들은 도망쳤으나 이오는 다른 몇몇과 함께 붙잡혔다. 페니키아인은 이 여자들을 배에 태우고 이집트로 갔다고 한다.

이것이 첫 계기가 되어 갖가지 폭거가 행해지게 되었다고 한다. 즉 이 일이 있은 뒤, 이름은 전해지지 않았지만 몇 명의 그리스인이 페니키아의 티로스에 침입하여 왕의 딸 에우로페를 납치해 갔다는 것이다. 이 그리스인들이 크레타인으로 생각되는데, 여하튼 이것으로 피장파장이 된 셈이다. 그 뒤 이번에는 그리스인이 두 번째 나쁜 짓을 저지르게 되었다고 한다. 그들은 군선(軍船)을 타고 콜키스[3] 지방의 아이아로 가서 파시스강(江)에 이르러, 왕녀 메디아를 그 땅에서 납치해갔다. 콜키스의 왕은 그리스로 사자를 보내어 왕녀 납치에 대한 보상과 함께 딸을 돌려 보내라고 요구하였다. 그런데 그리스 쪽에서는, 당신네도 아르고스의 왕녀 이오를 납치하고서 보상을 하지 않았으므로 이쪽에서도 보상하지 않겠다고 답했다 한다.

그 뒤 다음 세대에 프리아모스의 아들 알렉산드로스(파리스)도 이 이야기를 듣고, 그리스인이 보상을 하지 않았으니 자기도 하지 않아도 될 것이라고 생각했다. 그리고 그리스에서 자기 아내가 될 사람을 납치해 오리라 생각했을 것이라고 페르시아인은 전한다. 이렇게 해서 알렉산드로스가 헬레네를 납치하였다. 그리스는 사자를 보내어 헬레네를 돌려보낼 것과 납치에 대한 배상을 청구하기로 하였다. 그러나 알렉산드로스는 메디아가 납치된 선례를 내세워, 그리스가 자기들은 보상하지도 돌려보내지도 않았으면서 다른 사람으로부터는 그것을 받으려 한다며 나무랐다고 한다.

여기까지는 서로 여자를 납치한 데 지나지 않았다. 하지만 그 뒤에는 그리스인 쪽에 크게 죄가 있게 되었다고 한다. 왜냐하면 유럽으로 진격하기에 앞서 아시아로 군을 진격했기 때문이다. 본디 여자를 납치하는 것은 악인이 하는 짓임에 틀림없으나, 그 일에 정식으로 보복하는 것은 어리석은 자가 하는 짓이다. 빼앗긴 여자에 대해서는 고려하지 않는 것이 현명한 태도라고 그들은 말한다. 여자 쪽에서도 그럴 마음이 없었으면 납치당하지 않았을 것이 분명하

---

3) 콜키스는 흑해 동쪽 해안의 지방 이름. 이 사건은 물론 이아손의 '아르고선(船) 원정' 이야기를 가리킨다.

기 때문이다. 페르시아인의 핑계에 따르면 아시아에서는 납치당한 여자의 일 따위는 문제로 삼지 않았는데, 그리스인은 스파르타 여자 때문에 대군을 모아 아시아로 진격해서 프리아모스의 나라를 멸망시키고 말았다는 것이다. 그 이래 페르시아는 그리스를 적이라 여겼다. 왜냐하면 페르시아인은 아시아와 아시아에 사는 비(非)그리스 여러 민족을 자기들에게 소속되는 것으로 간주하고, 유럽과 그리스는 자기들과 다르다고 생각하기 때문이다.

페르시아인이 전하는 바에 따르면, 사건의 경과는 위와 같았다. 일리오스(트로이)의 공략이 원인이 되어 그들의 그리스인에 대한 적의(敵意)가 생겼다고 보고 있다. 한편 이오에 대해서 페니키아가 전하는 말은 페르시아의 그것과 일치하지 않는다. 즉, 페니키아인이 이오를 납치해서 이집트로 데려간 것이 아니라, 이오가 이미 아르고스에서 그 배의 선장과 관계를 맺고 있었다고 한다. 그런데 이오는 자기가 임신했다는 것을 알자, 부모를 대하기가 부끄러워 자진해서 페니키아인과 같은 배를 타고 도망쳤다는 것이다. 여기까지가 페르시아인과 페니키아인이 전하는 이야기이다. 그러나 나는 이 경과가 과연 그대로였는가, 그렇지 않았는가에 대해서 논의할 생각은 없다. 다만 그리스인에 대한 악업(惡業)의 도화선에 불을 댕긴 인물, 나 자신이 잘 알고 있는 그 인물의 이름을 여기에 들고, 이어 사람들이 사는 나라들(도시들)에 대해서 그 크고 작음에 상관없이 하나하나 논해 가면서 이야기를 해나가고자 한다. 왜냐하면 한때 강대했던 나라들이 대부분 이제는 약소해지고, 내가 살았던 시대에 강대했던 나라도 한때는 약소했기 때문이다. 인간의 행운은 결코 오래도록 이어지지 않는다. 이러한 이치를 알고 있는 나는, 큰 나라이든 작은 나라이든 똑같이 밝혀 다루어가려고 한다.

리디아의 옛 역사

크로이소스는 리디아인으로 알리아테스의 아들로 태어나, 할리스강[4] 서쪽의 여러 민족을 독재적으로 통치하고 있었다. 할리스강이란 시리아[5]와 파플

---

4) 오늘날의 터키의 키질이르마크강.
5) 여기서 시리아인이란 시리아 팔레스티나 지방의 주민을 가리키는 것이 아니라, 그보다 더 북쪽에 있는 카파도키아 지방에 사는 민족을 말한다.

라고니아 사이를 남으로부터 흘러와서 북을 향하여, 이른바 흑해로 흘러들어 가는 강을 말한다. 이 크로이소스는 우리가 아는 한, 그리스인을 정복하여 조공(朝貢)을 강요하기도 하고 그들과 우호관계를 맺은 첫 이방인이었다. 그는 이오니아인, 아이올리스인, 그리고 아시아에 사는 도리스인을 정복하는 한편, 라케다이몬(스파르타)[6]과는 우호관계를 맺었다. 크로이소스가 통치하기 이전 에는 모든 그리스인이 자유였다. 크로이소스 이전에도 킴메리아인[7]이 이오니 아에 침공한 일이 있었으나, 그것은 여러 나라의 정복이 아니라 단순한 약탈 이 목적이었다.

헤라클레스가(家)의 수중에 있던 주권이, 메름나드가(家)라고 불리는 크로 이소스 집안으로 옮겨 간 경위는 다음과 같다. 칸다울레스라는 인물은, 그리 스에서는 미르실로스라는 이름으로 불렸다. 그는 헤라클레스의 아들 알카 이오스의 후예로, 사르데스의 독재자였다. 알카이오스의 손자이며 베로스의 아들인 니노스를 아버지로 둔 아그론이 헤라클레스 집안을 통일하여 사르데 스 왕이 된 최초의 인물이고, 미르소스의 아들 칸다울레스는 그 마지막 왕 이었다. 아그론 이전에 이 나라에 군림한 것은 아티스의 아들 리도스의 자손 들로, 이 나라의 주민들을 리디아인라 부르는 것은 리도스의 이름에 따른 것 이다. 그들은 그 이전에는 마이오니아인이라 불렸다. 헤라클레스 집안은 신의 (神意)에 따라, 이 시도스의 후예로부터 위탁된 주권을 장악했다. 그들은 이아 르다노스가 부리던 여자 노예와 헤라클레스를 조상으로 하는 집안으로 22대, 505년 동안 아버지가 아들에게 주권을 물려주어 미르소스의 아들 칸다울레 스의 대에 이른 것이다.

그런데 이 칸다울레스는 자기 아내에게 푹 빠진 나머지, 아내가 이 세상의 그 어떤 여자보다도 뛰어난 미녀라고 믿었다. 칸다울레스의 측근 신하 중에 그가 특히 마음에 들어 하고 중요한 일도 터놓고 이야기하는, 다스킬로스의

---

6) 스파르타인 나라의 정식 명칭은 라케다이몬이었다. 또한 스파르타인이라고 하는 것과 라케 다이몬인이라고 할 때 그 사이에는 약간의 뜻 차이가 있다. 그러나 헤로도토스는 그다지 엄 격하게 이 둘을 구별하여 사용치 않고 있기 때문에 이 책에서도 편의에 따라 두 호칭을 혼용 했다.
7) 킴메리아인은 북방 크리미아 부근에 살았다고 추정되는 민족.

아들 기게스라는 사람이 있었다. 칸다울레스는 이 기게스에게 아내가 예쁘다는 것을 크게 자랑했다. 그 얼마 뒤, 칸다울레스는 '결국 비참한 꼴을 당하는 것이 그의 숙명이었는지 모르지만' 기게스에게 이렇게 말한 것이다.

"기게스여, 자네는 내가 왕비의 용모에 대하여 이야기해 주어도 믿지 않는 것 같아. '하기야 인간이란 눈만큼 귀를 믿지 않는다'고 하지만. 왕비의 옷 벗은 모습을 한 번 보는 게 좋겠어."

기게스는 큰 소리로 말하였다.

"전하, 저에게 주군이신 왕비의 살결을 보라고 하시니 얼마나 분별없는 말씀이십니까. 여자라는 것은 속옷과 함께 수줍은 마음도 벗어버리게 되는 것입니다.[8] 우리가 되새겨야 할 여러 명언을 옛 사람들이 말하고 있는데, 그중 '나의 것만을 보라'는 말이 있습니다. 저는 왕비님이 이 세상에서 가장 뛰어난 미인이심을 확신하고 있습니다. 그러니 제발 저에게 법에 어긋나는 일을 요구하지 말아주십시오."

기게스는 이렇게 말함으로써 왕의 요구를 거절하려고 하였다. 이러한 일로 자기 몸에 재난이 닥치는 것을 두려워하였기 때문이다.

그러나 칸다울레스는 다음과 같이 대답하였다.

"기게스여, 걱정할 필요는 없다. 내가 자네를 시험하기 위해서 그렇게 말한 것이 아닌가 두려워할 필요도 없고, 또 왕비로부터 무슨 질책을 받지나 않을까 걱정할 필요도 없다. 자네가 보아도, 왕비가 절대로 알아차리지 못하도록 내가 조치를 취하겠다. 자네가 나의 침실로 들어와 열어놓은 문 뒤에 숨어 있게 하겠다. 내가 들어가고 나서 왕비도 침실로 들어온다. 문 옆에 의자가 있는데, 왕비는 몸에 지닌 것을 벗어 하나씩 그 위에 놓는다. 따라서 자네는 여유 있게 바라볼 수가 있을 것이다. 왕비가 의자를 떠나 침대로 걸어가며 자네에게 등을 돌리면 그때 왕비의 눈에 띄지 않게 조심해서 문 밖으로 나가는 거다."

기게스는 거절할 수 없어서 그리 하기로 했다. 칸다울레스는 잠자리에 들 시간이 되었다고 생각하자 기게스를 침실로 데리고 갔고, 그 뒤 왕비도 곧 들

---

8) 이 유명한 구절에는 별도의 해석이 있어서 '나체가 된 여자는 내의와 함께 품격(남이 나타내는 경의)도 박탈된다'고 이해해야 한다는 설도 있다.

어왔다. 그렇게 해서 기게스는 왕비가 침실로 들어와 옷을 벗는 모습을 바라본 것이다. 왕비가 침대 쪽으로 걸으며 그에게 등을 보이자 기게스는 숨은 곳을 빠져나와 밖으로 나가려고 하였다. 그러나 문 밖으로 나가는 기게스의 모습이 왕비의 눈에 띄었다. 왕비는 그것이 남편이 꾸민 일이라는 것을 알았으나 부끄러워서 소리도 내지 못하고, 마음속으로 칸다울레스에 대한 복수를 다짐하고 모른 체했다. 리디아인뿐만 아니라 대개의 이방인은, 비록 남자라 할지라도 알몸을 남에게 보이는 것을 대단한 수치로 여겼기 때문이다.

이렇게 해서 왕비는 그 순간은 겉으로 아무런 감정도 나타내지 않고 얌전하게 있었다. 그러나 날이 새자마자 자기에게 가장 충성스럽다고 여기는 부하들에게 사정을 말하고 몸차림을 하게 한 다음 기게스를 불렀다. 기게스는, 왕비가 어젯밤의 일에 대해서 아무것도 모른다 생각하고 부르는 곳으로 갔다. 이전에도 왕비의 부름을 받으면 가서 뵙는 것이 관습이었기 때문이다. 기게스가 오자 왕비는 다음과 같이 말하였다.

"기게스여, 지금 그대 앞에는 두 갈래 길이 있다. 어느 것을 택하는가는 그대의 선택에 맡기겠다. 하나는 칸다울레스를 죽이고 나와 리디아 왕국을 그대가 갖는 것이고, 다른 하나는 바로 이 자리에서 죽는 것이다. 앞으로는 칸다울레스가 하라는 대로 해서 그대가 보아서는 안 되는 것을 볼 수 없도록 말이다. 이와 같은 일을 꾸민 그분이나 나의 살결을 보는 용서할 수 없을 짓을 저지른 그대, 둘 중 한 사람이 죽어야 한다."

기게스는 왕비의 말에 잠시 멍하니 정신을 잃고 있다가 이윽고, 그와 같은 선택을 억지로 강요하지 말아달라고 간절히 애원했다. 그러나 그 탄원도 통하지 않고 주군(主君)을 죽이든가 자신이 죽든가, 그 어느 하나가 피할 수 없는 운명으로서 다가오고 있다는 것을 알자, 자기가 살아남는 길을 택한 것이다. 그래서 다음과 같이 물었다.

"저는 마음이 내키지 않습니다만, 왕비님께서 저에게 꼭 주군을 없애라고 분부하시므로 여쭙겠습니다. 어떠한 수단으로 전하를 쳐야 할지 그것을 들려주시옵소서."

왕비가 말했다.

"그분이 나의 살결을 그대에게 보게 한 그 장소에서 치면 좋을 것이다. 잠이

든 사이에 치는 것이다."

이와 같은 음모에 합의한 기게스는 이제 빠져나갈 길도 없었다. 그는 해가 지기를 기다렸다가, 왕비를 따라 침실로 숨어들었다. 왕비는 그에게 단검을 건네주고 전과 같이 문 뒤에 숨어 있게 하였다. 이윽고 칸타울레스가 침대에 눕자, 기게스는 문 뒤에서 뛰어나와 왕을 죽였다. 그렇게 왕비와 왕국을 자신의 것으로 만들었던 것이다. 이 기게스 이야기는 같은 무렵의 사람인 파로스의 시인 아르킬로코스[9]의 이암보스(iambus : 短長格) 육각시(六脚詩)를 통해 노래로 불리기도 했다.

이리하여 기게스는 왕의 자리를 손에 넣었고, 그 지위는 델포이의 신탁으로 더욱 굳건해졌다. 리디아 국민이 칸다울레스의 급작스러운 죽음에 분개하여 무장봉기를 일으켰을 때, 기게스 일당의 반란자와 그 밖의 리디아인이 담판을 지은 일이 있었다. 만약에 신탁이 기게스가 리디아 왕이 되는 것을 인정한다면 기게스가 왕이 되지만, 그렇지 않을 경우에는 헤라클레스가(家)에 주권을 반환할 것에 의견의 일치를 보았다. 그런데 신탁은 기게스를 리디아의 왕으로 인정하였기 때문에 기게스는 왕위에 오른 것이다. 그러나 델포이의 무녀(巫女)는, 5대째의 후예에 이르러 헤라클레스가의 보복이 있을 것이라는 뜻의 말을 덧붙였지만, 리디아 국민도 그 역대의 왕도 이 예언이 실현될 때까지는 그것에 신경도 쓰지 않았다.

기게스는 왕위에 오른 뒤, 델포이 신전에 엄청난 양의 봉납물(奉納物)을 헌납하였다. 사실, 델포이 신전에 있는 은제 봉납물 중 대부분은 기게스가 바친 것이다. 그뿐 아니라 기게스는 막대한 금제품도 봉납하였다. 그중에서도 특기할만한 것은 6개나 되는 황금제 혼주기(混酒器, 포도주 원액과 물을 섞는 그릇)이다. 이들 혼주기는 중량이 30탈란톤(1123킬로그램)이나 되며, '코린토스인의 보고(寶庫)'[10]에 들어 있다. 사실을 말하자면, 이 보고는 코린토스의 국유가 아니라 에에티온의 아들 킵셀로스 개인 것이다. 이 기게스는 우리가 아는 한 프리기아의 왕이었던 고르디아스의 아들 미다스 이후, 델포이에 봉납품을 헌납한 첫 이방인이다. 미다스 또한 그가 재판을 할 때 언제나 앉아 있던 훌륭한 옥

---

9) 기원전 7세기경의 유명한 시인.
10) 그리스의 유력한 도시는 대개 봉납품을 넣어 두는 보고를 델포이에 세워두었다.

좌를 봉납한 일이 있었다. 이 옥좌는 기게스의 혼주기와 같은 장소에 들어 있다. 기게스가 봉납한 이들 금은제 집기는 델포이에서는 봉납자 이름을 따서 '기가다스'(기게스의 보물이란 뜻)라고 불리고 있다.

기게스가 왕위에 오른 뒤, 밀레토스와 스미르나에 군대를 진격 콜로폰의 시가를 점령하는 일이 있었다. 이 밖에 그의 재위 38년 동안 별다른 업이 없으므로 그에 대해서는 여기서 그치고자 한다.

기게스의 뒤를 이어 왕위에 오른 사람은 기게스의 아들 아르디스이다. 이 아르디스는 프리에네를 점령, 밀레토스를 침공했다. 하지만 그가 사르데스를 지배하던 시기에, 스키티아계(系) 유목민의 압박으로 정주지를 쫓겨난 킴메리아인이 아시아의 땅으로 들어와 아크로폴리스를 제외하고는 사르데스를 모두 점거하였다. 아르디스의 치세는 49년 동안 이어졌다.

그 뒤 아르디스의 아들 사디아테스가 왕위를 계승, 12년 동안 통치했다. 그 뒤를 알리아테스가 이었다. 이 알리아테스는, 디오케스의 자손인 키악사레스와 그 지휘 아래 있는 메디아인과 싸워 킴메리아인을 아시아에서 몰아내고, 콜로폰의 식민 도시인 스미르나를 점령하고 클라조메나이로 침공하였다. 그러나 클라조메아니에서의 작전은 뜻대로 되지 않아 호되게 경을 치고 물러났다. 그 밖에도 알리아테스는 그의 재위 동안에 다음과 같은 특기할 만한 업적을 남겼다.

그는 밀레토스와 싸웠는데, 이 싸움은 부왕(父王)으로부터 이어받은 것이었다. 그가 밀레토스에 군대를 진격시켜서 이를 공격, 포위한 방법은 다음과 같았다. 먼저 논밭에 곡식이 여무는 시기를 골라, 군세를 적의 영내로 진격시켰다. 플루트, 하프, 그리고 고음과 저음의 피리 곡조에 맞추어 진격하였다. 밀레토스의 영토 내에 도착해 농지에 있는 오두막을 부수거나 불을 지르거나 문을 파괴하거나 하지 않고 모두 그대로 두었다. 다만 과수와 논밭의 곡물을 산산이 짓밟고는 철수하였다. 왜냐하면 밀레토스인이 해상을 제압하고 있기 때문에, 육군에 의한 봉쇄는 효과가 없었기 때문이다. 리디아 왕이 집을 파괴하지 않는 술책을 쓴 것은, 밀레토스인이 다시 씨를 뿌려 경작을 할 수 있도록 그 근거지를 남겨둔 것인데, 자신이 침공해 갔을 때 짓밟을 재료가 있도록 하려는 심산에서였다.

이와 같은 작전으로 11년 동안 싸움을 계속했는데, 그동안에 밀레토스인은 두 차례에 걸쳐 큰 손해를 입었다. 한 번은 자국령(自國領)인 리메네이온에서의 전투와, 또 한 번은 마이안드로스 강가에 있는 평야에서 벌어진 전투에서였다.

이 11년 동안 처음 6년은 아르디스의 아들 사디아테스가 리디아의 왕위에 있었는데, 이 기간 동안에 밀레토스의 땅으로 군대를 진격시킨 것도 그였다. 처음 이 전쟁을 시작한 사람이 그였던 것이다. 이 6년의 뒤를 이은 5년 동안은, 사디아테스의 아들 알리아테스가 전쟁을 이어갔다. 그는 대단한 열의를 가지로 이에 임했다.

이오니아의 여러 도시 중 키오스를 제외하고는, 밀레토스인의 이 전쟁에 원조를 하려는 도시는 하나도 없었다. 키오스인들은 이전에 에리트라이아와 싸웠을 때, 밀레토스인이 가세해 준 것에 대한 은혜를 갚으려고 그들을 원조한 것이다.

12년째가 되어 침입군이 곡식을 태웠을 때, 다음과 같은 사건이 일어났다. 곡물에 붙은 불이 바람을 타고 '아세소스의 아테네'라고 불리는 아테네의 신전에 옮겨 붙어 신전이 불타버린 것이다. 하지만 그때는 아무도 신경을 쓰지 않았다. 그 뒤 군대가 사르데스로 철수한 다음, 알리아테스가 병에 걸렸다. 그런데 이 병이 생각보다 오래 지속되었다. 왕은 누구의 진언(進言)을 들어서였는지, 또는 자기 판단으로 병에 대해서 신에게 이야기를 듣는 것이 낫다고 생각하였는지, 신탁을 받고자 델포이에 사자를 보냈다. 델포이의 무녀는 밀레토스 지구(地區)의 아세소스에서 리디아인들이 태운 아테네의 신전을 그들이 재건할 때까지는 신탁을 받으려 해서는 안 된다고 말하였다.

여기까지는 내가 델포이인으로부터 들은 말인데, 밀레토스에 따르면 여기에 또 다음과 같은 일이 있었다고 한다. 킵셀로스의 아들 페리안드로스는 당시 밀레토스의 독재자였던 트라시불로스와 매우 친한 사이였다. 그는 알리아테스에게로 내려진 신탁에 관한 일을 듣자, 트라시불로스에게 사자를 보내어 그것을 전달하였다. 미리 알면 알맞은 조치를 취할 수 있으리란 생각에서였다.

한편, 알리아테스는 델포이로부터의 보고를 듣자, 신전 재건에 소요되는 기간만큼 밀레토스 측과 강화를 맺고 싶다고 생각했다. 이리하여 곧 사자를 밀레토스로 보냈다. 그러나 트라시불로스에게는 이미 자상한 보고가 들어와 있는 터, 알리아테스가 어떠한 태도로 나오는가도 알고 있었기 때문에 다음과 같은 책략을 세웠다. 시내에 있는 모든 음식, 궁중의 것과 시민들의 것 모두를 광장에 모으게 하여, 자기가 신호를 하면 일제히 서로 부르면서 마음껏 마시고 먹으라고 하였다.

트라시불로스가 포고를 내어 이런 일을 시킨 것은, 사르데스로부터 온 사자에게 산더미처럼 쌓인 음식과 맛있게 먹는 시민들의 모습을 보여 그것을 알리아테스에게 보고하게 하려는 속셈이었다.

그 계획은 생각한 대로 들어맞았다. 사자는 그 광경을 보았고, 리디아 왕의 전갈을 트리시불로스에게 전달하고 나서 사르데스로 돌아왔다. 내가 들은 바로는, 화평은 바로 이 일 덕분에 성립된 것이다. 알리아테스는 밀레토스 시민들이 극도의 식량 부족으로 최악의 사태에 처해 있으라 생각했는데, 사자의 입에서는 이와 전혀 반대의 보고를 들은 것이다. 그 뒤 두 나라 사이에 서로 우호 및 동맹 관계를 맺는다는 조건으로 화의가 성립되었고, 알리아테스는 아세소스에 아테네 신전을 하나가 아닌 둘씩이나 세웠고, 몸도 회복했던 것이다.

알리아테스가 밀레토스인과 트라시불로스를 상대로 벌인 전쟁은 위와 같다.

페리안드로스는 킵셀로스의 아들로, 트라시불로스에게 예의 신탁을 알린 인물이다. 그는 코린토스의 독재자였다. 그가 살아 있는 동안에 세상에는 진기한 사건이 일어났다고 한다. 메팀나의 사람 아리온이 돌고래를 타고 타이나론곶(串)까지 갔다는 것이다. 아리온은 당시 그와 비할 자가 없다는 말을 듣는 류트 연주자였고 동시에 노래 부르는 가수였다. 그리고 디티람보스[11]의 창시자이자 명명자이며 코린토스에서 이것을 상연한 인물이기도 했다.

아리온은 여러 해 페리안드로스 아래 있었는데, 이탈리아와 시켈리아로 건

---

11) 디티람보스는 디오니소스 신앙과 같은 관련을 갖고 있는 합창 무용가(舞踊歌)인데, 아리온이 그 원시적 형태를 예술적으로 세련, 발전시켜서 하나의 독립된 문학 장르로서 확립했다는 말일 것이다.

너갈 생각이 들어 그곳으로 건너갔다. 그 뒤 많은 돈을 벌어 다시 코린토스로 돌아오려고 하였다. 코린토스인을 그 누구보다도 신용하던 아리온은 코린토스인의 배를 세내어 타라스(타렌툼)에서 출항하였다. 그런데 바다로 나아가자 선원들은 아리온을 바다로 떨어뜨린 뒤 돈을 빼앗으려는 음모를 꾸몄다. 이것을 알아차린 아리온은 돈을 줄 테니 목숨만은 살려달라고 애원했으나 선원들은 듣지 않고, 육지에서 매장되기를 원한다면 스스로 목숨을 끊든지 그렇지 않으면 즉시 바다로 뛰어들라고 강요하였다. 궁지에 몰린 아리온은, 그렇게 정해진 것이라면 할 수 없는 일이지만 마지막으로 평소 자기가 연주할 때처럼 완전한 의상을 갖춰 입고 갑판에 서서 노래하게 해달라고 부탁하였다. 노래가 끝나면 자결하겠다고 약속한 것이다. 선원들은 세계 최고의 가수 노래를 들을 수 있다고 생각하여 기뻐하며 고물에서 배 한가운데로 자리를 옮겼다. 아리온은 의상을 완전히 갖춰 입고 류트를 손에 들고, 후갑판에 서서 높은 가락의 제례가(祭禮歌)를 한 차례 불렀다. 그리고 노래가 끝나자마자 바다에 몸을 던졌다. 코린토스를 향해 가는 배 뒤에서 돌고래 한 마리가 아리온을 구출해 타이나론곶까지 데려다 주었다. 아리온은 옷을 입은 채 코린토스로 가서 사건의 전말을 모두 이야기하였다. 그러나 페리안드로스는 그 이야기를 믿지 않고 그를 어디에도 내보내지 않고 엄중이 감시를 하는 한편, 선원들의 동향에 주의했다. 이윽고 그들이 코린토스로 오자, 페리안드로스는 그들을 불러서 아리온이 어떻게 되었는지 모르느냐고 물었다. 그들이 아리온은 이탈리아에 잘 있으며 타라스에서 헤어졌을 때에도 잘 있었다고 대답한 순간, 아리온이 바다로 뛰어들었을 때와 같은 모습으로 그들 앞에 나타났다. 그들은 깜짝 놀랐고, 증거를 들이대자 더는 범행을 부인할 수가 없었다.

여기까지가 코린토스인과 레스보스인들이 말한 내용이다. 타이나론곶에는 아리온이 봉납했다는, 사람이 돌고래를 탄 모습의 그다지 크지 않은 청동상이 있다.

리디아 왕 알리아테스는 밀레토스와의 전쟁을 끝낸 뒤 죽었다. 재위 57년이었다. 병이 치료되었을 때 델포이에 감사의 봉납을 하였는데, 그의 가문에서 이와 같은 일을 한 것은 두 번째였다. 그가 봉납한 것은, 은으로 만든 거대한 혼주기와 철을 녹여서 만든 혼주기 받침대이다. 후자는 델포이에 있는 모든 봉납물 중에서도 일품(逸品)으로, 키오스 사람 클라우코스가 만든 것이다. 클라우코스는 쇠의 용접 기술을 발명한 세계에서 유일한 사람이다.

크로이소스와 솔론

알리아테스가 죽은 뒤, 그의 아들 크로이소스가 35세로 왕위에 올랐다. 크로이소스가 공격의 화살을 돌린 최초의 그리스 도시는 에페소스였다. 이때 크로이소스에 의해 포위 공격을 받은 에페소스인은 아르테미스 신전에서 성벽까지 새끼줄을 쳐서 마을 전체를 아르테미스 여신에게 봉납했다고 한다. 그무렵 포위되어 있었던 구시가지[12]와 신전 사이의 거리는 7스타디온(약 1690미터)이었다.

크로이소스는 에페소스에 우선 손을 대고, 계속해서 이오니아와 아이올리스의 온 도시에 여러 가지 구실을 붙여 공격하였다. 중대한 이유를 내걸기도 했지만, 때로는 하찮은 명목을 앞세우는 일도 있었다.

아시아의 그리스인들이 정복되어 조공을 바치자, 이번에는 배를 만들어 섬에 손을 뻗으려는 생각을 하였다. 배 만들 준비가 모두 갖추어졌을 무렵의 일이다. 일설에 따르면 프리에네 사람 비아스,[13] 다른 일설에 따르면 미틸레네 사람 피타코스가 사르데스로 와, 그리스 소식을 묻는 크로이소스에게 다음과 같은 이야기를 해서 배 만드는 계획을 그만두게 했다고 한다.

"왕이시여, 섬 주민들은 폐하를 노려 사르데스로 쳐들어오기 위해 막대한 수의 말을 사들이고 있습니다."

크로이소스는 상대의 말을 진실이라 생각하고 이렇게 말하였다.

"신(神)이 섬 주민에게 리디아를 말로 공격하려는 마음을 일으키게 해 주신다면 정말로 고마운 일이다."

그러자 상대가 대답하였다.

"왕이시여, 섬사람들이 말을 타고 침공해 온다면 육상에서 이를 잡으시려는 것 같은데, 매우 지당하신 생각입니다. 그러나 만약에 전하께서 섬을 정벌

---

12) 구시가지는 카이스트로스강 남쪽의 구릉 사면에 있었다. 헤로도토스 시대 이후에는 평지에 새로운 시가지가 건설되었던 것이다.

13) 비아스도, 다음의 피타코스와 함께 그리스의 7현인으로 손꼽히는 인물이다.

하기 위해 배 건조를 계획하심을 섬사람들이 안다면 어떻게 되겠습니까? 맹세코 리디아군을 해상에서 무찔러, 왕께 예속된 대륙의 그리스인을 위해 보복하길 염원하리라고 생각하지 않으십니까?"

크로이소스는 이 결론이 매우 마음에 들고, 그가 하는 말이 옳다고 생각하였다. 따라서 배의 건조를 중지하고 섬에 사는 이오니아인들과 우호관계를 맺었다.

그 뒤 할리스강 서쪽의 주민들은 거의 다 크로이소스에게 정복되었다. 킬리키아인과 리키아인을 제외한 모든 민족을 크로이소스는 자기 지배하에 두게 되었던 것이다. 이들 여러 민족이란 리디아인, 프리기아인, 미시아인, 마리안디노이인, 칼리베스인, 파플라고니아인, 트라키아계의 티노이인과 비티니아인, 카리아인, 이오니아인, 도리스인, 아이롤리스인, 팜필리아인이다.

이들 여러 민족이 리디아에 병합되자 번영의 정점에 이른 사르데스로, 그리스의 현자(賢者)들이 모두 차례대로 찾아왔다. 유명한 아테네 사람 솔론도 그중의 한 명이었다. 솔론은 아테네 시민의 요청에 따라 법률을 제정한 뒤, 여러 나라를 구경한다는 구실로 10년 동안의 예정으로 외국 여행 길에 오른 것이다. 그러나 진짜 이유는 자기가 제정한 법률을 하나라도 폐기해야만 할 처지에 빠지는 것을 피하기 위해서였다. 아테네 시민들은 솔론이 제정한 법률은 10년 동안 지킨다는 굳은 서약을 했던 터라 법률을 폐기할 수가 없었기 때문이다.

이러한 사정도 있고 또 구경한다는 목적도 있고 해서 나라를 떠난 솔론은 이집트의 아마시스왕을 찾았고, 또 사르디스의 크로이소스에게도 모습을 나타냈다. 왕궁에서 크로이소스에게 환대를 받고 3일인가 4일째에, 크로이소스의 명령을 받은 시종이 그를 보물 창고로 안내하여 호화로운 재보(財寶)를 모두 그에게 보였다. 솔론이 이 모든 것을 구경했으리라 여겨질 때쯤, 왕은 그에게 이렇게 물었다.

"아테네의 손님이여, 그대의 소문은 이 나라에도 우뢰처럼 들리고 있소. 그대가 현자라는 것은 물론, 지식을 구하여 널리 세상을 구경하신다는 것도 들었소. 그래서 그대에게 꼭 묻고 싶은 것이 있는데, 그대는 누군가 이 세상에서 가장 행복한 사람을 만난 일이 있소?"

크로이소스는 자기가 세상에서 가장 행복한 사람이라 자부하고 이렇게 물은 것이었다. 그런데 솔론은 왕에게 아부하는 기색도 없이 자신이 진실이라고 믿는 대로 말했다.

"왕이시여, 아테네의 텔로스가 그러한 인물이 아닌가 생각합니다."

뜻밖의 대답에 놀란 크로이소스는 벼르는 듯한 말투로 물었다.

"그대는 도대체 어떤 점에서 그 텔로스라는 자가 가장 행복한 사람이라고 생각하오?"

솔론이 대답하였다.

"텔로스는 우선, 번영한 나라에서 태어나 훌륭하고 좋은 아이들을 두었습니다. 또 그 아이들에게는 모두 아이들이 생겨 한 사람도 빠짐없이 잘 자라고 있습니다. 우리나라의 기준으로 보자면 생활도 유복했지만, 그 임종이 또한 훌륭했습니다. 즉, 아테네가 이웃나라와 엘레우시스에서 싸웠을 때, 텔로스는 아군을 구원하러 가서 적을 패주시킨 뒤 훌륭하게 전사했습니다. 아테네는 국비(國費)를 가지고 그의 시선을 그가 전몰한 곳에 매장하여 크게 그 명예를 기렸습니다."

솔론이 이처럼 텔로스가 행복했다는 까닭을 누누이 말하자, 크로이소스는 더욱더 서슬이 대단해져서 자기가 적어도 두 번째는 될 것이라 생각하고, 텔로스에 이어 두 번째로 행복한 사람은 누구냐고 물었다. 솔론은 대답했다.

"그것은 클레오비스와 비톤 형제일 것입니다. 두 사람은 아르고스 태생으로 생활도 자유롭고 체력도 뛰어났습니다. 두 사람 모두 체육 경기에서 우승했고, 또 다음과 같은 이야기가 전해오고 있습니다.

아르고스에서 헤라 여신의 제례가 있었을 때, 그들의 어머니를 어떻게 해서든 우마차로 신전까지 모시고 가야만 했습니다. 그런데 소가 밭일에 나가 있어서 시간을 맞출 수가 없었습니다. 시간에 쫓겨, 두 청년이 소 대신 멍에를 쓰고 수레에 어머니를 태워 45스타디온(약 9.7킬로미터)을 달려서 신전에 도착했습니다. 제례에 모인 군중이 지켜보는 앞에서 이 일을 완수한 형제는 잠시 뒤 숨을 거두었습니다. 그야말로 훌륭한 죽음을 맞이한 것입니다. 신은 이 실제 사례로 인간에게 삶보다 오히려 죽음이 고귀할 수 있음을 분명히 보여주신 것입니다.

아르고스 사람들은 그들을 둘러싸고 남자들은 젊은이의 체력을 칭송하고, 여자들은 두 사람의 어머니에게 얼마나 좋은 아들을 가졌는가 하고 축복했습니다. 어머니는 두 아들의 봉사와 좋은 평판을 크게 기뻐하여, 신상(神像) 앞에 서서 여신에게 기원했습니다. 이토록 자기의 명예를 높여준 아들 클레오비스와 비톤에게, 인간으로서 얻을 수 있는 최선의 것을 베풀어 주십사 하고 말입니다. 그 뒤 희생과 향연의 행사가 있었고, 젊은이들은 신전에서 잠들었는데 다시 일어날 수는 없었습니다. 이것이 두 사람의 최후였습니다. 아르고스는 두 사람을 세상에 뛰어난 인물이라 하여 그 입상(立像)을 만들어 델포이에 봉납했습니다."

솔론이 이와 같이 행복의 두 번째 자리를 이 두 형제에 주자 크로이소스는 화를 내며 말하였다.

"아테네의 손님이여, 그대는 나를 그와 같은 서민들만도 못한 사람으로 보는 것 같으오이다. 나의 이 행복은 아무런 가치가 없는 것으로 여기는 거요?"

솔론이 대답하였다.

"크로이소스왕이시여, 왕께서는 저에게 인간의 운명에 대해서 물어보고 계십니다. 저는 신이란 질투심이 많고 인간을 난처하게 만들기를 좋아한다는 걸 잘 알고 있습니다. 인간은 오랜 세월을 살아가는 동안에 여러 가지 보고 싶지 않은 것도 보아야 하고 겪고 싶지 않은 일도 겪어야 합니다. 인간의 일생을 예컨대 70년이라고 하면, 70년을 날수로 고치면 윤달은 없다 치고라도 2만 5200일이 됩니다. 만약에 사계절의 추이를 달력에 맞추기 위하여 1년 걸러 한 달을 연장한다면 70년 동안에 35개월의 윤달이 들어가게 되고, 이것을 날로 환산하면 1050일이 됩니다. 그런데 이 70년, 합계 2만 6250일 중, 하루라도 똑같은 일이 일어난다는 것은 있을 수 없습니다. 그렇다면 크로이소스왕이시여, 인간의 생애는 모두가 우연입니다.

왕께서 막대한 부를 가지시고, 많은 백성을 통치하고 계시다는 것은 저도 잘 알고 있습니다. 그러나 지금 물으신 일에 대해서, 왕께서 좋은 생애를 마치셨다는 것을 아실 때까지는 저로서는 아무 말도 할 수가 없습니다. 제아무리 유복한 사람이라도, 만사가 잘 되어가는 평생을 끝마칠 수 있는 행운을 만나지 않는 한, 그날그날을 살아가는 사람보다도 행복하다고는 결코 말할 수는 없습니다. 돈이 썩을 정도로 있어도 불행한 사람이 많은가 하면, 재산은 없어도 좋은 운을 만난 사람 또한 많습니다. 매우 부유하지만 불행하다고 하는 사람은, 행운이 있는 사람에게 비해서 딱 두 가지 이점을 갖는 것에 지나지 않습니다. 하지만 행운이 있는 사람은 불행한 부자보다도 많은 점에서 혜택을 받고 있습니다. 전자는 욕망을 충족하거나 들이닥친 큰 재난을 견디어낼 수 있다는 점에서는 다른 쪽보다 유리할 것입니다. 그러나 행운이 있는 사람에게는 다른 쪽에는 없는 다음과 같은 이점이 있습니다. 욕망을 채우거나 재난을 견디는 점에서는 부자와 같을 수는 없을 것입니다. 그러나 운이 좋으면 그러한 일은 방지할 수가 있습니다. 몸에 결함이 없고, 병을 모르고, 불행한 일도 당하지 않고 자식 복이 있고, 모습도 아름다울 것입니다. 게다가 훌륭한 죽음을 맞이할 수 있다면 그 사람이야말로 왕께서 바라시는 인물, 즉 행복한 사람이라고 할 수 있습니다. 인간은 누군가가 죽을 때까지 행운이 있는 사람이라고 부를지언정 행복한 사람이라고 부르는 것은 삼가야 합니다.

인간의 몸으로 모든 것을 충족시킬 수는 없습니다. 나라의 경우도 필요한 것이 모두 갖추어진 곳은 한 곳도 없습니다. 저것은 있지만 이것은 없다고 하는 것이 그 실정이며, 가장 많이 있는 나라가 가장 좋은 나라인 것입니다. 사람도 마찬가지여서 개개인이 완전히 자족하는 사람은 없습니다. 하나가 있으면 다른 하나가 없는 법인데, 될 수 있는 대로 부족한 것이 적은 상태로 지낼 수가 있고, 게다가 보람 있는 죽음을 맞이 할 수 있는 사람, 왕이시여, 그러한 사람이야말로 행복이라는 이름으로 불러 마땅한 사람이라고 저는 생각합니다.

어떠한 일에 대해서나 그것이 어떻게 되어 가는가, 그 결말을 끝까지 보는 것이 중요합니다. 신에 의해 울타리 너머로 행복을 잠깐 보았으나, 결국 나락으로 떨어진 사람은 얼마든지 있습니다."

솔론의 이 이야기가 크로이소스의 마음에 들 리가 없었다. 현재 있는 복을 버리고 모든 일의 결말을 보라고 하는 사람은 틀림없이 바보라고 생각한 크로이소스는, 한 번 돌이켜 볼 틈도 없이 솔론을 떠나보내고 말았다.

크로이소스와 아드라스토스

솔론이 떠난 뒤, 크로이소스에게는 무서운 신벌(神罰)이 내렸다. 생각건대 그가 자기를 세계에서 가장 행복한 사람이라고 생각했기 때문일 것이다. 위의 일이 있은 바로 다음에 그는 아들의 몸에 일어날 재난을 암시하는 꿈을 꾸었고, 이것이 현실로 나타났다. 크로이소스에게는 두 아들이 있었는데, 하나는 귀가 안 들리고 말도 못하는 장애가 있었지만 또 하나의 아들은 또래 중에서도 매사에 뛰어난 청년으로, 이름은 아티스라고 하였다. 그런데 그의 꿈 속에서 이 아티스가 쇠창에 찔려 죽는 것을 본 것이었다. 크로이소스는 잠이 깬 뒤 혼자 곰곰이 생각하니 그 꿈이 무서워서 견딜 수가 없었다. 그래서 아들에게 아내를 얻어주기로 하였다. 또한 이제까지는 리디아 군사를 이끌고 출진하게 했던 아들을 두 번 다시 그와 같은 일에는 나가지 않도록 함과 동시에, 투장·수창(手槍)을 비롯하여 싸움터에서 사용하는 무기류는 모두 남자 방에서 여자 방으로 옮겨 쌓아두게 하였다. 벽에 걸어두었다가 아들의 머리 위에 떨어지지 않게 하려는 배려에서였다.

그런데 아들의 혼례 준비를 하고 있을 무렵, 살인의 죄를 저질러 비운에 괴로워하는 한 인물이 사르데스로 왔다. 태생은 프리기아인으로 왕가의 혈통을 이은 사나이였다. 그는 크로이소스의 왕궁으로 와서 그 고장의 관습에 따라 살인의 부정을 씻어달라고 간청했다. 크로이소스는 그가 말하는 대로 해주었다. 조금 다른 이야기이지만 그 의식은 리디아나 그리스나 매우 비슷했다. 크로이소스는 규정대로 의식을 끝내고 나서 그 사나이의 출신지와 태생을 물었다.

"그대는 누구이며, 프리기아의 어디에서 이곳으로 온 건가. 그대가 죽인 사람은 누구인가? 여자인가, 남자인가?"

그 사나이는 대답하였다.

"왕이시여, 저는 미다스의 아들 고르디아스의 아들로 이름은 아드라스토스라고 합니다. 실수로 저의 형제를 죽이고 아버지로부터 나라에서 추방당하여 무일푼이 된 채 여기로 온 것입니다."

크로이소스는 말하였다.

"그렇다면 그대는 우리와 벗으로 지내는 집안 출신이 아닌가? 그대는 낯선 집에 온 것이 아니다. 여기서 머무는 동안 불편이 없도록 하겠다. 그대가 겪은 불운은 되도록 신경 쓰지 말도록 하라."

이렇게 해서 이 사나이는 크로이소스 곁에서 머물고 있었는데, 그 무렵 미시아의 올림포스산[14]에 덩치가 큰 멧돼지가 나타났다. 이 멧돼지는 올림포스산에서 나와서는 미시아의 농작물을 망쳐 놓았다. 미시아인들은 이를 퇴치하기 위해 수차례 출동했으나 아무런 성과도 없이 피해를 입을 뿐이었다. 마침내 미시아로부터 사자가 와서 크로이소스에게 이렇게 말하였다.

"왕이시여, 거대한 멧돼지가 우리나라에 나타나서 농작물을 망치고 있습니다. 어떻게 해서든지 잡으려고 애썼으나 우리로서는 어찌할 수가 없습니다. 그러하오니 이 멧돼지를 우리나라에서 없앨 수 있게 아드님에게 건장한 청년과 사냥개를 붙여 파견하여 주시도록 간절히 부탁드리옵나이다."

사자는 이와 같이 탄원하였으나 크로이소스는 꿈속에서 들은 말을 생각하고서 이렇게 대답하였다.

"아들 이야기는 두 번 다시 꺼내지 마라. 그 아이는 보낼 수가 없다. 아들은 아내를 맞은 지 얼마 안 되어 지금은 그 일 이외에는 신경을 쓸 겨를이 없다. 대신 솜씨가 뛰어난 리디아인과 사냥꾼을 모두 그쪽으로 파견하겠다. 그리고 출동하는 사람들에게는 그대들과 협력해서 야수를 제거하는 데에 온 힘을 다하라고 일러두겠다."

미시아인은 이 대답에 만족하였다. 그런데 이때 크로이소스의 아들이 그 자리로 왔다.

아티스는 자신을 파견하지 않는다는 것을 듣고 이렇게 말하였다.

"아버님, 지금까지 싸움터나 사냥터에 가서 이름을 드날리는 것이 저에게는 가장 큰 명예였습니다. 그런데 지금은 그 어느 쪽도 하지 못하게 하십니다. 저를 겁쟁이나 비겁자로 보지 않으시는 데도 말입니다. 계속 이처럼 살아야 한다면 전 아고라를 오갈 때 도대체 어떤 얼굴을 해야 합니까. 시중들도, 신부도 저를 어떻게 생각하겠습니까? 그러하오니 아버님, 저를 사냥터로 보내주시거나, 그렇지 않으면 아버지께서 이렇게 하시는 일이 어떻게 저를 위한 것이 되

---

14) 미시아는 리디아의 북쪽 지방 이름. 올림포스산은 그 동북부에 있다. 물론 그 유명한 신산(神山)은 아니다.

는지, 그 이유를 제가 이해할 수 있도록 말씀해 주십시오.”

크로이소스는 다음과 같이 대답하였다.

“아들아, 내가 그와 같이 한 것은 결코 네가 겁쟁이거나 무슨 결점이 있기 때문이 아니다. 실은 네가 명이 짧아 쇠창 끝에 찍혀 죽을 것이라는 꿈을 꾼 일이 있다. 이 꿈 때문에 이번의 너의 혼례도 서둔 것이고, 또 이번 사냥에도 너를 보내지 않으려는 거다. 내가 살아 있는 한 너는 무사해야 하지 않겠느냐? 너는 둘도 없는 나의 외아들이야. 또 하나 장애를 가진 아들이 있지만 나는 그를 아들로 생각하지 않는다.”

그러자 아티스는 다음과 같이 대답하였다.

“아버님, 그와 같은 꿈을 꾸셨다면 저를 염려하시는 것도 무리는 아니라고 생각합니다. 그러나 아버님께서는 알아차리지 못하신 점이 있습니다. 따라서 제가 그것을 말씀드려볼까 합니다.

아버님의 이야기에 따르면, 꿈에서 제가 쇠창에 찔려 죽는 것으로 되어 있었습니다. 그러나 멧돼지에게 손이 있습니까? 손이 없는 멧돼지가 아버님께서 염려하시는 쇠창을 어떻게 사용할 수가 있겠습니까? 예컨대 제가 엄니 같은 것에 찔려 죽는다고 한다면 지금과 같은 조치를 취하셔도 좋을 것입니다. 그러나 꿈에서는 ‘창에 찔려서’라고 되어 있습니다. 이번 일은 사람을 상대로 하는 싸움이 아니므로 부디 저를 가게 하여 주십시오.”

“그래, 네 말이 맞는 것 같구나. 내가 졌다. 너를 사냥터로 보내 주마.”

크로이소스는 이렇게 대답하고는 프리기아인 아드라스토스를 불러 이렇게 말하였다.

“아드라스토스여, 그대의 죄는 아니었지만 여하간 그대가 비운을 만나 곤경에 빠진 것을 정화(淨化) 의식도 해주고 왕궁으로 오게 하여 돌봐준 것은 나다. 따라서 그대에게 은의(恩義)를 베푼 나에게, 그대 또한 은의를 가지고 보답해 줄 의무가 있지 않겠느냐? 사냥을 나가는 내 아들을 호위해 주면 좋겠다. 가는 도중에 도적이라도 만나서 위해를 끼치지나 않을까 걱정이 되는구나. 그리고 그대도 공을 세워 이름을 빛낼 수 있는 장소에 나가보는 것도 필요할 것이다. 그것이야말로 그대 가문의 전통이다. 게다가 훌륭한 체력을 타고 났지 않은가.”

아드라스토스는 대답하였다.

"왕이시여, 저는 여느 때 같으면 이와 같은 모험에 참가하지 않을 것입니다. 저와 같이 불행한 운명에 괴로워하는 자가 행복한 또래 축에 낀다는 것은 좋지 않은 일입니다. 또한 저 자신도 그러한 마음이 내키지 않는 데다가, 설령 하고 싶다고 해도 여러 사정이 있어서 결국 자진해서 그만 둘 것입니다. 그러나 지금은 왕께서 간곡히 말씀하시고, 받은 은의에 보답할 의무가 있는 저로서는 그 뜻에 따라야만 할 것입니다. 호위를 부탁하신 아드님은 제가 지킬 것입니다. 반드시 무사히 돌아오실 것이므로 부디 안심하십시오."

그와 아티스 두 사람은 엄격히 선발한 청년과 사냥개를 데리고 출발하였다. 올림포스산에 도착하자 그 멧돼지를 찾아 발견하자마자 포위해서 투창 (投槍)으로 공격하였다. 이때, 외국인 살인의 부정을 씻어 받았던 아드라스토스가 이 멧돼지를 노려 창을 던졌다. 그러나 창은 표적을 빗나가 크로이소스의 아들을 찌르고 말았다. 즉, 아티스가 창에 찔려 쓰러진다는 꿈이 참으로 이루어진 것이다. 한 사람이 사건을 보고하기 위하여 서둘러 가서 크로이소스에게 아티스의 죽음을 알렸다.

크로이소스는 아들의 죽음에 심한 충격을 받았다. 게다가 아들을 죽인 사람이 다름 아닌 살인의 부정을 씻어준 사나이라는 것을 알고 그 슬픔은 더욱 커졌다. 크로이소스는 이 뜻밖의 재난으로 비탄에 잠겨 '정화의 신' 제우스를 '집대의 신' '우의(友誼)의 신'이라 부르며, 자기가 부정을 씻어준 손님으로부터 입은 불운을 굽어 살펴 주십사 하고 기도했다. '접대의 신'이라고 부른 것은 자기 아들을 죽인다는 것도 모르고 그 손님을 왕궁으로 맞아들였기 때문이고, '우의의 신'이라고 부른 것은 호위로서 딸려 보낸 사람이 가장 큰 원수가 되어야 했기 때문이다.

크로이소스와 신탁

이윽고 유해를 운반해 온 리디아인 일행이 도착하였다. 아티스를 죽음에 이르게 한 사나이도 그 뒤를 따라서 왔다. 그는 유해 앞에 서자 크로이소스에게 두 손을 내밀고 공손이 몸을 맡겨, 죽은 이의 영을 위로하기 위하여 유해 앞에서 자기를 죽여 달라고 간청하였다. 그리고 자신이 처했던 이전의 불운에 대해 언급하면서 자기의 더러운 피를 씻어준 사람까지 불행으로 빠뜨렸으니 자기는 이제 더 이상 살아갈 보람이 없다고 말하였다.

크로이소스는 이 말을 듣고, 자기 자신도 큰 불행을 당하고 있으면서도 아드라스토스를 가엾게 여겨 이렇게 말하였다.

"손님이여, 그대가 스스로 죽음을 선고했으니 나로서는 이미 그대를 충분히 벌한 것과 마찬가지다. 그대가 본의 아니게 이 일을 일으킨 것은 사실이지만, 이번의 재난은 그대의 책임이 아니다. 그것은 이전부터 나에게 일어날 것을 경고하신 어느 신께서 하신 일이지."

그러고 나서 크로이소스는 자신의 아들에게 어울리는 장례(葬禮)를 치렀다. 한편 자기의 형제에게 손을 대고 그의 죄를 씻어준 사람마저 파멸에 이르게 한 미다스의 아들 고르디아스의 자식은, 자기가 가장 불행한 사람이라 느끼고 무덤 근처에 인기척이 없어진 틈을 타서 스스로 목숨을 끊었다.

크로이소스는 아들을 잃고, 2년 동안 깊은 슬픔에 젖어 있었다. 그러나 그 뒤, 키악사레스의 아들 아스티아게스의 주권이 캄비세스의 아들 키루스에 의해 무너지고 페르시아의 국세(國勢)가 나날이 융성해지자, 사태는 크로이소스에게 한가하게 상중에 있는 것만을 허락하지 않았다. 페르시아가 강대해지기 전에, 어떻게 해서든 그 증대하는 세력을 억제하는 데에 집중해야만 했다. 이렇게 마음을 정하자 크로이소스는 곧 그리스 및 리비아에 있는 여러 신탁소(神託所)에 사자를 보내어 신탁을 받게 하였다. 델포이를 비롯해 포키스의 아바이,[15] 도도네,[16] 암피아라오스,[17] 트로포니오스[18]의 신탁소, 또 밀레토스의 브란키다이[19]에게도 사자가 파견되었다. 이러한 곳들이 크로이소스가 신의(神意)를 묻기 위해 사자를 보낸 그리스의 신탁소이다. 리비아에서는 암몬[20]에게

---

15) 여기에는 아폴론의 신탁소가 있었다.
16) 그리스 서부 에페이로스 지방의 도시. 제우스의 신탁소가 있어 유명하다.
17) 테베에 있었고, 해몽으로 유명하였다.
18) 보이오티아의 레바데이아에 있었다.
19) 브란키다이란 밀레토스 부근의 디디마의 아폴론을 섬긴 신관의 가문. 아폴론의 신탁을 다루었다. 지명으로도 쓰인다.
20) 암몬은 이집트의 신으로 종종 제우스와 동일시되었다. 리비아 사막 가운데 그 유명한 신탁소가 있었다.

로 별도의 사자를 보내어 신탁을 받게 하였다. 크로이소스가 이렇게 여러 곳으로 사자를 보낸 까닭은, 이들 신탁이 과연 진실인지의 여부를 시험해 보고 만약에 진실이라고 판단된다면, 다시 거기에 사자를 보내어 페르시아 출병을 단행해도 좋은지 어떤지를 물어보기 위한 것이었다.

이리하여 크로이소스는 신탁을 시험하기 위하여 사자인 리디아인들에게 다음과 같이 이른 뒤 파견하였다. 그들이 사르데스를 출발한 날로부터 100일째에 신탁을 구하여, 리디아 왕인 알리아테스의 아들 크로이소스가 현재 무엇을 하고 있는가를 물으라는 것이었다. 그리고 신탁 받은 바를 각각 기록하여 크로이소스에게로 가지고 오도록 되어 있었다. 그런데 델포이를 뺀 다른 곳에서는 어떤 신탁이 내려졌는지 아무도 전하고 있지 않다. 델포이에서는 파견된 리디아인들이 신탁을 받기 위해 본전(本殿)으로 들어가서, 곧 명령 받은 대로 질문을 했다. 그러자 델포이의 무녀는 장단단(長短短) 육각운(六脚韻)의 가락으로 다음과 같이 대답했다고 한다.

　나는 안다, 잔모래의 수도, 바다의 넓이도,
　벙어리의 마음을 깨달으며, 말하지 않는 자의 소리를 듣는다.
　껍질이 딱딱한 거북이 냄새가 나는구나,
　청동 솥에서 산양 고기와 함께 끓고 있는 거북이의 냄새가.
　그 아래에 청동이 깔리고, 또 그 위에도 청동이 있구나.

이를 적어서 리디아의 사자는 사르데스로 돌아왔다. 파견되었던 그 밖의 사자들도 저마다 신탁을 가지고 돌아왔다. 크로이소스는 이들 탁선(託宣)을 적은 두루마리를 하나하나 펼쳐서 읽었는데, 어느 것 하나 마음에 드는 것이 없었다. 그러나 델포이의 신탁을 듣자, 곧 투구를 벗어 그 정확함을 인정했다. 그것이야말로 그가 하고 있었던 바를 그대로 꿰뚫어보고 있었기 때문이다. 사실 그는 여러 탁선소(託宣所)로 사자를 보낸 뒤, 정한 날짜가 어긋나지 않도록 하여 다음과 같은 책략을 세웠다. 도저히 알아맞힐 수 없을 것 같은 일을 생각하다가, 거북이와 어린 양을 잘게 잘라서 함께 큰 청동 솥에 넣어 청동 뚜껑을 덮고 삶았던 것이다.

암피아라오스의 신전에서 리디아의 사자가 규정[21]대로 의식을 행한 뒤 받은 신탁에 대해서는 기록이 남아 있지 않으므로 여기서 말할 수가 없다. 다만, 크로이소스는 이곳의 신탁도 틀림이 없는 것으로 인정했다고 한다.

그 뒤 크로이소스는 막대한 희생을 바쳐서 델포이 신의 은총을 얻으려고 하였다. 즉, 모든 종류의 동물 3000마리를 도살하고, 거대한 장작으로 산더미를 쌓아서, 금은을 박은 침상·황금제 접시·자줏빛 의상·내복류를 태웠다. 이와 같은 희생을 바침으로써 더욱 신의 은총을 받을 수 있다고 기대했던 것이다. 게다가 리디아의 모든 백성에게 저마다 분수에 따라 신에게 제물을 바치라고 명령하였다.

희생 의식을 끝마치자 이번에는 막대한 양의 황금을 녹여, 그것으로 세로 6파라스테(45센티미터), 가로 3파라스테(22센티미터), 높이 1파라스테(7.4센티미터)의 황금 벽돌 117개를 만들게 하였다. 그중 네 개는 순금으로 한 개의 무게가 2.5탈란톤(약 94킬로그램)이었고, 나머지는 금과 은의 합금으로 무게는 2탈란톤(75킬로그램)이었다. 그는 또 순금으로 무게 10탈란톤(약 374킬로그램)의 사자상을 만들게 하였다. 이 사자는 델포이의 신전에 불이 났을 때,[22] 받침대로 되어 있던 황금 벽돌로부터 떨어져 지금은 '코린토스인의 보고'에 있는데 무게는 6.5탈란톤(약 243킬로그램)이다. 3.5탈란톤(약 131킬로그램)이 녹아서 없어진 것이다.

이것들이 완성되자 크로이소스는 델포이로 보냈으며, 이 밖에도 다음과 같은 물건들을 헌납하였다. 황금제와 은제의 거대한 혼주기 두 개를 봉납하였는데, 황금제는 신전에 들어가서 오른쪽, 은제는 왼쪽에 놓여 있었다. 그러나 이들 혼주기도 신전이 불탔을 때 장소를 옮겨 황금제는 현재 '클라조메나이인의 보고'에 있고, 중량은 8.5탈란톤(314킬로그램)과 12므나(7.5킬로그램)이며, 은제는 신전의 앞쪽 회랑 구석에 놓여 있는데, 용량은 600암포레우스(5000갤런)이다. 용량이 알려지는 것은 테오파니아 축제[23] 때 델포이인이 이것을 혼주기

---

21) 여기서 신탁을 받는 자는 3일간 술을 끊고, 하루 동안 절식한 후, 숫양을 희생으로 바치고 그 가죽 위에서 자며 꿈을 통한 예언을 기다렸다고 한다.
22) 기원전 548년의 일.
23) 태양신으로서의 아폴론의 다시 옴을 축하하는 봄 축제였을 것이라고 한다.

로 사용하기 때문이다. 델포인은 이 그릇이 사모스 사람 테오도로스가 만든 것이라고 하는데, 나도 그렇게 생각한다. 내가 보는 바로는 결코 평범한 작품이 아니기 때문이다.

크로이소스는 다시 네 개의 은제 항아리를 보냈는데, 이들은 현재 '코린토스인의 보고'에 들어 있다. 또 황금과 은으로 만든 성수반(聖水盤)을 두 개 봉납하였는데, 황금제에는 그것이 스파르타인이 봉납한 것이라는 뜻의 명(銘)이 새겨져 있다. 그러나 이는 거짓으로, 실은 크로이소스가 헌납한 것이다. 델포이인 아무개가 스파르타의 환심을 사고자 이 명을 새긴 것인데, 그 사람 이름을 알고 있지만 여기에서는 말하지 않겠다. 그런데 성수를 손에 받고 있는 소년상은 확실히 스파르타인이 봉납한 것이다. 그러나 모든 성수반을 스파르타인이 헌납한 것은 아니다.

이 밖에도 크로이소스는 일일이 그 이름을 들 수 없을 정도로 많은 물건을 봉납했는데, 그중에서 원형의 은 주물이나 3페키스(0.5피트) 높이의 황금 여인 상이 특기할 만하다. 이 상은 델포이인이 말하는 바에 따르면, 크로이소스의 빵을 굽던 여인과 닮았다고 한다. 크로이소스는 그 밖에 자기 아내의 목걸이나 허리띠도 봉납하였다.

한편 암피아라오스[24]의 신전에는, 이 영웅의 무덕(武德)과 수난에 대해 들어서 알고 있었으므로 모조리 금으로 만든 방패와 창을 봉납하였다. 창은 자루나 창끝이 모두 황금제였다. 이들은 모두 테바이 도시에 내가 살던 시대까지 전해져, 테바이의 '이스메노스의 아폴론'의 신정에 들어 있다.

크로이소스는 이들 봉납품을 성소로 가지고 갈 리디아인 사자들에게 명하여, 페르시아로 출정하는 데에 대한 가부(可否)와 그때 동맹국을 참가시켜야 할지의 여부에 대해서 신탁을 받도록 하였다.

리디아의 사자는 각각 목적지에 도착하자 봉납물을 바치고 다음과 같이 말하면서 신탁을 구했다.

"리디아인과 다른 여러 국민의 왕이신 크로이소스는 이곳 신전의 신탁을

---

24) 제1차 테베 공략 때의 7명의 장군 중 한 사람. 본의 아니게 이 원정에 참가했으나, 전차와 함께 땅속에 묻혀 죽었다고 한다. 사후 영웅신으로서 신전에 모셔져 테베에서 해몽의 신으로서 존경받고 있었다는 것은 이미 서술한 바 있다.

세계에서 유일한 참다운 신탁으로 믿고, 그 영묘(靈妙)한 탁선에 상응하는 여러 봉납품을 바쳤습니다. 지금 여기서 과연 페르시아에 출병해도 좋을지의 여부를, 또 어느 동맹군을 자군(自軍)에 가담시켜야 할지를 여쭈는 바입니다."

신탁은 모두 같은 대답을 하였다. 즉, 크로이소스가 페르시아로 출병하면 대제국을 멸망시키게 될 것이며, 그리스 중에서 가장 강한 나라는 어느 나라인가를 조사하여 이를 동맹국으로 하도록 권고한 것이다.

크로이소스는 사자의 보고를 듣고 크게 기뻐하였다. 키루스 왕국을 멸망시킬 수 있을 것이라고 생각한 그는 다시 델포이로 사자를 보내어, 델포이의 인구를 조사한 뒤 델포이인 각자에게 황금 2스타테르[25]씩 주었다. 델포이인은 이에 보답하기 위해 크로이소스를 비롯해 리디아인에게 신탁 청원의 우선권,[26] 면세 특권, 제례 행사 때의 특별 배견권(拜見權) 등을 허락했다. 그리고 희망자에게 델포이의 영구 시민권을 주겠다고 약속하였다.

크로이소스는 델포이인에게 선물을 한 뒤 세 번째 신탁을 구했다. 한번 신탁으로 진실을 알고 나서는 지칠 줄 모르고 끈질기게 신탁을 구했던 것이다.

크로이소스가 자기의 왕권이 영속할 것인가의 여부를 신에게 물은 데 대하여 델포이의 무녀는 다음과 같은 신탁을 내렸다.

하지만 노새가 메디아의 왕이 되었다면
다리가 약한 리디아인이여,
그때는 자갈이 많은 헤르모스강을 따라 도망쳐 멈추지 마라.
겁쟁이라는 이름을 부끄럽게 생각할 필요도 없다.

크로이소스와 그리스

크로이소스는 이러한 신탁을 듣자 더할 나위 없이 기뻐하였다. 인간이 아닌 노새가 메디아의 왕이 될 일은 없을 테니, 자기와 자기 자손이 왕위를 영원히 이으리라고 생각했던 것이다.

그 뒤 그는, 동맹국으로 삼을 만한 그리스 최강국이란 어느 나라인가 조사

---

25) 스타테르는 금화 이름으로 그 가치를 오늘날의 화폐로 환산하기는 어렵다.
26) 일반 신탁 청원자들은 추첨으로 순번을 정했다.

했다. 그 결과, 라케다이몬(스파르타)과 아테네 두 나라가 다른 나라에 비해서
뛰어나다는 것을 알았다. 한쪽은 도리스족(族), 다른 한쪽은 이오니아족의 계
통을 이은 나라이다. 아테네인은 옛날에는 펠라스고이 민족이었고, 라케다이
몬인은 헤라스(그리스) 민족이었다. 전자가 이전에 다른 곳으로 이주한 일이 없
었던 것에 비해, 후자는 몇 차례나 이동을 거듭한 민족이다. 데우칼리온왕 시
대에는 프티오티스 땅에, 헬렌의 아들 도로스 시대에는 오사·올림포스의 두
산에 가까운 히스티아이오티스라고 하는 지방에 살았는데, 카드메이오이(카
드모스족)에 의해 히스티아이오티스로부터 쫓겨난 뒤로는 핀도스[27]에서 살며
마케도노스족이라는 이름으로 불렸다. 또 여기에서 드리오피스 지방으로 옮
겼고, 이 드리오피스[28] 지방에서 마지막으로 펠로폰네소스로 이동하여 도리
스족이라고 불리게 되었던 것이다.

펠라스고이인이 어떤 언어를 사용했는가에 대해서는 확실히 알 수 없다. 그
러나 지금도 남아 있는 펠라스고이인—예를 들어 티르세노이인(에트루리아인)
의 북쪽에 있는 도시 크레스톤[29]에서 살고 있으며, 한때는 지금의 테살리오
티스 땅에 정주했던 도리스족과 경계를 접하고 있던 펠라스고이인, 또 헬레스
폰토스의 플라키아·스킬라케의 두 도시[30]를 건설하여 같은 땅에서 아테네인
과 함께 살았던 동족들, 더 나아가 나중에 명칭을 바꾸었으나 본래는 펠라스
고이족이었던 여러 도시의 주민들—에 의해 판단해도 좋다고 한다면, 그들의
언어는 비(非)그리스어였던 것 같다. 그런데 펠라스고이족 전반에 대해서 위와
같은 말을 할 수 있다고 한다면, 아티카의 주민들은 본디 펠라스고이계(系)였
으므로 그리스 민족에 흡수되었을 때 그 언어도 바꾼 것이 된다. 왜냐하면 크
레스톤인도, 그들과 마찬가지 언어를 쓰는 플라키아인도 현재 그 주위에 사

---

27) 이것은 유명한 핀도스 산맥을 가리키는 것이 아니라, 보다 남쪽에 있는 파르나소스산 부근
의 도시의 이름인 것 같다.
28) 핀도스와 그 북방의 오이테산 중간에 있는 지역.
29) 크레스톤이라고 읽으면 북방 칼키디케 반도의 테르메만에 면한 도시의 이름으로밖에 생각
할 수가 없다. 그러나 이것을 크로톤이라고 읽어서 북 이탈리아 에토르리아의 코르토나를
가리킨다고 하는 사람도 있다.
30) 이 두 도시는 엄밀히 말하면 헬레스폰토스가 아니라 프로폰티스(마르마라해) 연안, 키지코스
동쪽에 있다. 그러나 저자는 종종 헬레스폰토스를 이렇게 넓은 뜻으로 사용하고 있다.

는 부족과는 언어가 다르고, 이와 같은 사실은 그들이 이들 땅에 이주해 왔을 때 썼던 언어의 특성을 지금도 여전히 유지하고 있다는 것을 보여주기 때문이다.

이에 반해 그리스 민족이 그 발생 이래 변함없이 같은 언어를 사용하고 있다는 것은 의심할 바가 아니라고 믿는다. 하기야 펠라스고이족으로부터 분리된 뒤에는 약소했으나, 당초의 미약한 상태에서 차차 번성하여 강대한 민족으로 발전한 까닭은 많은 비그리스계 민족, 그중에서도 특히 다수의 펠라스고이인의 참여가 있었기 때문이다. 반면 비그리스계 펠라스고이인은 어느 부족도 강대해진 예는 없는 것 같다.

한편 크로이소스는 위에 든 그리스의 여러 부족 중, 아테네가 히포크라테스의 아들이자 그 시절 아테네의 독재자였던 페이시스트라토스의 치하에서 내분에 시달리고 있다는 것을 알았다. 그런데 이 히포크라테스가 (공무가 아니라) 개인 자격으로 올림피아 경기를 구경하러 갔을 때 아주 큰 기적이 일어났다. 그가 희생물을 바쳤을 때, 고기와 물이 가득 찬 솥이 불도 붙이지 않았는데 끓어서 넘친 것이다. 스파르타 사람 킬론[31]이 마침 그 자리에 있다가 이 기적을 보고 히포크라테스에게 충고하였다. 먼저 아내를 두지 말고 아들도 낳지 말 것, 만약에 이미 아내가 있다면 그 아내와 이혼할 것, 또 만약에 아들이 있다면 그 아들의 호적을 없애라는 것이었다.

그러나 히포크라테스는 킬론의 이 충고를 따르려 하지 않았다. 그 뒤 그에게서 페이시스트라토스가 태어났다. 이 페이시스트라토스는, 아테네에서 해안당(海岸黨)과 평원당(平原黨) 두 파[32]가, 한쪽은 알크메온(알크마이온)의 아들 메가클레스를, 다른 한쪽은 아리스토라이데스의 아들 리쿠르고스를 당수로 해서 서로 다투고 있을 때, 독재정치를 노려 제3당을 일으킨 인물이다. 그는 동지를 모아 스스로 고지당(高地黨)당수라 칭하고 다음과 같은 계략을 짰다.

---

31) 그리스 7현 중의 한 사람.
32) 해안당(海岸黨)은 수니온곶을 정점으로 하는 아티카 반도의 남반부(南半部)를 근거지로 하는 부유한 상인·무역상 등의 일파. 평원당(平原黨)은 반도의 서남 지구, 케피소스강 유역을 차지하는 지주의 일당으로, 이른바 귀족 계급이다. 이에 대해 페이시스트라토스가 결성한 고지당(高地黨 또는 산악당)은 농부나 목부(牧夫) 등 이른바 무산 계급이 그 주체를 이루었다.

스스로 자기의 몸과 노새에 상처를 내고 나서 아고라로 마차를 타고 들어가, 사람들에게 시골로 가려고 했던 자기를 적이 습격하여 죽이려고 했는데 그 위기를 빠져나왔다고 말했다. 그리고 자기가 이전에 메가라에 대한 작전 지도로 용명을 날리고, 니사이아[33]의 점령을 비롯해 수많은 수훈을 세운 일을 내세워, 호위를 붙여달라고 국민에게 호소했다. 아테네의 국민은 페이시스트라토스의 술수에 감쪽같이 넘어가 시민 중에서 선발하여 호위를 붙일 것을 승인했다. 단, 이 호위는 통상적인 창을 든 호위대가 아니라 말하자면 곤봉을 든 호위대였다. 그런데 이 곤봉을 가진 사람들이 페이시스트라토스와 함께 봉기하여 아크로폴리스를 점거한 것이다. 이렇게 해서 페이시스트라토스는 아테네의 지배자가 되었는데, 그는 기존의 관제를 어지럽히거나 법률을 바꾸거나 하지 않고 종래의 국제(國制)에 따라 나라를 다스려 훌륭한 정치를 했다.

그런데 얼마 안 되어, 메가클레스 일파와 리쿠르소그파 사람들이 서로 협력하여 페이시스트라토스를 추방하였다. 이리하여 처음으로 아테네의 지배권을 잡은 페이시스트라토스도 독재권을 뿌리내리기 전에 상실하고 말았는데, 한편 그를 추방한 자들이 또다시 서로 다투기 시작한 것이다. 이에 당혹한 메가클레스는 페이시스트라토스에게 사자를 보내어 독재권은 준다는 조건으로 자기의 딸을 아내로 맞이할 의사가 있느냐의 여부를 물었다. 페이시스트라토스는 이 제안을 받아들였다. 그런데 그를 귀국시키기 위해 그들이 짜낸 계략은 내가 보기에는 세상에서 그 예를 볼 수 없을 만큼 터무니없는 것이었다. 예부터 그리스인은 다른 인종에 비해 빈틈이 없고, 어리석은 행동도 저지르지 않는다는 점에서 이국인과는 달랐다. 그런데 그 그리스인 중에서도 머리가 좋기로 이름이 난 아테네인을 상대로 그와 같은 계획을 실행했다는 것은 참으로 어이없는 일이다.

여기에 파이아니아구(區)의 주민으로 이름은 피에라 하고, 키는 4페키스 3닥틸로스(약 172센티미터)로 모자라지 않게 크고, 그 밖의 점에서도 용모가 뛰어난 여자가 있었다. 메가클레스 일당은 이 여자에게 완전무장을 시켜 수레

---

33) 메가라의 항구 도시.

에 태우고 가장 효과적인 자세를 취하게 해서 도시로 들어가게 했다. 이에 앞서 선발대가 먼저 도시에 가서 명령을 받은 대로 다음과 같이 알렸다.

"아테네 시민 여러분, 페이시스트라토스를 환영하시오. 황공하옵게도 아테네 여신께서 세상의 그 누구보다도 이분을 소중히 여기셔서 손수 당신께서 살고 계시는 아크로폴리스로 데려오고 있습니다."

선발대가 이렇게 알리고 다니자 아테네 여신이 페이시스트라토스를 데리고 왔다는 소문이 이내 시골까지 퍼졌다. 시민들은 그 여자가 진짜 여신이라고 믿고, 실은 인간에 지나지 않는 그 여자에게 예를 올렸다. 이렇게 해서 페이시스트라토스를 맞아들인 것이다.

페이시스트라토스는 앞서 말한 것과 같은 방법으로 독재권을 손에 넣었다. 그리고 메가클레스와의 약속에 따라서 그의 딸을 아내로 맞이하였다. 그러나 그에게는 성인이 된 아이들이 있었고, 또 메가클레스의 가계(家系)인 알크메온 일족에는 부정한 피에 의한 저주가 따라다닌다고 전해오고 있었기 때문에, 페이시스트라토스는 새 아내에게서 아들이 태어나는 것을 바라지 않았다. 그래서 부자연스러운 방법으로밖에 부부 관계를 갖지 않았다. 처음에 아내는 그것을 감추었으나, 그 뒤 어머니가 물었는지 어쨌는지는 모르지만 어머니에게 이야기하였고, 어머니는 그것을 남편에게 전했다. 메가클레스는 페이시스트라토스가 자기들을 모욕한 것에 격분한 나머지 다시 반대파와 화해하고 말았다. 페이시스트라토스는 자신에 대하여 책략을 꾸미고 있다는 사실을 알자 깨끗이 나라를 떠나, 에레트리아로 가서 거기에서 아들들과 계획을 짰다.

독재권을 되찾자는 히피아스의 의견이 통했기 때문에, 그들에게 조금이라도 은의(恩義)를 느끼고 있는 여러 도시로부터 의연금을 모으기 시작하였다. 많은 도시가 모금에 응하여 그 금액은 막대한 액수에 이르렀는데, 그중에서도 테바이에서 모인 액수는 다른 도시를 넘어섰다. 어느 정도의 기간이 지나자 귀국할 만반의 준비가 끝났다. 즉, 아르고스인 용병(傭兵)이 펠로폰네소스에서 도착했고, 또 리그다미스라고 하는 낙소스의 사나이가 비상한 열의로 군자금을 가지고 부하과 함께 자발적으로 참가해 왔다.

페이시스트라토스 일당은, 에레트리아를 출발하여 11년째에 마침내 귀국할 수 있었다. 그들이 아티가로 들어와 최초로 점령한 도시는 마라톤이었다.

그들이 여기에서 진을 치고 있자 아테네의 도시에서 동조자들이 달려왔고, 또 지방의 각 지구로부터도 자유보다 독재정치를 환영하는 사람들이 합류해 와서 그 세력이 크게 강화되었다.

아테네의 도시 쪽에서는 페이시스트라토스가 군자금을 모으는 동안은 물론, 그 뒤 마라톤을 점령했을 때에도 전혀 신경을 쓰지 않고 있었다. 그러다가 드디어 그들이 마라톤을 떠나 아테네의 도시로 진격하고 있다는 소식을 듣고 비로소 반격 태세로 들어가, 모든 병력으로 귀국군(歸國軍)을 치려고 하였다. 한편 페이시스트라토스 일당은 아테네군과 일전을 불사한다는 각오로 '팔레네의 아테네'[34] 신전 근처까지 진출, 아테네군과 대치하였다.

이때 아카르나니아[35] 사람으로 암필리토스라고 하는 예언자가 신의를 받아 페이시스트라토스를 찾아와, 장단단격(長短短格)의 시형(詩形)으로 다음과 같은 신탁을 그에게 고했다.

이미 그물은 던져졌다.
넓게 퍼진 그물 속으로
달 밝은 밤, 다랑어 떼가 뛰어들리라.

페이시스트로토스는 그 신탁의 참뜻을 깨달았다. 그는 고맙게 그 신탁을 받아들인다고 말하고 군을 진격시켰다. 그 무렵, 도시의 아테네인들은 점심 때를 맞아 식후에 주사위 놀이를 하거나 낮잠을 자고 있었다. 페이시스트라토스군은 그곳을 습격하여 아테네 세력을 흩어 놓았다. 아테네 세력이 패주하는 것을 보자마자 페이시스트로토스는 아테네군이 곳곳으로 흩어진 채 다시 집결하지 못하도록 매우 현명한 술책을 마련했다. 즉, 아버지의 명령을 받고 기마로 먼저 출발한 페이시스트라토스의 아들들이, 패주하는 아테네인을 따라잡고는 각자 안심하고 집으로 돌아가라고 권고한 것이다.

아테네인들이 이 권고에 따랐기 때문에 페이시스트로토스는 세 번이나 아테네를 수중에 넣었다. 그는 독재권을 확립하기 위하여 강대한 호위부대를 설

---

34) 아티카의 구명(區名). 펜테리코스산과 히메토스 북사면 사이에 있었다.
35) 아카르나니아는 중부 그리스의 서쪽 끝, 이오니아 해와 닿은 지방.

치, 재산의 확보를 꾀하였는데 그 수입[36]의 일부는 아티카에서, 일부는 스트리몬강 유역에서 들어온 것이다. 또 얼마 전의 전투에서 바로 도망가지 않고 마지막까지 머물렀던 아테네인의 아이들을 인질로 잡아, 이를 낙소스섬으로 옮겼다. 페이시스트로토스는 이미 이 섬을 공략하여 리그다미스로 하여금 통치하게 하였던 것이다. 또 그는 신탁에 따라 델로스섬을 정화(淨化)하였다. 즉, 신전에서 바라볼 수 있는 모든 구역에서 매장된 유체를 발굴하여 이것을 섬의 다른 지역으로 옮긴 것이다.

이리하여 페이시스트라토스는 아테네의 독재자가 되었다. 아테네인 중에는 알크메온 일족과 함께 망명한 사람도 있었다.

크로이소스의 귀에 들어온 당시의 아테네 정세는 위와 같았다. 한편 스파르타 쪽은 대단한 고난을 헤쳐 나온 참이었고, 이제 테게아도 제압할 기세임을 크로이소스는 알았다. 스파르타는 레온과 헤게시클레스가 왕이었을 때, 어느 전쟁에나 행운이 따랐지만 테게아에 대해서만은 고배를 마셨던 것이다. 이전에 스파르타는 온 그리스 중에서도 대내외에서 가장 치안이 나쁜 나라라고 해도 좋았다. 특히 대외적으로는 다른 나라 사람과 모든 교섭을 끊었던 것이다. 이러한 스파르타의 국정(國政)이 일변해서 훌륭하게 정비된 사정은 이러하다.

스파르타에서 명망이 높았던 리쿠르고스라는 인물이 신탁을 받기 위해 델포이로 갔다. 그런데 그가 신전의 본전(本殿)에 발을 들여놓자마자 무녀가 다음과 같이 말하였다.

리쿠르고스여, 나의 풍요로운 신전에 왔구나.
그대는 제우스를 위시하여, 올림포스에 사는 수많은 신들의 총아니라.
내가 신탁을 주는 그대는 신인가, 사람인가.
아니다 그대는 신이니라, 리쿠르고스여.

---

36) 아티카로부터의 수입이란, 세수입 이외에 라우레이온 광산이 그 주요 재원이라고 여겨진다. 또 스트리몬강 유역에서의 수입이란 이 트라키아의 강(오늘날의 스토르마강)의 하구에 있는 에이온이나 엔네아 호도이(후의 암피폴리스) 등에서 나오는 은을 가리킨다.

무녀는 또 현재 있는 스파르타의 국제(國制)를 리쿠르고스에게 전수했다고도 전해진다. 그러나 스파르타인의 전승에 따르면, 이것은 리쿠르고스가 그의 조카이자 그 시절 스파르타의 왕이었던 레오보테스의 후견인이 된 뒤 크레타 섬으로부터 가져온 것이라고 한다. 그는 모조리 바꾼 새로운 법에 대한 위반을 엄중하게 단속했다. 그 뒤 또 병제(兵制)를 고쳐 혈맹대, 30인대, 공동 식사 등의 제도[37]를 정하였고 또 감독관이나 장로회[38]를 창설하였다.

이리하여 스파르타는 국제가 크게 정비되었다. 스파르타인은 리쿠르고스가 죽은 뒤 그를 위해 성묘(聖廟)를 세우고 깊이 숭배하여 오늘에 이르고 있다. 스파르타의 땅은 비옥하고 인구도 희박하지 않았기 때문에 곧 발전하여 번영을 자랑하기에 이르렀다. 그래서 이제는 안의하게 지내는 것에 만족하지 않고, 아르카디아 온 국토를 공략하기로 했다. 오래전부터 아르카디아인에게 우월감을 가지고 있었기 때문이다. 이에 대하여 델포이의 신탁을 구하자 무녀는 다음과 같이 전했다.

아르카디아를 달라는 건가? 당치 않는 소원이구나. 허락하지 않겠다.
아르카디아에는 도토리 열매를 먹는 사내아이가 많아서
그대들에게 그런 일은 하게 하지 않을 것이다.

---

37) 에노모티아란 '서로 서약한 동료'라는 뜻으로, 스파르타 군대 조직의 최하부 단위였다. 분대나 소대에 해당한다고 보면 될 것이다. 그러나 그 인원수는 분명치 않다. 기원전 5세기 무렵에는 30여 명 정도였던 것으로 여겨지는데 처음부터 일정했었는지는 알 수 없다. 트리아카스는 문자 그대로 30인 부대였을 테지만, 에노모티아와의 관계는 분명치 않다. 둘은 동일한 것이라는 추측도 있다. 시시티아는 '공동으로 식사하는 일'이라는 뜻인데, 단지 일정한 수의 병사가 공동으로 식사하는 제도를 가리키는 것인지, 혹은 이것도 군대 단위를 의미하는 것인지는 분명치 않다.

38) 스파르타의 정치 조직 구성 요소로는, 세습제에 의한 2명의 왕, 매년 국민 가운데서 5명씩 선출되는 에포로이, 60세 이상의 원로 28명(종신관)으로 이루어진 장로회(집합명사로서는 게르시아) 및 민회(民會)가 있었다. 에포로이는 '감독관'이라는 뜻으로, 국민을 대표하여 국민 일반, 특히 왕의 시정(施政)을 감시한다는 정신에서 생겨난 제도였을 테지만, 왕의 권한이 차차 축소됨에 따라 에포로이의 권한은 확대·강화되어 왕을 처벌하거나 구금할 수도 있었다. 장로회는 28명의 장로에 2명의 왕이 참석함으로써 성립되는데, 그 주된 직권은 사법 분야에 있었다. 그런데 스파르타의 정치 조직의 근간을 이루는 이들 제도가 모두 리쿠르고스에서 비롯되었는지에 대해서는 예로부터 많은 논란이 있어 왔다.

이것은 아까워서 하는 말이 아니다.
그렇다면 그대들에게는 발을 구르며 춤을 출 수 있도록
또 풍요로운 들판을 줄로 재라고 테게아를 양보해서 주리.

이 아리송한 신탁[39]을 믿은 스파르타인은 다른 아르카디아의 도시에는 손도 대지 않은 채 테게아로 군을 진격시켰다. 이때 그들은 테게아인들을 포로로 삼기 위해 족가(足枷)를 가지고 다녔다. 그러나 스파르타는 접전에 패하고 포로가 된 스파르타인은 모조리 자기들이 가지고 있던 족가가 채워져 테게아의 논밭을 줄로 재는 노역에 동원되었다. 이 스파르타인이 찬 족가는 테게아의 '아테네 알레아'[40] 신전 주위에 매달려 내가 살던 시대까지 그대로 남아 있었다.

이렇게 해서 스파르타는 그때까지의 싸움에서는 언제나 테게아 때문에 고배를 마셨는데, 크로이소스 시대에 이르러 아낙산드리데스와 아리스톤이 왕이 되자 마침내 테게아와의 싸움에서 우위를 차지하게 되었다. 이렇게 된 과정은 다음과 같다.

스파르타인은 테게아와 싸우면 언제나 지기 때문에 델포이에 사자를 보내어, 어떠한 신의 비호를 받으면 테게아인을 무찌를 수 있을지 신의 뜻을 물었다. 그러자 무녀는 아가멤논의 아들 오레스테스의 유골을 스파르타로 가지고 돌아가면 소원이 이루어질 것이라는 신탁을 내렸다. 그런데 오레스테스의 묘를 발견할 수 없어서 스파르타인은 다시 델포이에 사자를 보내어 오레스테스가 묻힌 곳을 물었다. 무녀는 사자에게 이렇게 대답했다.

---

39) 아리송하다는 것은 뜻을 여러 가지로 생각할 수 있는 애매한 신탁이었다는 뜻이다. '들판을 줄로 잰다'는 것은 농경지를 배분하기 위한 작업을 말하는데, 스파르타인은 테게아를 점령하여 자기들이 그 땅을 분배할 수 있다고 해석한 것이다. '발을 구르며 춤춘다'는 말의 속뜻은 분명치 않으나, 스파르타인은 우선 전승을 축하하는 춤으로 해석했으리라는 데에는 의심의 여지가 없을 것이다. 또, 아르카디아는 펠로폰네소스 중앙부의 고산 지대로, 생활수준은 낮았지만 외적의 침입에 대해서는 저항력이 강했다. 스파르타가 애를 먹었다는 것도 그 한 예이다. 따라서 주민의 이동도 적었고, 아르카디아인은 '달보다도 더 오래된 민족'이라고 전해졌다. 새로운 연구에 의하면 아르카디아인은 미케네 시대로부터의 언어와 관습을 오랫동안 유지하고 있었던 것이 분명하다고 한다.
40) 테게아시의 수호신.

아르카디아의 평지에 테게아라고 하는 도시가 있다.
여기에 필연적인 강한 힘에 의해 두 개의 바람이 불고 있다.
일격하면 반격하고 화난은 화난 위에 겹친다.
만물을 낳는 대지, 여기에 아가멤논의 아들이 묻혀 있다.
이 뼈를 가지고 돌아가면 테게아의 주인이 되리.

이 신탁을 들은 스파르타인은 전력을 다해서 수색했으나 여전히 찾을 수 없었다. 그러던 차에 마침내 스파르타의 이른바 선행중(善行衆)의 한 사람인 리카스가 그것을 발견한 것이다. 선행중이란 스파르타의 시민으로 기사단[41]을 그만두기로 되어 있는 사람 중에서 가장 연장자를 가리키는 것으로, 그러한 사람은 해마다 다섯 명씩 있었다. 그들은 기사를 그만 두는 해의 1년 동안 끊임없이 여러 방면으로 파견되어 스파르타의 국가에 봉사하는 의무를 지고 있었다.

이러한 선행중의 한 사람이었던 리카스가 그 재주와 우연한 행운으로 묘를 발견했던 것이다.

그 무렵 스파르타와 테게아 사이에는 국교가 열려 있었다. 리카스는 테게아의 대장간 가게에 들려 대장장이가 쇠를 다루는 모습을 바라보면서 감탄하고 있었다. 그러자 대장장이는 리카스가 감탄하는 것을 알아차리고 일손을 멈추고 이렇게 말하였다.

"스파르타에서 오신 손님, 쇠 세공하는 것에 무척 감탄하셨나 봅니다. 이 정도로 놀라시면, 만약에 내가 본 것을 보셨다면 기절초풍하시겠군요. 내가 말입니다, 이곳 안마당에 우물을 파려고 작업을 하는데 7페기스(약 3미터)나 되는 관을 발견했답니다. 설마 현대인보다 큰 사람이 있을까 하고 관을 열었더니, 맙소사, 관과 같은 크기의 시체가 들어 있는 것이 아닙니까? 키를 재보고 나서 다시 흙을 덮어두었지만 말입니다."

대장장이는 이와 같이 자기가 본 사실을 리카스에게 이야기했다. 리카스는 이 이야기를 곰곰이 생각한 끝에, 그것이야말로 바로 신탁에서 말하는 오레스

---

41) 300명의 청년으로 결성된 왕의 친위대로, 본부중대라고 하는 것이 실정에 가까울지도 모른다.

테스의 유체임에 틀림없다고 추론했다. 그 추론의 가닥을 살펴보면, 대장장이가 사용하고 있는 두 개의 풀무는 '두 개의 바람'으로, 모루와 망치가 '일격'과 '반격', 또 두드려 펴진 쇠가 '화난 위의 화난'이라고 본 것이다. 쇠를 화난이라고 한 것은 쇠의 발견이 인간에게 화난을 가져왔다는 식으로 판단한 것이다.

리카스는 스파르타로 돌아가 자초지종을 이야기하였다. 그러자 스파르타에서는 거짓이라는 이유를 붙여 리카스에게 죄를 묻고 그를 추방하였다. 리카스는 테게아로 가서 대장장이에게 자기의 불행한 신상을 이야기하고 그 안마당을 빌려달라고 하였으나, 대장장이는 좀처럼 빌려줄 것을 허락하지 않았다. 그러나 마침내 승낙을 받은 리카스는 그 마당에 거처를 정하고 묘를 파헤쳐 뼈를 모아 스파르타로 되돌아갔다. 그 뒤부터는 두 나라가 싸움을 할 때마다 스파르타가 단연코 우위에 서게 되었고, 마침내 펠로폰네소스의 대부분은 스파르타가 정복하고 말았다.

크로이소스는 위와 같은 일 모두를 조사해서 알게 되자, 사자에게 선물을 들려 보내며 스파르타에 가서 자신의 말을 전하고 동맹을 요구하게 하였다. 사자는 스파르타에 도착하자 이렇게 말하였다.

"우리는 리디아와 다른 여러 민족의 왕 크로이소스의 명을 받고 왔습니다. 왕이 하신 말씀은 다음과 같습니다. '스파르타 여러분에게 말씀드립니다. 나는 그리스인과 우의를 맺으라는 신탁을 받았습니다. 때문에 귀국을 헬라스 중에서 가장 강한 나라라 보고, 여기에서 신탁의 뜻에 따라 속임이나 거짓 없이 귀국과 우호동맹을 맺고자 합니다.'"

크로이소스가 받은 신탁은 스파르타인의 귀에도 들어가 있었기 때문에 그들은 리디아 사자의 내방을 기뻐하고 우호동맹의 서약을 세웠다. 여기에는 특별한 이유도 있었다. 스파르타는 이전에 크로이소스로부터 약간의 은혜를 받아 그에 보답할 책임을 느끼고 있었던 것이다. 그 은혜란, 현재 라코니아[42]의 토르낙스에 있는 아폴론 상을 만드는 데에 필요한 금을 사기 위하여 스파르타가 사자를 사르데스로 보낸 일이 있었는데, 크로이소스가 금을 무료로 주었던 것이다.

---

42) 라코니아는 스파르타를 수도로 하는 지방 이름. 토르낙스는 스파르타 동북방에 있는 산.

아울러 스파르타가 크로이소스의 동맹 제의를 수락한 데에는, 크로이소스가 그리스의 모든 국가 중에서 특히 스파르타를 우호국으로서 골라준 데에도 그 영향이 있었다. 그래서 스파르타는 크로이소스로부터 제의가 오면 언제나 그에 응할 마음이 생겼을 뿐만 아니라, 용량 300암포레우스(2500갤런)에 이르는 청동 혼주기를 만들어 그 바깥 둘레에 갖가지 모양을 조각하여 이를 크로이소스에게 답례로서 보내려고 하였다. 그러나 이 혼주기는 사르데스에 도착하지 않았다. 그 원인에 대해서는 다음 두 가지 설이 있다.

스파르타 측에서 하는 말에 따르면, 혼주기가 사르데스로 운반되는 도중 사모스 해역까지 왔을 때, 그것을 들어서 알고 있던 사모스인이 군선(軍船)으로 밀어닥쳐 혼주기를 빼앗아 갔다고 한다.

그러나 당사자인 사모스인의 말에 따르면, 혼주기를 운반하는 스파르타인이 너무 늦게 왔다고 한다. 그래서 그들은 도중에 사르데스가 함락하고 크로이소스도 붙잡혔다는 것을 알고 혼주기를 사모스에서 팔아버렸고, 몇몇 사모스의 시민이 개인적으로 그것을 사서 헤라의 신전에 봉납했다고 한다. 어쩌면 팔아치운 사람들이 스파르타로 돌아가서 사모스인에게 빼앗겼다고 말했는지도 모른다.

크로이소스와 키루스의 대결

크로이소스는 신탁의 참뜻을 오해해, 키루스와 페르시아 세력을 무너뜨릴 수 있다고 확신하여 카파도키아[43]로 군대를 진격시켰다.

크로이소스가 페르시아 진격 준비를 하고 있을 때, 산다니스라고 하는 리디아인이 왕에게 다음과 같이 건의하였다. 이 사나이는 이전부터 현인으로 알려져 있었는데, 특히 이때 왕에게 보인 식견 때문에 더욱 현자의 명예를 높인 사람이다.

"왕이시여, 지금 출병을 준비하고 있는 상대가 어떤 인종인지 왕께서는 알고 계십니까? 그들은 가죽으로 만든 바지를 입고, 그 밖의 의복도 모두 가죽으로 만든 것을 사용하고 있습니다. 또 식사도 토지가 불모(不毛)하기 때문에

---

43) 카파도키아는 대체로 소아시아의 동쪽 지방을 가리킨다. 북쪽은 흑해, 남쪽은 타우로스산맥으로 둘러싸여 있고, 서쪽은 할리스강, 동쪽은 아르메니아 국경에 이르는 지역.

먹고 싶은 만큼 먹는 것이 아니라, 있는 것만큼만 먹는 자들입니다. 게다가 그들은 포도주를 사용하지 않고 음료수는 물뿐이고, 식용으로 할 무화과도 없으며, 맛있는 것이라고는 하나도 없습니다. 그러므로 그들과의 싸움에서 이기시더라도, 아무것도 가지지 않은 그들로부터 도대체 무엇을 얻을 수가 있겠습니까. 그러나 가령 왕께서 패하셨을 때에는 얼마나 많이 좋은 것을 잃게 될지를 생각해 보십시오. 그들이 우리나라에 있는 여러 가지 좋은 것을 맛보게 되면 반드시 이에 집착하여 쫓아내려고 해도 꿈쩍 하지 않을 것입니다. 저는 페르시아인으로 하여금 리디아를 공격하지 않게 하시는 신들에게 정말로 감사하고 있습니다."

그는 위와 같이 말하였으나 크로이소스를 설득할 수는 없었다. 실제로 페르시아에는 리디아를 정복하기 이전에는 화려하고 마음에 찬 것은 하나도 없었던 것이다.

카파도키아 주민은 그리스에서는 시리아인[44]이라 불리고 있다. 이 시리아인은 페르시아가 지배하기 이전에는 메디아에 복속(服屬)되어 있었는데, 그곳은 그 시절엔 키루스의 영토였다. 할리스강이 메디아령(領)과 리디아령을 갈라놓고 있었기 때문이다. 이 강은 아르메니아의 산중에서 시작하여 킬리키아를 뚫고 흐르다가 이윽고 오른쪽으로는 마티에노이족[45]의 나라를, 왼쪽으로는 프리기아를 바라보면서 흐른다. 이 두 민족의 나라를 지나면, 수로를 북으로 돌려 오른쪽은 카파도키아(시리아)인의 나라, 왼쪽은 파플라고니아의 경계를 이룬다. 이와 같이 할리스강은 키프로스에 면한 바다에서 흑해에 걸쳐, 남부 소아시아[46] 거의 전역의 경계를 이루고 있는 것이다. 그리고 이 부분이 이 지역 전체의 목[47]에 해당하며, 가벼운 몸차림으로는 5일이면 주파할 수

---

44) 시리아인은 아시리아인의 약칭으로 여겨지며, 실제로 같은 뜻으로 사용되기도 한다. 본디 아시리아의 판도(版圖)에 속해 있었기 때문일 것이다. 일단은 남방의 이른바 시리아인과는 구별해야 하지만, 시리아인이라는 호칭은 매우 넓은 뜻으로 사용되고 있었던 것 같다.

45) 헤로도토스는 이 민족에 대하여 여러 번 언급하고 있는데, 대부분의 경우 보다 더 동쪽에 있는 것으로 서술한다. 여기서 말하는 마티에노이는 한 분파라고 볼 수밖에 없을 것이다.

46) 할리스강에서 서쪽으로 펼쳐진 지역.

47) 가장 가는(좁은) 부분이라는 뜻인데, 엄밀히 말하면 그렇지 않고, 또 도보자가 5일 만에 주파할 수 있는 거리는 아닌 듯하다. 특별히 빠른 걸음의 속도로 계산한 것이 아니라면, 저자의 오문(誤聞)이나 오해에서 비롯된 것 같다.

있다.

크로이소스가 카파도키아에 군대를 진격시킨 이유는 영토욕에 사로잡혀 있었기 때문이기도 했지만, 가장 큰 이유는 예의 신탁을 믿었다는 것과, 키루스를 쳐 아스티아게스의 원수를 갚고 싶다고 생각했기 때문이다. 키악사레스의 아들 아스티아게스는 크로이소스의 의형제로 메디아의 왕이었는데, 캄비세스의 아들 키루스가 그를 굴복시켜 지배하에 두었기 때문이다. 아스티아게스가 크로이소스의 의형제가 된 내력은 다음과 같다.

유목민인 스키타이인의 한 떼가 본국에서 모반을 일으켰다가 메디아로 도망쳐 왔다. 그때 메디아의 왕은 데이오케스의 손자이자 프라오르테스의 아들 키악사레스였다. 그는 처음에 이들 스키타이인을 보호를 탄원한 자들이라 해서 친절하게 돌보았다. 키악사레스는 그들을 높이 평가했기 때문에 아이들을 그들에게 맡겨서, 그들의 기마전술이나 궁술(弓術)을 배우게 하였다. 시간이 지나고 그 사이에 스키타인인들은 매일같이 사냥에 나갔고, 언제나 무엇인가 사냥감을 가지고 돌아왔다. 그러던 어느 날 공교롭게도 사냥감이 하나도 없었다. 빈손으로 돌아온 그들을, 키악사레스는 매우 거칠게 다루었다. 이때의 태도로 안 일이지만 그는 성질이 급했다. 키악사레스로부터 이런 꼴을 당한 스키타이인들은 무례한 처사라고 화를 냈다. 그들은 모여서 상의를 한 결과 자기들이 맡아서 가르치고 있는 그의 자식 중 한 아이를 죽여, 언제나 짐승을 요리했던 대로 요리하여 사냥감이라고 속여 키악사레스에게 준 다음, 바로 사르데스에 있는 아디아테스의 아들 알리아테스에게로 도망가기로 결정했다. 일은 계획대로 진행되어 키악사레스와 여럿이 그 고기를 먹었고, 스키타이인들은 일을 끝낸 뒤 그곳을 도망쳐 알리아테스에게 보호를 요청했다.

그 뒤, 키악사레스가 이들 스키타이인의 인도를 요구했는데 알리아테스가 응하지 않았다. 그러자 리디아와 메디아 사이에 전쟁이 일어나 5년 동안 계속되었다. 그동안에 승패가 자주 엇갈렸다. 어떤 때에는 야전(夜戰)[48]을 한 적도 있었다. 전쟁은 막상막하로 진행되어 6년째에 접어들었을 때였다. 싸움이 한

---

48) 원문에서는 이 '야전(夜戰)'이 처음 5년 동안의 기간에 일어났던 것처럼 해석된다. 그러나 이 것은 다음 문장과 곧 모순된다. 여기서 말하는 야전은 일식(日蝕) 동안의 전투를 가리키는 것이 틀림없으므로, 원문에 무엇인가 오해가 있다고밖에 생각할 수 없다.

창일 때 갑자기 낮이 밤이 되고 말았다.[49] 이 하늘의 돌변은 밀레토스의 탈레스가, 실제로 그 해까지 정확히 들어 이오니아인에게 예언했던 일이다.

리디아·메디아 두 군은 다 같이 낮이 밤으로 변한 것을 보고 싸움을 그만두고 할 수 없이 화평을 서두르기 시작했다. 이때 두 나라 사이에서 화평을 조정한 것은 킬리키아의 시엔네시스[50]와 바빌론의 라비네토스 두 사람으로, 화평의 서약을 하게 하고 혼인 교환을 하기로 정했다. 그리하여 알리아테스가 딸 아리에니스를 키악사레스의 아들 아스티아게스에게 시집을 보내도록 하였다. 협정이라고 하는 것은 혼인관계의 강력한 유대가 없고서는 좀처럼 견고하게 유지되기가 어려운 것이기 때문이다. 이들 민족은 그리스인과 마찬가지로 서약을 하고, 더 나아가서 팔의 피부를 갈라 피를 낸 다음 서로 마셨던 것이다.

이리하여 키루스는 외할머니에 해당하는 아스티아게스를 정복하여 지배하게 되었는데, 그 원인에 대해서는 뒷장에서 서술하기로 한다. 크로이소스는 키루스의 위와 같은 행위를 괘씸하다고 여겨, 페르시아 출정(出征)의 가부를 묻기 위해 신탁소에 사자를 보냈다. 그런데 예의 아리송한 신탁을 보고받자 그것을 자기에게 유리하게 해석하여 페르시아 영토로 군을 진격시키기에 이른다.

크로이소스는 군이 할리스강을 건너게 하였는데, 당시에 걸려 있던 다리를 이용했을 것이라 나는 생각한다. 하지만 그리스에서 널리 퍼진 이야기에 따르면, 밀레토스의 탈레스가 강을 건너게 했다고 한다. 그 시절에는 아직 그와 같은 다리가 없어서 어떻게 군대를 건너게 할 것인가 망설이고 있는데, 마침 진영에 있던 탈레스가 크로이소스를 위해 군의 왼쪽으로 흐르고 있던 강을 오른쪽으로도 흐르도록 했다는 것이다. 그 방법은 이러했다. 진지 위쪽에서 깊은 운하를 파서 이것을 반달꼴로 유도를 해 강물이 본래의 수로에서 벗

---

49) 천문학자의 계산에 따르면, 알리아테스 재위 중에 이 지방(소아시아)에 두 번에 걸쳐 일식이 있었는데, 한 번은 기원전 610년 9월 30일에, 또 한 번은 기원전 585년 5월 28일에 있었다 한다. 완전한 개기일식이었던 경우는 후자로, 여기에서 이야기되고 있는 것은 이때의 일식을 가리키는 것으로 여겨진다.
50) 시엔네시스란 킬리키아 왕의 세습적 명칭으로, 이집트의 파라오와 같이 고유명사가 아니다.

어나 운하로 흘러들어 진지가 있는 곳에서 둘로 갈라져 양쪽 모두 걸어서 건널 수 있게 되었다는 것이다. 애초의 수로가 완전히 말라버렸다는 이야기까지 있다. 그러나 나는 이 이야기를 도저히 믿을 수가 없다. 우선 돌아올 때에는 어떻게 강을 건넜을까 하는 것이다.

크로이소스는 군대와 함께 강을 건너, 카파도키아의 프테리아[51]라는 지역에 도착했다. 이 프테리아는 이 지방에서 가장 견고한 요새로, 흑해 연안의 도시 시노페[52]와 거의 같은 (남북의) 선상에 있다. 크로이소스의 군대는 여기에 진을 치고 시리아인들의 논밭을 유린하고 다녔다. 더 나아가 프테리아의 중심 도시를 점령해 노예화하고, 인근 도시들도 모두 점령하여 아무 죄도 없는 시리아인들을 쫓아냈다.

키루스도 자기 군대를 모아, 또 지나가는 지역의 주민들을 모두 데리고 크로이소스에 대항하였다. 그런데 키루스는 군대를 움직이기 전에 이오니아 각지에 사자를 보내어 크로이소스에게 등을 돌리도록 하였다. 그러나 이오니아인은 이에 따르지 않았다. 키루스가 도착하고 크로이소스와 대치하여 진지를 구축하자, 두 군은 프테리아 지구에서 힘겨루기를 하게 되었다. 격렬한 전투가 벌어져 두 군 모두 많은 사상자를 냈으나, 결국 승패는 나지 않고 해가 지자 전투는 끝이 났다.

두 군의 전투는 위와 같았는데, 크로이소스는 교전 때 자기 군대가 키루스 군보다도 훨씬 열세였기 때문에 자군(自軍)에 불만을 느끼고 있었다. 그런데 이튿날 키루스가 공격을 해오지 않자 사르데스로 철수하였다. 그의 생각으로는, 스파르타와 동맹을 맺기 전부터 이집트 왕 아마시스와 동맹 관계였으므로 이집트에 구원을 청하고, 또 바빌로니아에게도 도움을 요청하고 나아가 스파르타에도 정해진 날짜에 와 주기를 알려, 이들 동맹군을 합하고 자국군을 더 모아 겨울이 끝나기를 기다렸다가 이른 봄에 출정할 계획이었다.

크로이소스는 이와 같은 생각을 하면서 사르데스로 돌아와 각 동맹국에 사자를 보내어, 그로부터 5개월째 되던 날에 집결하도록 알렸다. 그리고 페르

---

51) 이곳의 정확한 위치는 알 수 없다. 이를 지난날 히타이트 제국의 수도 하투샤(보가즈쾨이)와 동일시하는 것은 무리일 것이다.
52) 흑해 남쪽 해안, 할리스강 하구에 있는 유명한 밀레토스의 식민 도시.

시아의 세력과 교전한 휘하 부대 안의 외인 용병을 모두 휴가를 주어 해산시켰다. 그와 같은 아슬아슬한 싸움을 한 뒤에 키루스가 사르데스에 공격해 오리라고는 꿈에도 생각하지 않았기 때문이다.

크로이소스가 이와 같은 계획을 짜고 있을 때, 시외(市外) 일대가 갑자기 뱀으로 들끓는 사건이 일어났다. 이 뱀의 출현과 함께 목장의 말들이 풀 뜯는 것을 그만두고 뱀을 쫓아서는 이를 먹어버렸다. 크로이소스는 이 광경을 보고, 이것은 무슨 전조(前兆)일 것이라고 생각하였다. 그리고 그것은 사실 그러했다. 그는 곧 점으로 유명한 텔메소스[53]인의 도시로 신탁사(信託使)를 보냈다. 사자는 텔메소스에 도착하여 전조의 뜻을 들었지만, 이것을 크로이소스에게 보고할 수가 없었다. 왜냐하면 사자가 배로 사르데스에 도착하기 이전에 크로이소스는 붙잡힌 몸이 되었기 때문이다. 텔메소스인은 다른 나라의 군대가 크로이소스의 국토에 육박하고 있다는 것, 그들이 그곳 사람들을 정복할 것이라는 미래를 간파하고 있었다. 뱀은 대지의 아들이고, 말은 외래의 적이기 때문이라는 것이다. 텔메소스인은 사르데스의 도시나 크로이소스에게 일어난 일은 꿈에도 모르고 이와 같은 답을 주었는데, 대답을 받을 당사자인 크로이소스는 이미 붙잡힌 몸이 되어 있었던 것이다.

키루스는 크로이소스가 프테리아의 전투 뒤 철수하면 곧 휘하의 군대를 해산할 것이라는 사실을 알고, 리디아의 전력이 다시 결집되기에 앞서 될 수 있는 대로 빨리 사르데스에 출병(出兵)하는 것이 계책이라 판단했다. 키루스는 이를 실행에 옮기는 것도 빨랐다. 리디아 영내에 군을 진격시켰는데, 크로이소스로 보자면 키루스 자신이 그 진공(進攻)을 알리는 사자의 역할을 했다고 해도 과언은 아니었다. 여기에서 크로이소스는 사태가 전혀 예기치 않은 결말을 가져왔기 때문에 매우 당황했으나, 그래도 리디아군을 이끌고 항전을 시작했다. 당시 아시아에서는 용기나 전력 면에서 리디아인을 능가하는 민족은 하나도 없었다. 그들이 전투를 하는 방법은 말을 타고 큰 창을 휘두르는 것으로 그들의 승마 기술은 탁월했다.

두 군은 사르데스의 전면에 있는 평야에 세차게 몰려들었다. 여기는 한 그

---

53) 리키아의 지명. 이 도시의 시조인 같은 이름의 텔메소스는 아폴론의 아들이라 전해지며, 따라서 이곳 시민은 전통적으로 점술로 유명했다.

루의 나무도 없는 광대한 들판으로, 힐로스강을 비롯하여 몇 줄기의 강물이 관통하고, 이들은 다 같이 헤르모스라고 하는 큰 강에 흘러든다. 헤르모스강은 어머니 신 딘디메네[54]의 성산에서 시작하여 포카이아 도시 근처에서 바다로 들어가는 강이다. 이때 키루스는 리디아군이 전투태세를 갖춘 것을 보고 그 기마대에 공포를 느껴 메디아인 하르파고스의 계획에 따라 다음과 같은 작전을 취하였다.

식량이나 자재를 싣고 군대를 따르고 있는 낙타를 모두 모아 그 짐을 내리게 하고, 그 대신 기병의 장비를 갖춘 병사를 태웠다. 키루스는 낙타의 장비를 끝마치자 낙타부대를 전군의 선두에 세워 크로이소스의 기병대에 대항하도록 지령했다. 그리고 보병대는 낙타 부대를 이어서 가도록 하고, 보병대 뒤에는 모든 기마대를 배치했다.

전군의 배치가 끝나자 키루스는, 대항하는 리디아인은 사정없이 죽여도 좋지만 크로이소스만은 붙잡을 때 저항을 해도 죽여서는 안 된다고 명하였다.

키루스가 낙타를 기병과 대항하게 한 이유는 이러하다. 말은 낙타를 무서워하여, 그 모습을 보기만 하여도 또는 그 냄새만 맡아도 참을 수가 없는 동물이다. 이렇게 크로이소스가 화려한 성과를 기대하던 기병대를 쓸모없는 것으로 만들기 위해 계략을 짠 것이다.

두 군이 전투로 들어갔을 때, 말은 낙타의 냄새를 맡고 또 그 모습을 보자 이내 방향을 돌려 도주하기 시작했다. 코로이소스의 희망은 무너지고 말았다. 그러나 그 뒤 리디아군의 활약은 결코 보기 흉한 것은 아니었다. 그들은 무슨 일이 일어났는가를 알자 말에서 뛰어내려 도보로 페르시아군과 싸웠다. 두 군 모두 많은 사망자를 냈으나 결국 리디아군은 패주하여 (아크로폴리스의) 성벽 안으로 쫓겨 들어가 페르시아군의 포위 공격을 받게 되었다.

이렇게 해서 사르데스의 포위 공격이 시작되었는데, 크로이소스는 오래 끌 것으로 생각하고 성 안에서 동맹국에 사자를 보냈다. 이전에 파견한 사자는 5개월째가 되던 날 사르데스에 집합할 것을 전달하기 위한 것이었지만, 이번 사자의 임무는 키루스가 포위 공격 중이므로 한시라도 빨리 구원하러 와주었

---

54) 이 이름은 프리기아의 지명 딘디몬에서 유래되었다. 프리기아와 리디아에서 널리 숭배됐던 키벨레 여신의 다른 이름이다.

으면 좋겠다고 부탁하려는 것이었다.

사자는 각 동맹국으로 보내어졌는데, 그중에서도 스파르타에 중점이 두어졌다. 그런데 공교롭게도 마침 이 무렵에[55] 스파르타는 티레아라고 하는 지구를 둘러싸고 아르고스와 분쟁에 휘말려 있었다. 티레아는 본디 아르고스의 일부였는데 스파르타가 이것을 분리해서 자국령으로 삼고 만 것이다. 또 (아르고스의) 서쪽, 말레아곶에 이르는 지역도, 본토에 있는 부분은 물론, 키테라섬을 비롯하여 그 밖의 섬들도 포함해서 아르고스령이었던 것이다.

아르고스인은 빼앗긴 자국령의 회복을 위해 달려갔다. 이야기를 한 결과, 두 군에서 300명씩 전사가 나와 싸워 이긴 쪽이 문제의 지역을 차지한다는 협정이 성립되었다. 그리고 두 군의 본대(本隊)는 각기 자국령으로 철수, 그 자리에 남아 있지 않기로 하였다. 그것은 본대가 그 자리에 남아 있을 경우, 어느 쪽이든 자기편에 불리하다는 것을 알면 응원하러 달려갈 염려가 있기 때문이었다.

두 군이 위와 같은 협정을 맺고 철수하자, 선발된 전사들은 뒤에 남아서 싸웠다. 두 나라의 전사들은 대등하게 싸워 마침내 마지막으로 600명 중 세 명만이 살아남았다. 아르고스 쪽에서는 알케노르와 크로미오스 두 사람, 스파르타 쪽에서는 오트리아데스 단 한 사람이었다. 이 세 사람만이 남았을 때 해가 넘어갔다. 아르고스 쪽 두 사람은 자기들이 이긴 것이라 생각하고 뛰어서 아르고스로 돌아갔으나, 스파르타 쪽의 오트리아데스는 아르고스군의 전사자 시체에서 무기를 빼앗아 그것을 자기 진지로 가지고 갔다.

이튿날 두 군은 결과를 보기 위하여 와서, 얼마 동안은 서로가 자기의 승리를 주장하였다. 한편에선 살아남은 사람의 수가 많으니까 자기 쪽이 이겼다 하고, 다른 편에선 상대가 도망쳐서 돌아갔는데도 자기 쪽은 끝까지 버티어 적의 전사자 무기까지 빼앗았으므로 이쪽이 이겼다고 하였다. 마침내 이 말싸움으로 두 군이 충돌하여 많은 사상자를 낸 끝에 스파르타군이 승리를 거두었다.

이때부터 아르고스인은 장발을 하던 관습을 버리고 티레아를 탈환할 때까

---

55) 아마도 기원전 550년 무렵으로 여겨진다.

지는 단 한 명의 남자도 머리를 길러서는 안 되며, 여자는 황금 장신구를 착용해서는 안 된다는 저주 깃든 규정을 만들었다. 이에 대하여 스파르타는 이와는 반대되는 규정을 만들어, 그때까지는 장발이 아니었던 것을 그 뒤부터 머리를 기르도록 했다. 또 300명 중에서 살아남은 단 한 사람인 오트리아데스는, 같은 부대의 전우가 전사했는데 자기 혼자 스파르타로 돌아온 것을 부끄럽게 생각하여 티레아에서 자결하였다고 한다.[56]

포위당한 크로이소스를 구원해 달라고 요청하는 사르데스의 사자가 온 것은, 스파르타에서 이런 사태가 한창 일어나고 있었을 때였다. 그래도 스파르타인은 사자가 전하는 말을 듣자 서둘러 구원을 위해 달려가려고 하였다. 그런데 모든 준비를 갖추고 배가 출발하기 직전에 두 번째 소식이 들어와, 리디아의 성곽은 함락되고 크로이소스는 붙잡혔다는 것을 알았다. 이리하여 스파르타인은 크로이소스의 비운을 통탄했지만 출병을 단념하고 말았다.

사르데스가 함락된 정황은 다음과 같다. 코르이소스가 포위된 지 14일째가 되던 날, 키루스는 성벽을 맨 먼저 오르는 사람에게는 은상(恩賞)을 준다는 포고를 기병을 통해서 휘하의 전군에게 전달하였다. 그리하여 전군의 장병들이 그것을 시도했으나 성공하지 못하고 모두가 단념했다. 그런데 오직 한 사람, 마르도이족[57]의 사나이로 히로이아데스라고 하는 자가 아크로폴리스의 경비병이 배치되지 않은 곳으로 등반(登攀)을 시도하였다. 설마 이 방면에서 아크로폴리스가 점령되리라고는 아무도 생각하지 못했다. 아크로폴리스의 이 부분은 깎아 세운 듯한 절벽으로 되어 있어 도저히 공격을 할 수 없었기 때문이었다. 옛날 사르데스의 왕이었던 멜레스[58]가, 그의 첩이 낳은 사자를 끌고 다녔을 때에도 이 부분만큼은 지나가지 않았다. 텔메소스인이 그 사자를 데리고 성벽을 일주하면, 사르데스는 난공불락이 될 것이라고 점을 쳤었다. 그때 아크로폴리스의 공격을 받기 쉬운 주변의 성벽을 모두 돌아본 멜레스도

---

56) 테르모필레전(戰)(기원전 480년) 후에도 같은 일이 있었다.

57) 이란 고원의 남서부 산중에 있었던 유목민.

58) 멜레스가 어느 때의 왕이었는지는 알 수 없다. 이야기의 내용으로 보아 신화적인 색채가 농후한 인물이었던 것 같다. 또 사자는 리디아의 태양신 산돈의 성수(聖獸)로, 리디아 도시의 문장이기도 하다.

이곳만은 험난해서 공격하지 못할 것이라고 하여 등한시했던 것이다. 이곳은 트몰로스산에 면한 부분[59]이다.

그런데 마르도이족의 히로이아데스는, 그 전날 리디아인 한 명이 아크로폴리스의 이곳으로 내려와 위에서 굴러 떨어진 가죽 투구를 주워 올라가는 것을 보고 이것을 마음에 새겨두고 있었다. 그리하여 이때 그는 직접 올라가 보았던 것인데, 그의 뒤를 따라 다른 페르시아인도 이어서 올라갔다. 이윽고 많은 병사가 등반에 성공하여 사르데스 전체를 파괴시켰던 것이다.

크로이소스의 운명은 다음과 같았다.

앞에서도 말한 바와 같이 크로이소스에게는, 다른 면에서는 나무랄 데가 없는데 말을 못하는 자식이 하나 있었다. 지금은 과거가 된 그의 전성시대에 크로이소스는 이 아이를 위해 할 수 있는 일은 모두 해보았다. 여러 가지로 신경을 쓴 가운데에는, 이 아이에 대해서 신탁을 받기 위해 델포이에 사자를 보낸 일도 있었다. 이에 대해 무녀의 대답은 이러했다.

리디아에 태어난 모든 백성의 왕, 세상에서도 어리석은 크로이소스여,
왕궁 안에서 고대하는 아이의 소리를 바라지 마라.
그렇게 되지 않는 것이 그대에게는 훨씬 좋은 일이다.
그 소리를 처음으로 듣는 그날이야말로 재난의 날이다.

성이 점령되었을 때, 페르시아 병사 한 명이 크로이소스를 다른 사람으로 잘못 알고 그를 죽이려 접근해 왔다. 크로이소스는 눈앞의 불행에 마음이 빼앗겨 다가오는 사나이를 보면서도 신경을 쓰지 않았다. 또 당장 죽어도 여한이 없다는 기분이었다. 그런데 그 말 못하는 아이가 페르시아인이 다가오는 것을 보고 무섭고 슬픈 나머지 소리를 질렀다.

"크로이소스왕을 죽이면 안 돼!"

그 아이는 이때 처음으로 말을 한 것인데, 그 이래 평생 말을 할 수 있게 되었다.

---

[59] 아크로폴리스의 남쪽 부분에 해당한다.

이렇게 해서 페르시아군은 사르데스를 점령하고, 크로이소스를 포로로 사로잡았다. 크로이소스는 재위 14년, 포위공격을 당한 지 14일 만에 신탁대로 자신의 대제국에 종지부를 찍은 것이다.[60]

페르시아군은 크로이소스를 붙잡자 키루스에게로 데리고 갔다. 키루스는 거대한 장작더미를 쌓아올리게 하고, 족가를 채운 크로이소스를 14명의 리디아 아이들과 함께 그 위로 올라가게 하였다. 키루스의 의도는, 이것을 이번 전쟁의 첫 노획물로 삼아 어떤 신에게 바칠 생각이었는지도 모르고, 무엇인가 기원을 할 생각이었는지도 모른다. 또 크로이소스가 신심(信心)이 깊다는 말을 들었던 터라, 과연 어떤 신이 산 채로 불타 죽는 이 비운의 사나이를 구원할 것인가를 보고 싶다고 생각했는지도 모른다.

장작 위에 선 크로이소스는 이토록 비운에 직면하면서도, 문득 솔론이 한 말이 생각났다.

"인간은 살아 있는 한 그 누구도 행복하다고 말할 수 없다."

이 얼마나 영감에 찬 말인가! 이런 생각이 떠오르자 이제까지 한마디도 않고 침묵을 지키던 크로이소스가 깊은 한숨을 쉬며 슬픈 목소리로 세 차례나 솔론의 이름을 불렀다. 키루스는 그것을 듣고 통역에게, 크로이소스가 그토록 이름을 부르고 있는 사람은 도대체 누구냐고 묻게 하였다. 통역이 곁으로 가서 묻자 크로이소스는 처음에는 입을 열지 않았으나 대답을 강요당하자 이윽고 이렇게 말했다고 한다.

"그 사람이야말로, 이 세상의 모든 왕이 되는 사람들과 만나서 이야기를 해준다면 천만금도 아깝지 않다고 내가 생각하는 인물이다."

통역들은 이 말의 의미를 이해하지 못하고 그것이 무슨 뜻이냐고 끈질기게 물었다. 마침내 크로이소스는 이전에 아테네 사람 솔론이 자기에게로 와서, 자기의 재물을 모두 보고도 이러이러한 말을 하면서 전혀 감동하지 않았다는 것, 자기 신상은 솔론이 한 말 그대로 되었다는 것, 솔론은 자신의 일을 말했다고 하느니보다는 일반적인 인간사에 대해서 말한 것으로, 특히 자기 멋대로 행복하다고 생각하는 인간에 대해서 말한 것으로 생각한다는 것 등을 이야

---

60) 사르데스가 언제 함락되었는지 정확한 연도는 알 수 없지만, 기원전 546년이 가장 믿을 만한 것으로 생각된다(계보 참조).

기하였다.

크로이소스가 이러한 이야기를 하고 있는 동안, 장작에 불이 붙여져 가장 자리부터 타오르기 시작했다고 한다. 키루스는 통역으로부터 크로이소스가 한 말을 듣고 마음이 변하였다. 자기도 같은 인간이면서 한때는 자기 못지않게 부귀영화를 누린 또 한 사람을 산 채로 불에 태워 죽이려 한다는 것을 생각하고, 더 나아가서는 그 응보(應報)를 두려워하고 인간 세상의 무상을 뼈저리게 느낀 것이다. 그는 타오르고 있는 불길을 될 수 있는 대로 빨리 꺼서, 크로이소스와 아이들을 내려오도록 명령했다고 한다. 그러나 이미 타오른 불길을 어찌할 수가 없었다고 한다.

여기에서 리디아인의 전승(傳承)은 계속 이어지고 있다. 키루스의 마음이 변한 것을 안 크로이소스는, 많은 사람의 노력에도 불구하고 이미 불길을 잡을 수가 없다는 것을 알자 아폴론의 이름을 소리 높여 불렀다. 그리고 적어도 자기가 이전에 봉납한 것 중에서 신의(神意)에 흡족한 것이 있었다면 도움을 주

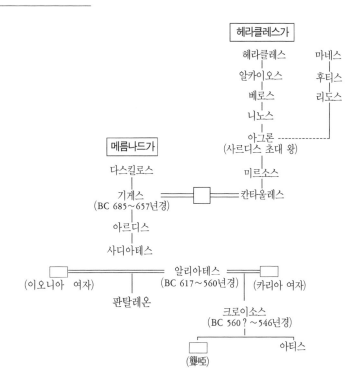

서서 이 위기로부터 구해주소서 하고 기도를 하였다고 한다. 크로이소스가 눈물을 흘리며 신의 이름을 부르던 그때, 맑게 개이고 바람 한 점 없던 하늘에 갑자기 구름이 모여 폭풍우가 일어났다. 차축을 쓰러 내릴 정도로 비가 세차게 쏟아져 장작불은 꺼지고 말았다. 그래서 키루스는 크로이소스가 신의 사랑을 받고 있는 훌륭한 사람이라는 것을 알고 그를 장작 위에서 내려 이렇게 물었다고 한다.

"크로이소스여, 그대를 부추겨 우리나라에 군대를 진격시켜 나의 친구가 아니라 적이 되게 한 자는 누군가?"

크로이소스가 말하였다.

"왕이시여, 본인이 이런 일을 저지른 것은 하나는 왕의 운이 강했기 때문이고, 또 하나는 본인의 불운에 의한 것입니다. 하지만 근본을 따진다면 본인에게 출병(出兵)을 독촉한 저 그리스 신이 한 짓입니다. 평화보다 전쟁을 선택할 정도로 무분별한 인간이 어디 있겠습니까? 평화로울 때에는 아들이 아버지를 묻지만, 전쟁이 일어나면 아버지가 아들을 묻어야 합니다. 그러나 아마도 이렇게 되는 것이 신의 뜻이었던 것 같습니다."

크로이소스가 이렇게 말하자, 키루스는 그의 포박을 풀게 하고 자기 옆에 앉혀 매우 정중하게 대접하였다. 그 자리에 있던 사람들도 모두 크로이소스를 감탄의 눈으로 바라보았다.

크로이소스는, 깊은 생각에 잠겨 있다가 이윽고 고개를 들어 페르시아군이 리디아의 수도를 약탈·파괴하고 있는 모습을 보고 이렇게 말하였다.

"왕이시여, 본인이 지금 생각하는 것을 말씀드려도 좋겠습니까? 아니면 지금은 말하지 않는 것이 좋겠습니까?"

키루스는 그에게 신경 쓰지 말고 무엇이든지 하고 싶은 말이 있으면 하라고 말하였다. 그래서 크로이소스는 키루스에게 물었다.

"저 많은 사람들은 도대체 무엇을 저렇게 열심히 하고 있는 것입니까?"

키루스가 대답하였다.

"저자들은 그대의 도시를 약탈하고 그대의 재보를 날치기하고 있는 거요."

크로이소스는 이에 대하여 말하였다.

"아니오, 저자들이 날치기하고 있는 것은 저의 도시도 재보도 아닙니다. 그곳에 있는 것은 이제 그 무엇도 저의 것이 아닙니다. 모두 그대의 것입니다."

키루스는 크로이소스의 말에 신경이 쓰여, 곁에 있던 사람들을 내보내고 크로이소스에게 그가 현재의 사태를 보고 어떠한 느낌을 받는지 물었다. 크로이소스는 말했다.

"저는 신의 섭리로 왕의 종이 된 이상, 왕께서 알아차리지 못한 일을 본인이 알아차렸다면 말씀드려야 한다고 생각합니다. 본디 페르시아인은 성질이 교만으로 흐르기 쉬운 데다가 가난한 백성입니다. 따라서 만약에 이들이 제멋대로 약탈하고 막대한 재물을 손에 넣는 것을 그대로 내버려 두신다면, 다음과 같은 일이 일어날 것을 각오하셔야 할 것입니다. 그들 중 가장 많은 재물을 손에 넣은 자는 이윽고 왕께 반기를 들 것입니다. 따라서 만약에 본인이 드리는 말이 뜻에 맞으신다면 이렇게 하십시오. 왕의 친위대에서 골라 각 성문에 보초를 세워 재물을 운반해가는 자들로부터 그것을 압수하여 제우스에게 10분의 1의 공물을 바쳐야 한다고 명령하십시오. 이렇게 되면 강제로 재물을 압수해도 그들의 원망을 사지 않을 것입니다. 오히려 그들은 그것을 지당하다고 생각하여 기꺼이 재물을 인도할 것입니다."

이 말을 듣고 키루스는 지당한 충고라 생각하고 크게 기뻐하였다. 그는 친위대에게 이 건의를 실시하도록 명령하고 나서 크로이소스에게 이렇게 말하였다.

"크로이소스여, 그대는 참으로 유익한 충고를 해 주었소. 무엇이든지 좋으니 원하는 것을 말해보시오."

크로이소스는 말하였다.

"전하, 이전에 제가 어느 신보다도 가장 숭상했던 그리스 신에게 이 족가를 보내어, 봉사를 잘한 자를 속이는 일이 신의 습관이냐고 묻는 것을 허락하옵소서. 저에게 그보다 더한 은혜는 없을 것입니다."

그러자 키루스는 그와 같은 소원을 갖다니, 도대체 신에게 무엇을 책망하려는 것이냐고 물었다. 크로이소스는 자신이 세운 계획 중에서 신탁 받은 일, 그중에서도 특히 봉납했던 물건에 대해서 이야기하고, 자기는 그 신탁의 부추김을 받아 페르시아로 출정한 것이라고 하였다. 그리고 마지막으로 다시 한번 더 신에게 이 일을 책망하고 싶다고 부탁했다.

키루스는 웃으며 말하였다.

"크로이소스여, 그 일은 들어주겠다. 또 앞으로 언제라도 그대의 부탁은 무엇이든지 들어주겠다."

이 말을 들은 크로이소스는 리디아인 중에서 델포이로 사자를 선발해서, 우선 족가를 신전 바닥에 놓고 그러한 신탁으로 마치 키루스의 세력을 타도할 것처럼 크로이소스를 부추긴 결과 봉납할 첫 물건이 이런 것이 되었는가하고 족가를 보이고, 이래도 신은 부끄럽다고 생각하지 않는가, 또한 그리스의 신들은 망은(忘恩)을 예사로 하느냐고 묻고 오라고 명령했다.

리디아의 사자가 델포이로 와서 명령대로 말하자, 무녀는 다음과 같이 말했다고 한다.

"정해진 운명을 모면한다는 것은 신도 할 수 없는 일이다. 크로이소스는 4대 이전 선조[61]의 죄 값을 치렀을 뿐이다. 그 사나이는 헤라클레스 왕가와 가까운 몸이면서 여자의 음모에 가담하여 주군을 시해하고, 주군 대신에 그에게는 어울리지 않는 자리에 앉은 것이다. 록시아스(아폴론)는 사르데스의 난(難)을 크르이소스 대가 아니라 그 아들 대에서 일어나게 하려고 바랐지만, 숙명의 여신의 마음을 바꿀 수는 없었던 것이다. 다만 숙명의 여신이 인정한 범위 안에서 크로이소스를 위해 배려를 해주셨다. 즉, 사르데스의 함락을 3년동안 지연시키셨다. 그러므로 크로이소스도 자기 몸이 붙잡힌 것은 정해진 시간보다 3년 늦었다는 것을 알아야 한다. 또 불에 타 죽게 된 크로이소스를 신은 구해주시지 않았는가?

내려진 신탁에 대한 크로이소스의 비난은 당치도 않은 일이다. 록시아스는 크로이소스가 페르시아에 출병하면 대 제국을 멸망케 할 것이라고만 예언하셨다. 크로이소스는 그에 대하여 신중하게 생각했다면, 사자를 세워 신이 말씀하시는 대제국이란 내 나라를 가리키는 것인지 키루스의 나라를 가리키는 것인지를 물었어야 했다. 신탁의 뜻도 모르고, 또 다시 살펴보지도 않은 자신에게 죄를 돌리는 것이 좋다. 또 그가 마지막으로 신탁을 구했을 때 록시아스가 노새에 대해 말했지만, 이것도 크로이소스는 올바르게 깨닫지 못했다. 키

---

61) 물론 기게스를 가리킨다.

루스야말로 노새였던 것이다. 키루스는 종족을 달리하는 부모에게서 태어났는데 어머니는 고귀한 출신이고, 아버지는 비천한 출신이었다. 즉, 어머니는 메디아인으로 메디아의 왕 아스티아게스가 아버지인데 반해, 아버지는 페르시아인으로 메디아인 아래에 있었고 어느 모로 보나 하층 사람이었는데 주군 집안의 여인을 얻은 것이다."

사자는 이 대답을 가지고 사르데스로 돌아가 크로이소스에게 보고하였다. 크로이소스는 그 말을 듣고 잘못의 책임은 자기에게 있지 신에게는 없다는 것을 깨닫게 되었다.

크로이소스의 통치 역사와 이오니아가 처음으로 정복된 사정은 위와 같았다. 크로이소스가 그리스에서 봉납한 물건은, 앞에서 든 것뿐만 아니라 그 밖에도 많은 수에 이르렀다. 보이오티아의 테베에는 '아폴론 이스메니오스'[62]에 헌납한 황금제 세발솥이 있고, 또 에페소스에는 황금 소의 상(像)과 많은 기둥이 봉납되었고, 또 델포이의 '아테네 프로나이아'[63]의 신전에는 거대한 황금 방패가 있다. 이것들은 내가 살던 시대까지 남아 있었으나, 다른 봉납물은 없어지고 말았다. 내가 들은 바로는, 밀레토스 지구의 브란키다이에 크로이소스가 헌납한 물건들은 델포이의 그것과 중량에서도 맞먹고 품종도 비슷한 것이라고 한다. 크로이소스가 델포이와 안피아라오스의 신전에 봉납한 것은 모두 자기 재산에서 나온 것으로, 상속한 재물의 첫 봉납의 뜻으로 헌납한 것이다. 하지만 그밖의 봉납품은 그가 왕위에 오르기 전에, 리디아의 주권이 판탈레온 쪽으로 기울도록 가세해서 크로이소스에 대항한 어떤 정적(政敵)[64]의 재산에서 나온 것이다. 이 판탈레온이란 사람은 알리아테스의 아들로, 크로이소스와는 이복 형제였다. 크로이소스는 알리아테스가 카리아의 여자에게서 낳은 아이였지만, 판탈레온은 이오니아의 여자를 어머니로 해서 태어났다. 크로이소스는 아버지로부터 왕위를 물려받아 리디아의 주권을 장악하자, 자기를

---

62) 이 신전은 테베의 남쪽 교외, 이스메노스 강변에 있는 같은 이름의 언덕 위에 있었다.

63) 아폴론 신전 앞에 있었던 것 같다.

64) 다른 전승에 의하면, 이 사람은 사디아테스라는 리디아의 상인이었다고 한다. 니코라우스의 기술(記述)은 더 계속되어, 크로이소스가 아직 젊었을 때, 이 상인에게 돈을 빌리려다가 거절당했다. 그래서 자신이 왕위에 오르면 이 사람의 재산을 모두 아르테미스에게 바치겠다고 맹세했다고 적고 있다.

적대시하던 그를 고문으로[65] 죽이고, 그의 재산은, 이전에 이미 신에게 헌납한다는 서약을 세우고 있었던 것이기는 했지만, 앞서 말한 바와 같은 방법으로 이미 이름을 든 신전에 각기 봉납한 것이다. 크로이소스의 봉납품에 대해서는 이 정도로 해 두기로 한다.

리디아라고 하는 나라는 트몰로스산에서 흘러내려오는 사금(砂金)[66]을 빼면 특기할 만한 것은 다른 나라만큼 찾아볼 수가 없다. 그러나 단 하나, 이집트나 바빌론의 건조물을 제외하고는 다른 곳에서는 볼 수 없는 거대한 건조물이 있다. 크로이소스의 아버지 알리테스의 무덤이 그것으로, 토대는 거석(巨石)으로 되어 있으나 그 밖의 부분은 흙을 쌓아올린 것이다. 이것을 만든 것은 상인이나 장인(匠人) 그리고 매춘부들이었다. 무덤 위의 경계 표지 다섯 개가 내가 살던 시대까지 남아 있었는데, 거기에는 각 단체가 다한 일의 양이 새겨져 있었다. 그 비율에 따라서 계산해 보니 매춘부들이 한 일이 가장 많았다. 왜냐하면 리디아에서는 아가씨들이 모두 몸을 팔아[67] 시집을 갈 때까지 자기 지참금을 벌었기 때문이다.

무덤 크기는 6스타디온과 2플레트론(약 520미터), 폭(지름) 13플레트론(약 350미터)이다. 무덤 가까이에는 커다란 호수가 있는데, 리디아인의 이야기로는 결코 물이 마른 적이 없다고 한다. 호수 이름은 기게스호(기가이에)라고 한다.

리디아인의 풍습은, 여자 아이에게 몸을 팔게 하는 일 이외에는 그리스인과 비슷하다. 우리가 아는 한, 리디아인은 금은 화폐를 주조하고 소매제도를 시작한 최초의 민족이었다. 또 리디아인이 말하는 바에 따르면, 오늘날 리디아와 그리스에 보급되고 있는 놀이는 자기들이 발명한 것이라고 한다. 리디아에서 이들 놀이가 발명된 것은, 그들이 티르세니아의 지배를 당했을 때 일이라 하고 그것에 대해서 이런 이야기를 전하고 있다.

마네스의 아들 아티스가 왕으로 있을 때 리디아 온 국토에 심한 기근이 들었다. 리디아인들은 얼마 동안 이를 참고 견디었으나 기근이 좀처럼 그치지를

---

65) 이것은 가시가 달린 둥근 고리 모양의 고문 기구로, 죄인을 여기에 걸고 마치 빗으로 머리를 빗듯 찢어 죽였던 것 같다.
66) 팍톨로스라는 강이 사금을 운반해 온다.
67) 고대의 각지에서 볼 수 있었던 종교적 매음이었는지도 모른다.

않자, 기분을 전환할 수단을 찾아서 모두가 여러 가지로 연구를 했다고 한다. 그리하여 이때 주사위, 뼈 주사위,[68] 공놀이 등 모든 종류의 놀이가 고안되었다고 한다. 단 서양 장기만은 달라서, 리디아인도 이것만은 자기 나라의 발명품이라고는 말하고 있지 않다. 그런데 이와 같은 놀이를 발명해서 어떻게 기근에 대처했는가 하면, 이틀에 하루는 식사를 잊도록 아침부터 밤까지 놀이를 한다. 다음 날은 놀이를 그만 두고 식사를 하는 것이다. 이와 같은 방법으로 18년 동안 버텼다고 한다.

그러나 천재(天災)는 가라앉기는커녕 더 심해졌다. 결국 왕은 리디아의 모든 국민을 두 조로 나누어 심지를 뽑아 한 조는 잔류하고, 한 조는 국외로 이주시키기로 했다. 그리고 잔류하게 되는 심지를 뽑은 조는 왕이 직접 지휘를 하고, 나라를 떠나는 조는 그의 아들인 티르세노스가 지휘를 맡았다. 국외 이주의 심지를 뽑은 조는 스미르나로 내려가 배를 건조하여 필요한 가재도구를 모두 싣고 먹을 것과 땅을 구하여 출범했다. 이렇게 해서 많은 민족의 나라를 지나 움브리아[69]의 땅에 이르러 여기에 도시를 세우고 정착하여 오늘에 이르고 있다고 한다. 그들은 인솔자인 왕자의 이름을 따라, 리디아인이라는 명칭을 바꾸어 티르세니아인(티르세노이, 에프루스키인을 말한다)이라고 불리게 되었다.

메디아의 역사와 키루스의 성장

이제부터 크로이소스의 지배를 전복한 키루스가 어떤 인물이었는가, 또 페르시아는 어떻게 해서 아시아의 주도권을 잡았는가에 대해서 이야기하겠다. 키루스에 대해서는, 서로 다른 세 가지 전승(傳承)이 있다. 그것을 서술할 수도 있으나 여기에서는 몇몇 페르시아인, 그것도 키루스의 업적을 과대하게 미화하지 않고 있는 그대로의 진실을 전하려고 하는 사람들의 설에 따라서 기술

---

68) '주사위'라고 번역한 키보이는 대체로 오늘날의 주사위와 같았지만, '뼈 주사위'라고 번역한 아스트라가로이는 네 면밖에 숫자가 적혀 있지 않았다. 키보이는 보통 세 개, 아스트라가로이는 네 개를 가지고 노는데, 어느 것이나 모두 다른 면이 나오는 것이 가장 좋고, 모두 같은 면이 나오는 것이 가장 나쁘다고 여겨졌다.
69) 여기서는 막연히 중부 및 북부 이탈리아 주변을 가리킬 것이다.

을 해 나갈 생각이다.

아시리아는 520년에 걸쳐 상(上)아시아를 지배했는데, 이들 중 자유의 출발선을 처음으로 넘은 민족이 메디아인이었다. 메디아인은 자유를 위해 용감하게 싸워 마침내 아시리아의 속박에서 벗어났던 것이다.[70] 그리고 다른 민족도 메디아인의 뒤를 따랐다.

이렇게 해서 대륙 전체에 걸쳐 모든 민족이 독립한 것인데, 다음과 같은 과정에 따라 그들은 다시 전제 아래로 되돌아가게 되었다.

메디아에 데이오케스라고 하는 재능과 지혜가 뛰어난 사나이가 있었다. 아버지 이름은 프라오르테스라고 하였다. 이 데이오케스가 독재자의 꿈을 꾸고 다음과 같이 나왔다.

메디아인들은 각기 부락을 이루며 살고 있었다. 데이오케스는 자기 부락에서 이미 전부터 명망이 높았는데, 노력을 더하여 정의를 지키는 데에 정성을 다하였다. 그러나 당시 온 메디아에는 심한 불법행위가 만연해 있었다. 데이오케스는 정의에 대하여 부정이 대항해 올 것을 충분히 알면서도 감히 이러한 행동으로 나온 것이다. 그와 같은 부락에 사는 메디아인들은 그의 이러한 행동을 보고 그를 자기들의 재판관으로 선출하였다. 데이오케스가 정직하고 공정하게 행동한 것은 물론이다. 이로써 그는 동족으로부터 적지 않은 칭찬을 받았고, 그 결과 데이오케스라고 하는 사람은 올바른 재판을 하는 유일한 인물이라는 소문이 다른 부락까지 퍼졌다. 이제까지 부정한 판결에 괴로움을 당해왔던 그들은 그 소문을 듣자 크게 기뻐하며 자기들도 재판을 받기 위해 데이오케스에게로 왔다. 마침내 데이오케스 이외의 사람에게 재판을 구하는 사람은 한 명도 없게 되었다.

데이오케스를 찾아오는 사람의 수가 나날이 늘어나자 데이오케스는 이제 모두가 자기에게 의존하고 있다는 것을 알고서, 이제까지 재판을 위해 앉아 있던 의자에는 더 이상 앉고 싶지 않았다. 자기 일을 제쳐두고 이웃을 위해 온종일 재판을 해주어도 자기에게는 아무런 이득이 없으니까 앞으로는 재판을 하지 않겠다고 거절하고 말았다. 이렇게 해서 모든 부락에서 약탈과 무

---

70) 메디아가 아시리아로부터 완전히 독립한 것은 기원전 7세기 후반 무렵으로 여겨진다.

법 행동이 전보다 심해졌기 때문에, 메디아인들은 회합을 열고 현 상황에 대해서 의견을 나누었다. 가장 많이 발언을 한 것은 데이오케스파(派) 사람들이었다.

"이대로 가다가는 더 이상 이 나라에서 살 수가 없겠습니다. 우리 중에서 왕을 세우면 어떨까요? 그러면 나라도 안정되고, 우리는 각자 하는 일에 힘을 다할 수 있고, 불법행위의 위협으로 나라 밖으로 가는 일도 없을 테니까요."

이렇게 해서 왕정을 실시할 것을 서로 합의한 것이다.

곧 왕으로 세울 사람을 추천하기로 되었는데, 모두가 입을 모아 데이오케스를 추천하였기 때문에, 결국 그를 왕으로 추대하기로 하였다. 데이오케스는 자기를 위해 왕에 어울리는 궁전을 지을 것, 왕의 지위를 강화하기 위해 친위병을 붙여줄 것을 요구하였다. 메디아인은 그의 요구를 받아들여 그가 지정한 곳에 장대하고 견고한 궁전을 세우고, 친위대는 모든 메디아인 중에서 그 자신이 선발하기로 하였다.

데이오케스는 이렇게 해서 주권을 장악하자 메디아인들에게 무조건 단일 도시를 만들게 하고, 그 뒤로는 다른 부락은 제쳐두고 오직 이 도시의 일에만 전념하게 하였다. 메디아인들은 그의 이 요구도 받아들였기 때문에 데이오케스는 장대하고 견고한 성곽을 구축하였는데, 이것이 오늘날 아그바타나(에크바타나)[71]라는 이름으로 불리는 성이다. 이 성곽은 각 벽이 흉벽(胸壁) 높이만큼 높아져 가도록 설계되어 있다. 성이 이와 같은 모양을 하고 있는 것은, 지형이 구릉을 이루고 있기 때문이기도 하지만, 일부러 그렇게 설계된 것이다. 환상(環狀)의 성벽은 모두 일곱 겹으로 되어 있고, 가장 안쪽 성벽에 왕궁과 보고(寶庫)가 있다. 성벽 중에서 가장 큰 것은 아테네 도시의 둘레와 거의 같은 길이이다. 제1 성벽의 흉벽은 백색, 제2의 것은 흑색, 제3은 심홍색, 제4는 감청, 제5는 등적색(橙赤色)하는 식으로 색이 칠해져 있다. 그리고 마지막 두 개의 성벽은 흉벽에 한쪽은 은판(銀板), 다른 한쪽은 금판을 씌우고 있다.

이와 같이 데이오케스는 몸의 안전을 위해 자기 궁전 주위에 성벽을 두르고, 백성들은 성벽 바깥쪽 주위에서 살도록 하였다. 모든 것들이 건조(建造)되

---

71) 오늘날의 하마단인 듯. 나중에는 조금 그리스화된 에크바타나라는 이름으로 불렸다.

자 다음과 같은 의례법(儀禮法)을 제정했는데, 이와 같은 일을 한 것은 그가 처음이다. 즉, 그 누구도 왕이 있는 방으로 들어갈 수 없고, 모든 일은 안내역을 맡은 관리를 통해서 처리되고, 왕은 그 누구에게도 모습을 보이지 않으며, 또 왕의 면전에서 소리를 내거나 웃거나 침을 뱉는 일은 그 누구를 막론하고 파렴치한 행위로 간주된다는 것 등이다. 그가 이와 같이 위엄을 갖추려고 한 이유는, 자기와 함께 자라고 집안도 그의 집안에 못지않으며 또 유능한 점에서도 그에 뒤지지 않는 같은 연배 사람들이 자기의 모습을 보면 불쾌하게 생각하고 모반을 꾸밀지도 모른다고 생각했기 때문이다. 그러나 모습을 보이지 않으면 그들도 자기를 다른 부류의 사람이라고 간주하게 될 것이라고 판단했던 것이다.

그는 이와 같은 여러 규칙을 정하고 독재권을 휘둘러 자기 지위를 강화한 뒤, 치안(정의)을 지키는 데에 매우 준엄한 태도로 임했다. 소송은 문서로 해서 그에게로 전달되면 거기에 재가(裁可)를 해서 돌려보내는 것이다. 소송에 대해서는 위와 같이 했으나, 그 밖의 사항은 다음과 같이 처리하였다. 불법 행위를 한 사람이 있다고 들으면, 그자를 데리고 오게 해서 죄에 따라 처벌하였다. 그리고 감시와 탐지를 위해 모든 영토에 밀정을 풀어놓았다.

데이오케스는 메디아 민족만을 통일하고 이를 통치하였다. 메디아 민족 중에는 부사이·파레타케노이·스트루카테스·아리잔토이·부디오이·마고이 등의 부족이 있다.

데이오케스에게는 프라오르테스라는 아들이 있었다. 그는 데이오케스가 재위 53년으로 죽은 뒤 왕위를 계승하였다. 프라오르테스는 메디아만을 통치하는 데에 만족하지 않고 페르시아에 출병하여 그 나라를 메디아의 속국으로 삼았다. 메디아가 공격을 가해 속국으로 만든 최초의 나라는 페르시아였다. 그 뒤에는 이 강력한 두 민족이 힘을 합쳐 아시아의 민족을 차례로 정복, 마지막으로 아시리아를 공격하였다. 여기서 아시리아라고 하는 것은, 니노스(니네베)에 살고 있는 사람들을 말하는 것으로, 이전에는 아시리아 모든 땅을 지배했으나 당시에는 동맹국이 배반하여 고립되어 있었다. 프라오르테스는 이 아시리아인을 공격하다가 전사하고 말았다. 재위 22년이었다. 이때 휘하 군대의 대부분도 그와 함께 운명을 같이하였다.

프라오르테스가 죽은 뒤, 그의 아들 키악사레스가 그 뒤를 이었다. 이 인물은 그의 아버지나 할아버지보다도 훨씬 뛰어난 호걸이었다고 한다. 그는 처음으로 아시아군을 부대별로 편성하여 창병(槍兵)·궁병(弓兵)·기병을 각기 병과별로 독립시켰다. 이제까지는 전체의 병과가 잡다하게 섞여 있었던 것이다.[72] 또 전투 중 갑자기 밤이 낮이 되었을 때 리디아군과 싸운 것도, 할리스강 위(동쪽)의 아시아 전토를 통일하여 장악한 것도 그였다.

그는 아버지의 원수를 갚고 이 도시를 공략하려고 지배하에 있는 모든 부대를 모아 니노스로 출병하였다. 그런데 아시리아군을 무찌르고 니노스를 포위하고 있었을 때, 스키타이 대군의 공격을 받았다.

스키타이군을 지휘하던 사람은 프로토티에스의 아들로 마디에스라고 하는 스키타이의 왕이었다. 그들은 킴메리아인을 유럽에서 쫓아내고 아시아로 침입해 온 것으로, 도망가는 킴메리아인을 추적해서 메디아의 나라로 들어왔던 것이다.

마이오티스의 호수(오늘날의 아조프해)에서 파시스강(오늘의 이온강)에 잇닿은 콜키스인의 나라까지는, 가벼운 몸차림을 한 여행자라면 30일이 걸린다. 콜키스로부터는 이윽고 메디아령(領)으로 들어가는데, 이 중간에 단 하나의 민족으로 그 이름을 사스페이레스인이라고 하는 민족이 살고 있었고 이 민족의 영토를 지나면 메디아령이 된다. 그러나 스키타이인은 이 길을 통해서 침입한 것이 아니라, 이보다도 훨씬 더 먼 길로 우회하여 코카서스산을 오른쪽으로 바라보며 침입해 온 것이다. 여기에서 메디아인은 스키타이인과 교전을 했는데 싸움에 져서 지배권을 빼앗겼고, 스키타이인은 온 아시아를 석권하게 된다.

스키타이인은 그로부터 이집트를 목표로 거침없이 나아갔다. 그들이 팔레스티나의 시리아[73]까지 왔을 때, 이집트 왕 프사메티코스가 마중을 나와 뇌물과 눈물 전술로 그보다 앞으로 진격하는 것을 단념하게 했던 일도 있었다. 그만큼 그들의 힘은 절대적이었다.

---

72) 그때까지는 각 부족의 부대마다 모든 병과가 있었고 이들 대소 부대가 전체 아시아군을 이루었던 셈인데, 키악사레스는 그것을 병과별로 재편성했다는 뜻이리라.

73) 이곳은 이집트 국경에 이르기까지의 페니키아 연안 일대를 말하는 것 같다. 또 이 침입은 에우세비오스의 연대기에 의하면 기원전 630년의 일이다.

스키타이인이 뒤로 돌아 시리아의 도시 아스칼론[74]에 왔을 때, 대부분의 스키타이인은 얌전하게 지나갔는데, 소수의 인원이 뒤에 남아 '아프로디테 우라니아'[75]의 신전을 유린한 일이 있었다. 이 신전은 내가 조사한 바로는 여신의 신전으로서는 가장 오래된 것이다. 키프로스[76]에 있는 신전도 그 기원이 여기에 있다는 것은 키프로스인 스스로가 말하고 있고, 또 키테라의 신전은 시리아의 이 지방에서 갔던 페니키아인이 창건한 것이다. 결국 아스칼론의 신전을 유린한 스키타이인과 그 자손은 훗날까지 신벌(神罰)을 받아 '여성병'[77]에 걸렸다. 스키타이인도 이들의 병은 위와 같은 원인에 의한 것이라고 하는데, 그들이 에나레에스[78]라고 부르는 이들의 실상은 스키타이에 오면 눈으로 직접 확인할 수 있다고 말한다.

스키타이인의 아시아 정복은 28년에 걸쳐 계속되었는데, 아시아 전토는 그들의 난폭하고 어설픈 통치 때문에 황폐해지고 말았다. 주민 한 사람 한 사람에게 과세하여 징수하고, 공세(貢稅) 외에 각지를 돌아다니면서 개인의 재산을 약탈한 것이다. 참지 못한 메디아인들은 키악사레스의 지시에 따라 스키타이인들을 연회에 초청해 술에 취하게 한 뒤, 그들 대부분을 죽이고 주권과 영지를 되찾았다. 그리고 니노스를 점령했는데, 이는 다른 저술[79]에서 다

---

74) 팔레스타인, 즉 《성서》에서 말하는 블레셋인의 도시 중 하나. 오늘날에는 조용한 마을에 불과하다.

75) '하늘에 있는 아프로디테'라는 뜻. 동방 일대에서 널리 섬겨지던 대모신(大母神)을 그리스식으로 바꾸어 말한 것이다. 나라와 민족에 따라 호칭은 다르다. 예컨대 아시리아에서는 밀리타, 페니키아에서는 아스타르테라 했다. 여기서 말하는 아스칼론의 여신은 본디 지명으로는 델케트라 했다고 한다.

76) 키프로스(특히 파포스시)와 키테라섬은 아프로디테 신앙의 가장 대표적인 중심지였다.

77) 이것이 정확히 무엇을 가리키는지에 대해서는 여러 가지 설이 많다. 성병, 남색, 음위(陰痿) 등이 그것이다. 이 병은 요컨대 남성적인 특징이 퇴화하고 심신이 모두 여성화하는 병이다. 성적 기능도 상실된다고 한다면 유전도 되지 않겠지만 그 정도는 아니고, 유전으로 이따금 나타나는 것인지도 모른다.

78) 여기서는 에나레에스를 스키타이어라고 하지만, 그 말 자체가 이미 그리스어가 되었는지도 모른다. 헤로도토스는 제4권에서 다시 이에 대해 언급하고 있는데, 여기에서는 '남자와 같은 여자, 혹은 여자와 같은 남자'라고 의역하고 있다.

79) 《아시리아사(史)》를 가리키는 것 같으나, 이 책은 전해지지 않는다. 또 니노스의 점령은 기원전 606년 무렵의 일인 듯하다.

룰 예정이다. 그들은 나아가 바빌로니아 지역을 제외한 온 아시리아인들을 정복했다. 그 뒤 키악사레스는 스키타이의 지배 기간을 포함하여 재위 40년 만에 일생을 마쳤다.

키악사레스의 아들 아스티아게스가 왕위를 이어받았다. 아시티아게스에게는 만다네라는 딸이 있었는데, 어느 날 그는 이 딸이 오줌을 싸서 도시 안이 넘치고, 또 아시아 전토에 범람하는 꿈을 꾸었다. 그는 마고스의 해몽가에게 이 꿈을 이야기하고, 그들로부터 자세한 꿈풀이를 듣고 공포에 빠지고 말았다. 그래서 아스티아게스는 딸이 나이가 찼을 때, 그 꿈에 대한 두려움 때문에 자신의 지위에 어울리는 메디아인 사위를 고르지 않고, 캄비세스라고 하는 이름의 페르시아인에게 딸을 주었다. 이 사나이는 집안도 좋고 성격도 얌전하고, 더욱이 메디아인보다는 훨씬 낮은 지위에 있다고 생각했기 때문이다.

그런데 만다네가 캄비세스에게 시집을 간 첫해에 아스티아게스는 또 꿈을 꾸었다. 이 딸의 음부에서 한 그루의 포도나무가 자라 그 나무가 아시아 전토를 뒤덮는 꿈이었다. 그는 이미 임신 중인 딸을 페르시아에서 불러 엄중하게 감시하였다. 딸에게서 태어나는 아이를 죽일 생각이었던 것이다. 왜냐하면 마고스의 해몽가들이 그의 딸이 낳는 아이가 그를 대신해서 왕이 될 것이라고 알려왔기 때문이다. 아스티아게스는 그러한 일이 생기지 않도록 경계를 게을리 하지 않고 있다가 마침내 키루스가 태어나자, 그의 친척이자 메디아인 중에서 가장 충실해 자기 일을 모두 맡기고 있던 하르파고스라는 사람을 불러 이렇게 말하였다.

"하르파고스여, 지금부터 내가 명하는 것을 결코 가볍게 생각해서는 안 된다. 또 나를 속이거나 나 이외의 사람에게 충성을 다하여 나중에 스스로 무덤을 파는 일을 결코 해서는 안 된다. 만다네가 낳은 아이를 너의 집으로 데리고 가서 죽여라. 그리고 그 뒤에는 그대가 좋다고 생각한 대로 묻어주어라."

하르파고스는 대답하여 말하였다.

"왕이시여, 이제까지도 저에게 못마땅하게 생각하신 일이 있었다고는 여겨지지 않고, 지금도, 또 앞으로도, 전하께 잘못이 없도록 마음먹고 있습니다. 그러므로 전하의 분부시라면 성심성의껏 저의 임무를 다하겠습니다."

이렇게 대답한 하르파고스는 죽음으로 떠나는 의상을 갖춘 어린아이를 건네받자 울면서 집으로 돌아왔다. 그는 아내에게 아스티아게스로부터 들은 이야기를 모두 들려주었다. 그러자 아내는 말하였다.

"그렇다면 당신은 어떻게 하시겠습니까?"

하르파고스는 대답하였다.

"비록 왕께서 분노하고 미쳐 날뛴다고 해도 나는 그분의 뜻에 따를 생각은 없소. 이 아이는 나에게도 혈족이고, 또 아스티아게스왕은 이미 연세가 많으신데 사내아이가 없소. 만일 왕이 돌아가시고, 왕께서 나에게 죽이라고 하는 저 아이의 어머니인 왕녀에게로 왕위가 넘어간다면 어떻겠소? 그렇게 되면 나에게는 더할 나위 없는 위험밖에 남지 않을 거요. 내 몸의 안전을 꾀하기 위해서는 이 아이가 죽어야 하긴 죽어야 하오. 하지만 손을 대는 것은 나의 부하가 아니라 아스티아게스왕 부하여야겠소."

하르파고스는 이렇게 말하고는 곧, 아스티아게스의 소몰이 중 한 사람인 미트라다테스라는 사나이에게로 심부름꾼을 보냈다. 하르파고스는 이 사나이가 야수가 특히 많은 산에서 소를 기르고, 거기야말로 자기의 목적에 가장 알맞은 장소일 것이라는 점을 알고 있었기 때문이다. 그는 자기의 동료인 여자 노예를 아내로 삼고 있었는데, 그 아내의 이름은 그리스어로 키노이고,[80] 메디아어로는 스파코라고 했다. 메디아어로는 개(키나)를 사파카라고 하기 때문이다. 그런데 이 소치기가 소를 기르고 있던 곳은 산기슭으로 아그바타나(에크바타나)의 북쪽, 흑해에 면한(즉, 서북쪽) 근처였다. 메디아의 이 근처는 사스페이레스족의 나라에 면하고, 메디아 이외의 지구는 모두 평탄한데 이 지방만은 매우 산이 많고 높고 험했으며 숲으로 덮여 있었다.

이 소치기가 부름을 받고 급히 달려오자 하르파고스는 말하였다.

"아스티아게스왕께서는 너에게 이 아이가 될 수 있는 대로 빨리 죽도록 가장 인기척이 없는 산속에 버리고 오라 하신다. 그리고 만약에 네가 이 아이를 죽이지 않고 살린다면 너는 극형에 처해질 것이다. 나는 이 아이가 틀림없이

---

80) '키노'란 그리스어의 '개'에서 나온 말로, '견녀(犬女)'라는 뜻이 되는데, 실제로 그리스에서는 여자의 이름으로 곧잘 쓰였다. 이 이야기는 키루스가 진짜 개에게 양육되었다는 전설을 합리화한 것 같다. 로마의 시조 로물루스와 레무스가 이리의 손에서 자랐다는 전설과 그 이설(異說)의 관계와 매우 흡사하다.

버려졌는지 감독하라는 명령을 받았다."

소치기는 이 이야기를 듣고 어린아이를 안고 자기가 사는 오두막으로 돌아갔다. 그런데 이 소치기의 아내도 만삭의 몸으로 분만을 오늘 내일하던 참인데, 신의(神意)에 의해서였는지 마침 소치기가 도시로 나간 사이에 출산을 한것이다. 부부는 서로 걱정하고 있었다. 남편은 아내의 출산이 걱정이었고, 아내는 아내대로 하르파고스가 예사롭지 않게 느닷없이 남편을 불러낸 것을 염려하고 있었다. 소치기가 집으로 돌아오자, 남편의 무사한 모습을 본 아내는 하르파고스가 그를 그토록 급하게 불러낸 용무가 무엇이었냐고 물었다. 소치기는 대답하였다.

"여보, 도시에 가서, 이런 일이 주인님께 일어나지 않았더라면 좋았을 걸 하고 생각하는 일을 보고 들었어. 하르파고스 나리의 온 집안이 슬피 우는 소리로 가득 차 있었어. 나는 넋이 나간 채 집 안으로 들어갔지. 안에 들어가자 맨 먼저 눈에 띄는 것이 손발을 구르며 큰소리로 울고 있는 갓난아이였어. 황금빛으로 번쩍이는 갖가지 색의 아름다운 옷을 입고 있었지. 하르파고스 나리께서는 나를 보자 그 갓난아이를 즉시 데리고 돌아가서 산속 가장 깊은 곳, 짐승이 가장 많은 곳에 버리고 오라는 거야. 그리고 그 일을 시킨 것은 아스티아게스왕으로, 만약에 내가 하라는 대로 안 하면 극형에 처하게 된다고 하시면서 갖가지 위협을 하셨지. 누군가 하인의 아들쯤으로 생각했어. 내가 듣지도 않고서 누구의 아들인지 어찌 알겠어? 나도 황금빛 옷과 하르파고스 나리의 저택에서 크게 울고 슬퍼하는 것을 보고 깜짝 놀라기는 했어. 그런데 이내 자초지종을 알게 되었지. 나를 도시 밖까지 배웅한 하인이 가면서 이야기를 해 준 거야. 갓난아이는 만다네 왕녀와 키루스님의 아들 캄비세스님 사이에 태어난 아들로, 아스티아게스왕께서 이 아이를 죽이라고 명령하셨다는 거야. 자, 바로 이 아이요."

이렇게 말하고 나서 소치기는 덮었던 것을 벗기고 아이를 보였다. 아내는 크고 잘생긴 갓난아이를 보자 남편의 무릎에 매달려, 어떤 일이 있어도 이 아이를 버리지 말라고 부탁하였다. 그러나 소치기는 어찌할 수가 없다고 대답하였다. 하르파고스가 보내는 감시자가 망을 보러 올 것임에 틀림없다, 만약에 하라는 대로 하지 않으면 자기는 이 세상에서 비참하게 죽을 수밖에 없다는 것이다. 아내는 남편을 설득할 수 없다는 것을 알자 이번에는 이렇게 말하였다.

"이 아이를 버린 증거를 보여야 한다면 이렇게 하세요. 나도 아이를 낳았지만 사산(死産)이었어요. 그러니 내 아이를 가져다 버리세요. 만다네 공주님의 아이는 우리 아이라고 해서 길러요. 그러면 당신도 주인님에게 나쁜 짓을 했다는 꼬리도 잡히지 않을 것이고, 우리의 입장에서도 더 좋은 일이 없을 거예요. 왜냐하면 죽은 아이는 왕과 같은 대우를 받고 장사 지낼 수 있고, 살아 있는 아이의 목숨은 건질 수 있으니까 말이에요."

소치기도 아내가 하는 말에 일리가 있다 생각하고 곧 실행에 옮겼다. 죽일 작정으로 데리고 온 아이는 아내에게 건네고 자기 아이의 시체를 데리고 온 아이를 담았던 바구니에 넣고, 그 아이가 입었던 옷을 그대로 입히고 나서 산속 가장 인기척이 없는 곳으로 데리고 가서 버린 것이다. 아이를 버린 지 이틀이 지나자 소치기는 조수 한 사람에게 시체를 망보게 하고, 도시로 나가 하르파고스의 저택으로 가서 언제라도 아이의 시체를 보여드릴 수 있다고 말했다. 하르파고스는 자기 측근 중에서 가장 충실한 사람을 보내서 시체를 살펴보게 한 뒤 소치기의 아이를 매장시켰다. 이렇게 해서 훗날 키루스라고 부르게 될 아이는 소치기의 아내가 맡아서 길렀으나, 그때는 다른 이름으로 불렀다.

아이가 열 살이 되었을 때, 다음과 같은 일이 일어나서 결국 그 정체가 밝혀지게 되었다. 어느 날, 그 아이는 마을의 길바닥에서—소치기의 우사(牛舍)가 그 마을에 있었다—또래 아이들과 놀고 있었다. 아이들은 소치기의 아들로 되어 있는 이 아이를 자기들의 왕으로 선출한 것이다. 왕으로 선출된 그 아이는 아이들에게 나름의 할 일을 정하여 주었다. 집을 짓는 아이, 왕을 호위하는 아이, 또 한 사람은 말하자면 '왕의 눈'이 되는 아이, 또 왕에게 여러 가지 보고를 하는 아이, 이런 식으로 하나하나에게 역할을 준 것이다. 그런데 그 아이들 중에 메디아에서는 명사였던 아르템바레스라는 사람의 아들도 함께 놀고 있었는데, 키루스가 하라는 대로 하지 않았다. 키루스는 다른 아이로 하여금 그 아이를 붙잡아오게 해서 때려 혼내 주었다. 그 아이는 풀려나자, 자기와 같은 사람이 이런 일을 당했다는 것에 화가 나서 도시로 돌아가 아버지에게 일러바쳤다. 물론 키루스는 그 무렵 아직 이름이 키루스가 아니었으므로 아르템바레스의 아들도 키루스라고는 하지 않고, 아스티아게스왕의 소치기 아들이라고 했다. 아르템바레스는 화가 나서 아들을 데리고 곧 아스티아게스에게로 갔다. 그리고 터무니없는 일을 당하였다고 하면서 아들의 두 어깨를 보였다.

"왕이시여, 우리는 전하의 노예인 소치기 아들로부터 이와 같은 봉변을 당하였습니다."

아스티아게스는 아르템바레스의 신분을 생각해서, 그 아이의 복수를 해 주리라 하고 소치기와 그 아이를 데려오게 했다. 두 사람이 오자 아스티아게스는 키루스의 얼굴을 바라보며 말하였다.

"너는 미천한 자의 아들이면서 나의 중신(重臣) 아들에게 당치도 않은 짓을 했다고 하는 데 그게 사실이냐?"

아이는 대답하였다.

"임금님, 제가 이 아이에게 한 일은 정당한 일입니다. 마을의 아이들이—이 아이도 그 속에 있었지만—놀고 있을 때 저를 모두의 왕으로 만들었습니다. 모두 제가 왕이 되기에 가장 어울린다고 생각하였기 때문입니다. 다른 아이들은 모두 제가 명령한 일을 제대로 잘했습니다. 그러나 이 아이는 말을 듣지 않고 모르는 체하고 있었기 때문에 마침내 벌을 받은 것입니다. 하지만 그 때문에 제가 벌을 받아야 한다면 이렇게 도망치지도 숨지도 않겠습니다."

아스티아게스는 아이가 이야기하는 것을 듣는 동안에 그 아이를 어디서 본 것 같은 생각이 들었다. 그리고 얼굴 생김새가 자기와 비슷한 것 같았고, 그의 대답이 천한 신분의 아들치고는 매우 훌륭했다. 더욱이 아이를 버린 시기와 이 아이의 나이가 딱 들어맞는 것처럼 여겨지기도 하였다. 이러한 생각으로 아스티아게스는 한동안 잠자코 있다가 이윽고 정신을 가다듬어 소치기를 혼자 남겨두고 신문하기 위해 아르템바레스를 돌려보내고 싶어졌다.

"아르템바레스여, 너나 너의 아들에게 서운하지 않도록 내가 조치를 취해주겠다."

그리고 키루스는 신하에게 명하여 안으로 데리고 들어가게 하였다. 소치기가 혼자 남게 되자 아스티아게스는 그에게 아이를 어디서 손에 넣었는가, 아이를 준 사람은 누구인가 물었다. 소치기는, 그 아이는 자기 아들이며 낳은 어머니도 함께 살고 있다고 대답하였다. 그러자 아스티아게스는 혼이 나고 싶다고 자청하니 너도 딱한 놈이라고 하면서 호위병을 시켜 소치기를 체포하라고 명령하였다. 소치기는 마침내 고문을 당할 단계에 이르자 진실을 자백하고 말았다. 자초지종을 자세하게 말하고 마지막으로 제발 용서해 달라고 탄원함으로써 이야기를 끝마쳤다.

아스티아게스는 진실을 고백한 소치기에 대해서는 이제 그다지 신경을 쓰지 않았지만, 하르파고스에 대해서는 분한 마음을 가누지 못해 측근을 시켜 그를 데려오게 했다. 하르파고스가 대령하자 아스티아게스는 물었다.

"하르파고스여, 내가 너에게 맡긴 내 딸이 낳은 아이는 도대체 어떻게 처리하였는가?"

하르파고스는 그 방에 예전의 소치기가 있는 것을 보자 거짓말을 해서 그 자리를 모면할 생각은 그만두고 이렇게 말하였다.

"왕이시여, 아기를 맡고 나서 저는 어떻게 하면 전하의 뜻대로, 또 전하의 책망을 받지 않도록 분부를 다할까, 더욱이 공주님으로부터나 전하로부터 제가 전하의 외손자를 죽인 하수인으로 여겨지지 않도록 할 수 있을까 여러 가지로 생각한 끝에 이렇게 하고 말았습니다. 저는 거기에 있는 소치기를 불러 아기를 주고, 이 아이를 죽이라는 것은 전하의 명령이라고 말하였습니다. 전하께서는 분명히 그렇게 명령하셨으니까 제가 소치기에게 거짓을 말한 것은 아닙니다. 저는 그자에게 아이를 인기척이 없는 산에 버리고 아이가 숨을 거둘 때까지 망을 보고 있으라 명하고, 만일 명령한 대로 하지 않으면 이러저러한 꼴을 당한다고 단단히 타이른 뒤 아이를 건네주었습니다. 이자가 명령대로 하여 아이가 죽었을 때, 저의 가까운 환관 중에서 가장 확실한 몇 사람을 현지에 보내어 검사를 하게 한 뒤 장사를 지냈습니다. 왕이시여, 이렇게 해서 아이는 죽게 된 것입니다."

하르파고스가 이렇게 있는 그대로 이야기를 하자, 아스티아게스는 그 노여움을 밖으로 내색하지 않고, 우선 자기가 소치기로부터 들은 대로 그에게 이야기해 주었다. 그리고 일단 이야기가 끝나자 마지막으로 그 아이는 살아 있으며 그렇게 된 것은 매우 잘된 일이라고 말하였다. 그는 계속해서 말했다.

"나도 그 아이에게 가한 처사 때문에 마음이 몹시 아팠고, 또 딸로부터 원망을 들어 마음이 편치가 않았다. 다행히 이렇게 좋은 결말로 끝나게 되었으니 그대의 아들을 살아서 돌아온 그 아이에게로 보내주지 않겠소? 또 아이를 구해준 신에게 목숨을 살려주신 답례로 축제도 베풀고 싶으니 나에게로 식사를 하러 와 주시오."

하르파고스는 왕의 말을 듣자, 그의 앞에 엎드려 감사의 뜻을 나타냈다. 자기의 실수가 뜻하지 않게 좋은 결과로 바뀐 데다가 운 좋게도 왕의 식사에 초청까지 받았으니 기뻐 어쩔 줄을 몰라 하면서 집으로 급히 돌아갔다. 그에게는 13세 정도가 되는 외아들이 있었는데, 이 아이에게 궁전으로 가서 왕께서 말씀하시는 대로 무엇이든지 해야 한다고 타일러 왕궁으로 보냈다. 그리고 우쭐해진 그는 일어났던 일을 아내에게도 들려주었다.

아스티아게스는 하르파고스의 아들이 오자 그를 죽이고 손발을 잘라, 고기를 굽거나 삶거나 해서 요리를 만든 뒤 연회가 시작되기를 기다렸다. 식사 시간이 되어 하르파고스와 그 밖의 여럿이 자리에 앉자, 아스티아게스와 하르파고스 이외의 배식자에게는 양 고기를 담은 상이 나왔다. 그러나 하르파고스에게는 자기 아들의 머리와 손발 이외의 고기가 그대로 제공되었다. 머리와 손발은 바구니에 넣어 덮개를 씌워 따로 두고 있었다. 하르파고스가 충분히 먹었을 때를 보아 아스티아게스는 하르파고스에게 식사는 맛이 있었느냐고 물었다. 하르파고스는 매우 맛있었다고 대답했다. 그러자 미리 일러둔 사람들이 아이의 머리와 손발을 덮개를 씌운 채 그대로 가지고 와서 하르파고스에게 덮개를 벗기고 마음에 드는 것을 드시라고 말하였다. 하르파고스가 덮개를 벗기자 그 아래에는 자기 아들 시체의 나머지가 있었다. 그러나 그것을 본 하르파고스는 놀란 기색도 없이 태연히 앉아 있었다. 아스티아게스가 먹은 고기는 무슨 짐승의 고기인지 아느냐고 물었다. 하르파고스는 안다고 대답한 다음, 왕께서 하시는 일은 그 어떤 일도 만족한다고 말하였다. 하르파고스는 남은 고기를 가지고 집으로 돌아갔다. 나중에 유해를 모아 묻을 생각이었을 것이다.

아스티아게스는 하르파고스에게 위와 같은 벌을 준 뒤 키루스에 대해서는 어떠한 조치를 취할까 생각한 끝에, 그의 꿈을 앞서 말한 바와 같이 해석한 그 마고스들을 불러 모았다. 그들이 오자 아스티아게스는, 너희는 나의 꿈을 어떻게 풀었느냐고 물었다. 그들은 전에 말한 것과 마찬가지로 공주님의 아드님이 만약에 죽지 않고 살아남았으면 틀림없이 왕이 될 것이라고 말하였다. 이에 대해서 왕은 이렇게 말하였다.

"그 아이는 지금 살아 있다. 제대로 살아 있다. 시골에 살고 있는데 마을 아이들이 그를 왕으로 세웠다. 그러자 그 아이는 진짜 왕이 하는 일을 훌륭하게 해치웠다. 호위병, 보초, 안내관 등 만반의 역할을 저마다 일러주고 훌륭하게 통치하였다. 그런데 이것을 도대체 어떻게 해석하면 좋은가?"

마고스들은 말하였다.

"만약에 그 아이가 살아 있고, 또 왕이 된 것이 고의적인 계약으로 이루어진 것이 아니라면 그 아이에 대한 걱정은 하시지 않아도 됩니다. 안심하셔도 좋을 것입니다. 그 아이는 이제 다시 왕이 되지는 않을 것입니다. 우리가 내리는 탁선도 때로는 사소한 일도 끝나는 일이 있습니다. 또 꿈이라고 하는 것도 전혀 시시한 결말로 끝나는 경우가 있습니다."

아스티아게스는 이에 대해서 말하였다.

"나 자신도 그 아이가 왕을 자칭한 것으로 꿈은 실현된 것이고, 따라서 이제 나는 그 아이를 두려워할 까닭은 아무것도 없다고 굳게 믿고 있소. 그러나 우리 가문이나 그대들 자신을 위해서도 가장 안전하다고 여겨지는 조치를 잘 생각한 끝에 나에게 건의해 주지 않겠소?"

이에 대해서 마고스들은 말하였다.

"왕이시여, 전하의 통치가 안정되는 것은 저희에게도 매우 중요한 일입니다. 만약 왕위가 페르시아인인 그 아이에게로 넘어가서 이민족의 것이 된다면, 우리 메디아인은 노예가 되고 외국인이라고 해서 페르시아인에게 하대를 받게 될 것입니다. 그러나 동족이신 전하께서 재위하시는 한 우리도 저마다 분수에 따라 지배하는 쪽에 설 수 있고, 전하의 인자하심으로 영예로운 관직에 있을 수가 있을 것입니다. 따라서 전하의 일신과 평화로운 지배는 저희가 어떻게 해서든지 지키도록 배려해야만 합니다. 지금도, 만약 무엇인가 우려할 일이 숨겨져 있다는 것을 안다면 무엇이든지 말씀드릴 것입니다. 그러나 실제로 꿈은 사소한 일로 끝났으므로 저희도 안심하고 있고, 전하께서도 안심하셔도 좋으실 것입니다. 그러나 이 아이는 전하의 눈에 띄지 않는 곳, 즉 페르시아의 생부모에게로 보내도록 하시기 바랍니다."

이 말을 듣고 아스티아게스는 기뻐서 키루스를 불러 이렇게 말하였다.

"얘야, 나는 시시한 꿈을 꾸었기 때문에 너에게 못할 짓을 하고 말았는데, 너는 운이 좋아 살아남을 수 있었다. 자, 이제부터 기분 좋게 페르시아로 가거라. 사람을 딸려 보내주겠다. 그쪽에 가면 알 것이지만 너의 부모는 소치기 미트라다테스나 그의 아내와는 사정이 매우 다를 것이다."

아스티아게스는 이렇게 말하고서 키루스를 떠나게 하였다. 그의 본디 집인 캄비세스의 집으로 돌아온 키루스를 부모는 맞이하여 주었다. 사정을 알게 된 부모는 그때 바로 죽은 것으로만 생각하던 아이가 돌아와서 크게 기뻐하며, 어떻게 살아남았는가를 키루스에게 물어보았다. 키루스는 자기가 소치기의 아들이라고만 생각하고 있었는데 여기에 오는 도중 함께 온 사람들로부터 모든 이야기를 들었다고 했다. 또 자기를 길러준 것은 소치기의 아내라고 했는데, 처음부터 끝까지 이 여자를 칭찬하여 그의 이야기는 온통 키노에 관한 것뿐이었다고 해도 과언은 아니었다. 부모는 키노라는 이름을 기억해 두었다가 자기 아들이 살아남을 수 있었던 것을 페르시아인이 더욱 기적적으로 여기게 하기 위해 버려진 키루스를 암캐가 길렀다는 이야기를 퍼뜨렸다. 유명한 이 전설은 여기에서 비롯된 것이다.[81]

페르시아·메디아로부터 벗어나 패권을 장악

이윽고 키루스가 성인이 되어, 동년배 중에서도 가장 용기가 뛰어나고 인망(人望)도 남달리 두터운 인물이 되었다. 이즈음 아스티아고스에 대한 복수를 염원한 하르파고스가 키루스에게 선물을 보내어 환심을 사려고 하였다. 자기와 같은 한 개인으로서는 아스티아게스에게 보복을 한다는 것은 어림도 없는 일이거니와, 키루스가 당한 재난도 자기의 경우와 비슷하다고 생각하여 그를 자기편으로 끌어들이려 한 것이다.

그러나 이에 앞서 그는 다음과 같은 준비를 해두었다. 아스티아게스가 메디

---

81) 헤로도토스는 앞의 주석에 적은 것과는 반대 방향으로 전설의 성립 과정을 설명하고 있는데, 로물루스와 레무스의 전설의 경우와 마찬가지로, 동물이 양육했다는 전승을 더 오래된 쪽으로 보는 편이 보다 자연스러울 것이다.

아 백성에게 매우 가혹했던 것을 틈타 하르파고스는 메디아의 중신(重臣) 각자에게 줄을 대어, 키루스를 옹립해서 아스티아게스를 왕좌에서 쫓아내야 한다고 설득하기 시작한 것이다. 이 공작이 끝나고 준비가 갖추어지자 하르파고스는 페르시아에 있는 키루스에게 자기 생각을 밝혀야 겠다고 생각했다. 그러나 보통 수단으로는 안 되겠다고 생각하여 다음과 같은 계책을 냈다. 즉, 토끼 한 마리를 구하여 그 배를 째고 털은 그대로 둔 채 배 안에 자기 계획을 적은 서신을 숨긴 것이다. 토끼 배를 다시 봉합하고 자기의 시종 중에서 가장 믿을 수 있는 사나이에게 사냥용 망(網)을 들려 사냥꾼처럼 꾸민 뒤 페르시아로 보냈다. 그리고 그 사자에게는 토끼를 키루스에게 주면서, 곁에 아무도 없을 때 직접 손으로 배를 열어 주십사 하고 구두로 전하라고 일렀다.

하르파고스가 일러준 대로 일이 진행되어 키루스는 토끼를 받아 배를 열었다. 토끼의 배 안에 서신이 들어 있는 것을 보고 펴서 읽어보니 이렇게 쓰여 있었다.

"캄비세스의 아드님이시여, 당신에게는 신의 가호가 함께하고 있습니다. 그렇지 않으면 그와 같은 행운을 만나지는 못하셨을 것입니다. 그렇다면 당신을 죽이려고 한 아스티아게스왕에게 꼭 보복을 하십시오. 왕이 바란 대로 이루어졌더라면 당신은 이미 죽은 사람이 되어 있었을 것입니다. 지금 이렇게 무사하신 것은 신의 가호와 나의 힘에 의한 것입니다. 당신 자신의 몸에 일어났던 일뿐만 아니라 제가 제 손으로 당신 목숨을 빼앗지 않고 소치기에 넘겨주었다고 해서, 제가 아스티아게스왕으로부터 어떠한 일을 당했는가를 당신은 모두 아시리라고 생각합니다. 그래서 만약에 저의 계획에 찬동하여 주신다면 현재 아스티아게스왕의 영토는 모두 당신의 것이 될 것입니다. 페르시아 국민을 설득하고 메디아로 군을 진격시키십시오. 만약에 아스티아게스왕이 당신을 토벌하기 위한 군대의 지휘관으로 저를 임명하신다면, 물론 당신이 원하시는 대로 일을 진행시키겠습니다. 또 만약에 저 이외의 메디아의 중신이 임명되어도 마찬가지입니다. 왜냐하면 중신들은 아스티아게스왕에게 반기를 들고 당신 쪽에 서서 왕을 타도하기로 했기 때문입니다. 이쪽의 준비는 다 되어 있으므로 이제까지 말씀드린 것을 곧 실행에 옮기십시오."

서신을 읽은 키루스는, 페르시아인을 설득해서 모반을 일으키게 하려면 어떠한 방법이 가장 현명할 것인가 생각한 끝에 다음과 같은 책략을 썼다.

키루스는 자기한테 유리하게 멋대로 쓴 서면을 만들어 페르시아인들을 모이게 하고 아스티아게스가 자기를 페르시아군의 사령관으로 임명했다고 알린 것이다. 그러고는 이렇게 말하였다.

"페르시아인 여러분, 각자 낫을 가지고 모이도록 하시오."

페르시아에는 많은 부족이 있었다. 그러나 키루스가 모이게 해서 메디아로부터의 반란을 설득한 것은 그중 일부로 그것은 다음과 같았으며, 다른 페르시아인들은 모두 이들 부족에게 종속되어 있었다. 파사르가다이, 마라피오이, 마스피오이의 세 부족이 그것인데, 그중에서 파사르가다이의 위치가 가장 높았다. 페르세우스가(家)의 여러 왕을 배출하고 있는 아케이메네스(아케메네스) 일족도 그 부족 씨족단(氏族團)의 하나이다. 그 밖의 부족으로는 판티알라이오이·데르시아이오이·게르마니오이 등이 있고, 이들은 모두 농경민이었다. 나머지 다오이, 마르도이, 드로피코이, 사가르티오이 등은 유목민이었다.

모두가 지정된 도구를 가지고 모이자 키루스는, 페르시아 영토 안에 있는 18 또는 20스타디온(3197–3552미터)의 가시나무투성이 땅을 하루에 개간하라고 명령하였다. 페르시아인이 일을 끝마치자 이번에는 이튿날 목욕을 하고 출두하라는 명령을 내렸다. 그 사이에 키루스는 아버지의 소유인 산양과 소를 모두 한곳에 모아놓고 도살한 다음, 술과 산해진미를 갖추어서 페르시아인들을 대접할 준비를 한 것이다.

이튿날 모인 페르시아인들을 초원에 자리를 마련하여 대접하였는데, 식사가 끝나자 키루스는 그들에게 어제의 일과 오늘의 일 중 어느 쪽을 고맙게 생각하느냐고 물었다. 그들은 어제와 오늘은 너무 차이가 나는데, 어제는 괴로운 일뿐이었으나 오늘은 즐거운 일투성이입니다 라고 말하였다. 그 말을 받아서 키루스는 다음과 같이 자기 계획을 모두 털어놓았다.

"페르시아인 여러분, 이것이 지금 여러분이 처해 있는 실정이다. 내 말을 따르면 노예와 같은 일은 하지 않고 오늘과 같은 좋은 일을 얼마든지 만날 수 있다. 그러나 내 말을 거스르면 어제와 같은 괴로운 작업을 수없이 해야만 할 것이다. 따라서 내가 하는 말을 잘 듣고 자유의 몸이 되어라. 이렇게 말하는 본인은 신의 뜻에 따라 이 세상에서 생을 받고 이 큰 사업을 맡게 된 것으로 생각한다. 또 싸움이나 다른 점에서도 여러분은 메디아인에게 뒤지지 않는다고 나는 믿고 있다. 그러니 여러분은 한시라도 빨리 아스티아게스에 대항해 반란을 일으켜야 한다."

페르시아인은 이미 이전부터 메디아인의 지배를 받는 것을 좋지 않게 생각하고 있었으므로, 여기에서 지도자를 얻어 흔연히 자유를 쟁취하는 싸움에 임한 것이다.

한편 아스티아게스는 키루스의 위와 같은 행동을 알자, 사자를 보내어 키루스를 불러 오게 하였다. 키루스는 그 사자에게, 자기는 아스티아게스가 바라는 것보다도 빨리 그의 곁으로 갈 것이라고 보고하라고 말하였다. 이 말을 들은 아스티아게스는 메디아 전군에 무장을 명령하고 그 사령관으로는―신의 뜻으로 생각이 흐려졌을까―다름 아닌 하르파고스를 임명하였다. 그에게 가한 처사는 모두 잊었던 것이다.

메디아군이 출동하여 페르시아군과 싸울 때, 메디아군 중에서 음모에 가담하지 않은 자만이 싸우고, 일부는 페르시아 쪽으로 탈주하고 대부분은 싸우지도 않고 도주하고 말았다.

메디아군의 참담한 궤멸 소식을 접한 아스티아게스는 키루스 놈을 그대로 두지 않겠다고 위협했다. 그리고 우선 키루스를 놓아주라고 했던 해몽가 마고스들을 찔러 죽인 뒤, 도시에 남아 있던 사람들에게 노소를 막론하고 무장을 시켰다. 아스티아게스는 이들을 데리고 출격하여 페르시아군과 싸웠으나 패하여 아스티아게스 자신은 붙잡히고 휘하의 메디아군도 잃고 말았다.[82]

포로가 된 아스티아게스에게로 하르파고스가 와서 보기 좋게 나무랐다. 그는 이전에 아스티아게스가 자기에게 친 아들의 살코기를 먹게 한 그 연회에 대해 언급하고, 국왕의 몸에서 노예의 처지로 떨어지니 어떤 기분이냐고 물었다. 그러나 아스티아게스는 하르파고스의 얼굴을 물끄러미 바라보고는 키루스가 한 일을 너의 공으로 생각하느냐고 물었다. 하르파고스는 키루스에게

---

82) 다른 자료들을 보면, 키루스의 이반(離反)은 헤로도토스가 기록했듯이 순조롭게 이루어지지는 않았던 듯하다. 전투는 3년간 이어졌고, 키루스는 그의 본거지인 파사르가다이까지 몰리며 고전을 면치 못했으나, 메디아인의 배반으로 간신히 메디아를 제압했던 것으로 보인다.

편지를 쓴 것은 자기이므로, 이번 일은 당연히 자기의 공이라고 말하였다. 그러자 아스티아게스는, 너는 세상에 둘도 없는 어리석은 인간이자 더없는 악인이라고 말하면서 그 이유를 설명해 주었다. 세상에 둘도 없이 어리석다는 것은, 만약에 현재의 사태가 실제로 그의 힘에 의해 초래된 것이라고 한다면 자기가 왕이 될 수 있었을 텐데 다른 사람에게 권력을 양보했기 때문이다. 더없이 악인이라고 한 것은 예전의 연회를 빌미로 해서 메디아 국민을 노예로 만들었기 때문이라는 것이다. 또 자기가 왕위에 오르지 않고 다른 사람에게 양보해야 했다면, 이 영예를 페르시아인보다도 메디아인 중에서 누군가를 골라 주는 것이 정당했을 것이다. 그 결과, 그 일에는 아무런 책임도 없는 메디아 백성이 지배자로부터 노예의 처지로 떨어지고, 이제까지 메디아인의 노예였던 페르시아인이 이제 주인이 되었다고 하는 것이 아스티아게스가 하고 싶은 말의 요지였다.

이렇게 해서 아스티아게스는 재위 35년으로 왕위를 잃고, 메디아는 아스티아게스의 가혹함으로 인해 화를 불러 페르시아에 굴복하게 되었는데, 할리스 강 위쪽(동쪽)의 아시아 일대에 대한 메디아의 지배는 스키타이인의 지배 기간도 포함해서 128년[83]에 이르렀다. 훗날 메디아인은 이전의 행동을 후회하여

---

83) 이 숫자를 둘러싸고 많은 어려운 문제가 있다. 우선 여기에서 '스키타이인의 지배 기간을 포함해서'라고 번역한 부분은 오히려 '……을 제외하고'라고 번역해야 한다는 설도 적지 않다. 헤로도토스 자신이 지금까지 들고 있는 메디아 제왕의 제위 기간은, 데이오케스(53), 프라오르테스(22), 키악사레스(40), 아스티아게스(25)를 합계하면 150년이 된다. 그중 키악사레스의 40년의 재위 기간에는 스키타이인의 지배 기간 28년이 포함되고 있다고 분명히 말하고 있다. 그래서 만약 128년이라는 숫자가 스키타이인 지배 기간을 포함하지 않는다고 하면, 그것을 포함한 156년이라는 숫자가 위의 150년과 합치되지 않는 커다란 난점이 생기게 된다. 또 128년의 기간에 스카타이인의 지배 기간 28년이 포함되어 있다 하더라도 150년이라는 숫자와의 모순은 피할 수 없다. 이러한 모순을 해결하기 위해 데이오케스의 지배 기간 53년과 프라오르테스의 22년을 서로 바꾸고, 할리스강 동쪽 일대를 지배하게 된 것은 프라오르테스 이후의 일이라는 이유에서 메디아의 지배가 프라오르테스 때부터 시작된다고 계산하면, 정확히 128년이 된다고 하는 제안도 있다. 여하튼 확실한 것은 말할 수 없을 것 같다. 다만 처음 2대와 뒤의 2대의 재위 기간이 정확히 75년씩으로 되어 있는 것도 약간 이상하고, 128년이라는 숫자와 28년이라는 숫자가 나란히 놓여 있는 것도 암시적이어서, 연대 계산상의 조작이라든지 원전의 착오 등도 예상되지 않는 것이 아니다. 또한 아스티아게스가 몰락한 해는 기원전 550년으로 보이는데, 따라서 메디아 왕조는 기원전 700~550년에 걸쳐서 존재했던 것으로 여겨진다.

다레이오스 시대에 반란을 일으켰지만,[84] 싸움에 져서 다시 굴복당하고 말았다. 그러나 그것은 훗날의 이야기이고, 이때에는 아스티아게스에게 대항해 키루스가 이끄는 페르시아인이 메디아에 반기를 들었고, 그 이래 아시아의 지배자가 된 것이다. 키루스는 아스티아게스에게 아무런 위해도 가하지 않고 죽을 때까지 자기 곁에 두었다. 키루스의 탄생과 성장 그리고 왕위에 오르기까지의 과정은 위와 같으며, 그 뒤 침략을 해온 클로이소스를 정복했다고 하는 것은 내가 이미 말한 대로이다. 이리하여 키루스는 크로이소스를 정복함으로써 전 아시아의 지배자가 된 것이다.

페르시아의 풍속

내가 아는 바로는, 페르시아인의 풍습은 다음과 같다. 페르시아인은 우상을 비롯하여 신전이나 제단을 세우는 풍습이 없고 오히려 그렇게 하는 사람

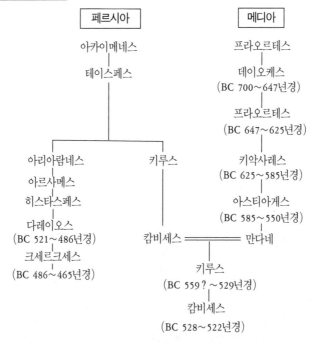

84) 이 반란은 베히스툰 대비문(大碑文)에서 볼 수 있는, 기원전 520년의 사건을 가리키는 것으로 보인다.

들이 어리석다고 말한다. 생각건대 그 이유는, 그리스인처럼 신이 인간과 같은 성질을 가지고 있다고는 생각하지 않았기 때문일 것이다. 페르스아인은 하늘 전체를 제우스[85]라 했고, 높은 산에 올라가서 제우스에게 희생을 바치고 제사 지내는 것이 그들의 풍습이었다. 또 그들은 해·달·땅·불·물에게도 제사 지낸다. 그들이 태고로부터 제사 지내는 것은 위의 것들뿐이었으나, 아시리아인과 아라비아인으로부터 훗날 '[아프로디테] 우라니아'를 제사 지내는 것도 배우게 되었다. 또 아시리아인은 아프로디테를 밀리타, 아라비아인은 알릴라트, 페르시아인은 미트라[86] 이렇게 부르고 있다.

페르시아인이 앞에 든 신들에게 제사 지내는 의식은 다음과 같다. 그들은 제단도 설치하지 않고 불도 피우지 않는다. 또 술을 따르는 의식도 없고 피리도 불지 않고 화환도 착용하지 않고 맷돌로 탄 보리도 사용하지 않는다.[87] 어떤 신에게 제사를 지내려고 할 때에는 희생으로 삼을 짐승을 깨끗한 장소로 끌고 가서, 관(冠) 위에 대개는 도금양(桃金孃) 잎새를 둘러서 쓰고 그 신 이름을 외운다. 자기 개인을 위한 행복을 기원하는 것은 허락되지 않고 페르시아 온 국민과 국왕의 축복을 기원한다. 자기도 페르시아 국민의 한 사람이기 때문이다. 희생 동물은 잘게 썰어 삶은 뒤, 될 수 있는 대로 부드러운 풀—대개의 경우 클로버—을 아래에 깔고 그 위에 모두 얹는다. 이러한 준비가 갖추어지면 마고스[88]가 한 사람 와서 기도의 주문을 외운다. 그들의 이야기로는 이 주문은 신들의 탄생을 노래한 것이라고 한다. 여하간 신에 대한 제사는 마고

---

85) 여기서 나오는 제우스는 페르시아의 주신 아후라 마즈다를 가리킨다. 그리스인도 로마인도 타국의 신을 그와 비슷한 자국 신의 이름으로 부르는 것이 보통이었다. 또 페르시아인이 하늘 자체를 아후라 마즈다로 불렀다고 기술한 것은 오류일 것이다.

86) 여기에서 미트라(Mitra)는 헤로도토스가 해의 신(남성신) 미드라와 관련해서 착각한 것 같다. 페르시아에서 아프로디테에 해당하는 여신은 아나히타였다.

87) 여기에 기록되어 있는 페르시아의 제사 양식은 그리스의 그것과 비교되어 있기 때문에, 여기에서 그리스의 제식도 추측할 수 있다. 좀 더 확실히 하기 위해 약간 부언해 둔다면, 사제뿐만 아니라 희생 가축에도 화환을 걸고, 도살하기 전에 보릿가루를 희생 동물과 그 주위에 뿌리는 것이 관습이었다.

88) 마고스(복수는 마고이)란 페르시아(본래는 메디아)의 세습적 신관 계급의 호칭. 본디 임무는 물론 제사·신탁·해몽 등 종교적인 사항이었지만, 정치적으로도 커다란 발언권을 가지고 있었다는 것은 오히려 당연한 일이었다.

스 없이는 하지 않는 것이 관습이다. 그리고 잠시 사이를 두었다가 제주(祭主)는 고기를 내리고 그 뒤는 자기가 좋을 대로 처리를 하게 된다.

페르시아에서는 그 어떤 날보다도 자기의 생일을 가장 소중하게 생각한다. 따라서 이날에는 다른 날보다도 많은 식사를 내는 것이 당연한 일로 여겨진다. 부자는 소·말·낙타·노새 등을 화덕에 통째로 구워 잔치에 내놓고, 가난한 사람은 작은 가축을 사용한다. 페르시아인은 주식은 얼마 먹지 않으나 디저트는 넉넉하게, 그리고 한꺼번에 내는 것이 아니고 연이어 나온다. 페르시아인이 말하기를, 그리스인은 식사를 끝마치고 나서도 배를 곯고 있다고 한다. 그 이유는 그리스에서는 주된 식사가 끝나고 나서 이렇다 할 후식이 나오지 않기 때문이라는 것이다. 만약에 나온다면 제아무리 그리스인이라 해도 먹는 것을 그만둘 수 없으리란 것이다.

페르시아인들이 술을 좋아한다는 것은 대단한 일인데, 페르시아에서는 남 앞에서 토하거나 방뇨(放尿)를 한다는 것은 허용되지 않는다. 이것은 엄중히 지켜지고 있다. 페르시아인에게는 매우 중요한 일을 술을 마시면서 상의하는 습관이 있다. 그 상담에서 모두가 찬성한 일을 상담의 회장(會場)이 되었던 집 주인이 이튿날 술이 깬 상태로 있는 모두에게 제기하고, 이때에도 여전히 찬성을 하게 되면 채용하고 그렇지 않으면 폐기한다. 또 술에 취하지 않는 상태로 예비상담을 한 일은 술자리에서 다시 결정을 하게 된다.

페르시아인이 길에서 서로 만났을 때, 만난 사람끼리 신분이 어떤가는 다음과 같은 일로 구별할 수 있을 것이다. 대등한 경우에는 말을 거는 대신에 입으로 서로 키스를 한다. 한쪽 신분이 조금 낮을 때에는 뺨에 키스를 하고, 또 한쪽이 훨씬 천한 신분일 때에는 상대 앞에 엎드려 인사를 한다.

페르시아인은 자기 자신 다음으로는 가장 가까운 이웃 민족을 존중한다. 다음에는 두 번째로 가까운 민족을 존중한다. 이런 식으로 거리에 따라 평가가 내려간다. 그래서 자기 나라에서 가장 먼 곳에서 사는 민족은 가장 가볍게 보게 되는데, 그것은 그들이 이 세상에서 그 어떤 점에 있어서나 특별히 뛰어난 민족이라는 생각에서이다. 다른 민족은 지금 말한 바와 같이 거리에 따라 그것이 갖는 장점의 정도가 내려가서, 자기들로부터 가장 멀리 떨어져 있는 것은 가장 열등하다고 생각한다. 메디아가 지배하고 있었던 시대에는 여러 민족이 서로 지배하고도 있었다. 메디아인이 전체의 지배자이기는 하지만 직접적으로는 그들의 가장 가까이에서 사는 민족만을 지배했으며, 그 민족은 다시 그 이웃 민족을, 그리고 또 이 민족은 그 인접 민족을 지배하는 식이었다. 그것은 페르시아인이 평가에 단계를 두었던 것과 같은 방식이었다고 할 수 있다. 각 민족이 갖는 지배권이나 위임 통치권에는 거리에 비례해서 단계가 매겨져 있었기 때문이다.

세계에서 페르시아인 만큼 외국의 풍습을 도입하는 민족은 없다. 메디아의 의상이 자기 나라 것보다 아름답다고 해서 그것을 입고, 전쟁에서는 이집트식 가슴 갑옷을 착용한다. 또 갖가지 향락을 배워서는 여기에 빠지게 되는데, 그리스인으로부터 배워서 소년과 계간(鷄姦)을 하는 것도 그 좋은 예이다. 또 페르시아인은 누구나 많은 정처(正妻)를 거느리고 또 다수의 첩을 사들인다.

또 페르시아에서는 전장에서 용감하다는 것 다음으로 많은 아이를 두는 것이 남자의 미덕으로 되어 있다. 최대의 아들 부자에게는 해마다 국왕으로부터 선물이 하사된다. 페르시아인은 수가 많다는 것은 힘이 세다는 것이라고 생각하기 때문이다. 아이에게는 5세에서 20세까지 사이에 단 세 가지 것만을 가르친다. 승마, 궁술, 그리고 정직이 그것이다. 아이는 5세가 될 때까지 아버지를 만나지 않고 여인들 슬하에서 생활한다. 그 이유는 아이가 양육 중에 사망했을 경우 아버지를 슬프게 하지 않기 위해서이다.

지금 말한 매우 좋은 풍습과 더불어, 또 내가 추천하고 싶은 것이 있다. 아무리 국왕이라도 단 한 번의 죄로 사람을 죽이는 일은 없다는 것, 그 밖에 일반 페르시아인도 자기 하인에게 한 번만의 과실로 치유할 수 없는 고통을 주는 일은 결코 없다는 것이다. 주인은 잘 생각한 끝에, 하인이 범한 나쁜 일이 그의 공적보다 크다고 여겼을 때 비로소 벌을 준다. 또 페르시아인들이 하는 말로는, 페르시아에서는 자기 아버지나 어머니를 죽이는 자는 한 사람도 없다는 것이다. 이제까지 그러한 사례가 있었다고 해도 그 어느 경우나 잘 살펴보면, 그와 같은 죄를 범하는 자식은 가짜 아들이거나 불륜의 자식임을 알 수 있을 것이라고 한다. 진짜 부모가 자기 아들의 손에 죽는 일은 있을 수 없다는 말이다.

페르시아에서는 해서는 안 되는 일은 또한 말로도 해서는 안 되는 것으로 되어 있다. 페르시아에서 가장 창피한 일은 거짓말을 하는 것이고, 다음에는 돈을 꾸는 일이다. 돈을 꾸는 것을 싫어하는 이유는 여러 가지가 있지만, 가장 큰 이유는 돈을 꾸는 자는 아무래도 거짓말도 하게 되기 때문이라고 한다. 시민 중에서 나병이나 옴에 걸린 자는 도시에 들어오지도 못하고 다른 사람과 교제도 할 수가 없다. 페르시아인이 하는 말로는, 이 병은 태양신에게 무엇인가 죄를 졌기 때문에 걸린다고 한다. 이 병에 걸린 외국인은 모두 국외로 추방되고, 흰 비둘기조차도 같은 죄를 씌워서 쫓아버리는 사람도 적지 않다.

페르시아인은 강에 소변을 누거나 침을 뱉는 일이 없고 강에서 손도 씻지 않으며, 또 다른 사람이 그렇게 하는 것을 가만히 두고 보지 않는다. 그들이 강을 존경하는 마음은 대단한 것이다.

아울러 페르시아인 자신들은 모르나 우리가 아는 또 하나의 특징이 있다. 페르시아인의 이름은 신체상의 특징을 나타내거나 그럴 듯한 뜻인 경우가 있는데, 모든 어미는 같은 문자(S음)로 끝난다. 도리스인이 말하는 '산', 이오니아인이 말하는 '시그마' 문자이다. 각자가 조사해 보면 알 수 있지만, 페르시아인의 이름은 모두가 이 문자로 끝나는 것이다.[89]

페르시아인에 대해 이제까지 말해온 것은 내가 가진 지식에서 비롯한 것이므로 확신을 가지고 말할 수 있다. 그러나 다음에 말하는 죽은 자에 대한 처리는 비밀 사항으로서 전해지는 것으로 분명한 것은 알 수가 없다. 페르시아인은 시체를 묻기 전에 새나 개로 하여금 뜯어먹게 한다고 전해진다. 마고스들이 이러한 장례를 하고 있다는 것은 나도 안다. 그들은 그것을 공공연하게 하고 있기 때문이다. 그러나 보통 페르시아인들은 시체에 밀랍을 발라 땅속에 매장한다. 마고스들은 일반적으로 다른 사람들과는 매우 심하게 그 유(類)를 달리하지만 이집트의 사제들과도 다르다. 이집트의 사제들은 희생 동물 이외에는 모든 생물을 죽이지 않는다는 것을 계율로 삼고 있지만, 마고스들은

---

89) 페르시아인의 이름에 관한 헤로도토스의 관찰은 반드시 정확하다고는 할 수 없다. 첫째, 여자 이름은 모두 여기서 말하는 규칙에 따르지 않고, 남자 이름에 한정했다고 하더라도, 페르시아 남성의 이름이 모두 S로 끝난다고는 말할 수 없다. 오히려 저자는 그리스화된 어형에 대해 생각하고 있는 것 같다. 신체상의 특징이라든지 내로라하는 묘사 등은, 예컨대 오타네스가 '몸이 아름답다'라는 뜻이라거나 히스타스페스가 '말을 가지고 있다'는 뜻이라는 것 등을 염두에 두고 한 말일 것이다.

개와 인간 이외에는 어떠한 것이든 자기 손으로 죽이고, 개미나 뱀을 비롯하여 그 밖의 파충류나 조류를 무차별로 서로 다투어 죽인다.[90] 이러한 풍습은 예부터 행하여져 온 것이므로 어찌 할 수 없는 일이라 보고, 나는 여기서 이전의 이야기로 되돌아가기로 한다.

소아시아의 그리스 여러 도시

이오니아인과 아이올리스인은, 리디아가 페르시아에 정복되자 곧 사자(使者)를 사르데스의 키루스에게로 보냈다. 크로이소스에게 예속되어 있었던 때와 같은 조건으로 키루스에게도 따르고 싶다고 생각했기 때문이다. 키루스는 그들의 요청을 듣고 나서 이런 우화를 들려주었다.

피리 부는 한 사나이가 바다 속의 고기를 보고, 피리를 불면 그것들이 육지로 올라오리라 생각하고 피리를 불었다. 그런데 생각대로 되지 않자 투망을 가지고 와서 많은 고기를 잡아 육지로 끌어올렸는데, 물고기들이 퍼덕 거리는 것을 보고 이렇게 말하였다.

"어이, 춤은 이제 그만 춰. 아까 피리를 불 때는 나오지도 않고 가만히 있던 주제에……."

키루스가 이오니아인과 아이올리스인에게 이런 이야기를 들려준 것은, 이전에 키루스가 그들에게 사자를 보내어 크로이소스에게 반란을 일으켜달라고 했을 때에는 말을 안 듣다가, 일이 끝난 지금에 와서야 키루스를 따르겠다고 했기 때문이다.

키루스는 화가 나서 그들에게 이렇게 말한 것인데, 이것은 이오니아의 여러 도시에 보고되었다. 이오니아인은 이 말을 듣고 모든 도시 주변에 성벽을 쌓고, 밀레토스 이외의 모든 이오니아의 주민이 판이오니온에 모였다. 밀레토스가 참가하지 않은 까닭은 그가 키루스와 리디아 왕과 같은 조건으로 협정을 맺고 있었기 때문이다. 그 밖의 이오니아인은 협의한 결과, 스파르타에 사자

---

90) 개는 아후라 마즈다의 성수(聖獸)였다. 또한 마고스들이 여러 가지 생물을 다투어 죽인다고 되어 있지만, 그것은 악령 아리만이 만든 생물이라고 여겨지는 해충이나 해수(害獸)를 살해한다는 뜻으로 그와 같은 생물을 죽이는 것이 좋다는 것이지, 쓸데없이 살생을 장려한 것은 아니다.

를 보내어 원조를 구할 것을 만장일치로 의결하였다.

그런데 판이오니온을 공유하는 이들 이오니아인은, 우리가 아는 한 이 세상에서 그들만큼 풍토의 혜택을 받은 곳에 도시를 만든 사람들은 없다. 이오니아보다 북쪽 지역이나 남쪽 지역도 이오니아와 동일하게 논할 수가 없다. (동쪽이나 서쪽 지역도 마찬가지이다.) 한편은 한기와 다습(多濕)으로 괴로움을 당하고, 다른 한쪽은 고온과 건조에 고통을 받고 있기 때문이다.

이들 이오니아인이 사용하는 언어는 하나가 아니라 네 개의 방언으로 나뉘어 있다. 이오니아의 여러 도시 중에서 가장 남쪽에 있는 도시는 밀레토스이고 이어 미우스·프리에네가 있는데, 이들 도시는 모두 카리아 지방에 있어서 서로 같은 방언을 사용하고 있다. 다음에 리디아에 있는 도시는 에페소스·콜로폰·레베도스·테오스·클라조메나이·포카이아로, 이들은 서로 같은 말을 쓰지만 앞서 든 도시와는 다른 방언을 사용하고 있다. 이오니아의 도시는 그 밖에 또 셋이 있는데, 그중 둘은 섬에 있다. 사모스와 키오스가 그것이고, 또 하나는 에리트라이로 이것은 대륙에 있다. 그리고 키오스와 에리트라이는 같은 방언을 사용하지만, 사모스인만은 고립되어 독자적인 방언을 쓴다. 이상이 네 종류의 방언이다.

그런데 이들 이오니아의 여러 도시 중에서, 밀레토스는 페르시아와 협정을 맺고 있었으므로 위협을 느끼지도 않고, 또 섬에 사는 사람들에게도 겁을 먹을 이유가 하나도 없었다. 그 시절 페니키아인은 아직 페르시아에 종속되어 있지 않았다. 페르시아 자체는 해군국이 아니었기 때문이다. 이들 (아시아의) 이오니아인이 다른 이오니아인으로부터 분리된 이유는 다름이 아니라 당시에는 모든 그리스 민족이 무력했지만, 그중에서도 이오니아족이 특히 약해서 가장 무시당했기 때문이다. 사실 아테네를 제외하면 달리 이렇다 할 도시는 하나도 없었던 것이다. 따라서 아테네를 비롯하여 다른 이오니아인도 이오니아인이라고 불리는 것을 좋아하지 않아서 그 명칭을 피했다. 오늘날에도 여전히 많은 이오니아인들이 이 명칭을 부끄럽게 여긴다고 나는 생각한다.

그런데 앞서 든 열두 개 도시만은 이 명칭에 긍지를 가지고 자기들만의 성지를 정하고, 이것을 판이오니온(전 이오니아 신전)이라 이름 지었다. 그리고 다른 이오니아인은 이 성지에 관여하지 못하게 할 것을 의결하였다. 그러나 스미르나를 제외하고는 참가를 희망한 도시는 하나도 없었다.

이와 같은 방식은 오늘날의 5개 도시, 이전에는 6개 도시라고 했던 지구(地區)의 도리스인이 했던 방식과 같다. 그들은 이웃하는 도리스인의 어느 도시도 트리오피온[91]의 성지에 들어오지 못하도록 하고 있는데, 뿐만 아니라 자기들끼리도 성지에 관해서 법을 위반하는 자는 참여를 금하여 이를 배제했던 것이다. 그 까닭은 이러하다. '트리오피온의 아폴론' 경기에서 이전에는 우승자에게 청동 세발솥을 상품으로 주었는데, 상품을 받은 자는 그것을 성지로부터 가지고 가서는 안 되고, 그 자리에서 신에게 봉납하도록 되어 있었다.

그런데 할리카르나소스 사람으로 아가시클레스라고 하는 사나이가, 우승한 뒤 그 규정을 무시하고 세발솥을 자기 집으로 가지고 돌아가, 집 앞에 못으로 박아 매달아 놓은 것이다. 이에 대한 벌로 린도스·이알리소스·카미로스·코스·크니도스 등 5개 도시[92]는 여섯 번째 도시인 할리카르나소스의 참가를 배제했던 것이다.

한편 이오니아인이 12개 도시의 동맹을 만들고 그 이상의 도시의 참가를 막은 이유는, 그들이 펠로폰네소스에 살았을 때에도 그들을 펠로폰네소스로부터 쫓아낸 아카이아인이 현재 그러하듯이 12개 지구로 나누어져 있었기 때문이라고 나는 생각한다. 즉, 시키온의 도시에 가장 가깝게 펠레네가 있고, 이어서 아이게이라와 아이가이—아이가이에는 물이 마르는 일이 없는 크라티스강이 있는데, 이탈리아에 있는 동명의 강 이름이 여기에서 비롯된 것이다—, 부라, 이오니아인이 아카이아인과의 싸움에 져서 도망쳐 들어갔던 도시 헬리케, 아이기온, 리페스, 파트레에스(파트라이), 팔레에스, 큰 강 페이로스를 안고 있는 올레노스, 디메, 그리고 유일한 내륙 도시 트리타이에에스(트라타이아)가 그것이다.

이들 12개 지구는 현재는 아카이아이지만, 그때는 이오니아인의 땅이었던 것이다. 이오니아인이 열두 도시를 결성한 것은 지금 말한 이유에 의한 것이지 달리 특별한 사정이 있었던 것은 아니다. 왜냐하면 이들 이오니아인이 다

---

91) 카리아의 크니도스 반도에 있었던 도시. 아폴론 신전이 있었다.

92) 린도스, 이알리소스, 카미로스는 모두 로도스섬에 있었던 도시. 코스는 섬, 크니도스는 카리아에 있는 같은 이름의 반도에 있었던 도시.

른 이오니아인보다도 혈통이 순수했다거나 높았다고 하는 것은 터무니없는 일이기 때문이다. 그들의 중요한 구성 민족인 에우보이아의 아반테스인[93]은 이름으로 보아도 이오니아와는 아무런 관계도 없는 종족이고, 또 오르코메노스의 미니아이인도 그들에게 섞여 들어가 있다. 또 카드메이오이인, 드리오페스인, 포키스인의 한 분파, 몰로시아인, 아르카디아의 펠라스고이인, 에피다우로스의 도리스인, 기타 많은 종족이 섞여 있는 것이다.

이 이오니아인 안에 아테네의 시회당(市會堂)[94]에서 이주의 첫발을 내디뎌 이오이아인 중에서 가장 고귀한 혈통을 자랑하는 한 무리가 있는데, 그들은 이주 때 여자를 데리고 가지 않았기 때문에, 그들의 손에 부모를 잃은 카리아의 여자를 아내로 삼았다. 이 살육 때문에 이들 여자들은 결코 남편과 식사를 함께하지 않고 남편의 이름도 부르지 않는다는 규칙을 만들어, 그것을 지킨다는 맹세를 서로 교환하고 딸에게도 전하였다. 현재의 남편이 자기들의 아버지나 남편, 아이들을 죽이고 그러면서도 자기들을 아내로 삼았다는 원한 때문이었다. 이것은 밀레토스에서 실제로 있었던 일이다.

이오니아인 중에는 히폴로코스의 아들 글라우코스[95]를 조상으로 하는 리키아인의 일족을 왕으로 세운 사람도 있고, 또 멜란토스의 아들 코드로스의 후손인 필로스의 카우코네스[96] 일족을 받드는 사람, 또 그 두 가문에서 왕을 추대하는 사람 등 여러 가지였다. 여하간 이 이오니아인은 다른 이오니아인보다도 그 명칭에 집착하였으므로, 그들을 순수한 이오니아인으로 보아도 좋

---

93) 아반테스인은 본디 트라키아의 고대 민족이었다고 한다. 후에 그 일부가 키오스로 이주했다는 사실이 밝혀져 있다. 그리고 계속해서 열거되는 많은 종족에 대해서 일일이 설명하기는 번거롭지만, 예컨대 미니아이인은 이오니아의 밀레토스·프리에네·콜로폰에·포키스인은 포카이아에―하는 식으로 각기 이오니아의 식민에 참가하고 있었던 것이다.

94) 그리스의 도시에서 이민이 나갈 때에는 모시(母市)인 그 도시의 시회당에 있는 성화를 받아 출발하게 하는 것이 관례였다. 아테네의 성화를 가지고 이주한 사람들은 말하자면 아테네의 공인된 이민이라 해서 그 출신을 자랑했던 것이다.

95) 리키아의 왕으로서 트로이 전쟁에 참가하여 트로이 쪽에 가담했다. '일리아드'에도 나오는 저명한 영웅.

96) 카우코네스는 펠로폰네소스의 트리피리아 지방에서 살았던 고대 부족이라는 것은 밝혀져 있지만, 아테네 왕 멜란토스와 그의 아들 코드로스의 후예로 여겨졌던 이유는 잘 알 수 없다. 필로스의 네레우스 왕가의 자손이 도리스의 침입에 쫓겨 아테네의 비호를 받고 이윽고 소아시아로 이주했다는 전승(傳承)과 관련이 있는 것은 틀림없다.

을 것이다. 그러나 사실을 말하자면, 아테네에 그 기원을 두고 아파투리아의 축제를 축하하는 것은 모두 이오니아인인 것이다. 에페소스와 콜로폰의 주민 이외에는, 모든 이오니아인이 이 축제를 축하한다. 아파투리아[97] 축제를 축하하지 않는 것은 이오니아인 중에서 위의 두 도시뿐으로, 그들은 어떤 살인 사건을 그 이유로 삼고 있다.

판이오니온은 미칼레산의 북쪽 사면에 있는 성역으로, 이오니아인이 공동으로 '헬리케의 포세이돈'에 바친 것이다. 미칼레는 대륙에서 서쪽 사모스섬을 향해 뻗어 있는 곳으로, 이오니아인은 예의 도시들로부터 이곳에 모여 '판이오니아'(전 이오니아 축제)라고 부르는 축제를 벌인다.[98] 이오니아의 축제 이름만이 이러한 어미를 갖는 것이 아니라, 그리스의 어떤 축제 이름도 똑같이 같은 문자로 끝난다는 것은 페르시아인 이름의 경우와 같다.

이상이 이오니아의 여러 도시인데, 다음에 아이올리스의 도시로는 프리코니스[99]라는 다른 이름이 있는 키메, 레리사이(라리사), 네온 테이코스, 템노스, 킬라, 노티온, 아이기로에사, 피타네, 아이가이아이, 미리나, 그리네이아가 있다. 이들 11개의 도시는 예부터 아이올리스의 도시였다. 수가 11인 까닭은 그중의 하나였던 스미르나가 이오니아인에 의해 분리되었기 때문으로, 본디 대륙의 아이올리스 도시도 수는 열두 개였던 것이다. 이들 아이올리스인이 도시를 건설한 땅은 이오니아인의 땅보다도 기름지기는 하지만 기후의 면에서는 이오니아만큼 좋지는 않았다.

아이올리스인이 스미르나를 잃게 된 사정은 이러하다. 내란을 일으켜서 패하고 조국에서 쫓겨난 콜로폰인 무리를 아이올리스인이 받아들여준 일이 있었다. 그런데 이 콜로폰의 망명자들은, 스미르나 시민이 성벽 밖에서 디오니

---

97) 아테네에서 매년 피아네프시온 달(오늘날의 10월에서 11월에 걸친다)에 사흘 동안 행해졌던 축제. 씨족단(氏族團)의 축제라고도 부를 만한 성질의 것으로, 이때 신생아나 새로이 양자로 맞아들인 자 등에게 시민권이 주어졌다.

98) 여기에서 단락 끝까지는 본래의 글 외에 있었던 주석 같은 것이 본문 속에 삽입된 것으로 보는 학자가 많다. 그리스의 축제명은 중성 복수형이기 때문에 모두 'α'로 끝나는 것은 사실이지만, 여기에 특별히 내세워서 말할만한 것은 못 된다.

99) 키메로 식민한 사람들이 본래 거주하고 있었다고 생각되는 본토 로크리스 지방의 산(山) 프리키온에서 유래한 것 같다.

소스의 축제를 거행하고 있는 틈을 타 성문을 닫고 도시를 점령해 버린 것이다. 아이올리스인은 전력을 다하여 구원하러 달려갔으나 결국 협정이 성립하여 이오니아 측은 가재도구를 모두 인도하는 대신, 아이올리스인은 스미르나에서 퇴거하기로 하였다. 스미르나인이 협정에 따랐기 때문에 아이올리스의 11개 도시는 분담해서 그들을 수용하고 각 도시에서 시민권을 주었던 것이다.

대륙에 있는 아이올리스의 도시는 위와 같다. 산속에 사는 사람들은 떨어져서 독립되어 있으므로, 여기에는 포함되지 않는다. 다음에 섬에서 살고 있는 사람들로서는 레스보스섬에 5개의 도시[100]가 있고—레스보스에는 여섯 번째로 아리스바가 있었으나 메팀나인이 자기들과 같은 혈통임에도 노예화시키고 말았다—테네도스섬에 하나, 그리고 이른바 '백도(百島)'[101]에 또 하나의 도시가 있다. 레스보스와 테네도스의 주민에게는 이오니아의 여러 섬에 사는 사람들과 마찬가지로 페르시아에 대한 공포는 없었으나, 그 밖의 아이올리스의 도시는 공동으로 이오니아인의 지시에 따르기로 결정한 것이다.

리디아의 반란과 그 진압

이오니아인과 아이올리스인이 보낸 사자가 스파르타에 도착했다. 일은 매우 신속하게 이루어졌던 것이다. 사절단은 피테르모스라고 하는 포카이아인을 선출하여 대표로서 발언을 하게 하였다. 피테르모스는 자주빛으로 염색한 옷을 입고—이것은 소문을 듣고 될 수 있는 대로 많은 스파르타인을 모이게 하기 위한 책략이었지만—집회장에 나타나자 장광설을 늘어놓으면서 구원을 요청하였다.

그러나 스파르타인은 귀를 닫고 이오니아 구원을 거절하기로 결정하였다. 이렇게 해서 사절 일행은 철수하였으나, 스파르타에서는 이오니아의 사자는 쫓아 보냈으면서도 몇 명인가를 오십노선(五十櫓船)에 태워 그 땅으로 파견하였다. 생각건대 이것은 키루스와 이오니아의 사정을 염탐하기 위한 행위로, 이 일행은 포카이아에 도착하자 그들 중에서 가장 명망이 높았던 라크리네스

---

100) 레스보스의 다섯 개 도시란, 미틸레네·안티사·피라·엘레소스·메팀나를 말한다.
101) 레스보스섬과 대륙 사이에 모여 있던 작은 섬들을 가리킨다.

라는 인물을 사르데스로 보냈다. 스파르타는 결코 가만히 보고만 있지 않을 테니까 그리스 영토의 그 어떤 도시도 침범하지 말라는 스파르타의 결의를 키루스에게 전달하기 위한 것이었다.

사자가 위와 같이 전달하자 키루스는 측근인 그리스인들에게, 자기에게 이런 말을 당당하게 해오는 스파르타인이란 도대체 누구이며 그 수는 얼마나 되느냐고 물었다. 그리고 그 대답을 듣자 스파르타의 사자에게 다음과 같이 말했다고 한다.

"도시 한가운데에 장소를 정하고 거기에 모여 서약하면서 서로 속이는 인간들을 나는 이제까지 무섭다고 생각한 적이 없다. 만약 내게 여유가 있다면, 이오니아인들의 고통에 대해서만 지껄이게 하지 않고, 그놈들 자신이 그런 경우에 처하도록 해 주겠다."

이는 모든 그리스인을 두고 한 말로, 그리스인들이 시장을 열고 물건을 매매하는 것에 대해서 한 말이었다. 실제로 페르시아인은 시장을 열고 물건을 매매하는 관습이 없었으며, 무엇보다 시장이라고 하는 것이 페르시아에는 전혀 없었다.

그 뒤 키루스는 사르데스의 관리를 타발로스라고 하는 페르시아인에게 맡기고, 또 크로이소스를 비롯하여 리디아인들이 소유한 황금의 운반은 팍티에스(팍티아스)라고 하는 리디아인에게 명령하고 나서, 자기 자신은 크로이소스와 함께 에크바타나로 가버렸다. 당장 이오니아의 일 같은 것은 전혀 고려하지 않았던 것이다. 키루스를 괴롭히던 것은 바빌론 외에 박트리아인·사카이인·[102]이집트인 등으로, 자기는 이들의 정복을 맡고 이오니아에는 다른 사령관을 보낼 작정이었다.

키루스가 사르데스를 떠나자 팍티에스는 리디아인을 모아 타발로스와 키루스에 대항해 반란을 일으켰다. 그들은 연해 지방으로 내려가자 사르데스의 황금을 모두 가지고 있으므로 용병을 모집하고, 또 연해 주민을 설득하여 자기와 함께 원정에 참가하도록 권고하였다. 이렇게 해서 사르데스로 진군하여 타발로스를 아크로폴리스로 몰아넣어 이를 포위한 것이다.

---

102) 박트리아 동북쪽의 스텝 지대(키르기스)에 있었던 강력한 유목민.

키루스는 도중에서 이 말을 듣자 크로이소스에게 이렇게 말하였다.

"크로이소스여, 지금의 사태는 결국 어떤 결말이 될 것이라고 생각하오? 아무래도 리디아인이란 족속은 다른 사람이나 자기 자신에게도 귀찮을 일들을 끝없이 일으키는 것 같소. 나는 그들을 노예로 만들어버리는 것이 가장 좋지 않을까 생각하오. 아무래도 아버지를 죽이고 그 아이의 목숨은 살려둔 것과 똑같은 일을 한 것 같소. 나는 리디아인에게는 아버지보다도 더 중요한 그대를 잡아가지만, 리디아인에게는 도시를 내주었는데도 지금에 와서 그들이 발란을 일으켰다고 하면서 놀라고 있는 거요."

키루스가 자신의 생각을 이렇게 이야기해 주자, 크로이소스는 키루스가 사르데스를 파괴할까 두려워하여 이렇게 대답하였다.

"왕이시여, 참으로 지당하신 말씀이옵니다만, 이전의 일이나 현재의 일에도 아무런 허물이 없는 유서 있는 도시를 단지 화가 나신다고 해서 파괴하는 일은 절대로 하지 말아 주십시오. 이전의 일은 제가 저지른 일이고, 그 허물은 이 이마에 받고서 속죄하고 있습니다. 또 지금의 일은 왕께서 사르데스를 맡기신 팍티에스야말로 그 장본인으로, 당연히 그가 죄를 받아야 합니다. 하지만 제발 리디아 국민은 용서를 해 주십시오. 그 대신 다시 반란을 일으키거나 귀국에 위협을 주거나 하는 일이 없도록 그들에게 다음과 같은 명령을 내려주십시오. 사자를 보내어 그들에게 무기 소지를 금지시켜주십시오. 또 겉옷 아래에 내의를 입을 것, 굽이 높은 신을 신을 것, 그리고 어린이에게는 칠현금이나 그 밖의 현악기 연주와 장사를 가르치도록 포고를 내리시옵소서. 왕이시여, 그러면 남자들은 여자같이 변하여 더 이상 위협이 되지 않고, 반란도 일으키지 않으리라는 것을 직접 눈으로 확인하실 수 있을 것입니다."

크로이소스가 키루스에게 이와 같은 방책을 내놓은 이유는, 첫째 리디아인들이 노예로 팔리는 것보다 이렇게 하는 편이 훨씬 나을 것이고, 둘째 그럴듯한 근거를 제시하지 않으면 키루스를 설득하기가 어려울 것이며, 마지막으로 리디아인이 설령 현재의 위기를 벗어난다 하더라도 앞으로 언젠가 페르시아에게 반란을 일으키려 하다가 파멸되는 것을 두려워했기 때문이다.

키루스는 크로이소스의 말에 기뻐하여 화를 풀고 그가 권고한 대로 하겠다고 하였다. 그리하여 마자레스라고 하는 메디아인을 불러, 리디아인에게는 크로이소스가 건의한 대로 포고할 것, 리디아군과 함께 사르데스로 진격한 자는 모조리 노예로 팔 것, 그리고 팍티에스는 어떻게 해서든 생포해서 자기에게로 데려 오라고 일렀다.

키루스는 여행하는 도중에 위와 같은 지령을 내리고 나서 계속해서 페르시아 본국으로 여행을 계속하였다. 한편 팍티에스는 자기에게로 토벌군이 가까이 다가오고 있음을 알자 두려운 마음에 키메로 도망갔다. 메디아인 마자레스는 키루스의 군대 안에서 그가 지휘하던 한 부대를 이끌고 사르데스로 진격하였으나, 팍티에스 일당이 이미 사르데스에 없다는 사실을 알자 우선 리디아인에게 강제적으로 키루스의 지령을 실행시켰다. 키루스의 이 명령에 의해서 리디아인은 그 생활양식이 완전히 바뀌고 말았다.

마자레스는 그 뒤 키메에 사자를 보내어 팍티에스의 인도를 요구하였다. 키메인은 어떻게 하면 좋을까에 대해서 브란키다이의 신의 뜻을 묻기로 정하였다. 브란키다이에는 매우 오래된 신탁소가 있고, 이오니아인과 아이올리스인은 모두 이 신탁을 받는 풍습이 있었기 때문이다. 그 장소는 밀레토스 영내의 파노르모스 항구에서 오지로 들어간 곳에 있다.

그리하여 키메인은 브란키다이로 사자를 보내어, 팍티에스에게 어떤 조치를 취하면 신의 뜻에 합당하는 것인가를 물었다. 이에 대하여 팍티에스를 페르시아인에게 인도하라는 신탁이 내려왔다. 이를 보고 받은 키메인은 당장이라도 인도하자고 서둘렀다. 그런데 대세가 인도 쪽으로 기우는 동안에, 도시에서 신망이 두터웠던 헬라클레이데스의 아들 아리스토디코스라고 하는 사람이 그와 같은 일을 하지 않도록 키메인을 제지하였다. 그는 신탁에 불신을 품고 사자가 진실을 말하고 있지 않다고 생각했기 때문이다. 결국 팍티에스의 처리에 대해 다시 신탁을 받기 위해 다른 사자가 가기로 되었는데, 아리스토디코스도 거기에 끼었다.

브란키다이에 도착하자 아리스토디코스가 모두를 대표해서 다음과 같이 질문하였다.

"신이여, 리디아인 팍티에스라고 하는 자가 페르시아인의 손에 걸려 횡사당하는 것을 피하려고 비호를 원하며 우리에게로 왔습니다. 페르시아인은 그를 인도하라고 우리 키메인에게 요구하고 있습니다. 우리는 페르시아의 세력을 두려워하면서도, 비호를 요청하러 온 그자의 인도를 오늘까지 결행하지 않고 여기에 온 것입니다."

아리스토디코스가 이와 같이 묻자 신은 다시 같은 신탁을 그들에게 내려 팍티에스를 페르시아인에게 인도하라고 명했다.

이에 대해서 아리스토디코스는 고의적으로 계획하여 다음과 같은 일을 저질렀다. 신전 주위를 돌면서 참새들을 비롯하여 신전에 둥지를 튼 새들을 모조리 쫓아낸 것이다. 그가 그렇게 하고 있자 신전 안쪽에서 이런 소리가 아리스토디코스에게 들려왔다고 한다.

"세상없이 불경한 자여, 그와 같은 발칙한 짓을 하다니 어찌된 일이냐? 내 보호를 구하고 있는 것들을 너는 내 신전으로부터 쫓아내려고 하느냐?"

그러자 아리스토디코스는 이에 조금도 당황하지 않고 다음과 같이 말하였다고 한다.

"신이여, 신께서는 이처럼 비호를 요청하는 자를 도우시는데, 키메인에게는 보호를 구하여 온 그 사나이를 인도하라고 하시는 것입니까?"

그러자 신은 이렇게 대답하였다고 한다.

"그렇다면 마음대로 하라. 그러나 너희가 불경죄를 범하였으니 곧 멸망하도록 하겠다. 망하도록 말이다. 그렇게 되면 앞으로 보호를 요청하는 자의 인도를 어떻게 할 것인가 하고 신탁을 구하러 오지 못하도록 하겠노라."

키메인들은 가지고 돌아간 이 신탁을 듣자, 나라가 망하는 것도 싫고 또 도시에 두었다가 포위 공격을 당하는 것도 싫다고 하여, 팍티에스를 미틸레네로 보냈다. 미틸레네에서는 마자레스로부터 팍티에스를 인도하라는 요구를 전달 받자 얼마간의 대가를 받고 인도할 공작을 하기 시작하였다. 그 액수가 어느 정도였는지는 정확하게 알 수 없으나 그 거래는 성립되지 않았다. 왜냐하면 키메인은 미틸레네인이 그와 같은 획책을 꾀하고 있다는 사실을 알자, 배를 한 척 레스보스로 보내어 팍티에스를 키오스로 호송했기 때문이다. 그런데 여기 '아테네 폴리우코스(호국의 아테네)의 신전에 피난한 팍티에스는 결국 끌려나와 키오스인에 의해 페르시아로 인도되고 말았다.

이 인도는 키오스가 아타르네우스를 양도 받는다는 조건으로 이루어진 것이었다. 이 아타르네우스는 미시아 지방에 있는 한 지구로, 레스보스의 맞은편 강가에 있다. 페르시아군은 팍티에스를 인도 받아, 얼마 뒤 키루스에게 연행하기 위해 엄중한 감시하에 두었다. 한편 상당히 오랜 기간에 걸쳐 키오스에서는 어떤 신의 축제에서도, 희생의 기도에 뿌리는 맷돌로 탄 보리로 이 아타르네우스에서 난 것을 사용하는 사람은 하나도 없었다. 공물로 바치는 구운 과자도 마찬가지였다. 이 지구에서 나는 것은 모든 종교 의식으로부터 격리된 것이다.

한편 키오스가 팍티에스를 인도한 뒤 마자레스는 팍티에스와 함께 타바로스를 포위 공격한 자들을 공격하고, 프리에네 시민들을 노예로 팔아넘기고, 마이안드로스 평야 일대를 군대로 약탈·유린하고, 마그네시아[103]에도 같은 타격을 가하였다. 그러나 마자레스는 그 뒤 얼마 있다가 병사하였다.

하르파고스의 소아시아 정복

마자레스가 죽은 뒤 하르파고스가 후임 사령관으로 왔다. 그도 또한 메디아 태생으로, 한때 메디아 왕 아스티아게스의 인륜에 어긋난 식사를 대접 받은 것도, 또 키루스가 왕위에 오르는 데에 협력한 것도 바로 이 인물이다. 하르파고스는 이때 키루스로부터 사령관으로 임명되어 이오니아에 부임하자마자 성토(盛土) 작전으로 도시를 차례차례 공략해 갔다. 즉, 상대를 성벽 안으로 몰아넣고는 그 성벽 앞에 흙을 쌓아올려 공략한 것이다.

하르파고스가 이오니아에서 맨 처음에 손을 댄 것은 포카이아였다. 이 포카이아인은, 그리스인 중에서는 원양 항해의 선구자로, 아드리아해·티르세니아·[104]이베리아·[105]타르테소스[106] 등을 발견하였다.[107] 그들은 항해 때 둥근 모

---

103) 마이안드로스강 북쪽의 도시. 북쪽의 헤르모스 강변에 있었던, 같은 이름의 도시와는 다른 곳이다.
104) 티르세니아는 에트루리아를 말하는데, 여기에서는 막연히 이탈리아 반도를 가리키는지도 모른다.
105) 이것은 스페인 전체가 아니라 주로 그 동부 및 북부를 가리킨다.
106) 스페인 남부, 오늘날의 카디스 부근을 가리키는 것으로 여겨진다. 지하자원이 풍부한 부유한 국가로 알려져 있었다.
107) 앞에 나열된 모든 지역은 엄밀하게 말하면 포카이아인이 '발견'한 것이 아니라, 이미 옛날부터 페니키아인이 개척한 시장이었던 셈인데, 페니키아인 이외에는 알려지지 않았던 것이다.

양의 배가 아니라 오십노선(五十櫓船)을 사용하였다.[108] 그런데 그들이 타르테소스에 가자 그 땅의 왕 아르간토니오스의 마음에 들게 되었다. 이 왕은 타르테소스에 군림하기를 80년, 만 120세의 고령에 이른 사람이었다.

처음에 왕은 그들에게 이오니아를 떠나 이 나라 어디든지 마음에 드는 곳에서 살도록 권할 정도였으나, 포카이아인을 설득할 수 없다는 것을 깨달았다. 대신 메디아[109]의 세력이 커지고 있다는 것을 그들로부터 들은 왕은 도시에 성벽을 쌓는 것이 좋다고 하면서 그들에게 돈을 주었다. 그가 얼마나 많은 돈을 주었는가는 벽 둘레가 몇 스타디온(1스타디온＝약 178미터)의 규모가 아니라, 벽 전체가 거대한 돌을 정교하게 짜 맞추어 쌓아올린 것을 보면 알 수 있다.

포카이아의 성벽은 위와 같이 해서 완성되었는데, 한편 하르파고스는 군대를 진격시켜 포카이아를 포위하고 나서, 만약에 포카이아 쪽이 (왕에 대한 복종의 표시로서) 성벽의 흉벽 하나만 허물고, 가옥을 한 채 헌납하면 자기는 그것으로 만족하겠다고 제의하였다. 그러나 포카이아인은 노예가 되는 것을 수치스럽게 여겨 하루 동안 협의를 한 뒤 답변을 주겠다 대답하고, 자기들이 협의하는 동안에는 군대가 성벽으로부터 물러나 있어주면 좋겠다고 요청하였다. 하르파고스는 포카이아인이 어떻게 할 작정인가를 잘 알고 있었으나, 그래도 협의하는 것을 허락하겠다고 대답하였다.

하르파고스가 군대를 성벽으로부터 멀리 물러나게 한 틈을 타서, 포카이아인은 오십노선을 바다에 띄웠다. 여자·아이들·가재도구를 모두 그것에 싣고, 신전의 신상(神像)이나 그 밖의 봉납물도—청동제나 대리석으로 된 것과 그림을 제외하고는—모두 실은 뒤 마지막으로 자기들도 올라타고 키오스를 향하여 출범하였다. 이렇게 해서 페르시아군은 텅 빈 포카이아를 점령한 것이다.

포카이아인은 키오스인으로부터 오이누사이[110]라고 하는 군도를 사려고

---

108) 원형으로 된 배는 안정적이어서 화물선으로서는 적합했지만 속도가 느렸다. 반면 오십노선은 이른바 '긴 배'로 경쾌하고 속도가 빨랐다. 따라서 군선은 모두 이 형식이다. 원양 항해에 이 배를 쓴 데에는 속도를 중요시했을 뿐만 아니라 이국에서의 위험에 대비하고 스스로 해적 행위를 하려는 목적도 있었을 것이다.

109) 시기적으로 보아 여기는 오히려 페르시아를 가리킨다. 페르시아와 메디아가 동일시되는 것은 일반적인 일이었다.

110) 키오스섬과 본토 사이에 있었던 소군도.

하였으나, 키오스인은 이것이 상업의 중심지가 되고 그 때문에 자기들의 섬이 통상 활동으로부터 배제될 것을 두려워하여 매각에 응하지 않았다. 포카이아인은 다시 키르노스(코르시카섬)로 향하였다. 이보다 앞서 20년 전에 포카이아인은 신탁에 입각하여, 키르노스에 알랄리아라고 하는 도시를 건설했기 때문이다. 한편 아르간토니오스는 그때 이미 이 세상에서 떠나고 없었다.

키르노스를 향해 출발한 포카이아인들은 우선 포카이아로 항해하여, 하르파고스로부터 인계 받아 이 도시를 경비하고 있던 페르시아의 수비대를 죽이는 데 성공하였다. 그러자 이번에는 원정대로부터 탈락하는 자의 몸에 닥칠 무서운 주문을 걸었다. 또 이 저주에 더하여, 빨갛게 달군 쇳덩어리를 바다에 던져서 그것이 다시 바다 위에 떠오를 때까지는 포카이아로 되돌아가지 않을 것이라고 맹세를 하였다. 그러나 막상 키르노스로 출발하자 시민의 반수 이상이 조국과 정든 곳을 그리워하는 마음을 이기지 못해 맹세를 깨고 포카이아로 배를 되돌렸다. 맹세를 지킨 사람들만이 오니누사이에서 배를 출범시켜 항해를 계속한 것이다.

일행은 키르노스에 도착하자, 이들보다 먼저 이주해 온 사람들과 함께 이 땅에 5년 동안 살면서 성소(聖所)도 세웠다. 그러나 그들은 이웃에 사는 사람들로부터 닥치는 대로 약탈을 감행하였기 때문에, 티르세노이인(에트루스키인)과 칼케돈인(카르타고인)[111]이 협동해서 각기 60척의 배를 가지고 포카이아인을 공격해 왔다. 포카이아인도 60척의 배에 병사를 태우고 이른바 사르데냐 해로 출동하여 이를 맞았으나, 해전 결과 포카이아인이 얻은 것이라고는 세상에서 말하는 '카드메이아의 승리'[112]로, 배 40척을 잃고 나머지 20척도 이물의 충각(衝角)이 부서져 쓸모가 없게 되었다. 그래서 포카이아인은 알랄리아로 귀항하자 처자 외에 배에 실을 수 있는 대로 가재를 싣고 알랄리아를 버리

---

111) 기원전 6세기 무렵, 지중해의 제해권은 에트루리아인과 카르타고인에게 있었다. 카르타고인은 코르시카와 사르데냐에 기지가 있었기 때문에 포카이아인과의 충돌은 당연했다.

112) 테베 전설에서, 오이디푸스왕의 사후(또는 은퇴 후)에 에테오클레스·폴리네이케스 형제가 왕위를 둘러싸고 다투었다. 폴리네이케스는 대장 여섯 명의 지원을 얻어 테베를 공격했지만, 두 형제가 말을 타고 일대일로 겨루다가 승부를 가리지 못하고 모두 죽고 말았다. 테베는 전쟁에는 승리했지만 왕을 잃어 싸움에 패전과 같은 타격을 받았다—는 고사에 유래하였다. 카드메이아는 테베의 별칭.

고 레기온[113]으로 향한 것이다.

칼케돈인과 티르세노이인은 침몰한 포카이아 배의 승무원을 심지로 분배하였다. 그중에서도 아길라[114]인은 다른 도시에 비해서 훨씬 많은 포로를 얻어, 이를 도시 밖으로 끌어내어 돌로 쳐서 처형하고 말았다. 그런데 그 뒤 아길라에서는 포카이아인이 돌에 맞아 파묻힌 장소를 지나간 자는 가축, 수레를 끄는 짐승, 인간을 막론하고 손발이 비틀어지거나 불구자가 된 것이다. 그래서 아길라인은 죄를 속죄하고 싶어 델포이에 사자를 보내자, 무녀가 그 방책을 일러주었다. 이것이 오늘날에도 아길라인들이 지키고 있는 행사이다. 그들은 살해된 포카이아인을 위해 성대한 제사를 지내고 체육과 기마 경기를 개최하고 있다.

포카이아인의 일부는 이와 같은 최후를 맞이하였지만, 한편 레기온으로 도망간 사람들은 그 땅을 근거로 해서 오이노트리아 지방[115]에 오늘날 히엘레(훗날의 엘레아)라고 하는 도시를 세웠다. 이 도시를 세운 이유는, 어떤 포세이도니아(파에스툼, 이른바 페스툼)인으로부터 델포이의 무녀가 그들에게 '키르노스[116]를 세워라' 신탁한 그 키르노스라고 하는 곳은, 섬 키르노스(코르시카)가 아니라 영웅 키르노스를 말한다는 가르침을 받았기 때문이다. 이오니아의 도시 포카이아가 걸어온 운명은 이와 같다.

테오스의 시민들이 취한 행동도 위의 포카이아의 경우와 비슷하다. 하르파고스가 성토 작전으로 테오스의 성벽을 점령하자 테오스인은 모두 시민선을 타고 바닷길로 트라키아에 가 아브데라라고 하는 도시를 세웠다. 이 도시는 이보다 앞서 크라조메나이 사람 티메시오스가 식민을 한 곳인데, 트라키아인에게 쫓겨 유종의 미를 거둘 수가 없었다. 그러나 그는 현재 아브데라에서 사는 테오스인에게 영웅신으로 추앙받고 있다.

---

113) 이탈리아 반도 남단의 도시. 오늘날의 레지오. 메시나 해협을 사이에 두고 시켈리아의 메사나(메시나)와 마주 보고 있다.

114) 로마 근처의 서북쪽에 있었던 에트루리아의 도시. 뒤의 카에레.

115) 이탈리아 반도 남단, 브루티아와 루카니아 지방을 가리킨다.

116) 키르노스는 헤라클레스의 아들이었다고 한다. 이 이야기의 진위는 차치하더라도, 이 해석은 말할 필요도 없이 억지로 짜 맞춘 것으로서 신화의 체면을 세우기 위한 억지라고 생각해도 좋을 것이다.

예속을 마다하고 조국을 떠난 것은 위의 두 도시뿐이다. 나머지 이오니아인은 밀레토스를 제외하고는 모두 하르파고스와 싸워 구국의 싸움에 용맹을 떨쳤다. 하지만 결국 싸움에 지고 점령을 당하여, 각기 조국에 머물러 페르시아의 명령에 복종하게 된 것이다. 밀레토스만은 앞서도 말한 바와 같이, 직접 키루스와 협정을 맺고 있었기 때문에 전화(戰火)를 피할 수 있었다.

이렇게 해서 이오니아는 거듭 노예라는 쓰라린 꼴을 당했는데, 하르파고스가 대륙의 이오니아의 여러 도시를 정복하자, 섬에 사는 이오니아인들도 이에 두려움을 느껴 자발적으로 키루스에게 항복하고 말았다.

이오니아인이 비운에 빠진 뒤에도 여전히 판이오니온에 모여 있는 것을 보고, 프리에네 사람 비아스가 이오니아인에게 매우 유익한 의견을 말하였다고 나는 들었다. 만약에 이오니아인이 그의 의견에 따랐다면 그리스에서 최대의 번영을 누릴 수가 있었을 것이라고 여겨진다. 비아스의 권고란, 이오니아인 모두가 굳게 뭉쳐 바닷길로 사르데냐에 가 여기에 모든 이오니아인의 도시를 하나 건설하라, 이렇게 하면 세계 최대의 섬에 살면서 인근 주민에게 호령하고, 예속의 비운을 면하고 번영할 수가 있을 것이다, 이오니아에 머무는 한 자유가 찾아올 가망은 이미 없다는 것이다.

프리에네 사람 비아스의 이와 같은 의견은, 이오니아 패배 이후에 한 말인데, 이오니아의 패배 이전에 밀레토스 사람 탈레스가 말한 견해도 또한 유익한 것이었다. 탈레스의 조상은 페니키아인이었는데 그의 의견은, 이오니아인은 단일 중앙 정청을 설치하되 이오니아의 중앙에 해당하는 테오스에 이를 둔다, 단 다른 도시들은 그대로 존속시켜, 말하자면 지방 행정구로 간주한다는 것이다.

한편 하르파고스는 이오니아를 정복한 뒤 이오니아인과 아이올리스인을 휘하에 넣고, 카리아인·카우노스인·리키아인을 공략하기 위해 나섰다.

위의 민족 중 카리아인은 섬에서 대륙으로 건너온 사람들이다. 옛날에는 미노스왕(크레타의 왕)의 지배하에서 렐레게스인이라 불리며 섬에서 살았다. 그들은 내가 조사해 본 결과로 봐서 예로부터 말로 전해 내려 온 바에 따르면, 공물은 바치지 않고 미노스왕의 요구가 있으면 그때마다 배의 승무원을 제공했다고 한다. 미노스는 광대한 지역을 제압하여 전쟁에서 승승장구했으므로,

카리아 민족도 이 시기에는 모든 민족 중에서 그 명성을 가장 크게 떨쳤다.

카리아인이 발명한 것으로, 그리스인도 사용했던 것이 세 가지가 있다. 투구 꼭대기에 깃 장식을 다는 것과 방패에 문장을 표시하는 것, 그리고 방패에 손잡이를 단 것이다. 그전까지는 모두 손잡이 없는 방패를 가지고 다녔는데, 목에서 왼쪽 어깨에 건 가죽 끈으로 지탱했었다. 그 뒤 한참 시간이 지나서 도리스인과 이오니아인이 그들을 섬에서 쫓아내자 대륙으로 옮겨온 것이다.

카리아인에 대해서 크레타인이 전하는 바는 위와 같지만, 카리아인 자신은 이 설에는 찬성하지 않고 자기들은 토착의 대륙인이며 예부터 줄곧 지금의 명칭을 사용해 왔다고 믿고 있다. 그들이 그 증거로 드는 것은 밀라사에 있는 '카리아의 제우스'라고 하는 오래된 신전으로, 이 신전에서는 미시아인도 리디아인도 다 같이 카리아인과 형제관계에 있는 민족이라 해서 참여가 허용되고 있다. 그들의 전승에 따르면 리도스와 미소스는 카르[117]와 형제이기 때문이라는 것이다. 그래서 이 두 민족에게는 참가가 허용되지만 그 이외의 민족에 속하는 사람은, 비록 카리아인과 같은 언어를 사용하고 있다 해도 참여가 허용되지 않는다.

나는 카우노스[118]인은 토착민이라고 여기지만, 그들 자신은 크레타 출신이라 말하고 있다. 언어상으로는 카리아 민족에 가깝지만—또는 오히려 카리아인이 카우노스족에 가깝다고 해야 할지 모르지만, 나로서는 그것을 정확하게 판정할 수가 없다—그 풍습은 다른 민족, 특히 카리아인의 그것과는 뚜렷하게 다르다. 왜냐하면 카우노스인이 가장 마땅하다고 생각하는 것은, 남녀나 아이의 구별 없이 같은 또래끼리 또는 친한 사람끼리 모여서 술을 마시는 일이기 때문이다. 또 다른 나라 신의 신전을 세우면서도, 훗날 선조대대의 신만을 제사 지내고 다른 나라 신들의 숭배를 폐지하게 되자, 장정은 모두 무장하여 다른 나라의 신들을 추방한다고 하면서 창으로 허공을 찌르며 칼린다[119]의 국경까지 신상을 쫓아갔었다.

---

117) 리도스, 미소스, 카르는 각각 리디아, 미시아, 카리아 각 민족의 시조로 간주되었던 신화적인 인물들.
118) 카리아 연안의 옛 도시.
119) 카리아와 리키아의 국경에 있었던 도시.

카우노스인의 습속은 위와 같지만, 다음에 리키아인은 그 오래된 기원을 더듬어보면 크레타에 그 기원을 두고 있다. 옛날의 크레타는 모조리 비(非)그리스인에게 점거되어 있었던 것이다. 크레타에서는 에우로페의 두 아들 사르페돈과 미노스가 왕위를 다투다가, 미노스가 이기자 사르페돈과 그 무리를 추방하고 말았다. 추방된 사르페돈은 무리를 이끌고 아시아의 밀리아스로 옮겨갔는데, 현재 리키아인이 사는 지방이 옛날의 밀리아스이고, 밀리아스는 당시에 솔리모이인이라는 이름으로 불리고 있었다. 그런데 사르페돈이 지배하던 동안은, 크레타에서 살던 때 이래의 이름 그대로 테르밀라이인이라고 불렸다. 인근 주민들은 오늘날에도 리키아인을 그 이름으로 부르고 있다. 그런데 판디온의 아들 리코스라고 하는 사람, 그도 또한 형제인 아이게우스에 쫓겨 아테네를 떠나 테르밀라이라고 하는 나라로 와서 사르페돈에게 몸을 의탁한 이래 그 이름을 따라서 리키아인이라고 불리게 되었던 것이다.

그들은 일부는 크레타풍(風)이고, 또 일부는 카리아풍이지만 한 가지 독특한 풍습을 가지고 있다. 이 점에서 그들은 다른 그 어떤 민족과도 구별된다. 즉, 리키아인은 자기 이름을 아버지 쪽이 아니라 어머니 쪽에서 따온다는 것이다. 어떤 사람이 누구냐고 물으면, 대답하는 사람은 어머니 쪽 계보를 더듬어서 자기 가계를 말하고 어머니 쪽 조상들을 거명하는 것이다. 또 시민권을 가진 여자가 노예와 동거해서 낳은 아이는 적자(嫡子)로 인정되지만, 남자 시민의 경우는 비록 도시의 유력자라 할지라도 외국인 아내 또는 첩에서 낳은 아이는 시민권이 주어지지 않는 것이다.

카리아인은 아무런 화려한 활동도 보여주지 못하고 하르파고스에게 정복당하고 말았다. 그것은 이 지방에 사는 그리스인도 모두 마찬가지였다. 이곳에는 여러 그리스인이 살고 있었는데, 스파르타로부터 이민을 해온 크니도스인도 그중의 하나이다. 그들이 사는 지역은 트리오피온이라는 이름으로 불리는데, (동쪽은) 비바소스 반도에서 시작된다. 크니도스의 영토는 얼마 안 되는 지역을 제외하고는 모두 바다에 둘러싸여, 북쪽은 케라메이코스만, 남쪽은 시메[120] 및 로도스의 해역이 경계를 이루고 있다. 크니도스인은 하르파고스가

---

120) 크니도스와 로도스섬 중간에 있는 섬.

이오니아 정복에 착수하고 있는 동안에 자기들의 영토를 섬으로 만들 계획으로 5스타디온 정도의 이 좁은 지협(地峽)에 운하를 파기 시작했다. 실제로 크니도스의 영토 전역은 지협보다는 바다로 향하는 쪽(서쪽)으로 위치해 있었던 것으로, 크니도스령이 대륙쪽에서 끝을 이루는 곳에 그들이 운하를 팠던 지협이 있었다.

그런데 많은 크니도스인이 운하를 파는 동안에 암석의 파편으로 몸의 여러 부분, 그것도 특히 눈에 상처를 입는 일이 자주 있었다. 이런 일이 도가 지나쳐서 자주 일어났기 때문에 신의 뜻이 아닌가 여겨졌다. 그래서 신탁을 받기 위해 델포이에 사자를 보내어 그 원인을 묻게 한 결과, 무녀는 단장(短長) 육각운의 시구(詩句)[121]로 다음과 같이 대답하였다고 크니도스인은 전한다.

지협에 성채를 구축하는 것도, 호를 파는 것도 안 된다.
제우스에게 그럴 마음이 있었으면 섬으로 만드셨을 것이다.

무녀가 이러한 신탁을 내리자 크니도스인은 운하의 개간을 중지하고 하르파고스가 군을 인솔하고 공격해 오자 싸우지 않고 항복해버린 것이다.

할리카르나소스의 북쪽 오지에는 페다사[122]인이 살고 있다. 그들이나 인근 주민에게 무엇인가 흉흉한 일이 일어나기 전에는 아테네 여신의 여사제(女司祭)에게 긴 턱수염이 자란다. 이러한 일은 실제로 세 번이나 일어났다. 카리아의 주민 중에서 하라파고스의 공격을 얼마 동안이라도 지탱할 수 있었던 것은 이곳 주민뿐으로, 그들은 리데라고 하는 산을 성채로 삼아 페르시아군을 매우 괴롭혔던 것이다.

이 페다사도 이윽고 함락하였는데, 한편 리키아인은 군대를 크산토스[123] 평야로 침입시킨 하르파고스를 맞아 열세에도 불구하고 갖가지 무공을 세웠다.

---

121) 신탁은 보통 헥사메트로스[장단단 6각운]의 운율로 내려졌다. 크니도스인의 전승은, 싸우지 않고 페르시아 쪽에 굴복했던 구실로 받아들여질 수 있는 것으로, 신탁이 이례적인 트르메트로스(단장 6각운)인 것도 그러한 의심을 더해 준다고 슈타인은 주석을 달았다.
122) 페다사는 할리카르나소스와 밀레토스의 중간에 있었던 도시.
123) 크산토스는 강의 이름이기도 하지만, 그 강변의 같은 이름의 도시이기도 했다. 그 도시는 리키아 최대의 도시였다.

하지만 싸움에 패하여 시내에 몰리자 처자, 가재, 노예를 아크로폴리스에 모아놓고 불을 질러 모두 태워버렸다. 그렇게 하고나서 서로 결사의 맹세를 하고 출격해서 싸웠다. 이리하여 크산토스의 주민은 한 명도 남은 사람 없이 모두 전사하였다. 오늘날 리키아인라고 자칭하는 크산토스의 주민은 80가족을 제외하고는 그 대부분이 타국에서 이주한 자들이다. 이 80가족은 그때 공교롭게도 국내에 없었기 때문에 살아남은 사람들이다.

하라파고스는 위와 같이 크산토스를 점령하였는데, 이와 마찬가지 방법으로 카우노스도 점령하였다. 카우노스인도 대체로 리키아인의 행동을 따랐던 것이다.

바빌론 정복

하(下)아시아를 하르파고스가 황폐화시킬 때, 상(上)아시아는 키루스가 모든 민족을 이 잡듯이 평정해갔다. 그 대부분에 대해서는 생략하고, 키루스가 가장 고생하고 또 적을만한 가치가 있는 사건만을 다음에 살펴보기로 한다.

키루스는 대륙[124]을 모두 자기 지배하에 두자, 이번에는 아시리아[125]로 향하였다. 아시리아에는 큰 도시가 수없이 많으나, 그중에서도 가장 유명하고 가장 굳건한 요새를 자랑하는 도시는 바빌론이다. 니노스(니네베)가 황폐해진 뒤 왕궁의 소재지가 된 곳도 여기이다. 바빌론이 어떠한 도시인가 하면, 광대한 평야 안에 있는 도시로 네모꼴을 이루어 각 변의 길이는 120스타디온(약 22킬로미터)이나 된다. 따라서 도시의 전 둘레는 480스타디온(약 85킬로미터)이다. 바빌론은 이와 같이 거대하기도 하지만, 또 우리가 아는 한 달리 비할 데가 없을 정도로 아름답게 정비된 도시이기도 하였다. 우선 물이 가득 차 있는 깊고 넓은 해자가 도시 주위에 있고, 이어 두께가 50왕(王)페키스(1페기스=약 45센티미터), 높이 200페키스의 성벽이 도시를 둘러싸고 있다. 왕페키스[126]란

---

124) 여기에서 말하는 '대륙'은 실제로는 이른바 소아시아 일대를 가리키는 것으로 해석된다.
125) 헤로도토스가 말하는 아시리아는 넓은 뜻으로 바빌론도 포함한다.
126) 페르시아 페키스와 같은 단위일 것이다. 그리스의 보통의 페키스(팔꿈치에서 새끼손가락 끝까지의 폭)는 24닥틸로스(손가락 폭의 길이)에 가깝다. 왕페키스가 그보다 3닥틸로스 더 길다고 하는 것은─그것이 그리스 단위에 입각한 계산이라고 한다면─왕페키스는 그리스식으로 말해서 27닥틸로스에 상당하는 것이 된다.

보통의 페키스보다도 3닥틸로스(약 6센티미터)만큼 긴 길이를 말한다.

나는 위와 같은 사실에 더하여, 해자를 팠을 때 나온 흙이 무엇에 사용되었는가, 또 성벽이 어떻게 해서 건조되었는가에 대해서 이야기해야겠다.

그들은 해자를 파는 것과 동시에 파낸 흙을 벽돌 모양으로 만들어 그것이 충분한 수에 이르자 가마에 넣고 구웠다. 다음에 모르타르 대신에 가열한 아스팔트를 사용하여 벽돌 30단 째마다 갈대를 짜서 속에 넣고 해자의 벽을 구축하고, 이어 성벽 자체를 같은 방법으로 만들었다. 성벽 위의 양쪽 가장자리를 따라서 한 층짜리 건물을 두 채씩 서로 마주보게 지었는데, 그 건물 사이에는 말 네 필이 끄는 전차가 달릴 수 있을 정도의 빈 공간을 두었다. 성벽 전체에 걸쳐 문 100개가 있는데 모두 청동으로 만들었으며, 문기둥이나 상인방(上引枋)도 마찬가지였다.

바빌론에서 8일 여정의 거리[127]를 두고 또 하나의 도시가 있는데 그 이름은 이스라고 했다.[128] 여기에 그다지 크지 않는 강이 있는데, 그 강 이름도 마찬가지로 이스이다. 이 강은 유프라테스강으로 흘러들고, 그 수원지(水源地)에서는 물과 함께 아스팔트 덩어리를 다량을 분출하고 있다. 바빌론의 성벽용 아스팔트는 여기에서 운반된 것이다.

바빌론 시내는 둘로 나뉘어 있었다. 도시 한가운데로 유프라테스강이 흘러 도시를 가르고 있기 때문이다. 이 강은 아르메니아에서 시작되는, 깊고 흐름이 빠른 큰 강으로 '홍해'에 흘러들고 있다. 성벽은 어느 쪽에서나 그 자락이 강에 이르고 있고, 거기서부터는 직각으로 구부려져 강가를 따라서 구운 벽돌의 벽이 이어져 있다.

도시는 3층집과 4층집이 빈틈없이 이어져 있고 그것이 곧은 도로로 구획되어 있다. 도로는 어느 것이나 곧지만 옆으로 뻗어 강에 이르는 길도 마찬가지이다. 강변의 담에는 거리마다 작은 문이 있다. 즉, 옆길의 수만큼 작은 문이 있는 것이다. 이들 작은 문도 청동으로 되어 있으며 여기를 지나 강으로 빠져

127) 1 하루의 여정을 헤로도토스는 평지에서는 200스타디온(37킬로미터), 산지에서는 150스타디오(약 28킬로미터)으로 계산하고 있다.
128) 이 도시는 오늘날 히토 또는 아이트라고 한다. 부근에 실제로 아스팔트가 분출되는 장소가 있고, 그곳 주민들은 이것을 '지옥의 목구멍'이라고 부른다고 슈타인의 주석에 있다.

나갈 수가 있다.

　이 성벽은 말하자면 갑옷과 같은 것인데, 그 안쪽에 또 하나의 벽이 둘러져 있다. 바깥쪽 벽에 비해서 견고성은 그다지 떨어지지 않지만 폭은 이쪽이 좁다. 도시의 두 구역에는 각기 그 중앙에 울타리가 있는데, 한쪽은 장대하고 견고한 벽을 두른 왕궁이고, 다른 한쪽은 청동으로 문을 만든 '제우스 벨로스'[129] 신전이다. 이 신전은 내가 살던 시대까지 남아 있었는데 네모꼴로 각 변이 2스타디온(약 355m)이다. 성역(聖域) 중앙에는 가로 세로가 1스타디온(177.6m)인 튼튼한 탑이[130] 세워져 있다. 이 탑 위에 제2의 탑이 서 있고, 다시 그 위에 또 탑이—하는 식으로 8층에 이르고 있다. 탑을 올라가기 위해서는 탑 바깥쪽에 탑을 돌아 나선형 통로가 나 있다. 계단을 중간까지 올라가면 층계참이 나오고, 거기에 휴식용 의자가 놓여 있다. 올라가는 사람은 여기에 앉아서 숨을 돌리는 것이다. 맨 꼭대기 탑에는 커다란 신전이 있고, 이 신전 안에 아름다운 깔개를 장식한 침상 의자가 있고, 그 옆에 황금 탁자가 놓여 있다. 신상(神像)과 같은 것은 여기에 안치해 놓고 있지 않다. 또 밤에도 여기에는 토착인 여자 한 사람 외에는 아무도 자지 않는다. 그 여자는, 이 신의 사제를 맡아보는 칼데아인(칼다이오이인)[131]의 말에 따르면 신이 모든 여자 중에서 선출한 사람이라고 한다.

　또 나는 믿지 않지만 그 칼데디아인이 하는 말에 따르면, 신이 친히 이 신전에 와 그 침상에서 쉰다고 한다. 이집트인의 이야기로는, 이와 마찬가지 일이 이집트의 테바이에도 있다고 한다. 여기에서는 '테바이의 제우스' 신전에 여자가 혼자 자는데, 어느 경우나 이 여자는 인간인 남자와는 결코 관계를 갖지 않는다고 한다. 또 리키아의 파타라[132]에서도 신의 여자 예언자가 똑같은 일을 한다. 이곳의 신탁은 언제나 있는 것이 아니므로 신전이 열려 있는 동

---

129) 벨로스란 바빌론의 종교에서 최고의 신인 벨 또는 벨이 그리스화된 이름. 여기에서도 제우스와 동일시되고 있다.

130) 이른바 '바벨탑'을 가리킨다.

131) 칼데아인(칼다이오이 또는 칼다이아인)은 페르시아가 지배하기 이전의 바빌론의 지배 계급. 천문학과 점성술의 시조로 알려져 있다.

132) 파타라는 크산토스 남쪽에 있던 도시. 신은 아폴론을 말하는데, 아폴론은 겨울 6개월 동안만 파타라에서 신탁을 내리고 여름 동안에는 델포이에서 지낸다는 전승에 의한 것이다.

안만이라고 하는데, 이 기간 중 여자는 신전 안에 신과 단둘이 있게 되는 것이다.

이 바빌론의 신역(神域)에는 하위의 신전이 또 하나 있는데, 여기에는 제우스(벨)의 거대한 황금 좌상이 안치되어 있고, 옆에는 커다란 황금 테이블이 있는데 발판이나 의자도 황금으로 만들었다. 카르디아인이 하는 말에 따르면, 이들은 합계 800탈란톤(22톤)의 황금을 사용해서 만든 것이라고 한다. 이 신전 외에 황금 제단이 있고 그 밖에 또 하나의 큰 제단이 있어, 여기에는 성장한 가축이 제물로 바쳐진다. 황금 제단에서는 아직 젖을 떼지 않는 어린 짐승 이외에는 바쳐서는 안 되기 때문에, 이 대제단에서는 해마다 이 신의 제례 때 1000탈란톤(26톤)의 유향(乳香)을 피우도록 되어 있다.

이 신역 안에는 또 12페키스(약 5.3m)나 되는 순금상이 그 시절(티루스의 원정)에도 아직 있었다. 이 상은 내가 직접 본 것이 아니므로 카르디아인이 하는 말을 여기에 전할 뿐이다. 히스타스페스의 아들 다레이오스는 이 상을 노리고 있었지만 손에 넣을 결심을 끝까지 할 수 없었다. 그러나 다레이오스의 아들 크세르크세스는 이것을 손에 넣어 상을 움직이는 것을 제지한 사제를 죽인 것이다.

이 신역을 장식하는 물건들은 이와 같고, 이 밖에 개인적인 봉납품이 많다.

이와 같은 바빌론이었으므로 그 성벽이나 신역의 정비에 공헌한 왕의 수는 물론 여럿에 이르렀다. 이 왕들에 대해서는 《아시리아사(史)》에서 기술할 생각이다. 그런데 그 여러 왕 중에는 두 여성이 섞여 있었다. 둘 중 처음 여성은 뒤의 여성보다도 5세대 전의 여왕으로, 그 이름을 세미라미스[133]라고 했다. 바빌론의 평야를 관통하는, 실로 놀라울만한 제방을 구축한 것은 이 여왕이다. 그때까지는 유프라테스강이 모든 평야에 범람하여, 마치 바다처럼 되어 버리는 것이 상례였던 것이다.

---

133) 세미라미스는 오히려 그리스인에게 친숙했던 전설상의 인물이었다. 역사적으로는 기원전 9세기경의 바빌론의 여왕 삼마무라마트였다고 여겨지는데, 디오도로스가 전하는 세미라미스 상(像)은 거의 전설적인 세계에 속한다. 전해지고 있는 수많은 놀라운 업적 가운데에서 오늘날에도 널리 알려져 있는 것은 그녀가 만들었다는 '공중 정원'이다. 세미라미스의 이름은 종종 여신 이시타르와 동일시된다. 이시타르는 그리스의 아프로디테에 해당하는 사랑의 여신이다.

세미라미스에 이어 두 번째로 여왕이 된 여성은 그 이름을 니토크리스[134]라고 하였는데 먼저의 여왕보다도 훨씬 총명했다. 그녀는, 내가 지금부터 기술하려는 것과 같은 여러 기념물을 남겼다. 또 메디아의 강대한 세력이 끊임없이 확장을 계속하여, 도시가 차례로 점령되어 마침내는 니노스(네베)까지 함락되는 것을 눈앞에 보고 최대한의 방어책을 강구하였다. 우선 이제까지 도시 한가운데를 지나 똑바로 흐르고 있던 유프라테스강을 도시 위쪽에 여러 개의 운하를 파서 굽이굽이 흐르게 만들어, 그 결과 강의 흐름이 아시리아의 어느 부락에서는 세 번이나 지나게 되었던 것이다. 유프라테스강이 세 번이나 지나가는 이 부락의 이름은 아르데리카라고 한다. 오늘날에도 이쪽 바다(에게해)에서 바빌론으로 가는 사람은 유프라테스강을 내려갈 때, 3일 동안에 세 번이나 같은 부락을 지나는 것이다.

우선 이와 같은 일을 하고 난 뒤, 여왕은 이어 강 양쪽에 길이로 보나 높이로 보나 매우 놀랄만한 제방을 쌓았다. 바빌론의 훨씬 위쪽에 호수 대신에 연못을 파게 하였는데, 이 연못은 얼마 안 되는 거리를 두고 강에 평행으로 만들어졌고, 깊이는 어디에서나 지하수에 닿을 때까지 파고, 넓이는 그 둘레가 420스타디온(약 75킬로미터)이나 되게 하였다. 이 연못의 개간으로 생긴 흙을 사용해서 강 양쪽의 제방을 높인 것이다. 그리고 연못의 개간이 끝나자 돌을 날라 연못 주위에 안벽(岸壁)을 쌓았다. 니토크리스의 이 두 가지 일—강을 굴절시키는 일과 연못을 파서 전면적인 늪지대로 한 일—은 강이 여러 차례 굴절함으로써 완만히 흐르게 하기 위한 것과, 바빌론으로의 항행이 여러 차례 굴절을 해야 하는 데다가 배 여행이 끝난 뒤에도 호수를 멀리 우회해야만 되게 하기 위해서였다.

이 공사가 이루어진 곳은 메디아로부터의 입국로(入國路)가 있고 더욱이 최단 거리에 해당되는 지구로, 메디아인이 섞여 들어와서 이 나라의 사정을 자세히 아는 것을 막기 위한 것이 그 목적이었다.

---

134) 이 이름은 제2권에 나오는 이집트 여왕과 같은 이름으로, 이집트계의 인물이었다고도 여겨지는데, 여기서 그녀의 업적으로서 거론되는 것은 실은 네부카드네자르(기원전 605~562년)의 업적이다. 네부카드네자르의 페르시아어형 나부크드라차라를 그리스인이 여성 이름으로 오해한 데에서 생겨난 전설이 아닌가 여겨진다.

여왕은 위와 같은 여러 개간 공사로 도시의 방비를 강화했는데, 이들 공사를 이용해서 다음과 같은 부차적인 공사도 수행할 수 있었다. 이전에는 강이 도시 한가운데를 흘러 도시가 두 지구로 나뉘기 때문에, 한쪽 지구에서 다른 지구로 건너가려고 할 때에는 언제나 배로 건너갈 수밖에 없었다. 생각건대 이것은 상당히 귀찮은 일이었을 것이다. 여왕은 이에 대한 대책도 생각하였다. 즉, 호수 대신에 연못을 팠을 때 이 공사를 이용해서 또 하나 기념할 만한 업적을 후세에 남긴 것이다.

그녀는 거대한 돌을 잘라내게 하여 돌이 모두 갖추어져 연못 개간이 완료되자 강의 흐름을 모두 새로 판 장소로 돌렸다. 연못에 물이 차감에 따라 애초의 강바닥은 말라갔는데, 그 사이에 도시를 따라 흘러가는 양쪽 물가와, 작은 문에서 강으로 통하는 입구를, 성벽을 만들었을 때와 구운 벽돌로 굳힌 것이다. 한쪽 또는 거의 도시의 중앙부에, 파낸 돌을 철과 납으로 접착해서 다리를 놓았다. 다리에는 낮 동안에만 네모진 판자를 놓고 바빌론인이 건너갈 수 있도록 하였다. 밤에는 이 판을 걷어내기로 되어 있었는데 그것은 두 지구의 주민이 밤에 이 다리를 건너 서로 도둑질을 하지 못하게 하기 위해서였다. 개간한 연못이 강물로 채워지고 또 다리 공사도 완료되었을 때, 여왕은 유프라테스강을 다시 애초의 강바닥으로 되돌아가게 하였다. 이와 같이 해서 판 곳은 늪이 되어 기대했던 목적을 다하게 되었고, 한편 시민들에게는 다리가 생긴 것이다.

이 여왕은 다음과 같은 장난을 꾸며낸 사람이기도 하였다. 그녀는 도시에서 사람의 왕래가 가장 많은 문 위에 자기 묘를 만들게 한 것이다. 묘는 바로 문 위에 있는데 이 묘에 다음과 같은 문구를 새기게 하였다.

'나 이후의 바빌론 왕으로서 돈에 궁한 사람이 있으면 이 묘를 열고 원하는 대로 돈을 가져라. 그러나 궁하지 않은데 함부로 열지 말 것. 좋지 않은 일이 있을 것이다.'

이 묘는 다레이오스의 지배가 될 때까지는 아무도 손을 대지 않았다. 다레이오스는 이 문을 사용할 수 없다는 것도, 재보가 들어 있고 열라는 문구까지 있는데 그 재보를 취하지 않는 것도 꺼림칙한 일이라고 생각하였다. 그가 이 문을 사용하지 않은 이유는, 이 문을 지날 때 시체가 바로 머리 위에 오는 것이 싫었기 때문이다. 그런데 묘를 열어보니 재보는 없고 있는 것이란 시체와 다음과 같은 문구뿐이었다.

'네가 한없이 탐욕스럽고 이익을 쫓아 부끄러움을 모르는 자가 아니라면 죽은 자의 관을 열지는 않았을 것이다.'

이 여왕은 이런 인물이었다고 전승(傳承)은 말하고 있다.

그런데 키루스가 공격한 것은 이 여왕의 아들로, 그는 아버지 라비네토스의 이름과 아시리아의 주권을 아버지로부터 이어받았다.

페르시아 대왕이 출정할 때에는 언제나 본국에서 충분한 식량과 가축을 준비하는데, 특히 코아스페스강의 물도 이것들과 함께 가지고 간다. 코아스페스는 수사를 지나 흐르는 강으로, 대왕은 이 강 이외의 그 어떤 강물도 마시지 않았기 때문이다. 이 코아스페스강에서 길어서 끓인 물을 은그릇에 넣고 막대한 수에 이르는 사륜 노새 마차에 싣고 대왕이 언제 어느 때, 어디를 가나 그 마차가 수행하는 것이다.

키루스는 바빌론을 향해 진격하여 긴데스강[135]가에까지 이르렀다. 이 강은 마티에노이 사람의 나라 산중에서 시작하여 다르다네스인[136]의 나라를 흘러 또 하나의 강 티그리스에 흘러들며, 티그리스는 다시 오피스[137]라는 도시를 지나 '홍해'로 들어간다. 이때 키루스는 배로밖에 건널 수 없는 이 긴데스를 건너려 하고 있었는데, 하얀 신마(神馬)[138] 한 마리가 뛰쳐나와 강으로 뛰어들어 건너려 하였으나 강이 이 말을 삼켜 버리고 말았다. 키루스는 이와 같은 난폭한 짓을 한 강에 크게 화를 내어, 앞으로는 여자라도 무릎을 적시지

---

135) 오늘날의 디얄라강.
136) 이 민족에 대해서는 아무것도 알려지지 않는다.
137) 크세노폰의 〈아나바시스(페르시아 원정기)〉에도 이 도시의 이름이 나오는데, 위치는 조금 다른 것 같다.
138) 페르시아군이 원정을 떠날 때는 언제나 8마리의 백마가 태양신의 수레를 끌고 종군했다.

않고 쉽게 건널 수 있을 정도로 무력한 강으로 만들어버리겠다고 위협하였다. 그러고는 바빌론으로의 진격을 중지하고 군대를 둘로 나누어 강 양쪽에 각기 180개[139]의 운하를 모든 방향으로 파도록 망을 쳐서 그 위치를 나타내고 여기에 군대를 배치하여 개간을 명령한 것이다. 워낙 여러 사람이 하는 일이기 때문에 공사가 완성되기는 했으나, 이 공사 때문에 페르시아군은 이 땅에서 여름을 그대로 지내고 말았다.

키루스는 강을 360개의 운하로 분할해서 긴데스강에 대한 보복을 끝마치고, 이듬해 봄기운이 돌자 바빌론을 향하여 군을 진격시켰다. 바빌론군은 이를 기다렸다가 키루스가 도시 근처에 가까이 왔을 때 싸움을 시작하였으나 패배하여 도시 안으로 몰리고 말았다. 그러나 바빌론에서는 이미 이전부터 키루스가 어떠한 행동을 일으킬지 잘 알고 있었고, 또 키루스가 민족을 가리지 않고 공격하는 것을 보고 여러 해 지탱할 수 있는 식량을 미리 성내에 마련해 놓고 있었다. 그래서 바빌론측은 적에게 둘러싸여 있어도 전혀 신경을 쓰지 않았으나, 키루스는 시간이 가차 없이 지나가는데도 작전은 도무지 진척되지 않아 어찌할 바를 모르고 있었다.

그런데 누군가가 대책을 건의했는지 또는 키루스 자신이 그것을 생각해냈는지, 키루스는 다음과 같은 작전을 세웠다.

군의 주력을 강이 도시로 흘러드는 유입부(流入部)에 배치하고, 또 별도의 부대를 도시 배후에 있는 강이 도시로부터 흘러나오는 근처에도 배치하고, 걸어서 건널 수 있을 정도로 강이 얕아지면 강을 건너 도시로 쳐들어가라고 일러두었다. 그리고 키루스 자신은 비전투부대와 함께 철수하여 앞의 호수가 있는 곳까지 가자, 이전에 바빌론의 여왕이 강과 호수를 사용해서 한 것과 아주 똑같은 일을 다시 한 번 되풀이하였다. 즉, 운하를 통해 강의 흐름을 늪이 되어 있는 호수로 끌어들여 강바닥을 걸어서 건널 수 있게 한 것이다. 이 작업이 끝나자 그 작전을 위하여 배치되어 있던 페르시아군은, 물이 빠져서 넓적다리 중간쯤 닿는 깊이가 된 유프라테스강을 건너 바빌론 시내로 돌입하였다.

---

139) 다음 단락에 이는 것과 같이 운하의 수는 양쪽 강변을 합쳐 360개가 됐다. 이 수는 1년의 날수와 맞춘 것으로 여겨진다. 강에 빠져 죽은 말이 태양신의 신마(神馬)였다는 것과 관련이 있다.

바빌론 측이 이러한 키루스의 행동에 대해서 미리 정보를 얻었다거나 또는 그것을 알아차리고 있었다면, 그들은 페르시아군의 침입을 묵인해 두었다가 그 뒤 철저하게 섬멸할 수 있었을 것이다. 강으로 통하는 작은 문을 모두 폐쇄하고 강 양쪽 기슭을 따라 구축된 돌담 위에 포진하면, 페르시아인을 마치 어량(魚梁)에 걸린 물고기 같은 처지로 만들 수 있기 때문이다. 그러나 페르시아군의 침입은 그들에게는 전적인 기습이었다. 그 고장 사람의 이야기에 따르면, 도시가 광대하기 때문에 바빌론의 끝자락이 이미 적의 수중에 들어갔는데도 중앙부에 사는 사람들은 미처 그것을 모르고, 마침 축제일을 맞이하여 춤을 추고 부어라 마시어라의 난리가 한창이었다고 한다. 그럴 때 비로소 진상을 알게 되었는데 이미 때는 늦었고, 이렇게 해서 바빌론은 이때 처음으로 적의 수중에 떨어지고 말았다.

바빌론의 국토와 풍습

바빌론의 국력이 얼마나 강대한가 하는 것은 지금부터 여러 가지 사례를 들어 밝혀나가겠지만, 특히 다음과 같은 사실로도 잘 알 수 있을 것이다. 페르시아 대왕과 그의 휘하의 군대를 위하여 보통의 공세(貢稅) 외에, 페르시아의 지배가 미치는 전역이 분담지구로 분할되어 있었다. 1년 12개월 중 4개월분은 바빌론 지역이 왕이 필요한 물자를 마련하고, 나머지 8개월분은 바빌론 이외의 아시아 모든 지역이 맡았다. 따라서 아시리아의 국력은 온 아시아의 3분의 1에 해당하는 것이 된다. 또 이 나라의 정부—페르시아인의 이른바 총독부—는 모든 총독부 중에서 비할 바 없이 강력했다. 그 증거로는 대왕으로 임명되어 이 지구를 지배하고 있는 아르타바조스의 아들 트리탄타이크메스 아래에서는 매일 은 1아르타베라는 넉넉한 수입이 있었고—아르타베란 페르시아의 양의 단위로, 1아티카 메딤노스[140] 보다도 3아티카 코이니쿠스가 많은 분량이다—또 여기에는 전차용 말 외에, 트리탄타이크메스 사유(私有)의 말이, 종마 800두, 암말 1만 6000두나 있었다. 수말 한 마리가 20두의 암말과 교배한다

---

140) 아티카 메딤노스는 약 52리터이고, 아티카 코이니쿠스는 그 48분의 1이므로 아르타베의 용적은 약 55리터인 셈이다.

는 계산이다. 또 인도견(印度犬)[141]이 사육되고 있었는데, 그 수가 엄청 나는지, 평야 안의 큰 마을 네 곳에, 다른 세금이 면제되는 대신 개 사료의 공출이 부과되고 있을 정도이다. 바빌론의 지배자의 소득은 이토록 막대했다.

아시리아의 땅은 비가 적어 곡류의 성장이 신통치가 않았다. 그럼에도 작물이 자라 곡물의 수확량이 올라가는 것은 강을 통한 관개(灌漑) 덕분이다. 여기에서는 이집트와 같이 강물 자체가 밭으로 흘러드는 것이 아니라, 인력(人力)을 사용하여 두레박으로 물을 밭으로 대는 것이다. 바빌론은 온 지역에 걸쳐서 이집트와 마찬가지로 많은 운하로 구획되어 있기 때문이다. 운하 중에서 가장 큰 것은 배가 다닐 수 있고, 유프라테스강으로부터 겨울철 해가 뜨는 쪽(동남)으로 흘러 또 하나의 강, 즉 니노스(니네베)를 연안으로 끼고 있는 티그리스강으로 흘러들고 있다.

바빌론 지방은 곡물의 산출 면에서 보자면 우리가 아는 지역 중에서 최고이다. 무화과나무, 포도, 올리브 등 곡물 이외의 과수 재배는 여기에서는 시도조차 되지 않고 있다. 그러나 곡물의 생산에 가장 알맞은 땅이라는 사실은, 그 수확량이 평균 파종량의 200배, 최대 풍작 때에는 300배에 이르는 것으로 보아도 알 수가 있다. 여기에서는 밀이나 보리 잎의 폭이 넉넉히 4닥틸로스(7.4센티미터)나 된다. 기장이나 참깨도 어느 정도로 큰 나무가 되는가를 나는 잘 알고 있지만 여기서는 말하지 않겠다. 바빌론에 간 일이 없는 사람은, 내가 곡물에 대해서 지금 말하고 있는 것조차도 도저히 믿을 수 없는 일이라고 생각한다는 것을 잘 알고 있기 때문이다. 기름은 참깨에서 짠 것 외에는 사용하지 않는다. 또 평야 곳곳에는 대추야자가 자라고 있고 그 대부분은 열매를 맺는데, 그 열매로는 음식이나 술, 꿀을 만든다. 그들은 이 나무를 무과화나무와 같은 방법으로 돌보는데, 특히 그리스인이 말하는 수야자나무가 그렇다. 수야자나무 열매를 열매가 열리는 야자(의 열매)에 접붙여 벌이 열매 속으로 들어가서 성숙을 도와 열매가 떨어지지 않도록 하는 것이다. 수야자나무는 무과화나무와 마찬가지로 그 열매 안에 벌을 간직하고 있기 때문이다.[142]

---

141) 사냥개로 사용됐다. 체구가 커 사자와도 싸울 수 있었다고 한다.
142) 야자나무 열매나 무화과나무 열매가 떨어지지 않도록 가꾸는 방법이 비슷하다고 하는 헤로도토스의 기술에는 착오가 있는 것 같다. 야자의 경우, 실제로는 수야자의 꽃을 암야자

다음에는 이 나라의 모든 것 중에서 도시 자체 다음으로 가장 큰 놀라움으로 여겨지는 것들을 몇 가지 살펴보기로 한다.

이 나라 사람이 강을 내려와서 바빌론으로 다니는 데에 사용하는 배는 둥근 모양이고 모두 가죽으로 되어 있다. 아시리아의 상부에 사는 아르메니아인의 나라에서, 버드나무 가지를 잘라 배의 골격을 만들고 나면 그 바깥쪽에 동물의 가죽을 바닥을 깔듯이 붙인다. 그때 고물을 넓게 하든가 이물을 가늘게 하는 일이 없이 방패처럼 둥글게 만들어 배 안에 짚을 깐 뒤 짐을 싣고 강을 내려가는 것이다. 강으로 내려가는 짐은 대개의 경우 술을 담은 야자나무로 만든 술통이다. 배는 두 사람의 남자가 서서 두 개의 물갈퀴를 사용하면서 조종한다. 한 사람이 물갈퀴를 앞으로 당기면 또 한 사람은 반대쪽으로 밀어내는 것이다.[143]

배는 매우 큰 것도 있고 비교적 작은 것도 있다. 가장 큰 배는 5000탈란톤 (14톤)의 짐을 실을 수가 있다. 어느 배에나 살아 있는 당나귀 한 마리가 실려 있다. 큰 배라면 몇 마리를 싣기도 한다. 배가 바빌론에 도착하여 짐을 처리하고 나면 그들은 배의 골격과 짚을 모두 경매로 처분하고 수피(獸皮)는 당나귀 등에 얹어 아르메니아로 돌아간다. 강의 흐름이 빨라 강을 거슬러 돌아가는 것은 불가능하기 때문이다. 그들이 배를 목재가 아니라 수피를 사용해서 만드는 것도 이 때문이다. 그들은 당나귀를 끌고 아르메니아로 돌아가면 다시 같은 방법으로 다른 배를 만든다.

다음에 그들의 복장을 보면, 우선 발까지 닿는 긴 삼베 속옷을 입는다. 그리고 그 위에 다시 털내의 한 장을 겹쳐 입고 희고 가벼운 윗옷을 그 위에 걸친다. 머리는 길게 길러 머리끈으로 매고 온몸에 향유를 바른다. 또 각자가 도장과 직접 만든 지팡이를 가지고 있다. 지팡이에는 반드시 사과나 장미, 백합,

---

의 꽃에 부착시켜 수정을 돕는 것으로, 가까이 대는 것은 열매가 아니고 또 벌의 도움도 빌리지도 않는다. 무화과나무의 경우에는, 야생 무화과나무의 열매 속에 사는 특수한 벌의 도움을 빌리는 것은 사실로서, 이 벌이 보통 무화과나무의 덜 익은 과일(꽃)을 자극하고, 이 자극으로 낙과가 방지된다고 한다.

143) 두 사람의 위치와 조종의 실제에 대해서는 여러 가지로 생각할 수 있다. 요컨대 배는 강물의 흐름에 따라 흘러갔기 때문에 물갈퀴는 주로 방향을 잡고 배의 선회를 방지하는데 쓰였을 것이다.

매 등 기타 여러 가지 모양이 새겨져 있다. 이 나라에서는 모양이 없는 지팡이는 갖지 않는 풍습이 있는 것이다.

다음으로 그들의 습속에 대해서 말해보자. 그중에서도 가장 그럴듯하다고 내가 생각하는 풍습은 일리리아족의 일부인 에네토이인[144]에게도 있는 것으로 들었는데 다음과 같다. 마을에서는 저마다 매년 1회 다음과 같은 행사를 한다. 시집갈 나이가 된 아가씨들을 모두 모아 한곳으로 데리고 가서 그 둘레를 많은 남자들이 둘러싼다. 그러면 호출인이 아가씨를 한 사람씩 세워서 판다. 우선 그중에서 가장 기량(器量)이 좋은 아가씨부터 시작하는데, 이 아가씨가 좋은 값으로 팔리면 다음으로 두 번째로 기량이 좋은 아가씨를 호명한다. 아가씨들은 결혼을 위해 팔리는 것이다. 신부를 맞이할 적령기가 된 바빌론의 청년 중에서도 유복한 사람은 서로 값을 올려서 기량이 가장 좋은 아가씨를 얻으려고 한다. 그러나 서민 계급의 적령자는 기량이 좋다는 것 등에는 상관하지 않고, 돈을 받고 오히려 미운 아가씨를 얻는 것이 통례이다. 왜냐하면, 호출인이 가장 기량이 좋은 아가씨들을 다 팔고 나면, 이번에는 기량이 나쁜 아가씨, 또는 그중에 불구자가 있으면 그 아가씨를 세우고, 가장 적은 액수의 돈을 받고 이 아가씨를 맞이할 남자는 누구인가 하며 경매에 부치기 때문이다. 결국 그 아가씨는 가장 적은 금액을 제의한 사람에게 가게 된다. 돈은 기량이 좋은 아가씨들로부터 들어오므로, 요컨대 기량이 좋은 아가씨가 기량이 좋지 않은 아가씨나 불구의 아가씨에게 지참금을 들려서 시집을 보내는 셈이 된다.

비록 자기 딸이라도 자기가 주고 싶다고 생각하는 상대에게 시집보내는 일은 금지되어 있다. 또 딸을 산 남자도 반드시 그 아가씨를 아내로 삼는다고 하는 보증인을 세우고 나서야 비로소 데리고 갈 수가 있다. 또 당사자끼리 잘 되지 않을 때에는 남자가 지참금을 돌려주는 것이 관습이다. 그리고 다른 마을에서 온 사람도 원한다면 아가씨를 살 수 있다.

이와 같이 훌륭한 풍습이 지금은 존속하지 않는다. 그들은 최근에 다른 방법을 생각해 내어 그것을 실행하고 있다. (풍습을 바꾼 이유는 아가씨들이 부당한 취급을 받거나 다른 도시로 가는 일을 막기 위해서였다.) 왜냐하면 페르시아인에게

---

144) 오늘날의 이탈리아 베네치아 일대에 살았던 민족.

점령을 당하여 호된 꼴을 당하고 가계가 억망이 되고나서부터는 서민 계급은 모두 생활에 쪼들려 딸들에게 매춘을 시키고 있기 때문이다.

다음으로 그럴 듯하다고 여겨지는 것으로는 이런 풍습이 있다. 이 나라에는 의사가 없기 때문에[145] 환자는 집에 두지 않고 광장으로 데리고 간다. 지나가는 사람은 자기가 그 환자와 같은 병을 앓은 적이 있거나, 또는 다른 사람이 그렇게 아픈 것을 본 일이 있으면 환자 옆으로 가서 병에 대한 지혜를 가르쳐준다. 자기가 그와 같은 병을 고쳤을 때 시도했던 요법, 또는 자기가 아는 다른 회복자가 시도했던 요법을 환자에게 가르쳐주고 시도해볼 것을 권고한다. 그리고 누구나 환자에게 무슨 병이냐고 묻지 않고 모르는 체하고 지나가서는 안 되도록 되어 있다.

이 나라의 장례식은 죽은 사람을 벌꿀[146]에 절여서 매장하는데, 죽은 자를 애도하는 의식은 이집트와 매우 흡사하다.

바빌론의 남자는 아내와 관계를 가진 뒤에는 반드시 향을 피우고 아내와 서로 마주 보고 앉는다. 날이 새면 부부는 다 같이 몸을 씻는다. 몸을 씻기 전에는 그 어떤 그릇에도 손을 대서는 안 되도록 되어 있다. 아라비아인도 이와 마찬가지로 한다.

바빌론인의 풍습 중에서 가장 파렴치한 것은 다음과 같은 풍습이다. 이 나라의 여자는 누구나 평생에 한 번은 아프로디테의 신전에 앉아서 낯모르는 남자와 관계를 가져야만 한다. 부자이고 기품이 높아 다른 여자와 함께 있는 것을 싫어하는 여자도 적지 않은데, 이러한 여자들은 많은 시녀를 데리고 덮개가 있는 마차를 타고 신전으로 와서 그 상태로 기다린다. 그러나 대개의 여자들은 다음과 같이 한다. 아프로디테의 신전 안으로 들어가 머리 둘레에 끈[147]을 관(冠)처럼 감고 앉는다. 새로 오는 여자도 있고 떠나는 여자도 있어 그 수

---

145) 바빌론에 의사가 없었다는 것은 진실이 아니다. 여하튼 앞의 매매 결혼 풍습이든 이 병자를 다루는 방식이든, 헤로도토스가 '그럴 듯하다'고 하는 어조가 반어적임은 두말할 필요도 없다.

146) 매장에 벌꿀을 사용하는 것은 시체를 보다 잘 보존하기 위해서였다. 그리스를 비롯한 각 지방에서 널리 행해졌다. 벌꿀 대신에 밀랍을 사용하는 경우도 있었다. 이집트의 풍습에 대해서는 제2권에서 서술하고 있다.

147) 끈은 여신과의 연계를 나타내는 상징으로서, 일이 끝나면 끈을 풀었다.

는 대단하다. 여자들 사이를 모든 방향으로 통하는 통로가 줄로 구분이 되어 있고, 여기에 온 남자들은 이 통로를 지나가면서 여자를 물색하는 것이다.

한번 여기에 앉은 이상, 여자는 자기 무릎에 돈을 던져 주는 남자와 신전 밖에서 관계를 갖지 않는 한 집으로 돌아가지 않는다. 돈을 던진 남자는 "밀리타 여신의 이름으로 상대해 주기를……" 이렇게 말하기만 하면 된다. 아시리아인은 아프로디테를 밀리타[148]라고 부르고 있다. 금액은 얼마라도 좋다. 결코 퇴짜 맞을 염려가 없기 때문이다. 이 돈은 신성한 것이기 때문에 거절해서는 안 되도록 되어 있다. 여자는 돈을 던진 최초의 남자를 따르되 결코 거절하는 일은 없다. 남자와 관계를 맺으면 여자는 여신에 대한 봉사를 다한 것이 되어 집으로 돌아가는데, 그 뒤에는 아무리 천만금을 주더라도 그 여자를 마음대로 할 수는 없다.

용모가 뛰어난 여자는 곧 돌아갈 수가 있으나 못생긴 여자는 오랫동안 의무를 다하지 못하고 계속 기다려야 한다. 3년이나 4년 동안 남아 있는 여자도 몇 사람 있다. 키프로스[149]에도 몇 군데에 이와 비슷한 풍습이 있다.

이 밖에도, 또 이 나라에는 생선 이외에는 아무것도 먹지 않는 씨족이 셋이나 있다. 그들은 생선을 잡아와서 햇볕에 말려 건조한 뒤 다음과 같이 한다. 생선을 절구에 넣고 절굿공이로 빻아 옥양목 천으로 거른다. 그 다음에는 기호에 따라 반죽을 해서 진한 죽처럼 해서 먹거나 빵과 같이 구어서 먹는다.

마사게타이 원정

키루스는 이 민족도 정복하자, 이번에는 마사게타이인도 자기 밑에 두고 싶어졌다. 이 민족은 동쪽의 아락세스강[150] 건너편에 이세도네스인과 마주 보고

---

148) 이것은 이미 여러 번 나온 바 있는데, 원어로는 벨리토로, 벨의 아내라는 뜻이다.

149) 키프로스는 키테라와 함께 아프로디테 숭배의 중심지였다. 특히 파포스와 아마투스에 이 풍습이 있었다고 한다. 이른바 '신성한 매음'이었다.

150) 아락세스강은 다른 곳에서도 종종 언급되고 있는데, 그 기술들을 종합하여 생각해 보아도 이에 해당하는 강을 발견할 수 없다. 이 부근에서 카스피해로 흘러들어가는 강으로서는 아라스강밖에는 없지만, 이것은 기껏해야 한두 가지의 조건을 충족시킬 뿐이다. 헤로도토스는 이 부근을 직접 여행하지 않고 모두 간접 자료를 가지고 서술한 것으로 보이기 때문에, 여러 가지 혼동이나 오류가 있는 것은 오히려 당연하다고 하겠다.

사는 민족으로 인구도 많고 용맹하다고 알려져 있었다. 이 민족은 스키타이인과 같은 인종이라고 말하는 사람도 있다.

아락세스강은 이스트로스강(다뉴브강)보다 크다고도 또 작다고도 한다. 이 강에는 레스보스섬과도 맞먹을 만한 크기의 섬이 많다고도 한다. 그 섬에 사는 사람들은 여름 동안에는 여러 가지 뿌리를 파서 식량으로 하고, 그러는 동안에 익은 나무 열매를 '때때로, 발견하면 저장해 두었다가 겨우내 먹는다고 한다. 그 밖에 그들이 발견한 나무 중에는 색다른 열매가 열리는 나무도 있다고 한다. 그들은 여러 명이 한곳에 모여 불을 피워 불을 둘러싸고 앉아서 이 열매를 불 속에 던진다. 그리고 그 열매가 타는 냄새를 맡으면, 마치 그리스인이 술에 취한 것처럼 그 냄새에 도취하는 것이다. 던져 넣는 열매가 많아짐에 따라서 그들의 취기가 강해져, 마침내 일어나서 춤을 추고 노래를 부른다고 한다.[151] 여기에서 사는 사람의 생활은 위와 같다고 전해지고 있다.

아락세스강[152]은, 키루스가 그 흐름을 360개의 운하로 나눈 긴데스강과 마찬가지로 마티에노이에서 시작되는데, 40개의 하구(河口)로 흘러나오고 그중 하나를 제외하고는 모두 소택지(沼澤地)로 흘러든다. 이 소택지에는 생선을 날것으로 먹고 물범의 가죽을 평상복으로 입는 사람이 살고 있다고 한다. 아락세스강의 하나만 남은 하구는 방해하는 것이 없는 평야를 지나 카스피해로 흘러들어가고 있다.

카스피해는 그 자체가 독립되어 다른 바다와의 연결이 없다. 왜냐하면 그리스인이 항해하고 있는 바다 전체[153]도, '헤라클레스의 기둥'[154] 밖의 이른바 아틀란티스해도, 또 '홍해'도 실은 하나로 연결되어 있기 때문이다.

카스피해는 요컨대 독립된 다른 바다로, 길이(남북)는 노를 사용한 항해로 15일, 폭(동서)은 가장 넓은 곳에서 항해로 8일이다. 이 바다의 서쪽에는 최대·

---

151) 일종의 집단 끽연이라 할 수 있다. 마취제의 원료로 쓰이는 대마초 종류로 추측되고 있다.

152) 주150에 적은 것처럼 아락세스강 자체의 정체는 불분명하지만, 긴데스강과 수원(水源)이 같다는 것은 명백히 오류인 듯하다. 마티에노이라는 민족도 종종 언급되고 있는데, 헤로도토스는 같은 명칭을 적어도 2개 이상의 다른 민족에 사용하고 있는 것 같다. 여기에서 오류가 생겼을 것이다.

153) 흑해나 아조프해 등까지 포함한 지중해를 가리키는 것으로 생각된다.

154) 지브롤터해협을 가리킨다.

최고의 산맥 코카서스가 연이어 있다. 코카서스의 산중에는 많은 종류의 인종들이 살고 있는데, 그 대부분은 오직 야생의 나무 열매 등을 먹고 살아간다. 또 여기에는 일종의 독특한 성질을 가진 잎이 달리는 나무가 있어서, 이 잎을 갈아서 물에 녹여 그것으로 옷에 모양을 그리면 빨아도 빠지지 않고 마치 처음부터 짜 넣은 것처럼 모직물에 물들어 없어지지 않는다고 한다. 이들 인종의 남녀 간의 관계는 가축과 마찬가지로 공공연하게 이루어지고 있다.

이 카스피해의 서쪽을 가르는 것은 코카서스산맥인데, 동쪽에는 광막하고 시계(視界)도 닿지 않는 대평원이 이어져 있다. 이 대평원의 적지 않은 부분을 차지하고 있는 민족이 키루스가 원정의 야망을 품게 한 마사게타이족이다. 키루스를 이 원정으로 몰아세운 직접적인 원인은 강력했고 또 많았다.

첫째는 그의 출생, 즉 자기는 보통 사람이 아니라는 신념, 둘째는 이제까지의 작전이 거둔 성공이었다. 사실 키루스의 군대가 가는 곳에선 그 어떠한 민족도 그 날카로운 공격의 칼날을 피할 수가 없었던 것이다.

그 무렵 마사게타이에서는 남편을 여읜 토미리스라고 하는 이름의 여자가 왕이었다. 키루스는 사자를 통하여 자기 아내로 삼고 싶다며 이 여왕에게 구혼하였다. 그러나 토미리스는 키루스가 구하고 있는 것은 자기가 아니라 마사게타이의 왕위라는 것을 간파하고 그의 내방을 거절하였다. 키루스는 계략이 성공하지 못한 것을 알자, 아락세스 강가에 군을 진격시켜 공공연하게 마사게타이에 대한 공격 준비를 하기 시작하였다. 군대가 강을 건너기 위해 강 위에 배로 다리를 놓고 도하용 배 위에 망루를 구축하게 하였다.

이 작업을 하고 있는 키루스에게, 토미리스는 사자를 보내어 다음과 같이 전하였다.

"메디아의 왕이여, 지금 열심히 진행하고 있는 일은 중지하는 편이 좋을 것입니다. 그와 같은 일이 자신을 위한 것이 될지의 여부를 그대는 모르고 있습니다. 그와 같은 일은 중지하고 자신의 영토만을 다스려, 내가 내 나라를 다스리는 데에 마음쓰지 않는 것이 좋을 것입니다. 그러나 틀림없이 그대는 이 충고에 귀를 기울이지 않고 평화를 지킬 바에는 다른 그 어떤 일도 사양하지 않겠다고 생각하실 것입니다. 아무래도 마사게타이와 일전을 벌일 생각이라면 지금처럼 시간을 들여서 강에 다리를 놓는 것과 같은 일은 그만두십시오.

우리가 강가에서 3일 동안 물러나 있을테니 강을 건너 우리나라로 들어오시오. 만약에 우리를 귀국 내에서 맞아 싸울 생각이라면 그쪽도 우리와 똑같이 하시기 바랍니다."

이것을 들은 키루스는 페르시아군의 주요 인물들을 모아놓고 일의 전말을 알리고, 둘 중 어느 것을 택할 것인가 협의하였다. 그리하여 모두가 토미리스와 그 군대를 자국에서 맞아 쳐야한다는 의견의 일치를 보았다.

이때 그 자리에 있던 전 리디아 왕 크로이소스는 이 의견을 비난하고 그와는 반대 의견을 피력하며 이렇게 말하였다.

"왕이시여, 이전에도 말씀드렸지만 저는 제우스의 뜻에 따라 전하의 곁에 온 이상, 가문에 지장을 가져오는 일을 알게 되면 온 힘을 다해 제지해야 한다고 생각합니다. 제가 받은 재난은 쓰라리기는 했으나 좋은 교훈이 되었습니다. 왕께서 만약에 전하 자신이나 휘하의 군대가 영원히 멸망하지 않으리라고 생각하신다면, 제가 의견을 말씀드려도 아무 소용이 없을 것입니다. 그러나 전하 자신도 또 전하께서 명령을 하시는 사람들도 모두 인간이라는 것을 인정하신다면, 우선 인간의 운명은 수레바퀴와 같은 것으로 빙빙 돌면서 같은 사람이 언제까지나 행운을 얻는 것을 허용하지 않음을 아시기 바랍니다.

이번 일에 대해서 저는 여기에 계시는 여러 공들과는 반대 의견을 가지고 있습니다. 만약에 적을 국내로 들여놓는다고 하면 여기에는 다음과 같은 위험이 따릅니다. 만일에 패배했을 경우, 전하는 패전에 더하여 제국을 잃으시게 될 것입니다. 왜냐하면 승리를 자랑하는 마사게타이가 철수하리라는 것은 생각할 수도 없는 일이고, 반드시 전하의 영토로 공격해 올 것은 틀림없는 일이기 때문입니다. 또 승리를 하셨을 경우라 할지라도 그들의 나라로 건너가 마사게타이를 타파하여 도망가는 것을 쫓는 것과 비교하면, 그 전과는 비교도 되지 않을 것입니다. 그때는 앞의 경우와 같은 말을 드릴 수가 있을 것입니다. 즉 일단 대항하는 적을 무찌르면, 그 뒤는 토미리스의 본거지를 향하여 곧장 진격하신다는 것이 됩니다.

또 지금 드린 말씀을 제쳐두고라도, 적어도 캄비세스의 아들 키루스라고 일컬어지시는 분이 한 부녀자에게 굴복하여 퇴거한다는 것은 수치일 뿐만 아니라 도저히 견딜 수 없는 일입니다. 따라서 제 생각으로는 강을 건너 적이 물러난 곳까지 나아가, 거기에서 다음과 같이 해서 적을 제압하는 일을 시도해 보시는 것이 현명하리라 생각합니다. 제가 듣는 바로는 마사게타이는 페르시 아인들이 하는 것과 같은 사치스러운 생활은 알지도 못하고, 애초부터 체험 을 한 일이 없다고 합니다. 그러하니 이와 같은 친구들을 위해 가축을 넉넉하 게 잡아 요리를 해서 우리 군의 진지에서 잔치를 베풀어주는 것입니다. 고기 외에 술도 충분히 항아리에 담고 그 밖에 모든 요리를 갖추는 것입니다. 그렇 게 해두고 군의 가장 열약한 부대만을 남기고 다른 사람은 강가까지 물러납 니다. 만약에 제 생각에 잘못이 없으면, 적은 이 많은 요리를 보고 반드시 그 곳에 올 것입니다. 그리고 그 뒤에는 아군이 큰 전과를 거둘 일만 남게 될 것 입니다."

이와 같이 두 가지 의견이 대립했는데 키루스는 처음 의견을 버리고 크로 이소스의 의견을 채택해, 자기 쪽에서 강을 건너갈 테니까 그쪽은 물러나 있 으라고 토미리스에 통고하였다. 그래서 토미리스는 처음에 약속한 대로 물러 난 것이다. 키루스는 원정을 떠나기 전에 왕위를 위임하고 가야 했다. 그리하 여 아들 캄비세스에게 크로이소스를 맡기고, 마사게타이 토벌 작전이 성공하 지 못하더라도 크로이소스를 잘 돌보라고 몇 번이고 다짐을 받았다. 그리고 그들을 페르시아로 돌려보내고 자기는 휘하의 군대와 함께 강을 건너간 것 이다.

아락세스강을 건너간 그날 밤, 마사게타이에서 처음으로 밤을 보낼 때 키루 스는 이런 꿈을 꾸었다. 히스타스페스의 장남이 두 어깨에 날개를 달고 나타 나 한쪽 날개로 아시아를, 다른 쪽 날개로 유럽을 덮은 것이다. 아르사메스의 아들 히스타스페스는 아카이메네스가(家)의 일족이지만, 그의 장남 다레이오 스는 그때 채 스무 살이 못 되어 아직 출진할 나이에 이르지 못했다고 해서 페르시아에 남아 있었다. 키루스는 눈을 뜨자 혼자 생각에 잠겨 있다가, 이 꿈이 중대한 뜻을 가지고 있다고 여겨져 히스타스페스를 불러 곁에 있는 사 람을 물리치고 이렇게 말하였다.

"히스타스페스여, 그대의 아들이 나와 나의 나라에 모반을 꾸미고 있다는 것을 알았다. 내가 어떻게 해서 그것을 알았는지 이야기해 주겠다. 신들께서는 나의 일에 관심을 두시고 나의 몸에 닥치려고 하는 것은 그 어떤 일도 미리 일러주신다. 그런데 어젯밤, 나는 그대의 장남이 어깨에 날개를 달고 한쪽 날개로 아시아를, 또 한쪽 날개로 유럽을 덮는 꿈을 꾼 것이다. 이 꿈에 따르면 그대의 장남이 나에게 모반을 꾸미고 있다고밖에 생각할 수가 없다. 그러니 그대는 서둘러 페르시아로 돌아가서, 내가 이 정벌을 끝내고 귀국했을 때 그 규명을 위해 언제라도 아들을 나에게로 보낼 수 있도록 수배를 해 두시오."

키루스는 다레이오스가 자기에게 딴마음을 품었다고 생각해 이렇게 말한 것이지만, 신령(神靈)이 키루스에게 계시한 것은 실은 그가 이 땅에서 최후를 맞이하여 그 왕위가 다레이오스로 옮겨간다는 것이었다.

히스타스페스는 다음과 같이 대답하였다.

"왕이시여, 페르시아에 살면서 전하께 딴마음을 품는 자가 있어서는 안 됩니다. 만약에 있다고 한다면 그자는 한시라도 빨리 처치하셔야 할 것입니다. 우리 페르시아 국민이 노예의 처지에서 자유의 몸이 되고, 타국인의 지배를 받는 입장에서 모든 민족을 지배하는 처지가 된 것도 모두 전하 덕택입니다. 저의 아들이 전하에게 모반을 꾸민다는 꿈의 계시가 있었다고 하신다면 뜻하신 대로 처벌을 내릴 수 있도록 아들을 대령하겠습니다."

이렇게 히스타스페스는 키루스를 위해 아들 다레이오스를 감시하기 위하여 아락세스강을 건너 페르시아로 돌아간 것이다.

키루스는 아락세스강에서부터 하룻길을 전진한 뒤 크로이소스의 계책을 실행하였다. 준비를 끝낸 키루스와 전투부대가 비전투부대를 남겨놓고 아락세스강으로 철수하자, 마사게타이인은 그 부대의 3분의 1 세력으로 키루스군의 잔류부대를 습격 저항하는 페르시아인을 죽였다. 그리고는 준비된 식사를 보자 앉아서 먹기 시작하여 마침내 배불리 먹고 마시고 잠이 들었다. 거기에 페르시아군이 습격을 하여 많은 사람을 죽였는데 포로는 더욱 많았으며, 특히 그중에는 마사게타이인을 지휘하고 있던 스파르가피세스라고 하는 트미리스 여왕의 아들도 있었다.

여왕은 자기 군대와 아들의 몸에 일어난 전말을 알자 사자를 키루스에게 보내어 다음과 같이 전하게 하였다.

"피에 굶주린 키루스여, 이번 일로 자만하지 마시오. 그대가 사용한 것은 포도 열매요. 그대 자신도 이것을 지나치게 마시면 마음이 광란하고, 몸 안에 술이 돎에 따라 더러운 말이 입가에 떠오르는 그런 마약이오. 그대는 속임수를 써서 나의 아들을 이긴 것이오. 당당히 힘과 힘으로 다투어 이긴 것이 아니오. 자, 여기서 내가 그대에게 이로운 충고를 하려고 하니 이 말을 들어보는 것이 좋을 거요. 마사게타이의 3분의 1의 부대에 못된 행동을 부린 그대이지만, 그 죄는 묻지 않을 터이니 나의 아들을 돌려주고 이 나라를 떠나시오. 만약에 그렇게 하지 않는다면 마사게타이족의 주된 신이신 해의 신에 맹세하건대, 피에 굶주린 그대를 피에 싫증이 나도록 해줄 것이오."

이 말을 전해 듣고도 키루스는 전혀 신경을 쓰지 않았다. 한편 여왕의 아들 스파르가피세스는 술에서 깨어나 자기가 어떻게 해서 비운에 빠졌는가를 깨닫자, 포박을 풀어달라고 키루스에게 간절히 청했다. 그는 뜻이 이루어져 포박이 풀려 손발이 자유를 되찾자마자 자결하고 말았다.

스파르가피세스는 이와 같이 해서 최후를 마쳤다. 한편 토미리스는 키루스가 자기 권고에 귀를 기울이지 않음을 알자, 휘하의 모든 병력을 모아 키루스와 싸운 것이다. 이 일전이야말로 외국인끼리 싸운 전투 중에서 가장 격렬했던 것으로 나는 생각한다. 싸움의 경과는 내가 듣기로는 다음과 같았다.

먼저 양군은 거리를 두고 서로 화살로 응수하였으나, 이윽고 화살을 다 쏘아버리자 창과 단검으로 격돌하여 혼전이 되었다. 장기간에 걸쳐 싸웠는데 어느 쪽도 양보하거나 물러나려 하지 않았다고 한다. 그러나 마침내 마사게타이군이 승리를 얻고 페르시아군은 대부분 섬멸되었다. 여기에서 키루스 자신도 전사하였다. 그의 재위는 통산 29년이었다.

토미리스는 사람의 피를 가득 채운 가죽 부대를 가지고 페르시아의 전사자 사이에서 키루스의 유해를 찾았다. 이윽고 그것이 발견되자 목을 잘라 가죽 부대에 넣고 유해를 능욕하면서 이렇게 말했다고 한다.

"나는 살아남아 싸움에선 그대에게 이겼으나, 결국 책략을 써 내 아들을 붙잡은 그대가 이겼다. 자, 약속대로 그대에게 피를 실컷 마시게 해주리라."

마사게타이인의 옷차림은 스키타이인과 많이 닮았고, 생활 양식도 마찬가지이다. 전투 때에는 말을 사용하는 사람과 사용하지 않는 사람이 있다. 그들에게는 기병도 보병도 있는 것이다. 또 궁병(弓兵), 창병도 있고, 전투용 양날

도끼를 휴대하는 것이 이 나라의 관습이 되어 있다. 그들은 모든 일에 금과 청동을 사용한다. 창끝·화살촉·전투용 도끼에는 오직 청동만을 사용하고, 머리 장식·띠·코르셋 등의 장식에는 금을 사용한다. 말에 대해서도 마찬가지로, 말의 가슴에 대는 마구(馬具)는 청동을 사용하지만, 고삐·재갈·이마 장식 등은 황금제이다. 쇠와 은은 전혀 사용하지 않는다. 이 나라에서는 금과 청동은 모두 무진장이지만 쇠와 은의 산출은 전혀 없는 것이다.

이 나라의 풍습은 다음과 같다. 남자는 한 사람씩 아내를 맞이하지만, 아내를 공유한다. 그리스인은 그것을 스키타이인의 습속이라고 말하는데, 그것은 스키타이인이 아니라 마사게타이인의 습속이다. 마사게타이의 남자가 어떤 여자에게 성적 욕망을 품으면, 그 여자가 사는 마차 앞에 화살을 담아 두는 통을 걸어놓고 그 여자와 관계를 갖는 것이다.

마사게타이에서는 살아 있을 수 있는 연령의 제한은 특별히 없지만, 매우 높은 연령에 이르면 연고자들이 모여 그 남자를 죽이고, 그와 함께 가축도 죽여 고기를 삶아서 다 같이 먹는다. 이렇게 하는 것이 이 나라에서는 가장 행복한 것으로 되어 있다. 병사한 사람은 먹지 않고 땅 속에 묻어, 죽임을 당할 때까지 살아남지 못한 것은 불행한 일이라고 불쌍하게 생각한다.

농사는 전혀 짓지 않고 주식은 가축과 생선이다. 생선은 아락세스강에서 얼마든지 잡을 수가 있다. 또 마실 것으로는 오직 젖만을 먹는다.

신으로 숭배하는 것은 태양뿐이며, 말을 희생으로 바친다. 말을 바치는 이유는, 신들 중에서 가장 발이 빠른 신에게는 모든 생물 가운데 가장 발이 빠른 것을 바쳐야한다는 생각에서 비롯되었다.

제2권
에우테르페
Euterpe

이집트의 국토

키루스가 죽은 뒤, 캄비세스가 왕위를 이어받았다. 캄비세스는 키루스의 아들로, 어머니는 파르나스페스[1]의 딸 카산다네이다. 키루스는 카산다네가 먼저 죽자 그녀의 죽음을 크게 슬퍼하여 온 국민에게 상복을 입도록 포고를 내릴 정도였다. 그러나 그의 아들 캄비세스는 이오니아인과 아이올리스인을 아버지로부터 물려받은 노예처럼 생각하고 있었기 때문에, 이집트 원정 때는 영내(領內)에서 징집한 병력 외에 지배하에 있는 그들을 원정군에 가담시켰다.

이집트인은 프사메티코스가 왕이 될 때까지는, 자기들이 온 인류 가운데 가장 뛰어난 민족이라 생각하고 있었다. 그런데 프사메티코스가 왕위에 올라 인류 가운데 어느 민족이 맨 처음 생겨났는지를 조사한 이래, 이집트인은 프리기아인이 자기들보다도 오래된 민족이고 자기들은 그 다음이라 생각하고 있다.

프사메티코스는 여러 가지로 살펴보았으나, 가장 뛰어난 민족을 아는 수단을 발견할 수 없자, 마침내 다음과 같은 방법을 생각해 냈다. 갓 태어난 아이를 닥치는 대로 두 명 골라 이들을 한 양치기에게 맡겨, 양 떼와 함께 기르도록 이른다. 그때 어린아이 앞에서는 한마디도 해서는 안 되고 달리 사람이 없는 오두막에 두 아이만 재우고, 때가 되면 때때로 산양을 데리고 가서 충분히 젖을 먹이고 그 밖의 일도 돌보라고 일러두었던 것이다. 프사메티코스가 이런 명령을 내린 까닭은, 갓난아이가 뜻이 없는 말을 할 시기를 벗어났을 때 처음에 어떤 말을 하는가를 알고 싶었기 때문이다. 이 계획은 왕이 생각한 대

---

1) 파르나스페스도 아카이메네스 일족이었다.

로 잘되어 갔다. 양치기가 명령대로 실행한 지 2년이 지난 어느 날 오두막집 문을 열고 들어가자, 두 아이는 손을 뻗어 그에게로 달려와서 "베코스"라고 말하였다. 처음에 양치기는 이를 아무에게도 이야기하지 않았다. 그러나 아이들이 있는 오두막집으로 가서 돌볼 때마다 이 말을 듣는 횟수가 늘어 양치기는 마침내 이것을 왕에게 보고하고 아이들을 왕 앞으로 데리고 갔다. 왕도 자기 귀로 그 말을 듣자 어느 나라 사람이 "베코스"[2]라는 말을 쓰는지 조사하게 하였다. 그 결과, 프리기아인이 빵을 베코스라고 한다는 것을 알았다.

이집트인은 이 실험의 결과로 판단해서 마침내 이제까지의 주장을 양보하고, 자기들보다도 프리기아인 쪽이 오래된 민족이라는 것을 인정하게 된 것이다. 위의 이야기는 내가 멤피스의 헤파이스토스의 사제들로부터 들은 것인데, 이에 대해서 그리스인은 여러 가지 터무니없는 이야기를 전하고 있다. 그중에는 프사메티코스가 혀를 자른 여자들로 하여금 그 아이를 양육하게 했다는 이야기도 있다.

아이를 기른 이야기에 대해서 멤피스의 사제들이 전하는 이야기는 이와 같다. 나는 멤피스[3]에서 헤파이스토스의 사제들과 면담하여 위와 같은 이야기 외에도 여러 이야기를 들었다. 나는 테바이나 헬리오폴리스에도 갔는데, 그것은 이들 도시의 사제들 이야기가 멤피스의 사제들이 하는 이야기와 일치하는가를 알고 싶었기 때문이다. 헬리오폴리스의 주민은, 이집트인 중에서도 가장 고사를 자세히 안다는 말을 들었던 것이다. 그러나 사제들로부터 들은 이야기 중에서 신(종교)에 관한 사항은 단지 신들의 이름을 드는 것 이상으로 자세히 말할 생각은 없다. 이와 같은 사항에 대한 인간의 지식이란 어디를 가나 수준이 비슷할 수밖에 없다고 생각하기 때문이다. 앞으로 이러한 것은 이야기 진행상 어쩔 수 없는 경우에만 서술할 작정이다.

인간계에 한정해서 그들이 하는 말 중 일치하는 것은, 1년이라는 단위를 발

---

2) '베코스'는 그 음으로 보아 산양의 울음소리를 나타낸 의성어가 아닌가 하는 의심이 짙다. 그러나 한편 프리기아어의 비문에서 이 말을 발견했다는 람제이의 보고가 있고, 또 이오니아의 속어에 빵의 뜻을 가진 '베코스'라는 말이 있었다는 것이, 이오니아의 풍자시인 히포나크스(기원전 6세기 중엽)의 단편(斷片)에 의해 알려지고 있다.

3) 멤피스는 다음에 나오는 테베, 헬리오폴리스와 함께 이집트의 3대 종교 중심지였다. 여기서 헤파이스토스는 이집트의 부타로, 우주의 창조신이자 광명신이기도 하였다.

명한 것과 1년을 계절에 따라 열두 부분으로 나눈 것은 이집트인이 최초라는 것이다. 그들은 그것을 별을 관찰하여 발견했다고 말하였다. 나는 달력을 계산하는 방법은 이집트인 쪽이 그리스인보다도 합리적이라고 생각한다. 왜냐하면 그리스인은 계절과의 관계를 고려해서 격년(隔年)으로 윤달을 1개월 삽입하는데, 이집트에서는 30일 한 달을 12개월 동안 계산하고 그 정수(定數) 외에 1년에 5일을 더함으로써 계절의 순환이 달력과 일치해서 운행하는 구조로 되어 있기 때문이다.[4]

또 그들의 말로는, 열두 신의 호칭을 정한 것도 이집트인이 처음이고, 그리스인은 이집트인으로부터 그것을 배웠다고 한다. 또 신들의 제단이나 신상(神像)이나 신전을 세우는 것도, 돌에 모양[5]을 조각하는 것도 이집트인이 창시한 것이라고 한다. 그리고 이와 같은 사항에 대해서 사제들은 대부분 실례를 제시해 그것이 진실임을 증명해 보였던 것이다.

또 그들이 하는 말에 따르면, 이집트의 초대 인간왕(人間王)은 민(Min)[6]이었다고 한다. 이 왕의 시대에는 테바이주(州)를 제외하고는 이집트의 모든 국토가 소택지로, 현대 모이리스호(湖) 아래 쪽(북방)에 해당하는 지역 일대는 오늘날 바다에서 나일강을 거슬러 올라가서 7일간이 소요되는 거리에 걸쳐 있는데, 당시에는 수면 아래에 가라앉아 있었다고 한다.

나는 이집트의 국토에 관한 그들의 이야기가 그럴듯하다고 생각했다. 적어도 사물을 이해하는 사람이라면 비록 사전 지식이 없더라도 언뜻 보면 알 수

---

4) 그리스의 달력은 태음력으로, 솔론에 의해서 처음으로 정비되었다고 전해진다. 30일과 29일이 번갈아 이어져 1년은 354일이 된다. 따라서 1년에 11일 조금 넘는 오차가 생기기 때문에 윤달을 정기적으로 삽입해야만 하는데, 여기에 기록되어 있는 것처럼 2년에 한 번 꼴로 윤달을 삽입하면 이번에는 8일이 더 많아진다는 계산이 나온다. 그래서 후에는 8년에 세 번꼴로 윤달을 삽입하여 대체적으로 정확한 조정을 할 수 있게 되었는데, 헤로도토스의 기술(記述)은 이 점에 관하여 그다지 정확하지 못하다. 이집트의 달력은 처음부터 태양력을 채용하여 헤로도토스가 기술한 바와 같이, 30일인 달이 12개월 있고, 여기에 5일의 윤일(閏日)을 더하여 365일이 되도록 하였다. 그러나 그 이상의 오차(4분의 1일)를 어떻게 조정했는지에 대해서는 알 수 없다.
5) 이른바 상형문자를 가리킨다고 이해하는 것이 자연스럽겠지만, 그렇지 않고 스캐럽(갑충석 모양으로 조각한 보석) 등에 인각되어 있는 문양을 의미하는 것으로 해석하는 사람도 있다.
6) 그 이전은 신의 지배 시대로 생각되고 있는 셈이다. 민은 메네스와 동일 인물.

있으리라. 오늘날 그리스인이 배로 오가고 있는 이집트의 지역은 말하자면 나일강[7]의 선물이라고 할 수 있는 것으로, 이집트인에게는 새로 얻은 땅이다. 뿐만 아니라 모이리스호 위쪽(남쪽)으로 3일간 거슬러 올라가는 지역 또한—사제들의 이야기는 이 지역까지는 미치지 않지만— 앞서 말한 지방과 같은 예라고 해도 좋다.

이집트라고 하는 나라의 지세(地勢)를 한마디로 말하면 이러하다. 우선 바닷길로 이집트 가까이 가서, 육지로부터 하루의 항해 거리를 두고 측심연(굵은 줄의 끝에 납덩이를 매달아 바다의 깊이를 재는 기구)을 내려 보면, 진흙이 올라와서 수심은 11오르기아(약 20m)임을 알 수가 있다. 이로써 충적토(沖積土)가 이 근처까지 미치고 있다는 것이 증명된다.

이집트의 국토를 플린티네만에서 카시오스산을 호반에 끼고 있는 세르보니스호까지라고 한정하면, 이집트의 해안선 길이는 60스코이노스(약 640킬로미터)가 된다.[8] 즉, 세르보니스호를 기점으로 해서 60스코이노스나 되는 것이다. 국토가 작은 나라에서는 오르기아로 재고, 그다지 작지 않은 곳에서는 스타디온으로, 넓은 국토를 갖는 나라에서는 파라산게스로, 매우 광대한 영토를 갖는 나라에서는 스코이노스로 잰다. 파라산게스는 30스타디온에 해당하고 스코이노스라고 하는 것은 이집트의 척도이지만, 1스코이노스는 60스타디온이다. 따라서 이집트 해안선의 연장은 3600스타디온이 되는 셈이다.

여기서 내륙으로 향해 헬리오폴리스에 이르기까지 이집트의 땅은 광막하게 퍼져, 완전히 평탄하고 물은 풍부하며 진흙땅이 많다. 해변에서 오지로 들어가서 헬레오폴리스에 이르기까지의 길은, 아테네 12신의 제단[9]에서 피사의 제우스 올림피오스 신전에 이르기까지의 거리에 가깝다. 계산해 보면 이 두

---

7) 그리스인이 배로 다니고 있는 지역이란 물론 나일강의 델타 지역을 가리킨다. '나일강의 선물'이라는 말은 고대로부터 유명한데, 이것은 헤로도토스의 선배인 헤카타이오스가 이미 그의 《이집트사(史)》에서 쓴 말이라고 한다.

8) 플린티네만이 서쪽을, 세르보니스호가 동쪽을 경계 짓는다. 플린티네만은 하구에 있는, 같은 이름의 도시 플린티네에 따라 이름 지어진 것이다. 후의 알렉산드레이아가 이 부근에 해당한다.

9) 제6권에서도 언급되는 이 제단은 아네테의 아고라에 있었는데, 거리 측정의 기점으로 되어 있었던 같다.

거리가 같지가 않다고 해도 그 차이는 15스타디온을 넘지 않음을 알 수가 있다. 아테네에서 피사까지의 거리는 1500스타디온에서 15스타디온이 모자라지만, 해안에서 헬리오폴리스까지의 거리는 이 숫자를 꽉 채우기 때문이다.

헬리오폴리스에서 다시 안으로 들어가면 이집트의 국토는 좁아진다. 한 쪽에는 아라비아의 산맥이 북에서 남과 남서로 뻗어서 안으로 이어져 이른바 '홍해'에 이른다. 이 산중에는 채석장이 있는데 멤피스의 피라미드 건조용 석재는 여기서 채석된 것이다. 산맥은 여기서 막히고, 앞서 말한 바와 같이 홍해 방면으로 굽어 있다.[10] 내가 전해 들은 바에 따르면, 산맥 연장이 최대인 곳에서는 동에서 서로 2개월이 소요되는 거리가 된다 하고, 또 동쪽 끝에서는 유향(乳香)이 생산된다고 한다.

이집트의 리비아 쪽에도 암석이 많은 다른 산계(山系)가 이어져 있는데, 아라비아산맥과 마찬가지로 남쪽을 향해서 뻗어 있다. 이 산중에는 모래에 묻힌 피라미드가 여러 개 서 있다.

따라서 헬리오폴리스보다 더 안쪽으로 들어가면 이집트의 국토는 이미 그다지 넓지 않아, 배를 타고 강을 4일 동안 거슬러 올라가면[11] 꽤 좁아진다. 앞서 말한 두 산맥에 낀 지역은 평야를 이루고 있는데, 그 가장 좁은 부분에서는, 아라비아산맥에서 이른바 리비아산맥에 이르는 거리가 200스타디온이 넘지 않을 것 같았다. 그러나 거기서부터 더 안쪽으로 가면 이집트는 다시 넓어진다.

이집트의 지세는 이와 같은데, 헬리오폴리스로부터 테파이까지는 강을 거슬러 9일이 걸리고, 그 거리는 4860스타디온(약 863킬로미터), 스코이노스 단위로 고치면 81스코이노스이다. 스타디온 단위로 잰 이집트의 연장을 합계해 보면 해안선의 길이가 3600스타디온(약 639킬로미터)이라는 것은 앞서 말한 바 있고, 해안에서 오지를 향하여 테바이에 이르는 거리를 보면 6120스타디온(약 1087킬로미터)이다. 그리고 테바이에서 엘레판티네까지는 1800스타디온(약 320

---

10) 이 부분은 문장의 뜻이 약간 불분명하여 다른 해석도 있다.
11) 4일이라는 숫자는 알 수 없다 해서 '14일'로 고쳐 읽은 설이 유력한 지지를 받고 있다. 그러나 헬리오폴리스에서 14일을 거슬러 항해하면 거의 이집트의 남쪽 국경에 이르고 만다. 여하튼 이 부근 일대에 대한 헤로도토스의 기술은 정확성이 떨어지는 듯하다.

킬로미터)이다.

그런데 앞서 말한 국토의 대부분은, 사제들이 이야기한 바와 같이 훗날 이집트 영토에 첨가된 것이라고 생각된다. 왜냐하면 멤피스 이남에 가로놓인 앞서 말한 두 산맥에 낀 지역은 내가 보기에는 분명히 이전에는 바다가 들어간 만이었음에 틀림 없어, 일리온이나 테우트라니아, 에페소스 등의 주변 지대나 마이안드로스강 유역의 평야 등과 같기 때문이다.[12] 그런데 그것은 이들 소규모적인 일을 거대한 규모의 그것과 나란히 놓고 논할 수 있을 경우의 이야기이기는 하다. 왜냐하면 충적토로 위의 여러 지역을 형성한 그 어떤 하천을 보아도, 5개의 하구를 갖는 나일의 한 하구와는 그 크기를 비교할 수가 없기 때문이다. 그래도 장대한 조화(造化)의 작용을 나타낸 하천은 이 밖에도 있어서 그 이름을 들 수도 있다. 그중에서도 특기할 만한 것은 아켈로스강으로, 이 강은 아카르나니아 지방을 지나 바다에 이르고 있는데, 현재 이미 에키나데스 군도[13]의 반을 대륙으로 이어붙이고 있다.

이집트로부터 그리 멀지 않은 아라비아에 이른바 '홍해'로부터 육지 쪽으로 좁고 길게 들어간 만이 있는데,[14] 그 길이와 폭은 다음과 같다. 길이는, 만 안쪽에서 배를 내어 큰 바다로 나올 때까지 노를 사용하여 40일이 걸리고, 그 폭은 만의 가장 넓은 부분에서도 배로 반나절이 걸린다. 이 만 안에서는 매일 조수의 간만을 볼 수가 있다.

내 생각에는 이집트도 이와 비슷한 만이었을 것이다. 아라비아 만은 남쪽 바다에서 시리아로 향하여 뻗어 있는데 비해, 이쪽은 북쪽 바다에서 에티오피아 쪽으로 들어와 있었을 것이다. 두 만은 서로 육지로 파고들어, 맨 끝 안쪽은 거의 맞닿을 정도여서 작은 육지로 간신히 격리되어 있었을 것이다. 그런데 나일의 하류(河流)가 변해서 이 아라비아만에 흘러들었다고 하면, 2만 년 동안 이 하류에 의해서 만이 메워지는 과정을 방해하는 것은 전혀 없었을 것

---

12) 일리온(트로이) 이하 모두 소아시아의 지명. 북쪽에서 남쪽으로 열거되어 있다. 각각 스카만드로스강, 카이코스강, 카유스트로스강, 마이안드로스강 덕택이라는 것이 된다.

13) 아카르나니아 지방의 서쪽, 이오니아 해상의 많은 작은 섬들로 이루어져 있다.

14) 여기서 말하는 '홍해'는 인도양. 들어간 만이라고 하는 것이 오늘날의 홍해로 '아라비아만'이라고도 불린다.

이다. 나는 1만 년으로도 충분히 메워지리라 생각한다. 그렇다면 내가 태어나기 이전의 먼 과거에, 이보다도 훨씬 큰 만이 이 정도로 거대하고 활동적인 퇴적물로 메워진다는 것은 결코 있을 수 없는 일은 아닐 것이다.

이집트에 대해서는 위와 같이 말하는 사람의 의견에 나도 아낌없이 동의한다. 그 근거는 내가 실제로 본 것으로, 먼저 이집트가 인접 지역에 비해서 바다로 돌출되어 있다는 것, 산속에서 조개류를 볼 수 있고, 또 땅 표면에 염분이 솟아나와 그 때문에 피라미드가 부당할 정도라는 것, 이집트에서 모래가 있는 곳은 앞서 말한 멤피스 이남의 산악지대뿐이라는 것, 그 토질이 인접하는 아라비아와도 리비아와도 시리아와도(아라비아의 연해 지역은 시리아인이 점유하고 있다) 비슷하지 않다는 것 등이다. 이집트의 토양은 진흙과 나일이 에티오피아로부터 운반해 온 충적토로 이루어져 있으므로 검고 무르지만, 리비아의 흙은 약간 붉은 기를 띠고 사질(砂質)이며, 시리아에서는 흙이 점토질로 돌이 많다는 것을 우리는 알고 있다.

사제들이 나에게 말해 준 다음과 같은 사실도 이 국토의 특질에 대한 유력한 증거가 된다. 그에 따르면 모이리스왕[15] 시대에는 강물의 높이가 최소한도 8페키스(약 3.6m) 불어나면 이집트의 멤피스보다 아래 지역은 범람했다고 한다. 내가 사제들로부터 이 말을 들었을 때에는 모이리스가 죽은 지 아직 900년도 채 되지 않았는데, 현재에는 최소한도 15에서 16페키스(약 6.7~7m) 가량 물이 불어나지 않으면 강은 범람하지 않는다. 그래서 나의 생각으로는 모이리스호보다 아래에 있는 지역, 특히 이른바 델타 지대에 사는 이집트인은 만약에 이 땅이 이대로 같은 비율로 융기(隆起)를 계속하여 같은 비율로 면적을 증가해 나간다고 한다면, 나일은 더 이상 이 땅을 적시지 않게 되어, 예전에 그들이 그리스인에 대해 예언했던 그대로를 이집트인 자신이 영원히 당해야 할 것이다. 이전에 그리스의 국토는 모든 관개(灌漑)를 이집트처럼 강에 의존하지 않고 비에 의존한다는 것을 안 이집트인이, 그리스인은 언젠가 큰 차질이 생겨 무서운 기근에 봉착할 것이다라고 말한 적이 있기 때문이다. 이 말의 뜻은,

---

15) 모이리스왕은 보통 제12왕조의 명군 아메넴헤트 3세를 가리킨다고 한다. 모이리스호를 만들었기 때문에 여기에서 그 이름을 딴 것 같다. 그러나 아메넴헤트 3세의 연대는 헤로도토스가 생각하고 있는 것보다 훨씬 더 과거로 거슬러 올라간다.

만약에 신이 그리스에 비를 내리지 않고 가뭄이 오게 한다면 그리스인은 기근을 만나게 될 것이다. 왜냐하면 그들에게는 천제(天帝) 제우스가 주는 물을 기다리는 것 이외에는 물을 구할 수 없기 때문이라는 것이다.

그리스인에 대한 이집트인의 이 말은 지당한 것이다. 그렇다면 이집트인 쪽의 사정은 어떠한가.

앞에서도 말한 바와 같이 멤피스보다 아래쪽 지역이—증대하고 있는 것은 이 지역이므로—과거와 같은 비율로 융기를 계속해 간다면, 이 지역에 비도 오지 않고 강도 농지에 넘치지 않는 한 이곳에서 사는 이집트인이 기근에 고통을 받는다는 것은 틀림없는 사실일 것이다. 현재 이 지역의 주민은 모든 다른 민족이나 이 지역 이외에서 사는 이집트인에 비해, 확실히 노력을 가장 적게 들이고 농작물의 수확을 올리고 있는 것이다. 쟁기로 이랑을 만들거나 괭이를 사용하거나, 그 밖의 일반 농민이 수확을 올리기 위해 하는 노력은 하지 않는다. 강물이 저절로 들어와 그들의 농지를 관개하고 나서 물러나면, 씨를 뿌리고 밭에 돼지를 풀어 놓아 씨를 밟게 한다. 그 뒤에는 수확을 기다리는 일만 남게 된다. 그러고 나서 다시 돼지를 사용하여 곡식을 탈곡하면 수확을 얻게 된다.

이오니아인의 견해에 따르면, 델타 지대만이 진짜 이집트라고 한다. 해안선은 이른바 '페르세우스의 감시소'[16]에서 펠루시온의 '염건어(鹽乾魚) 공장'에 이르기까지로, 이 거리는 40스코이노스(약 426킬로미터)에 이른다. 해안에서 내륙 쪽으로는 나일이 갈라져 각기 펠루시온과 카노포스를 향하여 흐르는 분기점에 해당하는 케르카소로스시까지가 이집트령이다. 이집트의 그 이외의 부분은 리비아령이나 아라비아령이라고 하는 것이 그들의 주장이다. 그러나 이 이오니아인의 주장에 따르려면, 이집트인은 이전에 국토가 없었다고 결론을 내릴 수밖에 없을 것이다. 실제로 이집트인 스스로가 말하고 있고 나도 그렇게 생각하지만, 델타는 강의 축적에 의해서 생긴 것으로 말하자면 최근에 출현했다고 해도 좋은 것이다. 만약에 이집트인에게 애초에 국토가 없었다면, 어떻게 해서 그들은 자기들이 세계 최초의 인류라고 생각하고 이것저것 무익

---

16) 페르세우스가 바다의 괴물을 퇴치하여 안드로메다를 도왔다고 전해지는 곳. 여기에서는 이 곳이 서쪽 끝을 가르는 지점이 되고 펠루시온은 동쪽 끝에 해당한다.

한 일에 관여했었는가? 유아가 처음에 어떤 말을 하는가 하는 실험을 해볼 필요도 없었을 것이 아닌가.

그러나 내가 생각하는 바로는, 이집트인은 이오니아인이 말하는 것처럼 델타와 동시에 생겨난 것이 아니라 인류가 생긴 이래 줄곧 존속했던 것으로, 국토가 증대함에 따라서 그대로 뒤에 남은 사람도 적지 않았으나 대부분은 차차 아래로 내려온 사람들이었을 것이다.

한편 옛날에는 테베 지방[17]이 이집트라는 이름으로 불렸다. 그 둘레는 6120스타디온(약 10869킬로미터)이었다. 그런데 위의 사항에 대하여 우리의 견해가 옳다고 한다면, 이오니아인의 이집트에 대한 견해는 그릇됐음을 알 수 있다. 반면 이오니아인의 설이 옳다고 한다면, 이오니아인은 먼저 그리스인들은 계산하는 능력도 없다는 것을 증명해 보여야만 한다. 왜냐하면 그들은 온 세계가 유럽·아시아·리비아의 세 부분으로 이루어져 있다고 하는데, 이집트의 델타가 아시아에도 리비아에도 속하지 않는다고 한다면, 당연히 이것을 네 번째로 첨가해야만 하기 때문이다. 여하간 나일은, 그들이 말하는 뜻으로 보면 아시아와 리비아의 경계를 이루고 있는 것이 아니라[18] 강이 델타의 정점(頂點)에서 나뉘어져 있기 때문에, 델타는 마치 아시아와 리비아의 중간에 끼어 있는 것이 된다.

그래서 우리로서는 이오니아인의 주장은 채택하지 않고, 대체로 다음과 같이 말하면 좋을 것이라고 생각한다. 그리스가 그리스인이 사는 모든 지역을 아시리아가 아시리아인이 살고 있는 모든 지역을 가리키는 것과 마찬가지로, 이집트란 이집트인이 살고 있는 모든 지역을 말하는 것으로 아시아와 리비아의 경계는 엄밀히 말해서 이집트 국경 외에는 없는 것이다.

그리스인의 통념에 따라 말하자면, 폭포(카타락트)[19]와 엘레판티네시 이북에 펼쳐지는 이집트 전토는 두 부분으로 나뉘어, 한쪽은 리비아, 다른 한쪽은

---

17) 이것은 물론 그리스 이름으로, 오늘날 관광으로 유명한 카르나크나 룩소르의 유적은 지난날 테베의 일부이다.
18) 이 근처의 문맥은 불명확한데, 요컨대 이러한 말일 것이다. 즉 세계 3대륙설에 의하면 당연히 나일강이 아시아와 리비아의 경계를 이루어야 하는데, 사실은 그렇지 않고 델타가 사이에 끼어있기 때문에 이 이집트의 델타를 제4의 대륙으로서 꼽아야 한다는 것이다.
19) 이른바 제1폭포로, 현재의 아스완 댐 근처이다.

아시아라고 하는 두 호칭에 각각 속하게 될 것이다. 즉, 나일은 폭포를 기점으로 해서 이집트를 완전히 둘로 나누며 바다로 흘러들고 있는데, 케르카소로스시까지는 한 줄기로 흐르다가 이 도시를 지나면 수로가 셋으로 나뉜다. 하나는 동쪽으로 향해서 펠루시온 하구라 불리고, 또 하나는 서쪽으로 향하여 카노보스 하구라고 불린다. 나일에는 또 하나 똑바로 흐르는 수로가 있는 셈인데, 이것은 위로부터 흘러와 델타의 정점에 이르면 델타 한가운데를 잘라 바다로 흘러든다. 이것이 세벤니테스 하구라고 불리는 것인데 그 수량은 다른 강에 비해 손색이 없고, 그 이름도 다른 강에 못지않게 알려져 있다. 이 밖에 세벤니테스 하구에서 나뉘어 바다로 들어가는 두 하구가 있는데 하나는 사이스 하구, 또 하나는 멘데시온 하구라고 한다. 또 볼비티논과 부콜리콘의 두 하구는 자연적으로 생긴 것이 아니라 인공적으로 만든 것이다.

이집트의 넓이가 위에서 말한 정도라고 주장하는 나의 견해가 옳다는 것은 암몬[20]이 내린 신탁도 증명하고 있다. 그러나 내가 이 신탁을 안 것은 이집트에 관한 나의 견해가 이미 굳어진 뒤의 일이다. 이집트의 리비아에 인접한 지방에 있는 마레아와 아피스 두 도시의 주민은 자신들이 이집트인이 아니라 리비아인이라 자각하고 있다. 그래서 암소 고기가 금지된 것을 좋지 않게 생각하여, 희생에 관한 계율에 반감을 품고 암몬의 신전에 사자를 보내어, 자기들과 이집트 사이에는 공통된 점이 전혀 없다는 뜻을 말하였다. 즉, 자기들은 델타 밖에 살고 있고 언어도 다르므로 무엇을 먹어도 지장이 없는 것으로 여겨달라는 것이다.

그러나 암몬의 신은 그들의 소원을 들어주지 않고, 나일의 물이 넘쳐서 적시는 한도의 땅이 바로 이집트이며, 엘레판티네시보다 아래에 살고 이 강의 물을 마시는 사람은 모두 이집트인이라고 대답했다.

나일의 물이 높아질 때에는 델타 지대뿐만 아니라 이른바 리비아령이나 아라비아령 여기저기에서 실로 이틀 길의 거리에 걸쳐—때로는 그 이상이 되는 경우도 있고 또 이에 미치지 않는 경우도 있지만—범람한다. 이 강의 성질에

---

20) 이집트의 주요 신으로, 그리스인은 이 신을 제우스와 동일시하였기 때문에 종종 제우스 암몬이라고 부르기도 했다. 테베에 굉장한 신전이 있었다. 또 서쪽 사막 안의 시와 오아시스에는 유명한 암몬의 신탁소(암모니온)가 있었다.

관해서 나는 사제로부터나 그 누구로부터도 지식을 얻을 수가 없었다. 나로서는 나일이 하지(夏至)를 기준으로 해서 100일 동안에 걸쳐 물이 불어나 범람하고, 이 일수가 차면 수위가 내려가 다시 하지가 찾아올 때까지 겨울 동안에 감수된 채 그대로 있는 이유를 그들로부터 꼭 듣고 싶었다. 그러나 나일이 다른 하천과 반대의 현상을 나타내는 것은 도대체 이 강에 어떤 특성이 있어서 그러한지를 물었지만, 이에 대해서는 어느 이집트인으로부터도 정보를 얻을 수 없었다. 또 내가 호기심을 가지고 이집트인에게 물은 것은 또 하나, 어느 강에서도 일어나는 미풍이 어째서 나일강에서만은 일어나지 않는가[21] 하는 것도 있었다.

그러나 몇몇 그리스인들은 학문을 과시하기 위하여 나일의 강물에 대한 세 가지 설을 만들어 냈다. 그러나 그중 두 가지는 단순히 지적해 두고 싶다고 여겨질 뿐, 특히 논할 만한 가치가 없다고 나는 생각한다.

그 한 가지 설에 따르면 나일의 수위를 높이는 원인은 계절풍으로, 나일이 바다로 유출되는 것을 계절풍이 방해한다는 것이다.[22] 그러나 계절풍이 전혀 불지 않아도 나일이 여전히 같은 현상을 나타내는 일이 자주 일어나고 있다. 또 만약에 계절풍이 그 원인이라고 한다면, 계절풍을 거슬러 흘러가는 나일 이외의 하천도 모두 그와 같은 현상을 나타내야 할 것이다. 더욱이 이들 하천은 나일보다도 작으므로 그 흐름도 약하기 때문에, 더욱더 그렇게 되어야 할 것이다. 그러나 시리아에도 리비아에도 나일과 같은 현상을 일으키지 않는 하천은 얼마든지 있다.

또 하나의 설은 지금 말한 것보다도 더 비 과학적으로,[23] 말하자면 괴담(怪談)과 같은 설이다. 이에 따르면 나일은 전체 육지를 둘러싸고 흐르는 대양(大洋)에서 흘러나오기 때문에 이와 같은 현상을 일으킨다는 것이다.

마지막으로 제3의 설은 셋 중에서 가장 그럴듯하게 보이지만, 실은 가장 정

---

21) 이것은 나일강에 바람이 전혀 없다는 뜻이 아니라, 보통 강물의 흐름에 따라 일어나는 미풍이 나일강의 경우에는 일어나지 않는다는 뜻인 것 같다.

22) 이것은 밀레토스의 탈레스가 말한 설이라 한다.

23) 이 설은 보통 헤카타이오스에서 유래한다고 전해지는데, 르그랑에 따르면 마살리아(마르세이유)의 에우티메네스가 그 제안자라고 한다.

곡(正鵠)을 벗어난 설명이다.[24] 그 해석은 전혀 무의미한 것으로 나일은 눈이 녹은 물이 흘러내린 것이라고 한다. 그러나 나일은 리비아에서 시작하여 에티오피아의 한가운데를 뚫고 이집트로 흐르는 강이다.

어떻게 해서 눈이 녹은 물일 수가 있는가? 적어도 이와 같은 현상에 대해서 판단할 능력이 있는 사람이라면 누구에게나 분명한 일이지만, 나일의 물이 눈에서 시작한다는 것이 불가능하다. 그 첫째의 더욱이 중요한 증거가 되는 것은, 이들 지방으로부터 불어오는 열풍이다. 둘째로는 이 지방에서는 연중 비도 오지 않고 얼음도 얼지 않는다는 것으로, 눈이 내리면 5일 이내에는 반드시 비가 내리는 것이 상례이므로, 이 지방에 눈이 내리면 비도 따라서 내리게 된다. 셋째로는 이 지방의 주민은 더위에 타서 피부가 검다고 하는 사실이다.

또 솔개나 제비는 일 년 내내 이 지방에 머물러 떠나지 않고, 학은 스키티아 지방에 겨울이 오면 이를 피해서 이 지방으로 날아오는 것이 상례이다. 따라서 나일이 흐르는 지방이나 그 수원(水源)에 해당하는 지방에 조금이라도 눈이 내리면 위와 같은 일이 결코 일어날 리가 없다고 하는 것은 이치로 보아서도 당연한 일이다.

대양(大洋)을 운운하는 논자에 대해서는 이야기를 모호하게 걷잡을 수 없는 곳으로 가져 가므로 옳고 그름을 논증할 길이 없다. 그러나 적어도 나는 오케아노스(대양)라고 하는 강이 있다는 것을 모르며, 아마도 호메로스나 그 이전의 시인 중 누군가가 그와 같은 말을 발명해서 시에서 읊었으리라고 생각한다.

이제까지 종래의 여러 설을 공격한 이상 해명하기 곤란한 이 문제에 대해서 이번에는 내 자신의 의견을 말해야만 하는데, 나일이 여름철에 수위가 올라가는 원인이라고 내가 생각하는 것은 이러하다.

겨울 동안 태양은 겨울의 악천후 때문에 정규 궤도에서 벗어나 상부 리비아 쪽으로 이동한다.[25] 간단히 말하자면 나의 설은 이것으로 충분하다. 왜냐

---

24) 이것은 아낙사고라스의 견해라고 한다. 그러나 아이스킬로스나 에우리피데스 등의 문인의 작품에서도 비슷한 사상을 찾아볼 수 있기 때문에, 상당히 보급된 설이었던 것 같다.
25) 지구를 평면으로 여기고 태양이 그 상공을 동서로 호를 그리며 지나간다고 보았던 것이다. 따라서 중천을 동서로 지나가는 것이 정상적인 궤도인데, 겨울에는 그것이 남쪽으로 기울어진다는 뜻이다.

하면 태양신이 가장 가까이 접근해서 통과하는 지역이 가장 심하게 물이 결핍되므로, 그 지역의 하천이 가장 많이 고갈된다는 것은 당연한 일이기 때문이다.

이것을 좀 더 자세히 설명하면 다음과 같다. 상부 리비아를 통과하는 태양은 이 지방 일대의 대기가 언제나 맑고 토지의 기후는 더워서 찬바람이 불지 않기 때문에, 여름철에 중천(中天)을 지날 때와 똑같은 작용을 한다. 즉, 태양은 수분을 끌어당기고, 그 수분을 상부(남쪽)지방에 방출한다. 그러면 바람이 그 수분을 받아서 흐트러뜨려 증발시키고 만다. 따라서 당연히 이 지방에서 부는 남풍과 남서풍이 어느 바람보다도 훨씬 많은 비를 품게 된다. 그러나 태양은 해마다 나일로부터 끌어당긴 수분을 그때마다 모두 방출하는 것이 아니라, 자기 주위에도 남겨둔다고 나는 생각한다. 겨울의 한기가 느슨해지면 태양은 다시 중천으로 돌아가는데, 그때부터도 여전히 이제까지와 마찬가지로 모든 하천에서 수분을 끌어당기는 것이다. 따라서 이들 하천은 태양이 되돌아올 때까지는 이 지방에 비가 오고 세찬 물줄기가 산지를 종횡으로 흐르기 때문에, 여기에 빗물을 대량으로 보태서 대하를 이루어 도도히 흐르지만, 여름 동안은 빗물이 끊어지는데다가 태양이 수분을 빨아올려 수량(水量)이 적어진다. 그러나 나일만은 다른 하천과 달라서 겨울 동안 비는 오지 않고 태양에게 수분을 빼앗기기도 하기 때문에, 당연히 여름에 비해서 본디 수위보다 그 수위가 훨씬 낮아진다. 즉, 나일도 여름에는 다른 모든 하천과 마찬가지로 수분을 빼앗기게 되지만, 겨울에는 나일만이 수분을 빼앗기는 것이다.

이와 같이 이들 현상의 원인은 태양이라고 나는 생각한다.

나의 개인적인 의견에 따르면, 이 지방의 공기가 건조한 원인도 마찬가지로 태양에 있다. 태양이 자기가 통과하는 길을 건조시켜가는 것이다. 리비아가 언제나 더운 것도 그 때문이다. 가령 방위(남북)가 반대가 되어 현재 북풍과 겨울이 있는 하늘의 위치에 남풍과 남쪽의 배치가 오고, 현재 남풍이 있는 곳에 북풍이 오게 된다면 어떠할 것인가? 태양은 겨울과 북풍에 의해서 중천(中天)에서 쫓겨나 마치 현재 리비아의 오지로 옮겨가는 것처럼 유럽의 상부(북부)로 이동하여, 유럽 전토(全土)를 통과해서 현재 나일에 미치고 있는 것과 똑같은 작용을 이스트로스강(다뉴브강)에 미칠 것임에 틀림없다.

또 나는 나일에 미풍이 불지 않는 이유를 이렇게 생각한다. 즉 미풍은 보통 선선한 곳에서 불어오는 것이므로, 매우 더운 지역에서 불어온다는 것은 있을 수 없는 일이라고.

이제까지 말한 것들은 예부터 그러했고 현재도 그래서 어쩔 수 없는 일이므로 그대로 두기로 한다. 그런데 이집트인·리비아인·그리스인을 막론하고 이제까지 내가 만난 사람들 중에서, 나일의 수원을 알고 있다고 자신 있게 말한 사람은 한 명도 없었다. 다만 이집트의 도시 사이스에서 만난 아테네 여신[26]의 보물 담당 서기를 제외하고 말이다. 그런데 이 사나이도 정확하게 알고 있다고는 했지만 나에게는 농담을 하고 있는 것처럼 여겨졌다.

그의 이야기에 따르면, 테바이주(州)의 도시 시에네와 엘레판티네 사이에 끝이 뾰족한 산이 둘 있는데 그 이름이 하나는 크로피하고, 또 하나는 모피라고 한다. 나일의 수원은 이 두 산 사이에서 밑을 알 수 없는 심연(深淵)에서 솟아올라 그 물의 반은 북방의 이집트 쪽으로, 나머지 반은 남방의 에티오피아 쪽으로 흐르고 있다고 한다. 이 수원이 밑을 알 수 없는 연못이라고 하는 것은 이집트의 왕 프사메티코스가 실험한 적이 있다고 서기는 말하였다. 프사메티코스는 수천 발이나 되는 줄을 내려 보았으나 끝내 바닥에 닿지 않았다고 한다. 만약에 이 서기의 이야기가 사실이라면, 내 생각에는 물이 산비탈에 부딪혀 격렬한 소용돌이와 역류가 일어나는 곳에서 줄을 방해했기 때문이 아닌가 한다.

이 서기 이외의 다른 사람으로부터는 아무런 지식을 얻을 수가 없었다. 그러나 내가 그것과는 별도로 최대한 광범위하게 조사하여, 엘레판티네까지 직접 가서 실지로 보았다. 그보다 더 먼 곳에 대해서는 전해 들어서 알 수 있었는데 그것은 다음과 같다.

엘레판티네보다 더 앞으로 나아가면 땅이 험준해져서, 배 양쪽에 줄을 매어 소를 끌듯이 끌고 올라가야만 한다. 줄이 끊어지기라도 하면 배는 급류에 쓸려 떠내려가고 만다. 이 구간은 배로 4일 동안의 여행이지만, 그 사이의 나

---

26) 이집트의 여신 네이트를 말한다. 또 서기라고는 하지만, 보고를 관리하는 책임자인 신관으로서는 상당히 높은 직위였다.

일은 마이안드로스강[27]처럼 굴절이 심하다. 이와 같은 방법으로 배를 끌고 가야만 하는 지역은, 거리로 보아 12스코이노스(약 128킬로미터)이다. 여기를 지나면 탄탄한 평야가 되고, 강에는 타콘프소라고 하는 섬이 있다. 엘레판티네보다 상부 지역에는 이미 에티오피아인이 살고 있는데, 이 섬에는 반은 에티오피아인이 살고, 나머지 반은 이집트인이 살고 있다. 이 섬에 인접해서 거대한 호수가 있는데, 호반 일대에는 유목생활을 하는 에티오피아인이 살고 있다. 호수를 지나면 다시 나일의 하류(河流)로 들어가는데, 이 하류가 호수로 유입되는 것이다. 여기에서부터는 배를 내려 강을 따라 40일 동안 걸어가야만 한다. 이 근처에는 끝이 날카로운 암석이 돌출해 있고, 많은 암초 때문에 이것을 지나 배를 몰 수가 없기 때문이다. 40일 걸려서 이 부분을 통과하면, 다른 배로 갈아타고 12일 걸려서 메로에라고 하는 큰 도시에 닿는다. 이 도시는 에티오피아의 이전 수도라고 한다. 이 도시의 주민들이 숭배하는 신은 제우스와 디오니소스 둘[28]뿐인데, 그들이 이 두 신을 숭상하는 마음은 매우 두텁다. 여기에는 제우스의 신탁소가 있으며, 신이 신탁을 내려 싸움을 명하면 어디든 신이 가리키는 대로 군을 진격시킨다.

이 도시에서, 앞서 엘레판티네에서 에티오피아의 수도에 이르는 데에 소요되었던 것과 같은 시간만큼 배로 나아가면, '탈주병의 나라'에 도착한다. '탈주병의 나라'의 이집트 이름은 아스마크라고 하는데, 이 말의 뜻을 그리스어로 하자면 '왕의 왼손에 서는 자'라는 뜻이다. 이집트의 전사[29]였던 이들 24만의 사람들이 왕에 대해서 반란을 일으켜 에티오피아 쪽으로 도망간 원인은 이러하다.

프사메티코스왕의 치세 때 일이다. 곳곳에 수비대가 배치되어 에티오피아에 대해서는 엘레판티네에, 아라비아와 시리아에 대해서는 페르시온의 다프나이에, 또 리비아에 대해서는 마레아에 수비대가 주둔한 것이다. 한편, 페르시아 점령하의 오늘날에도 수비대는 프사메티코스 시대와 같은 지구에 주둔하고 있고, 엘레판티네와 다프나이에서 페르시아병이 경비를 보고 있다. 그런

---

27) 소아시아 남부의 큰 강으로 휘어짐이 심하기로 이름이 높다.
28) 제우스는 암몬, 디오니소스는 오시리스를 가리킨다.
29) 무사 계급.

데 앞서 말한 이집트의 수비대들은 3년 동안 경비를 보았는데, 한 사람도 교대병이 오지 않았다. 그래서 상의한 결과 만장일치로 전원이 프사메티코스를 배반하여 에티오피아령으로 도망갔던 것이다. 이것을 안 프사메티코스는 추격대를 보내어 그들을 따라잡았다. 그들은 갖가지 언사로 조국의 신과 처자를 버리는 일은 그만 두라고 설득하였다. 그러나 한 사람이 자기의 음부(陰部)을 가리키면서 이것만 있으면 어디를 가나 아내나 아들 걱정은 없다고 말했다 한다. 그들은 에티오피아에 닿자 일신을 에티오피아 왕에게 위임하였다. 왕은 그들의 귀순에 보답하기 위하여, 당시에 왕에게 딴마음을 품고 있던 에티오피아인을 쫓아내고 그들을 그 땅에서 살게 하였다. 그들이 에티오피아에 정착한 결과, 에티오피아인은 이집트의 풍습을 익혀 이전보다도 더욱 문화적이 되었다.

따라서 나일의 하류(河流)는 이집트의 영토 안을 흐르는 부분을 제외하고는, 수로와 육로를 통한 4개월 여정의 거리까지는 판명되어 있다. 엘레판티네에서 '탈주병의 나라'에 이르기까지에 소요되는 일수를 합하면 위의 기간과 같기 때문이다.[30] 강은 서쪽, 즉 해가 지는 방향에서 흘러오고 있는데, 이보다 더 먼 곳에 대해서 확실한 말을 할 수 있는 사람은 한 명도 없다. 그 지역은 뜨거운 더위 때문에 사막을 이루고 있기 때문이다.

그러나 나는 어떤 키레네인들로부터 다음과 같은 이야기를 들었다. 그 이야기에 따르면, 그들은 암몬의 왕 에테아르코스와 면담을 한 일이 있었는데, 여러 가지 이야기를 하는 동안에 화제가 나일에 미쳤고, 그 수원을 아는 사람이 없다는 이야기가 나오자 에테아르코스가 이전에 자기를 찾아온 나사몬인에 대한 이야기를 해주었다고 한다.

나사몬인은 리비아계로 시르티스[31]로부터 동쪽의 작은 지역에 걸쳐서 살고 있는 민족이다. 찾아온 나사몬인들에게 에테아르코스가 리비아 사막에 대해서 무엇인가 자기들이 알지 못하는 일을 알고 있느냐고 묻자 그들은 이런 이야기를 했다고 한다. 그들 나라에 유력자의 자제로 구성된 무뢰배가 있었는데, 그들이 성인이 되면서 여러 가지로 터무니없는 일들을 생각해 냈다. 한번

---

30) 헤로도토스가 든 숫자의 합계는 정확히 112일이다.
31) 시르티스란 리비아 북쪽 해안의 대사주(大砂洲) 지대를 가리킨다.

은 패거리들 중에서 다섯 명을 추천으로 정하여, 이제까지 리비아 사막 가장 안쪽까지 보고 왔던 사람들조차도 보지 못한 일들을 탐험할 수 있는가의 여부를 시험해 보자고 했다. 리비아의 북쪽 해안 일대는, 이집트에서 시작하여 리비아의 말단인 소로에이스곶에 이르기까지의 전역에 걸쳐—단, 그리스인과 페니키아인이 차지하고 있는 지방은 별도이지만—많은 리비아인과 리비아계의 민족이 살고 있는 것이다. 그러나 바다와 해안 지방 일대에 퍼져 있는 주민의 부락을 지나 더 가면 리비아는 야수가 무리를 짓고 있는 지대로 들어간다. 그리고 야수(野獸) 지대보다 더 가면 물이 극도로 부족하고 아무것도 없이 황량하고 사막이 나온다.

패거리들이 보낸 젊은이들은 물과 식량을 충분히 준비하고 우선 사람이 사는 지역을 지나 야수의 서식 지대에 이르렀고, 다시 그곳을 넘어 사막을 향해 앞으로 나아갔다. 며칠 걸려 광대한 사막지대를 빠져나가자 평지에 나무가 나 있는 것이 눈에 들어왔다. 달려가서 나무 위에 열린 과실을 따려고 손을 뻗었을 때, 보통 키보다 작은 소인 한 떼가 습격을 해와 그들을 잡아 데리고 갔다고 한다. 나사몬인은 소인들의 언어를 알 수가 없었고, 그들을 연행하는 소인들은 나사몬인의 말을 알 수가 없었다. 소인들은 나사몬인을 연행하여 광대한 소택지와 늪지를 지나 어떤 부락에 도착하였다. 이 부락에 사는 사람들은 모두가 나사몬인을 연행한 일행과 같은 키에 피부색이 검었다고 한다. 이 부락 옆에는 큰 강이 서에서 동으로 흐르고 있었는데, 그 강물에서는 악어의 모습도 보였다고 한다.

암몬의 왕 에테아르코스가 한 이야기는 이 정도로 해두기로 하자. 다만 또 한 가지 덧붙인다면, 예전의 나사몬인들은 무사히 귀국하였는데, 그들이 도착했던 나라 사람들은 모두 마법사였다고 말했다 한다. 이것은 키레네인이 나에게 이야기해 준 그대로를 여기에 적은 것이다.

그 부락 옆을 흐르고 있던 강이 나일이라고 하는 것은 에테아르코스도 추측한 것인데, 이것은 이치에 맞는 판단이다. 나일은 리비아에서 시작하여 리비아를 두 부분으로 나누며 흐르고 있기 때문이다. 내가 이미 아는 사실에 입각해서 미지(未知)의 일을 추측해 보건대, 나일은 이스트로스강(다뉴브강)과 같은 정도의 거리에서 수원이 시작되고 있는 것으로 여겨진다. 이스트로스강은 켈트인의 나라에 있는 도시 피레네[32]에서 시작하여, 유럽을 둘로 나누어 흐르고 있기 때문이다. 켈트인은 '헤라클레스의 기둥'[33] 저편에 살며, 유럽의 최서단(最西端)에 살고 있는 키네시오이인[34]과 국경을 접하고 있는 민족이다. 이스트로스강은 유럽 전역을 지나 마지막에 흑해로 들어가는데, 그 하구인 이스트리아[35]는 밀레토스의 이민들이 살고 있는 도시이다.

이스트로스강은 인간이 사는 지역을 흐르기 때문에 아는 사람도 많지만, 나일강은 사람이 없는 황야 리비아를 지나 흐르기 때문에 그 수원(水源)에 대해서는 아무도 모르는 것이다. 이 강에 대해서 내가 조사한 바는 이미 내가 말한 그대로이다. 요컨대 나일은 이집트로 흘러들고 있지만, 이 이집트는 키리키아의 산악지대와 거의 얼굴을 맞대고 있다. 그리고 여기에서 흑해의 시노페까지는 직선거리로 가벼운 차림의 여행자가 5일을 요하는 여정이다. 시노페는 또 이스트로스가 바다로 흘러드는 하구와 마주 보고 있다. 따라서 나의 생각으로는, 리비아 전역을 지나는 나일은 그 전체 길이가 이스트로스강과 같다.[36]

나일강에 대해서는 여기서 끝내기로 한다.

이집트의 풍습

이 나라에는 놀랄만한 사물이 넘쳐나고, 글로써 이루 다 말할 수 없는 건조물이 다른 그 어'떤 나라보다도 많다. 지금부터 이집트에 대해서 비교적 자세하게 말하는 것은 이 때문이다.

이 나라 독특한 풍토와 다른 하천과는 그 성격이 다른 자기 나라 강에 상응하기라도 하듯이, 이집트인은 거의 모든 점에서 다른 민족과는 정반대의 풍속과 습관을 갖게 되었다. 예를 들어 여자는 시장에 나가 장사를 하는데, 남

---

32) 피레네산맥 동쪽 기슭에 있었던 옛 도시로, 오늘날의 폴 반도르일 것이라 한다.

33) 지브롤터해협.

34) 제4권에서는 같은 민족이 키네테스라고 불리고 있다. 이베리아반도 서남부에 거주하고 있었다.

35) 오늘날의 도브루자 지방의 이스테레.

36) 여기서 헤로도토스가 말하고자 하는 것은, 나일과 이스트로스강이 멀리 서쪽에서 시작되어 남북으로 평행하게 흘러, 하구도 거의 같은 경도(經度) 상에 있다는 것이다. 하구가 거의 같은 경도 상에 있다는 것은 사실이지만, 추정의 매개가 되어 있는 키리키아 산악지대와 시노페와의 위치상 관계에 대해서 헤로도토스의 기술은 다소 부정확하다.

자는 집에서 베를 짠다. 베를 짜는 것도 다른 나라에서는 씨실을 아래에서 위로 밀어 올리는데, 이집트인은 위에서 아래로 민다. 또 짐을 나를 때 남자는 머리에 이고 여자는 어깨에 멘다. 오줌을 눌 때 여자는 서서 누고 남자는 쪼그리고 앉아서 눈다. 일반적으로 배변(排便)은 옥내에서 하지만, 식사는 집 밖의 길바닥에서 한다. 꼭 해야 하는 일이라도 부끄러운 일은 남몰래 할 필요가 있으나, 부끄럽지 않은 일은 공공연하게 하면 된다고 하는 것이 그들의 대답이다. 여자는 결코 성직(聖職)에 앉지 않는다. 신이 남신이건 여신이건 상관없다. 어느 경우나 사제의 일을 맡는 것은 남자이다. 부모의 부양에 대해서는 아들은 그럴 마음 없으면 강요당하지 않지만, 딸은 그럴 의지가 없어도 절대적으로 이 의무를 져야 한다.

신들의 사제는 다른 나라에서는 머리를 길게 기르지만 이집트에서는 머리를 짧게 깎는다. 또 다른 나라에서는 죽은 사람의 근친은 머리를 깎고 상복을 입지만, 이집트인은 사람이 죽으면 그때까지 짧게 자르고 있던 머리카락과 수염을 자라는 대로 내버려 둔다. 그리고 다른 민족은 가축과 따로 생활하지만, 이집트인은 가축과 같이 산다.

다른 나라 사람들은 보리와 밀을 주식으로 하지만, 이집트에서는 이들을 주식으로 한다는 것을 아주 큰 수치로 받아들인다. 그들은 오리라[37]라고도 하고 제이아라고도 불리는 곡식을 주식으로 삼는다. 이집트인은 곡식 가루를 발로 반죽하고 진흙은 손으로 갠다. 또 인분 비료를 모으는 데도 손을 사용한다.

다른 나라 사람들은—이집트인의 풍습을 배운 사람은 예외이지만—음부(陰部)를 태어난 그대로 두지만, 이집트인은 할례를 한다. 남자는 누구나 옷을 두 장 겹쳐 입지만, 여자는 한 장만 입는다. 또 타국인은 배의 돛을 조작하기 위한 밧줄과 밧줄을 꿰는 고리를 선체 바깥쪽에 달지만, 이집트인은 안쪽에 단다. 그리스인은 글자를 쓰거나 계산을 할 때 손을 좌에서 우로 옮기지만, 이집트인은 우에서 좌로 옮긴다. 그러면서도 이집트인은 자기들은 오른쪽으로 쓰고, 그리스인은 왼쪽으로 쓴다고 말한다.[38] 이집트인은 두 가지 문자를 사

---

37) 확실한 것은 알 수 없지만 피나 수수 종류로 생각하면 될 것이다.
38) 이곳의 뜻은 두 가지로 해석할 수 있다. 문자의 배열순서는 처음에 서술된 그대로이지만, 개개의 문자를 써 가는 방향은 그 반대라고 해석하는 것이 한 가지이고, 다른 한 가지는

용하는데, 하나는 신성문자이고 다른 하나는 통속문자이다.[39]

이집트인은 세계의 어느 민족보다도 신앙심이 깊은 민족으로, 다음과 같은 계율을 지키고 있다. 물을 마시는 그릇은 청동제 컵을 사용하며 매일 꼼꼼하게 헹군다. 이것은 사람에 따라 하고 안 하는 것이 아니라 모두가 그렇게 하는 것이다. 의복은 언제나 갓 세탁한 아마 옷을 입는데, 이 점에는 특히 신경을 쓴다. 음부에 할례를 실시하는 것도 청결을 위한 것으로, 겉모습보다도 청결을 중요시한다. 사제는 이틀에 한 번 온 몸의 털을 깎는데, 이것은 신에게 봉사하는 몸에 이나 그 밖의 불결한 것이 생기는 것을 막기 위해서이다. 사제는 아마로 만든 옷만 입고 파피루스로 만든 신만 신는다. 그 이외의 옷이나 신발은 착용해서는 안 되도록 되어 있다. 그들은 또 하루에 아침과 저녁 각각 두 번씩 냉수욕을 한다. 이외에 사제가 지키는 계율을 말하자면 무수히 많다.

한편 사제들이 받는 은전(恩典)도 적지 않다. 그들은 자신의 재산을 소비할 필요가 전혀 없는데 음식은 공물(供物)로 조리된 것이 있고, 어느 사제에게나 소나 거위고기가 매일 충분히 공급되고, 또 포도주도 제공되기 때문이다. 그러나 사제가 물고기를 먹는 것은 금지되어 있다. 이집트에서는 잠두콩을 재배하지 않는다. 자생한 것이 있어도 생으로나 요리를 해서 식용으로 제공되는 일은 결코 없다. 사제는 콩 제품은 부정(不淨)한 것이라고 여기므로 이것이 눈에 띄는 것조차 싫어한다. 각 신에 봉사하는 사제는 한 사람이 아닌 여러 명이며, 그중의 한 사람이 사제장의 역할을 한다. 사제가 사망하면 그 아들이 아버지의 후임자가 된다.

이집트인은 황소를 에파포스 신[40]에게 바쳐진 짐승이라고 생각해서 다음과 같이 검사한다. 검은 털 한 가닥이라도 검사관의 눈에 띄면, 그 소는 부정한 것이라고 여긴다.[41] 이 검사는 사제 중에서도 이것을 특별히 맡는 사람이

'오른손잡이'는 재주가 좋지만 '왼손잡이'는 재주가 신통치 않다는 의미의 익살이라고 보는 것이다.

39) 이른바 히에로글리프(상형문자)와 데모티크를 말한다.

40) 제3권에서 서술되는 것처럼 성우(聖牛) 아피스의 그리스 이름. 멤피스의 주신 오시리스의 현신(現身)이라고 여겨졌다.

41) 에파포스(아피스)가 검은 반점이 있는 흰 소였기 때문에 이와 마찬가지로 검은 털이 있는 소도 희생물로 도살해서는 안 된다고 여겨졌던 것 같다. 따라서 '부정(不淨)'이라고 번역하는

하는데, 소를 세우거나 눕혀서 조사하고 또 혀를 내밀게 하여 특정한 표시[42]가 있는지 없는지, 꼬리의 털은 정상적으로 나 있는지 조사한다. 그리하여 이 모든 점에 결함이 없고 희생 동물로서 적격하다고 인정되면 뿔에 파피루스를 감아서 이를 표시하고, 다시 거기에 봉인용 흙을 발라 날인하고 나서 소를 데리고 간다. 적격 표시가 없는 소를 제물로 바친 자는 사형에 처해진다.

위와 같이 하여 소의 검사가 행해지는데, 소를 제물로 바치는 방식은 아래와 같이 거행된다.

적격하다는 표시가 달린 소를 희생을 거행할 제단으로 끌고 가서, 불을 피우고, 제단 위로 뻗은 소머리 위에 술을 붓고 신의 이름을 부르고 나서 소를 도살한다. 그러고 나서 그 목을 자른다. 소의 몸통은 가죽을 벗기고, 잘라낸 머리에는 여러 가지 저주를 한다. 그리고 시장이 있고 주거가 일정한 그리스 상인이 있는 곳에서는 그 머리를 시장으로 가지고 가서 팔고, 그리스인이 없는 곳에서는 강에 버린다. 소의 머리에 저주를 걸 때에는, 희생물을 바치는 자신들이나 온 이집트에 무엇인가 재앙이 일어날 경우 그 머리에 재앙이 옮겨갈 것을 기원한다. 희생으로 제공된 동물의 머리를 다루는 방법이나 술을 따르는 방식은 모든 이집트인이 어느 희생식에서나 한결같이 지키고 있는 관습으로, 이집트에서는 소 이외의 다른 동물도 그 머리를 식용으로 하지 않는 것은 이러한 풍습에서 온 것이다.

희생 가축의 내장을 꺼내서 태우는 방식은 각각의 희생식에 따라 다르다. 그래서 여기에서는, 이집트에서 최고의 신이라고 숭상되는 여신[43]을 위해 치르는 이집트 최대의 제사에 대해서 살펴보기로 한다.

소의 가죽을 벗기면 기원을 한 뒤, 창자를 모두 꺼내되 다른 내장과 지방분은 그대로 체내에 남기고 사지, 꽁무니뼈, 어깨, 목 부분을 잘라낸다. 이렇게 해서 남은 소의 몸통에 깨끗한 빵, 벌꿀, 건포도, 무화과나무, 유향, 몰약(沒藥), 그 밖의 향료를 넣고, 그 위에 올리브유를 넉넉히 뿌리고 불태운다. 이집트인은 희생식을 거행할 때에는 미리 단식을 한다. 희생 동물이 불에 타는

것은 부적당할지도 모른다.

42) 제3권에 이에 대한 언급이 있다. 혀에 갑충 모양의 표지가 있다고 한다.

43) 이시스 여신을 말한다.

동안 모두는 자기의 몸을 치면서 애도의 뜻을 나타낸다. 그러고 나면 희생 동물의 남은 부분으로 연회를 연다.

이집트인은 누구나 황소와 송아지가 그것이 희생물로서 부적당하다고 인정되지 않는 한 제물로 바치는데, 암소는 이시스의 성수(聖獸)이기 때문에 이것을 죽이는 것은 허용되지 않는다. 실제로 이시스의 신상(神像)은 그리스인이 그리는 이오[44]의 모습과 마찬가지로 소의 뿔을 가진 여신(女身)이며, 이집트인은 누구나 암소를 그 어느 가축과도 비교가 되지 않을 정도로 소중히 숭상하고 있다. 이와 같은 이유로 해서 이집트인은 남녀를 불문하고 그리스인의 입에는 키스를 하지 않고, 또 그리스인이 사용한 식칼이나 구이꼬치, 냄비는 사용하지 않으며, 깨끗한 소의 고기도 그리스의 식칼로 자른 것은 입에 대지 않는다.

죽은 소는 다음과 같이 묻는다. 암소는 강에 던지고 황소는 각자가 자기 도시의 교외에 구멍을 파고 묻는데, 표지로 삼기 위해 한쪽 또는 양쪽 뿔을 지상에 노출시켜둔다. 시체가 썩고 정해진 시기가 되면 프로소피티스라고 하는 섬으로부터 각 도시로 거룻배가 돌아다닌다. 이 섬은 델타 안에 있으며 그 둘레가 9스코이노스(약 96킬로미터)나 된다. 이 프로소피티스섬에는 그 밖에도 많은 섬이 있는데, 소뼈를 모으기 위한 거룻배를 내보내는 도시도 그중의 하나로 아타르베키스라고 한다. 이 도시에는 영험(靈驗)이 뚜렷한 아프로디테[45] 신전이 있다. 이 도시에서 많은 사람들이 여러 도시로 흩어져 각기 뼈를 파내 와서 모두 같은 장소에 묻는 것이다.

다른 가축도 죽으면 소와 마찬가지로 해서 묻는다. 이것이 법률로 정해져 있기 때문인데, 소 이외의 가축도 (희생물로 바칠 때를 제외하고는) 도살하지 않는다.

제우스 테베에우스(테베의 제우스)[46]를 모시는 사람들, 즉 테베 지구의 주민들은 모두 희생 동물로는 양을 피하고 산양을 사용한다. 모든 이집트인이 한결

---

44) 이오는 아르고스의 왕녀로 제우스와 관계를 맺고 에파포스를 낳았다. 헤라 여신의 질투를 피하기 위해 소의 모습으로 바뀌었다. 따라서 아피스(에파포스)와 연관지어 생각하는 것은 당연하다.

45) 이집트의 신 하토르(Hathor)를 가리킨다.

46) 아몬 또는 '아몬 라'라고 불리는 신.

같이 같은 신을 숭상하는 것이 아니기 때문이다. 다만 이시스와, 그리스의 디오니소스와 같은 신이라고 그들이 말하는 오시리스 두 신만은 예외이다. 이 신들만은 모든 이집트인이 똑같은 방식으로 숭상하고 있는 것이다. 그런데 멘데스[47] 신전에 제사 지내는 사람들, 즉 멘데스주의 주민들은 양을 희생으로 바치지만 산양은 쓰지 않는다. 테베의 주민들과 그들을 따라 양을 바치지 않는 사람들의 말에 따르면, 이 관례는 다음과 같은 사정으로 정해진 것이라고 한다.

헤라클레스[48]는 어떻게 해서든 제우스의 모습을 보고 싶어 했다. 그러나 제우스는 그에게 자기 모습이 보이지 않기를 바랐다. 결국 제우스는 한 가지 계책을 생각해 냈다. 즉, 숫양 한 마리를 잡아 가죽을 벗기고 그 목을 자른 다음, 숫양 가죽을 뒤집어쓴 채 잘린 목을 앞으로 내밀며 헤라클레스에게 모습을 보인 것이다. 이집트인이 제우스의 신상(神像)을 숫양의 머리를 한 모습으로 만드는 것은 여기에서 유래된 것으로, 이 풍습은 이집트인으로부터 암몬인에게도 미치고 있다. 암몬인은 본디 이집트와 에티오피아로부터 이주해 온 민족으로, 그 언어도 두 나라 언어의 중간에 해당되는 것을 쓴다. 그들이 암몬인이라고 자칭하는 것도 이 고사에서 나온 것이라고 나는 생각한다. 이집트인은 제우스를 아문[49]이라고 부르기 때문이다.

따라서 테베인은 숫양을 희생 제물로 바치지 않는다. 숫양은 위에서 말한 것처럼 그들에게는 신성한 짐승인 것이다. 그러나 1년에 단 하루 제우스 제사 때는, 숫양 한 마리를 도살하여 가죽을 벗기고 이전에 제우스가 했던 것과 마찬가지로 제우스의 신상을 가죽으로 덮고 나서 헤라클레스의 신상을 그 제우스의 신상에 가까이 놓는다. 그리고 나서 이 신전을 모시는 사람들은 가슴을 치고 숫양의 죽음을 애도한 뒤 그 시체를 신성한 묘지에 묻는 것이다.

헤라클레스에 관해서 나는 그가 12신 중 한 사람이라는 이야기를 들은 일이 있다. 그리스인이 알고 있는 또 하나의 헤라클레스에 대해서는 이집트의 어

---

47) 델타 동북부에 치우쳐 있었던 도시. 그 부근 일대가 멘데스주이다.
48) 여기에서 헤라클레스라고 하는 것은 이집트의 신으로서는 슈, 또는 콘스를 가리키는 것이라고 한다.
49) 아문은 아몬(그리스어로는 암몬)과 같은 말로, 본디 '숨은 것'이라고 한다. 자신의 모습을 드러내기가 싫은 것이 당연할 것이다.

느 곳에 가서도 아무 말도 들을 수가 없었다. 그것은 어떻든 간에 헤라클레스의 이름은 이집트인이 그리스인으로부터 이어받은 것이 아니라, 오히려 그리스인이 그것을 이집트인으로부터 받아들인 것이다—여기에서 그리스인이라고 하는 것은 암피트리온의 아들에 헤라클레스의 이름을 붙인 사람들을 가리킨다. 이것을 뒷받침하는 증거는 여러 가지가 있다. 그중에서도 헤라클레스의 부모인 암피트리온과 알크메네의 혈통이 둘 다 멀리 아이깁토스에서 시작했다는 것과,[50] 이집트인은 포세이돈과 디오스크로이의 이름을 모른다 하고 이들 신이 이집트의 다른 신들에 끼어 있지 않다는 이 두 가지가 가장 유력한 증거일 것이다. 적어도 이집트인이 어떤 신의 이름을 그리스인으로부터 받아들였다고 한다면, 다른 신은 몰라도 위 신들의 이름만은 무엇보다도 먼저 기억해 두었어야 했기 때문이다. 이것은 당시에 이미 이집트인이 항해에 종사하고 있었고, 또 그리스인 일부도 항해술을 알고 있었다는 것을 전제로 한 논의이다. 이 전제는 내가 예측하는 것이지만 이치상 당연히 인정해야 한다고 믿는다. 따라서 이집트인으로서는 헤라클레스보다도 먼저 이들 신들의 이름을 알고 있어야 할 것이다.[51] 오히려 헤라클레스는 이집트에서는 오래된 신인 것이다. 이집트인이 하는 말에 따르면, 헤라클레스가 속한다고 여겨지는 12신이 8신에서 생긴 이래, 아마시스왕[52] 시대까지 실로 1만 7000년이 흐르고 있는 것이다.

나는 이 건에 대해서 정확한 지식을 줄 수 있는 사람을 만나고 싶어서, 바닷길로 페니키아의 티로스까지 건너간 일이 있다. 여기에 헤라클레스[53]의 신전이 있다고 들었기 때문이다. 나는 거기에서 막대한 봉납물로 장식된 신전을 보았는데, 수많은 봉납물 중에서도 특기할 만한 것은 두 개의 네모진 기둥이다. 하나는 잘 정제한 황금으로 만든 것이고, 다른 하나는 어둠 속에서도 빛날 정도로 거대한 에메랄드로 만든 것이었다. 나는 이 신의 사제들을 만나, 신전을 건립한 이래 어느 정도의 세월이 흘렀느냐고 물었다. 그런데 그들이 하

---

50) 암피트리온과 알크메네는 모두 페르세우스의 손자에 해당한다. 그리고 페르세우스는 아이깁토스(이 이름을 따서 이집트라 했다)와 다나오스 형제의 혈통을 이어받고 있다.

51) 포세이돈이나 디오스크로이(카스토르와 폴리데우케스 두 쌍둥이 신을 가리킨다)도 모두 바다의 신으로서 항해의 수호신이었다.

52) 아마시스왕의 치세는 기원전 570~526년.

53) 메르카르트를 가리킨다. 《구약성서》에서 말하는 바알로, 태양신이다.

는 말은 그리스에서 전해오는 말과 일치하지 않았다. 사제들의 이야기로는 이 신전은 티로스시의 창설과 동시에 건립된 것으로, 그들이 티로스에 정착한 이래 오늘날까지 2300년이 되었다는 것이다.

나는 티로스에서 '타소스[54]의 헤라클레스'라는 이명(異名)으로 알려진 다른 헤라클레스의 신전도 보았다. 나는 타소스에 간 일도 있는데, 거기에는 분명히 페니키아인이 세운 헤라클레스의 신전이 있었다. 이 페니키아인들은 에우로페를 찾기 위해 배를 타고 온 사람들이었는데, 그때 타소스에 정착한 것이다. 이것은 그리스에서 암피트리온의 아들 헤라클레스가 태어나기 실로 5세대나 이전의 일이었다.

이상 조사한 바에 따르면 헤라클레스가 오래된 신이라는 것은 분명하다. 그래서 내가 생각하기로는 그리스인 중에서도 두 종류의 헤라클레스 신전을 건립하여 한쪽은 불사의 신 '올림포스의 헤라클레스'로서 모시고, 다른 한쪽은 반신(半神)으로서 사자(死者)에 대한 예로써 공경하는 사람들[55]의 행동이 가장 옳은 것이라고 말할 수 있다.

그리스의 전승에는 천박하고 경솔한 내용의 것이 상당히 많은데, 헤라클레스에 관한 다음과 같은 설화 등도 어리석은 것들이다. 그 이야기는 이러하다. 헤라클레스가 이집트에 갔을 때, 이집트인들은 그를 제우스에게 희생물로 바치기 위해 머리에 관을 씌우고 행렬을 짜서 연행해 갔다는 것이다. 헤라클레스는 얼마 동안 얌전하게 있었으나, 마침내 희생 의식이 시작되자 난동을 부려 거기에 있었던 이집트인을 한 사람도 남기지 않고 죽여 버렸다고 한다. 이와 같은 이야기를 전하는 그리스인은, 이집트인의 성격이나 습관에도 전혀 무지했다는 것으로밖에는 여겨지지 않는다. 가축조차도, 돼지[56]와 황소, 송아지—그것도 특정한 표시가 없는 것에 한해서—그리고 거위 이외에는 희생으로 바치는 것이 금지되어 있는 이집트인이 어떻게 인간을 희생물로 삼을 수가

---

54) 타소스는 북방 트라키아 해안의 큰 섬. 금은 광맥이 있어 페니키아인은 일찍부터 이 섬에 눈을 돌렸던 것 같다. 타소스(이 사람의 이름을 따서 타소스섬이라 했다)는 최초로 페니키아인을 이끌고 이 섬에 정주했다는 전설적인 인물이다.
55) 예컨대 펠로폰네소스의 시키온인이 그렇다고 한다.
56) 사본에 따라서는 '양'이라고 되어 있다.

있었겠는가. 또 단 한 사람이, 더욱이 그리스인이 말하는 바와 같이, 인간의 몸이었던 헤라클레스가 수만 명이라는 사람을 죽이는 것이 어떻게 가능했겠는가? 바라건대 이러한 말을 한 나에게 신들이나 반신들의 책망이 내리지 않기를…….

앞에 든 지방의 이집트인이 자웅을 불문하고 산양을 희생 제물로 사용하지 않는 이유는 이러하다. 멘데스의 주민은 판(Pan)[57]을 8신 중의 하나로 꼽고, 이 8신은 12신보다도 오래된 신이라고 말한다. 그런데 화가나 조각가들은 판의 모습을 그리스인과 마찬가지로 산양의 얼굴을 하고 수산양의 다리를 갖도록 그리거나 조각을 하기도 한다. 그러나 그들도 실제로는 판이 이런 모습을 하고 있다고는 여기지 않고, 다른 신들과 마찬가지 모습이라고 생각하고 있기는 하다. 그런데 왜 판을 이러한 모습으로 그리는가, 이 점에 대해서는 나는 그다지 말하고 싶지가 않다.

여하간 멘데스의 주민들은 산양이라고 하면 무조건 숭상하는데, 암산양보다는 수산양을 더 중요시하고 산양치기는 다른 목자보다도 존중받는다.[58] 수산양 중의 한 마리는 특히 소중히 여겨져, 이것이 죽으면 멘데스 전역에 걸쳐 성대한 장례가 거행된다. 이집트어로 수산양과 판을 멘데스[59]라고 한다. 나의 시대에 들어와서의 일이지만, 이 지구에서 매우 기괴한 일이 일어났다. 수산양이 여러 사람이 보는 앞에서 인간의 여자와 관계를 가진 것이다. 이것은 대단한 소문을 불러일으켰다.

이집트에서는 돼지를 부정한 짐승으로 여긴다. 이집트인은 지나가다가 돼지에게 닿는 일이 있으면 옷을 입은 채 강으로 뛰어들어 몸을 씻는다. 또 이집트에서는 돼지 기르는 사람은 비록 수순한 이집트 사람이라 할지라도 이집트 안의 어떤 신전에도 들어갈 수 없고, 그에게는 누구 하나 딸을 주려고도 하지도 않고, 며느리로 삼으려고도 하지 않는다. 그래서 돼지를 기르는 사람들은

---

57) 그리스의 판에 해당하는 이집트의 신은 민이지만, 멘데스의 신은 오시리스이다. 헤로도토스의 착각일 것이라고 한다.

58) 원전에 혼란이 있는지 문장의 뜻이 명확하지가 않다. '양치기도 암산양보다 수산양 쪽을 더 중히 여긴다'로 해석하는 사람도 있다.

59) 멘데스가 Bê-nb-dd의 와전이라는 것은 확실한 듯하다. 이것은 도시의 이름인 동시에 '숫양'을 의미했다('수산양'이 아니라). 사실 멘데스의 성수는 수산양이 아니라 숫양이었던 것 같다.

자기들끼리 결혼한다.

이집트에서는 일반적으로 돼지를 신의 제물로 바치는 일을 금하고 있다. 다만 세레네(달의 신)와 디오니소스[60]에게만은 같은 때, 즉 같은 보름날에 돼지를 제물로 바치고 그 고기를 먹는다. 이집트인은 다른 제례에서는 돼지를 금기시(禁忌視)하는데, 왜 이 제례 때만은 돼지를 제물로 바치는가에 대해서는 이집트인 사이에 전승이 있다. 나는 그것을 알고 있지만 여기에서는 말하지 않는 것이 좋을 듯하다.

세레네에 돼지를 제물로 바치는 의식은 다음과 같이 거행된다. 돼지를 잡으면 그 꼬리 끝과 비장과 대망막(大網膜 : 내장을 싼 막)을 모아, 그 돼지 배 둘레의 지방으로 모두 싸서 불로 태운다. 나머지 고기는 제사를 지내는 보름날에 먹는데, 날이 바뀌면 더 이상 입에 대지 않는다. 빈민은 가계가 어려워 가루를 반죽하여 돼지 모양으로 만들어 이것을 구워 신에게 바친다.

디오니소스에게는 제사 전날 저마다 집 앞에서 새끼돼지를 잡아서 바치고, 그 돼지새끼는 그것을 판 돼지치기에게 주어 가지고 돌아가게 한다. 그 이외의 점에서는, 이집트의 디오니소스 제사는 그리스와 거의 똑같이 치러지는데, 다만 그리스와 같은 가무 행사는 없다. 이집트인은 남근상(男根像) 대신에 다른 것을 고안하였는데, 이것은 길이 1페키스(약 4.5cm) 가량의 실로 조작하는 상(像)이다. 동체와 그다지 다르지 않을 정도로 긴 남근이 움직이는 장치를 여자들이 짊어지고 마을을 돈다. 피리를 선두로, 여자들은 디오니소스의 찬가(讚歌)를 부르면서 그 뒤를 따른다. 상(像)이 그와 같이 큰 남근을 갖추고, 또 몸의 그 부분만이 움직이는 유래에 대해서는 성설화(聖說話)가 전해오고 있다.

여기서 나는, 아미테온의 아들 멜람푸스[61]는 위의 희생식(犧牲式)에 대해서 모르기는커녕 이에 정통했으리라 생각한다. 왜냐하면 멜람푸스야말로 디오니소스의 이름을 비롯하여, 그 희생식이나 남근상의 행렬 등을 처음으로 그리스인에게 소개한 사람이기 때문이다. 엄밀하게 말하자면 멜람푸스는 이 모든 것을 일관해서 가르친 것이 아니고, 그보다 뒤에 나타난 현자들이 그의 교설

---

60) 디오니소스는 오시리스이지만, 세레네에는 어느 신에 해당하는지 잘 알 수 없다. 네케프나 이시스로 추정되고 있다.

61) 전설상의 예언자 중 최고(最古)의, 그리고 가장 이름이 높은 인물이다.

(教說)을 부연(敷衍)·발전시킨 것이다. 여하튼 디오니소스를 위해 남근상을 메고 행렬하는 의식을 소개한 것은 멜람푸스 바로 그 사람으로, 그리스인이 현재 행하고 있는 행사는 그의 가르침에 따른 것이다. 생각건대 멜람푸스는 유능한 사람으로, 스스로 예언술을 생각해 내기도 하고, 또 이집트로부터 여러 가지 것을 배워서 그다지 변경을 하지 않고 그대로 그리스에 소개했는데 디오니소스의 행사도 그중의 하나였던 것이다. 이집트에서 행하여지는 이 신의 행사와 그리스에서 행하여지는 행사의 유사점이 적어도 우연의 일치는 아니라고 하는 것이 나의 생각이다. 만약에 우연의 일치라고 한다면 이러한 행사도 그리스다운 성격을 지녀야 했을 것이고, 그 기원도 새로울 리가 없는 것이다. 그러나 나는 이 행사나 그 밖의 풍습을, 이집트인이 그리스인으로부터 도입한 것이라고 말할 생각은 없다. 내 생각에 멜람푸스는 디오니소스의 행사를 티로스 사람 카드모스나 그를 따라 페니키아에서 오늘날 보이오티아라고 불리는 지방으로 내왕했던 사람들로부터 들어서 알았으리라고 하는 것이 가장 진실에 가까울 것이다.

디오니소스뿐만 아니라 거의 모든 신의 이름은 이집트에서 그리스로 들어갔다. 그리스의 신들이 그리스 이외의 나라에서 비롯되었다고 하는 것은, 내가 직접 조사해서 확인한 것이다. 그것도 대부분은 이집트로부터 전래되었다고 나는 생각한다. 예외로서는 앞에서도 말한 포세이돈과 디오스크로이 외에 헤라·헤스티아·테미스·카리테스·[62]네레이데스[63] 등을 들 수 있는데, 그 이외의 신들의 이름은 예부터 줄곧 이집트에 있었다. 이상 나는 이집트인 자신이 한 말을 그대로 기술하고 있는 것이다. 이집트인이 이름을 모른다고 말하고 있는 신들은, 포세이돈을 제외하고는 펠라스고이인이 명명한 것일 것이다.

그리스인이 포세이돈을 안 것은 리비아인으로부터이다. 본디 포세이돈이라는 신을 섬기는 민족은 리비아인 외에는 없고, 리비아인은 예부터 변함없이 이 신을 숭상하고 있기 때문이다. 한편, 이집트인은 반신(半神, 헤로스)[64]을 모

---

[62] 미(美)의 세 여신.
[63] 바다의 님프들.
[64] 헤로스란 헤라클레스처럼 부모 중 한쪽이 신성(神性)이어서, 사후 신의 대우를 받는 자를 말한다.

시지 않는다.

따라서 앞서 말한 것 외에, 지금부터 이야기하겠지만 여러 가지 풍습이 이집트에서 그리스로 전래되었던 것이다. 그러나 그리스인이 발기된 남근을 갖춘 헤르메스 상을 만드는 일은 이집트인으로부터 배운 것이 아니다. 그리스에서는 아테네인이 처음으로 이것을 펠라스고이인으로부터 도입하였고, 그것이 아테네에서 다른 그리스 지방으로 전파된 것이다. 아테네인은 당시 이미 그리스인으로 여겨졌고, 거기에 펠라스고이인이 옮겨와서 아테네 국토에서 함께 살게 된 것으로 그 이래 펠라스고이인도 그리스인으로 간주되게 되었다. 카베이로이[65]의 비밀 의식은 사모트라케인이 펠라스고이인으로부터 전수 받아 행하고 있는 것인데, 이 비밀 의식이 허용된 사람이라면 내가 하고자 하는 말을 이해할 것이다. 왜냐하면 아테네인과 같이 살게 된 펠리스고이인은 이전에 사모트라케에서 살던 사람들로, 사모트라케인은 그들로부터 비밀 의식을 배웠기 때문이다. 그래서 그리스에서는 아테네인이 처음으로 남근이 발기된 헤르메스 상(像)을 펠리스고이인으로부터 배워서 만든 것이다. 이에 대해서는 펠라스고이인 사이에 성설화가 전해지고 있는데, 그 내용은 사모트라케의 비밀 의식에 나타나 있다.

내가 도도네에서 들어서 안 일이지만, 옛날의 펠라스고이인은 '신들(θεοῖσι)'에게 기원할 때 그 어떤 것을 막론하고 제물로 바쳤다고 하고, 또 어떤 신에 대해서도 특별한 칭호나 이름을 붙이지 않았다. 그들은 그때까지 그러한 것을 들은 일이 없었던 것이다. 그들이 이들을 신(θεούς)이라고 부른 것은, 삼라만상 (森羅萬象)에 질서를 부여하고(κοσμ θέ ντες) 그 기능에 따라 만물을 배분하고 장악하고 있다고 생각했기 때문이다.[66] 그 뒤 긴 세월에 걸쳐 그들은 이집트로부터 전래된 신들의 이름을 배워서 익혔던 것인데, 디오니소스만은 예외로 그 이름은 훨씬 나중에 안 것이다. 그 뒤 펠라스고이인들은 신의 이름에 대

---

65) 펠라스고이인이 숭배했던 신들로, 따라서 그리스 이전의 종교에 속한다. 풍요의 신이었음에는 틀림없는 것 같으나 자세히는 알 수 없다. 에게해 북쪽의 사모트라케, 렘노스 등의 섬을 비롯하여 그리스 본토의 보이오티아에서도 이들을 숭배했다.

66) θεός(신, θεοιοι는 그 복수 여격형, θεούς는 복수 대격형)와 τίθημι(두다, 정하다)를 같은 근원으로 본 해석으로, 그리스인 특유의 통속적인 어원 풀이이다.

해서 도도네[67]의 신탁을 구한 것이다. 도도네의 신탁소는 그리스의 신탁소 중에서 가장 오래된 것으로 여겨졌고, 더욱이 당시에는 이것이 유일했다. 그런데 펠라스고이인이 도도네에서, 이국에서 전래된 신의 이름을 채용해도 좋은가의 여부에 대하여 신탁을 구하자, 그래도 좋다는 신탁이 내려졌던 것이다. 그 이래 펠리스고이인들은 그 신의 이름을 사용하여 희생식을 거행해 왔는데, 나중에 그리스인이 그들로부터 그것을 이어받은 것이다.

그러나 각 신이 어디에서 태어났는지, 이들 신은 태초부터 줄곧 존재해 왔는지, 또 신들은 어떤 모습을 하고 있는지, 이러한 것을 그들은 최근에까지도 몰랐던 것이다. 헤시오도스나 호메로스도 나보다 기껏해야 400년 전 사람들로, 그보다 더 오래된 사람이라고는 여겨지지 않으나 그리스인을 위해 신의 계보(系譜)를 세우고, 신들의 칭호를 정하고, 그 기능을 배분하여 신들의 모습을 그려서 보여준 것은 이 두 사람뿐이다. 그들보다 오래되었다고 일컬어지는 시인들도 내가 보는 바로는, 두 사람보다 뒤의 사람들이다. 위에서 말한 처음 부분은 도도네의 무녀들이 이야기한 것이고, 후반의 헤시오도스와 호메로스에 관한 것은 나의 설이다.

그리스와 리비아의 신탁소에 대해서 이집트인은 다음과 같은 이야기를 전하고 있다. 이것은 제우스 테베에우스의 사제들이 해준 이야기인데, 무녀로 있던 두 여자가 테베에서 페니키아인에게 유괴되어 한 사람은 리비아로, 또 한 사람은 그리스로 팔려갔다는 것을 알았다. 이 여자들이 위의 두 민족에 처음으로 신탁소를 설치했다는 것이다. 나는 어떻게 해서 그와 같은 정확한 일을 알게 되었는가 물었다. 사제들이 대답하기를, 그 여자들에 대한 대대적인 수사가 이루어졌으나 끝내 그들을 발견하지 못하고, 다만 훗날에 그 여자들에 대해서 지금 이야기한 것과 같은 사정이 밝혀졌다는 것이다.

여기까지가 테베의 사제로부터 내가 들은 이야기인데, 도도네의 무녀들의 이야기는 이러하다. 검은 비둘기 두 마리가 이집트의 테베를 날아올라 한 마리는 리비아로, 또 한 마리는 자기들에게로 왔다고 한다. 비둘기는 떡갈나무

---

[67] 도도네는 그리스의 서북단에 가까운 있는 에페이로스 지방에 있다. 제우스의 신탁소로서 역사시대 이후에도 유명했는데, 물론 그 기원은 훨씬 먼 그리스 이전, 이른바 펠라스고이 시대로 거슬러 올라가는 것으로 여겨진다.

가지 끝에 앉자 인간의 언어로, 이 땅에 제우스의 신탁소를 세워야만 한다고 말하였다. 도도네 주민들은 이 지시를 신의 명령으로 해석해 신탁소를 세웠다는 것이다. 또 무녀들의 이야기로는, 리비아로 간 비둘기는 암몬의 신탁소를 열도록 리비아인에게 명했다고 한다. 이것도 다름 아닌 제우스의 신탁소였다.

위와 같은 이야기를 해준 도도네 무녀들의 이름은 최연장자가 프로메네이아, 그 다음이 티마레테, 최연소자는 나칸드라라고 했다. 신탁소에 관계가 있는 다른 도도네인들이 하는 말도 무녀의 이야기와 같았다.

이에 대한 나의 견해는 이러하다. 만약에 정말로 페니키아인이 성직에 있던 여자를 유괴하여 한 사람은 리비아로 또 한 사람은 그리스로 팔았다고 하면, 그리스에 팔린 여자는 현재 그리스—이전에는 펠라스기아라고 불렸던 것으로 이 둘은 같다—의 테스프로토이인[68]이 사는 지방으로 팔려갔을 것이라고 생각된다. 여자는 그 땅에서 노예로 있으면서 거기에 난 떡갈나무 그늘에 제우스의 사당을 지었을 것이다. 이전에 테베에서 제우스의 신전에 봉사했던 몸이고 보면, 고국을 떠나 간 땅에서 그 신전을 그리워하는 것은 자연스러운 일이기 때문이다. 그리고 그 뒤 그리스어를 익히고 나서 신탁을 시작했을 것이다. 또 그 여자가 자기를 노예로 팔아넘긴 같은 페니키아인의 손에 의해서 자기의 자매도 리비아에서 팔렸다는 이야기를 했을 것이라고 여겨진다.

또 도도네 사람들이 이 여자들을 비둘기라고 한 것은, 그들의 귀에는 이국인인 그녀들의 말이 마치 새가 지저귀는 것처럼 들렸기 때문이었을 것으로 생각된다. 얼마 뒤 그 비둘기가 인간의 말을 했다고 하는 것은, 그 여자가 하는 말을 그들이 이해할 수 있었기 때문인 것이다. 그렇지 않다면 어떻게 비둘기가 인간의 말을 할 수 있단 말인가. 그 비둘기가 검었다는 것은 여자가 이집트인이었다는 의미이다. 이집트의 테베에서 행하는 신탁의 방법은 도도네에서 행하는 것과 매우 흡사하다. 희생 가축으로 점을 치는 기술도 이집트로부터 건너온 것이다.

하여튼 국민적 대축제—신체(神體)를 받들고 대열을 지어 걷고 참배를 위해 행렬을 짓는 것 같은 풍습은 이집트인이 창시한 것으로, 그리스인은 그들

---

[68] 도도네 부근에서 가장 오래 전에 살았던 민족.

로부터 배웠다. 내가 이렇게 말하는 근거는, 이들 행사가 이집트에서는 매우 오래 전부터 행하여지고 있었던 것에 반해, 그리스에서는 최근에 이르러 시작되었다는 데에 있다.

이집트인은 국민적 대축제를 1년에 한 번 여는 것이 아니라 빈번하게 개최하였다. 그중에서도 가장 성대하게 이루어지는 것은 아르테미스를 위하여 부바스티스라고 하는 도시에 모여서 하는 축제이고, 그 다음으로는 부시리스라는 도시에서의 이시스 축제이다. 이 도시에는 이시스의 장대한 신전이 있고, 도시 그 자체가 이집트의 델타의 중앙에 위치하고 있다. 이시스는 그리스로 말하자면 데메테르에 해당한다. 세 번째로 중요한 대축제는 사이스에서의 아테네 축제, 네 번째는 헬리오폴리스에서의 헬리오스(태양신) 축제이고 다섯 번째는 부토에서의 레토 축제, 여섯 번째는 파프레미스에서의 아레스 축제이다.

부바스티스시에 모일 때의 상황은 이러하다. 남녀가 함께 배로 가는데, 어느 거룻배에나 많은 남녀가 탄다. 캐스터네츠를 손에 들고 소리를 내는 여자가 있는가 하면, 남자 중에는 배로 가는 동안 피리를 부는 사람도 있다. 나머지 남녀는 노래를 부르고 손뼉을 치며 박자를 맞춘다. 어딘가의 도시가 보이면, 배를 물가에 대고 다음과 같은 일을 한다. 몇몇 여자들이 박자를 맞추고 있으면, 다른 여자들은 큰 소리로 그 도시의 여자들에게 말을 걸어 그녀들을 놀리고, 춤을 추는 여자가 있는가 하면, 일어서서 옷을 걷어 올리는 여자도 있다. 강변에 있는 도시를 지날 때마다 이런 일을 하는 것이다. 그러다가 마침내 부바스티스에 도착하면 성대하게 희생을 바쳐 축제를 축하한다. 이 축제에서 소비되는 포도주의 양은 1년의 나머지 기간 동안에 소비되는 포도주의 양을 웃돈다. 고장 사람들이 하는 말에 따르면, 이 축제에 모이는 남녀의 수는 아이들을 제외하고 모두 70만 명에 이른다고 한다.

부바스티스 축제의 모습은 위와 같다. 부시리스에서 이시스 축제가 어떻게 거행되는가는 이미 말한 바가 있다. 희생식이 끝난 뒤 실로 수만에 이르는 남녀가 모두 자기 몸을 두드리며 슬픔을 나타내는데, 누구를 애도하여 몸을 치는가에 대해서는 삼가야 할 일이 있어서 여기서는 말할 수가 없다.[69] 이집트

---

69) 오시리스의 죽음을 애도하는 것이다.

에 거주하는 카리아인이 하는 일은 그보다 더 심해서 작은 칼로 자기의 이마에 상처를 내는데, 이것을 보면 그들이 이집트인이 아닌 외부에서 온 사람이라는 사실을 알 수가 있다.

사이스 축제에 모인 사람들은 모두 하룻밤 동안 집 주위의 들판에 엄청난 수의 촛대에 불을 켠다. 촛대는 소금과 기름을 넣은 평평한 접시로, 그 위에 심지가 얹혀 있어 이것이 밤새도록 타는 것이다. 이 축제에는 '점등제(點燈祭)'라는 이름이 있다. 이 대축제에 참가하지 않는 이집트인도 희생식이 거행되는 밤에는 잊지 않고 각자 촛대에 불을 켠다. 따라서 단순히 사이스뿐만 아니라 온 이집트에 불이 켜지는 것이다. 왜 이날 밤에 불을 켜서 특별히 축하하는가에 대한 이유에 관해서는 설화가 전승되고 있다.[70]

헬리오폴리스와 부토에게는 단지 참배하고 희생 동물을 바칠 뿐이다.

파프레미스에서는 다른 경우와 마찬가지로 제물을 바치고 제식을 행하는데, 여기에서는 해가 기울 무렵이 되면 소수의 사제만이 신상(神像) 주위에서 봉사하고, 대부분의 사제들은 곤봉을 가지고 신전 문 앞에 선다. 이와는 별도로 기원을 하는 천 명을 넘는 사람들도 저마다 곤봉을 들고 사제들과 마주보고 선다. 금박을 입힌 작은 상자에 모신 신체(神體)는 축제 전날 다른 신전으로 미리 운반해 둔다. 신체에 배속된 몇몇 사제가 신체를 모신 상자를 실은 4륜 수레를 끌고 오면, 신전의 문 옆에 대기하고 있던 사제들이 방해를 하여 경내에 들어오지 못하도록 한다. 그러면 기원자들의 무리가 신의 편을 들어 사제에게 덤비고 사제들도 이에 대항한다. 여기에서 곤봉으로 치는 싸움이 벌어져, 서로 머리를 쳐서 상처를 입은 사람이 죽는 일도 적지 않을 것으로 여겨진다. 그러나 이집트인이 하는 말에 따르면 죽는 사람은 한 명도 나오지 않는다고 한다. 고장 사람들의 말에 따르면, 이 축제를 거행하는 풍습의 유래는 이렇다. 이 신전에는 아레스의 어머니가 살고 있는데, 아레스는 어머니로부터 떨어져 자랐다. 성인이 되어 어머니를 만날 생각으로[71] 찾아왔더니, 어

---

70) 잃었던 오시리스를 찾기 위해 불을 밝히는 것이다.
71) 여기서 사용되고 있는 ονυμετραι라는 말은 능동형이기 때문에 성적 교합을 의미하지 않는 것이 보통이다. 그러나 이 설화는 본디 성적인 의미를 띠었다고 상상된다. 저자는 고의로 애매한 표현을 사용했을 것이다.

머니를 섬기는 하인들은 그때까지 아레스를 만난 일이 없었기 때문에 안으로 들여보내지 않으려고 하였다. 그래서 아레스는 다른 도시에서 사람들을 모아 하인들을 마구 때려서 상처를 입히고 안에 있는 어머니에게로 갔다고 한다. 이리하여 아레스의 축제에서 서로 마구 때리는 풍습이 생겼다는 것이다.

성역 안에서는 여자와 관계를 가져서는 안 되고, 또 여자에게 손을 댄 사람은 목욕을 하고 나서 성역으로 들어가야 한다는 계율을 정한 것도 이집트인이 최초이다. 왜냐하면 이집트인과 그리스인 이외의 거의 모든 민족은 성역에서 교접도 하고, 여자에게 손을 대고도 목욕을 하지 않고 성소에 출입을 한다. 인간도 다른 동물과 마찬가지라는 생각에서이다. 그들이 하는 말에 따르면 모든 짐승이나 조류가 신전 안에서 교미를 하는 것은 언제나 목격하는 일인데, 만약에 그것이 신의 뜻에 어긋난다면 짐승들도 그런 일을 하지는 않을 것이 아니냐는 것이다. 그러나 적어도 나로서는 그들이 그와 같은 구실 아래 하는 행위가 좋다고는 말할 수가 없다.

이집트인은 일반적으로 종교상의 일에 관해서는 엄격하게 그 관습을 지키는데, 다음과 같은 일도 그러한 예의 하나이다.

이집트는 리비아와 국경을 접하고 있지만, 야수는 그다지 많지 않다. 이집트에 서식하는 동물은 가축이 된 것과 그렇지 않은 것이 있는데, 모두 신성시되고 있다. 동물을 신성시하는 이유를 말하자면 자연히 신에 관련된 이야기를 해야 하는데, 이것은 나로서는 가장 망설여지는 논제이다. 이제까지 그러한 이야기를 언급하여 온 것도 어쩔 수 없는 사정으로 그렇게 한 것에 지나지 않는다.

동물에 대해서는 다음과 같은 관습이 정해져 있다. 동물에는 종류별로 남녀 양성(兩性)의 이집트인이 사육 담당으로 임명되어 있는데, 이 역할은 세습제이다. 여러 도시의 주민들은 각기 다음과 같이 동물에게 소원을 빈다.[72] 그 동물이 소속된 신에게 기원하고, 자기 아들의 머리카락을 경우에 따라서는 모두 또는 반이나 3분의 1을 칼로 밀어 저울에 얹은 다음 은(銀)으로 그 무게를 단다. 머리카락이 나간 무게만큼의 은을 그 동물의 사육 담당 여자에게 주

---

72) 기원(祈願) 내용은 자식의 병의 치유였던 것 같다. 이렇게 해석하면 자식의 머리를 잘라 바치는 이유도 수긍할 수 있다.

면, 그 여자는 그 값만큼의 생선을 잘라 먹이로서 그 동물에게 준다. 동물의 사육은 이렇게 정해져 있다.

이들 동물 중 어떤 것을 죽이는 일이 있으면, 일부러 죽인 경우에는 사형이고, 고의가 아닌 경우에는 사제가 부과한 벌을 받는다. 그러나 이비스(따오기) 또는 매를 죽인 자는 고의든 아니든 사형을 면치 못한다.

이집트에는 가축의 수가 많은데, 만약에 고양이에게 다음에 말하는 것과 같은 기묘한 습성이 없었다면 그 수는 훨씬 많아졌을 것이다. 암고양이는 새끼를 낳으면 더 이상 수고양이에게 가까이 가지 않는다. 수컷은 암컷과 교미를 하려고 하지만 뜻이 이루어지지 않기 때문에 계책을 짜낸다. 암고양이로부터 새끼 고양이를 빼앗거나 훔쳐서 죽여 버리는 것이다. 죽이기만 할 뿐 먹지는 않는다. 새끼를 빼앗긴 암고양이는 다시 새끼를 낳고 싶어서 수고양이에게로 오게 되는데 그 정도로 고양이는 모성애가 강한 동물이다. 불이 일어났을 때에는 세상없이 기괴한 일이 고양이에게 일어난다. 이집트인은 불 끄는 일은 제쳐두고 간격을 두고 서서 고양이를 지킨다. 그래도 고양이들은 사람 사이를 빠져나가 불속으로 뛰어들고 만다. 이런 일이 일어나면 이집트인은 몹시 슬퍼하여 그 죽음을 애도한다. 고양이가 자연사했을 경우 그 집 가족은 모두 눈썹만 민다. 개의 경우는 머리를 비롯한 온몸의 털을 민다.

죽은 고양이는 부바스티스의 매장소로 가지고 가서 미라로 만들어 묻는다. 개는 주인이 자기 도시의 묘지에 매장한다. 족제비도 개처럼 매장한다. 들쥐와 매는 부토시로, 이비스는 헤름폴리스로 가져가서 묻는다. 곰은 이 나라에서는 드물고, 이리는 여우보다 조금 큰데, 이들은 죽어 있던 장소에 그대로 묻는다.

악어의 습성은 다음과 같다. 악어는 땅과 늪이나 호수에서 사는 네 발 짐승인데, 한 겨울의 4개월 동안은 아무것도 먹지 않는다. 지상에서 산란·부화하고, 낮 동안의 대부분은 육상에서 지내지만 밤에는 줄곧 강 속에 있다. 밤에는 대기나 이슬보다도 물 쪽이 온도가 높기 때문이다. 우리가 아는 한 악어처럼 새끼 때 작았던 것이 그토록 거대한 성체로 자라는 생물은 없다. 악어가 낳는 알은 거위의 알보다 그다지 크지 않고, 부화된 새끼 악어도 알 정도의 크기밖에 되지 않지만, 그것이 성장해서 16페키스(약 7미터) 또는 그 이상의 크기가 된다. 악어의 눈은 돼지 눈과 비슷하고, 이빨은 몸집에 어울리게 거대하여 엄니처럼 돌출해 있다. 아울러 악어는 혀가 없는 유일한 동물이다.[73] 또 아래턱이 움직이지 않아, 이것도 다른 동물에게는 없는 일이지만 위턱을 움직여서 아래턱에 붙인다. 강력한 발톱을 가지고 있으며, 등은 절대로 상처 입힐 수 없는 비늘 모양의 가죽으로 덮여 있다. 물속에서는 눈이 보이지 않지만, 대기 중에서는 그 예가 없을 정도로 눈이 잘 보인다. 물속에서 서식하기 때문에 입 안에는 언제나 거머리가 가득하다. 그런데 다른 새나 동물은 악어가 무서워서 접근하지 않지만, 악어새[74]만은 악어에게 쓸모가 있기 때문에 악어와 사이가 좋다.

악어가 물에서 나와 육지에 올라가 입을 벌리면―악어는 거의 언제나 서풍 쪽으로 입을 벌리는 습성이 있다―악어새는 그 입속으로 들어가서 거머리를 먹어 버리는 것이다. 악어는 자기를 평안하게 해 주어서 기뻐하고, 새에게는 아무런 해도 가하지 않는다.

이집트인 중에는 악어를 신성시하는 사람도 있는 반면에, 오히려 적처럼 다루는 사람도 있다. 테베와 모이리스호 주변에 사는 사람들은 악어를 극도로 신성시한다. 이들 어느 지방에서나 한 마리만을 골라 사육하는데, 길을 잘 들이고, 귀에는 유리나 황금으로 만든 귀걸이를 앞발에는 발찌를 끼우고, 알맞게 사료를 주고 희생물까지 바친다. 그리고 살아 있는 한 소중하게 다룬다. 죽으면 미라로 해서 성스런 묘지에 묻는다. 그러나 엘레판티네 부근의 주민은 악어를 신성하게 여기기는커녕 이들을 잡아먹기까지 한다.

이 동물의 이집트 이름은 크로코데일로스가 아니라 캄프사(champsa)라고 한다. 크로코데일로스라고 하는 것은 이오니아인이 붙인 이름으로, 이오니아인은 악어의 모양이 자기 나라의 돌담 사이에 있는 도마뱀(크로코데일로스)과 비슷하기 때문에 그것을 본떠서 그러한 이름을 붙인 것이다.

악어를 잡는 방법은 여러 가지가 있으나, 가장 이야깃거리가 될 만하다고

---

73) 악어의 혀는 작고 입 속 깊이 있어 눈에 잘 띄지 않을 뿐이다.

74) 학명은 Hyas Aegyptiacus. 머리는 노랑기가 있는 회색의 작은 새. 그러나 악어의 입 속에 들어 있는 거머리를 잡아먹는다는 것은 오류로, 거머리는 나일강에는 서식하지 않는다. 이 새에 대해서는 아리스토텔레스도 기록하고 있다.

여겨지는 것을 다음에 적어보기로 한다.

사냥꾼은 돼지의 등 부분을 줄에 달린 갈고리에 꿰어서 강 중류로 던져놓고, 자신은 강변에 서서 새끼 돼지를 때린다. 악어는 새끼 돼지 소리를 듣고 그곳으로 오다가 돼지 등살을 만나 이것을 삼킨다. 그렇게 되면 그 줄을 모두가 끌어당긴다. 악어가 육지로 끌어올리려면 사냥꾼은 맨 먼저 악어의 두 눈을 진흙으로 발라 버린다. 뒤처리를 손쉽게 하기 위해서이다. 그렇게 하지 않으면 뒷일이 복잡해져 힘이 많이 든다.

하마는 파프레미스 지역에서는 신성한 것으로 여기지만, 다른 지방의 이집트인은 이것을 신성시하지 않는다. 그 모양은 다음에 말한 대로이다. 하마는 네 발 짐승으로 발굽이 소처럼 갈라져 있고, 코는 편평하고 말처럼 갈기가 있고, 엄니는 노출되고 꼬리나 소리도 말과 비슷하며 크기는 몸집이 좋은 소 정도이다. 가죽은 매우 두껍기 때문에 말리면 투창의 자루로도 쓸 수가 있다. 강에는 수달도 서식하고 있는데[75] 이 동물도 신성시되고 있다. 어류에서는 레피도토스[76]라고 하는 물고기와 뱀장어를 신성시한다. 새 중에서는 '여우오리〔狐鴨〕'[77]가 나일강에서 신성한 것으로 여겨지고 있다.

위에 든 것 외에 포이닉스(피닉스)라고 하는 이름의 성스러운 새가 있다. 나는 그 모습을 그림으로밖에 본 일이 없다. 왜냐하면 이것은 좀처럼 나타나지 않는 새로, 헬리오폴리스의 주민 이야기로는, 500년마다 이집트에 모습을 나타낸다는 것이다. 그런데 그것은 아비 새가 죽었을 때라고 한다. 그림에 그려진 대로라고 한다면 그 크기나 모양은 다음과 같다. 깃털에는 황금빛 부분과 빨간 부분이 있는데, 그 윤곽과 크기는 독수리와 매우 비슷하다.[78] 나로서는 믿을 수 없는 일이지만, 이집트의 전승에 따르면 이 새는 다음과 같이 머리를 쓴다고 한다. 아비 새의 유해를 몰약(沒藥) 속에 넣고 빈틈없이 바른 뒤, 멀리 아라비아로부터 헬리오스 신전으로 운반하여 여기에 묻는다. 운반하는 방

---

75) 나일강에는 수달이 없기 때문에 이것은 잘못이라고 한다.
76) 잉어 종류인가? 레피도토스라는 것은 '비늘 모양의', '비늘이 있는'이라는 뜻의 말이기 때문에 무엇인가 비늘에 특색이 있는 물고기임에 틀림없다.
77) 정확한 것을 알 수 없지만 오리 종류일 것이다.
78) 이집트인은 오히려 해오라기 비슷하게 그리고 있다.

법은 먼저 몰약으로 자기가 운반할 수 있을 정도의 무게로 알 모양을 만들어 그것을 운반하는 실험을 해본다. 꼼꼼한 실험을 끝내면 알 속을 파내어 아비 새의 유해를 넣고, 아비 새를 넣기 위해 파낸 부분의 구멍은 다른 몰약으로 막으면, 아비 새를 넣은 알의 무게가 처음에 실험했던 무게와 같아진다. 포이 닉스는 이와 같이 해서 아비 새의 유해를 이집트의 헬리오스 신전으로 운반 하는 것이다. 이집트의 전승으로는 이 새가 이와 같은 일을 하는 것으로 되어 있다.

테베 부근에는 신성하다는 뱀이 있는데, 인간에게는 전혀 해를 끼치지 않 는다. 모양은 작고 머리끝에 두 개의 뿔이 나 있다.[79] 이 뱀이 죽으면 제우스의 신전에 묻는다. 이들 뱀은 제우스에게 신성한 것이라고 일컬어지기 때문이다.

부토[80]시와 마주보고 있는 아라비아의 한 지방이 있는데, 나는 예의 날개 가 있는 뱀[81]에 대해 조사를 하기 위하여 이 지방을 방문한 적이 있다. 가서 내가 본 것은 이루 다 말할 수 없을 정도로 많은 뱀의 뼈였다. 뼈의 퇴적이 여 러 개의 산더미를 이루고 있고, 그 산더미는 큰 것도 있고 조금 작은 것, 더 작 은 것 하는 식으로 여러 가지였다. 뼈가 쌓이고 있는 곳의 지세를 보면, 좁은 산간의 협곡이 넓은 평야로 막 연결되려고 하는 근처로, 이 평야는 이집트 평 야로 이어진다. 전하는 말에 따르면, 봄이 되면 날개가 있는 뱀은 아라비아에 서 이집트로 날아오는데, 이비스(따오기)라고 하는 새가 나라 입구에서 기다렸 다가 이를 공격, 뱀의 침입을 허락하지 않고 죽여 버린다고 한다. 이비스는 이 공로로 이집트인으로부터 크게 존경을 받고 있다고 아라비아 사람들은 말한 다. 그리고 이집트인 자신들도 그와 같은 이유로 이비스를 존중한다는 것을 인정한다.

이비스의 모양에 대해서 살펴보면, 온몸이 새까맣고, 다리는 학(鶴)과 같으 며, 부리는 극단적으로 구부러져 있고, 그 크기는 흰눈썹뜸부기 정도이다. 이

---

79) vipera cerastes라고 불리는 뿔 모양의 돌기가 있는 독사. 사육되고 길들여져 무해한 뱀이 되었 을 것이다.
80) 이것은 이미 몇 번 나왔던 같은 이름의 도시와는 다른 도시인 듯하다. 오히려 델타의 동쪽 에 치우쳐 있기 때문이다.
81) '날개 달린 뱀'은 헤로도토스가 쓴 것으로 보아 당시 널리 알려져 있었던 것 같은데, 실제로 무엇을 가리키는 것인지는 잘 알 수 없다.

것이 뱀과 싸우는 검은 이비스의 생김새이다.[82] 그런데 이비스에는 두 종류가 있는데, 전자와는 달리 곧잘 인간 가까이를 돌아다니는 종류의 이비스는 머리에서 목에 걸쳐 깃털이 없고, 머리와 목과 날개 끝과 꼬리 끝(이들 부분은 모두 까맣다)을 제외하고는 털이 모두 흰색이다. 그러나 다리와 부리는 앞서 말한 종류의 이비스와 매우 잘 닮아 있다.

앞서 말한 뱀 생김새는 물뱀[83]과 똑같다. 그 날개는 깃털이 없고 박쥐의 날개와 가장 닮아 있다.

신성한 동물에 대해서는 이것으로 끝내기로 한다.

이집트의 생활 양식

다음으로 이집트인에 대해 살펴보겠다. 이집트인 중에서도 농경지대에 사는 사람들은 세계의 어느 민족보다도 과거의 기록을 꼼꼼하게 보존하고 있고, 내가 알고 있는 어느 나라 주민보다도 고사(故事)에 정통하다. 이집트인의 생활양식은 다음과 같다. 그들은 건강 유지를 위하여 매월 3일간 연속해서 구토제와 관장(灌腸)을 이용하여 체내의 정화(淨化)를 꾀한다. 인간의 병은 모두 음식이 그 원인이 되어 일어나는 것으로 생각하는 것이다. 이집트인은 리비아인 다음으로 세계에서 가장 건강한 민족이다. 생각건대 이는 기후 변화가 없기 때문일 것이다. 인간의 병은 일반적으로 변화에서 기인되는 바가 가장 많은데, 그중에서도 기후 변화가 가장 큰 원인이 된다. 빵은 오리라라고 하는 곡식으로 만든 것을 주식으로 하고 있는데, 이 빵은 이집트 말로는 킬레티스라고 한다. 술은 보리로 만든 것을 마신다. 이 나라에는 포도가 나지 않기 때문이다. 생선은 햇볕에 말려 소금으로 절였다가 날것 그대로 먹는다. 조류 중 메추라기나 오리나 그 밖의 작은 새도 미리 소금에 절였다가 날것 그대로 먹는다. 그 밖의 새나 물고기는 성스러운 짐승으로 지정 받은 것을 제외하고는 무엇이든지 굽거나 삶아서 먹는다.

이집트의 부유층이 개최하는 연회에서는 식사가 끝나고 주연(酒宴)으로 들

---

82) 앞의 단락과 관련해서 살펴보면 흑색 따오기를 영물로 여겼던 것이 되는데, 실제로 이집트에서 신성시되었던 따오기는 뒤에서 말하는 종류였다.
83) 전설상의 물뱀(히드라)이 아닌 현실의 물뱀은 어떠한 종류의 것이었는지 잘 알 수 없다.

어가려고 할 때, 한 사람의 남자가 나무로 인간의 시체를 본따 만든 것을 관에 넣어 가지고 돌아다닌다. 이 나무 시체는 그것을 그린 솜씨나 판 솜씨가 실물과 똑같고 키는 1페키스(약 45cm) 내지 2페키스이다. 이것을 회식하는 사람들에게 보이면서 이렇게 말하는 것이다.

"이것을 보면서 즐겁게 술을 드시기 바랍니다. 당신도 돌아가시면 이와 같은 모습이 될 테니까요."[84]

이집트인은 연회 석상에서 이와 같은 행위를 한다.

이집트인은 조상 전래의 관습을 그대로 지켜, 새로운 관습을 도입하려 하지 않는다. 이야기할 만한 풍습은 여러 가지가 있으나, 이집트에는 노래가 하나밖에 없다는 것도 특기할 만하다. '리노스의 노래'가 그것으로 이 노래는 페니키아를 비롯하여 키프로스와 그 밖의 지방에서도 불리며, 이름은 민족에 따라 각기 다르다.[85] 이것은 그리스인의 노래 리노스와 같은 것으로 보인다. 하지만 이렇게 생각할 때 도대체 이집트인은 리노스라고 하는 이름을 어디서 외웠는지, 이것도 내가 궁금한 것 가운데 하나이다. 그러나 이집트인이 예부터 이 가요를 불러왔던 것은 분명하다. 리노스라는 이름은 이집트어로 마네로스라고 하는데 이집트인의 이야기에 의하면, 마네로스는 이집트 초대 왕의 외아들이라고 한다. 그런데 성인의 날을 보지 못하고 요절한 이 아들을 이집트인들은 예의 만가(輓歌)를 불러 애도하는데, 이 노래가 이집트의 최초이자 유일한 가요가 되었다고 한다.

이집트인이 그리스인과 일치하는 풍습이 또 하나 있다—단 그리스인이라 해도 그것은 스파르타인에 한하지만—그것은 젊은이가 연장자를 만나면 길을 양보하여 옆으로 비껴주고, 또 연장자를 맞이할 때에는 자리를 일어선다는 것이다. 그러나 그리스인과 다른 점도 있다. 이집트인은 길에서 아는 사람을 만나면 서로 인사말을 나누는 대신에 손을 무릎 근처까지 내려 인사를 한

---

84) 이것은 물론 농담이 아니었을 것이다. 인생무상이니 살아 있을 동안 마음껏 즐겁게 지내자는 것이다.

85) 키프로스에서는 아도니스, 시리아에서는 탐스, 아르고스에서는 리노스 등등이다. 보통 리노스란 봄에 나 무성하게 자란 다음 여름의 폭염에 시달리다가 가을에는 베어지는 식물의 상징이라고 해석된다. 리노스란 이름도 비탄의 울부짖음(ailinon)에서 분리되어 만들어진 것으로 보인다.

다는 것이다.

이집트인의 옷차림은, 다리 둘레에 술이 달린 칼라시리스라고 하는 아마 내의를 입고 그 위에 흰 모직 옷을 걸쳐 입는다. 그러나 모직 옷은 성역에 갈 때는 입지 않고, 사신에 입혀서 매장하지도 않는다. 그것은 종교상 금지되어 있다. 이런 점에서는 이른바 오르페우스교나 바코스교(이들은 본디 이집트에서 기원된 것이다), 더 나아가서는 피타고라스파의 계율과 일치하는 점이 있다. 이들 종파의 비밀 의식에 관여하는 자는 털옷을 입고 묻혀서는 안 되도록 되어 있다. 이에 대해서는 그것을 설명하는 설화가 전해지고 있다.

그 밖에도 이집트인이 생각해 낸 일은 여러 가지가 있다. 각 달이나 날이 어느 신에 속하는가, 각자가 태어난 날에 따라 어떤 운세를 가지며 어떻게 죽으며, 어떤 인간이 되는가 하는 것 등이 그것[86]이다. 그리고 그것을 그리스 시인들이 이용한 것이다.

또 이집트인이 발견한 징후의 종류는 실로 다수에 이르는데, 온 세계의 민족이 발견한 것을 모두 합한 것보다도 더 많다. 이집트인은 천지이변이 일어나면 그 결과를 기록해 둔다. 언젠가 훗날에 이와 비슷한 현상이 일어나면 같은 결과가 생긴다고 믿기 때문이다.

이집트에서 복점(卜占)에 대한 상황은 다음과 같다. 복점술은 절대로 인간이 다룰 기술이 아니라고 해서 몇몇 신만이 이를 행한다.[87] 이집트인에게는 헤라클레스·아폴론·아테네·아르테미스·아레스·제우스 등의 신탁소가 있는데, 수많은 신탁소 중에서도 이집트인이 가장 중요시하는 것은 부토에 있는 레토[88]의 신탁소이다. 이들의 신탁 방법은 가짓수가 많아 동일하지 않다.

이집트에서는 의술이 전문별로 분화되어 있다. 의사는 저마다 한 종류의 병만을 다룬다. 따라서 곳곳에 의사 투성이로, 눈 의사, 머리 의사, 복부 의사, 치아 의사, 환부가 분명치 않은 병의 의사 등등이 있다.

이집트에서 죽은 자에 대한 애도 의식이나 장의는 다음과 같이 거행된다.

---

86) 헤시오도스의 《노동과 나날》 중 특히 '나날' 부분은 그 최고(最古)의 예일 것이다.
87) 그리스와 같이 예언자나 신탁 해설자의 매개를 거치지 않고 신이 직접 인간에게 계시하는 것이다.
88) 이집트명은 우아토.

이집트에서는 이름 있는 사람이 죽으면, 죽은 자의 집 여자들은 모두 머리 또는 얼굴에까지 진흙을 바르고, 유해는 집 안에 남겨둔 채, 속살을 드러내고 옷은 띠로 묶고 유방을 노출시켜 자기 가슴을 치면서 대열을 지어 시내를 천천히 걷는다. 죽은 자의 인척들도 모두 그녀들과 동행한다. 한편 남자들도 옷을 벗고 가슴을 치며 슬픔을 나타낸다. 그것이 끝나면 시신을 미라로 만드는 장소로 운반해 간다.

이집트에는 미라 가공을 직업으로 삼고 개업을 하고 있는 전문적인 기술을 가진 장인이 있다. 장인들은 유체가 운반되어 오면, 그림물감을 가지고 실물과 비슷한 목제(木製) 미라의 견본을, 운반해 온 사람들에게 보인다. 그의 설명에 따르면 가장 정교한 세공을 한 것은 그 어떤 존귀한 모습[89]—이에 관련된 것으로 그 이름을 든다는 것은 필자로서는 꺼림칙하다—을 모방한 것이라고 한다. 이보다도 세공이 조잡하고 값이 싼 것이 두 번째, 그리고 세 번째는 값이 가장 싼 것[90]—하는 식으로 견본이 제시된다. 미라 장인은 위와 같은 설명을 하면서 어떤 모양으로 미라를 만들어 주면 좋은지 의뢰자의 희망을 묻는다. 가격이 결정되면 의뢰자는 돌아가고 장인은 작업장에 남아서 미라 제작에 착수하는데 가장 정교한 세공은 다음과 같이 이루어진다.

먼저 굽은 연장으로 콧구멍에서 뇌수(腦髓)를 꺼내는데, 이때 약품도 주입한다.[91] 그러고 나서 예리한 에티오피아 돌[92]로 옆구리를 따라 절개하여 장부(臟腑)를 모두 꺼내고, 꺼낸 장부는 야자유로 깨끗이 씻은 뒤 다시 갈아서 으깬 향료로 깨끗이 한다. 이어 맷돌에 간 순수한 몰약과 육계(肉桂), 그리고 유향 이외의 향료를 복강에 쟁이고 봉합한다. 그러고 나서 이것을 천연 소다[93]에 담가서 70일간 놓아둔다. 그 이상 담가 두어서는 안 된다. 70일이 지나면 유체를 씻어 고급 아마포를 잘라서 만든 붕대로 전신을 감고 그 위에 이집트

---

89) 오시리스를 가리킨다. 오시리스의 유체(遺體)를 아누비스가 미라로 만든 것이 미라 제작의 기원으로 간주되고 있었다.

90) 디오도로스에 의하면, 상등이 은 1탈란톤, 중등이 20므나, 최하등은 매우 값이 쌌다고 한다.

91) 메스만을 가지고 적출해 낼 수 없는 부분은 약품으로 녹여 빼내는 것이다.

92) 흑요석 또는 부싯돌이었을 것이라 한다.

93) 이것은 나트륨의 화합물임에는 틀림없지만, 실제로 무엇이었는지에 대해서는 이론이 분분하다. 수분을 없애고 지방이나 근육 조직을 파괴하여 피부와 뼈만을 남겨 놓기 위한 조작이다.

인이 보통 아교 대신에 사용하는 고무를 바른다. 이 일이 끝나면 근친이 미라를 받아 사람 모양의 나무 상자에 넣고 상자를 닫은 뒤 장실(葬室) 안의 벽 쪽에 똑바로 세워서 안치한다.

이상이 가장 비싼 미라를 만드는 방법인데, 비용이 많이 드는 것이 싫어서 중급 것을 희망하는 사람[94]의 경우에는 다음과 같이 해서 만든다. 삼나무에서 채취한 기름을 주입기에 채워서 유체의 복부에 가득 주입한다. 복부를 절개하거나 장부를 꺼내지도 않는다. 항문에서 기름을 주입하여 역류하지 않도록 막고 나서 소정의 일수만큼 소다에 담갔다가 70일째가 되면 뱃속에 주입했던 삼나무 기름을 빼낸다. 이 기름의 효과는, 장이나 그 밖의 내장을 용해하여[95] 함께 몸 밖으로 배출하는 것이다. 또 소다수는 살을 용해해 버리므로 나중에는 피부와 뼈만 남는다. 위의 작업이 끝나면 장인은 그 다음에는 아무런 손도 대지 않고 그대로 유체를 인도하게 된다.

재력이 가장 없는 사람의 경우에 사용하는 미라 제조 방법은, 설사가 나게 하는 약을 써서 창자 안을 세척한 뒤 70일 동안 소다에 담갔다가 그것을 인도한다.

명사의 부인이 사망했을 때에는 바로 미라 제작소로 보내지 않는다. 특히 미모의 여성이나 저명한 부인의 경우도 마찬가지이다. 죽은 지 4일 또는 5일 뒤에 미라 장인의 손으로 넘긴다. 이와 같이 하는 것은 미라 장인이 이들 여성을 범하는 것을 방지하기 위해서인데, 실제로 어떤 장인이 죽은 지 얼마 안 되는 여성의 유체를 범하고 있는 현장이 동업자의 밀고로 발각되어 체포된 일이 있다고 한다.

이집트인이건 이국인이건 악어나 강물에 휩쓸려 사망한 것이 분명한 경우에는, 사체가 떠오른 장소에 해당하는 도시의 사람이 그 유체를 미라로 하여 될 수 있는 대로 훌륭하게 꾸며서 성묘지에 묻는 것이 절대적인 의무로 되어 있다. 이때 근친이건 친구이건 그 누구도 시체에 손을 대는 것은 허락되지 않

---

94) 문자 그대로 보면 이 희망은 고인 자신에서 나온 것으로 해석된다. 그러나 앞의 기술과 관련해서 말하면 역시 의뢰인이 정할 것이므로, 그리스 문장은 간략화한 표현을 취한 것이 된다.
95) 실제로는 용해되는 것이 아니라 소다의 효과기 미칠 때까지 부패를 지연시키는 것이 그 효능이다.

고, 유체는 인간 이상의 것으로 간주되어 나일의 신을 모시는 사제들이 손수 장사지낸다.

이집트인은 그리스의 풍습을 받아들이기 싫어하는데, 일반적으로 말해서 타국의 풍습에 대해서는 모두 그렇다. 대개의 이집트인은 이 원칙을 지키는데, 테베주의 네아폴리스 근처에 있는 켐미스라고 하는 큰 도시만은 예외이다. 이 도시에는 다나에의 아들 페르세우스를 모신 사각형의 신전이 있고, 그 주위에 대추야자나무가 몇 그루 서 있다. 거대한 석조문 옆에는 역시 돌로 만든 큰 입상이 두 개 서 있다. 이 신역 안에 신전이 있고, 그 안에 페르세우스의 신상(神像)이 모셔져 있다. 켐미스시의 주민이 하는 말에 따르면 페르세우스는 자주 이 지방에 모습을 나타냈는데, 이 신전 안에 모습을 보이는 일도 드물지 않으며, 그때는 그가 신고 있던 샌들 한쪽이 남아 있었다고 한다. 그 길이는 2페키스(약 90cm)나 되며, 이 샌들이 나타날 때에는 이집트 전체가 번창한다고 한다.

이상이 켐미스 시민이 전하는 말인데, 그들은 페르세우스를 위해서 다음과 같은 그리스풍의 행사를 거행하고 있다. 체육 경기를 모든 종목에 걸쳐 개최하고, 가축·겉옷·짐승 가죽을 상품으로 내건다. 왜 페르세우스가 언제나 이 도시의 주민에게만 모습을 나타내고, 또 왜 이곳 주민들만 다른 이집트인들과 달리 경기를 개최하느냐는 나의 질문에 그들은 대답하길, 페르세우스는 본디 자기들 도시 출신이라는 것이다. 즉 다나오스와 린케우스는 켐미스의 시민이었으나, 그리스로 건너갔다고 한다. 그리고 그들에 따르면, 이 두 사람으로부터 페르세우스에 이르기까지 그 계보(系譜)를 더듬어 올라갈 수 있다는 것이다.[96] 페르세우스가 이집트로 건너온 원인은 그리스의 전설에 있는 바와 같이, 리비아로부터 고르고의 목을 베어오는 것이었으나, 그때 페르세우스는 이 도시로 와서 일족(一族) 사람들을 모두 만나 자기의 동족이라는 것을 확인했다고 한다. 그는 이 도시 이름을 어머니로부터 들어 이미 알고 있었던 셈이다. 그리고 체육 경기를 개최하는 것도 페르세우스 자신이 요구했기 때문이

---

96) 그 계보는 다음과 같다.

아이깁토스—린케우스 ⎤
다나오스—히페름네스토라 ⎦ —아바스—아크리시오—다나에—페르세우스

라는 것이 그들의 말이다.

이상 말한 것은 모두 소택(沼澤) 지대[97] 상부에 사는 이집트인이 지키고 있는 습속인데, 소택 지대의 습속도 다른 이집트인의 것과 같고 특히 그리스인과 마찬가지로 일부일처제를 견지하고 있다. 다만 식료품을 싸게 입수하는 방책으로 다음과 같은 연구를 하는 것이 다르다. 나일의 강물이 넘치고, 평야가 바다로 변하면 이집트에서 로토스[98]라고 부르는 백합 종류가 물속에서 무수히 난다. 이것을 따서 햇볕에 말려 로토스 열매 안에 있는 양귀비 머리와 같은 것을 절구로 빠서 불에 구워 빵을 만든다. 로토스 뿌리도 식용이 되는데, 둥글게 생겼으며 사과만 한 크기로 단맛이 난다. 또 같은 강 속에 자라는, 장미 비슷한 별종의 백합[99]도 있다. 그 열매는 주된 줄기와는 따로 뿌리에서 뻗은 줄기에 붙어 있는데, 그 모양은 벌집과 흡사하다. 열매 안에는 올리브의 씨만 한, 식용이 되는 입자가 많이 들어 있고, 이것을 날것 그대로 또는 말려서 먹는다.

파피루스는 그해에 자란 것을 늪에서 뽑아 윗부분은 잘라서 다른 데에 쓰고, 나머지 밑 부분 1페키스(약 45cm)는 식용으로 하거나 판다. 파피루스를 특히 맛있게 먹으려면 빨갛게 달군 흙냄비에 넣어 쪄서 먹는다.[100]

이 지방에는 물고기만 먹는 사람도 있다. 그는 물고기를 잡으면 창자를 빼내고, 햇볕에 말려서 먹는다.

무리살이하는 성질을 가진 물고기는 하천에서는 그다지 살지 않고 호소(湖沼)에서 주로 사는데, 그 생태는 다음과 같다. 이들 물고기는 교미기가 되면 떼를 지어 바다로 헤엄쳐 나간다. 수컷이 맨 앞에 서서 이리[魚白]를 뿌리면서 앞으로 나아가면 뒤를 따르는 암컷이 그것을 삼켜서 수태를 한다. 바다에서

---

97) 델타의 북방, 해안 지대의 소택지. 농경지대가 아니기 때문에 주민은 어부나 목동이고 생활 양식은 유목에 가깝다.

98) 학명은 Nymphaea Lotus Linnaei. 꽃이 하얀색인 것과 파란색인 것 두 종류가 있다. 로토스라는 말은 이집트어가 아니다.

99) Nymphaea Nelumbo. 그리스에서는 통칭 '이집트 콩'이라 부르던 것. 인도가 원산지라 한다. 여기에 기술된 것만 보아도 연꽃 종류임을 알 수 있는데, 다만 꽃과 열매가 다른 줄기에 생긴다고 되어 있는 등, 헤로도토스의 지식은 불확실한 것 같다.

100) 파피루스의 용도는 종이 제조 외에도 다방면에 걸쳐 있었다는 것은 이 책에서도 자주 언급되어 있다.

수태가 끝나면 고기들은 각기 살던 곳을 향하여 강을 올라간다. 그러나 선두에 서는 것은 수컷이 아니라 암컷이다. 떼를 이루어 선두에 선 암컷들은 앞서 수컷이 한 것과 같은 행동을 한다. 즉, 좁쌀만한 알을 조금씩 뿌리고 가면 뒤를 따르는 수컷이 그것을 삼킨다. 이 좁쌀 크기의 알 하나하나는 물고기인데 삼켜지지 않고 남은 알만이 자라나 물고기가 되는 것이다.

바다에 나갈 때의 물고기를 잡아서 보면 머리 부분 왼쪽에 찰과상이 있는 것을 알 수가 있다. 강을 올라서 되돌아가는 것들은 오른쪽에 상처가 있다. 왜 이런 상처가 나느냐 하면, 물고기는 바다로 내려갈 때나 강을 올라서 돌아갈 때에도, 왼쪽 물가를 따라 될 수 있는 대로 물가에 접근하여 닿을 정도로 헤엄을 치기 때문이다. 이것은 물의 흐름 때문에 길을 잃지 않으려는 조심 때문인지도 모른다.

나일강이 범람하기 시작하면 강가의 움푹 들어간 땅이나 저지대가 먼저 물에 잠기기 시작한다. 물이 차면 그와 동시에 거의 작은 물고기로 가득 차게 된다. 이 작은 물고기가 어디에서 생긴 것이라고 생각해야 하는가. 나는 알고 있다고 생각한다. 즉, 지난해에 나일의 물이 빠질 때, 진흙 속에 산란을 끝마친 물고기는 마지막 물과 함께 빠져나가게 된다. 때가 되어 다시 물이 차오르면 이 알에서 바로 물고기가 부화되는 것이다.

여기까지가 물고기에 관한 이야기이다.

소택 지대에 사는 이집트인은 이집트어로 키키라고 하는 피마자 열매에서 짠 기름을 사용한다. 그것을 만드는 법은 이러하다. 피마자가 그리스에서는 자생하는 야생 식물이지만, 이집트에서는 하천이나 호소 가장자리에 그 씨를 뿌린다. 이집트에서 재배되는 이 식물은 많은 열매를 맺는데, 이 열매에서는 악취가 난다. 이집트인은 이 열매를 모아 짓이기거나 불에 볶은 뒤 쪄서 기름을 채취한다. 이 기름은 기름기가 많아 등유로서는 올리브유에 뒤지지 않지만 불쾌한 냄새를 강하게 낸다.

이집트인은 무수히 많은 모기에 대한 대책으로서 다음과 같은 연구를 하고 있다. 소택 지대 위쪽(남쪽)에 사는 이집트인은 '탑(塔)'[101]에 올라가서 잠을 잔

---

101) 여기에서 탑이라고 하는 것은 발코니와 같은 것으로서, 각 가정에 구비되어 있었던 듯하다.

다. 모기는 바람의 방해를 받아 높이 날 수가 없기 때문이다.

이에 비해서 소택 지대에서 사는 주민은 탑 대신에 다른 대책을 세웠다. 이곳 주민은 누구나 투망을 가지고 있어서 낮에는 이것으로 물고기를 잡지만, 밤에는 자기 침상 주위에 이 망을 치고 그 속에 들어가서 잔다. 옷이나 아마 이불을 덮고 자도 모기들은 이를 뚫고 물지만 망을 통해서는 물 수가 없는 것이다.

이집트인이 화물을 운반하는 배는 아카시아[102] 나무로 만든다. 아카시아는 '키레네 로토스'[103]와 모양이 비슷하며, 이 나무에서 흐르는 '눈물'이 고무이다. 이 아카시아로부터 길이 2페키스(약 9cm) 정도의 판자를 잘라내어, 이것을 벽돌처럼 쌓아 선체를 만드는데, 그 공정은 다음과 같다. 튼튼한 긴 나무못으로 판자를 접합해간다. 이렇게 해서 선체가 만들어지면 그 위에 가로 들보를 걸친다. 늑재(肋材)는 사용하지 않고 선판 이음새는 안쪽에서 파피루스를 쟁여서 막는다. 키는 하나만 만들어, 용골을 뚫어서 부착시킨다. 돛대는 아카시아 재목을 쓰고, 돛은 파피루스로 만든다.

이들 배는, 강한 바람이 불지 않는 한, 강을 거슬러 올라갈 수가 없기 때문에 육상으로부터 끌고 올라가는데, 흐름을 타고 내려올 때에는 다음과 같이 한다. 능수버드나무의 재목으로 만든 문짝 모양의 뗏목에 갈대발을 친 것과, 약 2탈란톤(약 52kg)의 구멍을 낸 돌을 준비한다. 갈대발을 친 뗏목은 줄로 배 앞쪽에 매어 흐름에 맡기고, 돌은 다른 줄로 배 뒷부분에 맨다. 갈대발을 친 뗏목은 흐름에 밀려 빨리 나아가며 바리스(이런 종류의 배를 이집트어로 그렇게 부른다)를 끌지만, 한편 돌은 뒤에서 끌려, 더욱이 강바닥에 닿아있기 때문에, 배의 진로를 똑바로 유지하는 역할을 한다.

이런 종류의 배는 이집트에 매우 많고, 그중에는 수 천 탈란톤의 무게를 운반하는 배도 있다.

나일이 국토에 범람하면 물 위에 나타나 있는 것은 도시들뿐으로, 그 모양은 에게해 위에 떠 있는 섬들과 같다. 즉, 이집트의 전토는 큰 바다로 변하고

---

102) Acacia nilotica.

103) Zizyphus Spina-Christi. 제4권에 나오는 '로토파고이'(로토스를 먹는 인종)의 로토스는 이 종류인 것 같다.

도시들만이 물 위에 모습을 나타내는 것이다. 이렇게 되면 물을 건너는 것도 강줄기를 따라서 가는 것이 아니라 평야 한 가운데를 가로질러 가는 꼴이 된다. 예를 들어 나우크라티스에서 멤피스로 거슬러 올라갈 때 배가 피라미드 옆을 지나가는 것이다. 물론 이것은 정상적인 항로가 아니고, 평소에는 델타의 정점에서 케르카소로스시를 거쳐 가야 한다. 바다에서 와서 카노포스시를 경유하여 평야를 지나 나우크라티스로 항행하려면 안틸라 및 '아르칸드로스의 도시'라고 일컬어지는 도시를 지난다.

위의 두 도시 중 안틸라는 이름이 알려진 도시로, 역대 이집트 지배자[104]의 아내에게 신발 값[105]으로 주어지는 특별령으로 되어 있다. 이것은 이집트가 페르시아 지배하에 들어간 이후의 일이다.

또 하나의 도시 이름은 다나오스의 사위인 안드로스—조부는 아카이오스, 아버지는 프티오스—에서 유래된 것으로 생각된다. '아르칸드로스의 도시'가 그 도시의 이름이기 때문이다. 이와는 달리 아르칸드로스라는 이름의 인물이 있었는지는 모르지만, 여하간 그것은 이집트인의 이름이 아니다.

이집트의 역사

이제까지는 내가 나의 눈으로 본 일, 나의 견해와 내가 조사한 바를 적어왔다. 그러나 지금부터는 이집트인이 이야기해 준 것을 들은 대로 기술해 가기로 한다. 그러나 내가 실제로 본 것은 사이사이에 덧붙이게 될 것이다.

사제들의 이야기에 따르면 이집트 초대의 왕인 민(Min)왕의 업적으로는, 먼저 제방을 쌓아 현재의 멤피스 땅을 안정하게 한 것이라고 한다. 그 무렵 나일은 그 전체에 걸쳐서 리비아 쪽의 사질(砂質) 산맥을 따라 흐르고 있었는데, 민왕은 멤피스의 남쪽 약 100스타디온(약 18km)의 상류에서 강을 막아서 이를 굴곡지게 해 애초의 강바닥을 말리고, 흐름을 바꾸어 산간의 평야를 흐르도록 했다고 한다. 나일의 하류가 갇혀 있는 만곡부(彎曲部)는 오늘날에도 페르

---

104) 페르시아 왕을 가리키는지, 혹은 직접적인 지배자였던 페르시아 총독(사트라페스)을 의미하는지 모르겠으나, 여하튼 이집트인 왕은 아니었을 것이다.

105) 이것은 페르시아 특유의 풍습으로서, 왕비에게 신발 값이라든지, 하리띠 값이라고 해서 도시가 주어졌던 것이다.

시아인이 해마다 제방 보강 공사를 실시하고 엄중히 경계하고 있다. 만일 나일이 이 지점에서 제방을 부수고 범람하는 일이 있으면 온 멤피스시가 물에 잠길 염려가 있기 때문이다.

초대 왕인 민왕은 나일 하류를 막아 여기에 간척지를 조성하자 먼저 도시를 세웠는데, 바로 오늘날의 멤피스이다(사실 멤피스는 아직 델타에는 이르지 않고 있는 이집트의 협소한 부분에 있다). 도시 외곽의 북쪽과 서쪽(동쪽은 나일 그 자체가 경계를 이루고 있다)으로 나일로부터 물을 끌어 호수를 만들고, 또 이 도시에 화제가 될 만한 광대한 헤파이스토스[106] 신전을 건립했다고 한다.

사제들은 한 권의 책을 펴고 민왕 이후의 330명에 이르는 왕 이름을 차례로 들었다. 이 엄청난 수에 이르는 세대에 걸쳐, 18명은 에티오피아인이고, 단한 사람 순수한 이집트 여성이 있고, 다른 사람은 모두 이집트 남자들이다. 이 왕위에 있었던 여성의 이름은 공교롭게도 바빌론의 여왕과 마찬가지로 니토크리스라고 했다.[107]

사제들의 이야기로는 이 여왕은 형제의 원수를 갚았다고 한다. 그녀의 형제는 이집트의 왕이었으나, 이집트인들은 그를 죽이고 왕위를 니토크리스에게 위임한 것이다. 그런데 그녀는 형제의 원수를 갚기 위해 많은 이집트인들을 속여서 죽였다는 것이다. 그녀는 거대한 지하실을 만들어, 겉으로는 이의 낙성식을 축하한다 하고, 속으로는 다른 일을 꾸미고 있었다. 형제의 살해를 공모한 이집트인 중에서 죄가 가장 무거운 사람들을 초청하여 많은 손님을 환대했는데, 연회가 한창일 때 비밀리에 만든 커다란 관을 통해 강물을 흘려보냈다고 한다. 이 여왕에 관한 사제들의 이야기는 이것뿐이다. 하지만 그 외에 하나 덧붙이고 싶은 것은, 여왕은 일을 끝마치자 보복을 면하기 위해 스스로 재로 가득찬 방[108]에 몸을 던졌다고 한다.

그 밖의 여러 왕의 업적에 대해서 사제들은 아무것도 이야기하지 않았다. 빛나는 업적을 남긴 인물은 단 한 사람을 제외하고는 아무도 없었다고 한다.

---

106) 이집트명은 푸타.
107) 같은 이름의 바빌론 여왕에 대해서는 제1권에 자세히 나와 있다.
108) 불기가 있는 재 속에 던져 죽이는 형벌은 페르시아에도 있었다고 한다. 여왕은 자기 자신을 벌한 것이다.

그 유일한 예외는 역대 마지막 왕 모이리스이다. 그가 건립한 헤파이스토스 신전 북쪽 문은 그의 치세를 짐작하게 하는 불멸의 기념비이다. 또 그는 호수를 파내어(이 호수의 주위가 몇 스타디온에 이르는가는 뒤에 기술하기로 한다) 그곳에 피라미드를 세웠다. 피라미드의 규모에 대해서는 호수와 함께 뒤에서 언급하기로 한다. 모이리스는 이만한 업적을 올렸으나, 다른 왕들은 그 누구도 한 가지 사업도 남기지 않았다고 한다.

따라서 나도 이들 여러 왕에 대한 일은 제쳐두고, 그들 다음으로 왕위에 오른 세소스트리스[109]라는 인물에 대해서 이야기하기로 한다.

사제들이 말한 바에 따르면, 세소스트리스는 유사 이래 처음으로 함대를 거느리고 '아라비아만'[110]을 출발하여, '홍해' 연안의 주민들을 정복하고 다시 배를 몰아 물길이 얕아 항해를 할 수 없는 해역에까지 이르렀다고 한다.

그 원정으로부터 이집트로 돌아오자—사제들의 이야기는 계속된다—대군을 소집해서 대륙을 석권하여, 그 진로를 가로막는 민족을 모조리 평정하였다. 독립을 유지하기 위하여 용감하게 싸우는 민족을 만날 때마다, 세소스트리스는 자기와 조국의 이름 및 자기의 무력으로 이 민족을 정복한 경위를 적은 기념주를 그 나라에 세우는 것이 상례였다. 또 전투도 없이 손쉽게 도시를 점령할 수 있었던 나라에는 용감하게 싸운 민족의 경우와 같은 사항을 기념주에 적고 덧붙여 여성의 성기 모양을 거기에 새기게 하였다. 이렇게 함으로써 이 나라 주민이 겁이 많고 나약했음을 나타내려고 했던 것이다.

이리하여 세소스트리스는 대륙을 석권하고 아시아에서 유럽으로 건너가 스키타이인과 트라키아인도 정복하기에 이르렀는데, 이것은 이집트의 군대가 세운 가장 먼 거리의 기록이라고 나는 생각한다. 왜냐하면 위에 든 민족의 나라에서는 예의 기념비가 서 있는 것을 확인할 수 있으나, 그보다 더 먼 곳에서는 더 이상 볼 수가 없기 때문이다.

그는 거기에서 돌아왔는데, 파시스 강변에 이른 뒤의 일에 대해서는 나도 확실한 말을 할 수 없다. 그러나 세소스트리스왕이 군대의 일부를 이 땅에 식

---

109) 세소스트리스는 보통 제19왕조의 람세스 2세(기원전 14세기 후반)를 가리키는 것으로 여겨진다. 그러나 이론(異論)은 있다.
110) 자주 주를 달게 되지만, '아라비아만'이 오늘날의 홍해. '홍해'는 주로 인도양을 가리킨다.

민을 하기 위하여 남겼든지, 병사 중에서 왕의 방랑과도 같은 원정에 싫증이 난 사람들이 파시스 강변에 정착을 하였든지 둘 중의 하나일 것이다.

왜냐하면 코르키스인은 분명히 이집트인이기 때문이다. 내가 이렇게 단언하는 것은 다른 사람으로부터 듣기도 이전에 내가 그것을 알았기 때문이다.

나는 이 생각이 머리에 떠오르자 곧 두 민족에게 물어보았는데, 그 결과 이집트인이 코르키스인을 기억하고 있는 이상으로 코르키스인도 이집트인에 대한 일을 잘 기억하고 있다는 것을 알았다. 이집트인도 코르키스인은 세소스트리스의 원정군에서 떨어져나간 사람으로 생각한다고 말했던 것이다. 그런데 나 자신이 그렇게 추정한 근거는 먼저 코르키스인의 피부색이 검고 머리카락이 곱슬머리이기 때문인데, 물론 그것만으로는 아무런 증명도 되지 않는다. 그와 같은 특징을 가진 사람들은 그 밖에 얼마든지 있다. 이런 점보다도 더 유력한 근거가 되는 것은, 세계에서 코르키스인과 이집트인, 그리고 에티오피아인만이 예부터 할례를 행했다는 점이다. 페니키아인과 팔레스티나의 시리아인은 그 풍습을 이집트인으로부터 배웠다는 것을 스스로 인정하고 있고, 테르모돈과 파르테니오스의 두 강변에 사는 시리아인[111] 및 그들과 인접하는 마크로네스인은 최근에 이것을 코르키스인으로부터 배웠다고 말하였다. 요컨대 세계에서 할례를 행하는 것은 위의 민족뿐이며, 더욱이 그 방법은 분명히 이집트인과 같다. 당사자인 이집트인과 에티오피아인 중 어느 쪽에 먼저 배웠는지는 나도 모른다. 여하간 그들 나라에서는 그것이 분명 오래된 풍습으로 되어 있다. 위의 여러 민족이 이집트와의 교류를 통해서 그 풍습을 배웠다고 하는 나의 견해에 대해서 다음과 같은 사실도 유력한 증거가 된다. 즉, 페니키아인이라도 그리스와 교류가 있는 사람은 이집트인을 따르지 않고 아이들에게 할례를 실시하지 않는 것이다.

또 코르키스인이 이집트인과 닮은 점을 하나 더 들어보기로 한다. 그것은 코르키스인과 이집트인만이 같은 방법으로 아마를 재배한다는 점이다. 그들은 생활양식 전반이나 언어도 서로 비슷한 것이다. 그리스인은 코르키스 산 아마를 '사르데냐 마',[112] 이집트에서 건너온 것은 '이집트 마'라고 부르고 있다.

---

111) 이 민족은 제1권에 나오는 '카파도키아의 시리아인'과 같은 민족이다.
112) 왜 사르데냐의 이름이 여기에 나오는지는 알 수 없다. 사르데스의 와전이라고 보는 설도 있

이집트의 왕 세소스트리스가 각지에 세운 기념비는 대부분 사라져 남아 있지 않으나, 나는 팔레스티나 시리아에서 현존하는 것을 몇 개 보았다. 거기에는 앞서 말한 비문이나 여자의 성기가 새겨져 있었던 것이다. 또 이오니아 방면에도 암벽에 부각한 이 인물의 상이 두 개 있다. 하나는 에페소스에서 포카이아로 통하는 큰길 위에 있고, 다른 하나는 사르디스에서 스미르나로 통하는 길에 있다. 어느 경우나 키가 4.5페키스(약 2m) 정도 되는 남자가 새겨져 있는데, 그 사나이는 오른손에는 창을, 왼손에는 활을 들었다. 그 밖의 옷차림은 일부는 이집트식, 일부는 에티오피아식 복장을 하고 있다.[113] 그리고 가슴에는 한쪽 어깨에서 다른 쪽 어깨로 이집트의 신성문자로 적은 비명이 새겨져 있는데, 그 뜻은 이렇다.

'나는 이 땅을 내 어깨 힘으로 얻었노라.'

다른 곳의 비문에는 어디의 누구인가가 적혀 있지만 이곳 비문에는 없다. 그래서 이들 상을 본 사람 중에는 이것이 멤논[114]이라고 추정한 이도 몇 명 있는데, 이는 틀려도 이만저만하게 틀린 것이 아니다.

그런데 사제들의 이야기에 따르면, 이 이집트인인 세소스트리스는 그가 정복한 여러 나라의 주민 다수를 포로로 데리고 귀국하는 도중에 페르시온의 답프나이에 들렀다.

거기서 세소스트리스가 출정하는 동안 이집트의 통치를 위임받았던 그의 동생이 그와 그의 아들들을 향연에 초대해 놓고 그 집 주위에 장작을 쌓아 불을 질렀다. 이것을 안 세소스트리스는 곧 아내와 그 대책을 상의하였다. 그는 아내도 대동하고 있었던 것이다. 그러자 그의 아내는 여섯 명 있는 아들 중 두 아이를 불타는 장작 위에 뉘어 불의 바다를 건너는 다리로 삼아 자기들은 탈출하는 것이 좋겠다고 말하였다. 세소스트리스는 아내가 말한 대로 하였다. 이렇게 해서 두 아들은 타죽었으나 나머지 아이들은 아버지와 함께 난을 면했다고 한다.

고(사르데스를 경유하여 수입됐다고 설명한다), 본디 다른 명칭이 있었는데 이것이 와전된 것이라 보는 설도 있다.

113) 활은 에티오피아인, 창은 이집트인이 애용했던 무기였다.

114) 트로이 전쟁 때 트로이 쪽의 원군으로 참가했던 에티오피아의 왕.

이집트로 돌아온 세소스트리스는 동생에게 보복한 뒤 정복지에서 데리고 온 많은 포로들을 다음과 같이 이용하였다. 이 왕이 살아 있을 때 많은 거석(巨石)이 헤파이스토스 신전으로 운반해 놓았는데, 이들 돌을 끈 것은 포로들이었고, 또 현재 이집트에 있는 운하도 모두 포로들의 강제 노동에 의해서 판 것이다. 그런데 그들이 한 일은 뜻밖에도, 이제까지 온 국토가 말이나 전차를 모는 데에 적합했던 이집트가 그 편리성을 잃게 하는 결과를 초래하고 말았다. 사실 이때부터 이집트는 국토가 평야임에도 말이나 전차를 사용할 수 없는 땅으로 변했는데, 종횡으로 달리는 무수한 운하가 그 원인이 되었던 것이다.

왕이 운하를 만들기 위해 국토를 파헤친 데에는 이유가 있었다. 이집트에서도 나일 강변에서 떨어져 안쪽에 도시를 이루고 사는 사람들은 강물이 수위가 떨어질 때마다 물 부족에 시달렸다. 그래서 우물을 파서 염분이 많은 물을 음료수로 충당할 수밖에 없었던 것이다. 이집트의 국토가 운하를 통해 종횡으로 구획된 것은 그 때문이었다.

사제들의 이야기에 따르면, 이 왕은 모든 이집트인에게 같은 면적의 네모난 땅을 분배해 주었는데, 이로써 해마다 연공(年貢)을 바치는 의무를 부과하여 나라의 재원을 확보했다고 한다. 강이 들어와 소유지의 일부를 잃는 사람은 본인이 왕에게로 출두해서 그것을 보고하도록 되어 있었다. 그러면 왕은 검증을 위해 사람을 내보내어 토지의 감소분을 측량시켜, 그 뒤에는 나머지 토지에 대해서만 연공을 바치게 한 것이다. 생각건대 기하학[115]은 이와 같은 동기에서 발명되어, 나중에 그리스로 전해졌을 것이다. 실제로 그리스인은 해시계,[116] 지시침(指時針),[117] 또 하루의 12분법을 바빌론인으로부터 배운 것이다.

이집트인으로 에티오피아에 군림한 것은 이 왕 한 사람뿐이었다. 그는 자기의 공적을 기념하기 위하여 헤파이스토스 신전 앞에 자기와 아내의 모습을 새긴 30페키스(약 14m)나 되는 두 개의 석상을, 네 명의 아들들을 위해서는 각기 20페키스(약 9m)의 석상을 남기고 있다. 그리고 그 뒤 훨씬 시간이 지나서

---

115) 본디의 뜻은 '측지술(測地術)'이다.
116) 해시계(포로스)는 안이 빈 반구의 가장자리에 막대기를 세운 것으로, 그 막대기가 던지는 그림자에 따라 시간뿐만 아니라 계절도 나타나게 고안되어 있다.
117) 포로스를 간략하게 만든 듯한 것으로 단순히 막대기를 평면에 세운 것.

의 일이지만, 페르시아 왕 다레이오스가 위의 석상 전면에 자기 입상을 세우려고 했을 때, 헤파이스토스의 사제는 다레이오스에게는 세소스트리스가 한 만큼의 업적이 없다고 해서 그것을 허용하지 않았다. 세소스트리스는 다레이오스에 못지않게 많은 민족을 정복했을 뿐만 아니라 스키타인인도 평정하였으나, 다레이오스는 스키타아를 점령할 수가 없었다. 따라서 공적 면에서 세소스트리스를 능가할 수 없는 사람이 그가 봉납한 물건 앞에 자기상을 세우는 것은 좋지 않다는 것이다. 사제의 말에 대해서 다레이오스도 이것을 양해하였다고 한다.

세소스트리스가 죽은 뒤, 그의 아들 페로스가 왕위를 이어받았다고 한다. 페로스는 군사상의 업적은 아무것도 없었으나, 다음과 같은 사건이 있어서 눈이 멀었다는 이야기기 전해지고 있다.

어느 해 나일강이 이상한 범람을 일으켰다. 이때의 수위는 18페키스(약 8m)에 이르러 농경지가 침수되고, 불어오는 바람으로 강의 수면에는 높은 파도가 일었다. 그때 이 왕은 무모하게도 손에 창을 들어 소용돌이치는 물 한가운데로 던졌는데, 이내 눈에 병이 걸려 앞을 못보게 되었다고 한다. 그는 이렇게 해서 10년 동안 눈이 먼 채로 있었는데, 11년째에 푸토시에서 신탁이 왔다. 그의 처벌 기간이 지났다는 것, 남편만 접하고 다른 남자를 모르는 여자의 오줌으로 눈을 씻으면 다시 빛을 찾을 것이라고 알린 것이다. 그래서 왕은 우선 자기의 왕비를 시험해 보았으나 아무런 효용이 없었기 때문에 차례로 많은 여자에 대해서 시도를 해 보았다. 마침내 눈이 보이게 된 그는 이제까지 시도를 했던 여자들을 모두—단, 시력을 회복하는 데에 효과가 있었던 오줌을 준 여자는 제외하고—오늘날 '적토(赤土 : 에리트라 볼로스)라고 불리는 도시로 모아 태워 죽였다고 한다. 그리고 시력을 회복하는 데에 효과가 있었던 오줌의 주인공을 왕비로 삼은 것이다.

눈병을 면한 그는 이름 있는 신전에는 빠짐없이 봉납품을 바쳤는데, 그중에서도 특기할 만한 것은 헬리오스의 신전에 봉납한, 실로 훌륭한 작품이다. 그것은 두 개의 석조 오벨리스크로, 각각 높이는 100페키스(약 45m), 폭 8페키스(약 3.6m)나 되고, 어느 것이나 단 한 개의 석재로 만들어져 있다.

이 페로스로부터 왕위를 이어받은 것은 멤피스 출신으로, 그리스어로는 프로테우스[118]라는 이름이었다고 한다. 현재 멤피스에는 헤파이스토스 신전의 남쪽에 그를 모신, 좋은 솜씨로 만든 실로 훌륭한 신전이 있다. 이 신역 주위에는 티로스 출신의 페니키아인들이 거주하고 있고, 이 지구 일대가 '티로스인 진지'라 불리고 있다.

그런데 이 프로테우스를 모신 신전 안에 이른바 '이국(異國)의 아프로디테'[119]라고 하는 신전이 있다. 내가 추정하기에는, 사실 이것은 틴다레오스의 딸 헬레네를 모신 신전일 것이다. 그 이유는 먼저 헬레네가 프로테우스 곁에 머물렀다는 전승이 있다는 것과, 다음으로는 이 신전에 '이국의 아프로디테'라는 이름이 붙어 있다는 점이다. 다른 곳에도 아프로디테 신전이 여럿 있지만 '이국의'라는 이름이 붙여진 것은 그곳밖에 없기 때문이다.

내 질문에 대답하여, 사제들은 헬레네의 몸에 일어났던 일을 다음과 같이 이야기해 주었다.

알렉산드로스(파리스)는 스파르타에서 헬레네를 빼앗아 모국으로 향하였으나, 에게해를 나오자 배가 열풍에 떠내려가 이집트해로 들어오고 말았다. 바람이 그치지 않는 상태에서 이집트에 닿고 말았는데, 그 장소는 오늘날 카노포스 하구라고 불리는 나일의 하구로 타리케이아이라는 도시가 있는 근처이다. 이 해안에 헤라클레스의 신전이 있어서 오늘날에도 남아 있는데, 그 누구를 섬긴 노예이든 이 신전으로 도망가서 신성한 표지를 받고 신에게 일신을 바치면 누구이든 간에 그 사람의 몸에 손을 댈 수가 없게 되는 것이다. 이 풍습은 예부터 오늘에 이르기까지 변함없이 이어지고 있다.

그런데 알렉산드로스의 노예들이 이 신전의 관습을 알고는 모반을 일으켜, 이 신전의 비호를 구하는 탄원자가 되어 신전 안에 들어앉았다. 그리고 주인을 모함에 빠뜨리기 위해 그에 대한 여러 가지 악담을 하고, 헬레네에 관한 일과 메네라오스에 대해 저지른 나쁜 일 등을 자세하게 이야기하였다. 그들은

---

118) 프로테우스에 관한 그리스 최고(最古)의 문헌은 《오디세이아》로, 여기에서 프로테우스는 이집트 해변에 사는 해신으로 되어 있다. 그런데 어떠한 경로를 통해 이렇게 되었는지 자세한 것은 알 수 없지만, 어느 사이에 프로테우스가 이집트 왕의 이름으로 된 것이다. 이것이 이집트의 어느 인물(또는 신)에 해당하는지는 알 수 없다.

119) 페니키아의 여신 아스타르테를 가리킨다는 것은 거의 의심할 여지가 없다.

이와 같은 일을 신전의 사제들에게 뿐만 아니라 이 하구의 경비를 맡아보는 토니스라고 하는 사람에게도 이야기한 것이다.

이 사람들의 이야기를 들은 토니스는 멤피스의 프로테우스에게 급히 사자를 보내어 다음과 같이 보고하게 하였다.

"이곳에 이국인 한 사람이 왔는데, 그자는 트로이의 일족으로 그리스에서 악한 짓을 한 자입니다. 즉, 자기를 환대해 준 사람의 눈을 속여 그 아내를 유혹하였을 뿐만 아니라 막대한 재보를 훔쳤습니다. 그리고 도망가는 도중, 바람 때문에 흘러서 이 왕국에 표착한 것입니다. 이자에게 위해를 가하지 않고 출범하게 할까요, 그렇지 않으면 가지고 있는 것을 모두 빼앗을까요."

이에 대해 프로테우스는 다음과 같이 전하게 하였다.

"자기를 환대해 준 사람에게 좋지 않은 행동을 했다는 그 사나이는 누구인지는 모르나, 그자가 무엇이라고 하는지 듣고 싶으니 잡아서 나에게로 데려오너라."

이 말을 들은 토니스는 알렉산드로스를 잡고 그 선단을 억류했다. 그리고 알렉산드로스와 함께 헬레네와 재보, 더 나아가서 탄원자가 된 이전의 노예들도 멤피스로 보냈다. 그들이 연행되어 오자, 프로테우스는 알렉산드로스에게 그대는 누구이며 어디에서 왔느냐고 물었다. 알렉산드로스는 그에게 자기 가계(家系)를 말하고 모국의 이름을 알린 뒤, 어디에서 출항해 왔는가를 이야기하였다.

이어 프로테우스가 어디에서 헬레네를 데리고 왔는가를 묻자 알렉산드로스는 어물거리며 진실을 말하지 않았다. 그러자 탄원자가 된 자들이 그의 기만을 나무라고 그가 저지른 모든 나쁜 짓의 자초지종을 이야기했다. 그리하여 결국 프로테우스는 다음과 같은 판결을 내린 것이다.

"내가 바람에 의해 표류하여 우리나라에 도착한 외인은 결코 죽이지 않는다는 것을 신조로 하지 않았다면, 나는 반드시 그리스인을 대신해서 너에게 무거운 벌을 내렸을 것이다. 환대를 받으면서도 있을 수 없는 행위를 한 이 못된 놈 같으니! 환대를 해준 사람의 아내에게 손을 대다니! 그것으로도 모자라 여자를 부추겨서 함께 도망을 치다니! 아니, 그것도 모자라 은인의 집을 뒤져 재보까지 훔치다니! 그러나 나는 외인을 죽이지 않음을 신조로 삼고 있으니 이렇게 하겠다. 이 여자와 재보는 네가 가지고 가게 할 수 없다. 네가 손님이 된 저 그리스인이 직접 이곳으로 와서 가지고 갈 때까지 그를 위해 내가 맡아두겠다. 너와 일행은 3일 이내에 우리나라를 떠나 다른 나라로 갈 것을 명한다. 만약에 명령에 거역하면 적으로서 다루겠다.”

헬레네가 프로테우스에게로 오게 된 경위는 위와 같았다고 사제들은 이야기해 주었다. 나는 호메로스도 이 이야기를 알고 있었다고 생각한다. 그러나 그가 실제로 사용한 설화만큼은 서사시에 알맞지 않았기 때문에 이것을 다루지 않았는데, 그가 이 이야기도 알고 있었다는 것은 그 자신이 분명히 나타내고 있다. 그가 《일리아드》에서 알렉산드로스의 표류를 말하면서 헬레네를 데리고 여러 곳을 방랑하였고, 특히 페니키아의 시돈에 갔었다는 것을 적고, 더욱이 다른 저술에서도 이를 번복하는 일 따위는 하지 않은 것으로 보아도 분명하다. 호메로스가 이에 언급하고 있는 것은 ‘디오메데스의 분전(奮戰)’[120]이라는 대목인데, 그 구절을 들어보면 다음과 같다.

거기에는 시돈 여자들이 보기에도 화려하게 수놓은 의상이 들어 있었다. 그 여자들에게 마치 신과 같이 거룩하게 보인 알렉산드로스는 존귀한 태생의 헬레네를 데리고 고국으로 함께 가던 중, 넓은 바다를 건너 시돈의 나라로부터 그 여자를 데리고 돌아갔다.

[121]호메로스는 《오디세이아》에서도 다음과 같이 이 대목을 언급하고 있다.
제우스의 딸(헬레네)은 이와 같이 효험이 뚜렷한 비약을 가지고 있었는데, 이것은 톤의 아내인 이집트 여자 폴리담나가 그녀에게 준 것으로, 이 풍요로운 이집트의 땅은 여러 가지 약초를 산출하여 양약(良藥)이 되는 것

---

120) 이러한 작은 표제(標題)는 호메로스의 시가 권별로 나누어져 고정되기 이전에 시 속의 각 부분을 나타내기 위해 상용했던 것이다. 다음에 인용되고 있는 절은 《일리아드》 제6권 289~292행인데, 오늘날의 텍스트에서 ‘디오메데스의 분전’이라는 표제는 제5권에만 한정되어 있다. 기원전 5세기 무렵의 쓰임은 이와 달랐을 것이다.

121) 다음의 대괄호 부분은 전후 관계로 보아 적절치 못하기 때문에 일단 원전에서 떼어내는 것이 좋을 듯하다—는 것이 오늘날의 통설이다. 이것은 헤로도토스 자신이 보충 기록으로서 본문 외에 써놓았던 것인데, 본문 속에 끼워 넣어 전해진 것인지도 모른다.

도 많으나 무서운 독약이 되는 것도 또한 적지 않다.[122]

또 메넬라오스는 다음과 같이 텔레마코스에게 말한다.

이집트에서는 하루라도 빨리 귀국을 원하는 나를 신들이 놓아주지 않았다. 내가 신들에게 약속한 소 100마리를 제물로 바치지 않았기 때문이지.[123]

알렉산드로스가 이집트로 표류한 이야기를 호메로스가 알고 있었다는 것은 이들 시구(詩句)들을 보아도 분명하다. 시리아는 이집트와 경계를 접하는 나라이고, 시돈이라고 하는 도시를 세운 페니키아인은 시리아에 살고 있기 때문이다.

서사시 《키프리아》가 호메로스의 작품이 아니라, 누군가 다른 시인이 쓴 것이라는 사실도 위의 시구(詩句)에 의해서 확실하다고 할 수 있다. 《키프리아》에는 헬레네를 동반한 알렉산드로스가 순풍과 평온한 바다 덕택으로 스파르타를 떠난 지 3일 만에 일리온(트로이)에 도착했다고 되어 있는데, 《일리아드》에는 알렉산드로스가 헬레네를 데리고 표류했다고 되어 있기 때문이다.

호메로스와 〈키프리아〉[124]에 대한 것은 이쯤 해 두기로 한다.

내가 사제들에게 트로이 전쟁에 관한 그리스의 전승(傳承)은 가짜인지의 여부를 물었더니, 그들은 그 일에 대해서는 메넬라오스 본인에게 들어 잘 알고 있다고 하면서 다음과 같이 이야기해 주었다.

헬레네가 유괴된 뒤, 메넬라오스에 가세한 그리스의 대군은, 테우크로이의 나라(트로이)에 공격을 가해 그 땅에 상륙하여 진을 치고 일리온의 성에 사자를 보냈는데, 당사자인 메넬라오스도 이에 동행하였다. 그들은 성 안으로 들어가자, 헬레네와 알렉산드로스가 훔쳐간 재보의 반환과 죄과에 대한 보상을

---

122) 《오디세이아》 제4권, 227~230행.
123) 《오디세이아》 제4권, 351~352행.
124) 이른바 《트로이 서사시환(敍事詩環)》의 첫머리에 나오는 작품으로, 트로이 전쟁의 발단에서 전개 초기의 사건을 말하고 《일리아드》로 이어지는 것. 스타시노스의 작품으로 알려져 있다.

요구하였다. 그러나 이때의 테우크로이인(트로이인)의 대답은, 훗날까지 그들이 되풀이해서—맹서의 말을 하기도 하고 하지 않기도 했지만—한 말과 마찬가지였다. 헬레네도, 그들이 훔쳤다고 말하는 재보도 이미 그곳에는 없고 모두 이집트에 있다는 것, 따라서 이집트 왕 프로테우스가 가지고 있는 것을 보상할 이유가 없다는 것이었다. 그러나 트로이인으로부터 우롱당한다고 생각한 그리스인은 트로이를 포위·공격하여 마침내 이를 점령하고 말았다. 그러나 성을 점령해 보아도 헬레네의 모습은 나타나지 않고 여전히 전과 똑같은 말을 듣고서야, 그리스인은 마침내 처음 이야기를 믿고 메넬라오스를 프로테우스에게로 보냈다.

메넬라오스는 이집트에 도착하자 나일강을 올라가 멤피스에 이르러 자초지종을 있는 그대로 이야기했다. 그러자 비상한 환대를 받고 아무런 위해도 당하지 않고 무사한 헬레네와, 본디 그의 것이었던 재보를 돌려받았다.

그런데 메넬라오스는 이 정도로 좋은 대우를 받으면서도 이집트인에 대해서 괘씸한 죄를 범했다. 즉, 메넬라오스는 하루라도 빨리 출항하고 싶었으나 악천후 때문에 발이 묶여 있었는데, 이 사태가 여러 날 계속되자 그 고장 주민의 어린 아이 둘을 잡아 희생물로 바쳤던 것이다. 그의 이러한 행동이 알려지자, 그는 주민들의 증오의 표적이 되어 그 비난을 피하고자 배를 타고 리비아로 도망갔다. 그러나 그가 거기에서 다시 어디로 향하였는가는 이집트인도 알 수 없었다. 그들의 평계에 따르면, 위와 같은 일 중 일부분은 조사를 한 결과 겨우 알게 된 것이지만, 자국 내에서 일어난 부분에 관해서는 확실히 알고 또 그것을 이야기했다는 것이었다.

여기까지가 이집트의 사제들이 한 이야기인데, 헬레네에 관해서 그들이 한 이야기는 나도 찬성하는 바이다. 왜냐하면 나는 다음과 같이 생각하기 때문이다. 만약에 실제로 헬레네가 일리온에 있었다고 한다면, 알렉산드로스의 의지 여하에 상관없이 헬레네는 그리스군에게로 돌려보내어졌을 것이다. 프리아모스나 그의 근친들도 알렉산드로스를 헬레네와 동거시키기 위해, 내 몸, 내 아들, 내 나라까지 위험에 빠뜨릴 정도로 어리석었을 것이라고는 여겨지지 않기 때문이다. 설령 그들이 처음에는 그와 같은 생각을 품었다 해도 그리스군과 싸울 때마다 트로이 측은 많은 전사자를 냈고, 또—만약에 서사 시인들을 근거로 삼아 이야기해도 좋다면—프리아모스 자신의 아이들도 싸울 때마다 반드시 두서너 명 내지는 그 이상 전사해 갔었다면, 설령 헬레네의 남편이 프리아모스 그 사람이었다고 해도, 프리아모스는 눈앞의 위기를 벗어나기 위해서 헬레네를 아카이아군에게 돌려보냈을 것이다.

뿐만 아니라 가령 트로이의 왕위가 얼마 뒤 알렉산드로스에게로 양위하도록 되어 있었다고 한다면, 전권이 이미 노경에 든 프리아모스에게서 알렉산드로스의 수중으로 넘겨졌다는 것도 가능할지 모른다. 그러나 사실은 그렇지가 않다. 그보다도 연장자이자 무용도 뛰어났던 헥토르가, 아버지가 죽은 뒤 왕위를 이어받도록 되어 있었던 것이다. 이 헥토르가 나쁜 짓을 한 동생이 하라는 대로 따랐을 리가 없고, 이 동생 때문에 작게는 자기 자신, 크게는 트로이의 온 국민이 비상한 재난을 당하고 있는 이상 더욱 그랬을 것이다.

그러나 트로이 쪽은 사실 헬레네를 돌려보내려 했어도 보낼 수 없었고, 더욱이 있는 그대로를 말한 트로이 쪽의 말을 그리스인은 믿지 않았던 것이다. 여기에서 나의 견해를 말하자면, 이것이야말로 큰 죄과에 대해서는 신이 내리는 벌 또한 크다는 이치를, 전멸의 비운을 당한 트로이를 본보기로 해서 인간에게 보이려고 한 신의 섭리였던 것이다. 적어도 개인적으로는 그렇게 생각한다.

사제들에 따르면, 프로테우스로부터 왕위를 이어받은 것은 람프시니토스[125]였다. 이 왕이 남긴 기념물로서는 헤파이토스 신전의 서쪽 문이 있는데, 그는 이 문 앞에 높이 25페키스(약 11)나 되는 두 개의 상을 세웠다. 이집트인은 북쪽의 상을 '여름', 남쪽의 상을 '겨울'이라고 부른다. 그런데 '여름'이라고 부르고 있는 상에는 배례도 하여 이를 소중히 다루고 있으나, '겨울'이라고 불리는 상에 대해서는 이와는 정반대이다.

이 왕은 막대한 양의 은을 갖고 있었는데, 그 이후의 어떠한 왕도 이 점에서 그를 능가하기는커녕 그의 발밑에도 미치지 못할 정도였다고 한다. 왕은 이 재보를 안전하게 보관하려고, 한쪽 벽이 궁전의 바깥담의 일부가 되게 하여 돌로 된 방 하나를 만들게 하였다. 그런데 이 일을 맡은 사람이 악한 마음

---

125) 정확한 것은 아니지만, 람세스 3세인 듯하다.

을 품고 다음과 같은 일을 꾸몄다고 한다. 즉, 벽을 이룬 돌 중 하나는 두 사람 또는 한 사람이라도 손쉽게 벽에서 빼고 끼울 수 있도록 해놓은 것이다. 이윽고 방은 완성되어 왕은 거기에 재보를 넣어두었다. 그런데 시간이 지나 임종이 가까워진 그 목수가 두 아들을 베개 맡에 불러, 그들이 앞으로 부유한 생활을 할 수 있게 하려는 마음에서 왕의 보고를 세울 때 해 두었던 세공을 들려주었다. 그리고 돌의 위치를 나타내는 표시를 가르쳐주고 자기가 말한 대로 하면 왕의 재보는 마음대로 할 수 있다고 말하였다. 목수가 죽자 아들들은 곧 일에 착수, 밤을 틈타서 왕궁으로 스며들어 건물 안에서 예전의 그 돌을 손쉽게 빼내고 많은 재보를 가지고 나왔다.

그런데 우연히 보고를 열어본 왕이 몇 개의 단지에 들어 있던 재보가 없어진 것을 보고 이상하게 생각하였으나, 봉인(封印)도 무사하고 방도 닫혀 있었기 때문에 누구의 짓인지 알 수가 없었다. 그러나 두 번, 세 번, 보고를 열 때마다 재보가 줄어들고 있다는 것이 명백해지자—도둑은 훔치는 일을 그만두지 않았던 것이다—왕은 다음과 같은 수단을 취했다. 덫을 여러 개 만들게 해서 이것을 재보가 들어 있는 단지 주위에 놓아두라고 명령한 것이다. 도둑들은 이전처럼 와서 한 사람이 보고 안으로 들어갔으나, 단지에 접근하자마자 이내 덫에 걸리고 말았다. 그는 자기가 심상치 않은 처지에 빠진 것을 알자, 곧 동생에게 소리를 질러 사정을 이야기하고 지체 없이 빨리 들어와서 자기 목을 자르라고 말하였다. 얼굴이 알려지면 동생도 동반자가 될 염려가 있다는 것이었다. 그 말을 듣고 일리가 있다고 생각한 동생은 하라는 대로 형의 목을 자르고 돌을 예전대로 해놓고 형의 목을 가지고 집으로 돌아왔다.

날이 밝아 보고로 들어온 왕은 목이 없는 도둑의 시체가 덫에 걸려 있고, 더욱이 입구도 출구도 없는 보고에 이상이 없는 것을 보고 매우 놀랐다. 어찌할 바를 모르고 있던 왕은 이렇게 하기로 하였다. 도둑의 시체를 담에 매달고 망을 보게 해서, 시체를 보고 슬퍼하는 사람이 발견되면 곧 잡아서 자기에게로 데려오라고 명령한 것이다.

시체가 매달리자 도둑의 어머니는 매우 슬퍼하며 어떻게 해서든지 형의 시체를 내려서 가져오도록 살아남은 아들에게 일렀다. 그리고 만약에 자기 말대로 하지 않으면 자기가 왕에게로 가서 자기 아들이 재보를 가지고 있음을 알리겠다고 위협했다.

살아남은 아들은 어머니로부터 심한 꾸지람을 듣고, 여러 말로 설득해 보았으나 어떻게 해도 어머니의 마음을 바꿀 수가 없다는 사실을 알자 한 계책을 생각해냈다. 그는 당나귀 몇 마리를 준비하여 술을 가득 담은 가죽 부대를 당나귀 등에 싣고 끌고 갔다. 그리고 시체를 망보고 있는 파수꾼들 앞까지 와서 술 부대의 끈을 풀었다. 술이 흐르기 시작하자, 어느 당나귀에 우선 손을 대면 좋을지 모르는 양 큰 소리로 자기 머리를 쥐어박았다. 파수꾼들은 많은 양의 술이 흘러나오는 것을 보자 이거 웬 떡이냐 하며 그릇을 가지고 흐르는 술을 받으려고 뛰어왔다. 살아남은 아들은 화가 난 체하고 파수꾼들에게 심한 욕설을 퍼부었지만, 파수꾼들이 그를 위로하자 마치 화가 풀린 체하고 결국 당나귀를 길가로 끌고 가서 짐을 정리했다. 그러고 나서 이런저런 말을 나누는 동안에 농담을 하며 그를 웃기는 자가 나오기에 이르자 사나이는 술 부대 하나를 파수꾼에게 주었다. 파수꾼들은 바로 그 자리에 앉아 술을 마시게 되었는데, 그 사나이에게도 함께 마시자고 했다. 물론 그 사나이는 그 권고를 따라 그 자리에 남았다. 술을 마실수록 파수꾼들이 그를 친절하게 대해주자 사나이는 다시 술 부대 하나를 또 주었다. 파구꾼들은 물을 끼얹듯이 술을 마시고 취해서 졸음을 이기지 못한 채 그 자리에서 잠이 들고 말았다. 밤이 깊어지자 사나이는 형의 시체를 내린 뒤, 파수꾼들에게 모욕을 줄 양으로 한 사람도 남김없이 오른쪽 뺨을 칼로 그은 다음 시체를 당나귀에 싣고 돌아왔다. 이렇게 해서 그는 어머니의 소원을 풀었던 것이다.

도둑의 시체가 도둑맞았다는 보고를 받고 크게 노한 왕은 이와 같은 짓을 한 자를 어떻게 해서든지 찾아내고 싶어서, 나로서는 도저히 믿을 수 없는 다음과 같은 일을 했다고 한다. 자기 딸을 사창가로 보내어 어떤 남자라도 차별하지 말고 손님으로 맞아 반드시 몸을 허락하기 전에, 이제까지 해온 일 중에서 가장 교묘하면서도 악한 짓은 무엇이었던가를 이야기하게 하라고 타일러 두었다. 그리고 만약에 예의 도둑이 했던 일을 말한 자가 있으면 그 사나이를 잡아 도망가지 못하도록 하라고 일렀던 것이다.

왕녀는 아버지가 하라는 대로 하고 있었는데, 앞서의 그 도둑은 무엇 때문에 그와 같은 일을 하고 있는가를 알게 되자 지혜 다툼을 하고 싶은 생각에 왕을 보기 좋게 따돌릴 생각으로 다음과 같은 일을 하였다. 막 살해된 시체의 한쪽 팔을 어깨로부터 잘라내어, 이것을 저고리 아래에 감추고서 왕녀에게로 갔다. 그리고 다른 사나이들과 같은 물음을 받자, 자기가 가장 몹쓸 행동을 한 것은 왕의 보고에서 덫에 걸린 형의 목을 잘랐을 때의 일이고, 가장 교묘한 공훈담은 파수꾼들을 술에 취하게 한 뒤 매달린 형의 시체를 내렸을 때라고 이야기하였다. 왕녀가 그 이야기를 듣고 그를 잡으려 하자 도둑은 어둠 속에서 시체의 팔을 여자 쪽으로 내밀었다. 왕녀는 그 사나이의 팔을 잡고 있다 생각하여 그 팔을 놓지 않았다. 그 틈에 도둑은 그 팔을 여자에게 맡긴 채 그대로 문 밖으로 빠져나가고 말았다.

이윽고 이 말도 왕의 귀에 들어가자 왕은 그 사나이의 영리함과 대담무쌍함에 혀를 내둘렀고, 마침내는 전국의 도시에 사자를 보내어 본인이 왕 앞에 출두하면 죄를 용서해 줄뿐더러 많은 상을 내리겠다고 알리게 했다. 도둑이 그 말을 믿고 왕 앞에 나타났을 때, 람프시니토스는 그를 칭찬하고 세계에서 비할 자가 없이 지혜로운 자라고 하여 왕녀를 아내로 주었다고 한다. 이집트인은 다른 민족에 비해 탁월한데, 이 사나이는 이집트인도 능가하는 자라는 것이다.

이 왕에 대한 사제의 이야기는 계속된다. 위의 사건 뒤 람프시니토스는 그리스인이 하데스〔冥府〕가 있는 곳이라 생각하고 있는 지하에 살아 있는 몸으로 내려간다. 여기에서 데메테르[126]와 주사위 놀이를 다투어 서로 승패를 겨룬 뒤, 여신으로부터 황금의 수건을 선물로 받고 다시 지상으로 돌아왔다고 한다. 이 람프시니토스가 하계(下界)로 내려간 일이 계기가 되어, 그가 지상으로 돌아온 뒤 이집트에서는 축제를 열게 되었다고 한다. 이집트인이 오늘날에도 이 축제를 개최하고 있다는 것을 나도 알고 있으나, 축제의 기원이 과연 그런 것인가에 대해서는 잘 모른다. 축제 당일, 사제들은 옷을 한 벌 짜서 한 사제의 눈을 가린 뒤 그 옷을 입혀 데메테르 신전으로 통하는 큰길까지 데리고 갔다가 자기들은 돌아온다. 눈이 가려진 사제는 이리[127] 두 마리의 인도로 도

---

126) 이시스, 데메테르와 마찬가지로 풍요의 여신이다. 이 신화의 상징적인 의미에 대해서는 여러 가지로 생각할 수 있을 것이다.

127) 보통의 이리와는 다른, 이른바 '금랑(金狼 : 샤카르)'으로 사자를 지키는 역할을 한다. 그리

시에서 20스타디온(약 3.5km) 떨어진 데메테르 신전으로 갔다가, 다시 그 이리의 도움으로 애초의 장소로 돌아온다고 전해진다.

이와 같은 이집트인의 이야기는 그와 같은 일을 믿을 수 있다고 생각하는 사람들은 그대로 받아들이면 될 것이다. 이 책을 통해서 내가 취하고 있는 원칙은, 여러 사람이 이야기한 것을 들은 대로 적는 데에 있다.

그런데 이집트인이 하는 말로는, 지하계(地下界)를 지배하는 것은 데메테르와 디오니소스[128] 두 신이라고 한다. 또 인간의 영혼은 불멸이며, 육체가 죽으면 차례로 태어나는 다른 동물의 체내로 들어가서 머문다는 설을 처음으로 주창한 것도 이집트인이다.

영혼은 육지에 사는 것, 바다에 사는 것, 그리고 하늘을 나는 것, 이런 식으로 모든 동물의 몸을 한 바퀴 돌고나서 다시 태어나는 인간의 체내로 들어와 3000년으로 영혼의 일순(一巡)이 끝난다고 한다. 그리스인 중에는—사람에 따라 시대적으로 선후는 있지만—이 설을 채택하여 마치 자기가 생각한 것처럼 주장하는 사람이 몇 명 있다.[129] 이들의 이름을 나는 알고 있으나 여기에서는 언급하지 않기로 한다.

피라미드 시대의 여러 왕들

이집트에서는 람프시니토스왕의 시대까지는 나무랄 데가 없는 정치가 실시되어 크게 번창하였다. 그러나 그 뒤에 이집트의 왕이 된 케오프스[130]는 국민을 비참한 상태로 빠뜨렸다고 사제들은 이야기하고 있었다. 이 왕은 먼저 모든 신전을 폐쇄하고 국민이 희생물을 바치는 것을 금지하고, 이집트의 온 국민에게 강제적으로 자기를 위해 일을 시켰다고 한다. 아라비아의 산중에 있는 채석장으로부터 돌을 나일까지 운반하는 역할이 지워진 사람이 있는가 하면, 배로 강을 건너 강가에 운반된 돌을 받아 이른바 리비아산맥까지 끌고 가라

스의 헤르메스와 동일시되었던 신 아누비스의 성수(聖獸)이다.

128) 이시스와 오시리스.

129) 오래 전으로 거슬러 올라가면 오르페우스 교도, 페레키데스, 피타고라스 등, 그 뒤로는 엠페도클레스를 가리키는 것 같다.

130) 피라미드 축조로 알려진 세 왕(케오프스, 케프렌, 미케리노스)은 실제는 모두 제4왕조에 속하며, 람프시니토스 등 제20왕조의 왕들보다 훨씬 고대의 인물들이다.

는 명령을 받은 자들도 있었다. 항상 10만 명의 사람들이 3개월 교대로 노역에 동원되었던 것이다.

석재를 끌기 위한 도로를 건설하는 데에 국민의 노역은 실로 10년 동안에 걸쳐 계속되었다고 한다. 이 도로는 전체 길이 25스타디온(약 4.5킬로미터), 폭 10오르기아(약 18미터), 높이는 그 가장 높은 지점에서 8오르기아(약 15미터)로, 연마해서 여러 동물의 모양[131]을 새긴 돌로 구축한 것이다. 내 생각에 이 작업은 피라미드에 못지않는 대단한 일이었을 것이다. 또, 위의 10년 동안에는 도로 외에, 피라미드가 설 언덕의 중턱을 파서 지하실도 조성되었다. 이것은 왕이 자기의 묘실로 만들게 한 것으로, 나일로부터 수로를 만들어 물을 끌어들여 마치 섬처럼 고립시켰다.[132]

피라미드 자체의 건조에는 20년이 걸렸다고 한다. 피라미드는 바닥이 네모꼴을 이루고 있고, 각 변의 길이가 8플레트론(약 237미터)이고 높이도 이와 같으며,[133] 연마한 돌을 빈틈없이 이어 맞추었는데 어느 돌이나 30피트(약 9미터) 이하인 것은 없다.

그런데 이 피라미드의 건조에 사용된 방법은 계단식 구축법인데, 이 계단(아나바트모스)을 크로사이(흉벽)라고 하는 사람도 있고, 보미데스(제단의 계단)라고 하는 사람도 있다. 처음에 이와 같은 '계단'을 만들고 나서, 길이가 짧은 재목으로 만든 기중 장치로 돌을 들어 올리는데, 우선 지상에서 계단의 제1단으로 올린다. 돌이 여기에 올라오면, 제1단에 장치한 다른 기중기에 실어서 두 번째 계단으로 끌어올려진다. 이것은 계단의 수만큼 기중기가 장치되었다고 생각한 경우인데, 그렇지 않고, 기중기는 이동하기 쉬운 하나로 만들어, 돌을 내려놓고는 차례로 위로 이동시켜 갔는지도 모른다. 두 가지 방법이 전해지고 있기 때문에, 여기에서도 전승에 따라서 두 가지 다 기술하는 것이다.

---

131) 상형문자를 가리킨다.

132) 실제로 이 묘실의 위치는 나일강의 수위보다 높았던 것 같아, 과연 나일강의 물을 끌어들인 것이 사실인지 의심스럽다고 한다.

133) 이 높이라는 것은 피라미드의 정상에서 수직으로 내린 길이가 아니라, 사면의 길이를 말하는 것 같다. 그렇다 하더라도 엄밀한 계산에 의하면 바닥의 한 변보다는 짧다고 한다(페토리의 계측에 의하면 한 변의 길이는 약 230미터, 직각의 높이는 약 146미터, 사면에 따른 길이는 219미터라고 한다).

맨 처음에 피라미드의 최상부가 완성되면 이어서 여기에 이어지는 부분, 이런 식으로 해서 맨 밑단 지면과 접하는 부분이 마지막으로 완성된다.

피라미드에는 이집트 문자로 노무자들에게 무, 양파, 마늘을 지급하기 위해 쓴 금액이 기록되어 있다. 나는 통역이 그 문자를 읽고서 말해준 것을 잘 기억하고 있는데, 그 금액은 은 1600탈란톤에 이르고 있었다. 만약에 기록된 대로라고 하면 공사용 철제품이나 노무자들의 주식이나 의복을 위해 지출된 기타의 비용은 도대체 얼마나 되었을까? 또 위의 건조물을 세우는 데에는 앞서 말한 시간이 소요된 것 외에, 돌을 잘라내어 운반하고 또 지하실을 파는 데에도 적지 않은 시간이 들었을 것이다.

케오프스의 악업은 그 한도를 몰랐다. 마침내 돈에 궁하여 자신의 딸을 사창가로 내보내어 얼마만큼의 돈—그 액수는 사제들도 말하지 않았다—을 조달하라고 명령까지 했다고 한다. 딸은 아버지가 명한 액수의 돈을 조달하기는 했지만, 자기를 위해서도 무엇인가 기념이 될 만한 것을 후세에 남기고 싶다고 생각하여 자기를 찾아오는 손님 각자에게 자기를 위해 공사용 돌을 한 개씩 기부해 달라고 부탁했다고 한다. 사제들의 이야기로는, 대(大)피라미드의 전면에 있는 세 개의 피리미드 중, 중앙에 있는 것은 이러한 돌로 만들어진 것이라고 한다. 이 피리미드의 각 변의 길이는 1.5플레트론(약 42미터)이나 된다.

이집트인이 하는 말에 따르면, 이 케오프스의 치세는 50년에 이르렀고, 그가 죽은 뒤에는 그의 동생 케프렌이 왕위를 이었다고 한다. 이 왕도 모든 일을 선왕과 같은 식으로 한 인물로, 피라미드도 만들었으나 그 규모는 케오프스의 것에는 미치지 못했다. 이것은 내가 직접 계측했으므로 틀림없다. 이 피라미드에는 지하에 묘실도 없고, 케오프스의 피라미드처럼 나일강의 물이 수로에 의해서 내부까지 들어오는 일도 없다. 케오프스의 피라미드는 나일의 물이 특별히 만들어진 수로를 통해서 내부로 흘러들어 방 주위를 돌고 있기 때문에 지하실은 마치 육지에서 멀리 떨어진 섬과 같은데, 이 안에 케오프스의 유체가 놓여 있는 것으로 전해지고 있다. 케프렌은 피라미드의 토대가 되는 층을 색이 있는 에티오피아의 돌[134]로 만들어 대피라미드 가까이에 세웠

---

134) 시에네(오늘날의 아스완)에서 나는 적색 화강암일 것이라고 한다.

는데, 높이는 그보다 40피트(약 12미터) 낮다. 이 피라미드는 두 개 모두 높이가 약 100피트(약 30미터) 가량 되는 같은 언덕 위에 있다.

케프렌의 재위 기간은 56년에 이르렀다고 한다.

이집트인은 이 106년이라고 하는 세월을 보내면서 이루 다 말할 수 없는 고난을 겪었고, 신전도 그와 같은 오랜 기간 동안 폐쇄되었다고 말하고 있다. 그래서 증오하는 마음에 이들 왕의 이름조차 입에 올리지 않으려고 한다. 또 피라미드를 말할 때에도 필리티스[135]라는, 당시 그 근처에서 가축을 기르던 목부의 이름을 붙여 부를 정도이다.

케프렌 다음으로는 케오프스의 아들 미케리노스가 이집트의 왕이 되었다고 한다. 그는 아버지가 한 일을 이어받지 않고 폐쇄된 신전을 열고, 이제까지 극도의 고난에 학대를 받은 국민을 해방시켜 자유롭게 생업에 종사하고 종교적인 행사를 하도록 허락하고 또 역대의 여러 왕 중에서 가장 공정한 재판을 행하였다고 한다. 이집트인이 이제까지 이집트에 군림한 모든 왕 중에서, 이 왕을 가장 찬미하는 것은 이와 같은 업적 때문이다. 그는 재판을 공정히 하기도 했다지만, 판결에 대하여 불만을 토로하는 사람이 있으면 그 보상으로 자기 돈에서 얼마쯤 금품을 주어 달랬다고 한다.

백성에 대해서 자비로운 마음이 두텁고 또 오직 그것만을 염두에 두고 있었던 미케리노스였지만 그에게도 불행이 닥쳤으니, 그 첫째는 그 무엇과도 바꿀 수 없는 외동딸의 죽음이었다. 자신에게 닥친 불행으로 슬픔에 잠긴 미케리노스는 딸의 장례라도 남이 흉내 낼 수 없는 것으로 하고 싶어서, 속이 텅 빈 나무소(木牛)를 만들어 금박을 붙이고 그 안에 죽은 딸의 유해를 넣었다고 한다.

이 나무로 만든 소는 땅속에 묻히지 않고 사이스시에 있는 어느 왕궁 안의 아름답게 꾸며진 한 방에 안치되어, 최근까지도 볼 수가 있다. 낮에는 온종일 그 옆에서 갖가지 향을 피우고, 밤에는 날이 새도록 그 옆에 등을 켜서 밝힌다. 이 소가 놓인 근처의 별실에는 여러 가지 상(像)이 놓여 있는데, 사이스의 사제들 이야기에 따르면 이것들은 미케리노스의 첩들의 상이라고 한다.[136] 벌

---

135) 이 이름으로 필리스틴인(펠리시테인)의 침입을 상상하거나, 힉소스인의 일시적인 지배가 여기에 반영된 것이 아닌가 하는 설도 있지만, 어느 것이나 억측에 불과하다.

136) 사이스에는 제26왕조의 프사메티코스 이후에 왕궁이 세워지기 때문에 제4왕조의 왕들과

거벗은 거대한 목상(木像)[137]으로 수는 약 20기이다. 나는 그 사람들의 이름을 하나하나 댈 수는 없다. 여기에서는 다만 내가 들은 이야기를 적을 뿐이다.

이 소와 거대한 목상에 대해서 다음과 같은 이야기를 전하는 사람도 있다. 미케리노스는 자기 딸에게 연정을 품고 억지로 범하고 말았다. 그 뒤 딸은 슬픔을 못 이겨 목을 매어 죽었다. 미케리노스는 딸을 이 소 안에 묻었는데, 딸의 어머니는 딸을 아버지 손에 넘긴 시녀들의 팔을 잘라 버렸다. 그래서 지금도 그녀들의 상이 생전과 마찬가지로 팔이 없다는 것이다. 내가 보기에는 이 이야기는 전혀 허튼소리로, 특히 거상(巨像)의 팔에 대한 이야기는 엉터리이다. 상이 팔을 잃은 것은 오랜 세월 동안에 썩었기 때문이란 것은 나도 눈으로 직접 확인한 것으로, 실제로 그 팔은 내가 살던 시대까지도 나의 발밑에 떨어져 있는 것을 잘 볼 수 있었다.

이 소는 거의 전신이 빨간 천으로 덮여 있는데, 목과 머리만은 밖으로 나와 있고 모두 두꺼운 황금으로 덮여 있다. 또 뿔 사이에는 해를 본뜬 황금 원반이 얹혀 있다. 소는 서 있지 않고 웅크리고 앉아 있는데 크기는 실제 소 정도이다. 이 소는 해마다 단 한 번, 이집트인이 어떤 신—나는 이러한 일과 관련해 그 이름[138]을 드는 것을 삼가는 바이지만—을 위해 가슴을 치고 애도를 나타내는 의식 때 이 방으로부터 끌려 나간다.[139] 이것은 왕녀가 죽을 때 1년에 한 번 햇빛을 보게 해달라고 아버지 미케리노스에게 부탁했기 때문이라고 한다.

딸의 죽음에 이어 두 번째 불행이 이 왕에게 찾아왔다. 부토시로부터, 왕의 수명은 앞으로 6년으로 7년째에는 죽는다는 신탁이 도착한 것이다. 왕은 화를 내고 신탁소에 사자를 보내어 신을 책망하였다. 자기 아버지와 숙부는 신전을 폐쇄하고 신들을 돌보지 않았을 뿐만 아니라 백성을 학대했음에도 장수를 누렸다. 그런데 신앙이 두터운 자기가 이렇게도 빨리 죽어야 하다니 받아들일 수 없다는 것이다. 그러나 신탁소로부터 다시 그에게로 신탁이 내려져

는 아무 상관이 없었을 것이므로, 이 이야기도 진실이 아닐 것이라고 여겨진다.

137) 이집트에는 여자의 나체상이 거의 없었기 때문에, 이것은 얇은 의상을 몸에 꼭 맞게 걸치고 있는 것을 나체로 착각한 것이라고 하는 여러 사람들의 주석이 있다.

138) 오시리스를 가리킨다.

139) 사이스의 대제(4일에 걸쳐 행한다) 때, 이 소를 끌고 신전 주위를 돈다. 이시스가 오시리스를 찾아 방랑했던 고사를 상징하는 의식이다.

그것이 그의 수명을 단축시키는 결과가 되었다고 했다. 즉, 미케리노스는 자기가 해야 할 일을 하지 않고 있다는 것이다. 왜냐하면 이집트는 150년에 걸쳐 참담한 고통을 겪도록 정해져 있기 때문인데, 이전의 두 왕은 이를 잘 알고 있었으나 그는 그 사실을 깨닫지 못했다는 것이다.

이 말을 들은 왕은 이미 피할 수 없는 운명이 선고되었다고 체념하였다. 그리고 수많은 촛대를 만들게 하여 해가 지면 여기에 불을 밝히고 밤낮을 가리지 않고 주연을 열어 환락에 빠졌다. 그리고 소택지[140]든 삼림지대든 가리지 않고 즐기기에 적당한 장소가 있으면 반드시 그곳을 방문하는 것이었다.

미케리노스가 이런 일을 생각해 낸 까닭은, 밤을 낮으로 바꾸어 자기의 정해진 수명인 6년을 12년으로 연장해 신탁이 엉터리임을 입증하기 위해서였다.

이 왕도 피라미드를 하나 남겼는데, 이것은 아버지 것보다도 훨씬 작고, 네모꼴 각 변의 길이가 3플레트론(약 90미터)에서 20피트(약 6미터)가 모자라고, 절반이 에티오피아 돌로 건조되어 있다. 그리스인 중에는, 이 피라미드가 창부인 로도피스[141]가 만든 것이라고 하는 사람이 있는데, 잘못된 말이다. 이와 같은 말을 하는 사람들은 로도피스가 누구였는지 제대로 알지 못하는 것이다―알았더라면 수천 탈란톤이라는 거액의 비용을 쏟아 부은 피라미드 건조가 이 여자의 손으로 이루어졌다고 말할 리가 없다. 또 로도피스가 활동했던 시기는 아미시스 왕 시대에 해당하지 미케리노스 대가 아니라는 것도 모르는 것이 분명하다. 로도피스는 위에서 말한 피라미드를 남긴 여러 왕보다도 훨씬 나중의 인물이다. 태생은 트라키아인이고, 헤파이스토폴리스의 아들 이아드몬이라고 하는 사모스인을 섬긴 여자 노예로, 저 우화 작가 아이소포스(이솝)와는 같은 노예요 친구 사이였다. 아이소포스가 이아드몬의 노예였다는 것은 확실하며, 이에 대해서는 다음과 같은 유력한 증거도 있다.[142] 즉, 델포이인

---

140) 소택지는 수렵이나 그 밖의 유흥지로 이집트인이 즐겨 찾았던 장소라고 한다.
141) 로도피스란 '장미빛(또는 장미처럼 아름다운) 얼굴의 여자'라는 의미로, 창녀의 경우라면 기명(妓名)이었을 수도 있다. 그러나 이집트 여왕 니토크리스가 금발홍안의 미녀였다는 전승에서 로도피스의 이야기가 생긴 것으로 추측된다.
142) 아이소포스는 델포이에 머무를 때, 오해(또는 원한) 때문에 델포이인에 의해 살해되었다. 그 후 델포이에 재난이 이어지자, 아이소포스를 살해한 것이 그 원인이니 유족에게 보상하라는 신탁이 내려졌다. 그러나 수취인이 전혀 나타나지 않았는데, 3대째에 이르러 마침

이 신탁에 따라 아이소포스 살해 보상금의 수령인을 찾기 위해 여러 차례 고시를 했을 때, 출두한 것은 이 이아드몬의 손자로 동명(同名)인 이아드몬 단 한 사람뿐이어서 그가 보상금을 타게 된 것이다. 아이소포스는 분명히 이아드몬의 노예였던 것이다.

로도피스는 크산테스라고 하는 사모스인을 따라 이집트로 오자 몸을 팔아 생계를 유지하고 있었는데, 미틸레네인인 카락소스라고 하는 사람이 큰 돈을 지불하고 몸을 빼주었다. 카락소스는 스카만드로니모스의 아들로 시인 사포의 오빠이다.[143]

이렇게 해서 자유의 몸이 된 로도피스는 이집트에 머물렀는데 뛰어난 미모로 막대한 자산을 모았다. 그러나 그 재산은 로도피스라고 하는 한 여자에게는 분명히 막대한 부였을지 모르나, 거대한 피라미드의 비용을 댈 수 있을 정도의 금액은 아니었다. 그녀 자산의 10분의 1이 어느 정도 액수였는가는 오늘날 알고 싶으면 누구나 알 수 있는 것으로, 그녀에게 거액의 자산이 있었다는 것은 확실히 당치 않은 말이다. 로도피스는 그리스에 자기를 기념할 만한 그 무엇을 남기고 싶었다. 그래서 다른 사람들이 생각지도 못하고, 또 신전에 봉납한 일도 없는 것을 만들게 하여 델포이에 헌납했다. 그것은 그녀 재산의 10분의 1을 들여서 만든, 소 한 마리를 통째로 구울 수 있을 정도로 많은 쇠꽂이였다. 이 쇠꽂이는 지금도 본전 앞 키오스인이 봉납한 제단 뒤에 쌓여 있다.

나우크라티스에는 요염한 창녀가 많이 있었던 모양이다. 지금 이야기한 로도피스도 그리스인이라면 모르는 사람이 없을 정도로 유명했고, 로도피스만큼 화제의 주인공은 되지 못했지만 아르키디케라는 창녀도 그리스에서 유명했기 때문이다.

카락소스는 로도피스를 빼주고 나서 고향인 미틸레네로 돌아갔는데, 사포는 그녀의 시에서 오빠를 크게 책망하고 있다. 로도피스에 대해서는 더 말하지 않기로 한다.

내 그 손자 이아드몬이 조부와 아이소포스의 관계를 내세우고 보상금을 받았다고 한다.
143) 이는 어느 정도 사실인 것 같다. 뒤에 기록되는 것처럼 실제로 사포의 단편시에 여자에 매혹된 오빠를 꾸짖고 여자를 증오하는 마음을 노래한 것이 전해지고 있다. (그러나 여자의 이름은 로도피스가 아니라 도리카로 되어 있다. 동일인이라고 한다면 후자가 본명일 것이다).

미케리노스 뒤에 이집트의 왕이 된 사람은 아시키스였다고 사제들은 말한다. 이 왕은 헤파이스토스 신전의 동쪽 문을 세운 사람인데, 이 동문은 여러 문 중에서도 각별히 아름답고 규모도 장대하다. 어느 문에나 여러 가지 모양의 조각이나 그 밖에 수많은 장식물이 부착되어 있는데, 이 동쪽 문은 다른 것에 비해 훨씬 뛰어나다.

이 왕의 치세 때, 너무도 가난하여 아버지 유체(遺體)의 미라를 담보로 해서 빚을 낼 수가 있다는 법률이 이집트에서 공포되었다고 한다. 그리고 이 법률에 추가해서 제정된 법률이 있는데, 그것에 따르면 채권자는 융자를 받은 자의 장례식에 모든 권한을 행사하게 되어 있다. 또한 만약에 예의 담보를 맡긴 사람이 빚을 갚지 못하면 본인이 사망해도 조상 전래의 묘실은 물론 다른 그 어떤 묘실에도 묻힐 수가 없고, 또 가족이 사망해도 그를 장사지낼 권한이 없다는 벌칙 조항도 있다.

이 왕은, 자기 이전의 이집트 여러 왕을 능가하고 싶다는 생각에서 벽돌로 만든 피라미드를 자신의 기념물로서 남겼는데, 거기에는 다음과 같은 뜻의 비문이 새겨 있었다고 한다.

'나를 돌로 만든 피라미드와 비교해서 깔보지 마라. 내가 그들보다 우월함은 바로 제우스가 다른 신보다도 우월함과 같다. 장대를 호수에 꽂아 거기에 묻은 진흙을 모아 만든 벽돌로 그들은 나를 만들었기 때문이다.'

이 왕의 업적은 이와 같았다고 한다.

에티오피아인의 이집트 지배, 12인의 왕, 미궁에 대하여

아시키스 다음으로 왕위에 오른 사람은, 아니시스시 출신으로 그 도시와 이름이 똑같은 아니시스라는 맹인이었다고 한다. 이 왕의 시대에 에티오피아의 왕 사바코스(샤바카)가 대군을 이끌고 이집트로 쳐들어왔다.[144] 맹인 왕은 난을 피해 소택지대로 도망치고, 에티오피아 왕이 50년에 걸쳐 이집트를 지배했는데, 그동안에 에티오피아 왕이 보인 치적은 다음과 같다.

왕은 사형을 좋아하지 않아, 이집트인이 죄를 범하면 죄의 경중에 따라 판

---

144) 기원전 715년 무렵. 에티오피아가 이집트 대부분을 지배하는 동안, 이집트 왕족은 델타 각 지에 존속하여 아시리아의 보호를 받았다.

결을 내려 죄인의 출신 도시에 흙을 쌓는 노역을 시켰다고 한다. 이렇게 해서 도시들은 이전보다 높아졌다. 세소스트리스왕 시대에 운하를 파면서 처음 흙이 쌓였는데, 다시 에티오피아 왕 지배하에 공사가 실시되어 도시들은 매우 높아진 것이다.

흙을 쌓아서 높아진 도시는 이집트에 적지 않으나, 부바스티스시는 가장 높이 쌓아올렸던 도시로, 이 지역에는 실로 훌륭한 부바스티스 신의 신전도 있다.[145] 이 신전보다도 더 크고 돈을 더 많이 들인 신전은 그 밖에도 있으나, 이 신전만큼 보는 눈에 좋은 인상을 주는 것은 달리 없다. 부바스티스 여신은 그리스로 말하자면 아르테미스에 해당한다.

부바스티스 신전의 규모는 이러하다. 신전은 입구를 제외하고는 모두 섬으로 되어 있다. 나일에서 두 줄기의 운하가 들어와 있는데, 이것은 합류하지 않고 각각 성역의 다른 쪽을 돌아 흘러 신전의 입구에 이르고 있다. 그 폭은 각기 100피트로, 나무 그늘에 덮여 흐르고 있다. 문은 높이가 10오르기아(약 18미터)로, 6페키스(약 2.7미터)나 되는 훌륭한 조각으로 장식되어 있다. 이 신전은 도시의 중앙에 있기 때문에, 주위를 돌면서 어느 방향으로부터도 바라볼 수가 있다. 도시는 흙을 쌓아서 지반이 높아졌으나, 신전은 옛날에 만들어진 대로 손을 대지 않고 있어서 위에서 내려다보게 된다. 신전 주위에는 조각을 한 담이 둘러싸여 있고, 담 안에는 신체(神體)의 상을 모신 장대한 본전 주위에 거목을 이룬 숲이 우거져 있다. 신역은 가로 세로 어느 면이나 1스타디온(약 178미터)이다. 입구를 향해서는 약 3스타디온(약 535미터)에 걸쳐 돌을 깐 참배 길이 있고 이 길은 아고라를 지나 동쪽으로 뻗어 있는데, 폭은 약 4프레트론(약 120미터)이다. 길 양쪽에는 하늘을 찌르는 거목이 서 있고 길은 헤르메스의 성역으로 통하고 있다.

다음은 에티오피아 왕이 이집트에서 철수하게 된 사정을 살펴보기로 한다.

어느 날 그가 꿈을 꾸었는데, 한 사나이가 머리맡에 와서 이집트 안의 사제를 한 사람도 빠짐없이 모아 몸통을 둘로 자르라고 말했다. 이런 꿈을 꾼 왕은 풀이하길, 신이 자기에게 종교상의 죄를 범하게 해서 신 또는 인간의 손

---

145) 여기에서는 부바스티스시와 신전을 구별하고 있으므로, 흙을 쌓아올린 것은 도시만이고 신전은 여기서 제외됐다는 의미로 해석된다.

으로 화를 당하게 하려는 목적일 것이라고 생각했다. 하지만 자기는 그와 같은 일을 실행할 생각은 없고, 신탁이 제시한 이집트 통치 기간도 지났으니 자기는 이집트를 물러나야겠다고 말했다고 한다. 사실 그가 아직 에티오피아에 있을 무렵, 에티오피아인이 신탁을 구하는 신탁소에서 그에게 신탁이 내려와 이집트를 50년 동안 지배하라고 지시한 것이다. 마침 이 기간이 지났을 때이기도 하고, 또 꿈을 꾸어 마음이 동요하고 있었으므로 사바코스는 스스로 이집트에서 철수한 것이다.[146]

에티오피아 왕이 철수하자 맹인 왕이 소택지에서 돌아와 다시 통치했다고 한다. 이 왕은 재와 흙을 쌓아올린 섬에서 살며 50년 동안을 소택지에서 지낸 것이다. 지령을 받은 이집트인들이 에티오피아 왕의 눈을 속여 이 맹인 왕에게 식량을 나르고 있었는데, 그때마다 왕은 재도 함께 가져다 달라고 그들에게 부탁했다고 한다. 이 섬은 아미르타이오스[147] 이전에는 누구 하나 발견할 수가 없었다. 아미르타이오스 이전의 여러 왕, 실로 700년이 넘는[148] 긴 세월 동안 이 섬의 소재를 확인할 수 없었던 것이다. 이 섬의 이름은 엘보라 하고, 사면 모두 넓이가 10스타디온(약 1780미터)이다.

그 다음 왕위에 오른 사람은 헤파이스토스의 사제로 그 이름이 세토스였다고 한다. 이 왕은 이집트의 무사 계급을 쓸모없는 것이라고 가볍게 보고 냉대하여 그들의 명예에 상처를 입힐 만한 행동을 적잖이 했는데, 그중에서도 이제까지의 역대 왕 아래에서 무사 계급의 특권으로서 주어지고 있었던 12아루라[149]의 토지를 몰수해 버렸다고 한다. 훗날에 산나카리보스 왕[150]이 아라비아와 아시리아의 대군을 이끌고 이집트로 쳐들어왔으나, 이집트의 무사들은 왕을 구원하려 하지 않았다. 사제인 왕은 당황하여 신전에 들어가 신상(神像)을 향하여, 자기가 당할 비운을 한탄하며 호소하였다. 그리고 자기도 모르

---

146) 실제로는 에티오피아의 이집트 통치가 3대에 걸쳐 계속되었기 때문에 철수한 것은 사바코스가 아니다.

147) 아미르타이오스는 기원전 460년에 페르시아에 반란을 일으켰던 인물이다.

148) 실제로는 250년 정도밖에 되지 않는다.

149) 1아루라는 100평방페키스.

150) 산헤립 또는 센나케리브. 기원전 705~681년 동안 아시리아를 통치. 이집트 침입은 701년의 일로, 당시 이집트는 아직 에티오피아의 지배하에 있었을 것이다.

게 졸다가 꿈을 꾸었다. 신이 그 옆에 나타나 과감하게 아라비아군에 대항하면 자기가 원군을 보내줄 테니 결코 불행한 꼴을 당하는 일은 없을 것이라고 격려해 준 꿈이었다. 왕은 이 꿈의 계시를 믿고, 그를 따를 마음이 있는 이집트인을 이끌고, 이집트의 입구에 해당하는 페르시온에 진을 쳤다. 그를 따른 사람들 중에는 한 사람의 무사도 없고, 모두 소매상인이나 장인, 그리고 시장에서 생업을 영위하는 사람들뿐이었다.

그런데 이집트군이 이곳에 도착한 뒤, 밤이 되자 큰 들쥐 떼가 적진을 덮기라도 하듯이 밀어닥쳐 화살통, 활, 더 나아가서는 가죽 손잡이까지 갉아먹었다. 이튿날 적은 빈 몸으로 달아났기 때문에 많은 전사자를 내게 되었다.

현재 헤파이스토스의 신전에는 쥐 한 마리를 손에 든 이 왕의 석상[151]이 서 있는데, 비명(碑銘)에는 이런 글이 새겨져 있다.

'나의 모습을 보고 신을 더욱 경외하여라'

이제까지 이 책의 기록은 일반적인 이집트인이나 사제들이 한 말에 따른 것인데, 이에 의해 분명해진 것은 초대 왕으로부터 마지막 왕위에 오른 헤파이스토스의 사제에 이르기까지 341세대를 헤아리고, 그동안에 사제장과 왕이 각기 세대와 같은 수만큼 있었다고 하는 사실이다. 그런데 3세대가 100년이므로 300세대는 1만 년이 된다. 또 300세대에 더해지는 나머지 41세대가 1340년이 된다.[152] 이리하여 모두 1만 1340년이 되는데, 그동안 신이 인간의 모습으로 나타난 일은 한 번도 없었다고 한다. 이것은 이전뿐만 아니라 그 뒤 이집트 여러 왕[153]의 경우에도 마찬가지이다.

또 이 기간 중 태양이 네 차례 정상적인 위치에서 벗어나 솟았다고 한다.[154] 현재 태양이 지고 있는 방향으로부터 떠오른 것이 두 번, 현재 오르고 있는

---

151) 실제로는 쥐를 성수로 한 호루스신의 상(像)일 것이라 한다.

152) 3세대를 100년으로 한 계산이라면 다소 부족한 수이다.

153) 이 문장의 뜻은 명확하지 못하다. 후의 왕들이란 세토스 이후 사이스에 수도를 두었던 왕들을 가리킨다고 보는 것이 슈타인 등의 해석이다.

154) 헤로도토스는 해가 동쪽에서 떠오르는 기간과 서쪽에서 떠오르는 기간이 4번 교체되었다고 생각하는 듯한데, 이것은 그가 사제들의 말을 오해했기 때문이라고 생각된다. 이집트인은 1년을 365일로 하는 계산에는 오차가 있어, 1460년마다 그 오차가 해소된다(오차의 합계가 1년이 되기 때문에)는 것을 이미 알고 있었고, 위의 기간 중에 이 주기가 4번 돌아왔음을 말했을 것이라고 해석하는 편이 진실에 가까울 것이다.

방향으로 가라앉은 것이 두 번 있었다는 것이다. 더욱이 이집트에서는 그때 아무런 이상한 일도 일어나지 않았고, 육지나 강으로부터의 수확물이나 병이나 사망에 관한 일에도 아무런 영향이 없었다고 한다.

옛날, 역사가 헤카타이오스가 테베에서 자기 계보를 말하면서 16대째는 신으로 이어지는 가계라고 말했을 때 제우스의 사제들로부터 받은 대우를 나도 거의 그대로 체험한 것인데, 그때 나는 내 집안의 계보 따위를 말한 것은 아니었다.

사제들은 나를 신전 안의 넓은 방에 안내하여 거대한 목상(木像)을 보이고 그 수를 세었는데, 그것은 내가 전에 말한 그대로의 수였다. 역대 사제장은 그가 살아 있을 때, 여기에 자신의 상을 세우는 것이 관례였던 것이다.

사제들은 목상 하나하나를 세어 보이면서, 어느 것이나 아버지에서 아들로 이어지고 있다는 것을 알려주었다. 가장 최근에 죽은 사제장의 상으로부터 시작하여 모든 상을 한 바퀴 돌아, 결국 모두가 친자식에게 물려주었음을 보여주었던 것이다.[155]

헤카타이오스[156]가 자기의 계보를 말하고 16대째의 선조를 신이라고 했을 때, 사제들은 목상의 수에 입각한 자기들의 계보를 이와 대비시켜서, 인간이 신에게서 태어났다고 하는 헤카타이오스의 주장은 인정할 수 없다고 말하였다. 헤카타이오스의 설(說)에 대한 반론으로서 자기들의 계보를 예로 들었다는 것은, 결국 이 거상(巨像)들 한 사람 한 사람 모두가 피로미스이자 피로미스에서 태어난 사람들이라고 말하여, 결국 345체(體)[157]의 거상 어느 것이나 피로미스로부터 태어난 피로미스인 까닭을 증명해 보이고, 그 계보가 신이나 반신(半神)으로 거슬러 올라가지 않는다고 말했다는 것이다. 피로미스는 그리스어로 '훌륭한 사람'이라는 뜻이다.[158]

---

155) 사제가 세습직이었다는 것은 사실이 아니다.

156) 헤카타이오스는 이 책에서 자주 언급되고 있는데, 이 사람은 밀레토스 출신의 역사가이자 지지(地誌) 작가로 헤로도토스에게는 선배가 된다. 헤로도토스가 그의 저작을 많이 이용한 것은 의심할 바 없는 사실로 이 부분도 그 증거의 하나이다.

157) 앞서 든 수는 341이므로 나머지 4체(體)는 세토스 이후의 사제장의 상이라고 생각해야 한다.

158) 콥트어로는 단순히 '인간'이라는 뜻. 이렇게 해석하면 앞서 나온 대목의 뜻도 이해하기 쉽다.

이처럼 사제들은, 상이 나타내고 있는 사람들은 모두 보통 인간으로서 신과는 거리가 멀다는 것을 확언했다. 신들이 사람보다 앞선 시대에 이집트를 지배했다. 이 신들은 인간과 함께 살고, 주도권은 언제나 이 신들 중 하나에게 있었다고 한다. 신들 중에서 마지막으로 이집트의 왕이 된 것은 오리시스의 아들 오로스(또는 호로스)로, 이는 그리스에서는 아폴론이라고 불리는 신이다. 이 신이 티폰[159]을 타도하고 이집트에 군림한 마지막 신인 것이다. 오리시스는 그리스 이름으로 말하자면 디오니소스이다.

그리스에서는 헤라클레스와 디오니소스와 판을 가장 새로운 신으로 여긴다. 반면 이집트에서는 판이 최초의 신들이라고 일컬어지는 8신에 포함되고, 헤라클레스는 제2의 신들 이른바 12신의 한 사람이고, 디오니소스는 12신에서 태어난 제3의 신들의 계열에 들어간다. 헤라클레스에서 아마시스왕까지의 연수가, 이집트의 전승에서는 어느 정도인가 하는 것은 이미 앞에서 말한 바가 있다. 판은 그보다도 오래된 것으로 여겨지고 또 디오니소스는 세 신 중 가장 젊다고 일컬어지는데, 아마시스왕의 시대에 이르기까지 1만 5000년을 헤아릴 수가 있다. 이집트인은 예부터 언제나 연수를 세어 이를 기록해 왔기 때문에 위의 숫자는 확실한 것이라고 한다.

그런데 카드모스의 딸 세메레에게서 태어난 디오니소스는 내가 살던 시대로부터 세어서 기껏해야 1000년 전이고,[160] 알크메네의 아들 헤라클레스는 약 900년 전, 페넬로페[161]를 어머니로 하는 판(그리스의 전승으로는 판은 페넬로페와 헤르메스 사이에서 태어났다고 한다)은 트로이 전쟁보다도 연대가 새롭고, 나의 시대까지 세어서 약 800년이다.

이 두 가지 설에 대해서는 각자 자기가 믿기 쉬운 쪽으로 따르면 좋을 것이다. 이에 대한 나의 견해는 이미 밝혀둔 바가 있다. 만약에 세멜레의 아들 디

---

159) 세트(Seth)를 가리킨다. 오시리스를 살해한 것도 이 세트이다.

160) 전승(傳承)의 사본에는 '1600년'이라 되어 있지만, 앞서의 서술에서 헤라클레토스는 카드모스보다 5세대 후이고, 디오니소스는 카드모스의 손자이기 때문에 헤라클레스와의 차이는 3세대(100년)밖에 안 된다. 따라서 빌라모비츠 이래 '1000년'으로 고쳐 읽는 학자가 많다.

161) 오디세우스의 아내 페넬로페의 자식이라는 전승도 있었던 것 같은데, 여하튼 정통적인 것은 아니라고 여겨진다. 다른 페넬로페인지도 모른다.

오니소스나 페넬로페를 어머니로 하는 판도, 암피트리온의 아들 헤라클레스와 마찬가지로 그리스에서 명성을 날리고 이 땅에서 늙었다고 하면 그들도 실은 인간이며, 다만 이름만 과거의 신들 이름과 같다고 말할 수밖에 없는 것이다. 그러나 그리스의 전승에 따르면, 디오니소스가 태어나자 곧 제우스는 그를 자기 넓적다리에 꿰매어 넣고 이집트보다도 더 멀리 에티오피아에 있는 니사로 데려다 놓았다 하고, 판에 대해서는 태어나서 어디로 갔는지 아무도 모른다는 것이다. 따라서 그리스인이 이 두 신을 안 때는 다른 신을 안 이후였다는 것이 명백하다고 나는 생각한다. 그리스인이 말하는 두 신의 계보는 그들이 두 신을 알았을 때부터 겨우 시작하고 있는 것이다.

여기까지는 이집트인들만이 전하는 이야기를 적은 것이고, 다음에는 이집트 이외의 나라 사람들이 이집트에서 일어난 사건으로서 전하고 있는 일들—이집트의 전승과도 일치하는 일들—에 대해서 말해보고자 한다. 그리고 여기에는 내가 실제로 보았던 것도 조금 덧붙이게 될 것이다.

헤파이스토스의 사제가 왕이 된 것을 마지막으로, 이집트인도 자유의 몸이 되었다. 그런데 이집트인은 왕을 위로 모시지 않으면 한시도 지낼 수 없는 국민이었으므로, 그들은 스스로 국토를 열둘로 나누어 12명의 왕을 세웠다. 이 열두 왕은 서로 혼인을 통하여, 또 서로 범하는 일 없이, 남으로부터 많은 것을 바라지 않고 긴밀한 우호관계를 유지한다는 협정을 맺고 통치하였다. 그들이 이와 같은 협정을 맺고 이를 준수한 이유는 다름이 아니었다.

처음에 그들이 왕위에 올랐을 때 신탁이 있어서, 그들 중 헤파이스토스 신전에서 청동 잔을 가지고 술을 바치는 자가 이집트 온 국토 위에 군림할 것이라고 알렸기 때문이다. 당시 여러 왕들은 이집트의 어느 신전에나 다 같이 참배하는 습관이 있었다.

또 열두 왕들은 공동으로 기념물을 남기기로 하고 모이리스호 약간 남쪽, '악어의 도시'[162]라고 일컬어지는 도시와 거의 같은 선상에 '미궁(迷宮)'을 세웠다. 나는 내 눈으로 이 미궁을 보았는데, 그것은 이루 다 표현할 수 없을 정도로 훌륭했다. 그리스인의 손으로 만든 성벽이나 여러 건조물을 모두 모아도

---

162) 뒤에 프톨레마이오스 통치 기간에는 아르시노에라고 불렀다.

이 미궁에 비하면, 거기에 소요된 노력(勞力)이나 비용 등을 도저히 따라갈 수가 없다는 것은 분명했다—에페소스나 사모스의 신전이 훌륭한 건조물이라고 하는 데에는 물론 동의하지만. 물론 피라미드도 그 규모는 이루 다 말할 수 없는 것으로, 그 하나하나가 그리스의 거대한 건조물을 많이 모아놓은 것에 필적하는 것이었으나, 미궁은 그 피라미드도 능가하는 것이다.

미궁에는 지붕이 있는 안마당이 12개 있는데, 6개가 북향 나머지 6개가 남향이다. 정면 입구는 서로 마주보고 이어져 있으며, 같은 외벽으로 둘러싸여 있다. 건물은 이층을 이루어 지하와 그 위에 방이 각각 1500개, 두 층을 모두 합해서 3000개나 된다. 나는 그것을 한 번 둘러보았는데, 다음에 말하는 것은 위층에 관한 한 내가 본 대로 보고하는 것이다. 왜냐하면 담당 이집트인이, 지하에는 이 미궁을 세운 여러 왕[163]과 성스러운 악어를 묻은 방이 있다고 해서 한사코 보여주지 않으려고 했기 때문이다. 이러한 사정으로 지하의 방에 대해서는 다른 사람으로부터 들은 것을 적을 수밖에 없으나, 인간이 만든 것이라고는 도저히 믿어지지 않는 위층의 장관은 내 눈으로 직접 보았다.

안마당에서 각 방으로, 거기에서 주랑(柱廊)으로, 주랑에서 또 다른 방으로, 다시 거기에서 다른 안마당으로 돌아가면, 방에서 방으로 난 통로에서 보이는 것도, 안마당에서 안마당으로 돌아가며 보이는 것도 모두 한없는 경탄의 대상이었다. 이들 건물의 지붕은 모두 담과 마찬가지로 돌로 되어 있고, 돌담에는 전면이 조각이 되어 있고, 안마당은 어느 것이나 빈틈없이 열 맞추어 세운 기둥들로 둘러져 있었다. 미궁의 건물이 끝나는 구석에는 40오르기아(약 71미터)의 피라미드가 가까이 서 있고, 여기에는 거대한 동물의 모양이 여러 개 조각되어 있었다. 또 이 피리미드에 이르는 지하도 만들어져 있었다.

이러한 미궁보다도 더 놀라운 것은 '모이리스호'라고 하는 호수인데, 미궁은 이 호수 근처에 세워져 있다. 이 호수의 주위는 3600스타이온(약 640킬로미터), 스코이노스로 환산하면 60스코이노스로 이집트의 해안선과 같은 길이이다.[164] 호수는 남북으로 길게 뻗어 있고, 수심은 가장 깊은 곳에서 50오르기아

---

163) 이 미궁의 진짜 건설자는 12왕이 아니라 다음에 서술되는 모이리스호를 만든 모이리스 왕(아메넴헤트 3세)이다.
164) 이것은 물론 과장이다.

(약 89미터)이다. 이것이 만들어진 인공 호수라고 하는 것은 호수 자체가 잘 나타내고 있다. 호수 거의 중앙에 두 기(基)의 피라미드가 서 있는데 어느 것이나 수면 위의 높이가 50오르기아(약 89미터), 수면 아래도 마찬가지로 50오르기아이며, 둘 다 그 위에 옥좌에 앉은 돌의 거상(巨像)이 놓여 있다. 따라서 피라미드 전체의 높이는 100오르기아가 되는데, 1오르기아는 6피트(약 2미터), 또는 4페키스에 해당된다. 1피트는 4팔라스테, 1페키스는 6팔라스테이므로 100오르기아는 바로 1스타디온 또는 6플레드론이 된다.

호수의 물은 이 지방이 매우 물이 귀한 곳이라는 점만으로도 분명하겠지만, 자연스럽게 솟아나온 것이 아니라 운하로 나일에서 끌어온 것이다. 일 년 중 6개월 동안은 호수로 흘러들고, 나머지 6개월 동안은 나일로 흘러나간다. 물이 빠져나갈 때의 6개월 동안은 어획(漁獲) 수익이 은(銀) 1탈란톤에 달하여 매일 국고를 풍성하게 만들지만, 물이 들어올 때에는 20믐나에 지나지 않는다.[165]

고장 사람들의 말에 따르면, 이 호수는 멤피스 남쪽의 산맥을 따라 서쪽 내륙을 향하여 지하를 지나 리비아의 시르티스로 흘러가고 있다고도 한다. 이 호수를 만들 때 파냈을 흙을 어디에서도 볼 수가 없어서, 나는 호수 가장 가까운 곳에서 살고 있는 사람들에게 파낸 흙은 어디에 있느냐고 물어보았다. 그들은 흙을 날라서 버린 장소를 일러주었는데 나는 그것을 듣고 쉽게 납득할 수가 있었다. 그것은 내가, 아시리아의 니노스(니네베)에서도 이와 같은 일이 있었다는 이야기를 들어 알고 있었기 때문이다. 니노스 왕 사르다나파로스의 막대한 재보가 지하의 보고에 보관되어 있었는데, 이것을 어느 도둑들이 훔치려고 생각하였다. 도둑들은 자기 집에서 왕궁까지의 거리와 방향을 재서 지하도를 팠는데, 파낸 흙은 매일 밤 티그리스강으로 운반해서 버리고, 마침내 소원했던 대로 일을 끝마쳤다. 나는 이집트의 호수를 팠을 때에도 이와 똑같은 일이 있었다고 들었던 것인데, 다만 차이가 있다면 이번에는 밤을 틈타서 한 것이 아니라 대낮에 공공연하게 이루어졌다는 점이다. 이집트인이 파낸 흙을 나일로 운반하면, 강은 이것을 휩쓸어 가는 구조였던 것이다.

---

165) 20믐나는 1탈란톤의 3분의 1에 해당한다.

이 호수는 위와 같이 해서 탄생했다고 한다.

프사메티코스의 통치와 그의 후계자

12명의 왕은 협정을 지켜 공정하게 행동해 왔다. 그렇게 얼마 동안의 세월이 지난 어느 날, 그들이 헤파이스토스 신전에서 희생을 바칠 때의 일이다. 제례 마지막 날에 헌주(獻酒)를 하기로 되어 있었는데, 이를 위해 사제장은 왕들이 언제나 헌주에 썼던 황금 잔을 가지고 왔다. 그러나 수를 잘못 세어 12사람이 있는 곳에 11개밖에 가지고 오지 않았다. 12명의 마지막에 있던 프사메티코스는 자기 잔이 없었기 때문에 청동 투구를 벗어서 내밀어 그것으로 헌주를 끝마쳤다. 투구는 다른 여러 왕도 언제나 쓰고 있었고 이때도 마찬가지였다. 프사메티코스가 투구를 잔 대신에 내민 것은 아무런 뜻도 없었던 것인데, 다른 여러 왕들은 마음속으로 그의 행위와 앞서 그들이 받은 신탁이 생각났다. 그들 중에서 청동 잔으로 헌주를 한 한 사람이 이집트의 왕이 되리라는 신탁을 기억에 되살렸던 것이다. 그러나 상의를 한 결과 프사메티코스는 아무런 뜻 없이 그렇게 한 것임을 알았기 때문에 그의 목숨을 빼앗는다는 것은 좋지 않다고 생각하여, 그로부터 권력의 태반을 박탈하고 나서 소택지로 추방했다. 그리고 그 뒤부터는 소택지를 나와 이집트의 다른 지역과 교섭하는 것을 금지하기로 결정하였다.

이 프사메티코스는 이전에도 아버지 네코스를 죽인 에티오피아의 왕 사바코스를 피하여 시리아로 망명한 일이 있었는데, 에티오피아 왕이 앞서 말한 그런 꿈을 꾸고 이집트에서 철수하자 사이스주(州)에 거주하는 이집트인이 그를 복권시켰던 것이다. 이렇게 해서 다시 왕위에 오른 그였지만, 앞서의 '투구 사건' 때문에 열한 명의 왕에 의해서 소택지대로 쫓겨나는 처지가 된 것이다.

프사메티코스는 억울함에 휩싸여 자기를 쫓아낸 그들에게 보복할 결심을 했다. 그리하여 이집트에서는 가장 확실한 신탁을 내린다고 하는 부토시의 레토 신탁소에 사자를 보냈더니, 청동의 남자들이 바다로부터 나타날 때 복수는 이루어질 것이라는 신탁이 있었다. 프사메티코스는 청동 인간이 자기를 구원하러 온다는 것에 대해서는 믿지 않았는데, 그로부터 얼마 뒤 약탈을 목적으로 바다로 나간 이오니아인과 카리아인의 한 떼가 이집트로 표착(漂着)하는 일이 일어난 것이다. 청동제 갑옷으로 무장한 이 무리를 소택지에 있는 프사메티코스에게로 알리러 간 한 이집트인은 이전에 청동 무장을 한 사람을 본일이 없었기 때문에, 청동 인간들이 바다로부터 와서 평야를 유린하고 있다고 보고한 것이다. 신탁이 실현되었음을 깨달은 프사메티코스는 이 이오니아인과 카리아인과 친교를 맺고 많은 포상을 약속하며 자기편이 되어달라고 부탁하였다. 그리하여 그들을 설득하는 데 성공하자, 자기를 따르는 이집트인과이 원군(援軍)을 이끌고 왕들을 타도했다.

이집트 전역을 제압한 프사메티코스는 멤피스의 헤파이스토스 신전에 남쪽 문을 세우고, 또 아피스를 위해서는 아피스가 나타날 때마다 이를 키울 장소로서 앞서의 문 맞은편에 안마당을 만들었다. 안마당은 주위에 주랑(柱廊)을 둘러 전면적으로 조각을 새겼는데, 지붕을 지탱하는 것은 기둥이 아니라 12페키스(약 5.4미터)나 되는 거상(巨像)의 열이었다.[166] 아피스란 그리스어로 말하자면 에파포스를 말한다.

프사메티코스는 그의 이집트 통일에 협력한 이오니아인과 카리아인에게 땅을 주어 살게 했는데, 이 거주지는 나일을 가운데에 끼고 마주보고 있으며 여기에는 '병영(兵營)'이라는 이름이 붙여졌다. 왕은 그뿐만 아니라 처음에 약속했던 은상(恩賞)도 모두 주었고, 또 이집트인의 자제를 그들에게 맡겨 그리스어를 배우게 하였다. 오늘날 이집트에서 통역을 업으로 하고 있는 사람들은 이때 그리스어를 배운 사람들의 자손이다. 이오니아인과 카리아인은 그 뒤에도 오랫동안 이 땅에서 살았는데, 이 땅은 나일강의 이른바 '페르시온 하구'에 해당하며, 부바스티스시보다 조금 아래 쪽에 있는 해변에 있다. 뒤에 아마시스왕은 그들을 이 땅에서 멤피스로 옮겨 거주하게 하고, 이집트인을 제쳐두고 자기 호위대로 발탁하였다. 우리 그리스인이 프사메티코스왕 이후 후대에 걸쳐 이집트에서 일어난 모든 사건을 자세히 알고 있는 것은, 이집트에서 살았던 그들과 우리가 교섭을 했기 때문이다. 실제로 이집트인과 언어가 다른 사람으로서 이집트에 정주한 것은 그들이 처음이고, 그들이 물러나기 이전에 거주하였던 지역에는 선거(船渠)나 주거 유적이 나의 시대에까지 남아 있었다.

---

166) 실제로는 그리스의 카리아티드식(式)과 같은 것이 아니라 기둥에 등을 댄 상이 세워져 있었던 것 같다.

프사메티코스가 이집트를 손에 넣은 과정은 이와 같았다.

이집트에 있는 신탁소에 대해서는 이제까지 자주 언급했으나, 이에 대해서는 새삼 이야기할 만한 가치가 있다고 여겨지므로 여기에서 다시 적어보기로 한다.

여기에서 이집트의 신탁소라고 하는 것은 레토 신전을 말한다. 바다에서 나일을 배로 거슬러 올라가면 이른바 세벤니테스 하구 부근의 큰 도시에 자리 잡고 있다. 이 신탁소가 있는 도시의 이름은 앞서도 적은 바와 같이 부토이다. 이 부토시에는 아폴론과 아르테미스의 신전도 있으나, 신탁소가 있는 레토 신전은 그 자체가 광대한 규모로, 높이 10오르기아(12.8미터)의 문이 있다. 여기에서 눈에 들어오는 것 중 내가 가장 놀란 것은, 이 레토의 성역 안에 있는 한 작은 신전으로, 이것은 상하좌우 이음새가 없는 한 장의 돌로 되어 있고, 어느 측면도 높이와 폭이 같아 각기 40페키스(약 18미터)이다.[167] 신전의 지붕으로서는 다른 한 장짜리 바위가 위에 얹혀 있는데, 이로써 4페키스(약 180센티미터)의 돌출부가 형성되어 있다. 레토의 신역을 방문했을 때 눈에 들어오는 것 중에서 내가 가장 경탄한 것은 이 신전이고, 이어 내가 또 감탄한 것으로는 켐미스라는 섬이다. 이것은 부토의 성역 옆에 있는 넓고 깊은 호수 안에 있는데, 이집트인들은 이것이 떠 있는 섬이라고 말한다. 나는 그 섬이 떠다니다거나 움직이는 것을 본 일이 없기 때문에, 그 이야기를 듣고 과연 섬이 떠도는 일이 있을까 하고 놀란 것이다.

이 섬에는 아폴론의 광대한 신전이 있는데, 제단이 세 개 만들어져 있다. 또 섬 안에는 수많은 대추야자나무가 나 있고, 그 밖에 열매가 열리는 나무, 열리지 않는 나무들이 섞여서 무성하다. 켐미스가 떠 있는 섬이라고 하는 데에 관련해서 이집트인이 말하는 다음과 같은 전설이 있다. 그것에 따르면 이 섬은 애초에는 떠 있지 않았으나, 이집트 최고(最古)의 신인 8신의 한 사람으로 자기의 신탁소가 있는 부토에 살고 있던 레토가 이시스로부터 아폴론을 맡았는데, 예의 티폰이 오시리스의 아들(아폴론)을 찾으려고 세계를 샅샅이

---

167) 이곳의 기술(記述)은 명확치 않지만, 요컨대 한 변이 40페키스인 정육면체를 생각하면 될 것이다. 단, 40페키스(약 18미터)는 너무 크므로 14페키스의 잘못이 아닌가 하고 의심하는 것은 당연하다.

뒤지면서 이 땅에 왔을 때 이 섬에 아폴론을 숨겨서 구했다고 한다. 아폴론과 아르테미스는 디오니소스(오리시스)와 이시스의 아들로, 레토는 두 아이의 유모이자 그들을 구한 사람이기도 했다는 것이다. 아폴론은 이집트어로 말하자면 오로스(호로스), 데메테르는 이시스, 아르테미스는 부바스티스이다. 에우포리온의 아들 아시스키로스가 아르테미스를 데메테르의 딸로 삼고 있는 것은 이제까지의 시인으로는 그 예가 없던 일로, 지금 말한 전설에서 비롯됐다고 할 수 있다.[168]

한편 프사메티코스는 54년에 걸쳐 이집트에 군림했는데, 54년 중 29년 동안은 시리아의 대도(大都) 아조토스[169]를 계속 포위 공격하여 마침내 이를 점령하였다. 우리가 아는 한, 이 아조토스는 세계의 도시 중에서 가장 긴 시간 동안 포위 공격에 견딘 도시이다.

프사메티코스의 아들은 네코스인데, 그는 아버지의 뒤를 이어 이집트의 국왕이 되었다. 그는 '홍해'로 통하는 운하에 손을 댄 맨 처음 인물로, 뒤에 페르시아의 왕 다레이오스가 완공한 것이 이 운하이다. 그 길이는 배로 4일 거리이며, 폭은 두 척의 삼단 노선이 나란히 지나갈 수 있을 정도이다. 운하의 물은 나일에서 끌어, 부바스티스시의 약간 남쪽 지점에서 시작하여, 아라비아의 도시 파투모스 옆을 지나 '홍해'에 이른다. 처음 공사를 시작한 것은 이집트 평야의 아라비아 쪽이었으나, 이 평야의 남쪽에는 멤피스 부근에 이어져 채석장이 있는 산맥이 뻗어 있다. 운하는 이 산맥의 산록(山麓) 지대를 따라 서쪽에서 동쪽으로 뻗어가다가 협곡으로 들어간다. 그리고 다시 산지에서 벗어나 남쪽으로 흘러 '아라비아해'에 이른다. '북의 바다'에서 '남의 바다'—홍해와 마찬가지로—에 이르는 가장 짧은 거리를 구하면, 이집트와 시리아를 분리시키는 카시오스산맥으로부터 '아라비아만'으로 빠지는 선인데, 이 거리가 꼭 1000스타디온(약 178킬로미터)이다. 이것이 가장 짧은 거리인데, 운하는 굴곡이 매우 심하기 때문에 실제는 이보다 훨씬 길다. 네코스왕 때 운하 개착에 동원된 이집트인 중 12만 명이 죽었다. 그러나 네코스는 그의 공사가 이국인을 위한 것이 되리라는 신탁의 방해를 받아 중도에서 개착을 그만 두고 말았

---

168) 아이스킬로스의 이 작품은 전해지지 않는다.
169) 필리스틴(펠리시테인)의 도시 아시도도를 가리킨다. 아스칼론 바로 북쪽에 있다.

다. 이집트인은 자기와 언어가 같지 않은 사람은 모두 이국인이라고 불렀다.

운하 공사를 중지한 네코스는 이번에는 군사로 눈을 돌려 많은 3단 노선(櫓船)을 건조시켰는데, 그 일부는 '북해'용으로 만들고, 나머지 것은 '홍해'용으로 '아라비아만'에서 건조되었다. 이들 선거(船渠)는 지금도 볼 수가 있다. 네코스는 이들 배를 필요에 따라 사용했는데, 육상에서는 시리아군과 마그돌로스[170]에서 싸워 승리한 전투로 시리아의 대도시 카디티스[171]를 점령하였다. 네코스는 이 위업(偉業)을 수행했을 때 입고 있던 의상을 밀레토스의 브란키다이로 보내어 아폴론에 봉납하였다.

네코스는 16년 동안 재위한 뒤,[172] 왕위는 그의 아들 프산미스가 이었다.

이 프산미스가 이집트를 통치할 때, 엘리스의 사절단이 그를 방문하였다. 엘리스인들은 자기들이 실시하고 있는 올림피아 경기의 운영 방법을 달리 비교할 수 없을 정도로 공정하고 훌륭한 것으로 자부하며, 세계에서 가장 총명한 이집트인이라 할지라도 그 이상의 지혜를 낼 수 없을 것이라고 생각하고 있었다. 이집트에 도착한 엘리스의 사절단이 온 뜻을 말하자, 이 왕은 이집트에서 가장 현자라고 일컬어지는 사람들을 불러 모았다. 모인 이집트인들은 엘리스인으로부터 경기에 관한 규정을 모두 들었다. 엘리스인들은 모든 설명을 끝내고 나서, 만약에 이집트인에게 이보다도 더 공정한 운영 방식에 대해서 생각한 것이 있다면 그것을 배우고 싶어서 찾아왔다고 말했다. 이집트의 현자들은 협의를 한 뒤 그 경기에 당신 나라의 국민들도 참가하느냐고 물었다. 그들은 자기들도 다른 그리스인과 마찬가지로 희망하는 사람은 누구나 경기에 참가할 수 있다고 대답하였다. 그러자 이집트인이 말하기를, 그와 같은 운영 방식은 공정하지 않다, 그러면 자국인을 잘 봐줄 테니 타국인에게는 공평하지 않게 될 것이다, 진실로 공정한 운영을 하고 싶고 또 그것이 이번 이집트 내방의 목적이라고 한다면, 경기에서는 반드시 엘리스인을 제외한 타국인만을 참가자로 인정해야 한다고 권고한 것이다.

---

170) 이것은 하(下)이집트의 미그드르를 가리키는 명칭인데, 실제로는 팔레스티나의 메기도를 가리키는 것으로 여겨진다.
171) 가자를 가리킬 것이다.
172) 기원전 610~594년.

프산미스의 이집트 통치 기간은 불과 6년으로, 에티오피아 원정을 시도한 뒤 곧 죽었다. 그리고 그 뒤를 이어 그의 아들 아프리에스[173]가 왕위를 이었다. 그는 증조부인 프사메티코스를 제외하고는 여러 대의 왕 중에서 가장 영화를 누린 왕으로 재위 기간이 25년에 이르렀는데, 그동안에 시돈을 공격하고 티로스 왕과도 해전(海戰)을 벌였다. 그러나 이윽고 몸에 재난이 덮치는 운명을 피할 수 없었는데, 그 원인에 대해서는 '리비아 편'에서 자세히 기술할 생각이므로 지금은 간략하게 적기로 한다. 즉 아프리에스가 키레네에 보낸 대군이 대패했을 때, 이집트인들이 왕의 실정을 나무라고 반란을 일으킨 것이다. 그 이집트인들은 생각하길, 아프리에스가 병사들을 사지로 몰아넣는다는 사실을 알면서도 출병시킨 것으로 이렇게 함으로써 나머지 이집트인을 보다 안전하게 통치하려 했다는 것이다. 이에 분격하여 돌아온 병사와 전사자의 가까운 사람들이 공공연하게 반기를 든 것이다.

아마시스

이것을 알게 된 아프리에스는 아마시스[174]를 반도(叛徒)들에게로 보내어 그들을 설득시켜 반란을 단념하게 하려고 하였다. 현지에 도착한 아마시스가 그들을 설득하고 있을 때, 한 사람의 이집트 병사가 그의 등 뒤로 와서 투구를 씌우고 이것은 그를 왕으로 추대하기 위해서 한 일이라고 하였다. 이 병사의 행위가 아마시스에게 결코 기분 나쁜 일이 아니었다는 것은 그 뒤 그의 행동으로 보아 분명하다. 이집트의 반도들이 그를 왕으로 추대하자 아마시스는 곧 아프리에스를 공격할 태세를 취했던 것이다.

이 사실을 알게 된 아프리에스는 측근 중신의 한 사람인 파타르베미스에게 아마시스를 생포해서 자기에게로 데려오라고 엄명하였다. 파타르베미스가 현지에 도착하여 아마시스에게 동행을 요구하자, 아마시스는 말에 오르기는 하였으나 엉덩이를 들고 방귀를 뀌더니 이것을 아프리에스에게 전하라고 했다. 파타르베미스는 그래도 여전히 왕의 어명이니 출두해야 한다고 설득하였다. 아마시스는 이에 대답하여, 이것은 이전부터 결행하려고 준비해 왔던 일

---

173) 이집트명은 우아하브라.
174) 이집트명은 아후메스.

로 곧 자기도 출두할 작정이고, 뿐만 아니라 다른 사람들도 데리고 갈 테니 왕도 자기를 나무라지는 않을 것이라고 말했다. 파타르베미스는 그 말의 진의를 알고 마음가짐도 정해져 있다는 것을 느끼자 한시라도 빨리 사태를 왕에게 보고하려고 서둘러 귀로에 올랐다. 파타르베미스가 아마시스를 동반하지 않고 나타나자, 왕은 미처 생각할 겨를도 없이 화를 내더니 그의 귀와 코를 칼로 잘라버리고 말았다. 이제까지는 아직도 왕에게 마음을 두고 있었던 다른 이집트인들은, 자기들 사이에서 명망이 있는 사람이 이렇게 비참하게 당하는 꼴을 보고 지체 없이 왕을 떠나 적 쪽으로 달려가 아마시스의 무리와 합류했다.

이러한 사실도 알게 된 아프리에스는 용병부대를 무장시켜서 반란군을 토벌하도록 내보냈다. 아프리에스는 카리아인과 이오니아인 용병을 3만 명이나 데리고 있었고 사이스시에는 광대하고 장려한 왕궁이 있었다. 그리하여 아프리에스 휘하의 부대는 반란 부대를 상대로, 한편 아마시스군은 외인부대를 상대로 진군하여 두 군은 모멘피스시[175]에서 서로 만나 마침내 승패를 겨루게 되었다.

그런데 이집트인은 일곱 계급으로 나뉘는데, 사제와 무사를 비롯하여 소치기, 돼지치기, 상인, 통역, 키잡이가 그것이다. 그 명칭은 각 계급의 직업에 따라 붙는다. 그중 무사계급은 칼라시리에스 또는 헤르모티비에스[176]라고 일컬어지며, 다음에 드는 여러 주(州)의 출신자로 구성되어 있다. 이것은 이집트 전역이 주로 구분되어 있기 때문이다.

헤르모티비에스의 출신 주를 다음에 들면, 부시리스주, 사이스주, 켐미스주, 파프레미스주, 프로소피티스라고 불리는 섬과 나토의 절반이 그것이다. 헤르모티비에스의 수는 가장 많을 때에는 16만에 달한다. 그들은 그 어떤 종류의 장인이 하는 일을 습득하는 일은 결코 없고, 다만 군사에 전념하는 것이다.

다음에 카라시리에스의 출신 주를 들어보면, 테베주, 부바스티스주, 아프티스주, 타니스주, 멘데스주, 세벤니테스주, 아트리비스주, 파르바이토스주, 트무

---

175) 오늘날의 메누프, 카노보스 지류에서 마레오티스호로 통하는 운하 가장자리에 있다.
176) 이 두 가지 명칭의 원뜻에 대해서는 여러 가지 설이 있지만, 어느 것이나 확실하다고는 할 수 없다.

이스 오누피스주, 아니티스주, 미엑포리스주 등인데, 마지막의 미엑포리스주는 부바시티스시 맞은편에 자리잡은 섬에 있다. 카라시리에스는 가장 많을 때에는 그 수가 25만에 이른다. 그들도 또한 그 어떤 종류의 직업적 기술의 습득도 허락되지 않고, 세습적으로 군사만을 수련한다.

그리스인이 과연 이와 같은 관습도 이집트인으로부터 배운 것인가, 이 점에 대해서는 나로서도 명확한 판단을 내릴 수가 없다. 왜냐하면 내가 보는 한 트라키아인·스키타이인·페르시아인·리디아인을 비롯한 모든 이국인(비그리스인)이 직업적 기술을 습득하는 사람들과 그 자손들을 다른 시민보다도 비천한 것으로 보고 이와 같은 수공업에 종사하지 않는 사람, 그중에서도 특히 군사에 종사하는 사람을 존귀한 것으로 보기 때문이다. 어쨌든 그리스인도 모두 이와 같은 관습에 젖어버린 것인데, 특히 스파르타인은 그 정도가 가장 심하다. 기술적 직업을 가장 경시하지 않는 것은 코린토스인이다.

사제들은 별도로 하고 이집트에서는 무사 계급에게만 다음과 같은 특권이 부여되고 있었다. 즉, 무사 계급에 속하는 사람에게는 각기 12아루라의 토지가 세금 없이 할당된다. 1아루라는 100이집트 페키스 평방의 땅으로, 이집트 페키스는 사모스 페키스와 같다.[177] 이것은 무사 계급에 속하는 사람 모두에게 주어진 특권인데, 다음에 말하는 것은 그들이 교대로 입을 수 있는 특전으로 같은 사람이 되풀이해서 이의 혜택을 받을 수는 결코 없다. 즉, 카라시리에스와 헤로모티비에스로부터 각기 1000명이 해마다 왕의 친위대에서 근무하는 것이다. 그리고 근무 중에는 앞서의 12아루라의 땅 외에 다시 일당으로서 1인당 빵 5므나,[178] 쇠고기 2므나, 술 4아리스테르[179]가 지급되었다. 교대로 근무하는 친위대원에 대한 급여는 위와 같았다.

이리하여 용병 부대를 거느린 아프리에스와 이집트 전군을 이끈 아마시스는 모멤피스시에서 만나 싸움을 벌였다. 외인부대는 잘 싸웠으나 이집트군보다는 훨씬 그 수가 모자랐기 때문에 패배하고 말았다. 아프리에스는 신이라

---

177) 이집트 페키스(사모스 페키스)란 보통 그리스에서 관습적으로 쓰이는 것보다도 약간 길어 약 52센티미터 정도였다. 따라서 1아루라의 면적은 약 4분의 1헥타르가 된다.
178) 1므나는 437그램 정도이다.
179) 아리스테르는 코틸레와 같은 값의 단위로 생각되는데, 그렇다고 한다면 약 0.27리터가 된다.

할지라도 그의 통치를 뒤집을 수는 없을 것이라는 신념을 가지고 있었다고 전해진다. 자기의 왕권은 그렇게 견고하다고 생각했던 것이다. 그러나 그는 이때의 싸움에 패하여 포로가 되어 사이스시의, 지금은 아마시스의 소유가 된 이전의 자기 왕궁으로 보내졌다. 아프리에스는 이 왕궁에서 얼마 동안 있었고, 아마시스는 그를 좋게 대우했다. 그러나 결국 이집트인으로부터, 자기들에게나 아마시스에게나 가장 증오할 만한 인간을 그대로 두어서는 안 된다는 항의가 일어나, 아미시스는 아프리에스를 이집트인들에게 인도하였다. 이집트인들은 그를 교살한 뒤 그의 선조 이래의 묘소에 묻었다. 이 묘소는 아테네 신전의 경내에 있는데, 경내로 들어가면 왼쪽 신전 바로 옆에 있다. 사이스인은 사이스주 출신의 왕은 모두 이 신역 안에 묻어왔고, 아마시스의 무덤은 아프리에스와 그의 조상의 묘보다는 신전에서 좀 멀었지만 역시 이 신전 안에 있다. 이곳은 거대한 돌 주랑(柱廊)으로, 대추야자나무를 모방한 기둥을 위시하여 온갖 사치를 다한 장식으로 치장되어 있다. 주랑의 내부에 이중문이 달린 방이 있는데 그 안이 바로 묘실이다.

사이스의 아테네 신역(神域)에는 또 신전 뒤편, 아테네 신전의 담을 따라 그 끝과 끝 사이에 어떤 귀하신 분의 묘소가 있는데, 그분의 이름을 여기에서 들지는 않겠다.[180] 이 안에는 거대한 돌로 만든 오벨리스크가 몇 기(基) 서 있고 묘소에 이어서 연못이 있는데, 연못 주위의 가장자리에는 보기 좋게 돌이 깔려 있고 그 크기는 내가 보는 바로는 데로스에 있는 이른바 '수레바퀴의 연못'[181]과 같을 정도였다.

이 연못에서 밤에 이 신의 수난극(受難劇)이 행하여지는데, 이집트인은 이것을 비밀 의식이라 부르고 있다. 나는 이 비밀 의식에 대해서는 더 자세히 알고 있지만 여기에서 기술하는 것은 삼가기로 한다. 마찬가지로 그리스에서는 테스모포리아라 일컫고 있는 데메테르에 대한 비밀 의식[182]에 대해서도,

---

180) 오시리스를 가리킨다.
181) 레토는 이 연못가에서 아폴론을 낳았다고 전해진다. 아폴론 신전 서북부에서 지금도 이 연못의 흔적을 발견할 수 있다.
182) 이시스제(祭)를 가리킬 것이다. 테스모포리아는 데메테르와 그의 딸 페르세포네(콜레)를 제신(祭神)으로 하는 여자들만의 축제로, 그리스에서 널리 행하여졌다.

불경이 되지 않을 정도만 기술하고 더는 언급하지 않기로 한다. 이 비밀 의식을 이집트에서 외국으로 전하여 펠라스고이의 여인들에게 전수한 것은 다나오스의 딸들이었다. 그러나 펠로폰네소스 전역의 주민이 도리스인에 의해 쫓겨난 뒤에는 이 의식도 거의 없어지고, 펠로폰네소스의 주민 중에서 버티고 퇴거하지 않았던 아르카디아인만이 겨우 이 비밀 의식을 보존했던 것이다.

아프리에스를 타도한 뒤 아마시스가 왕위에 올랐는데, 그는 사이스주 출신으로, 태어난 고을은 시우프라고 했다. 처음에 이집트인은 본디 평민으로서 이름 있는 집안의 출신이 아닌 아마시스를 얕잡아보고 그다지 경의를 나타내지 않았다. 그러나 이윽고 아마시스는 성급하게 일을 서둘지 않고 현명한 방법으로 이집트인의 민심을 수중에 넣었다. 아마시스가 소장한 수많은 재보 중에 발을 씻는 데에 사용하는 황금으로 만든 대야가 있었다. 아마시스 자신도 그와 함께 식사하는 사람들도 언제나 이 대야로 발을 씻었다. 아마시스는 이 대야를 녹인 것으로 신상(神像)을 만들어 도시의 가장 적당하다고 여겨지는 장소에 안치하게 하였다. 그러자 이집트인은 이 신상을 크게 숭상하며 절했던 것이다. 도시 사람들의 행동을 안 아마시스는 이집트인을 불러 모아 신상은 발을 씻는 대야로 만들었다는 것, 이전에 그들이 그 속에 토하기도 하고 오줌을 누기도 하고 발을 넣고 씻었던 것을 지금은 매우 숭상하고 있다고 하면서 그 진상을 폭로해 보였다. 그리고 말하기를, 자기의 경우도 이 대야와 마찬가지로 이전에는 한 평민이었지만 지금은 그들의 왕이므로 자기를 중히 여기고 숭배하라고 명령한 것이다.

아마시스는 이렇게 해서 이집트의 민심을 다스려 자기에게 복종하도록 납득시켰다. 아마시스의 정무를 집행하는 방식은 다음과 같았다.

아침 동안에 광장에 사람들이 나올 무렵[183]까지는 그에게로 올라온 정무를 열심히 처리하지만, 그 이후는 술을 마시고 함께 자리한 상대를 놀리면서 하찮은 일로 시간을 보냈다. 왕과 친한 사람들은 이러한 행동에 마음 아파하여 다음과 같이 간언하였다.

---

183) 오전 10시 즈음을 중심으로 한 오전 중의 몇 시간을 가리킨다.

"왕이시여, 지나치게 천한 행동을 하시는 것은 국왕으로서 올바른 처신이 아닐 것입니다. 옥좌에 엄하게 앉으셔서 온종일 정무를 맡아보시는 것이 전하에게 어울리는 일이며, 그렇게 함으로써만이 이집트 국민도 위대한 통치자를 추대하고 있음을 깨닫게 되고, 전하의 평판도 틀림없이 좋아질 것입니다. 현재와 같은 모습은 결코 제왕에 어울리는 것이 아니옵니다."

아마시스는 그들에게 대답하였다.

"활을 가진 자는 이것을 사용할 필요가 있을 때 당기지만, 사용하고 나면 늦추어 둔다. 활이라고 하는 것은 언제나 당긴 상태로 두면 부러져서 막상 필요할 때 쓸모가 없게 된다. 인간이 취할 자세도 이와 마찬가지이다. 언제나 근엄해야 한다는 데에만 마음을 쓰고 때로는 편안한 마음으로 논다는 기분이 없다면, 본인도 알지 못하는 사이에 마음이 어지러워지거나 멍청해질 수가 있는 것이다. 나는 이러한 이치를 알기 때문에 이 둘을 적당하게 나누어서 사용하고 있는 것이다."

아마시스는 이미 한 시민에 지나지 않았던 무렵부터 술을 좋아하고 농담을 좋아하여, 진지하게 일을 하는 인물은 결코 아니었다고 한다. 술을 마시고 유흥에 빠져 뜻대로 되지 않으면 여기저기 배회하여 도둑질을 하였다. 그가 훔친 물건을 숨기고 있다 주장하는 피해자들은 범행을 부인하는 그를 그 고장의 신탁소로 연행하는 것이 보통이었다. 이렇게 해서 신탁으로 죄가 폭로되는 일도 자주 있었으나 또, 신탁 덕분에 죄를 벗어나는 일도 많았다. 그 뒤 아마시스는 왕위에 오르자 다음과 같은 일을 하였다. 그를 도둑이 아니라고 해서 그 죄를 인정하지 않았던 신들의 신전은 돌보지도, 수리를 위한 기부도, 참배해서 희생물을 바치는 일도 하지 않았다. 신탁에 거짓이 있는 신은 아무런 가치가 없다는 것이었다. 이에 반해서 그의 절도를 인정하여 유죄의 신탁을 한 신에 대해서는 그야말로 참다우며 올바른 신탁을 내리는 신으로서 매우 정중하게 모셨다는 것이다.

아마시스의 업적 중에서 첫째가는 것은 사이스의 아테네 신전에 경탄할 만한 누문(樓門)을 완성한 일이다. 그 생김새는 그 높이로 보나 규모의 크기로 보나 사용된 석재의 크기와 그 질로 보나 모든 선왕(先王)들의 사업을 훨씬 능가하는 것으로, 이제까지 없었던 건조물이었다. 다음에 아마시스는 몇 개의 거상과 거대한 '남자 스핑크스'[184]를 봉납하였고, 또 별도로 수리용으로 터무니없이 큰 석재를 운반하게 하였다. 이들 석재의 일부는 멤피스 부근의 채석장에서 운반하게 한 것인데, 특히 거대한 것은 사이스에서 배로 20일이 걸리는 거리에 있는 엘레판티네로부터 가져온 것이다.

그러나 특히 내가 경탄을 금치 못했던 것은, 아마시스가 엘레판티네로부터 운반하게 한 돌로 만든 돌 궤이다. 이를 운반하는 데에는 3년이란 세월이 걸렸고, 수송 임무를 맡은 사람의 수는 2000명에 이르렀는데 이들은 모두 키잡이 계급에 속하는 사람들이었다. 이 돌 궤의 바깥 길이는 21페키스(약 9.5미터), 폭은 14페키스(약 6.3미터), 높이 8페키스(약 3.6미터)이다. 이 단석(單石)으로 된 돌 궤의 바깥치수는 위와 같으나, 안쪽 길이는 18페키스와 1피곤[185](약 8.5미터), 폭은 12페키스(약 5.4미터), 높이는 5페키스(약 2.3미터)이다.

이 돌 궤는 신역의 입구 옆에 놓여 있었는데, 이것을 신역 안으로 끌어들이지 않았던 것에는 다음과 같은 사정이 있었기 때문이라고 한다. 이 돌 궤를 끌고 있는 도중에 우두머리 인부가 오랜 고역에 지쳐 신음 소리를 내자, 아마시스는 그 이상 끌고 가는 것을 허용하지 않았다고 한다.[186] 그러나 다른 설에 따르면, 돌 궤를 지렛대로 들어 올리려다가 인부 한 명이 그 밑에 깔려 죽었기 때문에 신역 안으로 끌어들이는 것을 중지했다고도 한다.

아마시스는 그 밖의 저명한 신전에도 모두 봉납품을 바쳤는데, 그것들은 모두 거대하다는 이유로 한 번 볼만한 가치가 있었다. 그중에서도 멤피스의 헤파이스토스 신전 앞에 있는 가로누운 거상은 특히 언급할 만한 것으로, 그 길이가 75피트나 된다. 이 상과 같은 대좌(臺座)에 에티오피아석(石)으로 만든 거상이 두 개 서 있고, 어느 것이나 키는 20피트로 와상(臥像) 좌우에 나란히 있다. 이 멤피스의 상과 크기도 같고 같이 가로누운 석상이 사이스에도 있다. 이시스의 신전을 멤피스에 만든 것도 아마시스로 이것은 굉장하고 실로 볼만한 건조물이다.

---

184) 그리스에서 말하는 스핑크스는 여자 얼굴이지만, 이집트의 스핑크스는 상체가 남자이기 때문에 이렇게 말하였다.

185) 피곤은 20닥틸로스로, 페키스보다 4닥틸로스만큼 짧은 단위.

186) 인부의 우두머리의 신음 소리를 불길한 전조로 느꼈던 것이다.

이집트는 아마시스왕 치세 때 유례없이 번영했다고 한다. 나일은 대지에, 대지는 인간에게 풍요로운 수확을 가져다주었고, 사람이 사는 도시의 수는 이집트 국내에서 2만에 이르렀다고 한다.

또 아마시스는, 이집트인은 모두 해마다 각자의 수입을 주장관(州長官)에 신고해야 할 법률을 제정하였다. 그리고 신고를 게을리하거나 정당한 수단에 의해 생계를 세우고 있다는 것을 증명할 수 없는 사람은 사형에 처하게 했다. 아테네의 솔론은 이 법률을 이집트에서 도입하여 아테네에 시행하였는데, 아테네인은 이것을 나무랄 데 없는 법률이라고 해서 지금도 여전히 지키고 있다.[187]

아마시스는 그리스를 좋아하는 사람으로, 이것은 그가 여러 사람의 그리스인에게 호의를 나타낸 것을 보아도 알 수가 있다. 그중에서도 이집트로 건너온 그리스인에게는 나우크라티스시에 사는 것을 허락하고, 여기에서 거주하기를 원하지 않는 사람에게는 그들이 신들의 제단이나 신역을 설치할 수 있는 토지를 주었다. 이들 중에서도 가장 크고 가장 유명하고 또 참배인들이 가장 많은 신역은 헬레니온(그리스 신전)이라고 불리는 것으로, 이것은 다음의 그리스 여러 도시가 협동해서 건립한 것이다. 이오니아계(系)의 도시로서는 키오스·테오스·포카이아·클라조메나이의 여러 도시, 도리스계로는 로도스·[188] 크니도스·할리카르나소스와 파세리스, 아이롤리스계로는 미틸레네가 유일한 도시였다. 이 성역은 위의 여러 도시에 귀속되는 것으로, 거래소 감독관도 이들 도시에서 나왔다. 따라서 위의 여러 도시 이외의 도시에서 이에 참여하고 있는 사람은 실은 아무런 특권도 없이 외관상으로만 참여하고 있는 데에 지나지 않은 것이다.[189] 다만, 아이기나인은 독립적으로 제우스 신전을 건립하였고, 또 사모스인은 헤라 신전, 밀레스인은 아폴론 신전을 저마다 건립하고 있었다.

옛날에는 나우크라티스가 이집트 유일한 개항시(開港市)로, 다른 곳에는 한

---

187) 솔론의 입법은 아마시스보다도 훨씬 더 시대가 오래되었기 때문에 이 기술에는 착오가 있다. 아테네에서의 나태 단속 법규는 드라콘(기원전 7세기 후반)에서 시작되었다고 일컬어지고 있다.

188) 로도스라는 이름의 도시는 없고, 실제로는 로도스섬의 3대 주요 도시인 린도스, 이알리소스, 카메이로스를 가리킨다.

189) 헬레니온의 공동 소유권을 가진 도시만이 동시에 거래상의 특권을 독점하고 있었던 것이다.

곳도 없었다. 그래서 나일의 다른 하구에 도착하는 일이 생기면 고의로 온 것이 아님을 선서한 다음 배와 함께 카노보스 하구로 돌아가야만 했다. 역풍으로 배가 갈 수 없을 때에는, 짐을 그 고장의 작은 배에 싣고 델타를 우회하여 나우크라티스까지 운반할 수밖에 없었다. 나우크라티스에는 이 정도로 특권이 주어져 있었던 것이다.

델포이의 인보동맹(隣保同盟)이 현재의 델포이 신전의 건조를 300탈란톤을 받기로 하고 맡았을 때—애초의 신전은 누군가의 실수로 불이 나서 소실되었다[190]—델포이인이 비용의 4분의 1을 부담해야만 했다. 그래서 델포이인은 여러 도시를 순회하여 기부를 모았는데, 그때 이집트에서 얻은 기부는 많은 액수에 이르렀다. 아마시스는 명반(明礬)[191] 1000탈란톤을, 이집트에서 사는 그리스인은 20믐나[192]를 기부한 것이다.

아마시스는 키레네와 우호공수동맹을 맺고 나아가 그 땅에서 왕비를 맞으려고까지 했다. 그 동기는 그리스 여자를 아내로 맞이하기 위해서였는지, 또는 단순히 키레네인에 대한 우호관계를 돈독하게 하기 위한 것인지는 분명치가 않다. 여하튼 라디케라고 하는 여자를 아내로 맞이했는데, 이 여자는 아르케실라오스의 아들 바토스[193]의 딸이라고도 하고, 키레네시의 명사 크리토불로스의 딸이었다고도 한다. 그런데 다른 여자와는 별 문제가 없었던 아마시스가 이 아내와는 관계를 맺을 수가 없었다. 이러한 상태가 오래 이어지자 아마시스는 그녀에게 말하였다.

"네가 나에게 나쁜 저주를 걸은 것이 틀림없다. 반드시 네가 이제까지 그 어떤 여자도 겪은 일 없는 비참한 죽음을 당하게 해주겠다."

라디케는 그와 같은 일을 한 기억이 없다고 했으나 아마시스의 노여움을

---

190) 옛 신전이 소실된 것은 기원전 548년이다. 페이시스트라토스 일족(一族)에 의한 방화였다는 풍설을 헤로도토스는 '실화(失火)'라고 해서 부정하고 있다.

191) 리비아 사막의 오아시스에서는 양질의 명반이 산출되었다. 단순히 금 대신 명반을 주었는지, 혹은 건축재에 내화성을 부여하기 위해, 또는 착색용으로 준 것인지에 대해서는 알 수 없다.

192) 이것이 명반의 양인지, 혹은 금(은)의 액수인지는 원문만으로는 분명치 않다.

193) 키레네는 기원전 7세기 후반 무렵에 텔라섬에서 온 식민단이 건설했다. 초대 왕은 바토스이지만, 여기서 말하는 바토스는 '행운왕'이란 별명으로 불리던 바토스 2세로 여겨진다.

가라앉히지 못했다. 그래서 마음속으로 아프로디테에게 기도하며 그날 밤 아마시스가 자기와 관계를 가지게 되는 것만이 자기가 구원을 받는 길이므로, 만약에 이 소원을 들어주신다면 신상을 만들게 하여 키레네로 보내어 봉납하겠다고 맹세하였다. 라디케가 기도를 드린 뒤 이내 아마시스는 그녀와 관계를 가질 수 있었다. 그 뒤 아마시스는 그녀에게로 갈 때마다 관계를 가질 수 있게 되자 아내를 크게 사랑하였다. 라디케는 신상을 만들게 하여 키레네로 보내어 신에게 한 맹세를 실행하였는데, 이 신상은 키레네시의 교외에 안치되어 지금까지 무사히 남아 있었다.

뒤에 캄비세스가 이집트를 정복했을 때, 그는 라디케가 누군가를 알자 위해를 가하지 않고 그녀를 키레네로 돌려보냈던 것이다.

아마시스는 그리스 각지에 여러 가지 봉납품을 헌납하였다. 키레네에는 황금을 씌운 아테네상과 자기 초상화를, 린도스의 아테네 신전에는 돌로 된 신상 2기와 훌륭한 마제(麻製) 투구를, 사모스의 헤라 신전에는 자기의 모습을 새기게 한 목상(木像) 2기를 봉납하였다. 이 목상은 대신전 입구 뒤에 안치되어 지금까지 남아 있었다.

아마시스가 사모스에 봉납품을 보낸 이유는 아이아케스의 아들 폴리크라테스와 자기 사이의 주객 관계에 따른 것이었지만, 린도스에 봉납한 것은 그와 같은 관계 때문이 아니었다. 린도스의 아테네 신전은, 아이기토스의 아이들을 피하여 이 땅에 들렀던 다나오스의 딸들이 건립했다는 전승이 있었기 때문이다.

아마시스가 봉납한 봉납품은 이와 같았다. 한편 아마시스는 키프로스를 점령하여 이것을 조공으로 바치게 한 역사상 최초의 인물이기도 하다.[194]

---

194) 실은 그 이전에 아시리아 왕 시르곤이 키프로스를 점령하였다. 단, 이집트인으로서는 아마시스가 최초의 점령자였다.

제3권
탈레이아
Thaleia

캄비세스의 이집트 공략

키루스의 아들 캄비세스가 이오니아 및 아이올리스의 그리스인 부대를 포함해서 그가 지배하고 있던 백성을 이끌고 정벌하기 위해 떠난 상대는 다름 아닌 아마시스였다. 이 원정의 원인이 된 것은 다음과 같은 사정에서였다.

캄비세스는 사자를 이집트로 보내서 아마시스의 딸 한 사람을 요구했는데, 이 요청은 아마시스에게 원한을 품고 있는 어떤 이집트인의 생각에서 나온 것이었다. 이 이집트인이 아마시스를 원망하여 이러한 일을 한 이유는, 이전에 키루스가 아마시스에게 사자를 보내어 이집트 제일가는 안과 의사를 구했을 때, 아마시스가 이집트의 모든 의사 중에서 이 사나이를 선출하여 처자로부터 분리시켜 페르시아인에게 인도했기 때문이었다. 아마시스의 이러한 처사를 유감으로 생각한 이집트인은 캄비세스를 부추겨 아마시스의 딸을 요구하게 한 것인데, 딸을 주면 아마시스는 슬퍼할 것임에 틀림없고, 주지 않으면 캄비세스의 노여움을 살 것이라고 생각한 것이다. 페르시아의 국력을 두려워한 아마시스는 딸을 줄 수도 없고 그렇다고 거절할 결심도 서지 않았다. 캄비세스가 딸을 요구한 것은 왕비가 아니라 첩으로 삼기 위해서라는 사실을 잘 알고 있었기 때문이다.

아마시스는 여러 가지로 생각한 끝에 다음과 같은 수단을 취하였다.

선왕 아프리에스의 딸로, 이 집안에서는 단 한 명 살아남은 니테티스라는 키도 크고 아름다운 딸이 있었다. 아마시스는 이 여자에게 눈부신 황금 옷을 입혀 자기 딸이라고 하여 페르시아로 보낸 것이다. 그 뒤 얼마 있다가 캄비세스가 그녀에게 아버지의 이름을 언급하면서 말을 걸자 그녀는 이렇게 말하였다.

"전하께서는 아마시스에게 속으셨다는 것을 알지 못하고 계십니다. 그 남자는 저에게 화려한 옷을 입히고 자기 딸이라고 하면서 전하에게로 보냈습니다. 하지만 저는 그 사나이가 이집트군과 함께 모반을 일으켜 살해한, 그 남자의 주군이었던 아프리에스의 딸입니다."

니테티스의 이 말과 그 속에 깃든 아마시스의 악행에 대한 호소가 키루스의 아들 캄비세스를 격분시켜 이집트 원정으로 향하게 한 것이다.

이와 같이 페르시아인은 전하고 있다.

그런데 이집트 쪽에서 하는 말로는, 캄비세스는 바로 이 아프리에스의 딸에게서 태어났으며 따라서 자기들과 같은 나라 사람이라고 말한다. 아마시스에게 딸을 요구한 사절을 보낸 것은 키루스지 캄비세스가 아니라는 것이다. 그러나 이집트인이 하는 말에는 거짓이 있다. 페르시아의 관습에 대해서는 이집트인이 어느 국민보다도 가장 잘 알고 있었을 것이다. 그러한 이집트인이 첫째 적자(嫡子)가 현존하고 있는데 그를 제쳐두고 서자가 왕위에 오른 관습은 페르시아에 없다는 것, 둘째 캄비세스는 아카이메네스 집안의 파르나스페스의 딸 카산다네의 아들이지 이집트의 여자로부터 태어난 아이가 아니라는 것 등을 몰랐을 리가 없기 때문이다. 이집트인들은 자기들이 키루스 왕가와 친척 관계에 있는 것처럼 꾸며서 진실을 왜곡하고 있는 것이다. 그러나 실정은 위에서 말한 바와 같다.

또 나로서는 믿기 어려운 일이지만, 다음과 같은 이야기도 전해오고 있다.

어느 페르시아 여자가 키루스의 처첩(妻妾)들을 방문했을 때, 카산다네 곁에 키도 크고 용모도 수려한 아이들이 있는 것을 보고 크게 경탄하여 갖은 말을 다하여 격찬하자, 키루스의 비(妃)인 카산다네가 이렇게 말하였다.

"나는 이렇게 훌륭한 아이들의 어머니이지만 키루스는 이집트로부터 데리고 온 여자를 소중하게 여기고 나는 거들떠보지도 않는다오."

카산다네는 니테티스에 대한 반감으로 이렇게 말한 것인데, 그때 거기에 있던 아이들 중에서 나이가 가장 많은 캄비세스가 말하였다.

"어머니, 제가 어른이 되면 반드시 이집트가 뒤집힐 만한 일을 당하게 하겠습니다."

그 무렵 10세 정도였던 캄비세스는 이렇게 말하여 그 자리에 있던 여자들을 놀라게 하였다. 한편, 캄비세스는 이것을 잘 기억해 두었다가 성인이 되어 왕위에 오르자 이집트 원정을 결행했다는 것이다.

그러나 이와는 별도로 다음과 같은 우발적인 사건이 있어서 이집트 원정을 촉진했다는 이야기도 있다. 아마시스의 용병 중에 할리카르나소스 태생으로 파네스라는, 재능과 무용이 뛰어난 사나이가 있었다. 이 사나이가 아마시스에게 무엇인가 유감을 품은 일이 있어서 캄비세스를 만나고 싶은 생각으로 배로 이집트를 탈출한 것이다. 이 사나이는 용병 중에서 상당히 중요한 지위를 차지하고 있었고, 또 이집트의 사정에 정통하고 있었기 때문에 아마시스는 그를 잡기 위해 필사적이 되어, 환관(宦官) 중에서도 가장 믿을 수 있는 남자를 파견하여 3단 노선으로 도망간 사나이를 추적하게 하였다. 그 환관은 리키아에서 파네스를 붙잡았으나 그에게 교묘히 속아 이집트로 호송할 수는 없었다. 즉, 파네스가 파수병을 술로 취하게 해놓고 페르시아로 도망을 간 것이다. 마침 이때는 캄비세스가 이집트 원정에 착수하려고 했을 때로, 그는 진로에 관해서 물이 없는 지역을 어떻게 넘을 것인가 고민을 하고 있던 차였는데 거기에 파네스가 나타나 아마시스에 관한 여러 가지 정보를 줌과 동시에 원정의 행로에 대해서도 설명하고 나섰다. 파네스는 아라비아 왕에게 사자를 보내어 무사 통과를 약속해 주도록 부탁해야 할 것이라고 알려 주었다.

실제로 이집트로 들어가는 길은 이곳밖에 없다고 알려져 있었다. 페니키아로부터 카디티스[1]시의 경계에 이르기까지의 지역은, 팔레스타나 시리아인이라고 불리고 있는 민족에게 속하는 땅이다. 카디티스는 내가 보는 바로는 사르디스시에 비해서 별로 뒤지지 않는 크기의 도시이다. 카디티스에서 이에니소스[2]에 이르는 연해의 항구 도시는 모두 아라비아 왕의 영토이고, 이에니소스에서 세르보니스호까지는 다시 시리아의 영토가 되고, 이 호수를 따라서 카시오스산맥[3]이 뻗어 바다에 이르고 있다. 세르보니스호에는 티폰[4]이 숨어

---

1) 가자.
2) 오늘날의 엘 아리 시일 것이라고 한다.
3) 오늘날의 엘 카스.
4) 괴물 세트. 오시리스의 적이다.

있다는 전설이 있는데, 이 호수로부터는 이집트 영토로 들어간다. 이에니소스 시와 카시오스산맥 및 세르보니스호의 중간 지역은 협소하지 않고 넓어 걸어서 3일이나 소요되는 구간으로 극도로 건조한 사막 지대이다.

여기에서 뱃길로 이집트로 가는 사람이 거의 알아차리지 못하는 한 가지 일을 다음에 적어보기로 한다. 1년을 통해서 그리스 전역뿐만 아니라 페니키아로부터도 토기에 담은 술이 이집트로 수입되고 있는데, 빈 술독은 이집트 그 어디에서도 거의 찾아볼 수가 없다. 그렇다면 빈 술독들은 어디에 사용되고 있는가 하는 의문이 당연히 생기게 되는데, 그것을 다음에 이야기해 보고자 하는 것이다. 각 지구의 장은 자기가 속하는 도시로부터 항아리를 모두 모아 멤피스로 가져간다. 멤피스 시민들은 여기에 물을 채워 시리아의 사막 지대로 운반해야만 한다. 이렇게 해서 이집트에 도착하는 술항아리는 속이 비면 시리아로 운반되어 애초에 운반된 항아리와 합류하는 것이다. 이 이집트로 들어가는 길에 지금 말한 것과 같은 방법으로 물을 공급하여 이를 확보한 것은 페르시아인으로, 그들은 이집트를 점령한 뒤 곧 이것을 실시했던 것이다. 그러나 이때는 아직 물이 없었기 때문에 캄비세스는 예의 할리카르나소스인의 용병 이야기를 듣고서 아라비아 왕에게로 사자를 보내어 도중의 안전 확보를 의뢰한 것인데, 서로 서약을 교환한 뒤 그 목적을 달성했다.

아라비아인만큼 맹약(盟約)을 중요시하는 민족은 세계에 달리 없을 것이다. 그들이 맹약을 맺는 방법은 이러하다. 두 사람이 서로 맹약을 맺으려 할 때는 다른 제3자가 중간에 서서 예리한 돌로 맹약을 하려고 하는 사람들의 손바닥 엄지손가락 근처를 베고, 그들의 옷에서 보풀을 뜯어 둘 사이에 놓여 있는 7개의 돌에 이것으로 피를 묻힌다. 이렇게 하고 나서 디오니소스와 우라니아의 이름을 크게 부른다. 입회인이 이 의식을 끝마치면 맹약을 맺은 자는 상대 외국인[5]—상대가 같은 나라 사람일 경우에는 그 사람—을 친구에게 소개하고, 친구들은 자기들도 이 맹약을 존중하는 의무가 있음을 인정하는 것이다.

그들이 실존한다고 믿는 신은 디오니소스와 우라니아 둘 뿐으로, 그들은 머리를 깎는 방법도 디오니소스를 본떠서 하고 있다고 말한다. 아라비아인은

---

5) 여기서 자국인이라든지 외국인으로 번역한 것은 실제로는 단순히 아라비아 부족 간의 차이 나타내는 데 불과한지도 모른다. 물론 페르시아인 등과의 맹약은 특례로 보아야 할 것이다.

관자놀이의 털도 깎고 머리도 둥글게 깎는다.[6] 그들의 말로는 디오니소스는 오로탈트, 우라니아는 알리라트라 부르고 있다.[7]

그런데 캄비세스로부터 온 사자에게 결맹(結盟)의 맹서를 한 아라비아 왕은 페르시아군을 돕기 위해 다음과 같은 책략을 꾸몄다. 즉 낙타 가죽으로 만든 부대에 물을 채우고 이것을 모두 살아 있는 낙타의 등에 실은 다음, 이것들을 끌고 사막 지대로 나아가 여기서 캄비세스의 군대가 오기를 기다리고 있었던 것이다.

위와 같은 이야기는 여러 가지 전승 중에서 가장 그럴 듯한 설을 골라서 말한 것인데, 그다지 그럴듯하지 않은 설도 세상에 전해오고 있으므로 여기에 기술해 두어야 할 것이다. 아라비아에 코리스[8]라고 하는 큰 강이 있는데, 이 강은 이른바 홍해로 흘러들고 있다. 그런데 아라비아 왕은 소의 생가죽이나 그 밖의 짐승 가죽으로 이 강에서 사막 지대까지 닿는 길이의 관을 만들게 해서 이것으로 물을 보내고, 사막 지대에는 이 물을 담아서 저장하기 위하여 커다란 저수조를 파게 했다고 한다. 앞서의 강으로부터 이 사막 지대까지는 12일간의 여정인데 그는 세 개의 관으로 세 곳에 물을 보냈다고 한다.

나일강의 세칭 페르시온 하구에는 아마시스의 아들 프사메니토스가 캄비세스를 기다리며 진을 치고 있었다. 왜냐하면 캄비세스가 이집트에 군을 진격시켰을 때, 아마시스는 이미 이 세상 사람이 아니라 44년 동안의 통치를 한 뒤 이 세상을 떠나고 없었던 것이다. 그가 살아 있는 동안에는 이렇다 할 불상사도 일어나지 않았고, 그는 죽은 뒤 미라가 되어 자기가 만든 신역(神域) 안의 묘소에 묻혔다.

그런데 아마시스의 아들 프사메니토스가 이집트를 통치하는 동안에 큰 천변(天變)이 일어났다. 이집트의 테베에 비가 온 것이다. 테베의 주민이 하는 말로는, 그 이후나 그 이전, 현재에 이르기까지 테베에는 이제까지 비가 오지 않았다고 한다. 그도 그럴 것이 상부 이집트에는 전반적으로 비가 전혀 오지 않

---

6) 그리스인도 머리를 둥글게 깎고 있었지만 귀밑털은 깎지 않았다.

7) 오로탈트도 알릴라트도 모두 광명의 신이었다.

8) 이 강에 대해서는 분명치가 않다. 여기에서 말하는 홍해는 오늘날의 홍해로 생각되는데, 실제로 아라비아에서 홍해로 흘러드는 큰 강은 없다.

는 것이다. 이때에도 테베에 내린 비는 안개비 정도였다고 한다.

그런데 사막 지대를 통과해 온 페르시아군이 싸움을 하기 위해서 이집트군 가까이에 진을 쳤을 때, 그리스인 및 카리아인으로 구성된 이집트 왕의 용병 부대는 외국 군대를 이집트 공격으로 유도한 파네스의 행위에 격분하여, 그를 응징하기 위하여 다음과 같은 수단을 짜냈다. 파네스에게는 이집트에 남겨놓고 온 몇 명의 아이들이 있었는데, 용병들은 이 아이들을 아버지의 눈이 닿는 진영내로 끌고 온 뒤, 두 군의 진지 중간에 혼주기를 가져다 놓았다. 그러고 나서 아이들을 한 사람씩 끌어내어 목을 따서 그 피를 혼주기로 받은 것이다. 아이들을 모두 처치하자 혼주기 안에 술과 물을 붓고 용병들은 한 사람 남김없이 이 피를 마시고 나서 싸움으로 들어갔다. 싸움은 격전이 되어 두 군 모두 많은 수의 전사자를 냈는데, 마침내 이집트군은 패주(敗走)하고 말았다. 그런데 나는 그 고장의 주민이 가르쳐주어서 실로 기묘한 광경을 보았다. 이 전투에서 죽은 두 나라의 전사자 유골을 따로따로 쌓아놓았는데—두 나라의 전사자 유골은 처음부터 분리시켜놓았기 때문에, 지금도 그대로 페르시아인의 유골은 이집트인의 유골과는 다른 장소에 쌓여 있다—페르시아인의 두개골은 매우 물러서 작은 돌 하나를 던져도 구멍이 날 정도인 반면, 이집트인의 두개골은 돌로 두드려도 부서지지 않을 정도로 단단한 것이다. 고장 사람들이 그 이유를 설명해 주어서 나도 이내 납득할 수 있었는데, 즉 이집트인은 어렸을 때부터 머리를 칼로 미는 습관이 있어 두골이 햇볕을 쬐어 두터워지기 때문이라고 한다. 이집트인의 머리가 대머리가 되지 않는 것도 같은 원인에서 온 것이다. 실제로 온 세계에서 이집트인처럼 대머리가 없는 나라는 없다.

한편 페르시아인의 두개골이 무른 이유는, 페르시아인은 어렸을 때부터 티아라라고 하는 펠트 모자를 써서 머리를 햇볕에 노출시키지 않기 때문이다.

나는 파프레미스[9]에서도 이것과 같은 광경을, 옛날 다레이오스의 아들 아카이메네스의 지휘하에 싸우다가 리비아인 이나로스에게 죽은[10] 병사들의 유골에서도 본 일이 있다.

---

[9] 펠루시온 부근의 도시.
[10] 기원전 460년에 이집트가 당시의 페르시아 왕 아르타크세르크세스에 대항해 반란을 일으켰을 때의 일이다.

이집트군은 싸움에 지자 흩어져서 달아났다. 그들이 멤피스에서 성문을 굳게 닫고 저항하자, 캄비세스는 그들과 평화협상을 하기 위하여 페르시아의 사절을 태운 미틸레네의 배를 상류로 보냈다. 이집트군은 멤피스로 들어온 그 배를 보자, 대거 성벽 밖으로 쏟아져 나와 배를 파괴하고 배에 탄 사람들의 몸을 갈기갈기 찢어 이것을 성 안으로 운반해 갔다. 그러나 이집트군은 그 뒤 포위 공격을 받아 이윽고 항복하고 말았다. 이집트와 경계를 접하는 리비아인은 이집트와 같은 운명을 당하는 것을 두려워하여, 싸우지 않고 자발적으로 조공의 의무를 지고 또 여러 가지 물품을 보냈다. 키레네인과 바르카인도, 리비아인과 같은 두려움에 같은 행동으로 나왔다. 캄비세스는 리비아인으로부터의 선물은 기분 좋게 받았으나, 키레네인이 보낸 것은 거들떠보지도 않고—키레네인은 은 500믐나를 바쳤을 뿐이었기 때문에 그 액수가 적은 것이 원인이었다고 여겨진다—스스로 손으로 집어 병사들에게 나누어주고 말았다.

멤피스의 성을 점령한 지 10일째에, 캄비세스는 왕위에 오른 지 아직 6개월밖에 되지 않은 이집트의 왕 프사메니토스에게 치욕을 주기 위해 교외로 끌고 갔다. 이집트 왕을 다른 이집트인들과 함께 앉힌 뒤 다음과 같은 일을 해서 그의 정신력을 시험한 것이다. 왕의 딸에게 노예의 몸치장을 시켜 물을 길러 보내고, 그와 함께 이집트의 주요 인사들의 딸 중에서 선발한 딸들에게도 왕녀와 같은 복장을 시켜서 물을 긷게 하였다. 딸들이 울부짖으며 아버지에게로 오자, 아버지들은 모두 가혹한 대우를 받는 딸들의 꼴을 보고 마찬가지로 소리를 내어 울었다. 그러나 프사메니토스는 이 광경을 보고 사정의 자초지종을 알게 되자 고개를 숙였을 뿐이었다.

물 긷는 딸이 지나가자 캄비세스는 왕의 아들을 같은 나이 또래의 이집트 청년 2000명과 함께 끌어냈다. 그들은 누구나 목에 새끼를 걸고 재갈이 물려 있었다. 이들은 멤피스에서 배와 함께 목숨을 잃은 미틸레네인들의 대가를 치르기 위해 끌려나온 것인데, 이는 왕에 직속된 판관들이 살해된 미틸레네인 한 사람당 최상류 이집트인 10명을 사형으로 처하라는 판결을 내렸기 때문이다.[11] 프사메니토스는 앞을 지나가는 사람들의 모습을 바라보다가 아들

---

11) 멤피스에서 살해된 미틸레네인은 200명이었던 셈이다.

이 형장으로 끌려가고 있다는 사실을 알았으나, 슬퍼 울고 있는 이집트인들 사이에서 그만은 딸에 대해 취했던 것과 마찬가지 동작을 취했을 뿐이다.

이 사람들도 지나간 뒤 이제까지 왕의 연회에서 배식(陪食)의 영광을 누렸던 한 사람이었으나 이미 초로(初老)의 나이도 지나고 자산도 빼앗겨, 지금은 거지처럼 무일푼으로 내려앉아 병사들에게 동냥이나 하면서 생계를 꾸려나가는 한 사나이가 우연히, 교외에 앉아 있던 아마시스의 아들 프사메니토스와 그 밖의 이집트인들 곁을 지나갔다. 프사메니토스는 이 사나이의 모습을 보자 큰 소리로 울부짖으며, 옛날 술친구의 이름을 부르며 말을 걸고 자기 머리를 치며 슬픔을 나타내었다. 그런데 그의 옆에 배치된 보초가 행렬이 지나갈 때마다 그가 취하는 거동을 일일이 캄비세스에게 보고하고 있었다. 프사메니토스의 거동을 이상하게 생각한 캄비세스는 사자를 보내어 다음과 같이 프사메니토스에게 묻게 하였다.

"프사메니토스여, 그대의 주군인 캄비세스께서 물으신다. 딸이 학대 받고 아들이 형장으로 향하는 것을 보고 소리도 지르지 않고 슬퍼하지도 않았던 그대가, 그대와는 아무런 혈연도 없는 저 거지를 소중히 여김은 무엇 때문인가?"

캄비세스의 이 물음에 대하여 프사메니토스는 대답하였다.

"키루스의 아드님이시여, 우리 집안에 일어난 불행은 슬퍼 울기에는 너무나도 큰 불행입니다. 그러나 유복한 신분에서 거지로까지 전락하여, 더욱이 노경에 이른 저 친구의 불운은 울어 주어도 좋으리라고 생각합니다."

이 대답이 캄비세스에게 보고되자 그는 훌륭한 대답이라고 생각하였다. 이집트인이 전하는 바에 따르면, 이것을 듣고 크로이소스도—그도 캄비세스의 원정에 따라왔기 때문에—그 자리에 있었던 페르시아인도 눈물을 흘렸다. 캄비세스도 가엾은 생각이 들어 곧 측근에 명해서 프사메니토스의 아들을 처형되는 사람들 중에서 구출하고, 프사메니토스도 교외에서 옮겨 자기에게로 데리고 오게 하였다.

그러나 아들은 맨 먼저 처형되어, 파견된 사람들이 그 자리에 도착했을 때에는 이미 죽어 있었다. 프사메니토스는 앉혀 있던 자리에서 캄비세스에게로 왔고, 그 뒤 캄비세스 곁에서 편안히 여생을 보내게 되었던 것이다. 만약에 그가 음모를 꾸미는 일이 없었더라면 그는 이집트를 반환 받아 총독으로서 통치할 수도 있었을 것이다. 왜냐하면 페르시아인에게는 왕가의 후예를 존중하는 기풍이 있어서, 페르시아에 반기를 들었을 경우에도 그 자손에게는 언제나 주권을 반환했기 때문이다. 페르시아에 이와 같은 관습이 있었다는 것은 여러 가지 사례로 확인할 수가 있는데, 그중에서도 아버지가 쥐고 있던 주권을 회복한 이나로스의 아들 탄니라스와 아미르타이오스의 아들 파우시리스가 그 좋은 예일 것이다.[12] 이나로스나 아미르타이오스 이상으로 페르시아에 화를 미친 사람은 일찍이 없었던 것이다. 그런데 프사메니토스는 좋지 않은 음모를 꾸며 당연한 응보를 받았다. 즉, 이집트인이 반란을 일으키도록 사주한다는 것이 발각되어 캄비세스의 귀에 들어가자, 황소의 생피를 마시고 그 자리에서 즉사한 것이다.[13] 프사메니토스는 이렇게 해서 최후를 마쳤다.

캄비세스는 멤피스에서 사이스시로 갔다. 여기에는 어떤 의도가 있었는데, 그는 아마시스의 궁전으로 들어가자 곧 묘실에서 아마시스의 유체를 끌어내라고 명령하였다. 그리고 그 유체에 매질을 하고, 털을 뽑고 바늘로 찌르는 등 갖가지 방법으로 능욕을 가했다. 그러나 유체는 미라가 되어 있었기 때문에 무슨 짓을 해도 끄덕도 하지 않고 부서지는 기색도 없었다. 그 일을 수행했던 자들도 이윽고 지치자 마지막으로 캄비세스는 유체를 태우라고 명령하였다. 페르시아인은 불을 신이라 생각하고 있으므로, 이 명령은 신을 업신여기는 처사였다. 시체를 불태운다고 하는 것은 이 두 국민의 어느 관습에도 없는 일이었다. 페르시아에서는 지금 말한 이유로 해서, 신에게 인간의 시체를 바친다고 하는 것은 당치도 않은 일이었다. 한편 이집트에서는 불을 살아 있는 동물로 여겨, 닥치는 대로 잡아서 배불리 먹으면 사멸한다고 믿는다. 그런데 이집트의 관습에서는 시체를 야수에게 주는 일은 절대로 없다. 유체를 미라로

---

12) 리비아인 이나로스, 이집트인 아미르타이오스를 수반으로 하여 아테네인의 원조를 얻어 일으켰던 이집트의 반란은 기원전 460년에 시작되어 완전히 종식되기까지 상당한 세월이 흘렀다. 처음에 파프레미스에서 페르시아군을 격파하고 기세를 올렸던 반란군도 결국은 진압되었다.

13) 황소의 생피를 독약 대신 사용한 가장 유명한 예는 테미스토클레스이다 (플루타르코스의 테미스토클레스전(傳)에 있다). 황소의 피에 독성이 있다고는 생각할 수 없으므로 응고가 빠른 피가 목구멍을 막아 질식시키는 것으로 해석하는 사람도 있다.

하는 것도 그 때문으로, 매장된 유체가 구더기에 먹히는 것을 피하기 위해서이다.

따라서 캄비세스는 어느 나라의 관습에도 없는 일을 명령한 것이 된다. 그러나 이집트인의 이야기에 따르면, 이 수난을 당한 사람은 사실 아마시스가 아니라 그와 키가 같은 다른 이집트인으로, 페르시아인은 그것을 아마시스라고 생각해 그 사나이의 유체에 능욕을 가했다고 한다. 자기의 유체에 일어날 일을 신탁으로 미리 알았던 아마시스가 이를 방지하기 위하여, 태형으로 사망한 사나이를 자기 묘실 입구에서 가까운 곳에 묻게 하고 자기 유해는 될 수 있는 대로 방구석에 놓도록 아들에게 일렀다는 것이다. 그러나 아마시스가 장례식이나 자기를 대신할 사나이 등을 지시했다는 것은 전혀 근거가 없는 이야기로, 이집트인이 자기들의 체면을 유지하기 위해 만들어낸 것이라고 나는 생각한다.

에티오피아인과 암몬인에 대한 원정과 그 좌절

이집트 공략 뒤, 캄비세스는 세 가지 원정을 계획하였다. 노리는 상대는 카르타고인, 암몬인, 그리고 리비아의 남쪽 바다에 면하는 지역[14]에 사는 에티오피아의 '장명족(長命族)'[15]이었다. 계획을 세우고 이윽고 결정한 방침은, 카르타고에는 해군을, 암몬에는 육상 부대에서 선발한 부대를 파견하는 것이었다. 그리고 에티오피아에는 먼저 스파이를 보내어 그 나라 왕에게 선물을 한다는 구실 아래 에티오피아에 있다고 전해지는 '태양의 식탁'이라는 것이 실제로 있는가의 여부를 확인하고 그 밖에도 여러 가지 일을 탐지하게 하였다.

'태양의 식탁'이란 다음과 같은 것이라고 한다. 도시 교외에 한 초원이 있는데, 여기에 갖가지 네발짐승의 삶은 고기가 곳곳에 놓여 있다. 도시에 사는 그날그날의 담당자가 밤에 이 고기를 초원에 늘어놓은 것인데 낮에는 누구나

---

14) 헤로도토스는 리비아의 남쪽 끝 바다라고 생각하고 있었던 셈이다.

15) 에티오피아인이라 불리는 민족의 분포는 매우 넓어, 리비아의 에티오피아인과 아사이의 에티오피아인이 구별되고 있다. '장명족'이라 불리는 에티오피아인은 리비아 남쪽, 즉 적도 부근에 살았던 부족을 가리키는 것으로 생각된다. 마크로피오이는 '장명'이라는 뜻이 아니라 '장궁(長弓)을 사용한다'의 뜻이라고 하는 이설도 있다.

마음대로 가서 그것을 먹는다. 그 고장 주민들은 대지가 언제나 자연스럽게 이 음식을 제공해 주는 것이라 말한다고 한다.[16]

캄비세스는 스파이를 파견할 결의를 굳히자, 곧 에티오피아 말을 아는 이크티오파고이인[17]을 엘레판티네시에서 불러오기로 하였다. 그 사자가 목적지를 향하여 가고 있는 동안에, 캄비세스가 해군에게 명하여 카르타고로 출정하게 하자 페니키아인은 그 명령에 따르기를 거절하였다. 카르타고와 자기들은 굳은 서약으로 맺어져 있고, 자기들에게는 아들과 같은 도시[18]를 공격한다는 것은 신의(神意)에도 어긋나는 행위라는 것이었다. 페니키아인에게 출격할 의지가 없으면 나머지 부대도 전투력을 잃기 때문에, 이와 같이 해서 카르타고는 페르시아에 예속되는 것을 모면할 수 있었다. 페니키아인은 자발적으로 페르시아에 복종해 왔던 민족이며, 또 페르시아의 모든 해군은 페니키아인에게 의존하고 있었던 일도 있고 해서 캄비세스도 그들에게 강압적으로 나가는 것은 좋지 못하다고 생각하였다. 또 키프로스인도 페르시아에 충성을 맹서하여 이집트 원정에 가담하고 있었던 것이다.

이크티오파고이인이 펠레판티네로부터 도착하자, 캄비세스는 에티오피아에서 해야 할 말을 그들에게 일러주고, 자주색 의상, 황금 목걸이와 팔찌, 설화석고(雪花石膏)의 향유 단지, 야자술 한 항아리 등의 선물을 들려서 에티오피아로 보냈다. 캄비세스가 사절을 보낸 에티오피아인은 세계에서 가장 키도 크고 아름다운 인종이라고 한다. 그 풍습은 많은 점에서 다른 민족과는 다르지만, 특히 왕제(王制)에 관해서는 다음과 같은 관습이 있었다. 온 국민 중에서 가장 키가 크고, 또 그 키에 따라 힘도 세다고 판정되는 자에게 왕위에 오

---

16) 본래는 태양신의 노고를 위로하기 위해 바친 공물(供物)이었을 것이다. 에티오피아인이 신을 풍성히 대접하는 것과 관련해서 생각나는 것은, 호메로스의 작품에서 올림포스의 신들이 온천에서 병을 고치기 위해 가는 것처럼 에티오피아를 방문하는 이야기다(《일리아드》 제1권, 《오디세이》 제1권).

17) 이크티오파고이란 '물고기를 먹는 사람'이라는 뜻. 물고기를 주식으로 하는 이 인종은 홍해 남쪽 해안에 살고 있었다. 엘레판티네에서 그들을 불러들인다고 하는 것은 무슨 뜻인지는 잘 알 수 없으나, 사자가 엘레판티네를 경유하여 홍해 남쪽 해안으로 나갔다는 뜻이 아닌가 여겨진다.

18) 카르타고는 페니키아인의 식민지이다. 본국은 식민지에 대해서는 '모시(母市)'이며, 양자의 관계는 모자(母子)의 그것과 같았다.

를 자격을 준다는 것이다.

이크티오파고이인들은 이 나라에 도착하자 왕에게 선물을 바치고 다음과 같이 말하였다.

"페르시아의 왕 캄비세스는 전하와 친교를 맺을 것을 염원하셔서 전하를 배알하도록 저희를 보내셨습니다. 왕께서 보내신 헌상품은 저희 왕께서도 애용하시는 물건들입니다."

그러나 에티오피아 왕은 그들이 스파이임을 간파하고 다음과 같이 말하였다.

"페르시아 왕은 나와 친교를 맺는 것이 중요하다고 생각하여 그대들에게 선물을 보낸 것이 아니다. 그대들 또한 진실을 말하지 않고―그대들이 온 목적은 우리나라의 실정을 탐지하기 위함이 아니냐?―그 사나이도 정의의 인물이라고는 말할 수 없다. 페르시아 왕이 정의의 인사라고 하면 자국의 영토 이외의 다른 나라 영토를 바라지 않았을 것이고, 아무런 해도 가하지 않고 살아온 민족을 예속시키려고 하지는 않을 것이다. 그러니 이 활을 그 사나이에게 주고 다음과 같이 전하라. 에티오피아 왕은 페르시아 왕에게 충고하는 바 페르시아인이 이 정도의 큰 활을 이렇게[19] 손쉽게 당길 수 있을 때, 우리보다 우수한 대군을 데리고 이 에티오피아 장명족을 공격하는 편이 좋을 것이라고 말이다. 그러나 그때까지는 에티오피아 아이들의 마음에 자기 나라 이외의 국토를 획득하려는 욕망을 일으키지 않으시는 신들에 감사하라고 말이다."

에티오피아 왕은 이렇게 말하고서 활을 늦춘 뒤 이것을 내방자들에게 건네주었다. 그러고는 자색 의상을 손에 들고 이것은 무엇인가, 어떻게 만드는가 물었다. 이크티오파고이인이 자색과 염색에 대해 있는 그대로 대답하자 왕은, 페르시아인은 인간도 가짜지만 그의 몸에 걸치는 것도 가짜라고 말하였다.[20] 왕은 다음에 목걸이나 팔찌 등의 황금제 물건에 대해서 묻고 이크티오파고이인이 이들 장식품에 대해서 설명하자, 왕은 웃으며 자기 나라에는 이보다도 더 튼튼한 족쇄가 있다고 말하였다. 왕은 그것을 족쇄라고 생각했기 때문이다. 세 번째로 왕은 향유에 대해서 질문을 했는데, 사자가 그 제법(製法)과 그

---

19) 에티오피아 왕은 사자들 앞에서 손수 활을 당겨 보인 것이다.
20) 염색은 천의 바탕색을 속이는 짓이라는 뜻일 것이다.

것을 몸에 바르는 일에 대해서 이야기하자, 왕은 의상에 대해서 했던 것과 같은 말을 되풀이하였다. 그런데 술에 대한 이야기가 나오고 그 제법을 듣자 왕은 매우 마음에 들어 했다. 그래서 페르시아 왕은 무엇을 먹으며, 또 페르시아인은 최대한 어느 정도 살 수 있느냐고 물었다. 사자는 왕이 빵을 주식으로 하고 있다는 뜻으로 대답하고 밀이 어떤 것인가에 대해서 설명한 다음, 페르시아에서는 80년이 최고의 수명이라고 말하였다. 그러자 에티오피아 왕은, 똥을 주식으로 하니[21] 수명이 짧은 것도 그다지 놀랄 일이 못 된다, 페르시아인은 이 음식으로 기운을 돋우는 일이 없다면 그만 한 수명도 유지할 수 없을 것이다, 하고 이크티오파고이인에게 그 술을 가리키면서 말하였다. 내로라하는 에티오피아인도 술에 대해서만은 페르시아에 당하지 못하는 것이었다.

이번에는 이크티오파고이인이 왕에게 에티오피아인의 수명이나 식사에 대해서 질문했다. 왕은 에티오피아인 대부분의 수명이 120세에 달하고 이보다 더 사는 사람도 있으며, 고기를 삶아서 주식으로 하고 음료는 우유를 마신다고 대답하였다. 스파이들이 수명 이야기에 놀라움을 금치 못하고 있자 왕은 그들을 어떤 샘으로 안내하였는데, 이 샘에서 목욕을 하자 마치 기름샘에 몸을 담근 것처럼 피부가 부드러워지고 빛이 났다. 그리고 그 샘은 제비꽃과 같은 향기를 내고 있었다고 한다. 스파이들이 한 이야기에 따르면, 이 샘물은 매우 가볍기 때문에 수면에 떠오르는 것은 아무것도 없고, 나무나 그보다 가벼운 것도 뜰 수가 없고 모두 물밑으로 가라앉았다고 한다.[22] 실제로 이 이야기에 나오는 것과 같은 물이 에티오피아에 실제로 있다고 한다면, 에티오피아인이 오래 사는 비결은 여기에서 비롯된 일인지도 모른다.

샘을 떠나 이번에는 감옥으로 안내되었는데, 여기에서는 죄수들이 모두 황금으로 만든 족쇄를 차고 있었다. 이 에티오피아인의 나라에서는 청동이 가장 진기하고 귀한 것이다. 감옥을 구경한 뒤, 스파이들은 이른바 '태양의 식탁'도 구경하였다.

---

21) 밀을 재배할 때 인분을 비료로서 사용하는 것을 가리킨 말일 것이다. 에티오피아인은 아직 농경을 모르고 있었던 것이다.

22) 기원전 4세기 무렵의 저술가 메가스테네스의 《인도기(記)》에 인도의 시라스 강물에 대한 이와 비슷한 기술이 있다.

'태양의 식탁'을 구경한 뒤 마지막으로 그들이 본 것은 에티오피아인의 관이었다. 이것은 히아로스[23]라는 투명한 석재를 사용해서 다음과 같이 만든다고 한다. 이집트식 또는 그 밖의 방법으로 시체를 건조시킨 다음 온몸에 석고를 바르고, 그 위에서 될 수 있는 대로 본인의 얼굴과 닮게 그 모습을 그리는 것이다. 그러고 나서, 안을 파낸 히아로스로 만든 기둥 안으로 유체를 넣는다. (히아로스는 세공을 하기 쉬운 돌로 이 나라에서는 다량으로 채굴된다). 유체는 돌기둥 안에 들어 있어도 투명하게 보이고 아무런 악취도 나지 않고, 그 밖에 불쾌한 원인이 될 만한 것[24]을 나타내는 일도 결코 없다. 그리고 그 유해는 오체(五體)를 모두 가공을 하기 이전 그대로의 모습을 보인다. 이 석주는, 죽은 사람에게 가장 가까운 연고자가 1년 동안 자기 집에 놓고 여러 가지 동물을 희생물로 바친다. 1년이 지나면 집에서 가지고 나와 도시 주위에 세워놓는다.

스파이들은 이렇게 시찰을 마치고 돌아갔다. 그들로부터 보고를 들은 캄비세스는 크게 노하여 바로 에티오피아를 향해서 출정을 명했다. 그러나 미리 식량 준비를 명령하지도 않고, 또 자기가 땅 끝까지 군을 출동시키려 하고 있다는 것도 생각해 보지 않았다. 캄비세스는 본디 미친 듯한 성격으로 냉정성이 결여된 사람이었기 때문에, 이크티오파고이인의 보고를 듣자마자 휘하의 그리스인 부대는 그 자리에 대기시키고, 모든 육상부대를 거느리고 원정 길에 오른 것이다. 군을 진격시켜 테베에 도착하자 캄비세스는 원정군 중에서 5만 명을 선발하여, 암몬인을 정복하고 제우스의 신탁소를 불사르라 지령했다. 그리고 자기는 나머지 부대를 이끌고 에티오피아로 향하였다. 그러나 그의 군대가 행정의 5분의 1도 채 가기 전에 가지고 있던 식량은 모두 바닥나 군수품 수송용 동물까지 모두 잡아먹고 말았다. 이 정황을 안 캄비세스가 만약에 이때 자기의 오산을 알아차리고 군을 철수시켰더라면, 처음 잘못은 어쨌든 간에 그는 현명했다는 말을 들었을 것이다. 하지만 그는 이 참상을 전혀 개의치 않고 오직 앞으로 나갔던 것이다. 병사들은 땅에 풀이 나 있을 때는 그것을 먹고 연명하였으나, 마침내 사막 지대로 들어가자 그들 안에서 전율할만한 행

---

23) 히아로스를 수정, 유리, 설화석고 등이라고 해석하는 설도 있지만, 실체는 잘 알 수 없다. 그러나 채굴된다고 되어 있으니까 가공한 것이 아니라 천연석의 일종임에 틀림없다.
24) 구더기가 생긴다는 것이리라.

동으로 나오는 사람이 나타났다. 10인 1조로 심지를 뽑아, 당첨된 사람을 한 사람씩 먹은 것이다. 캄비세스도 이것을 알자 전군이 동포를 서로 잡아먹는 참상에 빠지는 것을 두려워하여 에티오피아 원정을 중지하고 퇴각했으나, 테베에 도착했을 때에는 이미 많은 휘하의 병사를 잃은 뒤였다. 캄비세스는 테베로부터 멤피스로 내려가 그리스인 부대를 해산시켜 배로 돌아가게 하였다.

에티오피아 원정군이 당한 운명은 위와 같았다. 한편, 암몬 공격을 위해서 간 분견대가 테베를 출발하여 길 안내인을 따라 앞으로 나아가 오아시스시[25]에 도착했다는 것은 확실했다. 오아시스시는 아이스크리온의 일족이라고 일컬어지는 사모스인이 점거하고 있는 도시[26]로, 테베로부터 사막을 넘어 7일이 소요되는 거리에 있으며, 그리스 말로는 '축복의 섬'이라고 불리는 땅이다. 원정군이 이 땅에 도착했다는 것은 전해지고 있지만, 그 이후에는 어떻게 되었는지, 암몬인 자신과 그들로부터 정보를 얻은 사람 이외에는 아는 사람이 하나도 없다. 페르시아군은 암몬에 도달하지도 않았고 되돌아오지도 않았던 것이다. 당사자인 암몬인이 전하는 바는 이러하다. 원정군이 오아시스시로부터 암몬을 향해 사막 지대로 들어서 암몬과 오아시스의 거의 중간쯤에 이르렀을 때이다. 식사하는 동안에 갑자기 맹렬한 남풍이 불어와 사막의 모래로 페르시아군을 생매장해 버렸다. 원정군은 이렇게 해서 모습을 볼 수 없게 되었다고 한다.

캄비세스가 멤피스에 도착할 무렵, 이집트에 성스러운 소아피스[27]가 나타났다. 그리스인이 에파포스[28]라고 부르는 것이다. 아피스가 나타나자 이집트인은 곧 정장을 하고 축제를 벌였다. 이집트인의 이 행동을 본 캄비세스는, 분명히 자기 실패를 기뻐하며 축하하는 것으로 오해하고 멤피스의 관리들을 불렀다. 관리들이 출두하자 왕은, 앞서 자기가 멤피스에 있을 때에는 이와 같은

---

25) 보통명사인 오아시스를 지명으로 해석한 것인데, 이 오아시스는 오늘날 엘 카르게라고 불리는 오아시스를 가리키는 것 같다.
26) 사모스인이 어떻게 해서 이 오아시스에 근거지를 두었는지 자세한 사정은 알 수 없다. 아이스크리온이라는 씨족에 대해서도 마찬가지다. 사모스에서는 그밖에 두 씨족의 이름이 전해지고 있다.
27) 이집트어로는 하피, 이집트인들은 이 소를 푸타 또는 오시리스 신의 현현(顯現)을 보았다.
28) 그리스 신화에 따르면, 제우스의 사랑을 받던 이오는 헤라 여신의 질투 때문에 암소의 모습으로 변하여 여러 나라를 유랑하다가 이집트에 이르러 에파포스를 낳았다 한다. 다나오스와 아이깁토스 형제는 그 자손이다.

일을 하지 않았던 이집트인이, 많은 부하 장병을 잃고 다시 멤피스에 되돌아온 지금 이와 같은 일을 하는 이유는 무엇이냐고 물었다. 관리들은 이에 대답하여, 매우 오랫동안 모습을 감추었던 신이 나타났고, 이 신이 나타날 때에는 이집트의 온 국민이 기뻐하여 축하한다고 설명하였다. 그러나 캄비세스는 관리들이 말하는 것은 거짓말이라 단정하고, 그 죄로 그들을 사형에 처하고 말았다.

그리고 이번에는 사제들을 자기 앞으로 불렀다. 사제들이 관리들과 같은 대답을 하자 캄비세스는, 과연 그들이 말하는 대로 인간의 손에 길들여질 수 있는 신이 이집트에 나타났는가의 여부를 자신이 확인해 보겠다고 말하고, 사제들에게 곧 아피스를 끌고 오라고 명하였다. 그래서 사제들은 소를 데리러 갔다. 이 아피스 또는 에파포스라고 하는 이 소는 한 번 출산을 한 뒤에는 다시 수태를 할 수 없는 암소에서 태어난 송아지를 말한다. 이집트인이 전하는 바에 따르면 천상에서 빛이 이 암소에게 내려와, 소가 이 빛으로 수태를 하여 아피스를 낳는다고 한다. 아피스라고 불리는 이 송아지는 다음과 같은 특징을 갖추고 있다.[29] 그것은 검은 소로, 미간에 네모진 하얀 반점이 있고, 등에는 독수리 모양을 한 무늬가 떠올라 있고, 꼬리는 털이 이중으로 나 있고,[30] 혀 뒤에는 갑충(甲蟲)과 같은 모양을 한 것이 붙어 있다.

사제들이 아피스를 끌고 오자, 반쯤 마음이 흩어져 있던 캄비세스는 단검을 뽑아들고 아피스의 배를 노렸으나 잘못해서 넓적다리를 베었다. 그는 크게 웃으며 사제들에게 말했다.

"괘씸한 것들, 몸 안에 피도 흐르고 살도 갖추고 또 칼로 벨 수 있는 이런 것이 신이라는 거냐? 이집트인들에게는 이러한 신이 어울리겠지, 그러나 나를 웃음거리로 만든 너희는 그대로 두지 않겠다."

캄비세스는 담당 관리에 명하여 사제들을 채찍 형에 처하고, 또 축제를 벌이고 있는 이집트인을 발견하면 누구를 막론하고 가차 없이 죽이라고 명령하였다. 이렇게 해서 이집트인의 축제는 중지되었고, 사제들은 처벌을 받고, 넓

---

29) 달빛이 암소를 임신시킨다고 믿었던 것이다.
30) 꼬리털이 흑백 두 색으로 되어 있다는 뜻인지, 털이 둘로 나누어져 있다는 말인지 확실치가 않다.

적다리를 잘린 아피스는 신전 안에서 숨을 헐떡이며 누워 있었다. 이윽고 아피스는 그 상처가 원인이 되어 죽었는데, 사제들은 캄비세스 몰래 이것을 묻었다.

이집트인의 말에 따르면, 이러한 악업(惡業)이 원인이 되어 캄비세스는 그 뒤 곧 미쳤다고 한다. 본디 그는 제정신을 가진 사람이라고는 말할 수 없는 인간이었던 것이다. 그가 저지른 첫 번째 악행은, 부모가 같은 친동생 스메르디스[31]를 죽인 일이다. 캄비세스는 질투심에서 그를 이집트에서 페르시아로 송환했다. 그 이유는 앞서 이크티오파고이인이 에티오피아 왕으로부터 가지고 온 활을 페르시아인으로서는 이 스메르디스만이 약 2다크티로스(약 37센티미터) 당길 수가 있었고, 그 외 다른 페르시아인은 그 누구도 그 흉내를 낼 수가 없었던 것이다.

그런데 스메르디스가 페르시아로 떠난 뒤, 캄비세스는 자다가 이런 꿈을 꾸었다. 그에게로 페르시아에서 사자가 와서, 스메르디스가 왕의 옥좌에 앉았는데 그 머리가 하늘에 닿았다고 보고하는 꿈이었다. 스메르디스가 자기를 죽이고 왕위에 오르는 것이 아닌가 생각한 캄비세스는 스메르디스를 살해하기 위하여 프렉사스페스라고 하는, 자기에게 가장 충실한 페르시아인을 본국으로 보냈다. 그래서 그는 수사로 올라가 스메르디스를 죽였는데, 사냥으로 유인하여 죽였다고도 하고, 또 '홍해'로 끌어 내어 바다 속에서 익사시켰다고도 한다.

캄비세스의 어지러운 마음

이러한 일은 캄비세스가 저지른 갖가지 악업의 시작에 지나지 않았다. 그 두 번째 악업은 그가 이집트로 갔을 때 따라간 누이동생을 살해한 일이다. 이 여자는 그의 아내이기도 하고, 부모가 같은 친 여동생이기도 하였다. 이 여자를 아내로 삼은 사정은 이러하다. 그때까지는 자기 자매를 아내로 삼는 관습이 페르시아에는 전혀 없었으나, 캄비세스는 자기 자매의 한 사람에게 마음을 두고, 그녀를 아내로 삼기 원했다. 그는 자기의 소원이 페르시아의 관습에

---

31) 고대 페르시아의 비문에는 바르디야라고 기록되어 있는 인물.

위배됨을 알고 있었기 때문에 왕실의 전담 법관을 불러, 자매를 아내로 원하는 사람에게 그것을 승인하는 법률은 없느냐고 물었다. 왕실의 전담 판사라고 하는 것은 페르시아인 중에서 선발해 임명되는 사람으로, 잘못된 일이 발각되어 파면되지 않는 한 죽을 때까지 재직한다.[32] 그들은 페르시아 국내의 재판을 맡아 전통적인 법률의 해석을 내리게 되므로, 국정의 실권은 모두 그들의 수중에 있다고 해도 과언이 아니었다.

캄비세스의 물음에 대해서 법관들은, 법에도 위배되지 않고 자기들 몸에도 위해가 닥치지 않을 정도의 대답을 하였다. 즉, 형제와 자매의 혼인을 인정하는 법률은 찾을 수 없으나, 그와는 별도로 페르시아 왕은 그가 바라는 것을 해도 아무런 지장이 없다는 법률이 있다고 대답한 것이다. 이렇게 해서 법관들은 캄비세스를 두려워한 나머지 법을 왜곡하는 일은 없었으나, 법을 옹호했다가 닥칠지도 모르는 몸의 파멸을 피하기 위해 자매를 얻고자 하는 사람에게 유리한 별도의 법률을 찾아낸 것이다. 이렇게 해서 캄비세스는 의중의 여자를 아내로 삼은 것인데, 그 얼마 뒤 또 다른 자매를 아내로 맞았다.[33] 캄비세스를 따라 이집트로 가서 살해된 것은 이 두 사람 중 나이가 젊은 쪽이다.

이 여성의 죽음에 대해서는, 스메르디스의 경우와 마찬가지로 두 가지 설이 있다. 그리스인의 설에 따르면, 하루는 캄비세스가 사자 새끼를 강아지와 싸우게 하고 예의 왕비도 함께 구경을 하고 있었는데, 강아지가 질 것 같은 기색을 보이자 그의 형제 강아지가 사슬을 자르고 싸움에 가담, 두 마리의 개들은 마침내 사자 새끼를 이겼다고 한다. 캄비세스는 이것을 바라보고 기뻐하였으나, 옆에 있었던 왕비는 눈물을 흘렸다. 그것을 알아챈 캄비세스가 그 이유를 묻자 왕비는, 강아지가 형제견을 도운 것을 보니 스메르디스 생각이 나서 캄비세스에게는 도와줄 형제가 없음이 슬퍼 울었다고 대답하였다.

그러나 이집트인의 말은 이와 다르다. 두 사람이 식탁에 앉아 있을 때, 왕비

---

32) 그들은 모두 7명이었던 것 같다.

33) 뒤에 아내로 맞아들인 자매가 그 유명한 아토사(뒤에 다레이오스의 왕비가 된다)였다. 먼저 쪽은 아마도 메로에라는 이름으로, 살해된 것은 메로에 쪽이다. 이집트의 저명한 도시 메로에는 이 여성의 이름을 딴 것이라 한다.

가 상추를 집어 들고 잎을 뜯어내더니 잎을 뜯어낸 상추와 잎이 붙어 있는 상추 중 어느 것이 좋게 보이느냐고 남편에게 물었다. 캄비세스가 잎이 붙어 있는 쪽이 좋다고 대답하자, 왕비는 이렇게 말했다.

"하지만 당신은 키루스 집안을 벌거숭이로 만들어, 방금 제가 상추에 한 짓과 같은 일을 하신 거군요."

화가 난 캄비세스는 임신을 한 왕비에게 달려들었고, 왕비는 유산으로 죽었다고 한다.

캄비세스는 가장 가까운 육친에 대해서도 이처럼 미치광이와 같은 짓을 했다. 그것이 과연 아피스의 재앙이었는지 또는 그 외의 원인에 의한 것이었는지는 몰라도, 인간의 몸에는 여러 가지 뜻하지 않은 재앙이 닥치는 법이다. 실제로 캄비세스는 태어나면서부터 사람에 따라서는 '신성한 병'이라고 불리는 난치병[34]을 앓았다고 한다. 육체가 난치병에 시달렸다면, 정신이 건전하지 못하다는 것도 이상하게 여길 이유가 하나도 없다.

다음으로 캄비세스가 육친 이외의 페르시아인에게 범한 난행(亂行)을 적자면, 그는 어느 때 프렉사스페스에게 이런 말을 했다고 전해진다. 프렉사스페스는 그가 가장 아끼던 가신으로 접견의 안내역이었고, 또 그의 아들은 캄비세스의 술을 따라 올리는 일을 맡고 있어서 그에 대한 왕의 총애도 대단했었다. 그런데 캄비세스가 이 프렉사스페스에게 이렇게 말하였다.

"프렉사스페스여, 페르시아의 백성은 나를 어떤 사람으로 생각하고 있을까? 그리고 나에 대해서 무엇이라고 말하고 있지?"

프렉사스페스는 대답하였다.

"백성들 사이에서 전하에 대한 평판은 대단히 좋습니다. 다만 전하께서는 술을 너무 좋아하신다고 말하고 있습니다."

프렉사스페스가 이렇게 페르시아 백성의 평판을 보고하자 왕은 화를 내고 다음과 같이 대답하였다.[35]

---

34) 뇌전증을 말한다. 환자가 경련을 일으키는 상태가 신의 영감을 받은 점술가의 그것과 비슷해서 신성한 병이라는 속칭이 생기게 되었다 한다.

35) 프렉사스페스의 어조는 분명히 간언이라기보다 아첨에 가까웠을 텐데, 정상이 아니었던 왕은 그것을 그렇게 받아들이지 않았던 것이다.

"그렇다면 페르시아 국민은 내가 술에 빠져 제정신이 아니라고 말하고 있다는 거구나. 그렇다면 이전에 그들이 한 말은 모두 거짓이 아니냐."

이전에 몇 사람의 페르시아인과 크로이소스가 왕과 자리를 같이했을 때, 캄비세스가 아버지 키루스와 비교해서 자기를 어떠한 인간이라고 생각하느냐고 물은 일이 있었다. 페르시아인의 대답은, 캄비세스는 키루스보다 위대하시다, 키루스의 영토를 모두 보유하고 있을 뿐만 아니라 나아가 이집트와 바다를 판도에 추가했기 때문이라고 말하였다. 그러나 그 자리에 있던 크로이소스는 이 판단에는 불만이어서 캄비세스에게 이렇게 말하였다.

"키루스의 아드님이시여, 제가 보기에 전하께서는 아직 부왕에 미치지 못하는 것처럼 여겨집니다. 왜냐하면 부왕께서는 전하와 같은 아드님을 뒤에 남기셨지만, 전하께서는 아직 그와 같은 아드님이 없기 때문입니다."

캄비세스는 이 말을 듣고 기뻐하며 크로이소스의 판단을 칭찬했던 것이다.

캄비세스는 이때의 일을 떠올리고 화가 나 프렉사스페스에게 말하였다.

"백성들이 말하고 있는 것이 진실인지, 그렇지 않으면 그와 같은 말을 하고 있는 그들이야말로 미친놈들인지 너에게 깨닫게 해 주겠다. 만약에 내가, 문앞에 서 있는 네 아들의 심장 한가운데를 보기 좋게 뚫는다면 백성들이 하는 말은 아무런 근거도 없다는 것이 명백해진 것으로 하자. 만약에 내가 실수했을 때에는 백성들이 하는 말이 진실이고 내가 제정신이 아니라고 생각하여라."

이렇게 말하고 나서 왕은 활을 당겨 프렉사스페스의 아들을 쏘았고, 아들이 쓰러지자 그 몸을 열어 상처를 조사하게 하였다. 활이 심장에 꽂혀 있는 것이 확인되자 왕은 기분 좋게 껄껄 웃고 나서 죽은 자의 아버지에게 말하였다.

"프렉사스페스여, 내가 틀린 것이 아니라 백성들이 제정신이 아니라는 것을 잘 알았겠지. 그런데 그대는 이제까지 이 넓은 세계에서 나만큼 표적을 잘 맞춘 사람을 본 적이 있느냐?"

프렉사스페스는 눈앞에 있는 제정신을 잃은 사나이를 보고, 자기 신변에 닥칠 위험을 두려워하여 이렇게 대답했다고 한다.

"신[36]이라 할지라도 이렇게 훌륭하게 맞힐 수는 없을 것입니다."

---

36) 아마도 태양신 미스라를 가리킬 것이다. 태양신은 그 광선이 화살로 비유되어 사수(射手)로 간주되었던 것이 사실이다.

또 한번은 최상류층의 사람들과 어깨를 겨룰 수 있는 지위에 있는 페르시아인 열두 사람을 별로 죄도 없는데 붙잡아, 머리를 아래로 하여 생매장한 일도 있었다.

이와 같은 행동을 보고 리디아인 크로이소스는 왕에게 간언하는 것이 지당하다고 생각하여 다음과 같이 말하였다.

"왕이시여, 매사를 혈기에 쫓기고 충동에 몰려 하시지 말고 자제하여 자신을 억제하셔야 합니다. 앞을 내다보는 것은 매우 좋은 일로, 선견지명이야말로 현자의 덕입니다. 전하께서는 그다지 죄가 없는 자신의 백성을 잡아서 죽이고, 나이가 차지 않은 아이들의 생명까지도 빼앗고 있습니다. 이와 같은 일을 되풀이하시면 이윽고 페르시아 국민은 전하에게 모반을 꾸미게 될 것입니다. 이 말씀을 드리는 것도, 제가 부왕이신 키루스왕으로부터, 무엇이든지 유익하다고 생각하면 전하에게 자주 간언하고 충고해 드리라는 간곡한 부탁을 받았기 때문입니다."

크로이소스는 이와 같이 진정으로 왕에게 충고를 한 것인데, 캄비세스는 이에 이렇게 대답했다.

"그대는 염치도 없이 나에게까지 충고를 하려고 드는 것이냐? 과연 그대는 자기 나라를 잘 다스리고, 또 이전에 마사게타이인이 아락세스강을 건너 우리 국토로 쳐들어오려고 했을 때, 이쪽에서 먼저 강을 건너 공격하는 것이 좋다고 아버지에게 좋은 충고를 해주었다. 그 결과 그대는 이 나라의 통치에 실패하여 몸을 망쳤고, 그대의 말에 따른 아버지 키루스왕까지 파멸시켰지 않았느냐. 그런데도 염치없이 충고를 하다니, 단연코 이대로는 끝내지 않겠다.

실은 전부터 그대를 처단할 구실이 없는가 찾던 중이었다."

왕이 활을 집어 들고 쏘려 하자, 크로이소스는 몸을 피하여 문 밖으로 도망갔다. 활을 쏘는 데에 실패한 왕은 신하들에게 크로이소스를 붙잡아 죽이라고 명령하였으나, 왕의 성격을 알고 있던 신하들은 크로이소스를 왕의 눈이 닿지 않는 곳에 숨겨두었다. 캄비세스가 후회하여 다시 크로이소스를 원할 때 그를 내놓으면 살려둔 공으로 상을 받을 수 있고, 만약에 후회하지 않고 크로이소스에게 미련을 가지지 않는다면 그때 살해해 버리겠다는 것이 그들의 속셈이었다. 과연, 그 뒤 얼마 있다가 캄비세스는 크로이소스가 보고 싶어졌고, 이것을 안 가신들은 크로이소스가 살아 있음을 왕에게 알렸다. 그러자 캄비세스는 크로이소스가 살아 있다는 것은 매우 기쁜 일이지만 그를 살려 둔 자들은 그대로 두지 않겠다며 사형에 처한다 말하고 그대로 실행하였다.

캄비세스에게는 페르시아인뿐만 아니라 동맹국 국민에 대해서도 이와 비슷한 미치광이 짓을 적잖이 했는데, 멤피스에 머물고 있는 동안에 오래된 묘를 파헤쳐서 시체를 보는 행위도 있었다. 마찬가지로 또 헤파이스토스의 신전으로 들어가 그 신상을 마음껏 비웃기도 하였다. 그것은 헤파이스토스의 상이, 페니키아인이 타고 다니는 3단 노선의 뱃머리에 단 '파타이코이'[37]라고 하는 페니키아의 신과 비슷했기 때문이다. '파타이코이'를 본 일이 없는 사람들을 위해 한마디 한다면, 그것은 난쟁이 모습을 한 상이다.[38] 캄비세스는 사제 이외의 사람은 출입이 금지되어 있는 카베이로이 성소에도 침입하여, 그 신상을 실컷 조소한 끝에 불태우는 폭거까지 감히 저질렀다. 카베이로이의 상도 헤파이스토스의 상과 비슷하여, 카베이로이는 헤파이스토스의 아들이라고 전해진다.

이 모든 점으로 보아 캄비세스가 극도의 정신착란 증세를 보였다는 것이 분명하다고 나는 생각한다. 그렇지 않고서는 적어도 신앙이나 관습에 관한 일을 감히 비웃는 일은 하지 않았을 것이기 때문이다. 실제로 어느 나라 사람이든 이 세상의 관습 중에서 가장 좋은 것을 고르라고 하면 심사숙고한 끝에 누구나가 자기 나라 관습을 고를 것이다. 이와 같이 어느 나라 사람이라도 자기 나라의 관습을 특별히 뛰어나다고 생각하는 것이다. 그렇다고 한다면 이토록 중요한 것을 비웃음의 대상으로 삼는다는 것은 미친 사람 아니고서는 생각할 수 없는 행동이라 할 수 있다. 어느 나라 사람이라도 관습에 대해서 이렇게 생각한다는 것은, 여러 가지 증거로 추론할 수 있는데, 특히 다음에 적은 것이 그 좋은 예라 할 수 있다.

---

37) 난쟁이 모습을 한 페니키아의 신. 배의 수호신으로서 부적처럼 선수 또는 선미에 그 상을 부착했다. 그리스식으로 헤파이스토스라 불리는 푸타(푸타하)와 어원적으로 결부시키는 설도 있다.

38) 푸타 상이 난쟁이 모습이었다는 것은 푸타가 태아의 모습으로 표현되어 있었기 때문이라고 보는 설도 있지만, 이것은 헤로도토스의 오류로 푸타의 아들 크눔과 혼동했기 때문이라고 보는 사람이 더 많다.

다레이오스가 그의 치세 동안에 측근인 그리스인을 불러서, 어느 정도의 돈을 받으면 죽은 아버지의 살을 먹을 수 있는 마음이 들겠는가 물은 적이 있었다. 그리스인은 제아무리 많은 돈을 받아도 그와 같은 일은 할 수 없다고 말하였다. 그러자 다레이오스는 이번에는 칼라티아이인이라고 하는, 부모의 고기를 먹는 관습이 있는 인도의 부족을 불렀다. 그리고 앞서의 그리스인을 입회시켜, 통역을 통해서 그들도 대화의 내용을 이해할 수 있게 해놓고, 어느 정도의 돈을 받으면 죽은 아버지를 화장하는 데에 동의하는가 하고 그 인도인에게 물었다. 그러자 카라티아이인들은 큰소리로 왕에게 말을 삼가 해 주었으면 좋겠다고 말하였다. 관습의 힘은 이와 같은 것으로, 나로서는 핀다로스가 '관습이야말로 만물의 왕'[39]이라고 노래한 것은 옳다고 생각한다.

사모스와 스파르타의 항쟁

캄비세스가 이집트 원정을 시도하고 있을 무렵, 스파르타는 사모스를 공략하기 위한 군사를 일으켰다. 아이아케스의 아들로서 혁명을 일으켜 사모스의 정권을 잡은 폴리크라테스[40]를 공격한 것이다. 폴리크라테스는 사모스를 장악했을 당초에 나라를 셋으로 나누어 형제인 판타그노토스와 실로손에 나누어 주었다. 그 뒤 그중 한 사람은 죽이고, 연하의 실로손은 국외로 추방하여 마침내 사모스 전역을 수중에 넣었다. 그러고는 이집트 왕 아마시스와 우호관계를 맺고 서로 선물을 교환하였다.

그리하여 단시일 안에 폴리크라테스의 위협은 급속히 증대하여, 이오니아를 비롯한 그 밖의 그리스에도 널리 그 이름이 알려졌다. 그도 그럴 것이, 그가 군대를 내보내는 곳은 어디서든지 그 작전이 성공한 것이다. 폴리크라테스

---

39) 이 구가 포함되어 있는 원래의 시는 상실되었다. 이 구를 포함한 2행과 다음 3행의 시구는 플라톤의 《고르기아스》 중 카리클레스의 말 속에 인용되어 유명하다. 단, 플라톤에서는 노모스가 관습이라는 뜻이 아니라 강자가 약자를 지배하는 '자연의 이치'라는 정도의 뜻으로 사용되고 있다. 핀다로스의 본뜻도 아마 그러했으리라 생각되는데, 헤로도토스가 노모스를 별도의 의미로 해석하여 여기에 원용한 것으로 생각된다.

40) 폴리크라테스는 부유한 지주 계급 출신이었다. 그가 쿠데타로 뒤집어엎은 정권이 어떤 것이었는지는 잘 알 수 없다. 그 연대도 그의 사망 연도인 기원전 522년밖에는 알 수 없다. 아마도 그의 재위 기간은 10년 내지 10여 년이었을 것이다.

는 오십노선 100척, 궁병(弓兵) 1000명을 거느리고, 상대가 누구든 가차 없이 약탈행위를 저질렀다. 친구들로부터 감사하다는 말을 듣기 위해서는 아무것도 빼앗지 않는 것보다도 빼앗았다가 그것을 돌려주는 편이 낫다고 그는 언제나 말하고 있었다. 그가 점령한 섬은 많은 수에 이르고, 대륙에서도 많은 수의 도시를 점령하였다. 그중에서도 특기할 만한 일은 밀레토스를 위해 총력을 기울여 원조하러 온 레스보스군과 해전(海戰)을 벌여 격파한 일로, 사모스의 성벽을 둘러싼 모든 해자는 이 싸움에서 포로가 된 레스보스인들이 포로로 있는 동안에 판 것이다.

폴리크라테스의 성운(盛運)은 아마시스의 주의를 끌었는데, 그것이 아마시스의 마음을 불안하게 만들었다. 그래서 아마시스는 폴리크라테스의 행운이 여전히 커지는 것을 보고 다음과 같은 편지를 써서 사모스로 보냈다.

"아마시스왕이 폴리크라테스왕에게 적어 올립니다. 친교를 맺은 친구의 행복을 듣는 것은 기쁜 일이지만, 신령의 질투심 많은 이치를 아는 나로서는 그대의 지나치게 성대한 행운이 마음에 거슬리는 바입니다. 나는 나 자신뿐만 아니라 내가 관심을 갖는 사람들에 대해서도, 모든 일에 행운의 혜택을 받는 것보다는 오히려 성공하는 경우가 있으면 실패하는 일도 있는 것처럼 운과 불운을 교대로 맛보면서 평생을 지내는 것이 바람직하다고 생각합니다. 이렇게 말씀 드리는 것은 매사에 행운을 타고난 사람으로서 결국에는 비참한 최후를 맞이하지 않고 끝난 예를 이제까지 들어본 적이 없기 때문입니다. 그러므로 나의 충고를 받아들여, 언제까지나 행운을 만나는 일을 방지하기 위하여 다음과 같이 하실 것을 권하는 바입니다. 그대에게 무엇보다도 귀중하여 잃으면 가장 마음이 아픈 것이 무엇인가를 잘 생각하셔서, 그것을 결코 인간의 눈에 띄는 일이 없도록 버리십시오. 그리고 그렇게 했는데도 행운과 불운이 번갈아 일어나지 않는다면 내가 말씀드린 방법을 되풀이해서, 사태를 개선하도록 하시는 편이 현명할 것입니다."

이 편지를 읽은 폴리크라테스는 아마시스의 충고를 지당하다고 생각하여, 재물 중에서 잃으면 가장 서운할 것이 무엇일까 찾은 끝에 마침내 그것을 발견하였다. 그것은 그가 평소에 손가락에 끼고 있던 도장이 달린 반지였는데, 그것은 황금 받침을 단 에메럴드제로, 사모스의 명장(名匠) 텔레클레스의 아들 테오도로스가 만든 것이었다.

이 반지를 버릴 결심을 하자 폴리크라테스는 다음과 같이 하였다. 오십노선을 만들어 자기도 여기에 타고 큰 바다로 저어나갔다. 그리고 섬에서 멀리 떨어지자 반지를 빼어 배에 탄 모든 사람 앞에서 바다에 던진 것이다. 그러고 나서 배를 되돌려 집으로 돌아가 불행을 절실히 맛보고 있었다.

그런데 그로부터 5일이 지난 뒤, 뜻밖에도 다음과 같은 일이 일어난 것이다. 한 어부가 보기 좋은 대어를 잡아 이것을 폴리크라테스에게 바치면 좋겠다고 생각하였다. 그래서 그 물고기를 가지고 왕궁으로 가서 왕에게 배알하고 싶다는 뜻을 전하고, 뜻이 이루어지자 왕에게 바치고 말하였다.

"전하, 저는 하찮은 어부입니다만, 이 고기를 잡았을 때 이것은 시장으로 가져갈 물건이 아니라 이 나라를 다스리시는 전하께 드리는 것이 가장 좋을 일이라고 생각하여 이렇게 가지고 왔습니다."

폴리크라테스는 어부의 말을 듣고 매우 기뻐서 대답하였다.

"그대는 매우 좋은 일을 해주었다. 그대의 말이나 헌상품을 모두 기쁘게 생각한다. 포상으로 식사를 대접하겠다."

어부는 이렇게 해서 크게 대우를 받고 의기양양하게 집으로 돌아갔다. 한편 요리사들이 생선의 배를 가르자 그 속에 예의 도장이 달린 반지가 들어 있었다. 요리사들은 크게 기뻐하며 반지를 왕에게 드리고 그것을 발견한 경위를 이야기하였다. 폴리크라테스는 이와 같은 일은 신의(神意)에 의한 것임에 틀림없다고 생각했기 때문에, 자기가 한 일부터 시작하여 자기에게 일어난 일을 모두 서면으로 적어서 이집트로 들려 보냈다.

아마시스는 폴리크라테스로부터 온 서면을 읽고, 사람의 몸에 일어나기로 정해진 일은 인간의 힘으로는 도저히 벗어나게 못하며, 또 폴리크라테스가 모든 일에 행운을 만나 버린 것까지 되찾을 정도라면 행복하게 그 끝을 맺을 수는 없으리라고 생각하였다. 그래서 그는 사모스에 사자를 보내어 우호관계를 파기한다는 뜻을 통고했다. 그와 같은 행동을 취한 이유는, 만일 폴리크라테스가 무서운 재난을 만났을 때 그와 자기가 친한 관계에 있으면 아마시스 자신도 마음 아플 것이기 때문에 그러한 일을 피하고 싶었던 것이다.

스파르타인이 공격을 가한 것은 다름 아닌 매사에 행운이 따르고 있던 폴리크라테스였다. 스파르타가 이러한 행동으로 나온 이유는 위와 같은 일이 있은 뒤, 크레타섬의 키도니아에 도시를 세운 사모스인들의 요청에 따른 것이었다.

폴리크라테스는 키루스의 아들 캄비세스가 이집트 공격을 위해 병사를 모으고 있을 때 사모스 국민이 알지 못하도록 사자를 캄비세스에게로 보내어, 자기가 있는 사모스에도 사자를 보내 병력 조달 의뢰를 해 달라고 요청했다. 이것을 들은 캄비세스는 크게 고무되어 자기의 이집트 원정에 종군할 수군(水軍)의 파견을 폴리크라테스에게 요청하는 사자를 파견하였다. 폴리크라테스는 시민 중에서 반란을 기도할 혐의가 가장 큰 자들을 골라 40척의 3단 노선에 태워서 파견하고, 캄비세스에게는 그들을 다시는 귀국시키지 않도록 의뢰해 두었다.

일설에 따르면 폴리크라테스가 파견한 사모스군은 이집트에 도착하지 않고, 항해 도중에 카르파토스섬[41] 근처에 왔을 때 단합하여 그 이상 앞으로 가지 않기로 결정했다고 한다. 또 다른 일설에 따르면 이집트에는 도착하였으나 경계의 눈을 피하여 탈주했다고도 한다. 그들이 사모스로 귀항해 온 것을 폴리크라테스는 함선을 내어 공격하였다. 이때 귀국조가 승리하여 섬으로 상륙했으나, 그들도 육상 전투에서는 패배하여 바다를 타고 스파르타로 도망갔다. 일설로는 이집트로부터 귀국한 사람들이 폴리크라테스를 무찔렀다고 하는데, 나는 이 말을 진실로 여기지 않는다. 그들에게 폴리크라테스를 제압할 힘이 있었다면 스파르타에 구원을 청할 필요가 없었을 것이다. 또 용병이나 그 고장의 많은 궁병(弓兵)을 거느리고 있던 폴리크라테스가 열세인 귀국 부대에 패배했다고 하는 것은 이치에 맞지 않는 일이기 때문이다. 더욱이 폴리크라테스는 자기가 다스리는 사모스 시민의 처자를 배의 독(dock)에 가두고, 만약에 시민들이 귀국부대에 합세할 경우에는 이들 아녀자들을 독과 함께 불태워 죽일 준비를 해두고 있었다.

폴리크라테스에 의해 나라에서 쫓겨난 사모스인들은 스파르타에 도착하자 주요 관리에게 접견이 허용되어 긴박한 사정을 자세히 말하였다. 처음 접

---

41) 크레타섬과 로도스섬 거의 중간에 있는 섬.

견 때에는 관리들은 대답하길, 이야기의 처음 부분은 잊어버렸고 뒷부분은 무슨 말인지 모른다고 하였다. 그래서 사모스인들은 두 번째 회담에서는 쓸데없는 말을 하지 않고, 자루를 하나 가지고 가서 자루에 밀가루가 없다(또는 자루에 밀가루가 필요하다)고만 말하였다. 그러자 스파르타 관리들은 '자루'라는 말도 불필요한 말이라고 했으나,[42] 그래도 사모스인에 대한 원조를 결정하였다.[43]

이리하여 스파르타는 준비를 갖추고 사모스에 출병(出兵)을 한 것인데, 사모스인이 하는 말로는, 이것은 앞서 사모스인이 메세니아 전쟁 때[44] 함대를 파견해서 스파르타를 원조한 은혜에 보답하기 위해서였다고 한다. 그러나 스파르타 쪽에서 하는 말은, 스파르타의 원조는 사모스인의 요청에 응해서라기보다는, 이전에 스파르타인이 크로이소스에게 보내기 위해 수송 중이었던 혼주기와, 이집트 왕 아마시스가 스파르타에 보낸 갑옷을 모두 사모스인이 약탈한 데 대한 보복이 그 주된 목적이었다고 한다. 사실 사모스인은 혼주기보다 1년 전에 갑옷을 약탈했었는데, 이 갑옷은 많은 무늬를 짜 넣은 마제(麻製) 갑옷으로, 황금과 무명실로 자수가 놓여 있었다. 특히 놀랄만한 일은 짠 실 하나하나가 매우 가는 데도 불구하고 무려 360가닥의 가는 실을 꼬아서 만든 것인데, 더욱이 하나도 빠짐없이 모두 눈에 잘 보인다는 점이다. 아마시스가 린도스의 아테네에 봉납한 갑옷도 이와 같은 종류의 것이다.

스파르타의 사모스 원정에는 코린토스인도 비상한 열의를 가지고 협력했다. 왜냐하면 이 원정이 이루어지기 1세대 전, 혼주기 약탈과 거의 같은 무렵에 사모스인이 코린토스인에 대해서도 불법행위를 저질렀기 때문이다.[45] 사건

---

42) 이 자루는 본디 밀가루를 넣는 자루였을 것이니, 사모스인은 빈 자루를 가지고 온 것만으로도 설명이 충분하다. '자루'라는 주어는 필요 없고, 다만 '밀가루가 필요하다'는 말이면 족하다는 뜻이다. 혹은 주어뿐만 아니라, 설명이 전혀 필요 없다는 의미인지도 모른다.

43) 이것은 극도로 말을 아끼는 것을 존중했던 스파르타의 기풍을 나타내는 이야기지만, 사모스인의 정황에는 어울리지 않는다는 인상을 면할 수가 없다. 다른 전승에 의하면 식량난에 시달리던 키오스인이 빈 자루를 들고 스파르타에 간 일이 있는데, 그때 이와 똑같은 대답을 들었다고 한다. 키오스인의 경우에는 이 빈 자루가 어울리지만 사모스인의 정황에는 그렇지 않으므로, 헤로도토스가 이 일화를 다른 데서 인용했다고 생각할 수도 있다.

44) 기원전 6세기 중간 무렵의 제2차 메세니아 전쟁을 가리킨다.

45) 여기에는 일단 전승된 사본대로의 문장을 번역하였으나, 문제가 있는 대목이다. 스파르타의

의 시초는, 킵셀로스의 아들 페리안드로스가 케르키라 상류 가정의 사내아이 300명을 환관으로 만들기 위해 사르디스의 알리아테스로 보낸 데에서 비롯되었다. 아이들을 데리고 간 코린토스인들이 사모스에 도착했을 때, 아이들이 사르디스에게 보내진다는 사정을 들어서 알게 된 사모스인들은 아르테미스의 신역으로 난을 피하도록 아이들에게 가르쳤다. 그리고 신의 비호를 구해서 온 아이들이 신역으로부터 납치되는 것을 허용하지 않았다. 코린토스인이 아이들을 굶겨 죽이려고 하자 사모스인은 그 대책으로서 축제를 열었는데, 사모스에서는 지금도 그때와 똑같이 이 축제를 행하고 있다. 즉 아이들이 탄원자로서 신역에 머물고 있는 동안 해가 질 때면 남녀 아이들이 노래하고 춤추게 했는데, 그때는 반드시 참깨와 꿀이 든 과자를 몸에 지니게 하는 규칙을 정하였다. 케르키라의 아이들이 그것을 빼앗아 식량으로 충당할 수 있게 하기 위해서였다. 그리고 이것은 망보고 있던 코린토스인들이 단념하고 아이들을 거기에 남겨둔 채 물러날 때까지 계속되었다. 아이들은 사모스인에 의해 케르키라로 보내졌다.

그런데 페리안드로스가 죽은 뒤 코린토스와 케르키라의 관계가 우호적이었다면, 코린토스인이 이 사건을 내세워 사모스 원정에 가담하는 일도 없었을 것이다. 그러나 케르키라에 식민지가 창설된 이래 이 두 나라는 동족이면서도 끊임없이 항쟁을 계속해 온 것이다.

코린토스인이 사모스인에 대해서 품은 적의는 이와 같은 사정에 의한 것이다. 페리안드로스가 케르키라의 상층 계급의 아이를 선발하여 환관용으로 사르디스에 보내려고 했던 것도, 그 근본을 따지자면 케르키라에 대한 복수 때문이었다. 왜냐하면 케르키라인 쪽에서 먼저 비인도적인 행위를 했기 때문이다.

사모스 원정은 기원전 525년의 일이기 때문에, 그 1세대(약 30년) 전이라면 기원전 555년경에 해당하여 크로이소스에게 보냈던 혼주기의 약탈 사건과는 모순되지 않는다. 그러나 다음에 기록되어 있는 것처럼, 코린토스와의 사이에 일어났던 사건은 페리안드로스 재위 중에 발생한 것이기 때문에, 페리안드로스의 사망 연도인 기원전 585년 이전이 되어야 한다. 그렇게 되면 1세대 이전으로 더 거슬러 올라가야만 한다. 여기에서 '2세대 전'으로 해석하는 설이 유력시되고 있으나, 이렇게 해석하면 이번에는 혼주기 약탈 사건과의 동시성이 부정돼야 한다. 여하튼 이 양자를 만족시킬 수 있는 일석이조의 묘안은 없는 것이다.

페리안드로스가 아내인 멜리사를 죽음에 이르게 한 뒤,[46] 그에게는 이 불행에 이어 다시 다음과 같은 새로운 재앙이 닥쳐왔다.

페리안드로스에게는 메리사가 낳은 두 사내아이가 있었다. 한 아이는 17세, 또 한 아이는 18세였다. 어느 날 이 형제에게는 외할아버지가 되는, 그 무렵 에피다우로스의 독재자였던 프로클레스가 두 아이를 불러들여 딸이 낳은 손자이니 당연한 일이지만 성대하게 대접을 해주었다. 두 아이가 자기 나라로 돌아가게 되었을 때, 프로클레스는 그들을 보내면서 말하였다.

"너희 어머니를 죽인 사람은 누구냐, 너희는 알고 있느냐?"

형은 할아버지의 이 말을 듣고 전혀 개의치 않았으나, 동생 리코프론은 상심한 나머지 코린토스로 돌아와서는 아버지가 어머니를 죽인 것이라고 생각하고 아버지가 말을 걸어도 대답도 하지 않고, 또 이유를 물어도 입을 굳게 다물고 있었다. 마침내 화가 난 페리안드로스는 그를 집에서 내쫓고 말았다.

나이 어린 아들을 쫓아낸 뒤, 페리안드로스는 큰아이로부터 할아버지가 무슨 말을 했는지 알아내려고 하였다. 큰아들은 할아버지가 친절하게 대접해주었다는 것은 이야기했지만, 프로클레스가 헤어질 무렵에 두 사람에게 한 말은 본디 그 말의 뜻을 몰랐기 때문에 생각해 낼 수가 없었다. 그러나 페리안드로스는, 할아버지가 그들에게 무엇인가 말을 하지 않았을 리가 없다고 생각하고 계속 추궁하였다. 그러자 아들도 마침내 할아버지의 말을 기억해 내고는 이를 아버지에게 알린 것이다. 이렇게 해서 사정을 알게 된 페리안드로스는 미지근한 수단으로는 끝나지 않을 것이라 생각하고, 쫓겨난 아들이 몸을 담고 있던 사람에게로 사자를 보내어 그 아이를 집에 숨겨두는 것을 금지시켰다. 그 집으로부터 쫓겨난 아들은 다른 집에 의지했으나 이내 그 집에서도 쫓겨나는 신세가 되었는데, 그것은 페리안드로스가 아들을 숨겨준 사람을 위협하여 그렇게 하지 못하도록 했기 때문이었다. 이리하여 아이는 여러 차례 쫓기면서 아는 사람 집을 전전했다. 숨겨준 사람들도 페리안드로스의 아들이라고 해서 두려움을 느끼면서도, 일단은 그를 집안으로 들여놓았던 것이다.

마침내 페리안드로스는 포고를 내어, 아들을 집에 머물게 하거나 그와 말

---

46) 멜리사는 페리안드로스의 첩들의 중상모략 때문에 남편에게 처벌을 받고 사망했다고 한다.

을 나눈 자는 정해진 액수의 벌금을 아폴론에 봉납할 것을 규정하였다. 이 포고가 나온 뒤로는 아들에게 말을 걸거나 집안으로 맞아들이려는 사람은 한 명도 없게 되었다. 한편 아들 쪽도 금지령을 깨뜨리는 것은 떳떳하지 못한 일이라 해서 주랑(柱廊)을 잠자리로 삼아 배회하면서 끝까지 고집을 부리고 있었다. 나흘째가 되어, 목욕도 식사도 하지 못해서 초췌한 아들의 모습을 본 페리안드로스는 가엾은 생각이 들어 화를 가라앉히고 아들에게로 다가가서 말하였다.

"도대체 너는 어느 쪽이 좋다고 생각하느냐. 지금 이대로가 좋으냐, 그렇지 않으면 아버지의 뜻에 따라 내가 현재 쥐고 있는 왕위와 재물을 장차 잇는 것이 좋으냐. 너는 나의 아들로서 당연히 이 번창하는 코린토스의 왕이 될 몸이면서도, 네가 그렇게 대해서는 안 될 사람에게 반항하고 화를 내어 스스로 방랑자의 생활을 고른 것이다. 어떤 사건으로 무엇인가 불행한 일이 일어난 것이 사실이라고 해도—이 일로 너는 나를 의심하고 있는 모양인데—그것은 어디까지나 나에게 생긴 일이고, 또 그것은 내가 저지른 일이므로 그 일에 가장 관계가 있는 것은 바로 나다. 따라서 너는 남의 동정을 사는 것보다도 선망을 받는 쪽이 얼마나 좋은 일이고, 또 부모나 자기보다 힘이 있는 사람에게 반항하는 것이 얼마나 무서운 일인가를 깨닫고 집으로 돌아오너라."

페리안드로스는 이렇게 말하면서 아들을 달래려고 했다. 그러나 리코프론은 아버지에게 아무런 대답도 하지 않고, 다만 이렇게 말했을 뿐이다.

"저와 말을 했으니까 아버지께서도 신에게 벌금을 내셔야겠군요."

페리안드로스는 아들의 불행에 대해 속수무책이라는 것을 깨닫고 아들을 자기의 눈이 닿지 않는 곳에 두기 위하여 배를 만들어 그를 케르키라로 보냈다. 그 무렵에는 이 섬도 페리안드로스의 지배하에 있었던 것이다.

아들을 보내고 나서 페리안드로스는 이와 같은 사태가 된 데에는 장인인 프로클레스에게 가장 큰 죄가 있다고 해서, 그에게 군대를 보내어 에피다우로스를 점령하고 프로클레스도 생포하였다.

세월이 흘러 이제 늙은 페리안드로스는 자기에게 이미 정무(政務)를 볼 힘이 없다는 것을 깨닫자, 케르키라로 사자를 보내어 리코프론을 불러와서 참주(僭主)의 지위에 앉히려 하였다. 큰아이는 보통 사람보다도 더 우둔하다는 것이 그의 눈에도 분명하여, 도저히 자기 후계자로서의 능력이 없다는 것을 깨닫고 있었기 때문이다. 그러나 리코프론은 이 소식을 전한 사자에게 반론하는 일조차 떳떳하게 여기지 않았다. 그러나 페리안드로스는 이 청년에게 집착을 가지고 거듭 그에게로 사자를 보냈는데, 이번에는 리코프론에게는 누님[47]이 되는 자기 딸을 보냈다. 누이가 하는 말이라면 리코프론도 잘 들을 것이라고 생각했기 때문이다. 딸은 리코프론에게 가서 말하였다.

"리코프론, 너는 왕위가 다른 사람 손으로 넘어가고 아버지의 재산이 산산이 흩어져도, 집으로 돌아가서 그것을 이어받는 것보다 이렇게 있는 편이 더 낫다고 생각하는 거니? 자, 집으로 돌아가자. 이제 네 몸을 학대하는 일은 그만 둬. 자존심 따위는 시시한 거야. 재앙을 또 다른 재앙으로 치유하려고 하면 안 돼. 쓸데없이 엄격한 정의를 내세우는 것보다도 공정한 분별 쪽을 존중하는 사람들도 많단다. 또 어머니의 권리를 추구한 나머지, 아버지로부터 당연히 이어받을 것을 잃은 사람도 이제까지 적지 않았단다. 왕의 자리란 위태로워서 이것을 바라는 야심가도 많단다. 아버지도 이제는 나이가 드셔서 한창 일을 하실 나이가 지나셨어. 네가 마땅히 얻을 수 있는 영예로운 자리를 남에게 넘겨주는 일을 하지 말아 줘."

누나는 아버지가 부탁한 대로, 동생의 마음을 끌 만한 말을 될 수 있는 대로 늘어놓으며 설득하였다. 그러나 리코프론은 아버지가 이 세상에 있다는 것을 아는 한 결코 코린토스로는 돌아가지 않겠다고 말하였다.

딸에게 위와 같은 보고를 들은 페리안드로스는, 세 번째로 사자를 보내 자기가 직접 케르키라로 가도 좋으니 그 대신 리코프론은 코린토스로 돌아와 왕위를 이어달라고 전했다. 아들이 이 조건으로 아버지의 제의를 받아들였기 때문에 페리안드로스는 케르키라에, 아들은 코린토스로 떠날 준비를 하고 있었다. 그런데 일의 자초지종을 안 케르키라인이 페리안드로스가 자기 나라로 오는 것을 방해하기 위하여 이 청년을 살해한 것이다. 이와 같은 사정 때문에 페리안드로스는 케르키라인에게 보복하려고 했던 것이다.

스파르타는 대군을 이끌고 침공하여 사모스시를 포위, 공격하였다. 스파르

---

47) 원문으로는 누나인지 누이동생인지 확실히 알 수 없다. 리코프론에 대한 말투 등으로 보아 그렇게 판단했을 뿐이다.

타군은 성벽을 공격하여 교외의 해변에 서 있는 성루에 달려들었으나, 이윽고 폴리크라테스가 직접 대부대를 이끌고 구원하러 오자 격퇴당했다. 산등성이 위에 솟은 성루 근처에서는 지원부대가 다수의 사모스군과 함께 출격을 시도했으나 스파르타군의 공격을 불과 얼마 동안밖에 지탱하지 못하고 후퇴하여 도망치려 했고, 스파르타군은 이를 따라잡아 섬멸시키고 말았다.

이날 만약에 현지의 스파르타군 장병이 모두 아르키아스와 리코페스 두 사람과 같은 활약을 했더라면 사모스는 함락하고 말았을 것이다. 아르키아스와 리코페스는 단 둘이서 패주하는 사모스인과 함께 성벽 안으로 돌입하였으나 퇴로가 끊겨 사모스 시내에서 최후를 맞이한 것이다. 이 아르키아스에서 3대 째가 되는, 같은 이름의 아르키아스—아르키아스의 아들 사미오스가 그의 아버지이다—는 내가 직접 피타네[48]에서 만난 일이 있다. 아르키아스는 이 구역 출신이었기 때문인데 이 사나이는 외국인 중에서 사모스인을 가장 존경하고, 그의 아버지 이름이 사미오스라고 명명된 것은 할아버지 아르키아스가 사모스에서 무공을 세워 전사한 데서 유래된 것이라고 이야기해 주었다. 또 그가 사모스인을 존경하는 까닭은, 사모스인이 그 조부의 장례식을 국비로 치러주었기 때문이라고 말했다.

스파르타군은 사모스를 포위 공격한 지 40일에 이르렀으나 상황이 좀처럼 나아지지 않자 펠로폰네소스로 되돌아갔다. 그다지 믿을 수 없는 설이 유포되고 있었는데, 그에 따르면 폴리크라테스는 납에 금을 씌운 그 고장의 통화를 다량으로 주조하게 해서 이를 스파르타군에 주었기 때문에 스파르타군이 돌아갔다고 한다. 여하간 이것은 도리스족인 스파르타인[49]이 아시아를 향하여 시도한 최초의 원정이었던 것이다.

폴리크라테스에 싸움을 건 사모스인들은 스파르타군이 그들을 버리고 물러가려고 하자, 그들도 군을 거두어 해로로 시프노스섬[50]으로 향하였다. 이

---

48) 고대 스파르타의 도시는 4~5개의 지구로 구성되어 있었다. 피타네는 그중 한 지구의 이름이었다.
49) 도리스족이 스파르타에 정주하기 이전에는 트로이 전쟁이 있었다.
50) 키클라데스 군도 중의 작은 섬. 세리포스의 남쪽. 멜로스의 동북쪽, 파로스의 서쪽에 해당한다.

것은 그들의 군자금이 바닥났기 때문인데, 그 무렵 시프노스는 섬 안에 있는 금은 광산 덕분에 번영의 절정에 있었던 것이다. 그들은 수많은 여러 섬 중에서 최대의 부강을 자랑했다. 그 부강의 정도는 광산 수입의 10분의 1을 들인 보고(寶庫)를 델포이에 헌납했을 정도로,[51] 이 보고는 호화롭기로 으뜸가는 다른 보고에 비해서도 손색이 없었다. 그리고 그들은 해마다의 수입을 자기들 사이에서 분배하고 있었던 것이다.

시프노스인이 이 보고를 만들었을 때 자기들의 번영이 오래 계속될 수 있을지의 여부를 신탁에 묻자, 델포이의 무녀는 다음과 같이 전했다.

그러나 시프노스의 시회당(市會堂)이 하얗게 되고,
아고라의 눈썹[52]도 하얗게 될 때
그때야말로 목조(木造)의 복병과
주홍색 사자(使者)를 막기 위해
앞을 내다보는 지혜를 가진 사나이가 필요하리라.

당시에 시프노스의 아고라와 시회당은 파로스산(産) 대리석으로 장식되어 있었던 것이다.

그러나 시프노스인은 이 신탁의 뜻을 그 당시뿐만 아니라 사모스인이 왔을 때에도 해독할 수가 없었다. 사모스인들은 시프노스에 가까이 오자, 선단 안에서 배 한 척을 내어 사절을 도시로 보냈다. 그런데 옛날에는 배를 모두 주홍색으로 칠했다. 따라서 델포이의 무녀가 목조의 복병과 주홍색 사자를 경계하라고 시프노스인에게 지시한 것은 바로 이때의 일을 말한 것이었다. 사절이 도착하자 그들은 시프노스인에게 10탈란톤을 대여해 달라고 요구하였다. 시프노스인이 대여를 거부하자 사모스인은 논밭을 황폐하게 만들었다. 이것을 안 시프노스인은 이를 막기 위해 곧 사모스인과 교전을 했으나 패하고, 많은 사람들이 사모스인에 의해 시내로부터 쫓겨났다. 그래서 결국 시프노스인

---

51) 델포이에는 그리스의 여러 나라로부터 헌상된 보고(寶庫)가 여러 개 있었다. 19세기 말 프랑스의 고고학자들이 발굴해 현재 그중 몇 개를 볼 수 있다.
52) 신탁답게 수수께끼 비슷한 표현이다. 눈썹이란 시장 주위에 설치한 주랑(柱廊)일지도 모른다.

은 사모스인에게 100탈란톤을 지불하게 되었던 것이다.

사모스인들은 돈을 지불하고 헤르미오네[53]인으로부터 섬 하나를 손에 넣었다. 펠로폰네소스 부근에 있는 히드레아[54]라고 하는 섬으로, 그들은 이 섬의 관리를 토로이젠[55]인에게 맡겼다.

그리고 자신들은 크레타섬의 키도니아[56]에 정착하였는데, 본디 이곳에 온 목적은 이를 위해서가 아니라 자킨토스[57]인을 섬에서 쫓아내는 것이었다.[58] 그들은 여기에 5년 동안 머물러 번영하였는데, 그 세력이 얼마나 왕성했는가는 오늘날 키도이아에 있는 몇몇 신전, 또 여신 딕티나[59]의 신전을 건립한 것이 이 사모스인이었다는 것을 보아도 알 수가 있다.

그러나 6년째[60]가 되어 아이기나인이 크레타섬 사람들의 협력으로 사모스인을 해전에서 무찔러 이를 예속시켰다. 그리고 사모스의 함선에서 멧돼지 표지가 붙어 있던 뱃머리를 잘라내어 아이기나에 있는 아테네 신전[61]에 봉납하였다.

아이기나인이 사모스인에 대해서 이와 같은 행동으로 나온 이유는 전부터 원한을 품고 있었기 때문이다. 본디 사모스인 쪽이 원흉으로, 암피크라테스가 사모스에 군림하고 있을 무렵, 그들은 아이기나를 공격하여 그 주민에 많은 위해를 주었고, 그들도 반격을 당하여 손해를 입은 일이 있었다. 이것이 아이기나인의 행동을 재촉하게 된 동기를 이루었던 것이다.

내가 사모스인에 대해서 너무 길 정도로 자상하게 기술한 데에는 이유가 있다. 그것은 그리스 전역에 그 유례를 볼 수 없는 큰 사업을 세 가지나 완성

---

53) 아르고스 반도 끝에 있던 도시.
54) 헤르미오네시 앞에 있는 가늘고 긴 섬. 현대의 이즈라섬.
55) 아르고스 반도 끝에 가까운, 북쪽 해안에 있던 옛 도시.
56) 크레타 서부의 거의 유일한 주요 도시.
57) 자킨토스는 펠로폰네소스 서쪽에 있던 섬. 오늘날의 잔테.
58) 보통은 이렇게 이해되지만, '섬에서'의 섬을 크레타섬이 아니라 자킨토스섬으로 보아 사모스인의 본래의 목적은 자킨토스섬을 탈취하려는 것이었다고 해석하는 사람도 있다.
59) 특히 크레타섬의 서부에서 숭배되던 여신. 아르테미스와 동일시되었다.
60) 기원전 520년 무렵으로 추정된다.
61) 이른바 아파이아 신전을 가리킬 것이다. 아파이아는 아테네와 동일시된 적이 있었기 때문이다.

한 것이 사모스인이었기 때문이다. 그 첫째는 높이 150오르기아(약 267미터)나 되는 높은 산에 판 터널로, 이것은 산기슭에서 시작하여 양쪽에 입구가 있다. 터널의 길이는 7스타디온(약 1.3킬로미터), 높이와 폭은 각기 8피트(약 2.5미터)이다. 이 터널의 전 길이에 걸쳐 깊이 20페키스(약 9미터), 폭 3피트(약 1미터)의 수로가 나 있고, 이 수로를 따라 물이 거대한 수원에서 수관(水管)을 통해서 도시로 들어오고 있다. 이 터널을 완성한 기사는 나우스트로포스의 아들 에우팔리노스[62]라고 하는 메라가인이었다.

두 번째는 항구를 둘러싸고 바다에 구축된 방파제로 깊이는 무려 20오르기아(약 36미터), 전체 길이는 2스타디온(약 356미터)이 넘는다.

사모스인이 완성한 제3의 사업은 우리가 알기로는 세계 최대의 신전으로, 처음에 이 공사에 손을 댄 것은 피레스의 아들 로이코스라고 하는 그 고장 기사였다. 내가 사모스인에 대해 조금 길다 싶을 만큼 자세히 기술한 것은 그들이 이와 같은 업적을 남겼기 때문이다.

캄비세스의 죽음과 다레이오스의 등극

키루스의 아들 캄비세스가 이집트에서 시간을 허비하는 데다가 정신 이상을 일으킨 동안에, 마고스 사제 계급에 속하는 두 형제가 그에게 반기를 들었다.[63] 더욱이 그중 한 사람은 캄비세스가 출발할 때 왕가를 돌보도록 남겨둔 인물이었다. 그런데 이 사나이는, 스메르디스의 죽음이 비밀에 부쳐져 있고 페르시아인 중에서 그것을 알고 있는 사람이 얼마 되지 않는 데다가, 많은 사람들은 그가 아직도 살아있는 것으로 믿고 있다는 사정을 알고 모반을 일으킨 것이다. 이 마고스 사제는 다음과 같은 계획을 세워서 왕위를 찬탈했다. 그

---

62) 이 천재적인 토목 기사의 이름은 현대의 독자에게는 발레리의 명저(名著)의 제목으로서 친숙할 것이다.

63) 지금부터 이야기될 반란 사건은 '가우마타의 난'으로 알려져 있다. 베히스툰 비문에는 캄비세스에게 살해된 왕제(王弟)의 이름은 바르디야, 반란을 기도한 마고스 신관(神官)의 이름은 가우마타로 기록되어 있다. 여기에서는 왕제와 매우 닮은 동생에 대한 것은 없고 가우마타 자신이 바르디야라고 자칭한다. 또, 이 이야기는 헤로도토스 외에 기원전 5세기 말 페르시아 왕실의 시의(侍醫)로 있었던 그리스인 크테시아스가 저술한 《페르시아사(史)》에도, 또 3세기 무렵의 로마 사가(史家) 유스티누스의 저서에도 기록되어 있지만, 인명과 기타 세부적인 사항에서 상당한 차이가 있다.

에게는 형제가 한 사람 있었다. 그가 바로 앞서 말한 반란의 공모자인데, 그 용모가 캄비세스가 자기와 피를 나눈 동생인데도 살해한 키루스의 아들 스메르디스와 꼭 닮아 있었다. 또 용모뿐만 아니라 그 이름도 같은 스메르디스였던 것이다. 마고스 사제 파티제이테스는, 자기가 그를 위해 모든 일을 잘 처리해 주겠다고 이 동생을 설득하여 왕의 옥좌에 앉혔다. 그렇게 해놓고 곳곳에 전령을 보냈는데, 특히 이집트로 보낸 전령에는, 군대는 앞으로 캄비세스가 아닌 키루스의 아들 스메르디스의 명령에 따라야 한다고 통보한 것이다.

이집트로 파견된 전령은 캄비세스와 그의 휘하 부대가 시리아의 아그바타나[64]에 있다는 것을 알고 거기로 가서, 그 진영의 중앙으로 나아가 마고스 사제로부터 명령받은 대로 통고하였다.

전령으로부터 이것을 들은 캄비세스는, 그 말을 진실이라고 생각함과 동시에 자기는 프렉사스페스에게 배반당했다 믿고—즉, 스메르디스의 암살을 위해 파견한 프렉사스페스가 그 명령을 이행하지 않았다고 믿은 것이다—프렉사스페스를 노려보며 말하였다.

"프렉사스페스, 내가 네게 명한 일의 마무리가 이거란 말이냐?"

프렉사스페스는 이에 대해 다음과 같이 대답하였다.

"왕이시여, 동생이신 스메르디스가 전하에게 모반을 일으켰다고 하는 이자의 말은 거짓말입니다. 또 앞으로 그분이 크든 작든 전하에게 대항해 전란을 일으키는 일은 있을 수가 없습니다. 다름 아닌 제가 전하의 명령을 그대로 실행하여 제 손으로 그분을 묻고 왔기 때문입니다. 만약에 죽은 자가 되살아난다면 저 메디아인 아스티아게스도 모반할 것이라고 각오하셔야 할 것입니다. 그러나 세상의 섭리가 지금이나 예나 변하지 않는다고 한다면, 적어도 그분 때문에 전하에게 이변이 생기는 일을 절대로 없을 것입니다. 제가 생각하기로는, 사람을 보내어 그 전령을 불러들여서, 도대체 누가 파견해서 우리에게 스메르디스 왕에게 복종하라는 명령을 전달하는지 하문하시는 것이 마땅하리라고 생각합니다."

프렉사스페스가 이렇게 말하자 캄비세스도 이에 만족하여, 곧 전령이 불려

---

[64] 아그바타나(에크바타나)는 여기에서는 물론 메디아의 주읍(主邑)과는 별개의 것이다. 그 정확한 위치는 확실하지가 않다.

왔다. 프렉사스페스는 그에게 다음과 같이 물었다.

"네가 키루스의 아들 스메르디스 님의 사자로서 왔다고 하니 묻겠다. 스메르디스 님이 너를 직접 만나서 그것을 지시하였는가, 그렇지 않으면 가신 중 누군가가 너에게 명령을 했는가. 무사히 돌아가고 싶으면 바른대로 말해 보아라."

전령은 말하였다.

"저는 캄비세스왕께서 이집트 원정으로 떠나신 뒤로는 이제까지 키루스의 아드님이신 스메르디스 님의 모습을 뵌 일이 없습니다. 저에게 이번 일을 명령하신 분은 캄비세스 님이 왕가를 돌보도록 명하셨던 저 마고스 사제로, 그분이 말씀하시기를, 이것을 전하에게 전하라고 명령하신 분은 키루스의 아들 메르디스 님이라는 것이었습니다."

전령이 숨김없이 있는 그대로 대답하자 캄비세스는 말하였다.

"프렉사스페스여, 너는 내가 명령한 것을 훌륭히 수행해 주었구나. 너에 대한 의심은 이것으로 걷혔다. 그러나 우리 페르시아 국민 중에서 어리석게도 스메르디스의 이름을 사칭하고 나에게 반란을 일으킨 자가 누구일까?"

프렉사스페스는 말하였다.

"왕이시여, 저는 이번 사건의 진상을 알 것 같은 생각이 듭니다. 모반을 일으킨 것은 저 마고스 사제들로, 한 사람은 전하께서 집안을 돌보도록 남겨두었던 파티제이테스이고, 또 한 사람은 그의 동생 스메르디스임에 틀림없습니다."

스메르디스의 이름을 들은 순간, 캄비세스는 이 이야기도 예의 꿈에서 알린 것도 모두 진실임을 알고 깜짝 놀랐다. 그의 꿈속에 누군가가 나타나서, 스메르디스가 왕좌에 앉아 그 머리가 하늘에 닿았다고 그에게 알렸던 것이다. 그래서 자기가 아무 이유도 없이 동생을 죽였다는 것을 생각한 캄비세스는 스메르디스의 죽음을 애통해하며 슬픔에 잠겼다. 한참동안 동생을 위해 울고 또 자신의 불행을 한탄하고 나서, 한시라도 빨리 수사에 있는 마고스 사제를 치려고 말에 올라탔다. 그런데 그 순간, 칼집 덮개가 벗겨져 노출된 칼이 그의 허벅지에 꽂혔다. 이전에 그가 이집트의 신 아피스를 베었던 곳과 같은 곳에 상처를 입은 것이다. 치명적인 상처라고 생각한 캄비세스는 이 도시 이름이 무엇이냐고 물었다. 물음 받은 자들은 아그바타나라고 대답하였다. 사실 이보다 앞서 캄비세스는, 아그바타나에서 생애를 끝마친다는 신탁을 부토시[65]에서 받았던 것이다. 그는 자기의 본거지인 메디아의 아그바타나에서 천수를 다할 생각이었으나, 신탁이 알린 것은 시리아의 아그바타나였던 것이다.

캄비세스는 도시 이름을 알자 마고스의 반란과 부상이라는 두 가지 충격으로부터 간신히 제정신으로 돌아와 신탁의 참뜻을 깨닫고 말하였다.

"그렇다면 키루스의 아들 캄비세스는 이 땅에서 죽을 운명인가보구나."

이때에는 단지 그렇게 말했을 뿐이었으나, 그로부터 약 20일 뒤 캄비세스는 진중의 주요 간부들인 페르시아인을 모아놓고 이렇게 말하였다.

"여러분, 나는 지금, 이제까지 내가 가장 비밀로 해왔던 한 가지 일을 그대들에게 알려야만 하게 되었소. 실은 내가 이집트에 있을 때, 지금 생각하면 꾸지 않았으면 좋았다고 여겨지는 꿈을 꾸었소. 그 내용인즉, 고국에서 사자가 와서 스메르디스가 옥좌에 앉았는데 그 머리가 하늘에 닿았다고 나에게 알린 것이오. 동생에게 왕위를 빼앗기지 않을까 염려하여 내가 취한 행동은 너무 성급해서 생각이 모자란 것이었소. 생각건대, 일어나기로 되어 있는 일을 방해하여 그것을 회피하는 힘은 결국 인간에게는 주어지지 않은 것인데, 나는 성급하게도 스메르디스를 살해하기 위하여 프렉사스페스를 수사로 보냈소.

이런 악행을 저지르면서 나는, 스메르디스를 없애더라도 언젠가 또 다른 인간이 나에게 모반을 일으키리라고는 꿈에도 생각하지 않고 편안하게 이제까지 지내왔소. 일어날 수 있는 모든 일에 생각을 잘못한 나는, 죽지 않아도 좋았던 동생을 죽였고, 더욱이 왕위도 빼앗기게 되었소. 꿈에 신령이 모반을 일으킬 것이라고 가르쳐 주신 스메르디스는 마고스의 스메르디스였던 것이오. 나는 이와 같은 일을 저지르고 말았소. 그러니 그대들도 키루스의 아들 스메르디스는 이미 이 세상에 없는 것으로 알아주기 바라오.

이제 그대들의 왕국의 권력을 쥐고 있는 것은 저 마고스들, 한 사람은 내가 없는 동안에 왕가를 돌보라고 남기고 온 자이고, 또 한 사람은 그의 동생 스메르디스요. 내가 마고스들에 의해 치욕을 당한 지금, 누구보다도 먼저 나의 원한을 풀어줄 사람은 가장 가까운 육친의 손에 걸려, 신들도 허락하시지 않

---

[65] 이집트 남부의 도시.

을 비참한 최후를 당하여 이미 이 세상 사람이 아니오. 그가 이미 이 세상에 없는 이상 남은 것은 그대들, 알겠소? 나는 그대들에게, 이 세상을 떠남에 있어, 내가 해주었으면 하고 바라는 것을 부탁해야만 하게 되었소.

왕가를 지키시는 신들의 이름으로 그대들—그대들 모두, 특히 여기에 있는 아카이메네스 집안사람들—에게 말하노니, 왕권이 다시 메디아인들의 손으로 넘어가는 것을 결코 방관해서는 안 되오. 그들이 모략으로 왕권을 빼앗아 확보한다면, 그대들도 모략으로 왕권을 탈환하시오. 또 그들이 힘으로 목적을 다한다면 그대들도 힘으로, 어떤 일이 있어도 그것을 되찾아야 하오. 그렇게 해주기만 하면 그대들의 논밭은 풍성하고, 여자도 가축도 번창하고, 언제까지고 그대들은 자유의 몸이기를 나는 기도하겠소. 만약에 왕권을 회복하지 못하고, 그 회복하는 시도조차도 해주지 않는다면 지금 내가 그대들에게 바랐던 것과는 반대되는 일이 그대들의 몸에 일어나도록, 아니 그뿐만 아니라 페르시아인 모두가 생애의 마지막 순간에 나와 같은 운명을 당하도록 저주하겠소."

캄비세스는 이렇게 말하고는 자신의 운명을 한탄하고 슬피 울었다.

그 자리에 있던 페르시아인들은 왕이 비탄에 잠기는 것을 보고 모두 몸에 걸쳤던 의복을 갈기갈기 찢고 소리를 내어 하염없이 울며 슬퍼했다. 이윽고 뼈가 썩기 시작하고 허벅지에는 급속히 괴저(壞疽)가 진행되어, 키루스의 아들 캄비세스는 마침내 재위 통상 7년 5개월로 아들 딸 하나 없이 생애를 마쳤다.

그러나 그 자리에 있던 페르시아인들은 마고스 사제들이 정권을 장악하고 있다는 데에 깊은 의심을 품고 있었다. 오히려 캄비세스가 스메르디스의 죽음에 대해서 이야기한 것은, 페리시아 온 국민을 스메르디스에 대항하게 하기 위해서 악의를 가지고 날조한 이야기라고 생각하였다.

그래서 이들은 왕위에 오른 사람이 키루스의 아들 스메르디스라 믿고 있었다. 왜냐하면 프렉사스페스조차도 스메르디스를 살해한 것을 강하게 부정하고 있었기 때문인데, 실제로 캄비세스가 죽은 지금에 와서 키루스의 아들을 자기 손으로 죽였다고 하는 것은 결코 안전한 일이 못 되었던 것이다.

이렇게 해서 예의 마고스 사제는, 캄비세스가 죽은 뒤 자기와 같은 이름인 키루스의 아들 스메르디스 행세를 하여 아무런 불안도 없이 군림하기를 7개월에 이르렀다. 이 7개월이라고 하는 것은 캄비세스의 재위 기간 8년을 채우는 데 부족했던 시간에 해당된다. 그는 그동안에 모든 백성에게 크게 자비를 베풀었기 때문에, 그가 죽자 페르시아인을 제외한 아시아의 모든 사람들이 그의 죽음을 애석하게 여겼을 정도였다. 왜냐하면 이 마고스는 왕위에 오른 직후, 지배했던 각 민족에게 사자를 보내어 3년 동안 병역과 납세를 면제하는 포고를 내렸기 때문이다.

그러나 8개월째가 되던 때 다음과 같은 사건으로 그 정체가 폭로되었다.

오타네스는 파르나스페스의 아들[66]로, 집안으로 보나 자산으로 보나 페르시아인 중에서도 최상류층에 속하는 사람이었다. 이 오타네스는 예의 마고스가 키루스의 아들 스메르디스라고 하는 데에 의심을 품고, 그 정체를 알아차린 최초의 인물이었다. 그가 그것을 알게 된 근거는, 마고스가 성 밖으로는 절대로 나가지 않는다는 것과 페르시아의 요인은 아무도 만나려 하지 않는 데에 있었다. 그래서 오타네스는 다음과 같은 행동을 취하였다. 캄비세스는 이 오타네스의 딸[67] 파이디메를 비로 삼고 있었는데, 당시의 마고스는 캄비세스의 다른 모든 처들과 함께 이 파이디메도 자기 것으로 만들어 동침하고 있었다.

오타네스는 이 딸에게로 사자를 보내어, 그녀가 평소에 같이 자고 있는 사나이는 도대체 누구인가, 그것은 과연 키루스의 아들 스메르디스인가, 그렇지 않으면 다른 사람인가를 묻게 하였다. 그러자 딸은 회답의 사자를 보내어, 자기는 이전에 키루스의 아들 스메르디스를 만난 적도 없고 또 지금 남편으로 있는 남자가 누구인지도 모르므로 자기로서는 알 수 없다고 전해왔다. 오타네스는 거듭 사자를 보내어 말하였다.

"만약에 네가 키루스의 아들 스메르디스를 알지 못한다면, 아토사[68]를 만나 그녀도 너도 다 같이 남편으로 삼고 있는 남자가 누구냐고 물어보아라. 아토사라면 반드시 자기 형제를 알고 있을 것이니까."

---

66) 베히스툰의 비문에 의하면, 오타네스는 스쿠라의 아들로 되어 있다.
67) 이 여자의 이름을 파이디미에(파이디미아)라고 전하는 전승도 있다. 페르시아 이름은 파티메.
68) 아토사는 키루스의 딸로, 형제인 캄비세스의 비가 되었다. 마지막으로 다레이오스의 비가 된 사실은 잘 알려져 있다.

이에 대해 딸이 보낸 사자의 대답은 다음과 같았다.

"저는 아토사를 만나서 이야기하는 것도, 또 같은 집에 살고 있는 다른 어떤 여자를 만나는 것도 할 수가 없습니다. 그 태생은 알 수 없으나, 그분이 왕위를 이어받자 곧 우리를 따로따로 살게 했기 때문입니다."

이것을 들은 오타네스에게는 일의 진상이 더욱더 분명해졌다. 그래서 세 번째로 딸에게 사자를 보내어 다음과 같이 일렀다.

"딸아, 유서 깊은 집안에 태어난 너로서는 아버지의 명령이라면 어떠한 위험도 저지를 각오가 되어 있어야 한다. 이렇게 말하는 것은, 만약에 그가 키루스의 아들 스메르디스가 아니라 내가 추측하고 있는 사람이라면, 그 사나이가 너와 동침하고 또 페르시아의 왕권을 쥔 이상 무사히 물러나도록 할 수는 없다. 반드시 벌을 받도록 해야 한다. 그러니 너는 다음과 같이 하여라. 그가 너와 동침했을 때, 잠이 든 것을 틈타 그의 귀를 만져보아라. 만약에 그에게 귀가 있다면, 너의 남편은 키루스의 아들 스메르디스라고 생각해도 좋다. 그러나 만약 귀가 없으면 그것은 마고스의 스메르디스이다."

이에 대해 파이디메는 이러한 답신을 보내왔다. 그러한 일을 하면 큰 위험이 있습니다. 남자에 귀가 없을 경우, 귀를 살펴보고 있다는 것을 들키게 되면 그는 반드시 절 없애려고 할 것입니다. 하지만 아버지가 말씀하신대로 해보겠습니다.'

이 마고스 사제 스메르디스의 귀는, 캄비세스[69]의 아들 키루스가 왕이었던 시절, 어떤 중대한 죄에 대한 벌로서 잘렸던 것이다. 그런데 오타네스의 야무진 딸 파이디메는 아버지와의 약속을 굳게 지켜, 자기가 마고스에게로 갈 차례가 되자—페르시아에서는 아내들이 차례로 남편에게 가서 자는 관습이 있었다—그에게로 가서 잠자리를 같이 했는데, 이윽고 그가 푹 잠이 든 틈을 타서 그의 귀를 살폈다. 손쉽게 그에게 귀가 없다는 사실을 알자 날이 새기를 기다렸다가 아버지에게 사자를 보내어 자세히 보고하였다.

오타네스는 아스파티네스[70]와 고브리아스[71]라고 하는, 페르시아에서 내로

---

69) 죽은 캄비세스와 이름이 같은 그의 조부.
70) 페르시아 이름은 아시파카나.
71) 페르시아 이름은 가우바르와.

라하는 요인이요 또 가장 믿을 만하다고 생각되는 두 사람을 자기편으로 끌어들여 사건의 전모를 들려주었다. 실은 이 두 사람도 전부터 그렇지 않은가 하고 의문을 품고 있었기 때문에, 오타네스가 말을 꺼내자 이를 받아들인 것이다. 그래서 세 사람은 저마다 자기가 가장 믿고 있는 페르시아인을 한 사람씩 동지로 끌어들이기로 하였다. 그래서 오타네스는 인타프레네스[72]를, 고브리아스는 메가비조스[73]를, 아스파티네스는 히다르네스[74]를 동지로 가담시켰다. 동지의 수가 여섯 사람이 되었을 때, 히스타스페스의 아들 다레이오스[75]가 페르시아에서 수사로 왔다. 그의 아버지는 페르시아의 총독이었던 것이다. 다레이오스가 수사에 오자 여섯 사람의 페르시아인은 그도 동지에 가담시키기를 만장일치로 결정하였다.

이제 일곱이 된 그들은 만나서 맹약을 교환함과 동시에 협의에 들어갔다. 의견을 말할 순서가 다레이오스에게로 돌아오자 그는 동지들을 향하여 말하였다.

"실은 왕위에 있는 자는 마고스이고, 키루스의 아들 스메르디스는 이미 이 세상에 없다는 것을 아는 사람은 나 하나뿐이라고 생각했었소. 내가 이렇게 기를 쓰고 달려온 것도 이 마고스의 죄를 물어 죽이기 위해서요. 그런데 그것을 아는 사람은 나뿐만이 아니라고 하니, 일을 바로 결행하는 것이 좋겠다는 생각이 드오. 일을 지연시키는 것은 현명한 판단이 아니니까."

이에 대해서 오타네스가 말하였다.

"히스타스페스의 아들이여, 그대는 그대의 아버지 못지않게 훌륭한 인물이구려. 그러나 이번 계획은 그렇게 무모하게 서두르지 말고 좀 더 신중하게 생각해야 할 듯하오. 이번 결행을 위해선 우리와 뜻을 함께 하는 자들이 더 필요하오."

다레이오스는 이에 대해서 말하였다.

---

72) 페르시아 이름은 윈다프라나.
73) 페르시아 이름은 바가브크샤.
74) 페르시아 이름은 위다르나.
75) 페르시아 이름은 다라야와우시, 아버지는 위스타스파다. 키루스 등과 함께 아카이메네스를 조상으로 하는 별도의 가계였다.

"여기에 계신 여러분, 만약에 오타네스가 말한 방책을 택하신다면 여러분은 세상에 없는 비참한 최후를 맞이할 각오를 하셔야 할 것입니다. 반드시 자기 혼자만의 이익을 꾀하여 마고스에게 밀고하는 자가 나타날 것이니 말입니다. 될 수 있으면 이 계획은 여러분만으로 결행하는 것이 가장 좋았으나, 더 많은 동지가 필요하다는 데에 찬성하여 나에게도 그것을 털어놓은 이상, 오늘이라도 결행해야 합니다. 만약에 오늘보다 더 지연시키는 일이 있으면, 나는 다른 사람이 나보다도 먼저 앞장서서 밀고하게 하지는 않을 거요. 내가 이것을 마고스에게 알릴 것으로 알고 계시오."

다레이오스가 흥분하는 모습을 보고 오타네스가 말하였다.

"당신은 거사를 늦추는 일에는 반대하는 것 같아 묻겠는데, 도대체 어떻게 해서 왕궁으로 들어가 그를 칠 것인지, 그대부터 설명해 주기 바라오. 아마 당신도 경비병이 곳곳에 배치되어 있다는 것을 직접 눈으로 보지 않아도 소문으로 들어서 알고 있을 것이오. 어떻게 이 경비를 뚫고 갈 수 있겠소?"

다레이오스는 대답하였다.

"오타네스여, 이 세상에는 말로는 나타낼 수 없으나 행위로써 나타낼 수 있는 일이 많소. 그리고 또 말로는 쉽지만 거기에 행동이 따르지 않는 경우도 있소. 경비병들을 피해서 가는 일은 조금도 어려운 일이 아니라고 생각해도 좋을 것이오. 그들로서는 우리와 같은 신분이고 보면, 존경심도 있고 두려움도 있을 것이므로 우리를 막지는 못할 것이오. 또 나는 페르시아에서 막 도착했으니, 아버지로부터의 전언(傳言)을 왕에게 전달하기 위해 안으로 들어가야 한다는 그럴 듯한 구실이 있소. 무엇인가 거짓말을 해야 할 때에는 거짓말을 하면 되는 겁니다. 우리가 거짓말을 할 때나 진실을 말할 때, 결국 노리는 것은 하나입니다. 거짓말로 상대를 납득시켜서 덕을 볼 가망성이 있을 때에는 거짓말을 하고, 또 진실을 말할 때에는 진실로 이익을 올려 상대로 하여금 이쪽을 신용하게 할 생각에서 하는 것입니다. 이와 같이 우리는, 하는 일은 달라도 노리는 목표는 하나인 것입니다. 아무런 이득이 없다면 평소에는 정직한 사람도 거짓말을 할 것이고, 거짓말쟁이도 정직한 사람이 될 것입니다. 우리를 쾌히 통과시켜주는 보초에게는 장차 좋은 일을 보게 해 줄 것입니다, 만약에 대항하는 자가 있다면 분명히 적으로 간주하면 됩니다. 그렇게 해두고 안으로 밀고 들어가 일에 착수하도록 합시다."

그 뒤 고브리아스가 입을 열고 말하였다.

"여러분, 왕권을 회복하기 위해서나, 또 그것을 이룩하지 못하고 최후를 맞기에도 지금 이상으로 좋은 기회가 또 있겠소? 페르시아인이면서 메디아의 마고스, 그것도 귀가 없는 자의 지배를 받고 있는 지금의 처지에서 말이오. 그대들 중 캄비세스왕의 병상에 있었던 사람들은, 왕께서 임종하실 때, 만약에 페르시아인이 왕권의 탈환을 시도하지 않는다면 이러한 일을 당하게 하겠다고 맹세한 갖가지 저주를 틀림없이 잘 기억하고 있을 것이오. 그때 우리는 왕의 말씀에 귀를 기울이지 않고, 캄비세스왕께서는 악의적인 중상을 하고 있다 생각했지만 말이오. 그런데 지금에 와서 나는 다레이오스의 말에 따라, 지금 바로 마고스를 치기 위해 가지 않는다면 이 회합을 끝내지 않겠다는 데에 찬성하는 바이오."

이와 같이 고브리아스가 말하자 모두 여기에 찬성하였다.

그들이 이와 같은 상의를 하고 있는 동안에, 뜻하지 않게 다음과 같은 사태가 일어났다.

예의 마고스들이 협의한 끝에 프렉사스페스를 자기편으로 끌어들이기로 결정한 것이다. 그 이유는, 프렉사스페스가 캄비세스에 의해 아들을 잃는 비극을 당했다는 것, 또 키루스의 아들 스메르디스를 죽인 당사자로서 스메르디스의 죽음을 알고 있는 유일한 사람이라는 것, 나아가 그의 명망이 페르시아인 사이에서 매우 높다는 것 등이었다. 이러한 이유로 마고스들은 프렉사스페스를 불러 은상(恩賞)은 얼마든지 줄 테니, 자기들이 페르시아 국민을 속인 비밀은 그의 가슴 깊숙이 묻어 그 누구에게도 누설하지 않는다는 서약을 받고 신의를 맹서케 하여 자기들 편으로 끌어들이려고 하였다. 프렉사스페스가 그들이 하라는 대로 할 것을 승낙하여 설득에 성공했다고 여기자, 마고스들은 제2의 요구를 꺼냈다. 자기들이 페르시아인을 모두 왕궁 성벽 아래에 소집할 테니, 프렉사스페스는 성루로 올라가 지금 군림하고 있는 것은 키루스의 아들 스메르디스 바로 그 사람이지 다른 사람이 아니라는 뜻의 연설을 해달라고 부탁하였다. 마고스들이 프렉사스페스에게 이와 같이 지령한 것은, 프렉사스페스가—그들의 판단으로는—페르시아인 사이에서 신망이 매우 두터운 사람이고, 또 그가 여러 차례 키루스의 아들 스메르디스가 생존하고 있는 말을 공언하여 그의 살해를 부정하고 있었기 때문이었다.

프렉사스페스가 이것도 할 용의가 있다는 뜻으로 대답을 하자 마고스들은 페르시아인을 소집하여 프렉사스페스에게 성루에 올라가 연설하라고 독촉하였다. 프렉사스페스는 마고스들로부터 부탁을 받은 일은 고의로 무시하고, 아카이메네스로부터 시작하여 키루스의 아버지 쪽 계보를 말하고, 마지막으로 키루스에 이르자 그가 페르시아 국민을 위해 다한 여러 가지 좋은 일들에 관해 이야기하였다. 그리고 그것들을 모두 이야기한 뒤, 이제까지는 사실을 말하면 해를 입을까 두려워 감추었으나, 이제는 모든 것을 있는 그대로 밝혀야만겠다고 전제하고 나서 일의 진상을 폭로했다. 키루스의 아들 스메르디스는 캄비세스의 강요를 받아 자기가 직접 살해했다는 것, 지금 왕위에 있는 사람은 마고스들이라는 사실을 이야기한 것이다. 그리고 나서 모든 페르시아인을 향해, 만약에 앞으로 왕권을 회복하여 마고스들을 벌주지 않는다면 화가 있을 것이라고 갖가지 저주를 건 뒤 성루 위에서 거꾸로 몸을 던졌다. 이것이 일생을 영예로운 사람으로 살아온 프렉사스페스의 최후였다.

한편, 7인의 페르시아인은 마고스를 습격하되 그 결행을 늦추지 않기로 결정하자 프렉사스페스에게 일어난 일은 알지도 못하고 신들에게 기도를 드린 뒤 출발하였다. 프렉사스페스의 일을 알게 된 것은 가는 도중이었다. 그래서 그들은 길을 벗어난 곳에서 다시 협의하였으나, 오타네스 쪽은 혼란스러운 와중에 공격을 나가서는 안 된다며 강경하게 연기를 주장한 데 반해, 다레이오스 쪽은 결의한 대로 당장 일을 진행해야 한다고 주장하였다. 그들이 한창 언쟁을 벌일 때, 7쌍의 매가 나타나 두 쌍의 독수리를 쫓아 그 깃털을 뽑고 살을 찢는 것이 멀리 보였다. 이것을 본 7명은 다레이오스의 설에 찬동하고, 이 새들이 보여준 전조(前兆)에 용기를 얻어 왕궁을 향하여 앞으로 나아갔다.

그들이 왕궁 문에 이르렀을 때, 앞서 다레이오스가 말한 대로 일이 진행되었다. 보초들은 페르시아의 요인들에게 경의를 표하고, 그들이 그와 같은 일을 저지르리라고는 꿈에도 생각하지 않은 채 이 신령의 가호로 인도된 7명을 통과시켰다. 누구도 그들을 신문하는 사람이 없었다. 안마당에 이르자 왕의 측근 환관을 만나 볼일에 대한 물음을 받았다. 환관들은 그들을 신문함과 동시에, 그들을 통과시킨 데에 대해 보초들을 책망하면서 안으로 들어가려고 하는 일곱 사람을 제지하였다. 7명의 페르시아인은 서로 격려의 신호를 보내자 단검을 빼들고 그들을 저지하는 자들을 찌르고 안으로 뛰어 들어갔다.

마침 그때 마고스들은 두 사람 모두 안에 있었고, 프렉사스페스가 일으킨 사건을 검토하고 있는 참이었다. 환관들이 떠들며 큰소리를 지르고 있는 모습을 보자, 두 사람은 방으로 되돌아가 사건의 진상을 알고 방어 태세를 갖추었다. 한 사람이 재빨리 벽에 걸린 활을 내리자, 다른 한 사람은 창에 손을 뻗었다. 이렇게 해서 적과 아군이 서로 얽혀서 싸웠으나, 활을 가진 마고스에게는 적이 가까이 다가왔기 때문에 활이 아무런 쓸모가 없었다. 또 한 사람의 마고스는 창을 휘두르며 분전하여, 아스파티네스의 허벅다리와 인타프레네스의 한쪽 눈을 찔렀다. 이 상처 때문에 인타프레네스는 눈 하나를 잃었으나 목숨을 잃지는 않았다.

이와 같이 한쪽 마고스는 두 사람에게 상처를 입혔으나, 다른 한 사람은 활이 쓸모가 없다는 것을 알자 마침 열려 있는 별실로 피하여 문을 닫으려고 하였으나 7명 중 다레이오스와 고브리아스 두 사람이 방으로 뛰어들었다. 고브리아스가 마고스와 얽혀 있는 동안 옆에 서 있던 다레이오스는, 워낙 방이 어두웠기 때문에 고브리아스를 찌르지 않을까 염려하여 망설이고 있었다. 다레이오스가 손을 놓고 옆에 서 있는 것을 본 고브리아스는 왜 그러느냐고 물었다.

다레이오스가 말했다.

"그대를 찌를까봐 염려가 돼서요."

그러자 고브리아스는 이렇게 대답하였다.

"상관없으니까 그 칼로 두 사람 모두 찌르시오."

다레이오스는 그가 말한 대로 단검을 휘둘러 다행히도 마고스를 찌를 수가 있었다.

마고스를 쳐서 그 목을 베자 그들은, 부상을 입은 동지는 움직일 수가 없는데다 또 성의 경비를 위해 그 자리에 남겨놓고, 나머지 다섯 명이 마고스의 목을 들고 큰 소리를 지르며 성 밖으로 뛰어나가 다른 페르시아인들에게 사건의 전말을 이야기하고 마고스의 목을 보였다. 그와 동시에 만나는 마고스 사제는 한 사람도 남김없이 모두 죽였다. 7인의 행위와 마고스들의 기만을 알게 된 페르시아인들은, 당연히 자기들도 같은 행위를 해도 좋다고 생각하여 단검을 뽑아, 마고스 사제를 보는 대로 죽이고 다녔다. 만약에 밤이 찾아와서 살육을 중지시키지 않았더라면 마고스는 단 한 명도 남지 않았을 것이다.

페르시아의 온 국민은 이날을 그 어느 날보다 소중하게 여겨 성대한 축제를 벌이는데, 이 축제를 페르시아인들은 '마고스 살해의 축제(마고포니아)'라 부르고 있다. 이 축제날에는 그 어느 마고스도 문 밖에 모습을 보여서는 안 되도록 되어 있으므로, 마고스 사제들은 이날 모두 집에 들어앉아 있어야 했다.

소란도 진정되고 5일이 지났을 때, 마고스들에게 반기를 든 사람들이 여러 가지 일에 대해 회의를 열었다. 이 석상에서 말한 여러 가지 논의를 일부 그리스인들은 믿기 어렵다고 말하지만,[76] 그와 같은 논의가 있었던 것은 확실하다.

오타네스는 페르시아인 전체에게 국사의 처리를 맡겨야 한다고 다음과 같이 말하였다.

"우리 중의 한 사람이 독재자가 된다는 것은 바람직하지도 좋은 일도 아니므로, 이제 그와 같은 일은 있어서는 안 된다는 것이 나의 의견이오. 여러분은 캄비세스왕이 어떻게 포악한 정치를 했는지 알고 있고, 또 마고스의 폭정도 몸소 겪었소. 아무런 책임도 지지 않고 마음대로 무엇이든지 할 수 있는 독재제가 어떻게 질서 있는 나라의 체제가 될 수 있단 말이오? 이러한 정체(政體)에서는 이 세상에서 가장 뛰어난 인물조차도 한번 군주의 자리에 앉으면 이전의 마음은 잊어버리고 마오. 현재의 영화로 교만한 마음이 생기기 때문인데, 여기에 또 타고난 질투심이라는 것이 있소. 이 두 가지 약점 때문에 독재자는 갖은 악덕을 몸에 지니게 되는 것이오. 다시 말해 그에게 갖가지 비행이 생기게 되는 것은, 하나는 영화에 싫증이 나서 교만한 마음을 품기 때문이고, 다른 하나는 질투심이 저지른 결과요. 본디 독재자는 이 세상의 모든 행복을 지니게 되므로 남을 부러워하는 마음 따위는 가질 리가 없는 것이지만, 실제로 그의 국민에 대한 태도는 그와는 정반대가 된다오. 그는 살아 있는 한 요직에 있는 자들을 질투하고, 시민들 중 가장 천한 사람들을 즐겨 총애하고, 또 그

---

76) 페르시아인이 민주주의를 힘주어 주장한 것 등을 가리킨다.

참소(讒訴)를 받아들이는 데에는 결코 남에게 뒤지지 않소. 이 세상에 독재자보다도 그 말과 행동이 다른 자는 없소. 그는 적당히 칭찬하면 부족하다 화를 내고, 귀히 받들면 아첨꾼이라 해서 기분이 상했다 하니 말이오.

그러나 가장 중대한 일은 내가 지금부터 하는 말이오. 독재자란 조상 전래의 풍습을 파괴하고, 여자를 범하고, 재판을 거치지 않고 사람의 목숨을 빼앗소. 이에 반해 대중에 의한 통치는 먼저, 만민평등권이라는 아름다운 명목을 갖추고 있고, 다음으로는 독재자가 하는 것과 같은 일은 행하지 않는다는 것이오. 직무의 관장은 추첨에 따르고, 관리는 책임을 가지고 직무에 임하며, 모든 국책(國策)은 공론에 의해 결정되오.

따라서 나로서는 독재제를 단념하고 대중의 주권을 확립해야 한다는 의견을 여기에 제출하는 바요. 모든 일은 다수 의견에 따라 결정되어야 하기 때문이오."[77]

오타네스가 이와 같은 의견을 말한 데 반하여, 메가비조스는 나라 일을 소수자의 통치(과두정치)에 맡겨야 한다고 주장하였다.

"오타네스가 독재제를 폐지한다고 하는 데에는 나도 전적으로 같은 의견이지만, 주권을 민중에게 맡기라고 하는 것은 최선의 견해라고 말할 수 없소. 아무런 쓸모가 없는 대중만큼 우열(愚劣)하고 교활한 자는 없소. 따라서 독재자의 학정(虐政)을 벗어나려고 광폭한 민중의 손에 빠지는 일 따위는 절대로 참을 수 있는 결과가 아니오. 한쪽은 일을 행할 때 행하는 까닭을 스스로 알지만, 다른 쪽은 그와 같은 자각조차도 없소. 무엇이 정당한가를 배운 일도 없고 스스로 깨닫는 능력이 없는 자가 어떻게 그와 같은 자각을 할 수 있겠소? 마치 세차게 흐르는 강물과도 같아서 아무런 생각도 없이 무턱대고 나라 일을 밀고 갈 뿐이오. 따라서 페르시아에 해를 끼치려는 마음을 품은 사람은 민주정치를 취하면 될 것이요. 그러나 우리는 가장 뛰어난 인재들을 선발하여 그들에게 주권을 부여합시다. 우리 자신도 그 안에 들 것이고, 가장 뛰어난 정책이 가장 뛰어난 인간에 의해 실시되는 것은 당연한 이치 아니오."

메가비조스가 이렇게 말하자 세 번째로 다레이오스가 자기 생각을 다음과

---

77) 애매한 표현이지만 국가의 이해는 민중의 이해와 직결되고, 민중이 있고서야 국가가 존재할 수 있다는 뜻일 것이다.

같이 말하였다.

"나는 메가비조스가 대중에 대해서 한 말은 옳다고 생각하지만, 과두 정치에 대한 발언에는 동의할 수 없소. 즉, 여기에 제기된 세 가지 체제—민주제, 과두제, 독재제가 각기 가장 좋은 모습에 있다고 할 때, 나는 마지막 것이 다른 둘보다도 훨씬 뛰어나다고 단언하는 바요. 가장 뛰어난 단 한 사람의 통치보다도 뛰어난 체제가 나타날 것이라고는 생각할 수 없기 때문이오. 그와 같은 인물이라면 그의 탁월한 식견을 발휘해서 민중을 훌륭하게 통치할 것이고, 또 적에 대한 모략도 이와 같은 체제하에서 그 비밀이 가장 잘 유지될 것이오.

그러나 과두제에서는 공익을 위해 공적을 올리려고 하는 몇몇 사람들 사이에 자칫 개인적인 격렬한 적대관계가 생기기 쉽소. 저마다 자기가 수뇌자가 되어 자기 의견을 관철하려고 하는 나머지 서로 반목하게 되고 거기에서 내분이 생기고, 내분은 유혈을 부르고 유혈을 거쳐 독재제에 이르게 되오. 이것으로 보아도 독재제가 가장 좋다는 것을 알 수가 있소.

한편 민주제에서는 악의 만연을 피하기가 어렵소. 공공의 일에 악이 만연될 경우, 악인들 사이에 생기는 것은 적대관계가 아니라 오히려 강력한 우애감인데, 그도 그럴 것이 국가에 나쁜 일을 꾸미는 자들은 결탁해서 이를 행하기 때문이오. 이와 같은 사태가 일어나면 결국 누군가가 국민의 선두에 서서 악인들을 처지하게 되오. 그 결과, 그자가 국민이 찬미하는 대상이 되어 마침내는 독재자로서 숭배를 받게 될 것이오. 이런 사례로 보아서도 독재제가 최고의 정체라는 것은 분명하지 않소?

이것은 요컨대 한마디로 말하면, 우리의 자유는 도대체 어디에서 얻을 수 있는가, 누가 주는가요. 민중으로부터인가, 과두제로부터인가, 그렇지 않으면 독재제로부터인가. 따라서 내 견해는, 우리는 단 한 인물[78]에 의해서 자유의 몸이 된 것이기 때문에 어디까지나 이 체제를 견지해야 한다는 것과, 그것은 별도로 치고라도 이 훌륭한 조상 전래의 관습을 파기하는 일이 있어서는 안 된다는 것이오. 그러한 일을 해서 좋았던 적은 없었소."

---

78) 키루스가 메디아 지배로부터 해방시킨 것을 가리킨다.

위와 같은 세 가지 의견이 나왔는데, 7명 중 네 사람이 마지막 설에 가담하였다. 페르시아에 만민평등의 체제를 실현하려고 하는 열의를 불태운 오타네스였으나, 자기주장이 관철되지 않자 그는 모두에게 말하였다.

"동지 여러분, 이렇게 되면 심지로 결정하든, 페르시아 국민에게 좋은 쪽을 고르게 하든, 또는 그 밖의 방법에 의하든 간에 우리 가운데 누군가 한 사람이 왕이 될 수밖에 없는데, 나는 그대들과 왕위를 다툴 생각은 없소. 나는 남을 지배하는 일도, 남의 지배를 받는 일도 좋아하지 않기 때문이오. 그래서 지배자의 지위를 단념하지만, 여기에는 조건이 있소. 나는 물론 내 자손도 그대들 중 그 누구의 지배도 받지 않는다는 것이오."

이와 같은 오타네스의 발언에 대하여 다른 여섯 사람이 조건부로 승낙을 하였기 때문에, 오타네스는 그들의 왕위 다툼에는 가담하지 않고 국외자의 입장에 서게 되었다. 지금도 페르시아에서 오타네스 집안만은 여전히 독립인 채 자유롭게 있고 페르시아의 법률에 위배되는 일은 하지 않지만, 자신들이 바라지 않는 한 왕의 지배를 받지 않는다.

그래서 일곱 명 중 남은 여섯 사람은 가장 공정한 방법으로 왕을 세우는 방법에 대해서 협의하였다. 그들은 먼저, 일곱 명 중 오타네스 이외의 누군가가 왕위에 오를 경우, 오타네스와 그의 대대손손에게 특권으로서 해마다 메디아풍(風)의 의상[79]과 페르시아에서 가장 귀중하다고 여겨지는 물건 하나를 주기로 결정하였다. 그들이 이 증여를 결정한 까닭은 오타네스가 처음에 봉기를 계획하고 동지를 규합했다는 이유에서였다. 이어 일곱 명에 공통된 사항으로서 정한 것은, 일곱 사람은 누구나 왕이 여자와 동침을 하고 있을 때를 제외하고는 언제라도 안내자를 통하지 않고 왕궁 안에 들어갈 수가 있다는 것, 또 왕은 궐기를 함께 한 동지들 이외의 집안으로부터 비(妃)를 맞아서는 안 된다는 것의 두 가지였다. 왕위 계승에 대해서는 다음과 같은 사항을 결정하였다. 모두가 말을 성 밖으로 멀리 타고 나가 일출과 함께 최초로 운 말의 주인이 왕위에 오른다는 것이었다.[80]

---

79) 주름이 많고 긴 호화로운 의상으로, 페르시아 고관들이 예복으로 사용했다. 페르시아 왕이 은사품으로 하사하는 것이 통례였다.
80) 말이 태양신 미트라의 성수였다는 것과 관련된 이야기다.

그런데 다레이오스에게는 오이바레스라고 하는 머리가 잘 돌아가는 마부가 있었다. 회의가 끝나고 모두가 헤어졌을 때 다레이오스는 이 마부에게 말하였다.

"오이바레스, 우리는 모두 멀리 말을 타고 나가 일출과 함께 최초로 운 말의 주인이 왕위에 오르기로 했네. 만약에 너에게 무엇인가 좋은 생각이 있으면, 내가 영광스러운 자리를 다른 사람에게 빼앗기는 일이 없도록 도와주겠나?"

오이바레스는 대답하였다.

"나리께서 왕이 되시느냐 안 되시느냐가 그런 일에 달려 있습니까? 그렇다면 마음을 놓으시기 바랍니다. 결코 나리가 아닌 다른 사람이 왕이 되는 일은 없을 것이니까요. 저는 그와 같은 일에 좋은 비법을 알고 있습니다."

다레이오스는 말하였다.

"정말로 너에게 그러한 좋은 지혜가 있다면 한시도 지체하지 말고 준비해 주기 바란다. 왕위를 정하는 행사가 내일 열리니까."

그 말을 듣고 오이바레스가 취한 행동은 다음과 같다. 밤이 되기를 기다렸다가 그는, 다레이오스의 말이 가장 마음에 들어 하는 암말을 한 마리 성 밖으로 끌어내서 말뚝에 매고, 이어 다레이오스의 말을 그곳으로 끌고 가 암말 근처를 여러 차례 돌리고 나서 교미하도록 풀어주었다.

날이 샐 무렵 여섯 사람은 약속대로 말을 타고 나타났다. 모두가 성 밖으로 나가서 전날 밤 암말이 매어졌던 장소에 가까이 이르자, 다레이오스의 말은 그곳으로 다가가서 울었다. 그리고 말의 울음과 동시에 구름 한 점 없는 하늘에서 번개가 치고 천둥이 울린 것이다. 마치 짜기라도 하듯이 이렇게 연이어 다레이오스에게 일어난 이 천변(天變)은 그의 왕위를 부동의 것으로 만들었다. 그리고 다른 사람들은 말에서 뛰어내려 다에리오스 앞에 엎드렸던 것이다.

오이바레스가 쓴 계략이 위와 같았다고 하는 설 외에, 다음과 같은 설도 있다. 그 마부는 암말의 음부(陰部)를 만지고 나서 손을 바지 안에 감추고 있었다고 한다. 그리고 해가 떠서 말이 출발하려고 했을 때 손을 빼어 다레이오스 말의 코앞에 가까이 대자, 말은 그 냄새를 맡고 흥분하여 울었다는 것이다.

왕국을 징세구(徵稅區)로 구분

이리하여 히스타스페스의 아들 다레이오스는 왕위에 올랐다. 아시아의 여러 민족은 처음에는 키루스 다음에는 캄비세스가 평정한 아라비아인을 제외하고는 모두 다레이오스에게 복종하게 되었다. 아리바아인은 이전에 페르시아에 예속된 일이 없어서, 캄비세스의 이집트 원정 때 통과할 수 있도록 편의를 제공하여 페르시아의 우방이 되어 있었던 것이다.

다레이오스는 페르시아와 최고라고 할 수 있는 결연을 맺어, 먼저 키루스의 두 딸인 아토사와 아르티스토네를 아내로 맞았다. 아토사는 먼저 자기의 형제인 캄비세스에게로 시집갔다가 이어 마고스의 아내가 되었던 여자이고, 아르티스토네는 처녀였다. 다레이오스는 또 키루스의 아들 스메르디스의 딸인 파르미스를 아내로 삼았고, 또 마고스의 정체를 폭로한 오타네스의 딸도 아내로 삼았다. 그의 위광(威光)은 나라 구석구석까지 미쳤던 것인데, 그가 먼저 한 일은 돌로 만든 부조상(浮彫像)을 세운 것이었다. 그 말을 탄 인물상 조각에 다이오레스는 다음과 같은 비명을 새기게 하였다.

'히스타스페스의 아들 다레이오스, 말(여기에 그 이름을 들고)[81]과 마부의 공적으로 페르시아의 왕위를 얻었노라.'

다레이오스는 페르시아 본국에서 이와 같은 일을 한 뒤, 페르시아인의 이른바 사트라페이아라고 하는 20개의 행정구를 제정하였다. 그리고 그 총독을 임명한 뒤 민족별로 그 납세액을 정했다. 이때 이들 민족에 근접한 지역의 주민은 그 민족과 합쳐서 묶었고, 더 먼 지역에 있는 민족에 대해서는 각기 알맞은 행정구에 배당하였다.

행정구역과 해마다의 조세 징수에 관한 배분은 다음에 말한 대로이지만, 은으로 납세하는 자들은 중량 단위로서 바빌론 탈란톤을 사용하고, 금을 납부하는 자는 에우보이아 탈라톤을 사용하도록 규정되어 있었다. 바빌론 탈란톤은 에우보이아식(式)으로는 70믐나에 해당한다. 키루스와 그 다음의 캄비

---

81) 필자는 그 말의 이름까지는 알지 못했던 것 같다.

세스의 치세에는 그 어떤 정해진 납세제도는 없었고 민중은 단지 헌상품(獻上品)을 바쳤다.

이러한 과세제도나 이와 비슷한 기타의 조치를 이유로 해서 페르시아인은 다레이오스를 장사꾼, 캄비세스는 폭군, 키루스는 아버지였다고 말한다. 다레이오스는 모든 일에 장사꾼의 방법을 사용하였고, 캄비세스는 가혹하고 배려하는 마음이 없었고, 키루스는 친절하게 백성을 위해 모든 복지를 꾀하여 주었기 때문이라고 한다.

이오니아인, 아시아의 마그네시아인, 아이오리스인, 카리아인, 리키아인, 밀리아스[82]인, 그리고 팜필리아인의 여러 민족으로부터는—다레이오스는 이들 여러 민족을 한데 묶어서 납세액을 정했다—은 400탈란톤을 거두었다. 이것이 다레이오스가 제정한 제1징세구[83]이다.

미시아인, 리디아인, 라소니오이인,[84] 카발리오이인,[85] 히텐네에스인[86]으로부터는 500탈란톤을 거두었는데 이것이 제2징세구이다.

헬레스폰토스로 들어가서 오른쪽 지역의 주민, 프리기아인, 아시아의 트라키아인, 파프라고니아인, 마리안디노이인[87] 및 시리아인[88]으로부터의 조세액은 360탈란톤으로 이것이 제3징세구이다.

키리키아인으로부터는 하루에 한 마리 꼴로 360마리의 백마와 은 500탈란톤이 납부되었다. 이 중 140탈란톤은 키리키아 지방을 방위하는 기병부대의 비용에 할당되고, 나머지 360탈란톤이 다레이오스에게 보내지는 것이다. 이것이 제4징세구이다.

---

82) 밀리아스라는 것은 옛날에는 리키아 전체의 호칭으로서도 사용되었지만, 한정된 의미로는 리키아 동북부의 지역을 가리켰다.

83) 여기서 징세구라고 번역한 노모스와 앞서 행정구라고 번역한 사트라페이아가 똑같은 것인지는 단언하기 어려우나, 헤로도토스가 이 둘을 동일시하고 있음은 확실한 듯하다.

84) 제7권에서는 이 둘이 동일한 민족으로 되어 있다(단, 카발리스인으로 부름). 리키아의 북방에 살았던 것 같다.

85) 제7권에서는 이 둘이 동일한 민족으로 되어 있다(단, 카발리스인으로 부름). 리키아의 북방에 살았던 것 같다.

86) 피사디아 지방의 도시 히텐나의 주민.

87) 비티니아와 파플라고니아 양 지방의 중간에 거주하고 있던 민족.

88) 카파도키아의 주민을 가리킨다.

암피아라오스의 아들 암필로코스[89]가 킬리키아와 시리아의 국경에 세운 포시데이온 시를 기점으로 하여 이집트에 이르는 일대의 지역—단, 면세지구 인 아라비아인 거주 지역은 제외—으로부터의 납세액은 350탈란톤이었다. 이 구에는 페니키아 전역과 이른바 팔레스티나 시리아와 키프로스 섬이 포함된 다. 이것이 제5징세구이다.

이집트, 이에 접하는 리비아, 또 이집트구에 편입되어 있던 키레네, 바르카 (바르케)로부터는 700탈란톤의 수입이 있었는데, 여기에는 모이리스호에서의 어업 수입은 포함되어 있지 않다. 즉, 어업으로부터의 수입 금액과 납세에 추 가해서 공출되는 곡물을 제외하고 700탈란톤의 세수입이 있는 것이다. 여기 서 공출되는 곡물이란, 멤피스의 '백성(白城)에 주둔하는 페르시아 부대와 그 예비부대'를 위해 이 지구에서 공출되는 12만 메딤노스의 곡물이다. 이것이 제6징세구이다.

사타기다이인, 간다라인, 다디카이인, 아파리타이인[90] 등은 일괄해서 징세 구를 이루어 170탈란톤을 납입하였다. 이것이 제7징세구이다.

수사[91] 및 그 밖의 키시아 지구로부터는 300탈란톤으로, 이것이 제8징세구 이다.

바빌론[92]을 위시하여 그 밖의 아시리아 지구로부터는 은 1000탈란톤과 거 세된 남자 아이 500명이 보내어졌다. 이것이 제9징세구이다.

아그바타나(에크바타나)를 비롯하여 그 밖의 메디아 지방, 파리카니오이인,[93] 오르토코리반티오이인[94]으로부터는 450탈란톤으로, 이것이 제10징세구이다.

카스피오이인, 파우시카이인, 판티마토이인, 그리고 다레이타이인은 합쳐서

---

89) 트로이 전쟁에 참가했다가 귀환 도중에 킬리키아 지방으로 표류하여 이 도시를 건설했다고 한다.

90) 모두 힌두쿠시 산맥 이남의 주민들로 보이는데, 간다라 이외의 민족들에 대해서는 잘 알 수 없다.

91) 수사는 키시아 지방의 주요 도시였다.

92) 헤로도토스는 바빌로니아를 아시리아에 포함시키고 있다.

93) 이 두 민족에 대한 자세한 사항은 알 수 없다. 전자는 제1권에 나오는 파레타케노이인의 오 기(誤記)가 아닌가 하고 의심하는 사람도 있다.

94) 이 두 민족에 대한 자세한 사항은 알 수 없다. 전자는 제1권에 나오는 파레타케노이인의 오 기(誤記)가 아닌가 하고 의심하는 사람도 있다.

한 구역을 이루어 200탈란톤을 납부하였다. 이것이 제11징세구이다.[95)]

박트리아인[96)]으로부터 아이그로이인에 이르는 지역으로부터는 360탈란톤의 납세가 있었다. 이것이 제12징세구이다.

팍티이케[97)] 지방, 아르메니아인 및 흑해에 이르기까지의 가까운 여러 민족으로부터는 400탈란톤을 거두었으며, 이것이 제13징세구이다.

사가르티오이인,[98)] 사란가이인, 타마나이오이인, 우티오이인, 미코이인 및 왕이 이른바 '강제이주민'[99)]들을 거주시킨 '홍해'[100)]상의 여러 섬 주민들—이들 모두로부터 합해서 600탈란톤의 세수입이 있었다. 이것이 제14징세구이다.

사카이인[101)] 및 카스피오이인[102)]은 250탈란톤을 납부하였다. 이것이 제15징세구이다.

파르티아인, 코라스미오이인, 소그도이인(소그도인) 및 아레이오이인[103)]은 300탈란톤을 납부하였는데 이것이 제16징세구를 이루었다.

파리카니오이인[104)]과 아시아의 에티오피아인은 400탈란톤을 납부하였는데, 이것이 제17징세구이다.

---

95) 이 구(區)에 속하는 여러 민족에 대해서는 잘 알 수 없지만 어느 민족이나 모두 카스피해 동쪽 해안 및 남쪽 해안의, 이른바 히르카니아 지방에 거주하고 있었던 것으로 추정된다.

96) 박트리아(박트리아나)는 옥소스강 상류의 지역으로 주요 도시는 박트라. 페르시아의 동방 경영의 주요 거점이었다. 아이그로이인에 대해서는 자세히 알 수 없다.

97) 이것은 인더스강 서쪽의 지명으로 제7권의 팍티니스인이라고 하는 말이 그 주민 이름으로 여겨진다. 그러나 이 지역은 아르메니아와는 너무 멀리 떨어져 있었기 때문에 여러 가지 해석이 나오고 있지만 결론을 내리기는 어렵다.

98) 사가르티오이 이하에 열거되어 있는 민족(여러 부족?)을 한마디로 말하자면, 이란 고원 서부에 있었던 비교적 문화 수준이 낮은 유목민이었다고 여겨진다.

99) 7권 참조.

100) 여러 번 언급했던 것처럼 '홍해'는 오늘날의 홍해를 포함한 페르시아만, 인도양 등을 가리키는 넓은 뜻의 개념이다.

101) 박트리아의 북동쪽, 오늘날의 키르기스 지방에 있었던 스키타이계의 유목민.

102) 제11징세구와 같은 이름의 민족과는 다른 민족으로, 사카이인의 남방, 저(低)판잡 지방의 주민으로 여겨진다.

103) 파르티아 이하의 네 민족은, 빅트리아를 중심으로 생각하면 파르티아는 서쪽, 코라스미오이는 북서쪽(옥소스강 하류), 소그도이는 북쪽(오늘날의 사마르칸드 부근 일대), 아레이오이는 서남(아프카니스탄 서부)에 해당한다.

104) 제17구의 두 민족은 모두 오늘날의 페르치스탄 지방에 있었던 것 같다. 아시아의 에티오피아인에 대해서는 제7권 참조.

마티에노이인,[105] 사스페이레스인 및 아라로데오이인에게는 200탈란톤이 과세되었는데, 이것이 제18징세구이다.

모스코이인,[106] 티바레노이인, 마크로네스인, 모시노이코이인 및 마레스인에게는 300탈란톤이 과세되었다. 이것이 제19징세구이다.

인도인[107]은, 우리가 아는 한 세계에서 가장 큰 민족으로, 다른 모든 납세액의 합계에 필적할 만한[108] 사금(砂金) 360탈란톤을 납입한다. 이것이 제20징세구이다.

바빌론 탈란톤으로 납입된 은을 에우보이아 탈란톤으로 환산하면 9540탈란톤[109]이 되고, 금을 은의 13배로 해서 환산하면 사금의 액수는 4680에우보이아 탈란톤이 된다. 이것을 모두 합하면 해마다 다레이오스에게로 납입되는 세의 총액은 에우보이아 탈란톤으로 환산해서 14560탈란톤이었다. 끝수는 버리고 나타내지 않았다.[110]

이상이 아시아와 리비아의 일부 지방에서 다레이오스에게로 납부되는 세수입이다.

그러나 뒤에 가서 위의 액수 외에, 여러 섬과 테사리아에 이르기까지의 유럽 주민으로부터도 조세가 납입되었다. 이들 조세를 왕은 다음과 같이 저장하였다. 납입된 금은을 녹여서 이것을 오지항아리에 부어넣어, 항아리에 가득 차면 항아리를 부순다. 화폐가 필요하면 그때마다 필요한 양만큼 주조하게 하였다.

---

105) 마티에노이에 대해서는 제1권 참조. 다음 두 민족은 메디아와 콜키스 중간에 있었던 주민.

106) 이 구의 민족은 대체로 흑해 동남 해안 일대(파시스강에서 텔모돈강에 걸쳐)에 살고 있었다. 모스코이인만은 약간 남방 내륙 쪽에 위치하고 있었다.

107) 인더스강 동쪽의 주민을 모두 인도인이라 일컫고 있는 것 같다.

108) 금을 은으로 환산해도 이것은 지나친 과장인 것 같다.

109) 이 숫자는 사본 전승 그대로이다. 바빌론 탈란톤과 에우보이아 탈란톤의 비율(사본대로 6대7)로 계산하면 19징세구로부터의 세수입(7600바빌론 탈란톤)은 이 숫자가 되지 않는다. 한편 세의 총수입(1만 4560)에서 금의 액수(4680)을 뺀 액수는 9880으로, 만약에 앞의 중량 단위의 비율을 60대78로 정정하면 바로 이 수치를 얻을 수 있다. 그러나 여기서는 사본의 숫자를 존중하여 그대로 번역하였다.

110) 이 문장의 의미는 어쩌면 번역한 그대로가 아니라, '위에 든 기본세 외에 그보다 적은 금액의 과세도 있었지만, 그것들은 여기에서는 들지 않았다'는 의미인지도 모른다.

여기까지가 행정 구역과 과세의 전체 내용이다. 나는 페르시아 본국(페르시스)[111]만은 징세지구로서 들지 않았는데, 페르시아인의 국토는 과세가 면제되었기 때문이다.

납세 의무는 지지 않고 그 대신 헌상품을 납부한 것은 다음의 여러 민족이다. 이집트와 국경을 접하고 사는 에티오피아인은 캄비세스가 '에티오피아 장명족' 원정 때 정복한 민족으로, 성산(聖山) 니사[112] 주변에 주거를 정하고 디오니소스의 제례 행사를 거행하고 있다. 이 에티오피아인과 그 근처의 주민은 인도의 칼란티아이족과 같은 곡식을 주식으로 하고 지하에 주거를 마련하고 산다. 이 두 민족은 다 같이 격년(隔年)으로 헌상품을 바치는데, 내가 살던 시대에 이르기까지 정련(精練)을 하지 않는 금 2코이니쿠스,[113] 흑단(黑檀) 통나무 200개, 에티오피아 소년 5명, 대형 상아 20개를 헌납하고 있다.

콜키스인과 코카서스산맥에 이르기까지에 인접하는 여러 민족도─페르시아의 지배가 미치고 있는 것은 이 산맥까지이고, 코카서스산맥 너머의 주민은 이미 페르시아인을 문제 삼고 있지 않다─헌상품을 바치도록 되어 있는 민족으로, 오늘에 이르기까지 5년마다 남자아이·여자아이를 각각 100명씩 바치고 있다. 또 아라비아인은 해마다 유향 1000탈란톤을 납입하고 있다.

페르시아 왕에게는 조세 외에도 이러한 여러 민족이 위와 같은 헌상품을 바쳤던 것이다. 인도인이 페르시아 왕에게 바치는 사금은 인도인이 보유하고 있는 막대한 금의 일부로, 그들이 이 금을 채취하는 방법은 다음과 같다.

인도인의 동쪽 국토는 사막을 이루어 실제로 우리가 아는 한, 또 우리가 다소라도 확실한 지식을 가지고 있는 한, 아시아에 사는 인류 중에서는 인도가 가장 동쪽 끝에 사는 민족이다. 인도의 동쪽은 사막이어서 사람이 살지 않기 때문이다.

인도인은 많은 종족으로 나뉘어 서로 언어가 다르다. 유목민이 있는가 하면 그렇지 않은 사람도 있고, 또 하천의 소택지에 살면서 갈대로 만든 배[114]를 타

---

111) 페르시아만에 면한, 대체로 오늘날의 이란을 가리킨다.
112) 디오니소스가 자란 곳으로 간주되고 있다. 단, 그 정확한 위치는 알 수 없다.
113) 코이니쿠스는 약 1리터이기 때문에 이 금은 사금인 것 같다.
114) 이것은 인더스강 델타에서 자라는 대나무 비슷한 거대한 식물로, 현지어로는 카나라고 한

고 물고기를 잡아 이것을 생으로 먹는 종족도 있다. 갈대는 그 한 마디만으로도 배 한 척을 거뜬히 만들 수가 있다. 이 종족은 골풀로 짠 의류를 입고 있다. 골풀을 강에서 베어내어 충분히 두드린 뒤 멍석을 짜듯이 짜서 이것을 동체 갑옷처럼 몸에 두른다.

이 종족의 동방에는 유목을 업으로 하는 다른 인도인이 살고 있는데, 생고기를 주식으로 하며 파다이오이인이라고 불린다. 그들의 풍습은 다음과 같다고 전해진다. 같은 민족 사이에서 남녀를 막론하고 병이 걸린 사람이 있으면, 남자의 경우 그와 가장 친한 남자들이 병으로 몸이 마르면 모처럼의 고기가 맛이 없어진다고 해서 그를 죽인다. 본인은 병이 아니라고 버티지만 친구들은 가차 없이 죽여서 그 고기를 먹는다. 여자의 경우도 마찬가지로 그녀와 가장 친한 여자들이 같은 행위를 한다. 또 고령에 이른 사람은 죽여서 먹는 관습이 있는데, 그렇게 될 때까지 사는 사람은 그다지 많지 않다. 그 나이에 이르기 전에 병에 걸린 사람은 모두 죽여 버리기 때문이다.

생활양식이 이와는 다른 인도인도 있다. 그들은 생물을 죽이지 않고, 농사도 짓지 않고, 주거를 갖추는 습관도 없다. 풀을 주식으로 하고 또 그 지방에 야생하는 깍지 속에 든 밤알만 한 것[115]을 모아서는 깍지 채 삶아서 먹는다. 이 종족 사이에서는 병에 걸린 사람은 인기척이 없는 곳으로 가서 눕는다. 죽든 앓든 누구 하나 이에 상관하지 않는다.

위에 열거한 인도인은 모두 남녀 관계를 짐승처럼 공공연하게 하고, 피부색도 모두 같고, 에티오피아인과 매우 닮았다. 그들이 여자의 몸 안으로 사정하는 정액의 빛은 다른 인종처럼 하얀색이 아니라 피부색과 마찬가지로 검다. 에티오피아인도 이와 마찬가지 정액을 낸다. 이들 인도인은 페르시아의 남쪽 먼 지역에서 살고 있으며, 이전에 다레이오스의 지배하에 들어온 적이 없었다.

카스피티로스[116]시와 팍티이케 지방에 경계를 접하고 다른 인도인에 비해

다. 두 마디 사이의 줄기만으로 작은 배를 만들 수 있었다고 한다.

115) 야생 쌀이나 그와 비슷한 곡물인 것 같다.

116) 정확한 명칭은 헤카타이오스에 나오는 카스파티로스인 것 같다. 오늘날에는 카불 또는 무르칸이라고도 한다.

서 북쪽으로 치우친 쪽에 사는 별종의 인도인[117]이 있는데, 그 생활양식은 박 트리아인의 그것과 매우 비슷하다. 이 종족은 인도인 중에서도 가장 날렵하고 사나운 성격으로 금을 찾으러 가는 인도인은 바로 이 종족을 말한다. 사막 때문에 그 이상은 사람이 살지 않기 때문이다. 이 사막 지대에는 그 크기가 개보다는 작으나 여우보다는 큰 개미[118]가 서식하고 있다. 이렇게 서술하는 까닭은 페르시아 왕이 있는 곳에도 이 땅에서 잡은 이런 종류의 것이 있기 때문이다.[119] 이 개미는 모래를 긁어 올려 지하에 집을 만드는데, 그 방법이 그리스에서 개미가 하는 것과 똑같으며 그 모양도 매우 비슷하다. 그리고 이 개미가 파 올린 모래가 금을 함유하고 있는 것이다. 인도인은 이 모래를 목표로 무인지대로 가는 것인데, 각자 세 마리의 낙타에 멍에를 씌우되 암낙타를 가운데에 두고 좌우에 수낙타를 한 마리씩 줄로 매어 끌도록 배치한다. 자신은 암낙타에 타는데, 이때 이 암컷은 가급적 새끼를 낳은 지 얼마 되지 않은 것을 멍에에 매도록 배려한다. 실제로 그들이 사용하는 낙타는 발의 빠르기가 말에 못지않게 빠른 데다가 짐을 지는 힘도 말보다 훨씬 강하다.

낙타의 모습에 대해서는 그리스인이 잘 알고 있으므로 여기에서는 적지 않기로 하고, 낙타에 대해서 알려지지 않은 점을 적어보기로 한다. 낙타 뒷다리에는 허벅지와 무릎이 4개 있으며[120] 음부가 뒷다리 사이에 뒤를 향해 달려 있다는 것이다.[121]

인도인은 위와 같은 장비를 갖추어 낙타를 꾸미고서 금을 채취하러 가는데, 더위가 가장 심한 시각에 개미로부터 사금을 빼앗을 수 있도록 계산을 세운다. 그 무렵에는 개미가 광열을 피해서 땅속으로 들어가 모습을 나타내지 않기 때문이다.

이 지방에서는 태양열이 아침 동안에 가장 높다. 다른 지역에서처럼 정오

---

117) 《인도기(記)》의 저자로 알려져 있는 메가네테네스는 이 종족의 이름을 델다이라고 기록하고 있다. 오늘날의 달디스탄 주변의 주민인 듯하다.

118) 물론 보통 개미가 아니다. 다른 자료를 종합해서 판단할 때 야생 모르모트 종류인 것 같다.

119) 페르시아 왕은 사냥터로서 일종의 광대한 야생 동물원을 가지고 있었다.

120) 두 뒷다리에 각각 허벅지와 무릎이 두 개씩 있다는 말인데, 이것은 발뒤꿈치가 높기 때문에 그렇게 보이는 것이다.

121) 수컷의 경우를 말한다.

가 아니라 일출 때부터 시장이 파할 때[122]까지가 가장 더운 것이다. 이 시각에는 그리스의 정오보다도 더위가 심해서, 인도인은 마치 온몸이 물에 잠긴 것처럼 땀을 흘린다고 전해진다. 태양이 중천에 걸릴 무렵에는 인도에서도 다른 지역과 마찬가지 정도의 기온이 되고, 정오를 지나면 다른 지역의 오전 중의 기온과 같게 된다. 그리고 그 이후 태양이 멀어짐에 따라 선선해져서 해질 무렵에는 매우 시원하다.

그런데 인도인은 자루를 가지고 목적지에 도착하면, 자루에 모래를 채우고 나서 급히 되돌아간다. 개미들은 곧 냄새를 맡고—페르시아인이 하는 이야기이지만—추격해 오기 때문이다. 그 다리가 얼마나 빠른지 다른 어떤 동물도 이를 따를 수 없을 정도로, 인도인들은 개미가 집결하고 있는 동안에 앞으로 한참 나아가 있지 않는 한, 한 사람도 살아남지 않을 것이라고 한다. 수낙타는 암낙타보다도 발이 느리기 때문에 가는 도중에서 분리되는데,[123] 두 마리를 동시에 푸는 일은 없다. 암낙타는 뒤에 남겨둔 새끼를 생각하여 결코 속도를 늦추지 않는다고 한다. 인도인은 그 금을 대부분 이와 같이 해서 채취한다고 페르시아인들은 말하고 있다. 그 밖에 이보다는 양이 적지만, 이 지방에서 채취되는 금도 있다.

마치 그리스가 매우 온화한 기후의 혜택을 받고 있는 것처럼, 세계의 맨 끝에 있는 지역은 풍요로운 천혜(天惠)의 덕을 보고 있는지도 모른다. 우선 인도는 조금 전에 말한 바와 같이 세계의 동쪽 끝에 위치하고 있는데, 여기에서는 네발짐승이나 조류할 것 없이 모든 동물이 다른 지방의 것보다도 훨씬 크고—단 말만은 예외로, 인도산 말은 메디어산의 이른바 '니사이아 말'[124]보다 작다—또 인도에는 금이 한없이 많아서 채굴되는 것도 있는가 하면, 하천에 의해 떠내려 오는 것도 있고 앞서 말한 바와 같이 (개미로부터) 빼앗아 오는 것도 있다. 또 인도에서는 야생의 나무가 양털 열매를 맺어[125]—이 털은 외견상으로

---

122) 물론 이것은 그리스의 관습으로, 시장은 정오경에 문을 닫는다.

123) 7권 참조.

124) 수낙타는 요컨대 인도인이 도망칠 수 있는 시간을 벌어주기 위한 희생물로 사용하는 것이다. 한 마리씩 차례로 버리는 것도 그 때문이다.

125) 말할 것도 없이 목화를 가리킨다.

나 질적으로나 진짜 양털보다 낫다—인도인은 이 나무(의 열매)로 만든 옷을 입는다.

다음으로 인류가 사는 남쪽 가장 끝 지역은 아라비아로, 유향·몰약(沒藥)·카시아·시나몬·레다논이 자라는 지역은 이곳뿐이다. 몰약을 제외하고 이 모든 향료의 채취에 아라비아 사람들은 예사롭지 않은 노고를 쏟는다. 아라비아인은 유향을 채취하기 위해 페니키아인이 그리스로 수출하고 있는 스티락스향을 피운다. 왜냐하면 유향이 나는 나무에는 어느 포기에나 모양은 작으나 갖가지 색의 날개 달린 뱀이 무수히 떼를 지어 이를 지키고 있기 때문인데, 이것은 이집트를 습격하는 뱀과 같은 종류로 이것을 나무로부터 쫓아내기 위해서는 스티락스의 연기를 피우는 수밖에 없다.

이것도 아라비아인의 이야기지만, 가령 이 뱀의 경우 살무사에 일어나는 현상과 같은 일이 일어나지 않는다면—살무사의 경우는 나도 알고 있는 일이었지만—온 나라가 이 뱀으로 가득 찰 것이라고 한다. 생각건대 그 어떤 신의 섭리와 같은 것이 있어서—그것은 당연히 예지에 찬 것일 테지만—본디 겁이 많고 다른 동물의 먹이가 될 생물은 모두 잡아먹혀 절멸하는 것을 막기 위해 새끼를 많이 낳게 하고, 사납고 해독을 끼치는 생물은 그 번식력을 약하게 만들었던 것인가? 우선 토끼는 짐승·새·인간을 불문하고 그 어떤 것으로부터도 쫓기고 잡아먹히기 때문에 번식력이 강하다. 이미 임신을 하고 있는 동안에도 겹쳐서 새끼를 배는 것은 모든 짐승 중에서 토끼뿐이다. 태내의 새끼는 이미 털이 나 있는 것도 있고 털이 없는 것도 있고, 막 태내에서 모양을 갖추고 있는 것도 있는데도 또 새로 임신을 하는 것이다. 토끼가 이러한 데에 비해, 짐승 중에서 가장 강하고 사나운 짐승인 사자의 암컷은 평생에 한 번, 더욱이 한 마리의 새끼밖에 낳지 않는다. 사자는 새끼를 낳과 동시에 자궁도 몸 밖으로 내보기 때문인데, 그 원인은 다음과 같다. 사자 새끼는 어머니 태 안에서 움직이기 시작할 무렵이 되면 다른 어떤 동물보다도 날카로운 그 발톱으로 자궁을 긁고, 성장함에 따라 더욱 더 깊이 발톱을 세운다. 그래서 분만이 가까워지면 자궁에서 무사한 부분은 하나도 남아 있지 않게 된다.[126]

---

126) 아리스토텔레스는 이 부분의 기술을 '실없는 소리'라고 평하고 있다.

만약에 살모사나 아라비아의 날개 달림 뱀이 그 본래의 습성대로[127] 번식한다면, 인간은 도저히 살지 못하게 될 것이다. 그런데 이 뱀은 한 쌍씩 교미하여 수컷이 수정에 들어가 정액을 사출하면, 암컷은 수컷의 목덜미를 물고 늘어져서 이것을 다 먹을 때까지 떨어지지 않는다. 수컷은 이렇게 해서 죽는데 암컷도 수컷에게 범한 죄의 대가를 다음과 같이 받는다. 아직 어머니의 태내에 있는 새끼 뱀이 아버지의 원수인 양 어머니의 몸을 먹고 나서 이를 찢고 밖으로 나오는 것이다.

한편 인간에게 해를 끼치지 않는 다른 종류의 뱀은 알을 낳아 이를 부화시켜서 놀라울 만큼 많은 새끼를 만든다. 살무사는 어느 땅에나 서식하는 데에 반해서 날개달린 뱀은 아라비아에 집중되어 있고 다른 곳에서는 서식하지 않는다. 그들이 매우 많은 것처럼 보이는 까닭은 그 때문이다.

아라비아인들은 카시아를 다음과 같이 채취한다. 두 눈만 남기고 온몸과 얼굴을 소 가죽이나 그 밖의 짐승 가죽으로 덮어서 가리고 카시아를 채취하러 간다. 카시아는 그다지 깊지 않은 호수 안에서 자라지만, 호수 주변과 호수 안에 박쥐와 비슷한 날개 달린 동물이 떼를 지어 산다. 이들은 성질이 사나운데다 이상한 울음소리를 내며 공격해 온다. 따라서 이 동물로부터 눈을 보호하면서 카시아를 따야 하는 것이다.

아라비아인이 시나몬을 채취하는 방법은 위의 경우보다도 더 놀랍다. 이 향료가 어디에서 생기는가, 어디가 그 산지인가를 그들은 모른다. 다만 옛날 디오니소스가 자랐던 땅[128]이 그 산지라는 말을 하는 사람이 있는데, 여기에는 그럴듯한 대목이 있다. 그 설에 따르면 우리가 페니키아인으로부터 배운 말로 시나몬(킨나모몬)이라고 일컫는 마른 나무토막은 거대한 새에 의해 운반되어 오는 것인데, 새는 이것을 인간의 발이 미치지 않는 산의 절벽에 흙으로 만든 둥지를 마무리하기 위해 가져온다고 한다. 그래서 아라비아인은 연구한 끝에 죽은 소나 당나귀 그 밖의 수레 끄는 짐승의 사지(四肢)를 크게 잘라서, 이것을 될 수 있는 대로 둥지 가까이에 놓고 멀리 떨어진다. 새는 날아와 짐승 다리를 둥지로 운반해 가는데, 그러면 둥지는 무게를 이기지 못하고 지상으

---

127) 보통 뱀처럼 부화로 번식함을 가리킨다.
128) 에티오피아 지방을 가리키는 것 같다.

로 무너져 내린다. 아라비아인은 거기에 가서 그것을 모은다는 것이다. 그리고 이렇게 채취된 시나몬은 다른 나라로 수출된다.

아라비아인의 말로는, 라다논[129]이라고 하는 레다논이 채취되는 과정이 위의 경우보다도 더 진기하다. 세상에서 가장 향기로운 것이 더없이 악취를 내는 것 안에서 자라기 때문인데, 이 향은 관목에서 분비되며, 수산양의 수염 안에 아교처럼 늘어붙어 있는 것을 볼 수가 있다.[130] 이 향은 다른 많은 향유를 제조하는 데 쓰이며, 아라비아인은 이것을 특히 불에 피워 즐겨 사용하고 있다.

향료에 관해서는 이로써 그 기술을 끝내기로 하지만, 실제로 아라비아 땅에서는 말할 수 없이 기분 좋은 향이 흘러나오고 있다.

아라비아에는 두 부류의 양이 있는데, 이것은 다른 그 어떤 곳에서도 볼 수 없는 것으로 매우 놀랄 만하다. 그중의 하나는 꼬리가 길어서 3페키스(약 135센티미터)가 넘는다. 만약에 그대로 끌면 꼬리가 땅에 닿아 상처가 날 것이다. 그런데 양치기들은 누구나 솜씨가 좋아서, 나무로 작은 수레를 만들어 이 것을 꼬리 끝에 맨다. 한 마리에 하나씩 매는 것이다. 또 다른 양은 폭이 1페키스(약 45센티미터)나 되는 폭넓은 꼬리를 달고 다닌다.

남(南)이 서쪽으로 기울어 있는 방향에서는 에티오피아가 세계의 끝이 된다. 이 나라에서는 다량의 금, 거대한 코끼리, 여러 가지 야생의 수목 외에 흑단이 생산된다. 이 나라의 주민은 온 세계에서 체구가 가장 크고, 모습도 가장 아름다우며, 수명도 가장 길다.[131]

여기까지가 아시아와 리비아에서 가장 끝에 있는 나라들인데, 서쪽 유럽의 끝에 있는 지방에 대해서는 확실한 지식이 없다. 적어도 나는 호박(琥珀)의 원산지이고 북해로 흘러드는 강이 있고, 이국인들이 그 강을 에리다노스[132]라

---

129) 정확한 명칭은 라단.

130) 산양이 풀이나 나뭇잎을 뜯어먹으며 관목 숲 사이를 돌아다니는 동안 라다논 잎이 분비하는 향액이 산양의 수염에 달라붙는 것이다.

131) 이곳의 에티오피아인에 대한 기술은 다분히 전설적이고 가공적인 에티오피아인관(觀)의 영향을 받고 있는 것 같다.

132) 신화상의 강으로 보통은 이탈리아의 포강 하류를 가리키는 것으로 여겨진다. 그러나 론강, 라인강 등으로 보는 설도 있고, 나아가 단치히 부근에서 바르트강으로 흘러 들어가는 비

부르고 있다는 그러한 이야기를 믿을 수가 없다. 우리나라로 건너오는 주석의 원산지라는 카시테리데스(주석의 섬)[133]가 실제로 있다는 것도 알지 못한다. 먼저 에리다노스는 그 이름 자체가 이국어가 아니라 그리스어계로, 어떤 시인이 만들어낸 말임을 나타낸다.[134] 또 나의 노력에도 불구하고 유럽 저쪽에 바다가 있다는 것을 실제로 본 사람들의 입으로 듣지 못하고 있다. 하기야 우리가 수입하는 주석이나 호박이 땅 끝에서 건너오고 있다는 것은 사실이지만.

유럽 북쪽에는 다른 곳과는 비교가 되지 않을 정도로 다량의 금이 있다는 것이 분명하다. 그 금이 어떻게 채취되는가에 대해서는 확실히 모르지만 전하는 바에 따르면, 외눈을 가진 아리마스포이[135]라고 하는 인종이 괴조(怪鳥) 그리프스로부터 빼앗아온다고 한다. 나는 다른 모든 점은 보통 사람과 같지만 눈이 하나밖에 없는 인간이 있다는 것은 믿지 않는다. 그러나 다른 지역을 그 안에 감싸고 있는 세계의 땅끝에는, 우리가 이 세상에서 가장 귀중하다고 생각하는 것들이 저장되어 있다는 것만은 확실한 듯하다.

아시아에 주위가 온통 산으로 둘러싸인 평야[136]가 있는데, 이 산맥에는 다섯 개의 갈라진 틈이 있다. 이 평야는 한때 코라스미오이인에 귀속되어 있던 곳으로, 당사자인 코라스미오이인·히르카니아인·파르티아인·사란가이인·타마나이오이인의 나라와 경계를 접하고 있는데, 페르시아가 권력을 장악한 이래 페르시아 왕이 영유하고 있다. 그런데 이 주위를 둘러싼 산맥으로부터 아케스[137]라는 큰 강이 흘러나오고 있다. 이전에 이 강은 다섯 개의 흐름으로

스트라강(독일어로는 바이크셀강) 또는 그 지류인 라다우네강이라고 생각하는 설도 있다. 마지막 설은 호박과 관련해서 그 이름이 약간 비슷하다는 점에서 다소의 개연성이 있다는 것이다.

133) 예부터 영국의 실리섬이라거나 콘월 지방이라는 등 여러 가지 설이 있다.

134) 저자는 이 이름과 어두나 어미가 똑같은 말이 그리스어에 적지 않다는 데서 이렇게 말하고 있는 것으로, 엄밀히 말하면 그리스어인지 아닌지는 의문이다. 또한 아테네의 이리소스강의 지류에도 같은 이름이 붙어 있었던 것도 저자의 확신을 굳혀 주었을 것이다.

135) 아리마스포이와 그리프스에 대해서는 4권 참조.

136) 이 평야의 실제 위치는 정하기가 힘들다. 코라스미오이는 옥소스강 하류 지역, 사란가이·타마나이오이는 멀리 남방에 있는 이란 고원 중앙부, 파르티아·히르카니아는 거의 이 둘의 중간에 위치하고 있었다고 생각되기 때문에, 이들 지역에 접하는 평야의 실재를 상상하기는 어렵다.

137) 이 강도 알려지지 않아 실제로 존재했었는지는 의심스럽다.

나뉘어, 각기 산의 갈라진 틈을 지나 앞에 든 여러 민족의 나라 하나하나에 이르러 그 국토를 적시고 있었다.

그런데 이들 여러 나라가 페르시아의 지배하에 들어가자 다음과 같은 사태를 초래하게 되었다. 페르시아 왕이 이들 산의 갈라진 틈을 봉쇄하여 여기에 각각 수문을 만들게 한 것이다. 물은 유출구가 막혀 산으로 둘러싸인 그 평야는 바다로 변했다. 강은 흘러드는데 물이 나갈 곳이 없기 때문이었다. 이제까지 이 물을 이용하던 주민들은 더는 그럴 수 없게 되자 대단한 불편을 겪게 되었다. 겨울에는 이 지방에도 다른 지역과 마찬가지로 신의 은총으로 비가 오는데, 여름에는 조나 참깨를 재배하는 데 이 물이 절실히 필요하게 된다. 그러면 주민들은 남녀를 막론하고 다 같이 페르시아로 가서 왕궁 문전에 서서 큰 소리로 울부짖는 것이다. 페르시아 왕은 그중에서 물을 필요로 하는 지역의 주민에게는, 거기로 통하는 수문을 열도록 명령한다. 땅이 충분히 물을 빨아들여 윤택해지면 그 수문은 닫히고, 나머지 주민 중 물을 가장 필요로 하는 주민들 순으로 수문을 열도록 왕은 명령을 내리는 것이다. 내가 전해들은 바에 따르면 페르시아 왕은 조세 외에 많은 돈을 징수하고 수문을 연다고 한다. 여기까지가 그 실정이다.[138]

인타프레네스와 오로이테스

마고스에 반기를 든 7명 중의 한 사람인 인타프레네스는 다음에 말하는 것과 같은 못된 행동으로, 그들의 궐기가 있은 직후에 목숨을 잃게 되었다. 어느 때 그는 왕과 면담을 하기 위하여 왕궁 안으로 들어가려고 하였다. 앞서 말했듯이 마고스에 대항하여 궐기한 동지만은, 왕이 여자와 동침하고 있을 때를 제외하고는 안내 없이 왕과 면접을 할 수 있었다. 그래서 인타프레네스는 안내를 기다릴 필요가 없다고 생각하고, 또 자기는 7인 중의 한 사람이라고 해서 안으로 들어가려고 하였다. 그러자 경비와 안내 관리는 왕이 여자와 동침 중이라고 해서 들어가는 것을 허락하지 않았다. 그러나 인타프레네스는

---

138) 페르시아 정부가 영내(領內)의 수리(水利)를 관리하며 이익을 올리고 있었던 것은 사실이다. 이 이야기가 실화인지의 여부는 제쳐두고라도, 페르시아의 수리 정책의 한 면을 살필 수 있어 흥미롭다.

그들이 거짓말을 한다고 생각하여 다음과 같이 행동했다. 단검을 빼어 그들의 귀와 코를 베고 이것을 자기 말의 고삐에 묶은 다음, 그 고삐를 두 사람의 목에 감았다가 간신히 그들을 풀어주었다.

이들은 왕에게 자기들의 모습을 보이고 그렇게 된 이유를 이야기하였다. 다레이오스는 여섯 사람이 공모해서 그와 같은 행동으로 나온 것이 아닌가 하고 크게 겁을 먹었다. 그래서 여섯 사람을 하나하나 불러, 과연 그들이 이 사건은 옳다고 보는지 그 속을 가늠해 보았다. 그리하여 인타프레네스의 행위가 다른 동지와 짜고 한 일이 아니라는 것을 확인하자, 인타프레네스는 물론 그의 아들과 친척 되는 남자들을 모두 체포하였다. 틀림없이 그가 일족과 상의해서 자기에게 모반을 꾸몄을 것이라고 생각했기 때문이다. 그리고 잡은 사람들을 모두 사형수로서 감금했다.

한편, 인타프레네스의 아내는 매일 같이 왕궁의 문전으로 와서 울며 한탄하는 일을 그만두지 않았다. 언제까지고 같은 일을 되풀이하는 동안에 마침내 왕도 마음이 움직여서 그녀를 가엾게 생각하여 사람을 보내어 여자에게 알렸다.

"마님, 전하께서는 감금 중인 마님 가문의 여러분 중 마님이 누구보다도 구하고 싶은 한 사람만을 구해드리겠다고 하십니다."

그러자 그의 아내는 심사숙고한 뒤 다음과 같이 대답하였다.

"만약에 전하께서 한 사람만 구해주겠다고 하신다면 나는 형제를 택하겠습니다."

이 말을 들은 다레이오스는 의아스럽게 생각하여 다시 사람을 보내어 말하였다.

"마님, 전하께서 물으시길 마님이 남편이나 아들을 제쳐두고, 아들보다는 인연이 얕고 남편보다는 소중하지 않은 형제를 고르신 까닭이 무엇이냐고 하십니다."

그러나 그녀는 다음과 같이 대답하였다.

"전하께 말씀드리옵니다만, 신의 뜻이 계시면 저는 다른 남편도 맞을 수가 있을 것입니다. 지금의 아들을 잃어도 또 아들을 얻을 수가 있을 것입니다. 그러나 아버지도 어머니도 이 세상에 없는 지금, 또 한 사람의 형제를 가질 수는 도저히 없는 일입니다.[139] 이렇게 생각하고 말씀을 드린 것입니다."

다레이오스는 여자의 말을 옳다 생각하고, 그녀의 심정을 가상히 여겨 그녀가 원했던 사람 외에 장남을 석방해 주고, 다른 사람들은 모두 사형에 처했다. 이렇게 해서 일곱 명 중 한 사람은 일찌감치[140]이 세상을 떠난 것이다.

그런데 캄비세스가 병을 얻은 것과 거의 같은 무렵에 다음과 같은 사건이 일어났다. 키루스에 의해 사르디스의 총독[141]으로 임명되었던 오로이테스라고 하는 페르시아인이 있었는데, 그가 신도 허락하지 않을 듯한 야망을 품은 것이다. 그 야욕이란 사모스의 폴리크라테스를 붙잡아 죽이는 일이었다. 오로이테스는 그때까지 폴리크라테스로부터 아무런 해를 입은 일도 없고 폭언을 들은 일도 없고 실은 만난 일조차 없었는데, 많은 사람이 전하는 바에 따르면 그 동기는 다음과 같았다고 한다. 한번은 이 오로이테스와 미트로바테스라고 하는 다스킬레이온의 행정구[142] 총독이었던 페르시아인이 왕성의 문 앞에서 이야기를 하고 있는 중에 이윽고 말다툼을 하고 말았다. 서로 자기의 역량을 자랑하다가 그렇게 되었다는데, 미트로바테스가 오로이테스를 향하여 다음과 같은 비난의 말을 퍼부었다고 한다.

"과연 그대는 훌륭한 사나이라고 할 수 있겠지. 자기 임지 코 앞에 있는 사모스섬을 왕의 영토로 만들지 못하고 있으니 말이오. 게다가 그 섬은 한 고장 사람이 겨우 15명의 병사를 이끌고 수중에 넣어 독재를 하고 있을 정도로, 평정하기에는 매우 손쉬운 섬인데도 말이오."

오로이테스는 이 말이 마음에 거슬렸지만, 비난을 퍼부은 당사자에게 보복을 하느니 차라리 그 말을 듣게 된 원인인 폴리크라테스를 죽이겠다는 생각을 했다는 것이다.

그러나 위의 설보다는 유력하지 않지만 다음과 같이 말하는 사람도 있다. 오로이테스는 어떤 부탁할 일이 있어서—무슨 용건이었는지는 전해지지 않

---

139) 언뜻 보아 기이한 이 논리를 소포클레스의 비극 〈안티고네〉의 여주인공의 말에서도 그대로 볼 수 있어 흥미롭다. 물론 이 부분은 진실성이 의문시되기도 한다.
140) 쿠데타 성공 후 얼마 되지 않아서라는 뜻.
141) 사르데스시(市)뿐만 아니라 이를 중심으로 하는 그 지방 일대, 즉 리디아의 총독이었다.
142) 프리기아구(區)라고도 한다. 제3징세구에 해당한다.

는다—사자를 사모스에 보냈다고 한다. 그때 폴리크라테스는 방에 누워 있었고 그 곁에는 테오스의 아나크레온[143]도 있었다. 그런데 어찌된 일인지—폴리크라테스가 오로이테스의 위세를 가볍게 보고 고의적으로 그렇게 한 것인지, 또는 우연한 장난이었는지는 모르지만—오로이테스의 사자가 왕 곁으로 다가가서 말을 했는데도, 벽을 향하고 있던 폴리크라테스는 돌아보지도 않고 대답도 하지 않았다는 것이다.

폴리크라테스의 죽음을 부른 원인에 대한 이 두 가지 설 중, 어느 쪽이든 자기가 좋아하는 쪽을 믿으면 될 것이다.

그런데 오로이테스는 마이안드로스강 건너편에 있는 마그네시아[144]시에 거주했는데, 기게스의 아들 미르소스라고 하는 리디아인에게 서신을 들려서 사모스로 보냈다. 오로이테스는 폴리크라테스의 속을 읽고 있었던 것이다. 왜냐하면 우리가 아는 한 폴리크라테스가 해상 제패를 기도한 최초의 그리스인이었기 때문이다. 물론 크노소스의 미노스나 또 그 이전에 바다를 제패한 자가 있었다고 해도, 이른바 인간의 세대[145]에 들어와서는 이오니아와 여러 섬을 지배하려고 만만한 야망을 품고 있던 폴리크라테스가 그 효시이다. 폴리크라테스에게 이러한 의도가 있었다는 것을 안 오로이테스는 서신으로 다음과 같이 전한 것이다.

"오로이테스가 폴리크라테스 전하께 말씀드립니다. 전하께서는 큰일을 꾸미고 계시지만, 그 큰 뜻을 뒷받침할 만한 군자금이 없다고 들었습니다. 만약에 전하께서 소생이 말씀드리는 대로 해주신다면 뜻하시는 바의 성공은 의심할 여지가 없으며, 그와 동시에 소생도 구원해 주시는 일이 될 것입니다. 캄비세스왕께서는 소생을 살해할 뜻을 세우고 그것을 소생에게 분명히 통고하셨습니다. 따라서 소생의 신병과 재보를 귀국으로 옮겨, 재보의 일부는 전하의 소유로 하고 일부는 소생의 자유로 해 주시기 바랍니다. 자금에 관한 한 전하께서 온 그리스를 제패하시는 데 충분할 것입니다. 소생의 재보에 대하여 의심

---

143) 기원전 6세기 무렵에 활약했던 유명한 서정시인. 테오스는 이오니아의 항구 도시였다.
144) 이보다 훨씬 북쪽에 있었던, 같은 이름의 도시와 구별하기 위해 이렇게 표현한 것이다.
145) 오늘날의 말로는 '역사시대'라는 뜻. 미노스 등은 아직 신화 내지 영웅시대에 속한다고 본 것이다.

가시는 일이 있으면 전하께서 가장 신임하는 신하를 보내주옵소서. 소생이 직접 그에게 보여주겠습니다."

이것을 듣고 폴리크라테스는 기뻐하여 오로이테스의 제의에 응하기로 하였다. 아마도 자금에 대한 강한 집념이 그렇게 하도록 한 것이겠지만, 먼저 그것을 확인하기 위하여 시민 중에서 자기의 비서였던 마이안드리오스의 아들 마이안드리오스를 파견했다. 이 마이안드리오스는 그 뒤 얼마 안 되어 폴리크라테스의 방에 있던 훌륭한 장식품 모두를 헤라의 신전에 봉납한 인물이다.[146] 오로이테스는 확인하기 위해 사람이 왔다는 것을 알자 다음처럼 준비했다. 여덟 개의 상자에 윗부분에 약간의 여유를 남기고 표면에 금을 입힌 돌을 가득 쟁인 다음, 상자를 끈으로 묶어 엄중하게 봉하고 언제라고 확인할 수 있게 해두었다. 이윽고 마이안드리오스가 도착하여 시찰을 끝마치고 이것을 폴리크라테스에게 보고하였다.

폴리크라테스는 점술가와 주변의 가까운 사람들이 간절하게 만류했음에도 직접 현지에 갈 준비를 했는데, 그의 딸이 이러한 꿈을 꾸었다. 아버지가 공중에 매달려 있는데, 제우스가 몸을 씻기고 태양신이 기름을 발라주었다는 것이다. 그리하여 딸은 갖은 수단을 다하여 폴리크라테스가 오로이테스에게로 가는 것을 단념하게 하려고 했으나 마침내 아버지가 오십노선에 오르려고 하자 불길한 말을 되풀이해서 말하였다. 아버지는 딸에게, 만약에 자기가 무사히 귀국했을 때에는 언제까지고 시집을 보내지 않겠다고 위협했다. 그러자 딸은, 아버지 말씀대로 되었으면 좋겠다, 아버지를 잃는 것보다도 언제까지고 시집을 가지 않는 것이 낫다고 대답하였다.

이렇게 해서 폴리크라테스는 온갖 충고에도 귀를 기울이지 않고 오로이테스에게로 출발했는데, 여기에 동행한 많은 친구들 중에는 크로톤 사람으로 칼리폰의 아들 데모케데스도 섞여 있었다. 그는 의사로서 의료 기술에 관한 한 그와 어깨를 견줄 만한 사람이 없었다.

마그네시아에 도착한 폴리크라테스는 비명횡사했는데, 그것은 그의 인물이나 고매한 뜻에 어울리지 않는 비참한 최후였다. 시라쿠사이의 독재자들[147]

---

146) 기원전 522년 폴리크라테스가 사망한 후 마이안드리오스가 사모스의 정권을 장악했다.
147) 겔론과 히에론 두 형제를 가리킨다.

을 제외한 그리스의 독재자 중, 그 기개와 도량이 장대한 점에 있어 폴리크라테스와 견줄만한 사람은 한 명도 없었던 것이다.

오로이테스는 폴리크라테스를 살해하고 나서—이에 대한 상세한 점은 여기에 차마 기록할 수 없지만—시체를 다시 십자가에 걸게 하였다. 그를 수행한 사람들 중 사모스 국적인 사람은 방면(放免)에 대한 자기의 은혜를 언제까지고 잊지 말라고 타이른 뒤 석방하고, 사모스인 아닌 사람과 노예는 포로로 간주하고 억류해 두었다.

몸이 높이 매달린 폴리크라테스는 딸이 꾼 꿈을 그대로 실현한 꼴이 되었다. 비를 맞으면 제우스가 씻기는 것이 되고,[148] 햇볕으로 몸에서 수분이 발산되는 것은 곧 태양신이 기름을 발라주는 것과 같기 때문이다.

이리하여 폴리크라테스의 갖가지 행운도, 이집트 왕 아마시스가 그에게 예언한 대로 이러한 결말을 맺게 된 것이다.

그러나 이 오로이테스도 그 뒤 얼마 안 되어 폴리크라테스에 대한 원한의 보복을 당하게 되었다. 캄비세스가 이 세상을 떠나고 마고스들의 치세가 끝난 뒤, 오로이테스는 사르디스에 머물면서 메디아인[149]에게 관직을 빼앗긴 페르시아인을 전혀 도우려고 하지 않았다. 뿐만 아니라 동란을 틈타, 한때 폴리크라테스에 관한 일로 그에게 폭언을 한 다스킬레이온의 총독 미트로바테스와 그의 아들 크라나스페스를 살해하였는데, 이 두 사람은 모두 페르시아에서는 이름 높은 인사들이었다. 그 밖에도 여러 가지 난행을 저질렀는데, 그중에서는 다레이오스가 보낸 긴급 사자가 왔을 때, 그가 알린 내용이 마음에 들지 않았다 해서 사자가 돌아가는 길목에 자객을 숨겨두어 이를 살해하고 그 시체와 말을 남의 눈에 띄지 않게 처분하고 만 일이 있었다.

다레이오스는 정권을 잡자 오로이테스의 갖가지 악행, 특히 미트로바테스와 그 아들의 살해에 대해서 징벌을 가하고 싶었다. 그러나 나라의 사정이 여전히 소란스럽고 자기는 왕위에 오른 지 얼마 되지 않은 데다가, 오로이테스는 친위대로서 페르시아 병사 1000명을 거느리고 프리기아·리디아·이오니아

---

148) 비는 제우스 신이 내리는 것이기 때문이다.
149) 예의 마고스를 가리키는 것인지, 별도의 사건을 가리키는 것인지는 분명하지 않다. 베히스툰 비문에 의하면 마고스의 찬탈 이후에도 메디아인에 의한 반란이 있었기 때문이다.

의 세 지구[150]를 산하에 둔 채 막대한 세력을 자랑하고 있다는 것을 안 다레이오스는, 공공연하게 그에게 군세를 내보내는 것은 현명한 방법이 아니라고 생각하였다. 그래서 다음과 같은 계략을 짰다. 그는 페르시아의 요인들을 모아놓고 말하였다.

"여러분 중에 지금부터 내가 말하는 것을 맡아, 무력도 사용하지 않고 난리도 부리지 않고 지략으로 그것을 실천에 옮길 사람은 없소? 지략이 필요한 곳에는 힘이 필요없기 때문이오. 여러분 중에 나를 위해 오로이테스를 산채로 끌고 오든가 죽일 사람은 없소? 그는 이제까지 페르시아를 위해 힘을 쓴 일이 없었을 뿐만 아니라, 갖가지 악행을 저지르고 있소. 앞서는 우리의 동포 미트로바테스와 그의 아들 두 사람의 목숨을 앗아갔고, 지금은 또 그를 소환하기 위해 내가 보낸 사자를 살해하여 도저히 참을 수 없는 교만을 보이고 있소. 그가 페르시아 국민에 대해 더 큰 패악을 부리기 전에 우리가 어떻게 해서든지 그를 제거하여 나쁜 짓을 저지해야겠소."

다레이오스가 말을 끝맺자, 거기에 있던 30명이 모두 이 일을 결행할 의사를 나타내고 왕의 제안을 맡고 나섰다. 다레이오스는 서로 자기가 하겠다고 나서는 사람들을 달래어 추첨을 명하였다. 그리하여 추첨 결과 아르톤테스의 아들 바가이오스가 뽑혔다. 추첨으로 뽑힌 바가이오스는 다음과 같이 일을 진행시켰다.

그는 여러 가지 사항을 적은 서장을 여러 통 작성하여 여기에 다레이오스의 옥새를 찍은 다음, 이 서장들을 들고 사르디스로 향하였다. 사르디스에 도착하여 오로이테스를 알현한 바가이오스는, 서장을 한 통씩 꺼내서 왕의 직속 비서에게 건네어 읽게 하였다(총독은 모두 왕 직속 비서를 두고 있었다). 바가이오스가 서장을 건넨 것은 실은 친위대의 마음을 시험하기 위한 것으로, 과연 그들이 오로이테스로부터 이반하는 것을 승낙할 것인가의 여부를 알고 싶었던 것이다. 바가이오스는 친위병들이 그 서장에 크게 경의를 표하고, 그 내용을 정중하게 경청하는 모습을 보자 다른 서장을 건넸다. 거기에는 다음과 같은 말이 적혀 있었다.

---

150) 제1, 2, 3 징세구를 말한다.

"페르시아인이여, 다레이오스왕은 너희가 오로이테스의 친위대로서 근무하는 것을 금한다."

그들은 이것을 듣자 바가이오스 앞에서 창을 내려놓았다. 바가이오스는 그들이 서장에서 하는 말에 순종하는 것을 확인하자 용기를 얻어 마지막 서장을 비서에게 건네주었는데 여기에는 이렇게 쓰여 있었다.

"다레이오스왕은 사르디스에 있는 페르시아인에게 오로이테스의 살해를 명한다."

친위병들은 이것을 듣고 단검을 빼들어 그 자리에서 오로이테스를 죽여버렸다. 이렇게 페르시아인 오로이테스는 사모스인 폴리크라테스의 원한의 보복을 당한 것이다.

데모케데스 이야기

오로이테스가 소유하고 있던 노예와 금품이 수사에 운반된 지 얼마 되지 않았을 때의 일이다. 다레이오스왕이 사냥하러 갔을 때, 말을 내리다가 발을 삐는 사건이 일어났다. 세게 삐었던 모양으로 발목의 뼈가 관절에서 빠진 것이다. 다레이오스는 이전부터 의술로는 제1인자라는 평판이 있는 이집트인을 늘 가까이 두고 있었는데, 이때도 이 사람들에게 치료를 시켰다. 그런데 그들이 발목을 무리하게 비튼 바람에 오히려 병을 악화시키고 말았다. 다레이오스는 이 부상 때문에 만 7일 동안을 한 잠도 자지 못했다. 8일째가 되어 고통을 받고 있는 다레이오스에게로, 이전에 사르디스에서 코로톤인 데모케데스의 의술에 대한 소문을 들었던 어떤 사람이 그것을 알려왔다. 다레이오스는 서둘러 그 사람을 데려오라고 일렀다. 명을 받은 사람들은 데모케데스가 오로이테스의 노예에 섞여 차마 눈 뜨고 볼 수 없는 상태로 방치되어 있는 것을 찾아내어, 족쇄를 끌고 넝마를 입은 그대로 왕 앞으로 데리고 왔다.

그가 왕 앞으로 나오자, 다레이오스는 의술에 대해 아는 것이 있느냐고 물었다. 그러나 데모케데스는 자기의 정체를 밝히면 영원히 그리스로 돌아가지 못할 것을 두려워하여 의술은 모른다고 대답하였다. 그러나 그가 수작을 부리고 있다는 것을 알았기 때문에, 데모케데스를 데리고 온 사람들에게 일러서 매와 가시몽둥이를 가지고 오게 하였다. 그러자 데모케데스도 의술을 아는 것은 사실이나, 그다지 확실한 지식이 아니고 의사와의 교제로 서툴지만 조금 알 뿐이라고 고했다. 결국 그에게 치료가 맡겨졌다. 그는 이제까지의 거친 치료 대신에 부드러운 그리스식 치료법을 사용하여 왕에게 수면을 취하게 한 결과, 도저히 가망이 없다고 단념했던 왕을 애초의 건강한 상태로 되돌아가게 할 수가 있었다. 상처가 치유되고 나서 다레이오스는 포상으로 데모케데스에게 황금으로 만든 족쇄 두 벌을 주었다. 그러자 데모케데스는 전하의 몸을 고친 보답으로 저의 불행을 두 배로 하시다니 무슨 다른 뜻이 있으시냐고 왕에게 물었다. 다레이오스는 이 말을 듣고 기분이 좋아져서, 그를 자기 후궁으로 보냈다. 환관이 그를 후궁으로 안내하여, 이 사람이야말로 왕의 위태로운 목숨을 구한 은인이라고 여자들에게 말했다. 그러자 모든 여자들이 황금을 넣어둔 궤에서 평평한 주발로 황금을 퍼내어 데모케데스에게 주었다. 그 양이 얼마나 많았는지 데모케데스의 뒤를 따르던 스키톤이란 하녀가 주발에서 흘러넘친 스타테르 금화[151]를 모은 것만도 상당한 액수였다고 한다.

이 데모케데스가 크로톤에서 건너와 폴리크라테스와 알게 된 과정은 이러하다. 그는 크로톤에서 성격이 까다로운 아버지와 마음이 맞지 않아서 재미없게 살고 있다가, 마침내 아버지를 참을 수가 없어 그 곁을 떠나 아이기나로 왔다. 아이기나에 정착하고 나서 이미 첫해에 그는 의료에 필요한 기구도 없고 무일푼이면서도 다른 의사들을 능가하였다. 그리고 2년째에는 아이기나인이 국비에서 급여 1탈란톤을 지불하여 그를 고용하고, 3년째에는 아테네인이 100믐나로, 4년째에는 폴리크라테스가 2탈란톤으로 그를 맞이한 것이다. 크로톤인이 의사로서 이름을 날리게 된 것은 이 사람의 덕이 많다. 이 일이 있었던 때는 그리스 중에서 의사로서는 크로톤인이 첫째, 키레네인이 둘째라고 일컬어졌던 무렵이다. 음악으로는 아르고스인이 그리스 제일이라고 칭찬 받은 것도 같은 무렵이었다.

이야기를 되돌려, 다레이오스의 상처를 완치시킨 데모케데스는 커다란 저택에 살며 그리스로 돌아가는 일을 빼고는 무엇 하나 거칠 것이 없는 신분이

---

151) 다레이코스 스타테르(다레이오스 금화)라 불렸던 화폐. 다레이오스가 처음으로 주조케 했기 때문에 이 이름이 붙었다. 그리스의 아티카(아테네 지방) 단위로 20드라크마에 해당하는 금액이다.

되었다. 그는 이전에 왕의 치료를 맡았던 이집트 의사들이 그리스 의사에 졌다고 해서 말뚝에 꿰는 형을 받았을 때, 왕에게 구명을 탄원해 생명을 구했다. 또 폴리크라테스를 수행했던 엘리스 출신의 점쟁이[152]가 노예 속에 섞여 비참한 취급을 받던 것을 구하기도 하였다. 왕의 측근에 있으면서 그야말로 나는 새도 떨어뜨리는 세력을 쥐게 된 것이다.

이 일이 있은 지 얼마 안 되어 다음과 같은 일이 일어났다. 키루스의 딸로 다레이오스의 비였던 아토사의 유방 위에 종기가 생겨, 이윽고 그것이 일그러져 점점 퍼지게 되었다. 종기가 작았을 동안에는 아토사도 부끄러워서 그것을 아무에게도 말하지 않고 감추고 있다가, 병이 점점 악화되자 데모케데스를 불러 그 종기를 보였다. 데모케데스는 고쳐드리겠다고 하면서, 그 대신 결코 파렴치한 소원을 말하지 않을 테니 자기가 부탁한 일을 해줄 것을 맹세하게 하였다.

위와 같은 일이 있은 뒤 데모케데스는 아토사를 치료하여 종기를 고쳐주었는데, 데모케데스의 부탁을 받은 아토사는 잠자리에서 다레이오스에게 이러한 이야기를 꺼냈다.

"전하, 전하께서는 이토록 큰 국력을 가지고 계시면서도 더 나아가 다른 민족을 전복하셔서 우리 영토를 넓히려고도 하시지 않고, 페르시아의 국세를 강화하시지도 않고 헛되이 세월을 보내고 계십니다. 전하처럼 나이도 젊으시고 막대한 부를 자유롭게 하실 수 있는 분은, 페르시아 국민에게 그들의 왕이 사나이라는 것을 알리기 위해서라도 무엇인가 훌륭한 공을 세우셔서, 세상에 보일 필요가 있다고 생각합니다. 전하께서 그 일을 하신다면 두 가지 이익이 생길 것입니다. 하나는 페르시아 국민에게 그들을 다스리는 분이 그야말로 사나이임을 알게 할 수 있고, 또 하나는 그들이 전쟁으로 피폐(疲弊)하여 전하에게 모반을 꾸밀 여유를 가질 수 없게 할 수 있다는 것입니다. 무엇인가 훌륭한 일을 하시려면 지금 젊으실 때 하셔야 합니다. 육체가 발달함에 따라 정신도 발달하지만, 육체가 노화하면 정신도 노화되어 매사에 움직임이 둔해집니다."

---

152) 제5권에 나오는 칼리아스를 가리키는 것이란 설이 있다.

아토사가 데모케데스가 이른 대로 이와 같이 말하자 다레이오스는 대답하였다.

"왕비여, 그대가 말한 것은 모두 내가 하고 싶은 일들이오. 나는 이 대륙에서 저 대륙으로 다리를 놓아 스키타이인을 칠 생각이오. 그날도 이제 머지 않았소."

그러자 아토사가 말하였다.

"전하께서도 아시리라 생각하지만, 처음에 스키타이인을 정벌하는 것은 그만 두십시오. 그들은 전하가 원하실 때에는 언제라도 전하의 것이 될 것입니다. 제발 부탁이오니 그리스를 정벌해 주옵소서. 저는 이야기를 들은 뒤로는 어떻게든지 스파르타의 여자를 시녀로 삼고 싶습니다. 그리고 아르고스의 여자도, 아테네의 여자도, 코린토스의 여자도 말입니다. 다행이 전하 곁에는 그리스에 대해서 무엇이든지 가르쳐 주고 또 길을 안내할 적임자가 있습니다. 전하의 다리를 완전히 고쳐준 그 사람 말입니다."

다레이오스는 말하였다.

"왕비여, 우리가 맨 먼저 그리스를 공격하는 것이 좋겠다면, 그에 앞서 페르시아의 첩자를 그대가 말한 자와 함께 그리스로 파견하는 것이 좋을 듯하오. 그자들은 그리스인에 대해 자세히 알아서 나에게 보고할 것이니까 말이오. 적의 사정을 충분히 알고 나서 그들을 정벌하기로 하겠소."

다레이오스는 이렇게 말하고 나서 이것을 곧 실행에 옮겼다.

날이 새자 곧 다레이오스는 페르시아에서 내로라하는 15명을 불러 데모케데스의 안내로 그리스 연안 지방 일대를 돌되, 데모케데스가 그들로부터 도망가지 않도록 엄중히 경계하여 반드시 페르시아로 데라고 돌아올 것을 명령하였다. 그 뒤 이번에는 당사자인 데모케데스를 불러, 동행하는 페르시아인들에게 그리스 전역을 안내해서 보인 뒤 다시 돌라와 달라고 부탁하였다. 그리고 그의 가재(家財)는 모두 부모나 형제에 대한 선물로서 가지고 가도 좋다, 그 대신 그에게는 또 그 몇 배의 것을 주겠다고 약속하였다. 그리고 자기도 선물을 주겠다고 하면서 여러 가지 귀중한 물건을 가득 실은 화물선 한 척을 데모케데스에게 딸려 보내겠다고도 말하였다. 내 생각에 다레이오스가 데모케데스를 함정에 빠뜨릴 작정으로 이렇게 제의한 것은 아닌 듯하지만, 데모케데스는 다레이오스가 자기의 마음을 시험하고 있는 것이 아닌가 두려워하여 다레이오스가 주겠다는 것을 모두 당장 받겠다고 말하지는 않았다. 그는 자기 가재는 돌아와서 다시 쓰기 위해 그대로 남겨놓고, 다레이오스가 형제에 대한 선물로 준다는 화물선만을 받겠다고 말하였다. 다레이오스는 그에게도 앞서의 사람에게 준 것과 같은 지령을 주고 그들을 연해지방으로 출발하게 하였다.

그들은 페니키아의 시돈시까지 내려가자 곧 두 척의 3단 노선과 갖가지 훌륭한 물건을 가득 실은 화물선을 꾸몄다. 만반의 준비를 갖추고 출범하여 그리스에 도착하자, 그 연안 지방을 시찰하고 보고서를 정리했다. 그리고 그리스의 이름 있는 지역의 시찰을 끝마치자 이탈리아의 타라스(타렌툼)로 갔다. 이때 타라스의 왕 아리스토피리데스는 데모케데스에 대한 호의로 페리시아인의 배에서 키를 떼어내게 하고 당사자인 페르시아인은 첩자라고 해서 감금하였다. 페르시아인이 이와 같은 일을 당하고 있는 동안에, 데모케데스는 크로톤에 도착할 수가 있던 것이다. 그가 이미 조국에 도착했을 무렵에 아리스토피리데스는 페르시아인을 석방하고 배에서 떼어낸 키도 돌려주었다.

페르시아인들은 거기에서 배를 내어 데모케데스를 쫓아 크로톤에 도착하였는데, 광장에 있던 데모케데스를 발견하고 그를 붙잡으려고 하였다. 크로톤인 중에는 페르시아의 국력을 두려워하여 그를 인도할 생각을 한 사람도 있었으나, 다른 사람들은 그를 잡으려고 하는 것을 방해하여 페르시아인이 항변하는 데에도 불구하고 몽둥이로 때렸다. 페르시아인들은 말하였다.

"크로톤 사람들이여, 당신들이 지금 무슨 짓을 하고 있는지 아는가. 당신들이 빼앗으려고 하는 사람은 대왕으로부터 도망친 노예다. 이렇게 난폭한 짓을 당하고 다레이오스왕께서 어떻게 가만히 계시겠는가. 또 이자를 우리로부터 빼앗으면 당신들에게는 좋지 않은 일이 일어날 것이다. 우리가 어느 도시보다도 먼저 이 도시로 공격해 오리란 것을 모른단 말이냐? 우리가 맨 먼저 노예로 삼겠다고 생각하는 도시가 여기 말고 어디에 있다고 생각하느냐"

페르시아인들은 이와 같이 항변하였으나 크로톤인을 설득하지 못하고 결국 데모케데스도 빼앗기고, 같이 몰고 간 화물선도 압수당한 채 아시아로 되돌아갔다. 안내인을 잃은 그들은 그리스를 다시 방문하여 조사하려고 하지 않았다. 데모케데스는 페르시아인들이 떠날 때, 다음과 같이 말을 전하는 것을 잊지 않았다. 데모케데스가 밀론[153]의 딸을 아내로 삼기로 정했다고 꼭 다레이오스에게 전해달라고 말한 것이다. 투기사(鬪技士) 밀론의 이름은 대왕에게도 알려져 있었기 때문이다. 내가 상상하는 바로는 데모케데스가 큰돈을 들여 이 혼담을 서둔 것도 그 때문이며, 결국 자기는 조국에서도 지명인이라고 하는 것을 다레이오스에게 과시하려는 생각에서였을 것이다.

크로톤을 출발한 페르시아인들은 이아피기아[154]에 표착(漂着)하여 여기에서 노예 신분으로 전락해 있던 차에, 타라스에서 망명하고 있던 길로스라고 하는 사람이 이들을 구하여 다레이오스에게로 돌려보냈다. 다레이오스는 이에 대하여 원하는 것이 있으면 주겠다고 하자, 길로스는 자기의 불행한 신상을 모두 이야기한 뒤 타라스로 돌아가기를 원했다. 그러나 다레에이오스는 길로스를 위해 대함대를 이탈리아로 향하게 하면 그리스 세계를 동요하게 하는 결과가 되는 것을 두려워하여, 그를 귀국시키는 데에는 크니도스[155]인만으로도 충분할 것이라고 말하였다. 타라스인과 친한 사이인 크니도스인이라면 길로스의 귀국도 원만히 이루어지리라 생각한 것이다. 다레이오스는 그 약속을 지켜, 크니도스에게 사자를 보내어 길로스를 타라스로 복귀시킬 것을 명령하였다. 크니도스인은 다레이오스의 명령에 따랐으나 타라스인을 설득하기에는 이르지 못했고 그렇다고 무력으로 강행할만한 힘도 없었다.

여기까지가 사건의 전말이다. 아시아에서 그리스로 건너온 페르시아인으로서는 위에서 말한 사람들이 최초이고, 그들이 그리스를 정찰하러 온 데에는 이와 같은 사정이 있었던 것이다.

다레이오스의 사모스 공략

그 뒤 다레이오스는 사모스를 점령했다. 그리스, 비(非)그리스의 구별 없이

---

153) 밀론은 당시 최강을 자랑하던 역사(力士)로서, 올림피아·피티아 등의 경기에서 무려 33회에 걸쳐 우승했다고 한다.

154) 타렌툼만 동쪽 끝, 칼라브리아반도 끝 부분의 곶. 오늘날 레우카곶 지방.

155) 소아시아 서남단의 곶에 있었던 도시. 타라스와 함께 스파르타계 식민지였기 때문에 우호 관계를 맺고 있었다.

이것이 다레이오스가 점령한 첫 도시였다. 사모스 공략의 원인은 다음과 같았다.

키루스의 아들 캄비세스가 이집트를 공격했을 무렵, 그리스인도 많은 사람이 이집트로 들어가 있었는데, 당연한 일이지만 장사를 하기 위해 간 사람이 있었는가 하면, 원정에 종군한 사람도 있었고, 또 단순히 그 나라를 구경하러 간 사람도 있었다. 아이아케스의 아들이자 폴리크라테스의 형제인 실로손은 사모스에서 쫓겨난 처지였지만 구경꾼 중의 한 사람이었다. 이 실로손이 다음과 같은 행운을 만나게 되었다.

그가 불타는 듯한 빨간 외투를 입고 멤피스의 광장에 있을 때였다.[156] 당시에 캄비세스의 친위대에 있으면서 그다지 이름도 알려지지 않았던 다레이오스가 그 모습을 보고, 그 외투를 갖고 싶어서 그에게로 접근하여 돈을 주고 사려고 하였다. 다레이오스가 외투에 대단한 집념을 가지고 있다는 것을 안 실로손은 어떤 영감으로 움직였다고나 할까, 다음과 같이 말하였다.

"이것을 그 어떤 값으로도 팔 생각은 없으나, 어떤 일이 있어도 당신의 것이 되어야 한다면 그냥 드리겠습니다."

다레이오스는 그 말에 감사하여 이 외투를 받은 것이다.

당시 실로손은 자기가 사람이 좋았기 때문에 속수무책으로 외투를 잃게 되었다고 생각하였다. 그러나 시간이 흘러 캄비세스가 죽고 마고스에 대한 7인의 궐기 뒤 7인 중에서 다레이오스가 왕위에 오르자, 실로손은 페르시아의 왕이 된 인물이 이전에 자기가 이집트에서 원했던 대로 외투를 주었던 바로 그 사람임을 안 것이다. 그래서 그는 수사로 올라가자, 왕궁 문 앞에 앉아서 자기는 다레이오스의 은인[157]이라고 말하였다. 경비병이 그 말을 듣고 이것을 왕에게 전하자, 다레이오스는 이상하게 생각하여 경비병에게 말하였다.

"왕이 된 지 얼마 안 되는 내가 은혜를 느껴야 할 은인이란 도대체 누군가? 이제까지 아직 그와 같은 일로 수사에 올라온 사람은 한 명도 없고, 또 내가

---

156) 이 일이 있은 뒤 '실로손의 외투'라는 속담이 생겼는데, 멋지게 옷을 차려 입는 남자를 가리켰다고 한다.

157) '은인(euergetes)'이란 약간 특수한 의미를 지니고 있어서, 페르시아 왕에게 무엇인가 은혜를 베푼 자는 왕의 '은인'으로서 그 이름이 기록되고 후대를 받았던 것이다.

그리스인으로부터 은혜를 입은 일도 없다. 하지만 어찌되었든 그자를 데리고 오도록 해라. 도대체 무엇 때문에 그런 말을 했는지 알아보겠다."

이윽고 경비병이 실로손을 데리고 오자 왕 앞에 선 실로손에게 통역들이, 당신은 누구이며 왕의 은인이라고 하는 말은 무슨 뜻이냐고 물었다. 그러자 실로손은 외투에 얽힌 자초지종을 이야기하고 자기야말로 그 외투를 준 장본인이라고 말하였다. 이에 대해서 다레이오스는 말하였다.

"오, 내가 아직 아무런 힘이 없었던 시절에 선물을 주었던 사람이란 말인가? 참 세상에도 드문 마음씨가 넓은 사람이었지. 그때 그대가 준 것은 작은 것이었지만 그 호의는 현재 내가 그 누군가로부터 막대한 선물을 받은 경우와 조금도 다름이 없다. 그대가 히스타스베스의 아들 다레이오스에게 친절을 베푼 데 대해 후회하는 일이 없도록, 그때의 답례로서 헤아릴 수 없을 정도의 금은을 주리라."

그러나 실로손은 이에 대해서 말하였다.

"왕이시여, 저는 금이나 은도 소용없습니다. 제발 조국 사모스를 저의 손에 되돌려주십시오. 사모스는, 형 폴리크라테스가 오로이테스의 손에 살해되어 세상을 떠난 지금, 우리가 부리고 있었던 노예[158]의 수중에 들어가 있습니다. 제발 이 사모스를 유혈의 참극도 일어나지 않고 시민을 노예로 삼는 일도 없이 저에게 주십시오."

이 말을 들은 다레이오스는 7인의 한 사람인 오타네스의 지휘하에 원정군을 보내기로 결의하고, 오타네스에게 실로손이 탄원한 대로 해주라고 명령하였다. 그래서 오타네스는 해안 지방으로 내려가 원정군으로 하여금 바다를 건너갈 태세를 취하게 하였다.

당시 사모스의 지배권은, 폴리크라테스로부터 통치를 위탁받은 마이안드리오스의 아들 마이안드리오스가 장악하고 있었다. 그는 스스로 정의(正義)의 전형(典型)이 되리라고 자처하면서도 그 뜻을 이루지 못했던 사람이다. 폴리크라테스의 죽음이 그에게 알려졌을 때 그가 한 일은 이러했다. 먼저 '해방의 신 제우스(제우스 엘레우테리오스)'의 제단을 세워 그 주위에 성역을 설치했는

---

158) 물론 마이안드리오스는 왕 직속의 비서지 노예는 아니었다. 실로손이 분격한 나머지 이렇게 말했던 것이다.

데, 이것은 지금도 교외에 남아 있다. 그 다음에는 전 시민을 모이게 하고 다음과 같이 말하였다.

"여러분도 아는 바와 같이 폴리크라테스의 왕위와 모든 권력은 나에게 위임되어 있고, 현재 나는 여러분을 통치할 수도 있다. 그러나 나는 다른 사람이 하면 내가 질책할 그러한 일은 절대로 하지 않을 작정이다. 실제로 자기와 동등한 인간 위에 군림한 폴리크라테스가 한 일은 나도 좋게 생각하지 않았으며, 폴리크라테스가 아니라도 그와 마찬가지 일을 하는 사람은 누가 되었든 간에 내 마음에 들지 않을 것이다. 폴리크라테스가 그의 삶을 마치고 세상을 떠난 지금, 나는 정권을 국민 모두의 손에 맡겨 여러분을 위해 만민동권의 원칙을 선언한다. 그러나 다음과 같은 일만은 나의 특권으로서 요구해도 좋으리라고 생각한다. 즉 폴리크라테스의 자산 중에서 6탈란톤을 나에게 줄 것, 또 제우스 엘레우테리오스를 섬기는 사제직을 나뿐만 아니라 나의 대대 자손에게 줄 것을 요구한다. 이 신전을 건립한 것은 나이고, 내가 여러분에게 자유를 주기 때문이다."

마이안드리오스가 이렇게 사모스인에게 말하자, 회중 가운데 한 사람이 일어나서 말하였다.

"태생이 비천하고 역병(疫病)의 신과 같은 너에겐 우리를 다스릴 자격이 없다. 그것보다는 차라리 네가 관리하고 있던 자재의 회계 보고나 하는 게 어떤가!"

이렇게 말한 사람은 시민 사이에서도 명망이 높은 텔레사르코스라고 하는 자였다. 그래서 마이안드리오스는, 만약에 자기가 정권을 포기해도 반드시 자기 대신에 다른 사람이 독재자가 되리란 것을 깨닫고, 정권을 내놓을 생각을 접었다. 그는 성 안으로 돌아가자 재무에 대한 설명을 한다고 개별적으로 불러서 이들을 잡아 감금하고 말았다. 그 뒤 마이안드리오스는 병에 걸려 자리에 눕게 되었다. 그러자 그의 동생인 리카레토스[159]라는 자가 형이 죽으리라 생각하고, 자기가 사모스의 정권을 회득하는 것을 손쉽게 하기 위해 감금 중인 사람들을 모두 죽이고 말았다. 결국 이것은 이자들이 자유의 권리를 원치

---

159) 뒤에 페르시아로부터 렘노스섬의 통치를 위임받는다.

않았던 것에 대한 응보였던 듯하다.

그런데 페르시아군이 실로손의 복귀를 노려 사모스에 도착하자 이에 대항하는 자는 한 사람도 없었고, 마이안드리오스 자신이나 그의 무리도 협정을 맺으면 섬에서 퇴거할 용의가 있다고 알렸다. 오타네스는 이 제의를 받아들여 협정을 맺었기 때문에 페르시아군의 수뇌들은 아크로폴리스를 향하여 의자를 나란히 놓게 하고 거기에 앉아 있었다.

그런데 사모스의 독재가였던 마이안드리오스에게는 이름이 카릴라오스라는 머리가 조금 이상한 동생이 있었는데, 그때 어떤 죄를 저질러 지하 감옥에 유폐되어 있었다. 때마침 일이 되어가는 상황을 듣게 된 그는 감옥 안에서 밖을 내다보고, 페르시아인들이 한가하게 앉아 있는 것이 눈에 들어오자 큰 소리로 마이안드리오스를 만나고 싶다고 말하였다. 마이안드리오스는 그의 요구에 따라 부하에게 명하여, 동생의 포박을 풀고 자기에게로 데리고 오게 하였다. 형 앞으로 오자 그는 형을 크게 나무라고, 다음과 같이 말하면서 형을 설득해 페르시아군에게 공격을 가하게 하려고 하였다.

"형님은 이 세상에서 가장 겁이 많은 사람입니다. 오라에 묶일만한 나쁜 일을 하나도 저지르지 않은 자기 동생은 묶어서 지하 감옥에 가두면서, 페르시아인으로부터 나라에서 쫓겨 방랑자 신세가 되려고 하는 데도 복수할 용기를 내지 못한단 말이오? 무찌르기에 아주 손쉬운 상대인데 말이오. 그러나 형님이 한사코 페르시아인이 무섭다고 한다면 저에게 용병부대를 빌려주시오. 내가 그들의 나라로 밀어닥쳐 그들의 잘못을 알리겠소. 형님에게는 이 섬에서 무사히 빠져나갈 수 있도록 조치해 드리겠소."

카릴라오스가 이렇게 말하자 마이안드리오스는 동생의 제의를 받아들였다. 그러나 내가 생각하기로는 이것은 자기 병력이 대왕의 병력보다 우세하다고 믿는 무분별한 생각에서 나온 것이 아니라, 실로손이 아무런 힘도 쓰지 않고 도시를 통째로 수중에 넣는 것을 달갑지 않게 여겼기 때문이었을 것이다. 그래서 그는 페르시아인을 화나게 하여 사모스의 국력을 될 수 있는 대로 약화시키고 나서 이를 인도하겠다고 마음먹은 것이다. 심한 처우를 받으면 페르시아인이 사모스에 대해서 격분하는 마음이 더욱 강해지리란 것을 그는 잘 알고 있었다. 또 자기가 바랄 때에는 언제라도 섬에서 탈출할 수 있도록 아크로폴리스에서 해안으로 통하는 비밀 통로를 전부터 만들게 해 놓았던 것이다.

이렇게 해서 마이안드리오스는 배로 사모스를 탈출했다. 한편 카릴라오스는 모든 용병 부대에 무장을 시키고 성문을 열자, 이와 같은 일이 있으리라고는 꿈에도 생각지 않은 채 만사 협정이 잘 진행된다고 믿었던 페르시아인을 공격했다. 용병부대는 페르시아인에게 덤벼들어 의자[160]에 앉아 있던 고관들을 죽였다. 그러나 그러는 동안에 페르시아군의 다른 부대가 구원하러 달려와 사모스의 용병부대를 압박하며 마침내 그들을 애초의 성 안으로 몰아 넣었다.

페르시아군이 혼이 난 꼴을 본 지휘관 오타네스는, 출발할 때 다레이오스로부터 받은 지령—사모스 시민은 한 사람도 죽이지 말고 노예로도 하지 말고 섬을 고스란히 실로손에게 돌려주라는 지령—을 잊은 것처럼 붙잡은 사람은 어른 아이를 막론하고 모두 죽이라고 휘하부대에 명령하였다. 그래서 군 일부는 아크로폴리스를 포위·공격하였고, 다른 부대는 성역 내외의 구별 없이 사람들을 닥치는 대로 죽이고 다녔다.

사모스를 탈출한 마이안드리오스는 스파르타로 향하여 그곳에 도착하자, 탈출 때 가지고 나왔던 재보를 시중으로 운반시켜 다음과 같은 일을 하였다. 금은 잔을 진열하여 하인들에게 이것들을 닦아두게 하는 한편, 자기는 당시 스파르타의 왕위에 있던 아낙산드리데스의 아들 클레오메네스[161]를 만나 그를 자기 집으로 초대한 것이다. 클레오메네스는 잔을 보고는 그때마다 감탄도 하고 놀라기도 하였다. 그러자 마이안드리오스는 원하는 대로 가져가도 좋다고 하는 것이었다. 마이안드리오스가 이와 같이 몇 차례 권고하였으나 클레오메네스는 세상의 모범으로 삼을 만한 공정한 태도를 취하여, 그것을 받는 것을 떳떳하게 생각하지 않았을 뿐만 아니라, 마이안드리오스가 곧 자기 이외의 시민도 매수하여 틀림없이 그들의 조력을 얻으려 할 것이라고 생각하였다. 그래서 감독관을 찾아가서 사모스에서 온 예의 외부인이 자기나 다른 스파르타인을 매수하여 타락시키는 일이 없도록, 펠로폰네소스로부터

---

160) 페르시아의 요인들은 언제나 의자를 든 종자(從者)들을 대동하고 있었다.
161) 이 클레오메네스 1세의 청렴에 대해서는 5권에도 이야기가 있다.

퇴거시키는 것이 스파르타를 위해서도 좋을 것이라고 말하였다. 감독관도 그의 의견을 받아들여, 법령에 따라 마이안드리오스에게 추방령을 내렸다.

페르시아군은 사모스섬을 '예인망식'[162]으로 소탕한 뒤, 무인지경이 된 섬을 실로손에게 인도하였다. 그러나 훗날 이때의 지휘관이었던 오타네스도, 그가 꾼 꿈과 음부에 난 병이 화근이 되어 사모스에 사람들이 다시 정착하는 데 협력하게 되었다.

바빌론의 반란과 진압

사모스의 공격으로 수군(水軍)이 발진한 다음, 바빌론인이 반란을 일으켰다. 충분히 준비를 갖춘 뒤의 반란이었다. 마고스의 지배시대부터 7인의 봉기에 이르는 기간 동안, 또 이에 이은 동란의 시기를 통해서 그들은 농성에 대비해서 준비를 게을리하지 않았다. 그런데 어찌된 일인지 그 움직임이 한 번도 들키지 않고 지나온 것이었다. 공공연하게 반란을 일으킬 단계에 이르러 그들은 다음과 같은 일을 하였다. 어머니를 제외하고 각자 자기 가정에서 남기고 싶은 여자 한 사람을 남기고, 그 밖의 여자들은 모두 모아서 죽인 것이다. 각자가 여자 한 사람만을 남긴 이유는 식사를 만들게 하기 위한 것이고, 나머지 여자를 죽인 까닭은 식량의 소비를 막기 위한 것이었다.

이것을 안 다레이오스는 휘하의 전군을 소집해서 바빌론인의 공략에 나섰다. 그러나 바빌론 성으로 몰려가 이를 포위·공격하였으나 바빌론인은 조금도 개의치 않았다. 그들은 성벽 위로 올라가 다레이오스와 그 군대를 향하여 몸짓과 함께 야유를 하며 조롱했는데 그중 한 사람이 이런 말을 하였다.

"어이, 페르시아 놈들아, 그런 곳에서 뭘 그렇게 멍청히 서 있는 거야, 그보다는 빨리 물러가는 게 어때. 노새가 새끼를 낳게 되면 그때 너희도 우리를 정복할 수 있을 거다."

노새가 새끼를 낳는다는 것을 꿈에도 생각하지 못하고 바빌론인의 한 사람은 이렇게 말한 것이다.

이미 1년 하고도 7개월이 지났음에도 바빌론을 공략할 수 없자, 다레이오

---

162) 이 섬멸 전법에 대해서는 6권에 자세히 나와 있다.

스도 그의 휘하의 전군도 초조해지기 시작하였다. 하기야 그동안 다레이오스는 바빌론을 공격하기 위해 가진 책략을 다했는데도 바빌론을 무너뜨릴 수 없었다. 그가 시도한 여러 가지 전략 중에는 이전에 키루스가 사용해서 바빌론의 공략에 성공한 작전도 포함되어 있었는데, 다레이오스는 실제로 이것도 시도해 보았던 것이다. 그러나 바빌론의 수비는 철옹성처럼 견고했다.

20개월째가 되었을 무렵, 마고스를 타도한 7인 중의 한 사람인 메가비조스의 아들 조피로스의 집에서 다음과 같은 신기한 일이 일어났다. 조피로스의 저택에서 식량을 운반하는 데 쓰던 노새 한 마리가 새끼를 낳은 것이다.[163] 그 소식을 들은 조피로스는 믿을 수 없다고 생각하면서도 직접 그 노새 새끼를 확인했다. 그리고 그것을 본 사람들에게는 아무에게도 말하지 말라고 일러둔 다음 혼자서 사색에 잠겼다. 바빌론을 공격할 당초에 바빌론인이 했던 말, 노새가 새끼를 낳을 때야말로 바빌론의 성벽은 함락될 것이라는 말을 떠올리며 마침내 바빌론이 함락될 때가 왔다고 조피로스는 생각하였다. 바빌론인이 그렇게 말한 것도, 자기 집 노새가 새끼를 낳은 것도 틀림없이 신의 뜻이라고 생각한 것이다.

이제 바빌론에 함락의 명운(命運)이 정해졌다고 믿는 조피로스는 다레이오스에게로 가서, 과연 왕께서는 바빌론의 공략을 특히 중요시하는지의 여부를 물었다.

"나는 그것을 대단한 공적으로 생각한다."

왕의 대답을 들은 조피로스는, 이번에는 어떻게 해서 자기가 바빌론을 점령하여 공을 자기 것으로 할 수 있는가에 대해서 생각하기 시작하였다. 그것도 무리가 아닌 것이, 페르시아에서는 수훈을 세우는 것이 그 사람을 평가하는 데에 매우 중요한 요소로서 작용했기 때문이다. 그리하여 생각한 끝에, 바빌론을 함락시킬 수 있는 수단은 달리 없다, 나의 몸에 상처를 입혀 탈주자처럼 보이게 하여 바빌론 쪽으로 몸을 던지는 것이 유일한 수단이라고 판단하기에 이른 것이다. 그래서 조피로스는 자기 몸은 돌보지 않고 자기 몸을 다시 원상태로 복귀시킬 수 없을 정도로 무참하게 상처를 입혔다. 자기 코와 귀를

---

163) 아리스토텔레스는 그의 《동물지》에서, 페니키아 쪽에 있는 시리아에서는 노새가 새끼를 낳는다고 기록하고 있다.

잘라내고 머리를 보기 흉하게 민 뒤, 자신의 몸에 채찍질을 가하여 다레이오스를 찾아간 것이다.

다레이오스는 페르시아에서는 그와 비길 사람이 없을 정도의 명문의 인사가 무참하게 변한 모습을 보고 크게 격분했다. 그는 앉아 있던 의자에서 벌떡 일어나 큰 소리로, 그를 이렇게 비참하게 만든 자가 누구인가, 또 무슨 짓을 했기에 그런 꼴을 당했느냐고 물었다. 그러자 조피로스는 말하였다.

"저를 이런 모습으로 만들 정도의 힘이 있는 분은, 왕이시여, 전하 이외에는 없습니다. 이와 같은 일을 저지른 것은 다른 사람이 아닙니다. 아시리아인 놈들이 페르시아인을 조롱하는 꼴을 차마 보지 못하여 제가 제 몸을 스스로 이렇게 만든 것입니다."

다레이오스는 대답하여 말하였다.

"그대는 세상에 둘도 없는 무분별한 자구나. 우리가 공격하고 있는 적 때문에 내 몸에 다시는 회복시킬 수 없는 상처를 냈다고 말하는 것은, 추악하기 짝이 없는 행위를 미명으로 장식하기 위한 데에 지나지 않는다. 참으로 어리석기 짝이 없다! 그대가 몸에 상처를 입힌 것으로 어떻게 적이 항복해 온다는 말인가. 그대가 자기 몸을 불구로 만든 것은 올바른 정신에서 했다고는 생각되지 않는다."

그러자 조피로스가 말하였다.

"가령 제가 저의 계획을 전하께 말씀 드렸다면, 전하께서는 그 일을 허락하지 않으셨을 것입니다. 그래서 저 혼자서 이 일을 저질렀습니다. 만약에 전하께서 실수하지 않으신다면 이제 바빌론은 우리의 것이 될 것입니다. 그 까닭을 말씀드리자면, 우선 저는 이 모습으로 탈주자처럼 가장하여 적의 성 안으로 들어가 제가 전하로부터 이런 꼴을 당했다고 그들에게 말할 것입니다. 그들로 하여금 반드시 그렇게 믿게 하면, 그들은 저에게 지휘할 수 있는 군대를 맡길 것입니다. 전하께서는 제가 적의 성 안으로 들어간 날부터 세어서 10일째에, 전하께서 잃어도 아깝지 않다고 여기시는 부대 중에서 1000명을 골라, 세상에서 말하는 세미라미스 문[164] 앞에 배치하여 주십시오. 이어 그 10일째부

---

164) 바빌론에는 100개의 성문이 있었다고 한다. 세미라미스 문은 도시 서쪽에 있었다.

터 세어서 7일째에 병사 2000명을 니노스(니네베) 문[165]에 배치하여 주시기 바랍니다. 또 이 7일째에서 20일이 지난 뒤 다시 병사 4000명을 칼다이아 문[166] 앞에 배치하여 주십시오. 앞의 부대나 뒤의 부대 모두 몸을 지키는 무기로서 단검은 좋지만 그 이외의 것은 가지지 않도록 하여 주시기 바랍니다. 20일이 지나면 곧 새로운 군대를 시켜 곳곳에서 성벽을 공격하여 주십시오. 그리고 세상에서 말하는 벨로스 문[167]과 키시아 문에 페르시아군을 배치하여 주십시오. 제가 예상하기로는 제가 훌륭한 공을 세워보이면 바빌론인들은 저에게 여러 가지 일을 맡길 것이고, 성문의 빗장 열쇠[168]도 제게 건네줄 것입니다. 그 뒤의 일은 저와 페르시아군이 알아서 하겠습니다."

말을 끝마치자 조피로스는 마치 진짜 탈주자인 양 뒤를 돌아보면서 성문을 향하여 앞으로 나아갔다. 망루에서 망을 보고 있던 자들이 이것을 보고 급히 뛰어내려와, 성문 한쪽을 조금 열고 누구이며 무슨 용무로 왔느냐고 물었다. 조피로스는 자기의 이름을 말하고 페르시아군으로부터 탈주해 왔다고 말하였다. 보초들은 그 말을 듣자 그를 바빌론의 관서로 데리고 갔다. 조피로스는 관리들 앞에 서서 마음껏 신세를 한탄하며, 사실은 자기가 한 일이지만 다레이오스가 한 짓이라고 이야기하고, 그러한 꼴을 당한 이유는 바빌론을 점령할 방책을 도저히 찾을 수가 없으니 군을 철수하자고 진언했기 때문이라고 말하였다. 그리고 이렇게 말을 이었다.

"그런데 바빌론 여러분, 제가 여기에 이렇게 온 것은 당신들에게는 더없는 행운이고, 다레이오스와 그의 휘하 페르시아군에게는 더없는 화가 될 것입니다. 전 저를 이렇게 불구의 몸으로 만든 다레이오스를 그냥 두지 않을 것입니다. 전 다레이오스의 계략을 구석구석까지 알고 있습니다."

바빌론인들은 페르시아에서도 이름이 알려진 고관이, 코도 귀도 잘리고 매 자국도 역력한 피투성이가 된 모습을 보고, 조피로스의 말이 진실이며 자기들 편을 들기 위해 왔다고 믿고 그가 요구한 것을 그의 손에 맡기기로 하였

---

165) 니노스로 통하는 도로에 면한 문으로 도시 북쪽에 있었다.
166) 도시 남쪽에 있었던 문.
167) 벨로스 문은 도시 서남쪽, 키시아는 동쪽의 문.
168) 빗장을 고정시키고 있는 나무못을 빼기 위한 갈고리 모양의 열쇠.

다. 그래서 조피로스는 얼마쯤 군대가 필요하다 말하고, 이를 손에 넣자 미리 다레이오스와 짠 대로 행동을 한 것이다. 10일째가 되자 바빌론인 부대를 이끌고 출격하여, 제1진으로 배치하도록 다레이오스에게 부탁해 두었던 1000명의 병사를 포위하여 이를 섬멸시켰다. 조피로스가 그가 한 말대로 행동하는 것을 본 바빌론인들은 크게 기뻐하여 무엇이든지 그의 명령에 기꺼이 따르게 되었다.

이어 조피로스는 미리 정한 날짜가 지난 뒤 바빌론의 정예 부대를 선발하여 이를 이끌고 출격, 다레이오스군의 병사 2000명을 섬멸했다. 다시 그의 무공을 본 바빌론인 중에 조피로스를 칭찬하지 않는 사람이 없었다. 그들은 다시 약속한 날짜가 지나자 미리 짠 곳으로 출격하여 병사 4000명을 섬멸하였다. 그의 거듭된 무공으로 이제 조피로스는 바빌론인의 신망을 한 몸에 받으며 총지휘관으로서 성벽 방비의 사령관에 임명되기에 이르렀다.

마침내 다레이오스가, 미리 약속한 대로 곳곳에서 바빌론의 성벽에 공격을 가하자 조피로스는 그 책략의 전모를 명백히 하였다. 바빌론군이 성벽으로 기어올라 돌격해 오는 다레이오스군을 막고 있는 한편, 조피로스는 키시아·벨로스라는 이름으로 불리는 두 개의 성문을 열어 페르시아군을 성 안으로 유도한 것이다. 바빌론인 중에 이것을 목격한 자들은 제우스 벨로스 신전[169]으로 난을 피했으나, 보지 못한 자들은 배반당했다는 것을 알아차릴 때까지 모두 각자의 부서를 지키고 있었다.

이렇게 해서 바빌론은 재차[170] 점령되었다. 다레이오스는 바빌론을 제압하자 먼저 그 성벽을 허물고 성문도 모두 철거하였다. 이전에 키루스가 바빌론을 점령했을 때에는 그 어느 것에도 손을 대지 않았던 것이다. 또 도시의 주요 인사 약 3000명을 말뚝으로 찔러 죽이는 형에 처하고 나머지 바빌론인은 도시로 돌아와서 살도록 허락하였다. 또 다레이오스는 바빌론의 자손이 끊이지 않도록 배려하여 그들에게 여자를 확보해 주기 위해 다음과 같은 조치를 취했다―이미 말한 바와 같이 바빌론인들은 식량이 부족할 것을 대비해 자기들의 여자를 죽였기 때문이었다. 다레이오스는 근처의 여러 민족에게 명해

169) 벨(바알), 즉 마르두크를 모신 에사기르 신전을 가리킨다.
170) 제1차 점령은 키루스가 이루었다.

서 저마다 할당된 수의 여자를 바빌론에 보내게 했는데, 그 수가 5만 명에 달했다. 현재의 바빌론인들은 이 여자들로부터 태어난 것이다.

다레이오스의 판단으로는, 키루스 한 사람을 제외하고는 조피로스의 훈공을 능가할 수 있는 페르시아인은 한 사람도 없었다. 사실 페르시아인 중에서 조피로스에 비견할 수 있다고 자부할 수 있는 사람조차 한 명도 없었던 것이다. 다레이오스는 가끔 지금의 바빌론에 더하여 다시 20개의 바빌론을 얻는 것보다도 조피로스의 몸에 탈이 없는 편이 낫다는 그의 생각을 말하곤 했다고 전해진다.

다레이오스는 조피로스를 후하게 대접하여 해마다 그에게 페르시아인이 가장 귀중하게 여기는 물건들을 보냈고, 또 바빌론을 종신 면세지[171]로서 통치할 수 있도록 허락한 외에 여기에 더하여 여러 은상을 내렸다. 이 조피로스에게서, 뒤에 이집트에서 페르시아군을 지휘해서 아테네와 그 동맹군을 상대로 싸운 메가비조스가 태어났다. 페르시아에서 탈출하여 아테네로 떠난 또한 사람의 조피로스는 이 메가비조스의 아들이다.[172]

---

171) 이 지구의 과세액 1000탈라톤을 국고에 납부하지 않고 조피로스 마음대로 할 수 있다는 뜻.
172) 이 사건의 연대는 분명치 않다. 아테네의 사모스 공략(기원전 440~439년) 때의 일이라는 설이 있다.

제4권
멜포메네
Melpomene

스키타이 원정

바빌론을 점령한 뒤[1] 다레이오스는 직접 스키타이인 원정에 나섰다. 바야 흐로 아시아는 인구도 풍부하고 국고에 축적되는 수입은 막대했으므로 스키타이인에게 보복을 하기로 결의한 것이다. 왜냐하면 먼저 침해한 것은 스키타이인 쪽이고, 그들은 페르시아인의 침공 이전에 메디아에 침입해 저항하는 메디아인을 격파한 적이 있었기 때문이다. 스키타이인은 앞서 기술한 바와 같이 28년에 걸쳐서 상(上)아시아를 지배하였다. 킴메르인을 쫓아 아시아에 침입해 메디아의 지배권을 박탈한 것인데, 스키타이인의 침공 이전에는 이 킴메르인이 아시아를 지배하고 있었다. 스키타이인은 28년간 고국에서 떠나 있었는데, 이 오랜 세월 뒤에 돌아온 그들을 맞이한 것은 메디아에서 겪은 것[2]에 못지않은 고난이었다. 귀국하는 그들을 기다리고 있는 것은 그들에게 저항하는 우세한 군세였다. 이는 스카타이의 부녀자들이 남편의 부재가 길어지자 노예와 정을 통하였기 때문이다.

스키타이에서는 그들이 마시는 젖을 짜는 작업을 위해 노예를 모두 맹인으로 만들어버린다.[3] 젖은 아래와 같이 짠다. 피리와 흡사한 골제의 관을 손에 들고 이것을 암컷 말의 음부에 삽입해 입으로 불어서 부풀린다. 이렇게 한 사

---

1) 스키타이 원정의 정확한 연대는 확정하기 어려우나 514년쯤으로 추정된다. 바빌론 공략은 521년으로 되어 있으므로 실은 그 사이에 상당히 간격이 벌어져 있다.
2) 1권 참조.
3) 북방민족이 말 젖을 주로 먹는다는 것은 호메로스 이후 그리스인에게는 잘 알려져 있었다. 그러나 왜 말 젖을 짜는 노예를 맹인으로 만들어야만 했는지에 대한 헤로도토스의 설명은 충분하지 않다. 헤로도토스가 스키타이어를 오해했기 때문이라는 설도 있다.

람이 관을 불고 있는 사이에 다른 사람이 젖을 짜는 것이다. 왜 그와 같이 하느냐 하면 암컷 말의 혈관이 부풀려짐에 따라 유방이 아래로 처지기 때문이다. 젖을 다 짜고 나면 이것을 속이 깊은 나무통에 흘려보내고 통 주위에 맹인 노예를 늘어서게 해 말 젖을 휘젓게 한다. 그리고 앙금이 가라앉은 위의 부분을 떠내 이를 질이 좋은 것으로 치고, 밑의 부분은 이보다 낮은 것으로 친다.[4] 위의 작업을 시키기 위해 포로로 잡은 인간을 모두 맹인으로 만들고 마는 이유는, 그들이 농경민족이 아니고 유목민인 데 따른 것이다.

한편 스키타이인의 부녀자와 노예와의 사이에 태어난 아이가 성장해 이윽고 자신들의 출신성분을 알게 되자 메디아에서 귀환해 온 스키타이인들에게 저항했다. 그들은 먼저 타우리케의 산지에서부터 마이오티스호(아조프해)의 가장 넓은 지점에 이르는 폭넓은 참호를 파고 스키타이의 국도로 접어드는 길을 차단하였다.[5]

이윽고 그들은 침략을 도모한 스키타이인과 서로 대치해 전투를 벌였다. 전투는 몇 번이고 되풀이되었는데, 스키타이 쪽이 좀처럼 전세를 호전시키지 못하자 그 가운데 한 사람이 아래와 같이 말하였다.

"여러분, 지금 우리는 어리석은 짓을 하고 있소. 자기 노예들을 상대로 싸워서 이쪽이 살해되면 동포의 수가 줄고, 상대를 죽이면 앞으로 우리의 부하가 줄게 되오. 그래서 내 생각에 이제부터 창이나 활은 버리고 각자 말채찍을 들고 적에게 다가가는 것이 좋을 것같소. 왜냐하면 우리가 무기를 들고 있는 모습을 보는 한 그들은 우리와 출신성분도 같고 대등하다고 생각할 테니 말이오. 우리가 무기 대신에 채찍을 들고 있는 것을 보고 자기들이 우리의 노예임을 깨달으면 저항도 하지 않을 것이오."

이 말을 들은 스키타이인들은 그대로 실행하였다. 그러자 노예들은 이 행동에 크게 놀라 싸울 생각도 잊고 도주해 버렸다. 스키타이인은 아시아를 지

---

4) 위의 맑은 부분은 크림 내지 양질의 버터가 되고 밑에 괴게 되는 부분은 치즈가 된다. 위의 맑은 부분으로는 술(크미스)을 만들 수가 있다.
5) 불명료한 부분이다. 크리미아반도 남부의 산지에서 아조프해 동안에 이르는 지역을 가리키는 것으로 보이는데, 이에 따라서 메디아로부터의 귀환로를 차단할 수 있는지 크게 의문이 든다.

배한 뒤, 다시 메디아인에게 쫓겨 위에서 말한 과정 끝에 고국으로 귀환한 것이다. 다레이오스가 보복을 위해 스키타이 정벌의 군세를 모은 것은 스키타이가 메디아를 침략했기 때문이었다.

스키타이의 고대사

스키타이인의 말에 따르면, 자신들은 세계에서 역사가 가장 새로운 민족이고 그 처음은 아래와 같았다고 한다. 그 무렵 사람이 살지 않던 그들의 국토에 맨 처음 타르기타오스란 이름의 사내가 태어났다. 이 타르기타오스의 부모는—그들의 말을 믿기는 어려우나 아무튼—제우스와 보리스테네스강[6]의 딸이었다고 한다. 이 타르기타오스에게서 리폭사이스, 아르폭사이스, 그리고 막내아들인 콜락사이스 세 아들이 태어났다. 이 세 사람이 지배하던 시대에 하늘에서 황금으로 된 기물—쟁기의 멍에, 전쟁용 도끼, 술잔[7]—이 스키타이의 땅에 떨어졌다. 맏형이 이를 발견해 그것을 집으려고 다가가자 그 황금이 불타기 시작했다. 맏형이 떠난 뒤 둘째 형이 다가가자 황금은 또다시 불타기 시작했다. 이렇게 해서 황금의 기물은 불타서 두 형을 접근하지 못하게 했는데, 세 번째에 막내가 가까이 가자 불은 꺼졌다. 막내가 그것을 집으로 가지고 돌아오자, 두 형은 막내에게 왕권을 모두 넘기는 데 동의하였다.

리폭사이스를 시조로 아우카타이로 불리는 스키타이의 씨족이 비롯되고 둘째인 아르폭사이스로부터 카티아로이와 트라스피에스의 두 씨족이, 막내로부터는 파랄라타이로 불리는 왕족이 비롯되었다. 스키타이인의 총칭은 왕의 이름에 연관을 지어 스콜로토이라고 한다.[8] 그리스인은 그들을 스키타이인으로 불렀다.

---

6) 오늘날의 드네프르강.

7) 이 기물(器物)은 이란계 사회의 세 계급을 상징하는 것이라고 한다. 즉 술잔은 제사계급, 도끼는 무사계급, 쟁기와 멍에는 농민계급을 상징하는 것이다.

8) 전해지는 텍스트에 충실하게 번역하면 이렇다. 그러나 콜락사이스라는 이름에서 스콜로토이라는 호칭이 생긴 것은 무리가 있기 때문에 스클로토스라는 왕의 존재를 가정하여 이 이름이 빠졌다는 설도 있다. 그러나 오히려 '왕의 이름을 땄다'는 구절을 그리스인의 호칭을 기술한 구절 뒤로 돌려, 그 뒤에 언급되는 스키테스왕으로부터 그리스의 호칭인 '스키타이'가 유래한다고 해석하는 것이 더욱 합리적일지도 모른다.

이와 같은 발상 이래, 즉 초대의 왕 타르기타오스로부터 다레이오스의 스키타이 원정에 이르기까지의 기간은 모두 합해 1000년을 넘지 않는다고 한다. 그 황금 기물은 역대 왕이 무엇보다도 소중하게 보관하고 해마다 성대하게 산 제물을 바쳐 신처럼 받들어 모시고 있다. 제례 때 야외에서 이 황금 기물을 지키는 자가 잠들었을 경우에는 그자가 1년 이내에 죽는다는 전설이 스키타이에 전해 내려오고 있다. 그 때문에 이 역할을 맡은 자에게는 그가 말을 타고 하루 종일 돌아다닐 수 있을 만큼의 토지가 부여되었다고 한다. 콜락사이스는 이 광대한 국토를 세 왕국으로 나누어 자기 아이들에게 물려주었는데, 그 가운데 왕국 하나를 특별히 크게 해 황금 기물을 보관하게 했다. 스키타이 국경 밖으로 좀 더 멀리 북쪽에 위치한 지방에서는 쏟아지는 깃털[9] 때문에 앞을 내다볼 수도 나아갈 수도 없다. 지상도 하늘도 깃털로 가득 차 이것이 시야를 가리기 때문이라고 한다.

스키타이인이 자국과 그 앞의 지방에 대해서는 위와 같이 말한 대로인데 한편 흑해지방에 거주한 그리스인은 아래와 같이 전하고 있다.

게리오네우스의 소[10]를 쫓던 헤라클레스가 현재는 스키타이인이 살지만 그 무렵에는 사람이 살지 않던 이 지방에 왔다고 한다. 게리오네우스가 거처로 삼았던 곳은 흑해 밖으로, '헤라클레스의 기둥'[11]을 나와 대양(오케아노스)을 바라보는 가데이라[12] 맞은 편의, 그리스인이 에리테이아로 부르는 섬이었다. 오케아노스는 해가 떠오르는 지점에서 시작하여 온 육지를 돌아서 흐른다고 전해지는데 실제로 증명된 것은 아니다.[13] 한편 헤라클레스가 오늘날 스키타이로 불리는 지방에 왔을 때는 때마침 겨울철이어서 혹한이 기승을 부려 사자 가죽을 덮고 잠들어버렸다. 그러자 그동안에 수레의 멍에에서 벗어나 풀을 뜯고 있던 말이 이상하게도 모습을 감추고 말았다.

---

9) 눈을 말한다.
10) 게리오네우스는 머리가 셋 달린 괴물. 헤라클레스는 이를 퇴치하고 그가 기르고 있었던 소떼를 그리스로 몰고 돌아왔다. 12 고행가운데 하나로 꼽힌다.
11) 지브롤터를 말한다.
12) 오늘날의 카디스.
13) 오케아노스를 육지를 도는 큰 강으로 보는 견해는 호메로스에서 비롯되었고, 그리스인의 일관된 생각이었다. 헤로도토스의 비판적 견해는 2권에서도 볼 수 있다.

잠에서 깬 헤라클레스는 말을 찾아 온 나라를 헤매다가 힐라이아라 불리는 곳에 이르렀다. 그리고 한 동굴에서 반은 처녀인 인수(人獸)의 양성을 갖춘 살무사를 발견했다. 허리에서 위는 여자, 아래는 뱀인 괴물이었다. 헤라클레스는 이를 보고 놀랐으나 이내 어딘가에서 주인을 잃은 말을 보지 못했느냐고 그 사녀(蛇女)에게 물었다. 그러자 그 사녀는 말은 내게 있는데, 당신이 나와 몸을 섞지 않는 한 돌려주지 않겠다고 말하였다. 헤라클레스는 그 약속에 동의했다.

그런데 여자는 가능한 한 헤라클레스와 함께 하는 시간을 늘리기 위해 말을 돌려주는 것을 늦추었으나, 헤라클레스는 말을 이끌고 떠나길 바라고 있었다. 결국 여자는 말을 돌려주면서 이렇게 말하였다.

"내가 이곳으로 흘러들어온 이 말을 그대를 위해 무사히 보관해 주었는데, 그 보답은 그대로부터 받았습니다. 나는 이제 그대의 아이를 임신해 세 아이를 키우고 있습니다. 이 아이들이 다 성장했을 때 어떻게 하면 좋을지, 이 나라에 살게 할 것인지(어차피 이 나라는 나 혼자 다스리고 있으므로), 아니면 당신 곁으로 보내야 하는지 말씀해 주십시오."

헤라클레스는 이렇게 대답했다고 한다.

"아이들이 성인이 되면 내가 이제부터 말하는 대로 하시오. 아이들 가운데 이 활을 이처럼 힘껏 잡아당기고 또 이 허리띠를 이렇게 매는 자가 있다면, 그 아이는 이 나라에 살게 하시오.[14] 그러나 이런 일을 하지 못하는 아이는 이 나라에서 추방하시오. 그렇게 함으로써 그대는 내가 명하는 바를 수행하게 되고 또 그대 자신도 기뻐하게 될 것이오."

헤라클레스는 자신의 활 하나를—그때까지 그는 활을 두 개 가지고 있었다—당겨 보이고 또 허리띠를 매는 방법을 보여준 다음, 활과 매듭 끝에 금잔이 달린 허리띠를 주고 떠났다. 한편 사녀는 자기가 낳은 아이가 성인이 되었을 때 장남에게는 아가티르소스, 차남에게는 겔로노스, 막내에게는 스키테스란 이름을 붙여주었는데 헤라클레스의 명을 잊지 않고 실행했다. 그러나

---

14) 스키타이인은 일반적인 것과 달리 활을 가슴이 아닌 어깨 언저리에서 당겼다고 한다. 허리띠를 매는 것에도 특징이 있었겠지만 이에 대해서는 확실한 것이 없다. 어쨌든 스키타이의 풍습과 연관된 이야기이다.

아가티르소스와 겔로노스 두 아들[15]은 부과된 시련을 수행하지 못해 생모에게서 쫓겨나고, 막내인 스키테스는 이를 수행해 이 나라에 머물렀다.

스키타이의 역대 왕은 이 헤라클레스의 아들 스키테스의 후예이고, 또 술잔의 고사(故事)를 기념하여 스키타이인은 지금도 허리띠에 술잔을 달고 있는 것이라 한다. 스키테스를 위해 모친이 해준 것은 이것뿐이었다.[16]

여기까지가 흑해지방에 사는 그리스인이 전하는 이야기이다.

그 밖에 또 하나의 설이 있는데, 나는 이 설을 가장 신뢰한다. 이에 따르면 스키타이인은 처음에 아시아 유목민이었는데, 마사게타이인의 공격에 시달린 끝에 아락세스강을 건너 킴메르지방으로 이동했다고 한다.[17] 오늘날 스키타이인이 거주하는 지역은 일찍이 킴메르인에게 속했던 것으로 알려져 있기 때문이다. 킴메르인은 스키타이인이 대거 밀려온다는 소식을 듣자 협의를 했는데, 의견이 둘로 나뉘어 팽팽히 맞섰다. 그 가운데 왕족의 견해가 더 뛰어났다. 민중 측 의견은 우세한 적에 대해서 위험을 무릅쓰지 말고 철수하는 것이 최선이라고 한 데 반해, 왕족 측은 공격해 오는 적과 끝까지 싸우자고 한 것이다. 왕족이나 민중이나 서로 한 치도 양보하지 않았다. 한쪽은 싸우지 않고 국토를 적에게 내주고 철수하길 바라고, 다른 한쪽은 이제까지의 풍요로운 생활과 망명 뒤에 겪어야 할 고난을 고려해 조국에서 죽어 뼈를 묻을망정 민중과 함께 국외로 망명하는 일은 하지 않기로 결의한 것이다. 이렇게 해서 그들은 두 편으로 갈라져 결투를 하기에 이르렀다. 킴메르 민중은 서로의 칼에 찔려 모두 최후를 마친 왕족들을 테라스강변[18]에 매장한 다음(그 묘소는 지금도 그곳에서 볼 수 있다) 철수했다. 그리고 내습한 스키타이인은 아무도 없는 땅을 점령했다고 한다.

---

15) 이 두 아들은 스키타이의 동북과 서북 변경에 사는 아기티르소이와 겔로노이 두 민족의 시조가 된다.

16) 이 문장의 정확한 의미는 파악하기 어렵다. 오히려 어머니가 막내를 사랑하였기 때문에 막내가 시련을 이겨내도록 인도했을 것이다. 원문에 빠진 것이 있거나 혼란이 있었을 것이다.

17) 이 스키타이인의 이동에 대한 기술에서는 카스피해 북방과 남방에서 별도로 있었던 이동을 혼동하고 있는 것으로 보인다. 본래 북방에서 있었던 것으로 생각해야 하고, 그렇게 보면 아락세스강은 보통 그 이름으로 불리는 아르메니아에서 발원해 카스피해로 쏟는 강이 아니라 오히려 볼가강 하류를 가리키는 것이 된다.

18) 드네스트르강.

지금도 스키타이지방에는 '킴메르성채'라든가 '킴메르해협'[19)이 있고, 킴메르의 이름으로 불리는 지방이 있는가 하면, '킴메르 보스포로스'[20)로 불리는 해협도 있다. 킴메르인이 스키타이인에게서 벗어나 아시아로 들어가 현재 그리스의 도시 시노베가 있는 반도에 정착한 것이 틀림없다. 또 킴메르인을 뒤쫓은 스키타이인이 진로를 잘못 잡아 메디아로 침입한 것도 명확하다. 즉 킴메르인은 끊임없이 해안을 따라서 도망을 쳤는데, 스키타이인은 코카서스산을 오른쪽으로 두면서 쫓다가 도중에 진로를 내륙으로 돌려 메디아 땅에 침입하게 된 것이라고 한다.

이 설이 그리스인도 비그리스인도 하나같이 전하고 있는 또 하나의 설이다.

또한 플로콘네소스[21) 출신인 카우스트로비오스의 아들 아리스테아스는 그의 서사시[22)에서 다음과 같이 말하고 있다. 포이보스(아폴론)에게 영감을 받아 이세도네스국에 갔는데, 이세도네스국 건너편에는 외눈인 아리마스포이인이 살고, 그 건너편에는 황금을 지키는 괴조 그리프스 떼[23)가, 그리고 그 건너편에는 히페로보에오인이 살며, 여기에서 더 가면 바다에 이르게 된다는 것이다. 히페로보에오인을 제외하면, 아리마스포이인을 비롯해서 이들 모든 민족은 끊임없이 이웃 민족을 공격한다. 이세도네스인은 아리마스보이인에 의해 나라에서 쫓기고, 스키타이인은 이세도네스인에게 쫓기고, 남쪽 바다[24) 가까이에 살고 있었던 킴메리아인은 스키타이인의 압박을 받아 그 땅에서 떠났다고 한다. 이와 같이 이 스키타이지방에 관해서는 아리스테아스의 기술도 스키타이인의 전승과는 일치하지 않는 것이다.

위와 같은 내용의 시를 쓴 아리스테아스의 출신지에 대해서는 이미 언급한 바가 있는데, 다음에 이 인물에 대해서 내가 플로콘네소스와 키지코스[25)에서

---

19) 케르치해협의 일부인 에니카레해협을 가리키는 것 같다.

20) 아조프해와 흑해를 잇는 케르치해협을 말한다.

21) 프로폰티스(마르마라해)에 있는 섬, 오늘날의 마르마라섬.

22) 그 서사시 '아리마스페아(아리마스포이 이야기)'는 일찍이 소실됐다. 그는 아마도 자신의 여행 체험을 바탕으로 공상적인 이야기를 창작했을 것이다.

23) 3권 참조.

24) 여기에서는 흑해를 가리킨다. 전후 관계상 '북해'로 불릴 때도 있다.

25) 플로콘네소스 남쪽에 돌출한 반도가 시작되는 곳에 있는 밀레토스의 식민 도시.

들은 이야기를 하겠다. 그 이야기에 따르면 아리스테아스는 그 도시에서 누구에게도 뒤지지 않은 가문 출신이었다고 한다. 그런데 어느 날 플로콘네소스에 있는 삼베옷 가게에 들렀다가 급사했다고 한다. 가게 주인은 가게 문을 닫고 죽은 자의 연고자에게 알리려고 갔는데, 아리스테아스가 죽었다는 소문이 이미 온 시내에 퍼졌을 무렵, 그 소문에 이의를 제기하는 사내가 나타났다. 아르타케[26]시에서 방금 온 키지코스의 사내인 그는 키지코스로 가는 길에 아리스테아스를 만나 대화까지 나누었다는 것이다. 키지코스의 사내는 완강하게 이의를 주장하고 물러서지 않았는데, 한편 고인의 연고자들은 유해를 거두기 위해 필요한 준비를 갖추고 삼베옷 가게로 갔다. 그런데 방을 열어보자 죽은 것도 산 것도 아닌 아리스테아스의 모습은 어디에도 없었던 것이다. 그로부터 7년째가 된 어느 날, 그는 플로콘네소스에 모습을 드러내고 현재 그리스에서 '아리마스포이 이야기'로 알려진 서사시를 썼는데, 이 시를 쓴 뒤 다시 모습을 감추었다고 한다.

위의 두 도시에서는 이와 같이 전하고 있기는 하지만, 나는 이탈리아의 메타폰티온에서 아리스테아스의 두 번째 실종으로부터 240년 뒤—이 숫자는 내가 플로콘네소스와 메타폰티온[27]에서 계산한 결과 얻은 것이다[28]—다음과 같은 사건이 일어났던 것을 알고 있다. 메타폰티온인이 말하는 바에 따르면, 아리스테아스가 그 나라에 모습을 드러내 아폴론의 제단을 설치하고 그 곁에 '플로콘네소스의 아리스테아스'의 이름을 붙인 상을 세우라고 명했다는 것이다. 그 이유는 일찍이 아폴론이 찾은 것은 이탈리아에서는 이 나라뿐이고, 아폴론을 수행할 때마다 자기는 까마귀[29]의 모습이었다고 말했다는 것이다.

아리스테아스는 이렇게 말하고는 모습을 감추었는데, 메타폰티온의 주민들이 전하는 바에 따르면 그들은 델포이에 사자를 보내 이 환상의 사내의 정체가 무엇인지를 신에게 여쭈어보도록 했다는 것이다. 그러자 델포이의 무녀는

---

26) 키지코스 부근에 있었던, 같은 밀레토스인이 개척한 도시.
27) 남 이탈리아의 타라스(타렌툼)만 안쪽에 있었던 도시, 라틴어로 메타폰툼.
28) 두 도시의 사료를 종합해서 계산한 것이다.
29) 까마귀는 아폴론의 성조(聖鳥)이다. 또한 이 변신담으로도 엿볼 수 있듯이 이 아리스테아스의 이야기에서는 피타고라스파의 영향이 뚜렷이 보인다.

"환상이 말한 대로 하라, 그렇게 하면 좋은 운이 있을 것이다." 대답해 그들은 이 신탁을 받아들여 그대로 실행했다는 것이다. 지금도 아폴론의 신상[30]과 나란히 아리스테아스의 이름이 든 신상이 서 있고, 그 주위에는 월계수[31] 숲이 있다. 이 신상은 아고라 안에 안치되어 있는 것이다. 아리스테아스에 대해서는 이 정도로 그쳐 두자.

스키타이 북방 여러 민족

내가 이제부터 말하려는 지역에서 더 먼 곳의 일에 대해서는 확실한 지식을 지니고 있는 자가 한 사람도 없다. 나는 직접 보아서 알고 있는 자를 만나 그 이야기를 들을 수가 없었다. 때문에 조금 전에 말한 아리스테아스만 해도, 그 시에서 자신이 이세도네스인의 나라 넘어서까지 갔다고는 말하지 않고 있으며, 그보다 더 먼 곳의 일은 이세도네스인에게서 들었다고 말하고 있다. 그러나 나로서는 가능한 한 먼 곳에 걸쳐 알게 된 것을 정확하게 남김없이 다음에 말하려고 한다.

보리스테네스 강변 주민들의 통상지[32]를 기점으로 하면—이 항구가 스키타이 전토의 연해 지역 가운데 꼭 중앙부에 해당하기 때문이다—먼저 칼리피다이라는 그리스계 스키타이인이 살고 있고, 그 건너편에는 아리조네스인이란 이름의 민족이 산다. 이 아리조네스인도 칼리피다인도 대체로 스키타이인과 그 풍속이 같은데 다만 그들은 곡물을 재배해 식용으로 하고, 그 외에 양파·부추·편두(扁豆)·조 등도 재배한다.

아리조네스인 건너편에는 '농경 스키타이인'이 사는데, 그들이 곡물을 재배하는 목적은 자신들이 먹기 위해서가 아니라 다른 곳에 매각하기 위해서이다.[33] 그 건너편에는 네우로이인이 사는데 네우로이 이북은 우리가 아는 한 아무도

---

30) 이는 '신상'이 아니고 제단을 가리킨다는 설도 있는데 반드시 그렇게 볼 필요는 없을 것이다.
31) 자연적인 나무가 아니고 청동으로 만든 것일지도 모른다.
32) 보리스테네스강 서쪽으로 평행해서 흐르는 히파니스강 오른쪽 기슭에 있는 올비아를 말한다. 기원전 7세기 중반 밀레토스인이 개척한 도시. 이를 기점으로 한 기술은 북으로 향하는데, 이는 여기에 내건 이유만이 아니고 헤로도토스의 정보원(情報源)이 이 도시 사람이었기 때문인 것으로 추정하는 사람도 있다.
33) 이 민족이 곡물을 전혀 먹지 않는다는 뜻이 아니라, 수출에 중점을 둔다는 의미일 것이다.

살지 않는다.

이상이 보리스테네스강 서쪽, 히파니스 강변에 사는 여러 민족이다.

보리스테네스강을 건너[34] 해변에서 북상하면 우선 힐라이아('삼림지대')가 있고, 여기에서 더욱 올라가면 '농민스키타이인'[35]이 산다. 히파니스 강변에 사는 그리스인은 이것을 보리스테네이타이(보리스테네스인)로 부르는데 그들 자신은 올비오폴리타이(올비아시민)로 일컫고 있다. 이 농민 스키타이인은 동방으로 향해서는 3일간의 여정이 걸리는 지역에 걸쳐서 거주하고 있으며 판티카페스[36]라는 강에 이른다. 또 북방에는 보리스테네스강을 거슬러 올라가 11일간이 걸리는 지역에 걸쳐 있다.

이 앞에 사람이 살지 않는 아득히 넓은 황야가 이어져 있는데 여기를 지난 곳에 안드로파고이인('식인종')이 살고 있다. 이들은 특이한 민족으로 스키타이 계에서는 전혀 없다. 이보다 앞에는 내가 아는 한 어떤 인간 종족도 살지 않고 있다.

농민 스키타이인의 거주지에서 동으로 판티카페스를 건너면 '유목 스키타이인'의 세계이다. 그들은 파종도 하지 않을 뿐더러 경작하는 방법도 모른다. 그리고 힐라이아 지방 이외에는 모든 땅에 한 그루의 나무도 없다. 이 유목 스키타이인은 동쪽으로 14일의 여정[37]이 걸리는 겔로스 강변[38]에 걸쳐 살고 있다.

겔로스강에서 더 먼 곳은 앞에서도 언급한 왕령(王領)인 스키타이다. 이 스키타이인은 가장 용감하고도 수가 많고 다른 스키타이인을 자신들의 예속민으로 간주하고 있다. 그들의 영토는 남은 타우로이인의 나라 타우리케[39]에

---

34) 요컨대 동방으로 향함으로써 보리스테네스 즉 드네프르강을 건너 왼쪽 기슭으로 나오는 것이다.

35) 앞의 '농경 스키타이인'과의 구별은 명확하지 않다. 전자는 수출에 주안을 두고 농업을 경영하고 후자는 그렇지 않다는 것일지도 모른다.

36) 해당 위치에 이와 같은 지류는 없다.

37) 뒤에서 스키타이 전역의 넓이를 기술하고 있는데, 보리스테네스강에서 마이오티스에 이르는 거리를 10일간의 여정으로 보고 있다. 유목 스키타이인의 거주지역은 이 안에 포함되어야 하므로 숫자에 오류가 있다고 생각할 수밖에 없다.

38) 실제로 이 강에 해당하는 것은 없다.

39) 크리미아반도의 남반부를 가리킨다.

달하고, 동은 맹인 노예의 아이들이 개간한 배수로[40]와 마이오티스호(아조프해) 통상지 크렘노이에 미치고 있다. 또 일부는 타나이스강(돈강)에도 접하고 있다. 스키타이인의 영토 이북에는 스키타이계가 아닌 멜란클라이나이인(黑衣族)이 살고 있다. 이보다 멀리 떨어진 지역은 우리가 아는 한 늪지대뿐이고 인간은 살지 않는다.

타나이스강을 건너면 이제는 스키타이의 땅이 아니다. 우선 최초의 지역을 차지하는 것은 사우로마타이인이며 마이오티스호 깊숙이 북으로 15일간의 여정에 걸친 지역에 산다. 그 모든 땅에는 야생수, 재배수의 구별 없이 나무는 하나도 없다. 사우로마타이인 건너편의 제2의 지역을 차지하고 사는 것은 부디노이인이고, 그 나라는 온 땅이 온갖 종류의 삼림으로 뒤덮여 있다.

부디노이인의 나라를 지나 북으로 향하면 먼저 7일의 여정에 걸쳐서 사람이 살지 않는 땅이 이어진다. 이 끝에서 방향을 조금 동으로 돌리면 티사게타이라는, 인구가 많고 특이한 성격을 지닌 민족이 살고 있다. 그들은 사냥으로 생계를 꾸려나가고 있다.

티사게타이인의 터전과 접해서 이이르카이로 불리는 민족이 있는데, 이들도 사냥으로 생활을 꾸려나간다. 그 사냥 방법은 이렇다. 이 지방 일대는 수목이 무성하므로 사냥꾼은 나무 위에서 짐승을 기다린다. 그리고 키를 낮추기 위해 지상에 엎드리도록 훈련된 말과 개 한 마리를 각자가 준비한다. 나무 위에서 짐승을 발견하면 화살을 쏜 다음 말에 올라타 이를 쫓고, 개는 짐승 뒤에 달라붙어 떨어지지 않는다.

이 민족의 나라를 지나 더욱 동쪽으로 나아가면 또 다른 스키타이인이 살고 있다. 이들은 왕족 스키타이인과 충돌한 끝에 이 땅으로 건너온 자들이다.

위 스키타이인의 국토에 이르기까지는 이제까지 열거한 지역이 모두 토양이 깊은 평탄한 토지인 데 반해서, 이곳에서부터는 자갈과 바위투성이의 황무지가 이어진다. 길게 이어지는 황무지를 지나면 높은 산맥[41] 기슭에 남녀 구별 없이 한 사람도 남기지 않고 선천적으로 대머리인 인종[42]이 살고 있다. 사

---

40) 4권 앞부분 참조.
41) 우랄산맥으로 생각된다.
42) 비교적 머리숱이 적은 바시킬인이나 칼무크인을 가리키는 것이라고 한다.

자코에 턱이 길고 스키타이풍의 의상을 걸치고 있는데, 특유의 언어를 구사하고 나무 열매를 주식으로 하는 인종이다. 그들의 양식이 되는 나무 열매는 폰티콘[43]이다. 크기는 거의 무화과나무 정도인데 편두와 비슷한 과실이 자라고 핵(核)이 있다. 익은 열매를 천으로 짜면 짙은 검은 액이 흘러나오는데, 그 즙은 아스키로 불린다. 그들은 이 즙을 그대로 핥거나 젖과 섞어서 마시거나 하고, 또 짠 찌꺼기 부분으로는 과자와 같은 것을 만들어 식료로 삼는다. 이 지방에는 좋은 목장이 없기 때문에 가축의 수가 적기 때문이다. 그들은 모두 나무 그늘을 주거로 삼는데 겨울에는 나무에 흰 펠트의 천막을 치고 여름에는 천막을 걷어낸다. 이 민족은 신성시되므로 그들에게 위해를 가하는 자는 아무도 없고, 그들 또한 무기류는 소유하지 않는다. 이웃 주민의 다툼을 조정하는 것도 그들이고 그들을 의지해 피난해 온 자는 누구든지 해를 입는 일이 없다. 이 민족의 이름은 아르기파이오이라고 한다.

남쪽과 동쪽에 이르기까지 대머리족이 사는 지역이나 그들 민족에 대해서는 사정이 잘 알려져 있다. 이들 민족을 찾는 스키타이인도 있어 그들에게서 사정을 듣는 것도 어렵지 않고, 또 보리스테네스의 통상지나 그 밖의 흑해부근의 통상지를 드나드는 그리스인으로부터도 그들 소식을 알 수 있기 때문이다. 스키타이인이 이들 지역에 올 때에는 7인의 통역도 함께 와 7개 국어를 사용해 볼일을 본다.

우리의 지식이 미치는 것은 이 정도까지이고, 대머리족보다 먼 지역의 사정에 대해서 확실한 것은 아무것도 모른다. 넘기 어려운 험준한 고산이 앞길을 가로막고 있으며 이를 넘는 자는 한 사람도 없기 때문이다. 대머리족의 말에 따르면 산중에는 산양의 다리를 지닌 인간이 살며, 산을 넘어서면 1년 동안에 6개월간은 잠을 자는 인종을 볼 수 있다고 한다. 그러나 나는 그와 같은 이야기는 전혀 믿지 않는다. 대머리족의 동방에는 이세도네스인이 살고 있다는 것이 확실한데, 대머리족이건 이세도네스인이건 그 이북의 일에 관해서는 그들 자신이 말하는 것 이외에는 아무것도 모르는 것이다.

이세도네스인의 풍습은 다음과 같다고 한다. 어느 집의 부친이 사망하면

---

43) 학명이 Prunus Padus인 일종의 야생 앵두이다. 지금도 이 일대의 주민은 이를 먹는다.

친인척이 모두 가축을 데리고 모여 그것을 잡아서 고기를 썰고, 더불어 그 사망한 부친의 살도 썰어서 이것을 섞어 요리로 해 연회를 베푸는 것이다. 시신의 머리는 머리카락과 그 밖의 것을 제거하고 깨끗이 한 다음 금을 씌워 이를 예배물처럼 다루고, 해마다 성대하게 산 제물을 바쳐 제사를 지낸다. 이 나라에서는 마치 그리스인이 연제(年祭)를 지내듯이 아들이 아버지를 위해 이와 같은 예를 다하는 것이다. 그 밖의 점에서는 여자도 남자와 동등한 권리를 갖고 있다.

이 민족보다 더욱 먼 곳의 일에 관해서는 외눈의 종족과 황금을 지키는 괴조 그리프스가 있다는 이세도네스인의 말을 스키타이인이 우리에게 전하고 있을 뿐이다. 우리가 이 종족을 스키타이어로 아리마스포이로 부르고 있는 것도 그 때문이고, 아리마는 스키타이어로 '하나'를, 스푸는 '눈'을 의미하는 것이다.[44]

위에 열거한 지역은 모두 극한의 땅이고 1년 가운데 8개월간은 그 한기를 견디기 어렵다. 이 기간에는 지면에 물을 쏟아도 흙은 나타나지 않으며 불을 피워야 겨우 흙이 드러날 정도이다. 바다는 얼어붙고 킴메르 보스포로스(케르치해협)도 모두 얼어, 앞에서 말한 참호 안쪽[45]에 사는 스키타이인은 대거 얼음 위를 이동해 신데인[46]의 나라까지 수레를 몰고 간다.

이와 같이 8개월간은 끊임없이 겨울이 이어지는데 나머지 4개월간도 온도는 높지 않다. 이 지역의 겨울이 다른 모든 지방의 겨울과 성격을 달리하는 것은 비가 와야 할 계절에는 아무런 강우도 없고, 여름에는 끊임없이 비가 계속 쏟아진다는 점이다.[47] 또 다른 지방에서는 천둥벼락이 있는 시기에[48] 이곳에서는 조용하고, 여름에는 또 빈번하게 천둥번개가 친다. 겨울에 천둥이 있

---

44) 다른 전승에 의하면 아리가 '하나' 마스포스가 '눈'이라고도 말한다. 그러나 이 어원설은 모두가 의심스럽다. 아리마스포이는 '말을 사랑한다'는 뜻으로 그리스어인 '필리포스'에 해당한다고 보는 사람도 있다.

45) '참호'에 대해서는 제4권 앞부분 참조. 전승 텍스트의 '안쪽'을 '바깥쪽'으로 교정하려는 설도 있는데 여기에서는 원전에 따른다.

46) 케르치해협을 사이에 두고 케르치반도 맞은편 타만반도의 도시 신데(오늘날의 아나파)의 주민. 이 내용을 양자의 전쟁으로 해석하는 설도 있다.

47) 지중해성기후의 지역에서는 겨울이 우기이고 여름이 건기이다.

48) 그리스 등에서는 봄과 가을에 천둥번개가 많다.

으면 무언가의 예조로서 놀라운 일이다. 마찬가지로 스키타이에서는 여름이든 겨울이든 지진이 일어나면 예조로 받아들인다. 또 이 나라에서 말은 혹독한 겨울을 견뎌 내지만 노새나 당나귀는 견뎌 내지 못한다. 그러나 다른 지방에서는 말이 추운데 서 있으면 동상에 걸리는데 노새나 당나귀는 추위에 강하다.

나의 견해에 따르면 스키타이의 '뿔 없는 소'에 뿔이 자라지 않는 것도 이 추위가 원인일 것이다. 호메로스의 오디세이아 중의 다음 일절도 나의 견해를 뒷받침하고 있다.

　또 새끼 양이 순식간에 뿔 달린 양이 되는 리비아까지도[49]

이 시의 구절이 노래하는 대로 더운 지방에서는 뿔이 빨리 자라는 것이다. 반면 한기가 혹독한 지역에서는 짐승에게 뿔이 자라는 일이 전혀 없거나 또는 거의 없는 것이다.

이 지방에서 위와 같은 현상이 발생하는 것은 한랭의 탓이다. 그런데 여기에서 내가 이상하게 생각하는 것은—여담이 되지만, 본디 본서는 여담이 되는 것을 원칙으로 하므로—엘리스 지방[50]은 그 전토에 걸쳐서 한랭지도 아니며 그 밖에 확실한 원인이 없음에도 노새가 전혀 태어나지 않는다는 점이다. 엘리스 사람이 말하는 바에 따르면 이 지방에서 노새가 태어나지 않는 것은 저주[51] 탓이라고 한다. 그래서 엘리스의 주민은 암컷 말이 새끼를 밸 시기가 다가오면, 말을 이웃 고장으로 데리고 가 그곳 수타 나귀와 교미를 시킨 뒤 끌고 돌아오는 것이다.

스키타이인의 이야기에 나오는, 대기가 깃털로 가득 차 그 때문에 앞을 내다보지도 나아가지도 못하는 것에 대해서 나는 다음과 같이 생각하고 있다. 이 지방에서 더욱 먼 곳에서는—물론 여름에는 겨울 정도는 아닌데—끊임없

---

49) 《오디세이아》 4권 58행.
50) 펠로폰네소스반도 서북부, 올림피아를 포함한 지방이다.
51) 엘리스의 피사왕 오이노마오스가 말을 좋아해 노새가 태어나는 것을 매우 싫어한 데서 유래한 것으로 전해진다.

이 눈이 계속내리고 있다. 눈이 몹시 심하게 쏟아지는 광경을 직접 본 적이 있는 사람이라면 이미 말하려는 바를 알아챘을 것이다. 즉 눈은 깃털과 비슷하다는 것이다. 이 대륙의 북쪽 일대는 그 겨울철이 이와 같은 상황이기 때문에 인간이 살지 않은 것이다. 생각건대, 스키타이인이나 그 이웃의 주민이 깃털이라고 말하는 것은 아마도 눈일 것이다.

여기까지가 가장 먼 지역에 대해서 전해지고 있는 이야기이다.

히페르보레오이('북극인')이란 인종에 대해서는 스키타이인도, 그 밖에 이 지역에 사는 자들도─이세도네스인은 제외하고─아무 말도 하지 않는다. 사실 내 생각에는 이세도네스인도 아무것도 말하지 않는 것이다. 그렇지 않으면 스키타이인이 외눈 인종에 대해서 말하는 것처럼 이들도 이에 대해서도 전하는 바가 있을 것이기 때문이다. 그러나 헤시오도스는 북극인에 대해서 언급을 하고 있고[52] 또 호메로스도 '에피고노이'[53] 가운데서─만일 이 시가 진실로 호메로스의 작품이라고 한다면─이 일에 대해 언급하고 있다.

그런데 북극인에 대해서 어느 민족보다 많이 이야기하는 것은 델로스인이다. 그 말에 따르면 밀짚에 싼 공물이 북극인의 나라에서 운반되어 스키타이에 도착하면, 스키타이에서는 이웃나라로 잇따라 넘겨 멀리 서쪽의 아드리아해에 이르고, 이곳에서 남쪽으로 전송된다고 한다. 그리스인 최초로 이를 받은 것은 도도네인이었다고 한다. 공물은 여기에서 다시 남하해 말리스만에 도달하고, 바다를 건너 에우보이아섬에 상륙하고, 도시에서 도시로 운반되어 카리스토스[54]에 닿았다. 이곳에서부터의 여정에서는 안드로스섬이 생략되었다.[55] 카리스토스인은 이를 테노스섬으로 운반했기 때문에 마지막으로 테노스인이 델로스섬에 가져온 것이라고 한다.[56]

---

52) 이것이 사실이라고 해도 현존하는 작품(단편을 포함해서) 가운데서는 볼 수가 없다.

53) 에피고노이란 폴리네이케스 등 7인의 영웅이 테베 공격에 실패한 뒤, 그의 아들들이 재차 테베를 공격한 이야기. 이 시는 다른 많은 시와 마찬가지로 일찍이 호메로스의 작품으로 알려져 있었으나, 현재 남아 있지 않다.

54) 에우보이아 남단의 옛 도시.

55) 안드로스는 에우보이아와 테노스 중간에 있어 당연히 이곳을 통과해야만 했다. 이 섬은 주로 디오니소스를 숭배해 아폴론과는 그다지 인연이 깊지 않았기 때문이라고 한다.

56) 북극인이란 상상의 이상국 주민이다. 아폴론이 사랑해 종종 이곳을 방문했다고 전설은 전하고 있다. 여기에 언급된 공물의 이동로에 해당하는 지역은 아폴론 숭배와 깊은 연관을 지

이 공물은 위와 같이 델로스에 도착했다는데, 처음에 북극인은 두 처녀를 통해서 공물을 보낸 것이라고 한다. 처녀의 이름은 히페로케와 라오디케였다고 델로스인은 전하고 있다. 북극인은 도중의 안전을 위해 국가에서 5명의 사내를 처녀에게 딸려 보내도록 했는데, 이 5명이 지금도 페르페레에스의 이름으로 불리며 델로스에서 높고 명예로운 지위를 차지하고 있는 자들이라고 한다.[57] 한편 북극인들은 사자로 보낸 자들이 돌아오지 않자, 앞으로도 파견한 자들이 언제나 돌아오지 않게 되는 일이 있어서는 안 되겠다고 생각해 그 뒤로는 밀짚에 싼 공물을 국경까지 가지고 가 이웃나라 사람에게 그것을 다음 민족에게 전송해주도록 굳게 다짐을 받기로 했다. 이렇게 해서 공물은 잇따라 전송되어 델로스에 닿았다는 것이다. 나 자신도 이 공물의 경우와 비슷한 관습이 있는 것을 알고 있다. 트라키아와 파이오니아의 여성들은 그 나라의 여왕으로 숭배되는 아르테미스여신에게 산 제물을 바칠 때나 공물을 바칠 때 결코 밀짚을 빼는 일이 없는 것이다.

트라키아와 파이오니아의 여인들은 이와 같은 관습을 지키는데, 한편 델로스로와 죽은 북극인 처녀들의 영혼을 위로하기 위해 델로스의 소녀와 소년도 자기의 머리카락을 잘라 바치는 것이다. 시집을 가기 전의 소녀들은 한 타래의 머리카락을 잘라 이를 실감개에 감아서 묘에 바친다—묘는 아르테미스의 신전으로 가면 왼쪽에 있고 그 위에 올리브나무가 한 그루 심어져 있다. 또 델로스의 소년들도 푸른 풀줄기에 머리카락을 감아서 묘에 바친다.

북극인의 나라에서 온 이 처녀들은 델로스의 주민으로부터 이와 같은 존경을 받고 있다. 그런데 같은 델로스인의 말에 따르면, 이 히페로케와 라오디케 보다도 더욱 오래전에 아르게와 오피스란 북극의 처녀가 앞의 두 사람과 똑같은 나라들을 거쳐 델로스에 왔다고 한다. 히페로케와 라오디케는 순산(順産)의 예로서 에일레이티아 여신에게 바칠 것을 약속한 공물을 지참하였는데,[58] 아르게와 오피스는 신들(아폴론과 아르테미스)과 동행해 섬에 온 것

닌 것으로 추측되는데, 다른 요소가 뒤섞여 있는 흔적도 있다.

57) 아마도 이들은 델로스의 제사단(祭司團)이었던 것 같다. 그 유래를 설명하는 설화로서 이와 같은 이야기가 나왔을 것이다.

58) 레토가 델로스에서 아르테미스를 낳을 때 난산이었는데 에일레이티아가 도와서 무사히

으로 알려져 있다.[59] 따라서 델로스인이 그 여인들을 숭배하는 방법도 앞의 두 처녀와는 다르다. 즉 델로스의 여인들은 리키아 사람 올렌이 이 두 사람을 위해 특별히 작시를 한 찬가를 노래해 그 이름을 외우면서 두 사람을 위해 희사(喜捨)를 모은다. 다른 섬들의 주민이나 이오니아인도 오피스와 아르게의 이름을 부르면서 찬가를 불러 기부를 모으는 것은 델로스인의 풍습을 배운 것이라고 한다─이 올렌은 리키아에서 온 사람이고, 델로스에서 불리고 있는 다른 오랜 찬가의 작자이기도 했다.[60] 그리고 제단 위에서 희생 짐승의 넓적다리 살을 태워 그 재를 묘 위에 뿌린다고 한다. 이 두 사람의 묘소는 아르테미스 신전 뒤에 동을 향해 있고 케오스인의 접대소[61] 바로 가까이에 있다.

북극인에 대해서는 이것으로 그친다. 북극인이었던 것으로 전해지는 아바리스에 관한 이야기 등은 여기에서 언급할 생각이 없기 때문인데, 전승에 따르면 이 사내는 전혀 식사를 하지 않고 활을 가지고 온 세계를 돌았다고 한다.[62] 한마디 덧붙인다면 만일 히페르보레오이(북극인)란 인종이 있다고 한다면 당연히 히페르노티오이(남극인)도 있을 것이다.

세계의 형태와 구조

이제까지 이미 많은 사람이 세계지도를 그렸는데, 나는 그 지도의 불합리함에 실소를 금할 수 없다. 이 사람들은 육지가 마치 콤파스로 그린 것처럼 원형을 이루고 그 주위를 돌아 오케아노스가 흐르고 있는 것처럼 지도를 그렸을 뿐더러, 아시아를 유럽과 같은 크기로 만들어 놓았다.[63] 나는 다음에 이들 지역의 크기와 그 모양을 간단히 보여줄 생각이다.

출산을 시켰다. 북극인들은 자신들의 신 아폴론 출생의 은인으로서 에일레이티아에게 공물을 보낸다는 것이다.

59) 아폴론, 아르테미스의 두 신은 히페르보레오이국으로 간 것으로 전해지고 있다.

60) 전설적인 인물이고 연대를 비롯해서 확실한 것은 전혀 모른다.

61) 델로스에 참배하러 오는 자국민을 위해 각국이 마련한 식사나 숙박용 시설일 것이다.

62) 앞서 아리스테아스의 경우처럼 일종의 괴담이다. 아폴론의 영감을 얻어 신의 상징인 화살을 들고 신의 계시를 얻기 위해 세계를 돌아다녔다는 인물. 일설에 의하면 이 화살을 타고 자유롭게 공중을 날았다고도 한다.

63) 이러한 비판은 헤로도토스 이전의 지지학자 모두에게 향해진 것으로도 생각되는데, 특히 그의 선배인 헤카타이오스를 지목하고 있는 것으로 생각된다.

(아시아에서는)[64] '홍해'로 불리는 남쪽 바다[65]에 이르기까지를 페르시아인이 차지하고 있다. 그 북방에는 메디아인, 그 다음에는 사스페이레스인,[66] 사스페이레스인 다음에는 콜키스인이 살고, 이는 파시스강이 흘러드는 북쪽 바다[67]에 이른다. 바다에서 바다에 걸쳐 위의 네 민족이 살고 있는 것이다.

이 대륙에서 더욱 서쪽으로 향해 두 개의 돌출부가 바다로 향해 있는데, 다음에는 이에 대해서 살펴보자.

돌출부의 하나는 북쪽 파시스강에서 시작해 바다로 향해 뻗고 흑해와 헬레스폰토스를 따라서 트로이지방의 시게이온곶에 이른다. 한편 남쪽에서는 같은 돌출부가 페니키아에 따라 미리안드로스[68]만에서 트리오피온곶[69]에 걸쳐서 바다 속으로 뻗어 있다. 이 돌출부에는 30개 민족이 살고 있다.

또 하나의 돌출부는 페르시아에서 시작해 '홍해'로 뻗어 나와 있고 페르시아 본토와 여기에 이어지는 아시리아, 아시리아에 이어지는 아라비아가 여기에 있다. 이 돌출부는 다레이오스가 나일과 운하로 연결시킨[70] 아라비아만에서 그친다—실제로는 그치고 있는 것이 아니지만 습관적으로 그렇게 말하고 있는 것이다.

페르시아에서 페니키아 사이에는 광대한 토지가 이어지고, 이 돌출부는 페니키아에서 이쪽의 바다[71]를 따라 시리아 팔레스티나에서 이집트에 이르고 여기에서 그친다.[72] 이 돌출부에는 세 민족이 살 뿐이다.

여기까지가 페르시아에서 서쪽의 아시아 형상이다. 페르시아·메디아·사스페이레스·콜키스보다 먼 동부에서는 한편으로는 '홍해'가, 북쪽에서는 카스피 해와 동방으로 향해 흐르는 아락세스강[73]이 뻗어 있다. 인도에 이르기까지

---

64) 원전에는 없는데 슈바이크호이저의 보정(補正)에 따른 것이다.
65) 인도양을 말한다.
66) 3권 참조.
67) 흑해. 파시스는 오늘날의 리온강.
68) 같은 이름의 도시는 시리아와 페니키아 국경에 있다.
69) 크니도스반도 끝의 곶. 1권 참조.
70) 2권 참조.
71) 지중해를 말한다.
72) 사실 이 돌출부는 리비아로 더욱 이어지는데 여기에서는 일단 이것으로 그친다.
73) 본서에서 아락세스강의 위치는 크게 문제가 되는데 여기에서는 본래의 아락세스강, 즉 아르

의 아시아지역에는 사람이 사는데 인도에서 동쪽 땅은 이미 사람이 살지 않고 그 정황을 말해줄 수 있는 사람은 한 명도 없다.

아시아의 형상과 크기는 위와 같은데 리비아는 제2의 돌출부에 있다. 이집트에서 곧바로 리비아로 이어져 있기 때문이다. 이 돌출부는 이집트 부근에서 좁아진다. 실제로 이쪽 바다에서 홍해[74]까지의 거리는 10만 오르기아, 스타디온으로 환산하면 1천 스타디온밖에 안 되는 것이다. 그러나 이 좁은 부분을 지나면 돌출부의 폭은 매우 넓어진다. 이것이 리비아로 일컬어지는 땅이다.

한편 나는 리비아·아시아·유럽을 구분해 분리한 사람들의 방법을 이상하게 생각한다. 이 세 지역의 차이는 결코 적지 않기 때문이다. 유럽은 길이(동서)로 말하면 다른 둘을 합친 길이에 걸쳐서 뻗어 있고 폭(남북)은 비교도 되지 않을 정도로 크지 않은가.[75]

리비아가 아시아에 접하는 지점을 제외하면 주위가 바다에 둘러싸여 있는 것은 리비아의 지형으로 볼 때 자명한 일이고, 우리가 아는 한 이를 증명해 보인 것은 이집트 왕 네코스가 최초였다. 그는 나일강에서 아라비아만으로 통하는 운하의 개간을 중지한 뒤, 페니키아인을 탑승시킨 선단을 파견했는데 귀로에는 '헤라클레스의 기둥'을 빠져나와 북해[76]로 나가 이집트에 귀착하도록 명령해 둔 것이다.

이리하여 페니키아인들은 홍해에서 출발해 남해[77]를 항해하였다. 가을이 되자 때마침 만난 리비아 땅에 배를 댄 뒤 곡물의 씨앗을 뿌리고 수확할 때까지 대기하였다. 그리고 곡물을 수확하면 출항하는 식으로 해서 2년을 거치고 3년 째에 '헤라클레스의 기둥'을 우회해 이집트로 귀착한 것이다. 그런데

메니아 산중에서 발원해 동방의 카스피해로 흘러드는 강―오늘날의 아라스강―으로 보아야 할지 명확지 않다.

74) 이것은 문자 그대로 오늘날의 홍해를 가리키는 것으로 볼 수 있다.

75) 헤로도토스는 북에 유럽, 남으로 아시아와 리비아가 동서로 평행해 뻗어 있는 것으로 생각한다. 따라서 동서의 길이에서 유럽은 다른 양자를 합친 것에 맞먹고, 남북으로는 유럽의 북변이 끝을 알 수 없기 때문에 이것 역시 아시아와 리비아하고는 비교가 되지 않는 것이다. 한편 아시아 북부는 모두 유럽 안에 든다.

76) 지중해.

77) 인도양.

다른 사람은 어떻든 간에 나로서는 믿기 어려운 일이지만,[78] 그들은 리비아를 항해하는 중 태양은 언제나 오른쪽에 있었다고 보고하였다.

이렇게 해서 리비아의 실정이 처음으로 알려졌는데, 뒤이어서 이것을 주장한 것은 카르타고인[79]이다. 아카이메네스가의 일족이자 테아스피스의 아들 사타스페스는 그 목적으로 파견되었음에도 리비아의 주항(周航)을 수행하지 않았기 때문이다. 항해 규모와 고독한 여행에 두려움을 느껴 어머니가 부과한 큰 임무를 수행하지 않은 채 되돌아온 것이다. 일의 발단은 이 사타스페스가 메가비조스의 아들 조피로스[80]의 미혼의 딸을 범한 것이다. 이 죄 때문에 크세르크세스왕이 그를 책형(磔刑)[81]에 처하려고 하였으나, 다레이오스의 누이동생이 되는 사타스페스의 모친이 자기가 왕보다도 무거운 형벌을 그에게 부과하겠다고 말해 구명을 간청했다. 즉 그에게 리비아 주항을 강요하고 리비아를 돌아 아라비아만에 귀착시킨다는 것이다.

크세르크세스가 그 조건을 승낙했기 때문에 사타스페스는 이집트로 가 그곳에서 배와 선원을 준비하고 '헤라클레스의 기둥'을 향해 운항을 했다. 그리고 이곳을 빠져나가 리비아의 솔로에이스란 곳[82]을 돌아 남을 향해 항해를 계속했다. 그러나 몇 달에 걸쳐서 광대한 바다를 항해했는데 가도 가도 끝이 없자 이집트로 귀항했다.

여기에서 크세르크세스왕에게로 가 자신의 항해의 가장 먼 지점에서 소인의 나라를 지났다는 것, 이 소인은 야자(잎 또는 껍질?)로 만든 옷을 입고 있으며 자기들이 배로 해안에 다가가면 언제나 부락을 버리고 산중으로 도망을 가버리고 만다는 것, 그러나 자기들은 부락에 들어가 난폭한 행동은 하지 않고 단지 그곳에서 가축만을 손에 넣었다는 것 등을 보고했다. 그리고 리비아를 완전히 주항하지 못했던 이유는 배가 그 이상 앞으로 나아갈 수가 없었기

---

78) 페니키아인의 보고는 사실이다. 적도를 넘으면 동에서 서로 항행하는 한 태양은 언제나 오른쪽으로 온다.
79) 유명한 한노의 항해를 가리킨다. 그는 적어도 480년보다 전에 서 아프리카 일대를 탐험하였다.
80) 바빌론 공략 때 뛰어난 공을 세웠다.
81) 기둥에 묶어 세우고 창으로 찔러 죽이는 형벌.
82) 칸틴곶이나 스파르텔곶일 것이다.

때문이라고 했다.[83]

그러나 크세르크세스는 그의 이야기를 진실로 받아들이지 않고, 어쨌든 임무를 수행하지 않았기 때문에 앞서 정한 판결대로 책형에 처했다.

이 사타스페스에게 봉사하던 환관 한 사람이 주인의 죽음을 듣자마자 즉시 막대한 재보를 가지고 사모스로 도망을 갔는데, 이 재보는 어느 사모스인이 압류하고 말았다. 나는 이 사모스인의 이름을 알고 있지만 그것을 잊기로 하였다.[84]

아시아에 대해서는 다레이오스가 많은 발견을 하였다. 다레이오스는 세계의 하천 가운데 다른 한 강을 제외하고 악어가 서식하는 유일한 강인 인더스강이 어느 지점에서 바다로 흘러들어가는 지를 알고 싶었다. 그리하여 진실한 보고를 할 만한 자들을 배로 파견하였는데, 그들 가운데서 특히 주목할 만한 자는 카리안다[85] 사람인 스킬락스였다.[86] 그들은 팍티아국의 도시 카스파티로스[87]를 출발해 강을 동으로 내려가 바다에 도달하고,[88] 바다를 건너 서로 나아가 30개월째에 내가 앞서 말한 바와 같이 이집트 왕이 리비아 주항을 위해 페니키아인을 출발시킨 지점[89]에 도달한 것이다. 이들이 주항을 마친 뒤 다레이오스는 인도를 정복하고 이 해로를 이용하였다. 이로써 위에서 언급한 바와 같이 아시아도 동방을 제외한 다른 방향에서는 리비아와 비슷한 정황에 있다는 것이 밝혀졌다.[90]

그러나 유럽에 대해서는 그 동방과 북방이 과연 강과 바다로 둘러싸여 있는지의 여부를 명확히 알고 있는 자가 전혀없다. 다만 유럽이 다른 두 대륙을 합친 길이로 뻗어 있는 점만은 알려져 있다.

---

83) 미지의 바다에서는 도중에 배가 앞으로 나아가지 못하게 되는 일을 일반적으로 믿고 있었던 것 같다(2권. 102절 참조).
84) 이와 같이 헤로도토스가 굳이 이름을 숨기는 예는 이 밖에도 있었다.
85) 카리아 연안의 작은 섬. 그곳에 동명의 도시가 있다.
86) 오늘날 그의 이름으로 전해지는 《주항기(周航記)》는 기원전 4세기의 것이고 따라서 적어도 직접적으로는 스킬락스에 연관 지을 수 없다.
87) 3권 참조.
88) 작자가 인더스강의 수로에 관해서는 무지하였음을 알 수 있다.
89) 수에즈만일 것이다.
90) 주위가 바다로 둘러싸여 있는 것.

그리고 왜 본디 하나인 육지에 여자의 이름에서 비롯된 3개의 명칭이 붙여지고 또 이집트의 나일강, 콜키스의 파시스강—마이오티스호에 흘러드는 타나이스강(돈강)과 '킴메리아 나룻배'를 드는 사람도 있다—이 그 경계선으로 되었는지, 그 이유는 내가 이해하기 어려운 것이다. 또 어떤 사람들이 그와 같은 구분을 했는지, 그 사람들의 이름도, 그런 것의 명명유래도 나는 알 수가 없다. 리비아는 그 지방의 토착 여자 리비아에서 딴 이름이라고 그리스인들은 말하고 있고, 아시아는 프로메테우스의 아내 이름을 따른 것이라고 한다. 그러나 리디아인은 그 이름이 자국(自國)의 것이며, 아시아의 명칭은 마네스의 손자이자 코티스의 아들인 아시아스에서 따온 것이지 프로메테우스의 아내 아시아를 따른 것이 아니라고 말한다. 사르데스에 거주하는 씨족, 아시아의 이름도 같은 기원이라고 한다.

또 유럽(에우로페)이 주위가 큰 바다로 둘러싸여 있는지의 여부는 아무도 모르고 그 명칭을 어디에서 얻었는지 그 명명자가 누구인지도 명확하지 않다. 우리로서는 겨우 이 지방이 그 이름을 티로스의 여자 에우로페에서 따온 것임을 말할 수 있을 뿐이다. 그전에는 유럽도 다른 두 대륙과 마찬가지로 전에는 무명이었던 것이 틀림없다. 어쨌든 에우로페인 여자가 아시아 출신임은 명확하고 이 여자가 오늘날 그리스인이 유럽으로 일컫고 있는 토지에 온 적은 없고 기껏해야 페니키아에서 크레타, 크레타에서 리키아[91]까지밖에 가지 않은 것도 명백하다.

그러나 이 이름에 대해서는 이 정도로 그치자. 그것에 대해서는 나도 관용에 따를 생각이기 때문이다.

스키타이의 하천

다레이오스가 원정을 기도하고 있었던 흑해는 스키타이인을 제외하고는 세계에서 가장 무지몽매한 민족을 거느린 지역이다. 흑해의 안쪽에 사는 민족 가운데서 스키타이인과 아나카르시스인을 제외하면 지능이 뛰어난 것으로 거론할 수 있는 민족은 하나도 없다. 이 지방 출신의 지식인을 한 명이라도 본 적

---

91) 1권 참조.

이 있는가. 그런데 스키타이 민족은 다른 점에서는 나도 그다지 감복하지 않는데, 단 하나 그것도 인간과 연관이 있는 사항 가운데서 가장 중요한 한 가지만은 우리가 아는 한 다른 어떤 민족보다도 훌륭하게 해결하는 것이다. 가장 중요한 한 가지란 다름이 아니고 그들을 공격하는 자는 한 사람도 도망을 가지 못하고, 또 그들이 적에게 발견되지 않으려고 하면 아무도 그들을 사로잡을 수 없게 하는 방법을 짜낸 것이다. 그도 그럴 것이, 도시도 성채도 구축하지 않고 말 위에서 활을 쏘며, 생활은 농사에 의존하지 않고, 짐승이 끄는 수레를 집으로 삼는 그들을 어떻게 싸워서 이기며 접촉조차 할 수 있을까.

그들이 이와 같은 생활방식을 짜낸 것도 결국은 그 국토가 그것에 적합하고, 또 하천이 그들에게 이롭기 때문이리라. 즉 스키타이의 국토는 목초가 풍부한 평원에 이집트의 운하 수에도 뒤지지 않을 정도로 많은 하천이 흐르는 땅인 것이다. 아래에 유명한 바다에서 거슬러 올라갈 수 있는 강의 이름을 들어 보겠다.

먼저 다섯 개의 하구를 지닌 이스트로스강, 티라스강, 히파니스강, 타나이스강 등이 있는데 제각기 아래와 같이 흐르고 있다.

이스트로스[92]강은 우리가 아는 한 세계 최대의 강으로 여름과 겨울을 불문하고 같은 수량으로 흐르고 있다. 스키타이의 하천 가운데서는 가장 서부를 흐르는 강이고, 이를 최대의 하천이 되게 하는 것은 다른 하천이 이 강으로 흘러들고 있기 때문이다. 이스트로스를 큰 강으로 만들고 있는 하천 가운데 스키타이 지방을 흐르는 것은 다섯 개로, 스키타이인은 포라타·그리스인은 피레토스로 불리는 강을 비롯해서 티아란토스강·아라로스강·나파리스강·오르디소스강 등이 그것이다.

이들 강 가운데 최초로 든 것은 큰 강으로,[93] (지류중에서는) 동쪽을 흘러 이스트로스에 흘러드는데, 둘째로 든 티아란토스[94]강은 이보다도 서쪽을 흘러 작고, 아라로스·나파리스·오르디소스[95]는 위의 두 강의 중간을 흘러 이스트

---

92) 다뉴브강.
93) 오늘날의 프루트강.
94) 오늘날의 세레토강인 듯하다.
95) 이 세 강에 해당하는 것은 실제로 존재하지 않는다.

로스에 흘러드는 것이다.

이렇게 여러 강이 스키타이에서 발원해 이스트로스의 수량을 늘리고 있는데, 다른 한편 아가티로소이국[96]으로부터는 마리스강[97]이 흘러 이스트로스강에 합류하고 있다.

하이모스산[98] 꼭대기로부터는 더욱 큰 세 강이 북쪽으로 흘러 이스트로이스에 흘러든다. 아틀라스·아우라스·티비시스[99]가 그것이다. 트라키아에서는 트라키아의 크로비조이인의 나라를 지나 아트리스·노에스·아르타네스[100]의 세 강이 흘러 이스트로스에 합류한다. 파이오니아의 로도페 산으로부터는 스키오스강[101]이 하이모스산맥의 중앙을 종단(縱斷)해 이스트로스에 흘러든다. 또 일리리아 지방으로부터는 안그로스강[102]이 북으로 흐르고, 트리발로이 평원에서 브론고스강[103]으로 흘러들어 이스트로스에 합류한다. 이렇게 해서 이스트로스는 이 두 큰 강을 수용하는 것이다. 움브리아[104]에서부터는 카르피스강과 알피스강[105]이 북으로 흐르고 이 두 강도 이스트로스에 합류한다. 그것은 이스트로스가 유럽 온 땅을 관류하는 강이기 때문이고, 유럽 주민 가운데서는 키네타이인[106] 다음으로 가장 서부에 사는 켈트인의 국가에서 발원해 온 유럽을 관류해 스키타이에 흘러들고 있는 것이다.

이스트로스가 최대의 강이 되는 것은 위에서 든 여러 강을 비롯해서 그 밖의 하천 물이 이스트로스에 흘러들기 때문이고 단독으로 비교하면 수량에서는 나일강 쪽이 이스트로스를 능가한다. 실제로 나일에는 합류해서 그 수량을 늘리는 강도 수원도 없다.

---

96) 오늘날의 트란실바니아 지방.
97) 현재의 마로슈강일 것이라고 한다.
98) 발칸산맥
99) 이 세 강은 현재 어느 강을 가리키는 것인지 잘 알 수 없다. 어쨌든 이 일대에 '큰 강'은 없다.
100) 각각 안토라, 오스마, 비드강인 듯.
101) 이스켈강
102) 이바르강?
103) 모라바강?
104) 에르투리아가 포함된 북 이탈리아.
105) 이 두 강은 카르파치아, 알프스 양 산맥을 오해한 데서 온 것인 듯.
106) 피레네산 서부의 해안지대 주민인 듯. 2권 참조.

이스트로스가 여름이나 겨울이나 언제나 같은 수량으로 흐르는 까닭은 다음과 같은 사정 때문이리라 생각된다. 이 강이 겨울철에 그 본디 수량에서 조금 느는 정도로 그치는 것은 이 지방이 겨울에는 우량이 매우 적고 오로지 강설이 있기 때문이다. 여름이 되면 겨울 동안에 내린 많은 눈이 녹아 곳곳에서 이스트로스로 흘러든다. 이 눈과 함께 더욱 빈번한 호우가 흘러들어 그 수량이 는다. 여름이 우기에 해당하기 때문이다. 태양이 여름철에, 겨울철에 비해서 수분을 끌어들이는 빈도가 심하면 심할수록 여름철에 이스트로스에 가해지는 수량은 그만큼 겨울철보다 증가하는 것이다. 이와 같은 반작용에 의해서 균형이 생기고 그 때문에 이스트로스의 수량은 언제나 변하지 않는 것이다.

이와 같이 스키타이를 흐르는 이스트로스에 이어서 티라스강[107]이 있다. 북방에서 흐르고, 스키타이와 네우로이인의 국토를 구분하는 거대한 호수[108]에서 발원하는 강이다. 이 강의 하구에는 티리타이로 불리는 그리스인의 주거지가 있다.[109]

제3의 강 히파니스[110]는 스키타이 영내에서 발원하고 주변에 야생의 백마가 서식하는 큰 호수에서 흘러나오고 있다. 이 호수가 '히파니스의 어머니'로 일컬어지는 것도 당연하다. 그런데 이 호수에서 발원하는 히파니스강은 운항이 5일에 걸치는 동안은 흐름도 얕고 물도 단맛이었다가, 여기에서 바다에 이르는 4일의 운항 동안은 몹시 짜다. 이것은 짠 수원이 이 강에 흘러들고 있기 때문으로, 이 수원의 염도는 이상할 정도라서 크기는 하찮은 수원이면서도 드물게 큰 강인 히파니스의 물 맛을 바꾸고 마는 것이다.[111] 이 수원은 '농경 스키타이인'과 알리조네스인의 국경에 있다. 이 수원과 수원이 발하는 토지의 이름은 스키타이어로 엑삼파이오스라고 하는데 그리스어로 말하면 '거룩한 길'이란 뜻이다. 티라스, 히파니스 두 강은 알리조네스인의 국가와 같은 위도 근처에서는 서로 접근하지만 그 이후에는 떨어져서 차츰 간격을 넓히면서 흐른다.

---

107) 드네스트르강
108) 가공의 호수, 아래에 나타나는 것도 같다.
109) 밀레토스인의 식민지. 티라이노이로도 불린다.
110) 부그강.
111) 실제로는 남풍 때문에 바닷물이 역류해 강물이 짠 것이라고 한다.

제4의 강 보리스테네스[112]는 이스트로스에 이은 제2의 큰 강이고, 나의 견해로는 단순히 스키타이의 하천뿐만 아니라 온 세계의 하천 가운데서도 이집트의 나일강에 버금가게 자원이 풍부하다. 또한 가축을 기르기에 가장 알맞은 기름진 목장이 있는가 하면, 질도 양도 모두 비길 데 없는 어류를 산출하고, 물은 음용으로 가장 적합하다. 부근의 다른 하천이 오염되는데도 이 강의 흐름은 맑고, 강기슭은 곡물의 재배에 가장 적합하며, 경작이 이루어지지 않는 곳에서는 풀이 무성하다. 또 하구 일대에서는 다량의 소금이 자연스럽게 결정(結晶)하고 있으며 또 절임으로 가공되는 안타카이오이라는 등뼈가 없는 대어[113]를 산출하고, 이 밖에도 놀랄만한 다양한 수산물이 있다.

이 강은 (바다에서) 40일의 운항지점에 있는 겔로스 지방[114]까지는 북에서 흐르고 있는데, 그보다 앞선 어느 민족의 나라를 지나는지 아무도 아는 자가 없다. 그러나 이 강이 무인의 땅을 흘러 '농민 스키타이인'의 나라로 흘러들고 있는 것은 틀림없다. 이 스키타이인은 10일의 운항 거리에 걸쳐서 이 강기슭에 살고 있기 때문이다. 내가 수원의 위치를 말할 수 없는 것은 나일 외에는 이 강뿐이다. 어쩌면 이것을 아는 그리스인은 한 사람도 없을 것이다.

보리스테네스의 흐름이 바다로 흘러드는 일대에서는 히파니스강도 이와 똑같은 늪지에 흘러들어 보리스테네스에 합류한다. 이 두 강 사이에 길게 돌출되어 있는 지대는 '히폴라오스의 곶'으로 불리며, 여기에 데메테르[115]의 신전이 자리 잡고 있다. 이 신전 앞의 히파니스 강변에 보리스테네스인이 살고 있다.

다음으로 다섯 번째 강은 판티카페스[116]라고 한다. 이 강도 북방에서 흘러 호수에서 발원하고 있으며, 이 강과 보리스테네스강과의 중간지대를 '농민스

---

112) 드네프르강.
113) 용철갑상어일 것이다.
114) 같은 이름의 강과 연관이 있는 지명이 틀림없는데 드네프르의 만곡부거나, 또는 멀리 상류인 키에프 부근인 것 같다.
115) '모신(母神)'으로 기록된 사본도 있다, 어쨌든 이것은 소아시아에서 숭배된 지모신 키벨레를 가리키는 것이고 데메테르는 본래 역어였을 것이다.
116) 이 이후에 나오는 세 강에는 실제 강을 대비시킬 수 없다. 저자의 오해거나 자료 자체가 부족한 데 따른 것이리라.

키타이인'이 차지하고 있다. 힐라이아 지방에 흘러들어 이곳을 지난 뒤, 보리스테네스에 합류한다.

여섯 번째 강 히파키리스는 호수에서 발원해 유목 스키타이인의 국토 한가운데를 흘러 카르키니티스 시 부근에서[117] 바다로 흘러들고 오른쪽에 힐라이아와 '아킬레우스의 경주장'[118]으로 불리는 토지를 구분한다.

일곱 번째 강은 겔로스로, 보리스테네스강의 수로가 확연해지는 지점이고 보리스테네스에서 갈라져 있다. 그리고 분기점에 해당하는 토지와 똑같은 겔로스란 이름으로 불리고 바다로 향해 흐르면서 유목 스키타이인과 왕족 스키타이인의 영토를 구분해 히파키리스강에 합류한다.

여덟 번째 강 타나이스[119]는 위로 멀리 큰 호수에서 발원해 왕족 스키타이인과 사우로마타이인의 국토의 경계를 이루는 더욱 큰 호수 마이오티스[120]로 흘러든다. 이 타나이스에는 히르기스[121]란 다른 강이 합류하고 있다.

스키타이인이 혜택을 입고 있는 저명한 하천은 거의 위에 든 대로이다. 스키타이의 땅에 자라는 목초는 우리가 알고 있는 한 다른 어느 목초보다도 가축의 담즙분비를 촉진하는 작용이 강하다. 이것은 가축의 내장을 째보면 추정할 수 있다.

스키타이의 풍습

이와 같이 스키타이인은 가장 중요한 점에서 하늘이 준 혜택을 입고 있다. 이 밖에는 다음과 같은 풍습을 지니고 있다.

스키타이인이 믿는 신은 다음과 같다. 우선 가장 숭배하는 것이 헤스티아(화덕의 신)이고, 이어서 제우스와 게에(땅의 신)인데 그들은 게에를 제우스의 아내로 여긴다. 그리고 아폴론, 우라니아 아프로디테(천상의 아프로디테), 헤라클레스, 아레스가 있다. 위의 여러 신은 스키타이 모든 민족이 숭배하며, 이

---

117) 현재의 페레코프 지협의 서쪽 만으로 흘러드는 것이다.
118) 힐라이아의 해안에 평행을 이루며 긴 띠 모양으로 뻗어 있는 사막. 현재는 몇 개의 작은 섬으로 나뉘어 있다.
119) 돈강.
120) 아조프해를 가리킨다.
121) 도네츠강.

른바 왕족 스키타이인은 포세이돈에게도 희생물을 바친다.[122] 스키타이어로 말하면 헤스티아는 타비티, 제우스는 매우 타당한 명칭으로 생각되는 파파이오스,[123] 게에는 아피, 아폴론은 고이토시로스, 우라니아 아프로디테는 아르김파사, 포세이돈은 타기마사다스라고 한다. 신상이나 제단, 신전은 만들지 않는 것이 관습인데, 알레스만은 별도여서 알레스를 위해서는 이런 것들을 마련한다.

어느 희생식에서나 그 제식의 범절은 같고 다음처럼 이루어진다. 희생가축이 앞발이 묶인 채 서면, 희생을 집행하는 자가 가축의 뒤에 서서 줄 끝을 잡아당겨 쓰러뜨린다. 가축이 쓰러질 때 희생을 바치는 그 신의 이름을 부른 다음, 가축의 목에 끈을 감고 봉을 끼워서 빙빙 돌려 교살한다. 그때 불도 피우지 않고 불제(祓除, 재앙이나 부정 따위를 물리침)[124]도 하지 않으며 헌주[125]도 하지 않는다. 가축을 목 졸라 죽이고 가죽을 벗긴 다음 삶는 것이다.

스키타이는 목재가 매우 부족한 나라이므로 고기를 삶는 데 다음과 같은 방법을 생각해 냈다. 희생가축의 껍질을 다 벗긴 다음 뼈에서 고기를 발라내 뼈만 남기고 준비가 되어 있는 특유한 솥에 살을 넣는다. 이 솥은 레스보스에서 사용하는 혼주기와 흡사한데 다만 스키타이의 솥이 훨씬 크다. 그 다음 희생가축의 뼈를 불에 올려 삶는 것이다. 솥이 없을 때에는 희생가축의 위 속에 살을 모두 넣고 물을 부어 뼈를 태우는 불에 올려놓는다. 뼈는 실로 잘 타고 위에는 뼈에서 발라낸 살을 먼저 넣는다. 이렇게 해서 소는 제 몸을 삶는 것이다. 다른 가축의 경우도 같다. 살이 다 삶아지면 희생식 집행인은 살과 내장 일부를 신에게 바치는 의식으로 앞쪽에 던진다. 희생으로 삼는 가축은 다양한데 특히 말을 사용할 때가 많다.

일반적으로 신들에게 바치는 희생식의 차례와 가축의 종류는 위와 같다. 한편 아레스에 대한 희생식은 다음과 같이 이루어진다.

---

122) 이 종족은 아조프 해안에 살기 때문에 해신과 연관이 있을 것이다.
123) 헤로도토스는 파파이오스를 '아버지'의 뜻으로 해석해 그리스인이 제우스를 부신(父神)으로 부르는 것에 비추어 생각한 것이다. 단, 이 말이 스키타이어로 어떤 의미인지는 알 수 없다.
124) 그리스의 경우는 우선 짐승의 앞이마 털을 제거해 태우는 것이 불제식이 된다.
125) 짐승의 머리에 술을 뿌린다.

스키타이 여러 왕국[126] 안의 각 지구에는 저마다 다음과 같은 아레스의 성소(聖所)가 마련되어 있다. 장작 다발이 가로세로 각각 3스타디온이고, 높이는 그것에 미치지 않는데 그만 한 양으로 쌓아올려져 있다. 그 위에 4각의 대(臺)가 설치되어 있고 3방향은 깎아지른 듯하고 한쪽에서만 올라갈 수 있게 되어 있다. 그들은 해마다 수레 150대분의 장작을 쌓아올린다. 악천후로 인해서 퇴적이 끊임없이 침하하기 때문이다.

한편 어느 구에서나 이 퇴적 위에 낡은 철제의 단검이 올려져 있는데 이것이 아레스신의 형상으로 간주되고 있다. 스키타이인은 이 단검에 해마다 가축이나 말을 희생으로 바치는데 다른 신들에게도 바치는 것에 더불어 다음과 같은 희생까지도 바친다. 전쟁에서 생포한 적의 포로 가운데서 100명에 한 사람 꼴로 희생으로 하는 것인데 그 희생식의 차례는 가축의 경우와는 다르다. 우선 희생으로 제공되는 인간의 머리에 술을 부은 다음, 그자의 목을 째고 피를 그릇에 받는다. 그리고 그 그릇을 장작더미 위에 가지고 가 그 피를 단검에 뿌리는 것이다. 피를 위로 가지고 갈 때, 아래쪽 성소 주위에서는 다음과 같은 의식이 이루어진다. 살해된 사내들의 오른쪽 어깨를 모두 팔 째 잘라내 공중으로 던지고 그 밖의 희생 의식을 마친 다음 떠난다. 나중에 보면 팔과 몸통이 서로 다른 곳에서 나뒹굴고 있다. 그런데 스키타이인은 희생에 돼지는 사용하지 않는 관습이 있고, 나라 자체에서 돼지의 사육이 전혀 이루어지지 않는다.

다음으로 전쟁에 관한 관습은 다음과 같다. 스키타이인은 최초로 쓰러진 적의 피를 마신다. 또 전투에서 살해한 적병은 모두 그 수급(首級)을 왕에게로 가지고 간다. 수급을 가지고 가야만 노획물의 분배에 참여할 수 있기 때문이다. 스키타이인은 수급의 껍질을 다음과 같이 벗겨낸다. 귀를 중심으로 둥글게 칼집을 내 수급을 잡고 흔들어 두피와 두개골을 분리한다. 그런 다음 소의 늑골을 사용해 껍질에서 살점을 떼어내고 손으로 주물러 부드럽게 하면 수건이 만들어진다. 그것을 자기 말의 말굴레에 달고 자랑하는 것이다. 이 수건이 많은 자를 가장 뛰어난 용사로 판정하기 때문이다.

---

126) 앞에 서술되어 있는 세 왕국을 가리킬 것이다. 그것이 각각 몇 개의 구로 나뉘어져 있는 것이다.

또 스키타이인 가운데에는 벗긴 가죽을 양치기가 입는 가죽 옷처럼 꿰매 자기가 입는 웃웃까지 만드는 자도 적지 않다. 그리고 또 적의 사체의 오른팔 가죽을 손톱째 벗겨 화살통에 입히는 자도 많다. 인간의 가죽은 실제로 어떤 동물의 가죽보다 매우 질길 뿐만 아니라 광택도 좋은 것이다. 또 온몸의 가죽을 벗겨 이를 판에 넓게 펴서 말안장 위에 깔아놓는 자도 적지 않다.

수급은 다음과 같이 다룬다. 단 어느 수급이나 그렇다는 것은 아니고 가장 증오하는 적의 수급만을 그렇게 하는 것인데, 눈썹에서 아랫부분을 톱으로 잘라내고 나머지 부분을 깨끗이 치운다. 그 다음 가난한 자라면 단순히 소의 생가죽을 바깥쪽에 펴서 그대로 사용하고, 부자라면 소의 생가죽을 씌운 다음 안쪽에 금을 입혀 술잔으로 사용하는 것이다. 그들은 근친의 두개골까지도 이와 똑같이 다룰 때가 있다. 가족 간에 다툼이 생겨 왕 앞에서 상대를 패배시킨 경우이다.[127] 그들은 중요한 손님이 오면 이들 두개골을 보여주면서, 이 자들은 나의 근친이었는데 나에게 싸움을 걸어왔기 때문에 이 꼴이 됐다며 자랑하듯이 설명하는 것이다.

한 해에 한 번 각 구의 장관은 그 관할구에서 물을 탄 술 항아리를 준비한다. 이 술은 스키타이인 가운데 전장에서 적을 무찌른 공이 있는 자만이 마신다. 그와 같은 무공이 없는 자는 이 술을 마시는 것이 허용되지 않아 치욕을 참으면서 떨어져 앉는다. 스키타이인에게는 이것이 최대의 오욕인 것이다. 또 특히 많은 적을 무찌른 자는 한 번에 두 잔의 술을 받고 이것을 단숨에 들이켠다.

스키타이에는 많은 점술가가 있는데, 그들은 많은 버들가지를 사용해 다음과 같이 점을 본다. 먼저 커다란 나뭇단을 가져오면 땅에 풀어놓고 하나하나 늘어놓으면서 주문을 외운다. 주문을 계속 외우면서 다시 나뭇가지를 모으고 또 다시 하나하나 늘어놓는다. 이 복점술은 스키타이 고래의 전통적인 것인데, 앞에서 말한 '남자이면서 여자 같고, 여자이면서 남자 같은' 에나레에스[128] 들은 아프로디테로부터 전수된 것으로 자칭하는 방법으로 점을 본다. 보리수의 껍질을 셋으로 잘라 이것을 손가락에 감거나 풀거나 하면서 예언을 하는

---

127) 왕 앞에서 결투하는 것을 의미하는 듯하나, 분명하지 않다.
128) 예언을 직업으로 삼는 특수한 씨족일 것이다.

것이다.

스키타이의 왕이 병으로 누우면 가장 고명한 점술가를 세 사람 불러들여 위에서 말한 것과 같은 방법으로 점을 보게 한다. 그들이 말하는 것은 대체로 정해져 있다. 이 나라의 아무개가 왕실의 화덕에 걸고 거짓 맹세를 했다고 말하는 것이다. 스키타이에서는 가장 중대한 맹세를 할 때에는 대개 왕실의 화덕에 걸고 맹세를 하는 것이 관습이기 때문이다. 점술가들에 의해서 거짓 맹세의 죄를 덮어쓰게 된 사내는 곧 체포되어 점술가들에게 심문당한다. 그 사내는 거짓 맹세를 한 기억이 없다고 부인하며 억울함을 호소한다. 사내가 부인하면 왕이 이번에는 전보다 두 배가 되는 점술가를 불러들인다. 이 자들도 점을 본 결과 그 사내의 거짓 맹세 죄를 확인하면, 곧바로 사내의 목을 치고 그 재산은 맨 처음 점술가들이 나누어 갖는다. 만일 나중에 온 점술가들이 무고함을 인정하면 또 다른 점술가를 잇따라 불러들인다. 대다수의 점술가가 무고로 인정한다면, 이번에는 맨 처음 점술가들에게 파멸의 운명이 닥친다.

이자들의 사형은 다음과 같이 집행된다. 수레에 장작을 가득 싣고 여기에 소를 매단 뒤, 족쇄를 채우고 뒤로 손을 묶은 다음 재갈을 물린 점술가들을 장작 속에 밀어 넣는다. 그러고는 장작에 불을 붙여 소에게 겁을 주어 내닫게 하는 것이다. 소 가운데에는 점술가들과 함께 타죽는 소도 많고, 수레가 곧 타버려 화상을 입으면서도 목숨을 건지는 소도 적지 않다. 이 밖의 죄에서도 위에서 말한 똑같은 방법으로 거짓 점술가를 화형에 처할 때가 있다.

왕명에 따라서 처형된 자의 아들도 모두 용서되지 않는다. 단 여자 아이에게는 해를 입히지 않는다.

스키타이인은 누군가와 서약을 교환할 때에는 아래와 같이 한다. 흙으로 빚은 큰 잔에 술을 붓고 여기에 서약을 교환하는 당사자의 피를 섞는다. 피는 송곳으로 찌르든가 작은 칼로 째거나 해서 몸에 작은 상처를 내 흘린다. 그런 다음 단검과 화살과 전투용 도끼, 창을 잔 속에 담근다. 그렇게 해둔 다음 긴 기원의 구절을 외우고 난 뒤, 서약을 교환하는 자뿐만 아니라 수행한 자 가운데 가장 중요한 자들이 잔에 든 것을 마신다.

왕릉은 보리스테네스강을 거슬러 올라갈 수 있는 지점에 해당하는 게로이인의 국토 내에 있다. 스키타이의 왕이 죽으면 이 토지에 사각형의 큰 구덩이를 판다. 그러고는 유해를 운구할 채비를 갖추는데, 유해는 온몸에 납(蠟)을 바르고 복강을 째 내장을 끄집어낸 다음, 여기에 으깬 금방동사니와 향료, 퍼슬리의 씨앗, 아니스 등을 가득 채우고 다시 꿰맨다.[129] 그리고 유해를 수레로 다른 민족의 나라로 운구한다. 운구된 유해를 인수한 나라에서는 왕족 스키타이인이 하는 것과 똑같이 한다. 즉 귀의 일부를 잘라내고 두발을 둥글게 깎는다. 그리고 두 팔에 칼자국을 낸 다음 이마와 코를 잡아 뜯고 왼손을 화살로 꿰뚫는 것이다. 그리고 또 왕의 유해를 수레에 싣고 지배하에 있는 다른 민족의 나라로 운구한다. 일행이 먼저 들른 나라 사람도 그 뒤를 따른다. 유해를 운구해 속국을 모두 한 바퀴 돌면 속령 가운데 가장 말단에 있는 왕릉의 소재지인 게로이인의 나라에 도착한다. 그곳에서 유해를 묘에 안치한 다음 유해 양측에 창을 세우고 위에 나무를 건넨 다음 그 위에 멍석을 덮는다. 묘 안의 넓게 비어 있는 부분에는 죽은 왕의 후궁 중 한 사람을 목 졸라 죽여서 장사를 지내고, 여기에 진배(進拜)하는 자·요리사·마부·시종·안내역·말과 더불어 모든 물품 가운데서 고른 일부와 황금 잔도 함께 묻는다. 은제나 청동제 술잔은 사용하지 않는다. 위와 같은 의식을 마친 다음 모두가 거대한 무덤을 구축하는 것이다.

한 해가 지나면 또 아래와 같은 의식을 행한다. 죽은 왕을 모셨던 나머지 시종들 가운데 왕을 가장 가까이 모셨던 자—이들은 모두 왕이 직접 시종으로 봉사하도록 명한 순수한 스키타이인이다. 스키타이에는 돈을 주고 산 노예는 없다—50명과 가장 우수한 말 50필을 교살하고 내장을 끄집어내 깨끗이 씻어낸 다음 왕겨를 채워 꿰맨다. 한편 수레바퀴를 반으로 자른 것을 아래로 향하게 한 다음 2개의 말뚝을 박아 고정시키고 나머지 반쪽 수레바퀴는 다른 2개의 말뚝으로 고정시키는데 이런 것을 다수 지면에 고정시킨다. 그런 다음 말의 동체에 굵은 봉을 목 언저리까지 세로로 관통하게 하고 이것을 수레바퀴에 매단다. 앞쪽의 수레바퀴는 말의 어깨를 받치고, 뒤쪽의 수레바퀴는 말의 허벅지 사이에서 말의 복부를 지탱하게 된다. 사지는 모두 허공에 뜨게 된다. 말에 재갈을 물리고 고삐를 매단 다음 고삐를 앞쪽으로 잡아당겨

---

129) 2권 참조.

작은 말뚝에 맨다. 다음으로 교살된 50명의 청년 시종의 유해를 각각 이 말에 태우는데, 그들 하나하나는 미리 등뼈에 따라서 목까지 곧은 봉을 관통시켜 둔다. 그리고 이 봉의 아래쪽에 삐져나온 끝부분을 말에 관통하는 다른 봉 끝에 끼워 맞추는 것이다. 이와 같이 말을 탄 사람은 묘 둘레에 세워둔 다음 모두가 그곳을 떠난다.

한편 일반 스키타이인이 사망했을 때에는 가장 가까운 친족이 유해를 수레에 싣고 지인 사이를 돈다. 지인들은 저마다 이들을 맞이해 향응을 베풀고 유해 앞에도 다른 자들에게 내놓은 음식을 차려 놓는다. 이렇게 40일 동안 돌아다니다가 매장되는 것이다.

매장을 마친 뒤 스키타이인은 다음과 같이 몸의 부정함을 씻어낸다. 머리는 기름을 바른 다음 씻어내고 몸은 아래와 같이 정하게 한다. 3개의 봉을 그 끝이 만나도록 해서 묶고 여기에 양탄자를 덮은 다음 가능한 한 틈이 생기지 않도록 이음매를 맞춘다. 이렇게 생긴 천막 안에 대야를 놓고, 거기에 불에 달구어진 돌을 던져 넣는 것이다.[130]

스키타이 지방에서는 굵기나 키는 다른데 다른 점에서는 아마와 비슷한 대마가 자라고 있다. 키나 굵기에서는 대마가 아마를 훨씬 능가한다. 대마는 자생도 되고 재배도 되는데 트라키아인은 이것으로 아마포와 비슷한 의류도 만든다. 웬만큼 식별을 잘하지 않으면 아마제인지 대마제인지 분간이 안 될 정도이고, 대마를 본 적이 없는 자에게는 아마제란 착각을 불러 일으키기에 충분하다.

스키타이인은 이 대마의 씨앗을 손에 들고 양탄자 밑으로 기어들어가 그 씨앗을 붉게 달은 돌 위에 던진다. 던져진 씨앗은 연기를 내뿜기 시작하고 이윽고 그리스인의 증기탕에는 도저히 미치지 못할 정도의 수증기가 피어오른다. 스키타이인은 이 증기탕에서 기분이 상쾌해져 환희의 소리를 흥얼거린다. 이것이 목욕 대신이며 그들은 몸을 씻는데 물은 사용하지 않는 것이다. 스키타이 여성은 표면이 거친 돌 위에 사삼(絲杉), 양삼(洋杉), 향수 등을 올려놓고 이것들을 갈아 으깨서 만든 끈적끈적한 것을 얼굴과 몸에 바른다. 그러면

---

130) 이것은 일종의 증기탕으로, 증기로 몸을 씻는 것이다.

피부에 향기가 스며들고 이튿날 바른 것을 씻어내면 살결은 한결 깨끗하면서 반들반들해진다.

스키타이인[131]도 외국의 풍습을 받아들이는 것을 매우 꺼린다. 어느 나라에 대해서나 그렇지만 특히 그리스의 풍습을 혐오하는 것은 먼저 아나카르시스, 이어서 스킬레스의 예를 통해서도 명확하다.

아나카르시스[132]는 많은 나라들을 둘러보고 각지에서 크게 그 재능을 발휘한 뒤 스키타이로 돌아왔다. 배로 헬레스폰토스를 지나 키지코스에 상륙했을 때 키지코스인들이 '신들의 어머니'[133]인 신에게 화려한 축제를 벌이고 있는 것을 보고 아나카르시스는 어머니인 신에게 자신이 아무 탈 없이 무사히 귀국하는 날에는 자신이 본 키지코스인의 축제와 똑같은 축제를 벌이겠다고 맹세한다. 그래서 스키타이로 귀환하자 이른바 힐라이아의 땅으로 깊숙이 들어가—힐라이아는 '아킬레우스의 경기장'을 따라서 온갖 종류의 수목이 무성한 토지이다—소고(小鼓)를 손에 들고 몸에는 신상을 묶고 여신을 위해 축제를 처음부터 끝까지 지내려고 한 것이다. 그런데 아나카르시스가 축제를 벌이고 있는 것을 한 스키타이인이 보고 이를 왕인 사울리오스에게 고했다. 직접 그곳으로 간 왕은 아나카르시스의 행동을 목격하자 화살을 쏘아 그를 죽이고 말았다.

오늘날 스키타이에서 아나카르시스에 대해서 물으면 그들은 그 사람의 일은 모른다고 말한다. 그 이유는 그가 고국을 떠나 그리스로 가 이국의 풍습에 물들어 버리고 말았기 때문이다. 내가 아리아페이테스의 대행자[134]였던 템네스로부터 들은 바에 따르면 아나카르시스는 스키타이 왕 이단티르소스의 숙부로서 스파르가페이테스의 증손자이며 리코스의 손자이고 그누로스의 아들이었다고 한다.[135] 따라서 만일 아나카르시스가 이 가계 출신이었다면 그

---

131) 이집트인에 대해서도 똑같이 전하고 있다.
132) 스키타이의 왕족 출신으로, 솔론과 동시대인이었다고 한다. 그 재치는 그리스에서 널리 알려져 이른바 7현인 가운데 그를 추가하는 자도 있을 정도이다. 그의 발명했다는 여러 가지 사물이 전해져 오고 있다.
133) 키벨레를 가리킨다.
134) 올비아에 주재하는 아리아페이테스왕을 위해 제반 사무를 대행한 인물일 것이라고 한다.
135) 스키타이 왕가의 계보는 다음과 같다.

는 자신과 피를 나눈 형제의 손에 살해된 셈인 것이다. 이단티르소스는 사울리오스의 아들이고 사울리오스야말로 아나카르시스를 죽인 장본인이기 때문이다.

또 나는 펠로폰네소스에서 전해지고 있는 다른 이야기를 들은 적이 있다. 그 이야기에 따르면 아나카르시스는 스키타이 왕이 그리스의 문물을 배우라고 파견한 자였다고 한다. 그런데 귀국해서 보고하기를, 그리스인은 스파르타인 이외에는 온갖 학예에 전념하고 있어 제대로 대화를 할 수 있는 것은 스파르타인 뿐이었다고 했다는 것이다. 그러나 이 이야기는 그리스인이 멋대로 지어낸 근거도 없는 이야기에 지나지 않는다. 이 사내는 실제로 위에 말한 바와 같은 최후를 마친 것이다. 아나카르시스는 이국의 풍습에 익숙해지고 그리스인과 교분을 맺은 것이 화가 되어 비참한 운명을 맞은 것이다.

그리고 훨씬 뒤에 아리아페이테스의 아들 스킬레스도 그와 똑같은 불운에 휩싸이게 되고 말았다. 스키타이 왕 아리아페이테스에게는 여러 아들이 있었는데 스킬레스도 그 가운데 한 명이었다. 그의 생모는 이스트리아[136] 출신으로 스키타이의 피는 전혀 섞이지 않은 여자였는데 그녀가 스킬레스에게 그리스어를 가르친 것이다. 그 뒤 아리아페이테스는 아가티르소이의 왕 스파르가

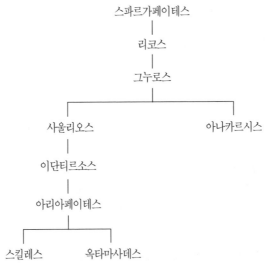

136) 이스트로스(다뉴브) 하구 근처에 있었우던 도시. 밀레토스인이 개척했다.

페이테스에 의해서 피살되자 스킬레스는 왕위와 함께 부친의 왕비 중 하나였던 오포이아와 결혼했다. 이 오포이아는 스키타이의 여자로 아리아페이테스에게서 얻은 오리코스란 아들이 있었다. 스키타이는 왕위에 있으면서 스킬레스는 스키타이풍의 생활에 익숙해지지 않고 그가 받아온 교육 때문에 오히려 강하게 그리스풍으로 기울어 아래와 같은 행동을 취하였다.

그는 스키타이군을 이끌고 보리스테네스인의 도시[137]로 갈 때마다—보리스테네스인은 자신들이 밀레토스인임을 주장하고 있다—군대는 시외에 남기고 자신은 성 안에 들어가 문을 닫게 하고는 스키타이인의 옷을 벗어버리고 그리스 옷으로 갈아입는 것이다. 그리고 그리스 옷을 입은 채 친위대는커녕 수행자 한 사람도 거느리지 않고 광장을 돌아다녔다.[138] 다만 이 옷을 걸치고 있는 것을 스키타이인 누구에게도 눈에 띄지 않게 도시의 문을 경계하게 했다. 그뿐만 아니라 다른 것도 모두 그리스풍의 생활양식을 택해 신에게 희생을 바치는 것도 그리스의 관습에 따라서 집행했다. 이렇게 해서 한 달 내지 그 이상 머물고는 또 스키타이 옷을 걸치고 돌아갔다. 이와 같은 일을 되풀이해 보리스테네스[139]에 저택을 마련하고 그 고장의 여자를 맞아들여 이 저택에서 살게 했다.

그러나 이윽고 그의 신상에 재앙이 닥쳐오게 되었다. 그 계기는 다음과 같았다. 스킬레스는 디오니소스의 신앙에 입신하고 싶다는 소망을 갖게 되었다. 그런데 그가 입신 의식을 시작하려고 했을 때 무서운 이변이 일어났다. 그에게는 보리스테네스인의 도시에 앞서 말한 바와 같이 굉장히 호사스런 저택이 있고, 저택 주위에는 흰 대리석으로 된 스핑크스와 그리프스 상이 나란히 있었다. 이 저택에 신이 벼락을 내린 것이다. 저택은 남김없이 탔는데 스킬레스는 이 이변에 끄떡도 하지 않고 입신 의식을 마친 것이다.

그런데 스키타이인은 그리스인이 여는 바쿠스 축제의 흥청거림을 나쁘게 말한다. 인간을 광기로 유인하는 신이 있다는 것은 이치에 맞지 않는다는 것이다. 그래서 스킬레스가 바쿠스교에 입신을 마친 뒤, 어느 보리스테네스인이

---

137) 올비아를 가리킨다.
138) 자신을 순수한 그리스인으로 보이게 하고 싶었던 것이다.
139) 올비아를 가리킨다.

스키타이를 조롱하면서 이렇게 말했다.

"스키타이 사람들아. 그대들은 우리가 바쿠스 축제를 벌이고 신이 우리에게 옮겨와 있는 것을 언제나 우롱하였는데, 결국 이 신은 그대들의 왕에게로 옮겨갔다. 지금은 그분도 바쿠스의 축제를 축하하고 신령에 홀려 계신다. 내가 말하는 것을 믿지 못하겠으면 나를 따라와 봐라. 내가 그 증거를 그대들에게 보여주겠다."

거기에서 스키타이의 주요 인사들이 따라가자 보리스테네스인은 그들을 은밀히 성루에 오르게 하고 그곳에 앉혔다. 이윽고 스킬레스가 동행인들과 함께 나타났다. 스키타이인들은 그가 바쿠스 축제에 참가하고 있는 것을 목격하자 크게 분개하였다. 그리고 시외로 나오자 전군의 장병에게 자신들이 보고 온 것을 알렸다.

스킬레스가 본거지로 돌아가려고 했을 때, 스키타이인들은 테레스[140]의 딸이 낳은 아들이자 스킬레스에게는 동생이 되는 옥타마사데스를 진두로 해 반기를 들었다. 스킬레스는 자신에 대한 반란이 발생한 것과, 그 원인이 무엇이 었는지를 알자 트라키아로 도망쳤다. 이를 안 옥타마사데스는 트라키아로 병력을 진격시켰다. 이스트로스 강변에 도달했을 때 트라키아군이 그에게 맞서 자칫 전투가 벌어질 뻔 했을 때 시탈케스가 옥타마사데스에게 사자를 보내 다음과 같이 전하게 했다.

'우리가 서로 싸울 필요가 어디에 있을까. 그대는 나의 누이동생의 아들이고, 나의 동생[141]은 그대의 보호를 받고 있다. 그대가 동생을 나에게 돌려주면 나도 그대에게 스킬레스를 인도하겠다. 서로 무력으로 위험을 무릅쓰는 일은 그만두자.'

이와 같은 일은 그 무렵 시탈케스의 동생이 형을 피해 망명하여 옥타마사데스 아래 있었기 때문이다. 옥타마사데스는 이 제안을 받아들여 자신의 외

---

140) 트라키아의 부족 오드리사이인의 왕(제7권 참조). 다음에 기술되는 그 아들 시탈케스는 펠로폰네소스 전쟁 초기에 아테네와 동맹을 맺었다. 시탈케스의 누이가 아리아페이테스의 셋째 부인이었다.

141) 투키디데스의 《펠로폰네소스 전쟁사》 제2권에 언급되어 있는 스파라드코스를 가리키는 것으로 보인다.

숙부를 시탈케스에게 인도하고 형인 스킬레스를 인도받은 것이다. 시탈케스는 동생의 신병을 인도받아 철수했고, 옥타마사데스는 그 자리에서 스킬레스의 목을 쳤다.

스키타이인이 자국의 관습을 존중하는 것은 위의 예로도 명확하다. 그들은 그 밖에 이국의 풍습을 받아들이려고 하는 자에게는 위와 같은 처벌을 가하는 것이다.

나는 스키타이의 인구에게 대해서는 정확한 지식을 얻지 못하고 그 수에 대해서 여러 가지 다른 설을 들었다. 그 수가 방대하다고도, 본디 소수라고도 말하기 때문이다. 여기서는 다만 그들이 나에게 실제로 확인시켜준 것을 언급하겠다.

보리스테네스, 히파니스 두 강의 중간에 엑삼파이오스란 이름의 토지가 있다. 이것은 이 책의 조금 앞에서 말한 물이 짠 수원이 있고 이곳에서 흘러나오는 물 때문에 히파니스 강물이 마시기에 적합하지 않다는 바로 그 토지이다. 한편 이 토지에 청동제 항아리가 있는데, 그 크기는 클레옴브로토스의 아들 파우사니아스[142]가 헌납해 흑해 입구에 놓여 있는 혼주기의 6배나 된다. 이 혼주기를 아직 본 적이 없는 사람을 위해 설명해 두자면, 이 스키타이에 있는 청동 항아리는 용량이 600암포레우스[143]이고, 두께는 6닥틸로스[144]나 된다. 이 고장 사람들의 얘기로 이 항아리는 화살촉으로 만든 것이라고 한다. 즉 아리안타스라는 이 나라 왕이 스키타이의 인구를 알고자 스키타이의 온 국민에게 영을 내려 각자 화살촉 한 개씩을 지참하게 했다. 가져오지 않는 자는 사형에 처한다고 위협한 것이다. 이렇게 해서 방대한 양의 화살촉이 운반되어 왔는데 왕은 이것으로 무언가 기념이 될 만한 물건을 만들어 남길 결심을 했다. 그래서 화살촉으로 청동 항아리를 만들게 하고 이를 앞서 말한 엑삼파이오스 지방에 헌납했다고 한다.

여기까지가 스키타이의 인구에 대해서 내가 들은 말이다.

---

142) 플라타이아이 전투에서 수훈을 세운 레오니다스의 조카이다. 이 혼주기는 447년, 비잔티움을 점령했을 때 헌납한 것이라고 한다.
143) 1암포레우스를 약 39리터로 계산하면 2만3천 리터가 된다.
144) 1닥틸로스를 약 1.9센티미터로 계산하면 11.4센티미터가 된다.

이 지방에는 다른 지방과는 비교가 안 될 정도로 거대하고도 많은 하천이 있는 것 외에는 각별히 진귀한 사물도 없다. 그러나 하천과 광대한 평원 이외에 드문 것이라고 하면 다음과 같은 것이 있다. 스키타이에 가면 바위에 새겨진 '헤라클레스의 발자국'이란 것을 보여준다. 인간의 발자국과 비슷하게 생겼지만, 그 길이는 2페키스[145]나 된다. 이 바위는 티라스 강변에 있다.

여기에서 나는 처음에 말하려고 했던 서술로 되돌아가고자 한다.

다레이오스의 원정

다레이오스는 스키타이 원정 준비에 여념이 없었다. 사절을 곳곳으로 보내 각 나라에 보병부대와 함선의 차출, 그리고 트라키아의 보스포로스에 다리를 놓으라 명하는 등 분주했다. 그러나 한편 다레이오스의 동생인 아르타바노스[146]는 다레이오스에게 스키타이 공격의 어려움을 역설하며 스키타이 원정을 절대로 하지 않도록 설득하였다. 그러나 그 다양하고도 유익한 충언도 효과가 없자 결국 아르타바노스도 침묵해 버렸다. 다레이오스는 모든 준비를 완료하자 군을 이끌고 수사를 출발했다.

이때 오이오바조스란 한 페르시아인이 세 아들이 모두 종군을 하게 되어 한 사람만이라도 남겨달라고 다레이오스에게 청원을 했다. 그러자 다레이오스는 마음에 드는 자가 사소한 청원을 해 보답하는 듯한 어조로 아들 셋을 모두 남겨주겠다고 말했다. 오이오바조스는 아들들의 병역이 모두 면제된 것으로 지레짐작을 하고 몹시 기뻐했는데, 다레이오스는 담당 관리에게 명해 오이오바조스의 아들을 모두 죽여 버리고 말았다. 살해된 아들들의 유해는 그 자리에 그대로 방치되었다.

다레이오스는 수사에서 진격을 계속해 이미 다리가 완성되어 있는 칼케돈[147] 영내인 보스포로스 연안에 도달하자 이곳에서 배에 올라 이른바 '청흑

---

145) 약 90센티미터 정도. 영웅은 남달리 거구의 소유자이다. 2권에 제우스의 신이 똑같이 2페키스로 기록이 되어 있다.

146) 그는 제2차 페르시아 전쟁 때에도 조카인 크세르크세스에게 그리스 원정을 말렸다(7권). 헤로도토스는 그를 페르시아 왕실에서 양식(良識) 있는 자의 상징처럼 묘사한다.

147) 메가라의 옛 식민지.

암(靑黑岩, 키아네아이)'[148]으로 향했다. 이 바위는 그리스의 전승에 따르면 옛날에는 이동했다고 하는데 다레이오스는 암초가 돌출한 끝에 앉아 절경인 흑해를 바라다보았다. 실제로 이 바다는 세계의 바다 가운데서도 가장 경이로운 바다이고 그 길이는 1만 1100스타디온, 폭은 그 가장 넓은 곳이 3300스타디온이다. 이 바다의 입구 폭은 4스타디온이고 세로로 뻗어 이른바 보스포로스해협을 이루고 다리도 이곳에 설치된 것인데, 그 길이는 120스타디온에 달한다. 보스포로스는 뻗어서 프로폰티스와 연결된다. 프로폰티스는 폭 50스타디온, 길이는 1400스타디온이고, 가장 좁은 폭이 7스타디온, 길이 400스타디온의 헬레스폰토스로 이어진다. 그리고 헬레스폰토스는 에게해로 불리는 광대한 바다로 흘러드는 것이다.[149]

위의 수치는 다음과 같이 측정한 것이다. 배는 대체로 낮이 긴 때 낮에 7만 오르기아, 밤에는 6만 오르기아까지 나아간다.[150] 그런데 흑해 입구에서 파시스에 도달하려면—이 거리가 흑해의 최장거리이다—아홉 낮과 여덟 밤을 항해한다. 따라서 그 거리는 111만 오르기아, 스타디온으로 고치면 1만 1100스타디온이 된다. 신디케[151]에서 테르모돈 하구인 테미스키라까지는—이 사이에서 흑해는 가장 폭이 넓다—사흘 낮과 이틀 밤을 항해한다. 이 거리는 33만 오르기아, 즉 3300스타디온이 된다. 이 흑해를 비롯해서 보스포로스, 헬레스폰토스도 위와 같이 해서 그 거리를 측정한 것이고, 그런 수치는 위에 든 대로이다. 흑해는 또한 크기 면에서 거의 같은 호수와 연결되어 있다. 이 호수는 마이오티스 또는 '흑해의 어머니'로 불린다.

다레이오스는 흑해의 조망을 즐긴 다음, 배로 다리가 놓인 지점으로 되돌

---

148) 보스포로스에서 흑해로 접어들면 바로 반 마일 정도의 사이를 두고 바다 속에 돌출해 있는 두 바위. 흑해로 들어오는 배는 이 바위에 가로막혀 난파했다는 전설이 있었는데 아르고선이 통과한 뒤로는 이 같은 일이 없어졌다고 한다.

149) 헤로도토스가 들고 있는 수치의 엄밀한 검토는 여기서 행할 여유가 없으므로 생략한다. 그러나 대체로 상당히 과대한 수치인 것 같다.

150) 이것은 문맥으로나 논리로나 밤낮을 모두 해가 긴 때를 표준으로 하고 있는 것 같다. 그러나 숫자로 생각하면 밤 쪽은 역으로 해가 짧다 — 따라서 밤이 긴 때를 표준으로 하는 것으로밖에 생각할 수 없다. 이 엇갈림이 헤로도토스의 수치를 부정확하게 하고 있는 요인일 것이다.

151) 본권 앞부분에 나오는 신도이인의 나라.

아왔다. 이 다리를 건조한 자는 만드로클레스란 사모스인이었다. 다레이오스는 보스포로스의 풍경까지도 감상한 다음 해안에 대리석 석제의 두 돌기둥을 세우고 한편에는 아시리아 문자로, 또 다른 한편에는 그리스 문자로 자신이 이끄는 민족의 이름을 모두 새기도록 했다. 그 무렵 그는 그의 지배하에 있는 민족의 군대를 모두 휘하에 두고 있었던 것이다. 수군을 제외하고 그 총수는 기병대를 합쳐서 70만을 헤아리고 집결한 배의 수는 600척에 이르렀다. 이들 돌기둥은 그 뒤 비잔티움인이 자기 도시로 운반해 아르테미스 오르토시아[152]의 제단을 만드는 데 이용했는데 다만 아시리아 문자가 일면에 새겨진 한 개의 돌만은 비잔티움에 있는 디오니소스 신전 곁에 방치된 채로 있었다. 다레이오스왕이 다리를 놓은 보스포로스의 지점은 나의 추정에 따르면 비잔티움과 흑해의 입구에 있는 성역[153]과의 중간에 있었던 것으로 생각된다. 그것에 대해서 다리가 훌륭하게 완성된 것에 만족한 다레이오스는 그 공사의 책임자인 사모스인 만드로클레스에게 막대한 은상을 수여했다. 만드로클레스는 받은 은상의 일부를 사용해 보스포로스 다리의 전모와 특별석에 앉은 다레이오스왕의 모습, 거기에 왕의 군이 다리를 건너는 모습을 묘사한 그림을 아래와 같은 명문(銘文)과 함께 헤라 신전[154]에 봉납했다.

물고기가 풍부한 보스포로스에 다리를 놓은 만드로크레스가
이 다리를 기념해 헤라 여신에게 이를 바치옵니다.
다레이오스왕의 뜻대로 공사를 마쳐 스스로 영예로운 관을 쓰고 사모스인의 긍지를 높였나이다.

이것이 다리를 완성한 인물이 남긴 기념물이었다.
다레이오스는 만드로클레스에게 은상을 내린 뒤 유럽으로 건너갔는데, 이

---

152) 아르테미스 오르티아로도 불린다. 스파르타를 비롯한 도리스계 민족 사이에서 숭배된 신. 비잔티움에는 모시(母市)인 메가라에서 전해졌을 것이다.
153) 이 성역은 아시아 쪽 해안에 있었던 제우스 우리오스의 신전으로 해석되는데, 그 건너편 기슭에도 다른 신전이 있었다고 한다. 비잔티움은 유럽 측에 있으므로 어쩌면 후자를 가리킨 것인지도 모른다.
154) 3권에 기술되어 있는 사모스의 헤라이온일 것이다.

오니아인에게는 흑해의 이스트로스강까지 항해할 것이므로 이스트로에 도달하기 전에 다리를 놓고 기다리도록 지시해두었다. 수군을 이끌고 있었던 것은 이오니아인·아이올리스인·헬레스폰토스인 등이었기 때문이다. 그래서 수군은 '청흑암'을 빠져나가 이스트로스강을 목표로 곧바로 나아가고 바다에서 더욱 이틀간 강을 거슬러 올라가 이스트로스 하구가 몇 개로 갈라져 있는 강의 목 부분(지세가 좁은 곳)에 다리를 놓기 시작했다. 다레이오스는 다리를 건너 보스포로스를 지나자 트라키아 지방을 진군해 테아로스강[155]의 수원지에 도달하여 이곳에서 3일간 야영을 했다.

인근 주민들의 이야기에 따르면 테아로스의 강물은 다른 어느 강물보다도 치료에 효과가 있는데, 특히 인간이나 말의 치료에 탁월한 효과가 있다고 한다. 그 수원은 38군데나 되고 모두 같은 암석에서 흘러나오는데 차가운 물도 있고 따뜻한 물도 있다. 이 수원까지의 거리는 페린토스 부근의 헤라이온 시[156]로부터도, 흑해 연안의 아폴로니아[157]로부터도 같고 모두 어느 길이나 걸어서 이틀이 걸린다. 이 테아로스강은 콘타데스도스강으로 흘러들고 콘타데스도스는 아그리아네스강으로, 아그리아네스는 헤브로스강으로 흘러들고, 헤브로스는 아이노스시 부근의 바다로 흘러든다.[158]

다이오레스는 이 강에 도달해 야영을 했는데 이 강이 마음에 들어 돌기둥을 세우고 여기에 다음과 같은 비명을 새겨 넣게 했다.

'테아로스강의 수원은 모든 하천보다 뛰어난 최고의 물이다. 스키타이 토벌군을 이끌고 이곳에 도달한 것은 모든 인간을 능가하는 최고의 아름다운 사람, 페르시아와 온 대륙의 왕인 히스타스페스의 아들 다레이오스'

다레이오스는 이곳을 떠나 이윽고 오도리소이국을 흐르는 아르테스코스[159]

---

155) 테아로스강에 대해서는 확실치 않은데, 아무튼 아주 작은 강인 것 같다.
156) 프로폰티스(마르마라해)에 잇닿아 있었던 사모스인의 식민지.
157) 흑해 서안에 있던 밀레토스의 식민지. 오늘날의 시제폴리. 한편 다레이오스는 페린토스부근에서 북상해 흑해의 서해안에서 그다지 멀지 않은 가도를 따라 다뉴브 하구로 향했을 것이다.
158) 헤브로스는 오늘날의 마리차강. 아그리아네스는 에르게네강이고 콘타데스도스강은 어쩌면 테케델강일 것이다. 마리차 하구에는 옛 이름 그대로인 에노스(아이노스)시가 있다.
159) 북에서 흘러 헤브로스강과 합류하는 툰자강으로도 생각되는데, 다레이오스의 진로를 아울러 생각할 때 더 동쪽의 흑해로 흘러드는 캄치크강이란 설도 있다.

란 다른 강변에 도달했다. 그곳에서 다레이오스는 다음과 같은 일을 했다. 한 장소를 지정해두고, 모든 병사가 통과할 때 각자 돌 한 개를 그곳에 두도록 명한 것이다. 전군이 지시된 일을 수행했을 때 그곳에는 커다란 돌산이 몇 개나 생겼는데, 이를 뒤로 하고 다레이오스는 떠났다.

이스트로스강에 도달하기에 앞서 다레이오스가 최초로 공략한 것은 영혼의 불멸을 믿는 게타이인[160]이었다. 살미디소스를 점거한 트라키아인이나, 아폴로니아·메삼브리아 도시 이북에 살고 있는 이른바 스키르미아다이인, 닙사이오이인들은 싸우지 않고 다레이오스에게 굴복했기 때문이다.[161] 게타이인은 무모하게도 저항했는데 순식간에 굴복당했다. 그들은 트라키아인 가운데서는 가장 용감하고 정의심이 강한 부족이다.

게타이인은 다음과 같이 영혼 불멸을 믿는다. 그들은 자신들이 죽어 없어지지 않으며 죽은 자는 신령 살목시스 신 곁으로 가는 줄 믿고 있다. 그들 가운데에는 같은 신을 게벨레이지스로 부르기도 한다. 5년마다 제비를 뽑아 당첨된 자를 살목시스에게 사자로 보낸다. 그 방법은 그 역할을 담당하는 자들이 3개의 투창을 지니고, 다른 자들이 살목시스에게 보내지는 사내의 손과 다리를 양쪽에서 잡고 흔들어 창끝이 솟은 허공에 던져버린다. 사내가 창에 찔려서 죽으면 신이 그들에게 호의를 보인 것으로 생각한다. 그 사내가 죽지 않은 경우에는 그를 악인으로 몰아세워 죄를 묻고, 그 뒤 또 다른 사람을 보낸다. 소원을 전하는 말은 그 사람이 살아 있을 때 행하는 것이다.

또 천둥이나 번개가 치면 하늘을 향해 화살을 쏘아 신을 위협하는 것도 같은 트라키아인이다. 그들은 자신들이 믿는 신 이외의 신은 믿지 않았다.[162]

내가 헬레스폰토스와 흑해 연안에 거주하는 그리스인에게서 들은 바에 따르면 이 살목시스는 인간이라고 한다. 그것도 사모스 노예로,[163] 므네사르코

---

160) 이스트로 우안, 흑해에 걸쳐 살았던 주민. 오늘날의 불가리아 동북부에 해당한다.

161) 살미디소스의 현재 이름은 미디아, 아폴로니아는 시제폴리, 메삼브리아는 미시부리이다.

162) 천둥 번개를 그리스에서는 제우스의 소행으로 보는데, 트라키아에서는 모두 살목시스의 행위로 돌렸다.

163) 게타이인이 그리스에 노예로 팔린 것은 잘 알려져 있다. 그리스나 로마의 희극에서 노예를 일컬어 게테스(라틴명은 게타)라고 한 것은 그 때문이다.

스의 아들 피타고라스[164]에게 봉사했던 자라고 한다. 그 뒤 자유의 몸이 되어 많은 재산을 모으고 부자가 되어 자신의 고향인 트라키아로 돌아왔다. 트라키아인은 생활도 곤궁하고 지능도 낮은 편이었는데, 살목시스는 이오니아의 생활에 익숙해 트라키아에서는 볼 수 없는 세련된 풍속이 몸에 배어 있었다. 여러 해 그리스인 사이에 있었고 그리스에서도 유력한 지식인이었던 피타고라스와도 친분이 있었기 때문이다. 그런 그가 접대용 방을 만들어 이곳에 도시의 유지를 초청해 대접하면서, 자신을 비롯해서 손님들과 그 대대의 자손들도 사멸하는 일 없이 장래에는 영원한 삶을 향유해 온갖 복을 누릴 수 있는 곳으로 가는 것이라는 가르침을 역설했다고 한다. 그런 한편, 지하에 방을 하나 만들게 했다. 그 방이 완성되자 그는 트라키아인 사이에서 모습을 감추고 지하의 방에 틀어박혀 3년간을 지냈다. 트라키아인들은 그가 죽은 것으로 생각하고 그 죽음을 애도했다. 4년째가 되자 그는 트라키아인들에게 모습을 드러냈다. 이로써 트라키아인은 살목시스가 역설하고 있었던 가르침을 믿게 되었다. 이는 그리스인이 전하는 것이다.

나는 이와 같은 지하실 이야기를 믿지 않는다는 것은 아니나 그다지 신뢰도 하지 않는다. 살목시스는 피타고라스보다 훨씬 이전에 있었던 인물로 생각하기 때문이다.[165] 여하튼 살목시스가 인간이었건, 게타이 나라의 신이었건 그와 같은 논의는 아무래도 좋다.

아무튼 이와 같은 성격을 지닌 게타이인은 페르시아군에게 정복당한 뒤 원정군을 따라서 종군했다. 다레이오스와 그 휘하의 육상부대가 이스트로스 강변에 도달했을 때, 다레이오스는 전군이 도하를 완료한 것을 보고 이오니아군[166]에 명해 다리를 파괴하고 함선에 오른 병사와 함께 육로로 자기를 따르게 하려고 했다. 이오니아군이 다리를 파괴하고 다레이오스의 명령을 실행하려고 했을 때, 미틸레네부대의 지휘에 임하고 있었던 에르크산드로스의 아

---

164) 유명한 피타고라스를 가리킨다. 그의 영혼불멸, 윤회의 교설(教說)에 살목시스를 결부시킨 의도가 명료한 만큼, 이 이야기는 그리스인이 만들어냈을 공산이 크다.

165) 피타고라스는 기원전 6세기 전반에서 후반에 걸쳐 활약했다.

166) 수군의 주력이 이오니아인이었기 때문에 그렇게 말하는 것이고 실은 아이올리스인 등도 포함한다. 다음으로 기술되어 있는 코에스는 미틸레네인이기 때문에 아이올리스계이다.

들 코에스가 다레이오스에게 다음과 같이 말했다. 사실 그는 과연 다레이오스가 의견을 제시하는 자의 말을 잘 들어줄 것인지를 미리 확인해 둔 것이다.

"왕이여, 이제부터 진군을 하게 될 땅은 경작지도, 사람이 사는 도시도 없는 곳입니다. 그러하오니 이 다리는 그대로 두고 건조에 임했던 자들을 다리 경비로 남겨두고 가는 것이 좋습니다. 그러면 만일 우리가 스키타이인을 발견해 뜻대로 일을 진행할 수 있게되면 이 길로 돌아갈 수 있고, 혹 그들을 발견하지 못하더라도 귀환하는 길만은 확보되는 것입니다. 저에겐 우리가 스키타이인과 싸워서 패하는 것과 같은 의심은 전혀 없습니다. 오히려 그들을 발견하지 못해 여러 곳을 방황하고 있는 사이에 무언가 뜻하지 않은 재앙을 당하지 않을까 우려하는 것입니다. 이와 같이 말씀을 드리면 제가 뒤에 남으려고 일신의 이익을 위해 말씀을 드리는 것이라고 말하는 자가 있을지도 모릅니다. 그러나 왕이여, 저는 단지 최선의 방책을 생각해 말씀을 드리고 있을 뿐, 뒤에 남을 생각은 추호도 없습니다. 저는 어디까지나 전하와 운명을 함께할 것입니다."

다레이오스는 이 건의를 크게 기뻐하고 다음과 같이 대답했다.

"나의 레스보스 친구여, 내가 무사히 내 집에 돌아갔을 때 반드시 나에게 그대의 모습을 보여주게. 그대가 유익한 건의를 해준 보답으로 나도 그대에게 보답을 하고 싶네."[167]

그 뒤 다레이오스는 한 가닥의 가죽 끈에 60개의 매듭을 만든 다음 이오니아의 독재자들과 만나서 이렇게 말했다.

"이오니아인 여러분, 앞서 다리에 대해서 말한 내 명령은 취소하기로 하오. 앞으로는 내가 하라는 대로 하기 바라오. 그대들은 내가 스키타이인 공격에 나서는 것을 보면 그때부터 시작해 매일 매듭을 하나씩 풀어나가기 바라오. 그 기간에 내가 돌아오지 않고 매듭 수만큼의 시일이 지나면 그대들은 배로 귀국해도 좋소.[168] 그러나 이와 같이 방침을 변경한 것이므로 그때까지는 다

---

167) 코에스는 이때의 공으로 뒤에 다레이오스로부터 미틸레네의 독재권을 얻는다. 그러나 아이오니아 반란 때 사망했다(5권 참조).

168) 다레이오스의 의도는 60일 지나서 돌아오지 않으면 전멸했다고 생각하라는 것이 아니고, 처음부터 귀로를 아조프해에서 코카서스를 경유하는 것으로 잡았다고 추측하는 설이 유력하다.

리의 보전과 경비에 전력을 다해 다리를 지켜주기 바라오. 그렇게만 해주면 나로서는 고마울 따름이오."

다레이오스는 말을 마치자 진군을 서둘렀다.

트라키아 땅은 스키타이 국토보다 바다 쪽으로 더 멀리까지 돌출해 있다. 그리고 이 트라키아가 만을 형성하고 있는 지점에서 스키타이가 이에 이어지고, 이스트로스강은 그 하구를 동남으로 향해 이 스키타이 땅에 흘러드는 것이다.[169] 나는 이제부터 스키타이 본래의 지역 넓이를 측정할 목적으로 이스트로스강에서 시작해 스키타이의 해안선을 보여줄 생각이다. 본디 스키타이[170]는 이스트로스강에서 시작해 남쪽으로 면하면서 카르키니티스[171]시에까지 이른다. 이 도시에서 같은 바다를 따라가다 보면, 험준하고 높은 산들이 무수하고 흑해 쪽으로 돌출된, 타우로이인이 살고 있는 이른바 '험준한 케르소네스'에 이른다.[172] 이 반도는 동방의 바다에 접하고 있다. 즉 스키타이는 마치 아티카 지방처럼 남방 및 동방의 두 변이 바다로 둘러싸여 있는 것이다. 타우로이인이 스키타이 땅을 차지하고 있는 정황은 아티카의 경우와 흡사하다. 이른바 아티카반도가 토리코스구에서 아나플리스트구에 걸친 선[173]에서 더욱 바다로 돌출하고 있는 수니온만에 아테네인이 아닌 다른 민족이 살고 있는 것 같은 느낌을 준다. 이것은 물론 그 크기의 차이는 생각하지 않는다는 전제에서 말하는 것으로, 여하튼 타우리케의 정황은 위와 같다. 아티카의 이 일대를 항행한 경험이 없는 사람을 위해 다른 예로 설명하면 그것은 마치 이아피기아[174]의 땅

---

169) 작자는 이 부근의 지형을 오해하고 있는 것 같다. 그에 따르면 트라키아만이 흑해 및 지중해로 깊게 돌출하고 스키타이는 서쪽으로 쑥 들어가 있는 것 같다.

170) 이대로 놓고 볼 때 동방으로 확장되기 전의 스키타이로 해석할 수밖에 없다. 그러나 그 의미가 불명료해 여러 가지로 고쳐 '스키타이의 해안선'으로 보는 설도 있다.

171) 페레코프 지협(地峽).

172) '험준한 케르소네스'란 케르치반도를 말한다. 헤로도토스는 크리미아반도를 단순히 스키타이 남방해안선이 동남방으로 돌출한 삼각형의 반도로 생각하고 있다. 그것은 다음의 아티카반도나 남이탈리아와 비교해 보아도 명확하다.

173) 아티카반도의 끝에 가깝게 동해안에 토리코스, 서해안에 아나플리토스가 있고 이 부분에서 반도는 한층 더 좁아지며 수니온곶에 이르러 끝난다.

174) 남 이탈리아 카라브리아반도를 가리킨다. 그리스를 잘 모르는 이탈리아의 독자를 위한 배려이다.

에 이아피기아 이외의 민족이 들어와 브렌데시온[175] 항구에서 타라스[176]에 이르는 선을 구분해 그보다 앞의 돌출부를 점거하고 있는 것과 같다. 나는 위에서 두 예를 들었을 뿐이지만, 여기 타우리케반도와 비슷한 형태를 지닌 지역이라면 어디건 거의 적용되는 이야기일 것이다.

타우리케에는 바로 스키타이가 이어지고 타우로이인의 북방 및 동쪽 바다를 따라서 스키타이인이 산다. 킴메르의 보스포로스 및 마이오티스호 서쪽에 해당하는 일대이고 마이오티스호 깊숙한 곳에 흘러드는 타나이스강에 이른다.

이스트로강에서 북쪽, 내륙으로 들어가는 방면에서 스키타이 국토를 구분하는 것은 먼저 아가티르소이, 이어서 네우로이, 안드로파고이, 마지막으로 멜란클라이노이[177]의 여러 민족이다.

한편 스키타이의 국토는 네모반듯한 모양이고 그 두 변은 바다에 접해 있는데, 내륙으로 뻗는 변도 바다에 따르는 변도 길이가 같다. 즉 이스트로스강에서 보리스테네스강까지는 10일의 항로이고, 보리스테네스강에서 마이티스호까지는 10일이 더 걸린다. 또 바다에서 육지로 향해 스키타이인의 북방에 사는 멜란클라이노이인의 국토까지는 20일의 노정이다. 나는 하루의 노정을 200스타디온으로 계산하였는데, 이에 따라서 스키타이국의 가로 변은 4000스타디온, 내륙으로 향하는 세로 변도 같은 거리가 된다. 이것이 이 나라의 넓이이다.

스키타이인은 자력으로는 당당하게 다레이오스군을 격퇴할 수 없을 것으로 생각해 이웃 여러 나라에 사자를 보냈다. 그런데 이미 이들 여러 족속의 왕들은 대군이 몰려온다는 소식에 서로 협의를 하고 있는 중이었다. 모인 여러 왕이 이끄는 민족은 타우로이·아가티르소이·네우로이·안드로파고이·멜란클라이노이·겔로노이·부디노이·사우로마타이 등이었다.

그 가운데 타우로이인의 풍습은 다음과 같다. 그들은 난파해서 표류한 자나 해상에서 공격을 가해 체포한 그리스인을 아래와 같이 해서 '처녀신'의 희생물로 바친다. 먼저 정해진 절차에 따라 부정함을 씻은 뒤 희생물의 머리를

---

175) 라틴명 브룬디시움, 오늘날의 브린디지.
176) 라틴명 타렌툼, 오늘날의 타란트.
177) 여기에서는 스키타이 북방에 위치한 여러 민족을 서에서 동으로 열거하고 있다.

곤봉으로 친다. 몸통은 신전이 서 있는 벼랑 위에서 떨어뜨리고 목은 봉에 찔러둔다는 설도 있는데, 다른 설에서는 목에 대해서는 같으나 몸통은 땅에 묻는다고 한다. 타우로이인이 말하는 바에 따르면 희생물을 바치는 여신은 아가멤논의 딸 이피게네이아라고 한다.[178]

그리고 적의 포로는 아래와 같이 다룬다. 적을 잡은 자는 그 목을 쳐서 집으로 가지고 돌아와 긴 봉에 끼워서 지붕 높이, 대부분 굴뚝 위에 내건다. 이 목이 수호자로서 저택 전체를 지켜주도록 높게 내거는 것이라고 그들은 말하고 있다.

그들은 약탈과 전쟁을 생활 수단으로 삼고 있는 것이다.

아가티르소이인은 실로 사치스런 민족으로, 평소에 금장신구를 몸에 많이 달고 다닌다.[179] 아내를 공유해 자유롭게 관계를 갖는데, 이것은 서로 형제가 되고 온 부족민이 근친이 되어 서로 질투나 증오하는 마음이 생기지 않도록 하기 위해서라고 한다. 그 밖의 풍습은 트라키아인과 흡사하다.

네우로이인은 스키타이풍의 관습에 따른다. 이들은 다레이오스의 원정 한 세대 이전에 뱀의 습격으로 온 국토를 버릴 수밖에 없는 곤경에 빠졌다. 이 나라에 많은 뱀이 나타났을 뿐만 아니라 더욱 많은 뱀이 북방의 황야에서 공격을 가해왔기 때문인데, 결국 고국을 버리고 부디노이인[180]과 함께 살게 되었다.

이 민족은 아무래도 마법을 쓰는 인종인 것 같다. 스키타이인이나 스키타이에 사는 그리스인의 말에 따르면, 네우로이인은 모두 한 해 한 번만 수일에 걸쳐서 늑대로 변신하고 그 뒤 또 본디 모습으로 돌아간다고 한다.[181] 나는 이

---

178) 에우리피데스의 비극 〈타우로이의 이피게네이아〉로 알려져 있는 바와 같이 그리스전승에서 여신은 아르테미스이고 이피게네이아는 그에게 봉사하는 무녀이다. 그러나 그 뿌리는 아르테미스와 이피게네이아가 동일한 것이었는지도 모른다.

179) 금은 트란실바니아 지방에 있는 금광에서 채굴된다. 다레이오스 원정의 목적 가운데 하나가 이 광산 확보에 있었다는 설도 있다.

180) 앞서의 서술에 따르면 부디노이인은 돈강 동쪽에 있고 네우로이와 국경을 접하지 않은 것으로 되어 있다. 그러나 다른 자료로 보아 이것은 헤로도토스의 잘못이고 역시 부디노이는 네우로이의 이웃 나라였던 것 같다.

181) 북유럽 일대에 일찍부터 유포되어 있었던 베어울프(人狼)의 전설과 연관이 있는 것이 분명하다.

와 같은 이야기를 들어도 믿지는 않는데, 말하는 자는 전혀 개의치 않고 이것이 진실이라고 맹세조차 하였다.

안드로파고이인의 풍습은 세상에서 가장 야만적이다. 정의도 지키지 않는가 하면 아무런 법도도 없다. 유목민이고 스키타이인과 비슷한 복장을 걸치며 언어가 독특하다.[182] 여기에서 언급하는 민족 중에서는 그들만이 인육을 먹는다.

멜란클라이노이인은 모두 검은 옷을 걸치고 그 이름도 여기에서 유래한다. 그 풍습은 스키타이식이다.

부디노이인은 인구가 많은 대 민족으로 눈빛은 푸르고 머리칼은 붉은색[183]이다. 이 나라에는 겔로노스란 목조의 도시가 있다. 도시를 둘러싼 벽은 각 변이 30스타디온으로 높은데 모두 목조이고, 또 주민의 가옥도 성역의 건물도 모두 목조이다. 성역이란 이 땅에 그리스신의 성역이 있기 때문이고, 나무로 된 신상·제단·신전을 갖추어 그리스풍으로 조성되어 있으며 격년(隔年)으로 디오니소스의 축제를 벌인다. 그것은 겔로노스인이 본디 그리스인이었기 때문으로, 그들은 해안의 통상지를 떠나 부디노이인의 나라로 이주한 것이다. 언어는 스키타이어와 그리스어를 반반으로 사용하고 있다.

그러나 부디노이인은 겔로노스인과 같은 언어를 사용하지 않고 그 생활양식도 다르다. 왜냐하면 부디노이인은 토착 유목민이고 이 일대에 사는 민족 가운데서 가문비나무 열매를 주식으로 하는 유일한 민족인데 반해, 겔로노스인은 경작민이고 곡물을 주식으로 하며 채소밭을 가질 정도이고 모습도 피부도 같지 않기 때문이다. 그리스인은 부디노이인까지도 겔로노스인으로 부르는데, 이것은 정확하지 않다.

부디노이인이 사는 지방은 일면에 온갖 종류의 수목이 빽빽하게 우거져 있다. 그 가장 깊은 삼림 속에 거대한 호수가 있고, 주변에는 늪이 있어 갈대가 자라고 있다. 이 호수에서는 수달과 비버, 그리고 네모진 얼굴모양의 다른 짐승[184]이 잡힌다. 이들 동물의 가죽은 그들이 착용하는 가죽 옷의 테두리에 사

---

182) 핀계 인종이란 설이 있다.
183) '빨간 얼굴'의 뜻으로 보는 설도 있다.
184) 고라니류라고도 하고 담비류라고도 한다.

용되고, 또 그 고환은 자궁병의 양약으로서 그들에게는 소중한 것으로 다루어진다.

사우로마타이인에 대해서는 다음과 같은 이야기가 전해 내려오고 있다. 그리스인이 아마존족과 싸웠을 때—아마존을 스키타이어로는 오이오르파타라 하고, 그리스어로 번역하면 '사내를 죽이는 자들'이란 의미이다. 스키타이어에서는 사내를 오이오르라 하고 파타는 죽인다는 뜻이기 때문이다—그리스인은 테르모돈 강변의 전투에서 승리를 거두고 사로잡은 아마존인을 배 세 척에 싣고 철수했다고 한다. 그런데 아마존인들이 해상에서 사내들에게 덤벼들어 모두 죽이고 말았다. 그러나 그녀들은 배를 잘 모르고, 키도 돛대도 노도 몰랐기 때문에 사내들을 죽인 뒤로는 파도에 의지한 채 표류했다. 그러다가 마침내 마이오티스 호반의 크렘노이[185]에 표착한 것이다. 크렘노이는 자유로운 스키타이인의 영토 내에 있다. 아마존들은 이곳에서 배에서 내려 인가가 있는 쪽으로 향했다. 그녀들은 맨 먼저 말떼를 만나자 이것들을 빼앗아 타고 스키타이인을 약탈하기 시작했다.

스키타이인은 어찌 된 영문인지 도무지 이해할 수가 없었다. 언어도 복장도 다른 모르는 종족이 도대체 어디에서 온 것일까 궁금해서 견딜 수가 없었다. 그들은 아마존족을 젊은 사내들로 생각해 그녀들과 싸움을 벌였다. 싸움이 끝나고 사체를 처리할 때 비로소 그들이 여자임을 알게 된 것이다. 거기에서 스키타이인은 상의를 해 앞으로는 결코 아마존족을 죽이지 않기로 하고, 가장 나이가 젊은 청년을 죽은 아마존족의 수와 비슷하게 뽑아 그녀들에게 보내기로 정했다.

청년들은 아마존 가까이에서 야영을 하며 그녀들의 행동을 똑같이 따라서 했다. 아마존족이 추격해오면 싸우지 않고 도망치고 추격을 중단하면 또 돌아와서 가까운 곳에서 야영을 한다. 스키타이인은 아마존족 아이를 갖고 싶은 생각에 이와 같은 작전을 세운 것이다.

파견된 청년들은 지령대로 행동하고 있었다. 아마존족도 청년들이 해칠 뜻이 없음을 알게 되자 그들에게 개의치 않게 되었다. 그리고 매일 조금씩 서로

---

185) 앞서 서술한 바와 같이 이곳은 이른바 왕족 스키타이인의 영토이다. 자유로운 스키타이인이란 바로 왕족 스키타이인을 말한다.

의 야영지는 가까워졌다. 청년들도 아마존족과 마찬가지로 무기와 말밖에 없어 수렵과 약탈을 일삼아 아마존족과 똑같은 생활을 하고 있었던 것이다.

정오쯤 되면 아마존족은 언제나 아래와 같은 일을 했다. 한 사람 내지 두 사람씩 흩어져 서로 멀리 떨어져서 용변을 보는 것이다. 스키타이인은 이를 알고 그 흉내를 냈다. 그리고 그 가운데 한 사람이 외톨이가 된 아마존족에게 다가가자 여자는 거부하지 않고 사내가 하는 대로 몸을 맡겼다. 서로 언어가 통하지 않기 때문에 말은 할 수 없었는데 손짓으로 의사소통을 해 이튿날 동료를 데리고 같은 장소에 오게 되었다. 둘이서 와야 한다는 시늉을 해보이고 자기도 동료를 데리고 오겠다는 뜻을 손짓으로 보여준 것이다. 그 청년은 야영지로 돌아오자 이를 다른 자들에게 이야기했다. 이튿날 청년이 동료 한 사람을 데리고 같은 장소로 가자 아마존족 여인도 동료와 함께 기다리고 있었다. 다른 청년들도 그 일을 알자 자기들도 다른 아마존족 여인을 길들이고 말았다. 그 뒤로는 서로의 야영지를 합쳐 함께 살고 청년들은 저마다 처음으로 관계를 맺은 아마존족 여인을 아내로 삼았다. 사내는 여자의 말을 외울 수가 없었는데 여자는 사내의 말을 이해할 수 있게 되었다. 서로 의지가 소통하게 되었을 때 사내들은 아마존족 여인에게 말했다.

"우리에겐 부모도 있고 재산도 있소. 그러므로 이와 같은 생활을 그만두고 모두가 있는 곳으로 돌아가 사는 것이 어떻겠소? 우리는 그대들을 아내로 삼고 결코 다른 여자를 맞아들이는 일은 하지 않을 것이오."

그러자 아마존족 여인은 대답했다.

"우리는 도저히 당신네 나라의 여자들과 함께 살 수가 없어요. 우리와 당신네 나라의 여자들은 관습이 달라요. 우리는 활을 당기고 창을 던지며 말을 탈 줄은 아는데 여자가 하는 일은 배우지 못했어요. 그런데 당신네 나라의 여자들은 지금 말한 것과 같은 일은 어느 것 하나 못하지만, 그 대신 사냥을 하지 않고 달리 외출도 하지 않은 채 언제나 수레 안에서 여자들이 해야 할 일에 열중하고 있어요. 그러므로 우리로서는 도저히 그들과 더불어 살아갈 수 있을 것 같지가 않아요. 만일 당신네가 우리를 아내로 삼고 싶다면, 그리고 누구에게도 부끄럽지 않은 행동을 하기 원한다면 부모에게로 가서 재산의 분배를 받으세요. 그런 다음에 또 이곳에 와서 우리끼리만 살아요."

사내들은 이를 받아들여 여자가 말한 대로 따랐다. 자기들 몫의 재산을 받아 아마존에 오자 여자들은 그들에게 말했다.

"우리는 당신네를 부모로부터 빼앗았을 뿐만 아니라 나라를 온통 황폐하게 했어요. 그래서 이 땅에 살아야만 한다고 생각하니 두렵기도 하고 걱정도 됩니다. 당신들이 우리를 아내로 삼을 생각이라면 우리와 함께 이곳을 떠나 타나이스강 건너 편으로 옮겨 가 살아요."

청년들은 이 요구도 받아들였다. 타나이스강을 건너 그곳에서 동쪽으로 3일간의 노정, 그리고 마이오티스호에서 북으로 3일간을 더 나아갔다. 그리고 오늘날 그들이 살고 있는 지방에 도착해 정착한 것이다. 이때 이래 사우로마타이 여자는 조상의 생활양식을 그대로 지켜 말에 오르고, 사내와 함께 또는 자기들끼리만 사냥에도 나서고, 또 사내와 똑같은 복장으로 전쟁터에 나갔다.

사우로마타이인은 스키타이어를 사용하는데 사투리가 있다. 아마존족이 정확하게 스키타이어를 배우지 않았기 때문이다. 이 나라에서는 혼인에 대해서 아래와 같은 풍습이 있다. 어느 처녀나 적을 한 사람 무찌르기 전까지는 시집을 가지 않는 것이다. 그 가운데에는 이 규정을 지키지 못해 시집을 가기 전에 늙어 죽은 처녀도 있다.

한편 위에 든 여러 민족의 왕들이 모여 있는 곳에 스키타이로부터 사절단이 도착해 페르시아 왕이 그 대륙을 모두 평정한 뒤, 보스포로스 해협에 다리를 놓아 이 대륙에 건너왔다는 것, 그 뒤 트라키아를 정복하고 이 육지도 모두 지배하에 두려고 이스트로스강에 다리를 놓는 중이라는 것 등을 알려주었다.

'그러므로 그대들은 결코 권역 밖으로 벗어나 우리가 멸망하는 것을 방관하거나 하는 일이 있어서는 안 된다. 우리는 마음을 합쳐 침략자에게 맞서야 한다. 그대들이 우리가 말하는 대로 해주지 않으면 어떻게 될 것으로 생각하나? 우리는 적의 압박으로 국토를 떠나거나 또는 머물러 화의를 맺을 수밖에 없을 것이다. 그대들이 지원을 해주지 않는다면 우리가 무엇을 할 수 있겠는가? 그러나 그렇게 된 다음 그대들이 편해진다는 것은 결코 아니다. 페르시아 왕은 우리와 똑같이 그대들의 나라도 목표로 삼아 쳐들어올 것이다. 우리나라만을 정복하고 그대들에겐 손도 대지 않고 만족할 리가 없다. 우리의 이 말이 거짓이 아닌 증거를 그대들에게 들려주겠다. 만일 페르시아 왕이 지난날 우리에게 예속됐던 원한을 풀기 위해 우리나라에만 쳐들어온 것이라면 다른 나라에는 손을 대지 않고 우리나라만을 목표로 할 것이고, 그렇다면 그의 목표는 스키타이인뿐이고 다른 나라에는 관심이 없음을 누구에게나 명확하게 보여준 것이 될 것이다. 그런데 지금은 이 대륙에 건너오자마자 그 진로에 있는 것은 모두 정복하고 있다. 이제 그는 트라키아인을 그 지배하에 두고 있는데 그중에서도 우리의 이웃나라인 게타이인이 이미 그의 수중에 있다.'

스키타이인의 이와 같은 요청을 받고 앞의 여러 민족의 왕들은 협의를 했다. 그 의견은 둘로 갈라졌다. 겔로노스인·부디노이인·사우로마타이인의 왕들은 의견이 일치해 스키타이인에게 지원을 약속한 반면, 아카티르소이·네우로이·안드로파고이·멜란클라이노이·타우로이의 왕들은 스키타이인에게 다음과 같이 회답을 보냈다.

'만일 그대들이 페르시아인보다도 먼저 그들에게 불법행위를 하고 전쟁을 도발한 것이 아니라면, 우리도 그대들의 청원을 당연하다고 생각해 그대들과 운명을 함께 하겠소. 그러나 실제로는 그대들이 우리와는 별도로 제멋대로 그들 나라로 밀고 들어가 신이 허용하신 동안 페르시아를 지배하고 있었소. 그리고 이번에는 그들이 똑같은 신의 격려로 그대들에게 똑같은 행위로 보복을 하려는 것이오. 우리는 전에도 그들에게 불법행위를 하나도 한 적이 없고, 지금도 앞서서 그와 같은 행위에 나설 생각은 없소. 물론 페르시아 왕이 우리나라에도 쳐들어와 먼저 불법행위를 하면 우리는 그것을 감수하지 않을 것이오. 그러나 그것을 확인하기까지는 우리는 나라 안에 머물러 움직이지 않을 것이오. 우리는 페르시아군의 목표는 우리가 아니고 불법행위를 범한 자들뿐이라고 생각하기 때문이오.'

스키타이인은 위와 같은 대답이 있었다는 보고를 받자, 위의 민족이 동맹군에 가담하지 않는 이상 정면으로 당당한 싸움을 거는 것은 피하기로 했다. 그리고 두 부대로 나누어 차츰 철수하면서 길가에 있는 우물이나 샘을 메우고 풀을 뽑아나가기로 정했다.

왕의 영토 중 하나[186]이자 스코파시스가 통치하고 있는 지역의 부대에는

---

186) 왕족 스키타이인의 영토는 세 왕이 분할 통치하고 있었다.

사우로마타이인도 가담하게 되었다. 똑바로 타나이스강을 목표로 철수하고 페르시아 왕이 물러가면 추적해서 공격할 태세였다.

왕령의 다른 두 구분—하나는 이단티르소스 치하에 있는 강대한 영토이고, 다른 하나는 탁사키스가 통치하는 지역—은 합류하고 더욱 겔로노스인과 부디노이인도 포함해서 하루의 노정만 페르시아군에 앞서 철수를 계속해 가면서 예정한 행동을 취하게 되었다. 즉 먼저 그들은 자신들과의 동맹을 거부한 나라들 쪽으로 철수해 이 나라들까지도 전쟁에 휩쓸리게 하려고 하였던 것이다. 이들 제국이 자진해서 대 페르시아 전에 개입하는 일은 없다고 해도, 이렇게 되면 본의 아니게 싸울 수밖에 없다는 것이다. 그렇게 한 다음 자국으로 돌아가 기회를 노려 적을 공격한다는 계획이었다.

스키타이인은 위와 같은 작전을 세우자 정예 기병을 뽑아 전위대를 출격시켜 다레이오스를 맞아 싸우려고 했다. 그들은 자신들이 먹을 만큼의 가축만 남기고 나머지 가축과 처자가 기거하는 수레를 한 발 앞서 보내며 북으로 북으로 나아가도록 명령해 두었다.

스키타이인이 그들을 먼저 떠나보내는 한편, 스키타이의 전위부대는 이스트로스강에서 대략 3일간의 노정이 되는 지점에서 페르시아군을 발견했다. 그들은 페르시아군을 발견하자 하루의 노정만큼 앞서 나가 야영을 하며 지상에 자라고 있는 것을 뿌리째 없애버리고 말았다. 페르시아군은 스키타이 기병대의 모습을 발견하자 끊임없이 물러가는 그들의 뒤를 쫓아 나아갔다. 그리고 그때부터는 페르시아군이 앞서 말한 단일의 구분에 해당하는 부대[187]를 목표로 삼았기 때문에 당연히 그 추적의 진로는 동방의 타나이스강 방향으로 향해졌다. 스키타이인이 타나이스강을 건너자 페르시아군도 계속해서 도하해 이를 쫓고 결국에는 스키타이 및 사우로마타이인의 나라를 빠져나가 부디노이국에 도달했다.

페르시아군이 스키타이 및 사우로마타이 땅에서 진격하는 동안은 이곳 일대가 황무지였기 때문에 파괴할 것이 아무것도 없었다. 그러나 부디노이국으로 침입하자 목조의 성곽이 있는 장소를 발견했는데 그 안은 텅 비어 있고 아

---

187) 즉 스코파시스왕 휘하의 부대.

무것도 없었다. 페르시아군은 여기에 불을 질러버렸다. 그 뒤 페르시아군은 스키타이인의 발자취를 쫓아 앞으로 나아가 드디어 이 나라도 통과하고 사람이 살지 않는 황야에 도달했다. 이 황야는 부디노이국의 북방에 있으며 7일의 노정을 필요로 하는 넓이이다. 그리고 이 황야의 더욱 북방에는 티사게타이인의 나라가 있고 이 지방에서 4개의 큰 강이 흘러나와 마이오티스인(마이에타이)[188]의 나라를 가로질러 마이오티스호에 흘러든다. 그 이름은 리코스·오아로스·타나이스·사르기스라 한다.[189]

그런데 다레이오스가 사람이 살지 않는 땅으로 접어들자 전진을 멈추고 군대를 오아로스 강변에 주둔시켰다. 그리고 큰 성채 여덟 개를 약 60스타디온의 같은 간격으로 짓기 시작했다. 이 성채의 폐허는 지금까지 남아있었다.[190] 다레이오스가 이 작업에 착수하고 있는 사이, 추적을 받고 있었던 스키타이 부대는 북방을 우회해 스키타이 본국으로 돌아갔다. 스키타이인이 완전히 모습을 감추고 이제는 페르시아군 앞에 나타나지 않게 되었기 때문에 다레이오스는 그 구축 중이던 성채를 미완성인 채로 남겨두고 그도 방향을 바꾸어 서쪽을 향해 나아갔다. 다레이오스는 이 부대를 스키타이인의 전부로 알고 그들이 서쪽으로 도주한 것으로 생각한 것이다.

다레이오스가 전속력으로 진군해 스키타이 본토에 도달했을 때 이곳에서 스키타이군의 연합부대와 마주쳐 하루 노정의 간격을 두고 도망가는 그들을 추적했다. 다레이오스가 빠르게 추격해 오자 스키타이인은 일찍부터 짠 계획대로 앞서 동맹을 거부한 여러 나라로 도망쳤는데, 최초로 들어간 곳이 멜란클라이노이국이었다. 스키타이·페르시아 두 군은 멜란클라이노이국에 침입해 그곳을 어지럽혔다. 그러자 스키타이인은 페르시아군을 다시 안드로파고이의 국토로 유도했다. 그곳도 뒤흔든 뒤 이번에는 네우로이국으로 도피하였고, 이 나라가 혼란스러워진 사이에 다시 아카티르소이국으로 도망을 가기 시

---

188) 마이오티스호(아조프해) 동해안의 주민을 가리키는 것 같다.

189) 리코스는 불확실, 오라로스는 볼가강 (단 타나이스강=돈강으로는 흘러들지 않는다), 시르기스는 앞서의 히르기스강(드네츠강)으로 추측하는 학자도 있다. 어쨌든 이 부분의 기술은 극히 부정확한 것이 틀림없다.

190) 헤로도토스 자신이 보았다는 것이 아니고 그가 흑해 해변에서 이 이야기를 들은 시점을 말했을 것이다.

작했다.

　그러나 아가티르소이인은 이웃나라 사람들이 스키타이 때문에 혼란해진 나라를 뒤로 하고 도망가는 상황을 본 터였다. 따라서 스키타이인이 침입하는 것에 앞서 전령을 보내 자국 내로 들어오는 것을 금하고, 굳이 침입을 시도한다면 자기들은 그들을 상대로 철저하게 싸울 것이라고 경고하였다. 이렇게 통고해둔 다음 아가티르소이인은 침공군을 물리칠 결의를 다지고 국경 방위에 임했다. 그러나 멜란클라이노이·안드로파고이·네우로이 등 여러 민족은 페르시아군이 스키타이인과 함께 침입하자, 어떠한 방위수단도 취하지 않고 앞서 말한 위협도 없이 오로지 사람이 살지 않는 북쪽 황야로 뿔뿔이 도주한 것이다. 스키타이인은 입국을 거부한 아가티르소이국에는 들어가지 않고 네우로이국에서 페르시아군을 자국 영내로 유도했다.

　이와 같은 일이 언제까지나 이어지자, 다레이오스는 기병 한 사람을 스키타이 왕 이단티르소스에게 보내 아래와 같이 전하게 했다.

　'그대는 세상에 보기 드문 기괴한 사람이오. 아래에 말하는 두 갈래 길 가운데 어느 쪽이든 선택할 수 있는데 왜 언제까지나 도망만 다니고 있소. 만일 그대가 우리 군세에 대항할 자신이 있다면 도망치지 말고 머물러 싸우시오. 또 만일 우리 군에게 힘이 미치지 못함을 인정한다면 그때는 도망을 가지 말고 그대의 주군인 나에게 땅과 물을 바치고 면담에 참여하는 것이 좋을 것이오.'

　이에 대해서 스키타이 왕 이단티르소스는 이렇게 대답을 한다.

　'페르시아 왕이여. 내 방식을 설명하면 이렇소. 나는 일찍이 어떠한 자를 두려워하여 도망간 적이 없소. 전에도 그랬던 것처럼 지금도 그대를 피해 도망을 가고 있는 것은 아니오. 나는 여느 때와 다름없이 행하고 있소. 내가 왜 즉시 그대와 싸우지 않는지, 그 이유도 설명하겠소. 이 나라에는 점령되거나 약탈당하는 것을 두려워해 그대들과 싸움을 서둘러야 할 도시도 과수원도 없소. 아무래도 시급히 싸워야 하는 것이라면 우리에겐 선조의 묘가 있소. 이 묘를 찾아내 파괴를 시도해보는 편이 좋을 것이오. 그때야말로 과연 우리가 이 묘를 위해 그대들과 싸울지, 또는 그래도 싸우지 않을지 알게 될 것이오. 싸움에 대해서는 이 정도로 해두는데 내가 주군으로서 떠받드는 것은 나의 선조 제우스와 스키타이의 여왕 헤스티아(화덕의 신)밖에 없소.[191] 그대에게는 땅과 물 대신에 그대에게 걸맞은 것을 보낼 것이고, 그대가 나의 주군이라고 말한데 대한 보답으로는 후회하지 말라고 말해두겠소.'

사자는 위의 말을 다레이오스에게 보고하기 위해 떠났다. 한편 스키타이의 제왕은 다레이오스가 스키타이를 노예로 만들겠다는 의미의 말을 한 데에 격분했다. 그리하여 사우로마타이를 편입한 스코파시스 휘하의 부대에 다리를 놓은 이스트로스강의 경비를 맡고 있는 이오니아군과 교섭하도록 지시하고 이를 파견했다. 그리고 남은 부대는 이제 페르시아군을 유인하는 작전을 중단하고 그들이 식량을 구하기 위해 출동하는 기회를 노려 예정된 행동으로 나온 것이다. 그때마다 스키타이의 기병대는 페르시아 기병대를 패주시켜 페르시아군은 도망쳐 보병부대에 뛰어든다. 그러면 보병이 구원에 나서는 일이 되풀이되었다. 스키타이인은 적의 보병을 두려워하고 있었기 때문에 기병대를 추격하고는 철수한다. 스키타이군의 이와 같은 공격은 밤에도 되풀이되었다.

여기에서 페르시아군에게는 유리하게, 다레이오스 진영에 공격을 가하는 스키타이군에게는 불리하게 작용한 실로 기묘한 사실을 말하려고 한다. 그것은 당나귀의 울음소리와 노새의 모습이다. 앞에서도 언급한 바와 같이 스키타이지방은 당나귀도 노새도 낳지 않는다. 또 추위 때문에 스키타이 온 국토에 걸쳐서 당나귀도 노새도 전혀 없는 것이다. 그 때문에 당나귀가 울어대면 스키타이 기병대는 혼란에 빠졌다. 종종 스키타이군이 페르시아군을 공격하는 와중에 그들의 말이 당나귀의 울음소리를 들으면 동요해서 후퇴하고 귀를 쫑긋 세우고 놀란 시늉을 하는 것이다. 일찍이 그와 같은 울음소리를 들은 적도, 그 모습을 본 적도 없기 때문이다. 이것이 전황을 적으나마 페르시아군에게 유리하게 했던 것이다.

스키타이인은 페르시아군이 이어지는 급습으로 혼란에 빠진 것을 보자, 가능한 한 그들을 스키타이에 묶어두어 보급부족에 시달리게 하기 위해 다음과 같은 작전으로 나왔다. 자기들의 가축을 목동과 함께 남겨두고 자기들은 다른 곳으로 물러나는 것이다. 공격해온 페르시아군은 이 가축을 손에 넣고 그 전과에 사기가 충천할 것이다.

---

191) 스키타이인이 믿는 신.

이와 같은 일이 거듭되자 드디어 다레이오스는 궁지에 몰리고 말았다. 스키타이의 제왕은 이 사정을 알자 사자를 보내 다레이오스에게 선물로 참새에 쥐, 개구리, 그리고 다섯 개의 화살을 전했다. 페르시아인은 이와 같은 선물을 가지고 온 자에게 선물을 보낸 저의가 무엇이냐고 물었다. 사자는 이것을 전하고 일찌감치 돌아오라는 명령만 받았다고 대답한 뒤 페르시아인에게 지혜가 있다면 선물의 의미를 알 수 있을 것이라고 대답했다. 그 말을 들은 페르시아인은 이에 대해서 회의를 했다.

다레이오스의 의견은, 스카타이인이 자기에게 항복해 땅과 물을 바치겠다는 의미란 것이었다. 그의 추리는 쥐는 땅속에 살면서 인간과 똑같은 곡물을 먹고, 개구리는 물에 살고, 새는 말과 비슷하고,[192] 화살을 지참한 것은 그들의 무기를 인도한다는 뜻이라는 것이었다.[193]

그러나 마고스를 타도한 7인의 한 사람인 고브리아스의 견해는 다레이오스의 설과 대립하는 것이었다. 고브리아스는 선물의 의미를 다음과 같이 추리하였다.

'페르시아인이여. 그대들은 새가 되어 하늘에 날아오르거나, 쥐가 되어 땅속에 파고들거나, 그렇지 않으면 또 개구리가 되어 호수에 뛰어들지 않는 한 반드시 이 화살에 맞아 무사히 귀국하지 못할 것이다.'

페르시아인이 선물의 의미를 헤아리고 있을 무렵, 앞서 마이오티스호안의 경비를 맡고 지금은 이오니아인과 교섭하기 위해 이스트로스강으로 향하는 임무를 띤 스키타이의 한 분단은, 다리가 걸려 있는 지점에 도달하자 다음과 같이 말했다.

"이오니아인 여러분, 그대들이 만일 우리가 제안하는 대로만 행동한다면 그대들에게 자유를 주겠소. 다레이오스는 그대들에게 60일간 다리 경비를 맡기고 이 기간 안에 그가 돌아오지 않으면 귀국해도 좋다는 약속을 한 것으로 우리는 알고 있소. 그런데 지금 그대들이 이제부터 말하는 대로 행동한다면 다레이오스로부터 책임 추궁을 당하는 일도 없고 우리도 죄를 묻지 않게 될

---

192) 둘 모두 속도가 빠르기 때문인 것 같다.
193) 왜 다섯 개였는지 그 의미는 잘 알 수 없다. 기원전 5세기의 설화작가 페레키데스의 단편은 같은 이야기를 전하였으나, 세부적으로 상당한 차이가 있고 화살도 한 개로 되어 있다.

것이오. 간단히 말해 약속한 날짜가 지났으니 돌아가시오."

이오니아인이 그렇게 하겠다고 약속을 하여 스키타이인들은 서둘러 다시 되돌아갔다.

다레이오스에게 선물을 보낸 뒤, 스키타이 부대는 교전을 할 각오로 보병과 기병으로 페르시아군에 대항할 진형을 갖추었다. 그때, 토끼 한 마리가 진열을 누비면서 두 군 사이로 뛰쳐나왔다. 토끼를 본 스키타이인들은 저마다 쫓기 시작했다. 스키타이인의 전열이 흐트러지고 큰 소리가 나는 모습을 보고 다레이오스는 적의 소동이 무엇 때문이냐고 물었다. 그리고 그들이 토끼를 쫓고 있음을 알자 평상시의 이야기 상대인 측근들에게 이렇게 말했다.

"저놈들은 우릴 얕보고 있다. 이제 나도 스키타이인이 보내온 선물에 대해서는 고브리아스가 말한 것이 옳다고 생각된다. 그러하니 어떻게 무사히 돌아갈 것인지, 그 좋은 계책을 세워야만 하겠다."

그 말에 고브리아스는 아래와 같이 건의했다.

"왕이여, 저는 이 민족이 다루기 어렵다는 것을 익히 들어 잘 알고 있었습니다. 그리고 이곳에 와서 그들이 우리를 우롱하는 것을 직접 보고 그 소문이 확실함을 알았습니다. 제 생각에는 우리가 늘 하던 것처럼 해가 지면 곧바로 불을 피우고 병사 중에서 가장 약한 자만을 남겨둔 채 스키타이인이 다리를 파괴하기 위해 이스트로강으로 향하기 전에, 또 이오니아인들이 무언가 우리를 파멸로 이끌 어떤 결단을 내리기 전에 철수하는 것이 좋으리라 생각합니다."

이윽고 해가 저물자 다레이오스는 그 의견을 받아들여 병사 가운데 병들고 지친 자들과 잃어도 아깝지 않은 자들, 거기에 모든 당나귀를 본디 장소에 묶어두고 이들을 진영에 남게 했다. 약졸들과 함께 당나귀를 남긴 것은 당나귀의 울음소리를 기대했기 때문이었다. 남겨진 병사들은 무력하고 도움이 되지 않기 때문에 버린 것인데, 표면상으로는 다레이오스가 정예부대를 이끌고 스키타이군의 공격에 나서기 때문에 그동안 진지를 지켜야 한다는 그럴듯한 명분이 있었다. 남겨진 부대에 위와 같은 말을 하고 불을 피우게 하자 다레이오스는 전속력으로 이스트로스강으로 향했다. 당나귀들은 본대가 떠난 것을 알자 전보다 더 심하게 울어대고 스키타이인은 당나귀 울음소리를 듣고 페르시아군이 그 자리에 머물고 있는 줄로만 생각하고 있었다.

날이 밝자 뒤에 남겨진 부대는 다레이오스에게 배신당한 것을 깨닫고 두 손을 들어 스카타이에 투항해 일의 전말을 이야기했다. 스카타이인은 그 말을 듣자 두 왕국연합부대, 사우로마타이를 편입한 단일부대, 거기에 아데노이인, 겔로노스인의 각 부대가 급거 합류해 하나가 되어 페르시아군을 쫓아 이스트 로스강으로 향했다. 페르시아군은 대부분이 보병부대인 데다가 도로가 정상적이지 않아 진로를 모르는 데 반해서, 스카타이군은 기병부대이고 지름길도 알고 있었기 때문에 두 군은 도중에 어긋나 스카타이군은 페르시아군보다도 훨씬 빨리 다리에 도달하고 말았다. 그들은 페르시아군이 아직 도착하지 않은 것을 알자 배에 타고 있는 이오니아인 부대에 아래와 같이 말을 걸었다.

"이오니아인 여러분, 정해진 날짜가 지났는데 아직 여기에 머무는 것은 부당하오. 이제까지는 페르사아인을 두려워 해 머물고 있었지만 이제는 상황이 바뀌었으니 한시라도 빨리 다리를 파괴한 다음 자유의 몸임을 기뻐하고 신들과 스카타이인의 은혜에 감사하시오. 그리고 이제까지 그대들의 주군이었던 자는 우리가 굴복시켜 앞으로는 어떤 나라에도 군대를 진격시키지 못하도록 할 것이오."

이 제의에 대해서 이오니아인들은 토론을 벌였다. 헬레스폰토스의 케르소네소스의 독재자로서 파견부대를 지휘하고 있던 아테네인 밀티아데스[194]는 스키타이인의 제의에 따라 이오니아를 해방해야 한다는 의견이었다. 그러나 밀레토스인 히스티아이오스의 주장은 이와 반대였다. 자신들이 저마다 자국의 독재권을 장악할 수 있는 것은 다레이오스의 덕택이다, 다레이오스의 세력이 무너지면 자신도 밀레토스를 지배할 수 없게 될 것이고 다른 자들도 누구 하나 그 지위를 보존할 수는 없다, 왜냐하면 어느 도시나 독재제보다도 민주제를 바랄 것이 틀림없기 때문이다, 라는 것이 그의 말이었다.

그러자 그때까지 밀티아데스의 의견에 찬성이었던 전원이 순식간에 히스티아이오스의 의견에 동조하고 말았다.

이 표결에 참가한 사람들 중 페르시아 왕이 중용한 자들은 아비도스의 다

---

194) 이 인물에 대해서는 6권에서 상세하게 기술하고 있다.

프니스, 람프사코스의 히포클로스, 라이온의 헤로판토스, 프로콘네소스의 메트로도로스, 키지코스의 아리스타고라스, 비잔티움의 아리스톤 등으로 모두 헬레스폰토스에 사는 그리스인 독재자였다.

이들 이외에 이오니아에서 온 자로는 키오스의 스트라티스, 사모스의 아이아케스, 포카이아의 라오다마스, 그리고 밀티아데스 설에 반대 의견을 표명했던 밀레토스의 히스티아이오스 등이 있었다. 그 자리에 있었던 아이오리스인으로 명망이 높았던 자는 키메의 아리스타고라스 단 한 사람뿐이었다.

일단 히스티아이오스의 의견에 따르기로 정하자 그 기본방침에 더해서 다음과 같은 행동을 취하고 발언할 것을 의결했다. 즉 우선 다리의 스키타이 측 부분을 파괴하되 활의 사정 내에 있는 부분만을 파괴한다. 이것은 실은 아무 것도 하지 않으면서 무언가를 하고 있는 것처럼 보여주기 위한 것과, 스키타이인이 이스트로스강을 건너려는 것을 막기 위해서이다. 다음으로는 스키타이의 땅으로 이어지는 다리 부분을 파괴할 때 자기들은 스키타이인이 기뻐하는 일은 무엇이건 할 생각이라고 그들에게 알리는 것이다. 히스티아이오스의 의견에 위와 같은 방침을 추가한 다음 모두를 대표해서 히스티아이오스가 다음과 같이 화답을 했다.

"스키타이인 여러분, 그대들은 좋은 정보를 가져다주었고 또 좋은 기회에 달려와 주었소. 그대들이 우리에게 유익한 지침을 준 데 대해서 우리도 또 그대들에게 충분히 보답하고 싶소. 보다시피 우리는 지금 다리를 파괴하고 있는 중이고 자유의 몸이 되고 싶다는 일념으로 앞으로도 열심히 노력할 생각이오. 우리가 이렇게 다리를 파괴하고 있는 동안에 그대들이 페르시아군을 찾으면 우리를 위해서나 그대들 자신을 위해서나 보복을 할 절호의 기회일 것이오!"

스키타이인은 다시 이오니아인의 말을 진정으로 믿고 페르시아군을 수색하기 위해 되돌아갔는데, 페르시아군의 진로를 완전히 잃고 말았다. 이 실패의 원인은 말이 먹을 수 있는 것을 모두 없애고 우물을 메우고 만 스키타이인 자신에게 있었다. 만일 그와 같은 일을 하지 않았더라면 언제라도 쉽게 페르시아군을 발견할 수 있었을 것이기 때문이다. 그들이 최선의 계책이라고 생각한 것이 이제는 그들에게 차질의 원인이 되었다. 그래서 스키타이인은 말이 먹을 꼴과 물이 있는 지방을 골라 통과하면서 적을 수색했다. 적도 이 지역을 지나 철수할 것으로 생각한 것이다. 그러나 페르시아군은 먼저 지나왔던 그 길을 그대로 더듬으면서 나아갔고 가까스로 도하지점을 발견하였다. 이곳에 도달한 때가 밤이고 더구나 다리가 파괴되어 있는 것을 보자 그들은 이오니아군이 자신들을 버리고 간 것이 아닌가 하고 대단한 공포에 휩싸였다.

한편 다레이오스의 측근 중에 목소리가 대단히 큰 이집트인이 있었다. 다레이오스는 이 사내를 이스트로스 강변에 세우고 밀레토스인 히스티아이오스의 이름을 부르게 하였다. 이집트인이 명령대로 하자 히스티아이오스는 첫 소리에 알아듣고 그 명령에 복종하여 원정군을 도하시키기 위해 모든 함선을 동원하고 다리도 다시 놓았다.

이렇게 해서 페르시아군은 호랑이굴을 벗어난 것인데, 스키타이인은 페르시아군을 찾아 헤매면서 또다시 이를 발견하는 데 실패했다. 스키타이인의 판단에 따르면, 이오니아인은 자유민으로서는 온 세계에 유례가 없는 비겁하고 미련한 민족인데 노예로서 평가하는 한 또 이만큼 주인을 생각하고 도망갈 생각이 적은 노예도 없다고 한다. 이것이 스키타이인이 이오니아인에게 가한 혹평이다.

다레이오스는 트라키아를 지나 케르소네소스의 세스토스에 도착했다. 이곳에서 자신들은 배를 타고 아시아로 건너갔는데 유럽에는 페르시아인 메가바조스를 총사령관으로 남겨두었다. 이 메가바조스는 일찍이 다레이오스가 페르시아인이 줄지어 있는 자리에서 다음과 같은 말을 해 크게 그 면목을 세워준 적이 있는 인물이다. 다레이오스가 석류의 열매를 먹으려고 첫 번째 열매를 쪼갰을 때, 동생인 아르타바노스가 석류 열매 속에 있는 씨앗의 수만큼 있었으면 하는 것이 무엇이냐고 물었다. 그러자 다레이오스는 그리스를 정복하는 것보다도 그 씨앗의 수만큼 메가바조스가 있어 주었으면 좋겠다고 대답했다. 가득 모인 페르시아인 사이에서 이와 같이 말한 다레이오스가 이번에는 메가바조스를 자기 휘하의 군세 가운데 8만 병력의 지휘관으로서 유럽에 남긴 것이다.

이 메가바조스는 다음과 같은 명언을 해 헬레스폰토스인의 마음에 언제까지나 지워지지 않는 기억을 남긴 인물이다. 그가 비잔티움에 갔을 때, 17년 전에는 이 나라에 비잔티움인이 아니라 칼케돈인이 살고 있었다는 말을 듣고 이렇게 말했다는 것이다.

"칼케돈인은 맹인이었음이 틀림없다. 아니었다면 왜 훨씬 좋은 장소를 놔두고, 일부러 쓸모없는 하찮은 장소를 택해 도시를 이루었단 말인가."[195]

그런데 이 메가바조스가 이 때의 총지휘관으로서 이 지방에 남겨져 그는 헬레스폰토스인 가운데 아직 페르시아에 따르고 있지 않은 자들의 정벌에 나선 것이다.

리비아 공격의 이전 역사

메가바조스의 위의 행동과 때를 같이해 또 하나의 대원정이 리비아를 향해 이루어지고 있었다. 그 이유는 이제부터 기술하는 대로인데 그 전에 다음의 것을 언급하려고 한다.

아르고선에 승선한 용사들의 자손[196]은, 브라우론으로부터 아테네 여자들을 유괴했던 펠라스고이인[197] 때문에 렘노스섬에서 쫓겨나 해로로 스파르타로 향했다. 그리고 타이게토스 산중[198]에 머무르며 불을 피우고 있었다. 이를 본 스파르타인은 사자를 보내 그들이 누구이고 어디에서 왔는지 물었다. 그러자 그들은, 자기들은 미니아이인[199]으로 아르고선에 승선했던 영웅들의 자손이며, 이 영웅들은 렘노스섬에 상륙해 자기들의 선조가 된 것이라고[200] 말했다. 미니아이인의 출신에 대해 설명을 들은 스파르타인은 다시 사자를 보내 무슨 목적으로 이 나라에 와서 불을 피우느냐고[201] 물었다. 그 대답은 이러했다.

---

195) 이 두 도시는 메가라인이 개척한 것으로 비잔티움(오늘날의 이스탄불)은 658년, 칼케돈(오늘날의 우스크다라)은 675년에 창설된 것으로 전해지고 있다. 모두 요충지를 차지하고 있는데 해류 등의 지리적 조건은 비잔티움 쪽이 뛰어나다.

196) 이 이야기는 아르고선의 모험에 참가한 영웅을 초대로 치면 6대째 시대에 해당한다.

197) 이것은 6권 뒷부분에 상세하게 기술이 되어 있다.

198) 스파르타 서쪽에 남북으로 이어지는 산맥.

199) 미니아이인란 테살리아에서 보이오티아에 걸쳐서 널리 분포하고 있는 종족의 이름. 남하해 온 그리스 민족의 가장 오랜 민족의 하나로 생각되고 있다. 아르고선의 이야기에서 이 아손을 비롯하여 그 중요한 인물들은 미니아이계이다.

200) 아르고선의 대원은 콜키스로 가는 길에 렘노스에 상륙해 이 고장의 여자를 아내로 삼아 약 1년간을 지냈다. 이들은 그 자손들이라는 것이다.

201) 산중에서 불을 피우는 것은 당연한 일이므로 어쩌면 불을 피우는 것에 특별한 의미가 없을지도 모른다.

"우리는 펠라스고이인에 의해 추방되었기 때문에 선조의 나라에 온 것이다. 그렇게 하는 것이 가장 올바르다고 생각했기 때문이다."

그러면서 스파르타인의 나라에서 그 특권이나 토지를 나누어주어 함께 살게 해달라고 청원하였다. 스파르타인은 그들의 소원대로 미니아이인을 받아들이기로 했다. 스파르타인에게 이 결단을 촉구한 가장 큰 이유는 틴다레오스의 아들들[202]이 아르고선에 승선했었기 때문이다. 스파르타인은 미니아이인을 받아들여 토지도 분배해주고 여러 부족[203]에 속하게 했다. 미니아이인들은 곧바로 혼인을 하고 자기들이 렘노스에서 데려온 여자들은 다른 자들에게 시집을 보냈다.

그로부터 얼마 안 되는 동안에 미니아이인은 점점 우쭐해져서 왕권에 참여하는 것까지 요구하였고, 그 밖에도 불법행위가 많았다. 그러자 스파르타인은 그들을 죽이기로 결정해 포박을 하고 처형을 위해 감금했다. 스파르타에서는 사형수를 낮 동안이 아니라 밤에 처형하였다. 한편 미니아이인을 처형하려고 했을 때 그의 아내들이—모두가 순수한 스파르타인이고 명문가의 딸이었다—옥사에 들어가 남편을 면회하게 해달라고 청원을 해왔다. 스파르타인은 여자들의 모략에 걸린 줄은 꿈에도 생각하지 않고 옥사로 들어가는 것을 허용했다. 여자들은 안으로 들어가자 자신이 입고 있던 옷을 모두 벗어 남편에게 주고 자신들은 남편이 입고 있던 것을 몸에 걸쳤다. 미니아이인들은 여자 옷을 입고 여자처럼 보이면서 옥사 밖으로 나갔다. 이렇게 해서 도망쳐 나온 그들은 다시 타이케토스 산중에 틀어박혀 살았다.

그 무렵 폴리네이케스의 아들인 테르산드로스의 증손자이며 티사메노스의 손자이고 아우테시온의 아들인 테라스가 식민지를 개척하기 위해 스파르타를 떠나려하고 있었다. 이 테라스는 카드모스가 출신이고 아리스토데모스의 두 아들 에우리스테네스와 프로클레스에게는 외숙부가 되는 셈이다.[204] 두

---

202) 틴다레오스는 스파르타의 옛 왕. 그의 아들들이란 카스토르와 폴리데우케스 쌍둥이를 가리킨다. 이 두 사람이 아르고선의 모험에 참가해 미니아이인이 스파르타를 선조의 나라로 부른 것이다.
203) 유명한 스파르타의 세 부족을 가리킨다. 스파르타인은 그들에게 완전한 시민권을 허용했다.
204) 테라스는 카드모스 가(家), 즉 테베왕족 출신인데 그의 부친 아우테시온이 스파르타로 이

아들이 어릴 적에는 이 테라스가 후견인으로서 스파르타의 왕권을 장악하고 있었다. 그러나 조카들이 성장해 왕권을 계승하기에 이르자, 한 번 왕권의 맛을 안 테라스는 타인의 지배하에 살아가는데 어려움을 느끼고 자신은 스파르타에 머물 생각이 없어 해외의 동족에게 가고 싶다는 말을 꺼냈다.

현재 테라로 불리고 있는 섬[205]은 전에는 칼리스테로 불렸는데, 이것은 같은 섬이고 그 무렵엔 페니키아인 포이킬레스의 아들 멤블리아로스의 자손들이 살고 있었다. 즉 아게노르의 아들 카드모스는 에우로페의 소재지를 찾아다니면서[206] 현재의 테라섬에 상륙한 적이 있었는데 이 땅이 마음에 들었는지, 또는 다른 이유가 있어서 그랬는지 이 섬에 페니키아인을 남기고 갔다. 그리고 그 가운데에는 자기 동족인 한 사람 멤블리아로스도 있었던 것이다. 이들이 그 무렵 칼리스테로 불리고 있었던 이 섬에 테라스가 스파르타에서 오기까지 8대에 걸쳐서 살고 있었다.

한편 테라스는 각 부족에서 선발한 이민단을 이끌고 테라에 사는 동족에게로 떠나려 하고 있었다. 그는 테라의 주민들을 몰아낼 생각은 추호도 없으며, 오히려 친근하게 동족으로 대할 참이었다. 한편 옥사에서 도망을 간 미니아이인이 타이게토스 산중에 틀어박혀 스파르타인이 그들을 토벌하려고 했을 때, 테라스는 그들을 죽이지 말도록 부탁하고 자신이 그들을 국외로 데리고 나가는 일을 떠맡았다. 스파르타인이 그의 의견을 받아들였기 때문에 그는 세 척의 30노선을 끌고 멤블리아로스의 후예들이 있는 곳으로 떠났다. 단 이끌고 간 것은 미니아이인 중에서도 소수뿐이었다. 왜냐하면 대부분의 미니아이인은 파로레아타이인과 카우코네스인이 사는 지방[207]으로 가 그들을 추방한 뒤, 여섯 집단으로 나누어 이 지방에 레프레온·마키스토스·프릭사이·파

주해온 뒤, 그의 딸 아우게이아를 헤라클레스가의 아리스토데모스에게 출가시킨 것이다.

205) 현재명은 티라 또는 산토리니. 키클라데스 군도 중에서는 최남단의 섬이고 옛날부터 화산 활동이 활발한 것으로 알려져 있다.

206) 부친 아게노르의 명으로 유괴된 누이동생 에우로페의 행방을 찾기 위해 나선 것이다.

207) 파로레아타이와 카우코네스는 명칭은 다르지만 같은 민족을 가리킨 것 같다. 그 거주지는 트리피리아였다. 트리피리아는 펠로폰네소스 서해안에 있고 북은 엘리스, 동은 아르카디아, 남은 메세니아 등 각 지방 사이에 낀 좁은 지역이다. 다음에 열거되는 도시는 이 지방에 있었는데 상세한 주해는 생략한다.

르고스·에피온·누디온 등의 도시를 건설했기 때문이다. 그러나 이들 도시 대부분은 우리 시대에 이르러 엘리스인에 의해 파괴되고 말았다. 그리고 앞의 섬은 창설자 테라스의 이름을 따서 테라로 명명이 되었다.

테라스의 아들이 아버지와 함께 출항하는 것을 거부했다. 테라스는 아들을 스파르타에 남기는 것은 이리 떼 안에 양을 한 마리 남겨두는 것과 같다고 말했다.[208] 이 말에서 이 청년에게 오이올리코스(양이리)란 별명이 붙여졌는데, 어찌된 일인지 이 이름이(본명보다도) 잘 통하게 되었다. 이 오이올리코스에게서 아이게우스가 태어났다. 스파르타의 유력한 씨족인 아이게우스 씨족(아이게이다이)은 이 아이게우스의 이름에서 유래한 것이다.

이 씨족에 속하는 남자 집안에서는 자식이 어린 나이에 죽게 되자 거기에서 어느 신의 계시에 따라 라이오스와 오이디푸스의 원령[209]을 위해 신전을 건립했다. 그 뒤에는 아이가 일찍 사망하지 않게 되었는데, 테라에서도 이와 똑같은 일이 이들의 자손[210] 사이에서 일어났다.

위에 서술한 것까지는 스파르타인도 테라인도 똑같은 이야기를 전하고 있지만, 아래에 서술하는 그 이후의 사건은 테라인만의 전승에 따른 것이다.

그 테라스의 후예이자 테라섬의 왕이었던 아이사니오스의 아들 그린노스가 나라를 위해 소 100마리를 이끌고 델포이에 가서 희생을 바친 일이 있었다. 다른 시민도 그를 수행했는데, 그 가운데에는 미니아이인 에우페모스[211]의 자손이고 폴림네스토스의 아들인 바토스도 끼어 있었다. 테라의 왕 그린노스가 국민의 장래에 대해 신의 계시를 구하자 델포이의 무녀는 리비아에 도시를 창설하라는 신탁을 내렸다. 그린노스가 이에 대답하였다.

"신이시여, 저는 이미 나이가 너무 많아 여행을 나서기에도 몸이 따르질 않습니다. 부디 이곳에 있는 더 젊은 자에게 그 일을 맡겨주십시오."

---

208) 마태복음서에 이와 비슷한 표현이 있는 것은 잘 알려져 있다.

209) 라이오스는 그의 아들 오이디푸스에게 살해되었고, 오이디푸스는 자기 아들에게 박해당했다. 그 원한을 신격화해서 생각한 것이 엘리니에스이다.

210) 이제까지의 기술에 의하면 테라의 식민은 테라스에 의한 것이므로 그 손자인 아이게우스에게 비롯된 아이우스의 자손이라고 하는 것은 모순이다. 이것과는 달리 전해져오는 것이 있는데 헤로도토스는 양자를 혼동하고 있는 것 같다.

211) 그 또한 아르고선 영웅 가운데 한 사람이다.

그는 바토스를 가리킨 것이다.

그러나 테라인들은 귀국하자 신탁에 대해서는 전혀 고려하지 않았다. 그들은 리비아가 도대체 어디에 있는지도 모르고 또 어떤 곳인지도 모르는 곳에 선뜻 이민을 보낼 모험을 무릅쓸 생각도 없었기 때문이다.

그러나 그로부터 7년간 테라에는 비가 내리지 않아 나무 한 그루를 제외하고는 모두 말라죽고 말았다. 테라인이 신의 계시를 묻자 무녀는(다시) 리비아에 식민할 것을 권한 것이다. 테라인에게는 이 천재(天災)에 대처할 다른 뾰족한 수단도 없었기 때문에 크레타섬에 사자를 보내 크레타인이나 또는 크레타섬에 사는 외국인 가운데 일찍이 리비아에 가본 적이 있는 자를 찾아보게 했다. 파견된 자들은 크레타섬을 빠짐없이 돌아다녀 마침내 이타노스시²¹²⁾까지 이르렀는데, 이곳에서 코로비오스란 이름의 조개잡이 어부를 만나게 되었다. 이 사내의 말에 따르면, 한때 풍랑에 휩쓸려 리비아에 간 적이 있는데 그곳은 리비아의 플라테아²¹³⁾라는 섬이었다고 한다. 테라인은 이 사내에게 사례금을 주고 설득해 테라로 데리고 돌아가, 처음에는 사전답사를 위해 몇 사람만을 테라에서 출범시켰다. 코로비오스는 테라인들을 플라테아섬으로 안내했는데, 테라인은 수개월분의 식량을 주어 코로비오스를 이 섬에 남기고 자신들은 섬에 대한 보고를 위해 서둘러 돌아갔다.

그러나 테라인은 약속기간이 지나도 돌아오지 않아 코로비오는 식량 부족으로 심한 곤경에 빠지고 말았다. 얼마 뒤 콜라이오스란 사내가 선주인 사모스의 배가 이집트로 가던 중 표류해 이 플라테아섬에 닿았다. 사모스인들은 코로비오스로부터 자초지종을 듣게 되자 1년분의 식량을 남겨주었다. 그리고 이 섬을 떠나 동풍에 떠내려가면서도 이집트를 목표로 항해를 계속했다. 그러나 바람은 약해지지 않아 그들은 '헤라클레스의 기둥'을 지나 신의 인도로 타르테소스²¹⁴⁾에 닿았다. 이곳은 그 무렵 아직 통상지로서는 미개척지였기 때문에 그들이 귀국했을 때에는 화물적재로 올린 수익이, 우리가 확실한

---

212) 크레타의 최동단. 북쪽에 있었던 도시.

213) 현재의 봄바섬. 같은 이름의 만(灣) 내, 토브르크 서쪽에 있다.

214) 지브롤터 넘어 카디스 앞에 있는 도시. 오늘날의 가달키빌. 은과 그 밖의 광산자원이 풍부한 전설적인 부유 도시.

자료에 의해 알고 있는 한, 일찍이 어느 그리스인도 올리지 못했던 막대한 액수였다. 물론 그들도 아이기나인인 라오다마스의 아들 소스트라토스에게는 훨씬 미치지 못했다. 소스트라토스와 어깨를 견줄 수 있는 자는 한 사람도 없었기 때문이다.

사모스인은 수익의 1할에 해당하는 6탈란톤으로 아르고리스의 혼주기 양식을 모방한 청동 항아리를 만들게 했다. 그 가장자리에는 괴조(怪鳥) 그리프스의 머리가 나란히 돌출하고 있는 항아리이다. 이것을 헤라 신전에 봉납하고 그 대좌에 무릎을 꿇은 형태의 높이 7페키스나 되는 거대한 동상을 3개 설치했다. 콜라이오스의 이 행위가 계기가 되어 키레네인, 테라인, 사모스인은 견고한 우호관계를 맺게 된 것이다.

한편 테라인은 코로비오스를 섬에 남겨두고 테라로 돌아가자 자신들이 리비아 연안의 섬에 식민지를 개척했다고 보고했다.

테라인은 형제 둘 가운데 제비에 뽑힌 사람이 가기로 해[215] 7개 지구 모두에서 이민을 보내기로 정하고, 바토스를 이민단의 지휘자 및 왕으로 할 것을 결의했다. 이렇게 해서 테라인은 두 척의 오십노선을 플라테아섬으로 보낸 것이다.[216]

이제까지의 이야기는 테라스인이 전하는 말에 따른 것인데, 이 뒤의 일에 대해서는 테라스인이 전하는 것도 키레네인의 전승과 일치한다. 그것은 바토스에 관한 한 키레네인이 전하는 것은 테라인이 말하는 것과 아무래도 일치하지 않기 때문이다. 키레네인이 전하는 것은 이렇다.

크레타섬에 오악소스[217]란 도시가 있고 그곳에 에테아르코스란 왕이 살았다. 그는 프로니메라는 어머니를 잃은 딸을 위해 후처를 맞아들였다. 후처로 들어온 여자는 명실 공히 프로니메의 계모가 되려고 작정을 했는지, 온갖 수단을 동원해 딸을 괴롭혔다. 결국 딸의 몸가짐이 나쁘다고 남편에게 고자질을 해 이를 사실로 믿게 만들었다. 아내의 술책에 넘어간 에테아르코스는 딸을

---

215) 이 해석에는 약간의 의문이 있다. 어쩌면 형제는 두 사람만이 아니었을지도 모른다. 어쨌든 외아들의 가정은 제외되었다.
216) 오십노선의 정원은 약 80명이었으므로 이민자의 수는 200명을 넘지 않았던 것이다.
217) 크레타섬 중앙부의 도시.

실로 천인공노할 방법으로 제거하려고 했다. 오악소스시에 테라 출신의 상인으로 테미손이란 사내가 살고 있었는데, 에테아르코스는 이 사내를 손님으로 초대해 자기가 부탁하는 일은 무엇이든 들어주겠다는 맹세를 받아냈다. 그리고 에테아르코스는 자기 딸을 건네주며 데리고 가서 바다에 빠뜨리라고 말했다. 테미손은 자기를 속이고 맹세를 하게 한 에테아르코스의 믿을 수 없는 행위에 격분했다. 그러나 맹세를 깨뜨리지 않기 위해 일단 프로니메를 데리고 출범했고, 바다 한가운데에 이르자 그녀를 밧줄로 묶고 바다 속에 빠뜨렸다가 다시 끌어올려 테라로 돌아왔다. 그 뒤 테라의 명사였던 폴림네스토스가 그녀를 첩으로 삼았다. 이윽고 말을 더듬거리는 사내아이가 태어나 그에게 붙여진 이름이 바토스[218]였다고 테라인도 키레네인도 전하고 있는데, 내 생각에 그것은 별명이다. 그는 리비아로 간 뒤부터 바토스로 개명을 하였고, 델포이에서 그에게 내려진 신의 계시와 그가 얻은 영예에 따라 이 이름으로 바꾸었던 것이다. 리비아인은 왕을 바토스라고 말하기 때문이다. 또 내 생각으로는 그렇기 때문에 델포이의 무녀도 신의 계시를 내릴 때 그의 이름을 리비아어로 불렀을 것이다. 무녀는 그가 리비아에서 왕위에 오를 것을 예견하고 있었던 것이다. 왜냐하면 바토스가 성인이 된 뒤 자신의 언어에 대해서 신탁을 받기 위해 델포이로 간 적이 있었는데, 그의 물음에 무녀가 다음과 같은 계시를 내렸기 때문이다.

"바토스여, 나의 계시에 대해서 물으려고 왔구나. 그러나 그대의 주인 보이포스 아폴론은, 양을 치는 나라 리비아에 새로운 도시를 건설하기 위해 그대를 보내노라."

이것은 무녀가 그리스어를 사용했다면 '왕이여, 그대는 나의 계시에 대해서 물으려고 왔구나' 말한 것과 같다. 바토스는 이에 이렇게 대답했다.

"신이여, 저는 저의 발음에 대해서 알고자 왔는데 당신께서는 리비아에 식민을 하라는 등, 관계도 없고 할 수도 없는 일을 말씀하십니다. 저에게 그와 같은 재력과 병력이 어디에 있겠습니까?"

그는 이렇게 호소했으나 무녀에게 다른 계시를 내리게 할 수는 없었다. 무

---

218) 바토스란 의성어로 '말더듬이'란 의미였을 것이다. 그러나 헤로도토스는 이런 해석을 취하지 않고 있다.

녀가 또 같은 계시를 되풀이하자 바토스는 계시가 끝나기도 전에 자리를 떠 테라로 돌아가고 말았다.

그러나 그 뒤 바토스 자신에게도 다른 테라인에게도 불상사가 이어졌다. 테라인으로서는 그 원인을 알 수 없어 당면한 재난에 대해서 신탁을 얻기 위해 델포이에 사자를 보냈다. 그러자 무녀는 바토스와 함께 리비아의 키레네에 새로운 도시를 만들면 사태가 호전할 것이라고 대답했다. 그래서 테라인은 두 척의 오십노선과 함께 바토스를 보냈다. 이들은 리비아로 향했으나 달리 어떻게 해야 좋을지 모른 채 다시 테라도 돌아왔다. 그러나 본국의 테라인은 상륙하려는 그들에게 돌을 던지면서 리비아로 돌아가라고 말했다. 그래서 그들도 어쩔 수 없이 배를 돌려 앞서 말한 바와 같이 플라테아라는 리비아 연안의 섬에 정착한 것이다. 이 섬은 오늘날의 키레네시와 같은 규모로 전해진다.

키레네 식민의 유래

그들은 이 섬에 2년간 살았다. 그러나 특별히 운이 좋았던 것도 아니었기 때문에 한 사람만을 그곳에 남기고 나머지는 모두 델포이로 떠나 신탁소를 방문해, 리비아에 식민지를 건설했지만 사태가 조금도 나아지지 않았다고 말하고 신탁을 청했다. 이에 대해서 무녀는 다음과 같이 대답했다.

"가본 적도 없는 그대들이 가본 일이 있는 나[219]보다도 양치기의 나라 리비아를 잘 알고 있다니, 그대들의 교활함에 나도 그저 감탄할 뿐이다."

이 신탁을 듣고 바토스와 사람들은 다시 섬으로 되돌아갔다. 그들이 리비아의 본토에 도달하기까지는 신이 그들을 식민의 의무에서 해방하지 않을 것을 알았기 때문이다. 그래서 섬에 남겨두었던 자를 합류시키고 섬 맞은 편에 있는 리비아 본토인 아지리스 땅에 정착했다. 이 토지의 양측은 수목이 무성한 아름다운 사면으로 가려지고, 한쪽에는 강이 흐르고 있다.

그들은 이 땅에서 6년간을 살았다. 7년째가 되던 해, 리비아인은 더욱 좋은 곳으로 안내한다며 이곳에서 떠나도록 설득하였다.[220] 그리고 서쪽으로 안내

---

219) 아폴론이 라피타이 족의 왕 히피세우스의 딸 키레네를 빼앗아 리비아로 데리고 갔다는 전설.
220) '설득'을 '거짓'으로 고쳐 읽는 학자도 있다.

를 했다. 도중에 가장 좋은 아리사[221]란 지역을 지날 때에는 그리스인의 눈에 띄지 않게 미리 시각을 계산해 두어 밤에 그곳을 지나게 했다. 리비아인은 그리스인을 아폴론의 샘이라 일컬어지는 샘[222]으로 안내하고 말했다.

"그리스인 여러분, 그대들이 살기에는 이곳이 좋을 것이오. 이곳은 하늘에 구멍이 뚫려있으니까."[223]

40년간 왕위에 있었던 창설자 바토스, 그리고 16년간 통치한 그의 아들 아르케실라오스의 재위 기간에 키레네의 인구는 처음 식민으로 출발했을 때의 숫자 그대로였다. 그러나 '행복왕'으로 일컬어지는 3대째인 바토스 치세에 델포이의 무녀가 계시를 내려 모든 그리스인에게 리비아에 가서 키레네인과 함께 살라고 촉구했다. 그것도 처음에는 키레네인이 토지를 나누어 주겠다며 그리스인을 초청했기 때문이었다. 그 신의 계시란 이렇다.

"아름다운 리비아 땅의 토지분배에 뒤처지는 자는 반드시 후회할 날이 오리라."

그리스인이 대거 키레네로 모인 결과, 많은 토지를 빼앗긴 리비아인과 아디크란 왕은 비참한 처지가 되었다. 그래서 이집트에 사자를 보내 자신들의 신병을 이집트 왕 아프리에스[224]에게 맡긴 것이다. 아프리에스는 이집트의 대군을 모아 키레네로 보냈다. 그러나 키레네인은 이라사 지구에 출격해 테스테의 샘 부근에서 이집트군과 교전해 이를 격파했다. 이집트인은 이제까지 그리스인과 싸운 경험이 없고 그들을 대수롭지 않게 보고 있었기 때문에 대패해 겨우 소수만이 귀환할 수 있었다. 이집트인이 아프리에스에게 반란을 일으킨 것은 이 일을 원망해 그 책임을 아프리에스에게 돌렸기 때문이다.[225]

이 바토스의 아들이 아르케실라오스이다. 그는 그 치세 초반에 동생들과

---

221) 오늘날의 엘셴(이라셈, 일세마) 이란 곳으로 추정된다. 리비아 고원 끝에 있고 눈앞에 봄바만이 펼쳐져 있다.
222) 핀다로스의 〈피티아〉 제4가 249행에서 노래되는 샘.
223) 사실 이곳은 물이 풍부하고 11월에서 봄에 걸친 우기에는 종종 큰비가 있다. 리비아인이 그리스인을 완전히 기만한 것은 아니었다.
224) 이 왕에 대해서는 2권 참조.
225) 이것은 2권의 기술과 연관이 있다. 다만 이곳의 기술은 지나치게 간단해 별도로 상술한다는 2권에서의 약속이 제대로 이루어졌다고는 말하기 어렵다.

불화를 낳고 결국 동생들은 그의 곁을 떠나 리비아의 다른 지구로 옮겨 이곳에 자신들만의 도시를 건설했다. 이것이 그 무렵이나 오늘날이나 바르케(라틴어 바르카)로 불리는 도시이다.[226] 그리고 도시를 건설하는 것과 동시에 리비아인을 설득해 키레네와의 동맹관계를 끊도록 했다. 그리고 아르케실라오스는 동생들을 받아들인 리비아인을 토벌하기 위해 출병했다. 그를 두려워한 리비아인은 동부 리비아로 도주했다. 아르케실라오스가 도망가는 자들을 뒤쫓아 리비아의 레우콘에 이르렀을 때, 리비아인은 그를 공격할 좋은 기회로 판단했다. 리비아인은 교전해서 키레네군을 격파했는데, 키레네의 중무장군 7천이 전사하는 실로 압도적인 승리였다. 이 패전 뒤, 아르케실라오스가 병에 걸려 약을 복용하던 중 동생인 레아르코스에게 교살되었다. 그러나 이 레아르코스는 아르케실라오스의 아내 에릭소에 의해서 살해되었다.[227]

아르케실라오스의 뒤를 이어서 그의 아들 바토스가 왕위에 올랐는데 그는 절름발이어서 제대로 걸을 수가 없었다. 키레네인은 끊임없이 이어지는 국가의 불운을 우려해 델포이에 사자를 보내 어떤 국가체제를 취하면 국민복지에 가장 좋을지 물었다. 무녀는 아르카디아의 만티네아(만티네이아)[228]로부터 국정개혁자를 데리고 오는 것이 좋다고 대답을 했다. 그래서 키레네인이 의뢰하자, 만티네아인은 시에서 가장 명망이 높은 데모낙스란 인물을 보냈다. 이 사내는 키레네에 오자 실정을 상세하게 들은 뒤 먼저 키레네인을 세 부족[229]으로 나누고 그 배치는 다음과 같이 하게 했다. 테라인과 그 주변인(펠리오이코이)[230]으로 제1구역, 펠로폰네소스인과 크레타인으로 제2구역, 도서 지방의 주민 전체로 제3구역을 구성했다. 또한 데모낙스는 또 바토스왕을 위해서 왕실

---

226) 키레네 서쪽의 현재 엘 메르제라 불리는 지역에 그 폐허가 있다.
227) 이 이야기는 여기에서는 너무 간략해서 이해하기 어렵다. 상세한 이야기는 플루타르코스의 소론 De mulierum virtutibus '부덕에 대해서'에서 볼 수 있다. 아르케실라오스의 친구(이 점은 이 책과 다르다) 라아르코스(레아르코스)가 독물을 사용하여 아르케실라오스를 차츰 쇠약시켜 마지막에 교살했다는 것이다.
228) 만티네아는 옛날부터 정치가 가장 잘 되었던 도시로 유명했다.
229) 조직을 세 부족으로 나누는 것은 스파르타를 비롯해서 도리스계 국가들의 특징적 체제이다.
230) 펠리오이코이는 다의적인 언어인데 여기에서는 스파르타에서의 체제에 준해서 생각해 이렇게 옮겼다. 토착 리비아인을 가리킨다.

직할지와 사제직만 남겨두고 지금까지 왕이 보유하고 있었던 다른 모든 것을 국민의 공유로 했다.

바토스의 치세 중에는 이 체제가 그대로 이어졌지만, 그의 아들 아르케실라오스의 대에 이르러 특권을 둘러싸고 격렬한 소동이 벌어졌다. 절름발이 바토스와 페레티메의 아들이었던 아르케실라오스가 만티네아인 데모낙스가 제정한 제도하에 안주할 수 없다고 선언하고 선조가 장악하고 있었던 여러 가지 특권의 회복을 요구한 것이다. 이어서 아르케실라오스는 반란을 일으켰는데 대패해서 사모스로 몸을 피하고, 한편 그의 모친은 키프로스섬의 살라미스로 도주했다. 그 무렵 살라미스는 에우엘톤이 지배하고 있었다. 그는 델포이의 '코린토스인의 보고'에 수장되어 있는 훌륭한 향로를 봉납한 인물이다. 그에게 몸을 의지했던 페레티메는 자신들의 키레네 복귀를 수행하기 위한 군대를 달라고 부탁했다. 에우엘톤은 군대 이외의 것이라면 무엇이건 그녀에게 주려고 했다. 페레티메는 선물을 받을 때마다 이것도 좋은데 부탁을 드린 군대를 받는 편이 더욱 좋다고 말하였다. 에우엘톤은 마지막으로 양모와 함께 황금의 방추(紡錘)와 실톳대를 그녀에게 선물했다. 이 선물에 페레티메가 또다시 같은 말을 하자, 에우엘톤은 여자가 받는 선물은 이런 것이지 군대가 아니라고 하였다.

이 무렵 아르카실라오스는 사모스에서 토지 분배를 미끼로 닥치는 대로 사람을 모으고 있었다. 이윽고 대군을 모으자 자신의 귀국에 대해서 신탁을 받기 위해 델포이로 향했다. 그러자 무녀는 다음과 같은 신탁을 내렸다.

"바토스 4대, 아르케실라오스 4대, 합쳐서 8대 동안은 그대들이 키레네의 왕이 됨을 허용한다. 그러나 경고하노니 그 이상은 결코 왕이 될 생각은 마라. 그대가 귀국하는 날엔 조용하게 처신하여 소란을 일으키지 마라. 단지가 가득 찬 화덕을 보면 이것을 더욱 굽지 말고 그대로 놓아두라, 그러나 만일 불을 붙였을 때에는 물로 둘러싸인 곳에는 들어가지 마라. 그렇지 않으면 그대는 목숨을 잃는다. 그대와 함께 그 황소까지도 말이다."[231]

---

231) 이 계시의 대체적인 의미는 다음에 기술이 되는 경과로 이해할 수 있다. 여기에서 말하는 항아리는 암포레우스(암포라, 둥글고 목이 잘룩한 단지의 일종)로 손잡이가 두 개 있어 이를 인간으로 빗댔을 것이다. '물로 둘러싸인 곳'을 아르케실라오스는 키레네를 가리키는 것으

델포이의 무녀는 이렇게 아르케실라오스에게 고했다. 아르케실라오스는 사모스에서 모은 군세를 이끌고 키레네로 돌아갔는데, 도시의 전권을 장악하자 계시 따위는 까맣게 잊어버리고 자신을 망명하게 한 것에 대한 보복을 반대자들에게 가하려고 했다. 일부는 완전히 국외로 몸을 피했으나 그 가운데 몇몇은 체포해 처형을 위해 키프로스로 보냈다. 그러나 그 도중에 풍랑을 만나 크니도스에 표착된 것을 크니도스인에게 구조되어 테라로 보내졌다. 또 다른 키레네인은 아글로마크스란 사내의 사유였던 큰 탑으로 숨어들었는데, 아르케실라오스는 그 주위에 장작을 쌓게 하고 불을 질러 태워버렸다. 그런데 그 일을 하고 만 뒤에야, 앞서 델포이의 무녀가 화덕 속에 단지를 보아도 이것을 굽지 말라고 말한 계시가 바로 이것이었구나 하고 깨달았다. 이제 예언된 죽음이 두려워서 견딜 수 없던 그는 또 '물로 둘러싸인 곳'이란 키레네일 것이라고 생각해 자진해서 키레네의 도시로는 들어가지 않도록 했다. 그의 아내는 그에게 친척이 되는 여자이고, 알라제이르라는 바르케 왕의 딸이었다. 그는 이 알라제이르에게 몸을 의지했는데 바르케인과 키레네에서 망명해온 자들이 광장을 걷고 있는 그의 모습을 보고 이를 살해하고, 더욱이 그의 장인인 알라제이르도 죽이고 말았다. 이렇게 해서 아르케실라오스는 스스로 원했든 아니든 상관없이 신탁의 의미를 제대로 깨닫지 못하고 자신에게 정해진 운명을 이루었던 것이다.

한편 그의 모친 페레티메는 아르케실라오스가 자멸적인 행위를 범한 뒤 바르케에서 지내고 있는 동안은 키레네에서 아들의 특권을 장악해 모든 정무를 보고 평의회에도 참석하고 있었다. 그러나 아들이 바르케에서 살해된 것을 알자 이집트로 도망쳤다. 일찍이 아르케실라오스가 키루스의 아들 캄비세스에 대해서 여러 가지로 성의를 다한 것이 페레티메에게는 크게 도움이 되었다. 키레네를 캄비세스의 손에 맡기고 자진해서 납세를 떠맡은 것이 아르케실라오스였기 때문이다.[232] 페레티메는 이집트에 도착하자 아리안데스에게 보호를 요청하고 아들은 페르시아에 가담했기 때문에 살해된 것이라고 억지를

로 생각해 바르케로 도망쳤는데, 신탁은 오히려 바르케를 가리킨 것이었다. 황소는 바르케의 왕 알라제이를 의미한 것으로 생각된다.

232) 3권 참조.

쓰면서 지원을 요청했다.

이 아리안데스는 캄비세스에 의해 임명되어 그 무렵 이집트 총독으로 있었는데 뒤에 다레이오스에게 맞서려다 목숨을 잃은 인물이다. 그는 다레이오스가 일찍이 어떤 왕도 성취하지 못했던 사업을 수행해 후세에 그 이름을 남기고자 한다는 소식을 듣고 또한 그것을 자기 눈으로 확인했기 때문에 그를 모방하려고 한 나머지 그 대가를 치른 것이다. 즉 다레이오스는 순수하게 정련한 금으로 화폐를 주조하게 했는데,[233] 아리안데스도 이집트 통치 중에 이와 똑같은 은화를 만들었다. 사실 지금도 아리안데스은화(아리안디콘)는 가장 순수한 은화이다. 다레이오스는 그의 행위를 알자 반란을 기도했다는 다른 죄를 뒤집어씌워 그를 죽였다.

여하튼 이 아리안데스는 페레티메를 가련하게 생각해 이집트의 육해군 전군을 그녀에게 넘겨주었다. 육군 사령관에는 마라피오이족[234] 출신의 아마시스를, 해군 사령관에는 파사르가다이족[235] 출신의 바도레스를 임명했다. 아리안데스는 군세를 파견하기에 앞서 바르케에게 전령을 보내 아르케실라오스 살해범이 누구인지 묻게 했다. 그러자 바르케인들은 자신들은 아르케실라오스로부터 여러 가지로 위해를 받아왔기 때문에 그 책임은 우리 모두가 지겠다고 대답했다. 아리안데스는 이 대답을 듣고 페레티메와 함께 군대를 파견한 것이다. 파병의 이유는 명목상 위의 것이었으나, 내가 생각하기에 실제 목적은 리비아의 평정에 있었을 것이다. 왜냐하면 리비아인의 종족은 다양해 수도 많았는데, 페르시아 왕을 따르는 종족은 소수인 데다가 그 대부분이 다레이오스 따위는 안중에도 없었기 때문이다.

리비아
리비아 주민의 분포는 다음과 같다.

---

233) 이른바 다레이오스금화(다레이코스 스타테르)로, 불순물은 불과 3퍼센트밖에 안 되는 양질의 금화였다. 페르시아 국내뿐만 아니라 그리스를 포함해 그 무렵의 세계에 널리 유통이 되었다.
234) 1권 참조.
235) 1권 참조.

이집트를 기점으로 해 서술하면 가장 가까운 지역에 사는 리비아인은 아디르마키다이인이고 그 풍습은 대략 이집트풍인데 복장은 다른 리비아인과 다름이 없다. 이 종족의 여자들은 두 다리에 청도제의 고리를 끼우고 있다. 머리는 길게 기르고 몸에서 이를 잡으면 어느 여자나 입으로 씹어서 버린다. 리비아인 가운데서 이런 행위를 하는 것은 이 종족뿐이고, 또 아직 시집 가지 않은 딸을 왕에게 제공하는 것도 이 종족에게만 있는 풍습이다. 그리고 왕의 마음에 든 딸은 왕에 의해서 처녀성을 잃게 되는 것이다. 이 아디르마키다이의 영토는 이집트 국경에서 플리노스[236]란 항구에까지 미치고 있다.

이에 이어지는 것이 길리가마이인이고 서쪽의 아프로디시아스섬[237]에 걸쳐서 산다. 그곳에 이르기까지 사이에 키레네인이 식민한 플라테아섬이 연안에 떠 있고, 육지에는 메넬라오스 항구[238]와 키레네인이 한동안 살았었던 아질리스가 있다. 실피온[239]이 자라는 지역도 이 지방에서 시작된다. 실피온은 플라테아섬에서 시르티스[240]의 입구에 걸친 지역에서 채취되는 것이다. 이 종족의 풍습은 다른 종족의 것과 비슷하다.

길리가마이인의 서쪽 지방에는 아스비스타이인이 이어진다. 키레네 앞쪽에 사는 종족이고 그들의 나라는 바다에 도달하지 않는다. 해변 지대에는 키레네인이 살기 때문이다. 사두마(四頭馬) 전차를 다루는 기량은 리비아 중에 이 종족을 따를 종족이 없다. 그들은 키레네인의 풍습 대부분을 열심히 모방하고 있다.

아스비스타이 서쪽에 연이어서 있는 것이 아우스키사이인이다. 그들은 바르케에서 서쪽, 에우스페리데스[241] 부근의 바다에 걸쳐 살고 있다. 아우스키

236) 현재의 소룸만 안쪽에 있다고 한다.
237) 델라 서북방에 있는 섬.
238) 소룸과 토브르크 중간, 루카곶 서쪽에 가까운 지점에 있다. 옛날 메넬라오스가 방문했다는 전설에 따른 것이다.
239) 약용 및 조미용 등으로 애용된 야생의 식물. 키레네의 유력한 재원이고 화폐의 모양으로도 사용되었다. 남획으로 인해서 로마의 네로 황제 무렵에는 거의 멸종이 되었던 것 같다. 현재는 아라비아어로 도리아스란 식물이 그것의 변종이라고 한다.
240) 시르티스만인데, 헤로도토스는 그 지형을 잘 몰라 좁은 해협을 통해 바다로 이어져 있다고 생각한 것 같다.
241) 오늘날의 벵가지. 이 도시는 프톨레마이오스 3세의 딸 이름을 따 베레니케로 개명이 되고,

사이 영토 중간쯤에 바칼레스라는 소수 종족이 사는데 이 지역은 바르케 영내의 도시 타우케이라[242] 부근에서 바다에 이르고, 그 풍습은 키레네에 사는 리비아인과 같다.

아우스키사이 서쪽에는 나사모네스인이 살고 있다. 대인구를 거느린 종족으로, 여름철에는 가축을 해안에 남겨두고 대추야자 열매를 채취하기 위해 아우길라라는 곳으로 올라간다. 이곳에는 많은 대추야자가 자라고 모두 열매를 맺는다.[243] 또 메뚜기를 잡아 햇볕에 말린 다음 빻아서 우유에 타 마신다.

이 종족은 많은 아내를 거느리는 풍습이 있고 마사게타이인과 똑같이[244] 사내는 누구나 아내를 공유하고 서로 관계를 갖는다. 관계를 가질 때에는 집 앞에 장대를 세우는 것으로 표시한다. 나사모네스의 사내가 처음으로 혼례를 올릴 때에는 첫날밤에 신부가 모든 손님과 잇따라 관계를 갖는 풍습이 있다. 손님은 신부와 관계를 가지면 저마다 집에서 가져온 물품을 신부에게 선물한다.

맹세나 점은 아래와 같이 한다. 서언을 할 때에는 이 나라에서 무용이 뛰어났다고 전해지는 인물의 묘에 손을 얹고 그들에게 맹세를 한다. 점을 칠 때에는 선조의 묘로 가 기원을 담아서 묘 위에서 잔다. 그리고 꾼 꿈으로 점을 치는 것이다.

또 맹약을 맺을 때에는 서로 상대의 손바닥으로 술이나 물을 마시는데 액체가 없을 때에는 지상에서 먼지 같은 것을 택해서 이를 핥는다.

나사모네스에 국경을 접하고 있는 종족은[245] 프실로이인이다. 이 종족은 아래와 같은 경위로 절멸하고 말았다. 이 나라에 남풍이 휘몰아쳐 저수지가 바닥을 드러내고 시르티스 안쪽 지역 일대에 물이 말라버리고 말았다. 그래서 다급해진 그들은 회의를 열고 만장일치로 남풍 정벌에 나섰다―나는 여기에 리비아인의 말을 그대로 옮기는 것이다. 그런데 그들이 사막지대로 접어들었

그것이 와전된 것이 벵가지이다.

242) 현재의 토크라.

243) 야자나무는 은행나무와 마찬가지로 암수가 제각기 달리 자라고 암야자나무만이 열매를 맺는다. 여기에서 '모두'란 표현은 '암수를 불문하고'라는 뜻은 아닐 것이다.

244) 1권 참조.

245) 뒤의 기술에서 알 수 있듯이 정확하게 말하면 '국경을 접하고 있었던 것은'이다.

을 때 남풍이 불어 그들을 생매장하고 만 것이다. 이 종족이 절멸한 뒤에는 나사모네스족이 이 땅을 점거하고 있다.

이보다 더욱 남쪽 깊숙이 야수가 많이 서식하는 지역에는 가라만테스인[246]이 산다. 이 종족은 어떤 인간이건 피하고 누구하고도 교제하지 않으며 또 무기류는 소지하지 않고 방어하는 수단도 모른다.

한편 해안 지대에서는 나사모네스의 서쪽에 접해서 마카이인이 산다. 이 종족은 머리를 중앙부는 자라는 대로 맡기지만, 그 주위는 반들반들하게 밀어 버린다. 싸움터로 갈 때에는 타조[247] 가죽을 방패 대신에 든다.

카리테스 언덕으로 불리는 곳에서 흘러나오는 키닙스강[248]이 이 나라를 지나 바다로 흘러든다. 이제까지 열거해 온 리비아 지역에는 수목이 없는데 카리테스 언덕만은 수목이 울창하다. 바다에서 이 언덕까지의 거리는 200스타디온이다.

마카이인 다음에는 긴다네스인[249]이 산다. 이 종족의 여자는 어느 여자건 가죽으로 된 띠를 두르고 있는데 그 이유는 다음과 같다고 한다. 여자는 사내에게 몸을 맡길 때마다 그것을 다리에 하나씩 두른다. 그리고 가장 많은 띠를 두르고 있는 여자가 가장 많은 사내의 사랑을 받았다고 해 최고의 여성으로 간주된다는 것이다.

긴다네스국에서 바다로 돌출한 곳에는 로토파고이인[250]이 산다. 이 종족은 로토스[251] 열매만을 먹고 산다. 로토스 열매의 크기는 유향수(乳香樹) 열매 정도이고 단맛은 대추야자의 열매와 큰 차이가 없다. 로토파고이인은 이 열매로

---

246) 가라만테스에 대해서는 뒤에도 언급이 되는데, 이 기술과 모순되는 점도 없지 않다. 그래서 다른 자료에 의해 감파산테스인으로 고치는 설도 유력하다.

247) '지상의 참새'라는 표현을 쓰고 있다.

248) 현재의 와디칸강일 것이라고 한다. 키닙스 지방의 비옥함은 옛날부터 전설적으로 유명했다. 그리스인이 이 땅에 식민지를 건설하려다 실패한 이야기가 5권에 서술되어 있다.

249) 이곳은 오늘날 트리폴리타니아 서부지방에 해당한다.

250) 로토파고이(로토스를 먹는 인종)는 호메로스에도 알려진 이름 《오디세이아》 9권, 82행 이하)인데, 정식 명칭은 아니고 이명(異名)이었을 것이다. 어쩌면 앞의 긴다네스족과 같은 종족일지도 모른다.

251) 대추나무를 닮은 나무이고 열매도 이와 비슷하다. 같은 이름의 이집트 식물(2권 참조)과는 전혀 다르다.

술도 만든다.

해변을 따라서 로토파고이인 다음 지역에 사는 종족은 마클리에스인이고, 그들도 로토스를 식용으로 하는데 위에 든 종족 정도는 아니다. 이 종족의 영토는 트리톤이라는 큰 강[252]의 강변에 미치고 있다. 이 강은 트리토니스라는 큰 호수로 흘러든다. 호수 안에 플라라는 섬이 있고 스파르타인이 신의 계시에 따라서 이 섬에 식민지를 건설했다는 전승이 있다.

또 아래와 같은 전설도 있다. 이아손은 펠리온 산기슭에서 아르고선을 완성했을 때 배에 온갖 희생물과 청동제의 세발솥을 싣고 델포이에 가려고 펠로폰네소스를 우회했다. 그런데 배가 말레아곶 부근에 이르렀을 때 북풍을 만나 리비아로 흘러갔다. 그리고 육지를 발견하기 전에 트리토니스호의 얕은 여울에 좌초하고 말았다. 어떻게 빠져나갈까 곤혹스러워하는 이아손 앞에 트리톤이 나타나, 그대들에게 수로를 가르쳐주어 무사히 돌아갈 수 있게 해줄 테니 세발솥을 자기에게 달라고 말했다는 것이다. 이아손이 그 제의를 받아들여 트리톤은 여울목을 빠져나갈 수 있는 수로를 가르쳐주고 세발솥을 자기 신전에 설치했다. 그리고 그 솥에 앉아 이아손과 사람들에게 앞으로 일어날 일을 남김없이 알려주었다. 즉 아르고 선 선원의 자손 가운데 누군가가 이 솥을 가지고 돌아간다면, 트리토니호를 둘러싸고 100개의 그리스시가 건설되리란 계시였다. 이 말을 전해들은 이 고장의 리비아인은 그 솥을 숨겼다고 한다.

마클리에스와 국경을 접하고 있는 종족은 아우세에스인이다. 이 종족과 마클리에스족은 트리토니스호 주변에 살고 그 사이를 트리톤강이 흘러 두 종족의 경계를 이룬다. 마클리에스인은 뒷머리를 기르는 데 반해서 아우세에스족은 앞머리 쪽을 기른다. 이 종족의 처녀[253]는 아테네에서 해마다 벌어지는 축제 때 두 조로 나뉘어 돌과 봉으로 싸운다. 그들의 말에 따르면, 이것은 그리

---

252) 트리톤강, 트리토니스호는 전설적인 것으로 보인다. 현실의 지명과 일치시키기가 거의 불가능한데 어쨌든 이 지역은 이미 알제리 동부로 들어가 있어 '소 실티스'(오늘날의 가베스만) 부근이 틀림없다.

253) 이것이 아우세에스족만을 가리키는 것인지, 마클리에스까지 가리키는 것인지 분명하지 않다. 양쪽을 지칭하는 것이라면 두 조로 갈라진다는 것은 두 종족이 대항한다는 의미일지도 모른다.

스에서 아테네의 이름으로 불리고 있는 이 고장 태생[254]의 여신을 축하하는 조상 전래의 의식이라고 한다. 이때 부상을 당해 죽는 처녀는 거짓 처녀로 간주된다.[255] 처녀들을 싸우게 하기에 앞서 아래와 같은 의식이 이루어진다. 해마다 가장 아름다운 처녀를 선발해 수레에 싣고 호수 주위를 도는 것이다. 그리스인이 이주해 오기 오래 전에 처녀들에게 어떤 무장을 시켰는지는 아는 바가 없으나, 아마도 이집트식의 것을 사용했을 것이다. 방패도 투구도 이집트에서 그리스로 전해진 것은 내가 단언할 수 있기 때문이다.[256] 아테네는 포세이돈과 트리토니스호의 딸이었는데, 어떤 일로 인해서 부친과 다투고 제우스에게 몸을 의지해 제우스가 자기 딸로 삼았다고 그들은 말한다.

그들은 아내를 공유해 짐승처럼 마음 내키는 대로 관계를 한다. 여자가 낳은 아이가 순조롭게 자라면 3개월 이내에 사내들이 모여 그 아이와 가장 닮은 사람을 아버지로 인정한다.

이상 말한 것이 연안지대에 사는 유목 리비아인이다. 그들보다 먼 오지는 리비아의 야수 서식지대로 되어 있고, 이곳을 지나면 사막이 이어져 (동은) 이집트의 테베에서 (서는) '헤라클레스의 기둥'까지 길게 이어져 있다. 이 사막에는 대략 10일간 노정의 간격으로 작은 언덕 위에 큰 덩어리를 이룬 소금이 쌓이고 있다. 그리고 그런 언덕의 정상에서는 반드시 소금 속에서 차고 맛있는 물을 내뿜어, 야수 서식지대 건너편 무인의 황야에 면하는 곳에 인간이 살고 있다.

테베를 기점으로 열흘을 걸어간 곳에서[257] 맨 처음 만나는 종족은 암몬인이고, 이곳 신전은 테베의 제우스 신전에서 유래한 것이다. 왜냐하면 앞에서 언급한 바와 같이[258] 테베에서도 제우스 신상의 얼굴은 수컷 양의 모습이기 때문이다. 암몬에는 또 하나의 샘물이 있는데, 이곳의 물은 새벽녘에는 미지

---

254) 아테네에 '트리톤 태생의 Tritogenia'란 이명이 있었기 때문이다. 단 이 트리톤은 본디 그리스의 보이오티아에 있는 같은 이름의 강에서 유래했을 것이다. 이 지역의 아테네 숭배가 그리스 이민에 의한 것인지, 아니면 이곳에 있었던 신을 아테네와 동일시한 것인지는 결론 짓기 어렵다. 아마도 양쪽의 요소가 뒤섞였을 것이다.
255) 따라서 이 의식은 처녀들의 처녀성을 증명하는 의의를 지닌 것이다.
256) 사실은 그렇지 않은 것 같다.
257) 시와라는 유명한 오아시스. 실제로는 테베에서 10일은커녕 적어도 두 배의 시일이 걸린다.
258) 2권 참조.

근하다가 시장이 열릴 때쯤[259] 되면 차가워진다. 그리고 낮이 되면 실로 차갑고 주민은 이 시각에 채소밭에 물을 준다. 해가 질 무렵이 되면 다시 차가운 정도가 떨어지고 완전히 해가 지면 미지근해진다. 밤에 가까워짐에 따라서 온도가 오르고 이 무렵이 되면 거품이 일고 끓기 시작한다. 이 샘은 '태양의 샘'이라 불리고 있다.[260]

암몬에서 다시 모래사막을 따라 서쪽으로 열흘을 가면, 암몬에 있는 것과 같은 언덕과 샘이 나온다. 이 지역의 이름은 아우길라로, 나사모네스족이 대추야자 열매를 따러 오는 곳이다.[261]

암몬인에 이어서 사막을 10일쯤 더 나아간 곳에 또 소금언덕이 있는데, 열매가 열리는 대추야자와 물이 많이 있는 것은 다른 오아시스와 같다.[262] 이곳 주민의 이름은 가라만테스라 하고 매우 많은 인구를 지닌 종족으로 소금 위에 흙을 날라서 쌓고 그 위에 씨앗을 뿌리고 있다. 이곳에서 가장 가까운 나라가 로토파고이인데[263] 걸어서 30일 거리이다. 이곳에는 뒷걸음질치면서 풀을 뜯는 소도 있다. 왜 뒷걸음질로 풀을 뜯느냐 하면, 그 뿔이 앞으로 활처럼 굽어 있기 때문이다. 그래서 앞으로 향해 나아가면 뿔이 흙 속에 박혀 더 이상 갈 수 없는 것이다. 그것과 가죽이 두껍고 단단하다[264]는 것을 제외하면 다른 소와 다를 바가 없다.

이 가라만테스족은 동굴에서 사는 에티오피아인[265]을 (트로글로디타이 아이티오페스) 사두마차(四頭馬車)로 사냥한다. 이 에티오피아인은 우리가 아는 한 모든 인간 가운데서 가장 발이 빠른 인종이기 때문이다. 이들은 뱀, 도마뱀,

---

259) 오전 10시경.
260) 이 기술은 다소 과장됐으나, 그 온도의 변화는 대체로 여기에 기록된 대로인 것 같다. 단 그것은 물 자체의 온도 변화라기보다는 대기 온도와의 상대적인 관계에서 인체가 느끼는 변화인 듯하다. 본디 온수인 것이다.
261) 현재도 이곳의 지명은 아우길라이다.
262) 현재의 페잔지방 동부일 것이라고 한다.
263) 문장이 명료하지 않아 약간의 탈락이 예상되고 '해안지대로 가는 최단거리는 로토파고이 국으로 통하는' 정도의 의미가 아닐까 라고 말한다.
264) 여기에 '단단하다'고 번역한 말은 '부드럽다'는 뜻일지도 모른다.
265) 어쩌면 현재도 있는 티부족의 조상을 가리키는 말일 것이다. 그들은 지금도 아직 일부는 동굴생활을 하고 발이 빠르며 그 언어는 쉬쉬하는 소리가 많다고 한다.

그 밖의 파충류를 주식으로 하고, 그들이 사용하는 언어는 다른 어느 언어와도 다르고 마치 박쥐의 울음소리처럼 들린다.

가라만테스족이 살고 있는 곳에서 열흘을 더 나아가면 또 소금언덕과 물이 있고 그 주변에는 아타란테스라는 종족이 산다. 우리가 알고 있는 한 성명이 없는 인종은 이 인종뿐이다. 아타란테스란 이 종족의 총칭이고 개개인에게는 이름이 없는 것이다. 이 종족은 너무 햇볕이 내리 쬐면 자기들 주민과 국토를 태워 괴롭힌다고 태양을 저주하고 온갖 욕설을 퍼붓는다.

이어서 또 열흘의 노정을 거치면 다른 소금언덕과 물이 있고 그 주위에 사람이 산다. 이 소금언덕에 접해서 아틀라스란 산[266]이 있다. 이 산은 폭이 좁고 주위가 둥근 데다가 그 정상이 보이지 않을 정도로 높다고 한다. 겨울 여름의 구별 없이 그 꼭대기에서 눈이 녹을 새가 없으므로 고장의 주민은 이 산을 하늘의 기둥이라고 말하고 있다. 이곳 주민의 이름은 이 산의 이름을 따 아틀란데스인으로 불린다. 이 종족은 살아있는 동물을 먹지 않고,[267] 또 꿈도 꾸지 않는다고 한다.

이 아틀란테스인까지는 나도 사막지대에 거주하는 주민의 이름을 들 수가 있으나, 그 너머로는 나의 힘이 미치지 못한다. 그런데 이 사막지대는 헤라클레스의 기둥 내지 그 밖에까지 미칠 것이다. 또한 이 지대에는 걸어서 10일의 간격을 두고 소금 산이 있으며, 그곳마다 사람이 살고 있으리라 믿는다. 이들 주민의 가옥은 모두 소금 덩어리로 세워져 있다.[268] 그것은 이 지대에는 비가 없기 때문이다. 만일 비라도 내리면 소금의 벽은 온데간데없이 사라질 것이다. 이 지대에서 채굴되는 소금은 백색 또는 적색이다. 이 사막지대를 지나 더욱 남쪽의 리비아 오지로 접어들면 그곳은 사람도 살지 않고 물도 없으며, 짐승도 서식하지 않고 비도 내리지 않아 수목도 없는 황야이다. 이곳에는 물기가 있는 땅이라곤 전혀 없다.

---

266) 그리스신화의 아틀라스와의 관계는 베르베르어로 산을 아드랄이라고 하기 때문에 음이 닮은 데서 왔을 것이란 설이 있다.
267) 현재도 사하라 사막의 주민은 대부분 채식이라고 한다.
268) 이 지방의 주민이 소금덩어리를 사용해 집을 짓는 것은 일찍부터 여행자들이 보고해 오고 있었다.

이와 같이 이집트에서 트리토니스호에 걸쳐서는 유목 리비아인이 산다. 그들은 육식이고 우유를 마시는데, 이집트인과 같은 이유로 암소고기는 먹지 않고,[269] 돼지도 기르지 않는다. 키레네의 여자들도 이집트의 이시스 여신을 의식해 암소고기는 먹어서는 안 되는 것으로 믿으며, 이 신을 위해 단식도 하고 축제까지 벌인다. 또 바르케의 여자들은 암소 외에 돼지고기도 입에 대지 않는다.

그러나 트리토니스호 서쪽에 사는 리비아인은 이제 유목민은 아니고, 그들과 풍습도 다른 데다가, 아이에 대해서도 유목 리비아인이 습관적으로 아이에게 베풀고 있는 것과 같은 일은 하지 않는다. 리비아의 유목민은—그 모두가 그런 것인지는 나도 확실히 모르나 적어도 그 대부분은—아래와 같은 일을 한다. 아이가 4세가 되면 양모의 기름때를 사용해 머리 위에 있는 혈관에 뜸을 뜨는 것이다.[270] 개중에는 관자놀이의 피에 뜸을 뜨는 자도 있는데, 이것은 그 뒤 자손들의 온 생애에 걸쳐서 점액이 머리에서 내려와 몸에 해를 끼치는 것을 막기 위함이다.[271] 자기들이 어느 민족보다도 건강할 수 있는 것은 이 처치 덕택이라고 그들은 말한다. 사실 리비아인은 우리가 아는 한 온 세계에서 가장 건강한 민족이다. 그것이 과연 이 때문인지는 나도 확실하게 말할 수 없으나, 그들이 어느 민족보다도 건강하다는 것은 사실이다. 아이의 혈관에 뜸을 뜰 때 경기를 일으키면 그들이 발견한 효과적인 요법을 사용한다. 즉 수산양의 오줌을 발라 치료하는 것이다. 이상은 리비아인이 말하는 그대로를 옮긴 것이다.

이들 유목민이 행하는 희생식은 다음과 같다. 희생물인 가축의 귀 일부를 첫 공물로서 잘라내 지붕 너머로 던진 다음 가축의 목을 비튼다.[272] 그들이 희생물을 바치는 것은 태양과 달뿐이며, 이는 모든 리비아 주민에게 해당된다. 다만 트리토니스호 주변의 주민만은 아테네에게 희생물을 바치는 것을

---

269) 2권 참조. 리비아인에 대한 이 기술은 2권에 쓰여져 있는 내용과 약간 모순되어 보인다.

270) 기름기가 많은 양모를 쑥 대신 사용해 뜸을 뜬다고 생각하면 된다. 이 건강법은 스키타이 등에도 있고 노천생활을 하는 유목민 사이에서 널리 행해지고 있다.

271) 체내의 네 가지 액(혈액, 물, 담즙, 점액) 가운데 점액은 본래 머리에 있는데 이것이 체내를 하강해서 병의 원인이 된다는 관념에 따른 것이다.

272) 목을 자르기 위해.

가장 중요시하고 거기에 이어서 트리톤과 포세이돈을 중시한다.

이렇게 생각해보면 아테네의 신상에 입히는 의상이나 겉옷(아이기스)은 그리스인이 리비아 여인의 복장을 모방한 것이 틀림없다. 리비아 여인의 의상이 가죽제라는 것과 그 겉옷에 붙어있는 술이 뱀이 아닌 가죽 끈인 점을 제외하면 아테네의 옷차림은 완전히 리비아 여인의 그것과 같기 때문이다. 그리고 그 명칭이 이미 아테네상의 의상이 리비아 전통의 것임을 뒷받침하고 있다. 리바아의 여인은 의상 위에 털을 뺀 산양의 가죽을 붉게 물들이고 여기에 술을 단 다음 이를 착용하기 때문이다. 이 아이게아라는 말에서 그리스인은 새롭게 아이기스란 말을 만든 것이다.[273]

또 제례 때 소리를 높여 우는 것도 이 지방에서 유래한 것이다.[274] 리비아의 여인이 실로 빈번하게 큰 소리로 울고 또 그 우는 방법이 보기 좋았기 때문이다. 또 수레에 말 네 마리를 매는 것도 그리스인은 리비아인에게서 배운 것이다.

유목민들이 죽은 이를 매장하는 방식은 그리스인과 별반 다를 것이 없는데 나사모네스인만은 예외이다. 그들은 임종의 인간이 숨을 거두려고 할 때에는[275] 반듯이 누운 자세로 죽지 않도록 배려해 일으켜서 앉힌 자세대로 매장한다.

그들의 주거는 아스포스데로스[276]의 줄기와 골풀을 엮어서 만든 것으로, 가지고 다닐 수 있다. 이상이 이들 유목민의 풍습이다.

트린톤강 서쪽 아우세에스 족 다음부터는 이제 농경민이고 정착하여 사는 리비아인이 살기 시작한다. 막시에스[277]란 종족으로, 머리를 오른 쪽은 길게 기르고 왼쪽은 밀어버리며 몸에 붉은 칠을 한다. 그들은 자신들이 트로이 망명인의 후예라고 말한다.[278]

이 지방을 비롯해서 다른 리비아의 서부는 유목민이 사는 지역에 비하면

---

273) 아이게아도 아이기스도 리비아 기원의 언어로 보는 것은 잘못이다.

274) 보통은 동방(소아시아)에서 그리스로 유입된 것으로 보고 있다.

275) 말 그대로 번역하면 '숨(생명)을 방출한다'는 것이다.

276) 백합과의 식물이고 리비아뿐만 아니라 그리스 지방에서도 이르는 곳마다 볼 수 있다. 흰 꽃을 다는데 보기에 따라서는 석산(石蒜)을 크게 한 형상이다.

277) 카르타고 부근에 살았던 것으로 추정된다.

278) 선사시대에 소아시아에서 이민해 왔다는 정도의 의미일지도 모른다.

훨씬 야수(野獸)도 많고 수목도 풍부하다. 유목민이 사는 리비아 동부는 트리톤강에 이르기까지 평탄한 사막인데 반해, 이 강에서 서쪽의 농경민이 사는 지역은 산이 대단히 많고 수목이 무성해 야수도 서식하는 것이다. 사실 이 지역에는 거대한 뱀과 사자가 있고 또 코끼리, 곰, 독사, 뿔이 있는 당나귀,[279] 개 머리를 지닌 사람, 그리고—적어도 리비아인이 말하는 바에 따르면—가슴에 눈이 있는 머리 없는 사람, 야생의 남녀,[280] 그 밖에 위와 같은 상상의 것이 아닌[281] 다양한 동물이 서식하고 있다.

한편 유목민이 사는 지역에는 위와 같은 동물은 없고 그것과는 다른 아래에 기술하는 동물이 서식한다. 엉덩이가 흰 영양(羚羊), (보통의) 영양, 부바리스,[282] 당나귀(뿔이 있는 종류가 아니고 그것과는 다른 '물을 마시지 않는' 종류의 것—실제로 이 당나귀는 물을 마시지 않는다), 뿔이 페니키아 금(琴)의 가로대로 사용되는 오릭스[283](큰 소 정도의 것), 작은 여우, 하이에나, 호저(豪豬), 야생의 양, 딕티스,[284] 토스, 표범, 보리스,[285] 도마뱀을 닮은 3페키스나 되는 뭍에 사는 악어, 타조, 각각 한 개의 뿔이 달린 작은 뱀 등이 서식하고 있다.

이 지역에는 위에 든 동물과 다른 지방에서도 볼 수 있는 동물이 있다. 다만 사슴과 멧돼지만은 예외로, 이 두 동물이 리비아에는 전혀 서식하지 않는다.

이곳에는 세 종류의 쥐가 있다. 하나는 두 발 달린 2족 쥐[286]로 불리는 것, 다음은 게제리우스란 쥐—이 이름은 리비아어이고 그리스어로 번역하면 '언덕'이란 뜻—또 하나는 에키네스(침을 지닌 쥐)이다. 또한 실피온이 무성하게 자라는 지대에는 족제비도 서식하고 있는데 이것은 타르테소스에서 사는 족제비와 매우 비슷하다.

내가 알고 할 수 있는 한 광범위에 걸쳐서 조사한, 리비아 유목민이 사는

---

279) 영양(羚羊)류일 것이라고 한다.

280) 이들 공상적인 동물은 고릴라나 그 밖의 원숭이를 가리키는 것으로 상상할 수 있다.

281) 이 번역은 사본의 전승대로 읽은 것. 이것을 고쳐 그밖의 여러 가지 상상의 동물'로 해석하는 사람도 있다.

282) 이것도 영양의 일종인 것 같다.

283) 이것 또한 영양의 하나인 것 같다.

284) 다음의 토스와 함께 이리의 일종인 것 같은데 기린으로 해석하는 사람도 있다.

285) 불확실.

286) 토끼처럼 뛰기 때문에 앞발 두 개가 극히 짧다.

지역에 서식하는 동물은 위와 같은 것이다.

막시에스에 이어서 자우에케스라는 리비아인이 사는데 이 종족은 전장으로 나갈 때 여자가 전차를 몬다.

위의 종족에 이어지는 것이 기잔테스인이다. 이 나라에서는 꿀벌이 다량의 꿀을 생산하는데 그보다도 훨씬 많은 꿀을 전문 직인이 제조하는 것으로 전해진다. 이 종족은 모두 몸에 붉은 칠을 하고 원숭이고기를 먹는다. 원숭이는 이 나라의 산중에 많이 서식하는 것이다.

카르타고인의 이야기로는 위의 나라 맞은편에 키라우이스란 섬이 있다고 한다.[287] 길이는 200스타디온이 되는데 폭이 좁아 본토에서 걸어서 건너갈 수가 있고 올리브와 포도나무가 온 섬에 자라고 있다. 이 섬에 호수가 있고 이곳의 처녀들은 역청(瀝靑)을 바른 새의 날개를 이용해 진흙 속에서 사금을 건저올린다고 한다. 그것이 사실인지의 여부는 알 수 없으나 전해지는 이야기를 옮긴 것이다. 그러나 나 자신이 자킨토스[288]에 있는 호수 가운데서 역청을 채취하는 것을 본 적이 있고 그것으로 판단할 때 어쩌면 이 이야기는 진실일지도 모른다. 자킨토스에도 많은 호수가 있는데 그 최대의 것은 가로세로 70피트, 깊이는 2오르기아 정도이다. 주민은 끝에 도금양 가지를 묶은 장대를 호수 가운데 늘어뜨리고 그 가지에 부착된 역청을 끌어올린다. 이 역청은 아스팔트 냄새가 나는데 그 밖의 점에서는 피에리아[289] 지방의 역청보다 질이 좋다. 끌어올린 역청은 호수 가까이에 파놓은 웅덩이에 쏟아 붓고, 양이 많아지면 그 웅덩이에서 항아리에 옮긴다. 호수에 떨어진 것은 땅속으로 빠져나가 바다에 이르러 나타난다. 바다는 호수에서 약 4스타디온 떨어져 있다.[290] 위의 일로 미루어 생각할 때 리비아 연안의 그 섬 이야기도 진실에 가까운 것일지도 모른다.

---

287) 케르켄나섬, 젤바섬 등이 해당되는데 이 기술과 완전히 일치하는 실제 섬은 없다. 그러나 어쨌든 가베스만 또는 그 부근의 섬을 가리키므로 여러 가지 요소가 뒤섞여 있을 것이다.

288) 펠로폰네소스 서쪽, 이오니아해에 있는 섬. 현재의 잔테섬.

289) 마케도니아의 올림포스 산기슭에 있는 지방.

290) 이것은 이곳에 직접 연관이 없는 기술처럼 보인다. 자킨토스 호수에서 가까운 바다가 호수 밑에서 바다로 흘러드는 역청(瀝靑) 탓으로 변색이 되고 있다는 점을 설명하기 위한 것일지도 모른다.

카르타고인의 이야기 가운데에는 다음과 같은 것도 있다. 그들은 '헤라클레스의 기둥'보다 먼 곳의 땅에 어느 리비아인이 사는 나라가 있다고 한다. 카르타고인은 이 나라에 도착해 짐을 물가에 정돈해놓고 배로 돌아가 봉화를 올린다. 그곳 주민은 봉화를 보면 해안으로 내려와 상품대금으로 황금을 두고 다시 멀찌감치 물러선다. 그러면 카르타고인은 하선해 그것을 살피고 황금의 액수가 상품의 가치와 엇비슷하다고 보면 황금을 거두고 떠난다. 그러나 타산이 맞지 않을 때에는 다시 승선해서 기다린다. 이때 주민이 다가와 황금을 추가하고 카르타고인이 납득할 때까지 이와 같은 일을 계속한다. 서로가 상대에게 부정한 일은 절대 하지 않는다. 카르타고인은 황금의 액수가 상품의 가치와 비슷해질 때까지는 황금에 손을 대지 않고, 그곳 주민도 카르타고인이 황금을 거둘 때까지는 상품에 손을 대지 않는다고 한다.

리비아의 주민으로 내가 이름을 거론할 수 있는 것은 이상과 같다. 그리고 그 대부분은 지금이나 당시나 페르시아 왕 따위는 안중에 없었던 것이다.

이 지역에 대해서 내가 더욱 말할 수 있는 것은, 우리가 아는 한 이곳에 사는 민족의 수는 넷이고 그것을 넘지 않은 것이다.[291] 그 가운데 둘은 토착민이고 다른 둘은 그렇지 않다. 즉 리비아인과 에티오피아인은 토착민이고 한쪽은 리비아 북부, 다른 한 쪽은 남부에 살며 페니키아인[292]과 그리스인은 이 주민이다.

내가 생각하기에 리비아는 아시아나 유럽과 비교가 될 정도로 풍요롭지는 않다. 다만 키닙스 지방[293]만은 다르다. 이곳을 흐르는 강과 같은 명칭으로 불리는 이 지방은 곡류의 생산에 있어서 온 세계에서 가장 풍요로운 토지에 필적하고, 리비아의 다른 지역과는 전혀 다르다. 검은 흙에 샘물이 많아 가뭄의 우려도 없고 지나치게 빗물을 흡수해 토질이 손상되는 일도 없다―이는 이 지방에 비가 내리기 때문이다. 그 곡물의 수확량은 바빌로니아와 같다.

에우에스페리데스인[294]이 사는 토지도 비옥하다. 이곳은 가장 풍작일 때(파

---

291) 이집트는 리비아에 포함되지 않는다.
292) 카르타고인을 가리킨다.
293) 주247 참조.
294) 주240 참조.

종량의) 100배의 수확이 있다. 그러나 키닙스 지방에서는 300배에 달한다.

한편 키레네 지방은 리비아 유목민이 사는 지역 가운데서는 가장 높은 지구인데, 놀랍게도 이 지역에서는 수확기가 세 번이나 있다. 먼저 해안지방의 곡물수확기가 다가오고 이 수확이 끝나면 다음은 해안지대 위쪽의 구릉지로 불리는 중단의 지역이 수확을 재촉한다. 이 중단 지역의 곡물수확이 끝날 무렵에는 최상단 지역의 곡물은 이미 결실을 해 수확을 기다린다. 이렇게 해서 최초의 수확물이 다 소진되었을 때쯤에 그것과 때를 같이 해서 마지막 수확물을 손에 넣을 수가 있는 것이다. 이렇게 해서 키레네인의 수확기는 8개월에 걸친다.

이 일에 대해서는 이쯤의 서술로 그쳐두자.

바르케 점령

한편 페레티메를 지원하는 페르시아군은 아리안데스의 명에 따라서 이집트를 떠나 바르케에 도착하자 아르케실라오스를 살해한 책임자를 인도하도록 통고하고 도시를 포위했다. 그러나 바르케인은 온 시민이 그 살해에 관여하고 있었기 때문에 교섭에 응하지 않았다. 그러자 페르시아군은 바르케의 도시를 9개월에 걸쳐서 포위 공격했는데, 그동안 성벽 안으로 통하는 지하도를 파는 한편으로 격렬한 돌격을 되풀이했다. 그러나 이 지하도는 어느 대장장이가 청동 방패를 사용해 탐지했다. 그 탐지 방법은 이렇다. 그는 방패를 들고 성벽 안쪽을 돌면서 성 안의 지면에 방패를 대보았다. 방패를 대보아도 소리가 나지 않는 다른 곳과는 달리 지하도를 파고 있는 지점에서는 방패의 동판이 반응했다. 바르케인은 그 대항 갱도를 파 들어가 개착 중인 페르시아 병사들을 살해한 것이다. 덕분에 정면으로 공격해오는 페르시아군도 물리칠 수 있었다.

두 군은 장기간에 걸쳐서 악전고투를 계속해 전사자를 많이 냈는데, 특히 페르시아군의 손해가 많았다. 그래서 육상부대의 지휘관 아마시스는 힘으로는 불가능한 것이 계략으로 하면 가능함을 깨닫고 아래와 같은 작전을 짰다.

방 안에 폭이 넓은 호를 파고 그 위에 엷은 판자를 얹고, 판자 위에 흙을 돋아 주변의 지면과 같은 높이로 했다. 그리고 날이 밝자 바르케인에게 화의를 제의했다. 바르케인은 기꺼이 그 제의에 호응해 결국 화의를 맺기로 결정했다. 두 군은 숨겨진 호 위에서 서약서를 교환했는데, 그들이 맺은 화의는 아래와 같다. 이곳의 땅이 지금대로 존재하는 한 그 서약도 확고부동하게 존속할 것, 바르케인은 페르시아 왕에게 응분의 공세(貢稅)를 지불하며 페르시아인은 바르케인에 대해서 더는 적대행위를 하지 않겠다는 것이다. 서약이 끝나자 바르케인은 서약의 조항을 신뢰하여 자신들은 성내에서 나오고 또 성문을 모두 열어 적병 중에서 희망자는 성안으로 들어오는 것을 허용했다. 그러자 곧 페르시아군은 비밀다리를 파괴하고 성안으로 밀고 들어갔다. 그들이 다리를 파괴한 것은, 그 땅이 그때 그대로 있는 한 이 서약도 또 영구히 존속한다고 맹세한 것이 위선이 되지 않도록 하는 데 있었다. 그들이 다리를 파괴한 뒤에는 더 이상 서약도 존속하지 않았던 것이다.

페르시아군으로부터 바르케인 주모자를 인계받은 페레티메는 그들을 성벽 주위에서 창으로 찔러 죽이고, 그들 아내의 유방을 도려내 이를 성벽에 부착하게 했다. 나머지 바르케인은 페르시아군의 전리품으로 하도록 지시했는데, 다만 바토스가 일족과 살해에 가담하지 않았던 자들만은 거기에서 제외했다.

페르시아군은 나머지 바르케인을 노예로 삼고 철수했다. 키레네시 부근까지 오자 키레네인은 신의 계시가 명한 것을 존중해 페르시아군에게 시를 통과하는 것을 허용했다. 군이 시를 통과할 때 수군의 사령관이었던 바드레스는 도시를 점령해야 한다고 주장했는데, 육군의 사령관 아마시스는 자기들이 파견된 목표인 그리스의 도시는 바르케 뿐이라 말하고 이를 허용하지 않았다. 그러나 도시를 통과해 '제우스 리카이오스' 언덕 위에서 잠시 쉬게 되었을 때 키레네를 점령하지 않은 것을 후회하기 시작했다. 그래서 다시 키레네로 침입하려고 했는데 키레네 측은 이를 허용하지 않았다. 싸움은 한 번도 없었으나 페르시아군은 공포에 휩싸여 60스타디온 정도 도주해서 멈추었다. 이곳에서 야영을 하고 있는데 아리안데스로부터 소환명령을 전하는 사자가 도착한 것이다. 페르시아군은 키레네인에게 귀국을 위한 비용과 물자의 공급을 의뢰하고 그것을 수령하자 이집트로 철수했다. 그러나 그들이 이집트로 귀환하는 도중에 리비아인이 페르시아인의 복장이나 장비를 노리고 그들을 습격해 후방에 남겨진 자나 낙오병을 살해했다.

이때 페르시아원정군이 도달한 리비아에서 가장 먼 곳은 바로 에우스페리데스였다. 페르시아군이 노예로 삼고 있었던 바르케인은 이집트에서 페르시아 왕에게로 신병이 인도되었다. 그리고 다레이오스왕은 그들을 박트리아지방에 있는 한 부락에 거주하게 했다. 그들은 이 부락에 바르케라는 이름을 붙였는데 이 부락은 아직까지 사람이 살아 존속하고 있었다.

페레티메도 그 생애를 행복하게 마칠 수는 없었다. 바르케인에게 보복을 가하고 리비아에서 이집트로 돌아온 지 얼마 안 되어 비참한 최후를 마친 것이다. 그녀는 살아서 온 몸에 구더기가 들끓는 예상치 못한 괴로움에 시달렸다. 인간이 너무나도 가혹한 복수를 시도할 때에는 신들의 증오를 사게 된다는 것을 이 일로도 알 수 있다.

바토스의 딸[295] 페레티메가 바르케인에게 가한 보복은 이처럼 참으로 잔혹했다.

---

295) 사실적으로는 '바토스의 아내'로 하는 것이 적절한데 어법상으로는 딸로 해석하는 편이 자연스럽다. 페레티메의 아버지 이름은 보이지 않아 최종적으로는 무어라 말할 수 없다.

제5권
테르프시코레
Terpsichore

트라키아 및 마케도니아 공략

다레이오스가 유럽에 남겨 두었던 메가바조스 휘하의 페르시아군은 헬레스폰토스 부근의 도시 가운데 다레이오스에게 따르지 않으려는 페린토스를 최초로 제압했다. 이 도시는 전에도 파이오니아족에게 유린당한 쓰라린 경험이 있었다. 스트리몬 강변에 사는 파이오니아족은 페린토스를 공략하라는 신의 계시를 받았다. 다만 대치한 페린토스군이 파이오니아족의 이름을 부르고 도전한 경우에는 공격하라, 그렇지 않다면 공격해서는 안 된다는 주의가 있었다. 결국 파이오니아인은 신의 계시가 명하는 대로 한 것인데 그때의 정황은 아래와 같다. 페린토스군은 교외에서 침입군에 대치해 전열을 가다듬었는데 이때 그들이 도전해 와 세 번의 1대 1 맞대결이 이루어졌다. 사람과 사람, 말과 말, 개와 개와의 맞대결이다. 세 번 가운데 두 번의 승부에서 승리한 페린토스 측이 기쁜 나머지 '이에 파이온' 하면서 승리의 함성을 올렸을 때, 파이오니아군은 이것이야말로 신의 계시라고 판단했다.[1]

"이제야말로 우리에게 부여된 신의 계시를 성취한 것이다. 이번에는 우리가 나설 차례다."

파이오니아족은 페린토스군에게 덤벼들어 완전히 격파했다. 페린토스인의 생존자는 헤아릴 수 있을 정도밖에 남지 않았다. 파이오니아족이 침공한 정황은 위와 같았는데 이번의 경우 페린토스인은 자유를 위해 용감하게 싸웠으나 메가바조스 지휘하의 페르시아군이 이를 대군세로 제압하고 말았다. 페린

---

[1] '이에 파이온'이란 단순한 승리의 함성인데 음이 비슷해 '파이오니아인이여, 오라'는 의미로 파악한 것이다.

토스 공략 뒤, 메가바조스는 트라키아를 지나서 군을 진격시켜 이 지방의 도시 및 민족을 모두 대왕에게 귀속시켰다. 트라키아를 평정하라는 다레이오스의 지령이 있었기 때문이다.

트라키아인은 세계에서 인도인에 이어 가장 큰 민족이다. 생각하건대 만일 이 민족을 한 사람이 통치하거나 모든 민족이 결속하거나 한다면 이에 맞설 적은 없고, 온 세계의 민족 가운데서 최강을 자랑할 수 있을 것이다. 하지만 그것은 그들에게 도저히 가당치도 않은 이야기로 실현될 가망이 없다. 그렇기 때문에 이 민족은 약한 것이다. 지방에 따라서 부족마다 모두 다른 이름을 지니고 있는데 그들 부족의 풍습은 모든 면에서 비슷하다. 다만 게타이족, 트라우소이족, 크레스토나이오이족의 북쪽에 사는 부족만은 예외이다.

이들 부족 가운데 불사(不死)를 믿고 있는 게타이족의 풍습에 대해서는 앞서 언급했다.[2] 트라우소이족의 풍습은 다른 트라키아인과 대체로 같은데 아이가 태어났을 때와 사람이 죽었을 때에 아래와 같은 행동을 한다. 아이가 태어나면 가족은 그 아이 주위에 둘러앉아 인간에게 일어나는 온갖 불행을 모두 헤아리고 이 아이도 태어난 이상 이와 같은 수많은 고난을 겪어야 한다면서 탄식하고 슬퍼하는 것이다. 그런데 사람이 죽었을 때에는 수많은 속세의 번뇌에서 벗어나 더없는 행복의 경지로 들어간 것이라고 해서 기쁨 속에 땅에 묻는 것이다.

다음으로 크레스토나이오이족 북쪽 사는 부족의 풍속은 아래와 같다. 여기에서는 사내가 모두 많은 아내를 거느린다. 그런데 남편이 죽으면 어느 아내가 죽은 남편에게 가장 사랑을 받았는지에 대해서 아내들 사이에 격렬한 싸움이 벌어지고 또 죽은 사내의 친구들도 이 일에 끼어든다. 그리고 거기에서 뽑히는 영예를 얻은 여자는 남녀를 불문하고 모든 부족민으로부터 찬양을 받고, 그녀의 가장 가까운 친족의 손에 의해 남편의 묘 위에서 인후(咽喉)가 째어져 남편과 함께 매장된다. 한편 남은 아내들은 자신들의 불운을 탄식한다―그녀들에게 이처럼 치욕적인 일은 없는 것이다.

그 밖에 트라키아인에게는 또 이런 풍습이 있다. 자기 아이를 다른 나라에

---

[2] 4권 참조.

팔아넘기는 것이다. 또 미혼인 딸은 간섭하지 않고 내버려 둬 좋아하는 사내와 관계를 맺는 것을 허용하는데 기혼인 딸은 엄격하게 감시한다. 그들은 아내를 그 부모로부터 많은 대가를 지불하고 사는 것이다. 또 문신을 하고 있는 것이 좋은 출신성분의 표시가 되어 문신을 하지 않으면 출신이 천한 것으로 간주된다. 노동을 하지 않는 자가 가장 훌륭한 인간이고 토지를 일구는 자는 하찮게 여겨진다. 전쟁과 약탈로 생계를 꾸리는 것이 가장 좋은 삶의 방식인 것이다. 그들의 풍습에서 특히 눈에 띄는 것이 이와 같은 것이다.

그들이 숭배하는 신으로서는 아레스, 디오니소스, 아르테미스[3] 등이 있을 뿐이다. 그러나 왕들은 일반 부족민과는 달리 신들 가운데서 헤르메스를 가장 숭배하고 맹세를 할 때에도 이 신에게만 한다. 그리고 스스로 헤르메스의 후예임을 자칭한다.

트라키아에서 부자가 죽었을 때 장례 절차는 아래와 같다. 유해를 3일간 안치하고 처음에 호곡(號哭)의 예가 이루어진 다음 갖가지 가축을 도살하고 연회를 벌이는 것이다. 이어서 유해를 화장 또는 매장하고 무덤을 만든 다음 온갖 종류의 경기를 개최한다. 그 경기에서는 일 대 일 승부에—그 난이도에 따라서—걸게 되는 상품이 많다. 이상이 트라키아인의 장례 방식이다.

트라키아에서 더욱 북쪽 지방에는 어떤 인간이 살고 있는지 확실한 것은 아무도 모른다. 그런데 이스트로스강을 건너면 사람이 살지 않는 땅이 끝없이 이어지는 것 같다. 이스트로강에서 더 먼 곳에 사는 민족 가운데 내가 알게 된 유일한 민족은 시긴나이란 민족인데, 그들은 페르시아풍의 옷을 입고 있다. 이 일대의 말은 온몸이 털북숭이로 털의 길이가 약 10센티나 된다. 몸집이 작고 코가 납작하며 사람을 태우지는 못하는데 수레를 끄는 속도는 엄청나게 빠르다. 그래서 이 고장 사람은 평소에 수레를 타고 다닌다는 것이다. 이 민족의 국경은 아드리아 해변에 사는 에네토이족(베네티족) 부근에까지 이르고 있다. 본디 메디아의 식민이었다고 하는데 그들이 왜 메디아의 식민인지 나로서는 이해할 수가 없다—물론 오랜 기간 동안에 어떤 일이 일어났는지는

---

3) 이들 호칭은 말할 것도 없이 트라키아의 신들에게 그 성격의 유사함 때문에 그리스 신의 이름을 적용한 것에 지나지 않는다. 예를 들어 아르테미스에 해당하는 신의 트라키아 신의 이름은 코티스라든가 벤디스라고 했다.

알 수 없다. 한편 마사리아(마르세유) 북쪽에 살고 있는 리기에스족(리구리아족)은 시긴나이라는 말을 '행상인'이란 의미로 사용한다. 다만 키프로스어로는 '창(槍)'을 뜻한다.

트라키아인의 이야기에 따르면 이스트로스강 건너의 땅은 꿀벌[4]이 밀집해 있어 그 앞으로 나아가지 못하는 것이라고 한다. 그러나 나에게는 이 이야기가 그다지 믿어지지 않는다. 꿀벌이란 동물은 추위를 싫어하는 습성이 있기 때문이고 오히려 북극의 땅에 사람이 살지 못하는 것도 추위 때문이라고 나는 생각한다.

이 지방에 대해서 전해지고 있는 것은 위와 같은데 메가바조스는 위 지방의 해변 일대를 페르시아에 귀속시킨 것이다.

다레이오스는 헬레스폰트를 건너 사르데스로 귀환하자 곧바로 전에 밀레토스인 히스티아이오스가 자기에게 충성을 다한 일과 미틸레네인 코에스가 훌륭한 건의를 해주었던 일 등을 떠올렸다. 그래서 두 사람을 사르데스로 불러 그에 대한 보답으로 무엇을 원하는지 물었다. 히스티아이오스는 이미 멜레토스의 독재자였기 때문에 그 이상 더욱 다른 도시의 지배권을 바라지는 않고, 에도노이족[5]의 땅인 미르키노스에 새로운 도시를 건설하고 싶은데 그 토지를 달라고 말했다. 이에 반해 코에스는 아직 독재자가 아니고 한 개인에 지나지 않았기 때문에 미틸레네의 독재권을 얻고 싶다고 말했다.

소원을 성취한 그들은 제각기 소망했던 곳으로 향했다. 한편 다레이오스는 때마침 아래와 같은 사건에 맞닥뜨리게 되고, 그 결과 메가바조스에게 지령을 내려 파이오니아족을 유럽에서 아시아로 강제 이주시킬 생각을 하게 되었다.

여기에 파이오니아인으로 피그레스와 마스티에스라는 두 형제가 있었다. 이 두 사람은 다레이오스가 아시아로 돌아온 뒤 파이오니아족의 독재권을 얻고 싶다는 소망을 가지고 사르데스로 왔다. 그때 두 사람은 키도 크고 용모도 예쁜 여동생 한 사람을 함께 데리고 왔다. 그들은 다레이오스가 재판을 하기 위해 리디아 수도(사르데스)의 성문 밖으로 나설 때를 노려 할 수 있는 한 여

---

4) 여기에서 꿀벌은 오히려 모기라든가 파리매와 같은 해충을 가리키는 것으로 보는 편이 옳을 것이다.
5) 에도노이는 트라키아의 한 부족 이름. 미르키노스는 뒤에 다시 언급이 된다.

동생을 아름답게 치장시켜 물을 기르기 위해 내보내었다. 여인은 물 항아리를 머리에 이고 한 팔로는 말의 고삐를 잡은 채 마사(麻絲)를 자으면서 물을 길러 갔다. 여인이 다레이오스의 앞을 지나칠 때 그 모습이 왕의 눈에 띄었다. 여인이 이런 일을 하는 것은 페르시아나 리비아에서는 말할 것도 없고 아시아의 어느 나라에서도 본 적이 없기 때문이다. 왕은 그 여인에게 흥미를 느끼자 측근 두세 사람에게 여인이 말을 어떻게 다루는지 잘 보고 오도록 지시했다.

그들이 여인 뒤를 따라갔는데 여인은 강에 닿자 말에게 물을 마시게 하고, 항아리에 물을 채워 왔던 길로 되돌아갔다—조금 전과 마찬가지로 물 항아리를 머리에 이고 한 팔로는 말고삐를 잡고 물레가락을 돌리면서.

다레이오스는 그의 측근들로부터 보고를 받고 또 자신의 눈으로도 보고 크게 감동해 여인을 자기 앞으로 데려오게 했다. 여인이 끌려 올 때 그다지 멀지 않은 곳에서 처음부터 지켜보고 있던 여인의 형제 두 사람도 함께 왔다.

다레이오스가 여인에게 어느 나라 사람이냐고 묻자, 두 청년은 자기들은 파이오니아 사람이고 여자는 동생이라고 대답했다. 이에 대해서 다레이오스는 파이오니아인이란 어떤 인종이고 어디에 사는지, 또 그들은 무슨 목적으로 사르데스에 왔느냐고 물었다. 그 물음에 두 사람은 자기들은 왕에게 한 몸을 맡길 생각으로 왔다는 것, 파이오니아는 스트리몬 강변에 국가를 건설하고 있다는 것, 그 스트리몬강은 헬레스폰토스에서 멀지 않은 곳에 있다는 것, 파이오니아족이란 근본을 따지고 보면 트로이의 테우크로이[6] 일족의 이주민이란 것 등을 말했다.

두 형제가 이와 같이 상세하게 말하자 왕은 물었다.

"파이오니아의 여인은 모두 이처럼 부지런한가?"

이 질문이야말로 바로 두 사람이 노린 것이었기 때문에 힘주어 말했다.

"그렇습니다."

거기에서 다레이오스는 트라키아에 남기고 온 지휘관인 메가바조스 앞으

---

6) 트로이왕가의 시조 테우크로스의 이름에 바탕을 둔 것으로 트로이인을 말한다. 다만 파이오니아인이 말한 이 전승은 트로이전쟁 이전에 속하는 것이고 트로이인과 미시아인이 유럽에 원정을 갔을 때 스트리몬 강변에 식민지를 개척한 것이 파이오니아족의 기원이었다는 것이다(7권 참조).

로 서한을 보내 파이오니아족을 그 정착지에서 이주시켜 처자를 모두 페르시아로 보내도록 지시했다. 곧바로 기병 한 사람이 그 서한을 들고 헬레스폰토스로 서둘러 가 바다를 건너 메가바조스에게 건넸다. 메가바조스는 그 서한을 읽고 나자 트라키아에서 길 안내자를 고용하고 파이오니아로 군을 진격시켰다.

파이오니아족은 페르시아군이 공격해온다는 것을 알자 해변에 집결해 진지를 구축했다. 페르시아군이 이 방면에서 침입해 공격할 것으로 생각했기 때문이다.

페르시아군은 파이오니아인이 집결해 해안에서 대비하고 있는 것을 알자, 안내인의 안내를 받아 산길로 나아가 파이오니아의 허를 찔렀다. 사내들이 없는 그들의 마을에 침입한 것이다. 처음부터 무방비의 마을이므로 페르시아군은 힘도 들이지 않고 이를 점령해 버렸다.

파이오니아군은 부락이 적의 손에 떨어진 것을 알자 순식간에 흩어져버리고 제멋대로 철수해 페르시아군에게 항복하고 말았다. 이렇게 되자 파이오니아인 가운데 시리오파이오네스족과 파이오플라이족, 그리고 프라시아스호에 이르는 지역에 걸쳐 사는 자가 정착지에서 쫓겨나 아시아로 옮겨가게 된 것이다.

그러나 판가이온산과 프라시아스호 주변에 사는 자들에게는[7] 메가바조스도 전혀 손을 쓸 수가 없었다—메가바조스는 호수 위 부족의 강제 이주도 한 번 시도는 해보았는데 소용이 없었다. 이 부족의 호수 생활은 아래와 같다.

긴 말뚝으로 고정된 마루가 호수 가운데에 있고 좁은 다리 하나만이 이곳과 육지를 연결해 준다. 마루를 지탱하고 있는 말뚝은 일찍이 부락민이 협동으로 세운 것이었는데, 그 뒤 다음과 같은 관습을 만들어 말뚝 박기를 하고 있다. 즉 부락의 사내는 신부 한 사람을 맞아들일 때마다 말뚝 세 개를 오르

---

7) 전승하는 그대로 옮기면 '판가이온산 일대의 드벨레스족, 아게리아네스족, 오드만토이족에 가까이 사는 부족, 및 프라시아스호 주변의 부족'이 되는데 드벨레스족에서 오드만토이족까지의 부분은 후세에 삽입한 것이라고 해 삭제하는 학자가 많다. 이유는 이 세 부족 가운데 오드만토이를 제외한 두 부족이 모두 파이오니아족에 속한다는 것을 7권에서도 볼 수 있기 때문이다. 프라시아스호는 오늘날의 텔키노호라고도 하고 그보다 약간 동북 쪽에 있는 프로토코바호라고도 한다.

벨로스란 산에서 베어내 박아야만 한다. 왜냐하면 이곳에서는 어느 사내나 많은 아내를 맞아들이기 때문이다.

그 생활양식은 어떤가 하면, 마을 사람들은 저마다 그 마루 위에 오두막을 짓고 살며 그 오두막에는 제각기 마루를 잘라내 아래쪽 호수 면으로 통하는 덮개 문이 곁들여져 있다. 어린아이는 굴러 떨어져서는 안 된다고 해서 다리에 끈을 매어둔다. 또 말이나 짐을 끄는 가축은 생선을 사료로 해서 기른다. 어류 자원은 대단히 풍부해, 그 덮개 문을 열고 속이 비어있는 큰 바구니를 끈에 매어 호수에 늘어뜨린 뒤 별로 기다릴 것도 없이 끌어올리면 바구니는 물고기로 가득 찬다. 물고기는 두 종류인데 그들의 말에 따르면 이것들은 파프라크스와 틸론이라고 한다.

이렇게 해서 파이오니아족 가운데 정복당한 부족은 아시아로 이주하게 되었다. 메가바조스는 파이오니아족을 제압한 뒤, 휘하의 부대 내에서 자기에 이어서 가장 명망이 있는 페르시아인 7명을 마케도니아에 사절로 보냈다. 아민타스왕에게 파견된 이 사절단의 목적은 다레이오스왕에 대한 신종의 표시로서 땅과 물을 요구하는 데 있었다.

프라시아스호에서 마케도니아까지의 거리는 매우 짧다. 호수 가까이에 광산이 있는데, 뒤에 하루 1탈란톤의 은을 산출해 알렉산드로스[8]의 재원이 된 것이 바로 이 광산이다. 이 산을 지나 디소론이라는 이름의 광산을 넘으면 바로 마케도니아국이다.

한편 이 페르시아 사절단은 궁전에 도착하자 아민타스왕을 배알하고 페르시아 왕에게 땅과 물을 바치도록 요구했다. 아민타스왕은 요구에 따르겠다는 뜻을 말하고 사절들을 연회에 초대했다. 준비한 성찬으로 따뜻이 대접한 것이다.

그런데 식사가 끝난 뒤, 페르시아인들은 서로 술잔을 주고받으면서 이런 말을 주고받았다.

"아민타스 전하, 우리 페르시아에서는 성대한 연회를 베풀 때에는 아내와 첩도 연회석에 불러 시중을 들게 하는 것이 관습입니다. 전하는 우리를 환대

---

[8] 아민타스의 아들로 다음에 이어지는 이야기의 주인공. 유명한 알렉산드로스 대왕은 아니다.

해주셨습니다. 게다가 다레이오스대왕에게 땅과 물을 바치려는 분이십니다. 우리의 관습에 따라줄 수 없겠습니까?"

이에 아민타스는 이렇게 말했다.

"페르시아의 손님 여러분, 이 나라에는 그 같은 풍습이 없고 사내는 여자와 자리를 같이하지 않소. 그러나 당신들은 이제 우리가 섬겨야 할 주인이므로 그렇게 하길 바라신다면 그대로 하겠소."

아민타스는 여자들을 부르게 했다. 불려온 여자들은 페르시아인과 마주해 나란히 앉았다. 그러자 페르시아인은 아름다운 여자들을 보고 아민타스에게 이렇게 말했다.

"이럴 바에는 차라리 처음부터 여자를 부르지 않는 것이 나을 뻔 했습니다. 모처럼 왔는데 옆에 앉지도 못하고 마주 바라보고만 있으면 눈에 해가 될 뿐이니까요."

어쩔 수 없이 아민타스는 여자들에게 손님 곁에 앉으라고 지시했다. 그러자 이미 술이 얼근해진 페르시아인들은 그 자리에서 여자들의 유방을 주무르기 시작하고 개중에는 입맞춤을 하려는 자도 있었다.

아민타스는 이 광경을 보면서 화가 치밀었으나 페르시아인을 몹시 두려워했기 때문에 꾹 참았다. 그러나 이 광경을 보고 있던 아민타스의 아들인 알렉산드로스는 나이도 아직 젊고 세상 물정도 모르기 때문에 참지 못하고 분에 못 이겨 아민타스에게 이같이 말했다.

"아바마마께서는 연로하시니 이제 돌아가서 쉬십시오. 술도 더는 안 되십니다. 이곳에는 제가 남아서 손님에 대한 접대에 소홀함이 없도록 하겠습니다."

이에 대해서 아민타스는 알렉산드로스가 무언가 경솔한 짓을 하려는 줄 눈치 채고 이렇게 말했다.

"아들아, 네 말의 뜻은 나도 이해하고 있다. 너는 무언가 온당치 못한 일을 계획해 나를 물러가게 하려는 것이다. 그러나 내가 부탁하니, 저 사람들에게는 손을 대지 마라. 그런 일을 저지르면 우리 가문은 파멸하고 만다. 어떤 추태를 보아도 제발 참기 바란다. 내가 자리를 뜨는 일은 네 말에 따르겠다."

아민타스가 이렇게 타이르고 자리를 뜬 뒤, 알렉산드로스는 페르시아인들에게 이렇게 말했다.

"손님 여러분, 여기에 있는 여자들은 만일 원하신다면 모두 여러분에게 맡기겠습니다. 잠자리를 같이 하셔도 좋습니다. 이제 취침할 시간도 가까워졌고 더구나 상당히 취하신 것 같으니, 만일 이의가 없으시다면 이 여자들에게 시간을 주어 목욕을 할 수 있도록 해주십시오. 목욕이 끝난 뒤 다시 곁에 두시면 좋을 것입니다."

이렇게 말하자 페르시아인도 찬성을 했다. 알렉산드로스는 자리에서 물러나온 여자들을 방으로 물러가게 하고, 수염이 아직 자라지 않은 청년을 여자 수만큼 갖춘 다음 이들에게 여자 옷으로 갈아입히고 단검을 건네주었다. 그리고 이들을 데리고 연회석에 나타나 페르시아인들에게 이렇게 말했다.

"페르시아의 손님 여러분, 당신들은 나무랄 데 없는 환대를 받았을 줄 압니다. 우리는 우리가 할 수 있는 한 모든 것을 제공했습니다. 우리의 어머니나 자매까지도 내보내 대접했으니, 이야말로 최대의 향응이라고 해도 좋을 것입니다. 그 이유는 당신들에게 조금이라도 실례가 되는 일이 없도록 하기 위해, 얼마나 우리가 당신들을 소중하게 여기고 있는지 그것을 잘 이해해달라는 뜻에서, 그리고 또 사절을 보내신 대왕께 마케도니아의 영주인 그리스인은 당신들을 식사뿐만 아니라 잠자리 시중까지도 정중하게 대접했다고 아뢰어 주길 바라는 마음에서입니다."

이렇게 말을 마치자 알렉산드로스는 페르시아인 개개인에게 여자로 위장한 마케도니아 청년으로 하여금 시중을 들게 했다. 그리고 페르시아인이 손을 대려고 했을 때 그들을 찔러죽이고 만 것이다.

그 시종들 또한 주인들과 운명을 같이 했다. 사절단은 수레와 시종 외에 막대한 양에 이르는 갖가지 화물도 가져왔는데 이것 역시 주인과 함께 사라지고 만 것이다.

그 뒤 이들에 대한 대대적인 수색이 이루어졌다. 그러나 알렉산드로스는 막대한 양의 금과 자신의 누이동생 기가이아를 제공함으로써 교묘하게 수색을 저지시키는 데 성공했다. 즉 알렉산드로스는 수색 부대의 대장 페르시아인 부바레스에게 위와 같이 막대한 양의 뇌물을 주어 매수했던 것이다. 이렇게 이 사건은 진상이 밝혀지지 않은 채 흐지부지되고 말았다.

페르디카스에서 시작되는 마케도니아 역대의 왕이 그리스인임은 그들이 자칭하는 것인데, 나 자신도 그와 같이 알고 있고 그들이 그리스인임은 뒷장에서도 증명할 생각이다. 뿐만 아니라 이는 올림피아 경기를 주최하는 임원들도 인정한 것이다. 알렉산드로스가 경기에 참가하고 싶다는 소망으로 올림피아에 왔을 때의 일이다. 상대 주자가 되어야 할 그리스인들이 이 경기는 그리스인만을 위한 것이지 다른 나라 경기자를 위한 것이 아니라고 말해 알렉산드로스를 제외하려고 했다. 그러나 알렉산드로스가 아르고스인의 혈통임을 증명해 보여 그리스인으로 판정되었다. 그리하여 경기에 참가해서 제1위인 자와 호각지세를 보이는 성적을 거둔, 그와 같은 일이 있었던 것이다.

히스티아이오스와 아리스타고라스
한편 메가바조스는 파이오니아족을 인솔해 헬레스폰토스로 가 그곳에서 바다를 건너 사르데스에 도착했다. 한편 밀레토스인 히스티아이오스는 이스트로스강의 다리를 수비하여 세운 공[9]으로 다레이오스에게 간청해 손에 넣은, 스트리몬 강변에 있는 밀키노스에 이미 성벽을 쌓고 새로운 도시 건설에 착수하고 있었다. 그때 히스티아이오스의 행동에 주목한 메가바조스는 파이오니아족을 이끌고 사르데스에 도착하자마자 다레이오스에게 말했다.

"왕이시여, 여느 방법으로는 설득이 안 되는 유능한 그리스인에게 트라키아에서 도시를 건설하는 것을 허용하시다니 어찌 된 일입니까. 트라키아는 선박 재료나 노를 만들 재목이 풍부하고 또 은 광산도 있습니다. 부근 일대에는 그리스인을 비롯하여 그 밖의 민족이 많이 거주하고 있으며 이들은 한번 지도자를 얻으면 그가 명하는 대로 밤낮을 가리지 않고 행동할 것입니다. 그러므로 영내에서 전란이 벌어지는 것을 원치 않으신다면 그가 하는 일을 중단시키십시오. 제 생각에는 조용히 불러들여 손을 떼게 하는 것이 좋을 듯합니다. 그러나 한번 그를 수중에 넣으신 이상 그자가 다신 그리스로 돌아가지 못하도록 하십시오."

메가바조스의 이 건의는 장래를 잘 내다본 것으로, 어려움 없이 다레이오스를 설득할 수가 있었다. 다레이오스는 미르키노스에 사자를 보내 아래와

---

9) 4권 참조.

같이 전하게 했다.

'왕 다레이오스가 히스티아이오스에게 전한다. 곰곰이 생각해 보건대 나뿐만 아니라 내 국사에도 그대만큼 성심을 다해주는 자가 달리 없다. 그것은 단순히 그대의 말뿐만 아니라 실천에 의해서 이같이 믿는 것이다. 나는 지금 큰일을 벌일 생각을 하고 있는데 그것을 그대에게 전하고 싶으니 부디 내게 와주어라.'

히스티아이오스는 왕의 말을 믿고 또한 왕의 상담역이 되는 것을 크게 자랑으로 여겼기 때문에 사르데스로 왔다. 그가 도착하자 다레이오스는 이렇게 말했다.

"히스티아이오스여, 그대를 부른 용건이란 다름이 아니다. 내가 스키타이에서 귀환해 그대의 모습을 보지 못하게 된 것은 잠깐 동안이었는데, 그대를 만나 대화를 하는 것 이상으로 간절한 소망이 달리 없었다. 그 이유는 재치와 성심을 겸비한 친구야말로 온갖 재보 가운데서 가장 귀중한 것임을 깨달았기 때문이다. 그대가 그 두 가지 덕을 겸비하고 있는 것은 내가 몸으로 경험한 바에 의해서 입증할 수 있는 것이다.

그대는 잘 와주었다. 그래서 내가 그대에게 제안할 것이 있다. 어떤가, 밀레토스와 그대가 트라키아에 만든 도시의 일은 잊고 그 대신 나와 함께 수사로가 나의 연회에 배석도 하고 상담역도 되어줄 수 없겠는가? 수사에서 나의 재산은 모두 그대의 재량에 맡기겠다."

다레이오스는 이렇게 말하고 자신의 이복 동생인 아르타프레네스를 사르데스의 총독으로 임명한 다음, 히스티아이오스를 데리고 수사로 출발했다. 다레이오스는 또한 연안지역의 지휘권을 오타네스란 자에게 맡겼는데, 이 오타네스의 부친은 시삼네스라는 자로 캄비세스왕 치하에서 왕실 재판소의 판사를 지냈었다. 그러나 금품을 받고 부정 판결을 한 죄로 캄비세스는 그를 사형에 처하고 그 피부를 모두 벗겼다. 그리고 그 벗겨진 피부를 띠 모양으로 재단해 시삼네스가 재판을 할 때에 앉았던 의자에 깔게 했다. 이렇게 해두고 그 후임으로 시삼네스의 아들을 판사로 임명하고는 그에게 말했다.

"재판을 할 때 네가 어떤 의자에 앉아 있는지 꿈에도 잊지 마라."

이런 복잡한 사연이 있는 의자에 앉아서 재판을 한 오타네스가 이때 메가바조스의 후계자로서 군대를 지휘하게 된 것이다. 그는 비잔티움과 칼케돈을 점령하고 다시 트로아스 지방의 안탄드로스, 이어서 람포니온을 공략하고 더 나아가 레스보스에서 함선을 탈취해 렘노스·임브로스의 두 섬을 점령했다. 이 두 섬에는 그 무렵에도 아직 펠라스고이족이 살고 있었다.

렘노스인은 잘 싸워 상당한 시일을 버텼는데 결국 제압되고 페르시아 측은 사모스의 왕이 된 마이안드리오스 형제인 리카레토스를 총독으로 임명해 살아남은 섬사람을 통치하게 했다. 이 리카레토스는 재임 중에 렘노스에서 죽었다. ……[10] 오타네스가 이 모든 민족을 정복해 노예화하려고 했던 이유는 어떤 민족은 페르시아군을 이탈해 스키타이 측으로 달려간 죄를 묻기 위해서였고, 다른 민족은 다레이오스의 군대가 스키타이에서 귀국할 때에 위해를 가했기 때문이었다.

오타네스가 페르시아군의 지휘관이 된 뒤에 거둔 업적은 이와 같다. 그 뒤에는 한동안 소강상태가 이어졌다. 그러나 재난은 다시 이오니아의 낙소스와 밀레토스에서 발생하려는 조짐이 보였다.

그 무렵 낙소스는 다른 섬들에 비해서 부강함을 자랑했고 밀레토스도 사상 최고의 전성기에 이르러 이오니아의 영화를 구가하고 있었다. 그러나 이 밀레토스도 전에는 내부분쟁 때문에 두 세대에 걸쳐서 피폐함이 극에 달한 적이 있었다. 그런데 그 뒤 파로스인이 개입해 겨우 재기한 것이다. 즉 밀레토스인이 모든 그리스 가운데서 특히 파로스인을 내분의 조정자로 택한 것이다.

파로스인은 그때 아래와 같은 방식으로 밀레토스의 내분을 수습했다.

파로스의 유력자들이 밀레토스에 와 본 결과 밀레토스가 경제적으로 파탄하고 있음을 알게 되었다. 그들은 밀레토스의 국토를 모두 둘러보고 싶다고 제의해, 황폐한 국토를 다니다 때때로 경작이 잘 된 밭이 눈에 띄면 그때마다 그 밭의 소유자 이름을 기입해 두었다.

온 국토를 돌아도 이와 같은 밭은 헤아릴 수 있을 정도밖에 되지 않았는데 도시로 돌아오면 곧바로 민회를 소집해 손질이 잘 된 밭의 소유자들에게 국정을 맡기기로 했다. 이런 사람이라면 공공의 일도 내 일처럼 잘 돌보리라 생

---

10) 여기에 조금 빠진 문장이 있다고 생각하는 것이 옳을 것 같다. 리카레토스 죽음에 관한 기술을 한 뒤, 이야기는 다시 오타네스 쪽으로 되돌아가기 때문이다.

각했기 때문이다. 그리고 그 밖에 이제까지 내분을 계속해온 밀레토스인들은 이 새로운 위정자의 명령에 따를 것을 지시했다.

다시 이야기를 원점으로 돌려 낙소스와 밀레토스로 인해서 이오니아에 재난이 발생하기 시작했다는 것은 아래와 같은 경과에 따른 것이다.

낙소스의 자산계급 몇 사람이 민중파에 의해서 추방되어 밀레토스로 망명해왔다. 그 무렵 밀레토스는 몰파고라스의 아들인 아리스타고라스가 임시로 지배하고 있었다. 아리스타고라스는 다레이오스왕이 수사에 억류하고 있었던, 리사고라스의 아들인 히스티아이오스의 조카이자 사위이기도 했다. 밀레토스의 독재권은 본디 히스티아이오스에게 있었는데, 그에게는 옛 친구인 낙소스인들이 밀레토스로 왔을 때 그는 때마침 수사에 있었던 것이다.

밀레토스로 망명해온 낙소스인들은 아리스타고라스에게 청원했다.

"군대를 빌려 그 힘으로 조국에 돌아가고 싶은데, 어떻게 안 되겠습니까?"

아리스타고라스는 만일 내 힘으로 이들을 귀국시킬 수만 있다면 낙소스의 지배권을 장악할 수 있겠다는 생각에, 그들과 히스티아이오스와의 옛정을 구실로 아래와 같은 제안을 했다.

"나로서는 지금 낙소스를 좌지우지하고 있는 일파의 의사에 반하면서까지 여러분의 귀국을 강행하기에 충분한 강력한 군대를 제공하겠다고 약속할 수는 없소. 낙소스에는 8천의 중무장 병력과 군함이 있는 것으로 알기 때문이오. 그러나 가능한 한 여러분을 위해 힘써보겠소.

내가 생각하고 있는 계책이란 이런 것이오. 다행히 아르타프레네스는 히스타스페스의 아들이고 다레이오스와는 형제간이오. 이 사내는 아시아의 연해지방 일대를 지배하고 많은 병력과 함선을 다수 장악하고 있소. 그에게 부탁을 하면 우리가 필요로 하는 것을 틀림없이 해줄 것이오."

이 말을 들은 망명자들은 잘 부탁을 드린다고 말하고 아르타프레네스에 대한 사례와 군대의 경비는 모두 자신들이 변제할 것이므로 아리스타고라스가 상대에게 약속을 해주도록 부탁했다. 왜냐하면 그들은 자신들이 낙소스에 모습을 드러내면 낙소스인은 만사가 자기들 뜻대로 될 것이고 낙소스뿐만 아니라 다른 섬들도 똑같이 될 것이라는 자신감이 있었기 때문이다. 그 무렵에는 키클라데스 제도가 아직은 하나도 다레이오스의 지배하에 들어가 있지 않았던 것이다.

아리스타고라스는 그때 사르데스로 가 아르타프레네스에게 낙소스는 그다지 큰 섬은 아닌데 아름답고 땅도 비옥하며 또한 이오니아에 가깝고 재보도 노예도 많아 풍요롭다고 말했다. 그리고 이렇게 덧붙였다.

"그러므로 이 나라에 병력을 보내 그곳에 망명하고 있는 자들의 귀국을 도모해주는 것이 좋으리라 생각합니다. 만일 귀하가 이 거사에 나서주신다면 군대에 필요한 경비는 말할 것도 없고 그 밖에 거액의 돈을 이미 준비하고 있음을 먼저 말씀드립니다. 동시에 귀하는 이 거사로 낙소스는 물론 낙소스에 종속된 파로스나 안드로스 등, 이른바 키클라데스의 다른 섬들까지도 대왕의 판도에 넣을 수 있다는 것도 잊지 마십시오. 더욱이 이들 섬을 기지로 삼으신다면 에우보이아를 공격하는 것도 쉬워질 것입니다. 에우보이아는 부유하며 키플로스 못지않게 큰 섬인 데다 더구나 쉽게 점령할 수 있습니다. 배 100척만 있으면 온 섬을 정복하는 데 충분할 것입니다."

아르타프레네스는 아래와 같이 대답했다.

"그대의 제의는 페르시아 왕가에게 참으로 적절하다고 생각되오. 그대의 건의는 모두 지당한데 단 한 가지, 배의 수만은 마음에 들지 않소. 봄에는 100척이 아니라 200척의 배를 준비해주겠소. 그러나 이 계획은 먼저 대왕의 인가를 얻어야만 하오."

아리스타고라스는 그 말을 듣자 몹시 기뻐하고 밀레토스로 돌아갔다. 한편 아르타프레네스는 수사에 사자를 보내 아리스타고라스의 제안을 보고하고, 다레이오스의 동의를 얻자마자 200척의 3단 노선과 페르시아군 및 동맹군으로 편성한 강력한 군대를 준비했다. 그 총지휘관에는 아카이메네스가(家) 출신이고 다레이오스에게나 그 자신에게나 사촌동생이 되는 메가바테스를 임명했다. 뒷날의 얘기가 되는데 만일 그 풍설이 거짓이 아니라면, 스파르타의 클레옴브로토스의 아들 파우사니아스가 온 그리스 제패의 야망을 안고 그 목적을 위해 이 메가바테스의 딸과 약혼을 했다.

아무튼 아르타프레네스는 메가바테스를 총지휘관에 임명하고 그 원정군을 아리스타고라스에게 보낸 것이다.

메가바테스는 아리스타고라스를 비롯해서 이오니아군과 낙소스의 망명자들을 자군으로 맞아들이자, 마치 헬레스폰토스로 향하는 것처럼 보이게 하고 밀레토스를 출범했다. 그리고 키오스섬에 닿자마자 선단을 카우카사항에 정박시키고 북풍이 부는 대로 낙소스로 향할 채비를 갖추고 있었다. 그런데 아래와 같은 돌발사건 때문에 낙소스는 이 원정군에게 멸망될 운명을 피하게된다.

메가바테스가 함대의 경비 정황을 순찰하고 있을 때, 마침 민도스[11]에서 온 배에는 경비병이 한 사람도 없었다. 메가바테스는 격노해 자신의 친위대 병사들에게 명해 그 배의 함장인 스킬락스란 자를 찾아내 묶고 나서 머리는 배 밖으로, 몸통은 배 안으로 향하도록 배의 노공(櫓孔)에 밀어 넣게 했다.

스킬락스가 포박된 뒤, 자신과 친한 민도스인 함장을 메가바테스가 묶고 굴욕적인 벌을 가하고 있다고 아리스타고라스에게 알려온 자가 있었다. 아리스타고라스는 현장으로 가 메가바테스에게 그를 풀어주라고 부탁했는데, 이것이 받아들여지지 않자 스스로 달려가 함장을 풀어주었다.

이를 안 메가바테스는 크게 분노해 아리스타고라스에게 항의했다. 아리스타고라스는 이렇게 말했다.

"이것은 그대와 아무런 관계도 없는 일이오. 본디 아르타프레네스가 그대를 파견한 것은 나의 명령에 복종해 내 명령대로 배를 움직이기 위한 것이 아니었소? 쓸데없는 간섭은 그만두시오."

이 말에 화가 난 메가바테스는 해가 저물기를 기다렸다가 작은 배로 사람을 낙소스에 보냈다. 그리고 낙소스인에게 닥치게 될 사태를 모두 보고토록한 것이다.

실제로 낙소스인은 이번 원정이 자기들을 목표로 한 것인 줄은 꿈에도 모르고 있었다. 그러나 그것을 알자 곧바로 성 밖에 있는 물자를 성안으로 옮기고 농성을 할 각오로 식량과 음료를 준비하고 성벽을 보수했다.

낙소스 측은 이러한 전쟁이 반드시 있을 것으로 보고 준비를 게을리 하지 않았으므로, 원정군이 함대를 키오스에서 낙소스로 진격시켰을 때에는 이미 방비태세를 완전히 갖춘 뒤였다. 이 때문에 포위전은 4개월에 걸쳐서 이어졌

---

11) 민도스는 소아시아 남쪽에 있었던 도리스계 도시. 헤로도토스의 탄생지 할리카르나소스에 가깝다.

다. 이윽고 페르시아군이 준비해 온 군자금은 바닥이 나고 여기에 아리스타고라스 개인의 지출도 거액에 이르렀다. 더욱이 포위전을 계속하기 위해서는 더욱 큰 전비가 필요하게 되자, 결국 원정군은 낙소스의 망명자를 위해 성벽을 구축해주고 참담한 상태로 대륙으로 철수했다.

이렇게 해서 아리스타고라스는 아르타프레네스와의 약속을 이행할 수 없었고, 그와 함께 출정 비용의 독촉으로 궁지에 빠지고 말았다. 또 원정실패와 메가바테스와의 불화가 불안의 요인이 되어 결국은 밀레토스의 지배권마저도 잃게 되는 것이 아닌가 하는 생각을 하기 시작했다. 그리고 이런 일들을 이것저것 고뇌하고 있는 사이에 결국 모반을 기도하게 된 것이다. 왜냐하면 때마침 이 무렵 수사의 히스티아이오스로부터 머리에 문신을 한 사내가 찾아 온 것이다. 히스티아이오스는 아리스타고라스에게 대왕에 대한 모반을 지령하려고 생각했는데 가도의 경계가 모두 엄중했기 때문에 안전한 방법을 꾀했다. 그래서 노예 가운데 가장 신뢰할 만한 사내의 두발을 밀어버리고 머리에 문신을 한 다음 두발이 다시 자라길 기다렸다. 그리고 곧바로 그 사내를 밀레토스로 파견했는데, 이 사내에게는 밀레토스에 닿으면 아리스타고라스에게 다른 말을 하지 말고 자기 머리를 깎아서 머리를 봐달라고만 부탁하라고 일러두었다. 문신의 내용은 이미 앞에서 말한 바와 같이 페르시아에 대한 배반을 지령한 것이었다.

히스티아이오스가 이런 행동으로 나온 이유는 수사에 억류되어 있는 것이 견딜 수 없었기 때문이다. 반란이 일어나면 그 대책을 위해 자기가 연안 지방으로 파견될 가망이 커질 것이다. 그러나 밀레토스가 반역을 기도하지 않는 한 이제 밀레토스로 돌아갈 가망은 없는 것으로 생각한 결과였다.

히스티아이오스는 위와 같은 생각에서 사자를 보낸 것인데, 아리스타고라스로서는 이들 사건이 한꺼번에 마치 약속이라도 한 듯이 일어난 것이다. 그래서 그는 자기 지지자들과 계획을 꾸미고 자기의 의견을 명확히 한 다음 히스티아이오스로부터 전달된 지령에 대해서도 동지들에게 말했다. 그 모두가 반역에 찬성한 가운데 오직 한 사람 사전작자(史傳作者)인 헤카타이오스[12]만

---

12) 헤카타이오스(기원전 550~476년)는 그리스의 선구적인 역사가로, 헤로도토스도 그에게 많은 것을 의존하고 있다. 그에 대한 것은 뒤에 언급한다.

은 다레이오스의 지배하에 있는 민족을 하나하나 열거하면서 페르시아 왕에 도전하는 것이 불가능함을 주장했다. 그러나 자기 주장이 관철되지 못할 것을 알자 이번에는 제2의 안으로서 해상을 제압하는 방책을 세우도록 건의했다. 그의 주장은 이렇다―자신은 밀레토스의 전력이 약소함을 잘 알고 있으므로 자기가 아는 한 이 계획을 실현하는 방책은 하나밖에 없다, 즉 브란키다이[13] 신전에서 리디아의 왕 크로이소스가 봉납한 재보를 횡령하는 것이다, 그렇게 하면 제해권을 장악할 수 있을 뿐만 아니라 이쪽에서 재보를 자유롭게 할 수 있고 적의 약탈을 막게 될 것이다. 한편 이 재보가 막대한 것임은 내가 이 책의 제1권에서 이미 말한 바와 같다.

헤카타이오스의 이 의견 또한 채택되지 않았다. 반란을 일으키기로 결정한 무리는 배로 미우스로 가 낙소스 원정에서 돌아와 그곳에 정박 중인 선단을 방문해 승선하고 있는 지휘관들을 어떻게든 잡기로 했다.

이 목적을 위해 이스트라고라스가 파견되었다. 그는 모략으로 밀라사 사람인 이바놀리스의 아들 올리아토스, 테르메라인 팀네스의 아들 히스티아이오스, 에르크산드로스의 아들 코에스―다레이오스가 은상으로서 미틸레네를 준 인물―키메인 헤라클레이데스의 아들 아리스타고라스 등을 비롯해 많은 인물을 사로잡았다. 이렇게 해서 아리스타고라스는 다레이오스에게 대항하는 만반의 책략을 짜면서 공공연하게 반기를 든 것이다.

아리스타고라스는 먼저 밀레토스인이 자진해서 자기의 모반에 가담해주길 바랐다. 그래서 본 마음은 어떻든 간에 명목상으로는 밀레토스에서 독재제를 폐지하고 만민이 평등한 민주제를 실시하기로 했다. 이에 따라 계속해서 이오니아의 다른 지구에서도 똑같은 정책을 실시해 몇 사람의 독재자를 추방하거나 또 그와 함께 낙소스 원정에 참가한 선단에서 잡아 온 독재자들을 저마다 출신지인 도시에 인도하거나 한 것이다.

미틸레네인은 코에스가 인도되자 곧바로 교외로 끌어내 돌로 쳐 죽이는 형에 처한 반면, 키메에서는 과거의 독재자를 방면했다. 다른 도시들도 대체로

---

13) 브란키다이란 '브란코스 일족'이란 뜻. 델포이인 브란코스를 시조로 하는 신관의 가계이고, 밀레토스 부근에 있는 디디마의 아폴론신전을 지키면서 그 계시까지도 주재했다. 브란키다이는 또 그 지방의 명칭으로도 사용되었다(1권 참조).

키메의 예에 따랐다.

이렇게 해서 이오니아의 여러 도시에서 독재제가 폐지되었다. 그 뒤 아리스타고라스는 그들 도시에서 제각기 장군을 임명하고, 이어서 스스로 사절로서 군선에 올라 스파르타로 향했다. 그로서는 강대한 동맹국을 찾아야 했던 것이다.

스파르타의 정세-클레오메네스와 도리에우스

스파르타에서는 레온의 아들 아낙산드리데스가 이미 사망해 왕위에 없었다. 그의 뒤를 이은 왕은 아낙산드리데스의 아들 클레오메네스였는데, 그가 왕위에 오른 것은 그 가문에 따른 것이지 자질이 뛰어났기 때문은 아니었다. 아낙산드리데스는 자기 누이의 딸을 아내로 맞이하였고 그녀를 몹시 사랑했는데 아이를 낳지 못했다. 그래서 감독관[14]은 왕의 출두를 요청하고 이렇게 말했다.

"전하께서 자기 일에 무관심한 것은 전하의 자유이지만, 우리로서는 에우리스테네스[15]가의 혈통이 끊기는 것을 그대로 보고만 있을 수는 없습니다. 그러하오니 현재의 왕비마마께서 왕자를 생산하지 못하는 이상 헤어지고 다른 왕비를 아내로 맞아들이셔야 합니다. 그러면 스파르타 국민도 기뻐할 것입니다."

이에 아낙산드리데스는, 나는 지금 어느 쪽 제안도 실행할 뜻이 없다, 나에게 아무런 과실도 없는 아내와 이별하고 다른 여자를 얻으라고 한 감독관의 건의는 괘씸하다, 그와 같은 요구에는 응할 수 없다고 말했다.

그래서 감독관과 장로들이 협의한 결과 이번에는 아낙산드리데스에게 아래와 같은 제안을 했다.

"전하께서 왕비마마를 얼마나 아끼시는지는 잘 알겠습니다. 그러나 이제부터 말씀드리는 것에 대해서는 부디 반대하지 마시기 바랍니다. 스파르타 국민이 전하에 대항해서 모략을 꾸미거나 하는 일을 원하지 않으신다면 말입니다. 저희는 이제 전하에게 이별을 원하지 않겠습니다. 지금의 왕비마마는 현재대로 신분과 대우를 보장해도 좋습니다. 단, 따로 왕자를 낳을 수 있는 분을 왕

---

14) 에포로이란 감독자란 뜻으로, 스파르타에서는 5명이 온 국민 가운데서 선출되었다. 이들은 1년의 임기 동안 장로회와 함께 행정사법의 실권을 장악하고 왕에게도 감독권을 행사할 수가 있었다.

15) 에우리스테네스는 스파르타의 한 조상이다.

비로 맞아들이도록 하십시오."

위의 제안에 아낙산드리데스도 동의해, 그 뒤로는 두 아내로 두 가정을 거느리게 되었다. 이와 같은 일은 스파르타의 습속에 완전히 어긋나는 것이었다.

그 뒤 얼마 안 가서 둘째 왕비가 앞서 말한 클레오메네스를 낳았다. 그런데 이 무슨 운명의 장난인지, 둘째 왕비가 스파르타의 왕위를 이을 사내아이를 낳는 것과 때를 같이 해 이제까지 아들이 없었던 첫째 왕비가 임신을 한 것이다. 왕비의 임신에 거짓은 없었는데, 둘째 왕비의 근친들이 그것을 알고 시끄러워지기 시작했다. 왕비는 근거도 없는 일을 퍼뜨리고 있으며, 거짓 아이를 바꿔치기 할 생각이라고 선전을 했다. 이들이 너무 요란해 감독관조차도 의심을 해 출산 기일이 다가오자 왕비의 분만에 입회해 감시를 했다.

첫째 왕비는 이렇게 해서 도리에우스를 낳은 뒤 이어서 곧 레오니다스를 낳고 그 뒤, 또 클레옴브로토스를 잉태했다. 일설에는 클레옴브로토스와 레오니다스는 쌍둥이었다고 한다. 클레오메네스를 낳은 둘째 왕비는 데마르메스의 아들 프리네타데스의 딸이었는데 그 뒤로는 아이를 낳지 못했다.

그런데 이 클레오메네스는 두뇌가 정상이 아니고 광기까지 있었다고 한다. 한편 도리에우스는 같은 또래 사이에서 두각을 나타내, 왕위를 계승하는 것은 실력이 있는 자기라고 굳게 믿고 있었다. 그래서 아낙산드리데스가 죽고 스파르타인이 관습에 따라서 장남인 클레오메네스를 왕으로 앉혔을 때, 그의 통치하에서는 살 수 없다고 생각해 국민에게 청원해 식민지 개척의 지도자로서 출국하게 되었다. 그러나 도리에우스는 그때 어느 땅에 식민지를 건설할 것인지를 델포이의 계시도 받지 않고, 또 그와 같은 때에 예로부터 정해진 관행도 무엇 하나 지키지 않고 분노에 사로잡힌 채 배를 타고 리비아로 간 것이다. 수로 안내는 테라인이 맡았다. 도리에우스는 키닙스강 부근에 닿자 리비아에서 가장 좋은 장소인 강변 지대에 도시를 건설했다. 그러나 3년 째가 되는 해 리비아의 주민인 마카이족과 카르타고인에게 그 땅에서 쫓겨나 펠로폰네소스로 돌아오고 말았다.

이때 안티카레스라는 엘레온[16]인이 '라이오스의 계시'[17]를 근거로 시켈리아

---

16) 보이오티아의 도시.

17) 그 내용이 어떤 것이었으며, 라이오스가 유명한 오이디푸스왕의 아버지를 가리키는 것인지

에 헤라클레아라는 도시를 건설하도록 권했다. 에릭스[18]의 땅은 모두 헤라클레스가 직접 점령했던 곳이기 때문에 헤라클레스의 후손에게 귀속해야 한다는 것이었다. 도리에우스는 이 말을 듣고 자기가 목표로 하는 땅을 실제로 점유할 수 있을지 신의 계시를 받기 위해 델포이로 갔다. 델포이의 무녀가 점유할 수 있다는 신탁을 내리자, 그는 앞서 리비아로 인솔한 것과 똑같은 개척단을 이끌고 이탈리아 해안을 따라 시켈리아로 향했다.

시바리스인의 말에 따르면, 이 무렵 텔리스를 왕으로 모시는 시바리스가 크로톤[19]의 도시를 공격하려고 했다. 이에 깜짝 놀란 크로톤 측은 도리에우스에게 구원을 청하고 그 지원을 얻는 데 성공해, 도리에우스와 함께 시바리스를 공격해 점령했다고 한다.

그러나 크로톤인의 주장은 다르다. 엘리스 출신의 예언자이고 이아미다이[20] 가문 출신인 칼리아스 한 사람을 제외하면 대 시바리스 전에서 그들이 원조를 얻은 타국인은 한 사람도 없다는 것이다. 이 칼리아스가 크로톤에 가세한 경위는 아래와 같다고 한다. 이 사내는 (처음 시바리스에 있었고) 크로톤과의 전쟁의 결과를 점치기 위해 희생식을 행한 결과 그 점괘가 흉(凶)으로 나오자, 시바리스의 왕 텔리스에게서 탈출해 크로톤에게로 도망쳐 왔다는 것이다.

이들 모두 자기 주장을 뒷받침할 증거를 제시하고 있다. 시바리스인이 증거로 내세우는 것은 바닥이 들어난 크리스티강[21] 부근에 있는 신전과 그 일대의 성역이다. 이 신전은 도리에우스가 크로톤군에 협력해 시바리스의 도시를 점령한 뒤 그 땅에 연고가 있는 아테네 크라티아스를 위해 건립한 것이라고 한다. 또 도리에우스의 죽음이 무엇보다도 좋은 증거라고 말한다. 즉 도리에우스는 신의 계시에 거스르는 행동을 했기 때문에 죽은 것이고, 만일 그가 오로지 자기의 사명을 수행하고 본분에서 벗어나는 일을 아무것도 하지 않

또는 한 예언자의 이름이었는지도 확실하지 않다. 다만 보이오티아는 일찍부터 고명한 예언자를 배출했다. 헤로도토스의 저서에서도 종종 나타나는 (이를테면 8권)바키스가 특히 유명했다.

18) 시켈리아 서부의 지명. 같은 이름의 산이 있었고 아프로디테를 숭배하는 곳으로 유명하다.

19) 시바리스, 크로톤 모두 남 이탈리아의 그리스 식민지.

20) 이아미다이 가문은 올림피아(엘리스 지방에 있는)예언자 겸 신관의 가계였다.

21) 크로톤인은 시바리스에 홍수를 가져오도록 크라티스강의 흐름을 바꾼 것이라고 한다.

았다면 에릭스의 땅을 점령해 확보하는 것은 물론 그 자신이나 군대가 파멸하는 일은 없었으리란 것이다.

이에 대해서 크로톤 측이 자기주장의 증거로 내세우는 것은 이렇다. 엘리스인 카리아스에게 부여된 빼어난 영지가 크로톤의 영토 내에 많으며 이들 영지는 나의 시대에 이르기까지 카리아스 자손의 소유이다. 반면 도리에우스에게도 그의 자손에게도 주어진 영지는 하나도 없다. 만일 도리에우스가 실제로 대 시바리스 전에 참전했더라면 카리아스보다 몇 배의 영지를 받았으리란 것이다.

우리로서는 저마다 납득이 가는 쪽에 동의하면 좋을 것이다.

도리에우스 외에도 그의 식민지 건설에 협력할 목적으로 행동을 함께 한 스파르타인이 몇 사람 있었다. 테살로스, 파라이바테스, 케레에스, 에우릴레온 등이 그들이다. 개척단은 시켈리아에 도착한 뒤 페니키아인(카르타고인)과 에게스타인[22]과의 싸움에 패해 전사했다. 개척단의 간부 가운데서 이 재앙을 면한 것은 에우릴레온 뿐이었다. 그는 개척단 중의 생존자를 이끌고 셀리누스 시[23]의 식민지인 미노아란 도시를 점령하고, 나아가 셀리누스인과 협력해 그들을 독재자 페이타고라스로부터 해방시켰다. 그 뒤 이번에는 자신이 셀리누스의 독재권을 장악하려는 야망을 품고 사실상 독재자가 되었는데 그것은 얼마 계속되지 않았다. 셀리누스 시민이 들고일어나 '아고라의 제우스'제단으로 난을 피한 에우릴레온을 살해한 것이다.

그 밖에 도리에우스와 행동을 함께 하고 그 최후도 함께 한 자로 크로톤 사람 부타키데스의 아들 필리포스가 있었다. 이 사내는 시바리스의 독재자였던 텔리스의 딸과 약혼을 했기 때문에 클로톤의 도시에서 쫓겨났는데 그 약혼이 거짓임이 밝혀지자 배를 타고 키레네로 떠났다. 여기에서 자신의 군선을 만들어 자비로 승무원을 두고 도리에우스와 함께 한 것이다. 그는 올림피아 경기의 우승자이고, 그 아름다움이 그 무렵 그리스에서 최고로 손꼽혔다. 그 미모 때문에 에게스타시에서 다른 어느 누구도 얻지 못하는 영예를 누렸다.

---

22) 에게스타는 세게스타와 같다. 시켈리아 서북부, 오늘날의 팔레르모(옛 지명은 파놀모스)에 가까운 도시.

23) 셀리누스는 시켈리아 남안에 있는 도리스계 식민도시.

에게스타인은 그의 묘 위에 영웅 묘를 세우고 아직도 공물을 바쳐 숭상하고 있다.

도리에우스는 이렇게 최후를 마쳤는데, 만일 그가 클레오메네스의 통치를 감수하고 스파르타에 그대로 머물러 있었더라면 머지않아 스파르타의 왕이 되었을 것이다. 클레오메네스는 치세를 오래 지속하지 못하고 대를 이을 아들도 없이 고르고라는 딸 하나만을 남겨둔 채 죽었기 때문이다.

아리스타고라스, 스파르타의 지원요청

이야기는 다시 처음으로 돌아가 밀레토스의 독재자 아리스타고라스는 클레오메네 치하의 스파르타에 도착했다. 그는 곧 왕과의 회담에 들어갔는데, 스파르타인의 말에 따르면 아리스타고라스는 이때 온 세계의 지형과 함께 해양과 하천이 모두 새겨져 있는 동판[24]을 소지하고 있었다고 한다.

아리스타고라스는 왕과의 회담으로 접어들자 이렇게 말했다.

"클레오메네스 전하. 제가 이렇게 멀리서 서둘러 온 것에 놀라지 마십시오. 이렇게 하지 않을 수 없을 정도로 현실이 절박합니다. 이오니아의 동포가 자유를 빼앗기고 예속상태에 있다는 것은 단순히 우리 이오니아인 자신의 더없는 오욕이요 고통일 뿐만 아니라 다른 그리스인, 특히 그 위세가 그리스에서 가장 큰 스파르타인에게도 똑같으리라 믿습니다. 그러므로 우리 그리스인이 받들어 모시는 신의 이름으로 원컨대 동포인 이오니아인을 예속의 질곡에서 벗어나게 해주십시오. 더구나 이 일은 스파르타인에게는 매운 쉬운 일입니다. 왜냐하면 이들 이방인은 그다지 무력에 뛰어나지 않은 데 반해서 스파르타인의 무용은 최고의 경지에 이르고 있습니다. 페르시아인 무기로 활과 단창(短槍)을 사용하고, 바지를 입고 터번을 두른 채 싸움에 임하기 때문에 그들을 이기기란 쉬운 일입니다.

더욱이 대륙에 사는 그들에게는 다른 나라들을 모두 합쳐도 미치지 못할

---

24) 지도는 철학자 아낙시만드로스가 발명했다고 한다. 그 뒤 밀레토스의 역사가인 헤카타이오스도 지도를 만들었다고 한다. 헤카타이오스는 아리스타고라스를 따르는 무리 중 한 사람이었으므로, 이 지도가 그의 직접 또는 간접적인 협력에 의해서 만들어진 것으로 생각된다.

정도의 풍부한 자원이 있습니다. 금을 비롯해서 은, 구리, 곱고 아름다운 직물, 운반용 동물에 노예, 이런 것을 원하신다면 모두 차지할 수 있습니다.

또한 여기에는 이제부터 제가 말씀드리는 바와 같이 여러 국민이 서로 국경을 접해 거주하고 있습니다. 이곳 이오니아의 이웃에는 이 리디아인이 살고 있습니다. 리디아인이 사는 토지는 비옥하고 은의 산출량은 비할 데 없이 많습니다."

아리스타고라스는 동판에 새긴 세계지도를 보이면서 이같이 말을 이었다.

"리디아인의 동쪽 이웃에는 프리기아인이 있습니다. 제가 아는 한 가축과 곡물이 풍부한 점에서는 이들을 능가할 민족이 없습니다. 프리기아인의 이웃에는 우리가 보통 시리아인으로 부르는 카파도키아인이 살며, 여기에 경계를 접해 키프로스섬이 떠 있는 바다에까지 킬리키아인이 거주하고 있습니다. 이 나라에서는 해마다 대왕에게 500탈란톤의 연공을 바치고 있습니다. 이 킬리키아인 이웃에는 아르메니아인이 있는데, 이 나라도 가축이 대단히 풍부한 나라입니다. 그리고 아르메니아인 다음으로는 마티에노이라는 민족이 이 일대에 살고 있습니다. 그 이웃이 키시아 나라로, 이 나라야말로 코아스페스강을 따라서 대왕이 살고 있는 유명한 도시 수사가 있는 곳입니다. 물론 보고도 이곳에 있습니다.

스파르타가 이 도시를 점령하는 날엔 제우스 신과도 그 부(富)를 겨룰 수가 있을 것입니다. 그렇다면 땅의 넓이도 부도 대륙에 비하면 보잘것없는 약간의 영토를 놓고, 군사력에서 귀국과는 우열을 가릴 수 없는 메세니아나, 금도 은도 전혀 나오지 않는 아르카디아나 아르고스 등과 위험을 무릅쓰고 싸울 필요가 어디에 있겠습니까? 금이나 은을 위해서라면 싸워서 죽어도 좋다는 기력도 용솟음치겠지만, 온 아시아를 쉽게 지배할 수 있는 기회가 있다는데 그것을 놔두고 다른 길을 택하시렵니까."

아리스타고라스가 이렇게 역설한 데 대해서 클레오메네스는 아래와 같이 말했다.

"밀레토스에서 오신 손님이여, 이틀간 여유를 주시오. 3일째에 대답을 하겠소."

약속한 날이 되어 두 사람이 정해진 장소에서 만났다. 클레오메네스는 아리스타고라스에게 이오니아의 해안을 따라서 대왕이 있는 곳까지 가는 데 며칠이 걸리느냐고 물었다. 이제까지는 만사에 빈틈이 없이 교묘하게 상대를 잘 구슬리던 아리스타고라스는 여기서 그만 실수를 하고 말았다. 스파르타를 아시아에 출정시키려고 생각했다면 진실을 감추어야 했는데, 해안에서 수도까지 3개월이 걸린다고 사실대로 말하고 만 것이다.

아리스타고라스가 노정에 대해 계속해서 설명하려는 것을 클레오메네스가 가로막았다.

"밀레토스의 손님이여 해가 지기 전에 스파르타에서 떠나주길 바라오. 그대는 스파르타인을 바다에서 3개월이나 걸리는 곳에 끌고 갈 생각인 것 같은데, 우리로서는 도저히 받아들일 수가 없소."

클레오메네스는 이렇게 말하고는 궁으로 돌아가 버렸다. 아리스타고라스는 탄원자의 표지인 올리브 가지를 들고 궁 안으로 찾아갔다. 그리고 탄원자와 같은 태도로 자신이 말하고자 하는 바를 부디 경청해달라고 클레오메네스에게 간청했다. 그런데 마침 그때 클레오메네스 곁에는 그의 외동딸로 나이는 8, 9세인 고르고가 있었다. 아리스타고라스는 그 아이를 내보낸 다음 얘기를 들어달라고 말했는데, 클레오메네스는 아이는 신경 쓰지 말고 용건을 말하라고 했다.

그래서 아리스타고라스는 만일 자신의 요구를 들어주신다면 사례를 하겠다고 말한 다음 우선 10탈란톤의 금액을 제시했다. 그러나 클레오메네스가 고개를 가로젓자 아리스타고라스는 금액을 차츰 올려 마침내 50탈란톤으로까지 액수가 올라갔다. 그때 아이가 큰 목소리로 말했다.

"아바마마 이제 그만 자리를 뜨시지요. 그러지 않으면 이 외국인에게 매수되고 맙니다."

클레오메네스는 딸의 충언을 갸륵하게 생각해 별실로 물러가고, 아리스타고라스도 더는 할 말을 잃고 스파르타를 떠났다. 이렇게 해서 아리스타고라스는 페르시아 왕에게로 이르게 되는 노정에 대해서 보다 상세한 설명을 할 수 없게 된 것이다.

수사에 이르는 '왕도'

여기에서 이 노정에 대해서 잠시 설명을 하면 아래와 같다.

모든 도로에 걸쳐 왕실 공인의 역과 대단히 훌륭한 숙박소, 그리고 인가가 있어 안전하다. 리디아와 프라기아의 구간은 94.5파라산게스[25]의 거리인데 이 사이에는 역이 20개가 있다. 프리기아 건너편에는 할리스강이 흐르고 이곳에는 관문(關門)이 설치되어 있다. 강을 건너가려면 아무래도 이 관문을 지나야만 하는데 그 방위를 위해 견고한 위병소가 있다. 할리스를 건너면 카파도키아로 접어들고, 이곳에서 킬리키아 국경까지의 거리는 104파라산게스로 그 사이에 28개의 역이 있다. 국경에는 두 개의 관문이 있고 어느 쪽이나 위병소가 있어 이곳을 지나야 한다. 이곳을 지나 킬리키아를 지나는 노정이 15.5파라산게스이고 세 곳에 역이 있다. 킬리키아와 아르메니아의 국경에는 에우프라데스(유프라데스)란 강이 있고 이곳은 배로 건넌다. 아르메니아 내에 있는 역의 수는 15, 거리로는 56.5파라산게스이고, 이곳에도 위병소가 있다.

아르메니아에서 나아가 마티에네의 땅으로 접어드는데 이 거리가 137파라산게스이고 역의 수는 34개이다. 배의 항행이 가능한 4개의 강이 이 지방을 가로질러 흐르는데 앞으로 나아가려면 아무래도 나룻배를 타고 건너야 한다. 그 첫 번째 강은 티그레스(티그리스)강이고 이어서 제2, 제3의 강은 모두 자바토스(자부)강으로 불린다. 그런데 이 두 강은 같은 강도 아니고 또 같은 수원에서 발원하지도 않는다. 처음 쪽은 아르메니아에서, 뒤의 것은 마티에네에서 발원하는 것이다. 네 번째는 긴데란강으로, 그 옛날 키루스가 그 흐름을 360개의 운하로 분할한 강이다.

여기에서 키시아 지방으로 접어들어 11개의 역과 42.5파라산게스를 지나면 이곳도 항해가 가능한 코아스페스강에 닿는다.

이상으로 역의 총수는 111개, 즉 사르디스에서 수사의 수도로 가는 사이에 이만 한 수의 숙박소가 있었던 것이다.

이 이른바 '왕도(王道)'를 파라산게스 단위로 측량한 것이 정확하다고 보고,

---

25) 파라산게스는 페르시아의 거리 단위로 약 5.5킬로미터, 그리스의 단위로는 30스타디온에 해당한다.

또 1파라산게스는 30스타디온[26]으로 계산하면, 사르데스에서 '멤논궁'[27]까지의 거리는 450파라산게스, 즉 1만3500스타디온이 된다. 매일 50스타디온씩 나아간다고 치면 꼭 90일이 걸리는 것이다.

그러므로 밀레토스의 아리스타고라스가 스파르타의 클레오메네스에게 페르시아 왕에게 도달하기까지의 노정을 3개월로 잡고 말한 것은 정확했던 것이다. 그러나 더욱 정확성을 기하려고 한다면 에페소스에서 사르데스까지의 거리를 더해야 한다는 것을 지적하지 않을 수 없다. 그래서 결국 그리스해(에게해)에서 이른바 '멤논의 수도' 수사까지의 총 거리는 1만 4400스타디온이 된다. 즉 에페소스에서 사르데스까지의 총 거리는 540스타디온이고, 3개월의 노정에 3일이 더해지게 된다.

페이시스트라토스의 흥망

한편 아리스타고라스가 스파르타에서 추방되어 아테네로 갔을 무렵, 아테네는 독재자의 지배하에서 해방되어 있었다. 그간의 사정은 아래와 같다.

페이시스트라토스의 아들이고 독재자 히피아스의 형제였던 히파르코스는 자신에게 닥칠 위험을 생생하게 알리는 꿈을 꾼 뒤, 멀리 게피라이오이족[28]의 혈통을 이어받은 두 인물, 아리스토게이톤과 하르모디오스의 손에 살해되었다. 아테네인들은 그 뒤 4년에 걸쳐서 전에 못지않은 또는 그 이상으로—독재자의 압제를 견뎌내야만 했다. 그런데 히파르코스가 꾼 꿈이란 아래와 같았다.

그것은 파나테나이아 축제 전야의 일이었는데, 히파르코스의 머리 맡에 위풍당당한 한 대장부가 나타나 아래와 같이 수수께끼 같은 말을 한 것이다.

사자여 비록 견디기 힘든 고난을 겪는 일이 있을지라도
강인한 마음으로 이겨내라.

---

26) 1스타디온은 185미터.
27) 멤논은 전설적인 에티오피아왕. 트로이 측의 지원군으로서 트로이전에 참가하고 아킬레우스에 의해 살해되었다. 그런 그가 수사에 왕궁을 구축했다는 전승에 따른 것이다.
28) 게피라이오이족에 대해서는 바로 그 뒤에 상세하게 언급이 되어 있다.

무릇 인간으로서 죄를 범하고 그 벌을 받지 않는 자는 없나니.

날이 밝자마자 히파르코스가 그 꿈을 해몽가에게 털어놓은 것은 확실하다. 그 뒤 그는 꿈에 대한 것은 잊고 축제 행렬에 참가했다가 그 와중에 살해되고 만 것이다.

히파르코스를 죽인 두 인물이 속한 게피라이오이인은 본디 에레트리아에서 비롯된 부족으로 자칭하는데, 내가 조사해 밝힌 바에 따르면 오늘날 보이오티아로 불리는 지방에 카드모스와 함께 이주해온 페니키아인이고 이 지방의 타나그라[29] 지구를 할당받아 정착한 민족이었다. 그런데 먼저 카드모스와 그 무리가 아르고스인에 의해 이 지방에서 추방된 뒤, 계속해서 게피라이오이족도 보이오티아인에게 추방되어 아테네로 피난하게 되었다. 아테네에서는 그들을 어떤 조건 하에 시민으로서 받아들였다. 그 때문에 게피라이오이인들은 시민의 권리에 얼마쯤 제약을 받게 되었다. 다만 제약을 받은 조항은 수도 적고 여기에 특별히 기술할 정도의 것은 아니다.

카드모스와 함께 페니키아인들은—게피라이오이인도 그 가운데 일부였는데—이 지방에 정착해 그리스인에게 여러 가지 지식을 전해주었다. 그 가운데서도 문자의 전래가 가장 중요하다. 내 생각에 그때까지 그리스인은 문자를 몰랐던 것이다. 페니키아의 이주민들은 처음에 다른 모든 페니키아인이 사용하는 것과 똑같은 문자를 썼는데 시대가 흐름에 따라 그 언어를 (그리스어로) 바꾸고 동시에 문자의 형태도 바꾼 것이다. 그 무렵 이 페니키아인과 경계를 접해 살고 있었던 것은 대부분이 이오니아인이었는데 이 문자를 페니키아인으로부터 배워서 '페니키아문자'로 부르고 이를 사용한 것이다. 페니키아인이 그리스에 전래한 것이므로 이 호칭은 올바르다고 할 수 있다.

이오니아인은 또 예로부터 종이를 '가죽'이라고 말했다. 이것은 옛날에 종이가 귀했던 시절 산양이나 양 가죽을 종이 대신에 사용했기 때문이다. 오늘날에도 이와 같은 가축의 가죽에 필사를 하는 이민족이 적지 않다.

---

29) 타나그라의 별명이 게피라였던 점에서 이 설이 나온 것으로 보인다. 게피라는 '다리(橋)'란 뜻인데 로마의 요직 pontifex가 pons (다리)와 연관이 있는 점에서 위의 씨족명도 그 유래가 비슷할지 모른다는 것이다.

나는 보이오티아의 테베에 있는 '이스메노스[30]의 아폴론' 신전에서 세 발 달린 솥 세 개에 '카드모스문자'가 새겨져 있는 것을 본 적이 있다. 그 문자는 대체로 이오니아 문자와 흡사했다.

그 솥 중 하나에는 이런 문자가 새겨져 있다.

암피트리온[31]이 나를 텔레보아이인에게서 빼앗아 이곳에 봉납하다.

이것은 카드모스의 증손자이고 폴리도로스의 손자이며 라보다코스의 아들 라이오스 시대의 일일 것이다.

또 다른 솥 하나에는 육각운조(六脚韻調)로 아래와 같이 새겨져 있다.

스카이오스가 권투에서 승리해
나를 영예로운 공물로 삼아 궁술가인 아폴로신께 바치도다.

여기에서 스카이오스란 히포코온의 아들 스카이오스일 것이다. 만일 실제로 봉납한 것이 히포코온의 아들과 동명이인이 아니라 이 스카이오스가 맞다면, 이 일은 라이오스의 아들 오이디푸스 시대에 일어났을 것이다.

세 번째 솥에도 역시 육각운조로 아래와 같이 새겨져 있었다.

라오다마스가 왕위에 있어 이 솥을 참으로 경사스런 공물로 활의 명수인 아폴론에게 바쳤도다.

---

30) 테베를 흐르는 이스메노스 강변에 그 신전이 있었는데, 이 아폴론의 신앙은 아주 오랜 역사를 지니고 있다.
31) 암피트리온은 티린스왕 알카이오스의 아들이고 명목상 헤라클레스의 부친이다. 그리스 서부의 아카르나니아 지방에 사는 타포스인, 즉 텔레보아이인이 미케네에 침입해 암피트리온에게는 숙부인 엘렉트리온의 아이들을 살해했다. 엘렉트리온은 타포스인에게 보복했는데 그 뒤 암피트리온에게 살해된다. 암피트리온은 엘렉트리온의 딸 알크메네와 함께 테베로 가 크레온왕에 의해서 살인의 죄로 인한 부정을 씻어버리고 아르크메네와 결혼한다. 이 문장은 아르크메네와의 약속에 따라 타포스인을 토벌했다는 전설에서 비롯된 것이다.

라오다마스는 에테오클레스의 아들이었다. 그가 왕위에 있을 때 카드모스 일족은 아르고스인에게 쫓겨 엔켈레이스족[32]이 있는 곳으로 난을 피했다. 이때 게피라이오이족은 잔류하고 있었는데 나중에 보이오티아에게 추방되어 아테네로 이주한 것이다. 게피라이오이인은 아테네에서 자신들의 성소(聖所)를 여러 곳에 건립했는데, 이들 성소에는 다른 아테네인이 관여하는 것이 허용되지 않고 다른 성소와는 전혀 다르게 다루어지고 있었다. 그 가운데서도 '데메테르 아카이아'[33] 신전과 그 비밀 의식은 대표적이다.

이제 본제로 돌아가 아테네인이 독재자로부터 해방되기에 이른 경위를 말해야겠다. 독재자 히피아스가 히파르코스 암살에 격분해 아테네에 폭정을 펴고 있을 때, 아테네의 씨족이면서 페이시스트라토스 일족 때문에 추방되어 망명하고 있었던 알크메온가의 일족은 다른 망명 아테네인과 협력해 귀국을 강행하려다 실패했다. 즉 그들은 파이오니아 위편에 있는 레입시드리온에 성을 쌓고 아테네로 복귀해 조국을 독재정치에서 해방하려고 기도했는데 뼈아픈 패배를 맛본 것이다. 거기에서 알크메온가의 일족은 페이시스트라토스가를 치기 위해서는 수단방법을 가리지 않을 결심을 하고 델포이의 암픽티오네스[34]와 계약을 맺고 그곳의 신전 조영을 떠맡은 것이다―이것이 오늘날의 신전인데 그 무렵에는 아직 세워지지 않았다. 알크메온 일족은 조상 대대로 명가이고 부유하기도 했기 때문에 처음의 설계보다도 훌륭한 신전을 건설했다. 그리고 그 가운데서도 특기해야 할 것은 당초의 계약에서는 신전을 응회암(凝灰巖)으로 세우기로 되어 있었던 것을 전면만은 파로스 대리석으로 바꾼 것이다.

아테네인의 말에 따르면, 알크메온가의 일족이 델포이 체류 중에 무녀를

---

32) 엔켈레이스족이란 남부 일리리아를 지배한 왕족, 카드모스가 그 시조이다. 한편 카드모스 일가가 아르고스인에 의해 추방되었다는 것은 전설상 '에피고노이의 테베 공략'으로 알려진 사건이고, 펠로폰네소스 연합군에 의한 제2차 테베공격을 가리킨다.

33) 이 이름의 유래는 딸 페르세포네를 명왕(冥王)에게 빼앗긴 슬픔으로 지새는 데메테르를 모신 것으로 일찍부터 해석되었다.

34) 암픽티오네스는 일반적으로 씨족 회의와 같은 의미였다. 델포이는 그리스 온 민족 공동의 성지로서 그 씨족회도 대규모이고 또한 강력했다. 그리스 각지의 대표들로 구성되어 성지의 관리를 맡고 격년으로 위원회가 열렸다.

매수해, 스파르타인이 사용이건 공무이건 신의 계시를 물으러 왔을 때에는 반드시 아테네를 해방시키라는 계시를 주도록 종용했다고 한다.

스파르타인들은 언제나 같은 계시를 받게 되자 드디어 아스테르의 아들인 안키몰리오스란 명망이 높은 인물을 군대와 함께 파견해 페이시스트라토스 일족을 추방시키려고 했다. 페이시스트라토스가와 스파르타는 매우 친밀한 사이였음에도 스파르타인들은 신의 뜻에 관한 일은 인간관계에 우선해야 한다고 생각한 것이다.

일행은 해로로 파견되고 안키몰리오스는 팔레론항에 입항해 군대를 상륙시켰는데, 이미 그 일에 대해서 정보를 얻었던 페이시스트라토스 일족은 테살리아에 구원을 요청했다. 이들은 동맹관계였기 때문이다. 테살리아 측에서는 위의 요청에 대해서 만장일치로 그들의 왕인 콘노스인[35]인 키네아스 지휘하에 기병 1천 명을 파견했다.

동맹군의 지원을 받은 페이시스트라토스 일족은 아래와 같은 작전을 세웠다. 즉 팔레론 부근 평원의 수목을 모두 베어버리고 이 지역 일대를 기병의 행동이 용이하도록 해두고 적진에 기병대를 풀어놓는 것이다. 기병대는 이 습격으로 적장 안키몰리오스를 비롯해서 많은 스파르타인을 죽이고 생존자도 육지에서 물리쳐 배로 돌아가고 말았다.

스파르타의 첫 원정은 위와 같은 종말을 고했다. 안키몰리오스의 묘는 아티카의 알로페케 지역[36]에 있고 그것은 키노사르게스의 헤라클레스 묘 부근이다.

그 뒤, 스파르타는 더욱 강력한 원정군을 아테네에 보냈다. 아낙산드리데스의 아들 클레오메네스왕을 총지휘관으로 임명하고 이번에는 해로를 택하지 않고 육로로 파견한 것이다.

아티카로 침입한 스파르타군과 최초로 맞붙게 된 것은 테살리아의 기병대였는데, 약간의 교전으로 패주해 40명 이상이 전사하고 생존자는 퇴각한 채 곧바로 테살리아로 철수하고 말았다. 클레오메네스는 아테네 시내로 들어오

---

35) 사본에는 '코니온의 사람'으로 되어 있는데, 코니온은 프리기아의 지명으로만 알려져 있기 때문에 그 대신 테살리아의 지명 콘노스로 바꾸는 설에 따른 것이다.
36) 아티카의 한 구역. 아테네 동북에 있고 소크라테스가 태어난 곳도 이 지역이다.

자 자유를 갈망하는 아테네 시민과 협력해 페라르기콘[37]의 성으로 달아난 독재자와 그 무리를 포위했다.

사실 스파르타 측은 처음부터 성을 공략할 의도가 없었고, 페이시스트라토스 일족은 식량도 물도 충분히 준비하고 있었다. 때문에 예기치 못한 일만 아니었다면 스파르타군은 도저히 페이시스트라토스 일족을 타도하지 못하고 기껏해야 수일간 포위한 뒤 철수하게 되었을 것이다. 그런데 여기에 한쪽에는 화(禍)가 되고 다른 한 쪽에는 행운이 되는 사건이 우연히 발생했다. 바로 페이시스트라토스 일족의 자녀가 피난을 위해 국외로 탈출하려다 체포된 것이다. 이 사건의 발생으로 페이시스트라토스 일족 측은 완전히 혼란에 빠져, 아테네 시민이 제기한 5일 이내에 아티카에서 떠나겠다는 사항을 포함한 요구 조건을 받아들이고 굴복하는 수밖에 없었다.

페이시스트라토스 일족은 그 뒤 스카만드로스 강변의 시게이온으로 이주했는데, 그들의 아테네 지배는 36년에 걸친 것이다. 이 일족은 그 선조로 거슬러 올라가면 필로스인이고 넬레우스의 후예이다. 또한 코드로스나 멜란토스 등의 가문도 이들과 동족이다. 이들은 본디 이주자이면서 아테네의 왕이 된 것이다. 히포크라테스가 네스토르의 아들 페이시스트라토스의 이름을 따 자기 아들들에게 같은 페이시스트라토스의 이름을 붙인 것도 위의 내력을 기념하기 위해서였다.

위와 같이 아테네는 독재자의 전제로부터 해방되었다. 그 뒤 이오니아가 다레이오스에게 반기를 들 때까지, 더 나아가 밀레토스인 아리스타고라스가 아테네를 방문해 지원을 요청하기에 이르기까지의 기간에 아테네인이 취한 행동이나 그들에게 일어난 사건 가운데 특별히 기술할 가치가 있는 것을 먼저 적기로 한다.

클레이스테네스와 이사고라스

아테네는 그 이전에도 이미 대국이었는데 독재자로부터 해방되기에 이르자 더욱 강대해졌다. 그 무렵 두 인물이 아테네에서 지배적 세력을 장악하고

---

37) 페라르기콘 또는 페라스기콘이라고도 한다. 아마도 아크로폴리스 서북 사면(斜面) 일부의 명칭으로, 이곳에 독재자들의 주택이 있었던 것 같다.

있었다. 한 사람은 알크메온가의 일족인 클레이스테네스로 이 사내가 바로 델포이의 무녀를 매수한 것으로 알려진 인물이다. 또 한 사람은 테이산드로스의 아들 이사고라스로 명문가 출신인데, 그 선조에 관해서는 나도 잘 모른다. 다만 그의 동족이 '칼리아의 제우스'에게 희생을 바치고 있는 것은 사실이다.

이 두 사람이 정권을 둘러싸고 다투었는데 여기에서 패한 클레이스테네스는 평민을 자기편으로 끌어들이려고 시도했다. 그 뒤, 그는 종전에 4부족이었던 아테네 국민을 10부족으로 개편하고 이온의 네 아들, 겔레온·아이기코레스·아르가데스·호플레스의 이름을 따서 명명되고 있었던 종전의 부족 명을 폐지하고 다른 영웅을 골라 그 이름으로 새 부족의 명칭을 제정했다. 이들 영웅은 아이아스를 제외하고 모두 아테네 고유의 영웅이다. 아이아스는 다른 나라 사람인데 이웃나라이자 동맹국의 영웅이란 점에서 포함한 것이다.

내가 생각하기에 클레이스테네스는 그의 모계 쪽 조부이자 시키온의 독재자였던 클레이스테네스의 정책을 모방했을 것이다. 이 클레이스테네스는 아르고스와 싸울 때 먼저 시키온에서 서사시 경연을 못하게 했다. 호메로스의 시에서는 아르고스인과 아르고스의 도시가 찬미되기 때문이라는 것이다.

또 시키온의 아고라에는 탈라오스의 아들 아드라스토스의 영웅 묘가 있다. 이것은 오늘날에도 현존하는데 클레이스테네스는 아드라스토스가 아르고스의 영웅이란 이유로 자국에서 말살하려고 생각했다. 그래서 델포이로 가 아드라스토스(의 신앙)를 폐기해도 좋은지 신탁을 청했다. 그런데 델포이의 무녀는 이런 신탁을 내렸다.

"아드라스토스야말로 시키온의 왕, 하지만 그대는 단지 학살자[38]가 아닌가."

신의 허락을 얻지 못했기 때문에 클레이스테네스는 귀국해서 아드라스토스(의 영)를 자발적으로 물러가게 할 방책이 없을까 생각에 잠겼다. 드디어 그 방책을 발견했다고 믿은 그는 보이오티아의 테베로 사자를 보내 아스타코스의 아들인 영웅 멜라니포스(의 영)를 시키온에 맞아들이고 싶다는 뜻을 전하게 했다. 이 요청을 테베인이 승낙했기 때문에, 클레이스테네스는 시공회당의 구내에 신역을 정해 가장 견고한 곳에 멜라니포스의 영을 모신 것이다. 여기

---

38) 클레이스테네스가 반대파에 취한 가혹한 조치를 가리킨 것으로 생각된다.

에서 빠뜨리면 안 될 점이 있다. 클레이스테네스가 멜라니포스의 영을 모셔온 이유는, 이 영웅이 아드라스토스의 형제 메키스테우스와 그의 사위였던 티테우스를 살해한 인물로 아드라스토스에게는 불구대천의 원수였기 때문이라는 것이다. 클레이스테네스는 멜라니포스의 성역을 정하자 이제까지 아드라스토스에게 바치던 희생과 축제를 멜라니포스에게로 옮기고 말았다.

시키온인이 아드라스토스를 숭배하는 마음은 예로부터 매우 깊었다. 이 나라는 본디 폴리보스의 영토이고 아드라스토스의 외손자였다. 폴리보스에게는 후계자가 없었기 때문에 그는 죽기 전에 왕위를 아드라스토스에게 넘긴 것이다. 시키온인이 아드라스토스를 숭배해서 행한 수많은 행사 중에 특기할 만한 것은, 그의 수난을 기념해 비극적 가무를 상연한 것이다.[39] 즉 여기에서는 아드라스토스가 디오니소스를 대신해 숭배된 것이다. 클레이스테네스는 이 가무 상연을 다시 디오니소스의 축제로 돌리고, 나머지 희생과 축제는 모두 멜라니포스에게 올렸던 것이다.

클레이스테네스는 또 도리스족의 부락 이름을 바꾸었다. 시키온과 아르고스에서 같은 이름을 사용하는 것을 피하기 위해서였다. 그러나 이때 클레이스테네스의 처사는 시키온인을 몹시 모욕한 것이었다. 그는 자신이 속하는 부족을 뺀 나머지 부족에게는 돼지(히스), 당나귀(오노스), 돼지새끼(코이로스) 등의 말을 단지 어미만 바꾸어 히아타이(돼지족), 오네아타이(당나귀족), 코이레아타이(돼지새끼족)라는 이름을 붙였기 때문이다. 그리고 자기 부족에게는 자기가 지배자라는 것에 연관을 지어 아르켈라오이(지배족)란 이름을 붙였다.

시키온에서는 이들 부족의 이름이 클레이스테네스가 통치한 기간은 말할 것도 없고 그의 사후에도 60년간에 걸쳐서 쓰였다. 그 뒤 시민들이 협의한 결과 힐레이스, 팜필로이, 디마나타이로 각각 이름을 바꾸고[40] 네 번째 부족의 이름은 아드라스토스의 아들 아이기알레우스의 이름을 따 아이기알레이스로 했다.

시키온에서 클레이스테네스가 한 일은 이와 같다. 그런데 그의 외손자이고

---

39) 이 기술은 그리스비극의 기원에 관한 논의 때 종종 인용된다.

40) 힐레이스는 헤라클레스의 아들 힐로스의 이름에서, 뒤의 두 부족은 도리스 계의 왕 아이기미오스의 두 아들 팜필로스와 디만의 이름에서 딴 것이라고 한다.

그와 이름이 같았던 아테네의 클레이스테네스도 이오니아인을 경멸하는 마음에서 아테네와 이오니아에서 같은 부족이 존재하는 것을 피하기 위해 외할 아버지의 정책을 모방한 것 같다. 왜냐하면 클레이스테네스는 전에는 거들떠보지도 않았던 평민을 이때가 되어 완전히 자파로 끌어들이는데 성공하자 부족 이름을 바꾸고 더욱 그 수를 늘린 것이다. 즉 종래 4명이었던 부족장을 10명으로 늘리고 구(區)를 10개 군(郡)으로 나누어 부족에게 각각 배분했다. 이렇게 해서 평민을 자기편으로 만든 클레이스테네스는 반대파보다도 훨씬 우위에 서게 된 것이다.

그런데 이번에는 열세로 몰리게 된 이사고라가 아래와 같은 대항수단을 강구했다. 페이시스트라토스 일족을 포위 공격했을 때부터 친밀한 사이였던 스파르타의 클레오메네스에게 구원을 요청한 것이다. 한편 이 클레오메네스는 이시고라스의 아내와 불륜의 관계가 있었다는 것 때문에 세간의 비난을 받은 사실도 있다.

클레오메네스는 먼저 아테네로 사자를 보내 클레이스테네스와 많은 아테네인을 '저주받은 인간'이라고 해 추방할 것을 요구했다. 클레오메네스가 이와 같이 사자를 보낸 것은 이사고라스의 꾀에 따른 것이고, 알크메온 일족과 그 도당은 앞의 살인사건에 대한 책임을 추궁당하고 있었는데 이사고라도 그의 동조자들도 여기에는 관련이 없었기 때문이다.

그런데 아테네에서 지목된 사람들이 '저주받은 인간'으로 불린 유래는 아래와 같다. 여기에 아테네인으로 올림피아경기에서 우승한 킬론이란 사내가 있었다. 이자가 분수를 모르고 우쭐한 나머지 독재를 꿈꾸고 동년배들과 작당해 아크로폴리스의 점거를 기도했는데, 실패하고 (아테네의) 신상에 매달려 목숨을 살려달라고 애원했다. 그 무렵 아테네의 행정을 맡고 있었던 나우크라리아[41]의 장관들은 이들 반란자들에게 목숨만은 살려주겠다는 보증을 하고 피난처에서 퇴거시켰다. 그러나 결국 이자들은 처형되고 알크메온가의 일

---

41) 나우크라리아는 지방행정단위이다. 그 장관들은 집정관의 보좌역으로서 요직임에는 틀림이 없으나, 집정관을 제치고 통치권을 행사했을 리는 없다. 알크메온가의 메가클레스가 그 무렵 집정관이었다면 그에게 이 사건의 책임을 묻는 것은 다소 가혹한데, 이 구의 사정에 대해서는 명확하게 밝혀져 있지 않다.

족에게 그 책임을 묻게 된 것이다. 이것은 페네시스트라토스 시대 이전에 발생한 사건이다.

한편 클레오메네스가 사자를 보내 클레이스테네스와 '저주받은 인간'들을 추방하도록 요구했을 때, 클레이스테네스만이 아테네에서 떠났다. 그러나 클레오메네스는 계속해서 소수의 병력을 이끌고 아테네로 와 이사고라스로부터 통고가 된 아테네의 7백 가족을 저주받은 자로서 추방했다.

위의 조치를 취한 뒤, 다음으로 클레오메네스는 평의회[42] 폐지를 시도하고 이사고라스파의 300명에게 정권을 위임하려고 했다. 그러나 평의회가 그의 명령에 따르지 않고 저항하자 클레오메네스와 이사고라스 및 그의 무리는 아크로폴리스를 점령했다. 그리고 나머지 아테네인들은 결속해 그들을 2일간에 걸쳐서 포위 공격했다. 3일째에 휴전이 성립하고 그들 가운데 스파르타인만은 국외로 철수했다.[43]

클레오메네스에게는 그 전조(前兆)가 실현된 것이다. 왜냐하면 그가 점령할 생각으로 아크로폴리스로 올라갔을 때 다음과 같은 일이 있었기 때문이다. 그는 참배를 위해 아테네 여신의 신전으로 들어가려고 했다. 그런데 그가 신전으로 막 들어가려고 하자 무녀가 의자에서 일어서며 이렇게 외쳤다.

"스파르타에서 오신 분은 돌아가시오. 안으로 들어가시면 안 됩니다. 이곳은 도리스인이 와서는 안 될 곳이요!"

이에 클레오메네스는 이렇게 말했다.

"무녀님, 나는 도리스인이 아니고 아카이아인이요."[44]

그는 이 경고를 무시하고 계획을 강행했다가 결국 스파르타군과 함께 국외로 물러나야만 했던 것이다. 아테네인은 남은 자들을 포박해 처형했는데 그 가운데에는 델포이 사람 티메시테오스도 있었다. 이 사람의 완력이나 무용이 거둔 수많은 눈부신 활약상은 가능한 한 말하고 싶을 정도이다.

이렇게 해서 위의 사람들은 투옥되고 처형되어 최후를 마쳤다. 아테네에서

---

42) 클레이스테네스에 의해서 이전의 400명에서 500명으로 증원이 된 평의회를 가리킨다.
43) 그러나 뒤의 기술을 보면 이때 이사고라스와 그 무리도 탈출한 것이 된다.
44) 그의 선조 헤라클레스가 테살리아 출신인 점에서 이와 같이 말했는데, 이것은 물론 발뺌을 하기 위한 것이다.

는 그 뒤 클레이스테네스와 클레오메네스에 의해서 추방된 700여 가족을 소환한 뒤 페르시아와 동맹을 맺기 위해 사르데스에 사절을 보냈다. 아테네 측에서는 스파르타 및 클레오메네스와 완전히 적대관계로 접어들고 있음을 깨달았기 때문이다.

사절단이 사르데스에 도착해 명령대로 전하자, 사르데스의 총독인 히스타스페스의 아들 아르타프레네스는 물었다.

"페르시아에 동맹을 요구하다니, 그대들은 도대체 어느 민족이고 어디에 사는가?"

그러고는 아주 간단한 대답으로 결말을 짓고 말았다. 즉 만일 아테네가 다레이오스왕에게 땅과 물을 바친다면 동맹을 맺어도 좋다, 그렇지 않다면 일찌감치 돌아가라고 말한 것이다. 사절들은 동맹을 성립시키고 싶은 일념에서 자기들의 책임하에 페르시아 측의 조건을 받아들이겠다고 대답을 했다. 그러나 그들은 귀국하여 격렬한 비난에 부딪혔다.

클레오메네스

클레오메네스는 아테네인이 단순히 말로만이 아니라 행위로도 자기에게 심한 모욕을 준 것으로 보고 펠로폰네소스 전역에서 병력을 모았다. 단 그 이유는 밝히지 않았는데, 그의 본마음은 아테네 국민에게 보복을 가하고 이사고라스를 독재자로 세우려는 데 있었다. 클레오메네스가 아크로폴리스에서 철수했을 때 이사고라스도 그와 행동을 같이 한 것이다.

클레오메네스는 대군을 이끌고 엘레우시스에 침입했는데 보이오티아인도 그와의 협정에 따라서 아티카 국경의 두 구, 오이노에와 히시아이를 점령했다. 다른 한편 칼키스인도 아티카의 각지를 공격하고 이를 약탈했다. 아테네는 이에 따라 두 방향이 공격에 노출되었는데 보이오티아인과 칼키스인에 대한 대책은 뒤로 돌리고, 먼저 엘레우시스에 있는 펠로폰네소스군에 대해서 대처하기로 했다.

그러나 두 군이 막상 교전할 단계에 이르자 먼저 코린토스군이 자신들의 행동을 올바르지 않은 것으로 반성하고 마음을 바꾸어 철수하고 말았다. 이에 이어서 아리스톤의 아들 데마라토스가—그도 스파르타의 왕이고 클레오메네스와 함께 스파르타에서 군세를 이끌고 와 있으며, 그 이전에 클레오메네스와의 사이에 이렇다 할 불화도 없었는데—역시 철수했다. 그리고 이 분열 소동이 있은 뒤 스파르타에서는 군대가 원정할 때 왕이 둘이나 출정하는 일이 있어서는 안 된다는 법률이 제정되었다. 종전에는 두 왕이 모두 종군하게 되어 있었던 것이다. 왕 한 사람이 종군을 면하게 됨과 동시에 디오스크로이[45]의 두 신(카스트로와 폴리데우케스)도 한쪽은 국내에 머물게 되었다. 그 이전에는 이 두 신도 모두 관습적으로 군대와 함께 종군하게 되어 있었던 것이다.

그런데 엘레우시스에서는 스파르타의 왕 사이에 의견이 일치하지 않고 코린토스군이 전선에서 이탈하자 남은 동맹군도 모두 철수하고 말았다.

도리스족이 아티카에 모습을 드러낸 것은 이것으로 네 번째였다. 네 번 가운데 두 번은 도전을 위해 침입한 것이고, 나머지 두 번은 아테네의 민중을 지원하기 위해서였다. 최초의 침입은 도리스족이 메가라시를 창건했을 때의 일로, 이 출정을 그 무렵 아테네의 왕위에 있었던 코도로스의 이름을 따서 부르는 것은 다분히 올바르다. 제2, 제3의 침입은 페이시스트라토스 일족 추방을 위해 스파르타에서 멀리 진격해 왔을 때이고, 제4회 째가 지금의 클레오메네스가 펠로폰네소스군을 이끌고 엘레우시스에 침입했을 때이다.

아테네와 아이기나

이 원정은 이렇게 해서 실패하고 면목이 없는 결과로 끝났는데, 여기에서 아테네는 보복을 결심하고 먼저 칼키스로 진격하려고 했다. 그런데 보이오티아 인이 칼키스를 지원하기 위해 에우리포스 해협으로 진출했다. 아테네군은 이 원군을 보자 칼키스보다 먼저 보이오티아군을 공격하기로 결정했다. 그리고 보이오티아군을 습격해 많은 병력을 살해했으며 700명을 포로로 잡는 대승을 거두었다. 같은 날 아테네군은 해협을 건너 에우보이아에 침입, 칼키스도 공격해 이를 격파하고 여기서도 승리를 거두었다. 그들은 '말 소유자'들의 영지를 4천의 개척민에게 분배하고 이 땅에 정착하게 한 뒤 철수했다. '말 소

---

45) 물론 이것은 그 신상 또는 상징을 지니고 감을 말한다.

유자'란 칼키스의 부유한 계급의 호칭이다. 이 싸움에서 포로로 사로잡은 자는 보이오티아군의 포로와 함께 족쇄를 채워서 감금했다. 나중에 1인당 2므나의 돈을 받고 석방했는데 포로들에게 채웠던 족쇄는 아크로폴리스에 걸어두었다. 이 족쇄는 나의 시대까지 남아, 페르시아군이 지른 불에 검게 그을린 서쪽[46]으로 면한 성벽에 걸려 있었다. 또 석방금의 10분의 1로 청동제 사두마 전차를 만들어 아테네에 봉납했다. 이 전차는 아크로폴리스의 성문으로 들어가면 바로 왼쪽에 놓여 있었는데, 여기에는 아래와 같은 명문이 새겨져 있었다.

> 아테네의 아들들이 싸움에서 보이오티아의 칼키스족을 토벌해 그들을 족쇄에 채우고 옥에 가두어 그 오만함을 응징하고 여기에 전리품의 10분의 1로 전차를 만들어 팔라스님에게 봉납한다.

이렇게 해서 아테네는 강대해졌으며, 자유평등이 단순히 한 가지 점뿐만 아니라 모든 점에서 얼마나 중요한가를 보여주었다. 왜냐하면 아테네가 독재하에 있을 때에는 주변의 어느 국가도 전력 면에서 능가할 수가 없었는데, 독재자로부터 해방되자 단연 다른 나라를 제압해 최강국이 되었기 때문이다. 그리스인들은 압제 하에 있을 때는 독재자를 위해 일하는 것이라고 해 일부러 비겁한 행동을 했으나, 자유롭게 된 뒤로는 저마다 자신을 위해 의욕을 불태운 것이 명확해진 것이다.

이 일이 있은 뒤 테베인은 아테네에 보복을 하기 위해 신탁을 구했다. 그런데 무녀의 대답은, 테베인이 혼자 힘으로는 아테네에 보복을 할 수 없으므로 그 문제를 중의에 붙인 뒤 가장 가까운 자의 지원을 구하라는 것이었다.

신탁을 받은 이들이 귀국하자, 테베에서는 민회가 열려 신의 계시에 대한 보고가 이루어졌다. 그런 가운데 '가장 가까운 자'의 지원을 구하라는 계시가 있었던 것을 듣고 테베인은 저마다 이렇게 말했다.

"우리에게 가장 가까운 이웃이라면 타나그라와 코로네이아, 그리고 테스피

---

46) 엘렉테이온 신전의 서쪽 부분을 가리키는 말일 것이다.

아이가 아닌가. 이런 나라들은 모두 싸움이 있으면 언제나 우리 편에 서고 함께 싸워주었다. 지금 새삼스럽게 이들 나라에 지원을 청할 필요가 있을까. 계시의 진의는 그것이 아닐 것이다."

이런 논의를 하고 있을 때 한 사람이 문득 참뜻을 깨닫고 이렇게 말했다.

"난 신탁의 참뜻을 이해할 수 있을 것 같소. 전하는 바에 따르면 테베와 아이기나는 둘 다 아소포스의 딸, 즉 자매간이라고 합니다. 그러니 가장 가까운 아이기나에 원군을 청하라는 뜻이 아니겠습니까?"

이보다 나은 의견도 달리 없는 것 같아 테베에서는 곧바로 아이기나에 사자를 보내, 귀국은 우리에게 '가장 가까운 나라'이므로 신의 계시대로 지원해 달라고 요청했다. 이에 아이기나인은 영웅 아이아코스 일족(의 신령)을 보내 테베를 지원할 것을 승낙했다.

드디어 테베인은 아이아코스 일족에 대한 신령의 지원을 믿고 아테네에 대한 보복을 시도했으나, 아테네군에 여지없이 패배했다. 그러자 거기에서 다시 아이기나에 사자를 보내 아이아코스 일족(의 신령)은 돌려보내고 그 대신 군세의 파견을 요청했다.

그 무렵 아이기나는 대단히 융성하고 기세도 고양되어 있는 데다 더욱이 옛날부터 아테네에 대해서 품었던 적의도 되살아났다. 그래서 테베의 요청에 호응해 정식 선전포고 없이 아테네에 맞서 싸움을 시작한 것이다. 아테네가 대 보이오티아 전에 전념하고 있는 동안에 아이기나는 함대를 동원해 아티카로 침입하고 팔레론항을 비롯해 연안의 여러 지구를 겁탈하여, 이 작전으로 아테네에 막대한 손해를 입혔다.

아이기나인이 일찍부터 아테네에 적의를 품었던 이유는 이렇다. 에피다우로스[47]가 곡물 흉작에 시달리던 적이 있었다. 그래서 에피다우로스인은 이 천재에 대해서 델포이의 신탁을 구했다. 무녀는 다미아, 아욱세시아[48] 두 여신의 신상을 받들어 모시면 사태는 호전할 것이라고 말했다. 그래서 에피다우로스인이 신상은 청동제로 해야 할 것인지 그렇지 않으면 석재를 사용해야 할 것인지를 물은 결과, 무녀는 그 어느 쪽도 안 되고 재배한 올리브나무를 사용하

---

47) 펠로폰네소스 반도 동북단의 도시. 장대한 고대 극장 터로 오늘날에도 유명하다.
48) 모두가 고대 풍요의 여신이었을 것이다.

라고 권했다. 아테네의 올리브나무를 가장 신성한 것으로 여겼던 에피다우로스인은 아테네에 올리브나무 한 그루를 베어달라고 부탁했다. 일설에 따르면 그 무렵에는 아테네 이외에 세계 어디에도 올리브나무는 없었다고 한다. 아테네 측에서는 에피다우로스가 아테네 폴리아스와 에레크테우스에게 매년 희생을 바친다면 이를 허락하겠다고 대답했다. 에피다우로스인은 이 조건을 수락하고 원하던 것을 손에 넣어 이 올리브나무의 재목으로 신상을 만들고 이를 봉안한 것이다. 이렇게 해서 에피다우로스에서는 풍년이 들게 되었고, 에피다우로스인은 아테네와 맺은 협정대로 실행했다.

한편 아이기나는 그 이전부터 그 무렵에 이르기까지 에피다우로스에 종속되어 있었다. 아이기나인은 자기들 사이의 소송사건도 에피다우로스로 가 처리를 했다. 그러나 이 무렵부터 많은 배를 건조하고 교만하게 되어 에피다우로스에 대해 반란을 일으켰다. 아이기나는 에피다우로스와이 사이가 나빠지자 제해권의 이점을 살려 에피다우로스의 영토를 유린했는데, 결국에는 앞서 말한 다미아와 아욱세시아의 신상을 에피다우로스에서 빼앗는 일까지도 감행했다. 빼앗은 신상을 가지고 돌아가 자국령의 중앙부, 시에서 20스타디온 정도 떨어진 곳에 있는 오이에라는 곳에 안치했다. 신상을 이 땅에 봉안한 뒤로는 신의를 달래기 위한 희생 외에 욕설[49]만으로 노래하는 여자만의 가무를 하고, 이 목적을 위해 두 여신 앞으로 각각 10명씩의 가무 흥행주를 임명한 것이다. 가무대의 욕설의 표적이 되는 것은 사내는 한 사람도 없고 오로지 그 고장의 여인들뿐이었다. 에피다우로스에서도 이와 똑같은 축제 의식이 행해지고 있었는데, 이곳에서는 그 밖에 비밀의식도 행해졌다.

신상이 도적맞은 뒤로 에피다우로스는 아테네와의 협정을 더 이상 이행하지 않게 되었다. 아테네가 사자를 보내 분노의 뜻을 전하자, 에피다우로스인은 자신들의 행동에는 잘못이 없는 이유를 설명했다. 즉 신상이 자국 내에 있는 동안은 약속을 지키는 것이 마땅하나 신상이 탈취된 뒤에도 희생을 지불해야 한다는 것은 말이 안 된다, 오히려 현재 신상을 보유하고 있는 아이기나

---

49) 아티카의 유명한 여인들만의 축제이던 테스모포리아도 같은 종류였다. 요컨대 모두가 오곡의 풍요로움을 기원하는 행사에서 비롯된 것으로 생각된다. 그리스의 이암보스 시는 이와 같은 조소와 매도의 노래에서 발달한 것이다.

에 그 의무를 이행하게 해야 한다고 말한 것이다. 그러자 아테네는 아이기나에 사자를 보내 신상의 반환을 요구했는데, 아이기나는 아테네하고는 아무런 연관도 없는 일이라고 일축해버렸다.

한편 아테네의 주장에 따르면 신상 반환을 요구한 뒤, 아테네는 1척의 3단 노선에 아테네를 대표하는 시민 소수[50]를 아이기나에 파견했다. 그들은 아이기나에 도착하자 그 신상이 아테네의 목재로 만들어졌다는 이유로 자국으로 가져가기 위해 신상을 대좌에서 떼어내려고 했다. 그러나 잘 움직이지 않자 이번에는 신상에 줄을 매고 잡아당기려고 했는데, 그 순간 천둥이 치는 동시에 지진까지 발생한 것이다. 줄을 잡고 있던 배의 선원들은 이 천재지변에 기겁을 한 나머지 마치 적인 양 서로를 죽이기 시작해 마침내는 한 사람만 살아남아서 팔레론으로 귀환했다고 한다.

이상이 아테네 측 정보에 따른 사건의 전말인데, 아이기나인의 말에 따르면 아테네인이 타고 온 배는 한 척이 아니라고 한다. 그 정도의 배라면 비록 자국에 배가 없어도 막기가 쉬웠으리란 것이다. 아테네인은 대 선단으로 아이기나로 밀어닥쳤기 때문에 자신들은 물러가 해전을 피했다고 말한다. 그러나 이때 아이기나가 이렇게 아테네군에 굴복한 이유가 해전으로는 가망이 없음을 자각했기 때문인지, 아니면 나중에 실제로 수행할 계획을 순조롭게 진행하기 위함이었는지는 아이기나인도 확실한 것은 모르는 듯하다.

아테네인들은 배에서 내려 전혀 저항을 받지 않고 신상이 안치된 장소로 향했다. 신상을 대좌에서 끌어내리려고 했는데 안 되자 줄을 걸어 끌어당겼다. 이때 신상 두 개가 끌리면서도 모두 같은 동작을 했다고 한다—이 이야기는 나로서는 믿기 어려운 일인데, 어쩌면 믿는 사람이 있을지도 모른다. 즉 신상이 끌어당기는 아테네인 앞에 무릎을 꿇었다는 것이다.[51] 그리고 그때부터 계속 그 자세로 있다고 한다.

한편 아이기나에서는 아테네가 침공해 오는 것을 사전에 알고 아르고스에 구원을 요청해두었다고 한다. 아테네군이 아이기나에 상륙하자, 아르고스인

---

50) 이것을 '300명'으로 보는 설도 유력하다.
51) 이것은 물론 무릎을 꿇은 듯한 자세인 신상에 얽힌 설화였을 것이다. 그러나 신상의 자세는 출산 중인 여성을 보여준 것이라는 설도 있다.

은 은밀하게 에피다우로스에서 아이기나 섬으로 건너가, 그런 일이 있을 것으로는 꿈에도 모르는 아테네군을 배로부터 차단해두고 기습공격을 가했다. 천둥과 지진은 바로 이때 일어났다.

아르고스 및 아이기나 측은 이같이 전하고 있는데, 단 한 사람만이 살아남아 아티카로 귀환했다는 점만은 아테네 측도 인정하고 있다. 그런데 아르고스인이 말하는 바에 따르면 아르고스군이 아테네군을 섬멸한 결과 이 한 사람만이 살아남았다는데 반해서 아테네 측에서는 아테네군을 궤멸시킨 것은 신령의 힘이라고 했다는 점이 다르다. 그리고 이 살아남았다는 한 사람도 결국은 살지 못하고 아래와 같이 최후를 마쳤다고 한다. 이 사내는 아테네로 돌아가 비보를 전했는데, 아이기나에 출정한 사내들의 아내가 이 사내만이 생존한 것에 분노해 그를 에워싸고 옷깃을 여미는 데 사용하는 브로치로 찌르면서 내 남편은 어디에 있느냐며 따졌다고 한다.

아테네인들은 패전의 슬픔보다도 이 여인들의 소행에 치를 떨었다고 한다. 그러나 이 여인들을 처벌할 특별한 방책도 없었기 때문에 여인들의 옷을 그 뒤로는 이오니아풍[52]으로 고쳤다. 그때까지 아테네 여인은 코린토스풍과 흡사한 도리스풍 옷을 입고 있었다. 즉 브로치를 사용하는 일이 없는 마의 겉옷으로 바꾼 것이다.

그러나 사실 이 옷은 본디 이오니아가 아니라 카리아의 것이다. 왜냐하면 고대에 그리스 여인이 입은 옷은 모두가 같은 모양으로, 오늘날 도리스풍이라 불리는 것이기 때문이다. 그런데 아르고스와 아이기나에서는 아테네의 이와 같은 조치에 대항해 아래와 같은 법을 정했다고 한다. 즉 두 나라 모두 여자는 그 무렵에 규정한 치수의 1.5배의 브로치를 사용할 것, 또 앞서 말한 두 여신의 신전에는 무엇보다도 브로치를 봉납할 것, 또 아티카제는 도자기조차도 신전 안으로 가져가서는 안 된다는 것, 앞으로 두 나라에서 음용기기는 자국제만을 사용할 것, 등을 제정한 것이다. 그 뒤 오늘에 이르기까지 아르고스

---

52) 고대 그리스 여성의 옷차림은 크게 나누어 이오니아식과 도리스식의 두 종류가 있었다. 도리스식은 거의 소매가 없고 꿰매지 않았기 때문에 어깨언저리에서 브로치로 고정을 해야 했다. 그에 반해서 이오니아식은 소매가 있고 또한 꿰매어져 있었기 때문에 브로치가 필요치 않았던 것이다.

및 아이기나의 여인들은 아테네에 대한 이와 같은 적의에서 그 이전의 시대보다도 더 큰 브로치를 다는 것이다.

아이기나가 아테네에 적의를 품은 기원은 위와 같다. 테베에서 구원 요청을 받은 아이기나는 새삼 신상(神像) 사건을 상기해 흔쾌히 보이오티아군 구원에 나섰다. 아이기나군은 아티카의 해안지방을 유린했는데, 이에 대해서 아테네가 병력을 진격시키려고 했을 때 마침 델포이의 신탁이 내렸다. 아테네는 아이기나의 침공을 30년간 참고 31년째가 되는 해에 영웅 아이아코스의 성소를 정하고 제사를 지낸 다음 아이기나와 싸움을 벌이면 원하는 대로 일이 풀리지만, 지금 공격하면 끝내 적을 굴복시킬 수는 있으나 그동안 여러 성과도 올리지 못할뿐더러 수많은 재앙도 면할 수 없다는 것이었다. 신의 계시는 아테네로 전달되고 계시를 들은 아테네인은 아이아코스의 성소를 정하고 제사를 지냈는데—이 신전은 지금도 아고라에 있다—30년 동안 아이기나로부터 부당한 침해를 받아도 참아야 한다는 것은 받아들일 수 없었다.

그런데 아테네가 보복할 준비를 갖추는 와중에 스파르타 측에서 새로운 사건이 일어나 아테네의 아이기나 작전에 지장을 가져오게 되었다. 알크메오니다이 일족이 델포이의 무녀를 매수하여 무녀가 스파르타와 페이시스트라토스 일족을 기만하게 했음을 스파르타가 알게 된 것이다. 스파르타는 이를 두 가지 의미에서 불운한 사건으로 생각했다. 스파르타인은 자신들과 매우 친한 관계에 있던 사람들을 그 조국에서 추방했고, 더구나 그 일에 대해서 아테네로부터 아무런 감사 표시도 받지 못했기 때문이다. 위의 사정 외에 스파르타가 더욱 적극적으로 나서도록 내몬 것은 스파르타가 아테네로부터 여러 가지로 위해를 받게 되리란 몇 가지 계시였다. 스파르타인은 이를 그때까지 전혀 모르고 있었는데 클레오메네스가 마침 그 계시를 가지고 돌아와 비로소 알게 되었다. 그것은 아테네의 아크로폴리스에서 입수한 것으로, 전에 페이시스트라토스 일족이 가지고 있었다가 추방될 때 신전에 남기고 간 것을 클레오메네스가 손에 넣은 것이었다.

코린토스인의 독재반대 연설

이들 계시를 손에 넣은 스파르타인은 아테네가 날로 강대해져 이젠 스파르타의 뜻에 따르지 않으려는 것을 보았다. 아티카민족은 독재체제 하에 묶여 있는 한 무력하고 잘 따르는데 해방되면 바로 스파르타민족에 대항할 수 있는 세력으로 발전할 가능성이 있음을 깨달은 것이다. 그리하여 스파르타인은 헬레스폰토스의 시게이온으로 사자를 보내 페이시스트라토스의 아들 히피아스를 소환했다. 히피아스가 소환에 응해 스파르타로 오자 스파르타인은 다른 동맹 제국의 사절까지도 초청해 아래와 같이 말했다.

"동맹제국 여러분, 우리 스파르타가 취한 정책이 타당하지 않았음을 인정합니다. 어쨌든 우리는 거짓 계시에 놀아나 우리에게는 가장 친한 친구이고 아테네를 우리 지배하에 두는 것을 약속해준 인물을 그 조국에서 추방해 결과적으로 아테네를 배은망덕한 민중의 손에 맡겨버리고 말았기 때문이오. 아테네국민은 우리의 힘으로 해방되어 억눌렸던 고개를 겨우 쳐들 수 있게 되자, 괘씸하게도 우리 군과 왕을 추방했소. 그 때문에 그 명성은 올라가고 그 세력은 더욱 더 강대해지고 있소. 그것은 아테네의 이웃인 보이오티아 및 칼키스가 뼈저리게 느낀 것인데, 그 밖에도 또 자신의 오산을 깨닫게 될 나라가 틀림없이 있을 것이오. 우리는 위와 같은 과오를 범했으므로 이제부터는 여러분과 힘을 합쳐 이 실수를 만회하기 위해 노력하고 싶소. 여기에 계신 히피아스, 또 제국의 대표인 여러분을 모신 것은 그 때문이오. 우리 연합군을 편성하고 공동의 작전을 세워 히피아스를 아테네로 복귀시키고, 그가 빼앗긴 것을 우리의 손으로 되찾아 줍시다."

그러나 동맹제국 대표의 대부분은 스파르타의 제안에 찬성하지 않았다. 다른 대표가 모두 침묵을 지키고 있는 가운데 오직 한 사람, 코린토스의 소클레스만이 아래와 같이 발언을 했다.

"정말로 천지가 뒤바뀌어 하늘이 지하로 숨고 땅이 하늘에 걸릴지 뉘 알겠소. 또 인간이 바다 속에 살고 물고기가 땅으로 올라 올지도 모르겠소. 스파르타 여러분이여, 만일 그대들이 만민 동권의 원칙을 파기하고 그리스 국가들에 독재제를 펴려고 한다면, 이 세상에서 이처럼 부당하고 잔인한 행위는 없을 것이오. 국가의 정치는 독재제가 좋다고 진실로 생각하신다면 귀국이 솔선해서 자국 내에 독재자를 세우고, 그런 연후에 다른 나라에게도 똑같이 시도해보는 것이 좋을 것이오. 독재정치의 경험도 없을 뿐만 아니라 스파르타에 그와 같은 사태가 발생하지 않도록 엄중하게 경계를 하고 있는 귀국이, 부당하게도 동맹국에 그것을 시행하려 하다니요. 만일 귀국이 우리처럼 독재제의 경험이 있다면 이 체제에 대해서 지금보다 더욱 현명한 판단을 내릴 것이오.

우리 코린토스의 국가체제는 아래와 같은 것이었소. 과두정체(寡頭政體)였고, 바키아다이로 일컬어지는 일족이 통치하였으며 혼인은 동족 사이에만 맺어졌소. 그런데 이 일족의 한 사람인 암피온이란 자에게서 라브다[53]라는 절름발이 딸이 태어났소. 바키아다이의 문중에는 누구도 이 처녀와 결혼하려는 사람이 없었기 때문에 에케크라테스의 아들 에에티온이 이 처녀를 아내로 맞이했소. 이 사내는 페트라구(區) 출신이었는데 그 선조로 거슬러 올라가면 라피타이족이고 카이네우스[54]의 후예였소. 그런데 에에티온에게는 이 아내로부터도 다른 여자로부터도 아이가 태어나지 않았소. 그래서 에에티온은 아이를 가질 수 있는지 신탁을 받기 위해 델포이로 갔소. 그런데 신전에 발을 들여놓자마자 무녀가 그에게 아래와 같이 말한 것이오.

에에티온이여, 참으로 존경을 받아야 할 몸이면서
아무에게도 존경을 받지 못하는구나
라브다는 임신을 하고 있어 곧 맷돌을 낳으리니
그 맷돌은 통치하는 자의 머리위로 떨어져 코린토스를 응징하리라

이 에에티온에게 내려진 신탁이 바키아다이 일족에게 우연히 전해지게 되었소. 그런데 이 일족은 이보다 전에 코린토스에게 내려진 계시의 의미를 깨닫지 못하고 있었는데, 그 계시는 에에티온이 받은 것과 똑같은 것이었소.

바위 위의 독수리가 잉태해 사나운 사자를 낳고

---

53) 다리가 밖으로 굽은 이른바 안짱다리이고 그리스자모(字母)인 라브다 형을 닮아서 이렇게 이름이 붙여졌다는 것이다.
54) 라피타이족은 테살리아에 거주하고 있었다는 전설적인 민족. 켄타우로이(半人半馬族)와의 투쟁은 파르테논의 메토페 조각에 의해 널리 알려졌는데, 카이네우스는 이 대 켄타우로이 전에서 사망했다고 한다.

이 사자는 많은 자들을 굴복시킬 것이다

코린토스인이여, 명심하라

아름다운 샘 페이레네 언저리 산세가 험한 코린토스에 사는 자들이여

바키아다이 일족은 이때 에에티온이 받은 신탁을 듣자, 곧바로 그 계시와 딱 맞아 떨어지는 전의 계시의 의미도 깨달은 것이오.

그리하여 바키아다이 일족은 곧 태어날 에에티온의 아이를 죽일 생각으로 한동안 지켜보았소. 그리고 아기가 태어났다는 소식이 들려오자 곧바로 문중에서 10명을 에에티온이 사는 지구로 보냈소. 페트라에 도착한 자객들은 에에티온의 저택을 방문해 아기를 보여 달라고 부탁했소. 일행이 어떤 목적으로 왔는지 전혀 모르는 라브다는 자기 아버지에 대한 친분에서 아이를 보러 온 것으로 생각해 아이를 안고 와 그들 가운데 한 사람에게 건네주었소. 그들 사이에서는 누구든 아이를 먼저 안은 자가 아기를 바닥에 떨어뜨려 죽이기로 미리 약속이 되어 있었다오. 그런데 라브다가 아기를 안고 와 건넸을 때 알 수 없는 우연이라고나 할까, 받아든 사내에게 그 갓난아기가 빵끗 웃었던 것이오. 이를 본 사내는 가련한 생각이 들어 차마 죽이지 못하고 아기를 다른 사내에게 건네주고 말았소. 그 사내가 또 다른 사내에게 넘기는 식으로 해서 아기는 10명의 사내 모두의 손을 거쳤는데, 그 누구도 아기를 죽일 생각이 들지 않았소. 결국 자객들은 아기를 어머니에게 돌려주고 밖으로 나왔는데, 미리 계획한 대로 하지 않았다고 해서 문 밖에서 서로 책임을 따지기 시작한 것이오. 그리고 한동안 논의를 한 끝에 다시 한 번 안으로 들어가 이번에는 모두가 함께 아이를 살해하기로 했소.

그러나 에에티온의 아이가 코린토스에 닥치게 될 재난의 원인이 될 운명은 결국 피할 수가 없었소. 왜냐하면 라브다가 그 문 바로 뒤에서 그들의 말을 모두 엿듣고 말았기 때문이오. 그래서 라브다는 가장 안전하게 아기를 궤 속에 숨겼소. 그들이 아기를 찾으러 오면 샅샅이 뒤질 것이 틀림없다고 생각했기 때문이오. 라브다의 생각대로 자객들은 집 안으로 들어와 아기를 찾았는데 발견이 안 되자 철수하기로 하고, 그들에게 이 일을 지시한 자에게는 명령대로 했다고 보고하기로 했소. 그리고 돌아가자 그대로 말한 것이오.

에에티온의 아이는 그 뒤 궤[55] 때문에 화를 면했다고 해서 킵셀로스라 이름이 지어졌소. 이 킵셀로스가 무럭무럭 자라 성인이 된 뒤, 델포이에서 신탁을 청한 결과 대단히 좋은 계시가 있었기 때문에 거사를 일으켜 코린토스를 손에 넣고 말았소. 그 신탁이란 이러했다오.

지금 내 저택에 들어오는 자는 행운아,
에에티온의 아들 킵셀로스, 그 이름 드높은 코린토스의 왕
행운은 그와 그 아들의 것, 단 손자까지는 미치지 못하리라.

그런데 독재자 킵셀로스가 어떤 인간이었는가 하면, 그로 인해 수많은 코린토스인이 추방당하거나 재산을 몰수당했고, 생명을 잃은 자의 수는 그보다 훨씬 많았소.

킵셀로스는 30년에 걸쳐서 통치하고 무사히 일생을 마쳤는데 그 뒤를 아들인 페리안드로스가 물려받았소. 이 페리안드로스는 처음에는 아버지보다 온화했으나, 밀레토스의 독재자 트라시불로스와 사절을 통해서 교제를 하게 된 뒤로는 킵세로스를 훨씬 능가하는 잔인한 인간이 되었다오. 페리안드로스는 트라시불로스에게 사자를 보내 어떻게 하면 가장 안전하게 정무를 처리하고 가장 잘 나라를 다스릴 수 있느냐고 물었소. 트라시불로스는 페리안드로스에게서 온 사자를 교외로 데리고 나가 작물이 자라고 있는 밭으로 들어갔소. 그러고는 코린토스에서 일부러 찾아온 목적을 몇 번이고 사자에게 물으면서 함께 보리밭을 지나며 다른 이삭보다도 눈에 띄게 길게 자란 이삭을 볼 때마다 잘라 버려 결국 작물 가운데 가장 잘 된 부분을 완전히 망쳐버렸소. 그리고 그 밭을 다 걷고 나자 충고다운 말은 한마디도 하지 않고 사자를 돌려보낸 것이오.

사자가 코린토스로 돌아오자 페리안드로스는 한시라도 빨리 트라시불로스의 충고를 들으려고 했소. 그러나 사자는 트라시불로에게서 아무런 충고도 없

---

55) 올림피아의 헬라이온(헤라신전)에 '킵셀로스의 궤'라는 유명한 보물이 있었던 것은 널리 알려져 있다. 킵셀로스가 이 궤 때문에 난을 피할 수 있었다고 해서 킵셀로스의 자손이 봉납했다고 한다.

었다 말하고 그곳에서 보고 온 대로 이야기했소. 그리고 스스로 자기 재산을 망가뜨리는 미치광이에게 저를 사자로 보내시다니, 전하의 뜻을 이해할 수 없다고 말했소.

그러나 페리안드로스는 트라시불로스가 취한 행동이 도시의 유력자를 죽이라는 뜻임을 깨달았다오. 그때부터 그는 시민에 대해서 온갖 잔학한 만행을 저지르기 시작했소. 킵셀로스가 남긴 살육 추방을 페리안드로스는 마무리했고, 또 자신의 죽은 아내 멜리사를 위해 코린토스 여성 전체의 옷을 하루에 벗긴 일조차 있었소. 한번은 페리안드로스가 어느 외국 친구가 맡긴 물건을 분실했소. 그래서 그 소재를 알기 위해 아케론 강변에 있는 테스프로티스 [56]에게 사자를 보내 죽은 아내의 영혼에게서 계시를 들으려고 했소. 그러자 멜리사의 영혼이 나타나, 벌거벗은 몸으로 추위에 떨면서 지내는 마당에 그 소재를 알려주겠냐며, 페리안드로스가 자신의 유해와 함께 묻은 옷은 태워서 없기 때문에 아무 소용이 없다고 말했소. 그리고 자신의 말이 진실인 증거는 페리안드로스가 불 꺼진 화덕에 빵을 넣은 것이라고 한 것이오. 이것이 페리안드로스에게 보고되자, 멜리사의 유해와 관계했던 적이 있는 페리안드로스는 아내의 영혼이 한 말의 증거는 의심할 여지가 없다며, 그 즉시 코린토스의 여자들은 모두 헤라 신전으로 가도록 영을 내렸소. 여자들이 축제에 갈 때처럼 성장을 하고 나오자, 페리안드로스는 그곳에 자신의 호위병을 배치하고 자유인이건 하녀이건 가리지 않고 여자들의 모든 옷을 벗겨 그것을 모아서 구덩이에 넣고 멜리사의 영혼에게 기도를 올리면서 불태우고 말았소. 페리안드로스가 이와 같은 짓을 한 다음 다시 사자를 보내자 멜리사의 망령이 앞서 말한 외국인이 맡겼던 물건이 있는 곳을 가르쳐준 것이오.

아시겠소, 스파르타 여러분? 독재 정치란 이런 것이오. 독재자가 하는 일이란 이런 짓이오. 우리 코린토스인은 처음에 귀국이 히피아스를 불렀다는 소식에 크게 놀랐소. 그러나 지금 그대들이 말하는 것을 듣고 더욱 놀랐소. 그리스의 신에게 맹세코 말하는데, 그리스의 나라들에게 독재제를 펼 생각일랑 아예 생각도 하지 마시오. 그래도 그대들은 정의로 돌아가 히피아스의 복귀

---

56) 테스프로티스는 그리스 서부의 에페이로스에 있는 한 지역.

를 굳이 시도할 생각이오? 다른 나라는 몰라도 코린토스는 귀국의 행동에 동조하지 않을 것임을 명심해 주길 바라오."

코린토스의 사절 소클레스는 위와 같이 말했다. 이에 대해서 히피아스는 소클레스가 외친 것과 같은 신들의 이름을 외치고 그에게 응수해, 아테네에 의해서 고배를 마실 숙명의 날이 도래했을 때 코린토스야말로 어느 나라보다도 페이시스트라토스 일족의 실각을 아쉬워하게 될 것이 틀림없다고 말했다. 히피아스란 사내는 신탁에 관한 한 누구보다도 정확한 지식을 갖추었기 때문에 이와 같이 응수한 것이다. 그런데 이제까지 침묵을 지켰던 다른 동맹국의 사절들이 소클레스가 아무 거리낌 없이 논하는 것을 듣자 한 사람도 남김없이 발언을 해 소클레스를 지지했다. 그리고 스파르타에 대해서 자신들은 그리스의 어느 도시에도 혁명을 일으키게 하는 일은 단연코 하지 않겠다고 맹세했다.

시게이온의 싸움

이러한 경위로 위의 계획은 중단되었는데 스파르타에서 추방된 히피아스에게 마케도니아 왕인 아민타스가 안테무스라는 도시를, 또 테살리아인은 이올코스시를 제공하겠다고 제의했다. 그러나 히피아스는 그 제안을 모두 거절하고 시게이온으로 돌아갔다. 본디 이 시게이온이란 도시는 페이시스트라토스가 무력으로 미틸레네로부터 탈취한 것으로, 점령 뒤에는 그와 아르고스 출신의 여인 사이에서 태어난 헤게시스트라토스라는 서자를 독재자로 세워 다스리게 한 곳이다. 그러나 헤게시스트라토스는 아버지로부터 물려받은 이 도시를 지키기 위해 수많은 고통을 감수해야만 했다. 왜냐하면 미틸레네와 아테네가 제각기 아킬레이온과 시게이온을 기지로 삼아 장기간에 걸쳐 교전했기 때문이다. 미틸레네 측은 이 지역의 반환을 요구하는 데 반해서 아테네는 그 청구권을 인정하지 않았다. 아테네는 이 일리온(트로이) 지역에 관해서는 메넬라오스에 가담해 헬레네 유괴의 보복을 한 아테네를 비롯해서 그 밖의 제국 이상으로 아이올리스인이 청구권을 가질 수 없다는 것을 논증해 양보하지 않았다.

이 전쟁 기간 중 전투를 하는 동안 여러 가지 사건이 있었는데, 그 가운데서도 특기할 만한 것으로 이런 일이 있었다. 접전 중에 아테네군이 승리를 거두었을 때의 일이다. 시인 알카이오스[57]가 그의 무구(武具)를 버리고 도망을 가 아테네군은 그의 무구를 포획해 이를 시게이온에 있는 아테네 신전에 걸어놓았다. 알카이오스는 이를 시로 읊고, 자신의 재난을 친구인 멜라니포스에게 알리기 위해 그 시를 미틸레네로 보냈다.

미틸레네와 아테네는 킵셀로스의 아들 페리안드로스의 조정으로 화해를 했다. 두 나라가 페리안드로스에게 조정을 의뢰한 것이다. 페리안드로스가 제시한 조정의 조건은 서로가 모두 현재 점거하고 있는 지역을 보유한다는 것이었다. 이렇게 해서 시게이온은 아테네의 영유지로 귀속된 것이다.

히피아스는 스파르타에서 아시아로 돌아가자 팔방으로 손을 써 아르타프레네스에게 아테네를 중상 비방하고, 아테네를 자신 및 다레이오스 왕의 지배하에 두려고 온갖 책략을 다 꾸몄다.

히피아스의 이와 같은 책동을 눈치 챈 아테네에서는 페르시아 쪽이 아테네의 망명자들에게 놀아나는 것을 피하기 위해 사르데스로 사자를 파견했다. 그런데 아르타프레네스는 아테네가 안전을 원한다면 히피아스를 복귀시키라고 요구한 것이다. 그러나 아테네는 사자가 전해 온 페르시아의 이 요구를 거절했는데, 이는 아테네가 공공연하게 적대할 결의를 표시한 것이었다.

아테네의 대 페르시아 감정이 위처럼 움직이고 이미 적대관계로 접어든 바로 이 시기에, 클레오메네스에 의해서 추방되어 되돌아가게 된 밀레토스의 아리스타고라스가 아테네로 왔다. 그가 아테네를 택한 것은 스파르타 이외의 제국 가운데서는 아테네가 최강이었기 때문이다. 민회에 참석한 아리스타고라스는 스파르타에서 말한 것처럼, 아시아는 자원이 풍부하며 페르시아군은 방패나 창을 사용하지 않으므로 제압하기가 수월하다는 대 페르시아 전술 등을 역설했다. 그리고 이어서 덧붙여 밀레토스는 아테네의 식민지이다, 따라서 강대한 국력을 지닌 아테네가 자신들을 보호하는 것은 당연하다고 힘주어 말하며, 다급하고 절실한 처지에 어떤 일에도 응하겠다고 약속해 결

---

57) 레스보스 섬 출신의 유명한 서정시인. 기원전 7세기 후반에서 6세기 전반에 걸쳐 활약. 동시대의 동향인으로 유명한 여류시인 사포가 있다. 여기에 기술되어 있는 시는 거의 의미를 알 수 없을 정도로 훼손이 된 단편 두 줄이 전해지고 있을 뿐이다.

국 아테네인을 설득하는 데 성공했다. 아리스타고라스가 스파르타의 클레오메네스 한 사람을 속일 수가 없었는데 3만의 아테네인을 상대로 해서 성공한 것을 생각하면, 한 사람을 속이기보다 많은 사람을 속이는 것이 쉬운 듯 보인다.

아테네인은 군선 20척을 이오니아인의 원군으로 파견할 것을 의결하고, 그 지휘관으로서 아테네 시민이 가운데 모든 점에서 명성이 높았던 멜란티오스를 임명했다. 이 함대 파견이 그리스와 페르시아 사이에 불행한 사건의 발단이 된 것이다.

사르데스의 파괴

아리스타고라스는 함대보다 앞서 밀레토스에 도착하자 한 계략을 생각해냈다. 단 이 계략은 이오니아에 이익이 되는 것은 아니었다. 처음부터 아리스타고라스가 이 계획을 세운 것은 이오니아의 이익을 생각해서 한 것이 아니고 단순히 다레이오스 왕을 괴롭히는 것이 목적이었던 것이다. 아리스타고라스는 그 계략에 따라서 한 사내를 프리기아의 파이오니아족에게 보냈다. 이 파이오니아인들은 본디 스트리몬 강변에 살았는데, 메가바조스가 포로로 사로잡아 이주시킨 것으로 프리기아의 한 지역에 자기들만의 부락을 만들어 생활하고 있었다. 사자인 그 사내는 파이오니아족에게로 가 이렇게 말했다.

"파이오니아인 여러분, 나는 밀레토스의 독재자 아리스타고라스로부터 만일 그대들이 이 말에 따르기만 하면 그대들의 구출을 약속하라는 명을 받고 왔소. 이제 모든 이오니아인은 페르시아 왕에 대해 반란을 일으킬 것이오. 따라서 그대들은 몸을 피해 조국으로 돌아갈 수도 있는 것이오. 그대들이 자력으로 해안까지 나와주기만 하면 그 뒤의 일은 우리에게 맡겨도 좋소."

파이오니아인은 이 말을 듣자 크게 기뻐하고 후환이 두려워서 남기로 한 몇몇 이외에는 여자들을 데리고 해안으로 도망을 가기 시작했다. 파이오니아인은 해안에 도달하자 그곳에서 키오스섬으로 건너갔다. 그들이 키오스섬에 도착했을 때 그 바로 뒤에서 그들을 추적하는 페르시아 기병의 대부대가 도착했는데 사로잡을 수 없음을 알게 되자 돌아오라는 지시를 내렸다. 그러나 파이오니아인은 그 지시를 거부하고 키오스인이 그들을 키오스에서 레스보스섬으로 옮기고 레스보스인은 또 그들을 도리스코스[58]로 보내주었다. 그리고 그곳에서 그들은 육로로 파이오니아로 돌아간 것이다.

한편 아테네군이 20척의 함대와 에레트리아[59]가 파견한 3단 노선 5척을 이끌고 도착했다. 에레트리아가 이 원정에 참가한 것은 아테네를 위해서가 아니고 밀레토스에 대해 은혜를 갚기 위한 것이었다. 그것은 지난날 에레트리아가 칼키스와 싸웠을 때 밀레토스가 에레트리아 편에 서서 지원을 했기 때문이다. 한편 이때 에레트리아와 밀레토스를 적으로 돌리고 싸운 칼키스를 도운 것은 사모스였다. 그리고 다른 동맹군도 도착하자 아리스타고라스는 즉시 사르데스로 진격을 개시했다. 그러나 아리스타고라스 자신은 원정에 참가하지 않고 밀레토스에 남아, 밀레토스의 지휘관으로서 자기 대신에 자기 형제인 카로피노스와 헤르모판토스란 한 시민을 임명했다.

이오니아군은 위와 같은 진용으로 에페소스에 도착하자 에페소스 지구인 코레소스에 함선을 남겨두고 대거 상륙해, 에페소스인을 길잡이로 삼아 카이스트로스강을 따라서 진격했다. 그리고 그곳에서 더욱 트몰로스산을 넘어 사르데스에 도착하자 아무런 저항도 받지 않고 사르데스를 점령한 다음 아크로폴리스를 제외한 모든 시를 제압했다. 아크로폴리스는 아르타프레네스가 적지 않은 병력을 거느리고 방어하고 있었던 것이다.

도시를 점령한 뒤 도시의 약탈이 없었던 것에 대해서는 아래와 같은 사정이 있었다. 사르데스의 인가는 대부분이 갈대로 만들어지고, 벽돌로 지어진 집도 그 지붕은 갈대로 이어져 있었다. 그래서 한 병사가 집 한 채에 불을 지르자 불은 삽시간에 집에서 집으로 옮겨 붙어 온 도시가 맹렬한 불길에 휩싸이고 말았다. 리디아인 및 시에 있었던 페르시아인은 온 사방이 불에 타고 도시 외곽이 화염에 휩싸여 시외로 벗어날 퇴로가 끊기고 말자 아고라와 파크톨로스 강변으로 모여들었다. 파크톨로스강은 트몰로스산에서 발원하여 아고라의 중앙을 가로지르는 강이고 이윽고 헤르모스강으로 합류해 바다로 흘러든다. 이 파크톨로스강기슭과 아고라에 모인 리디아인, 페르시아인은 좋든 싫든 저항할 수밖에 없는 지경으로 내몰린 것이다. 이오니아군은 적이 반격태

---

58) 도리스코스는 트라키아 해안에 있는 헤브로스 강변의 평원(7권 참조).
59) 에레트리아는 칼키스와 함께 에우보이아섬의 주요 도시.

세를 취하고 또 별도로 유력한 부대가 진격해 오는 것을 보자 공포에 질린 나머지 트몰로스로 불리는 산 쪽으로 퇴각하고 밤을 틈타 배로 철수했다.

이렇게 해서 사르데스의 도시는 완전히 사라지고 말았는데, 시내에 있었던 토지의 씨족신 키베베[60]의 신전도 동시에 타버리고 말았다. 나중에 페르시아군이 그리스신전을 불태웠을 때 언제나 구실로 내세우는 것이 바로 이 사건이다.

한편 이때 할리스강 서쪽에 거주하고 있었던 페르시아인은 미리 이오니아인의 침공을 알고 집결해서 리디아인의 구원에 나섰다. 그러나 사르데스에는 이미 이오니아군의 모습이 보이지 않았기 때문에 그 뒤를 쫓아 결국 에페소스에서 이를 포착했다. 이오니아군은 페르시아군을 맞아 싸웠는데 참패하고 많은 병력이 페르시아군에게 살해되었다. 전사자 가운데는 에레트리아군의 지휘자 에우알키데스도 섞여 있었다. 이 사람은 경기에서 몇 번인가 우승의 영예를 누려 케오스의 시인 시모니데스[61]가 그의 시에서 높이 찬미했던 인물이다. 이 전투에서 살아남은 자는 여기저기로 뿔뿔이 흩어져 제각기 자기 나라로 돌아가고 말았다.

이때의 전쟁 경과는 위와 같았다. 그 뒤 아테네는 이오니아를 완전히 포기하고 아리스타고라스가 여러 번 사자를 보내 지원을 애걸했음에도 더 이상 지원하지 않았다. 이렇게 해서 이오니아는 아테네와의 동맹관계를 잃었지만, 이미 다레이오스에 대해서 위와 같은 행동으로 나오고 만 이상 새삼 물러날 수도 없어 페르시아 왕에 대한 전쟁 준비를 게을리 하지 않았다. 헬레스폰토스에 함대를 파견하고 비잔티움을 비롯해서 이 지방의 도시를 모두 지배하에 두고, 이어서 헬레스폰토스를 떠나 카리아의 대부분을 동맹국으로 하는데 성공했다. 종전에는 동맹을 맺으려고 하지 않았던 카우노스[62] 조차도 사르데스의 방화가 있은 뒤 밀레토스 산하로 들어온 것이다.

---

60) 프리기아와 리디아를 중심으로 거의 전 아시아 지역에 걸쳐서 숭배된 대모신. 키벨레라는 이름으로 더욱 많이 알려져 있다. 신들의 어머니이자 생식, 육성의 여신이기도 하다.

61) 에게해의 작은 섬 케오스 출신의 시인. 6세기 후반에서 5세기 전반에 걸쳐서 활약했다. 약간 후배가 되는 핀다로스와 함께 그리스 합창 서정시의 쌍벽을 이루었다.

62) 카우노스는 카리아 지방의 도시(1권 참조).

키프로스의 배반과 그 진압

또 키프로스도 아마투스시를 제외하고는 모두 자진해서 밀레토스에 가담해왔다. 그것은 키프로스인도 아래와 같은 경과로 메디아를 배반했기 때문이다.

살라미스의 왕 고르고스에게 동생뻘이 되는 오네실로스란 자가 있었다.

부친은 케르시스, 조부는 시로모스, 증조부는 에우엘톤이었다. 이 사내는 전부터 계속 페르시왕에게서 떠나도록 고르고스에게 역설하고 있었는데, 마침 그때 이오니아도 반란을 일으켰다는 소식을 듣자 격렬하게 고로고스에게 결행을 촉구한 것이다. 그러나 결국 고르고스를 설득하는 데 실패한 오네실로스는 그의 도당과 함께 고르고스가 국가를 떠나 살라미스시 밖으로 나온 틈을 노려 성문을 폐쇄하고 그를 내쫓고 말았다. 이렇게 해서 고르고스는 메디아로 망명했고, 오네실로스는 살라미스의 지배자가 된 뒤 모든 키프로스인을 자신과 함께 페르시아에 배반하도록 설득하는 데 힘썼다. 그런데 다른 모든 자들과는 달리 아마투스만은 그를 따르려 하지 않자, 오네실로스는 이 도시를 포위하고 공격을 시작했다.

오네실로스가 아마투스를 포위 공격하는 한편, 사르데스가 아테네·이오니아의 연합군에 의해서 점령되어 불타버린 일, 또 그 연합을 성립시켜 이 계획을 꾸민 장본인이 밀레토스의 아리스타고라스였다는 것 등이 다레이오스왕에게 보고되었다. 전해지는 바에 따르면 왕은 이 보고를 들었을 때 이오니아인에 대해서는 머지않아 그들이 배반의 대가를 치를 것을 잘 알았기 때문에 전혀 개의치 않으나, "아테네인이란 도대체 누구인가?" 물었다고 한다. 그 대답을 듣자 왕은 활을 집어 들고 화살을 재고는 하늘을 향해 쏘았다. 그리고 하늘을 향해 "제우스여, 아테네인에게 보복할 것을 저에게 허락해주십시오." 말했다 한다. 그러고는 하인 한 사람에게 식사 시중을 들 때마다 왕을 향해 '전하, 아테네인을 잊지 마십시오' 이렇게 세 번을 말하도록 명했다는 것이다.

다레이오스는 그 뒤, 그가 여러 해에 걸쳐서 억류하고 있었던 밀레토스인 히스티아이오스를 불러내 이렇게 말했다.

"히스티아이오스여, 그대가 밀레토스의 통치를 맡긴 그대의 대행자가 나에게 반기를 들었다는 보고를 받았소. 이자는 다른 대륙에서 병력을 모으고 이오니아인을 설득해 가담시킨 뒤 나에게서 사르데스를 탈취한 것이오. 이오니아인을 반드시 처벌할 것인데, 그대는 그들의 이러한 소행을 올바르다고 생각하오? 도대체 이와 같은 일이 그대의 책략없이 어떻게 가능할까? 결국 그 책임이 그대에게 돌아오지 않도록 조심해야 할 것이다."

왕의 이 같은 말에 히스티아이오스는 다음과 같이 대답했다.

"왕이시여, 무슨 말씀이십니까. 제가 일의 대소를 불문하고 전하의 심기를 괴롭히는 원인이 되는 일을 꾸몄다고 말씀하시는 겁니까? 제가 도대체 무엇이 부족해서, 또 무슨 목적으로 그와 같은 일을 하겠습니까? 저는 전하와 다름없이 아무런 부족함이 없는 삶을 살고, 또 황공하게도 전하의 계획은 어떤 일이건 마음대로 들을 수 있도록 허용이 되고 있습니다. 만일 저의 대행자가 전하께 그런 죄를 지었다면 그것은 그가 제멋대로 한 것이 틀림없습니다. 밀레토스인과 저의 대행자가 전하의 나라에 대해서 모반을 기도했다는 이야기를 저는 결코 믿지 않습니다. 그러나 만일 전하께서 들으신 것이 진실이고 그들이 실제로 그와 같은 짓을 저질렀다면, 전하, 애당초 저를 연해지방에서 떼어놓으신 것이 잘못입니다. 이오니아인은 제가 모습을 감춘 것을 기회로 숙원을 결행한 것으로 보입니다. 만일 제가 이오니아에 있었다면 하나의 도시도 소동을 벌이지 않았을 것이 틀림없습니다. 그 땅의 질서를 회복하고 이와 같은 소요를 꾸민 밀레토스의 제 대행자를 전하께 인도하고 싶사오니, 부디 저를 조금이라도 빨리 이오니아로 가게 해주십시오. 이 일을 전하의 마음에 흡족하도록 완수한 다음에는 왕가의 신들에게 맹세코 세계 최대의 섬 사르데냐[63]가 전하의 나라에 조공을 바치도록 하기 전까지는 제가 이오니아에 갈 때마다 착용하는 내복을 갈아입지 않을 것입니다."

다레이오스는 히스티아이오스의 이 거짓된 말을 믿고 약속한 일을 수행하면 다시 수사의 자기 집으로 돌아오라고 명한 뒤 그를 떠나보냈다.

사르데스 사건의 소식이 왕에게 전해지고 앞의 활 이야기가 있은 뒤 다레이오스와 히스티아이오스의 만남, 그리고 다레이오스의 허가를 얻어 히스티다이오스가 연해지방을 향해 떠나기까지 사이에, 다른 한편에서는 아래와 같

---

63) 사르데냐가 지중해 최대의 섬이라는 잘못된 견해를 오랫동안 믿어왔다. 이 책 1권과 6권에서도 이와 같은 견해를 발견할 수 있다.

은 사건이 벌어지고 있었다.

살라미스의 독재자 오네실로스가 아마투스를 포위하고 있는 곳에 페르시아인 아르티비오스가 페르시아의 대군을 이끌고 해로로 침공을 해와 마침내 키프로스에 상륙할 것이라는 보고가 들어왔다. 이 보고를 들은 네오실로스는 이오니아의 각 시에 사자를 보내 지원을 요청했는데, 이오니아인은 곧 결정을 내려 대 함대를 이끌고 지원에 나섰다. 이오니아군이 키프로스에 도착하자, 한편 페르시아군도 킬리키아에서 해로를 통해 건너와 살라미스를 목표로 육로를 통해 진격을 개시했다. 또한 페니키아인이 배를 이끌고 그곳으로 향하면서 '키프로스의 열쇠'로 불리는 곳을 회항하고 있었다.

이와 같은 사태에 이르렀을 때 키프로스의 독재자들은 이오니아군의 지휘관들을 모아 이렇게 말했다.

"이오니아인들이여, 우리 키프로스인은 귀군이 페르시아군과 페니키아군 가운데 어느 쪽을 상대로 택할 것인지 그대들에게 맡기겠소. 만일 육상에 진을 치고 페르시아군과 싸울 생각이라면, 이제 귀군은 배에서 내려 지상에 진을 치고 우리가 귀군의 배에 올라 페니키아인과 싸울 좋은 기회일 것이오. 어쩌면 그대들은 오히려 페니키아인을 상대로 싸우는 것이 소망일지도 모르오. 어쨌든 누구를 상대로 싸우건 귀군으로서는 이오니아와 키프로스의 자유를 확보한다는 목적에 부응하도록 행동해 주어야 할 것이오."

이오니아인은 이렇게 답했다.

"우리는 모든 이오니아의 결의에 따라 해상수비를 위해 파견되었으므로, 함선을 그대들에게 건네주고 우리는 지상에서 페르시아군과 싸울 생각으로 온 것이 아니오. 우리는 정해진 부서에서 훌륭하게 임무를 수행할 생각이오. 그러므로 그대들도 메디아인의 지배하에서 당한 여러 가지 고통을 상기해 용감하게 싸워 주시오."

이윽고 페르시아군이 살라미스 평원에 도착하자 키프로스의 여러 왕은 살라미스와 솔로이의 최정예를 선발해 페르시아군의 주력을 맡게 하고, 나머지 키프로스군을 그 밖의 적군에 맞서게 했다. 페르시아군의 지휘관 아르티비오스는 오네실로스가 자진해서 맡아 상대를 했다.

한편 아르티비오스는 중무장병에 맞서도록 잘 훈련된 말을 타고 있었다.

이 소문을 들은 오네실로스는 그가 거느리는 군사 중에 카리아 태생으로서 싸움에 매우 능하고 용감한 사내에게 이렇게 말했다.

"소문에 아르티비오스의 말은 곧추서서 상대를 물어뜯거나 차거나 해서 쓰러뜨린다고 한다. 그러므로 잘 생각해서 대답하라. 너라면 어느 쪽을 노리겠느냐? 말이냐 아르티비오스이냐?"

이에 대해서 그 군사는 이렇게 대답했다.

"전하, 저는 둘 다건 어느 한쪽이건 명령하시는 대로 따를 각오가 되어 있습니다. 그러나 전하를 위해 좋을 것으로 생각하는 점을 말씀드리겠습니다. 본디 왕이나 장군이 되는 분들은 그 싸우는 상대도 왕이나 장군을 택해야 할 것입니다. 가령 전하가 적의 대장을 베어버리시면 대단한 공훈이 될 것이고, 또 이와 같은 일이 있어서는 안 되겠으나 만약 전하가 상대의 손에 베이게 되어도 명성이 있는 자의 손에 의해 최후를 마친다면 그 불운이 반감될 것입니다. 그에 반해서 저희 같은 자들은 저희와 신분이 같거나 말을 상대로 싸우면 될 것입니다. 그 말에 대해서는 염려하지 마십시오. 제가 틀림없이 그 말을 앞으로는 어떤 인간 앞에서도 결코 곧추서지 못하도록 해보이겠습니다.

그 뒤 곧 두 진영의 해륙군은 모두 전투를 개시했다. 이날 해상에서 이오니아군은 페니키아군을 격파했는데 그 가운데서도 사모스 파견군은 가장 훌륭한 무훈을 세웠다. 한편 지상에서는 두 군이 격돌해 서로 일진일퇴를 거듭했고, 두 지휘관은 아래와 같이 싸움을 전개했다.

아르티비오스가 예의 말을 타고 오네실로스에게 덤벼들자, 오네실로스는 미리 군사와 계획했던 대로 달려드는 아르비티오스만 노리고 칼을 휘둘렀다. 말이 오네실로스의 방패에 발굽을 건 찰나, 카리아인 군사가 반월도로 말의 다리를 베어버리고 말았다. 이렇게 해서 페르시아의 지휘관 아르티비오스는 말과 함께 그 자리에 쓰러져 버린 것이다.

싸움은 여전히 계속되었는데, 이 동안에 쿠리온의 독재자 스테세노르가 휘하의 적지 않은 부대와 함께 적측에 가담했다. 이 쿠리온이란 도시는 아르고스의 식민시라고 한다. 쿠리온 부대가 배신한 뒤 바로 또 살라미스의 전차부대가 그 뒤를 따르고, 이들의 배신 때문에 페르시아군은 키프로스군을 제압하고 우위를 점하게 되었다. 키프로스의 진영은 패주하고 많은 전사자를 냈는데, 여기에는 키프로스 배반의 장본인이었던 케르시스의 아들 오네실로스와 솔로이의 왕 아리스토키프로스도 포함되어 있었다. 아리스토키프로스의 부친은 필로키프로스로, 그는 아테네의 솔론이 키프로스에 왔을 때 그 시 가운데서 어느 독재자보다도 찬미한 인물이다.[64]

아마투스인들은 오네실로스가 자신들을 포위 공격한 원한의 분풀이를 위해 오네실로스의 목을 베어 아마투스로 가지고 돌아가 이를 성문에 내걸었다. 이 목은 이윽고 속이 비게 되자 벌 떼가 그 안에 둥지를 틀어 벌집이 되고 말았다. 이런 일이 있은 뒤 아마투스인이 목의 처치에 대해서 신탁을 청한 결과, 목을 거두어 매장하고 오네실로스를 영웅신으로 섬겨 매년 희생을 바쳐 제사를 지내면 국운의 융성은 틀림없다는 계시가 있었다.

아마투스인은 계시대로 했고 이 풍습은 오늘날에도 그대로 지켜지고 있다. 키프로스의 해전 뒤, 오네실로스의 계획이 완전히 실패로 돌아가 살라미스를 제외한 키프로스의 온 도시가 포위되고 말았다. 살라미스도 선왕 고르고스에게 정권이 반환되었다는 소식이 전해지자 곧바로 이오니아로 귀항하고 말았다. 키프로스의 시 가운데 가장 장기간 포위를 견뎌 낸 것은 솔로이였는데, 페르시아군은 도시를 둘러싸고 있는 성벽을 밑으로 파고 들어가 5개월 만에 이를 공략했다.

이오니아인의 패배, 아리스타고라스의 죽음

이렇게 해서 키프로스인은 자유의 몸이 된 지 1년 만에 또다시 페르시아의 압제에 시달리게 되었다.

한편 다레이오스의 딸을 아내로 맞아들인 다우리세스, 또 똑같이 다레이오스의 사위였던 히마이에스와 오타네스 등 페르시아의 여러 지휘관들은 사르데스 원정에 참가한 이오니아인을 추적해 드디어 선상으로 내몰아 이를 격파한 뒤 분담하여 각 도시의 약탈을 자행했다.

다우리세스는 헬레스폰토스 일대에 있는 도시들로 향하고 다르다노스를 비롯해서 아비도스, 페르코테, 람프사코스, 파이소스 등의 도시를 잇따라 공

---

64) 솔론이 필로키프로스를 찬양했던 것을 그 시의 일부와 함께 플루타르코스 〈솔론전〉에서 볼 수 있다.

략했다. 다우리세스는 이들 도시를 매일 하나꼴로 점령해갔는데, 파이소스에서 파리온으로 가던 중 카리아인이 이오니아인과 내통해 페르시아에 반기를 들었다는 보고가 들어왔다. 거기에서 다우리세스는 방향을 돌려 군을 헬레스폰토스에서 카리아 쪽으로 진격한 것이다.

그런데 어찌된 일인지 다우리세스가 카리아에 닿기 전에 이 일이 카리아인에게 전해졌다. 이 정보를 접한 카리아인은 마르시아스 강변에 있는 '흰 기둥'이란 이름의 땅에서 집회를 열었다. 한편 마르시아스강은 이드리아스[65] 지방에서 발원해 마이안드로스강으로 흘러든다. 이 카리아인의 집회석상에서 여러 가지 의견이 나왔는데, 내가 보기에 픽소다로스란 사내의 제안이 가장 옳았던 것 같다. 이 사내는 킨디에 출신이고 부친의 이름은 마우솔로스[66]이며 킬리키아 왕 시엔네시스의 사위였다. 그의 안이란, 카리아군은 마이안드로스강을 건너 강을 등지고 싸워야 한다는 것으로 이렇게 하면 카리아군은 후퇴할 길이 끊겨 평소에 지니고 있는 것 이상의 용기를 내게 될 것이 틀림없다는 것이었다. 그러나 이 의견은 받아들여지지 않았고 오히려 페르시아군이 마이안드로스강을 등지도록 하는 편이 낫다는 쪽으로 결론이 났다. 페르시아군이 패해서 퇴각할 경우 강물에 빠져 살아 돌아갈 수 없도록 하기 위해서였다.

이윽고 페르시아군이 도착해 마이안드로스강을 넘기에 이르자, 카리아군은 마리안드로스 강변에서 페르시아군을 맞아 싸워 장시간에 걸쳐 격전을 벌였으나 결국 그 많은 군사를 이기지 못하고 패배를 맛보았다. 페르시아군의 전사자는 약 2천, 카리아 쪽은 1만에 달했다. 생존자는 그 뒤 추격을 당해 라브라운다[67]에 있는 '전쟁의 제우스' 성역인 플라타너스의 거대한 숲 속으로 숨어들었다. 한편 '전쟁의 제우스'를 모시는 것은 우리가 아는 한 카리아인뿐이다. 이 숲 속에 갇힌 그들은 궁지에서 탈출할 수단에 대해서 페르시아군에 항복할 것인가, 아니면 아시아 땅을 완전히 버리고 이주할 것인가를 놓고 협의

---

65) 칼리아의 한 지방. 같은 이름의 도시가 있다.

66) 기원전 4세기 할리카르나소스의 왕. 장대한 능묘를 남긴 것으로 유명한 마우소로스의 선조에 해당한다.

67) 카리아의 도시 밀라사에 속해 있었던 작은 읍. 여기에 나오는 '전쟁의 제우스' 신전으로 유명하다.

했다.

그런데 그 사이 밀레토스와 그 동맹국의 부대가 구원을 하기 위해 온 것이다. 여기에서 카리아인은 처음의 계획을 중단하고 다시 싸울 준비를 시작했다. 그리고 공격을 가해오는 페르시아군을 맞아 싸웠는데 전보다도 심한 패배를 맛보았다. 두 군 모두 많은 전사자를 냈으며, 그 가운데서도 밀레토스부대의 손해가 가장 컸다.

그 뒤 카리아인은 이 패전의 상처가 아물자 싸움을 재개했다. 페르시아군이 카리아의 여러 도시로 진격한다는 정보를 접하고 페다소스[68] 부근의 도로에 복병을 배치했다. 페르시아군은 야간에 이 복병에 걸려 섬멸되고 다우리세스를 비롯해서 아모르게스, 시시마케스 등의 여러 장군들이 전사했다. 또 기게스의 아들 미로소스도 이때 그들과 운명을 함께했다. 이 복병을 지휘한 것은 밀라사 출신의 이바놀리스의 아들 헤라크레이데스였다.

이들 페르시아인이 위와 같이 섬멸된 한편, 똑같이 사르데스 원정에 참가한 이오니아인의 추격을 맡았던 한 사람 히마이에스는 프로폰티스로 진격해 미시아에 있는 키오스[69]를 점령했다. 그 뒤 다우리세스가 헬레스폰토스를 떠나 카리아로 출정했다는 소식을 듣자 프로폰티스를 뒤로 하고 헬레스폰토스로 진격해 일리온 지방에 사는 아이올리스족을 모두 제압한 다음, 더 나아가 고대 트로이인의 잔당인 게르기테스족[70]도 정복했다. 그러나 히마이에스 자신은 이들 민족을 정복하던 중에 트로아스 지방에서 병사했다.

한편 사르데스의 총독 아르타프레네스와 제3의 지휘관 오타네스는 이오니아 및 여기에 인접한 아이올리스로 출정하라는 명령을 받고, 이오니아에서는 클라조메나이를, 아이올리스에서는 키메를 점령했다.

이리하여 여러 도시가 점령되어 갔는데 이 동안에 밀레토스의 아리스타고라스가 의연한 기품을 지닌 인물이 아님이 밝혀졌다. 이 사내는 이오니아의

---

68) 카리아 동북방에 있었던 소읍.

69) 이것은 물론 이오니아의 큰 섬 키오스(Chios)는 아니고, 비티니아 지방에 있었던 밀레토스의 식민지였다.

70) 이다산 동쪽에 살고 있었다. 트로이 함락 뒤, 그 잔당이 이곳으로 이주해 살았다는 전승이 있었다.

소요사태와 분란의 씨를 뿌린 장본인이면서 위의 정세를 관망하고 도망갈 궁리를 하고 있었던 것이다. 게다가 또 그에게는 다레이오스왕에게 승리하는 것이 이젠 불가능한 것으로만 생각되었다. 그래서 그는 사람들을 모아 만일 자기들이 밀레토스에서 추방될 경우 갈 곳을 정해두는 것이 좋다, 그때 자기가 사람들을 인솔해 사르데냐로 이주하여 식민지를 개척하든가, 또는 히스티아이오스가 다레이오스로부터 인계받아 성벽을 구축한 에도노이족의 나라인 미르키노스로 가든가 해야 하는데 어느 쪽이 좋겠느냐고 물었다.

이때 헤게산드로스의 아들이며 사전(史傳) 작가였던 헤카타이오스[71]가 제시한 의견은 이렇다. 위에 든 두 곳 가운데 어느 쪽으로도 이주하는 것은 반대이고, 아리스타고라스가 밀레토스에서 추방될 경우에는 레로스섬[72]에 성을 구축해 이곳에서 한동안 은둔한 다음 이곳을 기지로 해서 밀레토스로 복귀를 도모하는 것이 좋겠다는 것이었다.

그러나 아리스타고라스의 생각은 미르키노스 이주로 기울어, 밀레토스의 통치는 시민 가운데서 명망이 있었던 피타고라스에게 맡기고 동행을 원하는 자는 모두 해로로 트라키아에 가 그곳에서 목표로 삼았던 곳을 수중에 넣었다. 그러나 이곳을 기지로 해 출격하던 중 아리스타고라스는 휘하 부대와 함께 트라키아인의 공격을 받아 사망했다. 그가 트라키아의 어느 도시를 포위하고, 트라키아 쪽이 휴전협정을 맺고 도시에서 철수를 준비하고 있을 때 일어난 사건이다.[73]

71) 주12 참조.
72) 레로스는 카리아 서쪽 해안에 떠 있는 작은 섬, 여기에 밀레토스의 식민지가 있었다.
73) 트라키아인은 자발적으로 퇴거하겠다고 약속을 한 뒤 기습을 가한 것이다.

제6권
에라토
Erato

히스티아이오스의 활약

이오니아 반란의 주모자 아리스타고라스는 위와 같이 최후를 마쳤다. 한편 밀레토스의 독재자 히스티아이오스는 다레이오스의 허가를 얻어 수사에서 사르데스로 왔다. 사르데스의 총독 아르타프레네스는 그에게 이오니아인의 반란 원인을 무엇으로 생각하느냐고 물었다. 히스티아이오스는 자신은 모르겠다 말하고 이오니아의 현황에 대해서 아무것도 모르는 자기로서는 이 사건이 참으로 뜻밖이라고 대답했다. 그러나 반란의 진상에 대해서 이미 모든 것을 상세하게 알고 있었던 아르타프레네스는 히스티아이오스가 짐짓 시치미를 떼고 있는 것을 보고 이렇게 말했다.

"히스티아이오스여, 사건의 진상은 이렇소. 이 구두는 그대가 만들었고 그것을 아리스타고라스가 신은 것 뿐이오."

물론 아르타프레네스의 말은 반란사건을 빗대서 한 말이었으므로, 히스티아이오스는 두려움에 그날 해가 지자 재빨리 해안으로 도망쳤다. 이렇게 해서 그는 다레이오스왕을 감쪽같이 따돌린 것이다. 세계 최대의 섬 사르데냐를 정복해 보이겠다고 왕에게 약속은 했으나, 실은 이오니아의 대 다레이오스 전쟁의 주도권을 장악하려는 것이 목적이었던 것이다.

키오스섬으로 건너간 히스티아이오스는 다레이오스의 배후 조종자로서 키오스인에 대해서 음모를 기도하고 있다는 혐의로 섬 주민에 의해서 체포되었다. 그러나 페르시아대왕에 대한 그의 적의가 밝혀져 석방되었다.

이때 히스티아이오스는 대왕으로부터의 이반을 아리스타고라스에게 그토록 역설한 이유가 무엇인지, 그리고 그 결과 이오니아인에게 이토록 폐해를 끼쳤는데 그 이유가 무엇이었느냐고 질문을 받았다. 히스티아이오스는 진정한 이유는 끝까지 말하지 않고 다레이오스왕이 페니키아인을 그 국토에서 옮겨 이오니아에 정주시키고, 이오니아인을 페니키아에 살게 하려는 계획을 세웠기 때문에 그렇게 한 것이라고 둘러댔다. 사실 대왕은 그와 같은 계획을 세운 적이 전혀 없는데 히스티아이오스는 이렇게 말해 이오니아인의 공포심을 부추기려고 한 것이다.

이윽고 히스티아이오스는 아타르네우스 출신의 헤르미포스라는 자를 통해서 사르데스에 있는 몇 사람의 페르시아인들에게 서신을 보냈다. 그들은 전에 히스티아이오스의 반란 음모에 가담한 자들이었다. 그런데 헤르미포스는 그 서신을 수취인에게 전하지 않고 아르타프레네스에게 건네고 만 것이다. 일의 자초지종을 알게 된 아르타프레네스는 헤르미포스에게 명해, 히스티아이오스로부터의 서신은 그대로 상대에게 전하고, 그들 페르시아인이 보내는 답서를 자기에게 가져오도록 했다. 이렇게 해서 모략은 발각이 되고, 아르타프레네스는 많은 페르시아인을 처형했다.

한편 키오스인은 야망이 좌절된 히스티아이오스를 그 자신의 희망에 따라서 밀레토스로 귀국시키려고 했다. 그러나 밀레토스인은 아리스타고라스의 전제로부터 겨우 해방되어 안도하던 차였다. 한번 자유의 진가를 알게 된 이상 다시 다른 독재자를 맞이할 생각은 추호도 없었다. 그래서 히스티아이오스가 야음을 틈타 밀레토스로의 복귀를 강행하려고 했을 때, 어느 밀레토스인이 그의 허벅지에 부상을 입혔다. 조국으로부터 추방된 히스티아이오스는 키오스로 되돌아갔는데, 키오스인에게 배를 제공해주도록 설득하는 데 실패하자 이곳에서 레스보스섬의 미틸레네로 건너가 레스보스인을 설득해 배를 제공받는 데 성공했다. 그들은 8척의 선단노선을 갖추고 히스티아이오스와 함께 비잔티움으로 항행하고 이곳에 근거를 정해 흑해에서 나오는 배를 모조리 포획했다. 다만 그들 가운데 히스티아이오스에게 순종할 뜻을 명확하게 밝힌 자만은 포획을 면했다.

히스티아이오스와 함께 미틸레네인이 위와 같은 행동으로 나오고 있는 사이에, 요충인 밀레토스에는 바다와 육지에서 대군이 육박해 왔다. 페르시아의 여러 지휘관이 합류해 공동전선을 펴고 밀레토스 이외의 여러 도시는 뒤로 미룬 채 오로지 밀레토스만을 향해 진격을 하고 있었던 것이다. 해군 가운데 가장 전의에 불타는 것은 페니키아인이었는데, 그들과 함께 최근에 정복된 키프로스로부터의 파견군과 킬리키아인, 그리고 이집트인도 공격에 가담하고 있었다.

페르시아군이 밀레토스를 비롯한 이오니아 각지로 진격해 오는 것을 알게 된 이오니아인들은 대표단을 모든 이오니아회의[1]에 파견했다. 대표단이 목적지에 도착해 협의한 결과, 페르시아군에 대항하기 위한 육군은 편성하지 않고 밀레토스인은 자력으로 성벽을 방위할 것, 함대는 한 척도 남기지 않고 장비를 갖추고 그 일이 끝나는 대로 밀레토스 방위를 위한 해전에 대비하기 위해 바로 라데에 집결할 것을 의결했다. 라데는 밀레토스시 앞쪽에 떠 있는 섬이다.[2]

이윽고 배의 장비를 마치고 이오니아군은 집결했는데 아이올리스인 가운데 레스보스섬의 주민도 그들에게 가담했다. 그 진형은 아래와 같았다. 동쪽 날개는 밀레토스인이 직접 80척의 배를 차출해 맡고 여기에 프리에네인의 12척, 미우스인의 3척이 배치되고, 미우스군 다음에는 테오스군의 17척, 테오스군에 이어서 키오스의 100척이 포진했다. 그리고 에리트라이와 포카이아군이 각각 8척 및 3척의 배로 진을 치고, 포카이아군의 뒤를 레스보스군의 70척이 따르고, 마지막으로 사모스인이 60척의 함선을 거느리고 두 날개를 차지했다. 이들 함선의 총수는 353척이었다.

위와 같은 이오니아군의 진용에 맞서는 페르시아함대의 배는 600척이었다. 페르시아함대도 이미 밀레토스 수역에 도달하고 육상의 모든 병력도 도착했을 때, 페르시아군의 여러 지휘관은 이오니아군 함선의 수를 알고 이를 제압하는 데 어려움이 있지 않을까 의구심을 갖게 되었다. 해상을 제압하지 못하면 밀레토스를 공략할 수 없을 테고, 그렇게 되면 다레이오스가 진노할까 봐 두려워한 것이다. 그들은 여러 가지로 생각한 끝에 이오니아의 독재자들을 소집하기로 했다. 이들은 밀레토스의 아리스타고라스에 의해서 권좌에서 쫓겨나 페르시아로 망명한 자들로 때마침 밀레토스 공격에 참가하고 있었던 것

---

1) 이오니아회의(판이오니온)에 대해서는 1권 참조.
2) 이 섬은 오늘날 마이안드로스강에서 흐르는 토사에 의해서 본토와 연결되어 있다.

인데, 이들 가운데 그곳에 있었던 자들을 소집해 아래와 같이 말했다.

"이오니아인 여러분, 이제야말로 페르시아 왕가에 대한 여러분의 충성심을 보여줄 때이오. 여러분은 자국민을 연합군으로부터 이탈시켜야 하오. 우리는 확실히 약속하겠소. 결코 그들에게 반란의 죄를 물어 처벌하지 않고 성소나 개인의 주택을 불태우는 일도 없을 것이오. 또 전보다 더 학대하는 일도 없다고 통고해주기 바라오. 그러나 만일 그들이 이에 따르지 않고 끝까지 싸우려고 한다면, 반드시 그들에게 다칠 재앙을 여러 가지로 들어 위협을 가해야 하오. 즉 패전 시에 그들은 노예가 되고 사내아이는 거세되고 여아는 박트리아[3]로 이송되고, 또 그 국토는 몰수되어 타 민족에게 돌아가게 된다고 말하는 것이오."

위의 지시에 따라서 이오니아의 독재자들은 저마다 이 취지를 전할 사자를 밤 안에 모국으로 보냈다. 그러나 이러한 통보를 받은 이오니아의 각 시에서는 여전히 정세를 제대로 판단하지 못하고 배신을 결행하려고 하지 않았다. 그들은 저마다 페르시아 측이 이를 자국에게만 통고해온 것으로 생각했기 때문이다. 이상은 페르시아군이 밀레토스에 도착한 직후에 발생한 일들이다.

이윽고 라데에 집결한 이오니아군의 집회가 열리고, 그 자리에서 저마다 의견을 말하던 중 포카이아군의 사령관 디오니시오스가 아래와 같이 주목할 만한 발언을 했다.

"이오니아인 여러분, 바야흐로 우리의 운명은 자유를 지킬 수 있느냐 노예가 되느냐 …… 그것도 단순한 노예가 아니라 탈주한 노예의 처지가 되느냐하는 벼랑 끝에 서 있습니다. 여러분에게 만일 고난을 이겨낼 의지가 있다고한다면, 우선은 고통스럽더라도 반드시 적을 제압해 자유를 지킬 수 있을 것입니다. 그러나 만에 하나 안일을 일삼아 통제 불능으로 흐르는 일이 있으면여러분은 대왕에게 대항한 반란의 책임에서 벗어날 수 없을 것입니다. 부디여러분의 신병을 저에게 맡겨주십시오. 그렇게 하면 신들이 우리와 적에게공평하신 한 나는 여러분에게 확약할 수 있습니다. 적은 도전해 오지 않거나

---

3) 박트리아는 페르시아제국의 말단부분이고, 오늘날의 북부 아프가니스탄 부근에 해당한다.

만일 도전해 온다고 해도 참패할 것입니다."

디오니시오스의 이 말을 듣고 이오니아인은 그에게 모든 것을 맡기기로 했다. 그는 연습을 할 때마다 배를 일렬종대로 해서 나아가게 하고, 함선끼리 선간 돌파 훈련을 시켜 노군(櫓軍)들의 숙련을 도모했다. 또 함상의 전투원은 언제나 실전장비로 대기시키는 등 연습 뒤에도 배를 해상에 정박시켜 이오니아군을 온종일 혹사시켰다.[4] 7일 동안은 이오니아인도 명령대로 잘 따랐으나, 애초에 이 같은 노고(勞苦)에 익숙지 않은 그들은 온종일 시달림과 피로가 겹치자 투덜대기 시작했다.

"도대체 어느 신에게 무슨 죄를 지었기에 이 같은 고생을 해야만 한단 말인가. 겨우 3척밖에 배를 내지 않은 포카이아의 사기꾼에게 우리의 신병을 맡기다니, 우리도 제 정신이 아니었지. 그자는 우리를 수중에 넣은 뒤로는 생명에 위협을 줄 정도로 난폭하게 다루고 있어. 지금도 많은 동료가 병을 앓고 있고 앞으로도 더 많은 사람이 병을 앓게 될 거야. 지금의 이 고통에 비하면 다른 고통은 아무것도 아니지. 앞으로 노예가 되어 또 어떤 꼴을 당할런지 몰라도 차라리 그 편을 택하는 게 낫겠어. 자, 모두들 저런 사내의 지시는 듣지 말기로 합시다!"

그 뒤로는 누구 한 사람 명령에 따르려는 자가 없었다. 육상부대처럼 섬 안에 천막을 치고 생활하면서 승선을 거부하고 연습훈련에도 참가하지 않았다.

한편 사모스 파견부대의 지휘관들은 이와 같은 이오니아인의 사정을 실로손의 아들 아이아케스[5]가 전에 페르시아 쪽의 요구에 따라서 보내온 제안, 즉 이오니아군과의 동맹을 파기하라는 요구를 이때 받아들이기로 결정한 것이다. 사모스인이 이 제안을 수락하기로 한 것은, 한편으로는 이오니아군의 기강이 대단히 문란해지고 있는 것을 보았기 때문이고, 또 이오니아군이 도저히 대왕

---

4) 여기에 기술되어 있는 전투훈련의 방법에 대한 것인데, 연습 해역에 도달할 때까지는 일렬종대로 항행하는데 연습으로 접어들면 피아가 일렬횡대로 전개한다. 그리고 적함 2척 사이를 맹렬한 속도로 뚫고 들어가 적함의 노를 비롯한 선구 등을 파괴해 행동의 자유를 빼앗은 다음 뒤돌아가 공격을 가하는 전법이다. 뒤의 펠로폰네소스 전투 때에는 아테네 해군이 이 전법으로 종종 성공을 거두었는데, 이 무렵엔 이 전법이 새로운 공격법이었을 것이다.
5) 실로손은 사모스의 유명한 독재자 폴리크라테스의 동생으로 형의 뒤를 이어 왕위에 올랐고, 그의 아들 아이아케스가 그의 후계자가 되었다.

의 전력을 격파할 수 없다고 판단한 데 따른 것이다. 왜냐하면 설사 현재의 수군을 격파한다고 해도 반드시 다레이오스는 이보다 5배나 되는 대 함대를 다시 파견할 것이 틀림없음을 잘 알고 있었기 때문이다. 그래서 이오니아군이 군율(軍律)에 따라서 행동하는 것을 거부하는 것을 보자 이를 핑계 삼아 자국의 성소와 개인재산의 보전을 도모하는 것이 유리하다고 판단한 것이다.

이러한 제안을 받은 사모스인 아이아케스라는 인물은 할아버지가 아이아케스, 아버지가 실로손으로 본디 사모스의 독재자였고 다른 이오니아의 독재자들과 마찬가지로 밀레토스의 아리스타고라스 때문에 지배권을 빼앗겼다.

한편 페니키아의 함대가 공격을 가해오자 이오니아군도 이에 대항하기 위해 일렬종대가 되어 배를 전진시켰다. 두 함대는 이윽고 근접해서 교전했는데, 그 뒤 이 해전에서 이오니아군의 어느 부대가 비겁하게 행동하고 어느 부대가 용감하게 싸웠는지 나로서는 정확하게 기술할 수 없다. 각 부대가 서로 책임을 전가하고 있기 때문이다. 전해지는 바에 따르면 사모스파견부대는 이때 아이아케스와 미리 짰던 대로 돛을 올리고 전선에서 이탈해 사모스로 귀항했다고 한다. 다만 11척의 3단 노선만은 그 함장이 사령관의 명령에 복종하지 않고 머물러 해전에 참가했다. 이 잔류부대의 행위는 참으로 훌륭했기 때문에 사모스 당국은 이 행동을 찬양하기 위해 돌기둥에 그들의 이름을 아버지 이름과 함께 새기는 영예를 부여했다. 그리고 이 돌기둥은 지금도 사모스의 아고라에 있다.

레스보스인도 이웃 부대가 도주하는 것을 보자 이 사모스군을 따랐고, 이오스함대 대부분도 같은 행동으로 나왔다.

머물러서 해전에 참가한 부대 가운데 키오스군은 용감하고 눈부신 활약을 했던 만큼 입은 타격도 가장 심했다. 키오스는 앞서 말한 바와 같이 100척의 함선을 투입했고, 각 함선에는 시민 가운데서 선발된 40명의 전투부대가 승선하고 있었다. 동맹군의 다수가 이탈하는 것을 목격하면서 이들 비겁한 자들과 행동을 함께 하길 거부하고 몇 남은 동맹군과 함께 고립이 되면서도 선간 돌파를 시도하면서 교전해 적함 다수를 파괴했지만, 그들도 그 함선의 대부분을 잃었다. 키오스부대는 남은 함선과 함께 자국으로 피했는데, 배의 손상으로 항행이 어렵게 된 배에 승선한 자들은 적의 추격을 받아 미칼레곶을 향해 도망쳐 이곳에서 배에서 내려 걸어서 육지로 행진했다. 이들 키오스인은 이윽고 에페소스지구로 접어들었는데 그곳에 닿은 것이 밤이고 때마침 이 고장 여자들이 테스모포리아[6] 축제를 벌이고 있는 중이었다. 이때 에페소스의 시민들은 이들 키오스인이 어떤 고난을 겪었는지 전혀 들은 바가 없었기 때문에, 병사들이 국내로 들어온 것을 보자 도적이 여자를 노리고 습격해 온 것으로 판단하고 온 시민이 총출동해 키오스인들을 살해하고 말았다. 키오스군은 이와 같은 비참한 최후를 맞고 말았던 것이다.

한편 포카이아인 디오니시오스는 이오니아군의 궤멸을 알자, 적함 3척을 포획했다. 그리고 포카이아도 다른 이오니아 제국과 함께 노예화될 것을 충분히 알았기 때문에 포카이아로는 돌아가지 않고 곧바로 페니키아로 항행했다. 이곳에서 페니키아의 상선 수 척을 격침해 많은 금품을 손에 넣자 시켈리아로 향했다. 그리고 이곳을 근거지로 삼아 해적이 되었는데 그 습격 대상은 오로지 카르타고인과 에트루리아인의 배뿐이었다.

페르시아군은 위의 해전에서 이오니아군을 격파하자 바다와 육지에서 밀레토스를 포위한 다음 성벽을 파 무너뜨리고, 또 온갖 공격용 무기를 구사해 아리스타고라스의 반란 이래 6년 만에 결국 밀레토스를 완전히 공략했다.[7] 페르시아군은 모든 시민을 노예로 삼았는데, 이 수난은 공교롭게도 일찍이 밀레토스에 내려졌던 신탁과 맞아 떨어지는 것이었다.

그것은 전에 아르고스인이 델포이에서 자국의 안위에 관해서 신탁을 청했을 때[8] 내려진 계시가, 아르고스인에 관한 것 외에 추가적으로 밀레토스인에 대한 계시까지도 포함하고 있어 두 나라 모두에 내려진 계시라고도 할 수 있는 것이었다. 아르고스인에 관한 부분은 적당한 곳에서 기술하기로 하고, 그 무렵 그 자리에 있지도 않았던 밀레토스인에게 내려진 계시는 아래와 같다.

> 이제야말로 밀레토스여, 너희 수많은 악행을 꾸민 자들아
> 너희는 많은 자들의 먹이가 되고 좋은 상품이 되며

---

6) 테스모포리아란 지모신(地母神) 데메테르를 위한 축제로 기혼 여성만이 참여할 수 있다.
7) 밀레토스의 함락은 494년 가을의 일이다. 그 6년 전인 499년이 반란을 일으킨 최초의 해였다.
8) 494년 스파르타가 클레오메네스왕 지휘 아래 아르고스를 공격했을 때의 일일 것이다.

또한 너희 아내들은 수많은 장발족의 발을 씻게 되리라.
그리고 디디마[9]에 있는 내 신전은 이국인에게 맡겨질 것이다.

바로 이 신탁이 그 무렵 밀레토스인에게 닥쳐온 것이다. 대부분의 사내는 장발을 기르고 있는 페르시아인에 의해서 살해되고, 여자들은 노예 신세가 되고, 디디미의 성역은 신전이나 신탁소나 약탈과 방화의 화를 당했다. 이 성역에 모아져 있던 재보에 대해서는 이 책의 다른 곳에서 이미 여러 번 언급해 온 대로이다.

포로가 된 밀레토스인은 그 뒤 수사로 호송되었는데 다레이오스왕은 그들에게 그 이상 위해를 가하지는 않고 이른바 홍해에 면한 암페라는 도시에 거주하게 했다. 이 도시 옆으로 티그리스강이 흘러 바다까지 흘러들고 있다. 밀레토스의 국토는, 도시와 평야는 페르시아인이 확보하고 산지는 페다사에 거주하는 카리아인에게 주었다.

밀레토스가 페르시아인에 의해서 이와 같은 재난을 당했을 때 시바리스인[10]은 전에 밀레토스인에게서 받은 은의에 대해서 같은 행위로 보답할 생각을 하지 않았다. 시바리스인은 나라를 빼앗긴 뒤 라오스와 스키드로스의 땅에 살았는데, 앞서 시바리스의 도시가 크로톤인에 의해 점거되었을 때 밀레토스 성년 남자들은 모두 머리를 깎고 깊은 애도의 뜻을 표했었다. 실제로 이 두 도시만큼 친밀하게 맺어진 예를 일찍이 본 일이 없다. 그러나 아테네인이 취한 태도는 시바리스인과는 전혀 다른 것이었다. 아테네인은 밀레토스의 함락을 몹시 슬퍼하고 유감의 뜻을 여러 기회에 표명했다. 한 예를 들면 프리니코스[11]가 〈밀레토스의 함락〉이라는 제목의 극을 써서 이것을 상연하여

---

9) 디디마의 별명인 브란키다이는 이 책에서 자주 언급이 되고 있다(1권, 5권 참조).

10) 시바리스 이하에 나타나는 지명은 모두 남 이탈리아의 그리스인의 식민도시. 시바리스와 밀레토스와의 사이에 우호관계가 무엇에 따른 것인지는 확실치 않는데, 일설에는 교역상의 이해관계 때문이었다고 한다.

11) 프리니코스는 아이스킬로스의 선배가 되는 비극 작가로, 기원전 6세기 후반에서 5세기 전반에 걸쳐서 활약을 했다. 작품은 거의 없어졌는데 아이스킬로스 이전의 비극을 대표하는 최대의 작가로 후세까지 애호가 된 것은 확실하다. 여기에 언급되는 작품도 없어졌는데, 신화전설 이외의 동시대의 사건을 다룬 비극으로서 아이스킬로스의 〈페르시아인〉과 함께 극히 드문 예에 속한다.

관객을 울렸을 때, 동포의 불행을 상기시켰다는 죄상으로 그에게 1천 드라크마의 벌금을 부과하며 앞으로는 어떤 자도 이 극본을 상연해서는 안 된다는 규정을 만든 것이다.

이렇게 해서 밀레토스 시민은 밀레토스의 도시에서 말살되고 말았다. 한편 사모스에서는 부유한 계급의 사람들이 사모스군의 지휘관들이 페르시아군에 대해서 취한 행동에 불만을 품고 해전 직후에 평의를 한 결과, 독재자 아이아케스가 도착하기에 앞서 해외로 이주해 결코 페르시아인과 아이아케스의 노예가 되지 않겠다고 결의했다.

왜냐하면 마침 그 무렵 시켈리아의 잔클레[12]인이 이오니아에 사자를 파견해와 자신들이 이오니아인의 도시 건설을 계획하고 있는 칼레 악테[13]로 오도록 이오니아인에게 권유했기 때문이다. 이 칼레 악테로 불리는 토지는 시켈리아인(시켈리아 원주민)이 사는 지역이고 티레니아해에 면하는 시켈리아 해변에 있다. 그런데 이오니아인 가운데 이 권유에 호응해 식민에 참가한 것은 사모스인 뿐이고, 그 밖에 밀레토스의 피난민이 동행을 했다.

그런데 이 이주 와중에 아래와 같은 예기치 못한 사건이 일어났다. 시켈리아로 가는 사모스인들이 로크로이 에피제피리오이[14]에 도착했을 때 잔클레인은 그 왕 스키테스의 지휘 아래 시켈리아인이 있는 도시를 점령할 목적으로 포위하고 있었다. 그런데 그 무렵 잔클레와 불화관계에 있었던 레기온의 독재자 아낙실레오스라는 자가 이와 같은 사정을 알고 사모스인에게 접촉을 해 왔다. 그리고 그들이 목표로 하고 있는 칼레 악테로 가는 계획을 포기하고 때마침 남자들이 부재중인 잔클레를 점령하도록 강하게 설득했다. 이 때문에 사모스인은 결국 잔클레를 점령했는데, 잔클레인은 자국이 점령된 것을 알자 곧 도시를 되찾기 위해 그들과 동맹관계에 있던 겔라[15]의 독재자 히

---

12) 오늘날의 메시나이다. 메시나 해협을 사이에 두고 레기온(오늘날의 레지오)과 마주 보고 있다. 기원전 8세기 후반 이오니아계의 에우보이아섬의 칼키스인이 개척했다.

13) 칼레 악테란 '아름다운 해안'이란 뜻. 나중에 줄여서 칼락테라로 불리었다. 시켈리아 북안의 도시.

14) 이것은 그리스 본토의 로크리스 오조리스인이 개척한 곳으로, 이탈리아반도의 남단에 가까운 동해안에 있었다.

15) 시켈리아 남안의 도시, 비극작가 아이스킬로스가 사망한 곳으로 유명하다.

포크라테스에게 구원을 요청했다. 그런데 히포크라테스는 군을 이끌고 와 도시를 잃은 책임을 물어 잔클레의 독재자 스키테스를 체포하고 그의 동생 피토게네스와 함께 이닉스[16]란 도시로 추방하고 말았다. 그리고 사모스인과 대화한 결과 서약을 교환하고 남은 잔클레인을 배신하여 사모스인에게 넘겼다. 이 배신의 대가로서는 시중에 있는 모든 동산 및 노예의 반과 전답 모두를 히포크라테스가 입수하는 것이 사모스인에 의해서 확약이 되어 있었던 것이다. 히포크라테스는 잔클레 시민의 대부분을 붙잡아 노예로서 확보하고 주요 인사 300명을 처형하기 위해 사모스인에게 인도했다. 단 사모스인은 그 처형을 행하지 않았다.

잔클레의 독재자 스키테스는 이닉스를 탈주해 히메라[17]로 가고, 그곳에서 다시 아시아로 건너가 동으로 올라가서 다레이오스왕에게 몸을 의탁했다. 그리고 다레이오스에게, 그리스에서 온 자 가운데 누구보다도 성실한 인간이란 인정을 받았다. 왜냐하면 왕의 허가를 얻어 일단 시케리아로 돌아갔는데 다시 왕에게로 돌아왔기 때문이다. 그는 페르시아에서 아무런 부족함 없이 지내다 고령이 되어서 그 생애를 마쳤다.

페르시아로부터 화를 면한 사모스인이 참으로 아름다운 잔클레의 도시를 어렵지 않게 수중에 넣은 과정은 위와 같았다.

밀레토스를 둘러싸고 발생한 해전 뒤, 페니키아인은 페르시아 측의 명에 따라 실로손의 아들 아이아케스를 큰 공을 세운 수훈자라고 해서 사모스로 복귀시켰다. 또 다레이오스에게 배반한 여러 시의 사모스인만은 해전 때 함선을 이탈시킨 공으로 그 도시도 성역도 불길을 면했다. 밀레토스의 함락 뒤 페르시아군은 곧 카리아도 점령했다. 도시에 따라서는 자발적으로 굴복한 곳도 있었는데, 그 밖에는 대부분 강제로 병합한 것이다.

위와 같은 사건이 일어나고 있는 한편으로 비잔티움의 해역에서 흑해로부터 출항해오는 이오니아의 선박을 포획하고 있었던 밀레토스인 히스티아이오스에게 밀레토스 함락의 소식이 전해졌다. 히스티아이오스는 헬레스폰토

---

16) 여기에서는 이닉스로 기술이 되어 있는데 어쩌면 이니코스일지도 모른다. 소재는 명확하지 않은데 시켈리아 남안 중앙부에 있는 아크라가스(아그리젠트) 부근에 있었던 것 같다.

17) 시켈리아 북안의 도시. 서정시인 스테시코로스의 출신지로 알려져 있다.

스의 일을 아폴로파네스의 아들인 비살테스라는 아비도스인에게 일임하고, 자신은 레스보스인을 이끌고 키오스로 향했다. 그런데 입국을 거부하는 키오스의 수비대에 가로막혀 키오스 지구의 '공동(空洞)'으로 통칭되는 장소에서 교전하고 그들 다수를 살해했다. 나머지 키오스인도 이미 앞서의 해전에서 타격을 입고 있었기 때문에 키오스섬의 폴리크네를 기지로 삼아 레스보스군을 이끌고 공격을 가해 오는 히스티아이오스 앞에 굴복하고 말았다.

도시(국가)건 민족이건 큰 혼란이 닥쳐올 때에는 무언가 전조(前兆)가 보이기 마련인데, 키오스의 경우도 이 재난을 당하기에 앞서 대단한 전조가 있었다. 그 하나는 델포이에 가무를 봉납하기 위해 키오스에서 100명의 청년으로 편성한 가무대를 파견한 결과, 그 가운데 무사히 귀국한 자는 불과 2명뿐이고 나머지 98명은 역병에 걸려 사망하고 만 사건이다. 또 하나는 도시에서 일어난 일로 위의 사건과 같은 때 즉 해전이 벌어지기 얼마 전의 일이었는데, 읽기 쓰기를 배우고 있는 아이들 머리 위로 천정이 무너져 내려 120명의 아이 가운데 단 한 명만 화를 면하는 참사가 일어났다. 신이 키오스인에게 위와 같은 전조를 보인 뒤 얼마 안 가서 해전이 벌어져 키오스의 도시는 쑥밭이 되고 말았다. 해전에 이어서 히스티아이오스가 레스보스군을 이끌고 공격을 가해 왔는데, 이미 타격을 입은 키오스인을 굴복시키기란 히스티아이오스에게는 수월한 일이었던 것이다.

키오스를 평정한 뒤 히스티아이오스는 이오니아인 및 아이올리스인 다수를 이끌고 타소스섬을 공략했다. 그런데 타소스를 포위 중인 히스티아이오스에게 페니키아군이 밀레토스를 출항해 이오니아와 그 밖의 여러 도시를 공격하기 위해 항해 중이란 소식이 전해졌다. 히스티아이오스는 타소스를 그대로 방치하고 직접 전군을 이끌고 서둘러 레스보스로 갔다. 그러나 군대가 식량난으로 고통을 당하고 있었기 때문에 아타르네우스 지구의 곡물과 더 나아가 미시아 지방의 카이코스강 유역의 곡물까지도 수확할 목적으로 레스보스에서 건너편 강 기슭으로 건너갔다. 그런데 이 지구에는 그 무렵 페르시아군의 대장 하르파고스가 대군을 거느리고 주둔하고 있어, 히스티아이오스가 상륙한 것을 습격해 그를 생포하고 그 휘하의 군 태반을 격멸하고 말았다.

히스티아이오스가 생포된 정황은 아래와 같다. 그리스와 페르시아 두 군은 아타르네우스 지구의 말레네에서 서로 한 치의 양보도 없이 전투를 벌여 장시간에 걸쳐 결판이 나지 않았는데, 이윽고 페르시아의 기병대가 그리스군에게 맹렬한 공격을 가했다. 이 기병대의 활약으로 전세는 기울어졌는데 패주하는 그리스군 사이에서 히스티아이오스는 설마 대왕이 이번의 실수로 생명까지 빼앗는 일은 없을 것이라고 생각했다. 그러자 생에 대한 미련을 버리지 못하고 도주하던 중 페르시아의 한 병사에게 추격을 당해 자칫하면 창에 찔릴 뻔 했을 때 페르시아어로 자신이 밀레토스의 히스티아이오스 임을 밝힌 것이다.

만일 생포된 히스티아이오스가 다레이오스왕에게 호송되었다면, 대왕은 아무런 처벌도 하지 않고 그의 죄를 용서했을 것이다. 그러나 바로 그처럼 히스티아이오스가 난을 면해 다시 대왕 밑에서 그 위세를 부리는 것을 막기 위해, 사르데스의 총독 아르타프레네스와 히스티아이오스를 잡은 하르파고스가 합심해서 히스티아이오스가 호송되어 사르데스에 도착하자 그 자리에서 동체는 책형(磔刑)으로 하고 목은 소금에 절여 다레이오스에게 보냈다. 대왕은 이 사정을 듣자 히스티아이오스를 산채로 자기 면전에 데려오지 않은 것에 대해서 위와 같은 조치를 취한 자들을 꾸짖었다. 그리고 히스티아이오스의 목을 깨끗이 씻어 정중하게 다루고 자신 및 페르시아국민에 대해서 큰 공이 있었던 자에게 걸맞은 예를 다해 매장하도록 명했다. 히스티아이오스에 관한 이야기는 이와 같다.

에게해와 헬레스폰토스 연안 도시 공략

페르시아함대는 밀레토스 부근에서 겨울을 지내고 새해가 되어 출항하자 키오스, 레스보스, 테네도스 등 대륙에 근접한 제도를 쉽게 점령했다. 페르시아군은 이들 섬을 점령할 때마다 그 주민을 '예인망식'으로 소탕했다. 예인망식은 다음과 같이 행하는 것이다. 병사들이 손을 잡고 북쪽 해안에서 남쪽 해안까지 이동해 가며 주민들을 몰아내 온 섬을 소탕하는 것이다. 페르시아군은 대륙내의 이오니아 여러 도시도 점령했으나, 단 여기에서는 예인망식 주민사냥은 하지 않았다. 실행이 불가능했기 때문이다.

이때 페르시아의 여러 지휘관은 페르시아군에게 저항하는 진지를 구축한 이오니아인에게 전에 말한 위협을 그대로 실행했다. 그들은 이오니아의 여러 시를 제압하자 특히 미모의 소년을 골라 거세하고 또 예쁜 소녀를 부모로부터 빼앗아 대왕의 궁정으로 보냈다. 아울러 모든 도시에 불을 질러 성역과 함께 태워버렸다. 이렇게 해서 이오니아는 세 번이나 예속의 쓰라림을 맛보았는데, 이 3회 가운데 최초는 리디아인에 의한 것이고 나머지 두 번은 페르시아인에 의한 것이다.[18]

페르시아 해군은 이오니아를 떠나 이번에는 헬레스폰토스로 진격해 서해안 지역을 모두 점령했다. 그 반대 해안 일대는 이미 페르시아 내륙으로부터의 공격으로 굴복했던 것이다.

한편 헬레스폰토스의 유럽 쪽에 있는 지방을 열거하면, 먼저 케르소네소스인데 이곳에는 많은 도시가 있다. 이어서 페린토스, 트라키아 여러 요새들, 셀림브리아, 그리고 비잔티움이 있다. 한편 비잔티움인 및 그 맞은편 기슭에 사는 칼케돈인은 해상으로 공격해오는 페니키아인을 맞아 싸우려하지도 않은 채 모국을 버리고 흑해 연안으로 도주해 이곳의 메삼브리아[19] 시에 정착하고 말았다. 페니키아군은 전에 열거한 여러 지역을 불태워버리자 프로콘네소스와 아르타케로 향하고, 이곳도 불태워버린 다음 다시 케르소네소스로 진격했다. 전에 이곳을 공격했을 때 파괴를 면한 도시들을 공략하기 위해서였다. 페니키아해군은 그러나 키지코스로는 진입조차 하지 않았다. 왜냐하면 페니키아해군의 헬레스폰토스 진입 이전에 키지코스인은 다스킬레이온[20]의 총독이었던 메가바조스의 아들 오이바레스와 협정을 맺고 자발적으로 대왕에게 복속(服屬)하고 있었기 때문이다. 케르소네소스의 여러 도시는 카르디아 시를 제외하고 모두 페니키아군에 점령되었다.

이들 도시는 이제까지 스테사고라스의 손자이고 키몬의 아들인 밀티아데스의 독재 아래 있었다. 이 지배권은 이보다 앞서 킵셀로스의 아들 밀티아데스가 아래와 같은 사정으로 획득한 것이다.

이 케르소네소스에는 전부터 트라키아의 부족인 돌론코이인이 거주하고

---

18) 첫 번째는 크로이소스에 의한 것(1권), 두 번째는 키루스에 의한 것이었으며(1권), 그리고 아르타프레네스에 의한 점령이다.

19) 흑해의 서안, 오늘날의 오데사 남쪽에 있는 도시. 본디 밀레토스의 식민지였다.

20) 다스킬레이온이란 프로폰티스(마르마라해) 남쪽 해안. 소 프리기아의 도시이다.

있었다. 그런데 이 돌론코이인은 압신토스인과의 싸움에서 고전해 전체 판국에 대해서 신탁을 얻기 위해 부족의 중진들을 델포이에 파견했다. 그런데 델포이의 무녀는 그들이 이 성역에서 귀국할 때 그들을 손님으로 맞아줄 최초의 인물을 국가 재건의 지도자로서 자국으로 데려가는 것이 좋다고 말했다. 돌론코이인들은 '성스러운 길'[21]을 통해 포키스, 보이오티아를 지나서 나아갔는데 그들을 손님으로 맞아주는 자가 한 사람도 없었기 때문에 길을 바꾸어 아테네로 향했다.

그 무렵 페이시스트라토스가 아테네 전권을 장악하고 있었는데, 킵셀로스의 아들 밀티아데스 또한 크게 세력을 떨치고 있었다. 이 사내는 사두마 전차를 만들 재력이 있는 자산가 출신이고, 선조는 멀리 아이아코스와 아이기나로 거슬러 올라가는, 아테네의 국적을 획득한 지 얼마 안 된 비교적 새로운 가문이다. 아이아스의 아들 필라이오스가 이 가문에서는 아테네국적으로 옮긴 최초의 인물이었다.

그런데 이 밀티아데스가 때마침 자기 집 문 앞에 앉아 있을 때 돌론코이인 몇이 그 앞을 지나치게 된 것이다. 밀티아데스는 아테네에서는 익숙지 않은 그들의 옷차림과 창에 주목하여 그들을 불러 세우고는 그들에게 숙식을 제공하고 싶다는 제의를 했다. 돌론코이인들은 그의 호의를 받아들여 대접을 받았는데, 이때 그에게 계시에 대해서 자초지종을 털어놓고 부디 신의에 따라주길 애원했다. 이 이야기를 들은 밀티아데스는 애초에 페이시스트라토스의 지배에 싫증이 나 나라를 떠나고 싶었기 때문에 군말 없이 승낙했다. 그리고 돌론코이인의 의뢰를 실행해도 좋을지 신탁을 구하기 위해 델포이로 갔다.

델포이의 무녀도 그렇게 하는 것이 좋다고 해, 일찍이 올림피아 4두 전차 경주에서 우승의 영광을 안았던 이 킵셀로스의 아들 밀티아데스는 원정에 참가하고자 하는 사람들을 모두 이끌고 돌론코이인들과 함께 출항해 그 나라를 수중에 넣었다. 그리고 그를 초청한 돌론코이의 수령들은 그를 독재자로 옹립한 것이다.

---

21) 이 길은 델포이에서 동쪽으로는 다우리스·카이로네이아로 통하고, 동남으로 향해 레바데이아·테베를 지나 남하해서 키타이론 산을 넘어 이윽고 엘레시우스와 아테네를 잇는 성도(聖道)와 합류하다.

밀티아데스는 맨 먼저 케르소네소스의 지협(地峽)에 카르디아시에서 팍티아에 걸쳐서 성벽을 구축했다. 이것은 압신토스인이 케르소네소스로 침입해 약탈하는 것을 막기 위해서이다. 이 지협의 폭은 36스타디온이고 이 지협에서 안쪽인 케르소네소스의 전장(全長)은 420스타디온이다.

한편 밀티아데스는 케르소네소스의 요지에 성벽을 구축해 압신토스인의 침입을 막은 뒤, 나머지 부족 내에서는 람프사코스인과 교전을 했다. 그런데 람프사코스군이 병력을 잠복시켜 밀티아데스를 생포하고 말았다. 그러나 밀티아데스와 우의가 돈독했던 리디아왕 크로이소스는 람프사코스에게 사자를 보내 밀티아데스를 사면하도록 통고했다. 그리고 만일 이 요구를 받아들이지 않으면 다시는 죽은 소나무처럼 싹을 틔우지 못하게 말려 죽여 버리겠다고 위협했다. 람프사코스인은 '소나무처럼 말려 죽이겠다'는 말의 뜻을 이해하지 못하고 여러 가지로 논의를 거듭했다. 그러다 마침내 한 장로가 그 의미를 깨닫고 모두에게 한 말은, 온갖 수목 가운데 소나무만이 한 번 베어버리면 결코 싹을 틔우는 일 없이 완전히 고사하고 만다는 것이었다.

그 말을 듣고 람프사코스인은 크로이소스에게 두려움을 느껴 밀티아데스를 석방했다.

밀티아데스는 크로이소스의 이 같은 호의로 난을 면했으나 이윽고 세상을 떠났다. 그에게는 후계자가 없었기 때문에 정권과 재산은 그의 이부(異父) 형제인 키몬의 아들 스테사고라스에게 넘겨졌다. 밀티아데스가 죽은 이후로, 케르소네소스의 주민은 건국의 시조를 받들어 모시는 관습대로 그에게 희생을 바치고 마차나 체육의 기념 경기를 개최하고 있는데, 이 경기에 람프사코스인의 참가는 엄격하게 금지된다.

람프사코스와의 전쟁 중 스테사고라스 또한 후계자를 남기지 않은 채 세상을 뜨게 되었다. 시공회당에 있을 때 머리를 도끼로 맞았기 때문인데, 하수인은 스스로를 탈주병이라 했지만 실은 적의 첩자이고 무척 다혈질적인 사내였다.

위와 같이 스테사고라스가 세상을 뜨자 페이시스트라토스 일족은 서거한 스테사고라스의 형제인 키몬의 아들 밀티아데스에게 케르소네소스의 사태를 수습하라며 3단 노선으로 그곳에 파견했다. 페이시스트라토스 일족은 밀티아데스의 아버지 키몬의 횡사에 대해서는 전혀 모른다는 듯한 표정으로 밀티아데스가 아테네에 있는 동안은 그를 후하게 대접했다. 한편 키몬이 죽은 경위에 대해서는 다른 곳에서 기술할 생각이다.

밀티아데스는 케르소네소스에 도착하자 형제 스테사고라스의 죽음을 애도한다는 이유로 자택에 틀어박혀 있었다. 이를 전해 듣고 각 부락에서 모인 케르소네소스의 유력자들이 단체로 그에게 조의를 표하기 위해 온 것을 밀티아데스가 체포하고 말았다. 이렇게 해서 밀티아데스는 500의 용병을 휘하에 길러 케르소네소스를 수중에 넣고 트라키아의 왕 올로로스의 딸 헤게시피레를 아내로 맞아들였다.[22]

한편 이 키몬의 아들 밀티아데스는 케르소네소스로 복귀한 지 얼마 되지 않아서 종전보다 더 곤란한 사태에 부딪혔다. 그 경위는 이렇다. 페니키아해군의 침입에 앞서 2년 전에 그는 스키타이인 때문에 나라를 떠나 있었다. 유목민인 스키타이인은 다레이오스왕의 공격에 자극을 받아 각 부족이 단결해서 이 케르소네소스까지 밀고 들어왔다. 그러나 밀티아데스는 공격해오는 스키타인에 맞서지 않고 케르소네소스에서 탈출했고, 스키타인이 물러간 뒤에야 겨우 돌론코이인의 연락을 받고 되돌아왔다. 이는 현재의 사태에 이르기 2년 전에 있었던 사건이다.[23]

그런데 이때 페니키아해군이 테네도스에 있다는 소식을 접한 밀티아데스는 3단 노선 5척에 모든 재산을 가득 싣고 아테네를 향해 출항했다. 카르디아 항을 떠나 메라스 만을 지나서 케르소네소스 연안을 지날 무렵 페니키아군이 선단을 공격해왔다. 이때 밀티아데스는 선단 가운데 4척과 함께 임브로스섬으로 피해 화를 면했으나 5번째 배는 페니키아군의 추적으로 나포되고 말았다. 그런데 공교롭게도 이 배를 지휘하고 있었던 자가 밀티아데스의 장남 메티오코스였다. 다만 그는 트라키아인 올롤로스의 딸이 낳은 아들은 아

---

22) 그와 이름이 같은 아들 올로로스가 역사가 투키디데스의 아버지였을 것이라고 추측하는 사람도 있다.

23) 이곳의 기술은 상당히 혼란스러워 이해하기 어려운데 간단히 요약을 하면 아래와 같다. 페니키아군이 침공해온 것은 493년이고, 그 2년 전(495년)에 스키타이인의 공격 때문에 밀티아데스는 일단 망명을 한 것이다. 따라서 이 망명에서 돌아오자마자 페니키아군의 공격으로 '종전보다 더욱 곤란한 상황'이 되었다는 것이다.

니고 이복 소생이었다. 이 사내를 배와 함께 나포한 페니키아인은 그가 밀티아데스의 아들임을 알자 그를 왕에게로 데리고 갔다. 그 이유는 전에 스키타인 원정 때, 선교(船橋)를 파괴하고 귀국하라는 스키타이 측의 권고에[24] 따라야 한다는 의견을 말한 자가 이오니아인 가운데서 이 밀티아데스였기 때문에 왕의 환심을 크게 사리라 생각한 것이다.

그러나 다레이오스는 페니키아인이 밀티아데스의 아들 메티오코스를 데리고 오자 그에게 아무런 위해도 가하지 않았을 뿐만 아니라 크게 우대했다. 즉 주택과 영지를 주고 페르시아 여자와 결혼하게 하고 그 여자에게서 태어난 아이는 페르시아 국적을 주었던 것이다.

한편 밀티아데스는 임브로스를 떠나 아테네에 도착했다.

이 해에는 이오니아에 대한 페르시아의 적대행위가 더는 없었고, 오히려 아래처럼 이오니아인에게는 매우 유리한 사태가 벌어졌다.

즉 사르데스의 총독 아르타프레네스가 이오니아 각 시로부터 사절을 불러들여, 앞으로 분쟁은 중재로써 해결하고 결코 서로가 약탈행위로 해결하지 않겠다는 협정을 각 시 사이에 맺도록 강요한 것이다. 아르타프레네스는 다음으로 각 시의 영토를 30스타디온에 해당하는 파라산게스 단위로 측량하게 하고, 이에 따라서 각 도시에 공세(貢稅)를 부과했다. 그 뒤 이오니아의 각 시에서는 오늘에 이르기까지 아르타프레네스에 의해서 부과된 세율을 그대로 답습해 납세를 계속해 온 것이다. 한편 아르타프레네스의 과세율은 그 이전과 거의 같았다.

이와 같은 조치는 이오니아에 평화를 가져왔다.

마르도니오스의 그리스 본토 공략

봄이 되자[25] 대왕은 여러 지휘관을 사령관직에서 물러나게 했다. 오직 한 사람 고브리아스의 아들 마르도니오스는 해륙의 대군을 이끌고 연해지방으로 향했다. 그는 아직 나이도 젊어 다레이오스의 딸 아르토조스트라와 갓 결혼한 때였다. 마르도니오스는 군세를 이끌고 킬리키아에 도착하자 자신은 승

---

24) 4권 참조.
25) 기원전 492년의 봄.

선해 함대와 함께 발진하고, 육상부대는 다른 지휘관이 이끌고 헬레스폰토스로 향하게 했다.

마르도니오스가 아시아의 연안을 따라서 항행해 이오니아에 닿았을 때의 일이다. 오타네스가 페르시아의 일곱 장로를 앞에 두고 페르시아는 민주제를 채택해야 한다는 의견을 말했다는 이야기[26]를 믿지 않으려는 그리스인에게는 참으로 알 수 없는 일이 일어났다. 이때 마르도니오스는 이오니아의 독재자를 모두 추방하고 각 도시에 민주제를 실시한 것이다. 그리고 이 일을 마무리한 뒤에 헬레스폰토스로 서둘러 떠났다.

여기에서 해륙의 대군이 집결을 마치자 페르시아군은 해로로 헬레스폰토스를 건너 유럽으로 들어가 진격했는데, 목표는 에레트리아와 아테네였다.

물론 이 두 도시는 페르시아에게 단순히 그리스 원정의 구실에 지나지 않았다. 그들은 가능한 한 많은 그리스 도시를 정복할 속셈이었기 때문에 반격의 태세조차 보이지 않았던 타소스를 해군을 통해 정복함과 동시에 육상부대로 마케도니아인을 정벌하여, 이미 페르시아에 예속되어 있는 민족에 이를 추가한 것이다. 그 이유는 마케도니아보다 페르시아에 가깝게 사는 민족은 이미 모두 따르고 있었기 때문이다.

원정군은 타소스에서 더 나아가 대륙의 연안을 따라서 아칸토스에 도달하고 여기서 다시 아칸토스를 떠나 아토스 반도를 회항하려고 했다. 그런데 아토스 부근 바다를 항해하던 중에 맹렬한 북풍이 휘몰아쳐 함선 다수가 아토스곶에서 침몰했다. 전하는 바에 따르면 함선 약 300척이 파괴되고 사망자가 2만 명이 넘었다고 한다. 특히 아토스 연해에는 바다짐승이 많기 때문에 그들의 먹이가 된 자도 있고, 또 암초에 부딪쳐서 죽은 자도 있는가 하면, 수영을 못해 죽은 자, 얼어 죽은 자도 있었다.

해군이 이런 재난을 당하고 있는 한편, 마케도니아에 진을 치고 있던 마르도니오스 휘하 장병은 트라키아의 부족인 브리고이인에게 야간 기습을 받았다. 이때 페르시아 장병들은 많이 살육당하고 마르도니오스도 부상을 당했다.

그러나 브르고이족도 결국은 페르시아인의 지배하에서 벗어나지 못했다.

---

26) 3권 참조.

왜냐하면 마르도니오스도 그들을 굴복시킬 때까지는 언제까지나 이 지역에서 떠날 생각을 하지 않았기 때문이다.

마침내 마르도니오스는 브리고이족을 평정한 뒤 병력을 철수했다. 육상에서는 대 브리고이전에서, 해상에서는 아토스 부근 바다에서 막대한 손해를 입었기 때문이다. 이렇게 해서 이 원정군은 악전고투 끝에 아시아로 철수한 것이다.

타소스의 굴복

그 이듬해[27] 타소스가 모반을 꾀하고 있다는 이웃나라로부터의 호소가 있었기 때문에, 다레이오스는 먼저 타소스에 사자를 보내 성벽을 파괴하고 그 함선을 아브데라로 돌리도록 명했다. 사실 타소스인은 일찍이 밀레토스인과 히스티아이오스의 포위공격을 받은 경험에 비추어 막대한 수입이 있는 것을 다행으로 여기고 국부를 이용해 군선의 건조와 종래보다 견고한 성벽 구축에 나서고 있었던 것이다. 이 수입원은 본토에 있는 타소스의 영토와 광산 두 가지였다. 스캅테 힐레의 금광[28]에서는 평균 80탈란톤의 연수입이 있고 타소스섬 내의 금광산출액은 이보다는 적었으나 그래도 상당한 액수에 달했기 때문에 타소스에서 곡물세는 징수를 하지 않았음에도 그 연수입은 본토 및 광산으로부터의 수입을 합치면 평균 200탈란톤, 가장 많을 때에는 300탈란톤에 달했던 것이다.

나도 이들 광산을 본 적이 있는데, 그 가운데서도 특히 이채로운 것은 타소스란 자를 지휘자로 해서 처음으로 이 섬에 식민한 페니키아인이 발견한 광산이다. 이 섬의 현재 이름은 타소스란 페니키아인의 이름을 따 붙인 것이다. 이 페니키아인의 광산은 타소스섬의 아이니라 및 코이니라로 불리고 있는 두 장소의 중간에 있고 멀리 사모트라케섬을 바라보는 큰 산인데 금광을 찾기 위해 완전히 파헤쳐지고 있다.

---

27) 기원전 491~490년에 해당한다.
28) 타소스섬 건너편 해안에 있는 저명한 금광.

스파르타의 정정(政情)

그런데도 타소스인은 페르시아 왕의 명에 따라 성벽을 허물고 모든 선박을 아브데라로 보내고 만 것이다.

그 뒤 다레이오스는 그리스인이 과연 자신에게 대항해 싸울 의지가 있는지, 그렇지 않으면 결국은 굴복할지 시험해보려고 페르시아 왕에게 흙과 물을 바치라고 요구하는 사자를 그리스 각지에 파견했다. 그리고 그것과는 별도로 이미 왕에게 조공을 바치고 있는 연안 도시에도 사자를 보내 군선과 마필 수송용 선박의 건조를 명한 것이다.

연해의 여러 도시가 그 조달에 매달려 있는 한편, 사자가 파견된 그리스 본토에서도 페르시아 왕의 요구대로 땅과 물을 바친 도시가 적지 않았는데 도서(島嶼)에 이르러서는 사자가 방문한 모든 섬이 그 요구를 받아들였다. 그런데 다레이오스에게 땅과 물을 바친 많은 섬 가운데에는 아이기나도 포함되어 있었다. 아이기나가 이와 같은 행동으로 나오자 아테네는 즉각적인 반응을 보이고 아이기나에 대한 공격을 개시했다. 아테네로서는 아이기나가 페르시아 왕에게 굴복한 진정한 목적은 그들이 페르시아 왕과 짜고 아테네를 공격할 의도라고 생각했기 때문이다. 이것으로 좋은 구실을 얻게 된 아테네는 스파르타와 연락을 취하고 아이기나인의 행동은 그리스를 배신한 것이라고 그 죄를 스파르타인에게 호소한 것이다.

그 무렵 스파르타 왕은 아낙산드리데스의 아들 클레오메네스였는데 아테네의 호소를 듣자 아이기나의 주모자를 체포하려고 아이기나로 향했다. 그러나 그가 주모자를 체포하려 하자 저항하는 아이기나인도 적지 않았는데, 그 가운데서도 폴리크리토스의 아들 크리오스가 가장 강경했다. 그는 클레오메네스가 아이기나 시민을 한 사람이라도 연행하려고 한다면 묵과할 수 없다고 공언했다. 클레오메네스의 이번 행동은 아테네인에게 매수된 결과이지 스파르타인의 총의에 따른 것이 아니며, 그렇지 않다면 그는 당연히 또 한 사람의 왕과 동행했으리란[29] 것이다. 크리오스가 이러한 발언을 한 것은 데마라토스의 사주에 따른 것이었다.

---

29) 스파르타에는 왕이 둘이었다는 것은 이미 여러 번 언급한 대로이다.

클레오메네스는 아이기나를 떠나며 크리오스에게 이름을 물었다. 크리오스가 이름을 말하자 클레오메네스는 이렇게 말했다.

"숫양(크리오스)이여, 앞으로는 그 뿔을 청동제로 해두는 게 좋을 것이다. 머지 않아 큰 일을 당하게 될 테니까."

이 무렵 스파르타에서는 아리스톤의 아들 데마라토스가 나라에서 떠나지 않고 그대로 머물러 클레오메네스를 비방하는 일에 열을 올리고 있었다. 그 또한 스파르타의 왕이었으나 그의 가문은 클레오메네스에게 미치지 못했던 것이다. 두 가문은 본디 같은 선조에서 비롯되었는데, 단지 에우리스테네스가 쪽이 장자 집안이었다는 점에서 더욱 존중받았을 뿐이고 그 밖에는 특별하게 차이가 있었던 것은 아니다.

시인들이 전하는 것과는 달리 스파르타인이 주장하는 바에 따르면, 그들을 현재의 스파르타령(領)에 처음 이끌고 온 것은 힐로스의 증손자이고 클레오다이오스의 손자이며 아리스토마코스의 아들인 아리스토데모스라고 한다.[30] 그 뒤 곧 아리스토데모스의 아내가 아들을 낳았는데, 그 아내의 이름은 아르게이아이며 티사메노스의 아들 아우테시온의 딸이고 3대 전은 테르산드로스였으며, 4대 전은 폴리네이케스로 거슬러 올라가는 것으로 전해지고 있다.[31] 이 여인은 쌍둥이를 낳았는데 아리스토데모스는 아이가 태어나는 것을 본 뒤 병사했다고 한다. 그 무렵의 스파르타인들은 관습에 따라서 두 아이 중 장자를 왕위에 오르도록 결정했는데, 두 사람이 어느 점에서나 꼭 빼닮아서 어느 쪽을 택해야 할지 망설인 것이다. 스파르타인은 어느 쪽이 장자인지 구분을 할 수 없었기 때문에—그렇게 되기 전의 일이었는지도 모르는데—생모에게 그것을 물었다고 한다. 그러자 아르게이아는 자신도 구분을 할 수 없다고 대답했는데, 실은 잘 알고 있으면서 어떻게든 두 사람 모두를 왕으로 삼고자 그렇게 말했던 것이다. 스파르타인은 당혹스러운 나머지 델포

---

30) 일반적인 전승에 따르면 아리스토데모스는 스파르타로 이주하기 전에 이미 사망한 것으로 되어있는데 스파르타의 전승에서는 그렇지 않다는 것이다. 단 여기에서 말하는 시인들이 구체적으로 누구를 가리키는 것인지 현존하는 자료로는 잘 알 수 없다. 한편 힐로스는 영웅 헤라클레스의 아들이다.

31) 따라서 모계 쪽은 멀리 테베왕가의 혈통으로 거슬러 올라가게 된다.

이에 사자를 보내 이 일을 어떻게 처리해야 할지 신탁을 청했다고 한다. 그러자 델포이 무녀의 대답은 아이 둘을 모두 왕으로 하되 먼저 나온 쪽을 더욱 존중하도록 하라는 것이었다. 스파르타인은 이 델포이의 계시를 받은 뒤에도 두 아이의 어느 쪽이 먼저 났는지 구분할 방법을 모른 채 곤혹스러워 하고 있었다. 이때 마침 파니테스라는 메세니아인이 한 가지 방법을 일러주었다. 그것은 바로 그 어머니에게 주목해 그녀가 어느 아이를 먼저 목욕시키고 젖을 물리는지 살펴보라는 것이었다. 만일 그녀가 언제나 같은 차례로 하는 것이 명확해지면 스파르타인이 알고자 하는 바가 확실하게 밝혀질 것이고, 만일 그녀도 헷갈리게 차례를 뒤바꾸거나 하면 그녀도 마찬가지로 아이의 장유(長幼)를 분별하지 못하고 있음이 확실하므로 그때는 또 다른 수단을 취하면 되리란 것이다.

스파르타인은 그 메세니아인의 건의에 따라서, 아리스토데모스의 쌍둥이 어머니가 눈치를 못 채도록 주의하며 유심히 살펴보았다. 그녀는 젖을 물릴 때에도 목욕을 시킬 때에도 반드시 장자 쪽에 먼저 손길을 주었다. 이로써 장자를 확인한 스파르타인은 이 아이를 맡아 국비로 양육하게 되었다. 그리고 이 장자에게는 에우리스테네스, 동생에게는 프로클레스라는 이름이 붙여졌다. 이 두 사람은 성인이 된 뒤 형제이면서도 평생 사이가 나빴고, 그 불화는 두 사람의 자손에게까지 언제까지나 이어졌다고 한다.

이 이야기는 그리스인 가운데서 단순히 스파르타에서만 전해 내려온다. 그러나 다음으로 기술하는 것은 그리스인의 일반적인 전승으로, 다나에가 어머니인 페르세우스—그의 아버지로 전해지는 신에 대한 것은 잠시 접어두고—의 대에 이르기까지 도리스족 제왕의 계보는 이 전승 그대로이고 그들 왕이 모두 그리스인이었던 것도 실증된 사실이다. 그들은 이미 그 무렵에 그리스인으로 인정되고 있었기 때문이다.

앞서 내가 '페르세우스의 대에 이르기까지'라고 말하고 그보다 이전의 시대로는 거슬러 올라가지 않기로 한 이유는, 예를 들어 헤라클레스인 경우에는 암피트리온이란 인간의 아버지 이름이 곁들여지게 되는데 페르세우스에게는 그와 같은 일이 없기 때문이다. 따라서 내가 '페르세우스의 대에 이르기까지'라고 말한 것은 올바른 근거에 바탕을 두고 있다. 아크리시오스의 딸인

다나에 이전의 선조 계보를 더듬어 가면 도리스족의 지도자였던 자들이 이집트인의 직계임이 명확할 것이다. 이것이 그리스인이 일반적으로 전하는 계보이다.

한편 페르시아인이 전하는 바에 따르면 페르세우스는 본디 아시리아인으로 뒤에 그리스국적을 취득한 것이고, 그의 선조는 그리스인이 아니었다고 한다. 또 아크리시오스의 선조는 페르세우스하고는 혈통상 아무런 관계도 없고 그들은 그리스인이 전하는 바와 같이 이집트인이었다고 말한다.

이에 대한 기술은 이쯤으로 그치겠다. 그들이 이집트인이면서 도리스족의 왕위에 오른 것에 대해서 어떤 사정과 어떤 공적이 있었는지는 이미 다른 저자가 기술하고 있기 때문이다.[32] 여기에서는 다른 저자가 다루지 않은 사항에 대해서 기술하기로 한다.

스파르타의 왕에게 주어지는 특권은 아래와 같다. 먼저 두 성직이 있는데, 이는 제우스 라케다이몬과 제우스 우라니오스[33]에게 제사를 지내는 것이다. 다음으로는 왕이 원하는 대로 어느 나라에 대해서나 전쟁을 일으킬 수 있는 것으로, 스파르타시민 누구도 이를 막는 것이 허용되지 않는다. 만일 이 금기를 깨면 부정한 자로서 저주를 받아 국외로 추방된다. 또 출진할 때 왕은 군대의 선두에 서고 전장에서 철수할 때에는 최후까지 남아야 한다. 출정 중에는 100명의 선발된 병사가 왕의 호위를 맡는다. 출진에 앞서 행하여지는 희생식에서는 왕이 원하는 만큼의 짐승을 도살해도 좋고, 도살한 모든 짐승의 가죽과 등살은 왕이 받는다.

이상이 전시에 왕에게 부여되는 특권인데 이 밖에 평상시에는 아래와 같은 특권이 주어진다. 국비에 의한 희생식이 행해질 경우 왕이 첫 번째로 연회석에 자리를 잡고 향응도 왕부터 시작하며 두 왕에게는 어느 음식이나 다른 회식자의 두 배의 양이 제공된다. 왕은 헌주를 할 때에도 최초로 잔을 받을

---

32) 여기에서 말하는 '다른 작자'는 서사시인이나 이른바 이야기작자를 가리키는 것인데 상세한 것은 알 수 없다. 한편 전설상의 '헤라클레스 후예의 귀환'은 역사상으로는 기원전 3세기~12세기 무렵을 중심으로 해서 발생한 도리스족의 남하에 해당한다.

33) 제우스 라케다이몬은 이 지방의 전설상 국조인 라케다이몬과 제우스가 하나로 된 형태로 보인다. 이에 대해서 제우스 우라니오스('천상의 제우스')는 하늘의 신으로서의 제우스를 가리킨다.

권리가 있고,[34] 또 희생 짐승의 가죽이 주어진다. 새 달이 시작되는 첫째 날과 매월 7일에는 아폴론신전에 제를 올리기 위해 두 왕에게는 저마다 성숙한 희생 짐승 한 마리와 밀가루 1메딤노스, 그리고 라코니아 되로 포도주 4분의 1[35]이 국비로 지급된다. 또 온갖 종류의 경기 때 왕은 맨 앞줄의 특별석에서 관람할 수가 있다. 그리고 시민 가운데서 자유롭게 외인접대관[36]을 임용할 수가 있고, 또 각자 두 사람씩 '피티오이'를 선임할 수 있는 권한을 갖는다. '피티오이'란 델포이로 계시를 받기 위해 가는 관리로, 이 관리직에 있는 자에게는 왕과 함께 식사를 할 수 있는 특권이 있다. 왕이 회식에 출석하지 않을 때에는 두 왕에게 저마다 밀가루 2코이니쿠스와 포도주 1코틸레를 보내고, 출석할 경우에는 모든 음식을 두 배로 제공한다. 또 개인에 따라서 식사에 초대된 경우에도 왕은 위와 같은 특별대우를 받게 되어 있다. 신탁은 왕이 보관하는데 피티오이도 이에 관여하게 되어 있다. 왕이 단독으로 재정하는 사항은 아래의 것으로 한정된다. 상속권이 있는 딸의 배우자를 친부가 정해두지 않았을 경우[37] 누가 그 딸과 결혼해야 할지의 판정, 공공 도로에 관한 것이 그것이다. 또 시민이 양자를 맞아들이려고 할 때에는 왕의 입회 아래 행하도록 되어 있다. 왕은 또 장로회 회의에 출석한다. 장로회의 정원은 28명이다. 왕이 결석한 경우에는 장로 가운데서 가장 가까운 친척에 해당하는 자가 왕의 권리를 대행하고, 자신의 한 표 외에 두 표의 투표권을 행사했다.[38]

---

34) 그리스에서는 식사가 끝난 다음 술자리가 벌어질 때 우선 신에게 경의를 표하고 술을 따라 헌주를 하게 되어 있었다. 요컨대 여기에서는 왕에게 먼저 술잔을 올린다는 당연한 습관을 가리키는 것이다.

35) 이 저울눈의 구체적인 양은 알 수 없다. 유사한 다른 예에서 보리와의 비율을 기초로 해서 어느 정도의 추량은 가능할지도 모른다.

36) 프록세(이)노스는 보통의 경우, 오늘날의 명예영사처럼 외국에 있는 자국민의 이익을 대변하기 위해 본국에서 제각기 유력한 시민에게 위촉을 하는 직책이다. 그러나 스파르타의 그것은 이와 달리 국내에서 외국인을 접대하는 직책이고 왕이 임명한다.

37) 세대주가 사망하고 남자 상속자가 없는 경우 상속권은 장녀에게로 돌아가고 친척가운데 가장 혈연이 가까운 독신자가 그 딸과 결혼하는 것이 관습이었는데, 배우자를 사망 전에 정하지 않은 경우에는 재산상속을 둘러싸고 근친 간에 자주 다툼이 벌어지곤 했다.

38) 이 부분의 기술은 부정확하기 때문에 일찍부터 해석이 다르게 내려졌다. 스파르타에서는 두 왕이 제각기 두 표를 행사할 권리를 지니고 있었다는 것이 헤로도토스가 여기서 말하려는 점으로 해석하고 그 오류를 지적하는 설은 예부터 오늘에 이르기까지 이어지고 있다(투키디

이상이 왕의 생존 중 스파르타 국가가 왕에게 주는 특권이고, 왕이 사망했을 때에는 아래와 같은 예로 대우하게 된다. 기사들이 라코니아 전역에 왕의 부음을 전하고, 도시에서는 여자들이 냄비를 두드리면서 시가지를 돈다. 그런 다음 각 세대에서 남녀 각 1명, 합계 2명의 자유인이 '오손(汚損)의 예'[39]를 행하여 조의를 표해야만 한다. 만약 이를 지키지 않은 자에게는 중벌이 부과된다.

스파르타에서 왕이 서거했을 때 행하는 풍습은 아시아에 사는 이국민의 그것과 같다. 즉 스파르타의 왕이 서거하면 순수한 스파르타 시민 외에 라케다이몬(스파르타) 전역에서 일정 수의 거주민[40]을 강제적으로 장례식에 참가시킨다. 그들과 국가노예, 스파르타 시민 등, 수천에 이르는 조문객이 모이면 남녀 가리지 않고 모두 이마를 부딪고 통곡한다. 그때 하는 말은 정해져 있는데, 이번에 서거한 왕이 역대 왕 가운데서 가장 훌륭했다는 것이다. 왕이 전사했을 경우에는 왕을 닮은 상을 만들어 이를 훌륭하게 만든 관에 눕히고 장례를 지른다. 장례가 끝나면 10일간 아고라의 기능은 정지되고, 관리선거를 위한 회합도 개최되지 않으며, 이 기간 동안 모든 국민이 상복을 입는다.

스파르타의 풍습은 위와 같은 것 외에 아래와 같은 점에서 페르시아의 그것과도 일치한다. 즉 왕이 사망해 후계자가 왕위에 오르면 신왕은 즉위와 함께 스파르타 시민 가운데 몇 사람이건 그가 왕 또는 국고에 지고 있는 부채를 면제한다. 마찬가지로 페르시아에서도 새롭게 즉위한 왕은 모든 도시에 대해서 체납하고 있는 공세를 면제하는 것이다.

한편 스파르타인은 아래와 같은 풍습이 이집트인과 흡사하다. 두 나라 모

데스 《펠레폰네소스 전쟁사》 1권 참조). 이 부분의 문장은 그렇게 해석해도 어쩔 수 없는 일로 생각되는데 헤로도토스의 진의는 그렇지 않고 두 왕의 각 대행자가 자기 표 외에 각각 한 표를 행사했다는 것이 아닐까 싶다. 물론 한 사람의 대행자가 두 왕의 표(두 표)를 행사했다고 생각하는 학자도 있는데, 그렇게 되면 '가장 가까운 친척'이란 점에서 곤란해질 것 같다.

39) 여기에 '오손(汚損)의 예'로 번역한 것은 사자에 대한 애도의 뜻을 표하기 위해 자기 몸의 모발이나 피부에 상처를 내거나 의복을 손상 또는 더럽히는 관습을 말한다, 그러나 스파르타에서는 왕이 서거한 때 외에는 이와 같은 형식의 애도는 금지되어 있었다고 한다.

40) 스파르타인에 의해서 정복된 원주민으로 대부분 비 도리스계였던 것으로 생각된다. 그러나 그들은 국가노예와는 달리 시민권에 가까운 권리가 인정되었다. 국가노예도 정복된 원주민인데 이들은 노예에 가까운 취급을 당했던 것이다.

두 포고사항 전달자, 피리연주자, 요리사는 세습적으로 그 직업을 계승하여, 피리연주자의 아들은 피리연주자, 요리사의 아들은 요리사, 포고사항 전달자의 아들은 포고사항 전달자가 되는 관습이 있다. 혹 목소리가 포고사항 전달자보다 좋다고 하더라도 다른 가문의 사람은 해당 가문의 사람을 밀어내고 그 직업을 얻는 일 없이 선조 전래의 역할을 수행하는 것이다.

이때 데마라토스는 아이기나에서 그리스의 복지를 위해 애쓰는 클레오메네스를 끊임없이 비방하고 있었다. 이는 아이기나인을 위해서라기보다 질투와 선망에 사로잡혀 있었기 때문이었다. 클레오메네스는 아이기나에서 귀환하자 데마라토스를 왕위에서 내쫓기로 마음을 정하고 그에 대한 공격의 단서로서 아래와 같은 사정을 이용했다.

일찍이 스파르타의 왕이었던 아리스톤은 두 아내를 맞아들였는데 아이가 태어나지 않았다. 그는 아이가 없는 원인이 자신에게 있다는 것을 인정하려고 하지 않았기 때문에 세 번째 아내를 맞아들였는데, 그때의 사정은 다음과 같다. 아리스톤에게는 시민 가운데 누구보다도 각별한 친구가 있었다. 그 친구의 아내는 스파르타에서는 비길 데 없이 빼어난 미인이었다. 그런데 어려서는 아주 못났으나 나중에는 최고의 미인이 된 사연이 있는 여인이었다. 이 여인이 아직 어릴 적에, 부유한 집안의 아이로 태어났으나 못생겼고 게다가 부모까지도 딸의 용모에 걱정을 하는 등, 이런저런 사정을 알던 그녀의 유모가 아래와 같은 일을 생각해냈다. 유모는 매일 아이를 데리고 헬레네신전에 참배한 것이다. 이 신전은 테라프네[41]란 곳에 있었고 포이보스(아폴론) 신전 위쪽에 있다. 유모는 이 신전으로 아이를 데리고 가 신상 앞에 세우고 부디 이 아이의 못생긴 용모를 거두어달라고 여신에게 기원했다.

그러던 어느 날 신전에서 돌아오는데 유모 앞에 한 여인이 나타났다고 한다. 그 여인은 유모에게 팔에 안고 있는 것이 무엇이냐고 물어, 유모는 아이를 안고 있다고 대답했다. 여인은 아이를 보여 달라고 말했는데 유모는 거절했다. 아무에게도 보이지 말라는 아이 부모의 엄명이 있었던 것이다. 그러나 부

---

41) 스파르타의 동남방, 에브로타스 강변의 야트막한 평지 위에 옛 도시 테라프네가 있었다. 전설에 따르면 헬레네와 메넬라오스가 여기에 함께 모셔졌다고 한다. 그 아래 평야에는 포이보스 신전이 있었다.

디 보여 달라는 여인의 보려는 열성에 져서 유모는 마침내 아이를 보여주었다고 한다. 그러자 그 여인은 아이 이마에 손을 얹고 이 아이는 머지않아 스파르타에서 둘도 없는 미인이 될 것이라고 말했다. 그리고 이날부터 아이의 용모가 몰라보게 확 바뀌었다는 것이다. 이윽고 아이는 적령기에 이르자 곧 알케이데스의 아들 아게토스의 아내가 되었다. 이 아게토스가 앞서 말한 아리스톤의 친구이다.

그런데 아리스톤이 이 여자를 사랑하게 되어 연모의 정을 불태우다가 결국 아래와 같은 계략을 꾸몄다. 그 여자의 남편인 친구에게, 자신이 소유하고 있는 것 가운데 무엇이건 그대가 원하는 것을 줄테니 똑같이 그대의 소유 중에 자신이 소망하는 것을 달라고 제의한 것이다. 아리스톤에게도 아내가 있는 것을 알고 있는 친구는 아내에 대해서는 조금도 염려하지 않고 그 제의를 승낙했고, 두 사람은 이 약속을 확실하게 이행하기 위해 서약서를 교환했다. 그 뒤 아리스톤은 그의 재보 가운데서 아게토스가 택한 물품을 확실하게 주었는데, 이번에는 아게토스 쪽에서 소망하는 단계가 되자 친구의 아내를 데려가려고 한 것이다. 아게토스는 다른 것은 무엇이건 원하는 대로 주겠다는 약속을 했는데 그것만은 안 된다고 거부했으나 이미 서약을 한 이상, 이 음험한 계략에 꼼짝없이 걸려들어 어쩔 수 없이 결국 아내를 내주게 되고 말았다.

이리하여 아리스톤은 두 번째 아내와 이별하고 세 번째 아내를 맞이한 것이다. 그 뒤 얼마 되지 않아 채 10개월도 채우지 않았을 때, 이 아내가 데마라토스를 낳았다. 감독관들과 회의 중인 아리스톤에게 하인이 와서 아이의 탄생을 알려왔다. 아리스톤은 아내를 맞이한 때를 기억하고 있었기 때문에 손을 꼽아 달수를 헤아려보다가 이윽고 이렇게 잘라 말했다.

"그건 내 아이가 아니다."

감독관들도 이 말을 들었으나 이때에는 별로 귀담아듣지 않았다. 아이가 성장함에 따라서 아리스톤은 전에 흘린 말을 후회하기 시작했다. 데마라토스는 자기 아이가 틀림없다고 믿게 되었기 때문이다. 데마라토스라는 이름을 이 아이에게 지어준 이유는 이렇다. 이보다 앞서 스파르타의 시민 모두가 일제히 스파르타 역대의 왕 가운데서도 특히 명망이 뛰어난 아리스톤을 위해 왕세자가 태어나도록 기원한 적이 있었다. 데마라토스로 이름을 붙인 것은

바로 이 일을 기념하기 위해서였던 것이다.[42]

이윽고 아리스톤이 사망해 데마라토스가 왕위에 올랐다. 그러나 이 출생에 대한 비밀이 새나가 데마라토스의 실각 원인이 된 것은 아무래도 그의 숙명인 것 같다. 사건의 발단은 데마라토스가 클레오메네스와 심하게 다투었기 때문으로 그 갈등은 먼저 데마라토스가 엘레시우스에서 병력을 철수한 때,[43] 그리고 다음에는 아이기나의 친페르시아파를 토벌하기 위해 클레오메네스가 아이기나로 향했을 때 두 번에 걸쳐서 일어났다.

한편 클레오메네스는 데마라토스에 대한 보복에 기를 쓰고 레오티키데스와 손을 잡았다. 이 사내는 아기스의 손자이고 메나레스의 아들로 데마라토스와는 가계가 같은 자인데,[44] 만일 클레오메네스가 데마라토스를 배제하고 그를 왕위에 오르게 한다면 클레오메네스와 동행해서 아이기나로 가도 좋다는 것이 연계조건이었다. 이 레오티키데스가 데마라토스에게 적의를 품게 된 사연은 이렇다.

일찍이 레오티키데스는 데마르메노스의 외아들 킬론의 딸 페르칼론[45]과 약혼한 사이였는데, 데마라토스가 흑심을 품고 한발 앞서 페르칼론을 강제로 빼앗아 아내로 삼아서 레오티키데스의 혼례를 깨버리고 만 것이다.[46]

그런데 이제 클레오메네스에게 부추김을 받게 되자 데마라토스를 탄핵할 결심을 하고, 데마라토스는 아리스톤의 친 아들이 아니므로 그는 정당한 권리 없이 왕위에 오른 것이라고 주장했다. 탄핵을 맹세한 뒤 레오티키데스는 일찍이 아들의 출생을 하인이 알렸을 때 아리스톤이 달수를 손꼽아 헤아리고는 내 아들이 아니라고 단언한 발언을 다시 문제 삼아 데마라토스를 고소한 것이다. 이 아리스톤의 발언을 앞세워 레오티키데스는 데마라토스가 아리스톤의 아들이 아니고, 따라서 또 스파르타의 왕위에 있는 것의 부당함을 증

---

42) 데모스(국민, 국가)와 알라(기원)의 합성어라고 한다.
43) 5권 참조.
44) 요컨대 데마라토스도 레오티키데스도 프로클레스를 조상으로 모시는 가문에 속한다.
45) 이 여자의 이름이 페르칼론인지 페르칼로스인지 명확하지 않다. 어쨌든 '빼어난 미모'란 뜻이다.
46) 스파르타에는 약탈결혼 풍습의 잔재가 남아 있어, 남자가 약혼한 여자를 부모에게서 빼앗는 형식을 취했다.

명하기 위해 그때 회의에 참석해 아리스톤의 발언을 직접 들은 감독관들을 증인으로 내세웠다.

이 문제를 둘러싸고 격렬한 논쟁이 계속되자 결국 스파르타인은 데마라토스가 과연 아리스톤의 아들인지의 여부를 델포이의 계시에 묻기로 했다. 사안의 결정을 델포이의 무녀에게 맡기는 일은 처음부터 클레오메네스의 사주에 따른 것이었다. 이때 클레오메네스는 아리스토판토스의 아들로 그 무렵 델포이에서 가장 세력이 있었던 코본이란 자를 자기편으로 끌어들이고, 이 코본이 무녀인 페리알로스[47]를 설득해 클레오메네스가 원하는 계시를 내리도록 일을 꾸민 것이다. 이렇게 해서 사자의 물음에 대해 델포이의 무녀는 데마라토스는 아리스톤의 아들이 아니라는 판정을 내렸다. 그러나 이 일은 나중에 세간에 알려져 코본은 델포이에서 추방되고 무녀인 페리알로스는 성직에서 해임되었다.

데마라토스가 왕위를 박탈당한 경위는 위와 같다. 그 뒤 데마라토스는 아래와 같은 치욕을 당하고서 스파르타를 떠나 메디아인에게로 가게 되었다. 데마라토스는 왕위에서 물러난 다음 선발이 되어 어느 관직에 취직을 했다. 그런데 김노파이디아이 축제[48]를 맞아 데마라토스가 구경을 하고 있을 때, 이미 그를 대신해서 왕위에 올라 있었던 레오키데오스가 데마라토스를 조롱할 목적으로 자기 부하를 보내 왕을 그만 두고 지금의 일을 하는 심정이 어떤지 묻게 했다. 이 질문에 화가 끓어오른 데마라토스는 "나는 이 두 가지 직책의 경험을 이미 가지고 있는데 레오티키데스에게는 그와 같은 경험이 없지 않은가." 말하고 이 질문은 머지않아 스파르타인에게 있어서 수많은 재앙이나 그렇지 않으면 수많은 복지를 가져올 계기가 될 것이라고 덧붙였다.

그러고는 머리를 가리고 관객석에서 빠져나와 집으로 돌아가자 곧 희생식 준비를 갖추어 제우스에게 소 한 마리를 바친 다음 어머니를 불렀다.

---

47) 사본에 따라서는 이 무녀의 이름이 페리알라로 되어 있다. 그쪽이 여자다운 이름임은 확실하다. 델포이의 무녀를 매수하는 이야기는 5권에도 나온다.

48) 아폴론과 아르테미스에게 바치는 체육제와 같은 축제로 스파르타의 중요한 행사 가운데 하나. 해마다 한여름(7월 상순) 수일에 걸쳐서 개최되었다. 남자인 청소년이 체육, 가무, 음악 등의 기예를 겨루었다.

어머니가 오자 그 손에 희생으로 바친 소의 내장 한 조각을 쥐어주고[49] 애원하듯이 말했다.

"어머님, 모든 신들과 특히 이곳에 모시고 있는 수호신인 제우스의 이름을 걸고 간절히 바라오니, 나의 아버지가 진실로 누구인지 말씀해주십시오. 레오티키데스 놈은 왕위를 둘러싸고 다툴 때 어머님이 전 남편에게서 아리스톤에게 시집을 오실 때 이미 저를 잉태하고 있었다 말했고, 또 어머니는 집안에서 부리고 있었던 당나귀 사육인과 가깝게 지내 내가 그자의 아들이라는 등실로 당치도 않은 말을 퍼뜨리는 자조차 있습니다. 그러므로 부디 진실을 말씀해주십시오. 비록 어머니께서 소문과 같은 일을 하셨다고 해도 그와 같은 일을 하는 사람은 어머니 혼자만이 아닙니다. 그런 예는 수없이 많습니다. 또 스파르타에서는 아리스톤은 성불구자였다는 소문이 파다합니다. 그렇지 않다면 전의 아내에게서 아이를 낳지 못할 이유가 없다는 것입니다."

데마라토스가 이 같이 말하자 그의 어머니는 이렇게 대답했다.

"아들아, 진실을 알고 싶다면 있는 그대로 사실을 털어놓겠다. 아리스톤이 나를 집으로 데리고 간 첫날밤부터 헤아려서 3일째 되는 날 밤이었다. 아리스톤을 꼭 닮은 자가 나타나 나와 잠자리를 함께 한 뒤 이제까지 자신이 쓰고 있었던 화관(花冠)을 나에게 씌워주었다. 그 모습이 사라지자 이윽고 아리스톤이 나타나 내가 관을 쓰고 있는 것을 보고 누구에게 받았느냐고 물었다. 나는 당신에게서 받았다고 말했는데 아버지는 믿지 않으셨다. 그래서 나는 엄숙하게 맹세를 하고 조금 전에 여기에서 나와 잠자리를 함께 하고 관을 나에게 씌워주셨으면서 모른 척하시다니 너무하시는 것이 아닙니까, 라고 말씀을 드렸다. 내 말이 거짓이 아님을 알게 된 아리스톤은 아무래도 신이 한 일로 깨닫게 된 것이다. 나중에 그 화관은 저택 안뜰 입구 쪽에 모셔져 있는 보통 아스트라바코스[50] 신전으로 불리는 영웅묘에 있었던 것임을 알게 되었다. 또 점술가들에게 물어본 결과 그 모습은 아스트라바코스가 틀림없다는 것이었다.

아들아 이로써 네가 알고자 한 것은 다 말해주었다. 그러므로 너는 그 영

---

49) 어머니에게 거짓을 말하지 못하게 하기 위한 것이다.
50) 아스트라바코스는 스파르타 토착의 영웅신. 그 신전이 아리스톤의 저택 부근 있었던 것이지, 이 집과 직접적인 연관이 있었던 것이 아닌 듯하다.

웅의 아들이고, 따라서 부친은 아스트라바코스이거나 그렇지 않으면 아리스톤이라는 것이다. 그날 밤 너를 잉태했기 때문이다. 아리스톤은 네가 태어났다는 소식을 들었을 때 10개월이 채 되지 않았다 하여 너는 자기 아이가 아니라고 많은 사람이 듣는 곳에서 말했었다. 이 일을 너의 적들은 너를 공격할 가장 좋은 무기로 삼는데, 그것은 아리스톤이 이 같은 일을 모르기 때문에 엉겁결에 입 밖에 내고만 것이다. 여자란 누구나 10개월이 되어야만 아이를 낳는 것은 아니다. 9개월째도 7개월째에도 아이를 낳을 수 있다. 이제 알겠느냐, 아들아, 나는 너를 7개월 만에 낳은 것뿐이다. 아리스톤도 뒤에 자신이 그러한 일에 무지했음을 깨달으셨다.

너의 출생에 대해서 여러 가지로 퍼지고 있는 소문 따위를 믿어서는 안 된다. 너는 지금 가장 확실한 진실을 나에게서 들었기 때문이다. 레오티키데스를 비롯해서 그러한 소문을 퍼뜨리는 자들의 아내들이야말로 당나귀사육인[51]의 아이를 낳을 것이다."

데마라토스는 일찍부터 듣고 싶었던 모든 진실을 알게 되자 여비를 준비해 델포이에 계시를 얻기 위해 간다는 핑계를 대고 엘리스로 향했다. 스파르타에서는 데마라토스를 국외도망의 혐의로 추적했는데, 그는 그럭저럭 그들을 따돌리고 엘리스에서 자킨토스[52]로 건너갈 수가 있었다. 스파르타인은 그 뒤에 섬으로 건너가 결국 그를 따라잡고 그의 종들을 납치했다. 그러나 자킨토스인들이 그를 인도하지 않아, 데마라토스는 그 뒤 이 섬에서 아시아로 건너가 다레이오스에게 몸을 의지한 것이다.

다레이오스는 그를 따뜻이 대우하고 토지와 여러 도시를 그에게 주었다. 데마라토스가 아시아로 건너간 사정 및 그때까지 그가 겪은 기구한 운명은 위와 같다. 그가 그 실행력이나 적확한 판단으로 많은 공을 세우고 스파르타의 국위를 선양한 가운데서도 특기할 만한 것은, 올림피아 경기에서 4두마전차를 몰고 우승해 스파르타인의 영예를 빛낸 일이다. 이러한 위업을 달성한

---

51) 데마라토스가 당나귀 사육인의 아들이란 소문의 진실 여부는 어쨌든 간에, 이 이야기는 영웅 아스트라바코스의 이름을 아스트라베(말의 안장)로 바꾸어 부른 농담에서 비롯된 것으로 보인다.
52) 오늘날의 잔테섬. 이오니아 해의 큰 섬이다.

자는 스파르타 역대 왕 가운데서도 데마라토스 외에는 없다.

　데마라토스가 실각한 뒤 왕위에 오른 메나레스의 아들 레오티키데스는 그 뒤 제우크시데모스라는 아들을 낳았다. 스파르타인 가운데 일부는 이 아이의 이름을 키니스코스라고도 불렀다. 이 제우크시데모스는 스파르타의 왕위에는 오르지 않았다. 아르키데모스라는 자식만 남겨두고 레오티키데모스보다 먼저 세상을 떠났기 때문이다. 레오티키데스는 제우크시데모스를 잃은 뒤, 두 번째 아내로 에우리다메를 맞아들였다. 이 여자는 메니오스의 자매이고 디악토리데스의 딸이었는데, 이 아내에게서 사내아이는 얻지 못하고 람피토라는 딸 하나만 태어났을 뿐이었다. 레오티키데스는 이 람피토를 제우크시데모스의 아들 아르키데모스와 결혼하게 했다.

　레오티키데스는 스파르타에서 노후를 보내지도 못하고 아래와 같이 데마라토스에게 범한 죄 값을 치렀다. 스파르타의 국가시책에 따라서 병력을 테살리아로 진격시켰을 때[53] 모두 굴복시킬 수 있는 정황이었음에도 그는 적으로부터 많은 뇌물을 받았다. 그런데 진중에서 돈이 가득 찬 자루 위에 앉아 있는 현장이 발각되어 재판에 회부된 뒤 추방령이 떨어졌고 저택은 파괴되었다. 그는 테게아로 망명한 뒤 그곳에서 사망했다.[54]

　이상은 후일담이다. 여기에서 다시 이야기를 원점으로 돌려, 클레오메네스의 데마리토스에 대한 공작이 순조롭게 진행된 뒤, 클레오메네스는 즉시 레오티키데스를 대동하고 아이기나로 향했다. 그는 전에 그에게 가해진 모욕 때문에 아이기나인에게 심한 원한을 품고 있었던 것이다. 이렇게 되자 아이기나 측도 두 왕이 함께 온 바에는 더 이상 거스르지 않는 것이 좋다고 생각해, 시민 가운데서 자산도 가문도 훌륭한 자 10명—그 가운데서도 아이기나에서 가장 세력을 떨치고 있었던 폴리크리토스의 아들 크리오스와 아리스토크라테스의 아들 카삼보스 등 두 명도 포함해—을 뽑아 스파르타 측에 인도했다. 클레오메네스 등은 그들을 아티카 영내로 연행하고 아이기나인에게는 불구대천의 적인 아테네인에게 그 신병을 넘겼다.

---

53) 라리사의 아래우아스 가문이 레르시아 전쟁 때 페르시아 측에 가담한 책임을 묻기 위해서였던 것으로 생각된다. 따라서 이 사건은 페르시아 전쟁 뒤 478년 이후의 일로 생각된다.

54) 레오티키데스가 죽은 해는 기원전 469 또는 468년이다.

그 뒤 클레오메네스가 데마라토스를 함정에 빠뜨린 소문이 퍼지자 클레오메네스는 겁이 나 테살리아로 도주했다. 이윽고 테살리아에서 아르카디아에 이르자 아르카디아인을 규합해 스파르타에 반항하게 하고 불온한 행동을 취하려고 했다. 그리고 아르카디아인들에게 그가 지휘하는 대로 어디고 따르겠다는 맹세를 하게 했는데, 그중에서도 특히 그가 신경을 쓴 일은 아르카디아인 가운데 유력자를 노나크리스시[55)]로 데리고 가 스틱스 물[56)]에 맹세하게 한 짓이었다. 아르카디아인은 이 도시에 스틱스의 물이 있다고 믿는데, 그것이 무엇인가 하면, 돌담이 둘러쳐진 사이로 약간의 물이 바위에서 흘러나와 움푹 패인 곳으로 떨어지는 웅덩이이다. 한편 이 샘이 솟고 있는 노나크리스는 아르키다아의 도시이고 페네오스 가까이에 있다.

클레오메네스의 이 같은 책모를 알게 된 스파르타에서는 그를 두려워해 전과 같이 관직에 오르게 한다는 조건 하에 귀국시켰다. 그러나 귀국하자 곧 그는 광기에 사로잡혔다. 전부터 광기가 있던 자이긴 했으나, 이제는 길에서 마주치는 스파르타인이면 누구나 지팡이로 내리치는 것이다. 그가 이와 같은 행동을 한 것이 밝혀지자 근친들은 그에게 나무로 된 족쇄를 채워서 감금했다. 그러던 어느 날, 클레오메네스는 감시인이 단 한 사람뿐인 것을 보고 단검을 달라고 말했다. 처음에 간수가 건네주지 않으려고 하자, 클레오메네스는 자기가 자유롭게 되면 어떻게 할지 기억해두라고 협박했다. 그 사내는 국가노예 신분이었기 때문에 협박에 못이겨 결국 그에게 단검을 건네주고 말았다. 클레오메네스는 칼을 받아들자 정강이에서부터 자기 몸 전체를 베기 시작했다. 살을 세로로 베면서 정강이에서 허벅지, 허벅지에서 엉덩이, 엉덩이에서 옆구리로 나아가고 마지막에 배에 이르자 이를 세로로 째고 최후를 마쳤다.

많은 그리스인이 말하는 바에 따르면, 클레오메네스의 이 비참한 최후는 그가 델포이의 무녀를 매수해 데마라토스에 대해서 없는 일을 말하게 한 죗값이라고 한다. 그러나 아테네인만은 일찍이 클레오메네스가 엘레우시스에

---

55) 아르카디아 북방, 아카이아와의 국경 가까이에 있었던 도시.
56) 스틱스(증오의 강)는 저승세계의 강. 이 물에 두고 맹세하는 서언이 가장 확고한 것이 되었다. 이것은 신들에 대해서도 같았는데, 예를 들자면 《일리아드》 제15가(歌) 37행에서 볼 수 있다.

침입해 신역의 수목을 베어버린 죗값이라고도 말하고, 또 아르고스인은 클레오메네스가 선조 아르고스의 신전에서 그곳으로 난을 피해 있었던 아르고스의 패잔병을 꾀어내 베어버렸을 뿐만 아니라 부당하게도 신전의 숲까지 태워버린 죗값이라고 말한다.

아르고스인의 주장에도 일리가 있는데, 일찍이 클레오메네스는 델포이에서 아르고스를 점령할 수 있다는 신탁을 받은 적이 있었던 것이다. 그래서 클레오메네스가 스파르타군을 이끌고 에라시노스 강변에 도달했을 때—이 강이 스팀팔라스호[57]에서 발원한다고 여겨지는 까닭은 이 호수가 밑을 알 수 없이 깊게 갈라진 곳으로 스며들었다가 아르고스에서 다시 지상에 나타나 아르고스인은 그 지점으로부터의 흐름을 에라시노스강으로 부르고 있기 때문인데—강에 희생물을 바쳤다. 그런데 이 희생물의 괘(卦)는 강을 건너면 길(吉)보다는 흉(凶)이 많으리라고 계시한 것이었으므로 클레오메네스는 이렇게 말했다.

"에라시노스강이 아르고스 주민을 배신하지 않은 것에는 감탄하나 그렇다고 해서 아르고스인을 그대로 두지는 않겠다."

그리고 그곳에서 철수하자 티레아 지방[58]으로 병력을 진격시키고 바다에 황소 한 마리를 희생으로 바친 뒤, 배로 바다를 건너 티린스 및 나우플리아 지구로 진격해 들어갔다.

이 소식을 접한 아르고스인은 구원을 위해 해변으로 달려갔고, 티린스 부근까지 오자 세페이아라는 곳에서 스파르타군과 약간의 거리를 두고 서로 대치한 상태로 포진했다.

이때 아르고스군은 정정당당한 싸움은 두려워하지 않고 있었는데 계략에 어쩌면 계략에 말려들어 패하지 않을까 하는 의구심을 안고 있었다. 왜냐하면 델포이의 무녀가 아르고스인과 밀레토스인에게 공통으로 내렸던 신탁[59]이 그것을 시사하고 있었기 때문이다. 그 계시란 이렇다.

---

57) 아르카디아 동북부 산중에 있는 호수.
58) 펠로폰네소스 중부 동해안에 있고 아르고스와 스파르타와의 중간에 있다(1권 참조).
59) 이 아르고와 밀레토스에 공통으로 내려졌던 계시에 대해서는 앞서 이미 서술한 바가 있다.

그러나 여자가 사내를 이겨 이를 물리치고
아르고스에서 그 영예가 빛을 발할 때
아르고스의 수많은 여자들이 두 볼을 쥐어뜯고 슬퍼하게 되리라
그리하여 후세까지 전해지리라
세 번 똬리를 튼 무서운 큰 뱀이 창에 찔려 죽었노라고[60]

　이와 같은 여러 사정이 겹쳤기 때문에 아르고스의 군사는 두려움을 느껴, 적측의 전령 말대로 이쪽도 행동하는 것이 좋다는 결론을 내렸다. 그리고 아르고스군은 스파르타의 전령이 무언가 스파르타군에게 지령을 할 때마다 그들과 똑같이 행동을 한 것이다.[61]

　클레오메네스는 아르고스군이 자군의 전령이 전하는 대로 행동하고 있는 것을 알자, 전령이 식사신호를 하면 무기를 들고 아르고스군을 공격하라고 스파르타군에게 명령했다. 이 명령은 훌륭하게 실행되어 스파르타군은 식사 중인 아르고스군에게 공격을 가해 수많은 병사를 죽였는데, 다수가 아르고스의 신전 숲 속으로 도망갔기 때문에 이를 포위해 감시하고 있었다.

　그 뒤 클레오메네스가 취한 행동은 아래와 같다. 클레오메네스는 전령을 보내 신역 안에 갇혀 있는 병사의 이름을 불러―미리 적의 탈주병에게서 알아냈다―이미 몸값을 받았으므로 나오도록 권한 것이다. (펠로폰네소스 제국 사이에서 포로 석방시 몸값은 1인당 2므나로 규정이 되어 있었다.) 그렇게 클레오메네스는 대략 50명 정도의 아르고스 병사를 한 사람씩 꾀어내서 죽여 버리고 말았다. 신역에 숨어있는 자들은 밖에서 이런 일이 벌어질 줄은 전혀 모르고 있었다. 숲이 깊기 때문에 안쪽에 있는 자는 앞에 있는 자가 어떤 꼴을 당했

---

60) 계시의 진의는 파악하기가 매우 어렵다. '여자'를 스파르타(여성명사), '남자'를 아르고스(국명이 아닌 국조 아르고스의 의미로)로 해석하는 것이 가장 자연스럽고 결과적으로도 타당하나, '아르고스에서 그 영예가' 대목에서는 잘 조화가 되지 않는다. 다른 기록에 따르면 세페이아 전투 후, 클레오메네스가 무방비 상태의 아르고스로 공격해 들어갔을 때, 그 무렵 고명한 시인 테레시라가 여성들로 이루어진 군대를 이끌고 클레오메네스군을 격파했다고 한다. 계시는 이 싸움을 가리킨 것으로 해석하는 설도 있는데 시간적으로 무리가 있다. 어쨌든 아르고스군이 계략에 넘어가지 않을까 두려워했던 근거는 이 계시 속에서 찾기 어려울 것 같다.
61) 적과 같은 행동을 취하면 기습을 피할 수 있을 것이라는 매우 단순한 사고에서 나온 전략이다.

는지 몰랐는데, 이윽고 그 가운데 한 사람이 나무에 올라가 자초지종을 확인한 뒤부터는 더 이상 숲에서 나가려고 하지 않았다.

그래서 클레오메네스는 국가노예들에게 숲 주위에 장작을 쌓게 하고 준비가 다 되자 숲에 불을 지른 것이다. 불타는 숲 앞에서 클레오메네스는 한 탈주병에게 이 숲은 어느 신을 모시느냐고 물었다. 그 사내가 국조(國祖) 아르고스의 신전이라고 대답하자 클레오메네스는 깊은 탄식과 함께 이렇게 말했다.

"계시의 신 아폴론이시여, 제가 아르고스를 점령할 수 있다고 왜 저를 속이셨습니까? 이제 그 신탁은 실현된 셈이군요!"[62]

그 뒤 클레오메네스는 대부분의 병력을 스파르타로 돌아가게 하고 자신은 정예 1000명을 이끌고 헤라 신전[63]으로 희생을 바치기 위해 갔다. 클레오메네스가 제단에 희생을 바치려고 하자, 그곳 신관(新官)이 다른 나라 사람은 희생을 바칠 수 없다며 못하게 했다. 클레오메네스는 그 신관을 제단에서 끌어내 매질하고 자신은 그곳에서 희생을 바친 다음 스파르타로 돌아갔다.

클레오메네스가 귀환하자 그의 적들이 그를 감독관에게 고소했다. 그 죄상은, 클레오메네스는 쉽게 아르고스를 점령할 수 있었는데도 매수당해 그렇게 하지 않았다는 것이다. 그러자 클레오메네스가 그들에게 말했다—그가 한 말이 거짓이었는지 진실이었는지 나도 확언할 수는 없으나 어쨌든 다음과 같다—아르고스 신전을 점령했을 때 자신은 그 계시가 성취된 것으로 생각했다. 그래서 희생을 바친 다음 과연 신이 아르고스시를 자신의 손에 맡겨 주실지, 또는 반대하실지 그것을 확인하기 전까지는 도시를 점령하는 것이 타당하지 않다고 생각했다. 그래서 신의 계시를 얻기 위해 헤라 신전에서 희생을 바치는데, 신상의 가슴 언저리에서 화염이 번쩍해 아르고스시는 점령할 수 없음을 은밀히 알려주었다. 만약 신상의 머리 부분에서 빛이 번쩍였다면 도시를 그야말로 '통째로,'[64] 점령할 수도 있었는데, 화염이 가슴에 번쩍였

---

62) 도시 아르고스와 제신 아르고스와 혼동했다는 것인데, 엄밀하게 말해서 도시명은 중성명사, 신의 이름은 남성명사이므로 이 경우 혼동할 리가 없다.

63) 유명한 아르고스의 헬라이온이다. 아르고스시 동북방 약 1마일 되는 곳에 있는데 오늘날에는 주위에 벽만이 남아있을 뿐이다.

64) '위에서 아래까지 모두 점령한다'는 성구(成句)의 곁말인 듯하다. 머리 이외의 부위에서 화염이 나온 경우에는 도시를 완전히 점령할 수 없다는 것이므로 도중에 손을 뗐다는 것이다.

기 때문에 자신은 신의 뜻을 이미 성취한 것으로 판단했다는 것이었다.

스파르타인들은 클레오메네스의 말은 신뢰해도 좋다고 생각해 클레오메네스는 찬성 다수로 고발된 죄를 면하게 되었다.

한편 아르고스시에서는 남자 시민들을 잃고 말았기 때문에, 노예들이 국사의 전권을 장악하고 관직을 차지해 정치를 했다. 이와 같은 상황은 전사자의 아들들이 성인이 될 때까지 이어졌다.[65] 전사자의 아들들은 아르고스의 정권을 탈환하자 노예들을 추방했는데, 추방된 노예들은 무력으로 티린스시를 점령했다. 한동안 평화가 이어졌으나, 이윽고 노예들이 있는 곳에 아르카디아의 피갈레이아[66]로부터 클레안드로스라는 점쟁이가 찾아와 노예들을 선동해 주인들에게 싸움을 걸게 했다. 그래서 장기간에 걸쳐 싸움이 벌어졌는데 마지막에 아르고스는 가까스로 승리를 거두었다.

아르고스인은 이러한 소행 때문에 클레오메네스가 미쳐서 마침내 비참한 최후를 맞게 되었다고 말하는 것이다. 그러나 스파르타에서는 클레오메네스가 미친 까닭은 종교적인 것과는 전혀 연관이 없으며, 스키타이인과의 교제로 생긴 음주벽 때문이라 말하고 있다. 일찍이 다레이오스가 유목민 스키타이인의 나라를 침범한 적이 있었는데, 그들은 그 뒤 다레이오스에 대한 보복심에 불타 스파르타에 사자를 보내서 동맹을 맺고 아래와 같은 협정을 체결하려고 했다. 즉 자신들은 파시스강을 따라서 메디아로 침입할 것이므로 스파르타 측은 에페소스를 떠나 동쪽으로 올라와 자신들과 합류하라는 것이었다. 클레오메네스는 그 교섭을 위해 스파르타에 온 스키타이인들과 도를 넘게 교제를 한 결과 진국술을 마시는 습관[67]을 배워 미치게 되었다는 것이다. 그 뒤로 스파르타에서는 과음을 할 때 '스키타이식으로 부어 달라' 말한다고

---

65) 아르고스의 전사자는 6000명에 이르렀다(7권 참조). 여기에서 노예란 엄밀한 의미에서의 노예가 아니고 준시민권이 인정되는 이른바 페리오이코이를 가리킨 것 같다. 한편 아르고스의 이 비상체제에 대해서는 아리스토텔레스의 《정치학》(5권)과 플루타르코스의 '부덕에 대하여'에서도 언급이 되고 있다.

66) 아르카디아 서남부에 있었던 도시.

67) 원어는 '술의 원액을 그대로 마시는 버릇'이다. 그리스에서는, 술은 물을 타서 마시는 것이 정상이며 타지 않고 마시는 것은 야비한 음주로 간주되었다. 원액을 그대로 마셨다는 것은 결국 호주가였다는 말이다.

한다.

아이기나와 아테네의 싸움

아이기나 측에서는 클레오메네스의 죄를 규탄하기 위해 사절을 스파르타로 보냈다. 스파르타에서는 법정에서 심의한 결과 레오티키데스가 아이기나인에 대해서 취한 조치는 불법임을 인정하고 아테네에 감금되어 있는 자들의 인질로서 레오티키데스를 인도하고 아이기나로 연행시킨다는 판결을 내렸다.

그런데 아이기나인이 레오티키데스를 연행하려고 할 때, 스파르타에서 명망이 높았던 레오프레페스의 아들 테아시데스가 이를 가로막으며 이렇게 말했다.

"아이기나 여러분, 지금 무슨 짓을 하려는 것이오. 스파르타인이 인도했기 때문에 스파르타 왕을 연행하겠다는 것이오? 스파르타인은 지금(레오티키데스에 대해서) 분격한 나머지 이와 같은 결정을 내린 것뿐이오. 그런데 그대들이 그와 같은 일을 서슴지 않는다면 머지않아 스파르타가 귀국에 돌이킬 수 없는 어려움을 안겨줄지도 모름을 명심해야 할 것이오."

아이기나인은 이 말을 듣자 레오티키데스를 연행하는 일을 단념하고 대화를 한 끝에, 레오티키데스가 그들과 함께 아테네로 가 감금되어 있는 자들을 아이기나 측에 인도한다는 협정을 맺었다.

레오티키데스가 아테네에 도착해 맡겨두었던 아이기나인들의 반환을 요구했는데 아테네 측에서는 이런저런 구실을 내세워 이 요구를 들어주지 않았다. 그 이유인즉, 인질은 두 사람의 왕으로부터 맡았는데 지금 한 사람에게만 반환한다는 것은 이치에 맞지 않는다는 것이다. 그러자 레오티키데스는 이렇게 말했다.

"아테네인 여러분, 어느 쪽을 택하든 그대들 좋을 대로 하시오. 반환이 되면 정의에 걸맞고 그렇지 않으면 정의에 거스르는 일일 뿐이오. 그러나 나는 여기에서 남에게 물건을 맡기는 일에 관해서 그 옛날 스파르타에서 일어났던 일을 그대들에게 말해주고 싶소.

우리 스파르타에서는 이런 이야기가 전해지고 있소. 지금부터 헤아려서 3대 째인 옛날, 스파르타 에피키데스의 아들 글라우코스란 사람이 있었소. 이 사람은 어느 점에서나 뛰어났는데, 특히 정의심에서는 그 무렵 스파르타에 사는 그 어느 누구도 그에게 미치지 못했다고 하오. 그런데 어느 날—그것은 신께서 미리 정해놓으신 날이었겠지만—밀레토스의 사내가 스파르타로 와서 글라우코스를 만나고 싶다는 말을 하고 그를 만나자 아래와 같은 제의를 했소.

'글라우코스여, 저는 밀레토스인인데 당신의 정의로운 덕에 의지해 부탁을 드리려고 왔습니다. 그리스 본토는 말할 것도 없고 이오니아에서조차 당신은 정의로우신 분으로 소문이 자자합니다. 제가 깊이 생각해 보니 이오니아는 옛날부터 위험한 곳이나 펠로폰네소스는 안정되어 있으며, 또 재산이란 결코 한 사람의 수중에 머무는 것이 아니었습니다. 하여, 저의 모든 재산의 반을 화폐로 바꾸어 당신께 맡기는 것이 좋다는 결정을 내렸습니다. 당신에게 맡기면 돈은 안전하리라는 것을 잘 알기 때문입니다. 부디 그 돈을 맡아주시고 이 증표의 반쪽을 지니고 계셨다가, 여기에 맞는 나머지 반쪽을 가지고 와서 반환을 요구하는 자가 있으면 그에게 돈을 되돌려 주십시오.'

글라우코스는 그 돈을 사내가 말한 조건으로 떠맡게 되었소. 그로부터 오랜 세월이 지나고 돈을 맡긴 사내의 아들이 스파르타로 찾아와 글라우코스에게 증표의 반쪽을 보여주고 돈을 되돌려달라고 말했소. 그런데 글라우코스는 아래와 같이 대꾸하며 그 요구를 거부했다오.

'나에겐 그런 기억이 없고, 그대의 말을 들었어도 전혀 생각이 나질 않소. 물론 기억이 난다면 만사를 정당하게 처리할 것이오. 즉 만일 확실하게 맡긴 것이라면 정직하게 돌려줄 것이고 또 만일 내가 돈을 맡은 사실이 전혀 없다면 그리스법에 따라 그대들과 대결하겠소. 그리고 이 일은 앞으로 3개월 이내에 어떻게든 결말을 짓기로 하겠소.'

밀레토스의 사내들은 사기를 당한 것으로 보고 불운을 탓하면서 떠났는데, 한편 글라우코스는 계시를 받기 위해 델포이로 향했소. 맹세를 깨고 그 돈을 빼앗아도 좋은지 물은 그를 델포이의 무녀는 아래와 같이 꾸짖었소.

에피키데스의 아들 글라우코스여, 그와 같은 맹세로
다툼에 이겨 돈을 빼앗으면 당장은 좋으리라.

진실한 맹세를 하는 자도 면치 못하는 죽음, 맹세하고 싶으면 하라.
하지만 맹세의 신에게는 팔다리도 없는 아드님이 계셔
그 아드님은 질풍처럼 죄 지은 자를 뒤쫓아
그 일족, 그 가문을 완전히 없애기까지는 멈추지 않으리니
진실한 맹세를 하는 자는 그 일족의 운이
언젠가는 트일 날이 있음을 알라.

　이 말을 들은 글라우코스는 그와 같은 일을 물은 죄의 용서를 빌었는데,
무녀는 신을 시험하는 것과 죄를 짓는 것은 같다고 대답했소. 글라우코스는
앞서 밀레토스에서 자기를 찾아온 자들을 불러오게 해 돈을 돌려주었는데
아테네 여러분, 내가 무슨 생각으로 그대들에게 이런 얘기를 하는지 그것을
이야기하겠소. 오늘날 글라우코스의 자손은 한 사람도 없고 또 그의 저택으
로 인정되는 집도 하나도 남아있지 않소. 글라우코스 일족은 스파르타에서
멸족이 되고 만 것이오. 이처럼 남의 물건을 맡았으면 상대가 반환을 요구할
때 순순히 되돌려주어야지, 딴 마음을 품는 것은 결코 도움이 되지 않는 법
이오."
　그래도 아테네인은 이 말에 귀를 기울일 생각을 하지 않아 레오티키데스
는 귀국하고 말았다.
　한편 아이기나인은 테베에 가담해 아테네에 가한 불법행위[68]에 대한 보복
을 받기 이전에 아래와 같은 일을 했다. 본디 아이기나인은 아테네에서 부당
한 대우를 받은 것으로 생각하여 그 죄를 묻기 위해 아테네에 보복할 준비를
갖추고 있었던 것이다. 그래서 수니온에서 아테네인이 5년마다 개최하는 축
제[69] 때를 노렸다가 아테네의 일류 지명인사들을 가득 실은 제례사(祭禮使)의
배를 나포해 승선한 사람들을 잡아서 투옥한 것이다.
　아이기나인에게 이와 같은 봉변을 당한 아테네인은 잠깐의 틈도 없이 아이
기나 타도에 전력을 쏟았다. 그런데 아이기나에 유명한, 크노이토스의 아들

---

68) 5권 참조.
69) 수니온은 아타카 반도 남단에 있는 곳. 이곳에 포세이돈의 신전이 있다. 여기서 말하는 축
　　제도 포세이돈의 축제였던 것으로 생각된다.

니코드로모스란 인물이 있었는데, 이자는 전에 아이기나섬에서 추방된 일 때문에 아이기나인에게 원한이 있었다. 그래서 아테네인이 아이기나를 침공하려 한다는 소문을 듣자 조국을 배신하고 아이기나를 아테네인에게 맡기는 협정을 맺었다. 자신이 궐기할 날을 알려주고 그날에 그들도 구원에 참여해주도록 요청한 것이다. 그 뒤 니코드로모스는 아테네인과 짜 두었던 대로 아이기나의 구 시가를 점거했는데 아테인의 지원이 때를 맞추지 못했다.

그 이유는 아이기나 함대와 교전할 수 있는 전투력을 지닌 함선이 아테네에 부족했기 때문이다. 그들이 코린토스에 함선의 대여를 요청하는 동안에 시간이 지연되어 음모가 좌절되고 만 것이다. 그 무렵 코린토스는 아테네와 우호적인 관계에 있었기 때문에 아테네의 요청에 따라서 배 20척을 양도했는데, 한 척당 가격은 불과 5드라크마밖에 되지 않았다. 무상으로 양도하는 것은 법규상 허용이 되지 않았기 때문이다. 아테네인은 이들 선박을 입수하자 여기에 자국의 배도 포함해 총 70척에 장비를 갖춘 뒤 아이기나로 향해 약속한 날보다 하루 늦게 도착했다.

니코드로모스는 아테네군의 지원이 제시간에 이루어질 수 없음을 알게 되자 배를 타고 도주했다. 그 곁에는 다른 아이기나인도 함께였는데, 아테네인은 그들이 수니온에 거주하는 것을 허용했다. 그래서 그들은 이곳을 근거지로 삼아 아이기나섬의 주민을 습격해 약탈을 되풀이했다.

이것은 후일담인데,[70] 아이기나의 자산가들은 니코드로모스와 함께 반기를 든 민중을 진압하는 데 성공해, 그들을 시외로 끌어내 처형했다. 그러나 이 일로 인해서 신성모독죄를 범하게 되고, 그들은 이 죄를 희생을 바침으로써 씻으려 했으나 그 보람도 없이 여신의 노여움을 사 섬에서 추방되기에 이르렀다.[71] 그 경위는 다음과 같다. 반란을 일으킨 민중 700명을 생포해 시외로 끌어내 처형할 때, 그 가운데 한 사람이 결박을 풀고 탈주해 화를 면하기 위해 데메테르 테스모포로스[72] 신전 입구로 몸을 피해 문의 손잡이 꽉 움켜잡았다. 뒤쫓아 온 자들은 그를 잡아떼려고 했으나 그것이 안 되자 그의 팔

---

70) 기원전 490~기원전 481년 사이의 일.
71) 이 추방은 펠로폰네소스 전쟁 초기(기원전 431년) 아테네인에 의해 행하여졌다.
72) 데스모포로스는 '법을 정하는 자'란 뜻으로, 오곡이 풍요로운 여신 데메테르의 수식어.

을 잘라 겨우 연행했는데, 잘린 두 팔은 문의 손잡이에 붙은 채 떨어지지 않았다.

이와 같이 아이기나인은 동쪽끼리 골육상쟁을 하면서 쳐들어온 아테네군과는 70척의 배로 해전을 벌였다. 그리고 여기서 패하자 이전과 마찬가지로 아르고스에 구원을 요청했다.[73] 그러나 아르고스인은 앞서 클레오메네스에게 나포된 아이기나의 함선이 아르고스령에 접안해 스파르타군과 함께 상륙을 감행한 일을 따지고 이번에는 아이기나를 지원하지 않겠다고 했다. 그런데 이와 똑같은 침공 때에 시키온 배의 승무원도 상륙작전에 참가했기 때문에 아르고스는 두 나라에 각각 500탈란톤씩, 합계 1000탈란톤의 배상을 요구했다. 시키온인은 자신들의 잘못을 인정하고 100탈란톤을 지불해 배상이 면죄되는 것에 동의했는데, 아이기나인은 자신들의 잘못을 인정하기는커녕 매우 불손한 태도를 취했다.

이와 같은 일이 있었기 때문에 아르고스인 가운데 아이기나의 요청에 대해 공식적으로는 구원에 나서는 자가 한 사람도 없었고, 단지 약 1000명의 의용병이 지원에 나서는 데 그쳤다. 이 의용병의 지휘를 맡은 것은 5종경기[74]에 숙달된 에우리바테스란 사내였다. 그러나 이 의용군의 대부분은 다시는 돌아오지 못하고 아이기나에서 아테네인의 손에 전사했다. 대장 에우리바테스도 일 대 일 승부에서 적 세 명을 쓰러뜨렸는데, 결국 네 명 째로 상대한 데켈레이아[75] 출신의 소파네스란 자를 이기지 못하고 전사했다.

한편 아이기나인은 그 함선들로 전열이 갖추어지지 않은 아테네군에게 공격을 가해 격파하고 4척의 배를 승무원과 함께 나포했다.

페르시아 원정군, 여러 섬을 거쳐 마라톤에 이르다

아테네가 아이기나와 교전하고 있는 한편에서 페르시아 왕은 자신의 계획을 실천에 옮기고 있었다. 왕이 아테네인의 일에 대해서 잊지 않도록 종복(從僕)이 언제나 왕의 주의를 환기하고, 또 페이시스트라토스 일족도 왕 곁에서

---

73) 아테네와 신상을 둘러싸고 전쟁했을 때의 일. 5권 참조.
74) 높이뛰기, 원반던지기, 경주, 레슬링, 권투의 5종목을 가리킨다.
75) 아티카의 구 이름.

늘 아테네를 비방했기 때문이다.[76] 다레이오스로서는 이를 구실 삼아 그에게 땅과 물을 바치지 않으려는 그리스의 도시를 정복할 속셈이었다. 그는 원정에 실패한 마르도니오스의 사령관직을 해임하고 다른 사령관을 임명해 에레트리아와 아테네를 목표로 병력을 진격시키려고 했다. 새롭게 임명된 사령관은 메디아 출신의 다티스와 자신의 사촌동생인 아르타프레네스의 아들 아르타프레네스 두 사람이었다. 다레이오스는 이 두 사람에게 아테네와 에레트리아를 예속시키고 노예를 삼은 자들을 자기 앞으로 끌고 오라는 명을 내리고 그들을 출발시켰다.

사령관에 임명된 두 사람은 충분히 장비를 갖춘 육상부대인 대군을 이끌고 떠나 킬리키아의 알레이온 평야에 도착했다. 이곳에 진을 치고 대기하는 사이에 미리 여러 민족에게 제공하도록 명해두었던 해상부대가 모두 집결해 육군에 합류했다. 더욱이 지난해 다레이오스가 조공국에 조달방법을 통고해 두었던 마필수송선도 도착했다. 거기에서 말은 이 마필수송선에 싣고 또 육상부대를 함선에 승선시킨 다음 600척의 3단 노선으로 이오니아를 향해 출항했다.

그러나 페르시아군은 이곳에서 헬레스폰토스 및 트라키아를 목표로 대륙을 따라 항행하지 않고 사모스섬을 떠나 이카로스섬을 거쳐 크고 작은 섬 사이를 누비면서 항행했다. 이것은 지난해[77] 아토스곶을 돌아 큰 손실을 입은 탓에 아토스 회항을 매우 두려워했기 때문일 것이다. 그뿐만 아니라 낙소스를 아직 점령하지 못했기 때문이고,[78] 이 진로를 택해야 한다는 급박한 사정도 있었던 것이다.

그들이 이카로스해에서 더욱 나아가 낙소스에 닿았을 때—가장 먼저 낙소스를 치는 것이 페르시아군의 계획이었다—낙소스인은 지난해의 경험을 살려 산속으로 도피하고 페르시아군을 맞아 싸울 생각을 하지 않았다. 거기에서 페르시아군은 사로잡은 낙소스인만 노예로 삼고 성역과 시가지에 불을 지른 다음 다른 섬으로 향했다. 페르시아군이 위와 같은 작전을 전개하고 있는 동안, 델로스섬의 주민도 테노스섬으로 피난했다. 함대가 델로스섬에 접근하

---

76) 5권 참조.

77) 엄밀하게 말해서 2년 전.

78) 아리스타고라스의 낙소스 점령 실패를 가리킨다. 5권 참조.

자 다티스는 함대의 선두에 서서 함선이 델로스섬 부근에 정박하지 못하도록 하고 델로스섬 앞에 있는 레나이아섬에 정박하게 했다. 그리고 델로스인의 소재가 밝혀지자 전령을 보내 아래와 같이 전하게 했다.

'성스러운 도시 주민들에게 고한다. 왜 그대들은 이유도 없이 나를 나쁘게 생각해 도시를 버리고 떠났는가? 저 두 분의 신[79]께서 태어나신 이 국토에도 그 주민에게도 아무런 위해도 가하지 않을 정도의 분별은 나 자신에게도 있고 또 대왕으로부터 지시도 받았다. 그대들은 각자 자택으로 돌아가 이 섬에서 거주하라.'

다티스는 300탈란톤의 향목을 제단에 쌓고 그 뒤 불태웠다. 그리고 원정군과 함께 먼저 에레트리아를 향해 항해했는데, 그의 휘하에는 이오니아인 및 아이올리스인도 포함되어 있었다.

다티스가 델로스의 해역에서 떠난 뒤 델로스에 지진이 있었다고 그곳의 주민은 전하고 있다. 그리고 델로스에서의 지진은 오늘날에 이르기까지 그것이 처음이자 마지막이었다고 한다.

이것은 무언가 신이 다가올 재앙을 알리는 전조로서 인류에게 계시한 것이 아닌가 생각된다. 왜냐하면 히스타스페스의 아들 다레이오스, 다레이오스의 아들 크세르크세스, 크세르크세스의 아들 아르타크세르크세스로 이어지는 3대 동안에 그리스를 엄습한 재앙은 다레이오스 이전의 20세대 기간에 발생한 것보다도 컸기 때문이다. 그 재앙이란, 하나는 페르시아인이 그리스에 가한 것, 또 하나는 그리스 안에서 수령들이 정권을 둘러싸고 서로 싸움으로써 초래된 것이었다.

이렇게 보면 델로스에 일찍이 없었던 지진이 발생했다고 해서 이상할 것은 없다. 또 델로스에 관해서 아래와 같이 기술된 계시도 있었던 것이다. 나는 델로스도 흔들어 보이겠다, 설령 움직이지 않는 섬일지라도.[80]

이들 왕의 이름을 그리스어로 고치면 다레이오스는 '제압하는 자'[81] 크세

---

79) 말할 나위도 없이 아폴론과 아르테미스 두 신을 가리킨다.
80) '아울러 델로스에 관해……' 이하의 이 문장은 가장 신뢰할 만한 사본에는 없고, 선행 부분과의 관련도 불분명하기 때문에 후세의 삽입 또는 혼입으로 보는 설이 유력하다.
81) '제압하는 자'의 원어는 '일을 행하는 자'란 뜻도 된다.

르크세스는 '전사', 아르타크세르크세스는 '위대한 전사'란 뜻이다.[82] 그러므로 그리스인은 이들 왕의 이름을 자국어로 불러도 틀리지는 않을 것이다.

페르시아군은 델로스에서 떠난 뒤, 차례차례 다른 섬에 들어가 그곳에서 군병을 모으고 아이들을 인질로 삼았다. 그중 카리스토스[83]에도 들렸는데, 카리스토스인은 그들에게 인질도 인도하지 않고 또 이웃 도시—에레트리아와 아테네—의 공격에도 참가하길 거부했다. 그러나 페르시아군이 카리스토스의 도시를 포위 공격해 그 국토를 황폐시키자, 결국 페르시아군의 뜻에 따르게 되었다. 에레트리아인은 페르시아군이 자국을 향해 함대를 진격시키고 있음을 알고 아테네에 구원을 요청했다. 아테네는 직접 지원에 나서는 것은 거부했으나, 그 대신 칼키스의 히포보타이 영지에 이주시킨[84] 4000명을 지원군으로 보낼 것을 승낙했다.

그러나 에레트리아인이 취한 방책은 결코 적절한 것이 아니었다. 그들은 아테네의 지원을 요청했으나 실은 국론이 둘로 갈라져 있었던 것이다. 도시를 버리고 에우보이아의 산지로 들어가자는 파가 있는가 하면, 다른 파는 페르시아 쪽에서 이익을 얻을 것을 기대해 조국을 팔 준비를 갖추고 있었다. 그 무렵 에레트리아를 장악하고 있었던 노톤의 아들 아이스키네스는 이 두 파의 계획을 알게 되자 이미 도착한 아테네인에게 자국의 현실을 모두 알리고, 에레트리아인과 파멸의 운명을 같이하지 않게 모국으로 철수하도록 요청했다. 거기에서 아테네인은 아이스키네스의 이 충고에 따른 것이다. 이에 따라 아테네인은 오로포스[85]로 건너가 난을 피했다.

한편 페르시아군은 배를 몰아 에레트리아 영내인 타미나이·코이레아이·아이길리아에 배를 댔다. 그리고 즉시 말을 배에서 내리고 적군에 대한 공격준비에 들어갔다.

---

82) 헤로도토스는 아르타크세르크세스를 단순히 크세르크세스에 아르타를 덧붙인 것으로 해석하고 있는데, 이는 잘못된 것이다. 크세르크세스의 원형은 크샤야 아르샨이고 아르타크세르크세스의 원형은 크샤트라이다.
83) 에우보이아섬 남단에 있었던 도시.
84) 칼키스는 에레트리아에 가까운 에우보이아의 주읍(主邑). 히포보타이 등에 대해서는 5권 참조.
85) 에레트리아와 해협을 사이에 두고 마주 보는 본토의 도시.

한편 에레트리아 측에서는 출격은 못할망정 한 번 맞아 싸우지도 않고 도시를 포기하지 말자는 의견이 대세를 이룬 뒤로는 어떻게든 성벽을 지키는 일에만 전념하고 있었다. 이윽고 성벽을 사이에 두고 6일간에 걸쳐 치열하게 싸운 끝에 두 군 모두 많은 사상자를 냈다. 7일 째로 접어들자 도시의 유력자였던 알키마코스의 아들 에우포르보스와 키네아스의 아들 필리그로스 두 사람이 페르시아 측에 가담했다. 페르시아군은 도시로 침입해, 일찍이 사르데스에서 그들의 성역이 불태워졌던 일의 보복이라도 하듯이, 성소를 약탈하고 불을 지른 뒤 다레이오스가 지시한대로 시민을 노예로 삼았다.

페르시아군은 에레트리아를 함락시킨 뒤 며칠 지나서 아티카령을 향해 함대를 진격시켰다. 그들은 크게 사기가 올라 아테네인에게도 에레트리아인에게 한 것과 똑같은 타격을 가하겠다고 사기가 충천해 있었다.

한편 아티카 지방에서는 기병의 활동이 가장 편리하고 또한 에레트리아에서도 가장 가까운 위치에 있다는 점에서,[86] 페이시스트라토스의 아들 히피아스가 페르시아군을 마라톤으로 유도했다.

마라톤 전투

이를 알게 된 아테네인들은 지원을 위해 마라톤으로 출동했다. 10명의 대장이 지휘를 맡았는데, 밀티아데스는 그 가운데 열 번 째였다.[87] 그의 아버지, 스테사고라스의 아들 키몬은 일찍이 히포크라테스의 아들 페이시스트라토스의 압제에 불만을 품고 아테네를 떠나 망명했던 인물이다. 이 키몬은 망명 중에 올림피아의 4두마 전차경주에서 우승한 적이 있었다. 친형제인 밀티아데스와 같은 위업을 달성한 것이다.

---

86) 마라톤을 결전장으로 택한 이유로서 여기에 열거한 두 가지 점에 대해서는 각각 의문이 없지도 않다. 뒤의 기술에서 볼 수 있듯이 마라톤 전투에서는 기병대의 활동이 전혀 보이지 않기 때문이다. 48년 전 페이시스트라토스가 그의 아들 히피아스와 함께 에레트리아에서 마라톤을 거쳐 아테네로의 귀국을 강행한 것은 1권에 보이는데, 히피아스가 이 같은 경로를 택한 데에는 지난날의 성공을 상기해 재현하려고 했던 것을 한 원인으로 보는 설도 있다. 한편 마라톤은 아티카 동해안으로 이어지는 평야를 가리키고 마라톤구를 비롯해서 다른 세 구를 포함한다.

87) 아테네의 10씨족으로부터 한 사람씩 지휘관을 낸 것이다. 씨족의 순위는 해마다 바뀌는데, 공교롭게 이때 밀티아데스가 속한 씨족의 순위가 열 번째였던 것으로 보인다.

키몬은 그 뒤의 올림피아경기에서도 같은 말을 몰아 우승했는데, 이때는 승리의 영광을 페이시스트라토스에게 양보함으로써 그와 화해하여 모국으로 복귀한 것이다. 키몬은 다시 한 번 똑같은 말로 올림피아에서 우승을 했는데, 그 뒤 페이시스트라토스의 아들들에 의해 살해되었다. 페이시스트라토스는 그 무렵 이미 이 세상에 없었다. 페이시스트라토스의 아들들은 초저녁 시공회당 부근에 자객을 잠복시켜 그를 암살한 것이다. 키몬의 묘는 교외의 '움푹 패인 곳(코이레)'이란 지구를 관통하고 있는 가도 건너편에 있다. 그 묘를 마주 보는 곳에 올림피아에서 3회 우승을 한 말들이 묻혀 있다. 이와 똑같은 위업을 달성한 말로서는 이 밖에도 라코니아인 에우아고라스의 말이 있을 뿐이고, 3회 이상 우승을 한 말은 없다.

키몬의 아들 가운데 장남인 스테사고라스는 그 무렵 케르소네소스에 있었던 외숙부 밀티아데스 밑에서 자랐고, 동생은 아테네에서 부친과 함께 있었다. 이 동생의 이름은 케르소네소스의 개척자 밀티아데스의 이름을 따 밀티아데스라고 했다.

이 밀티아데스가 그 무렵 케르소네소스에서 귀환한 뒤 아테네군의 지휘를 맡고 있었는데, 그는 그때까지 두 번이나 죽음을 모면한 적이 있었다. 한 번은 페니키아군이 그를 붙잡아 페르시아 왕에게로 연행하기 위해 그를 임브로스 섬까지 추적해온 때이고, 또 한 번은 페니키아군의 추적을 따돌리고 귀국해 이젠 위험이 없다고 생각한 찰나에 반대파들이 그를 재판에 붙여 케르소네소스에서 저지른 전제의 죄를 탄핵한 때이다. 그러나 이 반대파의 추궁도 무사히 따돌리고 민회에서 선출되어 아테네군의 사령관으로 임명된 것이다.

아테네의 사령관들은 아직 시내에 있을 때에 먼저 아테네인 필리피데스[88]를 전령으로 스파르타에 보냈다. 필리피데스는 직업적인 장거리 주자였다. 이 필리피데스가 아테네인에게 보고한 바에 따르면 그가 테게아 부근에 우뚝

---

88) 사본의 전승은 '필리피데스'와 '페이디피데스'의 둘로 갈라져 있다. 후자는 '말을 절약하는 자, 말이 필요치 않은 자'로 해석되는 점에서 다리가 건강한 자의 이름에 어울린다고 해 어느 샌가 본래의 필리피데스를 대신했을 것이라는 설이 있다. 페이디피데스는 아리스토파네스의 희극 〈구름〉에 등장하는 인물의 이름이기도 한데, 전승의 변화에 이 작품이 영향을 주었는지에 대해서는 잘 알 수 없다.

솟은 파르테니온산[89] 근처에 다다랐을 때 목신(牧神) 판을 만났다고 한다. 판은 큰 소리로 필리피데스의 이름을 부르더니, 자기는 아테네인에게 호의를 가지고 있고 이미 이제까지도 종종 아테네인을 위해 힘써 왔으며 앞으로도 그럴 생각이라고 했다. 그리고 덧붙여 말하길, 아테네인은 자기의 일에 전혀 신경을 써주지 않는데 그 이유가 무엇인지 아테네로 돌아가면 물어보라고 했다고 한다. 아테네인은 그의 말을 믿고 사태가 수습이 된 뒤 아크로폴리스 기슭에 신전을 세우고[90] 필리피데스의 보고에 따라서 해마다 희생을 바치고 횃불경쟁을 주최해 신의(神意)를 받들고 있다.

한편 이 필리피데스는 이때—그가 판을 만났다고 말하는 바로 그때의 일인데—사령관들의 지시로 아테네를 떠난 지 2일째에[91] 스파르타에 도착했다. 그리고 곧바로 장관들[92]에게로 가서 아래와 같이 말했다.

"스파르타인 여러분, 아테네인은 귀국이 아테네를 지원해주길 간절히 바라고 있습니다. 또한 그리스의 가장 오랜 도시로 손꼽히는 아테네가 이국민의 노예가 되는 것을 방관하지 말길 기대하고 있습니다. 지금 에레트리아는 이미 예속이 되었으니 이 도시를 잃은 그리스는 그만큼 전력을 상실하게 될 것입니다."

이를 들은 스파르타 측은 아테네를 지원하기로 결정했다. 그러나 관례를 깨길 원하지 않기 때문에 이를 바로 실행에 옮길 수가 없었다. 왜냐하면 때마침 이날이 그 달의 9일째여서 병력을 움직이려면 달이 찰 때까지 기다려야 했기 때문이다. 그래서 그들은 9일에는 출정할 수 없다고 말했다.[93]

이 때문에 스파르타인이 달이 차길 기다리는 한편, 페이시스트라토스의

---

89) 아르고리스와 아르카디아 국경에 있었던 산. 아르고스에서 출발하면 이 고개를 넘어 테게아의 평야로 내려오게 된다.

90) 아크로폴리스 서북 사면에 지금도 남아있는 '판의 동굴'이 이에 해당할 것이다.

91) 아테네, 스파르타 간의 거리는 200킬로미터가 넘는다. 2일간에 이를 주파했다면 하루에 100킬로미터 이상을 달리는 셈이 된다.

92) 여기에는 '아르콘'으로 씌어 있는데, 그것은 분명 스파르타의 에포로스(감독관)들을 가리킬 것이다.

93) 스파르타의 카르네이오스 달(아테네력으로는 메타게이토니온 달이라고 한다. 오늘날의 8월 후반에서 9월 전반에 해당한다)의 7일에서 15일에 이르는 9일간은 연례행사로서 아폴론을 제신으로 하는 카르네이아 축제가 벌어졌기 때문이다.

아들 히피아스는 페르시아군을 마라톤으로 안내하고 있었다. 그런데 그 전날 밤, 그는 자다가 친어머니와 함께 자는 꿈을 꾸었다. 히피아스는 이 꿈을, 자신이 아테네로 복귀해 주권을 회복하고 모국에서 장수를 할 것으로 풀었다. 그는 드디어 작전을 지휘하고 먼저 에레트리아에서 포로로 잡은 자들을 스티라시에 속한 아이길리아섬에 내려놓은 뒤, 함대를 마라톤에 정박시키고 상륙한 페르시아군 병사의 배치에 착수했다. 그런데 그와 같은 일에 몰두하고 있는 사이 히피아스는 여느 때와 달리 심한 재채기와 기침 발작에 시달리게 되었다. 나이 탓으로[94] 대부분의 치아가 흔들리고 있었기 때문에 심하게 기침을 한 순간 그 기세로 치아 하나가 빠져 입 밖으로 빠져나가고 말았다. 그러나 아무리 모래를 뒤져 보아도 치아는 나오지 않았다. 그때 히피아스가 깊은 한숨과 함께 곁에 있는 자들에게 말했다.

"어차피 이 땅은 우리의 것이 아니다. 또 우리는 이 땅을 정복하지도 못할 것이다. 일찍이 내 땅이었던 곳은 내 치아가 차지하고 있다."

히피아스는 자신의 꿈이 위와 같이 실현된 것으로 해석했던 것이다. 한편 아테네군이 헤라클레스의 성역 내에 진지를 구축한 곳에 플라타이아인이 총병력을 동원해 지원하러 왔다. 그것은 플라타이아가 이미 아테네에 자국의 운명을 맡기고 있었고, 또 아테네도 플라타이아를 위해서는 여러 차례 어려움을 무릅쓰고 도와 왔기 때문이다. 플라타이아가 아테네에 자국의 운명을 맡기기에 이른 사정은 아래와 같다.

테베의 압박에 시달리고 있었던 플라타이아는 처음에 마침 그 땅에 와 있었던 아낙산드리데스의 아들 클레오메네스 휘하의 스파르타부대에 의지하려고 했다.[95] 그러나 스파르타인은 아래와 같이 말하며 플라타이아인을 받아들이려고 하지 않았다.

"귀국과 우리는 지나치게 떨어져 있으니 우리가 원조한다고 해도 아무런 도움이 되지 못할 것이오. 우리가 소식을 듣기도 전에 귀국이 적의 수중에 들어가는 경우가 얼마든지 있을 수 있기 때문이오. 우리로서는 그보다 귀국에 가

---

94) 그 무렵 히피아스는 70세 정도로 추정된다.
95) 투키디데스의 《펠레폰네소스 전쟁사》 3권 67절에 따라 기원전 519년의 일로 하는 것이 온당하겠지만, 투키디데스의 사본에 오류가 있다고 해서 509년으로 하는 학자도 있다.

깝고 또한 귀국에 대한 지원자로서 결코 부족함이 없는 아테네인에게 의지하도록 권하고 싶소."

스파르타인은 이렇게 권했는데, 이것은 플라타이아에 대한 호의라기보다는 아테네가 보이오티아와의 분쟁에 휘말리게 되기를 바랐기 때문이다. 그런데 플라타이아인은 위와 같은 스파르타의 권고를 받아들여, 아테네인이 12신[96]에게 희생을 바치고 있을 때에 탄원자가 되어 제단 앞에 앉아서 아테네에 자국의 운명을 맡긴 것이다. 이를 알게 된 테베에서는 플라타이아에 대한 공격을 진행하고, 이에 맞서 아테네는 플라타이아를 지원하려고 했다.

자칫했으면 두 군이 교전할 뻔 했을 때, 마침 그 자리에 있었던 코린토스인들이 중재에 나서 서로의 양해 아래 조정을 했다. 이로써 테베는 보이오티아 주민 가운데서 보이오티아동맹에 가입하는 것을 바라지 않는 자에게는 그 자유를 인정한다는 조건 아래 영토의 경계를 정했다. 이 중재안이 결정된 뒤 코린토스인들은 떠나고 아테네군도 철수하려고 했을 때, 보이오티아군이 습격을 했다. 그러나 도리어 공격한 측이 격파되고 말았다. 아테네군은 앞서 코린토스인이 정한 플라타이아의 국경을 넘어 진격한 끝에 테베의 플라타이아 및 히시아이에 대한 국경을 아포스강으로 정하고 말았다.

위와 같은 경위로 플라타이아는 아테네 산하에 들어간 것인데, 그 플라타이아군이 지원을 위해 마라톤에 도착한 것이다.

한편 앞서 말한 대로 아테네의 사령관들 사이에서는 견해가 나뉘어 한쪽은 자군의 병력이 적다는 이유로 교전의 불가함을 주장하고, 밀티아데스를 포함한 다른 일파는 교전해야 한다고 주장했다. 이러한 상황에서 바람직하지 않은 쪽의 주장이 채택될 조짐을 보였다. 이때 10명의 사령관 외에 투표권을 지닌 또 한 사람이 있었는데, 그는 추첨으로[97] 아테네의 군사장관에 선출된 자이다. 지난날 아테네에서 군사장관은 사령관과 똑같이 투표권을 갖는 것으로 정해져 있었기 때문이다.[98] 그 무렵의 군사장관은 아피드나인 칼리마코스

---

96) 제우스를 비롯한 이른바 올림포스의 12신을 가리킨다.

97) 솔론이 창시한 이 추첨 방식은 독재제에 의해 중단되고 488년까지는 행해지지 않았던 것 같다. 따라서 헤로도토스의 기술은 정확하지 않다.

98) 군사장관은 그 후 군사에는 전혀 관여하지 않게 되었기 때문이다.

였는데, 밀티아데스는 그에게로 가서 아래와 같이 말했다.

"칼리마코스여, 이제야말로 아테네를 예속의 지위로 떨어뜨릴 것인지, 아니면 자유를 지켜 하르모디오스·아리스토게이톤[99] 두 사람조차 남기지 못했던 금자탑을 세워 이를 만세에 전할 수 있을 것인지, 이는 오직 그대에게 달려 있소. 아테네는 바야흐로 건국 이래 최대의 위기에 직면해 있소. 만일 아테네가 페르시아군에게 굴복하는 날에는 히피아스의 손에 넘어가게 될 것이 뻔하고, 그 결과 어떤 꼴을 당하게 될지도 분명하오. 반대로 우리나라가 안녕을 유지할 수 있다면 그리스에서 최고의 국가가 될 수 있을 것이오. 어떻게 그것을 가능하게 할지, 또 왜 이들 사태를 최종적으로 결정할 힘이 다름 아닌 그대에게 있는지, 그것을 이제부터 말하겠소. 실은 우리 사령관 10명의 의견이 둘로 나뉘어 한쪽은 교전을 주장하고 다른 한쪽은 이에 반대하고 있소. 그러나 만일 우리가 싸우지 않는다면 반드시 우리나라에 심한 내부 분열이 생겨 아테네 국민의 사기를 떨어뜨리고 결과적으로 페르시아에 굴복하게 될 것이 틀림없소. 그러나 만일 우리가 몇 사람의 아테네인이 분별없는 생각을 품기 전에 교전한다면 신들이 공평하신 한 우리는 싸워서 승리할 수가 있소. 그러므로 지금 이런 모든 문제가 그대에게 달려있고 그대의 결의 여하에 좌우되는 것이오. 그러므로 만일 그대가 나의 주장에 동조해준다면 우리의 조국은 독립을 유지할 뿐만 아니라 그리스 제일의 국가가 되오. 그러나 그대가 교전을 원치 않는 자들의 주장을 택한다면 정반대의 결과를 얻게 될 것이오."

밀티아데스는 이렇게 칼리마코스를 자기편으로 끌어들였고, 군사장관이 찬성의견에 가담한 결과 교전 결정이 이루어졌다. 그 뒤 교전을 주장한 사령관들은 자신들의 지휘담당일[100]이 돌아올 때마다 그 권한을 밀티아데스에게 넘겼다. 밀티아데스는 그 제의를 받아들였는데 자기 자신의 지휘 차례가 올 때까지는 전투를 벌이지 않았다.

드디어 밀티아데스에게 지휘권이 돌아왔을 때 아테네군은 아래와 같이 전

---

99) 이 두 사람은 6세기 말, 아테네의 독재자 히파르코스(히피아스의 형제)를 살해해 아테네인의 자유전사로 칭송을 받았다. 그 출신지가 칼리마코스와 똑같이 아비드나였던 점도 크게 작용했을 것이다.
100) 10명의 사령관이 하루씩 교대로 최고 지휘권을 행사하는 관습이었다.

투대형을 갖추었다. 우익은 군사장관이 지휘를 했는데, 이것은 그 무렵 아테네에서는 군사장관이 우익을 맡는 것이 관례였기 때문이다.[101] 그 다음으로는 각 부대가 순번에 따라[102] 그 뒤로 이어졌다. 그리고 마지막에 플라타이아인이 좌익을 맡아 포진했다. 실제로 이 전쟁이 있은 뒤부터, 아테네에서 5년마다 열리는[103] 제례에 희생을 바칠 때에는 아테네인의 알리는 자가 아테네와 마찬가지로 플라타이아에도 행운이 있으라고 신에게 기원하게 되어 있다.

한편 이때 마라톤에 포진한 아테네군의 진형에는 아래와 같은 특이점이 있었다. 아테네군은 전선의 너비를 페르시아군과 똑같이 펼쳤는데 그 중앙부는 불과 서너 줄만을 배치해 아테네군의 가장 큰 약점이 여기에 있었다. 다만 양 날개는 충분한 병력을 투입해 강력했다.

진형배치도 끝나고 희생의 괘도 길조를 보였기 때문에 아테네군은 진격 신호와 함께 구보로 페르시아군을 향해 돌격을 감행했다. 두 군의 간격은 8스타디온을 밑돌지 않았다. 페르시아군은 아테네군이 구보로 육박해오는 것을 보고 맞아 싸울 태세를 갖추고 있었는데, 수도 적은 데다가 기병도 궁병(弓兵)도 없이 구보로 공격해 오는 아테네 병사들을 보고 욕설을 퍼부었다.

"미쳤군, 완전히 미쳤어."

그러나 한 덩어리가 되어 페르시아 진내로 돌입한 뒤의 아테네군은 말로 표현할 수 없을 정도로 눈부신 활약상을 보였다. 실제로 우리가 아는 한 구보로 적에게 공격을 시도한 것은 아테네인이 처음이고, 또 페르시아풍 옷차림이나 그 옷차림을 한 사람을 보고 조금도 물러서지 않았던 것도 아테네인이 처음이었다. 이제까지 그리스인들은 페르시아인이란 말만 들어도 몸서리치게 두려워 했던 것이다.

마라톤의 싸움은 장시간에 걸쳐서 계속되었다. 전선의 중앙부에서는 이 방

---

101) 오른쪽 날개는 가장 위험도가 높기 때문에 가장 명예로운 위치로 간주되고 일찍부터 왕이 지휘하게 되어 있었다.

102) 여기에서 말하는 순번은 클레이스테네스가 정한 부족의 고정된 순번을 말하는 것인지, 그렇지 않으면 평의회의 당번의 경우처럼 해마다 추첨해 정한 순번에 준하는 것인지 명확하지 않다. 이 전투를 위해 새롭게 추첨한 순위일 가능성도 물론 있다.

103) 5년마다 행하여지는 제례는 아테네에도 여러 가지가 있었는데, 그 가운데 가장 중요한 것은 아테네 축제였다. 여기에서도 특별히 이 축제를 가리키고 있는 것이 틀림없다.

면에 페르시아병사와 사카이인을 배치한 페르시아군이 승리를 거두었다. 그들이 적을 격파하면서 내륙으로 추격하는 한편, 양 날개에서는 아테네군과 플라타이아군이 승리를 거두었다. 그러나 승리한 아테네·플라타이 두 군은 패주하는 적은 그대로 두고 양 날개를 합쳐서 중앙을 돌파한 적군을 공격해, 결국 승리는 아테네군에게 돌아갔다. 그리고 패주하는 페르시아군을 격파하면서 추격을 계속해 해변에 도달하자 적의 선단을 나포하려고 시도했다.

이때의 격전에서 군사장관인 칼리마코스가 눈부신 활약을 한 뒤 전사하고 사령관인 트라실라오스의 아들 스테실라오스도 죽었다. 또 이때 에우포리온의 아들 키네게이로스[104]는 적선 뒤쪽 장식을 잡고 있다가 도끼로 한쪽 팔이 잘려나가서 죽었다. 그 밖에도 아테네의 이름 있는 사람들이 많이 전사했다.

이렇게 해서 아테네군은 적선 7척을 나포했다. 페르시아군은 나머지 배의 방향을 바꾸어 난바다로 도망쳐 에레트리아의 포로를 먼저 남기고 온 섬에서 다시 태운 뒤 수니온곶을 돌아 아테네로 향했다. 아테네군보다도 먼저 아테네시에 도달하려는 전략이었다. 아테네에서는 페르시아군이 이 전략을 생각해낸 것은 알크메온 일족의 책모에 따른 것이란 비난의 소리가 들끓었다. 알크메온 일족이 페르시아측과 내통해 승선을 마친 페르시아군에서 방패를 들어 신호를 보냈다는 것이다.

페르시아군이 수니온곶을 돌고 있는 한편, 아테네군은 도시를 구하기 위해 되도록 빠른 걸음으로 진군해 페르시아군이 도착하기 전에 귀국할 수 있었다. 그리고 마라톤에서 헤라클레스의 성역에 포진했던 것처럼 이때도 키노사르게스에 있는 헤라클레스 신전[105]의 경내에 진을 쳤다.

페르시아함대는 팔레론 난바다에 모습을 드러낸 뒤—그 무렵에는 팔레론이 아테네의 외항이었다[106]—이곳에 닻을 내렸는데 이윽고 아시아로 귀환했다.

이 마라톤 전투에서 전사자의 수는 페르시아 쪽이 6400명, 아테네는 192명

---

104) 비극작가 아이스킬로스의 형제. 아이스킬로스 자신도 이 전투에 참가하고 있었다.
105) 5권 참조.
106) 나중에 데미스토클레스에 의해 페이라이에우스가 아테네의 외항으로 정비되어 팔레론을 대신했다.

이었다. 그런데 이 전투에서 아래와 같은 기괴한 사건이 있었다. 쿠파고라스의 아들인 에피젤로스란 아테네인이 적과 몸으로 맞붙는 전투에서 잘 싸웠는데, 이때 칼이나 창 등에 의한 부상을 하나도 입지 않았음에도 두 눈의 시력을 잃고 평생 맹인으로 지내야 했던 것이다. 에피젤로스는 이 조난에 대해서 아래와 같이 말했다고 한다. 에피젤로스는 중무장을 한 거대한 사내가 자기 앞을 가로막은 것처럼 생각했는데 그 사내의 수염은 방패를 모두 가릴 정도였다. 이 환상의 사내는 그의 곁을 지나 옆에 있던 그의 전우를 죽였다고 한다. 이상이 내가 들은 에피젤로스에 얽힌 이야기이다.

원정군을 이끌고 아시아로 향한 다티스가 미코노스섬에 도착했을 때 잠자는 중에 꿈을 꾸었다. 그것이 어떤 꿈이었는지는 전해지지 않으나, 그는 날이 밝자 곧 여러 배에 대한 수색을 지시하고, 페니키아 선내에서 금박을 칠한 아폴론의 신상을 발견하자 어디에서 빼앗아 온 것이냐고 물었다. 그 신상을 빼앗아온 성소를 밝혀내자 다티스는 자기 배로 델로스로 향했다. 이 무렵에는 이미 델로스의 주민이 돌아와 살고 있었는데, 다티스는 신전에 신상을 모셔두고 테베령인 델리온에 신상을 반환하도록 명했다. 델리온은 칼키스의 맞은편 해안에 있다.

그러나 델로스인은 이때 신상을 돌려보내지 않았고, 20년 뒤에야 테베인 자신이 신탁에 따라서 이를 델리온으로 옮긴 것이다.

에레트리아의 포로에 대해서는 다티스와 알타프레네스가 아시아에 상륙하자 이들을 수사로 연행했다. 다레이오스왕은 이들 에레트리아인이 포로가 되기 이전에는 그들이 페르시아 측의 도발도 없이 페르시아에 해를 끼쳤다는 이유로 대단한 분노를 품고 있었는데, 그들이 자신이 있는 곳에 끌려와 자기 손에 목숨을 맡긴 모습을 보자 측은한 생각이 들었다. 그래서 더 이상 위해를 가하지 않고 키시아 지방에 있는 아르데리카[107]라는 왕 직할의 영지에 그들을 살게 했다. 아르데리카는 수사에서는 210스타디온, 또 세 가지 물질이 나오는 우물에서는 40스타디온의 거리에 있는 곳이다. 실제로 이 우물에서는 아스팔트와 소금, 기름[108]을 아래와 같은 방법으로 퍼 올리고 있다. 퍼 올릴

---

107) 이 아르데리카는 1권에 나오는 동명의 지역과는 다른 곳인 것 같다.
108) 석유일 것이다.

때에는 두레박을 쓰는데 그것에는 나무 통 대신에 가죽 자루를 반으로 자른 것을 매어서 사용한다. 이것을 우물에 담가 퍼 올려 쏟아 붓는다. 이 큰 통에서 다른 용기로 옮겨지고 그곳에서 분리되어 세 가지 물질이 제각기 길을 거쳐서 운반된다. 아스팔트와 소금은 곧 응결한다. 그리고 마지막으로 기름은 페르시아어로는 '라디나케'라고 부른다. 이 기름은 검은 색이고 강한 냄새를 풍긴다.

다레이오스는 에레트리아인을 이 땅에 정착시켰는데, 그들은 우리 시대에 이르기까지 옛날 그대로의 언어를 유지하면서 이 땅에 살고 있었다.

한편 스파르타 병력 2천이 만월(滿月) 뒤에 아테네에 도착했다. 전투에 늦을 새라 필사적으로 강행군을 계속한 탓에 스타르타를 떠난 지 3일 만에 아티카 땅을 밟은 것이다. 그들은 전투에는 비록 때를 맞추지 못했으나 페르시아인의 모습을 보고 싶다는 소망에 사로잡혀 마라톤으로 가 그들을 볼 수 있었다. 그리고 아테네인의 용기와 그 무공을 찬양한 뒤 귀국했다.

알크메온가의 일족이 아테네인을 페르시아인과 히피아스에게 예속시킬 목적으로 페르시아군과 짜고 방패를 들어 신호를 보낸 것 같다는 설은 나로서는 참으로 뜻밖이고 도저히 이해할 수 없다. 이 일족이 파이니포스의 아들이고 히포니코스의 아버지인 칼리아스[109]에 못지않게 독재자를 싫어했기 때문이다. 칼리아스란 인물은, 페이시스트라토스가 아테네로부터 망명할 때마다 공매에 붙여진 그의 재산을 다른 아테네인은 누구 하나 손을 대지 못하는 상황에서도 과감하게 사들이고, 그 밖에도 온갖 수단을 다해 페이시스트라토스를 적대한 사람이었다.

〔이 칼리아스는 많은 점에서 만인의 기억에 남을 만한 인물이다. 그 하나는 앞에서도 말한 바와 같이 조국 해방에 큰 공을 세웠고, 그 두 번째로는 올림피아 경기에서 큰 공적을 거두었다는 것이다. 올림피아 경기에서는 경마에서 우승, 4두마차 전차경주에서 준우승을 하고,[110] 더욱이 그 이전의 피티아경기에서 우승하기도 했다. 또 호기 있게 돈을 써 그 이름은 온 그리스에

---

109) 칼리아스의 가문은 아테네에서도 손꼽히는 부유한 명문이었다. 그 자손은 칼리아스와 히포니코스의 이름을 번갈아 이어받으며 종종 역사상에 등장하고 있다.

110) 제54회 올림피아드, 즉 기원전 564년의 일이다.

널리 알려져 있었다. 세 딸에게도 호화로운 혼수를 장만해 주었을 뿐만 아니라, 딸들의 의사를 존중해 딸들이 아테네인 가운데서 남편감으로 택한 사내에게 시집을 보냈다.][111]

다시 말하지만, 알크메온가 일족도 이 칼리아스 못지않게 독재자를 혐오했다. 그래서 독재 치하에 있는 동안 국외에 망명해 있었던 것이다. 더욱이 페이시스트라토스 일가가 독재 권력을 잃게 된 것도 그들의 책모에 따른 것이었다. 따라서 나의 판단에 따르면, 아테네의 해방자라는 의미에서 이 일족은 하르모디오스, 아리스토게이톤의 두 지사(志士)조차도 훨씬 능가한다고 해도 좋다. 왜냐하면 하르모디오스 등은 히파르코스를 살해함으로써 불필요하게 페이시스트라토스 일족의 잔당[112]을 분격하게 하는데 그치고 그 독재를 저지하는 데에는 실패한 데 반해, 앞서 말한 바와 같이[113] 델포이의 무녀를 매수해 스파르타인에게 아테네의 해방을 시사한 것이 진실로 알크메온가의 일족이었다면 아테네를 독재로부터 해방한 그들의 공적은 명백하기 때문이다.

그러나 누군가는 그들이 무언가 아테네 국민에게 불만이 있어 조국을 판 것이 아닌가라고 말할지도 모른다. 그러나 적어도 아테네에서 이 일족보다 명망이 높고 시민의 존경이 두터웠던 가문은 없었다. 따라서 이 일족이 그와 같은 이유로 방패를 들었다고 말하는 것은 이치에 맞지 않는다. 그러나 실제로 방패를 든 자가 있었던 것은 사실이었기 때문에 이를 부정할 수는 없다. 그러나 방패를 든 자가 누구였느냐 하는 점에 대해서 나로서는 더 할 말이 없다.

알크메온가는 아테네에서 이미 오래 된 명문이었는데, 특히 알크메온에 이어서 메가클레스[114] 대(代)부터 그 가문의 이름이 빛났다.

메가클레스의 아들 알크메온은 델포이의 신탁을 듣기 위해 크로이소스가 보낸 리디아인들이 사르데스에 도착하자 열심히 보살펴주었다.[115] 크로이

---

111) 이 단락 전체는 문맥상으로나 문체상으로 후세에 삽입했다고 본다. 또한 이 단락은 가장 신뢰할만한 계통의 사본에는 없다.

112) 히피아스와 테살로스를 가리킨다.

113) 5권 참조.

114) 이것은 물론 앞서 나온 메가클레스가 아니고 그의 조부이다. 이른바 '킬론의 난' 때 아테네의 집정관이었다.

115) 이 이야기는 연대상으로 보아 무리인 듯하다. 헤로도토스는 크로이소스와 그 선대인 알리

소스는 신탁을 듣기 위해 자주 오가는 리디아인들로부터 알크메온이 자신을 위해 노고를 아끼지 않는다는 말을 듣고 그를 사르데스로 초청했다. 그리고 알크메온이 오자 그에게 지니고 갈 수 있을 만큼의 황금을 주겠다고 말했다. 이와 같은 이상한 제의에 대해서 알크메온은 지혜를 짜낸 끝에 다음과 같은 계책을 썼다. 즉 헐렁한 옷을 입고 주머니를 깊게 한 다음,[116] 가능한 한 긴 장화를 신고 안내를 따라서 보물창고로 들어간 것이다. 그는 사금(砂金) 산더미 가운데 앉자, 먼저 사금을 다리와 장화의 틈새에 넣을 수 있을 만큼 채우고 이어서 품속 가득히 집어넣고 머리카락에 뿌리고는 입에까지 넣은 다음 가까스로 장화를 질질 끌면서 보물창고에서 나왔다. 그 모습은 도저히 인간으로는 보이지 않았다. 두 볼이 잔뜩 불거진 데다가 온몸이 부풀어 있었던 것이다. 이 모습을 보고 크로이소스는 무심코 웃음을 터뜨리고 말았으나, 알크메온이 가지고 나온 금 모두를 그에게 주었을 뿐만 아니라 그에 못지않은 선물을 그에게 더 보냈다.

이렇게 해서 이 일가는 막대한 재산을 소유하기에 이르렀고, 이 알크메온이 4두마 전차로 올림피아의 경기에서 우승한 것도[117] 이와 같은 사정에 따른 것이다.

알크메온에 이어서 그 다음 대에 시키온의 독재자 클레이스테네스가 가문의 이름을 떨치고, 이 일가의 명성은 그리스에서 전보다도 더욱 두드러지게 높아졌다. 클레이스테네스의 부친은 아리스토니모스이고, 조부는 미론이며 증조부는 안드레아스라고 했다. 이 클레이스테네스에게는 아가리스테라는 딸이 있었는데, 그는 그리스에서 가장 뛰어난 청년을 뽑아 사위로 삼고자 했다. 그래서 올림피아경기 때—이때 그는 4두마 전차경기에서 우승했는데[118]—그때 다음과 같이 공고했다. '그리스인으로서 클레이스테네스의 사위가 되려는 자는 60일째 되는 날까지 또는 그 이전에 시키온으로 오라. 60일 째부터 헤아려 1년 이내에 클레이스테네스는 딸의 혼사를 결정할 것이다' 그래서 자

아테스를 혼동하고 있는 것 같다.
116) 품을 크게 해 허리띠를 매는 것이다.
117) 제47회 올림피아드(기원전 592년)로 추정된다.
118) 제52회 올림피아드(기원전 592년)로 추정된다.

신이나 조국에 대해 자신감을 가질 정도의 그리스인은 모두 구혼자로서 시키온으로 속속 모여들었다. 클레이스테네스는 이들이 사용할 있도록 특별히 경주로와 격투장을 준비해 두었다.

이탈리아[119]에서 온 참가자로는, 먼저 시바리스에서 온 히포크라테스의 아들 스민디리데스가 있었다. 그 무렵 시바리스는 전성기였는데, 이 스민디리데스는 호화롭고 화려한 생활로 알려진 풍류인이었다.[120] 그리고 시리스로부터는 현자로 명성이 높았던 아미리스의 아들 다마소스도 참가했다.

이오니아만[121] 쪽의 에피담노스에서는 에피스트로포스의 아들 암핌네스토스가 왔다. 아이톨리아로부터는 티토르모스의 동생 말레스가 왔다. 이 티토르모스란 자는 그 괴력이 그리스에서 가장 센 사내였는데,[122] 세상 사람들과의 교제를 피해 아이톨리아의 오지 깊숙한 곳에 은거했다고 한다.

펠로폰네소스 지방에서는 먼저 아르고스의 독재자 페이돈의 아들 레오케데스가 참가했다. 페이돈은 펠로폰네소스인을 위해 도량형(度量衡)을 제정했지만, 엘리스인 경기임원을 퇴출하고 직접 올림피아 경기를 주관하는 등 다른 그리스인은 도저히 흉내를 낼 수 없는 전횡을 일삼은 인물이다. 이 페이돈의 아들 외에 아르카디아인 리쿠르고스의 아들 아미안토스가 트라페조스[123]에서, 에우포리온의 아들 라파네스가 아자니아[124] 지방의 바이오스 도시로부터 와서 참가했다. 아르카디아 지방의 전승에 따르면, 에우포리온은 디오스크로이[125]를 손님으로 맞아들여 환대하게 된 것을 계기로 그 뒤 어떤 사람이든 구별 없이 손님으로 대접했다고 한다. 한편 엘리스에서는 아가이오스의 아들 오노마스토스가 참가했다.

---

119) 남 이탈리아의 마그나 그라에키아를 가리킨다. 시바리스도 시리스도 모두 타렌툼(타라스)만에 잇닿아 있던 그리스의 오랜 식민도시이다.

120) 20년간 일출도 일몰도 보지 않았던 것으로 전해진다.

121) 아드리아해를 가리킨다. 에피담노스는 거의 이탈리아의 프린디시움 맞은 편에 있던 도시. 별명은 다라키온.

122) 크로톤의 유명한 투기사 밀론을 격파했다는 전승이 있다.

123) 이것은 물론 흑해 남쪽 기슭에 있는 동명의 도시와는 다르다. 아르카디아의 남쪽 국경 근처 아르페이오스강 상류에 있는 도시.

124) 아자니아는 아르카디아 서북방의 지방명.

125) 제우스와 레다 사이에 태어난 쌍둥이인 카스토르와 폴리데우케스 두 신을 가리킨다.

이상이 펠로폰네소스에서 참가한 자들이다. 다음으로 아테네에서는, 크로이소스를 방문한 알크메온의 아들 메가크레스와 테이산드로스의 아들 히포클레이데스 두 사람이 참가했는데, 히포클레이데스는 부와 미모로 아테네에서는 빼어난 청년이었다. 그 무렵 가장 융성했던 에레트리아에서는 리사니아스가 참가했는데, 에우보니아에서 참가한 사람은 그뿐이었다. 테살리아에서는 크란논으로부터 스코파스 가문의 디악토리데스가 참가했고, 몰로시아 지방에서는 알콘이란 자가 왔다.

이상이 구혼자의 면면이었다. 그들이 지정된 날까지 도착하자 클레이스테네스는 먼저 그들의 출신국과 가문을 물은 다음, 1년간 자기 곁에 두거나 또는 개별적으로 집단으로 면접을 해 구혼자들의 능력·성향·교양·예의범절 등을 면밀히 시험해보았다. 구혼자 가운데 비교적 젊은 자는 체육장에 데려가기도 했는데, 무엇보다도 회식 때 그들을 시험해 볼 때가 가장 많았다. 왜냐하면 그는 청년들을 곁에 두고 있는 동안, 모든 것을 시험해 보는 한편 그들을 성대하게 대접했기 때문이다. 그리고 구혼자 가운데에는 아무래도 아테네에서 온 자들이 가장 마음에 들었던 것 같다. 그 가운데서도 테이산드로스의 아들 히포클레이데스가 그의 눈길을 끌었다. 그것은 이 청년의 능력도 그렇지만 그의 선조가 코린토스의 킵셀로스와 인연이 있다는 것이 크게 작용했다.[126]

이윽고 결혼 피로연을 베풀고 전체 구혼자 가운데서 고른 사윗감을 발표할 날이 다가오자, 클레이스테네스는 100마리의 소를 잡아 구혼자들과 시키온의 모든 시민을 초대해 연회를 베풀었다. 식사가 끝나자 구혼자들은 음악과 즉흥연설로 서로 기예를 겨루기 시작했다. 주연이 진행되고 히포클레이데스는 다른 경쟁자를 현격한 차이로 압도하고 있었는데, 피리연주자를 불러 춤곡을 부르게 하더니 음악에 맞춰 춤을 추기 시작했다. 본인은 흥이 나서 춤을 췄던 것이 틀림없었으나, 클레이스테네스는 이를 바라보면서 일의 진행에 회의를 품기 시작했다. 히포클레이데스는 잠시 쉰 뒤에 이번에는 탁자

---

126) 히포클레이데스는 필라이오스가의 일족이었는데, 선조 필라이오스의 모계 쪽 킵셀로스와 같은 혈연이었다. 클레이스테네스가 히포클레이데스와 킵셀로스가와의 인연을 중요시한 이유는 확실치 않으나, 클레이스테네스의 가문이 일종의 자수성가한 집안이었기 때문에 명문과의 결연이 필요했을 것으로 추측된다.

를 하나 가져오게 했다. 탁자가 오자 그 위에 올라가 먼저 라코니아 춤을, 이어서 다른 아티카 춤을 추고, 세 번째에는 탁자 위에 거꾸로 서서 다리로 묘기를 보여주었다. 클레이스테네스는 히포클레이데스가 첫 번째와 두 번째 춤을 추는 동안은 부끄러움을 모르고 그러한 행동을 한 이상 이제 그를 사위로 삼는 일은 없다고 생각하며 가까스로 분노를 억눌렀다. 그러나 그가 다리 춤을 추는 것을 보기에 이르자 더 이상 참을 수가 없어 외쳤다.

"테이산드로스의 아들아. 그대의 그 춤으로 이 혼담은 취소되었네."

그러자 히포클레이데스는 이렇게 받아쳤다.

"히포클레이데스(정도되는 사내)는 개의치 않습니다."

그 뒤 이 말은 유행어로 널리 퍼지게 되었다.

여하튼 클레이스테네스는 좌중에 정숙하라고 명한 다음 모두에게 아래와 같이 말했다.

"구혼을 위해 온 여러분. 그대들이 모두 훌륭한 청년이어서, 나는 할 수 있다면 그대들 모두를 선택하여 기쁘게 해주고 싶을 정도요. 그러나 신부로 줄 딸은 한 사람밖에 없으니 모두의 기대에 부응할 수는 없소. 그래서 그대들 가운데 혼담에서 제외된 청년들에게는 내 딸을 아내로 맞으려고 했던 호의에 감사하고 오랫동안 고향을 떠나게 한 데 대한 보상으로 저마다 은 1탈란톤 씩을 증정하기로 하겠소. 그러나 내 딸 아가리스테는 알크메온의 아들 메가클레스와 약혼하기로 하겠소."

메가클레스가 약혼을 수락해 혼인은 클레이스테네스의 희망대로 이루어진 것이다.

밀티아데스의 일

구혼자 선정을 둘러싼 이러한 일로 알크메온가의 이름이 온 그리스에 널리 퍼지게 된 것이다.

두 사람의 결혼으로 태어난 자가 아테네에 부족제와 민주정치를 확립한 클레이스테네스로,[127] 그 이름은 시키온의 모계 쪽 조부의 이름을 딴 것이다.

---

127) 기원전 451년에 페리클레스가 제정한 법률에 따르면, 아테네에서는 결혼한 남녀 모두 시민이 아니면 그 사이에서 태어난 아이는 서자가 되는 수밖에 없었다. 그러므로 메가클레스

메가클레스에게는 이 클레이스테네스 외에 히포크라테스라는 또 하나의 아들이 있었고, 이 히포크라테스에게서 또 다른 메가클레스와 또 다른 아가리스테가 태어났다. 이 아가리스테는 클레이스테네스의 딸인 아가리스테의 이름을 딴 것이다. 그녀는 아리프론의 아들 크산티포스에게 출가하여 임신 중 사자를 낳은 꿈을 꾸었다. 그리고 며칠 뒤 크산티포스의 아들로 태어난 것이 페리클레스였던 것이다.

페르시아군이 마라톤에서 참패한 뒤, 아테네에서는 이미 그전부터 높았던 밀티아데스의 명성이 더욱더 높아졌다. 그는 배 70척과 병력 군자금을 아테네 민회에 요구했는데, 그때 어디로 병력을 진격시킬 것인지에 대해서는 명확히 하지 않은 채 아무튼 막대한 금을 손쉽게 넣을 수 있는 곳으로 출정하는 것이므로 자기 말대로 하면 반드시 아테네 시민을 부자로 만들어주겠다는 말밖에 하지 않았다. 아테네 시민은 그의 달콤한 말에 들뜬 나머지 그 요구를 들어주었다.

밀티아데스는 병력을 수중에 넣자 파로스섬[128]을 향해 출범했다. 공격 이유로 내건 것은 파로스가 3단노선 한 척을 내어 페르시아군과 함께 마라톤으로 침입해 옴으로써 먼저 적대행위로 나왔다는 것이었다. 그러나 이것은 표면상의 이유일 뿐, 실은 밀티아데스가 테이시아스의 아들 리사고라스의 일로 파로스에 원한을 품고 있었던 것이다. 리사고라스는 파로스 출신이고 밀티아데스의 일을 페르시아인 히다르네스[129]에게 참소한 것이다.

목표로 삼았던 섬에 도착한 밀티아데스는 파로스인을 성벽 안에 가두고 병력으로 포위공격 태세를 취했다. 그리고 사자를 성안으로 보내 금 100탈란톤을 요구하며, 응하지 않을 경우에는 도시를 공략할 때까지 물러가지 않겠다고 전하게 했다. 그러나 파로스 측은 밀티아데스에게 금을 주겠다는 생각은 애초부터 염두에도 두지 않고 오로지 도시의 방위수단만을 강구했다. 여

의 결혼은 그 무렵 아직 그다지 엄격한 법률이 없었음을 의미한다.
128) 파로스는 섬 전체가 대리석으로 뒤덮여 경작지가 부족한 탓에 전에는 가난한 섬이었다. 그러나 타소스섬에 식민해 이를 개발한 뒤부터는 그 풍부한 지하자원(금, 은)에 의해서 부유해지고, 더욱이 6세기 후반 이후로는 대리석 수요의 급증으로 단번에 키클라데스 제도 가운데서도 굴지의 부유국이 되었다.
129) 7권에 언급되어 있는 인물과 동일인으로 생각된다.

러 가지 생각해 내 실행한 방도 가운데는 특히 유사시에 공격을 받기 쉬웠던 성벽을 야간을 이용해 종전의 배 높이로 증축한 것이 있었다.

이제까지의 기술은 모든 그리스인이 전하는 것이고, 이 이후의 경과는 파로스인 자신이 전하는 바에 따른 것이다.

밀티아데스가 어찌할 바를 몰라 헷갈리고 있을 때 파로스 태생으로 포로로 잡혀 있었던 한 여자가 면회를 요청했다고 한다. 여자의 이름은 티모라하고, 대지의 여신[130]에게 봉사하는 부사제였다. 여자는 밀티아데스와 만나자 어떻게든 파로스를 점령하고 싶다면 자기가 지시하는 대로 하는 것이 좋다고 권했다. 그래서 여자의 지시에 따라 밀티아데스는 도시 전면에 가로놓인 야트막한 언덕으로 올라갔다. 그리고 그곳에 모셔져 있는 '데스모포로스의 데메테르' 신전 경내로 들어갔는데, 이때 문을 열지 못해 담을 넘어서 침입했다. 담을 넘자 신전 앞으로 곧장 들어가 무언가를 하려고 했다. 도대체 무엇을 하려고 했을까? 움직여서는 안 될 성기(聖器)[131]를 움직이려고 했을까? 그 정황은 잘 알 수 없다. 그런데 신전 입구까지 오자 갑자기 소름이 끼치고 온몸이 떨려 서둘러 온 길로 되돌아갔는데 돌담을 넘어 뛰어내릴 때 넓적다리를 삐었다. 다른 설에는 무릎에 타박상을 입었다고도 한다.[132]

이런 경위로 밀티아데스는 비참한 꼴로 귀국했다. 아테네로 금을 가져오지도, 파로스를 점령하지도 못한 채 단지 26일간 포위해 섬을 유린한 데 그쳤던 것이다. 파로스인은 농성이 끝나 도시가 안정을 되찾자, 여신의 부사제 티모가 밀티아데스의 앞잡이 노릇을 한 것을 알고 조속히 그녀의 죄를 묻기 위해 델포이에 사자를 보냈다. 사자 파견의 목적은 여신인 부사제가 적에게 조국 점령의 앞잡이 노릇을 하고, 또 남성들은 절대로 알아서는 안 될 비밀을 밀티아데스에게 누설한 죄로 처형하는 것에 대한 시비를 묻기 위해서였다. 그러나 무녀는 티모의 처형을 허용하지 않았다. 밀티아데스는 비참한 최후를 맞게 될 운명이었는데, 그녀는 그를 파멸로 이끌기 위해 그의 앞에 모습을 드러

---

130) 데메테르와 페르세포네 두 여신을 가리킨다.

131) 신체(神體) 등을 약탈하려고 했을 것이다.

132) 밀티아데스의 파로스 원정 실패의 경위를 기원전 4세기의 역사가 에포로스는 상당히 다르게 전한다. 로마의 역사가 네포스의 기술도 에포로스에 의거하고 있다.

낸 것에 지나지 않는다고 말했던 것이다.

한편 파로스에서 돌아온 밀티아데스는 아테네에서 논의의 표적이 되고 그 가운데서도 특히 아리프론의 아들 크산티포스는 밀티아데스를 아테네 국민을 기만한 죄로 민회에 소환해 사형에 처하도록 요구했다. 밀티아데스는 출두는 했으나 허벅지가 썩기 시작해 변명에 나서지도 못했다. 침대에 누워있는 그를 대신해 친구들이 마라톤전에서의 그의 공적을 누누이 언급하고, 또 그가 렘노스를 점령해 펠라스고이인에게 보복을 함과 동시에 이 섬을 아테네 지배하에 둔 공적 등을 상기시키는 데 힘썼다. 국민은 그가 사형을 면하는 것에는 동의했으나, 그 죄에 대해서는 50탈란톤의 벌금형을 부과했다. 그 뒤 밀티아데스는 허벅지가 괴저(壞疽)를 일으켜서 썩어 사망했다. 벌금 50탈란톤은 그의 아들 키몬이 지불했다.

키몬의 아들 밀티아데스가 렘노스를 점령한 과정은 아래와 같다.

이야기는 펠라스고이인이 아테네인에 의해서 아티카 땅에서 추방되었을 때로 거슬러 올라간다. 이 추방이 정당했는지 부당했는지에 대해서는 전승된 사료를 기술하는 것 이상 내가 할 수 있는 일은 아무것도 없다. 우선 헤게산드로스의 아들 헤카타이오스는 그 저서 가운데서 추방은 부당했다고 말하고 있다. 그에 따르면, 아테네인은 아크로폴리스에 성벽을 구축한 노고에 보답하기 위해 자발적으로 히메토스 산기슭의 땅을 펠라스고이족의 정착지로서 부여했는데,[133] 그 토지가 탐이 나 자기 것으로 만들려는 욕망에 사로잡힌 결과 그 밖에 각별한 이유를 붙일 것도 없이 펠라스고이인을 추방했다는 것이다.

그러나 아테네인의 주장에 따르면 추방은 마땅했다고 말한다. 히메토스산 기슭에 정착한 펠라스고이족은 이곳을 근거로 해서 아래와 같은 못된 짓을 저질렀다는 것이다. 그 무렵 아테네에서는 다른 그리스 제국과 마찬가지로 노예라는 것이 없었기 때문에 아테네인 처녀(혹은 아이)들이 엔네아클로스[134]

---

133) 트로이 전쟁 후 60년쯤 되었을 때 펠라스고이족이 포이오타아에서 추방되어 아티카 땅으로 이주했다는 전승이 있다.
134) 엔네아클로스란 '아홉 개의 우물'이란 뜻. 본디 이름은 '맑은 흐름'이란 뜻의 칼리로에인데, 페이시스트라토스가 독재하던 때 아홉 개의 유출구가 만들어진데서 이 같은 이름이 생겼

물을 길러 다니고 있었다. 그런데 차츰 교만해져 아테네인을 만만하게 보았던 펠라스고이인들은 처녀들이 물을 길러오는 것을 노려 난폭한 행동을 한 것이다. 더구나 그것만으로는 부족해서 그들이 드디어 아테네를 습격할 음모를 꾸미고 있을 때 그 확실한 증거를 포착했다. 그러나 자신들은—이 같이 아테네인은 말하는데—그들보다는 우수한 민족이기 때문에 그들의 음모계획현장을 덮쳤을 때에 죽일 수도 있었지만 그렇게 하지 않고 국외추방을 명한 것이라고 했다. 위와 같은 경위로 펠라스고이인은 아테네를 떠나 여러 곳에 정착했는데 렘노스도 그 가운데 하나였다는 것이다.[135]

한편 펠라스고이인들은 아테네에서 추방되어 렘노스에 정착하고 아테네인에게 보복하길 염원하고 있었다. 그들은 아테네의 제례행사를 모두 알았기 때문에 수 척의 오십노선을 손에 넣어 아테네의 여인들이 브라우론[136]에서 여신 아르테미스를 위해 축제를 벌일 때 잠복했다가 그 자리에서 많은 아테네 여인을 납치하고는 배를 돌려 렘노스로 데리고 가 첩으로 삼았다.

이 여인들은 태어난 아이가 늘어감에 따라서 아이들에게 아티카의 언어와 풍습을 가르쳤다. 그래서 아이들은 펠라스고이의 여자들이 낳은 아이와는 사귀려고도 하지 않고, 누군가가 펠라스고이의 아이에게 매를 맞는 일이 있으면 모두가 나서서 서로 감싸주었다. 그 뿐만 아니라 이 아이들은 자기들이 대장 노릇을 하는 것이 당연하다고 생각해 크게 위세를 부렸다, 이를 안 펠라스고이인들은 모여서 협의를 했는데 말을 나눌수록 그들은 공포를 느끼기 시작했다. 이 아이들이 이미 본부인이 낳은 아이들에 대해서 서로 도와 맞설 결심을 하고 있으니, 지체 없이 본부인이 낳은 아이들을 지배하려고 든다면 그들이 성인이 되었을 때 도대체 무슨 일을 저지를지 모른다고 생각한 것이다. 그래서 펠라스고이인들은 아티카의 여인들이 낳은 아이를 죽이기로 결정했다. 그들은 이를 그대로 실행하고, 더구나 아이들의 어미까지 죽이고 말았

다고 한다. 장소는 아크로폴리스의 서북쪽, 이리소스 강변으로 보는 것이 정설에 가까우나, 더욱 동쪽에 있는 프닉스 언덕의 기슭이란 설도 있다.

135) 렘노스 이외에 사모트라케, 임브로스, 안탄드로스 등이 그런 곳이다.

136) 브라우론은 아티카 반쪽 해도 동안의 도시. 전설에 의하면 오레스테스가 타우리케에서 빼앗아온 아르테미스의 신상을 이 땅에 봉안했다고 한다. 제례는 여자들만이 행했다.

다. 이 일과 이보다 전에 토아스왕을 포함해[137] 자기들의 남편을 죽인 렘노스 여인들의 소행에서, 그리스에서는 광범위하게 무참한 온갖 행위를 '렘노스적' 이라고 말하는 습관이 있다.

펠라스고이인이 자기 자식과 아티카의 여자들을 살해한 뒤부터 곡물이 열매를 맺지 않고 가축도 전처럼 새끼를 낳지 않게 되고 말았다. 기근과 불임으로 고뇌한 펠라스고이인들은 어려움에서 벗어나기 위한 방법을 알기 위해 델포이에 사자를 보냈다. 그러자 무녀는 아테네인이 적정하다고 여기는 대로 보상을 하라고 명했다. 그리하여 펠라스고이인은 아테네로 가 자신들이 범한 모든 죄에 대해서 보상을 할 뜻이 있음을 명확히 했다. 이에 아테네인들은 시회당 안에 온갖 사치를 다 부린 소파를 준비하고 그 옆에 진수성찬을 차린 탁자를 둔 다음, 그대들의 나라를 이처럼 해서 아테네에 인도하라고 말했다. 펠라스고이인은 이에 대해 북풍을 만난 배가 귀국에서 우리나라까지 하루에 도달할 수 있게 되었을 때 국가를 인도하겠다고 말했다. 아티카는 렘노스에서 훨씬 남쪽에 있기 때문에 그와 같은 일은 결코 없음을 알고 있었기 때문이다.

이때는 이것으로 그쳤다. 그러나 그로부터 몇 년이 지나[138] 헬레스폰토스의 케르소네소스를 아테네가 제압하게 되었을 때,[139] 키몬의 아들 밀티아데스는 계절풍의 시기에 케르소네소스의 엘라이우스에서 렘노스까지 배로 건너가 펠라이스고인들이 실현되리라곤 꿈에도 생각지 않았던 계시를 상기시키고 그들에게 섬을 비우라고 포고한 것이다. 헤파이스티아시의 주민은 이에 승복했으나, 미리나[140]의 주민은 케르소네소스가 아티카령임을 인정하지 않

---

137) 보통의 전승에서 토아스왕만은 딸 힙시피레 때문에 화를 면한 것으로 되어 있다. 그러나 그 뒤 발견된 다른 여자들의 손에 의해서 살해되었다고 하므로 여기에서는 간략하게 서술하고 있는 것으로도 볼 수 있다. 이를 '토아스의 시대'로 번역하는 사람도 있다. 한편 이 전승은 옛날에 렘노스의 여인들이 아프로디테의 노여움을 사 몸에서 악취를 발산하게 되었기 때문에 남편들에게 소박을 당하고, 그 원한으로 남편을 살해했다는 이야기이다.

138) 펠라스고이인이 렘노스로 이주하게 된 사건을 대략 기원전 1천 년 쯤의 일이라고 한다면 500년 남짓 지난 셈이 된다.

139) 케르소네소스는 밀티아데스가 제멋대로 통치하고 있었던 곳으로 정식으로는 아테네 영토라고 말할 수 없다. 따라서 다음의 미리나 시민의 항의에도 이유는 있었던 것이다.

140) 렘노스의 주요한 도시로는 이 둘 뿐이다. 헤파이스타아는 북쪽 해안에, 미리나는 서쪽 해

고 제의를 거부했다. 그러나 포위공격을 받고 그들도 결국 굴복하기에 이르렀다. 위와 같이 밀티아데스의 지휘 아래 아테네인은 렘노스를 점령한 것이다.

안에 있었다.

제7권
폴림니아
Polymnia

크세르크세스의 원정 준비

마라톤 전투 소식이 히스타스페스의 아들 다레이오스왕에게로 전해졌다. 이미 사르데스에 대한 침공 때문에 아테네에 적개심을 품고 있던 왕은 더욱 격분하여 그리스로 진격해 들어가고자 하는 결심을 확고히 다지게 되었다. 그리하여 곧 자신의 지배하에 있는 여러 도시에 사자를 보내 원정군 편성 준비를 명령했다. 각 도시가 할당받은 조달량은 군선·말·식량·수송선 등에 걸쳐 이전의 조달량을 훨씬 넘었다. 왕명이 전국에 내려지자, 아시아 전역은 3년에 걸쳐 그리스 진격을 목표로 최정예 병사들을 선발하는 등 원정 준비로 술렁거렸다. 그런데 4년째에 접어들어 이전에 캄비세스가 예속시켰던 이집트가 반란을 일으켰다. 그러자 다레이오스는 그리스뿐만 아니라 이집트까지 정벌코자 하는 결의를 굳혔다.

그런데 그 즈음 왕위 계승권을 둘러싸고 다레이오스의 자식들 사이에서 격렬한 싸움이 벌어졌다. 페르시아 관습상 왕은 후계자를 지명한 다음 출정을 해야 했기 때문이다.

다레이오스에게는 그가 왕위에 오르기 이전의 부인이었던 고브리아스의 딸로부터 태어난 자식이 세 명 있었고, 그 밖에 즉위 뒤 키루스의 딸 아토사로부터 태어난 자식이 네 명 있었다. 전처의 자식들 중에서는 아르토바자네스가 맏아들이었고, 후처의 자식들 중에서는 크세르크세스가 맏아들이었다. 그리하여 생모를 달리하는 두 아들 사이에서 싸움이 벌어졌다. 아르토바자네스의 주장은 다레이오스의 모든 아들 중에서 맏이인 자신이 일반적인 관습에 따라 왕권을 계승해야 마땅하다는 것이었다. 그에 대해 크세르크세스는 자신이 페르시아인에게 자유를 가져다 준 키루스의 딸 아토사의 아들임을 주장했다.

다레이오스가 아직 자신의 의견을 밝히지 않고 있을 때, 때마침 아리스톤의 아들 데마라토스가 수사에 올라와 있었다. 그는 스파르타에서 왕위를 박탈당한 뒤 스스로 망명해 왔던 것이었다.[1] 항간에 전해지는 바에 따르면, 데마라토스는 다레이오스의 자식들이 왕위 계승권을 놓고 다투고 있다는 이야기를 듣자, 크세르크세스에게로 가 그의 주장에 덧붙여 다음과 같은 의견을 내세우라고 조언했다 한다. 즉 자기가 태어났을 때 다레이오스는 이미 왕위에 올라 페르시아의 주권을 장악하고 있었지만, 아르토바자네스가 태어났을 때 다레이오스는 아직 한낱 개인에 불과했다, 그러므로 누구든 그를 제쳐놓고 왕위에 오르게 된다면 그것은 사리에 맞지 않는 부당한 일이다, 스파르타에서도 아버지가 왕위에 오르기 이전에 태어난 자식과 왕이 된 뒤에 태어난 자식이 있을 경우, 왕위는 뒤에 태어난 자식이 계승하는 것이 관습이라는 것이다. 크세르크세스는 데마라토스의 진언을 받아들여 그와 같이 주장했고, 다레이오스는 그 주장이 정당함을 인정하고 그를 후계자로 지명했다. 그러나 내가 생각하기에는 예컨대 이 같은 진언이 없었다 하더라도 크세르크세스가 왕위에 올랐을 것 같다. 왜냐하면 모든 권력을 아토사가 장악하고 있었기 때문이다.

크세르크세스를 페르시아 왕으로 지명한 뒤, 다레이오스는 즉시 출정하고자 서둘렀다. 그러나 후계 지명이 매듭지어지고 이집트가 반란을 일으킨 다음해에 들어서 원정 준비가 한창일 때 다레이오스가 세상을 떠나고 말았다. 재위 기간은 36년이었다.[2] 이리하여 다레이오스는 반란을 일으킨 이집트에 대해서도, 아테네에 대해서도 응징을 가하려는 소망을 이루지 못했다. 다레이오스가 죽은 뒤, 왕위는 그의 아들 크세르크세스가 계승했다.

크세르크세스는 처음에는 그리스 원정에 조금도 흥미가 없었다. 그는 오직 이집트를 토벌하기 위해 군대를 조직하는 일로만 그의 통치 시대를 열었던 것이다.

---

1) 6권 참조.
2) 다레이오스의 재위 기간은 기원전 521~486년.

그런데 고브리아스[3]의 아들인 마르도니오스라는 자—그는 다레이오스 누이동생의 아들로 크세르크세스에게는 고종 사촌동생뻘인데, 왕의 측근 중에서 가장 큰 영향력을 행사하고 있었다—가 언제나 왕을 다음과 같은 말로 설득했다.

"전하, 페르시아에 대해 수많은 악행을 저질러 온 아테네는 반드시 그 대가를 치러야만 합니다. 먼저 이미 시작한 일을 마무리지으셔야 할 것입니다만, 저 건방진 이집트 녀석들을 응징하신 다음에는 군대를 돌려 아테네를 정벌토록 하십시오. 그렇게 하시면 전하의 이름이 온 천하를 뒤덮게 될 것입니다. 또한 어떠한 자들도 감히 우리 나라에 쳐들어올 생각 따위는 품지도 못하게 될 것입니다."

덧붙여서 유럽은 매우 아름다운 곳이며 온갖 종류의 나무가 나고 땅 또한 비옥하기 때문에, 이 세상에서 오직 페르시아의 대왕만이 그것을 소유할 자격이 있다고 말했다.

마르도니오스가 이렇게 말한 것은 그가 본디 일 벌이기를 좋아하는 사람인 데다가 그 자신이 그리스의 총독이 되기를 바랐기 때문이다. 그러다가 그는 마침내 크세르크세스를 설득하여 일을 진행시키는 데 성공했다. 그것은 어떤 다른 사정들이 크세르크세스의 마음을 움직이는 데 가세했기 때문이다. 그 한 가지는 테살리아의 알레우아스가(家)[4]—이 가문은 테살리아의 왕가(王家)였다—로부터 사신이 도착하여 비상한 열의를 가지고 대왕의 그리스 진격을 촉구한 것이었다. 다른 한 가지는 페이시스트라토스가의 일문으로 수사에 올라와 있던 자들[5]이 알레우아스가 사람들과 같은 취지의 말을 했을 뿐만 아니라 그 이상의 행위로도 대왕을 부추긴 것이었다.

이들은 아테네의 점술가로 무사이오스의 신탁집(神託集)을 편찬했던 오노

---

3) 페르시아 7중신(重臣) 중 한 사람.

4) 알레우아스를 조상으로 하는 테살리아 토후(土侯)의 가문으로, 라리사에 본거지를 두고 있었다. 페르시아 세력을 배경으로 테살리아 전역의 패권을 노렸다고 보여진다. 실제 페르시아 군이 그리스로 침입해 왔을 때에는 종종 편의를 제공하여 페르시아 측을 도왔다.

5) 이 페이시스트라토스 일족이 누구였는지는 확실치 않다. 히피아스가 혹 마라톤에서 죽지 않았다 하더라도 연경이나 기타의 점에서 이에 해당하기는 어렵다. 무엇보다도 히피아스 등이었다면 그 이름이 당연히 나왔을 것이다.

마크리토스[6]라는 자를 그 가문과의 사이에 있었던 오랜 원한을 해소하고 수사에 함께 데려왔다. 오랜 원한이란 이전에 페이시스트라토스의 아들 히파르코스가 오노마크리토스를 아테네에서 추방했던 일을 가리킨다. 당시 추방된 이유는, 그가 '렘노스[7] 부근의 섬들은 바다 속으로 사라질 것이다'라는 신탁을 무사이오스 신탁집에 제멋대로 삽입한 명백한 증거를 헤르미오네의 라소스[8]가 포착했기 때문이다. 히파르코스는 그 이전까지는 그와 매우 친밀한 사이였다.

그런데 오노마크리토스가 다른 이들과 함께 상경해 대왕을 알현할 때마다, 페이시스트라토스 일문의 놀라운 능력에 대해 과장해서 말했다. 또한 페르시아인이 들어서 좋지 않게 생각할 내용은 모두 생략해 버리고 상대가 들어 기분 좋을 신탁만을 자신의 신탁집에서 뽑아 들려주었다. 예컨대 헬레스폰토스는 페르시아인의 손으로 다리가 놓이도록 정해져 있다며, 원정의 경로에 대해 설명하기도 했다. 이렇게 오노마크리토스가 신탁을 통해 크세르크세스에게 혼란을 주는 한편, 페이시스트라토스 일문과 알레우아스가(家) 사람들도 진언을 통해서 왕의 결의를 촉구했던 것이다.

마침내 크세르크세스는 이러한 설득에 굴복하여 그리스 원정을 승낙하기에 이르렀다. 그리하여 다레이오스가 죽은 이듬해, 우선 반란을 일으킨 이집트에 군대를 파견했다. 반란을 평정하고 이집트 전역을 다레이오스 시대보다 더욱 가혹한 조건으로 예종시킨 다음, 그 통치를 다레이오스의 아들, 즉 형제인 아카이메네스에게 맡겼다. 아카이메네스는 그 뒤 이집트 통치 중에 리비아인 프사메티코스의 아들 이나로스에게 살해됐다.[9]

---

6) 그리스에서는 전설적인 오르페우스, 무사이오스를 비롯하여 바키스, 리시스트라토스 등 유명한 점쟁이들의 이름이 알려져 있었다. 오노마크리토스도 그러한 계열의 점쟁이로 스스로 점을 치면서 오르페우스나 무사이오스의 이름 아래 항간에 전해지는 신탁을 편찬하기도 한 듯하다. 일 자체의 성질상 여러 가지 의심스러운 요소가 수반되고 있었다는 것은 상상하기 어렵지 않다.

7) 렘노스는 에게해 북방에 있는 섬. 이 섬 부근에서 화산 활동으로 새로운 섬이 나타나고 또 바다 속으로 가라앉은 사실이 있었던 것 같지만, 신탁 자체에 대해서는 아무것도 알 수 없다.

8) 라소스는 당시의 유명한 시인이자 음악가로 핀다로스의 스승. 헤르미오네는 펠로폰네소스 반도 동북부에 있었던 도시.

9) 기원전 462년의 일(제3권 참조).

크세르크세스는 이집트를 점령한 뒤, 마침내 아테네 원정에 착수했다. 그는 먼저 페르시아인 중신들을 소집하여 회의를 열었다. 중신들의 의견을 모으고 자신이 염원하는 바를 그들에게 피력하기 위해서였다. 크세르크세스는 이렇게 말했다.

"여러분, 내가 처음부터 어떤 정책을 정해 놓고 시행하려 한다고 생각지는 마시오. 나는 단지 선대의 법(法)을 계승하여 이것을 지키려 할 뿐이오. 내가 원로들로부터 전해들은 바에 따르면, 우리 나라는 키루스왕께서 아스티아게스를 타도하고 메디아로부터 현재의 패권을 빼앗아 장악하게 된 이래, 결코 무위도식하며 안일을 일삼지 않았다 하오. 이것은 신의 뜻에 따라 그렇게 된 것임에 틀림없고, 그에 따라 현재 우리가 시도하는 일은 모두 성공을 거두고 있소. 키루스, 캄비세스 그리고 나의 부왕이신 다레이오스왕께서 얼마만큼 훌륭한 업적을 쌓았고 영토를 확장하셨는가는 그대들도 잘 아는 바이니 새삼스레 말할 필요도 없을 것이오. 나는 이 왕위를 계승한 이래 우리 페르시아의 국위를 선양하는 데 어떻게 하면 선왕들보다 더 많은 기여를 할 수 있을까 언제나 고심해 왔소. 그리고 마침내 우리의 국위를 더욱더 빛낼 수 있을 뿐만 아니라, 그 넓이나 비옥함이 현재의 우리 국토보다 낫고 여러 가지 산물도 더욱 풍요로운 영토를 가질 수 있고, 아울러 원수에게도 보복할 수 있는 방책을 찾기에 이르렀소. 이러한 방책을 어떻게 실행할 것인가를 그대들에게 들려주고자 불러들인 것이오.

나는 헬레스폰토스에 다리를 놓고 유럽으로 군대를 진격시켜 그리스를 토벌할 생각이오. 그리하여 아테네가 페르시아와 나의 부왕께 저지른 수많은 악행에 대한 대가를 톡톡히 치러 주고자 하오. 첫째로, 아테네 놈들은 우리의 종인 밀레토스인 아리스타고라스와 짜고 사르데스에 침입하여 성스런 삼림과 신전에 불을 질렀소. 둘째로, 다티스와 아르타프레네스의 지휘로 우리 군대가 그 땅에 진군했을 때 그놈들이 우리에게 한 소행은 그대들도 모두 잘 알고 있을 것이오. 그대들도 알다시피 다레이오스왕께서도 그자들을 토벌하길 바라셨소. 그러나 왕께서는 이미 이 세상 분이 아니시기 때문에 스스로 그놈들에게 복수를 할 수 없게 되셨소. 그리하여 나는 부왕을 비롯한 페르시아 국민들을 대신하여, 우리와 부왕에 대해 수많은 부정 행위를 저질러 온 아테네를 점령하여 불태워 버리기까지는 결코 돌아오지 않을 생각이오.

그리고 곰곰이 생각해 보건대 이 원정에는 또한 다음과 같은 이점이 있을 것 같소. 만약 아테네를 비롯해 그들과 국경을 접하고 있는 저 프리기아인 펠롭스가 창설한 나라를 평정하게 된다면, 우리는 페르시아의 판도를 제우스 신께서 살고 계시는 하늘 끝까지 넓힐 수 있을 것이오.[10] 그대들의 협력으로 유럽 전역을 석권하고 그들 제국을 모두 페르시아의 영토로 포함시켜 하나의 나라로 통일하게 된다면, 태양이 비치는 곳에서 우리 나라와 국경을 접하는 나라는 하나도 없게 될 것이오. 결국 우리가 아는 한, 우리 나라와 전쟁을 벌일 수 있는 나라나 도시는 하나도 없을 것이고, 이렇게 하여 우리 나라에 대해 죄를 저지른 나라든 죄가 없는 나라든 모두 우리에게 예속될 것이오.

그대들에게 권하노니, 내게서 칭찬을 받고 싶다면 이렇게 하시오. 얼마 뒤에 그대들에게 집합 시기가 하달될 테니, 그때 한 사람도 빠지지 말고 기쁘게 모이도록 하시오. 그대들 중 가장 훌륭한 군대를 이끌고 온 사람에게는 우리 나라 최고 영예의 상징인 은전을 내리겠소.

이상이 내가 그대들에게 바라는 것이오. 그러나 나는 내가 독단적으로 계획을 세우고 있다는 인상을 주고 싶지 않으므로, 이 문제를 공론에 부치기로 하겠소. 그대들 중 의견이 있는 사람은 누구든 말해 보시오."

왕의 말이 끝나자 마르도니오스가 다음과 같이 발언했다.

"실로 전하께서는 우리 나라의 고금을 통틀어, 아니 그뿐만 아니라 영원한 미래에 걸쳐 다시없을 영원한 분이십니다. 지금 하신 말씀은 조목조목 다 훌륭하고 옳습니다. 특히 유럽에 거주하는 이오니아인들이 분수를 모르고 우리를 경멸하는 것을 용인하지 않으시겠다는 전하의 방침은 실로 더할 나위 없이 훌륭합니다. 우리는 페르시아에 아무런 해악도 끼치지 않은 사카이[11]·인도·에티오피아·아시리아 등을 비롯한 여러 민족을, 단지 우리의 영토 확장을 위해 정복해 왔습니다. 하물며 페르시아에 위해를 가해 온 그리스인을 정벌치 않고 그대로 둔다는 것은 실로 가당치 않은 일입니다.

대체 무엇이 두렵겠사옵니까? 그들의 병력 규모가 크기라도 합니까? 우리

---

10) 땅의 끝은 하늘과 접한다는 사고 방식이다.
11) 박트리아의 동북방, 오늘날의 키르기스 스텝 지대에 거주했던 민족.

는 그들의 전술을 잘 알고 있으며, 그 국력 또한 빈약함을 잘 알고 있습니다. 우리는 이미 그들의 동족을 우리의 지배하에 두고 있습니다. 즉 우리 영토 내에 거주하고 있는 이오니아인·아이올리스인·도리스인들이 그렇습니다. 또한 저 자신이 선왕의 명을 받들어 이들 민족을 정벌한 경험이 있어 잘 알고 있습니다만, 마케도니아까지—실로 거의 아테네까지—군대를 진격시켜도 어느 한 사람 칼을 들고 반격하는 자가 없었습니다.

하긴 제가 들은 바에 따르면 그리스인은 매우 호전적이어서 사리에 맞지 않게 즉흥적으로 전투를 벌이는 습관이 있다 합니다. 하지만 서로 전쟁을 선포하면 그들은 될 수 있는 한 싸우기 쉬운 평탄한 곳을 선택하여 전투를 벌이기 때문에 승리를 거둔 쪽도 적지 않은 손해를 입고 말 것입니다. 패한 쪽은 말할 것 없이 완전히 섬멸될 수밖에 없습니다. 본디 그들은 언어가 똑같기 때문에 전쟁을 통해서보다는 전령이나 외교 사절을 활용하여 되도록 전쟁은 피하고 전쟁 이외의 다른 수단을 통해서 분쟁을 해결해야 마땅할 것입니다. 그리고 결국 서로 싸울 수밖에 없을 때에는 적이 공격하기 가장 어려운 장소를 선택하여 겨루는 것이 옳을 것입니다.

여하튼 앞서 말씀드렸듯이 어리석은 전투 방식밖에 모르는 그리스인들은 마케도니아까지 군대를 진격시킨 저를 대항할 엄두도 내지 못했습니다. 그러하오니 대왕이시여, 만약 전하께서 아시아의 방대한 육군과 전함대를 이끌고 출정을 하신다면 누가 감히 저항해 오겠습니까? 제가 생각하기에는 그리스가 그들의 국력 가지고는 어림도 없는 짓을 시도하지는 않을 것입니다. 또한 만일 제 생각이 빗나가 그들이 무분별한 혈기로 싸움을 걸어 오더라도, 그들은 우리 페르시아가 이 세상에서 가장 막강한 군사를 보유하고 있음을 똑똑히 알게 될 것입니다."

마르도니오스는 이렇게 말하며 크세르크세스의 주장을 지지했다. 그 뒤 다른 페르시아인들이 입을 다문 채로 마르도니오스가 방금 말한 의견에 감히 이의를 제기하지 못하고 있던 중, 히스타스페스의 아들 아르타바노스가 크세르크세스의 숙부라는 자신의 위치에 용기를 얻어 다음과 같이 말했다.

"전하, 여러 가지 다른 의견이 제시되어야만 그중 훌륭한 의견을 선택하여 실행할 수 있습니다. 그렇지 않다면 단지 제기된 주장만을 받아들이게 됩니다. 황금을 감정할 때 겉모양만으로는 그것이 과연 순금인지 아닌지를 알 수 없고, 시금석으로 문질러 보아야 비로소 판정할 수 있는 것과 같은 이치입니다.

저는 이전에, 전하께서는 부왕이 되시고 제게는 형님이 되시는 다레이오스 왕께도 어디에 정착하여 도시를 건설해야 할지 모르고 떠돌아다니는 스키타이 등에 대한 정벌을 멈추시도록 진언드린 바 있습니다. 그러나 왕께서는 유목 스키타이인을 평정할 수 있다고 확신하시고 제 진언을 받아들이지 않으신 채 군대를 진격시키셨습니다. 그 결과 수많은 용감한 병력을 잃고 귀환하셨습니다.

전하, 상대는 스키타이인보다 훨씬 뛰어나고 바다와 육지에서 최강의 전력을 자랑하는 민족입니다. 그러므로 저로서는 그들을 상대로 싸우게 되면 어떤 위험이 있을 수 있는가에 대하여 말씀드리는 것이 마땅할 것 같습니다.

전하께서는 헬레스폰토스에 다리를 놓고 유럽을 가로질러 그리스로 군대를 진격시키겠다고 말씀하셨지만, 만약 우리 군대가 육지나 바다 어느 한쪽에서, 아니면 모두에서 패했다고 가정해 보십시오. 아테네인은 무용으로 이름이 높습니다. 다티스와 아르타프레네스가 지휘하는 대군이 아티카로 진격해 들어갔을 때, 아테네 혼자서 이들을 격파한 것을 보더라도 이를 충분히 예상할 수 있습니다. 그리고 혹여 그들이 바다와 육지에서 모두 성공을 거두지 못했다 하더라도, 만약 그들이 우리의 함선을 습격하여 승리를 거두고 헬레스폰토스로 진입해 들어가 선교(船橋)를 파괴한다면, 전하, 이것이야말로 실로 위험천만한 일이 될 것입니다.

이것은 결코 제가 혼자만의 생각으로 억측을 내리는 것이 아닙니다. 일찍이 선왕께서 트라키아의 보스포로스 두 기슭을 연결하고 이스트로스강에 다리를 놓은 다음 스키타이로 공격해 들어가셨을 때, 하마터면 우리 군대에 닥칠 뻔했던 재난의 선례에 비추어 이렇게 말씀드리는 것입니다. 그때 스키타이인들은 이스트로스강의 다리를 수비하고 있었던 이오니아인들에게 다리를 파괴하라고 온갖 수단을 다해 간청했습니다. 만약 그때 밀레토스의 독재자 히스티아이오스가 다른 이오니아 독재자들의 의견에 따라 이의를 제기하지 않았다면, 페르시아의 국운은 그것으로 끝났을 것입니다. 실로 국왕의 운명이 전적으로 단 한 사람의 손에 달려 있었다는 것은 이야기만 들어도 두려운 일입니다.

그러하오니 전하, 부디 제 진언을 받아들이시고 이 계획을 포기하십시오. 피치 못할 사정이 있는 것도 아닌데 굳이 위험을 자초할 필요가 있겠습니까? 먼저 이 회의를 파하시고 전하 스스로 잘 생각하신 다음, 후일 전하께서 적당하다고 생각되실 때 최선이라고 결론내리신 바를 들려주시기 바랍니다.

이렇게 말씀드리는 까닭은, 충분히 고려해서 결론을 내리는 것이 무엇보다 가치 있는 일이기 때문입니다. 조심스럽게 생각하여 계획을 잘 세운 자는 혹 일이 생각대로 잘 진행되지 않고 불운 탓으로 그 계획이 좌절된다 하더라도, 그것이 자신의 잘못이 아님을 알기 때문에 만족합니다. 그러나 섣부른 계획만으로 실행한 자는, 일이 운좋게 성사된다 하더라도 그것을 주운 것이나 같기 때문에 준비가 충실치 못했음을 부끄러워할 것입니다.

전하께서도 잘 아시는 바와 같이 동물 중에서 신의 번개에 맞아 죽는 것은 오직 눈에 띄게 큰 것들뿐입니다. 신께서는 그렇게 해서 그들이 지나치게 우쭐거리지 않도록 하십니다(작은 동물은 신께 불손한 행위를 조금도 저지르지 않습니다). 그리고 집이나 나무들도 번개를 맞는 것은 언제나 가장 큰 것들뿐으로, 뛰어난 것을 깎아내리는 것이 신의 뜻이기 때문입니다. 대군(大軍)이 얼마 안 되는 군대에게 패하는 것도 같은 이치입니다. 예컨대 신께서 대부대의 위세를 질투하여 병사들의 마음에 공포감을 불어넣거나 천둥을 울려 위협하시면, 아무리 대군이라 할지라도 여지없이 궤멸되고 맙니다. 신께서는 그분 자신 이외에는 누구도 교만한 마음을 갖지 못하도록 하십니다.

무슨 일이든 성급히 일을 처리하면 실패하게 마련입니다. 그리고 그 실패로 우리는 커다란 고통을 당해야 합니다. 참고 견디는 데 복이 있습니다. 그러한 복덕(福德)은 곧 나타나지는 않지만, 시간이 지남에 따라 깨닫게 됩니다.

전하께 드리는 말씀은 여기까지입니다. 그리고 고브리아스의 아들 마르도니오스여, 자네에게 경고하거니와 그리스인을 결코 얕보지 말게. 그리스인은 그렇게 가벼이 볼 수 있는 민족이 아닐세. 자네는 그리스인을 중상하여 전하의 마음을 원정 쪽으로 몰고 가려 하고 있어. 내가 보기에 자네는 그렇게 되길 열렬히 바라는 모양이네만, 그런 짓을 하면 안 되네!

이 세상에 비방(誹謗)이나 중상만큼 나쁜 짓은 없네. 사람을 비방할 때에는 반드시 가해자 두 사람과 피해자 한 사람이 있게 마련이네. 먼저 비방하는 자에게는 그 자리에 없는 사람을 헐뜯었다는 죄가 있고, 또 한 사람에게는 사실을 확인하지 않고 비방을 믿은 죄가 있지. 한편 비방을 받는 자는 한 사람으로부터는 중상을 당하고 다른 또 한 사람으로부터는 악인으로 간주된단 말일세.

그럼에도 어떻게든 그리스를 정벌해야 한다면 이렇게 하면 어떻겠나? 전하께옵서는 그대로 페르시아 국내에 머물러 계시게 하고, 우리 두 사람은 각자 자식의 목숨을 걸도록 하세. 그리고 자네는 흡족할 만큼 군대를 소집하여 그 군대를 이끌고 원정을 떠나도록 하게. 만약 자네가 말한 대로 전하께서 영광을 누리시게 된다면 내 자식들을 살해해도 좋네. 아니 자식들뿐만 아니라 내 목숨까지 빼앗아도 좋네. 그러나 만약 내가 예언한 대로 된다면 그때에는 자네의 자식들이 같은 운명에 처하게 될 걸세. 자식들과 함께 자네 자신도, 물론 자네가 무사히 귀국한다면 말일세. 그렇지만 만약 자네가 내가 제안한 내기에 응하지 않고 여전히 고집을 꺾지 않은 채 군대를 그리스로 진격시킨다면, 내가 단언하지만 고국에 남아 있는 자들의 귀에는 이윽고 마르도니오스 놈이 페르시아에 커다란 재난을 불러들인 끝에 아테네나 스파르타 어디쯤에서—거기까지 갈지도 의문이지만—들개나 새들의 먹이가 되었다는 소식이 들려 오게 될 걸세. 자네는 그때가 되어서야 겨우 지금 자네가 전하를 부추겨 원정을 권유하고 있는 상대 민족의 진정한 힘을 깨닫게 될 걸세."

아르타바노스가 이렇게 말하자, 크세르크세스는 격노했다.

"아르타바노스여, 그대는 허튼 소리를 내뱉었으므로 당연히 벌을 받아야 마땅할 것이오. 하지만 부왕의 형제이므로 그것만은 면해 주겠소. 그러나 그 대신 그대에게 다음과 같은 치욕을 안겨 주겠소. 그대와 같은 겁쟁이에게는 나와 함께 그리스 원정에 동행하는 것을 허락하지 않겠소. 그대는 여자들과 함께 고국에 남으시오. 나는 그대의 힘 따위는 빌리지 않고 내가 말한 것을 반드시 실현해 보이겠소. 만약 내가 아테네인을 징벌치 못한다면, 멀리 아카이메네스님에게서 시작해 테이스페스·캄비세스·키루스·테이스페스·아라아람네스·아르사메스·히스타스페스·다레이오스왕께로 이어지는 우리 왕가의 혈통에 대해 나는 얼굴을 들지 못할 것이오! 그리고 우리가 움직이지 않는다 하더라도 그들 쪽에서 가만히 있지 않을 것이오. 아니 반드시 우리 나라로 침입해 들어올 테지. 이것은 우리보다 먼저 선수를 쳐 아시아로 침입해 들어와 사르데스의 불을 지른 그들의 수법을 보아도 충분히 알 수 있는 일이오. 서로가 더 이상 뒤로 물러설 수 없는 입장이오. 문제는 먼저 도전하느냐 아니면 도전을 받느냐 하는 것이오. 우리 국토가 모두 그리스인의 지배하에 들어가느냐, 아니면 그들의 영토를 모두 페르시아의 판도로 만드느냐 하는 것은 그에 따라 결정될 것이오.

우리와 그들과의 적대 관계는 미온적인 방법으로 해결될 수 없소. 그러므로 이제 먼저 해를 입은 우리가 복수의 칼을 들어야 마땅할 것이오. 그리하여 이 민족을 정벌키 위해 출정을 한다면, 내가 깨닫게 되리라는 '위험천만한 일'[12]의 정체도 알게 될 것이오. 그들 민족은 일찍이 우리 조상의 한낱 노예에 불과했던 프리기아인 펠롭스에게도 쉽게 정복되고, 지금까지 주민도 영토도 정복자의 이름으로 불리고 있는 그러한 놈들이오."[13]

크세르크세스는 이렇게 말하고 회의를 끝냈다. 이윽고 밤이 깊어짐에 따라 크세르크세스는 아르타바노스가 말한 의견이 마음에 걸리기 시작했다. 그리고 밤새도록 곰곰이 생각한 끝에 그리스 원정은 아무래도 현명한 것이 아님을 깨닫기에 이르렀다. 이렇게 결론을 내린 다음 그는 잠에 떨어졌는데, 페르시아인들이 전하는 바에 따르면 그날 밤 그는 다음과 같은 꿈을 꾸었다고 한다. 즉 잘 생기고 풍채 당당한 장부가 크세르크세스의 침대 앞에 서서 이렇게 말했다는 것이다.

"페르시아의 왕이여, 그대는 병력을 일으키겠다고 페르시아 국민에게 공언해 놓고서 마음을 바꾸어 그리스 원정을 중지할 셈이오? 그렇게 마음을 쉽게 바꾸다니. 지금 여기에 온 나도 그것을 허락하지 않겠소. 어제 낮에 계획된 대로 계속 밀고 나가시오."

꿈속의 남자는 이렇게 말한 다음 날아오르듯이 모습을 감추었다 한다. 날

---

12) 앞에서 아르타바조스가, 만일 다리가 그리스군에 의해 파괴될 경우에는 '황송한 일'이 일어나게 될 것이라고 말한 데 대한 야유이다.
13) 펠로폰네소스가 펠롭스에서 비롯된 것을 가리킨다.

이 밝자 크세르크세스는 이 꿈은 전혀 마음에 두지 않고 전날과 똑같이 페르시아의 요인들을 불러모은 뒤 이렇게 말했다.

"여러분, 내가 돌연히 마음을 바꾸는 것을 용서하기 바라오. 그것은 내 분별력이 아직 충분히 성숙치 못한 데다가 그 계획을 권유하는 자들이 한시도 내 곁을 떠나지 않았기 때문이었소. 나는 아르타바노스가 제시한 의견을 들었을 때는 한순간 젊은 피가 솟구쳐 올라 연장자에게 해서는 안 될 폭언을 내뱉고 말았소. 그렇지만 지금은 그의 말이 옳다고 생각되기 때문에 아르타바노스의 주장을 채택하기로 하겠소. 나는 생각을 바꾸어 그리스 원정을 중지하기로 결정했으니, 그대들도 이에 따라 행동해 주기 바라오."

그 자리에 참석했던 페르시아인들은 왕의 말을 듣고 매우 기뻐하며 왕 앞에 엎드렸다.

그런데 그날 밤, 다시 크세르크세스의 꿈속에 전날 밤과 똑같은 환상이 침대 곁에 나타나 이렇게 말했다.

"다레이오스의 아들이여, 그대는 페르시아인 앞에서 공공연히 원정의 중지를 선언하고, 내가 말한 바를 마치 없었던 것처럼 무시해 버렸소. 그러나 잘 알아 두시오. 만약 즉시 원정에 나서지 않는다면 반드시 이러한 일을 당하게 될 것이니. 그대는 권좌에 일찍 오른 만큼 빨리 전락하게 될 것이오."

크세르크세스는 이 꿈을 꾼 뒤 공포에 짓눌려 침상에서 벌떡 일어나 다음 사자를 보내 아르타바노스를 불러오게 했다. 그리고 문후를 여쭙는 그에게 이렇게 말했다.

"아르타바노스여, 나는 잠시 제정신을 잃고 유익한 충언을 해준 그대에게 어리석게도 폭언을 퍼붓고 말았소. 그러나 곧 생각을 바꾸어 그대가 충고해 준 대로 해야만 한다는 걸 깨달았소. 그런데 실은 그렇게 하고 싶지만 그럴 수 없는 처지요. 내가 결심을 바꾼 이래 종종 꿈속에서 환영이 나타나 나로 하여금 그대의 충고대로 행동할 수 없게 하기 때문이오. 어젯밤에도 그 환영이 나타나 나를 호되게 위협하고 사라졌소. 그러므로 만약 온갖 어려움을 무릅쓰고라도 그리스 원정을 단행해야 하는 것이 신의 뜻에 합당한 것이라면, 그대에게도 같은 환영이 나타나 같은 명령을 하리라 생각하오. 그래서 말인데, 그대가 내 옷을 그대로 입고 옥좌에 앉아 있다가 내 침소에 들어 잠을 자보는 것이 좋을 듯하오."

아르타바노스는 자신이 옥좌에 앉는다는 것은 부당한 일이라 생각하고 처음에는 왕의 명에 따르려 하지 않았다. 하지만 왕이 계속해서 강권하는 바람에 마침내 명령대로 하게 되었다. 그는 왕에게 말했다.

"전하, 제 생각으로는 스스로 현명한 판단을 내리는 것도, 유익한 조언을 하는 자의 말을 받아들이는 것도 그 가치는 똑같다고 봅니다. 전하께서는 이 두 가지 덕성을 모두 갖추고 계신데도 나쁜 자들이 전하 곁에 있기 때문에 그 덕성이 가려졌던 것뿐입니다. 그것은 마치 세상에서 말하는 대로, 본디 바다는 이 세상에서 인간에게 가장 쓸모 있지만 불어오는 질풍이 그러한 바다의 본성을 감추는 것과 같습니다.

전하의 질책을 받았을 때 제 마음이 아팠던 까닭은, 질책을 받았다는 것보다 오히려 다음과 같은 이유 때문이었습니다. 우리 페르시아는 갈림길에 서 있습니다. 하나는 교만을 조장하는 길이고, 다른 하나는 교만을 억제하는 길입니다. 그런데 전하께서 이 두 가지 길 중, 전하 자신과 페르시아 국민에게 위험천만한 쪽을 선택하셨다는 생각 때문이었습니다.

전하께서 생각을 바꾸어 올바른 길로 들어서신 지금, 전하의 말씀에 따르면 그리스 원정을 중지하지 못하도록 어떤 신이 여러 번 꿈으로 계시하고 있다고 하십니다. 젊으신 왕이시여, 그러한 꿈은 신께서 보내신 것이 아닙니다. 전하보다 좀더 나이를 먹은 제가 말씀드리자면, 요컨대 꿈이란 낮에 생각했던 것이 잠을 자는 가운데 나타나는 것에 지나지 않습니다. 실제로 우리는 며칠 동안 이 원정 문제로 고심해 오지 않았습니까?

그럼에도 만약 그 꿈이 제가 해석한 대로 설명될 수 없고 무엇인가 그 속에 신의 뜻이 내포된 것이라면, 전하께서 말씀하신 대로 해야 하리라 생각합니다. 즉 전하께서 꾸신 꿈이 제게도 나타나 그와 같은 지시를 내릴지 어떨지를 시험해 보아야 할 것입니다. 그러나 그 꿈이 어떻게 하든 나타나게 되어 있는 것이라면, 그 꿈은 제가 전하의 옷을 입고 있든 제 옷을 입고 있든 나타날 것이고, 또한 제가 전하의 침소에 누워 있든 제 침소에 누워 있든 마찬가지일 것입니다. 왜냐하면 전하께서 주무시고 계실 때 나타나는 환영의 정체가 무엇이든, 제가 전하의 옷을 입고 있다고 해서 저를 전하로 착각할 만큼

어리석은 존재는 아니라고 생각하기 때문입니다. 과연 그것이 제가 전하의 옷을 입고 있든 관계치 않고 저를 무시하고 제게 나타나는 것이 적당치 않다고 보면, 진정 우리가 유의해야 할 일은 그 환영이 전하께 다시 나타나는가 하는 것입니다. 만약 계속해서 나타난다면 저도 그것이 신의 뜻임을 인정하겠습니다. 그러나 이미 전하께서 결심을 굳히시어 그것을 다시 바꿀 수 없으시다면, 그리하여 어떻게 하든 제가 전하의 침소에서 자야만 한다면 분부대로 하겠습니다. 그래서 환영이 제게도 나타나는지 보겠습니다. 그러나 환영이 나타날 때까지는 지금의 제 의견을 바꾸지 않겠습니다."

아르타바노스는 이렇게 말한 다음 크세르크세스의 이야기가 아무 의미도 없음을 입증해 보일 셈으로 명령대로 했다. 그리하여 크세르크세스의 옷을 몸에 걸치고 옥좌에 앉아 있다가 침소에 들었다. 이윽고 잠들자 크세르크세스를 찾아왔던 바로 그 환영이 나타나 아르타바노스의 침상 곁에 서서 이렇게 말했다.

"자못 크세르크세스의 신상을 걱정하는 것처럼 가장하고 그의 그리스 원정을 중지시키려는 자가 그대인가? 장래든 현재든 운명의 흐름을 바꾸려 한다면 벌을 면치 못할 것이다. 크세르크세스가 내 명대로 하지 않을 경우 어떤 곤경을 치르게 될 것인가에 관해서는 이미 그에게 말해 둔 바 있다."

아르타바노스의 꿈속에 나타난 환영은 이렇게 위협한 다음 뻘겋게 단 쇠로 그의 두 눈을 찌르려 했다. 아르타바노스는 큰소리를 지르며 벌떡 일어나 크세르크세스에게로 달려갔다. 그리고는 꿈속에서 본 바를 상세히 이야기하고 나서 이렇게 말했다.

"전하, 저는 지금까지 강대국이 약소국에게 패망하는 예를 수없이 보아 왔습니다. 하여 전하께서 젊은 혈기대로 성급히 행동하지 않으시도록 조언한 것입니다. 키루스왕의 마사게타이족 원정[14]의 결과나 캄비세스왕의 에티오피아 정벌[15] 등의 선례를 생각하고, 나아가서는 다레이오스왕을 수행하여 스키타이를 공격했던 제 자신의 체험[16]에 비추어, 지나치게 큰 야망을 품는 것이

---

14) 제1권 참조.
15) 제3권 참조.
16) 제4권 참조.

어떻게 재난의 원인이 되는가를 깨달았기 때문입니다. 그리하여 저는 전하께서 일을 벌이시지 않는 한, 만인으로부터 선망을 받는 행운을 계속 누리실 수 있으리라 생각했습니다. 그렇지만 지금 알 수 없는 힘이 원정을 재촉하고 있고, 또한 그리스인이 신의 뜻을 따라 파멸당하도록 정해져 있음을 알게 된 이상, 저도 생각을 바꾸었습니다. 그러하오니 전하께서는 신의 계시를 국민에게 널리 알리시고 그들로 하여금 앞서 명하신 대로 원정을 준비하도록 하십시오. 그리고 신께서 이 거사를 인정하셨으니 전하께서도 성공을 거둘 수 있도록 최선을 다하시기 바랍니다.”

두 사람은 함께 꾼 꿈에 대해 조금도 의심을 품지 않았다. 그리하여 크세르크세스는 먼동이 트자마자 일의 전말을 페르시아인들에게 알렸고, 전에는 혼자서 공공연히 원정을 저지하려던 아르타바노스가 이번에는 공공연히 원정을 추진하게 되었다.

원정의 결의를 굳힌 뒤, 크세르크세스는 세 번에 걸쳐 꿈을 꾸었다. 그 꿈 이야기를 들은 마고스들은 그것이 온 세계의 운명과 관계된 것으로 모든 인류가 크세르크세스에게 예속되리라는 전조라고 해석했다. 그 꿈이란 이러했다. 크세르크세스가 올리브 가지로 엮은 관을 쓰고 있었는데, 그 올리브에서 세 가지가 자라나 온 세계를 뒤덮는가 싶더니 홀연 관이 사라져 버리고 말았다는 것이다.

마고스들이 꿈에 대해 해석을 내린 뒤, 모여 있던 페르시아의 요인들은 곧 저마다 영지로 돌아갔다. 그리고 모두 약속된 왕의 상을 받고자 명령대로 임무를 완수하려 애썼다. 이러는 가운데 크세르크세스는 대륙 전역에 걸쳐 빠짐없이 조사를 행하고 원정군 징집을 실시했다.

원정군의 출발

크세르크세스는 이집트 공략 뒤 4년간을 군대의 징집과 군에 필요한 물자를 조달하는 데 소비했다. 그리고 5년째에 접어들어 마침내 대군을 이끌고 원정길에 나섰다.[17]

---

17) 기원전 484년 봄부터 기원전 480년 봄까지의 일.

실로 이 원정군의 규모는 유사 이래 최대였다. 저 다레이오스의 스키타이 원정군도 이에 비하면 비교도 되지 않을 정도였다. 또한 스키타이인이 킴메르 인을 추격하여 메디아령에 침입,[18] 거의 상(上) 아시아 전역을 석권한 때의— 그 때문에 그 뒤 다레이오스의 보복을 받게 되었지만—진영(陳營) 형편도, 전 설적인 아토레우스 자식들의 일리온(트로이) 원정군도, 나아가서는 트로이 전 쟁에 앞서 미시아인과 테우크로이인[19]이 보스포로스 해협을 건너 유럽에 침 입하여 트라키아의 주민들을 모두 정복한 다음 멀리 이오니아(아드리아)해 연 안에 이르고 남쪽으로는 페레이오스 강변에까지 달했을 때의 병력도 이번 원정군에 비하면 상대도 되지 않을 정도였다.

위에서 언급한 몇 차례의 원정군을 모두 합하고, 거기에 과거 행해졌던 다 른 원정의 병력을 더해도 이번 원정군의 규모에는 미치지 못했을 것이다. 아 시아에 거주하는 민족으로 크세르크세스의 원정에 참여치 않은 민족은 하 나도 없었고, 또한 대하천을 제외하고는 이 대군의 식수로 충당된 결과 고갈 되지 않은 하천이 거의 없을 정도였기 때문이다. 그리고 어떤 민족이든 저마 다 전쟁 준비를 분담해 선박을 제공하기도 하고, 보병 부대에 편입되기도 하 고, 기병대 편성을 명령받기도 했다. 아울러 출정 병력과 함께 말이나 수송선 의 공출을 요구받기도 하였으며, 다리를 놓는 데 필요한 군선을 조달하기도 하고, 또한 식료품과 선박을 조달하라는 명령도 받았다.

그런데 크세르크세스는 원정군이 아토스산을 회항하다가 막대한 손해를 입었던 일을 떠올려 특히 아토스에 대해서는 약 3년 전부터 미리 조치를 취 해 놓고 있었다. 케르소네소스의 엘라이우스에 삼단노선단을 정박시키고, 이 곳을 기지로 삼아 페르시아군에 속하는 온갖 국적의 병사들로 하여금 교대 로 신속히 운하를 파게 했던 것이다. 그리고 운하를 파는 데는 아토스 부근 의 주민들도 참여했다. 이 공사에서 메가바조스의 아들 부바레스와 아르타 이오스의 아들 아르타카이에스 두 페르시아인이 감독을 맡았다.

---

18) 제1권 참조.
19) 전설에 따르면 이 원정군의 지휘는 트로이의 프리아모스의 부친인 라오메돈이 맡았다 한다. 트라키아의 파이오니아인이 테우크로이인의 후예라 칭하고 있었다는 것은 제5권에서도 볼 수 있다.

아토스는 바다로 돌출하여 높이 솟아 있는 유명한 산으로 사람도 살고 있었다. 이 산이 육지 쪽으로 끝나는 부근에는 반도 형태로 약 12스타디온 넓이의 지협이 형성되어 있다. 이 지협은 평야와 작은 구릉으로 이루어져 있고, 아칸토스 부근의 바다에서 토로네 앞 바다까지 뻗어 있다. 아토스산이 끝나는 이 지협에는 그리스 도시 사네가 있고, 이 사네와 아토스산 사이에 디온·올로픽소스·아크로톤·티소스·클레오나이 등 여러 도시가 있는데, 지금 크세르크세스는 이들 육지의 도시를 섬의 도시로 만들려고 했던 것이다.

페르시아군은 이 지역을 민족별로 분담시켜 다음과 같이 운하를 팠다. 이 운하는 사네시 부근에서 지협을 일직선으로 가로지르며 파기 시작했는데, 어느 정도의 깊이에 도달하면 일부는 맨 아래쪽에서 계속해 흙을 파내는 한편, 다른 일부는 파낸 흙을 사다리에 올라 있는 자에게 건넸다. 그러면 그것을 받은 자는 다시 위에 있는 자에게 건네는 식으로 하여, 흙은 마지막으로 맨 위에 있는 자의 손에 건네졌다. 그리고 이 맨 위에 있는 자들이 흙을 운반해다가 버렸다.

그런데 페니키아인을 제외하고 다른 민족 부대는 모두 파낸 운하의 옆벽이 무너져 내리는 바람에 이중으로 고초를 겪게 되었다. 그도 그럴 것이, 그들은 위 공간의 폭과 아래 바닥의 폭을 똑같게 하면서 파내려 갔던 것이다.

그러나 페니키아인은 무슨 일을 하든 뛰어난 두뇌를 활용했으며, 이번 공사도 예외는 아니었다. 그들은 자신들이 파야 할 장소를 할당받자 처음에는 예정된 폭의 두 배로 파내려 가기 시작했고, 개착이 진행됨에 따라 점차 그 폭을 좁혀 갔다. 그렇게 하여 밑바닥은 정해진 폭과 똑같게 되었던 것이다.

이 부근에 있는 초원에는 개착 공사를 하는 자들을 위한 시장이 열렸고, 구매부도 설치되었다. 아울러 분말로 된 곡물이 아시아에서 다량으로 끊임없이 수송되었다.

내가 추측하기에 크세르크세스가 이 운하의 개착을 명한 것은 과시욕 때문이 아닌가 한다. 그는 이를 통해 자신의 힘을 자랑함과 동시에 후세에 기념비적인 업적을 남기고자 했던 것 같다. 왜냐하면 선박들을 끌며 지상을 통해 쉽게 지협을 건널 수 있었음에도, 두 척의 삼단노선이 노를 저으면서 나란히 통과할 수 있을 만큼 넓은 운하를 바다 대신 파도록 명했기 때문이다.

그리고 운하의 개착을 담당했던 부대에 다시 스트리몬강에 다리를 놓도록 명했다.

크세르크세스는 이러한 작업들을 진행시키는 한편, 페니키아인과 이집트인에게 명하여 다리를 놓는 데에 사용할 파피루스나 백색 아마로 만든 밧줄을 준비하게 하고, 그리스 원정 도중 군대나 운반용 동물들이 굶주림에 시달리는 일이 없도록 원정군용 식료품 저장을 일임하는 것도 잊지 않았다. 여러 곳을 조사시킨 다음 가장 적당하다고 생각되는 몇 곳에 식료품을 저장하도록 명하고, 아시아 각지에서 화물선과 운송선을 이용하여 식료품을 각각의 장소로 분담 수송케 했다. 대부분의 곡류는 크라키아 지방의 레우케 아르테[20]('백색곶'이라는 뜻)라 불리는 곳으로 모아졌으며, 일부는 명에 따라 페린토스 영내의 티로디자, 도리스코스, 스트리몬 강변의 에이온, 그리고 마케도니아로 수송되었다.

이와 같은 작업이 계속되는 한편, 집결을 끝낸 육상 모든 부대는 카파도키아의 크리탈라[21]를 떠나 크세르크세스의 지휘하에 사르데스를 향해 행군을 계속했다. 크세르크세스를 따라 육상으로 진격할 부대는 모두 위의 크리탈라로 집결하도록 명령받았다. 그런데 지방 총독 중에서 가장 좋은 장비를 갖춘 부대를 이끌고 와 대왕으로부터 약속됐던 은상을 받은 자가 누구였는지는 모르겠다. 그리고 실제로 과연 그러한 경쟁이 행해졌는지조차 알 수 없다.

이 페르시아 부대는 할리스강을 건너 프리기아로 들어온 뒤, 이 지방을 지나 이윽고 켈라이나이시(市)에 도착했다. 이곳은 마이안드로스강과, 이에 못지않게 큰 카타락테스라 불리는 강의 수원이 솟아나는 곳이다. 이 도시 안에는 또한 '실레노스인 미르시아스의 가죽'[22]이 걸려 있다. 프리기아의 전설에 따르면 아폴론이 미르시아스의 가죽을 벗겨 도시의 아고라에 걸어 놓았다 한다.

---

20) 프로폰티스(마르마라해) 서안의 곶. 케르소네소스 반도 가까이에 있다.
21) 확실한 소재는 알 수 없다. 할리스강 동쪽 교통의 요충지에 해당하는 장소였던 것 같다.
22) 실레노스는 사티로스와 종종 혼동되는 반인반수(半人半獸). 본래는 판이나 님프 등과 같이 산야의 야생적인 생활력을 상징화한 것으로 생각된다. 마르시아스라는 프리기아의 실레노스가 피리의 명수였는데, 아폴론과 기예를 다투다가 패해 산 채로 가죽이 벗겨지게 되었다는 전설에서 비롯됐다.

그런데 여기에서 리디아인 아티스의 아들 피티오스[23]가 크세르크세스를 기다리고 있었다. 마침내 왕이 도착하자 그와 그의 전 부대를 아주 호화스럽게 환대하고, 나아가 전쟁 비용을 대겠다고 제안했다. 크세르크세스는 측근에 있던 페르시아인들에게, 피티오스가 어떤 자이며 그가 그러한 제안을 할 만큼 그렇게 부자냐고 물었다. 그러자 측근에 있던 자들은 이렇게 대답했다. "전하, 그가 바로 선왕이신 다레이오스 전하께 황금제 플라타너스와 포도나무[24]를 바친 사람입니다. 그리고 현재 역시 저희가 아는 한, 전하 다음으로 세계에서 가장 부유한 사람입니다."

크세르크세스는 이 말에 놀라움을 금치 못하고, 이번에는 스스로 피티오스에게 재산을 얼마만큼 갖고 있느냐고 물었다. 그러자 그는 다음과 같이 답했다.

"저는 전하께 숨기거나 저의 재산에 대해 모르는 체하지 않겠습니다. 제 재산의 액수를 알고 있으므로 전하께 그대로 말씀드리겠습니다. 저는 전하께서 그리스 바다 쪽으로 내려오고 계시다는 소식을 듣자, 곧 전쟁 비용을 전하께 헌납하고자 재산을 상세히 조사했습니다. 계산해 본 결과, 은 2천 탈란톤, 황금은 다레이코스 금화가 400만에서 7천이 모자라는 만큼 있습니다.[25] 이것을 모두 전하께 헌납할 생각입니다. 저는 현재 제가 소유하고 있는 노예와 토지로도 아주 편안하게 지낼 수 있습니다."

크세르크세스는 그 말에 매우 기뻐하며 다음과 같이 답했다.

"리디아 친구여, 나는 페르시아령을 떠난 이래 오늘까지 내 군대를 환대해 주거나 내 앞에 와 전쟁 비용을 기부하겠다고 말하는 사람을 그대를 제외하곤 한 사람도 만난 적이 없었네. 그대는 내 군대를 크게 환대해 주었고 또한 많은 돈을 기부하겠다고 제안해 왔소. 따라서 나는 그에 대한 답례로서 그대에게 다음과 같은 은상을 내리겠소. 앞으로 그대를 내 빈객으로서 대우하고,

---

23) 피티오스의 부친인 아티스가 제1권에 나오는 크로이소스의 자식과 동일인이라면, 피티오스는 크로이소스의 손자인 셈이다.

24) 사모스인으로서 명장(名匠)으로 이름이 높았던 테오도로스가 만든 것이라 한다. 두 작품 모두 걸작으로서 인기가 높았던 것 같다. 본래는 리디아 왕 알리아테스 또는 크로이소스를 위해 제작된 것으로, 뒤에 피티오스의 손으로 넘어간 듯하다.

25) 다레이코스 금화 한 개를 금 8.7그램으로 계산해 보아도 그 금액이 엄청남을 알 수 있다.

나아가 내 재산에서 금화 7천을 주어 그대의 금 소유분을 400만으로 만들어 주겠소. 그러면 400만으로 우수리 없이 딱 맞아떨어지는 액수가 될 것이 아니오? 그대는 현재의 재산을 그대로 소유하도록 하시오. 또한 앞으로도 변함 없이 지금의 마음을 지녀 주시오. 그러면 그대는 결코 이번에 하려 했던 일을 지금은 물론 장래에도 후회하는 일이 없을 것이오."

크세르크세스는 이렇게 말하고 약속대로 실행한 뒤, 다시 앞으로 나아갔다. 아나우아라는 프리기아의 도시를 지나고 소금이 나는 호수를 통과한 다음 콜로사이라는 프리기아의 대도시에 도착했다. 그곳에서는 리코스강이 갈라진 땅 틈으로 흘러들어가 지상에서 일단 자취를 감추었다가, 약 5스타디온 정도 떨어진 곳에서 다시 지상으로 올라와 흐르기 시작한다. 그리고 이 강 또한 마이안드로스강과 합류한다.

원정 부대는 콜로사이를 떠나 프리기아와 리디아의 국경에 있는 키드라라 라는 도시에 도착했다. 여기에는 크로이소스가 세운 돌기둥이 서 있는데, 거기에 새겨진 문자가 국경임을 표시하고 있다.

프리기아에서 리디아로 접어들면 길이 두 갈래로 나뉘어 왼쪽 길은 카리아로, 오른쪽 길은 사르데스로 통한다. 이 오른쪽 길로 가면 좋든 싫든 마이안드로스강을 건너 칼라테보스라는 도시를 지나게 된다. 이 도시에는 위성류(渭城柳) 당밀과 밀가루로 밀즙(蜜汁)[26]을 만들어 생계를 꾸려 나가는 사람들이 살고 있다.

크세르크세스도 이 길을 택해 전진해 갔는데, 도중에 본 플라타너스 나무가 너무도 훌륭함에 감탄하여 이 나무에 황금 장식을 하사하고 '불사부대(不死部隊, 아타나토이)'의 한 병사에게 그 보호를 명했다.

다음 날 크세르크세스는 사르데스에 도착했다. 그는 먼저 그리스에 사절을 파견하여 땅과 물을 요구하고 왕을 위해 식사 접대 준비도 갖추어 놓으라고 전했다. 그런데 아테네와 스파르타에만은 땅을 바치라고 요구하는 사절을 보내지 않았다. 그가 땅과 물을 요구하는 사절을 그리스에 거듭 파견한 이유는, 앞서 다레이오스가 요구했을 때에는 따르지 않았던 나라들도 이번에는

---

26) 엿과 같은 것.

두려움에 못 이겨 응할 것임에 틀림없다고 생각했기 때문이다. 요컨대 바로 그것을 확인하고자 사절을 파견했던 셈이다.

이렇게 해놓은 다음 크세르크세스는 아비도스로 군대를 진격시킬 준비를 했는데, 그곳에서는 아시아와 유럽을 잇는 헬레스폰토스의 다리 공사가 한창 진행되고 있었다. 헬레스폰토스의 케르소네소스 연안에 있는 세스토스와 마디토스 두 도시 중간에는 바위투성이의 곶이 바다로 돌출하여 아비도스와 마주 보고 있다. 이곳은 그 뒤 얼마 안 되어 아리프론의 아들 크산티포스[27]가 아테네군을 지휘하여 세스토스의 총독이었던 페르시아인 아르타유크테스를 생포한 다음 산 채로 나무판에 못 박아 놓은 곳이다. 이자는 엘라이우스시[28]에서 때와 장소를 가리지 않고 여자들을 프로테실라오스[29] 신전으로 끌고 들어가 불경한 짓을 되풀이하던 자였다.[30]

다리를 놓도록 명령받은 자들은 아비도스를 기점으로 이 곳을 향해 다리 두 개를 설치하였는데, 그 하나는 페니키아인이 백색 아마제 밧줄을 사용하여 설치하였고, 다른 하나는 이집트인이 파피루스제 밧줄을 사용하여 설치했다. 아비도스에서 해안까지의 거리는 7스타디온이다. 그런데 공사가 끝나 다리가 개통되자마자 폭풍이 불어와 막 완성된 다리가 모두 파괴되었다.

이 소식을 들은 크세르크세스는 헬레스폰토스에게 크게 노하여, 가신들에게 바다에 300대의 채찍형을 가하고 또한 족쇄 한 쌍을 바다 속으로 던져 넣으라고 명했다. 그뿐만 아니라, 내가 들은 바에 따르면 헬레스폰토스에 낙인(烙印)을 찍고자 사람을 파견하기도 했다 한다. 어쨌든 크세르크세스가 채찍형 집행인에게 명하여 다음과 같은 야만스럽고 불손한 말과 함께 바다에 채찍형을 가하게 한 것만은 확실하다.

"이 짜고 쓴 물 놈아, 너의 주인님께서 네게 이런 벌을 내리셨다. 너의 주인님께서는 너에게 아무런 해도 끼치지 않으셨는데, 네놈 쪽에서 먼저 주인님께 활을 당겼기 때문이다. 크세르크세스왕께서는 네가 무슨 짓을 하든 너를

27) 유명한 페리클레스의 아버지.
28) 케르소네소스반도 끝 가까이에 위치한 도시.
29) 트로이 전쟁 때, 트로이에 상륙하자마자 맨 먼저 불운한 영웅으로서 알려져 있다.
30) 제9권 참조.

건너가실 것이다. 그리고 물론 네놈에게 공물을 바치는 자는 이 세상에 한 사람도 없을 거다. 네놈처럼 탁하고 짜고 쓴 물에게 그건 당연한 일이다."

크세르크세스는 헬레스폰토스에 대해 이러한 벌을 가하라고 명령을 내림과 동시에 헬레스폰토스 다리 공사 책임자의 목을 자르게 했다.

이 반갑지 않은 역할을 수행하도록 명령받은 자들은 그대로 충실히 임무를 완수했고, 한편 새로 임명된 기술자[31]가 다리 공사에 착수했다. 그 다리의 모양은 다음과 같았다.[32]

오십노선과 삼단노선을 나란히 세워 놓고—흑해 쪽 다리에는 360척, 또 다른 한쪽에는 314척을 사용했다—흑해를 향해서는 비스듬히, 헬레스폰토스 해류에 대해서는 평행하도록 배치했다.[33] 이것은 다리의 밧줄이 언제나 팽팽하도록 하기 위해서였다.[34] 배들을 나란히 세운 다음 특별히 커다란 닻을 내렸다. 흑해 측 다리 쪽에서는 흑해 안쪽에서 불어오는 바람에 대비하기 위해서였고, 서쪽의 에게해 측 다리 쪽에서는 서풍과 남풍을 막기 위해서였다. 그리고 나서 오십노선과 삼단노선이 늘어서 있는 열의 3개소에 배가 지날 수 있을 만큼 간격을 넓혀 두어 작은 배가 마음대로 흑해를 오갈 수 있도록 했다.

이와 같이 해놓은 다음 육지에서 목제 도르래로 밧줄을 감아 올려 팽팽하게 해놓았다. 이번에는 지난번처럼 두 종류의 밧줄을 따로 사용하지 않고 각각의 다리에 백색 아마제 밧줄 두 가닥과 파피루스제 밧줄 네 개를 배분했다.

---

31) 새로이 임명된 다리의 최고 책임자는 하르파로스였다 한다.

32) 구체적이고 상세한 다리 공사에 대해서는 여기서 파악하기 어렵다. 로마의 카이사르가 지은 《갈리아 전기》 제4권에 서술되어 있는 라인강의 다리 공사에 대한 서술도 난해하고, 이 부분에 대한 헤로도토스의 기술도 몇 가지 문제점이 있다. 이에 대해서는 그때그때 서술하기로 한다.

33) "흑해(여기서는 프로폰티스, 즉 오늘날의 마르마라해를 가리킨다)를 향해서는 비스듬히"라는 구절과 "헬레스폰토스의 해류와는 평행하게"라는 구절을 두 개의 다리 각각에 적용하여 해석하는 설과, 두 구절을 두 다리를 설치하는 데 사용된 배 전체에 적용하여 해석하는 설이 있다. 여기서는 후자의 입장을 취하고 있는데, 전자의 해석에 따르면 두 다리의 방향이 각각 달랐다는 것이 된다.

34) 여기에서는 이 문장의 주어를 '늘어선 배의 열'이라 생각하고 해석했지만, 다른 해석에서는 '조류(潮流)'를 주어로 해석한다.

이 두 종류의 밧줄은 굵기나 질적인 면에서 서로 손색이 없었지만, 아마제 밧줄 쪽이 비교적 무거워 1페키스당 1탈란톤의 무게가 나갔다. 수로(水路) 양 기슭이 연결되자 통나무를 다리의 폭과 같은 길이로 잘라 낸 다음 팽팽히 당겨진 밧줄 위에 차례로 늘어 놓았다. 그러고 나서 그 위에 가로대를 걸치고 서로 묶었다. 그런 다음 그 위에 판자를 놓고, 그것이 빈틈없이 다 깔리자 다시 그 위에 흙을 덮었다. 그 흙을 밟아 다진 뒤 이번에는 다리 양쪽에 전체에 걸쳐 통나무 울짱을 설치했다. 짐을 실어나르는 짐승들이 발 밑의 바다를 보고 놀라는 일이 없도록 하기 위해서였다.

다리 공사가 끝나고, 또한 아토스 쪽에서도 운하가 완전히 완성되었다는 보고가 들어왔다. 그러자 사르데스에서 겨울을 지내며 장비를 갖추던 군대는 봄이 오기를 기다려 마침내 사르데스를 떠나 아비도스로 진격했다. 그런데 원정군이 막 진군하려 할 때, 한 점 구름도 없이 맑기만 했던 하늘에서 갑자기 태양이 자취를 감추어 환했던 대낮이 암흑 천지로 변했다.[35]

이 광경을 본 크세르크세스는 마음이 꺼림칙하여 마고스들에게 이 현상은 무슨 전조일 것 같으냐고 물었다. 그러자 그들은 페르시아에서는 미래의 일을 예시해 주는 것은 달이지만 그리스에서는 해이기 때문에, 이것은 신이 그리스 도시들의 소멸을 예시한 것이라고 대답했다. 그 말을 들은 크세르크세스는 매우 기뻐하며 전진을 계속했다.

그런데 리디아인 피티오스는 이 하늘의 현상에도 공포를 느꼈다. 그래서 왕으로부터 은상을 받았다는 데 용기를 얻어 왕에게로 가 이렇게 말했다.

"전하께 작은 청이 있사오니 부디 들어 주시기 바랍니다. 전하께서는 쉽게 들어주실 수 있는 사소한 일이지만 제게는 실로 중대한 일이오니, 소인에게 은혜를 베푸시옵소서."

크세르크세스는 피티오스의 청이 다음과 같은 것이리라고는 꿈에도 생각

---

35) 천문학자들의 계산에 따르면 당시 수년간 이 지역에서 나타났던 일식은 기원전 481년 4월 (인도양 지역 및 수사)의 개기식(皆旣蝕), 기원전 480년 10월(코린토스 및 사르데스)의 부분식 (部分蝕), 기원전 478년 2월(사르데스)의 금환식(金環蝕) 세 가지뿐이라 한다. 이곳의 기술은 부분식을 가리키는 것이 아닌 듯하고 지리적으로도 이곳은 제외되어야 하지만, 크세르크세스의 그리스 원정이 기원전 480년 봄에 시작된 것은 부정할 수 없는 사실이다. 따라서 연대상의 착오를 상정할 수밖에 없다.

지 않았으므로, 들어 줄 테니 어서 빨리 원하는 바를 말하라고 재촉했다. 그 말을 듣고 안심한 피티오스는 이렇게 말했다.

"제게는 다섯 명의 자식이 있는데, 그 자식들이 모두 이번에 전하를 따라 그리스 원정을 떠나게 되었습니다. 그러하오니 전하, 부디 이 늙은 몸을 가엾게 여기시고 다섯 명 중 맏이만이라도 저를 돌보고 재산을 관리할 수 있도록 군무를 면제해 주시기 바랍니다. 나머지 네 명은 데리고 가셔도 좋습니다. 그리고 전하께서 훌륭히 목적을 달성하고 돌아오시도록 기원하겠습니다."

그러자 크세르크세스는 크게 노하여 이렇게 대답했다.

"이 고얀 놈, 내 스스로 진두에 서서 내 자식, 내 형제, 내 친족, 그리고 내 친구들을 이끌고 그리스로 병력을 진격시키고 있다. 그런 판에 감히 뻔뻔스럽게 네 자식 놈을 염려하다니! 내 종의 몸으로서 마땅히 네 처를 비롯하여 일가를 모두 이끌고 나와 함께 가야 할 네놈이 말이다. 내 말을 잘 들어라. 인간의 귀에 깃들어 있는 마음은 선한 말을 들으면 몸 안을 희열로 가득 채우지만, 선하지 못한 말을 들으면 노여움으로 부풀어오른다. 네가 전에 선한 봉사를 하고 또한 그에 못지않게 선한 제안을 했다 해도, 너는 왕을 능가하는 선행을 했다고 자랑할 수 없을 것이다. 이번에는 실로 뻔뻔스럽게 나왔지만 죄에 상응하는 벌을 면해 주고 가벼운 처벌로 그치겠다.[36] 너와 네 명의 자식은 앞서 내게 베푼 접대의 공에 따라 그 형을 면해 주겠다. 그러나 너는 네 죄를 남은 한 명, 네가 가장 사랑하는 자식의 목숨으로 갚게 될 것이다."

이렇게 대답한 뒤 크세르크세스는 형리에게 명하여 피티오스의 맏아들을 찾아내어 그 몸을 잘라 한쪽은 길 오른편에, 다른 한쪽은 왼편에 두게 한 다음 군대로 하여금 그 사이를 지나게 했다.[37] 형리는 명령대로 행했고, 군대는 잘린 시체 사이로 진군했다.

여기서 연합군의 행군 순서를 보면 치중대(輜重隊)와 짐을 실어나르는 짐승이 선두에 서서 진군했고, 그 뒤를 이어 여러 민족의 혼성 부대가 민족별로 편성되지 않고 서로 섞인 채 행진했다. 모든 부대의 반 이상이 지난 부근에는 얼마쯤 간격이 두어져, 이들 부대가 다음에 계속되는 대왕 직속 부대와 섞이지

---

36) 기묘한 논리이지만 전제 군주의 방자한 자존심의 이상한 표현으로 해석해야 될 듯하다.
37) 이것을 뒤에서 볼 수 있는 생매장과 함께 인신(人身) 공여의 풍습으로 보는 사람도 있다.

않도록 되어 있었다. 대왕의 직속 부대를 보면 페르시아 전역에서 선발된 1천 명의 기병이 진군했고, 그 뒤를 이어 역시 전국에서 선발된 친위대 1천 명이 창끝을 밑으로 향한 채 행군했다. 그리고 화려한 마구(馬具)로 장식된, 네사이온 말이라는 이름으로 세상에 알려진 신마(神馬) 열 마리가 그 뒤를 이었다. 네사이온 말이라고 불리는 이유는, 메디아국에 있는 네사이온이라는 광대한 평원에서 거대한 말들이 나고 있기 때문이다. 이 열 마리의 말 뒤에서는 여덟 마리의 백마가 끄는 제우스[38]의 전차가 뒤따랐다. 그리고 말 뒤에서는 고삐를 쥔 마부가 걷고 있었다. 인간은 누구든 이 수레에 오를 수 없었기 때문이다. 그리고 이 전차 뒤에는 크세르크세스왕이 네사이온 말이 끄는 수레를 타고 가고, 페르시아인 오타네스의 아들 파티람페스가 마부로서 그 곁에 서 있었다.

크세르크세스는 이와 같은 진용을 갖추고 사르데스를 떠났는데, 마음이 바뀌자 전차(戰車)를 버리고 유개마차(有蓋馬車)로 갈아탄 다음 전진했다. 왕의 뒤에서는 페르시아의 최정예 부대이자 가장 고귀한 문벌 출신들로 구성된 1000명의 친위대가 보통 방식대로 창끝을 위로 향한 채 따르고 있었다.[39] 그 다음으로는 페르시아군 중에서 선발된 1000명의 기병 부대가, 다시 그 다음으로는 나머지 페르시아군에서 선발된 1만의 보병 부대가 이어졌다. 이 보병 부대 중에서 1000명은 그들의 창끝에 창날 대신 금으로 만든 석류를 달고 나머지 부대원들을 바깥에서 에워싸고 있었다. 그리고 그 안쪽에 배치된 나머지 9000명의 창끝에는 은으로 만든 석류가 달려 있었다. 또한 앞서 언급한 창끝을 밑으로 향한 채 행군하던 부대의 창끝에도 금으로 만든 석류가 달려 있었고, 한편 크세르크세스 바로 뒤에서 그를 수행하던 부대는 금으로 만든 사과를 단 창을 들고 있었다. 1만의 보병 부대 뒤에는 페르시아 기병대 1만 명이 배치되어 있었고, 그 뒤로 2스타디온의 간격을 두고 나머지 군대가 잡다하게 섞인 채 행군하고 있었다.

원정군은 리디아에서 진로를 카이코스강과 미시아 지방으로 바꾸고, 카이

---

38) 여기에서 제우스란 아후라마즈다신(神)을 그리스식으로 말한 것이다.
39) 창끝을 위로 하여 들었다는 것을 의미한다. 전위(前衛)의 창병(槍兵)이 창끝을 밑으로 한 것은 왕에 대해 경의를 표시하기 위해 그렇게 한 것이므로, 이것은 오히려 이례적인 자세이다.

코스를 떠나 카네산을 왼쪽으로 보면서 아타르네우스를 거쳐 카레네시로 향했다. 그리고 이 도시에서 테베 평야를 지나 아트라미테이온과 펠라스고이인의 도시 안탄드로스를 통과했다. 곧이어 이다산(山)에 도착하자, 거기에서 왼쪽 길로 접어들어 일리온(트로이)으로 들어갔다. 그런데 원정군은 이다산 기슭에서 야영 중 천둥과 번개를 동반한 폭풍우의 습격을 받아 많은 병사를 잃었다.

이 예상치 못한 비극 이후 군대가 스카만드로스 강변에 도착하자—이 강은 페르시아군이 사르데스를 떠나 정벌길에 오른 이래 강물이 병사와 가축의 음료수로 사용되어 마침내 바닥을 드러낸 최초의 강이었다—크세르크세스는 프리아모스의 옛 성을 몹시 보고 싶어했다. 그리하여 그는 성채로 올라가 다 구경한 다음, 그 땅에 얽힌 여러 가지 이야기를 듣고 트로이의 아테네 여신에게 소 1000마리를 잡아 바쳤다. 또한 마고스들은 옛 영웅들의 영혼에게 헌주를 했다. 그런데 그 일이 있은 바로 다음, 진영이 돌연 이상한 공포감에 사로잡히게 되었다.[40]

이튿날 아침 군대는 이 땅을 출발하여 로이테이온·오프리네이온·아비도스와 국경을 접하고 있는 다르다노스시를 왼쪽으로, 게르기테스 테우크로이[41]를 오른쪽으로 바라보면서 전진을 계속했다.

헬레스폰토스 도착과 바다를 건너다

군대가 아미도스에 도착하자 크세르크세스는 전군을 정렬시켜 검열하기로 결정했다. 미리 왕명을 받고 아비도스인이 조금 높은 언덕 위에 특별히 왕을 위해 흰 대리석으로 만든 전망대를 세워 놓았기 때문에, 왕은 여기에 앉아 해변을 내려다보면서 육상 부대와 함대를 한눈에 볼 수 있었다. 이 광경을 바라보던 중 왕은 돌연 조정 경기를 보고 싶은 생각이 들었다. 그리하여 조정

---

40) 어떠한 공포인지 여기에는 아무런 설명도 없지만, 대군대인 경우 사소한 일이 큰 동요로 이어질 수 있는 것인데 그리스인은 거기에서 무엇인가 초자연적인 힘의 개입을 보고 있다.

41) 게르기테스는 본디 종족의 이름으로, 테우크로이인을 조상으로 한 데서 둘의 이름을 합쳐 부르게 된 듯하다. 여기에서는 그 거주지를 나타내는 명칭으로 사용하고 있는데, 그 장소는 헬레스폰토스 동안(東岸)의 람프사코스 부근이었던 것 같다.

경기가 벌어져 페니키아의 시돈인이 우승했는데, 왕은 이 경기와 전군의 위용을 바라보면서 커다란 희열을 느꼈다.

크세르크세스는 헬레스폰토스의 해면이 온통 함선으로 뒤덮이고 해안과 아비도스의 평지가 모두 군대로 가득 찬 광경을 보고 스스로 자신의 행운을 축복하다가 갑자기 눈물을 흘렸다.

이것을 눈치 챈 그의 숙부 아르타바노스—이 사람은 처음에 크세르크세스의 그리스 원정에 반대하여 그 의견을 거리낌없이 말했던 인물이다—가 눈물을 흘리는 크세르크세스를 보고 이렇게 물었다.

"전하, 조금 전의 행동과 지금의 행동이 어찌 그렇게 다르십니까? 방금 전에는 자신의 행운을 스스로 축복하시는 듯하더니 지금은 눈물을 흘리시다니요."

그러자 크세르크세스는 이렇게 말했다.

"저렇게 사람이 많은데도 누구 한 사람 100세까지 살 수 없다고 생각하니 절로 슬퍼지는구려. 사람의 목숨이란 얼마나 덧없이 짧은 것이오!"

아르타바노스는 다음과 같이 답했다.

"우리가 살아가는 가운데 부딪히게 되는 것 중에는 그보다 훨씬 더 슬픈 일들이 많습니다. 여기에 있는 자들뿐만 아니라 다른 자들도 마찬가지입니다. 비록 이렇게 짧은 인생이지만 삶보다는 죽음을 원하는 일이 한 번도 아닌 여러 번에 걸쳐 일어나지 않습니까. 이런 일을 겪지 않을 만큼 행운을 누리는 사람은 아무도 없습니다. 불행이나 병마에 시달리는 자에게는 이 짧은 인생마저 너무 긴 듯 느껴질 것입니다. 이렇게 인생이 괴로운 나머지 죽음이 인간이 가장 원하는 도피처가 될 정도입니다. 그리고 이로부터 우리에게 인생의 감미로움을 맛보게 해주신 신의 마음속에 실은 악의가 숨겨져 있음을 깨닫게 됩니다."

크세르크세스는 이에 대해 다음과 같이 말했다.

"아르타바노스여, 인생이란 과연 그대가 말한 그대로이지만, 그 이야기는 이것으로 끝냅시다. 게다가 우리는 현재 행운을 누리고 있는 만큼 불행한 일 따위는 생각지 말도록 합시다. 그런데 그대에게 한 가지 묻고 싶은 게 있소. 만일 그대가 그만큼 생생한 꿈을 꾸지 않았다면, 지금까지도 처음의 의견을 굽히지 않고 나의 그리스 원정을 제지하려 했을 것 같소, 아니면 역시 생각을 바꾸었을 것 같소? 숨김없이 말해 주시오."

아르타바노스는 다음과 같이 대답했다.

"전하, 제가 꾼 꿈이 저나 전하를 실망시키지 않기를 바랍니다. 그러나 저는 그날 밤 이래 곰곰이 생각해 본 끝에, 특히 이 세상에서 가장 위력 있는 두 가지가 전하께 적의를 품고 있음을 깨닫고 마음을 주체치 못할 정도로 두려 웠습니다."

그 말을 듣고 크세르크세스는 이렇게 말했다.

"그대는 참으로 기묘한 말을 하는구려. 위력 있는 두 가지가 내게 적의를 품고 있다니, 대체 그게 뭐요? 우리 군대에 뭔가 잘못된 점이 있다는 말이 오? 병력이 부족하오? 그대는 그리스군이 우리 군대의 수배에 달하리라 생 각하오? 혹은 우리 해군이 그리스 해군에 비해 열세라고 생각하오? 아니면 바다와 육지에서 모두 부족하단 말이오? 만약 그대가 우리 군대가 그러한 점 에서 부족하다고 생각한다면, 지금이라도 지체 없이 별도의 군대를 쉽게 징 집할 수 있지 않소?"

아르타바노스는 이에 대해 다음과 같이 답했다.

"전하, 적어도 상식을 갖춘 자라면 이만큼의 군대나 함선 수가 부족하다 할 수 없을 것입니다. 아니, 오히려 전하께서 더욱 많은 군대를 징집하면 하실수 록 제가 말씀드린 두 가지는 더욱 전하께 적의를 드러내게 될 것입니다. 그 두 가지란 바로 육지와 바다를 가리킵니다. 제가 아는 한, 폭풍이 불 때 우리의 이 함대를 수용하여 안전하게 지켜 줄 만큼 큰 항구는 어디에도 없습니다. 더 욱이 그러한 항구는 단지 하나에 그치지 않고, 전하께서 앞으로 수군을 진격 시키실 해안 일대에 걸쳐 많이 있어야 할 것입니다. 하지만 그러한 항구는 하 나도 없습니다. 그러므로 전하, 저는 전하께서, 인간은 우연한 사태를 제어할 수 없고 도리어 거기에 자신을 맡길 수밖에 없음을 깨달으시길 바랍니다.

그리고 육지가 전하께 적대감을 품고 있다는 의미는 이런 것입니다. 즉, 설 사 전하의 전군을 저지하는 것이 없다 하더라도, 전하께서 계속해서 진군하 시면 하실수록—실로 인간이란 순조롭게 일이 풀릴 때에는 그에 만족하여 멈추는 일이 없기 때문입니다—육지 자체는 전하께 점점 더 적의를 나타낼 것입니다. 요컨대 맞서는 자가 없다 하더라도 나날이 늘어 가는 거리 때문에 반드시 식량난에 봉착하게 될 거라는 이야깁니다. 저는 계략을 세울 때에는 모든 예측키 어려운 사태를 고려하면서 신중하게 행동하고, 실행에서는 대담무쌍하게 행동하는 자야말로 이상적인 인물이라고 믿습니다."

크세르크세스는 그에 대해 이렇게 답했다.

"아르타바노스여, 그대가 한 말은 하나같이 다 옳소. 하지만 그렇게 무엇이든 두려워하거나 일어날 수 있는 일을 모두 다 고려하지 마시오. 어떤 사항에 대해 온갖 가능성을 일일이 따진다면 결국 아무 일도 하지 못하게 될 것이오. 오히려 만사를 대담하게 결행하고 염려되는 위험을 반쯤은 감수하는 편이, 사전에 온갖 위험을 피하기 위해 행동을 회피하는 것보다는 나을 것이오. 그대가 다른 자들의 의견에 일일이 반대할 때 그 주장이 확실히 옳음을 증명할 수 없다면, 그대의 반론 또한 그대와 견해를 달리하는 자들의 주장과 마찬가지로 그릇된 것일지도 모르오. 어느 쪽 주장이 옳은가 그 가능성은 반반이오. 인간의 몸으로 어떻게 확실한 것을 알 수 있겠소? 나는 그것은 인간의 힘으론 불가능하다고 생각하오. 그러므로 성공은 기꺼이 결행하는 자에게 주어지게 마련이며, 이런저런 생각으로 머뭇거리며 몸을 사리는 자에게는 다가오지 않소.

우리 페르시아의 국력이 어떻게 신장되어 왔는지 생각해 보시오. 잘 알다시피 만일 선대의 제왕들께서 그대와 똑같은 생각을 하셨다면, 아니 혹 그분들 자신은 그렇게 생각지 않았다 하더라도 그대와 같은 생각을 하는 신하를 거느리고 계셨다면, 우리 국력은 이 정도까지 발전하지 못했을 것이오. 그러나 선왕들께서는 과감히 위험을 무릅씀으로써 페르시아의 세력을 여기까지 번영시킬 수 있으셨소. 위대한 업적은 위대한 모험으로만 성취될 수 있기 때문이오. 그러므로 우리가 지금 선왕들의 예를 따르고 있고 1년 중에서 가장 좋은 이 계절에 진군을 계속하는 만큼, 우리는 곧 유럽을 모두 평정하게 될 것이오. 그리고 그 사이에 어디에서고 기아에 시달리거나 어떤 불쾌한 일을 당하지 않고 승리의 기쁨을 안고 귀국하게 될 것이오. 우리의 식량은 풍부하며, 또 가는 길에 얼마든지 곡물을 얻을 수 있기 때문이오. 우리가 공격의 목표로 삼고 있는 상대는 유목민이 아니고 농경민이란 말이오."

그러자 아르타바노스는 이렇게 말했다.

"전하께서는 쓸데없이 두려워할 필요가 없다고 말씀하셨지만, 이 한마디 건의만은 들어 주시기 바랍니다. 말이 길어져 죄송스럽습니다만, 논의할 일이 많을 때에는 의론도 다소 길어질 수밖에 없습니다.

일찍이 캄비세스님의 아드님이신 키루스왕께서는 아테네를 제외한 온 이오니아를 평정하시어 페르시아의 조공국으로 삼으셨습니다. 그러므로 저는 전하께 이 이오니아인들로 하여금 어떠한 일이 있어도 그들 조상의 나라를 공격케 하는 일은 없도록 하시라고 권유드리고 싶습니다. 우리는 그들의 손을 빌리지 않고도 충분히 적을 제압할 수 있습니다. 만일 그들이 원정에 가세할 경우, 그들 앞에는 자신들의 모국을 예속시키는 무뢰한이 되든지 아니면 모국을 도와 자유롭게 하는 의리 있는 자가 되든지 하는 두 가지 길밖에 없습니다. 그들이 무뢰한이 되더라도 우리에게는 그다지 이익이 될 게 없습니다. 그러나 만약 그들이 의리 있는 행동을 한다면 그들은 전하의 군대에 막대한 손실을 끼칠 것입니다. 그러므로 일의 초반에는 결말을 모두 꿰뚫어 볼 수 없다는 옛말이 진리임을 아무쪼록 명심해 주시길 바랍니다."

그에 대해 크세르크세스는 다음과 같이 답했다.

"아르타바노스여, 그대는 여러 가지 의견을 말했지만 그중에서도 지금 한 말이 가장 잘못된 것이오. 그대는 이오니아인의 변심을 두려워하지만, 그들을 신뢰할 수 있는 가장 좋은 증거를 우리는 갖고 있지 않소? 그에 대해서는 그대는 물론 다레이오스왕의 스키타이 원정에 참가했던 다른 자들도 증언할 수 있을 것이오. 모든 페르시아군의 안위가 그들에게 달려 있을 때, 그들은 정직하고 성실하게 행동했고 우리에게 어떤 위해도 가하지 않았소. 그뿐만 아니라 처자식과 재산을 우리 국내에 남겨 둔 그들이 어떻게 불온한 행동을 할 수 있겠소? 그건 상상도 할 수 없는 일이오. 그러니 그런 것은 염려치 말고 마음을 편안히 갖고 내 집과 영지를 안전하게 돌보아 주시오. 나는 오직 그대에게만 안심하고 내 왕권을 맡길 수 있소."[42]

크세르크세스는 이렇게 말하고 아르타바노스를 수사로 돌려보낸 다음 페르시아의 중신들을 소집했다. 크세르크세스는 그들을 향해 다음과 같이 말

---

42) '부왕(副王) 또는 섭정으로서'라는 뜻일 것인데, 크세르크세스가 이때에 이르러 돌연히 그것도 아르타바노스와 둘만의 회담에서 이 결정을 전한 것은 조금 이상하다.

했다.

"내가 그대들을 불러모은 이유는 다른 게 아니오. 우리 페르시아의 선인들께서 수행하신 위대한 업적에 흠을 내지 말기를 그대들에게 부탁하기 위해서요. 우리 앞에 놓인 대업을 수행함에 있어 용기를 한껏 발휘해 주시오. 우리 각자는 물론 모두가 분기해 주시오. 우리 모두의 복지야말로 우리가 성취하고자 노력하는 성스런 목표이기 때문이오. 이번 전쟁에서 최선을 다해 주시오. 그 이유는 우리가 공격할 상대는 용감한 민족이며, 한번 그들을 진압하면 아무리 천하가 넓다 하더라도 우리에게 맞설 만한 군대는 더 없을 것이기 때문이오. 그러니 이제 페르시아의 국토를 다스리시는 신들께 기원한 뒤 저 땅으로 건너가도록 합시다."

그날은 하루 종일 바다를 건널 준비를 하며 보냈다. 다음 날, 일출 광경을 보려고 다리 위에 온갖 종류의 향을 피워 놓고 통로에 도금양 가지를 깔아 놓은 다음 해가 뜨기를 기다렸다. 이윽고 태양이 솟자 크세르크세스는 큰 황금 술잔으로 바다 속에 술을 쏟아 부어 바쳤다.[43] 그리고 태양을 향해 자신이 유럽 끝에 도달할 때까지 그 정복을 방해하는 사고가 한 건도 일어나지 않기를 기원했다. 기원이 끝나자 그 큰 술잔과 금 혼주기 한 개 그리고 페르시아어로 아키나케스[44]라 불리는 페르시아풍의 단검을 바다 속으로 던졌다. 단 이들 물품을 태양신에 대한 봉납품으로서 바다 속에 던진 것인지, 아니면 앞서 헬레스폰토스에 채찍형을 가했던 일을 후회하고 그 죄에 대한 속죄의 표시로서 바다에 바친 것인지, 나로서는 확실한 판단을 내릴 수 없다.

크세르크세스가 의식을 끝내자 원정군은 바다를 건너기 시작했다. 두 다리 중 흑해 쪽에 있는 다리로는 보병과 기병 전 부대가 건넜고, 에게해 쪽 다리로는 운반용 짐승과 사내종들이 건넜다.

머리에 화환을 쓴 1만의 페르시아 군대가 맨 먼저 다리를 건넜다. 그 뒤로 여러 민족으로 구성된 혼성 부대가 다리를 건넜다. 그날은 이 부대가 다리를 건너는 것으로 하루를 보냈다. 다음 날에는 기병대와 창끝을 밑으로 향한 채

---

43) 여기서는 술을 바쳤다고 했지만, 페르시아인은 제사 때 술이 아닌 이른바 하오마라는 음료수를 썼다. 그러나 하오마도 포도주였다는 설도 있다.
44) 길이 30센티미터 정도의 폭이 넓은 단검으로 허리띠에 걸고 있었다.

행군하는 부대가 선두에 서서 건넜다. 그들도 머리에 화환을 쓰고 있었다. 계속해서 신마(神馬)와 신거(神車)가 건너갔고, 그 뒤를 이어 크세르크세스가 친위대와 기병 1000명을 거느리고 다리를 건넜다. 그리고 잔여 부대가 그 뒤를 따랐다. 또한 해상 부대도 때를 같이하여 맞은편 해안을 향해 출발했다. 왕이 맨 마지막으로 건너갔다는 주장도 있다.

크세르크세스는 유럽 쪽으로 건너온 뒤 군대가 재촉을 받으며 신속히 바다를 건너는 광경을 지켜 보고 있었다. 원정군은 한시도 쉬지 않고 7일 낮 7일 밤에 걸쳐 바다를 건넜다. 크세르크세스가 헬레스폰토스의 다리를 다 건넜을 때, 헬레스폰토스에 살고 있던 한 주민이 이렇게 말했다 한다.

"제우스 신이시여, 그리스를 파멸시키려 하신다면, 어찌 페르시아인의 모습을 하시고 이름도 크세르크세스라 바꾸신 채 세상의 모든 인간을 끌고 오셨습니까? 당신이시라면 그러한 수고를 하지 않고서도 얼마든지 바라는 대로 하실 수 있지 않습니까?"

전군이 다리를 건너 유럽 땅에서 진군을 시작하려 할 때 기이한 전조가 나타났다. 그 의미를 쉽게 판단할 수 있었음에도 크세르크세스는 조금도 주의를 기울이지 않았다. 그 전조란, 말이 토끼를 낳은 것이었다. 즉 크세르크세스는 처음에는 위풍당당하게 자신감을 갖고 그리스로 병력을 진격시켰지만, 마침내는 겨우 목숨을 건진 채 본디 장소로 도망쳐 돌아가게 되리라는 암시였다.[45] 그가 아직 사르데스에 있을 때에도 또 다른 전조가 나타난 적이 있었다. 노새가 새끼를 낳았는데 태어난 노새가 암컷과 수컷 양성의 성기를 갖고 있었고, 게다가 수컷의 성기가 위에 붙어 있었던 것이다.[46]

그러나 크세르크세스는 이 두 가지 전조 모두 개의치 않고 육상 부대의 선두에 서서 전진을 계속했다. 한편 함대는 헬레스폰토스를 빠져 나오자 육상 부대와는 반대 방향으로 육지에 잇닿아 항해했다. 함대는 사르페돈곶[47]으로

---

45) 그리스에서 말은 흔히 씩씩하고 화려한 것으로 비유된다. 토끼는 약하고 겁쟁이이므로 요컨대 용두사미(龍頭蛇尾)라는 것이리라.

46) 이것도 위와 똑같이 해석된다. 원정의 시작은 남성적이지만, 여성적인 결말로 끝나리라는 것이다.

47) 멜라스만 서쪽 끝의 곶.

항해해, 거기서 육상 부대를 기다리라고 미리 지령받았던 것이다. 한편 본토로 진군하던 부대는 해가 뜨는 방향을 향해 케르소네소스를 종단하고, 오른쪽으로는 아타마스의 딸 헬레의 묘[48]를, 왼쪽으로는 카르디아시를 바라보면서 아고라라는 도시 한가운데를 지났다. 여기에서 말라스만을 따라 진군한 다음 멜라스강을 건넜다―만의 이름은 이 강 이름에서 비롯된 것이며, 역시 이 강물도 원정군에게 식수를 충분히 제공하지 못했다. 그리고 서쪽으로 진군하여 아이올리스계의 도시 아이노스와 스텐토리스호를 지난 뒤 도리스코스에 도착했다.

도리스코스란 트라키아의 해안에 있는 대평야로, 헤브로스라는 큰 강이 흐르고 있다. 이 땅에는 도리스코스성(城)이라 불리는 페르시아 왕의 성곽이 축조되어 있었고, 다레이오스는 스키타이 원정 이래 여기에 페르시아의 수비대를 배치해 두고 있었다. 크세르크세스는 이 땅이 원정군을 편성하고 점호하기에 편리한 장소라 생각하고 그렇게 했다. 도리스코스에 도착한 함대의 함장들은 크세르크세스의 명에 따라 도리스코스 이웃에 있는 해안으로 함선들을 집결시켰다. 여기에는 조네시(市)와 사모트라케인이 세운 살레시가 있고, 그 끝에는 유명한 세레이온곶[49]이 뻗어 있다. 옛날에는 이 지역이 모두 키코네스족[50]의 땅이었다. 해상 부대는 이 해안에 배를 정박시키고 육지로 올라와 쉬었다.

크세르크세스는 도리스코스에서 원정군의 병력을 점검했다.

원정군의 병력 점검

여러 민족이 각각 파견한 병력 수가 어느 정도였는지에 대해서는 아무도 기록을 남기고 있지 않다. 따라서 나도 정확한 수를 알 수는 없지만, 육상 부대의 총인원이 70만에 이르렀던 것만은 확실하다. 병력 점검은 다음과 같은 방식으로 행해졌다.

---

48) 아타마스의 딸 헬레가 계모의 학대를 피하기 위해 형제 프릭소스와 함께 황금털을 지닌 양을 타고 바다를 건너다가 헬레스폰토스에 떨어져 죽었다는 전설에서 나온다. 바다의 이름은 '헬레의 바다'라는 뜻이다.
49) 전설의 시인 오르페우스가 여자들에게 갈기갈기 찢긴 곳으로 유명하다.
50) 이 민족은 트로이 전쟁 때부터 알려졌다. 《일리아드》 제2권 846행 참조.

우선 1만 명을 될 수 있는 대로 한곳으로 밀집시켜 모은 다음 그 둘레에 원을 그렸다. 그러고 나서 그 1만 명을 빼낸 다음 원을 따라 배꼽 높이로 돌담을 쌓아올렸다. 이렇게 한 다음 차례로 남은 병력을 돌담 안으로 집어넣는 식으로 하여 모든 병력의 수를 헤아렸던 것이다. 병력 수의 점검이 끝난 뒤에는 민족별로 편성을 마쳤다.

원정군의 내역은 다음과 같았다.

먼저 페르시아군을 살펴보면, 이들은 머리에 티아라라는 펠트로 만든 유연한 모자를 쓰고 몸에는 형형색색의 소매 달린 속옷과 물고기 비늘을 생각케 하는 갑옷을 입고 다리에는 바지를 걸치고 있었다. 방패로는 보통 방패(아스피스)와는 다른 버드나무 가지로 엮은 가벼운 방패를 들고 있었고, 방패 밑에 전통(箭筒)[51]을 달아 놓고 있었다. 단창(短槍)을 들고, 등(藤)으로 만든 화살과 센활(强弓)을 메고 오른쪽 허벅지를 따라 단검을 허리띠에 매달고 있었다. 이 부대의 지휘관은 크세르크세스의 왕비 아메스트리스의 아버지인 오타네스였다.

옛날에는 그리스인이 페르시아인을 케페네스인이라 불렀다. 그러나 페르시아인은 자신들을 아르타이오이인이라 칭하고, 그 이웃 나라 사람들도 그렇게 부르고 있었다. 다나에와 제우스 사이에서 태어난 페르세우스가 벨로스의 아들 케페우스를 방문해 그의 딸 안드로메다를 아내로 맞아들였는데, 둘 사이에서 남자아이가 태어나 페르세스라 이름지었다. 그는 이 자식을 그 땅에 남겨 두었다. 케페우스에게는 남자 자식이 없었기 때문이다. 페르시아인이라는 호칭은 이 페르세스에서 유래한 것이다.[52]

메디아인 부대도 페르시아인과 똑같은 장비를 갖추고 원정에 참가했다. 그런데 이러한 장비의 양식은 본디 페르시아 것이 아니라 메디아의 것이었다. 메디아인 부대의 지휘관은 아카이메네스의 일족인 키그라네스였다. 메디아인은 옛날에는 일반적으로 아리오이인[53]이라 불렸는데, 콜키스 출신의 여자

---

51) 방패는 전투시가 아니면 등에 져야 했기 때문에 자연히 화살통이 그 밑에 있었다.
52) 이 전승은 페르시아인(페르세스)과 영웅 페르세우스의 이름이 비슷한 데서 그리스인이 제멋대로 창작한 이야기인 듯하다. 따라서 케페네스도 케페우스와 관계 짓고 있다.
53) 이른바 '아리아인'으로, 본디 메디아인뿐만 아니라 이란 고원 일대에 사는 동계(同系) 민족의

메데이아[54]가 아테네에서 도망쳐 이 나라로 온 뒤부터 이 민족도 그 이름을 바꾸었던 것이다. 이것은 메디아인이 자기 나라 이름에 대하여 전하는 이야기이다.

키시아[55]쪽 부대의 장비는 거의 페르시아인과 똑같았지만, 다만 그들은 펠트 모자 대신 두건을 머리에 두르고 있었다. 키시아인 부대의 지휘는 오타네스의 아들 아나페스가 맡고 있었다. 히르카니아인[56] 부대는 페르시아군과 똑같은 장비를 갖추고, 뒤에 바빌론의 총독이 된 메가파노스를 지휘관으로 받들고 있었다.

아시리아인[57] 부대의 차림새를 살펴보면, 그들은 머리에 청동제 투구—그리스에서는 거의 볼 수 없는 방식으로 만든 것이기 때문에 여기에서 그 구조를 설명하기는 어렵다—를 쓰고 방패와 창, 그리고 이집트인이 사용하는 것과 매우 비슷한 단검을 휴대하고, 아울러 쇠못이 박힌 곤봉을 지니고 아마포로 만든 갑옷을 입고 있었다. 이 민족을 그리스에서는 시리아인이라 불렀지만, 그리스 이외의 지방에서는 아시리아인이라 불렀다(이 부대에는 칼다이아인도 섞여 있었다).[58] 이 부대의 지휘는 아르타카이에스의 아들 오타스페스가 맡고 있었다.

박트리아인은 메디아풍에 가장 가까운 모자를 머리에 쓰고 그들 특유의 등(藤)으로 만든 활과 단검을 지니고 진군했다. 그리고 스키타이계의 사카이인은 키르바시아라는 앞이 뾰족하고 높이 솟아오른 딱딱한 모자를 머리에 쓰고 바지를 입고 있었으며, 그들 특유의 활과 단검, 그리고 사가리스라는 전쟁용 도끼를 지니고 있었다. 이 민족은 스키타이인이었지만 '아미르기온의 사

통칭이었다. 다만 조금 뒤에 다시 나오는 아리오이인과는 구별된다.
54) 그리스 신화의 유명한 마녀. 아테네 왕 아이게우스의 처였던 그녀는 의붓 자식인 테세우스를 죽이려는 음모가 발각되자 아테네를 떠나 아리오이인 지역으로 갔다고 한다. 이것도 이름이 비슷한 것에 착안하여 그리스인들이 창작한 것으로 보이며, 메디아인의 전승은 아닌 것 같다.
55) 페르시아와 친근한 관계에 있었던 민족. 수사는 키시아 지방의 도시.
56) 카스피해 동북부에 살던 민족.
57) 이 중에는 바빌론인도 포함된다.
58) 괄호 안의 부분은 일반적으로 후세에 삽입한 것으로 간주된다.

카이인'[59]이라 불리고 있었다. 페르시아인은 스키타이인을 모두 사카이인이라고 부르기 때문이다. 이 박트리아인과 사카이인 부대의 지휘관은 다레이오스를 아버지로 두고 키루스의 딸 아토사를 어머니로 둔 히스타스페스였다.

인도인은 목면으로 만든 의복을 입고 등으로 만든 활과 화살을 지니고 있었지만, 화살촉만큼은 쇠로 만든 것을 쓰고 있었다. 인도군은 아르타바테스의 아들 파르나자트레스가 통솔했다.

아리오이인[60]은 메디아풍의 활을 갖추고 있었지만 그 밖의 장비는 박트리아인과 똑같았다. 아리오이인 부대를 지휘한 것은 히다르네스의 아들 시삼네스였다.

파르티아인, 코라스미오이인, 소그디아인, 간다라인, 다디카이인 등도[61] 모두 박트리아인과 똑같은 장비를 갖추고 있었다. 이들 여러 민족을 통솔하고 있었던 지휘관을 차례로 기록하면, 파르티아군과 코라스미오이군은 파르나케스의 아들 아르타바조스가, 소그디아군은 아르타이오스의 아들 아자네스가, 간다라 및 다디카이군은 아르타바노스의 아들 아르티피오스가 각각 지휘했다.

카스피오이인[62]은 짐승 가죽을 두르고 그 나라 고유의 등으로 만든 활과 단검(아키나케스)을 갖추고 출진했다. 그 지휘는 아르티피오스의 형제인 아리오마르도스가 맡고 있었다.

다음으로 사란가이인[63]은 눈에 금방 띄는 화려한 색깔의 옷을 입고 무릎까지 오는 목이 긴 구두를 신었다. 그리고 활과 메디아풍의 창을 지니고 있었다. 사란가이군의 지휘는 메가바조스의 아들 페렌다테스가 맡았다. 팍티에스인[64]은 짐승 가죽을 몸에 두르고 그 특유의 활과 단검을 지니고 이타미트레스의 아들 아르타윈테스의 지휘를 받고 있었다.

---

59) 아미르기온은 바카이국, 즉 스키타이에 있는 평야의 이름.
60) 아레이오이라고도 한다. 박트리아 서남부에 살았던 민족. 주 53) 참조.
61) 이들 여러 종족은 박트리아를 기점으로 하면 파르티아는 그 서쪽, 코라스 미오이는 서북방, 소그디아는 북쪽에 해당한다. 간다라는 오늘날의 카불강변 지역, 불교 예술로 이름 높은 간다라가 이것이다. 다디카이는 간다라의 인근 나라.
62) 박트리아 동쪽의 주민.
63) 이란 고원 중앙부, 파르티아 남쪽에 있었던 민족.
64) 인도 동북방, 인더스 강변의 팍티에 지방에 있었던 민족.

다음으로 우티오이·미코이·[65]파리카니오이 등은 팍티에스인과 똑같은 장비를 갖추었다. 우티오이인과 미코이인은 다레이오스의 아들 아르사메네스가, 파리카니오이인은 오이오바조스의 아들 시로미트레스가 각각 지휘했다.

아라비아인 부대는 제이라라는 길게 늘어진 웃옷에 허리띠를 매고, 오른손에는 당기지 않을 때에는 반대편으로 굽어 있는 긴 호궁(豪弓)[66]을 쥐고 있었다.

그리고 에티오피아인은 표범이나 사자의 모피로 몸을 두르고 대추야자나무를 얇게 쪼개어 만든 긴―모두 4페키스를 넘는―활과 짧은 등으로 만든 화살을 지녔다. 화살촉은 철제가 아니라 인장(印章)을 새길 때 사용하는 석재를 날카롭게 간 것이었다. 아울러 그들이 휴대한 창끝에는 순록(馴鹿)의 뿔을 날카롭게 간 것이 부착되어 있었다. 또한 그들은 징을 박은 곤봉도 지니고 있었다. 이 민족은 싸움에 임할 때에는 몸 한쪽에는 석고를 바르고 다른한쪽에는 주사(朱砂)를 바른다.

아라비아인과, 이집트 상부에 거주하는 에티오피아인 부대를 지휘한 것은 다레이오스와 키루스의 딸 아르티스토네 사이에서 태어난 아들 아르사메스였다. 아르티스토네는 다레이오스가 수많은 아내 가운데서[67] 가장 총애하던 여성으로, 다레이오스가 황금을 두드려 펴서 그녀의 상(像)을 만들게 한 일도 있었다.

원정에 참가한 에티오피아인은 두 부류였다. 동방 에티오피아인[68]은 인도인 부대에 배속되어 있었고, 언어와 두발 두 가지 점을 제외하고는 남방 에티오피아인과 외모상 다른 점이 없었다. 동방 에티오피아인은 두발이 곧지만 리비아의 에티오피아인은 세계에서 머리털이 가장 곱슬곱슬하기 때문이다.

---

65) 이 두 민족은 이란 고원 남부, 페르시스와 카라마니아 두 지방의 중간 부근에 살고 있었던 것 같다.

66) 보통 활은 줄을 당겨 활의 자연적인 반동을 세게 할 뿐인데, 역반동의 활은 활 자체의 만곡(彎曲)이 역으로 되어 있어 줄을 쥐고 이 만곡부를 본대로 되돌리며 역으로 반동시키게 된다. 잡아당기는 데 힘이 배가 요구되지만 화살의 속도가 그만큼 빨라진다.

67) 다레이오스에게는 여섯 명의 비(妃)가 있었는데, 그중에서 가장 세력이 컸던 것은 아르티스토네의 언니인 아토사였다.

68) 에티오피아인을 동서로 분류하는 것은 이미 호메로스에게서 볼 수 있다《오디세이아》 제1권 23행). 본토 에티오피아인은 게드로시아(베르치스탄) 부근에 거주했던 듯하다.

그런데 이 아시아 에티오피아인의 장비는 대체로 인도인 부대와 같았고, 말의 머리 가죽을 귀와 갈기만 붙여 둔 채 벗긴 것을 머리에 쓰고 있었다. 갈기는 투구의 장식털 대용이었으며, 말의 귀는 위로 쑥 솟아 있었다. 또한 몸을 보호하는 데도 방패 대신에 학(鶴)의 가죽을 쓰고 있었다.

리비아인 부대는 가죽 옷을 입고 창끝을 단련한 투창을 지니고 참전했다. 그 지휘관은 오아리조스의 아들 마사게스였다.

파플라고니아인은 머리에 가는 가지로 엮어 만든 투구를 쓰고 작은 방패와 상당히 짧은 창을 지니고 있었다. 그리고 투창과 단검을 지니고 다리에는 정강이 반쯤까지 올라오는 그 고장 특유의 구두를 신고 종군했다.

리기에스인·[69]마티에네인·마리안디노이인·시리아인은 파플라고니아인과 똑같은 장비를 갖추고 종군하고 있었다. 이 시리아인을 페르시아인은 카파도키아인이라고 불렀다. 파플라고니아인과 마티에네인 부대는 메가시드로스의 아들 도토스가 지휘했고, 마리안디노이인·리기에스인·시리아인 부대는 다레이오스와 아르티스토네 사이에서 태어난 고브리아스가 지휘했다.

프리기아인의 장비는 조금 차이가 있지만 파플라고니아인의 장비에 가장 가까웠다. 마케도니아인이 전하는 바에 따르면, 프리기아인은 마케도니아인과 함께 유럽에 거주하고 있었을 때는 브리게스인[70]이라고 불렸지만, 아시아로 이주한 뒤에는 거주지와 함께 그 명칭도 변하여 프리기아인이라 불리게 됐다 한다.

아르메니아인은 본디 프리기아의 이주민이기 때문에 프리기아인과 장비가 같았다. 이 두 민족을 함께 지휘한 것은 다레이오스의 사위 아르토크메스였다.

리디아인의 장비는 그리스인과 가장 가까웠다. 리디아인은 옛날에는 마이오니아인이라 불리었는데, 뒤에 아티스의 아들 리도스의 이름을 따 리디아인으로 바뀌었다.

---

69) 콜키스 지방 민족이라 하기도 하고 코카서스 주민이라고도 하나, 상세한 것은 밝혀지지 않았다.

70) 프리기아인의 마케도니아 사투리. 여기에 기록되어 있는 것처럼 프리기아인이 마케도니아에서 옮겨 온 것인지, 그 반대인지는 쉽게 결정하기 어렵다.

미시아인은 머리에 그 나라 특유의 투구를 쓰고 작은 방패를 들고 있었다. 그리고 창끝을 단련한 투창을 썼다. 이 미시아인은 리디아의 이주민으로, 올림포스산[71]의 이름을 따 올림피에노이라 통칭되고 있기도 하다. 리디아인과 미시아인을 지휘한 것은 아르타프라네스의 동명(同名)의 아들 아르타프레네스였는데, 이자는 다티스와 함께 마라톤으로 진격했던 인물이다.

트라키아인은 머리에 여우 가죽으로 만든 모자를 쓰고, 몸에는 속옷 위에 제이라라는 형형색색의 웃옷을 걸치고, 발과 정강이에는 새끼 사슴 가죽으로 만든 구두를 신고 있었다. 그리고 투창과 가벼운 방패, 게다가 소형 단검까지 지니고 있었다. 이 민족은 아시아로 건너온 뒤 비티니아인이라고 불리게 되었지만, 이전에는 스트리몬 강변에 거주했기 때문에 스트리모니오이(스트리몬인)라 불렸다고 스스로 말하고 있다. 그들은 테우크로이인과 미시아인에 의해 옛땅에서 쫓겨났다. 아시아의 트라키아인을 지휘한 것은 아르타바노스의 아들 바사케스였다.

……[72] 소의 생가죽을 펼쳐 만든 작은 방패를 지니고, 한 사람마다 리키아제 수렵용 창을 두 개씩 갖고, 머리에는 청동제 투구를 쓰고 있었다. 투구에는 청동제 소 귀와 뿔이 달려 있었고, 맨 위에는 장식털이 부착되어 있었다. 그리고 정강이에는 붉은 띠로 각반을 두르고 있었다. 이 나라에는 군신(軍神) 아레스의 신탁소가 있다.

마이오니아인과 같은 계통인 카발리스인[73]은 라소니오이인이라는 이름으로도 불리는데, 킬리키아인과 똑같은 장비를 갖추고 있었다. 그 장비에 대해서는 킬리키아인 부대를 언급할 때 살펴보기로 하겠다.

밀리아이인[74]은 단창을 지녔고, 의복은 브로치를 사용하여 여몄다. 그들 중 일부는 리키아풍의 활을 지니고 머리에는 가죽으로 만든 투구를 쓰고 있었다. 이상의 여러 민족을 일괄해서 지휘한 것은 히스타네스의 아들 바드레스였다.

---

71) 이것은 미시아에 있는 올림포스산.
72) 민족 이름이 빠져 있는 것 같다. 여러 설이 있지만 '피시디아인은'이라는 설이 비교적 유력하다.
73) 카발리스란 카리아, 프리기아, 리키아, 피시디아 등에 둘러싸인 지방.
74) 밀리아이인은 본디 리키아인과 똑같은 민족을 가리켰는데, 나중에는 리키아·프리기아·팜필리아에 둘러싸인 산지에 사는 민족만 가리키게 된 것 같다.

모스코이인[75]은 목제 투구를 쓰고 방패와 자루가 짧고 창끝이 긴 창을 지니고 있었다. 티바레노이·마크로네스·모시노이코이 등 여러 민족은 모스코이인과 똑같은 장비를 갖추고 종군했다. 이들 민족을 통솔하고 지휘한 사람들은 다음과 같다. 즉 모스코이·티바레노이 두 민족은 다레이오스를 아버지로 하고 키루스의 아들 스메르디스의 딸 파르미스를 어머니로 하는 아리오마르도스가, 마크로네스와 모시노이코이는 케라스미스의 아들 아르타이크테스가 지휘했다. 이 아르타이크테스는 당시 헬레스폰토스의 세스토스시(市) 총독으로 있었다.

마레스인은 머리에다 그 나라 특유의 가지로 엮어 만든 투구를 쓰고 작은 방패와 투창을 몸에 지니고 있었다.

콜키스인은 머리에는 목제 투구를 쓰고 소의 생가죽으로 만든 작은 방패와 단창, 그리고 단검을 지니고 있었다. 마레스인과 콜키스인 부대를 지휘한 것은 테아스피스의 아들 파란다테스였다.

알라로디오이인과 사스페이레스인은 콜키스인과 똑같이 무장하고 종군했고, 그 지휘는 시로미트레스의 아들 마시스티오스가 맡았다.

'홍해'[76]의 여러 섬—페르시아 왕이 '나라 밖으로 추방한'[77] 자들을 거주시켰던 섬들—에 거주하던 여러 민족은 복장이나 무기면에서 메디아인과 가장 비슷했다. 이들 부대를 지휘한 자는 바가이오스의 아들 마르돈테스였는데, 그는 그 이듬해 미칼레 전투에서 페르시아군을 지휘하다가 전사했다.[78]

이상이 보병 부대에 편입되어 육로로 진격한 민족들이다. 그 지휘를 맡았던 것은 위에 서술한 자들로서, 그들은 각 부대의 편성과 병력 점호를 행하고 또한 천인대장(千人隊長, 킬리아르케스), 만인대장(萬人隊長, 밀리아르케스)을 임명했다. 백인대장(百人隊長, 헤카톤타르케스), 십인대장(十人隊長, 데카르케스)의 임명은 만인대장이 행했다. 또한 정규 군단(테로스)의 지휘자와 민족 저마다

---

75) 이 절과 다음 절에 거론되는 군소 민족은 모두 흑해 동안 일대에 거주했던 것 같다.
76) 자주 언급했지만, 실제론 페르시아만을 가리킨다.
77) 'ἀνασπάστοι'는 보통 피정복 민족이 고국에서 다른 지역으로 강제 이주될 때 쓰는 표현인데, 여기에서는 유형에 처해진 정치범들을 기리키는 것인지도 모르겠다.
78) 8권 참조.

의 지휘자는 별개였다.[79]

각 부대의 지휘자는 앞에서 말한 바와 같은데, 그 지휘관들을 통괄하고 전 보병 부대를 지휘한 것은 고브리아스의 아들 마르도니오스, 그리고 원정에 반대했던 아르타바노스의 아들 트리탄타이크메스—이 두 사람은 다레이오스의 조카로서 크세르크세스에게는 사촌형제가 되었다—그리고 오타네스의 아들 스메르도메네스, 다레이오스와 아토사의 아들 마시스테스, 아리아조스의 아들 게르기스, 그리고 조피로스의 아들 메가비조스 등이었다.

1만 명으로 구성된 부대를 제외한 전 보병 부대의 지휘를 맡았던 사령관들은 위와 같은 자들이었는데, 이 페르시아군의 정예 1만 명 부대를 지휘한 것은 히다르네스와 이름이 같은 아들 히다르네스였다. 이 부대가 '불사부대'라 불리게 된 이유는 이러하다. 즉 대원이 죽거나 병에 시달려 어쩔 수 없이 결원이 생길 때에는 곧 그 대행자가 선발되어 보충됨으로써 대원의 수가 언제나 1만에서 넘지도 모자라지도 않았기 때문이다.

페르시아인 부대는 그 장비면에서 전군 중 가장 화려함을 자랑했으며, 용감무쌍한 점에서도 타의 추종을 불허했다. 그 장비에 대해서는 앞서 이미 서술한 바 있다. 그리고 그 밖에 막대한 금 제품으로 몸을 장식해 전군 중에서 가장 색다른 빛을 발하고 있었다. 또한 그들은 다수의 첩과 노비를 실은 아름답게 장식한 유개마차를 동반했고, 게다가 다른 부대의 식량과는 달리 페르시아인 전용 식량을 낙타나 그 밖의 운반용 짐승을 이용해 날랐다.

이들 민족은 모두 말타기에 숙련되어 있었지만, 이번 원정에서 기병 부대로 선별된 것은 다음에 드는 민족들뿐이었다.

페르시아 기병대는 보병과 같은 장비를 갖추었는데, 그중 일부는 청동이나 쇠를 두드려 펴서 만든 투구를 썼다.

사가르티오이인이라는 유목민은 인종이나 언어로 보아서는 페르시아계로서, 복장은 페르시아풍과 파크티에풍의 중간 형태이다. 이 민족은 기병 8000

---

79) 이 문장의 뜻은 다음과 같을 듯하다. 즉 각 민족은 도리스코스에 도착할 때까지는 각각 민족별 대장이 통솔해 왔지만, 도리스코스에서 정규 군단 단위(테로스)로 개편되어 위에 언급된 사령관의 지휘하에 들어갔다. 그러나 본래의 민족별 대장은 그 뒤에도 무엇인가의 형태로 각 민족 부대를 감독했던 것 같다.

명을 원정에 참가시켰는데, 그들에게는 단검 이외에는 청동제 또는 철제 무기를 사용하는 습관이 없었다. 그리고 그 밖에 가죽띠로 엮어 만든 망을 지니고 있었다. 그들이 싸울 때 주로 사용하는 무기는 바로 이 망인데, 전투 방식은 이러했다. 즉 적군과 만나게 되면 끝을 둥글게 묶은 망을 던져 말이든 사람이든 망에 걸린 것을 자기 앞으로 끌어당긴다. 그리하여 적은 망에 휘감긴 채로 죽게 된다. 그들은 페르시아인 부대에 편입되어 있었다.

메디아인의 장비는 보병과 같았고, 키시아인도 마찬가지였다. 인도인 부대도 그 장비는 보병과 같았다. 단 그들은 말뿐만 아니라 말이나 야생 당나귀가 끄는 전차도 몰았다.

박트리아인도 장비는 보병과 같았고, 카스피오이인[80]도 마찬가지였다. 리비아인도 장비는 보병과 마찬가지였으나, 그들은 모두 전차를 몰았다. 마찬가지로 카스피오이인도 파리카니오이인도 그 장비는 보병과 같았다. 아라비아인 부대도 보병과 같은 장비를 갖추었는데, 모두 속도면에서는 말에 못지않은 낙타를 몰았다.

기병 부대는 이상의 민족만으로 구성되어 있었다. 기병 부대의 병력 수는 낙타와 전차를 제외하고 8만 명에 이르렀다. 아라비아인 이외의 기병은 군단별로 편성되었고, 아라비아인 부대는 맨 뒤에 배치되었다. 말은 낙타를 보면 공포감을 이기지 못하기 때문에 그렇게 했던 것이다.

기병 부대의 사령관은 다티스의 두 아들 하르마미트레스와 티타이오스였다. 이 두 사람과 함께 기병 부대의 사령관직을 맡고 있었던 파르누케스는 병 때문에 사르데스에 남아 있었다. 부대가 사르데스를 떠나려 할 때 이 파르누케스는 실로 불행한 재난을 만났다. 그가 탄 말의 다리 밑으로 개가 달려드는 바람에 말이 깜짝 놀라서 번쩍 일어섰다. 파르누케스는 말에서 떨어지고 말았는데, 곧 피를 토했고 그것이 이윽고 폐병으로 발전하였다. 말은 곧 주인

---

80) 이 절에 카스피오이인의 이름이 나타나는 것은 이것이 두 번째로, 만약 텍스트가 바른 것이라면 이 두 민족은 같은 이름의 이민족이 되지만, 보병 부대의 표에는 한 번밖에 나오지 않으므로 문제가 간단치 않다. 두 번째 것을 전승의 오류로 보고 그 대신 사카이인, 카스페이로이인, 또는 팍티에인 등이 아닐까 하고 많은 학자들이 추측하고 있다. 하지만 모두 추측의 영역을 넘지 못한다.

의 명령대로 종복이 처분했다. 즉 주인을 떨어뜨린 장소로 말을 끌고 가 무릎 부근에서 다리를 잘라 냈다. 어쨌든 위와 같은 사정으로 파르누케스는 사령관직을 잃게 되었던 것이다.

한편 삼단노선의 수는 1207척이었는데, 이들 함선을 제공한 민족은 다음과 같았다.

페니키아인은 팔레스티나에 거주하는 시리아인과 함께 300척을 냈다. 그들은 머리에 그리스 투구와 비슷하게 만든 투구를 쓰고 아마포로 만든 갑옷을 입었다. 그리고 테두리가 없는 방패와 투창을 지녔다. 이들 페니키아인은 그들 스스로 전하는 바에 따르면 옛날에는 '홍해' 연변[81]에 살았는데, 그 땅에서 시리아 쪽으로 옮겨 가 시리아의 해안 지방에 거주하게 되었다 한다. 시리아의 이 지역과 이집트에 이르는 일대는 팔레스티나(팔라이스티네)라 불린다.

이집트는 200척을 냈다. 병사들은 머리에 가죽으로 엮은 투구를 쓰고, 넓게 테두리가 둘러져 있고 가운데가 들어간 방패를 지녔다. 그리고 해전용 창과 큰 손도끼를 가졌다. 그 대부분은 갑옷을 입고 대형 단검을 지니고 있었다.

다음으로 키프로스인은 150척을 냈다. 키프로스인의 차림새에 대해서 말하면, 왕들은 머리에 미토라라는 띠를 둘렀고, 일반 병사들은 모자를 썼다. 그밖의 차림새는 그리스인과 똑같았다. 키프로스인들이 스스로 말하는 바에 따르면, 키프로스에는 여러 종족이 사는데, 그들은 저마다 살라미스·[82]아테네·아르카디아,[83]키트노스,[84]페니키아·에티오피아 등에서 온 사람들이라 한다.

킬리키아인은 100척을 냈다. 그들은 머리에 (키프로스인과는 달리) 그 나라 특유의 투구를 썼다. 그리고 그 방패 대신에 소의 생가죽을 펴서 만든 작은 방패를 지니고, 양모제 속옷을 입었다. 저마다 투창 두 개와 검 하나씩을 갖고 있었는데, 검은 이집트인이 사용하는 단검과 매우 비슷했다. 그들은 옛날

---

81) 페르시아만의 해안을 가리킨다.
82) 아테네 앞에 있는 작은 섬. 이곳 주민이 키프로스로 이주하여 같은 이름의 섬을 건설했다. 아테네의 이름이 거론되고 있는 것은 단지 살라미스와의 관련 때문인 듯하다.
83) 아르카디아에서 키프로스로 이주한 것은 전설에서도 찾아볼 수 있고, 언어상의 유사성에서도 증명된다.
84) 키클라데스 군도(群島) 중의 작은 섬.

에 히파카이오이[85]라 불렸다. 오늘날의 킬리키아인이라는 명칭은 페니키아인 아게노르의 아들 킬릭스에서 비롯된 것이다.

팜필리아인은 30척을 냈다. 그리스풍으로 무장을 한 이들은, 트로이 전쟁 뒤 그리스군이 해산할 때 암필로코스·칼카스[86]와 행동을 함께했던 무리의 후예이다.

리키아인은 50척을 냈다. 그들은 갑옷을 두르고 정강이받이를 댔다. 그리고 산수유나무로 만든 활과 등으로 만들고 깃털이 없는 화살과 투창을 지녔다. 또한 어깨에는 산양 가죽을 걸치고 머리에는 깃털로 테두리를 장식한 펠트 모자를 썼다. 그리고 단도와 낫 모양의 검을 가졌다. 리키아인은 크레타섬 출신으로 본디 테르밀라이인[87]이라고 불렸는데, 아테네인 판디온의 아들 리코스의 이름에서 현재 명칭을 땄다.

아시아에 거주하는 도리스인은 30척을 냈다. 펠로폰네소스 출신인 그들은 그리스풍의 무기를 지니고 있었다.

카리아인은 70척을 냈다. 장비는 그리스인의 것과 비슷했고, 그 밖에 낫 모양의 검과 단도를 가졌다. 카리아인의 이전 호칭에 대해서는 이 책 첫머리에서 이미 서술한 바 있다.[88]

이오니아인은 100척을 냈다. 장비는 그리스인의 것과 똑같았다. 이오니아인은 펠로폰네소스의 아카이아라 불리는 지방[89]에, 다나오스와 크수토스[90]가 펠로폰네소스에 오기 전까지 거주할 때에는 펠라스고이 아이기아레이스인이

---

85) 그리스인의 옛 이름인 아카이오이와의 관계를 연상시키지만, 본디 관계가 없고 뒤에 그리스식으로 변형된 명칭인 것 같다.

86) 암필로코스는 아르고스의 영웅 암피아라오스의 아들. 칼카스는 저명한 예언자로 함께 트로이 전쟁에 종군했다. 암필로코스의 그리스 정주(定住)에 대해서는 3권 참조.

87) 1권 참조.

88) 1권 참조.

89) 펠로폰네소스 북부, 코린토스만에 인접한 지방. 이곳은 처음엔 아이기아레이아(沿海國)라 불렸다. 그 때문에 다음에 기록되는 것같이 펠라스고이 아이기아레이스라는 호칭도 생겼을 것이다.

90) 다나오스는 이집트에서 펠로폰네소스로와 아르고스시를 건설했다고 전해진다. 크수토스는 그리스인의 조상인 헬렌의 아들인데, 테살리아에서 추방되어 아테네로 갔다가 다시 펠로폰네소스의 아카이아 지방으로 이주했다. 이 두 이름은 그다지 깊은 관계는 없는 듯한데, 도리스족 침입 이전의 펠로폰네소스 민족 구성의 2대 주류라는 의미에서 거론된 것 같다.

라 불렸다고 그리스인은 전한다. 이오니아인이라는 호칭은 크수토스의 아들 이온의 이름에서 비롯된 것이다. 섬 지방의 주민들[91]은 17척을 냈다. 그 병사들의 무장 형태는 그리스인과 같았다. 그들도 본디 펠라스고이족으로, 아테네에서 건너왔던 12시(市)[92]의 이오니아인과 마찬가지로 그 뒤에 이오니아인이라 불리게 됐던 것이다.

아이올리스인은 60척을 냈다. 장비는 그리스인의 것과 똑같았다. 그리스인의 전승에 따르면 그들도 옛날에는 펠라스고이라 불렸다 한다.

헬레스폰토스의 주민 중에서 아비도스인은 페르시아 왕으로부터 자국에 머물러 있으면서 다리를 수비하라는 명령을 받았기 때문에 여기에서 제외됐다. 그 밖의 폰토스[93]에서 종군한 자들은 100척을 냈다. 그 무장 형태는 그리스인과 똑같았다. 이들은 모두 이오니아인과 도리스인의 식민(植民)이다.

이들 배에는 (각국의 승무원 이외에) 페르시아인·메디아인·사카이인 병사가 함께 타고 있었다. 여러 민족 중에서 가장 빠른 배를 제공한 것은 페니키아인이었는데, 그중에서도 시돈인의 배가 가장 우수했다. 보병 부대에 편입된 자들과 마찬가지로 이들 해상 부대에도 모두 저마다 그 나라의 대장이 있었지만, 그자들의 이름은 이 책의 서술에는 필요 없으므로 여기서는 거론치 않겠다. 그것은 각 민족 대장들의 일부는 이름을 거론할 만한 존재가 결코 못 되었으며, 또한 각각의 민족에 도시 수만큼의 대장이 있었기 때문이기도 하다. 무엇보다 각 민족의 전권을 장악한 사령관이나 지휘관은 대개 페르시아인이었으며, 그자들의 이름에 대해서는 이미 언급한 바 있다.[94] 따라서 그들은 대장이라 하더라도 실제적인 명령권자는 아니었으며, 다른 병사들과 마찬가지로 노예 신분으로 종군한 데 불과했던 것이다.

해상 부대의 지휘는 다음과 같은 자들이 맡고 있었다. 즉 다레이오스의 아

---

91) 이오니아의 반란이 진압된 뒤 페르시아에 예속된 섬들을 가리키는 것인 듯하다.(6권 참조). 17척이라는 수는 너무 적다는 설도 있다.

92) 이오니아의 12시(市)에 대해서는 1권 참조.

93) 이 폰토스는 흑해가 아니라 보스포로스, 헬레스폰토스를 포함한 프로폰티스(마르마라해)를 가리킨다.

94) 이미 거론됐다는 것은 육상 부대에 대해서이고, 해상 부대의 사령관 이름은 다음에 거론된다.

들 아리아비그네스, 아스파티네스의 아들 프렉사스페스, 메가바테스의 아들 메가바조스, 그리고 다레이오스의 아들 아카이메네스가 그들이었다. 이오니아 및 카리아 함대는 다레이오스를 아버지로 하고 고브리아스의 딸을 어머니로 하는 아리아비그네스가, 이집트군은 크세르크세스와 부모가 같은 형제인 아카이메네스가, 남은 군대는 다른 두 사람이 각각 지휘했다.

삼십노선, 오십노선, 소함정, 그리고 소형의 말 수송선을 합하면 그 총수는 3천에 이르렀다.

함선에 타고 있던 자들 중에서 위의 사령관들 다음으로 특히 이름이 높던 인물들은 다음과 같다. 시돈인 아니소스의 아들 테트람네스토스, 티로스인 시로모스의 아들 마텐, 아라도스인 아고발로스의 아들 메르발로스, 킬리키아인 오로메돈의 아들 시엔네시스, 리키아인 시카스의 아들 키베르니스코스, 키프로스인 케르시스의 아들 고르고스와 티마고라스의 아들 티모낙스, 카리아인 팀네스의 아들 히스티아이오스와 히셀도모스의 아들 피그레스, 칸다울레스의 아들 다마시티모스 등이 그들이다.

그 밖의 중간 지휘관들 이름은 필요 없을 듯하여 여기에서는 거론치 않겠다. 다만 여자의 몸이면서도 그리스 원정에 참가하여 나로 하여금 찬탄을 금치 못하게 하는 아르테미시아에 대해서만은 언급할 수밖에 없다. 남편이 죽은 뒤 스스로 독재권을 장악했던 이 여성은 그때 이미 청년기에 이른 자식도 있었다. 무슨 피치 못할 사정 때문이 아니라 기상이 천부적으로 담대하고 용맹하기 때문에 원정에 참가했던 것이다. 그 여성의 아버지는 할리카르나소스인 리그다미스였다. 어머니 쪽 혈통은 크레타인이었다. 아르테미시아의 지배권은 할리카르나소스에서 코스, 니시로스, 칼림노스 등 여러 섬[95]에까지 미쳤다. 그녀가 공출할 배는 다섯 척이었다. 모든 함대 가운데 시돈인의 배 다음으로는 아르테미시아가 낸 배가 가장 평판이 높았으며, 또한 동맹 제국의 모든 중간 지휘관 중에서 가장 뛰어난 의견을 제시한 사람도 그녀였다.

아르테미시아의 지배를 받는 도시 가운데 앞서 거론한 도시들의 주민은 모두 도리스계라고 말해도 좋다. 할리카르나소스의 주민은 트로이젠 출신이고,

---

95) 코스는 할리카르나소스 맞은편에 있는 섬. 니시로스, 칼림노스는 모두 코스섬 부근에 있는 작은 섬.

그 밖의 도시의 주민은 에피다우로스 출신이다.[96]

해상 부대에 대한 기술은 이것으로 그치겠다. 한편 크세르크세스는 병력 수에 대한 점검과 편성이 끝나자, 이번에는 친히 전차를 타고 전군 사이를 누비며 시찰하고 싶은 생각이 들었다. 그리하여 그가 전차를 타고 민족별로 각 부대를 돌면서 이것저것 물으면 서기들은 그 문답을 기록했다. 이런 식으로 그는 기병과 보병 모든 부대를 처음부터 끝까지 시찰했다. 시찰이 끝나자 함선들이 계속해서 바다로 출항했다.

크세르크세스는 전차에서 내린 다음 시돈인의 배에 올라 금빛 찬란한 차양 밑에 앉았다. 그리고 나란히 늘어서 있는 함선들의 이물을 따라 배를 전진시키며 보병 부대의 열병 때와 마찬가지로 각 함선에 대해 이것저것 묻고 문답을 기록하게 했다. 이에 앞서 각 함장은 각각 배를 해안에서 4플레트론 정도 떨어진 곳에 정박시키고 모두 이물을 육지로 향하게 한 다음 일렬로 정렬해 놓았다. 그리고 함선 전투원들로 하여금 실전(實戰) 장비를 갖추게 해놓았다. 크세르크세스는 함대의 이물과 해안 사이를 지나며 모든 함대를 점검했던 것이다.

크세르크세스는 하선하자, 왕을 따라 그리스 원정에 종군하고 있던 아리스톤의 아들 데마라토스를 불러와 다음과 같이 물었다.

"데마라토스여, 지금 여기에서 그대에게 질문할 수 있다는 건 내게 실로 유쾌한 일이오. 그대는 그리스인이며, 게다가 그대의 출신지는 결코 약한 도시는 아닌 듯하오. 그러면 과연 그리스 놈들이 감히 내게 맞서 저항할 것인지 어떨지 그대에게 묻고 싶소. 내가 보기로는 모든 그리스인뿐만 아니라 서방에 거주하는 다른 민족들이 함께 떼지어서 몰려온다 하더라도, 그들이 단결하지 않는 한 내 공격을 견뎌 내지는 못할 것 같소. 그렇지만 나는 그대가 이 문제를 어떻게 생각하는지 한번 들어 보고 싶소."

이렇게 크세르크세스가 묻자 데마라토스는 다음과 같이 답했다.

"전하, 제게서 진실을 듣고 싶으십니까, 아니면 단지 마음에 드는 대답만을 듣고 싶으십니까?"

---

96) 트로이젠도 에피다우로스도 펠로폰네소스 동북부 아르고리스 지방의 도리스계 도시.

크세르크세스는 데마라토스에게 진실을 말하라고 대답하고, 진실을 말한다고 해서 어떻게 하지는 않겠다고 약속했다.

이 말을 듣자 데마라토스는 다음과 같이 말했다.

"전하께서 제게 오직 진실만을 말하고 나중에 거짓으로 판명될 그런 말은 전혀 하지 말라고 하시니 말씀드리겠습니다. 본디 우리 그리스는 옛날부터 가난을 타고난 나라입니다. 그렇지만 예지와 엄격한 법의 힘으로 용기의 덕을 몸에 익혀 왔습니다. 이 용기 덕분에 그리스는 가난에도 좌절하지 않고 전제(專制)에도 굴복하지 않았습니다. 저는 저 도리스 지역에 거주하는 모든 그리스인에 대해서 찬탄을 금치 못하지만, 지금부터 말씀드리려 하는 것은 이들 모든 그리스인에 대해서가 아니라 단지 스파르타인에 대해서만입니다. 제가 말씀드리고 싶은 것은 먼저 그리스에 예속을 강요하시는 전하의 제안은 절대로, 어떠한 상황에서도 받아들여지지 않으리란 것입니다. 나아가 설령 다른 그리스인 모두가 전하의 뜻에 따르게 된다 하더라도 스파르타인만은 반드시 전하께 맞서 전쟁을 벌이리라는 것입니다. 병력 면에서 대체 그들이 어느 정도이기에 그렇게 나올 것 같은가 하고 묻지 마십시오. 예컨대 1천의 병력을 가지고 출격할 수 있을 때에는 그 1천 명을 가지고 싸울 것이며, 또한 1천보다 적든 많든 상관 않고 싸울 것이기 때문입니다."

이 말을 듣고 크세르크세스는 웃으면서 이렇게 말했다.

"데마라토스여, 그대는 무슨 그런 가소로운 말을 하는가! 그대는 진실로 1천의 병력이 이런 대군을 상대로 싸우리라고 생각하오? 그대는 스스로 그들의 왕이었다고 말하는데, 그렇다면 내 물음에 답해 보시오. 그대는 지금이라도 당장 10명을 상대로 기꺼이 싸울 수 있소? 나는 그럴 수 없으리라고 생각하오. 아니, 만약 귀국의 국민이 실로 그대가 지금 말한 그대로라면, 그 왕인 그대는 귀국의 법에 따라 그 두 배의 인원을 상대해야 할 것이오. 스파르타의 시민 한 사람이 우리 병사 10명을 상대할 수 있다면, 그대는 20명을 상대할 수 있어야 하는데, 그럴 수 있소? 그것이 가능할 때에야 비로소 그대의 말이 진실임이 증명될 것이오.

하지만 그대가 그렇게 높이 평가하는 그리스인들이 그대를 비롯하여 종종 나를 만나러 왔던 그리스인들과 신장이나 능력 면에서 똑같다면, 그대가

한 말은 괜한 소리에 지나지 않는다 보오. 순리에 따라서 생각하는 것이 좋소. 그 수가 1천이든 1만이든, 또는 나아가 5만이든, 특히 그들이 한 지휘자의 지휘봉 아래 있지 않고 모두 똑같이 자유롭다고 한다면, 어떻게 이런 대군을 맞이하여 대항할 수 있겠소? 더군다나 그들 수를 5천이라고 하면 우리 병력은 그들 한 사람에 대해 1천 명 이상이 되오! 더군다나 그들은 우리 군대와 같이 한 사람이 통솔하는 것도 아니지 않소?

우리 병사들은 지휘관을 두려워하는 마음에서 실력 이상의 힘을 내거나, 채찍에 몰려 수적으로 불리하더라도 대군을 향해 돌격할 것이오. 그러나 자유로이 방임해 둔다면 그 어느 쪽으로도 행동하지 않을 것이오. 내가 보기로는 혹여 병력이 똑같다 하더라도 그리스인은 페르시아인 부대 하나조차도 대적치 못할 것 같소. 그대가 말하는 그러한 일은 실은 우리 쪽에야말로 그 실례가 있소. 물론 그렇게 흔한 것은 아니고 오히려 진기한 예에 속하지만 말이오. 내 친위대에 속하는 페르시아인 중에는 기꺼이 한 번에 세 명의 그리스인을 상대로 싸우겠다고 나설 강자들이 있소. 그대는 그러한 사정을 모르기 때문에 그런 실없는 소리를 늘어놓았을 것이오."

그러자 데마라토스는 다음과 같이 말했다.

"전하, 진실을 말씀드리면 좋아하지 않으실 줄 진작부터 알고 있었습니다. 그러나 전하께서 굳이 진실을 듣고 싶다 하시기에 스파르타인의 실정을 말씀드렸던 것입니다. 하지만 현재 제가 스파르타인에 대해 얼마나 애착심이 없는지는 전하께서 가장 잘 아실 것입니다. 스파르타인은 제게서 명예로운 지위와 조상 대대로의 특권을 빼앗고 저를 조국 없는 망명자로 만들어 버렸습니다. 그와 반대로 전하의 부왕께서는 저를 받아들여 생활에 필요한 물건뿐만 아니라 집까지 하사해 주셨습니다. 감정을 가진 자라면 친절을 거부하지 않고 마땅히 이를 아주 감사하게 생각할 것입니다.

저는 10명, 아니 2명과도 싸울 수 있다고 감히 말씀드리지 못합니다. 실로 저는 일대일 결투조차도 하고 싶지 않습니다. 그렇지만 어떤 피치 못할 상황이나 긴급 사태가 벌어진 때라면, 3명의 그리스인을 상대할 수 있다고 호언장담하는 전하의 저 병사들 중 1명을 상대로 하여 혼연히 싸우겠습니다. 이처럼 스파르타인은 일대일 결투에서는 누구에게도 뒤지지 않고, 더구나 단결할 경우에는 세계 최강의 군대가 됩니다.

그들은 물론 자유스럽습니다만 전적으로 자유로운 것은 아닙니다. 그들은 법(法, 노모스)이라는 왕을 섬기고 있습니다. 그들이 이것을 두려워하는 정도는 전하의 신하들이 전하를 두려워하는 정도를 훨씬 능가합니다. 여하튼 그들은 이 왕이 명하는 대로 행동하는데, 이 왕이 명하는 것은 언제나 한 가지, 즉 어떠한 대군을 맞이하더라도 결코 적에게 뒷모습을 보이지 말고 끝까지 자기 자리를 지키며 적을 제압하든지 자신이 죽든지 하라는 것입니다. 그러나 만약 전하께서 제가 말씀드린 것을 실없는 소리로 생각하신다면 이제부터는 입을 열지 않겠습니다. 지금도 전하께서 굳이 말하라시기에 말씀드렸던 것입니다. 여하튼 부디 만사가 전하께서 뜻하시는 대로 되길 빕니다."

크세르크세스는 이 말을 흘려 듣고 웃으면서 그를 돌려보냈다.

트라키아에서 테살리아까지

데마라토스와 회담한 뒤 크세르크세스는 이전에 다레이오스가 도리스코스의 총독으로 임명했던 자를 파면했다. 그리고 그 대신 메가도스테스의 아들 마스카메스를 새로이 임명한 다음, 마침내 트라키아를 지나 그리스를 향해 군대를 진격시켰다.

이 마스카메스는 자신이 대단한 인물임을 보여 주었다. 그리하여 크세르크세스는 자신이나 다레이오스가 임용한 모든 총독 중에서 그가 가장 유능하다 하여, 그에게는 언제나 은상을 내렸다. 게다가 그 은상은 해마다 내려질 정도였으며, 크세르크세스의 아들 아르타크세르크세스 대에 이르러서도 마스카메스의 자손은 같은 대우를 받았다. 본디 이 원정에 앞서 트라키아와 헬레스폰토스 각지에는 총독이 임명되어 있었는데, 이들은 단 한 명을 제외하고는 모두 이 그리스 원정 뒤 그리스인에 의해서 축출되고 말았다. 오직 도리스코스의 총독(마스카메스)[97]만은 많은 자들이 축출하려고 시도했지만 결국 성공하지 못했으며, 그렇게 오늘날에까지 이르고 있다. 이 때문에 이곳의 총독에게는 페르시아 역대 왕으로부터 매년 선물이 내려지는 것이다.

---

97) 마스카메스가 언제까지나 도리스코스의 총독으로 있었다는 것은 이상하기 때문에 이름을 삭제하는 학자가 많다.

그리스인에게 축출된 총독 중에서 크세르크세스왕이 걸출한 인물이라고 인정했던 자는 전(全) 에이온 총독 보게스 단 한 사람뿐이었다. 크세르크세스는 이 사람을 언제나 칭찬해 마지 않았으며, 페르시아 본국에 남아 있던 그의 자식들을 후대했다. 사실 보게스는 더없이 찬양받을 만했다. 밀티아데스의 아들 키몬이 지휘하는 아테네군에 포위되었을 때, 그는 화평을 맺고 탈출하여 아시아로 귀환할 수 있었음에도 그렇게 행동하지 않았다. 그는 대왕이 그가 목숨을 구하기 위해 의무를 회피했다고 생각할까 염려하여 마지막까지 머물렀으며, 성안의 식량이 다 떨어지자 거대한 장작 더미를 쌓아 놓고 처자식, 첩, 부리던 자들을 살해한 다음 그 유해를 장작불 속으로 던졌다. 그러고 나서 시중에 있는 금은보화를 모두 끌어내어 성벽 위에서 스트리몬강 속으로 던져 버린 뒤 자신도 불 속으로 뛰어들었던 것이다. 그러므로 이 인물이 오늘날에도 페르시아인들로부터 존경받고 있는 것은 참으로 당연한 일이다.

한편 도리스코스를 떠나 그리스로 향하던 크세르크세스는 도중에 차례로 지나는 나라의 국민들을 모두 강제로 종군시켰다. 왜냐하면 앞서 서술했던 바와 같이 테살리아에 이르기까지의 모든 지역은 처음에는 메가바조스에 의해, 뒤에는 마르도니오스에 의해 모두 평정되어 페르시아 왕에게 조공을 바치고 있었기 때문이다.

도리스코스를 출발한 뒤 원정군은 먼저 사모트라케인이 쌓아 놓은 성채들을 지나갔다. 이 성채들 중 가장 서쪽에 있는 것이 메삼브리아라는 도시이다. 이 도시와 이웃하여 타소스인의 도시 스트리메가 있는데, 이 두 도시 사이를 리소스라는 강이 흐르고 있다. 당시 이 강은 크세르크세스군에 충분한 물을 공급하지 못하고 마침내 바닥을 드러내고 말았다. 이 지역은 옛날에는 갈라이케라 불렸지만 현재는 브라안티케라 일컬어진다. 그러나 엄밀하게 말하면 이 지역도[98] 키코네스인의 영토에 속한다.

바닥을 드러낸 리소스강을 건넌 뒤 크세르크세스의 페르시아군은 마로네이아, 디카이아, 아브데라 등 그리스인의 여러 도시를 지났다. 이들 도시를 나아가는 동안 몇 개의 이름 높은 호수와 늪을 지났다. 마로네이아와 스트리메

---

98) '이 지역도'라는 것은 '앞의 도리스코스와 똑같이'라는 뜻이다.

중간에 있는 이스마리스호, 디카이아 부근에 있으며 트라우오스와 콤프사토스 두 강이 흘러들어가는 비스토니스호 등이 그것이다. 아브데라 부근에는 이름 높은 호수가 하나도 없었는데, 크세르크세스의 군대는 그곳에서 바다로 흘러들어가는 네스토스강을 건넜다.

이들 도시를 지난 뒤에는 타소스인이 본토에 건설해 놓은 도시들을 통과했다. 그런데 그 도시들 가운데 하나에는 둘레가 약 30스타디온 정도 되고 어류가 풍부하며 소금기가 꽤 많은 호수가 있다. 이 호수는 운반용 짐승들이 마시는 것만으로 말라 버리고 말았다. 이 도시의 이름은 피스티로스라 한다.

원정군은 이들 해안 지방에 있는 그리스 도시들을 왼쪽으로 바라보면서 나아갔다. 원정군이 지나간 지역에 거주하는 트라키아인의 부족명을 열거하면, 파이토이·키코네스·비스토네스·사파이오이·데르사이오이·에도노이·사트라이 등[99]이다. 이들 부족 가운데 해변에 거주하는 부족은 수군에 가담하여 종군했고, 내륙에 거주하는 부족은 사트라이족을 제외하고는 모두 보병 부대로서 강제로 종군하게 되었다.

사트라이족은 우리가 아는 한 일찍이 어떠한 민족에게도 굴복한 일 없이, 트라키아의 여러 부족 가운데서 유일하게 오늘까지 의연히 독립을 유지하고 있다. 그들은 다채로운 수목이 무성하게 자라고 산꼭대기에 눈까지 덮여 있는 높고 험한 산지에 거주하는 데다가, 모두 용맹한 전사(戰士)들이기 때문이다. 디오니소스 신탁소[100]를 갖고 있는 것은 바로 이 부족이다. 이 신탁소는 가장 높은 산봉우리에 있고, 이 성소에서 봉사하며 신탁을 맡고 있는 것은 사트라이인 중 베소이족이다. 델포이에서와 같이 신탁을 알리는 역할은 무녀가 맡고 있으며, 델포이의 신탁과 비교할 때 크게 다른 점이 없다.

크세르크세스는 이들 지역을 통과한 뒤 계속해서 피에리아인(피에레스인)[101]

---

99) 이들 트라키아계 여러 부족은 헤브로스, 네스토스 두 강 사이의 지역에 살았다. 이 중 사파이오이는 사이오이라고도 불렀다 한다. 그렇다면 기원전 7세기의 유명한 시인인 아르킬로코스가 전투 중에 방패를 빼앗긴 사이오이인은 이 부족일 것이다.

100) 이 신탁소는 정관사(定冠詞)가 붙어 있으므로 유명한 신탁소였을 것이다. 예컨대 에우리피데스의 작품인 〈헤카베〉 1267행에 트라키아에 대한 디오니소스의 신탁을 언급한 부분이 있다.

101) 본디 마케도니아의 피에리아 지방에 살고 있었는데, 뒤에 마케도니아인에게 추방되어 북

의 성채들을 지나갔다. 그 성채 중 하나는 파그레스, 다른 하나는 페르가모스라 불린다. 이들 성채를 지날 즈음에는 오른쪽으로 판가이온산맥을 바라보면서 전진했는데, 이 산맥은 거대한 산맥으로 금은 광맥이 묻혀 있다. 이들 금은 광산은 피에리아인이나 오도만토이인도 개발하고 있지만, 주로 사트라이인이 개발하고 있다.

크세르크세스는 계속해서 판가이온산맥 북방에 거주하는 파이오니아계의 도베레스, 파이오플라이 등의 나라를 지난 뒤 진로를 서쪽으로 하여 스트리몬강과 에이온시에 도착했다. 에이온시는 조금 전에 언급했던 보게스가 통치하고 있었다. 판가이온산맥을 중심으로 한 이 지역 일대는 필리스라 불리는데, 서쪽으로는 스트리몬강과 합류하는 안기테스강, 남쪽으로는 스트리몬강까지 뻗어 있다. 마고스들은 행운을 기원하기 위해 백마 몇 마리를 잡아 스트리몬강에 던졌다.

그 밖에 강을 향해 여러 가지 주술을 베푼 다음, 원정군은 에도노이인의 영토에 있는 '아홉 길(에네아 호도이)'[102]이라는 곳에서 몇 개의 다리를 통해 강을 건넜다. 이들 다리는 원정군이 이곳에 도착했을 때 이미 건설되어 있었다. 페르시아군은 이곳이 '아홉 길'이라 불림을 알게 되자 토착민 소년 소녀 각각 9명을 산 채로 땅 속에 매장했다. 내가 들은 바에 따르면, 크세르크세스의 왕비 아메스트리스도 노경에 접어든 뒤 자신을 위해 페르시아 명문 출신의 소년 14명을 산 채로 매장했다.[103] 지하에 있다고 전해지는 신이 자기 대신 그들을 거두어 주길 기원하기 위해서였다. 따라서 인간을 생매장하는 것은 페르시아의 풍습인 듯하다.

원정군은 스트리몬 강변을 출발하여 서쪽으로 펼쳐진 넓은 해안에 있는 그리스 도시 아르길로스를 지났다. 이 지역과 그 위쪽 일대는 비살티아라 불린다.

상했던 것. 피에리아는 뮤즈의 성산(聖山)으로 예로부터 유명했다.

102) 뒷날의 암피폴리스.

103) 이 역문(譯文)은 아메스트리스의 행위를 자신에게 장수를 허락한 지하신(地下神)에 대한 답례로 해석한 것에 바탕을 두고 있지만, 비(妃)가 생(生)에의 집착을 끊지 못하고 자기 대신 자식을 생매장하여 지하신에게 바쳤다고 해석할 수도 있다.

여기에서 포세이데이온곶[104] 부근의 만을 왼쪽으로 바라보면서 시레우스 평야를 지난 뒤 그리스 도시 스타기로스[105]를 거쳐 이윽고 아칸토스에 도착했다. 그사이 페르시아군은 앞서 열거했던 여러 민족의 경우와 마찬가지로, 지나는 길에 거주하는 민족과 판가이온산맥 주변의 주민들을 모두 굴복시켜, 해변 지역에 사는 자들은 해상 부대에, 내륙 지방에 거주하는 주민은 육상 부대에 편입시켜 종군하도록 했다. 크세르크세스왕이 군대를 진격시킨 길을 트라키아인들은 신성시하여 소중하게 보존하고 있다. 경작을 위해 땅을 갈거나 파종하지 않은 채 오늘에 이르고 있는 것이다.

한편 크세르크세스는 아칸토스인들이 이번 전쟁에 열의를 나타내는 모습을 보고, 또 그들이 운하의 개착에도 공헌했다는 말을 듣자, 앞으로 그들을 페르시아의 친구로서 대우하겠다고 선언하며 메디아풍 옷을 시민들에게 하사했다.

크세르크세스가 아칸토스에 머무르고 있을 때, 운하의 개착을 총지휘하고 있던 아르타카이에스가 병으로 죽었다. 그는 아카이메네스가(家)의 혈통을 이어받은 인물로서 크세르크세스의 신임을 두텁게 받고 있었다. 아울러 페르시아에서 가장 큰 남자로서, 신장이 5왕페키스에서 4닥틸로스 정도 부족할 만큼 컸다.[106] 목소리 또한 어찌나 큰지 그에게 견줄 자가 없었다. 그리하여 크세르크세스는 그의 죽음을 몹시 애통해하며 실로 성대한 장례식을 치러 주었고, 그 봉분은 모든 장병을 동원하여 축조했다. 아칸토스인은 신탁에 따라 이 아르타카이에스를 신인(神人)으로서 제사 지내고 그를 신이라 부르고 있다.

크세르크세스왕이 아르타카이에스를 잃고 비탄에 잠겨 있을 무렵, 한편에선 원정군을 맞아 이를 환대하고 크세르크세스왕의 식사를 접대해야 했던 그리스인들이 실로 비참한 고난을 겪고 있었다.

그 때문에 집과 고향을 버려야 할 정도였다. 예컨대 타소스인이 본토에 있

---

104) 포세이데이온이곶의 이름인지, '포세이돈 신전'을 뜻하는지는 확실치 않다. '시레우스 평야'에서 시레우스는 포세이돈의 아들로 헤라클레스에게 살해된 자이다.
105) 아리스토텔레스의 탄생지로 유명하다.
106) 약 2미터 50센티가 된다.

는 자국의 여러 도시를 위해 크세르크세스군을 맞아 식사를 제공하였을 때, 타소스에서 손꼽히는 명사로서 그 접대를 맡았던 오르게우스의 아들 안티파트로스가 식사와 향응에 지출한 금액이 은 400탈란톤[107]에 달한다고 보고했다. 이것만 보아도 그 실정을 능히 짐작할 수 있으리라.

다른 도시에서도 접대를 담당한 책임자들이 보고한 지출액은 위와 비슷했다. 그도 그럴 것이 이미 오래 전부터 향응 준비를 하라고 예고되어 있었고, 또한 주민들은 이것을 중대하게 생각하여 대체로 다음과 같은 식으로 접대를 했기 때문이다.

시민들은 크세르크세스가 지난다는 소식을 왕의 전령으로부터 듣게 되자, 도시 안에 있는 곡물을 한 사람도 빠짐없이 분배하고 수개월에 걸쳐 보리와 밀을 빻아 가루로 만들었다. 또한 군대를 맞기 위해 되도록 품질 좋은 가축을 사들여 사육하는 동시에 여러 가지 가축과 물새들을 우리와 연못에서 길렀으며, 금은제 술잔과 그 밖에 식탁용 집기 모두를 준비했던 것이다. 다만 이들 집기는 왕과 그와 함께 식사할 자들만을 위해서 만들었고, 일반 군대를 위해서는 식량 등의 물자만을 준비했다. 군대가 도착하면 언제고 크세르크세스가 휴식을 취할 야영 천막은 이미 준비되어 있었다. 그리고 일반 장병들은 노천에서 야영했다. 불행한 접대자들의 진짜 고통은 식사 때가 되어야 비로소 시작됐다. 그러나 접대받는 쪽은 실컷 먹고 그 자리에서 하룻밤을 보낸 뒤, 다음 날 아침 천막을 거두고 가져갈 수 있는 집기까지 깨끗이 챙긴 뒤 떠나는 것이다.

이러한 실정에 대해 아브데라인 메가크레온이 실로 적절한 말을 했다. 그는 아브데라의 시민들에게, 남녀 모두 신전으로 가서 곧 닥치게 될 재난을 반만이라도 면하게 해달라고 신에게 기원하고, 방금 지나가 버린 재난에 대해서는 크세르크세스가 저녁을 하루에 두 번 먹는 습관이 없었음을 신들에게 깊이 감사하라고 권했던 것이다. 만일 아브데라인이 저녁 식사뿐만 아니라 아침 식사까지 준비하라고 명령받았다면, 그들은 분명히 크세르크세스가 도착하기 전에 모두 그곳을 떠나든지 혹은 그 비용 때문에 완전히 파멸하든

---

107) 6권에는 타소스의 연간 수입이 200 내지 300탈란톤으로 되어 있다.

지 했을 것이다. 그러나 크세르크세스가 지나는 길에 면한 지역의 주민들은 호된 곤욕을 치르면서도 명령받은 대로 의무를 수행했다.

한편 크세르크세스는 아칸토스에서 함대의 사령관들로 하여금 따로 진격케 한 뒤 테르메에서 자신을 기다리라고 명한 바 있다. 테르메는 테르메만에 면한 도시로, 만의 이름도 이 도시의 이름에서 유래했다. 크세르크세스는 이 도시를 통해서 진격하는 것이 가장 빠른 지름길임을 들어 알고 있었던 것이다.

도리스코스를 떠나 아칸토스까지 행군해 오는 동안 원정군은 다음과 같은 대형을 취했다. 크세르크세스는 육상 부대를 세 부대로 나눈 다음, 그중 한 부대는 해상 부대와 접촉을 유지하면서 해안을 따라 진군케 했다. 이 부대를 지휘한 것은 마르도니오스와 마시스테스였다. 그리고 다른 한 부대는 명에 따라 내륙을 통해 진군했는데, 그 지휘자는 트리탄타이크메스와 게르기스였다. 제3의 부대는 크세르크세스와 함께 진군했는데, 이 부대는 위의 두 부대의 중간 길을 택해 전진했다. 그 사령관은 스메르도메네스와 메가비조스였다.

해상 부대는 크세르크세스의 명에 따라 왕의 부대와는 별도로 아사·필로로스·신고스·사르테 등의 도시들이 위치한 만으로 이어지는 아토스반도의 운하를 지났다. 그리고 이들 도시로부터도 병력을 징발한 뒤 테르메만을 향해 항해를 계속했다. 그사이 토로네 지구에 있는 암펠로스곶을 돌아 토로네·갈렙소스·세르밀레·메키베르나·올린토스 등의 그리스 도시들을 지났는데, 이들 도시로부터도 함선과 병력을 징발했다. 이 지역 일대는 시토니아라 불린다.

크세르크세스의 주력 해상 부대는 암펠로스곶으로부터 팔레네 지역에서 바다 쪽으로 가장 돌출된 카나스트론곶을 향해 지름길로 곧장 나아간 뒤,[108] 포티다이아·아피티스·네아폴리스·아이게·테람보스·스키오네·멘데·사네 등 각 도시로부터 선박과 병력을 징발했다. 위의 도시들은 모두 옛날에는 플레

---

108) 앞 절에서 열거된 토로네 이하의 도시 및 이 절에 언급되어 있는 포티다이아에서 테람포스에 이르는 도시는 모두 트로네만 안에 있다. 따라서 임펠로스곶에서 카나스트론곶으로 곧장 나아가면 이들 도시를 지날 수 없다. 결국 이들 도시에서의 징발은 함대의 일부가 행했든지, 또는 헤로도토스의 기술에 혼란이 있었다고밖에 해석할 수 없다.

그라, 현재는 플레네라 불리는 지방에 있는 도시들이다.

함대는 이 지방의 해안을 따라 항해하며 지정된 목적지로 향했는데, 그 사이 팔레네 지방과 테르메만 근처에 있는 도시들로부터도 병력을 징발했다.

그 도시들의 이름을 열거하면, 리팍소스·콤브레이아·리사이·기고노스·캄프사·스밀라·아이네이아 등이다. 이들 도시가 있는 지방은 크로사이아라 불렀는데, 그 이름은 오늘날까지 변치 않고 있다.

위에 열거한 도시들 가운데 맨 마지막으로 거론한 아이네이아를 거쳐 함대는 이미 테르메만에 접어들고 있었다. 이 부근은 미그도니아 지방이라 불린다. 함대는 계속 전진해 마침내 육상 부대와 만나기로 약속된 땅 테르메에 도착했다. 나아가 신도스와 악시오스 강변의 칼레스트라에도 들렀는데, 악시오스강은 미그도니아와 보티아이아 두 지방의 경계선을 이루는 강이다.

페르시아 함대가 악시오스강과 테르메 그리고 이 둘 중간에 있는 도시 일대에 진을 구축하고 왕을 기다리고 있을 때, 한편 크세르크세스와 보병 부대는 테르메를 목표로 내륙을 통해 지름길로 진군했다. 파이오니아와 크레스토니아 두 지방을 횡단한 뒤 에케이도로스강을 향해 나아갔는데, 이 강은 크레스토니아에서 발하여 미그도니아 지방을 지난 다음 악시오스강 근처에 있는 소택 지대를 거쳐 바다로 흘러들어 간다.

이 부근을 행군하던 도중 사자 떼가 식량 수송을 담당하고 있던 낙타 부대를 습격해 왔다.[109] 사자들은 밤중에 그들 소굴에서 내려와 다른 짐승이나 인간에게는 조금도 해를 끼치지 않고 단지 낙타만을 습격했던 것이다. 낙타라는 짐승을 일찍이 본 일도 없고 그 고기 맛도 모르던 사자가 왜 다른 동물들에게는 손을 대지 않고 낙타만을 덮쳤는지, 나는 불가사의하게 생각한다.

이 지방 즉 아브데라를 관류하는 네스토스강과 아카르나니아 지방을 지나는 아켈로스강 사이에는 많은 사자와 들소가 서식하는데, 들소의 거대한 뿔은 그리스에도 수입되고 있다. 사실 네스토스강 동쪽의 유럽 전역과 아켈로스강 서쪽의 대륙 전역에 걸쳐서는 사자를 한 마리도 발견할 수 없다. 사자는 이 두 강의 중간 지역에서만 서식하는 것이다.

---

109) 이 지역에 일찍이 사자가 서식했었다는 걸 의심하는 사람도 많다. 하지만 아리스토텔레스나 플리니우스의 증언이 있는 이상 의심할 이유는 없다. 다만 기원후 곧 멸종된 듯하다.

크세르크세스는 테르메에 도착하자 그곳에 군대를 야영시켰다. 크세르크세스의 군대가 해안을 따라 진영을 구축한 범위는 실로 놀랄 만큼 넓었다.

테르메시와 미그도니아 지방의 테르메에서 시작하여 리디아스, 할리아크몬두 강변에까지 미쳤다. 이 두 강은 합류하여[110] 보티아이아와 마케도니아[111] 두 지방의 경계를 이루고 있다.

페르시아군이 이들 지역에 야영하고 있는 동안, 위에서 언급한 여러 강들 중에서 크레스토니아에서 발하는 에케이도로스강만 제외하고는 모두 군대에 충분한 식수를 공급했다.

크세르크세스는 테르메에서 멀리 테살리아의 크고 높은 봉우리들, 즉 올림포스산과 오사산을 바라본 뒤, 이 두 산 사이에 있는 좁은 협곡[112]으로 페네이오스강이 흐르고 여기에 테살리아로 통하는 길이 있음을 들어 알게 되었다.

불현듯 그는 바다를 통해 페네이오스강의 하구(河口)를 살피고 싶은 생각이 들었다. 고지대의 길을 통해 마케도니아의 내륙 지방을 지나 페라이보이인의 나라로 들어간 다음 곤노스시를 지날 예정이었기 때문이다. 그는 이 길이 가장 안전하다고 들은 터였다.[113]

크세르크세스는 그러한 생각이 들자 곧 실행에 옮겼다. 그는 이러한 경우에 언제나 이용했던 시돈인의 배에 올라, 육상 부대는 뒤에 남겨 놓은 채 다른 함선들에게도 출항을 명했다. 페네이오스강의 하구에 도착하여 이곳을 구경한 크세르크세스는 크게 경탄하고, 길 안내자들을 부른 뒤 이 강의 수

---

110) 오늘날 리디아스강(현재 이름은 카라스마크 또는 크리오네로)은 악시오스강(현재의 반달강)으로 합류한다. 할리아크몬은 오늘날의 비스토리차강이다. 이들 세 강의 바닥은 충적토로, 현재는 크게 변화한 것 같다.

111) 마케도니아와는 구별되는 악시오스, 할리아크몬 두 강의 중간 지역을 가리킨다.

112) 예로부터 경치로 유명한 템페 협곡.

113) 페르시아군의 진격로에 관한 헤로도토스의 기술에는 그 정확성이 의심되는 몇 가지 부분이 있다. 곤노스는 템페 협곡을 경유하는 도로상에 있는 도시이기 때문에 크세르크세스는 템페 협곡의 좁은 길을 따라 테살리아로 들어갈 예정이었다는 것이 된다. 그러나 '오지의 길'이라든지 고지에 사는 마케도니안 등의 말은 이 통로를 기술하는 데 부적합하고, 오히려 북방의 이른바 '페트라 고갯길'이나 이보다 서쪽의 산지를 지나는 경로 쪽에 적합하다. 또한 크세르크세스가 테르메에서 일부러 페네이오스 하구를 방문한 것은 단지 호기심을 만족시키기 위한 목적에서만은 아니고, 진격에 앞서 이쪽 방면을 예비적으로 조사하기 위해서였을 것으로 생각된다.

로를 바꿔 다른 지점에서 바다로 흘러 들어가게 할 수 있는지를 물었다.

그런데 테살리아 지방은 주위가 고산으로 둘러싸인 호수였다. 즉 이 지방은 동쪽으로는 펠리온과 오사 두 산맥이 산기슭에서 서로 이어지면서 장벽을 이루고, 북쪽으로는 올림포스산맥이, 서쪽으로는 핀도스산맥이, 남쪽으로는 오트리스산맥이 저마다 그 주변을 둘러싸고 있다. 이들 산맥에 둘러싸인 중간의 분지가 곧 테살리아이다.

따라서 많은 하천이 테살리아로 흘러든다. 그중에서도 가장 이름이 잘 알려진 것은 페네이오스·아피다노스·오노코노스·에니페우스·파미소스 다섯 개 강이다. 이들 강은 테살리아를 둘러싼 산 중에서 평야지대로 흘러내린 다음, 이윽고 모두 한 강으로 합류한 뒤 하나밖에 없는 좁은 협곡을 지나 바다로 흘러들어간다. 합류하자마자 그때부터는 페네이오스강이라 불리며 다른 이름은 사라지고 마는 것이다. 그 옛날 아직 저 협곡이 없고 따라서 물이 흘러갈 길이 없었을 때에는, 이들 강이 오늘날처럼 산중에서 흘러내렸기 때문에 테살리아 모든 지역이 내해(內海)처럼 되어 있었다고 한다.

테살리아의 원주민들이 말하는 바에 따르면 페네이오스강이 흐르는 저 협곡은 신 포세이돈이 만든 것이라 하는데, 이것은 이치에 맞는 이야기라 생각한다. 왜냐하면 지진을 일으키는 존재가 포세이돈이므로, 지진으로 인한 협곡의 균열이 궁극적으로 이 신의 소행이라고 믿는 자라면, 저 협곡을 보고 당연히 포세이돈의 작품이라고 말할 것이기 때문이다. 내가 보기로도 그 협곡은 틀림없이 지진 때문에 생긴 것으로 보였다.

그런데 페네이오스강에 바다로 흘러들어갈 수 있는 다른 길이 있느냐는 크세르크세스의 질문에 대해, 그 지역을 훤히 아는 안내자들은 다음과 같이 대답했다.

"왕이시여, 이 강에는 이 하구 이외에는 바다로 흘러들어갈 만한 유출구가 없습니다. 테살리아 전역이 산악으로 둘러싸여 있기 때문입니다."

그러자 크세르크세스는 그에 대해 이렇게 말했다 한다.

"테살리아 놈들은 현명하군. 그들은 이전부터 바로 이 점을 경계하고 있었던 게야. 때맞추어 내게 복종하게 된 데에는 물론 달리 여러 가지 이유가 있었겠지만, 무엇보다도 그들 자신의 국토가 쉽게 공략될 수 있는 곳이라는 걸

깨달았기 때문이겠지. 실제로 그 일은 간단하지. 둑을 쌓아 강물이 협곡으로 흘러가지 못하게 하고 현재의 수로를 돌려 강물이 그들의 국토로 흘러들어가게 하면, 산으로 둘러싸인 테살리아 전역은 수중에 잠기게 되고 말 것이야."

크세르크세스는 물론 이 말을 하면서 알레우아스가를 염두에 두고 있었다. 왜냐하면 테살리아인인 그들은 그리스인 중에서 가장 먼저 페르시아 왕에게 굴복했기 때문이다. 그리고 크세르크세스는 의심할 바 없이 알레우아스 일문이 테살리아 모든 주민의 이름으로 우호 관계를 약조했다고 생각했던 것이다.

크세르크세스는 이러한 말을 남기고 구경을 끝낸 뒤 뱃길로 테르메에 귀환했다.

아테네와 스파르타

크세르크세스는 피에리아 지방에 꽤 오랜 기간 머물렀다.[114] 세 군단의 원정군 중에서 한 군단이 전군을 위해 페라이비아로의 진입로를 닦을 요량으로 마케도니아 산악 지대를 개착하는 동안, 이곳에서 대기하고 있었던 것이다.

한편 땅과 물을 요구하기 위해 그리스 각지로 파견됐던 사자들이 귀환했는데, 순조롭게 땅과 물을 약속받은 자가 있는가 하면 빈손으로 온 자도 있었다.

땅과 물을 페르시아 왕에게 바친 민족을 열거하면 다음과 같다. 테살리아인, 돌로페스인, 에니아네스인, 페라이비아인, 로크리스인, 마그네시아인, 말리스인, 프티오티스의 아카이아인, 테베인, 그리고 테스피아이와 플라타이아의 두 도시를 제외한 모든 보이오티아인 등이었다. 페르시아의 침공에 맞서 항전의 깃발을 들기로 결정한 그리스인들은 위의 민족들에 대해 다음과 같은 조치를 취하기로 맹세했다. 즉 그리스인이면서 강제가 아닌 자로 페르시아 왕에게 굴복한 자들에게는, 전쟁이 성공리에 끝났을 때 델포이의 신에게 1할세(一割稅)[115]를 납부케 한다는 것이었다.

---

114) 여기에는 기술되어 있지 않지만 크세르크세스는 이미 테르메에서 피에리아 지방으로 옮겨 가 있었던 것이다.

115) 1할세란 보통 재산이나 수입의 10분의 1을 바치는 것을 말한다. 이 경우 반역자에 대한 처

크세르크세스가 아테네와 스파르타에는 땅과 물을 요구하는 사자를 보내지 않았던 이유는 이러했다. 전에 다레이오스가 같은 목적에서 사자를 파견했을 때,[116] 땅과 물을 요구하러 온 사자를 아테네인은 처형갱(處刑坑)[117]에 집어넣고 스파르타인은 우물 속에 밀어 넣은 뒤, 그곳에서 땅과 물을 취하여 대왕에게로 가져가라고 말했기 때문이다. 페르시아의 사자에 대한 이러한 조치가 아테네인에게 어떤 좋지 못한 결과를 초래했는가에 대해서는 나로서도 잘 모른다. 물론 아테네의 국토와 도시가 파괴된 것만은 사실이지만, 그 원인이 이 일 때문이라고는 믿을 수 없다.

한편 스파르타는 그 옛날 아가멤논의 사자였던 탈티비오스[118]의 노여움을 사게 되었다. 스파르타에는 탈티비오스를 모신 신전이 있고, 또한 탈티비아다이('탈티비오스의 일족'이라는 뜻)라 불리는 탈티비오스의 후예들이 살며, 스파르타에서 파견되는 사자 역할은 모두 이 일족이 담당하는 특권을 갖고 있다. 그런데 스파르타에서는 위의 사건이 있은 뒤부터 아무리 해도 좋은 점괘가 나타나지 않는 일이 오랫동안 계속됐다. 이러한 사태가 곤혹스러웠던 스파르타인은 여러 번 민회를 여는 동시에, 스파르타 시민 가운데 자진해서 조국을 위해 목숨을 바칠 자는 없는가 하는 공고를 냈다. 그러자 명문 출신이자 큰 부자이기도 한, 아네리스토스의 아들 스페르키아스와 니콜라오스의 아들 불리스가 나섰다. 그들은 크세르크세스에게로 가서 스파르타에서 타레이오스의 사자를 처벌한 데 따른 대가를 치르겠다고 스스로 나섰다.

이 두 사람의 용기는 실로 경탄할 만했으며, 게다가 다음에 기록할 그들의 말 또한 참으로 훌륭한 것이었다. 두 사람이 수사로 가던 도중 히다르네스를 방문했을 때의 일이다. 히다르네스는 페르시아인으로 아시아의 연해 지방 일대의 군사령관이었는데, 두 사람을 손님으로서 맞아들여 연회를 베풀었다.

벌로서는 너무 가볍다고 생각되기 때문에, 재산을 몰수하고 노예로서 매각한 그 수익의 1할을 델포이에 봉납했다는 뜻일 것이라고 해석하는 설도 있다. 어느 경우이든 이 서약은 실제로는 실행되지 않은 것 같다.

116) 2권 참조.

117) 아테네에서 사형수를 던져 넣는 구덩이.

118) 트로이 전쟁 때의 유명한 전령(傳令)으로, 후세에 전령이나 외교 사절의 수호신으로서 받들어졌다. 스파르타인이 페르시아의 사자를 처형한 것이 이 신의 노여움을 샀다는 것이다.

그리고 그 석상에서 다음과 같이 물었다.

"스파르타에서 오신 손님들이여, 그대들은 어찌하여 우리 전하와 우호 관계를 맺지 않으려 하오? 지금의 나와 내 지위를 보면 명확히 알 수 있듯이, 전하께서는 유능한 인재를 중용하는 기술을 잘 알고 계시오. 그대들도 전하를 따르기만 하면 두 사람 모두 그리스를 지배할 수 있게 될 것이오. 전하께서는 이미 그대들이 유능한 인재임을 알고 계시다오."

이 말에 두 사람은 다음과 같이 답했다.

"히다르네스 각하, 저희에 대한 각하의 충고는 충분히 알지 못하신 데서 나온 것입니다. 각하께서는 한쪽 면에 대해서는 잘 아시지만, 다른 한쪽 면에 대해서는 모르십니다. 즉 노예라는 것이 무엇인가에 대해서는 잘 이해하시지만, 자유라는 것에 대해서는 아직 경험한 일이 없으시기 때문에 그것이 단지 아니면 쓴지 모르고 계십니다. 그러나 각하께서도 한번 자유의 맛을 알게 되신다면, 자유를 위해서는 창뿐만 아니라 손도끼라도 들고 싸워야 한다고 우리에게 권하실 것입니다."

이후 두 사람은 여정을 계속해서 마침내 수사에 도착해 왕을 알현하게 되었다. 그런데 왕의 호위병들이 먼저 왕 앞에 꿇어 엎드려 절하라고 지시하며 강제로 시키려 했다. 그러자 그들은 혹 호위병들의 손에 머리를 바닥에 찧게 되는 한이 있어도 결코 그런 짓은 할 수 없다고 말했다. 인간에게 절하는 그와 같은 일은 스파르타의 관습에는 없으며, 또한 자신들은 그와 같은 짓을 하기 위해 온 것이 아니라고 주장했던 것이다.

위와 같은 지시를 완강히 거부한 뒤 두 사람은 왕에게 말했다.

"메디아국의 왕이시여, 저희는 사자를 살해한 데 따른 죗값을 치르기 위해 스파르타에서 왔습니다."

그러자 크세르크세스는 도량 넓게, 자신은 스파르타인과 같은 짓은 하지 않겠다고 말했다. 즉 스파르타인은 외국 사절을 살해하는 난폭함으로 국가 간의 관습을 농락했지만, 자신은 바로 그와 같은 방법으로 스파르타인을 책할 생각은 없으며, 이 두 사람을 보복의 대상으로 삼음으로써 스파르타인들이 책임을 면케 하지는 않겠다는 것이었다.

이와 같은 사정에서 스페르키아스와 불리스 두 사람은 무사히 스파르타로 돌아갈 수 있었고, 여하튼 스파르타인도 이와 같은 조치로 탈티비오스의 노여움을 진정시킬 수 있었다. 그러나 그 훨씬 뒤에 펠로폰네소스인과 아테네인이 전쟁을 할 때 이 노여움이 재발했다고 스파르타인은 전한다. 수많은 사례 중에서도 이만큼 신의 뜻을 분명하게 살필 수 있는 예는 없다고 나는 생각한다. 탈티비오스의 노여움이 사절들의 몸에 미쳐 그것이 성취되기까지 진정되지 않았다는 것은, 보복의 이치에서 보면 당연한 것이었다. 요컨대 탈티비오스의 노여움 때문에 페르시아 왕에게 파견됐던 인물들의 자식들—불리스의 아들 니콜라오스와, 상선 한 척과 거기에 탄 무장병을 이끌고 티린스의 망명자들이 건설한 할리에이스 시를 공격·점령한 스페르키아스의 아들 아네리스토스[119]—이 이 노여움의 희생물이 되었다는 것은 적어도 내게는 신의 뜻이라고 느껴진다. 이 두 사람은 스파르타의 사절로서 아시아로 가던 도중, 트라키아의 왕이었던 테레스의 아들 시탈케스와 아브데라인 피테스의 아들 님포도로스의 배반으로, 헬레스폰토스의 비산테 부근에서 체포되었다. 그리고 아티카로 호송된 다음 아테네인에게 살해됐던 것이다. 또한 이때 코린토스인 아데이만토스의 아들 아리스테아스도 위의 두 사람과 운명을 같이했다.[120]

그러나 이 일은 페르시아 왕의 원정이 있고 몇 년 뒤에 일어났기 때문에 여기에서 더는 언급하지 않겠다.

페르시아 왕의 출정은 아테네를 토벌하는 것이 명분이었지만, 실상은 그리스 정복을 목표로 한 것이었다. 그리스인은 일찍부터 이 사실을 알고 있었지만, 닥쳐올 위험에 대해서 각 도시는 서로 다르게 술렁였다. 이미 페르시아 왕에게 땅과 물을 바친 도시에서는 공격당하지 않으리라 낙관하는 반면, 땅과 물을 바치지 않은 도시에서는 공격해 오는 페르시아 왕을 맞아 싸울 만한 군선 수가 그리스에는 부족한 데다가 또한 많은 그리스인들이 전쟁에 참가하기를 꺼리고 오히려 페르시아에 자진해서 굴복하려 했기 때문에 심한 공포에 시달리고 있었다.

여기에서 나는 대다수 사람들의 비판을 받게 될 말을 해야만 하겠다. 비록

---

119) 티린스가 아르고스에 점령, 파괴됐다는 것은 제6권에 기록되어 있는데, 그때 망명자들이 할리에이스를 건설했을 것이다. 아네리스토스의 할리에이스 점령 연대는 밝혀지지 않았다.
120) 이 사건은 투키디데스의 《펠로폰네소스 전쟁사》 제2권에 자세히 나온다.

그렇게 되더라도 그것이 진실이라고 믿어지는 한 나는 기꺼이 그것을 여기에 적어야 할 것이다. 만약 아테네인이 다가오는 위기에 겁을 집어먹고 조국을 포기했거나 비록 포기하지는 않았다 하더라도 거기에 머물러 있다가 크세르크세스에게 항복해 버렸다면, 해상에서 페르시아 왕을 맞아 싸우려는 자는 없었을 것이다. 즉 펠로폰네소스군에 의해 지협을 가로지르는 방어벽이 몇 겹으로 쳐져 있었다 하더라도 페르시아 해군의 위력에 도시들이 차례로 점령되어 갔다면, 스파르타의 동맹 제국도 본의는 아니지만 스파르타를 버릴 수밖에 없었을 것이다. 결국 스파르타는 고립되었을 것이란 말인데, 제아무리 스파르타군이라 하더라도 그 상태에서는 설령 눈부신 활약을 보이며 싸운다고 해도, 반드시 파멸을 맞이할 수밖에 없었을 것이다. 스파르타군은 이러한 운명에 처하든지, 아니면 그 이전에 다른 그리스 제국이 페르시아 측에 가담하는 것을 보고 크세르크세스와 화의(和議)를 맺었을 것이다. 이렇게 되면 그리스는 페르시아의 지배를 감수할 수밖에 없었을 것임에 틀림없다. 왜냐하면 페르시아 왕이 해상을 제압하면 지협에 둘러쳐진 성벽 역시 버텨내지 못하기 때문이다.

이렇게 볼 때, 아테네가 그리스의 구세주였다고 말해도 진실을 벗어난 말은 아니라 할 수 있다. 아테네가 어느 쪽에 가담하는가에 따라 운명의 저울이 어느 쪽으로 기울 것인가가 결정될 상황이었던 것이다. 그리스의 자유를 보존하는 길을 선택하고 페르시아에 아직 굴복치 않은 모든 그리스를 일깨워, 신을 본받아 페르시아 왕을 격퇴한 것이야말로 바로 이 아테네인이었다. 델포이에서 내려진, 아테네인을 공포로 몰아넣었던 무서운 신탁조차도 아테네로 하여금 그리스를 포기하게 하지는 못했다. 그들은 끝까지 머물며 자신들의 나라로 육박해 오는 적과 담대히 맞서 이를 격퇴시켰던 것이다.

이에 앞서[121] 아테네에서는 신탁을 받기 위해 사절을 델포이에 파견한 일이 있었다. 신탁 사절이 신역(神域)에서 정해진 의식을 행한 뒤 본전(本殿)에 들어

---

121) 이 신탁 사절의 파견 시기는 확실치 않지만, 앞뒤 기술을 살펴보건대 살라미스 전투보다 상당히 이전에 행해진 것으로 보인다. 아마 기원전 482년 무렵일 듯하다. 다만 제2의 신탁은 테미스토클레스의 책략에 의한 것인지도 모른다. 상황이 상황인 만큼 사태가 몹시 절박했던 것 같다.

가 자리에 앉자, 아리스토니케라는 무녀가 이렇게 신탁을 내렸다.

"가엾은 자들아, 어찌하여 여기에 앉아 있느냐? 집도, 너희 도시가 수레처럼 둥글게[122] 둘러싸고 있는 산도 버리고 땅 끝으로 도망쳐라. (너희 도시는) 머리도 몸통도 무사하지 못하리라. 발부리도 손도 그 나머지 부분도 남김없이 사라지리라. 도시는 불타고 시리아의 전차를 몰고 달려오는 사나운 군신(軍神)의 발 아래 짓밟히게 되리라. 너희 성뿐만이 아니라 수많은 성채들이 파괴될 것이다. 또한 파멸의 불길을 맞게 될 수많은 신전들이 이미 지금 공포에 떨며 식은땀을 흘리고, 그 천장으로부터는 피할 길 없는 재앙을 알리는 검은 피가 쏟아져 내리고 있다. 그러니 그대들은 이 신전을 즉시 떠나라. 그리고 마음껏 비탄에 잠기라."

이 말을 들은 아테네 사절은 비탄에 잠겼다. 그 계시한 운명에 절망하고 있는 모습을 보고 델포이의 일류 명사 중 한 사람이었던 안드로불로스의 아들 티몬이, 그들에게 탄원자의 표지인 올리브나무 가지를 손에 들고 탄원자로서 다시 신탁을 구하라고 충고했다. 아테네의 사자들은 그의 충고에 따라 신에게 다음과 같이 말했다.

"신이시여, 원컨대 저희가 이곳에 갖고 온 탄원자의 표지를 생각하시어 저희 조국에 대한 좀더 좋은 계시를 내려 주소서. 그러지 않으시면 저희는 이 신전을 떠나지 않고 목숨이 다할 때까지 머물러 있겠습니다."

그러자 무녀는 다시 다음과 같은 신탁을 내렸다.

"팔라스(아테네)가 아무리 애원하고 현명한 재지를 발휘하여 탄원한다 하더라도, 올림포스에 계신 제우스의 마음을 움직이지는 못하리라. 하지만 나는 여기에서 너희를 위해 다시 강철처럼 확고한 말을 내리리라. 케크롭스 언덕[123] 과 성스런 키타이론 계곡 사이에 있는 땅이 모두 적의 손에 함락된다 하더라도, 멀리 바라보시는 제우스께서는 토리토게네스(아테네)를 위해 나무 성채만은 난공불락의 요새로 화하게 하여 너희와 너희 자식들을 구원해 주실 것이다. 또한 너희는 육로로 육박해 오는 기병과 보병의 대군을 가만히 앉아서 기다려서는 안 된다. 등을 돌리고 퇴각하라. 이윽고 진실로 반격을 가하게 될

---

122) 아테네시가 성벽에 의해 원형으로 둘러싸여 있었다는 것이리라.

123) 아테네의 아크로폴리스를 가리킨다. 케크롭스는 아테네의 고대 왕.

날이 오리라. 오오! 성스런 살라미스여, 데메테르의 선물[124]이 파종될 때, 또는 그것이 거두어질 때, 그대는 여자들의 자식들을 없애게 되리라."

이 신탁은 먼젓번 것보다 확실히 온건했으며 아테네의 신탁 사절에게도 그렇게 생각되었기 때문에, 그들은 이 신탁을 글로 옮긴 뒤 아테네로 돌아왔다. 신탁 사절이 귀국하여 이것을 국민에게 보고하자 그 신탁의 진의를 둘러싸고 의론이 분분했다. 특히 다음의 두 설이 강한 대립을 보였다. 즉 일부 원로들은 아크로폴리스가 파괴를 면하리란 계시라고 주장했다. 그 옛날 아테네의 아크로폴리스는 가시나무로 둘러쳐져 있었으니, '나무 성채'는 아크로폴리스를 가리킨다는 이유에서였다. 그러나 한편에서는 신이 말한 '나무 성채'는 배를 가리킨다고 주장했다. 그들은 그리하여 만사를 제치고 무엇보다도 먼저 함선을 정비해야 한다고 촉구했다. 다만 '나무 성채'를 배라는 뜻으로 해석하는 일파에게 장애가 되는 구절이 있었다. 델포이의 무녀가 말한 신탁 중 마지막 행을 이루는 '오오! 성스런 살라미스여, 데메테르의 선물이 파종될 때, 또는 그것이 거두어질 때 그대는 여자들의 자식들을 없애게 되리라'는 대목이었다. 이 구절 때문에 '나무 성채'를 배로 해석하는 일파의 견해는 거의 목소리를 내지 못했다. 그것은 점술가들이 이 구절을, 아테네가 해전을 준비하게 되면 살라미스의 해역에서 패배를 겪는 쪽은 아테네 측이라는 뜻으로 해석했기 때문이다.

한편, 그 무렵 아테네에는 최근 들어 급격히 이름을 날리게 된 인물이 있었다. 바로 네오클레스의 아들 테미스토클레스였다.[125] 그는 점술가들이 중요한 점에서 실수를 저질렀다 말하고, 신탁의 구절이 진실로 아타네인을 가리키는 것이라면 신탁은 그렇게 온건한 표현을 사용하지 않았을 것이라고 주장했다. 요컨대 적어도 살라미스섬의 주민들이 그 해역에서 최후를 거둘 운명이라면 '오오! 성스런 살라미스여'라는 표현을 쓰지 않고, '오오! 비정한 살라미스여'라고 말했으리란 것이다. 즉, 이 신탁이 가리키는 것은 적이지 아테네인이 아니라는 해석이었다. 그는 거기에서 '나무 성채'는 그와 같은 뜻으로 해

---

124) 곡물을 말한다.

125) 테미스토클레스는 이미 기원전 493년에 아르콘의 직위에 취임해 있었고, 또한 마라톤에서도 공적을 세웠다.

석해야 하므로 아테네인은 곧 해전 준비를 해야 한다고 권고했다. 테미스토클레스가 이와 같은 견해를 밝히자 아테네인들은 그의 주장이 점술가들 의견보다 훨씬 낫다고 판단했다. 점술가들의 의견이란 해전을 준비하는 따위의 일을 해서는 안 되며, 한마디로 말해서 모든 저항을 포기한 채 아티카의 국토를 버리고 다른 곳으로 이주해야 된다는 것이었다.

테미스코클레스는 이전에도 한번 시기적절한 주장을 제기하여 국가를 위기에서 구해낸 적이 있었다. 라우레이온 광산[126]으로부터 막대한 금을 산출해 아테네의 국고가 풍족해지자, 그것을 한 사람당 10드라크마씩 배당하자는 의견이 나왔다. 이때 테미스토클레스는 아테네인을 설득하여 이 분배를 중지시키고, 이 금으로 아이기나와의 전쟁[127]에 대비하여 200척의 함선을 건조하는 데 성공했다. 실제로 바로 이 전쟁을 목전에 두고 있었던 아테네는 싫든 좋든 해군국(海軍國)이 되었으며, 이로써 그리스가 구원될 수 있었던 것이다. 물론 이들 함선을 예정된 목적대로 다 사용하지는 못했지만, 그리스에서는 적절한 기회에 실로 유용하게 쓰였던 것이다.

당시 아테네는 이미 이들 함대를 완성했지만, 추가로 더 많은 함선을 건조해야 했다. 이리하여 아테네인들은 협의한 결과, 신탁의 뜻에 따라 아테네와 뜻을 같이하는 다른 그리스인과 협력해 그리스로 진격해 오는 침략자를 바다에서 맞아 싸우기로 결의했다.

첩자와 사절 파견

한편 그리스인 국가들 가운데 애국심에 불타 조국의 앞날을 걱정하던 국가들은 한곳[128]에 모여 서로 의견을 교환하고 맹약을 했다. 그리고 협의 결과 지금 그들에게 무엇보다도 필요한 것은, 서로의 적대 관계나 전쟁을 종결짓고 화해하는 것이라는 데 뜻을 같이했다. 이들 중에서 가장 사이가 나빴던 두 나라는 아테네와 아이기나였다. 그러나 그들은 크세르크세스가 그 휘하

---

126) 아티카반도 남단 가까이, 동서로 이어진 산중에 있는 은(銀) 광산. 오래 전부터 개발됐지만 그 산출량은 테미스토클레스 시대에 절정에 달했던 것 같다.
127) 아이기나와의 항쟁은 기원전 491년 무렵에 시작된다(6권 참조).
128) 코린토 지협을 가리킨다.

병력과 함께 사르데스에 있음을 알고 페르시아 군대의 정세를 탐색하기 위해 아시아로 첩자를 보낼 것, 또한 아르고스에 사자를 파견해 대 페르시아전에서 공동 전선을 편다는 협정을 맺게 할 것, 그리고 시켈리아와 나아가 케르키라 및 크레타에도 각각 원조를 요청하는 사절을 보낼 것 등을 결의했다. 그 시절 시켈리아의 데이노메네스의 아들 겔론[129]의 위세는 매우 강대하여 그리스의 어떤 세력보다도 훨씬 강력했다고 전해져 있었다. 그리스 국가들은 다가오는 공동의 위기에 대처하여, 가능한 한 하나된 그리스로서 맞설 태세를 갖추려 했던 것이다.

이렇게 결의한 그리스 제국은 먼저 아시아로 세 명의 첩자를 보냈다. 그런데 첩자들은 사르데스에 도착하여 페르시아군의 동정을 탐색하던 중 신분이 발각되어 체포되었다. 그리고 육상 부대 지휘관들의 고문을 받은 뒤 처형장으로 보내져 사형되었다. 한편 크세르크세스는 이 소식을 듣게 되자 지휘관들의 판결을 꾸짖고 친위병을 파견해 첩자들이 아직 살아 있으면 자기 앞으로 데리고 오라 명했다. 사자들은 아직 생존해 있던 첩자들을 발견하고 왕 앞으로 데려왔다. 왕은 첩자들에게 입국 목적을 물은 뒤 친위병들을 불러 그들을 안내하여 보병 및 기병 모든 부대를 마음껏 구경시킨 다음 어디든 그들이 바라는 곳으로 무사히 떠나도록 해 주라고 명했다.

그리고 다시 덧붙여 다음과 같이 말했다. 만일 첩자들이 죽고 말았다면 그리스 측은 비할 데 없이 강대한 페르시아군의 위세를 사전에 알 수 없었을 것이다. 그러나 그들이 무사히 그리스로 돌아간다면, 그리스 측은 이쪽의 전력을 알고 현재 진행중인 원정을 기다리지도 않고 그들이 말하는 '자유'를 포기할 것이다. 그렇게 된다면 전쟁을 벌이는 노고 따위는 전혀 필요 없게 된다는 이야기였다.

크세르크세스는 이와 비슷한 의견을 다른 경우에도 제시한 적이 있었다. 그가 아비도스에 머무르고 있을 때의 일이었다. 아이기나와 펠로폰네소스로 향하는 곡물 수송선단이 흑해를 나와 헬레스폰토스를 항해하고 있는 광경이 그의 눈에 띄었다. 왕의 측근에 있던 자들은 그것이 적선임을 알고 그 배

---

129) 겔론에 대해서는 뒤에 자세히 나온다.

들을 나포할 준비를 갖추어 놓고 왕의 명령이 떨어지길 기다리고 있었다. 크세르크세스는 측근에게 어디로 향하는 선단이냐고 물었다.

"전하, 저 배들은 페르시아의 적들에게 곡물을 실어 나르고 있습니다."

그러자 크세르크세스는 다음과 같이 말했다.

"그렇다면 우리와 같은 방향으로 가고 있지 않느냐? 게다가 곡물을 비롯한 여러 가지 물자를 싣고서 말이야. 우리를 위해 곡물을 실어 나르고 있는 그들에게 대체 무슨 죄가 있단 말이냐?"

한편 페르시아 왕에 대항하기 위해 맹약을 교환한 그리스 제국은 첩자의 파견에 이어서 이번에는 아르고스로 사절을 보냈다.

그런데 아르고스의 정세는 아르고스인 스스로 말하는 바에 따르면 다음과 같았다 한다. 아르고스에서는 일찍이 페르시아 왕의 야망을 알고 있었고, 나아가 그리스 제국이 자신들을 대 페르시아전에 끌어들이려고 하리라는 것 역시 예상했다는 것이다. 그래서 신에게 최선의 방책을 묻기 위해 델포이로 신탁 사절을 보냈다 한다. 그 까닭은 다름이 아니라 얼마 전 스파르타군에게 그들의 병사 6천 명이 살해된 일이 있었기 때문이다.[130] 델포이의 무녀는 그들의 물음에 대하여 다음과 같은 신탁을 내렸다.

"이웃에게는 미움을 받고 신으로부터는 사랑을 받는 백성들아, 투창을 안으로 돌려 잡고 방비를 단단히 한 다음 움직이지 말고 앉아서 머리를 잘 지키라. 머리가 몸을 구원하리라."[131]

델포이의 무녀가 이러한 신탁을 내린 것은, 그리스 사절단이 아르고스에 오기 이전의 일이었다. 그런데 사절단이 아르고스에 도착하여 평의회에 나와 명령받은 대로 이야기하자, 아르고스 측은 이에 대해 모든 동맹군의 반을 지휘할 수 있는 권한을 준다면 스파르타와 30년 동안 평화조약을 맺을 용의가 있다고 대답했다. 아르고스가 통수권을 완전히 장악해야 마땅하겠지만 자신들은 그 반만으로도 만족하겠다는 것이다.

---

130) 세페이아 부근에서의 전투를 가리킨다(6권 참조). 그러나 이 사건은 기원전 494년 무렵의 일로 추정되므로, '앞서'라 하더라도 10여 년이나 지난 사건이다.

131) 머리는 도시의 세력을 쥐고 있는 성년 시민을 가리키고, 몸은 남녀노소를 포함한 도시 주민 전체를 의미할 것이다.

아르고스의 평의회는 그리스 제국과 동맹을 맺어서는 안 된다는 신탁이 있었음에도 이와 같이 답했다 한다. 신탁을 꺼림칙하게 생각하기는 했지만, 30년간의 평화 기간 동안 자식들에게 성인으로 성장할 기회를 부여하는 것이 그들에게는 무엇보다 중요하다는 것이다. 그리고 전의 참사(慘事)도 있었기 때문에, 평화조약을 맺어 두지 않으면 대 페르시아전에서 차질이 빚어질 경우 영원히 스파르타에 예속될 것이 불 보듯 뻔했기 때문이었다고 한다.

사절단 중 스파르타에서 온 사자는 아르고스의 제의에 대해 이렇게 대답했다고 한다. 즉 휴전 문제는 본국의 중의(衆議)에 넘겨 처리토록 해야 할 문제이지만, 지휘권 문제에 관해서는 이미 지시받은 바가 있다고 말했다. 그리고 아르고스에는 한 명의 왕밖에 없지만 스파르타에는 두 명의 왕이 있는바, 스파르타의 두 왕 누구로부터도 지휘권을 박탈할 수는 없는 형편이지만 아르고스 왕이 스파르타의 두 왕과 똑같은 발언권을 지니는 데는 아무런 지장이 없을 것이라고 답했다는 것이다.[132]

결국 아르고스 측은 스파르타의 독선을 더는 참을 수 없어 스파르타에 양보하기보다는 차라리 외적의 지배를 받겠다 선언하고, 스파르타의 사절을 향해 해가 지기 전에 아르고스령을 떠나지 않으면 적으로 간주하겠다고 말했다. 이상은 아르고스 측이 전하는 내용이다.

그러나 그리스에는 그와 다른 이야기가 전해지고 있다. 즉 크세르크세스는 그리스 원정을 결행하기에 앞서 아르고스에 사자를 보냈는데, 그 사자는 아르고스에 도착하자 다음과 같이 말했다는 것이다.

"아르고스인 여러분, 크세르크세스 전하께서는 귀국에 대해 다음과 같이 말씀하셨소. 우리는 우리의 국조(國祖) 페르세스님이 다나에의 아드님 페르세우스를 아버지로 하고 케페우스의 따님 안드로메다를 어머니로 하여 태어나셨다고 믿고 있소. 따라서 우리는 귀국민의 후예라 할 수 있소. 그러므로 우리가 조상의 나라에 대해 병력을 일으킨다는 것은 있을 수 없는 일이며, 또한 귀국이 타국을 원조하여 우리를 적대하는 것도 그와 마찬가지일 것이오. 귀국으로서는 오히려 조용히 어느 편에도 가담하지 않는 것이 올바른 태도일

---

132) 스파르타 측의 제의에 따르면 결국 아르고스는 동맹군의 일원으로 한 개의 투표권밖에 행사할 수 없는 처지가 되므로, 아르고스의 요구와는 거리가 있는 것이었다.

것이오. 사태가 내 생각대로 된다면 귀국을 다른 어떤 나라보다도 후대하겠소."

이 말을 들은 아르고스인은 왕의 발언을 중시하여 처음에는 그리스 측의 원조 요구에 대해 아무런 약속도 하지 않고 또한 지휘권 분배도 요구하지 않았다. 그러나 그리스 제국이 계속해서 지원을 요청하자 스파르타가 통수권을 나누지 않으리라는 점을 잘 알면서도, 전쟁에 참여치 않을 구실을 찾기 위해 그것을 요구했다는 것이다.

그리스인은 위 설(說)을 증명하기 위해 다음 이야기도 했다. 위의 사건보다는 훨씬 뒤에 일어난 일이다.[133] 히포니코스의 아들 칼리아스와 그 수행원이 아테네의 사절로서 별도의 용건이 있어 멤논의 도시 수사[134]에 머물고 있을 때였다. 때마침 아르고스도 수사로 사절을 파견하고 있었다. 그래서 사절이 크세르크세스의 아들 아르타크세르크세스에게 아르고스가 크세르크세스와 맺은 우호 관계가 지금도 이어지고 있는지, 아니면 현재의 왕은 아르고스를 적국으로 간주하고 있는지를 질문한 적이 있었다. 그러자 아르타크세르크세스왕은, 물론 우호 관계는 존속하고 있고 자신은 아르고스를 그 어떤 나라보다도 훌륭한 우호국으로 생각한다고 말했다는 것이다.

나로서는 크세르크세스가 과연 아르고스에 사자를 보냈는지, 또한 아르고스의 사절이 수사로 올라가 우호 관계에 대해 아르타크세르크세스에게 질문했는지, 그 진위에 관해 단정해서 말할 수 없다. 또한 나는 이 사건에 관해서 아르고스인이 표명하는 견해와 다른 어떤 의견도 말할 생각이 없다. 내가 확신하는 바는 단지, 만일 인간이 자신의 불행을 다른 사람의 불행과 맞바꾸고자 저마다 불행을 들고 모인다면, 다른 사람의 불행을 자세히 살펴보고 나서는 반드시 누구나 가져온 자신의 불행을 그대로 갖고 돌아가리라는 것이다. 이렇게 생각하면 아르고스인의 행동을 참으로 비열한 짓이었다고는 말할 수

---

133) 기원전 448년 무렵의 일. 아테네가 페르시아와 우호 관계를 맺기 위해 칼리아스를 파견했다. 통상 '칼리아스의 평화'라 칭해지는 것. 헤로도토스가 이것을 집필할 당시는 아테네의 대 페르시아 정책에 대한 평판이 나빴기 때문에 아테네에 호의를 가졌던 헤로도토스가 '별도의 용건'이라고 고의로 애매하게 표현했다는 설도 있다.
134) 멤논은 트로이 전쟁에서 트로이 측에 선 에티오피아의 왕인데, 수사가 이 인물에 의해 건설됐다는 전승에서 비롯됐다.

없을 것이다.[135]

내 의무는 전해지는 것을 그대로 전하는 것이지만, 그렇다고 해서 그것을 전적으로 믿어야 할 책임이 있는 것은 아니다. 이러한 나의 주장은 이 책 전체에 걸쳐 적용될 것이다. 내가 이러한 말을 하는 이유는 다음과 같은 설조차 전해지고 있기 때문이다. 즉 페르시아 왕을 꾀어 그리스로 진공케 한 것은 다름 아닌 아르고스인이며, 그 이유는 아르고스가 대 스파르타전에서 패배한 뒤 현재의 고난을 면하기 위해서 어떠한 일도 감수하려는 심정이었기 때문이라는 것이다.

한편 시켈리아로 파견된 다른 사절단—스파르타의 시아그로스도 그 사절단의 일원이었다—은 겔론과 교섭하기 위해 이미 도착해 있었다. 맨 처음 겔라에 정착한 사람들 중 한 명이었던 시아그로스는 트리오피온곶 앞바다에 있는 텔로스섬[136] 출신이었다. 로도스섬의 린도스인이 안티페모스의 지휘 아래 겔라시를 창건할 때,[137] 이 사람도 그 식민에 참가했던 것이다. 그 자손은 이윽고 '지하 여신(地下女神)'[138]의 사제가 되었고, 그 이후 계속해서 그 직을 계승해 왔다. 그런데 그 지위는 그 조상 중 한 사람인 텔리네스가 확보한 것으로, 여기에는 다음과 같은 사정이 있었다.

겔라의 내란에서 패한 무리가 겔라 위쪽에 있는 막토리온이라는 도시로 도망간 적이 있었다. 그런데 텔리네스가 아무런 병력도 거느리지 않고 오직 이 여신의 신기(神器)만으로 이자들을 겔라로 복귀시켰던 것이다.

그가 이들 신기를 어디에서 어떻게 입수했는지에 대해서는[139] 나 자신도

---

135) 이 부분의 논지가 명쾌하지 않은 것은, 여기에서 '불행'으로 옮긴 말의 어의(語義)가 애매한 데 주로 기인하는 듯하다. '악업(惡業)'의 뜻으로 해석하는 사람도 있는데, 여하튼 아르고스의 행동에 대한 일반의 악평을 완화시키려는 의도에서 나온 발언임에는 틀림없다.

136) 텔로스섬은 로도스섬과 크니도스 중간에 있는 작은 섬. 트리오피온은 이 섬 맞은편에 있는 카리아곶의 이름이다.

137) 겔라의 식민은 기원전 670년 무렵의 일이다.

138) 데메테르와 페르세포네 두 여신을 가리킨다. 아테네 서쪽에 있는 엘레우시스는 이 두 여신을 숭상하는 중심지로 특히 그 비밀스런 의식으로 이름이 높다.

139) 그들 신기(神器) 내지 제의(祭儀)는 전통적인 것이고, 단지 그것을 텔리네스가 어딘가에서 계승한 것인지 또는 그 자신이 신의 영감을 받아 그것들을 창설한 것인지 확실치 않다는 의미일 것이다.

아는 바가 없다. 그러나 여하튼 그는 이 신기에만 의존하여, 그와 그의 자손을 여신의 사제로 임명하겠다는 조건으로 망명자들을 복귀시켰던 것이다.

텔리네스가 이러한 위업을 달성했다는 것은 실로 불가사의하게 생각된다. 왜냐하면 이러한 일은 누구나 할 수 있는 일이 아니고 용감한 정신과 강한 체력이 있어야 비로소 성취할 수 있다는 것이 나의 지론인데, 시켈리아 주민들이 전하는 바에 따르면 텔리네스는 그와 정반대로 여성적이고 매우 유약한 인물이었기 때문이다. 텔리네스가 사제직을 확보하게 된 사정은 이와 같다.

판타레스의 아들 클레안드로스[140]가 7년 동안 겔라를 통치한 뒤 사빌로스라는 겔라인에 의해 살해되자, 클레안드로스의 동생 히포크라테스가 왕위를 계승했다. 히포크라테스가 독재자의 지위에 있을 동안 사제 텔리네스의 후예인 겔론은 히포크라테스의 친위병으로 복무하고 있었는데, 그의 수많은 동료 중에는 (테론의 아버지이자)[141] 파타이코스의 아들 아이네시데모스도 포함되어 있었다. 그 뒤 얼마 안 되어 겔론은 공적에 의해 기병대 대장에 임명됐다. 히포크라테스가 칼리폴리스·[142]낙소스·잔클레·레온티노시·시라쿠사이와 그 밖에도 많은 비그리스계 도시[143]를 포위 공격했을 때, 겔론이 이들 전투에서 실로 눈부신 활약을 보였기 때문이다. 위의 도시들 중 시라쿠사이를 제외하고는 모두 노예화를 면치 못했다. 시라쿠사이도 엘로로스 강변[144] 전투에서 패배를 맛보아야 했지만, 코린토스와 케르키라의 중재로 구원을 받았다. 즉 시라쿠사이가 카마리나[145]를 히포크라테스에게 양도한다는 조건으로 구원받은 것이다.

히포크라테스는 그의 형 클레안드로스와 마찬가지로 7년간 군림한 뒤 시

---

140) 그는 기원전 505년에 민중의 지지를 배경으로 독재자가 되었다.

141) 여기에 얼마쯤 누락이 있는 것이 확실하므로, 슈타인의 설을 괄호 안에 표시해 두었다. 아이네시데모스가 테론의 아버지라는 확증은 없지만 아마 그 추정은 옳을 것이다. 테론은 뒤에 아크라가스의 독재자가 되었고, 또 겔론의 가장 좋은 동맹자였다.

142) 칼리폴리스 이하의 도시는 모두 시켈리아의 그리스 식민지.

143) 시켈리아의 원주민인 시켈로이의 도시들을 가리킨다.

144) 시켈리아 동쪽 기슭의 강. 오늘날의 아비조강.

145) 기원전 6세기초 시켈리아 남쪽 기슭에 시락사이인이 개척한 도시. 오늘날도 그 이름 그대로이다.

켈로이[146]를 토벌하던 중 히블라시(市)[147] 부근에서 전사했다. 그러자 겔론은 겉으로는 히포크라테스의 아들 에우클레이데스와 클레안드로스를 원조하는 척하다가, 하루 바삐 독재의 사슬에서 벗어나길 바라던 겔라 시민을 무력으로 제압하고는 히포크라테스의 아들로부터 정권을 빼앗아 독재자 행세를 했다. 겔론이 뜻밖의 행운을 잡은 뒤, '가모로이'[148]라 불리는 시라쿠사이의 지주 계급이 민중과 통칭 '킬리리오이'라는 노예 계층에 의해 카스메네로 추방되는 사건이 일어났다. 그러나 겔론은 그들을 복귀시키고 시라쿠사이까지 수중에 넣었다. 겔론이 도시로 육박해 오자 시라쿠사이 민중이 도시를 비우고 항복해 버렸기 때문이다.

시라쿠사이를 수중에 넣게 되자 겔론은 겔라를 통치하는 데에 더 이상 흥미를 느끼지 못했다. 그리하여 겔라를 그의 동생 히에론에게 맡기고 자신은 시라쿠사이시를 강화하는 데 전념했다. 바야흐로 그에게는 시라쿠사이가 장중보옥(掌中寶玉)이 되었던 것이다. 이리하여 이 도시는 곧 번영의 꽃을 피우게 되었다. 즉 겔론은 카마리나시를 파괴해 버린 뒤 카마리나의 모든 시민을 시라쿠사이로 이주시켜 시민으로 삼고, 겔라 시민의 과반수에 대해서도 똑같은 조치를 취했다. 또한 시켈리아의 메가라를 포위 공격하여 항복시킨 뒤 전쟁을 일으킨 주모자로서 당연히 처벌받을 것을 각오하고 있던 귀족들을 시켈리아로 보내 시민으로 삼았다. 한편 이 전쟁에 대해서는 아무런 책임도 없기에 좋은 대우를 받으리라 생각했던 평민들은 시라쿠사이로 보낸 뒤 해외에 노예로 팔아 버렸다. 또한 시켈리아에 거주하는 에우보이아인에 대해서도 귀족과 평민을 구별한 뒤 위와 같은 조치를 취했다. 겔론이 두 도시의 주민들에 대해 이런 조치를 취한 이유는, 그가 평민을 가장 위험한 세력으로 생각하고 있었기 때문이다. 위와 같은 정책으로 겔론은 강력한 독재 군주가 되어 세력을 떨쳤던 것이다.[149]

---

146) 라틴어로는 시쿨리(siculi). 시켈리아의 원주민.

147) 시켈리아에는 같은 이름의 도시가 세 곳 있었다. 그중 어느 것을 가리키는지 분명치 않다.

148) 아티카의 표준 어형(語形)으로는 '게오모로이', 즉 지주 계급을 가리킨다. 작자는 이곳에서 행해지고 있는 도리스어형을 썼을 것이다. 가모로이는 최초의 식민자들의 후예로, 그때까지는 도시의 지배자였다.

149) 겔론이 평민에 대해 가혹한 조치를 취한 이유는, 이들 도시에서는 지배층 이외의 시민은

그리스 제국이 파견한 사절단은 시라쿠사이에 도착하자 겔론을 알현하고 다음과 같이 말했다.

"저희는 페르시아 왕의 침입을 맞아 전하의 협력을 구하기 위해 스파르타, 아테네 및 이와 동맹을 맺은 제국이 파견하여 왔습니다. 페르시아 왕의 그리스 진공에 대해서는 이미 전하께서도 들어 알고 계시리라고 생각합니다. 지금 페르시아군은 헬레스폰토스에 다리를 놓은 다음 동방의 모든 군대를 이끌고 아시아에서 그리스로 침입해 오고 있습니다. 게다가 그는 표면상으로는 아테네를 토벌키 위해 진군하고 있다고 말하지만, 실상 그의 본심은 그리스 전역을 자기 지배 아래 두려는 데 있습니다. 전하께서는 강대한 국력을 갖고 계십니다. 즉 시켈리아의 군주이신 전하의 세력은 온 그리스에서 결코 적잖은 부분을 차지하고 있습니다. 그러하오니 원컨대 그리스를 지키려는 자들에게 원조의 손을 펴시고, 함께 자유를 위해 싸워 주십시오. 그리스 전체가 결속한다면 강대한 세력이 되어 침입자를 물리칠 수 있을 것입니다. 그렇지만 우리 중에서 배반자나 구원을 거부하는 자가 나온다면 그리스 전역은 적의 수중에 떨어지게 될 것입니다. 만일 페르시아인이 그리스를 격파하고 정복한다 하더라도 우리 나라에까지는 침략의 손을 뻗치지 않을 것이라고 생각지 마십시오. 그들은 그렇게 할 것입니다. 그러하오니 전하께서는 그러한 사태가 벌어지기 전에 미리 방어토록 하십시오. 우리를 원조하시는 것이 바로 전하 자신을 구하는 길이 될 것입니다. 무릇 잘 생각해서 일을 진행시키면 좋은 결과를 얻기 마련입니다."

그러자 겔론은 노기등등한 표정을 지으며 다음과 같이 말했다.

"그대들이 내게 와서 제멋대로 주장을 늘어놓으며 이국의 침략자를 격퇴할 수 있도록 도와 달라고 요청하다니, 너무 뻔뻔스럽다고 생각지 않소? 이전에 내가 카르타고와 전쟁을 벌이게 되었을 때 함께 이국의 군대를 물리치자고 그대들에게 요청한 일을 잊었소?[150] 또한 나는 그대들에게 에게스타인

대부분 원주민이나 기타 외국인이어서 이들이 그리스인에게 반감을 갖고 반란을 일으킬 위험성이 있다고 생각했기 때문일 것이다.

150) 이 카르타고전은 다른 데는 기록된 것이 없지만, 기원전 481년 이전의 일일 것이다. 또 다음에 겔론이 열거하는 사항은 별도의 사건들이 아니라 모두 관련된 사항으로 생각하는 것이

에게 살해된 아낙산드리데스의 아들 도리에우스의 원수를 갚자고 간청했었고,[151] 현재 그대들이 막대한 이익과 편익을 얻고 있는 통상지를 나의 적들로부터 해방시키자고 제안한 적도 있었소.[152] 그러나 그대들은 어떤 반응을 보였소? 그대들은 나를 구원하러 오지 않았고, 또한 도리에우스의 살해에 대한 보복에도 가담하지 않았으며, 통상지는 모두 적의 수중에 들어갈 뻔했소.[153]

그 뒤 우리 나라의 사정은 좋아졌고, 처지가 완전히 뒤바뀌어 이번에는 바로 그대들이 전쟁의 위기에 빠지게 되었소. 그러자 그대들은 새삼스럽게 이 겔론을 기억해 낸 것이오! 그러나 그대들로부터 나는 삼단노선 200척, 중무장병 2만 명, 기병 2천 명, 궁병 2천 명, 투석병 2천 명 및 경무장기병[154] 2천 명을 제공하여 그대들을 원조할 용의가 있소. 또한 전쟁이 끝날 때까지 기꺼이 그리스 전군에게 식량을 공급할 것을 약속하겠소. 다만 여기에는 조건이 있소. 즉 페르시아 왕과의 전쟁에서 내가 모든 그리스군을 지휘하고 통수권을 장악할 수 있도록 해주시오. 이러한 조건이 수락되지 않는 한, 단 한 명도 파견하지 않을 것이오."

이 말을 들은 시아그로스가 더 이상 참지 못하고 이렇게 말했다.

"스파르타가 겔론왕과 시라쿠사이인에게 통수권을 빼앗긴다면, 펠롭스의 후예인 아가멤논이 무덤에서 통곡할 것입니다.[155] 우리에게 통수권을 내놓으라는 따위의 말씀은 두 번 다시 하지 마십시오. 전하께서 최소한 그리스를 구원할 뜻이 계시다면, 그것은 스파르타의 지휘 아래서만 가능함을 알아 두시기 바랍니다. 만약 다른 사람의 지휘를 받고 싶지 않으시다면 구원하러 오시지 않아도 좋습니다."

좋을 듯하다.

151) 5권 참조.
152) 당시 통상 활동은 카르타고인과 페니키아인이 장악하고 있었다.
153) 그 의미는, 이들 통상지가 오늘날 존재하는 것은 그리스인의 원조 때문인 것이 아니며, 그리스인 덕택이라면 이들은 모두 이국인의 수중으로 돌아갔을 것이라는 뜻이다.
154) 이에 대해서는 잘 알 수 없다. 기병과 협력하는 경장(輕裝) 부대로 해석하는 사람도 있다.
155) 펠롭스의 손자인 아가멤논은 호메로스 이래 미케네 또는 아르고스의 왕이었다는 것이 일반의 전승인데, 스파르타에는 그가 라코니아의 아미크라이의 왕이었다는 이야기도 있었던 듯하다.

겔론은 시아그로스의 말에서 강한 적의를 읽어 내고 사절단에게 마지막으로 다음과 같이 제안했다.

"스파르타에서 온 객이여, 인간은 비난을 받으면 화를 내게 마련이오. 그러나 나는 그대가 폭언을 퍼부었음에도 예의를 잃어가며 답할 생각은 없소. 그대들이 통수권에 집착을 한다면, 그대들보다 훨씬 우세한 함대와 몇 배나 더 되는 군대를 거느린 내가 이에 집착하는 것 또한 당연한 일일 것이오. 그렇지만 나의 조건이 그렇게까지 그대들의 비위를 거슬렀다면 조금 양보하기로 하겠소. 그대들이 지상군을 지휘하겠다면 나는 수군을 지휘하리다. 또한 만약 그대들이 수군을 지휘하겠다면 나는 육군을 지휘하겠소. 이 조건을 받아들이든지, 아니면 내가 그대들에게 제공할 수 있는 강력한 지원을 그대로 버린 채 귀국하든지 두 가지 중 하나를 선택하도록 하시오."

겔론이 이와 같이 제안하자, 스파르타의 사자가 입도 열기 전에 아테네의 사자가 다음과 같이 대답했다.

"시라쿠사이의 왕이시여, 저희를 전하께 파견한 그리스가 필요로 하는 것은 지휘관이 아닙니다. 그리스가 바라는 것은 군대입니다. 그런데 전하께서는 그리스의 통수권을 장악하지 못하는 한, 군대를 파견할 수 없다 하시며 오로지 그리스군의 작전을 좌지우지하려는 데만 관심을 쏟고 계십니다. 전하께서 그리스 전군에 대한 지휘권을 요구하셨을 때 우리 아테네인은 말없이 듣고만 있었습니다. 스파르타 사절이 전하의 요구에 대해 스파르타뿐만 아니라 아테네를 위해서도 훌륭하게 답변해 주리라 믿고 있었기 때문입니다. 그렇지만 전하께서는 그리스 전군에 대한 통수권을 거부당하시자 이번에는 수군에 대한 지휘권을 요구하셨습니다. 그런 이상 이제는 사정이 달라졌습니다. 혹 스파르타 사절이 수군에 대한 지휘권을 전하께 넘기겠다고 말하더라도 우리는 단연코 양보할 수 없습니다. 수군에 대한 지휘권이야말로 스파르타가 그것을 바라지 않는 한 우리의 것이기 때문입니다. 스파르타가 그것을 바란다면 굳이 이의를 제기하지는 않을 것이지만, 스파르타인 이외의 누구에게도 해상의 지휘권을 양도한다면, 그리스 최대의 수군을 거느리고 있다 해도 무슨 소용이 있겠습니까? 우리 아테네인은 그리스 민족 가운데 가장 오랜 역사를 자랑하고, 주거지를 옮긴 일이 없는 유일한 민족이 아닙니까? 또한 서사시인 호메로스도 그 옛날 일리온으로 군대를 진격시키고 그것을 통솔했던 가장 뛰어난 용사는 바로 우리 아테네인이었다고 노래하지 않았습니까?[156) 그러므로 우리 아테네인은 그 점에 대해 결코 부끄럼 없이 말할 수 있습니다."

겔론은 이 말을 듣고 이렇게 답했다.

"아테네에서 온 객이여, 아무래도 그대들은 지휘할 수 있는 인재는 충분한 데 지휘받아야 할 군대는 전혀 없는 듯싶구려. 그대들은 아무것도 양보하지 않으면서 필요한 것은 다 요구하니 당장 그리스로 돌아가 이렇게 보고토록 하시오. 그리스는 1년 사계절 중에서 가장 좋은 계절인 봄을 잃었다고 말이오."

(겔론이 말하고자 한 의미는 명백하다. 즉 봄이 사계절 중에서 가장 좋은 계절이듯이 그리스군 중에서 자신의 군대가 최정예임을 풍자하고, 자신과의 동맹을 잃은 그리스를 봄을 잃은 1년에 비유했던 것이다.)[157)

이와 같이 겔론과의 협상이 결렬된 뒤 그리스 사절단은 바다를 건너 귀국했다. 한편 겔론은 이러한 사태로 인해서 그리스 제국이 페르시아의 침입자를 격파하지 못하게 되지는 않을까 위구심을 품었지만, 그렇다고 해서 펠로폰네소스로 출진하여 스파르타인의 지휘하에 들어가고 싶지도 않았기 때문에 결국 다른 방책을 취하기로 했다. 즉 페르시아 왕이 헬레스폰토스를 건넜다는 소식을 접하자마자, 코스섬 출신의 스키테스[158)의 아들 카드모스로 하여금 다량의 금과 우호적인 전언(傳言)을 지니고 델포이에 가 있도록 했다. 그리고 전쟁의 귀추를 살피다가 페르시아 왕이 이겼을 경우에는 금을 왕에게 헌상하고 겔론이 지배하고 있는 지역의 땅과 물을 바치며 복종을 맹세하라 지시하고, 한편 그리스군이 승리했을 때에는 그것들을 그대로 갖고 돌아오라 명했다.

이 카드모스란 인물은 이전에 코스섬에서 이미 안정된 독재자의 지위를 그의 아버지로부터 물려받았다. 그러나 스스로 정의감에 불타 정권을 코스인의 재량에 맡기고 시켈리아로 건너와, 잔클레시(市)를 사모스인으로부터 탈

---

156) 《일리아드》 제2권 552행 밑에 기록된 아테네 왕 메네스테우스를 가리킨다.
157) 주석(註釋)적인 이 일절은 후세에 덧붙인 것이라 보는 학자가 많다.
158) 6권에 나오는 스키테스와 같은 사람이라고 추측된다.

취하고 여기에 거주하고 있었다.

이처럼 정의감이 투철한 성격임을 잘 알고 있었기 때문에 그를 델포이로 파견했던 것이다. 카드모스는 정의로운 행동을 수없이 행했지만, 그중에서도 다음 행동은 특기할 만한 것으로서 후세에까지도 이야깃거리가 되고 있다. 그는 겔론이 그에게 맡겼던 많은 금을 착복할 수 있었음에도 그러한 생각을 품지 않았다. 그리스군이 해전에서 승리를 거두고 크세르크세스가 패주하기에 이르자 그 금에 손도 대지 않은 채 시켈리아로 갖고 돌아왔던 것이다.

그런데 시켈리아에 거주하고 있는 그리스인 사이에 전해지는 말에 따르면, 만일 다음과 같은 사태가 벌어지지 않았다면 겔론은 지휘권이 없더라도 그리스 군대에 원조했을 것이라 한다. 그 사태란, 그 무렵 히메라의 독재자였던 크리니포스의 아들 테릴로스가 아크라가스의 독재자 아이네시데모스의 아들 테론에 의해 히멜라에서 추방된 뒤, 카르타고의 왕 안논[159]의 아들 아밀카스[160]의 지휘 아래 페니키아인·[161]리비아인·이베리아인·리기에스인·[162]엘리시코이인·[163]사르데냐인·키르노스인[164] 등으로 이루어진 연합군 30만을 시켈리아로 향하게 한 것이었다. 테릴로스는 자신과의 우호 관계를 이용하여 아밀카스를 설득했던 것이지만, 특히 크레티네스의 아들 아낙실라오스의 열의에 힘입은 바가 가장 컸다. 아낙실라오스는 레기온의 독재자였는데, 자기 자식을 아밀카스에게 인질로 보내고 그를 움직여 시켈리아로 출정하여 자기의 장인을 원조토록 했던 것이다. 왜냐하면 아낙실라오스는 테릴로스의 딸 키디페를 아내로 두었기 때문이다.

이러한 사정으로 겔론은 그리스 제국을 원조할 수 없게 되었고, 결국 다량의 금을 델포이로 갖고 갔다는 것이다.

이에 덧붙여 시켈리아에서 겔론과 테론이 카르타고의 아밀카스를 격파한 것과, 그리스군이 살라미스에서 페르시아 왕을 격파한 것은 같은 날에 일어

---

159) 라틴어형으로는 한노.
160) 위와 똑같이 라틴어형 하밀카르 쪽이 이해하기 좋다.
161) 카르타고인을 가리킨다.
162) 이른바 리구리아인. 프랑스 남쪽에서 이탈리아에 걸쳐 살았던 민족.
163) 피레네산맥과 로느 하구 중간 지대에 정착하고 있었던 이베리아계 민족.
164) 코르시카섬 주민을 가리킨다.

난 사건이었다는[165] 설도 있다. 아버지는 카르타고인이지만 어머니가 시라쿠사이인이었던 아밀카스가 카르타고의 왕위에 오르게 된 것은 그의 뛰어난 자질 덕분이었다. 그런데 그는 전투가 벌어지는 동안 패색이 짙어지자 묘연히 자취를 감추었다고 한다. 겔론은 곳곳으로 그의 행방을 찾았지만, 살았든지 죽었든지 그 모습을 본 자는 어디에도 없었다는 것이다.

이 말은 사실인 듯한데, 카르타고인이 스스로 전하는 바는 다음과 같다. 시켈리아에서 그리스군과의 전투는 새벽부터 저녁 늦게까지 계속되었다. 그동안 아밀카스는 진영에 머물러 있으면서 거대하게 쌓아 놓은 장작더미 위에 희생 가축을 올려 놓고 통째로[166] 태우면서 길조가 나타나기를 기다리고 있었다 한다. 그러다가 자군이 패주하는 것을 보게 되자, 때마침 희생 짐승에게 신주(神酒)를 붓고 있던 그는 자신의 몸을 불 속에 던짐으로써 스스로 자취를 감추었다는 것이다.

아밀카스의 행방이 묘연하게 된 것이 위와 같은 사정 때문이었든, 다른 사정 때문이었든 페니키아인은 오늘날에도 희생을 바치며 그에게 제사 지내고 있고, 또한 모든 식민지에 그의 기념비를 건립해 놓았다.[167] 그중에서도 특히 카르타고에 건립해 놓은 것이 가장 크다.

시켈리아에 대한 원정은 이렇게 끝났다.

시켈리아에 갔던 그리스 사절단 일행이 역시 케르키라를 방문하여 겔론에게 말했던 것과 똑같은 논지로 원조를 요청했다. 이에 케르키라인은 자기들로서는 그리스가 정복되는 것을 방관할 수 없다 말하고 함대를 보내 방위에 가담시키겠다고 그 자리에서 약속했다. 만일 그리스가 패하게 된다면 자신들도 그날로부터 노예의 길을 걸을 수밖에 없을테니, 자신들로서는 전력을 다해 돕겠다는 것이었다.

그러나 이런 긍정적인 반응과는 달리, 케르키라인은 마침내 그것을 실행으

---

165) 히메라 전투와 살라미스 해전이 같은 날 행해졌다는 것은 사실이 아닌 듯하다. 다만 페르시아와 카르타고 사이에 무엇인가 작전상의 협의가 있었을 가능성이 높다.

166) 그리스에서는 희생 짐승의 특정 부분만을 굽지 통째로 굽진 않았다.

167) 카르타고에는 그리스처럼 영웅을 숭배하는 풍습이 없었기 때문에, 헤로도토스가 메르카르토신의 제사를 아밀카스의 그것으로 착각했다는 설이 유력하다.

로 옮겨야 할 때가 되자 마음을 바꾸었다. 일단 60척의 배에 함대원을 승선시킨 다음 그럭저럭 출항하여 펠로폰네소스 연안에 이르기는 했지만, 스파르타령에 속하는 필로스와 타이나론곶 부근에 배를 정박시키고(겔론과 마찬가지로) 전황을 관망하기로 했던 것이다. 그들은 그리스군이 이길 승산은 거의 희박하다 보고, 페르시아 왕이 압도적인 승리를 거두고 그리스 전역을 지배하게 되리라 예상하고 있었다. 따라서 그럴 경우에 대비해서 페르시아 왕에게 둘러댈 수 있도록 심사숙고해서 다음과 같은 말을 준비해 두기까지 했다.

"왕이시여, 그리스 제국이 이번 전쟁에 가담해 달라고 저희에게 요청해 왔습니다. 그러나 저희는 결코 적지 않은 병력, 적지 않은 함선이 있음에도 전하께 적대하거나 전하의 뜻을 거스르고 싶지 않아 그 요청을 거절했습니다."

케르키라인은 페르시아 왕에게 이렇게 말하면 다른 나라보다 좋은 대우를 받게 되리라 생각했던 것이다. 만약 그럴 만한 상황이 닥쳤다면 그들은 실제로 그렇게 행동했으리라고 나는 본다.

한편 그리스 측에 대해서도 그들은 핑곗거리를 마련해 두었고, 실제로 그것을 이용했다. 그들이 원조하러 오지 않은 것을 그리스가 비난하자, 자신들은 삼단노선 60척을 준비해 두고 있었지만 계절풍[168]의 방해를 받아 말레아곶[169]을 넘을 수가 없었기 때문에 살라미스에 이르지 못했던 것이지, 결코 겁을 먹고 해전에 참가하지 않았던 것은 아니라고 답했던 것이다. 케르키라인은 이렇게 그리스측 비난의 화살을 피할 수 있었다.

한편 크레타인은 그리스인들이 원조를 요청하러 오자 다음과 같이 행동했다. 각 도시 공동으로 델포이에 신탁 사절을 보내 그리스를 원조하는 것이 자국에 유리한지 어떤지 신의 뜻을 물었던 것이다. 그러자 델포이의 무녀는 다음과 같이 답했다.

"어리석은 자들아, 너희는 일찍이 미노스가, 너희가 메넬라오스를 원조한데 분노하여 너희에게 슬픔의 눈물을 흘리게 한 것에 아직도 만족치 못하고

---

168) 7월말에서 9월말에 걸쳐 부는 북동풍. 살라미스 해전은 9월 하순에 행해졌기 때문에 이런 핑계를 댈 수 있었다.

169) 펠로폰네소스반도는 남쪽 기슭이 세 갈래로 나누어져 있는데, 말레아는 그 동쪽의 곶. 앞서 나온 타이나론은 중앙의 곶 이름.

불복하느냐? 카미코스에서 비명횡사한 자신을 위해 너희가 보복하고자 했을 때 그리스인들은 조금도 도와 주지 않았다. 그럼에도 너희는 이국의 남자가 납치한 스파르타 여자를 위해 그들을 돕지 않았느냐?"

사절이 이와 같은 신탁을 받아 오자, 크레타인은 그리스의 요청을 거절했다.

그것은 미노스가 다이달로스의 행방을 찾아 오늘날 시켈리아라 불리고 있는 시카니아에 갔다가 거기에서 비명횡사를 당했다고 전해지기 때문이다.[170] 그리하여 폴리크네와 프라이소스 두 도시[171]의 주민을 제외한 크레타인들은 신의 계시에 자극을 받아 모두 대선단(大船團)을 이끌고 시카니아로 돌진해 카미고스시—내 시대에는 이 도시에 아크라가스(아그리겐툼)인이 거주하고 있었다—를 5년간에 걸쳐 포위 공격했다 한다. 그러나 결국 점령하지 못했는데, 식량 부족에 시달린 나머지 더는 버티지 못해 계획을 포기한 채 철수했다고 한다. 그런데 이아피기아 난바다[172]를 항해하던 중 심한 폭풍우를 만나 육지로 표류하고 말았다. 그리하여 배는 완전히 파손되었고 크레타로 돌아갈 만한 적당한 도구도 없었기 때문에 히리아[173]라는 도시를 건설하고 그곳에 머무르게 되었다 한다. 그리고 그 명칭도 크레타인에서 이아피기아 메사피아인으로 바뀌게 되었다.

그들은 히리아를 근거지로 하여 나아가 다른 도시들도 건설했다. 세력이 커지는 만큼 그들을 견제하는 이들도 늘어났다. 타라스(타렌툼)인들도 그중하나였다. 그들은 야심을 품고 메사피아인들의 도시를 침략했으나 패하여 막대한 손해를 입었는데, 그때 살해된 그리스인의 숫자가 유사 이래 최대에 달했다.[174] 손실을 입은 것은 타라스뿐만이 아니었다. 그 가운데는 레기온인도 포함되어 있었는데, 그들은 코이로스의 아들 미키토스 때문에 강제로 타라

---

170) 크레타에서 도망친 다이달로스를 쫓아 시켈리아로 온 미노스왕은, 카미코스 왕인 시카니아인 코카로스 곁에서 다이달로스를 발견했지만 속아서 목욕하다가 코카로스의 딸들에게 살해됐다.

171) 폴리크네는 크레타섬 서부, 프라이소스는 동부에 있는 도시.

172) 남부 이탈리아 카라브리아 지방.

173) 오늘날의 브린디지 서남쪽에 있는 오리아일 것이다.

174) 이 전투는 기원전 472년의 일.

스군의 원군(援軍)으로 참가했다. 미키토스는 본디 아낙실라오스의 하인이었는데, 아낙실라오스가 죽으면서 레기온의 통치를 그에게 맡겼던 것이다. 나중에 레기온에서 추방된 뒤 아르카디아의 테게아에 거주하면서 올림피아에 많은 상을 봉납한 자가 바로 이 인물이었다. 어쨌든 그리하여 레기온의 사상자는 3000명에 이르렀다 한다. 그러나 타라스의 전사자 수는 밝혀지지 않았다.

그리고 미노스왕의 사후 3대째에 접어들어 트로이 전쟁이 일어났다. 크레타인은 메넬라오스의 복수에 가담하여 이 전쟁에서 다른 민족에 결코 뒤지지 않는 활약상을 보였다. 그러나 트로이로부터 귀국한 뒤 미노스의 보복으로 기근과 역병에 시달리게 되었으니, 인간뿐만 아니라 가축들까지 그 재앙을 받아 마침내 크레타는 다시 황폐해져 버렸다. 그리고 3대째의 크레타인[175]이 겨우 살아 남은 주민들과 함께 이 땅에 거주하게 되었다고 한다.

델포이의 무녀는 크레타인에게 이 일들을 상기시키며 그들의 그리스 원조를 제지했던 것이다.

테르모필라이로의 진군

테살리아인은 페르시아 왕이 바다를 건너 유럽으로 진격해 오려 한다는 소식을 듣자마자 코린토스 지협으로 사자를 보냈다. 당시 지협에는 그리스의 운명을 걱정하던 각 도시로부터 선발된 그리스 대표들이 모여 있었다. 테살리아의 사절들은 이들 그리스 대표들이 있는 곳으로 와 다음과 같이 말했다.

"그리스인 여러분, 테살리아를 비롯한 그리스 전역을 전화(戰禍)로부터 구하기 위해서는 올림포스산의 진입로를 방비해야 합니다. 우리는 이미 여러분을 도와 이 중요한 길목을 방어할 준비를 갖추어 놓고 있으니, 여러분도 꼭 대규모 병력을 보내 주시기 바랍니다. 만약 병력을 파견하지 않는다면, 경고하거니와 우리는 페르시아 왕과 화친을 맺게 될 것입니다. 다른 그리스 지역으로부터 멀리 떨어진 전선(前線)에 있는 우리가 고립무원의 상태에서 단지 여러분을 돕기 위해 목숨을 버릴 거라고는 기대하지 마십시오. 여러분에게 만약 원조의 뜻이 없다면, 우리에게 여러분을 위해 싸우라고 강요하는 것은 아무

---

175) 최후로 크레타에 침입한 그리스인, 즉 도리스인을 가리킨다.

소용없습니다. 이렇게 되면 우리는 스스로 무엇인가 보전책을 강구할 수밖에 없을 것입니다."

이에 대해 그리스 제국은 그 진입로를 방어하기 위해 해로를 통해 육상 부대를 테살리아로 파견하겠다고 응답했다. 파견군은 집결을 끝낸 다음 에우리포스해협을 지나 아카이아 지방[176)의 알로스에 도착했다. 육지에 오르자 배를 남겨 두고 걸어서 테살리아로 진군하여 템페에 이르렀다. 이곳에는 페네이오스강을 따라 올림포스와 오사 두 산 사이로 빠져 하(下)마케도니아[177)에서 테살리아에 이르는 길이 있다. 이곳에 약 1만 명의 그리스군 중무장병이 집결하여 포진했다. 그리고 테살리아의 기병 부대도 이에 가담했다. 스파르타 부대의 지휘를 맡은 것은 카레노스의 아들 에우아이네토스였다. 그는 왕가 출신은 아니었지만 군사위원(폴레마르코스) 중에서 선발된 인물이었다.[178) 아테네 부대의 지휘관은 네오클레스의 아들 테미스토클레스였다.

그러나 그리스군이 이곳에 머무른 것은 겨우 며칠에 지나지 않았다. 이는 마케도니아인 아민타스의 아들 알렉산드로스가 사자를 보내, 페르시아 측의 육상 부대 및 함대 수를 열거하며 그리스군에게 철수를 권고했기 때문이다. 즉, 이 통로에 머물러 있다가 침입군에 의해 유린되는 사태를 맞지 않도록 하라는 것이었다. 그리스군은 이것이 적절한 조언이라 판단했고 또한 마케도니아인은 그리스에 호의적인 사람들이라고 생각했기 때문에 이에 따랐다. 그러나 내가 보기에 그리스군이 철수를 단행한 실질적인 원인은 따로 있었다고 생각된다. 그들은 상(上)마케도니아 방면에서 페라이비아를 거쳐 곤노스시 부근을 지나는, 테살리아로 가는 다른 진입로가 있음을 알고 심한 두려움에 사로잡혀 있었던 것 같다. 그리고 사실 크세르크세스군은 이 길로 침입해 들어왔다.

그리하여 그리스군은 배를 남겨 두었던 곳까지 내려간 다음 지협으로 돌아갔다.

이러한 그리스군의 테살리아 출병은 때마침 페르시아 왕이 아시아에서 유

---

176) 정확하는 아카이아 프티오티스라 불리는 지방.

177) 올림포스 산계(山系)에서 바다에 이르는 연해 지역을 가리킨다.

178) 스파르타에서는 원정군의 총지휘는 왕이 맡는 것이 원칙이었다. 군사위원은 그 밑에서 한 부대를 지휘하는 것이 보통이었다.

럽으로 건너오고자 아비도스에 머무르고 있을 때 일어난 사건이었다.[179] 이렇게 하여 동맹군으로부터 버림을 받은 테살리아인은 더 이상 머뭇거리지 않고 적극적으로 페르시아 측에 가담하게 되었고, 결과적으로 이 전쟁에서 가장 유용한 활약을 했던 것이다.

그리스군은 지협으로 귀환하자, 알렉산드로스가 알려 준 정보를 고려해 전투 방식과 장소에 대해 협의를 했다. 이때에는 테르모필라이의 진입로를 방어해야 한다는 주장이 지배적이었다. 이 길은 테살리아로 가는 진입로에 비해 좁고 또 하나밖에 없다는 것, 그리고 본국으로부터의 거리가 좀 더 짧다는 것 등이 그 이유였다. 뒤에 그리스군이 테르모필라이로부터 습격을 받게 될 그 샛길이 있음을, 그들은 테르모필라이에 도착한 뒤 트라키스[180]인으로부터 전해 듣기 전까지는 알지 못했던 것이다.

그리하여 그리스인은 이 길을 방어함에 따라 페르시아군의 그리스 진입을 저지하는 동시에 수군을 히스티아이아 영내의 아르테미시온으로 파견하기로 결의했다. 이 두 지점은 근접해 있어 서로의 정황을 쉽게 알 수 있었기 때문이다. 이곳의 지세(地勢)는 다음과 같다.

먼저 아르테미시온을 살펴보면, 광막한 트라키아의 남쪽 바다가 좁아지며 스키아토스섬과 본토의 마그네시아 지방을 나누면서 좁은 수로를 형성한다. 이 해협과 곧바로 이어지는 것이 에우보이아의 아르테미시온 해안이다. 여기에는 아르테미스의 신전이 있다.

한편 트라키스의 영토를 지나 그리스로 들어오는 길의 너비를 살펴보면, 테르모필라이를 지나는 길은 폭이 0.5플레트론 정도 된다. 이 길 중에서 너비가 가장 좁은 곳은 테르모필라이의 앞쪽 및 뒤쪽[181]을 지나는 지점이다.

테르모필라이 뒤쪽의 알페노이 부근 길은 그 폭이 겨우 수레 한 대가 지나갈 정도밖에 되지 않으며, 또한 그 앞쪽의 안텔레시 근처 포이닉스 강변 길도 마찬가지이다. 그리고 테르모필라이 서쪽에는 오르기 어려운 험준한 높은 산이 있다. 이것은 멀리 오이테산으로 이어진다. 또한 도로 동쪽은 바다와 잇닿

---

179) 기원전 482년 봄.
180) 테르모필라이 서쪽의 옛 도시. 소포클레스의 비극 〈트라키스의 여자〉로 잘 알려져 있다.
181) '앞쪽', '뒤쪽' 모두 트라키스 측에서 본 표현이다.

아 있고 소택지가 대부분이다.[182) 그리고 이 통로에서는 온천이 솟고 있는데,
이곳 사람들은 이것을 '솥탕(키트로이)'이라 부른다.[183) 온천 곁에는 헤라클레
스의 제단이 설치되어 있다. 이전에는 이 통로 좌우로 성벽이 축조된 적이 있
으며, 여기에 관문도 있었다. 이 성벽을 축조한 것은 포키스인이다. 테살리아
인이 현재 그들이 확보하고 있는 아이올리스의 땅[184)으로 거주지를 찾아 테
스프로티스 지방에서 옮겨 왔을 때 이에 위협을 느꼈기 때문이다. 테살리아
인이 자신들을 정복하려 함을 알아채자, 포키스인은 그에 대한 대항 수단으
로서 이러한 조치를 취했던 것이다. 그리고 나아가 테살리아의 침입을 어떠
한 방법으로라도 저지할 생각에서 온천 물을 이 통로로 끌어들여 이 지역을
계곡으로 만들려고 했다. 이 성벽은 아주 오래 전에 축조된 것이었기 때문에
당시에는 그 대부분이 붕괴되어 있었다. 그리하여 그리스군은 이것을 보수하
여 여기에서 페르시아군의 침입을 막기로 결정했다. 그리고 이 도로 가까이
에 있는 알페노이라는 마을에서 식량을 조달할 예정이었다.

어쨌든 당시 그리스는 이들 지점이 그들의 목적에 가장 적합한 장소라고
생각했다. 그리스군은 미리 모든 사태를 고려하여, 이 지대에서는 페르시아
군이 대부대를 움직일 수도, 기병 부대를 이용할 수도 없으리라 예상하고 이
방면에서 그리스로 진격해 들어오는 적군을 맞아 싸우기로 결정했던 것이다.
마침내 페르시아 왕이 피에리아 지방까지 진출해 왔다는 소식을 듣게 되자,
코린토스 지협에서 가졌던 그리스 제국 모임을 해체하고 일부는 육로로 해
서 테르모필라이로, 다른 일부는 해로로 해서 아르테미시온으로 출격했다.

그리스군이 둘로 나뉘어 서둘러 출격하는 동안 델포이인은 자국과 그리스
전역의 안부를 우려하여 신탁을 구했다. 그랬더니 사방의 바람에게 기원하라
는 신탁이 내렸다. 바람이 그리스의 유력한 동맹자가 되리라는 것이었다. 델
포이이인은 이 신탁을, 끝까지 자유를 위해 싸우기로 결심한 그리스 모든 도

---

182) 헤로도토스는 테르모필라이 도로가 남북으로 달리고 있는 것처럼 표현하고 있지만, 사실
   은 동서로 통하고 있다. 따라서 그가 '동', '서'로 말하고 있는 것은 오히려 '북(동북)'과 '남(서
   남)'에 해당한다.
183) 온천은 테르모필라이 고개 동쪽 부근에서 솟고 있다. 고온이고 강한 유황 냄새가 난다.
184) 테살리아의 원주민인 아이올리스계 주민은 테스프로티스에서 침입해 온 테살리아인에게
   쫓겨 보이오티아와 그 밖의 지역으로 이주했던 것이다.

시에 전했다. 이러한 통보로 델포이인은 페르시아 왕을 심히 두려워하고 있던 그리스 모든 도시로부터 후세에까지도 변치 않는 감사의 정을 받게 되었다. 다음으로 델포이인은 티이아라는 곳—여기에는 케피소스의 딸 티이아[185]의 성역이 있고, 이 땅의 이름은 이 여신의 이름에서 비롯된 것이다—에 갖가지 바람을 위한 제단을 설치하고 공물을 바쳤다. 델포이인은 이 신탁의 고사(故事)를 존중하여 오늘날에도 역시 사방의 바람에 제사를 지내며 은총을 기원하고 있다.

크세르크세스의 해상 부대는 테르메시에서 출발한 뒤, 가장 빠른 배 열 척을 뽑아 스키아토스로 직행시켰다. 여기에서는 그리스의 배 세 척—트로이젠·아이기나·아테네의 배가 각각 한 척씩이었다—이 선두에서 경계를 맡고 있었는데, 그들은 페르시아 함정들이 모습을 나타내자마자 곧 도주했다.

그러나 프렉시노스가 지휘하던 트로이젠의 배는 페르시아 함대의 추적을 받아 곧 나포되었다. 페르시아군은 그 트로이젠 군선에 탄 전투원 중에서 가장 잘생긴 병사를 끌어내어 그 목을 치고 혈제(血祭)를 올렸다. 그러면 틀림없이 행운이 있으리라 생각했기 때문일 것이다. 제물이 되어 목숨을 잃은 불행한 자의 이름은 레온이었는데, 그가 비운을 겪게 된 것은 그 이름 탓이었을지도 모른다.[186]

반면 아소니레스라는 자가 지휘하던 아이기나의 삼단노선은 페르시아 측에 적지 않은 손해를 안겨 주었다. 이 배에 타고 있던 이스케노스의 아들 피테스의 활약 때문이었는데, 그는 이날 전투에서 실로 눈부신 공헌을 했다.

배가 나포되었는데도 온몸이 만신창이가 될 때까지 싸움을 멈추지 않았다. 그 용맹함에 감탄한 페르시아 병사들은 쓰러졌어도 죽지 않고 숨이 붙은 그를 어떻게든 구하고자 상처에 약을 바르고 품질 좋은 아마제 붕대로 감은 다음 간호를 해주었다. 페르시아군은 자군의 진영으로 돌아오자 전군의 병

---

185) 케피소스는 포키스와 보이오티아 지방을 흐르는 강. 이 하신(河神)의 딸이 티이아로 되어 있는데, 이 이름은 '질풍(疾風)'의 뜻으로 해석되는 바, 풍신(風神) 숭배와 무엇인가 관련이 있는 듯하다.

186) 레온이란 사자를 가리키는 것이므로, 선진(先進)의 혈제(血第) 때에 도살하기에 알맞다고 페르시아인이 생각했을지도 모른다는 것이다.

사들에게 그의 모습을 보여 주며 칭찬해 마지않고 그를 후대해 주었다. 그러나 같은 배에서 사로잡은 다른 병사들은 노예로 취급했다.

세 척 가운데 두 척은 이와 같이 해서 제압되었다. 다른 한 척은 아테네인 포르모스가 지휘하는 삼단노선이었는데 도주하여 페네이오스강 하구 부근에서 해변가로 갔다. 그리하여 페르시아 측은 그 선체는 확보할 수 있었지만 함대원은 사로잡을 수 없었다. 아테네인은 배를 해변가에 좌초시키자마자 배에서 뛰어내려 테살리아를 통해 아테네로 귀환했기 때문이다.

아르테미시온에 포진하고 있던 그리스군은 스키아토스섬으로부터 온 횃불 신호를 받고 위의 사건을 알게 되자 심한 공포에 사로잡혔다. 그래서 에우리포스 해협을 방어하기 위해 에우보이아의 고지에 정찰 부대를 남겨 두고 함대를 아르테미시온에서 칼키스로 이동시켰다. 열 척의 페르시아 함선 중에서 세 척이 스키아토스섬과 마그네시아의 중간에 있는 '개미바위'라 불리는 암초에 접근하여 그 위에 가져 온 돌 표지판을 세워 놓았다. 바야흐로 진로를 위협하는 장애물이 제거되어 전 함대는 테르메를 출발했다. 이것은 왕이 테르메를 떠난 뒤 11일째 되는 날의 일이었다. 이 암초가 페르시아 함대의 진로상에 있음을 페르시아 측에 귀띔한 것은 스키로스인 팜몬이었다.

페르시아 함대는 하루 종일 항해를 계속한 뒤 마그네시아 지방의 세피아스곶을 지나, 카스타나이아시와 세피아스곶 중간에 가로놓여 있는 해안 지대에 도달했다.

페르시아 함대가 세피아스에 이르고 육상 부대가 테르모필라이까지 진군하는 동안 페르시아는 아무런 손실도 입지 않았기 때문에 그 총병력은 그때까지 변함이 없었다. 이 단계에서 내가 산출한 페르시아군의 총병력 수는 아래와 같다. 아시아에서 온 함선 수는 1207척으로, 여기에는 각 민족으로 구성된 부대가 타고 있었는데 한 함선당 200명씩의 비율로 계산하면 총 인원수는 24만 1400명이 된다. 그런데 이들 배에는 각각의 토착민 전투원 외에 페르시아인·메디아인·사카이인 등의 전투원이 각각 30명씩 승선해 있었다. 따라서 앞서 언급한 인원수에 이들 3만 6210명의 인원이 추가된다. 나아가 얼마쯤 넘치거나 모자랄 수 있을지라도 오십노선의 승무원 수가 1척당 80명이라고 하면, 앞서 이미 언급했던 것처럼 3천 척이 집결해 있었으므로 이들 배의 승무원 수는 24만 명을 헤아리게 된다. 이처럼 아시아에서 공격해 온 해상 부대는 그 총병력 수가 실로 51만 7610명에 이르렀다.

한편 보병 부대는 170만 명, 기병 부대는 8만 명이었다. 게다가 여기에 아라비아인의 낙타 부대, 리비아의 전차 부대 2만 명을 덧붙이면 육해군 총병력 수는 231만 7610명이 된다. 단 여기에는 수행 종복이나 식량 수송선 및 승무원은 포함되지 않았다. 위에 산출된 전 부대의 병력 수에다가 유럽에서 징용된 부대의 병력 수도 가산되어야 한다. 단 여기에서는 어림짐작으로 계산할 수밖에 없는데, 먼저 트라키아 및 트라키아 인근 여러 섬의 그리스인이 지원한 선박 수는 120척이었으므로 그 승무원 수는 2만 4천 명이었을 것이다. 보병 부대로서 트라키아인·파이오니아인·에오르도이인·[187)] 보티아이아인·칼키디케인·브리고이인·피에리아인·마케도니아인·페라이비아인·에니아네스인·돌로페스인·마그네시아인·아카이아인, 그리고 트라키아의 해안 지대에 거주하는 주민들이 공출한 병력 수를 나는 30만으로 추정하고 있다. 이들 숫자를 아시아의 병력 수에 덧붙이면, 전투 부대의 총병력 수는 264만 1610명이 된다.

전투 부대의 수는 이와 같았는데, 종군한 종복이나 식량 수송용 소형 선박 및 원정군을 수행한 그 밖의 승선 인원 수도 전투 부대 수에 못지않았다. 나는 오히려 그보다 많지 않았을까 생각한다. 그러나 여기에서는 전투 부대와 비교하여 같은 수였다고 보기로 하겠다. 그러면 그 수는 전투원과 똑같이 수백만에 이르게 된다. 이렇게 하여 다레이오스의 아들 크세르크세스의 통솔 아래 세피아스곶과 테르모필라이에 이르렀던 총병력 수는 528만 3220명에 달했던 것이 된다.

이상이 크세르크세스 휘하 전 부대의 병력 수다. 요리사라든지 첩, 그리고 환관의 정확한 수를 열거할 수 있는 사람은 아무도 없을 것이다. 더구나 원정군을 수행한 운반용 짐승이나 인도산 개에 이르면 그 수가 너무도 방대하여 그 누구든 헤아릴 수 없을 것이다. 따라서 그들로 인해 물이 고갈된 하천이 있었다는 등의 이야기는 조금도 놀랄 일이 아니라고 본다. 오히려 이 수백만의 대 군대를 먹일 만한 식량을 확보했다는 것이 실로 경이롭다고 하겠다.

---

187) 마케도니아의 악시오스, 스트리몬 두 강의 중간 지대에 살던 민족.

왜냐하면 내가 계산한 바에 따르면 한 사람이 하루에 밀 1코이니쿠스씩을 넘지 않게 공급받았다 하더라도 하루의 소비량은 합계 11만 340메딤노스[188]가 되기 때문이다. 이 계산에는 여자나 환관, 그리고 운반용 짐승이나 개의 식량은 포함되어 있지 않다. 이 수백만의 남자 중에 수려한 용모나 당당한 체구로 보더라도 그 권세에 어울리는 인물로서 크세르크세스를 능가할 사람이 없었다.

페르시아의 해상 부대는 앞서 말했듯이, 마그네시아 지방의 카스타나이아 시와 세피아스곶의 중간 지점에 가로놓여 있는 해안에 이르자, 선봉 함대는 육지에 매어 두고 그 나머지 함대는 닻을 내리고 정박했다. 해안선이 그다지 길지 않기 때문에 함대는 이물을 난바다 쪽으로 돌리고 8열 횡대를 이루어 정박했다.

그날 밤은 이러한 대형(隊形)을 이룬 채로 지냈다. 그런데 날이 밝자 그때까지 쾌청하고 바람도 잠잠했던 날씨가 돌변하여 바다가 용솟음치기 시작하고 격심한 폭풍과 맹렬한 동풍—이 부근의 주민들이 '헬레스폰토스 바람'이라고 부르는—이 페르시아 함대에 몰아쳐 왔다. 이동하기 쉬운 위치에 정박하고 있던 자들은 곧 바람이 거세어지고 있음을 깨닫고 폭풍이 불어오기 전에 배를 육지로 끌어올려 자신들도 배도 화를 면할 수 있었지만, 난바다 쪽에 있다가 폭풍의 내습을 받은 배들은 펠리온산 기슭까지 흘러가거나 해변으로 밀려 오르거나 했다. 또한 세피아스곶에 그대로 충돌하여 난파한 배도 있었고, 일부는 멜리보이아시와 카스타나이아시 해변까지 밀려 갔다. 실로 사람의 힘으로는 감당할 수 없는 엄청난 폭풍이었다.

아테네인이 신의 계시를 받아 '북풍(보레아스)'에게 도움을 요청했다는 이야기가 전해지고 있다. 앞서 서술했던 신탁과는 별도로 '형제[189]'에게 원조를 요청하라'는 신탁이 아테네인에게 내려졌기 때문이었다는 것이다. 그리스의 전설에 따르면 '북풍'의 아내는 엘렉테우스의 딸인 오레이티아라는 아티카 여

---

188) 코이니쿠스는 1리터 강(强), 메딤노스는 52리터 약(弱). 그러나 헤로도토스의 계산은 그렇게 정확하지는 않다.

189) 엘렉테우스는 아테네의 조상이며, 아테네인은 자신들을 '엘렉테우스의 아들'이라고 칭했다. 따라서 엘렉테우스의 사위인 '북풍'은 그들의 형제에 해당한다는 것이다.

자였다 한다.[190] 그래서 아테네인은 북풍을 자신들의 '의형제'라 여기고—풍설(風說)은 이렇게 전하고 있는데—에우보이아의 칼키스에 정박하여 대기하고 있다가, 폭풍이 점점 거세지자—혹은 그 이전의 일이었을지도 모르지만—희생물을 바치며 북풍과 오레이티아에게, 자신들을 도와 일찍이 아토스 난바다에서 그렇게 했던 것처럼[191] 페르시아의 함대를 쳐부숴 달라고 기원했다. 정박 중이었던 페르시아군이 북풍의 내습을 받은 것이 사실 그러한 이유 때문이었는지는 나도 단언할 수 없지만, 아테네인은 이전에는 물론 이때에도 자신들을 도와 그러한 일을 해준 것이 바로 북풍이었다고 주장한다. 아테네인은 귀국한 뒤 일리소스 강변에 북풍을 모신 신전을 건설했다.

이 조난에서 페르시아군은 최소한 400척 이상의 함선과 수많은 병사, 그리고 막대한 재산을 상실했다고 전해진다. 그런데 세피아스곶 부근의 토지를 소유하고 있던 크레티네스의 아들인 아메이노클레스라는 마그네시아인은 이 사건으로 커다란 행운을 누리게 됐다. 해안으로 밀려온 금은제 술잔을 여럿 줍고, 페르시아군의 보물 상자를 비롯해 수많은 재보를 손에 넣었던 것이다. 그러나 우연한 행운으로 막대한 재산을 모은 아메이노클레스였지만, 그 밖의 점에서는 그다지 행복하지 못했다. 자식을 살해하는 비참한 운명이 그를 기다리고 있었기 때문이다.[192]

폭풍으로 파손된 곡물 수송선이나 그 밖의 선박 수는 일일이 헤아리기 어려울 정도였다. 이러한 막대한 피해를 입은 결과, 해상 부대의 지휘관들은 조난을 틈타 테살리아인이 습격해 올까 두려워 표류하는 물건을 이용하여 자군의 주위에 높은 방책(防柵)을 둘러쌌다. 폭풍이 3일간 계속해서 불어왔기 때문에, 마침내 마고스들이 최후로 희생물을 바치며 바람에 대해 주문을 외고 나아가 테티스를 비롯하여 네레우스의 딸들(네레이데스)에게도 희생을 바치자, 4일째에 접어들어 겨우 폭풍이 잦아들었다. 그들이 테티스에게 희생을 올린 이유는 일찍이 그녀가 이 부근에서 페레우스에게 납치되었으며, 세피아

---

190) 아테네의 일리소스 강변을 거닐던 오레이티아를 북풍이 채갔다는 전설.
191) 6권 참조.
192) 상세한 것은 알 수 없지만, 아메이노클레스는 어떤 이유에서인지 본의 아니게 자기 자식을 살해할 수밖에 없는 비운에 빠지게 된다.

스곳 일대의 땅은 테티스와 그 밖에 네레우스의 딸들 소유지라는 이야기를 이오니아인들로부터 전해 들었기 때문이다.[193] 어쨌든 폭풍은 4일째에 접어들어 잠잠해졌다.

한편 에우보이아의 고지에 주둔하며 망을 보던 그리스 정찰병들은 폭풍이 불기 시작한 지 이틀째 되던 날 서둘러서 산에서 내려와, 페르시아군의 함선들이 난파됐다는 소식을 그리스군에 자세히 전했다. 이 소식을 들은 그리스군은 '호국의 신 포세이돈'에게 감사의 기원을 하고 헌주를 한 다음 서둘러 아르테미시온으로 되돌아갔다. 쳐들어올 적선(敵船) 수가 이제는 얼마 되지 않으리라고 생각했기 때문이었다. 그들은 그때부터 오늘날까지 '호국의 신 포세이돈'이라는 이름으로 이 신을 숭상해 마지않고 있다.[194]

바람도 파도도 잠잠해지자 페르시아군은 육지로 끌어올려 놓았던 배들을 바다로 끌어내리고 육지를 따라 항해하면서 마그네시아의 곶을 돌아 파가사이시(市)로 통하는 만 안으로 곧장 돌격했다. 이 마그네시아의 만 입구에는, 그 옛날 이아손이 양모 가죽을 구하러 콜키스의 아이아를 향해 항해하려 했을 때, 이아손을 비롯한 아르고선의 동료들이 물을 얻기 위해 해변으로 갔던 헤라클레스를 남겨 두고 떠났다는 장소가 있다. 그들은 물을 채운 뒤 여기에서 대해로 나갈 예정이었기 때문에 이 고사에서는 이 땅에 '출선(出船, 아페타이)'이라는 이름을 붙이고 있다.

크세르크세스의 해상 부대가 정박했던 곳은 바로 여기였다.

이때 페르시아 함대 중 15척이 때마침 본대에서 멀리 뒤처져 있었는데, 그들은 아르테미시온에 포진해 있던 그리스 함대를 발견하자 이들을 자기편 함선으로 착각하고 적진 한가운데로 들어가고 말았다. 이 선단을 지휘하던 자는 아이올리스의 키메 총독이었던 타마시오스의 아들 산도케스였다. 그는 그 이전에 왕실 재판관으로 복무하고 있었을 때 뇌물을 받고 부정한 재판을 한

---

193) 테티스는 바다의 신 네레우스의 딸 중 하나. 제우스의 뜻에 따라 테살리아의 왕 페레우스와 맺어져 아킬레우스를 낳았다. 처음에는 페레우스의 뜻을 따르기를 거부하고 여러 가지로 변신하여 피하려 했는데, 그런 가운데 오징어(세피아)로도 변신했다. 세피아스곶('오징어곶')의 이름은 이 이야기에서 유래했다.
194) '호국의 신'은 본디 제우스에게만 붙여졌는데, 이때 이후로 포세이돈에게도 사용되었다.

죄를 저질렀다 하여[195] 다레이오스왕의 명에 따라 체포되었다가 책형에 처해지기 직전에 풀려난 적이 있었다. 그때 다레이오스는 산도케스가 지은 죄보다 왕실을 위해 세운 공적 쪽이 크다는 데 생각이 미치자 자신의 행동이 너무 성급했음을 깨닫고는 그를 석방했던 것이다. 이렇게 하여 처형을 면하고 살아 남았던 그였지만, 이때 그리스 함대 속으로 들어가고부터는 다시 도피할 수 없는 운명에 처하고 말았다. 그리스군은 페르시아 함선이 착오를 일으켜 그들 쪽으로 항해해 오고 있음을 발견하자 배를 전진시켜 쉽게 나포했다.

이들 함선 중 한 척에 승선했던 카리아 알라반다의 독재자 아리돌리스가 체포되었고, 또한 다른 배에서는 파포스[196] 출신 지휘관 데모노스의 아들 펜틸로스가 포로로 전락했다. 이 펜틸로스는 파포스에서 배 열두 척을 이끌고 왔었는데, 세피아스곶의 난바다에서 폭풍으로 그중 열한 척을 잃고 남은 한 척을 이끌고 아르테미시온으로 항해하다가 사로잡힌 것이다. 그리스군은 이들로부터 크세르크세스군에 관해 알고 싶었던 사항을 알아낸 뒤 이들을 포박한 채로 코린토스 지협으로 호송했다.

페르시아의 해상 부대는 앞서 서술한 산도케스 휘하의 열다섯 척을 제외하곤 모두 안전하게 아페타이에 도착했다. 한편 크세르크세스가 이끄는 육상 부대는 테살리아와 아카이아를 경유하여 말리스 지방으로 진입한 뒤 이미 3일째를 맞이하고 있었다. 크세르크세스는 테살리아에서 자군의 말과 토종말을 경주시켰었는데, 그것은 그리스에서 테살리아의 말이 가장 뛰어나다는 소문을 들었기 때문이다. 그러나 결과는 그리스산 말이 훨씬 뒤처진 것으로 나타났다.

테살리아의 강들 중에서 원정군에게 식수를 충분히 공급할 수 없었던 것은 오직 오노코노스강 하나뿐이었는데, 아카이아를 흐르는 강들은 최대의 강인 아피다노스만이 겨우 식수 공급을 충족시킬 수 있었다.

크세르크세스가 아카이아 지방의 알로스에 도착했을 때의 일이다. 길 안내인들은 한 가지도 빠짐없이 설명하겠다는 마음에서 '제우스 라피스티오

---

195) 이와 비슷한 이야기가 5권에도 나온다.
196) 키프로스섬 서쪽 기슭의 도시. 아프로디테 숭배로 이름이 높다.

스'[197)]의 성지를 둘러싼 이 지방의 전설을 이야기해 주었다. 즉 아이올로스의 아들 아타마스가 이노와 미리 짜고 프릭소스를 죽이려 했다는 것과,[198)] 그 뒤 아카이아인은 신탁에 따라 프릭소스의 자손에게 다음과 같은 시련을 주었다는 것 등이었다. 아카이아인은 이 일족의 장자에게는 '국민관(國民館, 레이테이온)'—아카이아에서는 '시화당(프리타네이온)'을 '국민관'이라 부르고 있다—에 들어오는 것을 금하고 이를 엄격히 감시했다. 만일 관내로 들어왔을 경우, 희생물로 바쳐지기까지는 밖으로 나올 수 없었다. 길 안내인들은 계속해서, 이때까지 이미 국민관에 들어간 것이 발각되어 목숨을 위협받게 된 많은 자들이 두려움에 다른 나라로 도주했는데, 아마도 오랜 세월이 지난 뒤에야 돌아왔을 것이라는 등의 이야기도 했다. 게다가 그들은 크세르크세스에게 희생 의식에 관해 묘사하기도 했는데, 언제나 전신을 성스러운 나무의 가지와 잎으로 장식한 뒤 엄숙한 예식을 행하고 나서 희생물로 바쳤다는 것이었다.[199)]

프릭소스의 아들 키티소로스의 자손들이 이러한 곤욕을 치러야 했던 이유는 이러하다. 아카이아인이 신의 뜻을 받아 이 나라의 부정을 씻기 위해 아이올로스의 아들 아타마스를 희생물로서 살해하려 했을 때 키티소로스가 콜키스의 아이아에서 돌아와 그를 구했다. 이 행위로 인해서 신의 노여움을 사 그 자손들이 벌을 받게 되었던 것이다.

크세르크세스는 이 이야기를 들은 뒤 예의 성스러운 숲 부근에 이르게 되자, 스스로 이곳에 발을 들여놓는 것을 삼가고 또한 전군에게도 명하여 들어가지 못하게 했다. 그리고 성역과 함께 아타마스의 자손의 집에 대해서도 그에 못지않은 경의를 표했다.

테살리아와 아카이아에서는 이러한 일들이 있었다.

---

197) 보이오티아의 코로네이아시 근처에 라피스티온이라는 산이 있고, 여기에 제우스의 신전이 있었다.
198) 아타마스가 후처인 이노의 감언에 넘어가 전처의 소생인 프릭소스와 헬레를 없애려 했지만, 금빛 털을 지닌 양이 두 아이를 구해 콜키스로 데려갔다는 이야기.
199) 이 문장은 문맥이 제대로 통하지 않아 정확한 뜻을 파악하기 어렵다. 얼마쯤 빠진 문장이 있는지도 모르겠다.

테르모필라이 전투

크세르크세스는 이들 지역을 떠난 뒤 만(灣)을 따라 말리스 지방으로 진입했다. 이 만에서는 매일 간만의 차가 심하게 나타났다. 이 만 주위에 평탄한 토지가 있는데, 어떤 지점은 넓고 어떤 지점은 매우 좁다. 이 평지를 둘러싸고 '트라키스의 바위산'이라 불리는 험준한 고산이 열지어 말리스 지방을 에워싸고 있다. 아카이아 쪽에서 보면 이 만에 면한 최초의 도시는 안티키라인데, 에니아네스 나라에서 흘러오는 스페르케이오스강이 이 도시 옆을 지나 바다로 흘러들어가고 있다. 이 강에서 약 20스타디온 떨어진 곳에 디라스라는 또 하나의 강이 흐르고 있다. 이곳에는 헤라클레스가 스스로 자기 자신을 불살랐을 때[200] 그를 구원하기 위해 물이 지하에서 솟아올랐다는 전설이 있다. 이 강에서 다시 20스타디온 떨어진 곳에 '흑하(黑河, 멜라스)'라는 또 하나의 강이 있다.

트라키스시는 이 흑하에서 5스타디온 떨어진 곳에 있다. 산악 지대에서 바다로 뻗어 있는 평야는 이 부근에서 폭이 가장 넓어진다. 트라키스는 산 가까이에 건설되어 있다. 이곳에는 2만 2천 플레트론[201]의 평야가 펼쳐져 있다. 트라키스 지방을 둘러싸고 있는 산악은 트라키스시 남쪽에서 끊어져 협곡을 이루고, 아소포스강이 이 협곡을 지나 산기슭으로 흘러내려 오고 있다.

아소포스강 남쪽에는 포이닉스(赤河)[202]라는 그다지 크지 않은 강이 또 하나 있는데, 이 강은 앞의 산악 지대에서 발하여 아소포스강으로 합류한다. 포이닉스강 부근의 길은 상당히 좁아서 겨우 수레 한 대가 지나갈 정도이다. 포이닉스강에서 테르모필라이까지의 거리는 약 15스타디온이다. 포이닉스강과 테르모필라이 중간 지점에 안텔레라는 작은 도시가 있는데, 아소포스강은 이 도시를 지나 바다로 흘러들어간다. 이 도시 주위에는 보다 넓은 토지가 있고, 여기에 '데메테르 암픽티오니스' 신전이 자리잡고 있다. 또한 '인보동

---

200) 헤라클레스는 네소스의 독에 시달린 끝에 오이테 산 위에서 스스로 불 속에 몸을 던졌다고 한다.

201) 이 플레트론을 길이 단위로 해석하면, 2만 2천 플레트론은 677킬로미터 정도가 돼 실정에 맞지 않는다. 여기에서는 면적 단위(=0.095헥타르)로 해석하는 쪽이 좋을 것 같다.

202) 이 강물은 철분 또는 유황을 포함하고 있었기 때문에 붉은색을 띠었을 것이다.

맹(隣保同盟, 암픽티오네스)'의 대의원 회의장과 암픽티온 자신의 신전도 여기에 있다. [203]

크세르크세스왕은 말리스 지방의 트라키스 지역에 진을 치고 있었고, 그리스군은 산마루[204]에 포진해 있었다. 대부분의 그리스인은 이곳을 테르모필라이라 부르지만, 이 지방 사람들이나 인근 주민들은 단지 필라이([門])라고만 부른다.

이렇게 한쪽은 트라키스 북쪽 일대를, 다른 한쪽은 본토의 남쪽 지역을 자기 지배하에 두고 진을 구축하고 있었다. [205]

이곳에서 페르시아 왕이 오기를 기다리고 있던 그리스군의 진용을 살펴보면 다음과 같다. 스파르타의 중무장병 300명, 테게아와 만티네이아에서 각각 500명으로 합계 1000명, 아르카디아의 오르코메노스에서 120명, 그 밖의 아르카디아 각지에서 1000명이었다(위의 아르카디아 군대에는 코린토스 병사 400명, 플레이우스 병사 200명, 미케네 병사 80명이 포함되어 있었다). 이상이 펠로폰네소스에서 온 군대였는데, 여기에 덧붙여서 보이오티아로부터는 테스피아이인 700명, 테베인 400명이 달려왔다.

이 밖에 구원 요청에 응하여 로크리스 오푼티아[206] 지구는 전 병력을 출동시켰고, 또한 포키스인 1000명도 원군으로 가담했다. 이것은 현지(現地)의 그리스군이 그들에게 사자를 보내 다음과 같이 구원을 요청했기 때문이다.

"우리는 단지 전군의 선봉 부대에 지나지 않소. 오늘이라도 곧 동맹군의 주

---

203) 암픽티오네스란 동일한 성지를 공유하는 종교적·정치적 동맹을 가리킨다. 델포이의 아폴론 신전을 중심으로 하는 동맹이 가장 대표적인 것으로, 여기에 서술되어 있는 것도 이 동맹이다. 델포이의 아폴론 신전 외에 안텔레의 데메테르 신전 또한 이 동맹의 성지로, 동맹을 결성하는 그리스의 12개 유력 부족의 대의원이 1년에 2회(봄에는 안텔레, 가을에는 델포이) 회의를 개최했다. 암픽티온은 인류의 조상이라고 할 만한 데우칼리온과 피라의 자식이라 한다.

204) 앞에 서술되어 있는 것처럼 안텔레 전면의 서쪽 관문과 아르페노이 부근 동쪽 관문 사이의 좁은 길 일대가 넓은 의미의 테르모필라이였다. 그리스군은 좁은 길을 방어했던 것인데, 그 주력은 중앙부에 있는 포키스인의 성벽 뒤에 있었다.

205) 북쪽은 정확하게는 서쪽이며 남쪽은 동쪽이다. 주 182) 참조.

206) 이 로크리스는 코린토스만에 면한 로크리스 오조리스와 달리 에이보이아만에 면한 지구로, 테르모필라이에서 가장 가깝다. 전 병력을 이끌고 참전할 만도 했을 것이다.

력 부대가 도착할 것이오. 더욱이 바다는 아테네와 아이기나를 비롯한 여러 해상 부대의 함대가 철통같이 지키고 있기 때문에 두려워할 이유가 조금도 없소. 지금 그리스를 위협하고 있는 자도 결국은 신이 아닌 인간일 뿐이오. 인간인 한 불운을 모르고 행운만 지니고 태어나는 자는 한 사람도 없으며, 또한 권세가 있는 자일수록 더 큰 불행을 겪게 마련이오. 그러므로 반드시 그의 커다란 기대에 합당한 실망을 맛보게 될 것이오."

로크리스, 포키스 두 나라 국민은 이러한 말을 전해 듣고 트라키스로 병력을 보냈던 것이다.

그리스군은 나라마다 각각의 지휘관을 받들고 있었지만, 그중에서 가장 신망이 높아 전군의 지휘를 맡고 있었던 자는 스파르타의 레오니다스였다. 그의 계보를 살펴보면, 멀리 헤라클레스에서 시작하여 힐로스·클레오다이오스·아리스토마코스·아리스토데모스·에우리스테네스·아기스·에케스트라토스·레오보테스·도리소스·헤게실라오스·아르켈라오스·텔레크로스·알카메네스·폴리도로스·에우리크라테스·아낙산드로스·에우리크라티데스·레온 그리고 그의 아버지 아낙산드리데스에 이르고 있었다. 이 레오니다스가 스파르타의 왕위에 오르게 된 것은 전혀 예기치 않은 사정 때문이었다.

레오니다스는 위로 클레오메네스와 도리에우스라는 두 형이 있었기 때문에 왕위에 오른다는 것은 전혀 생각지도 않고 있었다.[207] 그런데 클레오메네스가 후계자 없이 사망하고, 도리에우스도 시켈리아에서 객사하자 레오니다스가 왕위에 앉게 되었다. 그는 아낙산드리데스의 막내아들인 클레옴브로토스보다 연장자였고, 게다가 클레오메네스의 딸을 아내로 맞아들였다.

이때 레오니다스는 아들이 있는 자들 중에서만 친히 선발한 전통의 '3백인대(三百人隊)'[208]를 이끌고 테르모필라이로 왔다. 또한 앞서 내가 그리스군의 병력 수를 거론할 때 언급했던 테베군도 이끌고 왔는데, 테베군의 지휘자는 에우리마코스의 아들 레온티아데스였다. 레오니다스가 그리스 제국 중에서

---

207) 그간의 사정에 대해서는 5권 참조.
208) 1권에 나오는 '300명의 기사'로 왕의 친위대이다. 이때는 특히 레오니다스가 손수 선발했으리라 추측된다. 아들이 있는 자만을 선발한 것은 집안의 대가 끊기지 않도록 하기 위한 배려였을 것이다.

특히 테베 부대를 이끌고 오는 일에 열의를 보인 데에는 이유가 있었다. 바로 테베인의 친 페르시아적인 태도에 강한 의혹을 품고 있었기 때문이다. 그리하여 그는 과연 테베가 다른 나라와 함께 군대를 파견할 것인지, 아니면 드러내 놓고 그리스 제국간의 동맹 관계에서 이탈할 것인지를 이번 일로 알아보려 했다. 그리고 테베는 딴마음을 품고 있으면서도 병력을 보냈던 것이다. 스파르타가 페오니다스 휘하 부대를 먼저 파견한 것은 그를 통해 다른 동맹 제국의 출격을 촉구하기 위해서였다. 만일 스파르타가 머뭇거리고 있음을 다른 동맹국들이 알게 된다면 그들도 페르시아 측에 가담할 우려가 있었기 때문에, 그러한 사태를 미리 막으려 했던 것이다. 스파르타에서는 카르네이아 제(祭)[209]가 출진을 방해하고 있어, 이 제례 행사가 끝난 뒤 수비대만 스파르타에 남겨 둔 채 전 병력을 동원하여 서둘러 구원하러 갈 예정이었다. 그리고 다른 동맹 제국도 스파르타와 비슷한 행동을 취하려 하고 있었다. 왜냐하면 올림피아 제례가 이 사태와 겹치기 때문이었다. 그리하여 그리스 제국은 테르모필라이 전투가 그렇게 빨리 결정될 줄 모르고 선발 부대만 보냈던 것이다.

한편 테르모필라이의 그리스군은 페르시아 왕의 군대가 점점 산마루 쪽으로 접근해 오자, 갑자기 겁을 집어먹고 회의를 열어 철수를 논의했다. 스파르타를 제외한 다른 펠로폰네소스군은 펠로폰네소스로 철수하여 지협을 방어해야 한다고 주장했다. 그러나 포키스인과 로크리스인이 이 의견에 분노를 표시하자, 레오니다스는 이곳에 머무르는 동시에 그리스의 모든 도시에 사자를 보내 현재의 병력을 가지고는 도저히 페르시아군을 격퇴하기 어렵다는 실정을 알리고 구원을 요청하기로 결단을 내렸다.

그리스군이 한창 협의를 거듭하고 있을 때, 크세르크세스는 그리스군의 병력 수와 그 의도를 탐색키 위해 척후 기병 한 명을 보냈다. 그는 이미 테살리아에 있을 때 이곳에 소병력의 부대가 집결해 있다는 것과, 그 지휘권을 장악하고 있는 것은 헤라클레스가의 혈통을 이어받은 레오니다스 휘하에 있는 스파르타군이라는 사실을 알고 있었다. 그 기마병은 진지로 다가가 낱낱

---

209) 아폴론 카르네이오스 제. 매년 한여름에 9일 동안 행해졌다. 이 제례 도중에는 출정이 금해져 있었다(6권 참조). 이 제 직후에 올림피아 제례 경기가 시작된다.

이 살펴보았지만 그리스군의 진지 전체를 볼 수는 없었다. 배치된 부대가 그리스군이 복구한 성벽 뒤에 가려져 보이지 않았기 때문이다. 척후병은 단지 성벽 앞쪽에 포진해 있는 부대의 동정만을 살필 수 있었다. 그런데 이때 성벽 바깥에 배치되어 있던 부대는 스파르타군이었는데, 마침 병사들이 웃통을 벗어 던지고 운동을 하거나 머리를 빗고 있었다. 척후병은 이 모습을 바라보고 기이하게 생각하며, 그 부대의 병력 수와 그 밖에 필요한 사항을 빠짐없이 조사한 뒤 무사히 되돌아갔다. 그를 추격하려는 자도, 그에게 주목하는 자도 없었기 때문이다. 그는 귀환하자마자 자신이 보고 온 바를 낱낱이 크세르크세스에게 보고했다.

이 보고를 들은 크세르크세스는 그 진의를 도저히 알 수 없었다. 스파르타군은 죽느냐 사느냐 하는 전쟁을 눈앞에 두었다고는 도저히 생각할 수 없는 모습이었던 것이다. 오히려 그에게는 스파르타인들의 행동이 가소롭게만 여겨졌다. 그리하여 크세르크세스는 스파르타인의 행동이 무엇을 의미하는지 알고 싶어, 그의 진중에 있던 아리스톤의 아들 데마라토스를 불러 척후병의 보고에 대해 질문했다.

그러나 데마라토스는 다음과 같이 말했다.

"그리스 원정을 시작할 무렵 이미 전하께 이자들에 대해 말씀드린 적이 있습니다. 제가 이번 작전의 결과에 대한 견해를 말씀드렸을 때, 전하께서는 그 말을 듣고 비웃으셨습니다. 그렇지만 전하, 전하의 어전에서는 언제나 진실을 말씀드리도록 최선을 다하는 것이 무엇보다도 중요한 저의 임무이오니, 부디 다시 한 번 더 제 말을 들어 주십시오. 저자들은 이 진입로를 지키기 위해 왔기 때문에 그 준비를 하고 있을 것입니다. 그들은 생사를 건 모험을 시도하기 전에 머리칼을 손질하는 관습이 있습니다. 전하, 만약 전하께서 이자들과 아직 스파르타 본국에 머물러 있는 나머지 부대를 격파하면, 전하의 진격으로 앞에서 저항할 민족은 하나도 없을 것입니다. 왜냐하면 지금 전하께서 맞이하는 상대야말로 그리스의 수많은 나라 중에서 가장 훌륭한 나라이며, 그중에서도 가장 용감한 군대이기 때문입니다."

그러나 크세르크세스는 이러한 데마라토스의 말이 아무래도 믿어지지 않았기 때문에, 스파르타군이 그러한 소수의 병력으로 어떻게 자신의 군대와 싸울 수 있겠냐고 거듭 물었다. 그러자 데마라토스는 다음과 같이 대답했다.

"전하, 만일 한 가지라도 제가 말씀드린 대로 되지 않는다면 저를 거짓말쟁이로 취급하셔도 좋습니다."

그러나 데마라토스가 이렇게 말했음에도 크세르크세스는 여전히 납득할 수 없었다.

크세르크세스는 4일을 기다리며, 그동안 끊임없이 그리스 부대가 도주하리라 기대하고 있었다. 그러나 5일째에 접어들어서도 여전히 철수하지 않자 크세르크세스는 그들이 건방지고 어리석기 짝이 없다 생각하고, 노여움을 터뜨리며 메디아인과 키시아인 부대로 하여금 그들을 공격하여 자기 앞으로 생포해 오라 명했다. 메디아군이 공격을 가해 오자 스파르타군은 많은 전사자를 냈지만 차례로 신병으로 교체하며 후퇴하려 하지 않았다. 이에 반해 페르시아 왕에게는 실로 병력 수는 많더라도 참된 병사는 매우 적다는 것이 명백해졌다. 이 전투는 온종일 계속됐다. 메디아인 부대가 호된 곤욕을 치르고 마침내 후퇴하자 이번에는 페르시아인 부대가 대신하여 공격을 감행했다. 이 부대는 페르시아 왕이 늘 '불사부대'라 부르던 부대로, 히다르네스가 지휘를 맡고 있었다. 이 부대라면 쉽사리 그들을 격퇴하리라 확신했지만, 이 부대조차 그리스군과 접전하게 되자 메디아인 부대 이상의 전과를 거둘 수 없었다. 전황은 달라지지 않았다. 좁고 제한된 지역에서의 전투였고, 또한 페르시아군의 창은 그리스군의 창에 비해 짧았기 때문에 수적인 우세는 아무 소용이 없었다.

한편 스파르타인의 분전은 실로 후세에 전할 만한 기념비적인 것이었다. 스파르타인은 전투 경험이 없는 적들을 어떻게 요리할 것인가를 잘 알았다. 그들이 사용한 전법 중 특기할 만한 것은, 적에게 등을 보이며 언뜻 패주하는 듯이 집단을 이루며 후퇴하는 것이었다. 페르시아군은 적이 도주하자 함성과 말굽 소리를 요란하게 내면서 추격해 갔다. 그러면 스파르타군은 적이 가까이 다가오기를 기다렸다가 갑자기 방향을 바꿔 적을 공격했다. 이 후퇴 전술을 이용하여 스파르타군은 수많은 페르시아 병사를 쓰러뜨렸던 것이다.

그러나 이 전투에서 스파르타군 또한 많은 전사자를 냈다. 페르시아군은 관문 탈취를 시도하여 차례로 부대를 번갈아 가며 투입하고, 기타 모든 전법을 구사하면서 공격을 감행했지만 아무 소용이 없었다. 그리하여 마침내 후퇴하는 수밖에 없었다.

이 공격이 한창 진행되고 있을 때, 관전하던 페르시아 왕은 자군을 염려한 나머지 앉아 있던 의자에서 세 번이나 벌떡 일어섰다고 한다.

다음 날도 페르시아군은 조금도 전과를 올릴 수 없었다. 상대군 수가 적고 이미 많은 상처를 입었으니 이제 저항하지 못할 것이라 얕보고 돌격을 감행했지만, 그리스 측은 나라별로 진형을 갖춘 다음 교대로 싸웠다. 단 포키스인 부대만은 예외로, 샛길을 수비하기 위해 산중에 배치되어 있었다.

페르시아군은 상황이 전날과 조금도 다름이 없음을 알게 되자 다시 후퇴했다.

페르시아 왕이 대책 마련에 고심하고 있을 때, 말리스 지방 출신 에우리데모스의 아들인 에피알테스가 왕을 찾아왔다. 그는 왕으로부터 막대한 포상을 받으리라 기대하여, 테르모필라이로 가는 샛길이 산속에 있음을 가르쳐주었다. 그리하여 이 관문을 죽음을 무릅쓰고 지키던 그리스군이 파멸에 이르렀던 것이다. 후일담이지만 이자는 스파르타인의 보복이 두려워 테살리아로 도주했다고 한다.

그리고 인보동맹 제국이 필라이의 연례 회의에 참석했을 때,[210] 대의원회(필라고로이)는 이자의 목에 상금을 걸기로 결정하고 이것을 공표했다. 그 뒤 얼마쯤 세월이 흘러 에피알테스는 안티키라[211]로 돌아왔다가 트라키스인 아테나데스에게 살해됐다. 아테나데스가 에피알테스를 살해한 것은 다른 이유에서였는데, 이에 대해서는 나중에 서술할 예정이다.[212] 그러나 스파르타인은 그럼에도 불구하고 그에게 깊은 경의를 표했다.

한편 다른 설에 따르면, 왕에게 정보를 제공하고 페르시아군으로 하여금 산중으로 우회하도록 유도한 것은 바로 카리스토스[213]인 파나고라스의 아들

---

210) 인보동맹(燐保同盟)에 대해서는 주 203) 참조. 필라이의 회의란 매년 봄에 안텔레에서 개최되는 대의원 회의로, 여기에서 말하는 회의는 기원전 478년 봄에 열렸을 것이다.

211) 말리스 지방의 도시.

212) 헤로도토스는 무슨 이유에서인지 이 약속을 지키지 않고 이 인물에 대해 다시 언급하지 않는다.

213) 에우보이아섬 남부의 도시.

오네테스와 안티키라의 주민 코리달로스 두 사람이었다 한다. 그러나 나로서는 이것을 절대로 믿을 수 없다. 처음 설이 옳다고 주장하는 첫 번째 이유는, 그리스 인보동맹의 대의원회가 목에 상금을 건 것은 오네테스와 코리달로스가 아니라 트라키스인 에피알테스였다는 것이다. 대의원회는 이 일에 관해 가장 정확한 정보를 파악하고 있었을 것이 분명하다. 두 번째 이유는 우리가 알다시피 에피알테스가 이 배반으로 처벌을 받을까 두려워하여 도주했다는 사실이다. 물론 오네테스가 말리스 지방 출신은 아니었다 하더라도 이 지역에 여러 번 와보았다면 샛길에 대해 알 수도 있다. 그래도 샛길을 가르쳐 주려고 페르시아군을 산중으로 유도한 것은 에피알테스가 맞다. 그리하여 나는 배반자로 그의 이름을 기록에 남겨 둔다.

에피알테스의 제안에 크세르크세스는 크게 기뻐하며 곧 히다르네스와 그의 부대에 출동을 명했다. 그리하여 부대는 불을 켤 무렵에 진지를 떠났다. 이 샛길은 본디 이 부근에 거주하는 말리스인이 처음 발견했었다. 그리고 그들은 나중에 이 길을 통해 테살리아인이 포키스군을 공격하는 데에 도움을 준다. 포키스인이 성벽을 축조하여 진입로를 봉쇄하고 전화(戰禍)를 면하던 때의 일이었다. 그 뒤 오랜 세월에 걸쳐 이 샛길은 말리스인에 의해 쓸모없는 땅이 되어왔다.[214]

이 샛길은 좁은 산골짜기를 지나며 흐르는 아소포스 강변에서 시작되는데, 이 산과 샛길은 똑같이 아노파이아라는 이름으로 불린다. 이 아노파이아 샛길은 산등성이를 따라 계속 달려 말리스 측에서 가장 가까운 로크리스 도시인 알페노스 부근에서 끝난다. 그리고 흔히 '털투성이 엉덩이 사내[215]의 바위'라 알려진 바위와 케르코페스[216]의 거처가 있는 부근에서 가장 좁아진다.

페르시아인 부대는 아소포스강을 건너 오른쪽으로 오이테산맥을, 왼쪽으로 트라키스의 산악 지대를 바라보며 밤새 이 샛길로 행군했다. 그리고 날이

214) 이 구절의 해석에는 이설(異說)이 많다.
215) 일반적으로 호걸의 다른 명칭이었던 듯하다. 특히 헤라클레스를 가리킨다.
216) 고대 민화에 나타나는 손버릇이 나쁜, 장난을 좋아하는 소인(小人). 대개 두 사람이 짝을 이루어 복수형으로 사용된다. 헤라클레스를 습격했다가 잡혀, 일찍이 어머니로부터 경고 받은 '털투성이 엉덩이 사내'가 헤라클레스였음을 깨닫는다는 이야기.

밝을 무렵 산등성이 가장 높은 부근에 이르렀다. 이미 말했듯이 바로 이 지점에서 포키스의 중무장병 1000명이 수비하고 있었다. 아래쪽 길은 앞서 말한 부대가 지키고 있었기 때문이다. 포키스인 부대는 스스로 이 산중의 샛길을 방어하겠다고 레오니다스에게 제안하고 그곳을 수비하고 있었던 것이다.

그 산은 온통 떡갈나무로 뒤덮여 있었기 때문에 페르시아군은 조금도 눈에 띄지 않고 올라갈 수 있었다. 그런데 그날따라 바람이 없어 발밑에 깔린 나뭇잎이 요란스러운 소리를 내는 바람에, 놀란 포키스인들이 벌떡 일어나 무장을 할 수 있었다.

페르시아군은 무장을 갖춘 병사들을 보고 깜짝 놀랐다. 적군이 나타나리라고는 꿈에도 생각지 않았는데, 한 부대가 길을 가로막고 있었기 때문이다. 이때 히다르네스는 이 포키스군이 스파르타인 부대는 아닌가 두려워하며 에피알테스에게 어느 나라 군대냐고 물었다. 그는 사실을 알게 되자 페르시아군에게 전투 태세를 갖추게 했다. 페르시아군이 소낙비처럼 화살을 쏘아 대자, 포키스 부대는 페르시아군이 자기들을 목표로 공격하는 줄로 생각하고 재빨리 산정상으로 후퇴한 다음 죽음을 각오하고 싸우기로 작정했다. 그러나 에피알테스와 히다르네스의 휘하 페르시아군은 그들을 더 이상 신경 쓰지 않은 채 전속력으로 산을 내려갔다.

한편 테르모필라이에 포진해 있던 그리스인들은 그들의 운명을 읽은 점술사 메기스티아스로부터, 새벽과 함께 죽음이 찾아오고 있다는 경고를 받았다. 그리고 또한 투항자들로부터도 페르시아군이 우회 작전을 펴고 있다는 정보가 들어왔다. 날이 밝자마자 마지막으로 고지로부터 달려 내려온 경계병들이 소식을 가져왔다. 이에 그리스군은 곧 토의에 들어갔는데, 의견이 둘로 나뉘었다. 한쪽은 전선을 떠나서는 안 된다 주장했고, 다른 한쪽은 이 주장에 맞섰다. 결국 부대를 해체하기로 결의하고 일부는 나라별로 철수하여 각각 귀국길에 올랐고, 나머지 부대는 레오니다스와 함께 이곳에 머무를 준비를 했다.

그들을 살리고 싶다는 레오니다스의 배려가 그들을 철수시켰다는 설도 있다. 그러나 레오니다스와 현지 스파르타인 부대만은 그곳의 수비를 위해 전선을 지켜야 했다. 나도 이 설에 전적으로 동감한다. 레오니다스는 동맹군들에게 싸울 의사도, 끝까지 자신들과 생사를 같이 할 뜻도 없음을 간파하고 그들에게 철수를 명했을 것이다. 그리고 명예를 위해서라도 자신은 이 땅에 남으리라고 생각했을 것이다. 그가 이 땅에 머무른다면 그 영예는 만세에 길이 전해질 것이며 스파르타도 그 번영을 계속하리라고 믿었던 것이 틀림없다. 왜냐하면 이 전쟁의 발발 초기에 스파르타인이 전쟁에 대해서 신탁을 구했을 때, 델포이의 무녀가 스파르타의 국토가 이국 군(異國軍)에 의해 유린되든지 그렇지 않으면 스파르타의 왕이 살해되든지 어느 한쪽으로 끝나게 되리라 예언했기 때문이다. 무녀가 육각운(六脚韻)의 운율로 스파르타인에게 내린 신탁은 아래와 같다.

오, 광활한 스파르타의 주민들아, 너희의 운명을 들으라.
너희의 명예롭고 커다란 도시가
페르세우스의 후예들[217]에 의해 약탈되든지,
그렇지 않으면 헤라클레스의 혈통을 이어받은
왕의 죽음을 라케다이몬 온 국토가 애도하게 되리라.
공격해 오는 자는 제우스의 힘을 지니고 있나니
황소의 힘, 사자의 힘을 갖고 있다 하더라도
이에 맞설 수 없으리라.
적이 그 둘[218] 중 어느 하나를 먹을 때까지는
그 세력을 막을 수 없으리라.

생각하건대, 다른 부대들이 의견의 차이로 철수했다기보다는, 신탁을 떠올린 레오니다스가 스파르타인의 명예를 구하려 동맹군을 돌려보냈을 것이 분명하다.

이에 대해서는 다음과 같은 사실도 매우 유력한 증거가 될 수 있다. 즉 종군 점술가 메기스티아스에 관한 일이다. 그는 아카르나니아 출신으로 그의

---

217) 페르시아인의 조상인 페르세스가 그리스 영웅인 페르세우스의 아들이라는 전승에서 유래.
218) 스파르타의 국토와 국왕을 가리킨다.

선조는 멜람푸스[219]라고 전해지고, 희생 점괘로 그리스군이 맞이하게 될 운명을 예언한 인물이다. 이 점술가는 레오니다스로부터 테르모필라이를 떠나도록 명령받았음에도 함께 종군했던 그의 외아들만 돌려보내고 떠나기를 거부했다.

귀환 명령을 받은 동맹국 부대들은 레오니다스의 의향에 따라 철수했지만, 테스피아이인과 테베인 부대만은 스파르타군과 함께 머물렀다. 테베군의 경우는 레오니다스가 그들을 인질삼아 억류했기 때문에 어쩔 수 없이 머물렀던 것이지만, 테스피아이인은 자진해서 기꺼이 레오니다스와 운명을 같이했던 것이다. 이 부대의 지휘를 맡고 있었던 것은 디아드로메스의 아들 데모필로스였다.

크세르크세스는 아침이 되자 떠오르는 해를 향해 헌주의 예를 행했다. 그러고 나서 시장에 사람들이 들끓을 시각이 될 때[220]까지 잠시 여유를 둔 뒤 산에서 내려가는 길을 택해 공격을 개시했다. 여기에는 에피알테스의 조언이 있었다. 산에서 내려가는 길 쪽은 멀리 돌아가는 등반로에 비해 시간도 훨씬 덜 걸렸고 거리도 짧기 때문이었다.

이렇게 하여 크세르크세스 휘하의 페르시아군이 전진하자, 레오니다스가 이끄는 그리스군은 죽음의 길로 떠날 각오를 하고 도로의 폭이 넓어지는 지점까지 출격했다. 지난 수일 동안은 성벽 수비에 주력했기 때문에 좁은 지점으로 물러나서 싸웠지만, 이때는 넓은 지역으로 나와 맞섰던 것이다. 페르시아군의 전사자 수는 다수에 이르렀다. 왜냐하면 부대장들이 그들 뒤에서 닥치는 대로 채찍으로 내려치면서 앞으로 몰아 댔기 때문이다. 바다 속에 떨어져 죽는 자도 적지 않았지만, 산 채로 자기 동료들의 발에 짓밟혀 죽는 자가 훨씬 더 많았다. 그러나 그 누구도 죽은 자들을 돌아볼 여유가 없었다. 그도 그럴 것이, 산지를 우회해 오고 있는 부대에 의해서 죽음을 면치 못할 것을 잘 알고 있던 그리스군이 페르시아군을 맞아 죽을 각오로 싸웠기 때문이다.

이 무렵에 그리스군의 창은 대부분 이미 부러져 있었다. 그래서 그들은 칼을 휘두르며 페르시아군을 쓰러뜨렸다. 레오니다스는 이 격전의 와중에서 실

---

219) 신화상의 유명한 예언자(제2권 참조).
220) 시각을 나타내는 관용적인 표현으로 오전 10시 무렵을 가리킨다.

로 용감하게 싸우다가 쓰러졌고, 다른 이름 있는 스파르타인들도 그와 운명을 같이했다. 나는 용명(勇名)을 휘날린 이들의 이름을 들어 알고 있다. 나아가 전군(全軍) 300명의 이름도 들어 알고 있다.[221]

이 전투에서 페르시아의 이름 있는 인물도 여럿 전사했는데, 그중에는 다레이오스의 두 아들 아브로코메스와 히페란테스도 끼어 있었다. 이 두 사람은 아르타네스의 딸 프라타구네와 다레이오스 사이에서 태어났다. 아르타네스는 다레이오스왕의 동생으로, 아버지는 히스타스페스, 할아버지는 아르사메스였다. 이 아르타네스는 자신의 유일한 자식을 다레이오스에게 시집보낼 때 재산을 모두 주어 보냈었다.

한편 레오니다스의 유체를 둘러싸고 페르시아와 스파르타 두 군 사이에서 격전이 계속되었다. 그리스군은 네 차례에 걸쳐 적을 격퇴하고 마침내 유체를 구조하는 데 성공했다. 이 격전은 에피알테스가 이끈 부대가 도착할 때까지 계속됐다.

새로운 부대가 도착하자 전투 양상이 바뀌었다. 그리스군은 재차 좁은 지대로 퇴각하여 성벽 너머에 있는 작은 언덕에 이르렀다. 여기서 테베인 부대를 제외하고 모두 한덩어리로 진을 쳤다. 언덕은 도로 입구 부근에 있었다. 현재 언덕 위에는 레오니다스를 기념하여 세운 석조 사자상[222]이 서 있다. 그리스군은 여기에서 아직 손에 단검을 든 자는 단검으로, 무기가 없는 자는 손과 이빨로 싸웠다. 페르시아군이 이곳에 화살을 소낙비같이 퍼부어 대며 주력 부대는 앞쪽에서 무너진 성벽을 넘어 공격해 오고 우회 부대는 사방에서 포위 공격해 올 때까지, 그들은 조금도 물러서지 않고 끝까지 저항했다.

스파르타와 테스피아이 두 부대의 분전은 참으로 눈부셨지만, 그중에서도 특히 스파르타인 디에네케스의 용맹은 타의 추종을 불허하는 것이었다고 전해진다.

그리스군이 메디아군과 교전하기 전의 일인데, 그는 어느 트라키스인으로

---

221) 기원전 440년에 스파르타인은 레오니다스의 유골을 테르모필라이에서 스파르타로 옮겨 매장하고 그 묘소 위에 기념비를 세웠는데, 그 비에는 300명의 용사들 이름이 새겨졌다고 파우사니아스는 전하고 있다.
222) 레오니다스라는 이름에서 사자(獅子)를 연상했음이 분명하다.

부터 페르시아군이 화살을 쏠 때는 그 수가 헤아릴 수 없이 많아 태양이 가려질 정도라는 이야기를 듣고도 조금도 개의치 않고 단지 다음과 같이 말했다고 한다.

"트라키스에서 온 손님이여, 그대는 우리에게 즐거운 소식을 전해 주었소. 메디아군이 태양을 가려 준다면 우리는 그늘에서 싸울 수 있지 않겠소."

스파르타인 디에네케스는 이 밖에도 이와 비슷한 몇 가지 말을 후세에 남겼다고 전해진다.

디에네케스 다음으로 그 무용을 과시한 것은 오르시판토스를 아버지로 하는 스파르타의 두 형제 알페오스와 마론이었다. 그리고 테스피아이인으로서는 하르마티데스의 아들 디티람보스가 가장 용명을 떨쳤다.

페르시아군과 싸우다가 전사한 자들의 묘비에는 다음과 같은 비명(碑銘)이 새겨져 있다.

일찍이 이 땅에서 300만 명의 군대와 맞서 싸운
펠로폰네소스 4000의 병사

이 비명은 모든 군대를 위해 새겨진 것이고, 한편 스파르타군만을 위한 묘비에는 다음과 같이 새겨져 있다.

여행자여, 가서 스파르타인에게 전하라,
우리가 그들의 명을 수행하고 여기에 누워 있다고.[223]

또 점술가 메기스티아스를 위한 묘비에는 다음과 같이 새겨져 있다.

여기 그 옛날 스페르케이오스의 조수(潮水)를 넘어 공격해 온
메디아인에게 살해된 이름 높은 메기스티아스가 누워 있나니,
자기 목숨을 구하는 것을 수치로 여기고

---

223) 이 시(詩)는 예로부터 시모니데스의 작품으로 알려져 있는데, 오늘날에는 그의 작품이 아니라는 견해가 우세하다.

스파르타인과 죽음을 같이한 점술가여.

돌기둥을 세워 비명을 새겨 넣고 용사들의 무훈을 기린 것은 인보동맹의 제국이었다. 단 점술가 메기스티아스의 묘비명을 지은 것은 레오프레페스의 아들 시모니데스[224]였다. 그는 메기스티아스와의 친분을 인연으로 하여 이 시(詩)를 썼던 것이다.

전해지는 바에 따르면 이 300명의 장병 중에서 에우리토스와 아리스토데모스 두 사람은 심한 눈병을 앓고 있었기 때문에, 전투가 벌어지기 전에 레오니다스의 허가를 얻어 병을 치료하기 위해 알페노이로 갔다고 한다. 따라서 이 두 사람은 모두 무사히 스파르타로 되돌아갈 수 있었다. 그러나 에우리토스는 페르시아군의 우회 작전을 알게 되자마자 곧 무구(武具)를 찾아 전투 태세를 갖추고 노예 병졸에게 명하여 자신을 전장까지 데려가게 했다. 전장에 도착하자 안내해 온 병졸은 도망쳤지만, 에우리토스는 한창 혼전이 벌어지고 있는 와중에 뛰어들어 싸우다가 전사했다.

그런데 아리스토데모스는 두려움을 이기지 못하고 알페노이에 그대로 머물렀던 것이다. 만일 두 사람이 함께 귀국했다면 스파르타인은 아무런 분노를 표시하지 않았을 것이라고 생각한다. 하지만 실제 두 사람 중 한쪽은 싸우다 죽었는데 다른 한쪽은 같은 사정이었음에도 이것을 구실삼아 죽음을 면하려 했기 때문에, 스파르타 국민은 아리스토데모스에 대해 실로 격분할 수밖에 없었던 것이다.

그런데 또 다른 설에 따르면 아리스토데모스는 전령으로서 진지를 떠나 있다가, 제시간에 돌아와 전투에 참여할 수 있었음에도 용기를 내지 못하고 일부러 늑장을 부려 살아 남았다고 한다. 한편 그와 함께 전령으로 떠났던 자는 전장으로 달려가서 싸우다가 최후를 마쳤다고 한다.

스파르타로 귀국한 아리스토데모스는 국민의 지탄을 받는 치욕[225]을 감수

---

224) 케오스섬 출신으로, 핀다로스와 같이 합창(合唱) 서정시의 대가. 특히 묘비명의 작가로서는 비견될 만한 자가 없었다(기원전 556~468년).

225) 기원전 440년에 스파르타인은 레오니다스의 유골을 테르모필라이에서 스파르타로 옮겨 매장하고 그 묘소 위에 기념비를 세웠는데, 그 비에는 300명의 용사들 이름이 새겨졌다고

해야 했다. 즉 스파르타인은 그 누구도 그에게 불을 빌려 주지도 않았고 말을 걸지도 않았다. 그리고 그에게 '겁쟁이 아리스토데모스'라는 별명을 붙여 주었다. 그러나 그는 뒤에 플라타이아 전투에서 그 오명을 남김없이 씻어 버렸다.

또한 300명 중에는 또 한 사람, 전령으로 테살리아에 파견되었다가 살아남은 판티테스라는 자가 있었다고 전해진다. 이 남자는 스파르타로 귀환한 뒤 치욕을 견디다 못해 목매어 죽었다고 한다.

레온티아데스가 이끌던 테베군은 처음 얼마 동안은 어쩔 수 없이 그리스군과 함께 페르시아 왕의 군대와 맞서 싸웠지만, 전황이 페르시아 측에 유리해짐을 알게 되자 레오니다스 휘하의 그리스군이 예의 언덕 쪽으로 급히 퇴각할 때를 이용하여 그들로부터 이탈했다. 그리고 두 손을 앞으로 내밀고 자기들은 본디 페르시아 편으로, 페르시아 왕에게 땅과 물을 바칠 때에도 가장 먼저 앞장섰던 자들 중의 하나이며, 자신들의 의사와는 관계 없이 강제로 테르모필라이로 출진하게 되었던 것인만큼 왕에게 끼친 손실에 대해서는 죄가 없다고 소리치면서 페르시아군 쪽으로 다가갔다. 테베인의 주장은 모두 사실이었고 테살리아인들이 또한 그들의 주장을 뒷받침해 주었기 때문에, 테베인 부대는 목숨을 구할 수 있었다.

그러나 그럼에도 불구하고 테베인들도 모든 면에서 행운을 누릴 수는 없었다. 왜냐하면 그들 중 일부가 투항할 때 앞장서서 다가오다가 페르시아군에게 살해되었기 때문이다. 또한 크세르크세스는 명을 내려 지휘관 레온티아데스를 비롯한 모든 테베인의 이마에 왕의 인장이 든 낙인[226]을 찍게 했다. 훨씬 뒤의 일이지만 레온티아데스의 아들 에우리마코스는 테베군 4000명을 이끌고 플라타이아시를 점령하던 중 플라타이아인에게 살해됐다.[227]

테르모필라이에서 그리스군은 이렇게 페르시아군에 맞서 분전했다.

크세르크세스는 전투가 끝나자 데마라토스를 불러 물었다.

"데마라토스여, 그대는 정말 훌륭하오. 그대의 말에 거짓이 없음이 드러났

파우사니아스는 전하고 있다.
226) 페르시아 왕의 이름 또는 문장(紋章)과 같은 것.
227) 기원전 431년 봄의 일.

기 때문이오. 그래서 그대에게 몇 가지 묻겠는데, 나머지 스파르타인의 수는 얼마나 되며 또한 그중 이번의 스파르타군만큼이나 전투력을 갖춘 자는 몇 사람 정도나 있겠소? 그들이 모두 그렇게 대단한 건 아니오?"

데마라토스는 이에 대해 다음과 같이 대답했다.

"왕이시여, 라케다이몬에는 여러 도시가 있으며 인구도 대단히 많습니다. 전하께서 실제로 알고 싶어하시는 것을 말씀드리도록 하겠습니다. 라케다이몬 나라[228]에는 스파르타라는 도시가 있으며, 이곳에는 장정(壯丁)이 약 8000명 가량 있습니다. 이들은 모두 이 땅에서 싸운 장병들에 비해 조금도 뒤지지 않습니다. 그 밖의 스파르타인은 이들에게는 미치지 못하지만 훌륭한 병사들임에는 틀림이 없습니다."

이 말을 듣고 크세르크세스는 이렇게 말했다.

"데마라토스여, 가장 쉽게 그들을 패배시킬 수 있는 묘책이 없겠소? 자, 그대의 생각을 밝혀 보시오. 그대는 일찍이 그들의 왕이었으니 그들의 정책을 속속들이 잘 알고 있을 것이 아니오?"

데마라토스는 다음과 같이 대답했다.

"왕이시여, 전하께서 진지하게 제 의견을 듣기를 바라신다면 저로서도 최선을 다해 대답해야 할 것입니다. 전하의 수군 중 300척을 라코니아주(州)로 파견하시는 게 어떨까 생각합니다. 라코니아 해안 가까이에 키테라라는 섬이 있습니다. 우리 나라 최고의 현인으로 추앙받았던 킬론[229]이 일찍이 이 섬에 대해, 해상에 있기보다는 오히려 바다 속으로 가라앉아 있는 편이 스파르타에 유리할 것이라고 말한 적이 있습니다. 물론 킬론이 전하의 원정을 예견하고 있었던 것은 아니지만, 어떤 민족의 원정에 의해서든 지금부터 제가 설명드릴 그러한 사태가 이 섬에서 일어날지 모른다고 우려했던 것입니다.[230] 그러하오니 파견할 함선들로 하여금 이 섬을 기지로 하여 스파르타인을 위협하도록 하십시오. 스파르타라 할지라도 전쟁의 위험이 코앞에 닥쳐 있는 이상,

---

228) 라케다이몬은 스파르타와 거의 동의어이기 때문에 여기에서는 라코니아라고 해야 할 것이다. 그러나 라케다이몬을 라코니아 대신 사용하는 예가 다른 곳에도 있다.

229) 이른바 7현인 중의 한 사람(1권 참조).

230) 사실 뒷날의 펠로폰네소스 전쟁에서는 아테네 측이 이 섬을 기지로서 크게 이용했다.

그 밖의 그리스 제국이 우리의 육상군에 의해 점거된다 하더라도 결코 그들을 구원하러 오지 못할 것입니다. 전하께서는 그러한 사태를 염려하시지 않아도 됩니다. 그리고 다른 그리스 제국이 종속되었을 때 라코니아는 이미 완전히 고립된 상태에 있을 것입니다.

그렇지만 만약 이 작전대로 수행하지 않기로 결정하신다면 다음과 같은 사태를 각오하셔야 할 것입니다. 즉 펠로폰네소스에는 지협이 있는데, 이 지점에서 펠로폰네소스 제국의 전 군대를 맞아 이전보다 훨씬 더 격렬한 전투를 수없이 치르셔야만 될 것입니다. 하지만 제가 말씀드린 대로 하신다면 이 지협도 그 밖의 도시들도 전투 없이 전하의 지배하에 들어오게 될 것입니다."

이때 크세르크세스의 동생으로 해상 부대의 사령관직을 맡고 있던 아카이메네스가 때마침 이 자리에 있다가 크세르크세스가 데마라토스의 의견을 받아들일까 두려워하며 이렇게 말했다.

"어찌하여 전하께서는 전하의 성공을 시기하고 전하를 배반할지도 모르는 자의 의견에 귀를 기울이고 계십니까? 그는 전형적인 그리스인입니다. 그리스인 놈들은 타인의 행운을 시기하고 자신보다 강대한 자를 증오하는 못된 버릇이 있습니다. 해난(海難) 때문에 함선 400척을 잃어버린 현재 상황에서 또다시 주력 함대에서 함선 300척을 빼내어 펠로폰네소스로 회항케 한다면, 적은 능히 우리와 맞설 수 있게 될 것입니다. 그러나 우리 해상 부대가 함께 전진한다면 그 함선 수에 압도되어서라도 적은 처음부터 감히 우리에게 맞서지 못할 것입니다. 또한 해상 부대는 완전한 진용을 갖추고 있어야만 육상 부대를 엄호할 수 있으며, 육상 부대는 수군과 함께 전진해 나가야 비로소 해상 부대를 도울 수 있습니다.

그럼에도 불구하고 함대를 분산시킨다면, 함대에게 전하께서는 더 이상 아무런 도움도 요청하지 못하게 될 것이며, 그들도 전하께 아무런 힘이 되어 드리지 못할 것입니다. 그러하오니 전하께서는 전하 스스로 굳건히 계획을 세우시고 적이 어디에서 싸움을 걸어 올까, 적의 작전은 어떤 것일까, 그리고 적의 병력은 어느 정도나 될까 쓸데없이 신경쓰지 마십시오. 적은 적대로 우리와 마찬가지로 자신의 일을 관리할 만한 능력을 갖추고 있습니다. 만일 스파르타군이 또다시 페르시아군을 향해 도발해 올 경우, 그들은 단연코 회복할 수 없는 상처를 입게 될 것입니다."

크세르크세스는 이 말을 듣고 그에게 다음과 같이 말했다.

"아카이메네스야, 나는 네 말이 옳다고 본다. 따라서 네 충고대로 할 생각이다. 데마라토스의 판단은 너만은 못하지만, 그래도 그로서는 나를 위해 최선의 방책이라고 믿고 있는 바를 내게 말해 준 게야. 그가 내게 악의를 품고 있다는 너의 말은 인정할 수 없다. 그것은 이전에 그가 한 말로도 판별할 수 있지 않느냐? 같은 나라 사람끼리라면 이웃을 증오하거나 그의 성공을 시기할 수 있을 것이다. 또, 충고를 바라면 최선책이라고 생각하는 바를 일러 주지 않을지도 모른다. 물론 인품이 높은 자라면 다르겠지만 그러한 사람은 찾아보기 어렵다. 그러나 나라가 서로 다른 인간 관계에서는 한쪽이 행운을 누린다 하더라도 이를 기뻐하며, 충고를 바라면 최선의 지혜를 빌려 주게 마련이다.

데마라토스는 이국인이며 내 손님이다. 따라서 앞으로 그 누구든 그의 험담을 하면 용납치 않겠다."

크세르크세스는 이렇게 말한 뒤 전장을 둘러보며 죽은 시체들을 살펴보았다. 그가 레오니다스의 시체에 이르러 스파르타의 왕으로 지휘를 맡았던 자라는 말을 듣자 신하에게 명하여 그의 목을 잘라 말뚝에 매달게 했다. 크세르크세스 왕이 레오니다스에게 얼마나 분노를 느끼고 있었는지 알 수 있는 대목이다. 그렇지 않았다면 크세르크세스가 레오니다스의 유해에 이 같은 도리에 어긋난 짓을 했을 리가 없기 때문이다. 내가 아는 한 페르시아인은 다른 어떤 민족보다도 전장에서 눈부신 활약을 한 병사를 정중히 다루는 전통이 있었다. 그러나 크세르크세스의 명령은 그대로 수행되었다.

그리스 제국 중에서 페르시아 왕이 그리스에 대한 침략 준비를 하고 있다는 소식을 맨 먼저 안 것은 스파르타였다. 그랬기 때문에 그들은 델포이에 사절을 파견해, 앞서 서술했던 것과 같은 신탁을 받았던 것이다. 그런데 스파르타가 이러한 정보를 입수하게 된 과정은 실로 불가사의했다.

크세르크세스가 그리스 원정 결의를 굳혔을 때, 수사에 있었던 데마라토스는 이 소식을 어떻게든 스파르타에 알려야 한다고 생각했다. 그러나 일이 발각될 염려가 있고 달리 알릴 수단도 없었기 때문에 다음과 같은 계책을 짜냈다. 이중으로 된 서판(書板)을 입수해 밀랍을 벗겨 내고 서판 나무 부분에 왕의 의도를 기록했다. 그런 뒤 문자 위에 다시 밀랍을 칠하여 이 서판이 운반 도중 국도(國道)의 경비병들에게 발견되더라도 곤란한 일이 일어나지 않도록 했던 것이다. 서판이 무사히 스파르타에 도착했을 때 스파르타인은 처음에는 그 비밀을 풀지 못해 난감해했는데, 내가 듣기로는 클레오메네스의 딸이자 레오니다스의 아내였던 고르고[231]가 밀랍을 벗겨 내면 나무 표면에 새겨진 문자를 보게 될 것이라고 다른 사람들에게 말했다 한다. 그녀 말대로 하자 과연 문자가 나타났다. 그리하여 그들은 그것을 읽고 다른 그리스 제국에 이 소식을 통보했다.

내가 보기에 페르시아에 망명해 있던 아리스톤의 아들 데마라토스는 스파르타인에 대해 호의를 품고 있지는 않았을 것 같다. 그러므로 그의 행동이 과연 선의에 의한 것이었느냐, 아니면 스파르타인을 괴롭히려는 악의에 의한 것이었느냐 하는 의문이 생긴다.

---

231) 지혜로운 여인 고르고의 유년 시절 일화가 5권에 기술되어 있다.

제8권
우라니아
Urania

아르테미시온 해전

군선과 병력을 파견한 그리스 제국을 나열하자면, 먼저 배 127척을 낸 아테네를 들 수 있다. 아테네의 배에는, 용감하고 사기 또한 높았지만 바다에 대해서는 아무것도 몰랐던 플라타이아인이 함께 타고 있었다. 코린토스인은 40척, 메가라인은 20척의 배를 냈다. 칼키스인은 아테네가 제공한 20척의 배에 승선해 있었다. 아이기나인은 18척, 시키온인은 12척, 스파르타인은 10척, 에피다우로스인은 8척, 에레트리아인은 7척, 트로이젠인은 5척, 스티라[1]인은 2척, 케오스[2]인은 배(삼단노선)[3] 2척과 오십노선 2척을 제공했다. 아울러 로크리스 오푼티아[4]인이 오십노선 7척을 가지고 지원하러 왔다.

아르테미시온에 출격해 있던 그리스 제국은 이와 같았고 각국이 제공한 배의 수도 오십노선을 제외하고 271척에 이르렀다. 최고 지휘권을 가진 사령관직은 스파르타군 출신 에우리클레이데스의 아들 에우리비아데스가 맡고 있었다. 동맹 제국이 아테네인의 지휘를 받느니 원정군을 해체하는 편을 택하겠다고 주장했기 때문이다.

이미 시켈리아에 동맹을 구하는 사절을 보내기 이전, 아테네 내에서는 해상 부대는 아테네인이 지휘해야 한다는 의견이 지배적이었다. 그러나 동맹 제

---

1) 에우보이아섬 서남부에 있는 소도시.
2) 아티카반도 동남 해상에 떠 있는 섬.
3) 이때 해군의 주력은 삼단노선이었다. 따라서 단순히 배라 하면 이것을 가리키고 그 이외의 선종(船種)만 특별히 표시하는 것이 관습이었고, 해상 부대의 군세는 삼단노선의 수만을 가지고 표시하는 것이 보통이었다.
4) 에게해의 크고 작은 섬, 소아시아 연안, 흑해 연안 등.

국이 반대했기 때문에, 지휘권을 둘러싸고 내분이 일어나면 그리스는 멸망하게 될지도 모른다 판단하고 지휘권을 양보했던 것이다. 아테네인의 판단은 옳았다. 전쟁이 평화보다 못한 만큼, 내분은 온 그리스 제국이 단결해서 전쟁을 벌이는 것보다 못하기 때문이다. 아테네인은 바로 이 이치를 깨닫고, 자신들이 동맹군을 절실히 필요로 하는 동안은 굳이 이의를 제기하지 않고 양보했다. 그러나 페르시아 왕을 격퇴한 뒤 곧 페르시아 왕에게 귀속되어 있던 지역[5]을 둘러싸고 대립이 일어났을 때, 아테네는 파우사니아스의 교만을 구실 삼아 스파르타로부터 통수권을 곧바로 빼앗는다.[6] 그러나 이것은 뒷날의 일이다.

그런데 이때 그리스 해상 부대는 아르테미시온에 이르러 많은 적선이 아페타이에 입항해 있고 그 지역 일대가 군대로 가득 차 있음을 보게 되었다. 페르시아군의 정황이 예상과는 전혀 다른 데 놀란 그들은 회의를 열고, 아르테미시온에서 그리스 중앙부로 철수할 것을 논의하기 시작했다. 그리스군이 이러한 생각을 하고 있음을 안 에우보이아의 주민은 경악을 금치 못하고 자식들이나 가족들을 피란시킬 동안 만큼만이라도 머물러 있어 달라고 에우리비아데스에게 요청했다. 그러나 그를 설득할 수 없자, 이번에는 아테네의 지휘관이었던 테미스토클레스에게 가서 그리스군이 에우보이아의 전면에 머물러 해전을 벌인다는 조건으로 사례금 30탈란톤을 주고 그의 동의를 얻어냈다.

테미스토클레스가 그리스군을 머물러 있게 하기 위해 취한 방법은 이러했다. 위의 금액 중에서 5탈란톤을 마치 자신이 갖고 나온 것처럼 꾸미고 에우리비아데스에게 주어 설득한 것이다. 그런데 나머지 지휘관 중에서 오키토스의 아들인 코린토스 지휘관 아데이만토스만이 어떻게 하든 이곳에 머무르지 않고 떠나겠다며 완강히 반대했다. 그러자 테미스토클레스는 그에게 다음과 같이 약속했다.

"결코 그대로 하여금 곤경에 처해 있는 우리를 버려 두고 떠나게 하지는 않겠소! 만일 우리와 함께 머물러 준다면 그대가 동맹군을 버릴 경우 페르시아 왕이 그대에게 줄 이상의 것을 내가 그대에게 주겠소."

이렇게 말한 뒤 테미스토클레스는 곧 해상에 있는 아데이만토스의 배로

---

5) 에게해의 크고 작은 섬, 소아시아 연안, 흑해 연안 등.
6) 기원전 477년 비잔티움 점령 뒤의 일.

은 3탈란톤을 보냈다. 이렇게 하여 두 사람은 뇌물을 받고 동의하기에 이르렀고, 일은 에우보이아인이 바라는 대로 진행됐다. 그리고 테미스토클레스 역시 이를 통해 자기 잇속을 챙겼다. 그가 나머지 돈을 갖고 있는 것을 아는 사람은 없었고, 돈을 받은 두 사람도 이 돈을 특별히 이러한 목적을 위해 아테네에서 갖고 나온 것인 줄로만 생각했다.[7]

이와 같은 배경에서 그리스군은 에우보이아에 머물러 해전을 벌이게 되었는데, 그 전투의 흐름은 이러했다.

페르시아 함대는 이른 오후 아페타이에 입항했다. 그리스 군선 몇 척이 아르테미시온 해역에 몰려 있다는 정보를 이미 들어 알고 있었지만, 눈으로 직접 확인하고 나니 이들을 어떻게든 나포하고자 공격을 가하려 했다. 그러나 정면에서 공격하는 것은 현명한 방법이 못 된다고 생각했다. 그랬다가는 자군을 보고 밤의 어둠을 틈타 그리스 함대가 도주해 버릴 우려가 있었기 때문이다. 그리스군은 결국 도주하지 못했을 테지만, 페르시아 측은 성화병(聖火兵)조차 살려 보내서는 안 되었던 것이다.[8]

그리하여 페르시아군은 다음과 같은 작전을 세웠다. 즉 전 함대 중에서 200척을 선발하여 적의 눈에 띄지 않도록 조심스럽게 스키아토스섬의 바깥쪽을 통해 출항시킨 다음, 에우보이아의 카페레우스곶[9]에서 게라이스토스 부근을 우회하여 에우리포스 해협에 이르게 한다는 것이었다. 그리고 그 뒤 이 부대로 그리스군의 퇴로를 차단 함과 동시에 주력 부대로 하여금 정면에서 공격케 하여 그리스 함대를 나포한다는 작전이었다.

페르시아군은 위와 같은 특명을 받은 선단을 출항시켰다. 주력 함대는 우회 부대로부터 목적지에 도착했다는 신호가 올려지지 않는 한 그날은 그리스군에게 공격을 가하지 않을 생각이었다. 우회 부대를 파견한 뒤 아페타이에 남은 함선들에선 점호가 실시되었다.

---

7) 작가가 테미스토클레스에 대해 냉정한 태도로 일관하는 것은 예로부터 잘 알려져 있는 사실이다. 헤로도토스가 묘사하는 테미스토클레스는 유능한 군인 정치가이지만, 뇌물을 주고받는 일 등에는 깨끗하지 못한 모사가이다.

8) 그리스군, 특히 스파르타군에는 국가에서 가져온 성화(聖火)를 받드는 역할을 맡는 병졸이 있어 신성시되고 있었다. 이 성화병조차 살아 남지 못한다는 것은 전멸을 뜻한다.

9) 다음의 게라이스토스와 함께 에우보이아섬 남(동)단의 곶.

그때 한 가지 흥미로운 사건이 일어났다. 페르시아 진중에 스키오네[10] 출신의 스킬리아스라는 자가 있었다. 그는 당시 그 누구도 따를 수 없었던 잠수의 명수로, 펠리온 난바다에서의 난파 때[11]에도 페르시아군을 위해 막대한 재보를 건져 내고 그 자신도 막대한 부를 손에 넣은 자였다. 그런데 이 스킬리아스는 이전부터 그리스군 쪽으로 탈주하려 마음먹고 있었지만 기회를 잡을 수가 없었다. 그가 나중에 결국 어떻게 해서 그리스 진영에 도달하게 되었는지는 나로서도 확실히 모른다. 그리고 전해지는 이야기에도 과연 진실인지 아닌지 의심을 불러일으키는 부분이 적지 않다. 전해지는 바에 따르면 그는 아페타이에서 바다로 뛰어들어 잠수하기 시작해 아르테미시온에 이를 때까지 한 번도 떠오르지 않았다 한다. 그렇다면 약 80스타디온이나 되는 거리를 잠수해 왔다는 것이 된다. 이 밖에도 이 남자에 대해서는 허황된 이야기가 여러 가지 전해져 내려오고 있다. 물론 개중에는 진실도 있겠지만, 나는 그가 배로 아르테미시온까지 왔다 생각하고 싶다. 스킬리아스는 아르테미시온에 도착하자 페르시아군이 폭풍에 휘말려 재난을 겪게 된 자세한 사정과 부대의 일부가 에우보이아를 우회하여 오고 있다는 소식을 그리스 지휘관들에게 전했다.

이 소식을 들은 그리스군은 곧 회의를 열었다. 여러 가지 의견이 제시되었지만, 결국 그날은 그곳에 그대로 정박하다가 한밤중이 지난 다음 출격하여 적의 우회 부대를 맞아 싸우기로 했다. 그러나 그 뒤 적이 전혀 나타나지도 않고 또한 공격해 오지도 않았으므로 그리스군은 오후 늦게까지 기다렸다가 먼저 페르시아 주력 함대를 향해 공격을 개시했다. 적의 기량과 전술, 특히 선간(船間) 돌파 작전(데이에크프로오스)[12]을 시험해 보고 싶었기 때문이다.

그리스 부대가 얼마 되지도 않는 함선으로 공격해 오자, 크세르크세스군의 지휘관이나 병사들은 적을 쉽게 격멸할 수 있으리라 확신하고 곧 배를 전진시켰다. 그리스 부대 함선 수는 얼마 되지 않았는 데 반해서 페르시아 함대 함선 수는 그 수배에 달했고 속도 또한 훨씬 빨랐기 때문에, 그들이 그렇게 생각한 것도 결코 무리는 아니었다.

---

10) 칼키디케반도가 세 갈래로 나뉘어 있다. 그 가장 서쪽에 있는 팔레네반도에 있는 도시.
11) 7권 참조.
12) 이 전법(戰法)에 대해서는 6권 참조.

페르시아군은 이렇게 그들의 우세를 확신하고 그리스 함대를 포위할 태세를 갖추었다. 이오니아인 부대 중 그리스군에게 호의를 갖고 있던 자들은 본디 마음에도 없는 종군을 하고 있었기 때문에, 그리스인 부대가 점차 포위되는 광경을 보자 그리스 병사들이 한 사람도 살아 남지 못하게 되리라 생각하고 크게 마음 아파했다. 그들 눈에는 그리스군의 전력이 그 정도로 약해 보였던 것이다. 한편 이러한 사태에 쾌재를 부르고 있던 자들은 자기가 맨 먼저 아티카의 배를 포획하여 왕으로부터 은상을 받고자 경쟁을 벌였다. 페르시아 진영에서는 아티카 해군의 명성이 가장 높았기 때문이다.

그리스 부대는 첫 신호가 떨어지자 먼저 뱃머리를 이국 함대 쪽으로 향하게 하고 후미는 진형 중앙 쪽으로 모이게 했다. 그리고 두번 째 신호와 함께 좁은 해역에 갇혀 정면으로 나갈 수밖에 없는 태세를 갖춘 채 공격을 시작했다. 이 전투에서 그리스군은 적선 30척을 나포하고, 나아가 살라미스 왕 고르고스의 동생이자 케르시스의 아들인 필라온을 포로로 잡았다. 그는 명성이 높은 자였다. 그리스인 중 맨 처음 적선을 나포한 인물은 아테네인이었다. 그는 아이스크라이오스의 아들로 이름은 리코메데스라 했는데 전투 뒤 최고 무훈상을 받았다. 이 전투에서 두 군은 악전고투를 되풀이했지만 끝내 승패를 결정짓지 못한 채로 밤을 맞기에 이르렀다. 그리하여 이 해전은 이것으로 막을 내리게 되었다.

그리스군은 아르테미시온으로, 크세르크세스 군대는 아페타이로 각각 되돌아갔다. 페르시아 측으로서는 전혀 예상 밖의 전투였다. 이 해전 중 페르시아 왕 휘하에 있었던 유일한 그리스인이던 렘노스인 아티도로스가 그리스군 쪽으로 탈주해 왔다. 아테네인은 이 공(功)을 높이 사 뒤에 그에게 살라미스에 있는 거대한 토지를 주었다.

한여름 아페타이에 밤이 오자 날이 새도록 폭우가 계속해서 쏟아져 내렸고, 펠리온산 쪽에서는 천둥이 터질 듯이 울려 왔다. 또한 시체와 선체 파편들이 아페타이 항구 내로 밀려들어와 함선의 머리를 가로막고 노 젓는 것을 방해했다. 이러한 사태에 공포를 느낀 페르시아 병사들은 거듭되는 재난으로 이윽고 종말이 다가오는 것은 아닐까 걱정하기 시작했다. 그도 그럴 것이 펠리온 난바다에서 폭풍우를 겪고 겨우 한숨 돌리려 하던 차에 격렬한 해전을 치러야 했고, 해전이 끝나자 이번에는 큰비와 바다로 흘러들어오는 격노한 물결과 작렬하는 듯하는 천둥을 맞아야 했기 때문이다.

이렇게 페르시아군은 아페타이에서 참담한 하룻밤을 보내야 했다. 한편 에우보이아를 우회하도록 명령받았던 부대는 바다 위를 항해하는 중이었으므로 더욱더 잔혹한 밤일 수밖에 없었다. 그들은 실로 비참한 운명을 맞이했다. 이 부대가 에우보이아의 '움푹 들어간 곳(코이라)'[13] 부근에 다다랐을 때 폭풍우가 몰아쳐 와, 그들은 바람에 밀려 방향도 모르는 채 표류하다가 모두 좌초하고 말았다. 이는 모두 페르시아의 우세한 전력을 낮추어 그리스군과 똑같이 만들려 한 신의 배려에서 비롯된 것이었다.

이리하여 이 부대는 에우보이아의 '움푹 들어간 곳' 부근에서 전멸했다. 한편 아페타이에 있던 이국인 부대는 새벽을 맞게 되자 안도의 숨을 내쉬며 배를 정박시키고 더는 모험을 감행하지 않았다. 참사를 겪고 난 바로 다음 그들의 행동은 먼저 평정을 유지하는 것으로 충분했던 것이다.

반면 그리스 쪽에는 아티카의 군선 53척이 원조하러 와 힘을 보탰다. 여기에 에우보이아를 우회하던 적군이 전날 밤의 폭풍 때문에 전멸했다는 소식까지 들리자 그리스군의 사기는 한껏 드높아졌다. 그리하여 그리스 함대는 먼젓번과 똑같은 시각을 가늠하여 킬리키아의 선단을 공격했다. 그리고 이들을 섬멸한 뒤 일몰과 함께 아르테미시온으로 귀항했다.

페르시아 지휘관들은 몇 척 안 되는 함대에 호되게 당한 것이 굴욕스러웠다. 또한 크세르크세스의 노여움을 사게 될까 두려워 더는 그리스군이 싸움을 걸어 오길 기다리지 않고 전투 준비를 갖춘 다음, 3일째에 접어들어 한낮에 함대를 대양 쪽으로 전진시켰다. 때마침 이 해전이 벌어진 같은 날에 테르모필라이에서는 육상전이 일어났다. 마치 레오니다스 휘하의 부대에게 진입로의 수비가 그러했듯이, 해상 부대에게는 에우리포스 해협 확보에 모든 것이 걸려 있었다. 이렇게 그리스군은 페르시아군의 침입을 저지하기 위해, 페르시아군은 직격로를 막는 그리스군을 섬멸하기 위해 분투했다.

---

13) 에우보이아의 남단 게라이스토스곶에서 에우보이아 서해안을 따라 북상해 가면, 중앙부인 에레트리아 부근까지의 일대는 산이 바닷가까지 내려와 있다. 그래서 해안선이 굴곡이 심하고 암초도 많아 항해사가 어려움을 겪었다 한다.

크세르크세스의 함대가 진형을 갖추고 진격해 오는 동안, 그리스 부대는 아르테미시온 수역에서 조용히 기다리고 있었다. 페르시아군이 초승달형 진형을 갖추고 그리스 함대를 포위하기 위해 진격해 오자, 그리스 부대도 이에 대항키 위해 출항했다. 그리하여 곧 전투가 시작됐다. 이 해전에서 두 군은 서로 호각지세를 이루었다. 크세르크세스군은 지나치게 함선 수가 많아 선열(船列)이 흐트러져 자기편 배끼리 충돌하는 등 자멸하는 형편이었다. 그러나 과감히 싸우며 조금도 양보하려 하지 않았다. 몇 안 되는 적에게 등을 보인다는 것은 치욕이었기 때문이다. 그리스군도 많은 함선과 병력을 잃었지만, 페르시아군의 손실이 훨씬 더 컸다. 이렇게 싸운 뒤 두 군은 각각 철수했다.

이 해전에서 크세르크세스의 부대 중에서는 이집트인이 가장 뛰어난 수훈을 세웠다. 그 많은 무공 중에서 특기할 만한 것은 그들이 그리스 군선 다섯 척을 그 승무원들과 함께 나포한 것이었다. 또한 그리스군 중에서 그날 첫번째 무공을 세운 것은 아테네군이었다. 그리고 아테네군 중에서는 알키비아데스의 아들 클레이니아스[14]가 최고의 무훈을 세웠다. 그는 자기 재산으로 승무원 200명을 고용한 뒤 자신의 군선을 이끌고 참전한 인물이었다.

두 군은 서로 멀어지자 안도하며 각자의 정박지로 전속력을 내서 되돌아갔다. 그리스군은 해전이 끝난 뒤 퇴각할 때 시체와 선체의 파편들을 수거하기는 했지만,[15] 그 손해는 막대한 것이었다. 특히 아테네 부대는 그 함선의 반이 손상을 입었다. 그리하여 그들은 그리스 중앙부로 탈주할 계획을 세웠다.

테미스토클레스는 이때 만약 페르시아군으로부터 이오니아 및 카리아인 부대를 분리시키면 나머지 페르시아 군대는 성공적으로 제압할 수 있으리라 생각했다. 때마침 에우보이아의 주민은 가축들을 이미 해변으로 몰아 놓고 있었는데, 그는 그 장소로 지휘관들을 불러모아 놓고 자기에게 좋은 계책이 있으니 그대로 하면 페르시아 연합군 중에서 최정예 부대를 이탈시킬 수 있을 것이라 말했다. 그리고 그 계략에 대해서 더는 이야기하지 않고, 에우보이아인의 가축들은 적에게 넘기기보다 자기들이 갖는 편이 좋으니 그것들을 바

---

14) 유명한 아르키피아데스의 아버지. 기원전 477년 코로네이아 전투에서 전사.

15) 시체 등의 수습은 전장(戰場)에 남아 있을 여유가 없으면 할 수 없는 일이므로, 적어도 우세했다는 증거가 된다.

라는 만큼 잡으라고 말했다. 또 각자 지휘 아래 부대에게 평상시처럼 불을 지피도록 하라고 명했다.[16] 철수 문제에 대해서는 자신이 적당한 때를 생각해 그리스로 무사히 귀환할 수 있도록 조치하겠다고 말했다. 지휘관들은 그의 지시에 따르기로 합의하고 곧 불을 지피고 가축을 도살했다.

내가 여기서 덧붙이고 싶은 것은 에우보이아인이 바키스[17]의 신탁을 가벼이 여기고 주의하지 않았다는 것이다. 즉 다가올 전쟁에 대비하여 가재(家財)를 안전한 곳으로 옮기거나 식량을 비축해 놓지 않았기 때문에 그들은 파국을 자초했던 것이다. 이 사태에 대한 바키스의 신탁은 다음과 같았다.

"외국 말을 지껄이는 자들이 바다에 파피루스 다리[18]를 놓을 때는 심사숙고하여 시끄럽게 우는 산양 떼를 에우보이아에서 격리시켜 놓으라."

에우보이아인은 이 신탁을 무시했기 때문에 당시 이미 직면해 있던 재난뿐만 아니라 다가올 불행을 맞이해서도 최악의 고난을 겪어야만 했다.

그리스군이 이렇게 행동하고 있을 때 트라키스로부터 관측병이 도착했다. 그리스군은 두 명의 관측병을 두고 있었다. 아르테미시온에서는 안티키라[19] 출신의 폴리아스가 언제라도 출항할 수 있도록 배를 준비시켜 놓고 해상 부대가 고전할 경우에는 테르모필라이의 부대에게 이 소식을 알리도록 명령받고 있었다. 이와 마찬가지로 레오니다스의 곁에서도 아테네인 리시데스의 아들 아브로니코스가 육상 부대에 이변이 생기면 삼십노선으로 아르테미시온의 부대로 달려가기 위해 대기하고 있었던 것이다. 그런데 이 아브로니코스가 도착해 레오니다스와 그 아래 부대의 운명을 전했다. 아르테미시온의 부대는 그 보고를 듣자 더 이상 철수를 늦추지 않고 곧 그때 진형 그대로 코린토스 부대를 선두에 세우고 아테네군이 후미를 맡은 채 철수했다.

테미스토클레스는 아테네 군선 중에서 가장 속력이 빠른 배 몇 척을 선발하여 식수(食水)가 있는 지점을 돌며 바위에 문자를 새겨 놓게 하고 떠나갔다.

---

16) 적으로 하여금 그리스군이 야영한다고 생각토록 하기 위한 것이다.
17) 바키스라는 예언자가 과연 실재했는지는 확실하지 않지만, 예로부터 바키스의 신탁집이라는 것이 그리스에서 널리 유포되어 그리스인의 공사(公私) 생활에 무시할 수 없는 영향을 미치고 있었다(7권 참조).
18) 7권 참조.
19) 트라키스의 북방, 스페르케이오스 하구의 도시.

다음 날 아르테미시온에 온 이오니아인이 그 문자를 읽었는데, 거기에는 다음과 같이 새겨져 있었다.

"이오니아인 여러분, 조상의 땅에 병력을 진격시켜 그리스를 복속시키려 하는 그대들의 행동은 옳지 않다. 그대들에게 최선의 길은 우리 편이 되는 것이다. 그렇게 할 수 없다면 지금부터라도 우리와의 싸움에는 가담하지 말고 카리아인에게도 그대들과 같은 행동을 취하도록 권유해 주기 바란다. 그대들의 혈통은 우리와 같다는 것과 또한 우리의 오랑캐에 대한 적대 관계도 본디 그대들 때문에 생긴 것임을 명심해야 한다. 만약 적의 속박이 너무나도 강해 위와 같은 행동 중 어느 쪽도 취할 수 없다면, 전투시에는 짐짓 소극적인 행동으로 나와 주기 바란다."

테미스토클레스는 두 가지 의도로 이러한 글을 새겨 놓았다. 만일 이 글이 페르시아 왕에게 알려지지 않을 경우에는 이오니아인을 이반시켜 자기편으로 끌어들이는 효과를 거둘 수 있고, 만약 크세르크세스에게 보고되어 중상모략의 구실로 활용된다면 왕은 이오니아인에 대한 불신감을 품고 해전에 그들을 가담시키지 않으리라 생각했을 것이다.

이런 일이 있은 바로 다음 히스티아이아의 한 주민이 그리스군의 아르테미시온 철수 소식을 가지고 페르시아군 진영으로 찾아갔다. 페르시아인은 그 소식에 의심을 품고 그 남자를 감금시켜 두는 한편, 쾌속선 몇 척을 파견하여 정황을 정찰케 했다. 그렇게 사실을 확인하고서야 비로소 페르시아 전 함대는 해가 뜰 때 아르테미시온으로 이동하여 거기서 한낮까지 머문 뒤 히스티아이아로 향했다. 이곳에 도착하자 히스티아이아시를 점령하고 북(北)에우보이아(엘로피아[20])의 히스티아이오티스 지방 해안 마을을 모두 짓밟았다.

아테네 점령과 그리스의 해전 준비

해상 부대가 히스티아이오티스에 있을 때, 크세르크세스는 시체들을 처리해 놓은 다음 해상 부대에 전령을 파견했다. 시체들은 다음과 같이 처리됐다. 테르모필라이에서 전사한 페르시아군의 수는 실로 2만 명에 달했는데, 그중

---

20) 엘로피아란 에우보이아 북쪽을 가리키는 옛 이름.

1000명만 남겨 놓고 나머지는 호를 파 여기에 집어넣은 다음 그 위에 흙을 덮고 나뭇잎을 흩뿌려 해상 부대가 눈치 채지 못하도록 해놓았다.

전령은 바다를 건너 히스티아이아에 도착한 뒤 전군을 모아 놓고 다음과 같이 전했다.

"전우 여러분, 크세르크세스왕께서 희망자는 누구든 주둔지를 떠나, 왕의 군대를 이길 수 있다고 생각한 어리석은 자들을 상대로 왕께서 어떻게 싸우셨는가를 직접 보러 와도 좋다고 하셨소."

이런 포고가 있은 뒤 곧 작은 함정이 모자랄 정도로 많은 자들이 지원했다. 바다를 건넌 그들은 시체들을 돌아보았다. 지상에 널려 있는 시체가 모두 스파르타인과 테스피아이인일 것이라 믿으면서 그들이 본 유해들 중에는 스파르타의 국가 노예들도 끼여 있었던 것이다. 물론 바다를 건너 보러 왔던 자들 모두가 왕이 자군의 전사자 수를 감추기 위해 꾸몄던 우스꽝스러운 의도를 깨닫지 못했던 것은 아니었다. (페르시아군) 1000명의 유해는 눈에 띄는 대로 여기저기에 널려 있는 데 반해, (그리스군) 4000명[21]의 시체는 한곳[22]에 모여 있었기 때문이다. 이렇게 하루를 보낸 뒤 해군들은 다음 날 히스티아이아 선단으로 귀환했고, 크세르크세스의 부대는 진군을 시작했다.

때마침 소수의 아르카디아인이 식량이 다 떨어지자 일자리를 얻고자 페르시아 진영으로 탈주해 왔다. 페르시아인들은 그들을 왕 앞으로 끌어내 그리스군의 행동에 대해 신문하고자 했다. 한 페르시아인이 모두를 대표하여 묻자, 탈주자들은 그리스인이 지금 올림피아제를 벌이면서 체육 경기와 전차 경주를 관람하고 있다고 답했다. 다음으로 신문자가 그 경기의 상품은 무엇이냐고 묻자, 그들은 올리브 가지로 엮은 관이 수여된다고 답했다. 이 말을 듣고 아르타바노스의 아들 트리탄타이크메스가 실로 의미있는 말을 했다. 하지만 그는 이 말 때문에 크세르크세스에게 겁쟁이란 비난을 받았다. 왜냐하면 그는 상품으로 금품 대신 화환이 수여된다는 말을 듣자 침묵을 지키지 못하고 만인 앞에서 다음과 같이 소리쳤기 때문이다.

---

21) 4000이라는 숫자는 처음에 테르모필라이에 포진한 그리스군의 전 병력인데, 실제로는 대부분이 철수했고 끝까지 싸운 것은 스파르타군 300명, 테스피아이인 700명이었다(7권 참조).
22) 마지막 전투가 벌어졌던 언덕일 것이다.

"아 마르도니오스여, 그대는 어찌하여 우리로 하여금 하필이면 이런 인간들과 싸우게 만들었는가? 금품이 아닌 명예를 걸고 경기를 행하는 자들과!"

한편 테르모필라이에서 재난이 벌어진 바로 다음, 테살리아인은 사자를 포키스로 보냈다. 테살리아인은 일찍부터 포키스인에게 원한을 품고 있었는데, 특히 최근에 겪은 참패로 그 원한이 더욱 깊어진 참이었다. 그것을 설명하면, 테살리아인은 페르시아의 침입이 있기 수년 전에 그 동맹군과 자국의 전 병력을 동원하여 포키스를 공격한 일이 있었다. 그 전쟁에서 테살리아인은 막대한 손실을 입고 패배하고 말았다. 처음에는 포키스군이 그들에게 쫓겨 엘리스 출신의 예언자 텔리아스[23]를 데리고 파르나소스 산중으로 들어가 저항했다. 그런데 이때 텔리아스가 포키스군을 위해 기막힌 작전을 짜냈다. 그는 포키스군 중에서 500명의 정예를 선발한 다음 그들에게 온몸을 비롯해 무장 도구에 석고를 칠하게 했다. 그리고 미리 병사들에게 흰 칠이 되어 있지 않은 사람을 보면 닥치는 대로 죽이라 명해 두고 밤을 틈타 테살리아군을 습격하도록 했던 것이다. 테살리아군의 경계 부대가 먼저 이 부대를 발견했지만, 유령인가 생각하고 두려움에 떨기만 했다. 이러한 공포는 본대에도 전염되었다. 그리하여 포키스군은 공포에 떨며 변변히 대항도 못 하는 적군을 맞아 4000명을 살해하고 그 시체와 방패를 손에 넣었다. 그리고 그 방패의 반을 아바이[24]와 델포이에 봉납했다. 또한 이 전투에서 얻은 금의 10분의 1을 사용해 몇 개의 거상(巨像)을 델포이 신전 앞 세발솥 주위에 세웠다. 아바이에도 같은 것이 봉납되어 있다.

포키스인은 테살리아 보병 부대를 이와 같이 격파하는 한편, 아울러 국내에 침입한 테살리아 기병 부대에게도 다시는 일어설 수 없을 만한 타격을 가하였다. 히암폴리스[25] 부근 진입로에 깊은 구덩이를 파고 여기에 커다란 빈 항아리들을 묻은 다음 그 위에 흙을 살짝 덮고 테살리아군이 침입해 오기를 기다렸다. 테살리아 기병대는 포키스군을 섬멸하고자 세차게 달려들다가 이곳

---

23) 엘리스 지방에 뿌리박고 살았던 유명한 예언자 일족(텔리아다이)에 속하는 인물로 생각된다.
24) 포키스 동북부, 보이오티아와의 국경 가까이에 위치한 도시. 여기에도 아폴론 신전과 신탁소가 있었다.
25) 아바이 서북쪽에 있는 도시. 테살리아에서 시작되는 도로가 이 부근을 지난다.

을 딛고 말과 함께 항아리로 빠져들었고 말들은 다리를 다쳤다.

이 두 가지 일로 해서 포키스인에게 원한을 품고 있던 테살리아인은 사자를 보내 다음과 같이 말했다.

"포키스인이여, 이제야말로 생각을 바꿔 그대들이 우리 적이 못 됨을 인정토록 하라. 과거에 우리가 그리스 쪽에 가담해 있던 때에도 그리스인들은 언제나 우리를 그대들보다 중요한 존재로 여겼다. 그리고 지금은 페르시아 왕과 함께 있는만큼 우리 세력은 절대적이다. 따라서 우리 말 한마디에 따라 그대들은 나라를 빼앗기고 노예 신세로 전락할 수도 있다. 우리는 지금 무슨 일이든 마음먹은 대로 할 수 있는 입장이지만, 그럼에도 과거의 일을 문책하지는 않겠다. 다만 그 대가로 은 30탈란톤을 우리에게 지불토록 하라. 그렇게 하면 귀국을 위협하고 있는 재난이 비켜갈 수 있도록 해주겠다."

테살리아인이 이렇게 제안한 까닭은 이 주변의 주민 중에서 페르시아 측에 가담하지 않은 것은 포키스인뿐이었기 때문이다. 이에 대해 포키스인은, 적어도 그럴 마음이 있었다면 자기들도 테살리아인처럼 쉽게 페르시아 측에 붙었겠지만, 자기들은 결코 그리스를 배반할 생각이 없다고 답했다. 포키스인이 이러한 태도를 취한 이유는, 추측컨대 오로지 테살리아인에 대한 적의(敵意) 때문이었을 것이다. 만일 테살리아인이 그리스 측에 계속해서 가담해 있었다면 포키스인은 페르시아 측에 서게 되었으리라고 나는 생각한다.

사자가 이러한 답변을 가지고 돌아오자 테살리아인은 분노를 금치 못하고 곧 페르시아군에게 길 안내를 맡겠다고 자청했다. 그들은 트라키스 지구(트라키니아)에서 도리스 지방으로 침입했다. 도리스 지방은 말리스와 포키스 두 역에 끼여 약 30스타디온 가량의 폭으로 좁은 띠 모양을 이루며 뻗어 있다. 이 지방은 옛날에는 드리오피스라 불렸고, 펠로폰네소스에 거주하는 도리스인의 발상지였다. 페르시아군은 이 도리스 지방에 침입하기는 했지만 이곳을 짓밟지는 않았다. 주민이 페르시아 측에 협조적이었고, 또한 테살리아인이 반대했기 때문이다.

페르시아군은 도리스에서 포키스로 침입했지만, 포키스인을 붙잡을 수는 없었다. 왜냐하면 포키스인은 이미 그곳을 비우고 떠났기 때문이다. 포키스인의 일부는 파르나소스 산꼭대기로 올라갔다—파르나소스산맥 중에 티토레아라는 봉우리가 네온시(市) 근처에 우뚝 솟아 있는데, 이곳에 많은 사람을 수용할 수 있는 튼튼한 요새가 있어 포키스인은 가져갈 수 있는 가재(家財)를 갖고 이 봉우리로 올라갔던 것이다. 대부분의 사람들은 오졸라이 로크로이인[26]의 나라로 피란하고 가재는 크리스 평야 너머에 있는 암피사시(市)로 옮겨 놓았다. 페르시아군은 포키스 전역을 처참하게 짓밟았다. 테살리아인이 그렇게 하도록 유도했기 때문이다. 그리하여 그들은 가는 곳마다 모두 불과 칼로 황폐화시켰고 도시와 사원도 불질러 버렸다.

페르시아군은 케피소스강을 따라 나아가며 닥치는 대로 약탈하고 드리모스를 비롯하여 카라드라, 에로코스, 테트로니온, 암피카이아, 네온, 페디에이스, 트리테이스, 엘라테이아, 히암폴리스, 파라포타미오이, 아바이 등의 도시들을 낱낱이 불태워 버렸다. 아바이에는 많은 재보와 봉납물을 지닌 호화로운 아폴론 신전이 있었고, 지금과 마찬가지로 신탁이 내려지고 있었다. 페르시아군은 이 성역도 약탈한 뒤 불태워 버렸다. 또한 산 부근에서 포키스인 몇 명을 추적하여 포박하고, 수명의 부녀자를 윤간한 뒤 살해해 버렸다.

페르시아군은 파라포타미오이를 지나 파노페이스에 도착했다. 여기에서 부대를 둘로 나누고 각기 다른 진로를 택했다. 크세르크세스 자신이 이끄는 가장 강대한 부대는 아테네를 목표로 진군하여 오르코메노스 근처의 보이오티아로 침입해 갔다. 대부분의 보이오티아인은 페르시아 측에 투항한 상태였고, 알렉산드로스가 파견한 마케도니아군이 각지에 배치되어 보이오티아의 도시들을 전화(戰火)에서 구원하려 하고 있었다. 마케도니아인은 보이오티아의 인심(人心)이 페르시아 쪽으로 기울어 있음을 크세르크세스에게 명백히 보여줌으로써 보이오티아를 구원하려 했던 것이다.

크세르크세스가 이끄는 부대가 이 방면으로 향하고 있을 때, 다른 한 부대는 안내자와 함께 파르나소스산을 오른쪽으로 바라보면서 델포이의 신역으로 향했다. 이 부대도 포키스를 지날 때 길에 있는 모든 것을 황폐화시키고 파괴해 버렸다. 그리고 파노페이스를 비롯하여 다울리스, 아이올리다이 등의 도시도 불태워 버렸다. 이 부대가 본대에서 갈라져 이 방면으로 향한 이유는,

---

26) 오푼티오이 로크로이(로크리스 오푼티아)와 구별하기 위한 것. 라틴 이름으로 로크리스 오졸리스라는 것이 알기 쉬울지도 모르겠다. 그 수도는 암피사이다.

델포이 신전을 약탈하고 재보를 크세르크세스에게 헌납하기 위해서였다. 내가 듣기로 크세르크세스는 많은 사람들로부터 이에 관한 이야기를 수없이 들었기 때문에 신전에 있는 중요 물품에 대해서 자세히 알고 있었다고 한다. 특히 그는 알리아테스의 아들 크로이소스가 봉납했던 물품[27]에 가장 깊은 관심을 보였다고 한다.

델포이인은 이 소식을 듣자 크게 당황하고 공포에 떨면서, 신보(神寶)를 지하에 묻어야 하는지 아니면 다른 장소로 옮겨야 하는지에 관해 신의 뜻을 물었다. 그러나 신은 자신의 재물은 자신이 지킬 수 있으니 신보에 손을 대지 말라고 답했다. 그러자 델포이인은 이번에는 자신들의 목숨을 구할 방도를 생각했다. 그리하여 처자식들은 바다 건너 아카이아 지방으로 보내고, 그들 자신은 대부분 파르나소스 봉우리로 올라갔다. 그리고 가재는 코리키온 동굴[28]로 옮겨 놓았다. 일부는 로크리스의 암피사로 피난하기도 했다. 이렇게 하여 델포이인은 겨우 60명의 주민과 신탁 사제만 남겨 놓고 모두 도시를 떠났던 것이다.

이미 페르시아군이 가까이 다가와 성역에서 바라다보이는 지점까지 왔을 때의 일인데, 이때 갑자기 신탁 사제는—그의 이름은 아케라토스였다—어떠한 인간도 손을 댈 수 없는 성스런 무기가 어느 틈에 본전 안에서 나와 신전 앞에 놓여 있는 것을 발견했다. 그리하여 그는 도시에 남아 있던 델포이인들에게 이 기이한 현상을 알리기 위해 서둘러 달려갔다. 한편 페르시아군이 서둘러서 '아테네 프로나이아'[29] 신전 부근까지 왔을 때, 앞서 일어났던 것보다 훨씬 놀라운 괴변이 일어났다. 페르시아군이 공격을 가하려고 아테네 프로나이아 신전 부근까지 왔을 때, 하늘에서 돌연 벼락이 그들 머리 위로 떨어져 내려왔고 파르나소스의 두 바위산이 페르시아군 위로 무너져 내려 수많은 병사를 압사시킨 것이다. 그리고 그와 동시에 프로나이아 신전 안에서는 성난

---

27) 1권 참조.
28) 아폴론의 사랑을 받은 님프의 이름 코리키아를 본떠 이름붙인 거대한 암굴로, 튼튼한 피난처였다.
29) 델포이 신전 동남쪽, 조금 아래에 통칭 '마르마리아'라는 지역이 체육장에 인접해 있다. 여기에 아테네 프로나이아의 유적이 있다.

소리와 함성이 울려 나왔다.

이러한 괴변이 거듭해서 일어나자 페르시아군은 공포에 떨며 달아났다. 그것을 본 델포이인은 추격하여 많은 페르시아군을 살해했다. 살아 남은 자들은 곧장 보이오티아로 재빨리 도망쳤다. 내가 듣기로는 무사히 귀환한 페르시아인들은 위에 언급한 것 이외에도 여러 가지 신비로운 사건을 겪었다고 한다. 예컨대 보통 사람이라고는 생각할 수 없는 중무장한 두 거인이 도망치는 그들을 쫓아와 닥치는 대로 죽였다는 것이다.

델포이인 이야기에 따르면, 이 두 사람은 그 땅의 영웅(헤로스) 필라코스와 아우토노스였다고 한다. 이 두 사람을 모신 성역은 신전 곁에 있다. 그중 필라코스 사원은 프로나이아 신전 위쪽을 지나가는 가로변에 있고, 아우토노스 사원은 히암페이아 암벽 밑에서 솟아나는 카스탈리아 샘[30] 근처에 있다. 파르나소스에서 무너져 내려온 바위들은 지금까지 그대로 프로나이아의 경내에 남아 있다. 바위들은 페르시아군 위로 떨어져 내려온 뒤 이 지점까지 굴러 왔던 것이다.

아르테미시온을 떠난 그리스 함대는 아테네군의 요청에 따라 뱃머리를 살라미스섬으로 돌렸다. 아테네인은 부녀자와 아이들을 아티카에서 피난시키는 방법과 그 뒤에 취해야 할 조치는 무엇인가에 대해서 논의할 수 있는 여유를 얻고 싶었고, 또한 예상을 빗나간 새로운 사태에 대해 협의를 해야 할 필요가 있었기 때문이다. 요컨대 그들은 펠로폰네소스군이 보이오티아에서 페르시아 왕의 군대를 맞아 온 힘을 다해 싸울 것으로 기대하고 있었다. 그러나 아테네인이 얻은 정보에 따르면, 펠로폰네소스군은 오히려 코린토스 지협에 방어벽을 구축하고 자기들의 안전만을 우선적으로 생각하여 그곳의 방어에만 전력을 기울이고 있으며 나머지 일은 안중에도 없다는 것이었다. 아테네인은 이러한 정보를 접했기 때문에 해상부대에 요청하여 살라미스로 향하도록 했던 것이다.

그리하여 다른 해상 부대는 살라미스로 향했고, 아테네인 부대만은 자국으로 행했다. 그들은 자국으로 돌아오자 시민들에게 포고령을 내려, 안전한

---

30) 수많은 그리스 샘 중에서 가장 유명한 것. 신전 동쪽의 깎아지른 듯한 두 암벽 사이에서 용솟음치고 있는 것은 오늘날에도 변함없다. 두 암벽 중 하나(동쪽)가 히암페이아이다.

장소로 피하라고 권고했다. 거기에서 대부분의 시민은 트로이젠[31]으로 자식과 가족들을 대피시켰고, 일부는 아이기나나 살라미스로 보내기도 했다. 아테네인이 가족들을 서둘러 피란시킨 이유는 부분적으로 신탁[32] 때문이기도 했지만, 보다 근본적인 이유는 다음과 같은 데 있었다. 아테네인의 전승에 따르면 거대한 뱀 한 마리가 아크로폴리스의 수호자로서 신전 안에서 살고 있다고 한다. 이러한 전승에 따라 아테네인은 그 뱀이 실제로 있다 믿고 매달[33] 공물을 바쳤는데, 그 공물은 꿀이 든 과자였다. 그런데 예전에는 언제나 다 없어졌던 과자가 전쟁 중에는 그대로 남은 것이었다. 신전의 무녀가 이 일을 시민에게 알리자 아테네인들은 여신조차 아크로폴리스를 버렸다 믿고 더욱 서둘러 도시를 비우려 했던 것이다.[34] 아테네인은 피난을 끝낸 뒤 곧 바닷길로 해서 본진(本陣)[35]으로 향했다.

아르테미시온을 떠난 함선이 모두 살라미스로 집결하자, 이것을 안 다른 그리스 해상 부대도 트로이젠에서 이곳으로 합류했다. 이 부대는 본디 트로이젠의 외항 포곤에 집결해 있도록 명령받았었다. 이렇게 하여 집결한 함대의 수는 아르테미시온 해전시보다 훨씬 많았고, 참가한 도시 수도 늘었다. 해상 부대의 총지휘관은 아르테미시온 때와 마찬가지로 에우리클레이데스의 아들 에우리비아데스였다. 그는 스파르타인이긴 했지만 왕가(王家) 출신은 아니었다.

해상 부대에 가담한 도시를 살펴보면 다음과 같다. 먼저 펠로폰네소스에서는 스파르타인이 16척, 코린토스인은 아르테미시온 때와 같은 수의 배를 냈다. 시키온인은 15척, 에피다우로스인은 10척, 트로이젠인은 5척, 헤르미오네인은 3척을 냈다. 이 도시들의 주민은 헤르미오네인을 제외하고 모두 도리스 및 마케도노이계[36] 민족으로, 에리네오스와 핀도스 및 드리오피스 지방에서 가장

---

31) 아르고리스 근처의 도시. 테세우스 전설로 알려진 것처럼 아테네와는 예로부터 인연이 깊은 도시였으며, 이때에도 매우 호의적으로 아테네의 피란민을 받아들였다.
32) 7권 참조.
33) 매월 첫째 날, 즉 신월(新月)의 날.
34) 이것이 테미스토클레스의 계략이었다는 것은 상상하기 어렵지 않다.
35) 해상 부대의 주력이 정박하고 있었던 살라미스를 가리킨다.
36) 마케도니아인과 동일시하는 사람도 많지만, 명칭이 일단 다르기 때문에 다른 민족으로 보는 편이 좋을 것 같다.

늦게 (펠로폰네소스로) 이주해 왔다.[37] 헤르미오네인은 본디 드리오페스인으로, 헤라클레스와 말리스인에 의해 오늘날 도리스라 불리는 지방에서 추방되어 왔던 것이다.

펠로폰네소스에서 온 부대는 이러하며, 펠로폰네소스 이외의 본토에서 참가한 도시를 살펴보면 다음과 같다.

먼저 아테네군은 전 함대의 반에 해당하는 180척의 배를 냈다.[38] 이번에는 아테네인만이 함대에 탔고[39] 플라타이아인은 아테네 부대에 가담하지 않았는데, 그 사정은 이러했다. 그리스 함대가 아르테미시온에서 철수해 칼키스 부근까지 왔을 때, 플라타이아인은 맞은편 보이오티아에 상륙해 가족들과 재산을 안전한 곳으로 옮기다가 결국 뒤에 처지고 말았기 때문이다.

펠라스고이인이 현재 그리스(펠라스) 땅을 점유하고 있을 때에는 아테네인도 펠라스고이인으로 크라나오이인이라 불리었다. 뒤이어 케크롭스왕의 시대에는 케크로피다이(케크롭스 일족)라 불리다가 에레크테우스가 왕위를 계승하기에 이르러 아테네인이라고 이름을 바꾸었다.[40] 나아가 크수토스의 아들 이온이 아테네의 군사령관이 되었을 때[41] 그 이름을 따 이오니아인으로 불리게 됐던 것이다.

메가라인은 아르테미시온 때와 같은 수의 배를 냈다. 암브라키아[42]인은 7척, 레우카스[43]인은 3척의 배를 가지고 원조하러 왔다. 이들은 모두 코린토스계로 도리스족이다.

섬 주민, 먼저 아이기나인이 30척을 냈다. 아이기나에는 장비를 갖춘 다른 배들도 있었는데 이것들은 자국 방어에 쓰고, 가장 우수한 30척의 배를

---

37) 에리네오스와 핀도스는 도리스 지방의 도시.
38) 다른 함선의 총수는 198척이었다.
39) 아르테미시온에서는 플라타이아인이 승선해 있었기 때문에 순수히 아테네 부대라고는 말할 수 없었다.
40) 에레크테우스를 여신 아테네가 키웠기 때문이다.
41) 아테네가 엘레시우스와 싸울 때, 이온이 아테네의 군사장관(軍事長官)이었다는 전승에서 비롯되었다.
42) 서부 그리스, 에페이로스(에피르스) 지방 남단의 도시. 다음의 레우카스와 함께 기원전 7세기 중엽에 코린토스인이 식민지화 했다.
43) 그리스 서부 아카르나니아 지방 맞은편에 있는 섬. 레우카디아라고도 한다.

가지고 해전에 가담했던 것이다. 아이기나인은 에피다우로스에서 이민 온 도리스 민족이고, 섬은 이전에는 오이노네라 불리었다.

아이기나인 다음으로는 아르테미시온에서와 똑같이 20척을 거느린 칼키스인과 7척을 거느린 에레트리아인이 가담했다. 이들은 모두 이오니아 민족이다. 다음으로는 아테네인 분파로 이오니아족인 케오스인이 역시 아르테미시온 당시와 같은 수의 배를 가지고 가담했다. 낙소스인은 함선 4척을 냈다. 그들은 본디 다른 섬 주민들과 마찬가지로 페르시아군에 가담하라는 명을 받고 파견되었지만, 데모크리토스의 열렬한 권유에 따라 반대편인 그리스 진영으로 달려왔다. 이 데모크리토스는 당시 잘 알려진 인물로 삼단노선의 지휘관이었다. 낙소스인은 아테네에 기원을 둔 이오니아 민족이다.

스티라인은 아르테미시온 때와 같은 수의 배를 냈고, 키트노스[44]인은 전함 1척과 오십노선 1척을 냈다. 이들 모두 본디 드리오페스인이다.

또한 세리포스, 시프노스, 멜로스 각 섬의 주민도 해상 부대에 가담하여 참전했다. 섬 중에서는 이들만이 페르시아 왕에게 땅과 물을 바치지 않았다.

지금까지 언급한 나라들은 모두 테스프로토이인[45]의 나라 및 아케론강[46] 근처에 있다. 테스프로토이인은 암브라키아 및 레우카스인과 국경을 접하고 있는 민족으로, 참전 부대 중에서는 가장 먼 곳에서 가담했다. 이보다 멀리 떨어진 지역에 살고 있는 주민 중에서는 오직 크로톤[47]인만이 전함 1척을 가지고 위기에 처한 그리스를 도우러 달려왔다. 이 배 지휘를 맡은 사람은 피티아 경기에서 세 번 우승한 기록을 보유한 파일로스[48]였다. 크로톤인은 아카이아[49]계 민족이다.

다른 부대는 삼단노선을 갖고 참전해 온 데 반해 멜로스, 시프노스, 세리포

---

44) 앞서의 케오스섬을 비롯하여 키트노스, 세리포스, 시프노스, 멜로스 등의 섬은 키클라데스 군도 서쪽에 늘어선 섬들로, 아티카반도에서 거의 일직선을 이루며 남쪽으로 이어져 있다.

45) 그리스 서북부 에페이로스 지방의 일부인, 북쪽으로는 케르키라(코르푸섬) 맞은편 해안 부근에서 남쪽으로는 암브라키아만에 걸쳐 이오니아 해안 일대에 거주하던 민족.

46) 테스프로토이인의 나라 남부를 흐르다가 이오니아해(海)로 들어가는 강.

47) 남부 이탈리아의 식민시(植民市).

48) 그는 5종 경기에서 두 번, 경주에서 한 번 우승했다.

49) 펠로폰네소스 북부 지방. 이곳의 도시 리페스에서 온 식민(植民)이었다.

스섬은 오십노선을 냈다. 멜로스인은 스파르타에서 온 이주민인데 오십노선 2척을, 시프노스인과 세리포스인은 아테네를 발상지로 하는 이오니아족으로 각각 1척씩을 냈다.

이렇게 하여 오십노선을 제외한 전함의 총수는 378척에 이르렀다.[50] 위에 언급한 도시들로부터 종군한 지휘관들은 살라미스에 집합한 다음 회의를 열었다. 그 회의에서 에우리비아데스는, 아직 그리스 지배하에 있는 지역 중에서 해전을 벌이기에 가장 적합한 지점에 관해 의견이 있는 사람은 제시해 보라고 요청했다. 아티카는 이미 포기했으므로 에우리비아데스는 아티카 지역은 거기에서 제외시켰다. 발언자 대부분은 코린토스 지협 쪽으로 배를 진격시켜 펠로폰네소스 전면에서 해전을 벌이자는 데 의견이 일치했다. 만일 살라미스에서 패할 경우 구원군이 나타날 가능성이 전혀 없지만, 코린토스 지협 부근에서라면 아군이 있는 곳으로 상륙할 수도 있다는 이유 때문이었다.

펠로폰네소스 출신 지역 사령관들이 이와 같은 논의를 하고 있을 때, 한 아테네인이 배를 타고 달려와, 페르시아 왕이 이미 아티카 지방에 침입하여 온 국토를 초토화시키고 있다 보고했다. 크세르크세스 지휘하에 보이오티아를 지난 부대는, 이미 주민이 펠로폰네소스로 피란한 테스피아이시와 플라타이아시를 잇따라 불살라 버린 뒤, 아테네 땅에 침입하여 이곳을 닥치는 대로 짓밟고 있었던 것이다. 페르시아군이 테스피아이와 플라타이아를 불지른 이유는 테베인으로부터 이 두 도시가 페르시아 측에 가담하지 않았다고 들었기 때문이었다.

페르시아군은 그 원정의 기점인 헬레스폰토스 부근에서 해협을 건너는 데 1개월이 걸렸고, 거기서 아티카까지 행군해 오는 데 3개월이 걸렸다. 당시 아테네는 칼리아데스가 정권을 잡고 있었다.[51] 페르시아군이 점령한 시가지에는 이미 인적이 없었고, 소수 아테네인만이 성역[52]에 머물러 있을 뿐이었다. 남은

---

50) 헤로도토스가 지금까지 거론한 수의 합계는 366척이므로 12척이 모자란다. 학자들의 추정에 따르면 헤로도토스가, 아이기스인이 자국의 방위를 위해 보유한 군선 수를 12척으로 가정하고 이를 더한 것이었으리라 한다.

51) 기원전 480년. 그리스사(史)에 관한 한 헤로도토스가 연대를 밝힌 유일한 것.

52) 아크로폴리스에 있는 아테네 및 에레크테우스 신전을 가리킨다.

아테네인은 신전 관리자[53]와 빈민들이었는데, 그들은 문짝과 목재로 아크로 폴리스 주위에 울타리를 치고 공격해 오는 적을 막으려 했다. 그들이 다른 아테네인처럼 살라미스로 피란하지 않은 이유는 부분적으로는 재력이 없었기 때문이기도 했지만, 델포이의 무녀가 아테네인에게 내린 "나무 성채는 결코 무너지지 않으리라"는 신탁[54] 때문이기도 했다. 그들은 자신들이 둘러친 울타리야말로 신탁이 계시한 피란처라 생각했던 것이다.

페르시아군은 아크로폴리스 맞은편에 있는 작은 언덕―아테네인이 "아레스의 언덕"이라고 부르는―에 포진하여 성에 공격을 개시했다.

페르시아군은 화살에 삼베 조각을 감고 여기에 불을 붙인 다음 나무 울타리를 향해 쏘았다. 이리하여 울타리가 무너지는 막막한 상황에 처하게 되었음에도, 저항하던 아테네인은 여전히 굴복하지 않았다. 또한 화의(和議)하자는 페이시스트라토스 일족의 제안도 단번에 물리친 채 성문으로 육박해 오는 적들의 머리 위에 바위를 떨어뜨리는 등 온갖 작전을 펼쳤다. 크세르크세스는 한동안 별다른 방도를 생각해 내지 못하고 곤혹스러웠다. 그러나 이윽고 페르시아인은 그 해결책을 찾기에 이르렀으니, 신탁이 계시했던 대로 그리스 본토에 위치한 아티카 전역은 결국 페르시아군에 굴복하게 될 운명이었던 것이다. 아크로폴리스의 앞쪽[55]이면서 성문 쪽으로 올라오는 길 뒤쪽이 되는 곳에 매우 가파른 지역[56]이 있는데, 그 경사가 심해 아무도 그곳으로 올라오지 못할 것이라 생각하고 아테네인은 경비병을 한 사람도 세우지 않았다. 그런데 페르시아 병사 몇 명이 이곳을 노려 케크롭스의 딸 아글라우로스를 모신 신전[57] 부근에서 가파른 절벽을 타고 올라왔던 것이다. 이들 페르시아 병사가 아크로폴리스로 올라오자, 놀란 아테네인 가운데는 성벽에서 뛰어내리다 죽은 사람도 있고 신전 안으로 도피하는 사람도 있었다. 이곳까지 올라온 페르

---

53) 신비로운 보물이나 봉납품 등의 관리를 맡은 10명의 관리.

54) 7권 참조.

55) 아크로폴리스의 공식적인 정면은 서쪽이지만, 페르시아군은 북쪽에서 아크로폴리스로 진입해 왔기 때문에 페르시아 측에서 본 표현.

56) 아크로폴리스 북면의 서쪽, 이른바 에레크테이온의 서단(西端)보다 더 서쪽 사면으로 생각된다.

57) 이른바 아글라우리온. 아크로폴리스 북벽(北壁)에 있는 몇 개의 동굴 중 하나에 있었다.

시아 병사들은 먼저 달려가 성문을 연 뒤 성전 안으로 피신한 자들을 살해했다. 그렇게 아테네인을 모두 죽인 다음 신전을 약탈하고 아크로폴리스를 온통 불질렀다.

아테네를 완전히 점령한 크세르크세스는 수사로 기마병을 보내 자군의 성공을 아르타바노스에게 알렸다. 사자를 보낸 다음 날 크세르크세스는 꿈 때문에 그랬는지 아니면 신전을 불태운 것에 양심의 가책을 느꼈는지, 자신을 수행하고 있던 아테네의 망명자들을 불러모으고 아크로폴리스에 올라가 아테네 관습에 따라 희생을 바치라고 지시했다. 그리고 아테네의 망명자들은 명령대로 시행했다.

내가 위와 같은 일을 기록한 데는 특별한 이유가 있다. 아크로폴리스에는 대지(大地)에서 태어났다고 전해지는 에레크테우스[58]의 신전이 있다. 그곳에는 포세이돈과 아테네가 이 땅의 소유권을 둘러싸고 서로 다툴 때 그 권리의 증거[59]로서 삼았다는 전설의 올리브나무와 바닷물이 있었다. 그러나 페르시아인의 방화로 신전과 함께 이 올리브나무가 사라지고 말았다. 그런데 화재가 있은 다음 날, 페르시아 왕으로부터 희생을 바치라는 명을 받은 아테네인들이 신전까지 올라갔을 때 1페키스 정도의 싹이 그루터기에서 자라나는 것을 발견한 것이다. 이상은 이들 아테네인이 전하는 바에 따른 것이다.

살라미스 해전

한편 살라미스에 있던 그리스군은 아크로폴리스에서 있었던 일을 전해듣고 큰 혼란에 빠졌다. 지휘관 몇은 토의 중인 안건이 결정되기도 전에 재빨리 배로 달려가 돛을 올리고 탈주를 하려고까지 했다. 결국 남은 지휘관들은 지

---

58) 일반적인 전승에서는 에레크토니오스의 손자, 판디온의 아들로 간주되는 전설상의 아테네 왕. 그러나 에레크토니오스와 종종 혼동되고, 또 포세이돈과 동일시되는 일도 있었다. 대지에 태어났다는 것은, 에레크토니오스(이 경우에는 에레크테우스와 동일)가 포세이돈과 대지 사이의 자식이라는 전승에서 유래. 현존하는 에레크테우스(에레크테이온) 신전은 기원전 480년 이후의 지어진 것이므로 그 전신(前身)이다.

59) 포세이돈이 삼지창으로 암석을 꿰뚫어 바닷물이 용솟음치게 하자 아테네가 바위산에서 처음으로 올리브나무를 기르게 했다. 올리브나무 쪽이 아테네인을 위해 더 유익하다는 판단에서 아테네의 주장이 통했다는 전설.

협 전면에서 적을 맞아 해전을 벌이자는 결정을 내렸다. 그들은 일몰과 함께 회의를 마치고 각자 자기 배로 돌아갔다.

이때의 일인데, 테미스토클레스가 배로 귀환하자 므네시필로스[60]라는 아테네인이 회의의 결정 사항을 물었다. 함대를 지협으로 돌려 펠로폰네소스 전면에서 해전을 벌이기로 했다고 말하자 므네시필로스는 다음과 같이 말했다.

"안 됩니다. 한번 함대를 살라미스에서 떠나 보내면 각하께서는 더 이상 단일 조국을 위해 해전을 벌이실 수 없게 될 것입니다. 각 부대는 반드시 저마다 자국으로 돌아갈 것이며, 에우리비아데스는 물론 그 누구도 해상 부대가 완전히 해체되는 상황을 막지 못할 것입니다. 이러한 터무니없는 계획 때문에 그리스는 끝내 멸망하게 될 것입니다. 그러하오니 가능하면 결정 사항이 번복될 수 있도록 하십시오. 각하라면 에우리비아데스를 설복시켜 살라미스에 머물도록 하실 수 있을지도 모릅니다."

이 충언은 테미스토클레스의 마음을 크게 움직였다. 그러나 그는 아무런 대답도 하지 않고 에우리비아데스가 탑승해 있던 배를 찾아서 중대한 문제로 상의할 일이 있다고 말했다. 그러나 에우리비아데스는 볼일이 있으면 배로 올라와 이야기하라고 답했다. 이리하여 테미스토클레스는 그와 무릎을 맞대고 므네시필로스의 주장에 새로운 내용을 덧붙여 마치 자신의 의견처럼 되풀이했다. 그리고 마침내 에우리비아데스를 설복시켜 그로 하여금 배에서 내려 지휘관 회의를 소집하는 것에 동의하도록 하는 데 성공했다.

지휘관들이 모이자, 에우리비아데스가 소집 취지를 설명하기도 전에 테미스토클레스는 성급함을 참지 못하고 열정적으로 말하기 시작했다. 그러자 코린토스 부대의 지휘관이었던 오키토스의 아들 아데이만토스가 연설을 가로막으며 이렇게 말했다.

"테미스토클레스여, 경기에서도 출발 신호를 기다리지 않고 뛰어나가면 채찍으로 얻어맞소."[61]

---

60) 테미스토클레스와 같은 구(區) 출신이며 그의 선배되는 인물로서, 조언자 역할을 했을 것이다.
61) 올림피아를 비롯하여 공식 경기 때에는 봉(棒)을 든 경비원이 있어 위반자들에게 체벌을 가했다는 것은 사실이며, 그 실례도 전해지고 있다.

테미스토클레스도 이에 지지 않고 다음과 같이 응수했다.

"그러나 신호에 뒤늦는 자는 명예로운 승리의 관을 쓸 수 없소."[62]

이때는 테미스토클레스도 코린토스인에게 온건한 어조로 응수했다. 그리고 그는 에우리비아데스에게 전에 말했던 것, 즉 함대를 살라미스에서 떠나 보내면 해상 부대는 완전히 해체될 것이라는 말은 조금도 하지 않았다. 동맹국 사람들을 앞에 놓고 힐난하는 듯한 말을 하는 것은 적절하지 못하다 생각했기 때문이다. 거기에서 그는 다른 논법을 사용하여 다음과 같이 말했다.

"그리스가 구원받느냐 아니냐는 그대에게 달려 있소. 부디 여기 있는 여러 지휘관들이 주장하는 대로 지협으로 함대를 떠나 보내지 말고 내 의견을 좇아 이곳 살라미스에서 해전을 벌이도록 하시오. 만약 지협에서 적과 교전하게 되면 해전은 대해(大海)에서 벌어지게 될 것이오. 그러면 수도 적고 속력도 느린 함선을 보유한 우리 측은 몹시 불리한 위치에서 싸우게 될 것이 자명하오. 또한 설사 다른 모든 점에서 행운이 뒤따른다 하더라도 살라미스, 메가라, 아이기나 등은 잃게 될 것이오. 게다가 적은 틀림없이 해상 부대와 함께 지상군도 이끌고 올 것이오. 그러면 스스로 적을 펠로폰네소스로 이끌고 온 꼴이 될 것이며, 마침내 그리스 전역을 위기에 빠뜨리게 되고 말 것이오.

이에 반해서 만약 그대가 내가 말하는 대로 한다면 다음과 같은 이점이 있을 것이오. 첫째, 좁은 해역에서 많은 함선을 맞아 싸우게 될 경우에는 사태가 우리 기대대로 진행되는 한 함선을 적게 가지고 있는 우리가 대승을 거두게 될 것이오. 좁은 수역에서의 해전은 우리가 유리하며, 넓은 수역에서는 적이 유리하기 때문이오. 둘째로는 우리가 부녀자와 아이들을 피란시켜 놓은 살라미스를 지킬 수 있다는 것이오. 게다가 이 작전에는 그대가 가장 관심을 갖고 있는 사항도 포함되어 있소. 여기에 머물러 싸운다면, 그것은 지협 부근에서 싸우는 것과 다름없이 펠로폰네소스를 수비하는 데 도움이 될 것이오. 그대가 올바르게 판단하여 나의 의견에 따른다면 적을 펠로폰네소스로 끌어들이는 위험을 피할 수 있게 될 것이오.

내가 기대하는 대로 일이 진행되어 우리 측이 해전에서 승리를 거두게 된

---

62) 플루타르코스를 비롯한 헤로도토스 이후의 작가들은 이 일을 테미스토클레스와 에우리비아데스 사이에서 일어난 것으로 보고 있다.

다면 적은 그대들의 지협에까지 침입하지 않을 것이며, 아티카 너머로도 나아가지 않을 것이오. 적은 뿔뿔이 흩어져서 퇴각할 것이며, 우리는 메가라와 아이기나, 나아가서는 우리가 적을 제압하게 되리라고 신탁이 이미 예언한 곳인 살라미스까지 확보할 수 있을 것이오. 인간은 이치에 맞는 계획을 수립하면 보통 성공하는 법이오. 그리고 이치에 어긋나는 계획을 세웠을 때는 신께서도 동조하시지 않게 마련이오."

테미스토클레스가 이와 같이 말하고 있을 때였다. 코린토스인 아데이만토스가 다시 그에게 시비를 걸며 조국을 잃은 자는 침묵을 지키고 있으라 말하고, 에우리비아데스에게는 회의에 망국민을 참가시키는 법이 어디 있느냐 따지고 들었다. 그리고 다시 테미스토클레스에게 자기 나라를 확실히 밝힌 다음에 의견을 제시하라고 말했다. 그가 테미스토클레스에게 이러한 발언을 한 이유는, 이미 아테네가 점령당해 적의 수중에 있었기 때문이다.

그러자 테미스토클레스는 병력이 갖추어져 있는 200척의 함선이 자신에게 있는 한 동맹 제국보다 강대한 국가와 국토가 있는 것과 마찬가지라는 사실을 밝힌 뒤 이렇게 되물었다.

"현재 페르시아의 아테네 공격을 막을 수 있는 힘을 지닌 나라는 그리스 중에 한 나라도 없지 않은가?"

그리고 다시 에우리비아데스에게 전보다 격렬한 어조로 다음과 같이 말했다.

"그대가 여기에 머물러서 남자의 체면을 세워 준다면 모든 일이 잘 풀릴 것이오. 그러나 그러지 않으면 그대는 그리스를 멸망시키게 될 것이오. 이 전쟁에서 모든 것은 해상 부대에 달려 있소. 부디 내가 말한는 대로 하기 바라오. 만약 내 계획대로 실행하지 않는다면, 우리는 이대로 곧 가족들을 태우고 이탈리아 시리스[63]로 이주할 것이오. 이 도시는 옛날부터 우리 나라의 소유였고, 신탁도 우리가 언젠가는 이 도시를 지배해야 한다고 예언해 왔소. 그대는 동맹군을 잃고 나서야 비로소 내 말을 떠올리게 될 것이오."

이러한 테미스토클레스의 말에 동요되어 에우리비아데스는 결국 마음을

---

63) 남부 이탈리아에 있는 강변 도시. 부근(남쪽)에 유명한 시바리스가 있었다. 다만 아테네가 소유권을 주장한 근거는 밝혀지지 않고 있다.

바꾸게 되었다. 생각건대 이것은 함대를 지협 쪽으로 퇴각시키면 아테네군이 그들을 버릴까 깊이 우려했기 때문이었을 것이다. 아테네 함대 없이 적에 대항하는 것은 무리였기 때문이다.

에우리비아데스가 위와 같은 방침을 결정하자, 동맹군들은 그곳에서 해전 준비를 했다. 날이 밝고 태양이 떠오름과 동시에, 육상에서도 해중에서도 지진이 일어났다. 그리스군은 신들에게 기원하고 아이아코스 일족(의 혼령)[64]에게 구원을 청했다. 그리고 아이기나로는 아이아코스 및 다른 아이아코스 일족을 맞이하기 위해 배를 보냈다.

여기에 아테네인 테오키데스의 아들 디카이오스와 관련한 이야기가 전해진다. 그는 아테네의 망명자로 페르시아인 사이에 명성이 있던 인물이다. 아테네인이 모두 떠나 사람 하나 보이지 않는 아티카 땅이 크세르크세스 휘하의 육상 부대에게 짓밟히고 있을 때, 그는 마침 스파르타인 데마라토스와 함께 트리아 평야[65]에 있었다 한다. 그때 그들은 약 3만 명의 군대가 행군하면서 피워내는 듯한 먼지 구름이 엘레우시스 방면으로부터 다가오는 것을 보고 도대체 어떤 자들일까 의아해했다. 그러자 홀연 목소리가 들려 왔는데, 디카이오스에게는 이 소리가 어떤 비밀 회의에서 행해지는 이아코스의 절규[66]처럼 생각됐다. 데마라토스는 엘레우시스의 제의(祭儀)에 관해 잘 모르고 있었기 때문에 그 소리가 무엇이냐고 디카이오스에게 물었다. 그러자 디카이오스는 다음과 같이 말했다.

"데마라토스님, 아무래도 페르시아 대왕의 군대에 큰 재난이 닥치게 될 모양입니다. 아티카에는 이미 아무도 남아 있지 않으니 저 먼지구름과 비명 소리는 신의(神意)에 의해 나는 것입니다. 틀림없이 아테네군과 그 동맹군을 구

---

64) 이러한 실례(實例)와 그 의미에 대해서는 5권 참조. 요컨대 결전장이 될 살라미스, 아이기나 수호신의 가호를 기원했던 것이다.

65) 엘레우시스 평야의 일부, 아테네 서북방, 엘레우시스 조금 앞에 트리아 시가 있었다.

66) 엘레우시스에는 데메테르와 페르세포네를 모신 신전이 있었다. 6월 말에 그 제(祭)가 행해져 아테네로부터 대행렬(大行列)이 엘레우시스로 향했다. 사람들은 바쿠스(디오니소스)와 같은 신으로 간주되는 이아코스의 신상(神像)을 운반하면서 "오오. 이아코스여" 부르짖으며 보조를 맞춰 천천히 걸었다. 앞서 3만이라는 숫자가 거론된 것은 이 행렬에 참가하는 사람 수에 맞춘 것인지도 모른다.

원하기 위해 엘레우시스로부터 왔을 것입니다. 만약 저것이 펠로폰네소스로 향하게 된다면 육상에 있는 왕 자신과 그 군대에 위기가 미칠 것이며, 또한 만약 살라미스의 해상 부대 쪽으로 향하게 된다면 대왕은 분명 해상 부대를 잃게 될 것입니다. 아테네인은 매년 모신(母神)과 여신[67]을 위해 축제를 벌이고 있으며, 아테네인은 물론 그 밖의 그리스인도 희망하는 자는 누구나 그 비밀 의식에 입회할 수 있습니다. 지금 듣고 계시는 소리는 그 축제 때 울려 나오는 이아코스의 절규입니다."

그러자 데마라토스는 이렇게 말했다.

"지금 이야기는 나 이외에는 누구에게도 하지 마시오. 만약 그대가 지금 한 말이 왕의 귀에 들어가게 된다면 그대의 목은 날아가게 될 게요. 그리고 누구도 그대를 구할 수 없을 것이오. 그러니 잠자코 있으시오. 왕의 군대에 관한 일은 신들께 맡겨두는 게 좋소."

데마라토스가 이렇게 충고하고 있을 동안 신비스런 소리가 만든 먼지 구름이 이윽고 하늘 높이 떠오른 뒤 살라미스의 그리스군 쪽으로 날아갔다. 이렇게 하여 두 사람은 크세르크세스의 해상 부대가 멸망할 운명에 놓여 있음을 깨닫게 되었다 한다.

위의 이야기는 테오키데스의 아들 디카이오스가 데마라토스와 그 밖의 사람들을 증인으로 들면서 한 말이다.

크세르크세스 해상 부대의 장병들은 스파르타군이 전멸한 흔적을 보고 트라키스로부터 히스티아이아로 건너온 뒤 여기서 3일간 정박했다. 그런 다음 이곳을 떠나 에우리포스를 거쳐 다시 3일 뒤 팔레론[68]에 도착했다. 내 생각에, 바다와 육지에서 아테네[69]로 침입해 들어온 페르시아군의 세력은 세피아스곶이나 테르모필라이에 도달했던 당시와 비교해 결코 약해지지 않았으리라 본다. 폭풍우 그리고 테르모필라이와 아르테미시온 혈전으로 많은 병력을 잃었지만, 상당한 수의 지원군이 새로이 원정군에 가담하고 있었기 때문이다. 말리스인·도리스인·로크리스인, 그리고 테스피아이와 플라타이아를 제외하

---

[67] 데메테르와 페르세포네.
[68] 아테네 남쪽에 있는 아테네의 외항.
[69] 아티카의 뜻으로 사용되고 있다.

고 전 병력을 동원하여 페르시아군에 가담한 보이오티아인의 각 부대, 나아가 카리스토스[70]인·안드로스인·테노스인 및 앞서 그 이름을 들었던 다섯 개 섬[71]을 제외한 나머지 모든 섬의 주민들이 그들이다. 실제 페르시아 왕의 군대가 그리스의 중심부를 향해 진군함에 따라 이에 참가하는 주민 수도 늘어갔다.

그런데 위의 전 부대가 아테네 지구에 도달했을 때,—그보다는 키트노스섬에 남아 전쟁의 추이를 관망하고 있었던 파로스인 부대를 제외한 나머지 전 부대가 팔레론에 도달했을 때라고 해야 할 것이지만—크세르크세스가 해상 부대 장병들과 만나 그 의견을 듣고자 선단을 방문했다. 크세르크세스가 도착하여 가장 윗자리에 앉자, 각국 독재자와 부대장이 왕이 정해 놓은 서열에 따라 자리에 앉았다. 첫 번째 자리에는 시돈 왕, 두 번째 자리에는 티로스 왕, 이런 식으로 차례대로 자리를 잡고 나니, 크세르크세스는 각자의 진의를 탐색하고자 마르도니오스에게 해전을 벌이는 데 대한 문제를 묻게 했다.

마르도니오스가 시돈 왕을 시작으로 차례차례 질문을 계속해 나갔다. 여기서 모든 사람이 해전을 벌여야 한다고 대답했는데 오로지 아르테미시아[72]만은 다음과 같이 대답했다.

"마르도니오스여, 지금부터 내가 말하는 바를 부디 왕께 그대로 전해 주시오. 에우보이아 난바다 해전에서 누구 못지않게 용감한 활약을 했던 나는 전하께 이렇게 말씀드리고자 하오.

전하, 제가 지금 전하께 가장 유리한 길이라 믿는 바를 마땅히 그대로 말씀드려야 한다고 생각합니다. 제가 말씀드리고 싶은 것은 해전을 벌이지 마시라는 것입니다. 바다에서는 그리스인이 우리에 비해 남자와 여자의 차이만큼이나 훨씬 우월하기 때문입니다. 대체 전하께서 위험을 무릅쓰고 해전을 벌이실 필요가 어디 있사옵니까? 원정 목표였던 아테네는 이미 전하 수중에 있고, 그 밖의 그리스 영토도 마찬가지 아니옵니까? 전하의 진로를 가로막을 자는 이젠 아무도 없습니다. 전하께 저항하던 자들은 모두 흩어져 도망쳐 버렸습

---

70) 에우보이아섬의 남부 도시.
71) 실제로는 케오스섬이 이에 덧붙여진다.
72) 작자의 탄생지인 할리카르나소스의 여왕(7권 참조).

니다.

적의 정황이 어떻게 되어 갈 것인지, 이에 관해 제가 생각하는 바를 말씀드리도록 하겠습니다. 만약 전하께서 서둘러 해전을 벌이시지 않고 수군을 육지가 가까운 지금 이곳에 그대로 머물게 하시든지, 또는 나아가 펠로폰네소스로 진격[73]시킨다면, 일은 당초 계획대로 쉽게 진행될 것입니다. 그리스군에게는 장기간에 걸쳐 저항할 힘이 없습니다. 전하께서는 곧 그들이 뿔뿔이 흩어져 각자 자기 나라로 도망치는 모습을 보시게 될 것입니다. 제가 들은 바에 따르면 이 섬에는 충분한 식량이 없다고 합니다. 만약 전하께서 육상 부대를 펠로폰네소스로 진군시킨다면 그곳 부대는 분명 동요할 것이고, 더 이상 아테네를 위해 해전을 벌인다는 생각 따위는 하지 않게 될 것입니다.

그러나 전하께서 서둘러 해전을 벌이시다 만약 수군이 패하게 된다면 그 화는 육군에게도 미치게 될 것입니다. 왕이시여, 훌륭한 인간은 못난 종을, 못난 인간은 훌륭한 종을 거느리게 마련이라는 것을 명심해 두시기 바랍니다. 전하께서는 세계에서 가장 훌륭한 분이시지만, 못난 종들을 거느리고 계십니다. 이들은 바로 전하께서 아군이라 생각하고 계시는 이집트인, 키프로스인, 킬리키아인, 팜필리아인 들입니다. 그들은 아무짝에도 쓸모없는 무리입니다!"

아르테미시아에게 호의를 품고 있던 자들은 이 말에 크게 당황하며, 그녀가 해전을 벌이는 데 반대했으므로 왕으로부터 처벌받게 되리라 걱정했다. 한편 아르테미시아가 누구보다 존중받는 데 질투심을 품고 있던 자들은 그녀의 파멸을 예상하면서 만족스러운 미소를 흘렸다.

그러나 이러한 의견이 크세르크세스에게 전해지자 그는 매우 기뻐했다. 그는 이전부터 그녀를 뛰어난 여성으로 생각하고 있었지만, 이때 그 어느 때보다도 그녀를 높이 평가했다. 하지만 크세르크세스는 다수의 의견에 따르도록 하라고 명했다. 앞서 에우보이아 해전에서는 자신이 그 자리에 없었던 까닭에 장병들이 고의로 소극적으로 행동했다 생각하고, 이번에는 친히 해전을 지켜보려 준비하고 있었기 때문이다.

출격 명령이 떨어지자 페르시아군은 함선들을 살라미스 방면으로 진격시

---

73) 이것은 물론 육상 부대뿐이다.

키고 각각의 위치에 배치해 전투 대형을 갖추었다. 그러나 이미 날이 저물어 해전을 벌이기에 힘들 정도로 어두워졌기 때문에 다음 날 행동에 옮기기로 했다.

한편 그리스 부대는 공포와 불안에 떨고 있었다. 특히 펠로폰네소스 부대들이 동요가 격심했다. 그들은 아테네인의 국토를 위해 해전을 벌이고자 살라미스에 머물러 있는데, 혹시 패하게 된다면 자국은 무방비 상태로 적의 포위를 받게 되리라는 불안감을 떨쳐 버릴 수 없었기 때문이다.

실제로 페르시아 육상 부대는 같은 날 밤에 펠로폰네소스를 향해 진격을 개시했다. 육로를 통한 페르시아군의 침입을 저지하기 위해 펠로폰네소스 주민들은 온갖 작전을 구상해 페르시아 부대를 막으려 했다. 레오니다스 휘하의 부대가 전사했다는 비보를 접하자 각 도시에서 급히 지협으로 달려와 진을 쳤는데, 그 지휘를 맡은 것은 아낙산드리데스의 아들이자 레오니다스의 동생인 클레옴브로토스였다. 지협에 진을 친 펠로폰네소스인들은 스케이론 도로[74]를 파괴하고, 협의 끝에 지협을 가로지르는 장성(長城)[75]을 축조키로 하고 이 공사를 시작했다. 수만 명이 모두 이 일에 달라붙었기 때문에 공사는 빠른 속도로 진행됐다. 석재, 벽돌, 목재, 모래주머니 등이 속속 운반되고 공사는 밤낮없이 계속해서 진행되었다.

지협을 방어하기 위해 국력을 총동원한 그리스 제국을 열거하면 다음과 같다. 스파르타, 모든 아르카디아, 엘리스, 코린토스, 시키온, 에피다우로스, 플레이아우스,[76] 트로이젠, 헤르미오네 등이다. 이들은 모두 위기에 처한 그리스의 운명을 염려하여 두려움을 떨치고 원조하러 왔다. 그 밖의 펠로폰네소스 제국은 올림피아 제(祭)와 카르네이아 제 등이 이미 끝났음에도[77] 여전히 무관

---

74) 중부 그리스에서 펠로폰네소스로 들어가는 세 갈래 길 중 가장 짧은 길로서, 이용도도 높았다. 사론만(灣)과 잇닿은 위험한 도로로, 그 이름은 옛날에 이 부근에서 여행자들을 습격했다는 악한(惡漢) 스케이론의 이름을 딴 것이다.

75) 코린토스 지협의 본토 측 머리 부분에 비스듬히 축조됐던 것. 전체 길이가 7킬로미터로 오늘날에도 그 유적이 남아 있다.

76) 코린토스 서남부의 도시.

77) 양제(兩祭) 기간 중에는 출정하지 않는다는 구실도 있었지만, 이미 제가 끝나게 되어 그런 이유는 통하지 않게 된 것이다(7권 참조).

심한 태도를 보였다.

펠로폰네소스에는 7개 종족이 살고 있다. 그 가운데 아르카디아인과 키누리아[78]인 두 종족은 토착민으로 옛날이나 오늘이나 같은 지역에서 줄곧 거주하고 있다. 아카이아족은 펠로폰네소스 바깥으로 나간 적은 없지만 원주지를 떠나 다른 지역에서 거주하고 있다.[79] 나머지 도리스인, 아이톨리아인, 드리오페스인, 렘노스인들은 외래인이다. 도리스인이 거주하는 도시는 상당히 여러 곳이고 또한 잘 알려져 있지만, 아이톨리아인이 거주하고 있는 곳은 엘리스 지방뿐이다. 드리오페스인은 헤르미오네(헤르미온)와, 라코니아 지방의 카르다밀레 맞은편 아시네[80]에 거주하고 있다. 파로레아타이인[81]은 모두 렘노스계 주민이다. 키누리아인은 토착민이자 유일한 이오니아계 주민으로, 장기간에 걸쳐 아르고스인의 지배를 받아 도리스화(化)되어 있다. 이른바 오르네아이인으로 스파르타 주변 주민(페리오이코이)과 같은 처지에 놓여 있다.[82]

그런데 이들 7개 종족에 속하는 도시들 중 앞서 언급한 도시들을 제외한 나머지 도시들은 모두 중립적인 입장을 취했다. 솔직하게 이야기하자면 그들은 페르시아 측에 가담했다고 해도 틀린 말이 아니다.

지협의 그리스 부대는 조국의 흥망이 이번 한판 승부에 걸려 있음을 자각하고, 해상 부대가 성공하리라는 기대는 하지 않은 채 방어벽 공사에 전력을 기울이고 있었다. 한편 살라미스의 해상 부대는 이러한 사실을 알고 있었음에도 불안감을 떨쳐 버릴 수 없었다. 그들은 자기 자신보다 오히려 펠로폰네소스의 안위가 염려됐기 때문이다. 처음 얼마 동안은 믿을 수 없을 정도로 어리석은 에우리비아데스를 사적으로 서로 비난할 정도였지만, 마침내 그것이

---

78) 키누리아는 그 북방에 있는 티레아 지방과 함께 펠로폰네소스 동해안에 위치한다. 아르고스와 스파르타 사이에서 소유권 분쟁이 그치지 않았던 지방.

79) 본디 펠로폰네소스 동부 및 남부에 살고 있었는데, 침입한 도리스인에게 쫓겨 북해안의 아카이아 지방으로 이주했다.

80) 이 아시네는 아르고리스시가 아니라 메세니아만을 끼고 동안(東岸)의 카르타밀레를 마주보는 서안의 아시네이다.

81) 펠로폰네소스 서해안 중부의 트리피리아 지방에 살고 있었던 종족(4권 참조).

82) 오르네아이는 아르고스 서북방의 도시로, 아르고스 지배하에 있었다. 그 뒤부터 오르네아이인은 일반적으로 예속민의 뜻으로 사용되어 스파르타의 주변인에 해당한다고 작자가 주석을 단 것이다.

폭발하여 공공연한 분노로 변했다. 그리하여 또 다른 회의가 개최되어 앞서와 같은 문제를 놓고 여러 가지 논의가 오갔다. 한쪽은 이미 적에게 함락된 국토를 위해 머물러 싸울 것이 아니라 펠로폰네소스로 이동하여 그곳의 방위를 위해서 배수진을 쳐야 한다고 촉구했고, 반면 아테네인·아이기나인·메가라인 등은 이곳을 지켜야 한다고 주장했다.

이때 테미스토클레스는 펠로폰네소스인들과의 논쟁에서 자신이 패배할 것임을 직감하자, 비밀리에 회의 석상에서 빠져나와 한 남자를 작은 배에 태워 페르시아 진영으로 보냈다. 시킨노스라는 그 남자는 테미스토클레스의 하인으로 그의 자식들을 돌보고 있었다. 그는 페르시아군의 진영으로 가 적의 지휘관들을 만나자 이렇게 말을 전했다.

"저는 아테네 지휘관의 비밀 전갈을 갖고 왔습니다. 그분은 페르시아 왕께 호의를 갖고 계시며, 그리스군보다는 오히려 귀국군의 승리를 바라고 계십니다. 그분은 제게 그리스군은 두려움을 이기지 못하여 도망치려 계획하고 있다고 전하라 하셨습니다. 그리스군이 빠져나가지 못하도록 가로막기만 하십시오. 지금 귀군은 사상 유례 없는 전과를 올릴 절호의 기회를 맞고 있습니다. 그리스군은 분열되어 서로간에 적의를 품고 있기 때문에 귀군과 싸우기는커녕, 어쩌면 친페르시아파와 그렇지 않은 파끼리 해전을 벌이게 될지도 모릅니다."

이렇게 전한 뒤 시킨노스는 바로 떠났다. 테미스토클레스는 테스피아이에서 새로이 시민을 받아들일 때,[83] 이 남자가 테스피아이의 시민 자격을 획득할 수 있도록 해주었음은 물론이요 그를 부자로 만들어 주었다.

페르시아군은 이 전갈을 믿고 우선 살라미스섬과 본토 사이에 놓여 있는 작은 섬인 프시탈레이아에 다수의 병력을 상륙시켰다. 그리고 깊은 밤이 되자 서쪽 편대로 하여금 원을 그리며 살라미스로 진격시키는 동시에 케오스와 키노수라[84] 부근에 배치되어 있던 부대도 출격시켜, 무니키아에 이르는 해협 전

---

83) 페르시아 전쟁으로 많은 시민을 잃었기 때문에, 시킨노스는 노예의 몸이면서도 테미스토클레스의 알선으로 테스피아이 시민권을 얻었던 것이다.

84) 이 두 지명에 대해서는 예로부터 여러 가지 설이 있다. 키노수라(개의 꼬리)라는 이름에서도 나타나듯이 살라미스섬 동쪽에 끝이 좁고 길게 프시탈레이아섬 쪽으로 뻗은 곳을 가리킨

역을 봉쇄했다.[85] 함선을 출동시킨 것은 그리스군이 도주하지 못하게 하고 살라미스에서 이들을 포획하여 아르테미시온에서의 고전(苦戰)에 대한 복수를 하기 위해서였다. 또한 프시탈레이아라 불리는 작은 섬에 페르시아 병사들을 상륙시킨 것은, 이 섬이 곧 벌어지게 될 해전의 통로에 위치하고 있었기 때문이다. 해전이 벌어지면 병력과 난파물이 이곳으로 특히 많이 표류해 오리라 보고 아군을 구조하고 적을 격멸하기 위해서였다. 페르시아군은 밤중에 한숨도 자지 않은 채 이러한 준비를 적이 깨닫지 못하도록 은밀히 했다.

이제 나로서는 신탁이 진실이었다는 사실을 부정할 수 없게 되었다. 특히 다음과 같은 신탁의 문구를 접하게 될 때는 실로 명백한 언어로 사실을 예언하고 있는 신탁을 불신하고 싶지 않다.

> 그렇지만 그들이 광기어린 욕심에 휘말려 빛나는 아테네를 파괴하고
> 바다에 면한 키노수라에서부터
> 황금칼을 찬 아르테미스의 성스러운 해변[86]까지 배로 이을 때,
> 고귀하신 정의의 여신(데이케)께서
> '교만(驕慢, 히브리스)'의 아들 '포만(飽滿, 코로스)'으로 하여금
> 모든 것을 다 삼키게 하여 그 광폭함을 진정시키시리라.
> 청동은 청동과 서로 맞부딪치고
> 군신(軍神, 아레스)께서는 피로 바다를 물들이실 것이다.
> 그리고 만기(萬機)를 어람(御覽)하시는 크로노스의 아드님과
> 고귀하신 승리의 여신(니케)께서는
> 헬라스의 나라에 자유의 달을 가져오시리라.

이렇게 바키스가 실로 명백히 예언하고 있는 이상, 감히 신탁에 이의를 제

다고 생각된다. 케오스가 키클라데스의 유명한 섬이 아니라는 것은 거의 확실하다. 키노스라 부근, 또는 본토의 무니키아 부근의 지명인 듯하다.
85) 이리하여 살라미스 해협은 북쪽 출구는 페르시아군의 서쪽 날개에, 남쪽 출구는 다른 부대에 의해 봉쇄되어, 살라미스 항에 집결한 그리스 함대의 퇴로가 막혔던 것이다.
86) 무니키아에는 아르테미스의 신전이 있었다.

기할 수 없다. 또한 나는 다른 사람들의 비난에도 귀를 기울이지 않을 것이다.

한편 그리스군 지휘관들은 살라미스에서 여전히 격렬한 논쟁을 하고 있었다. 그들은 페르시아 함대가 자신들의 퇴각로를 봉쇄하고 있다는 사실을 아직 모르고 낮에 본 장소에 그대로 머물러 있으리라 믿고 있었다.

지휘관들이 논쟁을 벌이고 있을 때 리시마코스의 아들 아리스테이데스[87]가 아이기나에서 바다를 건너왔다. 그는 아테네인으로, 국민들에게 도편추방(陶片追放, 오스트라키스모스)을 당했던 인물이다. 그렇지만 나는 그의 사람 됨됨이를 깊이 알게 될수록 그가 아테네 사상 가장 훌륭하고 또한 가장 고결한 인물이었다는 사실을 더욱더 확신하게 되었다. 그는 회의장 입구에 서서 테미스토클레스를 바깥으로 불러냈다. 테미스토클레스는 그에게 우호적인 인물이 결코 아니었고, 오히려 최악의 적이었다. 그러나 아리스테이데스는 직면한 국난(國難)을 생각하고 오랜 원한을 접어 두기로 했다. 아리스테이데스는 이미 펠로폰네소스인 부대가 함선을 지협으로 회항시키고 싶어한다는 사실을 들어 알고 있었다. 그래서 테미스토클레스가 회의장에서 나와 자기 앞에 서자 이렇게 말했다.

"그대와 내가 서로 다투는 목적은 늘 한가지여야 하오. 그대와 나 둘 중 누가 더 조국을 위해 유익한 일을 많이 할 수 있는가 그것이오. 지금도 마찬가지요. 무엇보다 먼저 나는 그대에게 확실히 말하지만, 이 땅에서 펠로폰네소스인들이 함선을 철수시켜야 하느냐의 여부에 대해 길게 논하든 간단히 논하든 그 결과는 마찬가지라는 것이오. 나는 내 눈으로 확인한 바를 말하건대, 설사 코린토스인이나 에우리비아데스가 출항을 원한다 하더라도 지금은 이미 그럴 수 없오. 그 이유는 우리가 이미 적에게 포위되어 있기 때문이오. 그러니 그대는 그 사실을 모두에게 전하도록 하시오!"

이 말을 듣고 테미스토클레스는 다음과 같이 답했다.

"그대는 실로 유익한 충고를 했고 또한 기쁜 소식을 전해 주었소. 그대가 직접 목격하고 알려 준 사실은 실로 내가 바라던 바요. 페르시아군이 그렇게 행

---

87) 정의의 인물'이라는 별칭으로 유명했던 아리스테이데스. 그 인망을 두려워한 테미스토클레스의 책략으로 기원전 482년에 도편추방을 당했지만, 살라미스 해전 직전에 추방 해제된 듯하다.

동하도록 만든 것은 바로 나요. 그리스군이 자진해서 여기서 싸우지 않으려 한다면 무리를 해서라도 싸우게끔 만들어야 했기 때문이오. 그대가 이러한 좋은 소식을 가지고 와주었으니 부디 그대 입으로 모두에게 전해 주시오. 내가 그것을 말하면 틀림없이 꾸민 이야기라 생각하고 믿지 않을 것이오. 당신이 전한 말을 그들이 믿게 된다면 더욱 좋고 또한 그들이 믿지 않더라도 마찬가지요. 그대가 말한 것처럼 우리가 사방으로 포위되어 있다면 어쨌든 누구든지 여기서 빠져나갈 수는 없을 테니 말이오."

그리하여 아리스테이데스는 안으로 들어가 위와 같은 사실을 알렸다. 그리고 그리스 해상 세력은 크세르크세스 해상 부대에게 완전히 포위되어 있으니, 곧 항전 태세를 갖추어야만 한다고 권고했다. 아리스테이데스가 이렇게 말하고 퇴장하자, 지휘관들 사이에서는 다시 논쟁이 벌어졌다. 대부분의 지휘관들이 그 소식을 믿지 않았기 때문이다.

그들이 여전히 의혹에 차 있을 때, 테노스인 삼단노선 한 척이 페르시아 해상 부대로부터 탈주해 와 페르시아 해상 부대의 진상을 남김없이 전했다. 그 배 함장은 테노스인 소시메네스의 아들 파나이티오스였다. 나중에 페르시아군을 격파한 그리스인과 함께 테노스인의 이름이 델포이의 세발솥에 새겨졌는데, 그것은 이때의 공적 때문이다.

살라미스로 탈주해 온 이 배와 앞서 아르테미시온으로 탈주해 왔던 렘노스의 배를 합쳐 그리스 함대의 선박 수는 꼭 380척이 되었다.

그리스군은 테노스인이 전한 바를 듣고서야 마침내 해전 준비에 들어갔다. 날이 밝자마자 지휘관들은 함상 전투원들을 집합시켰다. 이때 테미스토클레스가 내린 훈시는 다른 어떤 것보다 훌륭했다. 그 연설은 줄곧 인간의 본성과 그 정황에 관련되는 온갖 선악·우열을 대비시키는 것으로 일관됐다. 그리고 그는 마지막으로 둘 중에서 나은 쪽을 선택하라 훈시하면서 연설을 끝맺고 승선 명령을 내렸다. 이렇게 하여 그리스군이 승선하고 있을 때, 아이아코스 일족의 신령을 모셔 오기 위해 떠났던 삼단노선이 아이기나로부터 돌아왔다. 그러자 그리스군은 전 함선을 동원하여 바깥 바다로 나아갔고, 그와 동시에 페르시아군이 곧 그들을 향해 육박해 왔다.

그러자 그리스의 함선들은 노를 거꾸로 저어 배를 육지에 상륙시키려 했다.

그런데 이때 아테네 함선을 지휘하던 팔레네구(區) 출신의 아메이니아스가 전열에서 빠져나와 적선 한 척을 향해 돌진했다. 두 함선이 서로 엉켜 떨어질 수 없게 되어 있음을 보고 나머지 그리스 함대가 서둘러 아메이니아스의 배를 도우러 달려갔다. 이것으로 전면전이 시작됐다.

이상은 아테네인들 주장이다. 반면에 아이기나인들 주장에 따르면 아이기나로 파견됐던 함선이 전투의 발단이 되었다고 한다. 게다가 다음과 같은 이야기도 전해지고 있다. 한 여자의 환영이 그리스군 눈앞에 나타나 전군이 들을 수 있을 만큼 큰소리로 꾸짖었다고 한다.

"이 어리석은 놈들아, 언제까지 노를 거꾸로 저을 셈이냐?"

아테네군 정면에 포진해 있던 것은 엘레우시스 방향의 서쪽 날개를 맡고 있던 페니키아 부대였고, 스파르타군 맞은편에 있던 것은 페이라이에우스 방향의 동쪽 날개를 맡고 있던 이오니아 부대였다. 이들은 모두 적극적으로 적에게 돌진했다. 나는 여기서 그리스 함선을 포획한 삼단노선의 함장들 이름을 여럿 열거할 수 있지만, 안드로다마스의 아들 테오메스토르와 히스티아이오스의 아들 필라코스 두 사람만 언급하겠다. 그들은 모두 사모스인이다. 특히 이 두 사람의 이름만 언급하는 이유는, 테오메스토르는 이번 공적 덕분에 사모스의 독재자로 옹립되었고, 필라코스는 왕의 은인 목록에 그 이름이 기록되었을 뿐만 아니라 막대한 영토를 하사받았기 때문이다. 왕의 은인(에우에르게타이)을 페르시아 말로는 오로상가이라 한다.

내가 서술한 대로 이 두 사람은 성공을 거두었지만, 대부분의 페르시아 함선은 아테네군과 아이기나군에 의해 파괴되어 항해할 수 없는 상태에 빠졌다. 이것은 어디까지나 당연한 결과였다. 그리스군은 질서정연하게 전투에 임한 데 반해 페르시아군은 이미 전열이 흐트러져 더 이상 계획적으로 행동할 수 없었기 때문이다. 그럼에도 페르시아군은 이날 최선을 다해 싸웠다. 에우보이아 난바다의 해전 당시와는 비교도 되지 않을 정도였다. 페르시아군 병사들은 누구나 대왕이 자신을 주시하고 있다는 생각에 두려운 나머지 사력을 다했던 것이다.

나로서는 페르시아군과 그리스군을 불문하고 한 사람 한 사람이 어떻게 싸웠는지에 대해서 정확히 기술할 수 없다. 다만 아르테미시아에 관해서만큼은 언급해야겠다.

왕의 군대가 대혼란에 빠진 뒤 아르테미시아가 타고 있던 배는 아테네 함선의 추격을 받았다. 전방에 우군 함선이 있었음에도 아르테미시아 배는 적선과 너무 가까운 거리에 있었기 때문에 추격에서 벗어날 수 없었다. 그리하여 마침내 결의를 굳히고 다음과 같은 조치를 취했다. 아테네 함선이 가까이 다가오자 칼린다[88]인과 그 왕 다마시티모스가 타고 있던 우군 함선을 향해 격렬히 돌진해 들어갔던 것이다. 헬레스폰토스 부근에서 아르테미시아와 다마시티모스 사이에 무엇인가 불화가 있었던 것은 사실이다.[89] 그러나 과연 그녀가 그것 때문에 고의로 그렇게 나왔는지, 아니면 때마침 우연히 칼린다 함선이 부근에 있어서 그랬는지에 대해서는 나로서도 판단을 내릴 수 없다.

여하튼 자신의 배를 칼린다의 배에 돌진시켜 이것을 침몰시킨 아르테미시아는 다행히도 이로써 두 가지 이익을 얻게 되었다. 먼저는, 적의 손에서 벗어나 파멸을 면할 수 있었다. 아르테미시아의 배가 페르시아군의 배를 향해 돌진하는 것을 본 아테네 함선 함장이, 그 배를 그리스 함선 아니면 그리스 측에 서서 싸우고 있는 페르시아의 탈주선으로 생각하고 방향을 바꿔 다른 적선을 공격했기 때문이다. 둘째로는 비겁한 행동을 했음에도 도리어 크세르크세스로부터 더욱 깊은 신임을 얻게 되었다. 지켜보던 왕은 그 배가 돌진한 사실을 알고 있었는데, 그때 측근 중 한 사람이 이렇게 말했다 한다.

"전하, 보고 계십니까? 아르테미시아가 얼마나 훌륭히 싸우고 있습니까? 그녀는 적선을 격침시켰습니다."

이 말을 들은 크세르크세스가 그것이 진실로 아르테미시아의 공적인지 물었다. 사람들은 자기들이 아르테미시아 함선의 표지를 잘 알고 있기 때문에 그것은 조금도 의심할 나위가 없으며, 파괴된 배는 확실히 적선이었다고 대답했다. 앞에서도 서술했던 것처럼 아르테미시아는 여러 가지 면에서 행운을 누렸다. 그중에서도 특히 그녀의 비겁함을 탓할 만한 칼린다 함선의 승무원이 한 사람도 구조되지 않았다는 사실은 실로 어느 것 못지않은 행운이었다. 크

---

88) 카리아의 동부, 로도스섬 맞은편 부근에 있는 도시.
89) 헤로도토스가 어떤 근거로 이렇게 단정했는지는 명확치 않다. 당시 그러한 풍문이 있었는지도 모르겠다.

세르크세스는 사람들의 말을 듣고 다음과 같이 말했다 한다.

"우리 군의 남자는 모두 여자가 되었고 여자는 남자가 되었구려."

이 격전에서 다레이오스의 아들이자 크세르크세스의 동생인 사령관 아리아비그네스를 비롯하여 페르시아와 메디아 및 그 밖에 동맹 제국의 이름 있는 인사가 다수 전사했다. 그리스 측에서도 사상자가 나왔지만 그 수는 얼마 되지 않았다. 그리스인은 대부분 헤엄을 칠 수 있었던 까닭에, 배가 파괴되더라도 적의 칼에 맞아 전사하지 않는 한 살라미스섬으로 헤엄쳐 갔던 것이다. 그러나 페르시아 병사들은 대부분 헤엄을 칠 줄 몰라 바다에 빠져 죽었다. 또한 전선(前線)의 함선들이 도망치기 시작할 즈음에 페르시아 함대는 그 태반이 격침되는 비운을 맞게 되었다. 왜냐하면 후방에 배치되어 있던 부대가 왕 앞에서 수훈을 세워 보이고자 조급하게 함선들을 전방으로 전진시키려 서둘다가, 도망치려던 자기편 함선들과 대충돌을 일으켰기 때문이다.

이 혼란의 와중에서 또한 다음과 같은 사건도 일어났다. 배를 잃은 페니키아 부대 일부가 왕에게로 가 자신들이 배를 잃은 것은 이오니아인들 때문이라며 그들은 배반자라고 비방했다. 그러나 기묘하게도 결과적으로는 이오니아 장령(將領)들이 파멸을 면했고, 비방한 페니키아인들은 다음과 같은 보복을 받게 되었다. 페니키아인들이 위와 같은 중상을 하고 있을 때, 사모트라케 함선이 아테네 함선을 향해 돌입했다. 아테네 함선이 침몰하려 할 때 아이기나 함선이 재빨리 다가와 사모트라케 함선을 격침시켰다. 그런데 침몰되어 가는 배 위에서 사모트라케인들이 뛰어난 투창 실력을 발휘하여 적선 전투원들을 모조리 쓸어버리고 그 배로 옮겨 타 배를 점령해 버렸다. 이 사건이 이오니아인들을 구하게 되었다. 패전 탓으로 마음이 매우 상해 누구를 막론하고 책망하려던 참이었던 크세르크세스가 사모트라케인이 훌륭한 공적을 세우는 것을 보고 페니키아인들을 향해, 자기 자신들은 겁쟁이처럼 행동하면서 자신들보다 용감한 자들을 비방하는 행위는 용납할 수 없다 말하고 그들의 목을 베라고 부하들에게 명했기 때문이다. 실제 크세르크세스는 살라미스섬 앞에 있는 아이갈레오스산 기슭에 앉아 자군 장병들이 공훈을 세울 때마다 그 인물의 이름을 물었고, 서기는 그 함장 이름을 부칭(父稱) 및 출신 도시와 함께 기재하고 있었다. 이때 그 자리에 이오니아인에게 호의를 품고 있던 아리아람네스라는 페르시아인도 함께 있었다. 이 자도 페니키아인들의 수난 사건에 한 몫을 했다.

한편 패주하던 페르시아 함대가 팔레론을 향해 항해하고 있을 때, 해협 입구에서 이들을 기다리며 진을 치고 있던 아이기나 부대는 기념할 만한 대활약상을 보였다. 이 혼란 와중에 아테네 부대는 저항하는 배와 탈주하는 배를 격파했고, 아이기나 부대는 해협에서 빠져나가려 하는 배들을 격멸했다. 결국 페르시아 함선들은 겨우 아테네군의 추격에서 벗어나자마자 이번에는 아이기나 부대의 포위망으로 돌진하는 꼴이 되었다.

이때 적선을 추격하던 테미스토클레스의 배와, 시돈의 배를 향해 돌격하던 아이기나인 크리오스[90]의 아들 폴리크리토스의 배가 조우했다. 이 시돈의 배는 다름 아니라 스키아토스섬 부근에서 경계중이던 아이기나 함선을 나포했던 배로, 이스케노스의 피테아스가 승선해 있었다. 이 사람은 일찍이 페르시아군이 그 무용(武勇)에 감탄하여 온몸에 상처를 입었음에도 불구하고 배 안으로 옮겨 보호했던 인물이다.[91] 페르시아 병사와 함께 피테아스를 태우고 있던 시돈의 배가 나포되었다. 이리하여 페테아스는 구원을 받아 아이기나로 귀국할 수 있었다.

그런데 폴리크리토스는 아테네 함선에서 사령관의 표지를 보자, 아이기나가 페르시아 측에 가담했다는 오명을 뒤집어썼던 일[92]과 관련하여 큰소리로 테미스토클레스를 비난하고 비웃었다.

한편 격침을 면한 페르시아 부대는 도주하여 팔레론에 도착한 다음 육상 부대 엄호하에 들어갔다.

이 해전에서 그리스 군대 중 가장 이름을 드높인 것은 아이기나군이었고, 아테네군이 그 다음이었다. 개인으로서 가장 명성을 얻은 자는 아이기나인 폴리크리토스와, 아나기루스구 출신 에우메네스 및 아르테미시아를 추격했던 팔레네구 출신 아메이니아스 두 아테네인이었다. 아메이니아스는 만일 그

---

90) 6권 참조.
91) 7권 참조.
92) 이 경위에 대해서는 6권 참조. 폴리크리토스는 아버지인 크리오스가 이 일로 인해 아테네에 감금된 일이 있었기 때문에 더욱 아테네에 원한을 품고 있었던 것이다.

배에 아르테미시아가 탑승해 있음을 알고 있었다면, 그녀를 사로잡든지 아니면 자신이 사로잡힐 때까지 추적을 멈추지 않았을 것이다. 왜냐하면 아테네군 함장들에게는 아르테미시아를 생포하는 자에게 상금 1만 드라크마를 준다는 특별 명령이 내려져 있었기 때문이다. 한낱 여자 몸으로 아테네 군대에 대항했다는 사실에 아테네인은 분노를 금치 못했던 것이다. 그러나 그녀는 앞서 말했듯이 무사히 도피했고, 함선의 파괴를 면한 다른 부대도 팔레론으로 들어갔다.

아테네인들이 이야기하는 바에 따르면, 코린토스의 지휘관 아데이만토스는 양 함대가 전투에 돌입하자마자 공포에 질려 도주했고, 다른 코린토스 부대도 사령관의 표지가 달려 있는 배가 도주하는 것을 보고 같이 도망쳤다 한다. 도주하여 살라미스 영내 아테네 스키라스[93] 신전 부근에 이르렀을 때, 그들은 신이 보냈다고 생각할 수밖에 없는 작은 배 한 척을 만나게 되었다. 왜냐하면 누가 이 작은 배를 보냈는지 끝내 밝혀지지 않았기 때문이다. 그리고 이 배를 만나게 되었을 때 코린토스인은 그리스 함대의 운명에 대해서는 전혀 모르고 있었다. 이 작은 배가 코린토스 선단에 가까이 다가서자, 거기에 타고 있던 자들이 다음과 같이 말했다.

"아데이만토스여, 그대는 그리스군을 배반하고 선단을 돌려 도망치고 있지만, 그리스군은 이미 그들이 기원한 대로 적군을 격파하고 승리를 거두고 있소."

아데이만토스가 그것을 믿지 않자, 그들은 거듭해서 자신들을 인질로 잡고 함께 돌아간 다음 만약 그리스군의 승리가 확인되지 않으면 살해해도 좋다고 말했다. 그제야 아데이만토스와 다른 배들은 뱃머리를 돌려 본대로 향했다 한다. 물론 전투는 끝나 있었다.

이러한 소문은 아테네인이 퍼뜨린 것이며, 코린토스인 자신은 그러한 소문을 부정하고 자군이 해전에서 대활약을 했다고 주장한다. 그리고 다른 그리스 제국도 그 주장이 옳다고 증언하고 있다.[94]

---

93) 이 신전의 위치에 대해서는 자세히 알 수 없다. 살라미스섬 남단으로 보는 사람도 있고, 반대로 북단으로 생각하는 사람도 있다. 이 이름을 가진 신은 아테네 본토에도 있었다. 아테네에서는 스키로폴리론 달 즉 5·6월에 그 제(祭) 스키로폴리아가 행해졌다.

94) 이 부연 설명을 통해 작자는 이 이야기가 아테네인의 악의에서 만들어진 것임을 암시하는

아테네인 리시마코스의 아들 아리스테이데스에 대해서 조금 전에 가장 뛰어난 인물이었다고 언급한 바 있다. 살라미스 해역에서 혼전을 벌이는 와중에 이 인물은 다음과 같은 활약을 했다. 그는 살라미스 해안 일대에 배치되어 있던 아테네 출신 중무장병 다수를 이끌고 프시탈레이아섬에 상륙하여 이 섬에 있던 페르시아 병사들을 모조리 살해해 버렸다.

해전이 끝난 뒤 그리스군은 아직 그 해역에서 표류하고 있는 파손된 선체를 모두 살라미스로 끌고 간 다음, 새로운 해전에 대비했다. 그들은 페르시아왕이 남은 함선을 이용해 공격해 오리라 예상하고 있었던 것이다. 선체의 파편들은 대부분 서풍(西風)에 밀려 흐르다가 아티카 지방의 콜리아스[95] 해변으로 올라갔다. 이렇게 하여 바키스나 무사이오스가 행했던 예언이 모두 이루어졌다. 뿐만 아니라 이곳으로 밀려 올라간 배의 파편들에 대해서도, 아테네의 점술가인 리스트라토스가 수십 년 전에 신탁의 형태로 말한 적이 있었다. 당시 아테네인들이 모두 잊고 있었던, 다음과 같은 예언이 실현됐던 것이다.

"콜리아스에 사는 여자들은 배의 노로 요리를 하게 되리라."

이 일은 크세르크세스의 퇴각 뒤에 일어나게 될 것이었다.

크세르크세스의 퇴각

크세르크세스는 패전을 깨닫자, 그리스인들이 그들 스스로 아니면 이오니아인들의 사주로 선교(船橋)를 파괴하기 위해 헬레스폰토스로 가지 않을까 염려했다. 그와 같은 일이 벌어진다면 그는 꼼짝없이 유럽에 갇혀 파멸할 위험성이 컸기 때문이다. 그리하여 그는 그리스군도, 자군 병사들도 그 계획을 깨닫지 못하게 하기 위해 살라미스섬에 이르는 길을 만들기로 했다.[96] 선교 대용으로 또 장벽용(障壁用)으로도 쓰기 위해 페니키아 화물선을 서로 연결시키

것 같다. 예로부터 지나치게 아테네 측에 호의를 보였다고 비판당해 온 작자이지만, 맹목적으로 아테네를 옹호했던 것은 아님을 말해 주는 대목이다.

95) 팔레론 남방 20스타디온 정도의 지점에서 바다쪽으로 돌출된 곳. 여기에 아프로디테와 데메테르의 신전이 있었다.

96) 하나의 양동작전이라 할지라도 너무나 기이한 행동이며, 또한 패전 뒤에는 생각할 수도 없는 일이다. 이것은 해전 이전의 계획이었다고 보는 것이 타당할 것이지만, 그렇다 하더라도 과연 사실이었는지는 의문이다.

고, 또한 재차 해전을 결행하려는 듯 다른 전투 준비에도 들어갔던 것이다. 왕의 이런 행동을 본 자들은 누구나 그가 그리스에 머물러 전력을 다해 싸울 준비를 하고 있다 믿었지만, 왕의 심정을 가장 잘 알았던 마르도니오스의 눈을 속일 수는 없었다.

크세르크세스는 위와 같이 행동함과 동시에 그가 현재 처한 곤경을 알리기 위해 페르시아에 파발을 보냈다. 이 페르시아 파발꾼보다 빠른 것은 이 세상에 없다. 이 제도는 페르시아의 독자적인 고안에서 나온 것으로, 전 여정에 소요되는 일수(日數)와 같은 수의 말과 인원이 각 곳에 배치되어 있다. 눈도, 비도, 더위도, 어둠도, 이 파발꾼들이 전속력으로 각자 분담된 구간을 질주해내는 것을 방해할 수 없다. 맨 처음 주자(走者)가 다 달려 맡겨진 전달 사항을 두 번째 주자에게 넘기면 두 번째 주자는 세 번째 주자에게 넘기는 식으로, 마치 그리스에서 헤파이스토스 제례 때 행하는 횃불 경주[97]처럼 차례로 이어져 목적지에 이르는 것이다. 이 파발꾼 제도는 페르시아어로 안가레이온이라 한다.

크세르크세스가 아테네를 점령했다는 소식이 수사에 도착했을 때, 본국에 남아 있던 페르시아인들은 몹시 기뻐하여 모든 길에 도금양 가지를 뿌리고 향을 피우며 흥청망청 먹고 마시며 즐겼다. 그러나 두 번째 소식이 전해지자 심한 동요가 일고 페르시아인들은 모두 옷을 찢고 마르도니오스의 죄를 탓하면서 큰소리로 울며 비탄해 마지않았다. 페르시아 국민들이 이처럼 행동한 까닭은 함대의 상실을 슬퍼해서가 아니라 크세르크세스왕 개인의 안위를 염려했기 때문이다.

페르시아 국민들의 이러한 상태는 크세르크세스가 귀국하여 그들을 안심시킬 때까지 계속되었다.

그런데 크세르크세스가 해전 결과에 낙심하고 있는 모습을 지켜보고 그가 철수를 고려하고 있다 추측한 마르도니오스는 깊은 생각에 잠겼다. 그리고 결국 왕에게 그리스 원정을 설득했던 자신은 어차피 어떻게 되든 간에 처벌을 받을 것이므로, 오히려 다시 한 번 흥하든 망하든 모험을 시도하여 그리스

---

97) 헤파이스토스나 프로메테우스와 같이 불과 관련이 있는 신의 제례시에 행해진 행사. 몇 조로 나뉘어 횃불을 꺼뜨리지 않고 가장 먼저 목적지에 도달하는 조가 우승했다.

를 정복하든지 멋지게 싸우다가 죽든지 하는 편이 낫겠다고 생각했다. 그러나 그가 그리스 정복에 더욱 기대를 걸고 있었다는 것은 두말할 필요도 없다. 이렇게 생각한 끝에 마르도니오스는 왕에게 다음과 같이 아뢰었다.

"전하, 부디 이번 일로 너무 슬퍼하거나 낙담하지 마십시오. 우리의 싸움을 결정하는 것은 재목(材木)이 아니라 사람과 말(馬)입니다. 적은 이미 승리를 거둔 셈이지만 그 어느 한 사람 배를 떠나 전하께 대항할 자는 없을 것입니다. 육지에서도 마찬가지입니다. 우리 군대에 대항하는 자는 모두 그에 따른 대가를 받았습니다. 그러하오니 좋으시다면 곧 펠로폰네소스를 공략하십시오. 또한 잠시 기다리는 게 좋다고 생각하시면 그렇게 하십시오. 어찌 되었든 낙담하지는 마십시오. 그리스인들은 여하튼 이전과 이번에 저지른 죗값을 치르고 마침내는 전하의 노예가 될 것이기 때문입니다. 될 수 있는 한 앞서 말씀올린 대로 하시기를 바랍니다.

하지만 만약 전하께서 군대를 이끌고 철수할 뜻을 이미 굳히셨다면 그 경우에도 제게 한 가지 생각이 있습니다. 전하께서는 부디 페르시아인이 그리스인의 웃음거리가 되게는 하지 마십시오. 페르시아인은 이번 재난에 대해서 아무런 잘못도 없습니다. 전하께서도 언제 어디에서 우리 페르시아인들이 볼꼴 사나운 짓을 했다고는 말씀하지 못하실 것입니다. 확실히 페니키아인, 이집트인, 키프로스인, 킬리키아인들이 변변치 못했습니다. 이 패전(敗戰)은 결단코 페르시아인과는 관련이 없습니다. 페르시아인은 결코 전하께 잘못을 저지르지 않았사오니, 부디 제가 말씀올리는 바를 들어 주십시오. 만약 전하께서 이 땅에 머무르지 않을 결심이시라면 주력군을 이끌고 고국으로 철수하시기 바랍니다. 그러나 저는 군대 중에서 30만을 선발해 어떻게 하든 그리스를 예속시켜 전하께 넘겨드리도록 하겠습니다."

실의에 빠져 있던 크세르크세스는 이 말을 듣자 크게 기뻐하고, 두 가지 방책 중 어느 쪽을 취할 것인지 생각해 본 뒤 알려 주겠다고 말했다. 크세르크세스는 페르시아인 고문관들과 협의를 하는 동안 아르테미시아도 불러 참여시키는 편이 좋겠다고 생각이 들었다. 먼젓번 사태에서 그녀만이 올바른 충고를 해주었기 때문이다. 아르테미시아가 오자 크세르크세스는 고문관과 친위병을 모두 물리치고 다음과 같이 말했다.

"마르도니오스는 내게 여기에 머물러 펠로폰네소스를 공격하도록 권유했소. 아니면 페르시아 군대는 최근 재난에 대해 아무런 책임이 없으니 무엇인가 그 결백함의 증거를 보이게 해달라고 말했소. 만약 남은 부대를 이끌고 본국으로 철수할 것이라면 군대 중에서 30만을 골라 그리스를 정벌하게 해달라고 했소. 그리고 그는 그 군대를 가지고 그리스를 예속시킨 뒤 내게 건네 주겠다고 약속했소. 그대는 전에 있었던 해전에 대해서도 참으로 좋은 진언을 해주었소. 그러니 이번에도 내가 어느 길을 택하는 것이 현명한지 의견을 말해 주시오."

크세르크세스가 이렇게 말하자 아르테미시아는 답했다.

"왕이시여, 조언을 구하는 상대에게 최선의 충고를 하기란 쉬운 일이 아닙니다. 그렇지만 현재의 정황대로라면, 전하께서는 본국으로 철수하시고 마르도니오스에게는 바라는 만큼의 병력을 주어 이곳에 남기는 것이 좋으리라고 생각합니다. 만약 마르도니오스가 그가 바라는 대로 정복하고 그 계획대로 일이 진행된다면, 전하, 그것은 종복(從僕)이 행한 일이기 때문에 곧 전하의 공적이 될 것입니다. 또한 비록 마르도니오스의 생각대로 되지 않아 그 반대 결과를 초래하더라도 그다지 불행한 사태는 일어나지 않을 것입니다. 전하와 전하의 가문이 안전한 한, 그리스인은 자국을 지키기 위해 수많은 고된 시련을 겪어야 할 것이기 때문입니다.

크세르크세스는 이 같은 진언을 듣고 기뻐했다. 아르테미시아가 한 말이 바로 그 자신이 생각했던 바였기 때문이다. 생각건대 크세르크세스는, 남녀를 가리지 않고 세상 사람들이 모두 모여 그에게 잔류하도록 진언했다 하더라도 결코 머무르지 않았을 것이다. 그의 공포는 그 정도로까지 심했던 것이다. 크세르크세스는 아르테미시아를 칭찬한 뒤 자신의 자식들을 데리고 에페소스로 돌아가게 했다. 서자(庶子)[98] 몇이 크세르크세스와 함께 하고 있었기 때문이다. 크세르크세스는 그 자식들을 돌보기 위해 헤르모티모스라는 자를 딸려 보냈는데, 그는 페다사 출생으로 왕 측근의 환관 중에서 첫째로 손꼽히는 자였다. (페다사인은 할리카르나소스 북쪽에 사는데, 이 페다사에서는 다음과 같은

---

98) 첫 번째 부인 아메스트리스 이외의 처첩에게서 태어난 자식.

이변이 일어나기도 한다. 이 도시의 아테나 무녀에게서 긴 수염이 자라나면, 주변 일대 주민에게 머지않아 재난이 일어나는 것이다. 이러한 일이 이미 두 번[99]이나 일어났다. 헤르모티모스는 이 페다사 출신이었다.)[100]

이 헤르모티모스는 우리가 아는 한 유례가 없을 정도로 무서운 복수를 행하여 옛 원한을 푼 자이다. 그는 적의 손에 사로잡혔다가 파니오니오스라는 자에게 팔렸는데, 이 파니오니오스라는 자는 참으로 비정한 직업으로 생계를 유지하는 자였다. 즉 잘생긴 남자아이를 사들여 거세시킨 뒤 사르데스나 에페소스로 데리고 가서는 비싼 값에 팔아 치웠던 것이다. 동방(東方)의 여러 나라에서 환관은 모든 면에서 신뢰할 만하다는 이유로 보통 사람보다 훨씬 비싼 값에 팔렸기 때문이다. 이를 생업으로 하고 있던 파니오니오스는 많은 남자아이를 거세했는데, 헤르모티모스도 그중 한 사람이었다. 그러나 헤르모티모스가 줄곧 운이 나빴던 것만은 아니었다. 그는 사르데스에서 다른 진상품과 함께 왕에게로 보내져, 이윽고 크세르크세스 측근 환관 중에서도 가장 높은 자리에 올랐던 것이다.

페르시아 왕이 사르데스에서 아테네 원정에 나설 무렵, 헤르모티모스는 어떤 용건으로 키오스인이 거주하는 미시아 지방의 한 항구인 아타르네우스[101]에 들렀다. 그리고 여기에서 파니오니오스를 만났다. 헤르모티모스는 곧바로 그를 알아보고 친한 듯이 오랫동안 이야기를 하며 먼저, 자신이 그의 덕택으로 현재 어느 정도의 행운을 누리고 있는지를 모두 말했다. 다음으로는 만약 그가 가족을 데리고 이 땅으로 이주해 온다면 옛 은혜를 갚기 위해 노력하겠다며 좋은 말만 늘어놓았다. 그리하여 결국 파니오니오스는 기뻐하며 그 제안을 받아들이고 처자식을 데리고 왔다. 헤르모티모스는 파니오니오스를 그 가족과 함께 사로잡게 되자 그에게 이렇게 말했다.

"이 세상에 너만큼 비정한 일을 생업으로 삼아 온 자는 없다. 한 사람의 남자였던 나를 아무 쓸모 없는 몸으로 만들어 놓았는데, 도대체 내가 너에게 어떤 해로움을 주었단 말이냐? 지난날 네가 저지른 일들이 모두 신들 눈에서

---

99) 1권에는 '3회'로 되어 있다.
100) 나중에 삽입되거나 잘못 들어간 것으로 추측된다.
101) 1권 참조.

벗어난 줄 알았더냐? 신들은 의로우시어 비정한 짓을 한 너를 내 손에 넘겨 주셨다. 그러니 너도 지금부터 내가 네게 가할 벌에 불만이 없어야 한다."

헤르모티모스는 파니오니오스에게 이처럼 조소를 퍼부은 뒤, 파니오니오스의 자식들을 그 자리로 끌어내고는 파니오니오스로 하여금 자식들 음부를 직접 절단하게 했다. 그 일이 끝나자, 이번에는 그 자식들로 하여금 아버지를 거세하게 했다. 이리하여 헤르모티모스는 원한을 풀었던 것이다.

크세르크세스는 자식들을 아르테미시아에게 맡기고 에페소스로 데리고 가게 한 뒤, 마르도니오스를 불러 군대 중에서 그가 원하는 장병들을 골라 되도록 말한 그대로 실행해 보라고 했다. 밤이 되자 왕은 명령을 내려 각 지휘관으로 하여금 왕의 귀환로를 확보하도록 했다. 이에 따라 지휘관들은 선교를 수비하기 위해 전속력으로 팔레론에서 헬레스폰토스로 향했다. 그들이 항해하여 조스테르곶[102]까지 왔을 때, 페르시아군은 육지가 가늘고 길게 바다로 뻗어 있는 그곳 지형을 선단(船團)으로 착각하고 멀리 도망쳐 갔다. 그러나 결국 그것이 곶임을 알고 집결하여 항해를 계속했다.

밤이 지나도 적의 육상 부대가 처음 모습 그대로 머물러 있는 것을 본 그리스군은 해상 부대도 팔레론 부근에 있으리라 생각하고 또 다른 공격에 대비하고 있었다. 그러나 적의 해상 부대가 이미 철수했음을 알게 되자, 곧 추격하기로 결의했다. 실제로 그들은 안드로스섬까지 추격했지만 크세르크세스의 해상 부대를 발견할 수는 없었다. 안드로스에 도착한 그들은 곧 회의를 열었다.

테미스토클레스는 섬과 섬 사이를 누비고 나가 끝까지 적의 함대를 추격하고, 선교를 파괴하기 위해 헬레스폰토스로 직행해야 한다고 제안했다. 그러나 에우리비아데스는 이에 반대 의견을 제시하고, 만약 선교를 파괴하게 된다면 그리스는 유래없는 위기에 직면할 것이라고 말했다. 즉 페르시아 왕이 귀로(歸路)가 끊어져 어쩔 수 없이 유럽에 머무르게 된다면 결코 가만 있지는 않을 것이다, 귀국할 수 있는 희망도 보이지 않고 결국 원정군은 굶주림을 면치 못하게 될 것이니 궁지에 몰린 그가 적극적인 태도로 나올 수 있다, 그러면

---

102) 아티카반도의 서안, 팔레론과 수니온곶의 거의 중간에 해당하는 지점에 있다.

도시나 주민들이 차례로 점령되거나 또는 그 이전에 항복하여 유럽 전역이 점차 그의 손아귀에 들어갈 것이다, 더욱이 그들 식량은 해마다 그리스인이 수확한 것으로 충족될 것이다, 지금 해전에 패한 페르시아 왕은 유럽에 머무르고 싶은 생각이 없을 것이다, 따라서 그가 도망쳐 본국으로 돌아가도록 내버려 두는 것이 현명한 계책이다, 결국 다음 전투는 페르시아 왕 영토에서 행해져야 한다는 것이 에우리비아데스의 의견이었다. 그리고 그 밖의 펠로폰네소스 제국의 지휘관들도 이 의견에 찬성했다.

테미스토클레스는 이 다수의 의견을 굴복시킬 수 없음을 깨닫고 태도를 바꾸어 아테네의 장병들을 설득했다. 아테네인은 페르시아군이 도망치는 것을 몹시 유감스럽게 생각하고, 다른 부대들이 의사가 없다면 단독으로라도 헬레스폰토스로 진격하려 했던 것이다.

"나는 이때까지 여러 번 그러한 자리에 있어 보았고, 나아가 많은 사례를 들어 알고 있는데, 싸움에 패해 궁지에 몰린 인간은 재차 싸움을 시도하여 앞서의 실패를 만회하려는 경향이 있소. 우리가 저 구름과 같이 바다를 새까맣게 뒤덮었던 대군(大軍)을 몰아내고 우리 나라와 온 그리스를 구해 낼 수 있었던 것은 실로 뜻밖의 요행이었소. 그러니 도망치는 적을 쫓지 말도록 합시다. 이번 일은 결코 우리의 공적이 아니오. 신과 반신(半神)들이 한 인간, 그것도 신을 두려워하지 않는 극악 무도한 인간이 아시아와 유럽에 군림하는 것을 달갑게 여기지 않아 그렇게 된 것이오.

그자는 성역도 개인의 가옥과 똑같이 취급하여 방화를 하고 신상(神像)을 파괴했을 뿐만 아니라, 바다에 채찍형을 가하고 족쇄를 던져 넣는 일[103]까지 한 인간이었소. 우리는 당분간 그리스 내에 머물러 자기 자신이나 가족의 일에 전념하는 편이 좋을 것이오. 각자 집을 수리하고 농사짓는 일에 힘을 쏟도록 하시오. 봄을 기다려 헬레스폰토스와 이오니아를 향해 배를 띄워도 되지 않겠소?"

테미스토클레스는 자신이 아테네인들로부터 무엇인가 고난을 겪게 될 경우 도피할 장소를 찾을 수 있도록 페르시아 왕에게 은혜를 베풀겠다는 속셈이었

---

103) 7권 참조.

다. 기묘하게도 그것은 현실이 된다.[104] 테미스토클레스가 이렇게 말하며 아테네인을 기만했지만, 아테네인은 그 제안에 따랐다. 아테네인은 예전부터 테미스토클레스를 유능한 인물이라 인정하고 있었고 이번 전쟁에서 진실로 유능하고 지략이 풍부하다는 사실이 다시 한 번 명백해졌으므로, 그가 말하는 것은 무엇이든 기꺼이 따랐던 것이다.

아테네인들을 설득한 테미스토클레스는 곧, 어떠한 고문을 받더라도 비밀을 지켜낼 사람들을 뽑아 페르시아 왕에게 보냈다. 그들의 임무는 테미스토클레스의 말을 전하는 것이었다. 그의 하인 시킨노스도 그들 가운데에 들어 있었다. 배가 아티카에 도착하자, 다른 자들은 배에 남고 시킨노스 홀로 육지에 있는 크세르크세스를 찾아가 다음과 같이 말했다.

"저는 그리스 연합국 중에서 지략과 용맹을 모두 갖추신 아테네군의 총수, 테미스토클레스님의 명을 받아 왔습니다. 아테네인 테미스토클레스는 전하께 도움을 드리고자, 귀국의 함대를 추격하고 헬레스폰토스의 선교를 파괴하고자 하는 그리스군을 저지했습니다. 이제 안심하시고 귀국하십시오."

그들은 위와 같이 페르시아 왕에게 고하고 돌아갔다.

한편 그리스군은 적의 함대를 추격하는 것도, 다리를 파괴하기 위해 헬레스폰토스로 가는 것도 중지하기로 결정하자, 안드로스섬을 점령하고자 이곳을 포위했다. 예전에 테미스토클레스가 이 섬 주민인 안드로스인에게 금전을 요구한 적이 있는데 그들이 그것을 거부했기 때문이다. 테미스토클레스가 아테네인은 '설득'과 '강제'라는 두 대신(大神)을 받들어 왔으니 어떻든 돈을 내라고 말한 데 대해 안드로스인은 이렇게 대답했었다. 아테네는 유익한 신들의 원조까지 받고 있어 부강함을 누리고 있으나 안드로스는 토지가 매우 척박한 데다가 '빈곤'과 '불능(不能)'이라는 쓸모 없는 두 신이 이 섬을 떠나지 않고 머물러 있기 때문에 이 신들을 모시고 있는 한 돈을 지불할 수 없다, 아테네의 힘이라 하더라도 우리 나라의 무력(無力)함에는 이길 수 없을 것이라고 대답했던 것이다.

한편 테미스토클레스는 여전히 자기 잇속을 채우기 위해 앞서 페르시아 왕

---

104) 기원전 470년 무렵 도편추방을 당하고 여러 곳을 전전하다가 페르시아 왕인 아르타크세르크세스의 비호를 받았다.

에게 보냈던 사자를 다른 섬들로도 보내 위협을 가하고 금품을 요구했다. 만약 요구를 들어주지 않으면 그리스군을 보내 포위하여 점령하겠다고 전했던 것이다. 테미스토클레스는 이러한 수단으로 카리스토스인과 파로스인들로부터 엄청난 금품을 거두었다. 이들 주민은 안드로스가 페르시아 측에 가담했기 때문에 공격을 받았다는 것과, 또한 테미스토클레스가 지휘관 중에서 가장 명망이 높은 인물이라는 소문을 듣고 두려움에 못 이겨 금품을 보냈던 것이다. 그 밖에 또 돈을 지불한 섬 주민이 있었는지는 나로서도 알 수 없다. 그러나 그 밖에도 몇몇 섬 주민이 돈을 지불했으리라고 생각한다. 하지만 카리스토스인은 돈을 지불했음에도 재난을 더 미룰 수 없었다. 반면 파로스인은 돈으로 테미스토클레스를 달래는 데 성공하여 공격을 면했다. 이처럼 테미스토클레스는 안드로스를 기지로 하여 다른 지휘관들 몰래 섬 주민들로부터 금품을 갈취하고 있었다.

크세르크세스 부대는 해전 뒤 며칠이 지난 다음 침공 때와 똑같은 길을 통해 아티카에서 철수하여 보이오티아로 향했다. 그 길에 마르도니오스도 동행했다. 마르도니오스는 왕을 배웅할 생각도 있었고, 또한 계절이 이미 작전을 펼치는 데 알맞지 않으므로[105] 테살리아에서 봄을 기다려 펠로폰네소스를 공격하는 것이 현명하다고 생각했다. 테살리아에 도착하자, 마르도니오스는 먼저 '불사대(不死隊)' 전 대원—다만 대장인 히다르네스는 왕의 곁을 떠나길 거부했기 때문에 제외되었다—을 비롯해, 흉갑병(胸甲兵)과 1000명의 기병 부대,[106] 메디아·사카이·박트리아·인도의 부대원 모두를 자신의 군에 편입시켰다. 또한 여타 민족의 부대에서, 용모가 뛰어난 자라든지 공훈을 세웠다고 들은 바가 있는 자 등을 선발하여 30만이 될 때까지 여기저기서 조금씩 뽑았다. 마르도니오스가 선발한 부대 중에서 단일 민족으로서는 목걸이와 팔찌를 낀 페르시아인 부대가 최대였고, 그 다음은 메디아인 부대였다. 메디아인 부대는 수적으로는 페르시아인 부대에 못지않았지만 전투력이 뒤떨어졌다.

마르도니오스가 부대를 선발하고 크세르크세스가 테살리아에 있었을 무렵의 일이다. 레오니다스를 살해한 보상을 크세르크세스에게 요구하고 그가 주

---

105) 이 무렵은 10월에 들어서 있었다.
106) '1천 명의 기병'이 특수 부대였음은 7권에서 알 수 있다.

는 것을 받으라는 신탁이 델포이로부터 스파르타에 도착했다. 그러자 스파르타인은 사자를 파견했다. 그 사자는 페르시아의 전 부대가 아직 테살리아를 떠나기 전에 그곳에 도착하여 크세르크세스를 면담하고 다음과 같이 말했다. "메디아인의 왕이시여, 스파르타 국민과 헤라클레스 일족은 당신이 그리스를 지켰던 스파르타 왕을 살해했으므로 그 보상을 요구합니다."

크세르크세스는 웃으며 오랫동안 아무런 말도 하지 않다가, 때마침 왕의 곁에 있던 마르도니오스를 가리키며 다음과 같이 말했다.

"어떻게 하든 여기에 있는 마르도니오스가 그것에 상응하는 보상을 할 것이다."

사자는 이 말을 받아 돌아왔다.

크세르크세스는 마르도니오스를 테살리아에 남겨 두고 서둘러 헬레스폰토스를 향해 떠나 45일이 지난 뒤 도해(渡海) 지점에 도달했다. 그의 휘하에는 비정규군 소수만이 있을 뿐이었다. 그들은 행군 도중, 지나는 곳 주민에게서 닥치는 대로 그 수확을 빼앗아 식량으로 충당했다. 곡류가 보이지 않을 때는 땅에서 자라는 들풀이나 나무 껍질을 벗겨 먹었다. 그리하여 그들이 지나간 자리에는 아무것도 남지 않게 되었다. 또한 행군 도중 역병과 이질이 군을 휩쓸어 사망자가 속출했다. 크세르크세스는 이들 병자들을 뒤에 남겨 두고, 테살리아·파이오니아의 시리스·[107]마케도니아 등 그가 지나는 지방의 주민들에게 병자들의 간호와 식사 시중을 명했다. 또한 크세르크세스는 그리스로 향할 때 시리스에 제우스 신 마차[108]를 남겨 두었었는데, 귀국할 때 이것을 되찾을 수 없었다. 파이오니아인이 이것을 트라키아인에게 주고 만 것이다. 그들은 크세르크세스가 반환을 요구하자, 말이 풀을 뜯고 있을 때 스트리몬강의 수원(水源) 부근에 사는 상(上) 트라키아인에게 빼앗기고 말았다고 답했다.

트라키아인의 우두머리격인 비살티아와 크레스토니아[109] 왕이 참으로 가혹한 짓을 저지른 것도 이 무렵의 일이었다. 이 사람은 자진해서 크세르크세

---

107) 스트리몬강 오른쪽 연안에 있던 도시로 세라이라고도 했다. 마케도니아 북쪽에 있기 때문에 마케도니아에 앞서 기술된 것은 적절하지 않다고 하겠다.

108) 7권 참조.

109) 7권 참조.

스에게 복종할 의사가 없다고 말하며 로도페 산중으로 도망쳐 들어가고, 자식들에게도 그리스 원정에 가담해서는 안 된다고 말해 두었었다. 그러나 자식들은 아버지의 명령을 무시했는지 아니면 단지 전쟁을 구경하고 싶었는지, 페르시아 왕의 원정에 종군했던 것이다. 나중에 그의 자식 여섯 명 모두가 무사히 귀국하자, 아버지는 그 죄를 탓하며 그들의 두 눈을 도려내 버리고 말았다. 자식들은 아버지의 말을 어긴 대가를 이렇게 치렀던 것이다.

페르시아군은 트라키아로부터 진군을 계속하여 도해 지점에 이르자 서둘러 배로 헬레스폰토스를 건너 아비도스에 도착했다. 왜냐하면 그들이 도착했을 때는 양쪽 기슭에 걸쳐 뻗어 있던 선교가 이미 폭풍우 때문에 산산이 해체된 뒤였기 때문이다. 그곳에 머물고 있는 동안은 행군 도중에 비해 식량이 풍부했으므로 병사들은 과식을 일삼았다. 게다가 물맛도 달라져, 살아 남은 군대 중에서 많은 사망자가 나왔다. 결국 남은 자들만 크세르크세스와 함께 사르데스로 귀환했다.

이와는 다른 설도 전해진다. 이 설에 따르면 크세르크세스는 아테네에서 철수하여 스트리몬 강변의 에이온에 이르자 육로로 가는 것을 중지하고, 군대는 히다르네스에 맡겨 그로 하여금 헬레스폰토스로 인솔케 하고 자신은 페니키아 배를 타고 아시아로 향했다고 한다. 그런데 항해 도중 '스트리몬 바람'[110]의 습격을 받아 바다가 요동쳤다. 배는 만원으로 크세르크세스와 동행하던 많은 페르시아인이 갑판 위에서 밀치락달치락 했다. 바람이 점점 더 심하게 불자 두려움에 사로잡힌 왕은 선장을 불러 살 수 있는 방도가 있는지 물었다. 그러자 선장은 이렇게 말했다.

"전하, 이 많은 승객을 어떻게 처리하지 않는 한 방도가 없습니다."

이 말을 들은 크세르크세스는 다음과 같이 말했다 한다.

"페르시아인들이여, 지금이야말로 그대들의 충성을 증명할 순간이오. 지금 내 안전은 그대들 손에 달려 있기 때문이오."

크세르크세스가 이렇게 말하자 페르시아인들은 왕 앞에 엎드려 절하고 바다로 뛰어들었다. 이리하여 가벼워진 배는 무사히 아시아에 도착했다. 육지에

---

110) 북풍(北風)의 다른 이름.

닿자 크세르크세스는 선장에게 왕의 목숨을 구해 준 공을 기려 황금관을 주었으나, 나중에는 많은 페르시아인의 목숨을 잃게 한 죄가 있다 하여 그의 목을 잘랐다.

크세르크세스의 귀국에 관해서는 위와 같은 두 가지 설이 전해지고 있지만, 나는 두 번째 이야기는 믿을 수가 없다. 설사 선장이 크세르크세스에게 위에 기록한 대로 그런 말을 한 것이 사실이라 할지라도, 왕은 그러한 조치를 취하지 않고 오히려 갑판 위에 있던 페르시아인—그것도 페르시아의 요인들—을 배 안으로 들어가게 하고 그들과 같은 수만큼의 페니키아인 노잡이들을 바다에 던졌을 것이다. 크세르크세스는 앞서 말했던 것처럼 역시 육로를 통해 군대와 함께 아시아로 돌아왔음에 틀림없다.

거기에는 유력한 증거도 있다. 크세르크세스가 귀국 도중 아브데라에 들러 이 도시 주민과 우호 관계를 맺고 페르시아풍 황금 단검과 금사(金絲)로 자수를 놓은 두건을 그들에게 주었다는 것은 틀림없는 사실이기 때문이다.

또한 아브데라인들의 말에 따르면—나로서는 도저히 믿기지 않는 일이지만—왕은 아테네에게 지고 물러난 이래 이 땅에 와서야 겨우 안도하며 허리띠를 풀었다고 한다. 아브데라는 왕이 승선했다고 전해지고 있는 스트리몬이나 에이온보다 헬레스폰토스 쪽에 가까이 있다.

한편 그리스군은 안드로스를 공략하는 데 실패하자 이번에는 카리스토스로 관심을 돌려 그 땅을 짓밟은 뒤 살라미스로 철수했다. 그리스군은 살라미스에 도착하자 전쟁 포획물 중에 신들에게 감사의 표시로 바칠 물품들을 선별했다. 그중에는 페니키아의 삼단노선 세 척이 있었다. 그 가운데 한 척은 지협에 봉납했고[111]—이 배는 지금까지 보존되어 있었다—한 척은 수니온[112]에, 나머지 한 척은 함대가 정박하고 있었던 살라미스의 영웅 아이아스에게 봉납했다. 그 뒤 노획물을 분배하고 가장 귀한 공물을 델포이에 보냈는데, 그것은 손으로 배의 이물을 잡고 있는 12페키스 높이의 남자상이다. 이 상은 마케도니아 왕 알렉산드로스[113]의 황금상과 같은 장소에 서 있었다.

---

111) 코린토스 지협의 주신(主神)인 포세이돈에 대한 봉납.
112) 수니온에는 아테네와 포세이돈의 신전이 있었으므로, 그중 어느 하나였을 것이다.
113) 알렉산드로스 1세(5권 참조).

그리스인은 델포이로 공물을 보낸 뒤, 각국 공동으로 봉납하는 공물이 충분하고 신의 뜻에 맞는지를 물었다. 그러자 신의 대답은, 다른 그리스 제국으로부터는 받았지만 아이기나인으로부터는 받지 않았으므로 아이기나인은 자신에게 살라미스 해전에서 받은 무훈상(武勳賞)에 대한 예를 취하라는 것이었다. 아이기나인은 이에 황금 별을 헌납했다. 그것은 청동 돛대 위에 달린 세 개의 별로, 현재 크로이소스의 혼주기[114]와 가장 가까운 방의 구석에 놓여 있다.

전리품 분배를 끝내자 그리스군은 이번 전쟁에서 가장 큰 수훈을 세운 자에게 무훈상을 수여하기 위해 지협으로 향했다. 지협에 도착한 뒤 지휘관들은 포세이돈의 제단에서 투표를 하고 그들 중에서 제1위와 제2위를 뽑았다. 이때 누구나 자기야말로 가장 용감하게 싸웠다고 생각하며 자기 이름들을 제1위에 써냈다. 그러나 제2위에는 테미스토클레스를 뽑는 데 다수의 의견이 일치했다.

이리하여 1위의 표는 누구나 한 표씩밖에 얻지 못했지만 2위의 표수에서는 테미스토클레스가 단연 다른 사람들을 눌렀던 것이다.

결국 다른 그리스인들은 질투심이 일어 결정을 미루고 저마다 자국으로 돌아갔지만, 테미스토클레스가 전쟁에 참가한 그리스인 중에서 가장 유능한 인물이라는 명성은 그리스 전역에 널리 퍼져 갔다. 테미스토클레스는 승리의 수훈자였음에도 살라미스의 해전에 참가했던 부대로부터 영예를 받을 수 없었다. 하지만 스파르타인은 그를 정중하게 맞아 공적을 크게 찬양하고, 에우리비아데스에게 무훈상으로 올리브 관을 수여한 것처럼 테미스토클레스에게도 올리브관을 내렸다. 아울러 스파르타에서 가장 훌륭한 전차도 하사했다. 이렇게 한 다음 그가 귀국할 때에는 '기사(騎士)'라 칭하는 스파르타군 정예 300명이 테게아 지구 국경까지 배웅했다. 스파르타인의 배웅을 받은 자는 세계에서 테미스토클레스 단 한 사람뿐이었다.

테미스토클레스가 스파르타에서 아테네로 돌아왔을 때, 아피드나[115]인인

---

114) 1권 참조.
115) 마라톤 서북방에 있던 도시. 아티카의 한 구(區). 따라서 이곳 주민은 넓은 의미에서 아테네인이다.

티모데모스라는 자에게 중상모략을 당했다. 티모데모스는 반대파 중 한 사람으로 특별히 유명한 자는 아니었지만 테미스토클레스의 명성을 질투한 나머지 그의 스파르타 방문에 시비를 걸며 그가 스파르타로부터 받은 영예는 공적 때문이 아니라 아테네의 숨겨진 덕행 때문이라고 주장했다.

테미스토클레스는 그자가 계속해서 모욕을 가하자, 마침내 그의 말을 막고 이렇게 말했다.

"과연 그대가 말한 그대로요. 내가 벨비나[116]인이었다면 스파르타인으로부터 이런 영예를 받지 못했을 것이오. 그러나 그대가 아테네인일지라도 그대는 그런 대접을 받지 못할 것이오!"

마르도니오스의 아테네 교섭

한편 파르나케스의 아들 아르타바조스는—그는 이전부터 페르시아인 사이에서 이름이 널리 알려져 있었는데, 플라타이아 전투 이후는 더욱 그 명성이 높아졌다—마르도니오스가 선발한 부대 중에서 6만의 병사를 끌고 왕을 선교까지 배웅했다. 왕이 아시아에 도착하자 그는 다시 돌아와 팔레네[117] 부근까지 왔다. 당시 마르도니오스는 테살리아 및 마케도니아에서 겨울을 보내고 있었다. 아르타바조스는 포티다이아인이 공공연히 반란을 일으키는 것을 보자 그들을 굴복시키는 것이 자기의 책무라고 생각했다. 포티다이아인은 팔레네 지방의 다른 주민과 마찬가지로 이미 페르시아 왕이 돌아가고 페르시아 해상 부대도 살라미스로부터 도망쳐 자취를 감추자 드러내 놓고 남은 페르시아인에게 반기를 들고 있었다. 이리하여 아르타바조스는 포티다이아를 포위 공격했다.

그는 올린토스인도 왕에게 반기를 들지 않을까 의심하고 이 도시에도 공격

---

116) 수니온 남방에 떠 있는 작은 섬. 이 일화는 플라톤《국가》, 플루타르코스《테미스토클레스 전》도 전하고 있는데, 테미스토클레스의 상대는 모두 아피드나인이 아닌 셀리포스인으로 되어 있다. 모멸적으로 작은 섬의 이름을 드는 예는 다른 데서도 찾아볼 수 있다(예컨대 솔론의 〈살라미스의 시〉에서는 폴레간드로스, 시키노스 등의 섬 이름이 같은 의미로 쓰였다.

117) 칼키디케반도는 그 끝이 세 갈래로 나뉘어 있다. 그 서쪽 끝의 작은 반도가 팔레네이고 그 머리 부분에 포티다이아가 있다.

을 가했다. 이곳은 그 무렵 마케도니아인에 의해 테르메만(灣) 방면으로 쫓겨 났던 보티아이아인들이 살던 도시였다. 포위 끝에 이 도시를 공략하게 되자, 주민들을 죽여 호수에 던져 넣고 토로네인인 크리토불로스와 칼키디케[118]의 주민들에게 이 도시를 관리하게 했다.

아르타바조스는 올린토스를 점령한 뒤 포티다이아 공격에 전념하고 있었다. 이때 스키오네인 부대를 이끌고 있던 티목세이노스라는 자가 아르타바조스와 내통하고 도시를 넘겨주려 일을 꾸몄다. 그 내통이 당초 어떻게 시작되었는지는 전해지지 않기 때문에 나도 서술할 수 없지만, 사건의 결말은 다음과 같다.

티목세이노스와 아르타바조스는 서로 연락할 때마다 화살의 흠이 파진 끝에 통신문을 말아 넣고 여기에 깃털을 달아 미리 약속한 장소로 쏘았다. 그런데 포티다이아를 적에게 넘기려 한 티목세이노스의 기도가 발각되기에 이르렀다. 아르타바조스가 쏜 화살이 미리 약속한 장소에 맞지 않고 어느 포티디이아인의 어깨에 맞은 것이다. 화살을 맞은 자 곁으로 많은 병사가 달려갔고, 그들은 그 화살에 통신문이 있는 것을 발견하자 그것을 지휘관에게로 가져갔다. 거기에는 팔레네 지방 동맹 제국 사람들도 자리를 함께 있었다. 지휘관들은 그 통신문을 읽고 배반자가 누구인지를 알게 되었지만, 스키오네인이 배반자라는 오명을 영원히 뒤집어쓰지 않도록 하려는 배려에서 티목세이노스의 배반죄를 추궁하지 않기로 했다.

아르타바조스가 포위 공격을 한 지 3개월이 지났을 때, 격심한 간조(干潮)가 일어나 장기간에 걸쳐 계속됐다. 페르시아군은 얕은 여울이 드러나자 이를 통해 팔레네반도로 들어가고자 전진했다.[119] 그들이 여울을 반쯤 지날 무렵, 일찍이 유례가 없을 정도로 맹렬한 높은 파도가 습격해 왔다. 수영을 할 줄 모르는 자는 빠져 죽고, 수영을 할 줄 아는 자는 배를 타고 나온 포티다이

---

118) 본디 에우보이아섬의 도시 칼키스에서 비롯된 식민시가 이 지방에 많았기 때문에 이 이름이 붙여졌던 것이다.

119) 포티다이아는 팔레네반도 머리 부분에 있어 보통 육지를 통해 들어갈 수는 없다. 페르시아군은 배가 없었기 때문에 얕은 여울을 이용해서 반도 안으로 들어가 포티다이아를 뒤에서 치려 했던 것이다.

아인에게 살해당했다. 포티다이아인이 말하는 바에 따르면, 이 높은 파도와 잇따른 조난의 원인은 페르시아인들이 포세이돈 신전과 도시 바깥에 있는 신상에 불경한 행동을 했기 때문이라고 한다. 나는 그들의 설명이 맞다고 생각한다. 아르타바조스는 살아 남은 부대를 이끌고 테살리아의 마르도니오스 쪽으로 철수했다.

한편 크세르크세스 해상 함대는 살라미스에서 탈출하여 아시아에 이르자, 왕과 그 군대를 케르소네소스에서 아비도스로 보낸 뒤 키메에서 겨울을 보냈다. 다음해 봄 기운이 싹트자마자 사모스에 군대를 집결시켰다. 탑승한 승무원은 대부분 페르시아인과 메디아인이었고, 지휘관으로는 바가이오스의 아들 마르돈테스와 아르타카이에스의 아들 아르타윈테스가 왔다. 나아가 아르타윈테스의 지원으로 참가한 그의 조카 이타미트레스가 그들과 함께 지휘를 맡았다. 그들은 아무래도 격심한 타격을 입은 뒤였기 때문에 더는 서쪽으로 향하지 못했고 또한 강요하는 자도 없으므로, 사모스에 머물러 있으면서 이오니아가 반란을 일으키지 못하도록 경비하고 있었다. 그들 함대는 이오니아 함대를 합쳐 300척에 이르렀다. 물론 그들은 그리스군이 이오니아로 올 리는 없다고 생각했다. 그들은 살라미스로부터 도망쳐 올 때에 그리스군이 추격해 오지 않자 기뻐했고, 그 뒤로 자국의 경비에 충실하면 그만이라고 생각해 왔다. 아울러 해상에서는 패하여 완전히 전의를 잃었지만 육상에서는 마르도니오스가 압도적으로 승리를 거둘 것이라 굳게 믿고 있었다. 그들은 사모스에 있으면서 적에게 어떻게 피해를 줄까 계략을 꾸미면서 마르도니오스의 소식을 기다리고 있었다.

봄이 오자 테살리아의 마르도니오스와 대치하고 있던 그리스군도 활동을 다시 시작했다. 육상 부대는 아직 집결하지 않았지만 해상 부대는 총 110척의 함선이 이미 아이기나에 도착해 있었다. 해상 부대의 총지휘를 맡은 자는 레오티키데스였다. 레오티키데스는 스파르타의 젊은 왕가 출신[120]이었는데, 그의 계보를 거슬러올라가면 메나레스·헤게실라오스·히포크라티데스·레오티키데스·아낙실라오스·아르키다모스·아낙산드리데스·테오폼포스·니칸드로

---

120) 스파르타의 두 왕가에 대해서는 6권 참조. 레오티키데스는 프로클레스가 계통이었다.

스·카릴라오스·에우노모스·폴리덱테스·프리타니스·에우리폰·프로클레스·아리스토데모스·아리스토마코스·클레오다이오스·힐로스·헤라클레스가 된다. 위에 열거한 처음 7인[121]을 제외하고는 모두 스파르타의 왕이 되었던 인물이다. 아테네 함대를 지휘한 것은 아리프론의 아들 크산티포스[122]였다.

모든 함선이 아이기나에 도착했을 때, 이오니아에서 온 사절단이 그리스 진영에 도착했다. 그들은 조금 전에 스파르타에 가서 이오니아의 해방을 스파르타인에게 요청했었다. 바실레이데스의 아들 헤로도토스[123]도 이 사절단에 끼여 있었다. 그들은 처음에는 일곱 명이 공모하여 키오스의 독재자 스트라티스[124] 암살을 계획했었다. 그런데 한 명이 그 계획을 누설하는 바람에 반란 모의가 무산되었다. 나머지 여섯 명은 키오스를 탈출하여 그리스인의 출병을 청원하기 위해 스파르타로 갔다가 이번에 아이기나에 왔던 것이다. 그러나 그들은 그리스군을 델로스까지밖에는 이끌 수 없었다. 그리스군은 지리에 어두웠기 때문에, 이르는 곳마다 적병으로 가득 차 있는 듯한 생각이 들어 두려웠던 것이다. 그들에게는 사모스가 헤라클레스의 기둥만큼이나 먼 곳처럼 생각됐다. 이리하여 마치 짠듯이, 페르시아군은 공포에 질려 사모스 서쪽으로 전진할 용기를 내지 못했고, 그리스군도 키오스인들의 요청이 있었지만 델로스 동쪽으로는 감히 나가려 하지 않았다. 공포감이 두 군의 중간 지대에 안전을 선사했던 셈이다.

그리스군이 델로스로 향하고 있을 무렵, 마르도니오스는 테살리아에서 겨울을 보내고 있었다. 그는 에우로포스[125] 태생의 미스라는 자에게, 이곳을 중

---

121) 메나레스에서 아낙산드리데스에 이르는 7인. 이 가계(家系)는 테오폼포스 이후 다시 둘로 나뉜다. 아낙산드리데스는 동생이었기 때문에 그 이후에는 왕위에 오를 수 없었다. 그러나 레오티키데스가 데마라토스 대신에 왕위에 오르게 되는데, 그 사연은 제6권에 서술되어 있다.

122) 밀티아데스의 정적(政敵). 기원전 479년에 집정관이 된 같은 이름의 인물이 있었지만 이와는 다른 사람이다.

123) 이 인물에 대해서는 달리 알려진 것이 없지만, 작자와 이름이 같은 인물일 뿐만 아니라 무엇인가 혈연 관계가 있어 특별히 거론한 것이라고 추측하는 사람도 적지 않다.

124) 다레이오스의 스키타이 원정에 참가한 이오니아의 지도자 중 한 사람.

125) 같은 이름의 도시는 여러 곳에 있었지만, 여기에서는 카리아에 있는 도시를 가리킨다고 보인다.

심으로 가능한 한 모든 신탁소를 돌아다니면서 신탁을 구해 오라고 명했다. 마르도니오스가 무엇을 알고 싶어 했는지 전해지지 않기 때문에 나도 그것을 자세히 서술할 수 없지만, 그 이유는 아마 앞으로 직면할 사태에 관한 정보와 충고를 얻기 위해서였을 것이다.

미스가 레바데이아[126]에 가 토착민 중 한 사람을 돈으로 고용해서 트로포니오스[127] 동굴로 내려가게 했으며, 스스로 포키스 아바이에도 가 신탁을 구했다는 것은 확실하다. 또한 테베를 방문했을 때에는 아폴론 이스메니오스[128]의 신탁—여기에서는 올림피아와 똑같이 희생[129]으로 신탁을 받을 수 있다—을 구함과 동시에 테베인이 아닌 어느 타국인을 고용해 암피아라오스 신탁소에서 밤을 보내게 하기도 했다.[130] 테베인은 누구도 암피아라오스에서는 신탁을 구할 수 없었기 때문이다. 일찍이 암피아라오스는 신탁을 통해 자신을 예언의 신으로서 숭상하든지 또는 유사시에 도움을 주는 신이 되기를 원하든지 둘 중 한쪽만을 택하라고 테베인에게 명했었다. 테베인은 유사시에 도움을 받는 쪽을 선택했기 때문에 이 신전에서 밤을 보낼 수 없게 되었던 것이다.

테베인이 전하는 바에 따르면 실로 기괴한 일이 이때 일어났다고 한다. 에우로포스인인 미스가 아폴론 프토오스 성지를 방문했을 때의 일이다. 이 신전은 프토온(프토오스 신전)이라 불리며 테베에 귀속되어 있었다. 그 위치는 코파이스호(湖) 위쪽, 아크라이피아시(市) 근처에 있는 산등성이다.[131]

미스는 도시 주민 중 선발한 세 명과 함께 신전을 방문했다. 세 사람의 임무는 신이 내리는 말을 기록하는 것이었다. 그런데 일행이 신전에 들어가자마

---

126) 보이오티아 서북부, 포키스와의 국경 근처에 있는 도시.

127) 땅의 정령으로, 제우스와 동일시됐다.

128) 테베 시내를 흐르는 이스메노스 강변에 신전이 있었기 때문에 이렇게 불렸다.

129) 희생 짐승을 구울 때 그 화염이나 재를 보고 점치는 방법.

130) 암피아라오스는 테베를 공격한 7인의 장군 중 한 사람. 본디는 역시 땅의 정령이었다고 보아야 할 것이다. 신전 내에서 잠을 자고 그때 본 꿈을 해석해 신의 뜻을 알아내는 것이다.

131) 코파이스호는 보이오티아 북부에 있는 큰 호수. 현재는 간척되어 거의 그 모습을 감추었다. 이 호수 동쪽 연안에서 에우보이아해(海)에 이르는 사이에 프토오스산이 있고, 그 최고봉 기슭에 아폴론 신전이 있었다. 아크라이피아는 그 부근에 있는 도시로, 오늘날에도 그 유적이 있다.

자 사제가 그리스인들로서는 알아들을 수 없는 말로 신탁을 고하기 시작했다. 수행하던 테베인들은 그리스어가 아닌 이국 언어를 듣게 되자 어떻게 대처해야 좋을지 몰라 당황했다. 그러자 미스가 테베인이 들고 있던 서판(書板)을 잡아채고는 사제가 고하는 말을 서판에 적었는데, 신탁의 언어는 카리아어였다고 한다. 신탁을 다 옮겨 쓴 뒤 그는 곧 테살리아로 돌아갔다.

마르도니오스는 이 기록을 모조리 읽은 뒤, 마케도니아인 아민타스의 아들 알렉산드로스를 사절로 삼아 아테네로 파견했다. 그를 택한 이유 중 하나는 그와 페르시아인 사이에 인척 관계가 있기 때문이었다. 즉 아민타스의 딸이자 알렉산드로스의 누이인 기가이아를 페르시아인인 부바레스가 아내로 삼았는데,[132] 이 여자로부터 태어난 자가 아시아에 있었던 아민타스로 그 이름은 외조부 이름을 따랐던 것이다. 이 아민타스는 프리기아 지방 대도시인 알라반다[133]를 왕으로부터 영지로 수여받았다. 알렉산드로스를 파견한 두 번째 이유는, 알렉산드로스가 아테네인을 위해 명예 영사 역할을 하며 여러 가지 은혜를 베풀고 있다는 것을 마르도니오스가 잘 알기 때문이었다. 그는 이 조치로 반드시 아테네인을 자군 쪽으로 끌어들일 수 있다 생각했다. 그는 아테네인이 수적으로나 전력으로나 뛰어난 국민임을 들어 알고 있었다. 해상에서 페르시아군이 겪은 패전도 그 대부분은 아테네군의 활동 때문이었다고 믿었다. 그렇기에 아테네를 아군으로 가담시키면 쉽게 해상을 제패할 수 있다 생각했던―또한 사실 그렇게 됐을 것임에 틀림없다―것이다. 그리고 육상에서는 본디 자군이 훨씬 더 우세하다고 굳게 믿었으니, 계획대로 되면 그리스군을 제압할 수 있으리라는 것이 마르도니오스의 계산이었다. 아마 여러 신탁도 아테네를 아군으로 삼을 것을 권유하고 위와 같은 사태를 예언했으리라 생각된다. 그래서 마르도니오스가 아테네로 알렉산드로스를 파견했을 것이다.

이 알렉산드로스로부터 헤아려 7대째의 조상에 해당하는 페르디카스는 다음과 같이 해서 마케도니아의 왕위를 손에 넣은 인물이다. 그 옛날 아르고스

---

132) 그 사정에 대해서는 5권 참조.
133) 이 이름을 가진 도시가 카리아에 있었다고는 알려져 있지만(제7권 참조), 페니키아에 있었다고는 전해지지 않고 있다. 따라서 알라바스토라로 고쳐야 한다는 설도 유력하다.

국으로부터 테메노스[134]의 후예에 해당하는 세 형제, 가우아네스·아에로포스·페르디카스가 일리리아인 나라로 도망쳐 왔다. 그리고 다시 일리리아에서 산을 넘어 상(上)마케도니아 레바이아시에 이르렀다.[135] 그들은 이 도시 왕에게 고용되어 한 사람은 말을, 또 한 사람은 소를, 그리고 가장 나이가 어린 페르디카스는 그 밖의 작은 가축들을 사육하며 일했다. 옛날에는 일반 백성들뿐만 아니라 백성들을 다스리는 왕가도 가난했기 때문에 왕비가 직접 집안 식구들의 식사를 준비하고 있었다. 그런데 빵을 구울 때마다 나이 어린 페르디카스의 빵이 저절로 보통 크기의 두 배로 부풀었다. 언제나 같은 일이 일어나 왕비가 그것을 남편에게 알리자, 그것은 무엇인가 심상치 않은 일이 일어날 전조라는 생각이 왕의 머리를 스쳐 지나갔다. 그리하여 세 형제를 불러낸 다음 이 나라에서 떠나라고 명령했다. 세 형제는 마땅히 받아야 할 품삯을 받으면 곧바로 떠나겠다고 말했다. 품삯 이야기를 듣자 왕은 화가 벌컥 일어 때마침 굴뚝으로부터 햇빛이 방 안으로 쏟아져 들어오는 것을 보고는 그것을 가리키며 말했다.

"너희에게 상응하는 품삯으로 이것을 주겠다."

가우아네스와 아에로포스는 이 말을 듣자 어리둥절하여 아무 말도 못 하고 있었는데, 막내가 이 말을 받았다.

"왕이시여, 내리시는 것을 고맙게 받겠습니다."

그는 때마침 손에 들고 있던 작은 칼로 방 안 마루에 비치고 있는 햇빛을 세 번 되풀이해 자르고는 햇빛을 품속에 집어넣는 시늉을 하고[136] 두 형과 함께 떠났다.

이리하여 그들은 레바이아를 떠나갔다. 한편 왕의 곁에 있던 한 사람이 소년이 한 행동은 심상치 않은 일로, 왕이 주겠다고 말한 것을 받아들인 것은 무엇인가 생각해야 할 바가 있다고 왕에게 고했다. 이 말을 듣고 격노한 왕은 삼형제를 살해하도록 기마병에게 추격을 명했다. 그런데 이 지방에는 앞서 아

---

134) 이른바 '헤라클레스 일족의 귀환'—역사적으로 말하면 도리스족의 침입—때 테메노스가 아르고스의 지배권을 얻었다고 전해진다.

135) 일리리아는 오늘날의 유고슬라비아에서 알마니아에 이르는 지역을 가리킨다. 스카르도스 산맥을 넘어 북쪽 마케도니아로 돌아간다. 레바이아라는 도시는 명확하지 않다.

136) 왕가와 왕의 영토의 소유권을 자기 것으로 삼았음을 상징적으로 나타냈다고 보인다.

르고스에서 도망 온 사람들의 자손이 지금까지도 여전히 생명의 은인으로서 제물을 바치고 있는 강이 있는데, 테메노스가(家) 출신의 삼형제가 이 강을 건넌 뒤 강물이 급격히 불어나 추격하는 기마대가 강을 건널 수 없게 되었다. 삼형제는 마케도니아의 다른 지역에 이르러 미다스(고르디아스의 아들)[137]의 정원이라 불리는 곳 근처에 자리잡고 살았다. 이 미다스의 정원에는 자생하는 장미가 있는데, 꽃 하나하나에 꽃잎이 60장씩 있고 다른 장미들에 비해 훨씬 좋은 향기를 풍긴다. 마케도니아인의 전설에 따르면 실레노스[138]가 사로잡힌 것도 이 정원에서였다고 한다. 이 정원 위쪽에는 추위 때문에 올라갈 수 없는 베르미온산이 솟아 있다. 그런데 그들은 이 땅을 차지하자 곧 이곳을 근거지로 하여 마케도니아의 다른 지역을 정복하여 나갔던 것이다. 이렇게 해서 페르디카스는 마케도니아 왕이 된다.

이 페르디카스로부터 알렉산드로스에 이르는 계보는 다음과 같다. 알렉산드로스는 아민타스의 아들이고, 아민타스는 알케테스의 아들이며, 알케테스의 아버지는 아에로포스이고, 그 아버지는 필리포스이며, 필리포스의 아버지는 아르가이오스이고, 아르가이오스의 아버지가 왕위를 처음 획득한 페르디카스이다.

마르도니오스의 명을 받은 아민타스의 아들 알렉산드로스는 아테네에 도착하자 다음과 같이 말했다.

"아테네인 여러분, 마르도니오스가 보낸 전언은 다음과 같습니다.

'내게 왕으로부터 지시가 있었소. 왕께서는 아테네인이 저지른 과실은 모두 용서하기로 했다면서 내게 다음과 같이 하라고 하셨소.

아테네인에게는 그 국토를 반환하고 그에 덧붙여 그들이 원하는 지역을 선정케 하여 그들을 독립국으로 대우하라 하셨소. 또한 아테네인에게 평화 협정을 맺을 의사가 있을 경우에는 그분이 불태워 버린 신역(神域)을 모두 재건해 주라하셨소. 이러한 지시가 있었으므로 나로서는 귀국에 다른 뜻이 없는

---

137) 미다스는 보통 프리기아의 왕으로 알려져 있지만, 프리기아인이 본디 유럽에 살고 있었다는 것은 7권에도 서술되어 있다.
138) 실레노스는 사티로스나 판과 같이 산야(山野)의 정령(精靈). 미다스가 샘에 술을 섞어 실레노스를 잡았다는 전설이 있다(7권 참조).

한 명령대로 실행할 수밖에 없소. 내가 귀국에 대해 묻고 싶은 것은 이것이오. 대체 무슨 까닭으로 대왕에게 싸움을 거는 미친 짓을 하는 것이오? 귀국은 대왕을 이길 승산이 없고, 또한 언제까지나 버틸 수도 없을 것이오. 크세르크세스왕이 거느리는 군대의 규모와 활동상은 그대들이 직접 목격한 바이고, 내 휘하 병력도 그대들이 알고 있는 바 그대로요. 그렇다면 혹여 귀국이 우리 군대를 쳐부수고 승리를 거둔다고 가정하더라도—적어도 그대들에게 양식(良識)이 있다면 그러한 희망은 가지지는 않을 것이지만—지금보다 몇 배 더 되는 새로운 군대가 나타날 것이오. 그러니 대왕에게 저항하여 국토를 빼앗기거나, 나라의 흥망을 거는 위험한 승부를 내려는 마음은 먹지 말고 강화하도록 하시오. 대왕이 위와 같은 마음을 갖고 있는 지금이야말로 귀국은 가장 유리한 강화를 맺을 수 있소. 귀국은 이제 모든 기만과 술책을 버리고 우리 나라와 동맹을 맺고 독립을 유지해야 할 것이오.'

아테네인 여러분, 마르도니오스는 위와 같이 그대들에게 고하라고 내게 명했소. 나로서는 귀국에 대해 내가 품고 있는 우호적인 감정을 여기서 말할 생각은 추호도 없소. 그것은 여러분들이 이미 더 잘 알고 있을 테니까 말이오. 나는 다만 그대들에게 부디 마르도니오스의 제안에 따르기를 부탁하오. 내가 보기로 귀국에는 크세르크세스 전하와 오랜 싸움을 계속할 힘이 없소. 본디 귀국에 그러한 힘이 있다고 생각했다면 나는 이러한 이야기를 가지고 오지도 않았을 것이오. 페르시아 왕이 가진 힘은 인간의 정도를 훨씬 넘는 것이며, 그 팔의 길이도 심상치 않소.[139] 만약 저쪽에서 매우 관대한 조건을 제시하고 화의를 맺으려 하는데 귀국이 즉각 화평을 강구하려 하지 않는다면, 나로서는 귀국을 위해 심히 우려하지 않을 수 없을 것이오. 왜냐하면 귀국의 국토는 동맹 제국 중에서 가장 적군이 공격해오기 쉽고, 또한 두 진영 사이에 끼여 알맞은 전쟁터가 되는 장소에 국토가 놓여 있기 때문이오. 귀국은 언제나 피해만 입게 될 것이오.

부디 내가 이야기하는 대로 따라 주기 바라오. 적어도 페르시아 대왕이 그리스 제국 중에서 귀국에 대해서만은 이때까지의 잘못을 용서하고 우의를 맺

---

139) 그 권력이 미치는 범위가 확대됐다는 표현.

자 제안했다면, 결코 이를 소홀히 생각해서는 안 될 것이오."

알렉산드로스는 이렇게 말했다. 그런데 그에 앞서, 알렉산드로스가 아테네와 페르시아를 화해시키기 위해 아테네에 왔다는 것을 안 스파르타인들은 자신들이 다른 도리스인들과 함께 페르시아와 아테네 때문에 펠로폰네소스로부터 추방될 운명에 있다고 예언했던 신탁[140]을 떠올렸다. 그래서 아테네가 페르시아 왕과 화의를 맺을까 심히 두려워하여 즉각 아테네에 사절을 보내기로 결의했다. 그 결과 아테네인은 두 나라 사절의 접견이 동시에 행해지도록 했다. 왜냐하면 아테네인들은 페르시아 왕으로부터 평화 교섭을 위해 사절이 왔다는 것을 스파르타 측이 잘 알고 있으리라 생각했기 때문이다. 그리고 그것을 알게 되면 급히 사절을 파견하리라 예상하고, 이를 기다려 시간을 지연시키려 했다. 아테네인은 자국의 견해를 스파르타인들에게 보여 주기 위해 고의로 그러한 행동을 취했던 것이다.

알렉산드로스가 입을 닫자, 그 뒤를 이어 스파르타 사절단이 이렇게 말했다.

"우리는 스파르타의 명을 받아, 귀국이 온 그리스를 배반하는 그러한 행동을 결코 취하지 말아 달라 요청하기 위해 왔소. 그러한 행위는 귀국 이외의 다른 그리스 제국이 하더라도 물론 도리에 어긋나고 불명예스런 일이지만, 어느 나라보다도 특히 귀국에게는 더욱 그러하오. 본디 우리는 이번 전쟁을 바라지 않았는데 귀국이 도발한 것이며, 싸움 동기는 귀국의 안전을 지키기 위해서였소. 그것이 이제는 그리스 전역에 파급된 것이오. 설사 이러한 일들은 모두 묻어 두더라도, 예로부터 종종 해방자로서 알려져 있는 귀국 아테네가 그리스를 노예화하는 직접적인 원인으로서 작용한다면 그것은 우리로서는 참기 어려운 일일 것이오. 물론 우리도 귀국이 두 번씩이나 수확물을 약탈당하고, 또한 장기간에 걸쳐 집과 재산이 파괴되는 어려운 처지에 빠진 걸 안타깝게 여기고 있소. 스파르타와 그 동맹 제국은 전쟁이 계속될 때까지 귀국의 부녀자와 전쟁 수행에 도움이 되지 못하는 가족들을 모두 부양하기로 약속하오. 부디 귀국이 마르도니오스의 제안을 그럴듯하게 꾸며 수락시키려 하는

---

140) 5권에 언급되어 있는 신탁을 가리키는 듯하다.

마케도니아인 알렉산드로스의 설득에 넘어가지 않길 바라오. 그로서는 그렇게 할 수밖에 없소. 독재자인 알렉산드로스가 독재자 편을 드는 것은 당연하오. 그러나 귀국이 양식을 잃지 않는 한 저들에게는 신뢰도 진실도 존재하지 않음을 반드시 알으리라 믿소."

스파르타 사절단이 이렇게 말하자, 아테네 측은 먼저 알렉산드로스에게 다음과 같이 답변했다.

"페르시아 왕에게 우리의 수배에 달하는 힘이 있음은 우리도 잘 알고 있으니 그렇게 되풀이 할 필요는 없소. 그러나 우리는 자유를 열망하는 사람들로서, 힘이 닿는 데까지 방어할 작정이오. 따라서 그대가 페르시아 왕과의 강화를 설득하려고 애써 보았자 쓸데없소. 우리는 결코 그대에게 설득되지 않을 것이기 때문이오. 자, 마르도니오스에게 전하도록 하시오. 태양이 지금의 궤도를 달리는 한, 우리는 크세르크세스와 손을 잡는 일은 없을 것이오. 반대로, 우리는 적왕(敵王)이 한 번도 신중히 생각해 보지 않고 불태워 버린 신들이나 영웅들의 후원을 믿고, 그를 맞아 끝까지 항전할 생각이오. 그러니 이후로는 이러한 제안을 가지고 아테네인 앞에 나타나지 말도록 하시오. 또한 상대를 위해 정성을 다하고 있다 생각하면서 실은 그릇된 행동을 권유하는 그러한 짓을 하지 말기 바라오. 우리에게 은혜를 베푼 사람이며 친구이기도 한 그대가 아테네인 때문에 불쾌한 상황에 처하게 되는 사태를 만들고 싶지 않으니 말이오."

아테네인은 알렉산드로스에게는 이렇게 답변하는 한편, 스파르타 사절단에게는 다음과 같이 말했다.

"우리 나라가 페르시아 왕과 강화를 맺지 않을까 하고 스파르타인이 두려워하는 것은 인간으로서 매우 당연한 일이오. 그렇지만 아테네인의 정신을 모르고 그대들이 그러한 의심을 품었다는 것은 실로 서운하오. 세계의 모든 황금을 가져와도, 또한 경관이 아름답고 비옥하기가 이를 데 없는 땅을 옮겨와도, 우리가 공동의 적인 페르시아와 손을 잡는다는 것은 있을 수 없는 일이오. 더욱이 우리가 그렇게 하려 해도 그렇게 하지 못할 중대한 이유가 몇 가지 있소. 첫 번째이자 가장 중요한 이유는 신상과 신전이 불태워지고 파괴되어 이제는 잿더미가 되었다는 것이오. 우리는 이런 짓을 한 적에게 어떻게든 보복을 해야만 할 것인데, 하물며 그와 강화를 맺겠소? 두 번째로 우리는 모두 똑같이 그리스 민족이라는 점이오. 우리는 같은 피, 같은 언어를 가졌고 같은 신들을 모셔 같은 의식을 행하며 같은 양식으로 생활하고 있소. 그러므로 아테네인이 동포들을 적에게 팔아 넘긴다는 것은 절대 있을 수 없소. 지금이야말로 잘 알아 두시오. 아테네인이 한 사람이라도 살아 있는 한 결코 크세르크세스와 화친하는 일은 없으리란 점을.

그럼에도 재산과 집을 잃은 우리를 생각하여 우리 가족들 부양을 제의한 귀국의 호의는 실로 고맙기 짝이 없소. 호의는 감사하지만, 우리는 귀국에 신세를 지지 않고 우리가 할 수 있는 데까지 노력할 생각이오.

이것이 우리의 결심이니 먼저 하루 빨리 군대를 파견해 주기 바라오. 이국의 왕은 머지않아, 아니, 우리가 요구에 따르지 않는다는 보고를 듣자마자 곧 우리 국토로 침입해 올 것이오. 그러니 지금이야말로 그가 도착하기에 앞서 우리가 보이오티아로 출격할 절호의 기회요."

스파르타 사절단은 이러한 아테네 측의 회답을 듣고 스파르타로 돌아갔다.

제9권
칼리오페
Calliope

마르도니오스의 아티카 침공과 철수

마르도니오스는 아테네 측의 회답을 듣자, 곧 테살리아에서 전속력으로 군대를 출격시켰다. 그리고 지나가는 모든 지역에서 병력을 징발했다. 테살리아 여러 왕들은 이전 행동을 후회하기는커녕 더욱더 적극적으로 페르시아군을 격려했고, 전에 크세르크세스 도주시에 동행하여 배웅했던 라리사의 토락스[1] 같은 자는 이제 드러내 놓고 마르도니오스의 그리스 침공을 격려했다.

원정군이 보이오티아 지방에 들어왔을 때, 테베인은 마르도니오스에게 진군을 멈추도록 부탁했다. 진영을 세우기에 여기보다 더 좋은 장소는 없으니, 이곳에서 싸우지 않고 그리스 전역을 평정할 계책을 세우라고 권유했다. 그들은 마르도니오스에게 이전의 그리스인 동맹이 계속해서 단합한다면 그들을 제압하기란 세계의 모든 병력을 동원하여도 어려울 것이라 말하고, 다음과 같이 덧붙였다.

"그러나 만약 우리 진언대로 한다면 그들 작전을 모두 쉽게 탐지할 수 있을 것입니다. 각 도시 유력자들에게 돈을 보내십시오. 그러면 그리스를 분열시킬 수 있고, 페르시아 측에 가담한 자들의 협력을 얻어 뜻에 따르지 않는 자들을 쉽게 평정할 수 있을 것입니다."

마르도니오스는 이에 귀를 기울이지 않았다. 그는 다시 아테네를 점령하고 싶다는 어쩔 수 없는 욕망에 쫓기고 있었다. 그것은 그의 완고함 때문이었다. 그는 섬에서 섬으로 봉화를 올려 가는 방법으로 사르데스에 있는 왕에게 아

---

1) 이른바 알레우아스의 일족.

테네 점령을 알리겠다는 희망을 품고 있었다. 그러나 마르도니오스가 아티카에 도착했을 무렵, 아테네인은 이미 전처럼 모습을 감추고 없었다. 대부분의 아테네인은 살라미스섬이나 함선 위에 있었다. 결국 그가 점령한 것은 인적 없는 시가(市街)뿐이었다. 이것은 이전에 페르시아 왕이 점령했던 때로부터 10개월 뒤의 일이다.

마르도니오스는 아테네에 도착하자, 헬레스폰토스인인 무리키데스라는 자에게 예전과 똑같은 제안을 가지고 살라미스로 가도록 했다. 마르도니오스는 물론 아테네인이 품은 적대심을 잘 알고 있었다. 그러나 그가 이렇게 재차 사절을 파견하게 된 데는 이유가 있었다. 아티카 전역이 점령된 지금 아테네인도 그 강경함을 굽히지 않을까 하는 기대 때문이었다.

무리키데스는 아테네 평의회[2]에 출석하여 마르도니오스의 전언을 전했다. 그러자 평의회 위원인 리키데스가 제안을 받아들여 이것을 민회(民會)에 회부하는 것이 좋겠다는 의견을 제시했다. 그가 마르도니오스에게 매수되어 이러한 의견을 발표했는지 아니면 실제로 그렇게 하는 것이 옳다고 믿었는지는 알수 없다. 그러나 평의회에 참석하고 있던 자들은 물론 회의장 밖에 있던 자들 모두가 그 이야기를 듣고는 분노해 리키데스 주위를 둘러싸더니 돌을 던져 죽이고 말았다. 다만 헬레스폰토스인인 무리키데스에게만은 위해를 가하지 않고 돌아가게 했다. 리키데스 사건을 들어 알게 된 아테네인의 아내들은 서로 부추기며 리키데스 집으로 몰려가 그 아내와 자식들도 돌을 던져 죽이고 말았다.

아테네인이 살라미스로 옮겨 온 경위는 다음과 같다. 펠로폰네소스로부터 원군이 오리라 기대하고 있을 동안은 그들도 아티카에 머무르고 있었다. 그러나 스파르타인들이 꾸물거리며 거동하기를 꺼려함을 눈치 채는 한편 적군이 이미 보이오티아에 들어왔다는 보고를 접하자, 아테네인은 집안 살림을 모두 안전 지대로 옮긴 뒤 가지고 갈 수 있는 것만 갖고 자신들은 살라미스로 건너 갔다. 그리고 스파르타에 사절을 보내, 스파르타가 적군의 아티카 침공을 간과한 점과 아테네인과 협력하여 적을 보이오티아에서 맞아 싸우지 않았던 점

---

2) 아테네 시민 500명으로 구성됐다. 민회에 제출된 의안은 먼저 평의회의 심의를 거쳐야만 한다.

을 꾸짖었다. 또한 아테네가 그리스 동맹을 이탈할 시에 페르시아 측이 약속한 사항 모두를 다시 스파르타인들에게 상기시키고, 만약 스파르타가 아테네를 원조하지 않을 때는 다른 방위책을 강구할 것이라고 못 박았다.

사실은 그 무렵 스파르타에서는 히아킨토스 제(祭)[3]가 집행되고 있었다. 스파르타인은 신에게 의무를 다하는 것을 무엇보다도 중요하게 여겼으므로 제례를 중단할 수 없었다. 그와 함께 지협 지대에 구축 중이던 방어벽[4]은 이미 흉벽을 설치할 단계에 이르러 있었다. 아테네 사절단은 메가라 및 플라타이아 사절들과 같이 스파르타에 도착하자, 감독관들을 만나 다음과 같이 말했다.

"우리는 다음과 같은 말을 전하기 위해 아테네에서 파견돼 왔소. 페르시아 왕은 우리 나라 영토를 반환하고, 어떠한 기만 술책도 없이 진실한 자세로 정당하고 평등한 동맹을 맺기를 원하며, 나아가 우리 국토에 덧붙여서 우리가 원하는 지역을 주고 싶다 말하고 있소. 그러나 온 그리스인의 신인 제우스께 경의를 표하고 그리스인에 대한 배반을 부끄럽게 여기는 우리는 그리스 동포로부터 배반당하고 부당한 취급을 받으면서도, 아니 그뿐만 아니라 페르시아군과 싸우기보다 그들과 화친하는 편이 유리함을 잘 알면서도, 그 제안을 단호하게 거절했소. 우리는 자진해서 적과 손을 잡는 그러한 일은 절대로 하지 않을 것이오. 이처럼 그리스 민족에 대한 우리의 태도는 순수하오.

귀국은 앞서 우리가 페르시아와 강화하지는 않을까 전전긍긍했었소. 그런데 그리스를 적에게 파는 그러한 일은 절대로 하지 않겠다는 우리의 마음을 분명히 알고부터는, 또한 지협을 관통하는 방어벽이 거의 완성되어 가자, 적군이 아티카로 침입해 들어오는 것을 빤히 보고만 있었소. 그런 까닭에 현재 아테네인은 귀국에 대해 몹시 분노하고 있소. 귀국이 행동하기에는 시의적절하지 못했을 것이오. 그래도 귀국이 즉시 해야 할 의무는 우리 요구에 부응하는 것이오. 약속대로 귀국과 우리가 아티카에서 페르시아군을 맞아 싸울 수 있도록 한시도 지체 말고 군대를 파견해 주시오. 이미 보이오티아를 잃은 지

---

3) 7월 초순 3일간에 걸쳐 집행됐다. 히아킨토스는 아폴론이 던진 원반에 맞아 불의의 죽음을 당한 미소년. 이 제는 스파르타시 남쪽 아미클라이에 있는 아폴론 신전에서 행해졌고, 제례 날에는 스파르타시에 인적이 없을 정도로 성대하게 치러졌다 한다.
4) 8권 참조.

금, 우리 나라 영토 내에서 적과 전투를 벌일 만한 가장 적당한 곳은 트리아 평야[5]뿐이오."

그 말을 들은 감독관들은 회답을 다음 날로 연기했는데, 이튿날이 되자 다시 그 다음 날로 연기했다. 이리하여 하루하루 연기를 거듭한 끝에 마침내 열흘이라는 시간이 흘렀다. 그리고 그 사이에 펠로폰네소스인은 총력을 다해 매달려 지협을 요새화하는 공사를 거의 완성 단계에 올려 놓았다. 처음에는 아테네인이 페르시아 측으로 넘어가는 것을 막기 위해 그렇게 열의를 보였던 펠로폰네소스인이 이번에는 조금도 신경을 쓰지 않았던 이유는 무엇일까? 그 것은 나로서도 분명히 알 수 없지만, 생각건대 지협을 이미 요새화하여 이제는 아테네인이 필요하지 않다고 생각했기 때문이었을 것이다. 즉 알렉산드로스가 아테네를 방문했을 때에는 아직 요새화가 완료되지 않아 페르시아군에 대한 공포감이 더욱 심했던 것이다.

스파르타 측의 회답과 출병 문제는 결국 다음과 같이 마무리 되었다. 마지막 회담이 열리기 전날, 스파르타에 사는 이방인 가운데서 가장 유력한 인물이었던 테게아인 킬레오스가 아테네인이 한 말을 감독관들로부터 듣고는 그들을 향해 이렇게 말했다.

"감독관 여러분, 현재의 사태를 어떻게 생각하시오? 아테네인이 적군에 가세하게 된다면, 설사 견고한 방벽을 지협에 둘렀다 하더라도 그들을 막기란 어려울 것이오. 아테네인이 그리스에 파탄을 초래할 그러한 결의를 굳히기 전에 요구를 들어 주는 편이 좋을 것 같소."

감독관들은 이 조언을 충심으로 받아들였다. 그리하여 사절들에게는 전혀 알리지 않고, 그날 밤 스파르타 병사 5000명과 나아가 그 각각의 병사에게 국가 노예 7인씩을 붙여 출정시켰다. 그들 지휘는 클레옴브로토스의 아들 파우사니아스가 맡았다. 본디 출정군 지휘권은 레오니다스의 아들 플레이스타르코스에게 있었지만 그가 아직 어려 그의 종형인 파우사니아스가 후견자 역할을 했던 것이다. 파우사니아스의 아버지요 아낙산드리데스의 아들이었던 클레옴브로토스는 방벽 구축을 담당했던 부대를 이끌고 지협으로부터 철수

---

5) 아티카 서북부, 케피소스강 유역을 중심으로 한 평야. 트리아, 엘레우시스 등의 도시가 있었다(8권 참조).

한 뒤 곧 사망했다. 클레옴브로토스가 지협으로부터 부대를 철수시킨 이유는 그가 승리를 축원하며 한창 희생을 바치고 있을 때 태양이 어두워졌기 때문이다.[6] 파우사니아스는 자신의 동료로 같은 가문 출신인 도리에우스의 아들 에우리아낙스를 선택했다. 이리하여 스파르타군은 파우사니아스의 지휘하에 출발하여 이미 스파르타 국경을 넘고 있었다.

한편 사절들은 날이 밝자 스파르타군이 출동한 사실을 전혀 모른 채 감독관들 앞에 출두하였다. 그들은 이미 각각 귀국할 마음을 굳혀 놓고 있었다.

"스파르타인 여러분, 그대들은 이 땅에 편안히 머물러 동맹국을 배반하면서 히아킨토스 제나 즐기시오. 아테네는 귀국으로부터 부당한 취급을 받고 또한 원조군도 없는 형편이 된 이상, 최선의 방도를 찾아 페르시아 측과 화평하게 될 것이오. 그렇게 되면 우리는 페르시아 왕의 동맹국이 되어 그들이 이끄는 대로 어느 나라와든 싸울 수밖에 없소. 그때에 이르러 비로소 그대들은 일의 결과가 중차대함을 깨닫게 될 것이오."

사절단이 이렇게 말하자 스파르타 감독관들은 외국부대(크세이노이)—이국군(바르바로이)을 그들은 이렇게 불렀다—를 맞아 싸우기 위해 진격한 부대가 이미 오레스테이온[7] 부근에 이르고 있을 것이라 말했다. 사절들은 당황하여 그 말뜻을 묻고는, 일의 전말을 들어 알게 되자 놀라며 서둘러 스파르타군 뒤를 쫓아갔다. 그리고 스파르타 주위 주민[8]으로부터 징집된 5천 명 중무장 부대가 그 뒤를 곧바로 따랐다.

위의 무리가 지협을 목표로 급히 서둘러 가고 있을 때, 한편 아르고스인은 파우사니아스 휘하 부대가 스파르타를 떠났다는 것을 알게 되자 가장 빠른 사자 한 명을 선발하여 아티카에 파견했다. 아르고스인은 이전에 마르도니오스에게 스파르타군의 출격을 저지하기로 약속해 놓고 있었다. 사자는 아테네

---

6) 이때의 일식은 부분 일식으로, 날짜를 계산해 보면 기원전 480년 10월 2일이 된다.

7) 라코니아와의 국경 근처에 있었던 아르카디아 남부 도시. 스파르타에서 지협에 이르는 도로로부터 서쪽으로 떨어져 있다. 때문에 왜 이런 우회 방법을 택했는지에 대해서 여러 가지 설이 있지만 그 어느 것도 확증은 없다.

8) 스파르타인에 의해 정복된 선주민(先住民)으로, 그리스계와 비그리스계가 혼합되어 있었다고 생각된다. 국가 노예와는 달리 준시민적인 대우를 받고 있었다. 주로 스파르타 도시 밖의 지방에 살았던 데서 그런 이름이 생겼다(6권 참조).

에 도착하자 다음과 같이 말했다.

"마르도니오스 각하, 저는 아르고스인의 명에 따라, 스파르타 병사들이 이미 진군 중에 있으며 아르고스인 힘으로는 저지할 수 없음을 알리기 위해 왔습니다. 그러하오니 이 사태에 대처하여 적절한 조치를 취하시기 바랍니다."

사자는 위와 같이 말하고 돌아갔다. 이 말을 들은 마르도니오스는 더 이상 아티카에 머물고 싶은 생각이 들지 않았다. 그는 그전까지 아테네가 화의에 응해 올지도 모른다는 기대감에 아티카의 농작물이나 재산을 유린하는 것을 보류하고 있었다. 그러나 설득에 성공하지 못했고 사태의 전모가 밝혀지기에 이르자, 아테네 시가지를 불태우고 성벽이며 집이며 신전이며 지상에 있는 것은 모두 파괴해 버린 다음 철수했다. 마르도니오스가 군대를 철수시킨 이유는 아티카의 땅이 기마전에 적합치 않다는 것과, 만일 싸움에 패했을 경우 퇴로가 소수의 병력으로 차단될 수 있는 좁은 골짜기 하나밖에 없다는 것 때문이었다. 그래서 그는 테베까지 후퇴해, 자국에 우호적인 도시 부근이고 기마전에도 적합한 곳에서 싸움을 벌이기로 했던 것이다.

마르도니오스는 철수하던 도중에, 파우사니아스에 앞서 또 다른 스파르타군 1000명이 메가라에 도착했음을 알리는 정보를 받았다. 그는 이 소식을 듣자 어떻게 하면 이 부대를 먼저 격멸할 수 있을까 계책을 강구하다가 마침내 군대를 되돌려 메가라로 향했다. 그리하여 기병 부대가 선두에 서서 메가라 지구를 온통 짓밟았다. 이 지방은 페르시아 원정군이 도달한 도시중 가장 먼 서쪽 지점에 해당한다.

그러나 이윽고 그리스군이 지협에 집결했다는 정보가 또다시 도착했다. 거기에서 마르도니오스는 데켈레이아[9]를 통해 후퇴했다. 보이오티아 연합의 수뇌부[10]가 아소포스[11]를 불러와 그들에게 마르도니오스 길 안내를 맡게 했다. 그들은 우선 스펜달레이스[12]로, 다시 거기에서 타나그라로 길을 인도했다. 타

---

9) 아티카 지방의 동북부 국경에 가까운, 파르네스산맥 남쪽 기슭에 있는 도시. 아테네에서 타나그라, 오로포스 등에 이르는 도로상의 요충지.
10) 보이오타르코이 11인(후에는 7인)으로 구성된 보이오티아 연합 사령부와 같은 것.
11) 도시 이름이 아니라 아소포스강 중류(中流) 지구의 주민을 가리킬 것이다.
12) 아티카의 구(區) 중 하나로, 보이오티아 국경에 가까운 도로상에 있다.

나그라에서 밤을 밝히고 다음 날 스콜로스[13]를 향해 길을 떠나 테베 지구에 들르게 되었다. 여기에서 마로도니오스는 테베가 페르시아 측에 가담했음에도 이 지역의 수목을 베어 쓰러뜨렸다.[14] 이는 테베에 대한 적의에서가 아니었다. 진지 강화를 위한 어쩔 수 없는 조처로, 교전 결과가 생각했던 대로 되지 않을 경우 여기에서 항전하려 했기 때문이다. 마르도니오스가 구축한 진지는 아소포스강을 따라 에리트라이에서 시작되어 히시아이를 거쳐 플라타이아 영토에 이르렀다. 다만 방어벽은 그 구간 전체에 걸쳤던 것은 아니고 사방 약 10스타디온의 구역에 한정되어 있었다.

페르시아군이 이러한 공사에 전념하고 있을 동안 프리논의 아들인 아타기노스[15]라는 테베인이 마르도니오스를 호화스러운 연회에 초청했다. 그리고 그 밖에 페르시아 측 요인 50명도 함께 초대되어 대접을 받았다. 연회는 테베 시에서 열렸다.

이후 이야기는 토박이 오르코메노스인으로 그곳에서 가장 존경받는 명사였던 테르산드로스라는 사람으로부터 들은 것이다. 이 테르산드로스의 이야기에 따르면, 그도 이 연회에 초대를 받았는데 그 밖에 테베인 50명도 함께 자리했다 한다. 그리고 그리스인과 페르시아인은 따로 앉지 않고 각 좌석에 페르시아인과 테베인이 한 명씩 섞어 앉았다 한다. 식사가 끝나고 모두 술을 마시고 있을 때 그의 옆에 앉은 페르시아인이 그리스어로 어느 나라 사람이냐고 물어 그는 오르코메노스인이라고 대답했다. 그러자 그 페르시아인은 이렇게 말했다.

"당신과 나는 식탁을 함께하고 또한 함께 대작도 한 인연이 있으므로 뭔가를 남긴다는 뜻에서 내 생각을 들려주고 싶소. 그것을 통해 미래를 예측해 적절한 처신을 하길 바라오. 당신은 여기에서 식사하고 있는 페르시아인들, 그리고 우리가 강변에 야영시켜 두고 온 군대를 보았을 것이오. 그러나 이제 얼마 지나지 않아서 이들 중 겨우 몇몇만이 살아 남게 될 것이오."

---

13) 테베 남쪽, 키타이론산 북쪽 기슭에 있던 작은 마을. 그러나 타나그라에서 플라타이아에 이르는 도로를 걸치고 있어 교통상의 요충지였다.
14) 진지 강화를 위해 목재가 필요했기 때문이다.
15) 티마게니다스와 함께 테베에서는 친페르시아파의 우두머리였다.

그렇게 말하면서 그 페르시아인은 하염없이 울었다 한다. 테르산드로스는 이 말에 놀라 말했다.

"그렇다면 그것을 마르도니오스를 비롯하여 그 휘하에 있는 고위 장교들에게 이야기해야 될 것이 아니오?"

그가 이렇게 말하자, 그 페르시아인은 대답했다.

"이국의 친구여, 신이 정해 놓은 일은 우리 인간 손으로는 어떻게 해도 바꿀 수 없소. 페르시아인 중에도 지금 내가 말한 것이 진실임을 아는 자가 적지 않소. 그러나 우리는 모두 '필연'의 힘에 속박되어 정해진 길을 따라가야 하오. 우리 경고가 진실임에도 어떤 지휘관도 그것을 믿지 않으니 말이오. 이 세상에서, 알면서도 힘이 없기 때문에 실행할 수 없는 것만큼 비참한 고통은 없소."

테르산드로스는 이에 덧붙여, 자신은 이 이야기를 이미—플라타이아 전투 이전에—많은 사람들에게 말한 바 있다고 했다.

마르도니오스가 보이오티아에 주둔하고 있을 때, 이 방면에 살며 페르시아에 복종하고 있던 자들은 모두 병력을 제공했다. 이것은 또한 아테네(아티카) 침공 때에도 마찬가지였는데, 오로지 포키스인만은 가담하지 않고 있었다. 그들도 페르시아 측에게 정성을 다하고 있었지만 침공은 가담하지 못했다. 그것은 어쩔 수 없는 사정 때문일 뿐 본심에서 우러나온 것은 아니었다. 마르도니오스가 테베에 도착한 지 며칠 지나서 포키스 중무장병 1000명이 도착했다. 그 지휘를 맡고 있던 자는 포키스에서 이름이 높았던 하르모키데스였다. 포키스군이 테베 지구에 도착하자 마르도니오스는 기병을 사자로 보내 포키스 부대에게 다른 부대와 떨어져 독립해서 야영하라고 명했다. 그들이 명령대로 하자 돌연히 페르시아 기병 전 부대가 나타났다. 마침내 페르시아 진영 내의 그리스 부대 사이에는 기병 부대가 포키스군을 투창으로 섬멸시킬 것이라는 풍문이 떠돌았다. 또한 이 소문은 문제의 포키스군 사이까지 퍼져나갔다. 이때 지휘관인 하르모키데스는 다음과 같이 휘하 부대를 격려했다.

"포키스인들이여, 이자들은 지금 우리를 도망칠 수도 없는 사지로 몰아넣으려는 것이 분명하오. 생각건대 이것은 테살리아 놈들이 꾸민 이야기 때문일 것이오. 지금이야말로 그대들 한 사람 한 사람이 어떤 종족인지를 보여 줄

때요. 적에게 굴복하여 치욕스럽게 죽느니 차라리 장렬하게 싸우다 전사합시다. 오랑캐 주제에 그리스인을 살해하려 하면 어떻게 되는지 그들에게 보여 줍시다!"

기병 부대는 포키스군을 포위하자 언제라도 창을 던질 수 있는 태세로 전진해 왔다. 개중에는 실제로 던진 자도 있었으리라 생각된다. 포키스군은 사방을 향해 가능한 한 밀집된 진형으로 집결하여 적과 대치했다. 그러자 기병부대는 발길을 되돌리며 물러갔다. 애당초 이 부대는 테살리아인의 요청에 따라 포키스군을 격멸하기 위해 왔었는데, 포키스군이 방위 태세를 갖춘 것을 보자 자군에게도 피해가 있을까 두려워 철수했을 가능성이 높다(그러한 지령이 마르도니오스로부터 내려져 있었다). 그러나 한편으로는 마르도니오스가 포키스인의 용기를 시험하고 싶어 일을 꾸몄던 것일지도 모른다. 나로서도 어떤 설이 정확한지 알 수 없다.

기병대가 돌아간 뒤 마르도니오스는 포키스군에게 사자를 보내 다음과 같이 전했다.

"포키스인이여, 안심하라. 내가 들은 바와는 달리 그대들이 용감한 부대라는 것을 잘 알았다. 이후부터는 열성을 다하여 전투에 임해 주기 바란다. 상대에게 은혜를 베푸는 데는 나도 대왕도 결코 그대들에게 뒤지지 않기 때문이다."

플라타이아 포진

스파르타군은 지협에 도착하자 진을 쳤다. 그 밖의 펠로폰네소스 제국도 이 소식을 듣고, 뒤에서 보고만 있는 자신들을 부끄럽게 여겼다. 그리하여 희생을 통해 길조의 점괘를 얻은 뒤 펠로폰네소스 연합군은 지협을 출발하여 엘레우시스에 도착했다. 여기에서 다시 희생 점으로 길조를 얻자 계속 전진했했다. 그리고 살라미스로부터 건너와 엘레우시스에서 합류했던 아테네인 부대도 그들과 행동을 같이했다. 보이오티아의 에리트라이에 이르렀을 때, 페르시아군이 아소포스 강변에 주둔하고 있음을 알자 이에 맞서 키타이론산 기슭에 진을 쳤다.

마르도니오스는 그리스군이 평지로 내려오지 않자 모든 기병대를 동원해 공격했다. 페르시아에서 이름 높은 마시스티오스가 기병 부대의 지휘를 맡았다. 그는 그리스에 바쿠스티오스란 이름으로 알려진 인물로, 황금 굴레를 비롯하여 호화로운 마구(馬具)로 장식된 니사이아 말[16]을 타고 있었다. 기병대는 그리스군을 향해 군단 단위로 돌격을 되풀이했는데, 그때마다 막대한 피해를 입자 그리스군을 계집이라고 욕했다.[17]

이때 메가라인 부대는 적의 공격을 받기 쉬운 지점에 있었다. 끊임없이 기병대 공격을 받아 곤경에 처한 메가라인은 그리스군 사령부에 전령을 보냈다. 전령은 지휘관들에게 다음과 같이 말했다.

"동맹국 여러분, 우리 부대는 더 이상 단독으로 페르시아 기병의 공격을 막아내 우리가 맡은 지역을 수호할 수가 없게 되었소. 지금까지는 격심한 공격을 받으면서도 인내와 용기로 버텨 왔지만, 이제 구원군을 보내 주지 않는다면 우리는 이 지역을 포기해야 하오."

그러자 파우사니아스는 그 지역을 맡기를 희망하는 부대는 없는지 의향을 물었다. 하지만 아테네인 외에는 누구도 그 역할을 맡겠다고 하지 않았다. 아테네인 부대는 람폰의 아들 올림피오도로스가 이끄는 300명의 정예 부대였다.

이리하여 아테네인은 궁병대(弓兵隊)를 동반해 그 지역으로 진군했다. 전투는 한동안 이어진 뒤 이윽고 다음과 같은 결말을 고했다.

페르시아군이 군단 단위로 돌격을 되풀이하고 있을 때, 맨 앞에서 달리고 있던 마시스티오스의 말이 옆구리에 화살을 맞았다. 고통을 못 이긴 말은 꼿꼿이 서며 마시스티오스를 흔들어 떨어뜨렸다. 아테네군은 곧 달려들어 말은 그 자리에서 사로잡고, 낙마하여 저항하는 마시스티오스는 살해하려했다. 그러나 그는 비늘 모양의 황금 갑옷을 밑에 입고 그 위에 주홍색 웃옷을 걸치고 있었기 때문에 쉽게 죽일 수가 없었다. 아무리 찔러도 그 갑옷 때문에 소용이 없었던 것이다. 그러다 결국 한 사람이 겨우 그것을 깨닫고 눈을 찔러 그를 쓰러뜨렸다.

페르시아 기병 부대는 이 사태를 알아채지 못한 듯했다. 물러났다가는 다시 돌아와 공격을 되풀이했기 때문이다. 그러나 그들은 말고삐를 당겨 멈추

---

16) 7권 참조.

17) 페르시아에서는 이것이 남자에 대한 최대의 모욕이었다.

자 곧 작전을 지휘하는 자가 없음을 깨달았다. 비로소 일의 전말을 알게 되자, 서로 격려하며 유체를 되찾아오려고 전군이 하나가 되어 말을 달려나갔다.

적의 기병이 한꺼번에 돌격해 오자, 아테네인 부대는 다른 부대에 지원을 요청했다. 모든 보병 부대가 응원하러 달려오는 동안, 유체를 둘러싸고 격전이 계속됐다. 300명의 아테네군은 고립무원 상태에 있는 동안 열세에 처해 사체(死體)를 포기해야 할 정도였지만, 대부대가 구원하러 오자 적의 기병 부대는 더 이상 공격하지 못했다. 사체를 거두어들이지도 못했을 뿐만 아니라 많은 기병을 잃었다. 그들은 약 2스타디온 가량 후퇴한 뒤 대책을 협의했는데, 지휘관을 잃은 이상 마르도니오스에게로 돌아가 보고하는 것이 좋겠다고 결론지었다.

기병 부대가 진지로 귀환한 뒤, 마르도니오스를 비롯한 모든 장병은 마시스티오스의 죽음을 깊이 애도하며 자신들은 물론 가축의 머리까지 깎고 통곡을 그치지 않았다. 마시스티오스는 페르시아 군대에서 마르도니오스 다음으로 중요한 인물이었다. 그의 죽음을 애도하는 호곡 소리는 보이오티아 전역을 짓누를 정도였다.

페르시아군이 풍습에 따라 전사한 마시스티오스 장례에 정성을 다하고 있는 동안, 그리스군은 적의 기병 부대를 격퇴하고 더욱더 사기가 올라 있었다. 그리하여 먼저 마시스티오스 사체를 수레에 싣고 진열(陳列)을 따라 끌고 돌아다녔다. 마시스티오스는 체격도 컸고 용모도 아름다웠기 때문에 정말 한번 볼 만한 가치가 있었다. 그래서 그의 사체를 보기 위해 많는 그리스 병사들이 전열을 흩트리며 몰려들었다.

뒤이어 그리스군은 산지에서 내려와 플라타이아로 진격하기로 결의했다. 야영지로서 플라타이아 지역이 에리트라이 부근보다 여러 가지 점에서 훨씬 나았고 특히 물 사정이 좋았기 때문이다. 그리스군은 무기를 들고 키타이론 산 기슭을 떠나 히시아이를 지나 플라타이아 지역으로 들어갔다. 그리고 거기에서 가르가피아 샘과 그 지방의 영웅신인 안드로크라테스 신역 부근에 있는 지역 일대에 걸쳐 나라별로 지역을 분담했다.[18]

---

18) 샘도 신역(神域)도 오늘날에는 그 위치를 확실히 알 수 없다. 그러나 샘은 그리스군 전선의 오른쪽 날개 위치를 나타내고, 신역은 왼쪽 날개를 나타낸다고 추측된다.

이때 부대 배치와 관련하여 테게아인과 아테네인 사이에 격렬한 논쟁이 벌어졌다. 서로 예전 실적을 들추며 한쪽 날개[19]는 자군이 맡는 것이 당연하다고 주장했기 때문이다. 테게아 측은 다음과 같이 주장했다.

"헤라클레스 일족(헤라클레이다이)이 에우리스테우스[20]가 죽은 뒤 펠로폰네소스로 복귀를 시도했던 먼 옛날부터, 펠로폰네소스인이 동맹군으로 출진한 때에는 반드시 우리 부대가 이 부분을 맡는다는 것을 모두가 인정해 왔소. 우리가 펠로폰네소스에 거주하고 있던 아카이아인과 이오니아인과 함께 아군을 구원하기 위해 지협에 출동하여, 복귀를 꾀하는 헤라클레스 일족과 맞서 포진하고 있었을 때의 일이오. 전하는 바에 따르면 이때 힐로스가 두 군이 서로 싸워 위험을 초래할 필요 없이, 펠로폰네소스군 중에서 가장 뛰어난 용사가 정해진 협정 아래 한 번의 격투로 결판을 내자고 제안했다 하오. 펠로폰네소스군도 이 제안에 따르기로 결정했소.

그리고 만약 힐로스가 펠로폰네소스군의 대장과 싸워 승리를 거두면 헤라클레스 일족은 복귀하여 조상의 권리를 계승해도 좋지만, 만약 패하면 헤라클레스 일족은 철수하여 100년 동안 펠로폰네소스로 복귀하지 않기로 약속했소. 그리고 당시 우리 나라 왕으로 군대를 지휘하고 있던 페게우스의 손자이자 아에로포스의 아들인 에케모스가 동맹군 대표로 힐로스와 맞서 싸워 마침내 승리했소. 이 공적에 따라 우리 나라는 여러 가지 큰 특권을 얻었는데, 그중에서도 가장 큰 것이 연합군과 출진할 때는 언제나 한쪽 날개를 지휘한다는 권리였소.

그러나 스파르타인 여러분, 우리는 귀군과 논쟁을 벌일 생각이 없소. 귀군이 어느 쪽 날개 지휘를 바라든 그 선택은 기꺼이 귀군 자유에 맡길 것이오. 다만 다른 한쪽 지휘권만은 과거와 마찬가지로 우리 부대가 가져야 한다고 주장하오. 지금 이야기한 우리 공적은 별도로 하더라도, 아테네인보다는 우리

---

19) 왼쪽 날개를 가리킨다. 오른쪽 날개는 스파르타군의 특권적 지위를 의미한다.
20) 티린스(혹은 미케네)의 왕으로 헤라클레스를 박해한 인물. 헤라클레스 사후에도 헤라클레스 일족을 계속 박해하다가 결국 헤라클레스의 아들인 힐로스에게 살해됐다. 헤라클레스 일족의 펠로폰네소스 복귀란 '도리스족의 침입'이라는 역사적 사실을 전설적으로 표현한 것이다.

쪽이 이 부분을 맡기에 적합하오. 스파르타인 여러분, 우리는 이미 수없이 귀국을 적으로 삼아 훌륭히 싸운 실적이 있소. 귀국뿐만 아니라 다른 나라들에 대해서도 마찬가지였소. 따라서 아테네인이 아니라 우리가 한쪽 날개를 맡아야 하오. 아테네인은 과거에도 최근에도, 우리와 같은 활약을 보이지 못했기 때문이오."

그러자 아테네인은 다음과 같이 답했다.

"우리가 여기에 모인 것은 침략자를 격퇴하자는 데에 있지, 토론을 하기 위해서가 아님을 잘 알고 있소. 그러나 테게아인이 먼저 유사 이래 두 나라 국민이 각각 세운 공적을 이야기하자 했으니, 우리도 가만히 있을 수만은 없소. 우리는 아르카디아인과 같은 자들을 능가하며 언제나 무용(武勇)의 영예를 빛내 왔기 때문이오. 우리 쪽에야말로 한결 우월한 지위를 차지할 만한 전통적인 권리가 있다는 근거를 여러분에게 명백히 밝힐 것이오.

먼저 이자들이 지협에서 그 수령을 죽였다고 칭하고 있는 헤라클레스 일족에 관한 일이오. 그들은 맨 처음 미케네인[21]에게 굴복당하는 모욕을 벗어나기 위한 피난처를 찾았으나 그리스 제국으로부터 모두 추방당하는 곤경에 처했소. 우리 나라만이 그들과 힘을 합쳐 당시 펠로폰네소스를 영유하고 있던 자들을 격파하고 에우리스테우스의 폭정을 분쇄했소.[22] 다음으로는 폴리네이케스와 함께 테베를 공격했던 아르고스인들이 죽음을 당해 장례식도 치러지지 않은 채 방치되어 있었던 것을, 우리 나라는 카드모스 일족(테베인)을 향해 군대를 진격시켜 아르고스인의 사체를 수습하고 이들을 우리 영내의 엘레우시스에서 장례지낸 것을 말할 수 있소.[23] 게다가 우리는 일찍이 아티카에 침입했던 아마존족에 맞서 훌륭한 승리를 거둔 실적도 있고,[24] 또한 트로이 전쟁 때에도 어느 나라에 못지않은 활약을 보였소.

그러나 이러한 일들을 늘어놓아 보았자 무슨 소용이 있겠소. 옛날에 용감

---

21) 이 경우에 에우리스테우스는 미케네의 왕이라 생각된다.

22) 에우리피데스의 비극 〈헤라클레스의 후예(헤라클레이다이)〉의 제재(題材)가 된 이야기.

23) 이 이야기도 에우리피데스의 〈탄원하는 여자들(히케티데스)〉에 의해 잘 알려져 있다.

24) 테세우스가 아마존의 한 사람인 안티오페(혹은 히폴리테)를 약탈한 데서 아티카가 아마존의 보복 공격을 받아 격전 끝에 이를 격파했다는 전설. 아마존에 대해서는 4권 참조.

했던 민족이 이제는 변변치 못할 수도 있고, 옛날에 변변치 못했던 민족이 이제는 용감해진 경우도 있을 것이기 때문이오. 과거의 업적에 대해서는 지금까지의 이야기로 충분할 것이오. 그리스 제국 중에 수없이 많은 훌륭한 활약상을 보인 나라가 있다면 우리가 바로 거기에 해당할 것이오. 혹 다른 업적이 없었다 하더라도 마라톤에서의 업적만으로도 우리는 특권을 누릴 자격이 있소. 그리스 제국 중에서 실로 우리 나라만이 페르시아군을 상대로 홀로 도전하여, 그 어려운 싸움에서 모두 46개에 이르는 민족을 격파하여 훌륭한 승리를 거두었기 때문이오! 이 공적 하나만 가지고도 우리 군이 이 부서를 확보할 만하지 않소? 그러나 지금과 같은 때 부대를 배치하는 일을 가지고 내분을 일으켜서는 안 될 것이오. 스파르타인 여러분, 귀군이 어느 지점을 맡도록 명하든 우리로서는 귀군의 뜻에 따를 생각이오. 우리는 어느 곳에 배치되더라도 용감히 싸울 각오이니 부디 명령을 내려 주시오. 우리는 그에 따를 것이오."

아테네인이 위와 같이 응수하자, 스파르타의 전 장병은 큰소리로 아르카디아인보다는 아테네인이 그 날개를 맡는 것이 더 적합하다고 외쳤다. 이리하여 아테네인이 테게아인을 누르고 이 부분을 맡게 되었다.

이와 같은 일이 있은 다음, 처음에 도착한 부대에 그 뒤 속속 도착한 부대를 덧붙여 그리스군은 다음과 같이 전열을 짰다. 오른쪽 날개는 스파르타군[25] 1만이 맡았는데, 그중 5000명은 순수한 스파르타인으로 여기에는 1인당 7인씩의 비율로 총 3만 5000명 국가 노예 출신 경무장병이 호위병으로 배치되었다. 스파르타군은 자군 이웃에 배치될 부대로서 테게아군을 선택했다. 이는 그들에게 경의를 표하기 위함과 동시에 테게아군의 무용을 높이 샀기 때문이었다. 이 병력은 중무장병 1500명이었다.

그 다음으로는 코린토스군 5000명이 진을 쳤는데, 그들은 파우사니아스의 허가를 얻어 팔레네 지방 포티다이아에서 종군한 300명 병사를 자군 곁에 포진시켰다. 그 다음에는 아르카디아의 오르코메노스인 부대 600명, 그 다음으로는 시키온군 3000명이 있었고, 그 이웃에는 에피다우로스군 8000명이 있

---

25) 여기에서는 라케다이몬과 스파르타를 엄밀하게 구별하지 않고 대개 스파르타라고 옮겼지만, 이 경우에는 다소 곤란하다. 정확히는 '라케다이몬인 1만'으로, 그중 5천이 스파르타인, 그 나머지 5천은 이른바 주위 주민(헤리오이코이)이었으리라 생각된다.

었다. 에피다우로스군 곁에는 트로이젠 군 1000명이 배치되었고, 트로이젠군 옆에는 레프레온[26]군 200명, 이어서 미케네군과 티린스군 합쳐 400명, 나아가 플레이우스[27]인 부대 1000명이 그 뒤를 이었다.

그 곁에 자리잡은 것은 헤르미오네군 300명이었고, 헤르미오네군 다음에는 에레트리아군과 스티라군 600명, 계속해서 칼키스군 400명, 그 다음으로는 암브라키아인 부대 500명이 위치했다. 위의 부대 뒤에는 레우카스군과 아낙토리온군 800명, 그 다음으로는 케팔레니아섬[28]의 팔레인 부대 200명이 진을 쳤다. 그 곁에는 메가라군 3000명이 배치되었고, 플라타이아군 600명이 뒤를 이었다. 마지막으로—그리고 맨 선두이기도 했다—왼쪽 날개를 맡은 아테네군 8000명이 포진했는데, 그 지휘자는 리시마코스의 아들 아리스테이데스였다.

위에 열거한 병력은 스파르타 병사 한 명당 7명씩 배속되어 있던 노예병들을 제외하면 모두 중무장병으로, 그 총수는 3만 8700명이었다. 한편 경무장 병력으로는 우선 순수 스파르타인 부대에 병사 1명당 7명씩 배속되어 있었던 3만 5000명의 병사가 있었다. 이들은 모두 전투용 장비를 갖추고 있었다. 다음으로 그 밖의 스파르타 부대 및 그리스 모든 부대의 경무장 병력 수는 중무장병 1명당 1명씩의 비율로 모두 3만 4500명[29]이었다. 이리하여 전투 능력이 있는 경무장병의 총수는 6만 9500명이었다.

플라타이아에 집결한 그리스군의 총수는 중무장병과 전투 능력이 있는 경무장병을 합쳐 11만에서 1800명이 모자라는 숫자였다. 그러나 종군하고 있던 테스피아이인을 덧붙이면 그 숫자는 꼭 11만이었다. 살아남은 테스피아이인 1800명이 그리스군 진영에 가담하고 있었기 때문이다.[30] 다만 이 부대는 중무장을 하지 않고 있었다.[31]

---

26) 펠로펜네소스 서해안 중앙부의 트리피리아 지방의 도시.
27) 아르고스 지방 서북부의 도시.
28) 이오니아해(海)의 큰 섬. 팔레는 이 섬 안에 있는 도시.
29) 중무장병의 총수 3만 8700에서 순수 스파르타병 5천을 뺀 수는 3만 3700이므로, 중무장병과 경무장병의 비(比)를 엄밀히 1대 1로 계산한 3만 4500에서 800이 모자란다. 이것을 단지 작자의 계산상의 착오로 보아야 할지 어떨지는 의문이다.
30) 테르모필라이 전투에서 살아 남은 자들.
31) 중무장병과 같이 큰 방패와 긴 창을 지니지 않았다는 의미. 따라서 경무장병이었던 것이다.

그리스군이 위와 같이 포진하여 아소포스 강변에서 야영하고 있을 때, 마시스티오스의 죽음에 깊은 조의를 표한 마르도니오스 휘하 페르시아군은 그리스군이 플라타이아에 있다는 정보를 접하자 그들도 아소포스 강변으로 이동했다. 그들은 마르도니오스의 지휘에 따라 그리스군에 대항하기 위해 다음과 같이 진을 갖추었다.

마르도니오스는 스파르타군 전면에 페르시아인 부대를 배치했다. 페르시아인 부대는 그 병력이 스파르타군을 훨씬 능가하고 있었으므로 전열이 두터워 그것이 테게아군 전면에까지 미쳤다. 마르도니오스는 배치를 할 때 페르시아군 중에서 최정예군을 뽑아 전면에 두고 비교적 약한 병사들은 테게아군을 상대하도록 유의해서 배치했다. 그의 이러한 조치는 테베인의 조언에 따른 것이었다. 페르시아인 오른쪽에는 메디아인 부대가 자리잡았다. 이들 임무는 코린토스, 포테이다이아, 오르코메노스, 시키온 등의 그리스 부대에 대항하는 것이다. 마르도니오스는 메디아군 다음에 박트리아인 부대를 배치했는데, 이 부대는 에피다우로스·트로이젠·레프레온·티린스·미케네·플레이우스 등의 그리스 부대를 정면에서 상대했다. 박트리아군 다음에는 인도군이 배치되어 헤르미오네, 에레트리아, 스티라, 칼키스 등의 부대를 맡았다. 인도군 다음에 배치된 것은 사카이인 부대로, 이들은 암브라키아·아낙토리온·레우카스·팔레·아이기나 등의 부대를 상대했다. 나아가 마르도니오스는 아테네, 플라타이아, 메가라 등의 부대 전면에는 보이오티아, 로크리스, 말리스, 테살리아 부대 및 포키스인 1천 명을 배치했다. 포키스인 모두가 페르시아 측에 가담한 것은 아니었다. 그 일부는 파르나소스산에서 성을 지키며[32] 마르도니오스군과 이를 원조하는 그리스 부대를 습격하여 괴롭히고 있었다. 마르도니오스는 이 밖에 마케도니아인 부대 및 테살리아 주변의 주민 부대도 아테네군 전면에 배치했다.

위에서는 마르도니오스 연합군 중에서 가장 유력한 민족들만을 거론했는데, 이들은 모두 이름이 잘 알려진 중요한 부대였다. 그 밖에 페르시아 원정군에는 잡다한 민족 병사들도 섞여 있었다. 그리기아인·미시아인·트라키아인·

---

32) 8권 참조.

파이오니아인 등이 그들이며, 나아가 에티오피아인, 헤르모티비에스·칼라시리에스라 불리는 이집트인도 끼여 있었다. 이집트에서는 헤르모티비에스와 칼라시리에스만이 군무에 종사하는데,[33] 이들은 단검을 지녔다. 이 이집트군은 마르도니오스가 아직 펠레폰에 있을 때 함상 전투원으로 승선해 있던 것을 하선시킨 자들로, 크세르크세스를 따라 아테네를 침공했던 육상 부대에는 끼여 있지 않았었다.

페르시아군 병력은 전에도 명백히 제시했던 것처럼 총 30만이었다. 마르도니오스에 가세한 그리스인 부대의 수는 애초부터 병력 수에 대한 조사가 한 번도 행해지지 않았기 때문에 알 수 없다. 그러나 내 추정으로는 총 5만에 달했으리라고 생각된다. 이상 전선에 배치된 병력은 모두 보병이었고, 기병 부대는 별도로 배치되었다.

플라타이아 전투

전군이 민족별·군단별로 배치를 마친 다음, 두 군은 다음 날 동시에 희생식을 행했다. 그리스군에서 희생식을 집행한 것은 안티오코스의 아들 테이사메노스로, 그는 점술가 자격으로 종군하고 있었다. 이 사람은 엘리스인이며 이아모스가(이아미다이)[34]였는데, 스파르타인은 그를 자국 시민으로 대우하고 있었다. 그렇게 된 사정을 살펴보면 다음과 같다.

이전에 테이사메노스가 자식을 얻을 수 있을지를 알아보기 위해 델포이의 신탁을 받은 적이 있었다. 무녀의 대답은 그가 커다란 승부에서 다섯 번에 걸쳐 이기리라는 것이었다.[35] 테이사메노스는 신탁의 참뜻을 오해하여 체육 경기에서 이길 것이라는 의미로 생각하고 5종경기[36]를 연습해, 올림피아에서 안드로스 출신의 히에로니모스를 상대로 싸웠지만 한 종목 차이로 애석하게 우승을 놓쳤다. 그런데 스파르타인은 테이사메노스가 받은 신탁이 체육 경기

---

33) 이집트의 무사 계급(2권 참조).
34) 아폴론의 아들 이아모스를 조상으로 하는 올림피아의 점술가 일족.
35) 자식에 대해 물었는데 그 대답이 이상하다. 테이사메노스가 자식 복이 없는 것을 위로하는 의미에서 이렇게 말했는지도 모르겠다.
36) 넓이뛰기, 창던지기, 경주, 원반던지기, 레슬링 등 다섯 종목.

에서의 승부가 아니라 전쟁에서의 승부를 가리킴을 알고, 그에게 보수를 주고 설득하여 전쟁시 헤라클레스가의 왕과 함께 지휘를 맡게 했다. 테이사메노스는 스파르타인이 자신을 그들 편으로 끌어들이기 위해 몹시 애쓰는 것을 보고, 자신에게 스파르타 시민권과 모든 권리를 주면 승낙하겠지만 그 밖의 보수로는 응하지 않겠다고 말했다. 처음에 스파르타인은 그 말을 듣고 분개하여 그에 대한 요청을 단념했으나, 페르시아군 침입이라는 커다란 위협이 닥치게 되자 결국 그를 불러들이고 요구를 들어주겠다고 했다. 그러자 테이사메노스는 스파르타인의 마음이 변한 것을 알고, 이제는 그뿐만으로는 안 되고 형제인 헤기아스도 자신과 똑같은 조건으로 스파르타 시민으로 받아 달라 요구했다.

테이사메노스가 이렇게 제안한 것은—요구한 것이 왕위와 시민권이라는 차이가 있지만—멜람푸스[37]의 예를 따랐다고 할 수 있다. 아르고스의 여자들이 실성해 가자[38] 아르고스인이 멜람푸스를 필로스에서 데려와 치료해 달라고 했을 때, 그는 그 보수로서 왕국의 반을 달라고 제안했다. 아르고스인은 그 요구를 거부했지만 미치는 여자 수가 점점 더 늘어가자 마침내 멜람푸스의 제안을 받아들이기로 했다. 이때 멜람푸스는 아르고스인이 마음을 바꾼 것을 알고 값을 올려 자기 형제인 비아스에게도 왕국의 3분의 1을 주어야만 응하겠다고 답했다. 아르고스는 어쩔 수 없이 그 요구를 수락했던 것이다.

이 예와 똑같이 스파르타도 테이사메노스를 절실히 필요로 했기 때문에 전적으로 양보했다. 스파르타 측이 양보하여 새로운 요구를 들어 준 결과, 엘리스인 테이사메노스는 스파르타 시민이 되고 점술가로서 스파르타인을 도와 5회에 걸쳐 대전쟁을 승리로 이끌게 했다. 천하가 아무리 넓다하더라도 스파르타 시민권을 얻은 외국인은 이 두 사람밖에 없다. 다섯 번의 대전쟁이란 첫 번째는 플라타이아 전투, 그 다음은 테게아인과 아르고스인을 상대로 싸웠던

---

37) 전설상의 유명한 점술가(2권 참조).
38) 아르고스 지방의 도시 티린스의 왕 프로이토스의 세 왕녀(王女)가 디오니소스(혹은 헤라)의 노여움을 사 광기에 빠졌다. 이 병은 다른 여자들에게도 전염됐는데 멜람푸스가 와서 이것을 치유해, 그 답례로써 동생과 함께 왕녀를 한 사람씩 아내로 맞이하고 왕권도 받았다 한다.

테게아 전투, 그 다음은 만티네이아를 제외한 전 아르카디아인을 상대로 싸웠던 디파이아[39] 전투, 그 다음은 이스토모스 부근에서의 대 메세니아 전투, 마지막은 아테네 및 아르고스를 상대로 했던 타나그라 전투[40]를 말한다. 이 타나그라 전투가 다섯 번의 전투 중 최후의 전투였다.

이 테이사메노스가 이때 스파르타군을 종군하여 플라타이아 지역에서 그리스군의 무운(武運)을 점쳤던 것이다. 희생의 괘는 그리스군이 수비를 하면 길(吉), 아소포스를 건너 먼저 공격을 가하면 흉(凶)이라고 나왔다.

한편 마르도니오스의 희생 점괘도 싸움을 걸면 흉하고 방어를 하면 길하다고 나왔다. 왜냐하면 마르도니오스도 헤게시스트라토스라는 점술가를 데려와 그리스풍의 희생점을 치게 했기 때문이다.

이 헤게시스트라토스라는 자는 엘리스인으로 텔리아스 일족[41] 중에서 가장 명망이 높았던 인물이다. 그는 한때 스파르타에 커다란 해를 주었다 하여 스파르타인에게 포박당하고 사형수로서 유폐당했었다. 이러한 비운에 처했던 그는 죽음을 면할 수만 있다면 어떠한 참혹함도 견딜 수 있다는 생각에서, 실로 말로 표현할 수 없는 대담하고 기발한 행동을 연출했다. 그는 철테가 둘러진 나무 차꼬를 차고 있었는데, 어디서 생겼는지 칼붙이를 손에 넣자마자, 발을 어느 정도 잘라 내야 빼낼 수 있는지를 계산한 뒤 스스로 발을 잘라 냈던 것이다. 그런 뒤 보초가 지키고 있었으므로 감옥 벽에 구멍을 뚫고 밤에만 걷고 낮에는 숲 속에 숨어 잠자면서 테게아를 향해 탈주했다. 이리하여 스파르타인이 나라 안을 모두 수색했음에도 그는 3일째 밤에 테게아에 도착했다. 한편 잘라 낸 발 조각은 남아 있는데 본인의 모습은 찾을 수 없었으므로 스파르타인은 그 대담무쌍한 행위에 혀를 내둘렀다. 헤게시스트라토스는 이때 스파르타를 탈주하여 그 무렵 스파르타와 사이가 좋지 않았던 테게아로 피했던 것이었다.

상처를 치료하고 의족을 단 그는 이때부터 공공연히 스파르타의 적이 되었

---

39) 아르카디아 남쪽의 마이나리스 지방에 있는 도시. 테게아의 서북쪽에 해당.
40) 기원전 457년에 일어났다. 포키스에 출격했던 스파르타군이 돌아가는 길에 아테네군의 방해를 받았기 때문에, 아테네군과 이에 연합한 아르고스인을 상대로 싸웠다.
41) 이아모스가, 클리디오스가 등과 함께 엘리스에서 유명했던 점술가 집안(8권 참조).

다. 그러나 그가 스파르타에 대해 불태웠던 증오는 결국 자신의 몸을 덮치게 되었다. 그가 자킨토스에서 점을 치고 있을 때 스파르타인이 그를 잡아 죽였기 때문이다.

그러나 헤게시스트라토스의 죽음은 플라타이아 전투 이후 일이다. 그는 플라타이아 전투시에 거액의 보수를 받고 아소포스 강변에서 마르도니오스를 위해 희생점을 치며 스파르타에 대한 증오심과 돈 두 가지를 위해 열성을 다하고 있었다.

페르시아군뿐만 아니라 페르시아군을 따르는 그리스인 부대 쪽에도 선제공격을 하면 흉하다는 괘가 나타났다(그리스인 부대에도 레우카스인인 히포마코스라는 전속 점술가가 있었던 것이다.) 한편 그리스군은 지원군이 계속 유입되어 그 세력이 늘고 있었다. 그러자 헤르피스의 아들 티마게니다스라는 테베인이, 그리스군 수가 매일 계속 증대되고 있는데 키타이론의 진입로를 경계하면 많은 그리스병의 유입을 저지할 수 있을 것이라고 마르도니오스에게 진언했다.

두 군이 대치한 지 8일째 날이었다. 마르도니오스는 이 진언을 좋은 계책이라 생각하고 밤이 되자 플라타이아로 통하는 키타이론 진입로로 기병 부대를 파견했다. 이 길을 보이오티아인은 '삼두(三頭)'라 부르고, 아테네인은 '떡갈나무 머리'[42]라 부르고 있었다.

이 작전은 효과가 있었다. 펠로폰네소스로부터 식량을 진영으로 수송하고자 평야로 들어오려던 운반용 가축류 5000마리와 그에 딸린 사람들을 사로잡았기 때문이다. 페르시아군은 이들을 포획하자 가축류도 인간도 사정없이 마음 내키는 대로 살육했다. 그리고 그 일이 싫증 나자 나머지 살아 남은 자들을 한데 모아 마르도니오스 진영으로 끌고 갔다.

위와 같은 일이 있은 뒤 두 군 모두 싸움을 걸지 않고 다시 이틀이 지났다. 그사이 페르시아군은 그리스군이 먼저 공격해 오도록 유도하기 위해 아소포스 강가까지 진출했지만 서로 강을 넘지는 않았다. 그러나 마르도니오스 기병 부대는 끊임없이 그리스군을 괴롭혔다. 이것은 열렬한 페르시아 지지자인 테베인이 유달리 전쟁에 열의를 보이며 페르시아군 선두에 서서 끊임없이 유도

---

42) 삼두(三頭)란 이 부근에 산봉우리 세 개가 나란히 놓여 있는 데서, 떡갈나무 머리란 이들 산봉우리가 떡갈나무로 뒤덮여 있는 데서 붙여진 이름이다.

했기 때문이다. 하지만 그것은 전투에 돌입하기까지만이고, 그 뒤를 이어 무공을 세운 것은 페르시아인과 메디아인이었다.[43]

10일간 전쟁은 소강상태에 머물렀다. 그러나 그리스군은 수가 점점 더 늘고 있었다. 결국 11일째 되던 날, 마르도니오스는 아무 진전 없이 질질 끄는 것을 참지 못하고 파르나케스의 아들로 크세르크세스의 신임을 특히 많이 받는 몇몇 페르시아인 중 한 사람이었던 아르타바조스와 회담을 했다. 아르타바조스가 제시한 의견은 전군 철수였다. 병력 및 운반용 가축류를 위한 식량과 사료를 충분히 비축해 둔 테베 성내로 들어가 여기에서 천천히 자리잡고 있으면서 다음과 같이 일을 진행시켜야 한다는 것이다. 페르시아군은 화폐로 주조한 것이나 그렇지 않은 것을 합쳐 다량의 황금을 가지고 있고, 그 밖에도 다량의 은과 (은제) 술잔류도 보유하고 있었다. 이들 물품을 아끼지 말고 그리스인, 특히 각 도시의 세력가들에게 보내라는 것이었다. 그러면 그리스인들로 하여금 스스로 자유를 포기하게 할 수 있으니, 페르시아군으로서는 굳이 싸우는 위험을 무릅쓰지 않더라도 목적을 달성할 수 있다는 주장이었다.

아르타바조스의 의견은 테베인의 견해와 일치하는 것으로 선견지명이 있는 주장이었지만, 마르도니오스의 의견은 그와 크게 달랐다. 그는 페르시아군 병력이 그리스군보다 훨씬 우세하므로 즉시 교전을 해야 한다 말했다. 그리스군 병력이 현재보다 증강되는 것을 간과해서는 안 되며, 무리하게 헤게시스트라토스의 희생 점괘에 따르기보다 그것을 무시해 버리고 페르시아인 방법에 따라[44] 전투를 개시해야 한다는 것이었다.

마르도니오스가 이러한 의견을 제시하자 모두가 그 의견에 따르기로 결정했다. 왜냐하면 왕으로부터 통솔권을 부여받은 자는 아르타바조스가 아니라 마르도니오스였기 때문이다.

그 뒤 마르도니오스는 페르시아 각 군단장과 그를 수행하고 있는 그리스인 부대 지휘관들을 소집하고는, 페르시아군이 그리스에서 섬멸된다는 예언을

---

43) 헤로도토스의 필치에서 테베인에 대한 가시 돋친 비웃음이 묻어남은 두말할 나위도 없다. 플루타르코스의 이른바 〈헤로도토스의 악의(惡意)〉의 예.

44) 이것이 구체적으로 무엇을 뜻하는지는 잘 알 수 없다. 그리스식의 희생점과 같은 번거로운 짓은 하지 않고 곧바로 전쟁을 시작하는 의미로도 해석된다.

알고 있느냐고 물었다. 실제 그 신탁을 모르는 자도 있었지만 물론 알고 있는 자들도 그것을 입 밖에 내면 위험하다고 생각하여 침묵을 지키고 있었다. 마르도니오스는 이렇게 말했다.

"그대들이 실제로 아무것도 모르는지 아니면 알면서도 감히 말하지 못하는지 모르나, 모든 것을 잘 아는 내가 그것을 말하겠소. 페르시아군은 그리스에 도달하여 델포이의 성역을 약탈한 뒤 전멸하게 될 운명에 있다는 신탁이 있었소. 우리는 이 신탁을 잘 알고 있으므로 성역에서 멀찌감치 떨어져 그곳을 짓밟으려고 하지 않을 것이오. 따라서 그것이 원인이 되어 우리 군이 전멸하는 따위 일은 없을 것이오. 그러므로 그대들 중 적어도 페르시아가 번영하길 원하는 사람은 우리 군이 전쟁에서 반드시 승리할 것임을 알고 기뻐해 주기 바라오."

그리고 마르도니오스는 이튿날 아침 벌어지게 될 전투에 대비하여 만반의 준비를 갖춰 실수가 없도록 하라 지시했다.

그러나 나는 마르도니오스가 말한 신탁이 실은 일리리아 엔켈레이스인[45]의 침공에 관한 것임을 알고 있다. 실제로 페르시아군에 대하여 바키스[46]가 내린 예언은 다음과 같다.

풀이 부드럽게 깔린 테르모돈과 아소포스 강가에서
그리스군이 모이고, 알아들을 수 없는 외국인의 함성이 울리리라.
운명의 날이 이르렀을 때, 활로 무장한 수많은 메디아 병사들이
정해진 운명을 채우지 못하고 여기서 최후를 마치리라.

이 예언이나 이와 유사한 무사이오스의 예언이야말로 페르시아인과 관련된 것임을 나는 알고 있다.

또한 테르모돈이란 타나그라와 글리사스 사이를 흐르는 강 이름이다.[47]

---

45) 테베에서 쫓겨난 전왕(前王) 카드모스와 그 무리가 일리리아의 엔켈레이스인에게 도망친 뒤 그들을 이끌고 다시 그리스로 돌아왔다는 전설에서 유래.
46) 이 유명한 예언자에 대해선 8권 참조.
47) 이렇게 예언한 것은 같은 이름의 강이 소아시아에 있기 때문이다.

마르도니오스가 신탁에 대해 묻고 나서 앞서와 같이 훈시한 뒤, 날이 저물어 초병(哨兵)이 배치되었다. 이윽고 밤은 깊어 두 진영에 침묵만이 흐른 채 병사들도 모두 잠들었다고 생각될 무렵이었다. 마케도니아 왕으로 군대를 지휘하고 있었던 아민타스의 아들 알렉산드로스가 말을 달려 아테네군 보초 앞에 나타나 지휘관들에게 면회를 요청했다. 그러자 대부분의 보초는 그 자리에 남고 일부 보초는 지휘관들에게로 달려가, 페르시아군의 진영에서 말을 탄 남자 한 명이 와 다른 아무것도 밝히지 않고 다만 지휘관들의 이름만 들고는 면담하고 싶다 말한다고 전했다.

지휘관들은 그 보고를 듣자 곧 달려온 병사들과 함께 초병들이 있는 곳으로 갔다. 지휘관들이 오자 알렉산드로스가 그들을 향해 이렇게 말했다.

"아테네인 여러분, 그대들을 믿고 말하거니와, 지금부터 내가 말하는 것을 파우사니아스 이외에는 누구에게도 비밀로 해주시오. 그러지 않으면 나는 파멸될 것이오. 만약 내가 그리스 전체를 위해 깊이 우려하지 않았다면 이런 말을 하러 오지도 않았을 것이오. 나도 옛날로 거슬러 올라가면 그리스인 피를 이어받았은 바, 그리스가 자유를 잃고 다른 나라에 예속되는 것을 볼 수 없소. 그럼 지금부터 전하고 싶은 것을 말하겠소. 마르도니오스와 그 군대의 희생점 결과가 아무래도 좋지 않다는 것이오. 만약 그렇지 않다면 그대들은 훨씬 이전에 전투를 맞이했을 것이오. 그런데 마침내 마르도니오스는 희생점을 무시하고 내일 아침 날이 밝자마자 전투가 돌입할 결심을 굳히고 있소. 내 추측으로는 귀군이 증강되는 것을 마르도니오스가 두려워하는 것 같소. 귀군은 이에 대한 준비를 갖추어 두시오. 그러나 만일 마르도니오스가 전투를 연기한다면 계속 머물러 있는 게 좋소. 그들에게는 이젠 수일간의 식량밖에 남아 있지 않기 때문이오.

이번 싸움에서 귀군이 바라는 대로 승리를 거두었을 때에는 본인이 아무런 위해를 입지 않도록 반드시 나를 기억해 주시오. 마르도니오스의 의도를 귀측에 전달하여 귀군이 습격에 대응할 수 있도록 이렇게 위험을 무릅쓴 나를 꼭 기억해 주시오. 나는 마케도니아의 알렉산드로스요."

그는 이렇게 말한 뒤 말을 달려 자기 부대로 돌아갔다.

아테네 지휘관들은 알렉산드로스로부터 들은 바를 파우사니아스에게 전했다. 그는 페르시아군이 몰려온다는 이야기를 듣자 두려워하며 이렇게 말했다.

"전투가 내일 새벽녘에 벌어질 것이라면 그대들 아테네군이 페르시아인 부대를 맡고, 우리는 보이오티아군과 귀군 전면에 있는 그리스인 부대를 맡기로 하는 것이 좋겠소. 귀군은 이미 마라톤 전투를 통하여 페르시아인 전투 방법을 알고 있지만, 여기 있는 스파르타군은 이들과 싸운 경험이 없기 때문이오. 그러나 우리는 보이오티아인, 테살리아인은 이미 충분히 경험해 보았소. 부디 귀군은 무기를 휴대하고 이쪽 날개로 이동해 우리 군이 왼쪽 날개 쪽으로 이동하도록 해주시오."

이에 대해 아테네의 지휘관들은 이렇게 말했다.

"본디 처음 귀군 전면에 페르시아인 부대가 배치되어 있는 것을 보았을 때부터 우리도 그런 제안을 하고 싶었소. 그러나 그런 말을 하면 귀군의 기분이 상할까봐 그만두었던 것이오. 하지만 지금은 귀측으로부터 먼저 제안해 왔으니 우리는 기꺼이 그것을 받아들이겠소."

모두 양해했으므로 날이 밝자마자 두 군은 그 위치를 바꾸었다. 그런데 보이오티아인이 이를 알고 마르도니오스에게 보고 했다. 마르도니오스는 이 보고를 듣자, 곧 페르시아인을 스파르타군 전면으로 이동시켰다. 파우사니아스는 이러한 움직임을 관찰하고는 적의 눈을 속일 수 없음을 깨닫고 다시 스파르타군을 오른쪽으로 돌렸다. 그러자 마르도니오스도 똑같이 부대를 왼쪽으로 돌렸다.

두 부대가 처음 위치로 돌아왔을 때, 마르도니오스가 스파르타군에게 전령을 보내 다음과 같이 전했다.

"스파르타인이여, 이 땅 주민들은 그대들이 용맹한 국민이라고 생각하는 것 같다. 그대들은 결코 싸움터에서 도피하거나 위치를 포기하지 않고, 고수하여 적을 쓰러뜨리든지 그렇지 않으면 자신이 쓰러지든지 한다고 찬탄해 마지않고 있다. 그러나 이 소문은 전혀 거짓이었다. 여기 있는 그대들은 싸우기도 전에 이미 맡은 위치를 버리고 도망치는 한편, 아테네인을 이용해 먼저 우리 군의 힘을 시험하고자 하고 자신들은 우리의 노예에 불과한 부대 앞에 포진하는 것을 이 눈으로 보았다. 이것은 결코 용맹한 자의 행동이 아니다. 우리는 그대들에게 정말 실망했다. 그대들 명성을 통해 추측하건대 그대들이 이제 곧 우리 쪽에 사자를 보내 페르시아인만을 상대로 싸우고 싶다고 도전장을 보내 오리라 기대하고 있었다. 그대들이 도전장을 보냈다면 우리는 반드시 도전에 응했을 것이다. 그러나 그대들은 그러한 말은커녕 목을 움츠리고 꽁무니를 빼고 있지 않은가? 그대들 측에서 도전을 하지 않으므로 이편에서 하겠다. 어디 용감무쌍함을 자랑하는 그대들은 그리스 측 대표, 우리는 페르시아 측 대표가 되어 같은 수의 병력으로 대결해 보지 않겠는가? 다른 부대도 싸우는 것이 좋다면 그들은 우리 싸움이 끝난 뒤에 싸우게 하면 된다. 그러나 그럴 필요 없이 우리만으로 결전을 치러 우리 중 어느 쪽이 이기든 그 승리로 가름하자."

사자는 위와 같이 말하고 잠시 응답을 기다리고 있었는데, 아무도 응답하지 않자 페르시아 진영으로 돌아와 마르도니오스에게 일의 전말을 보고했다. 마르도니오스는 크게 기뻐하고 공허한 승리의 환상에 취해[48] 기병 부대로 하여금 그리스군을 공격토록 했다. 기병 부대는 돌격하여 창을 던지고 화살을 날리며 그리스 전군에 손상을 입혔다. 하지만 기병들이 활로 무장했기 때문에 그리스군이 이에 접근할 수가 없었다. 기병대는 나아가 그리스 전군에게 식수를 대주던 가르가피아 샘을 파괴해 버렸다. 이 샘 부근에 포진하고 있었던 것은 스파르타 병사뿐으로, 다른 부대는 각각의 위치가 샘에서 멀었고 아소포스강에 가까웠다. 그러나 이들 부대도 적의 기병 부대가 화살을 쏴 아소포스강으로 접근하는 것을 막았기 때문에 이 샘의 식수를 의지하고 있었다.

페르시아 기병대가 전열을 어지럽히고 식수를 차단하자 여러 그리스인 부대는 오른쪽 날개 편에 있는 파우사니아스에게로 모여들었다. 실은 식수 문제도 그렇지만 그들을 걱정에 빠트리는 다른 사정이 있었다. 그리스군의 식량이 바닥난 와중에, 식량 조달을 위해 펠로폰네소스에 파견했던 병졸들이 적의 기병대에게 가로막혀 진영에 도착할 수 없었던 것이다.

지휘관들은 협의 끝에, 만약 페르시아군이 그날 전면적인 싸움을 걸어 오지 않고 끝나면 '섬'으로 옮겨 가기로 결정했다. 이 '섬'은 아소포스강과 가르가

---

48) 스파르타 측의 침묵은 마르도니오스의 큰소리를 차갑게 묵살한 것이었는데, 마르도니오스는 이를 기가 죽었다고 보았던 것이다.

피아 샘으로부터 10스타디온 떨어진 플라타이아시 전면에 있다. 육지에 섬이 있을 수 있는 까닭은, 키타이론에서 평야로 흘러내리는 강이 갈라져 약 3스타디온의 거리를 두고 두 갈래로 흐르다가 다시 하나로 합류하기 때문이다. 이 강 이름은 오에로에라 하고, 이 지방 주민은 이 강을 아소포스의 딸이라고 한다. 그리스군 지휘관들은 물도 넉넉히 구할 수 있고 적의 기병으로부터도 정면에서 상대할 때보다는 피해를 덜 보게 될 것이라는 이유에서 이곳으로 진영을 옮기기로 했던 것이다. 그리고 이렇게 행동하는 것을 페르시아군이 보고 기병대로 하여금 공격케 하지 못하도록 하기 위해, 이동은 밤중 제2야경시(第二夜警時)[49]에 하기로 했다. 나아가 키다이론에서 흘러내리는 오에로에강이 두 갈래로 갈라져 둘러싼 이 지역에 도착하면, 그날 밤 안으로 부대의 반을 키타이론에 파견하여 식량 조달을 위해 나갔던 병졸들을 구출하기로 결정했다. 그들은 키타이론 산중에서 진로를 차단당하고 있었기 때문이다.

위와 같이 결정한 뒤 그리스군은 그날 종일 습격해 오는 기병대 때문에 고통을 겪었다. 이윽고 날이 저물자 기병대 공격도 끝났다. 그리고 밤이 되어 마침내 미리 약속했던 철수 시각이 되자, 대다수 부대는 진영을 거두고 철수를 시작했다. 그러나 그들은 약속 장소에 가는 것 따위는 염두에 두지도 않은 채 한번 이동을 시작하자 기병 부대로부터 도망치는 기쁨에 들떠 길을 플라타이아 방향으로 잡고 도주를 계속하여 헤라 신전에 이르렀다. 이 신전의 위치는 플라타이아시 전면에 해당하고 가르가피아 샘으로부터는 20스타디온 떨어진 곳에 있다. 여기에 도착한 그들은 신전 앞에서 정지하고 무기를 내려놓았다.

한편 파우사니아스는 이들이 진영에서 철수하는 것을 보고 그들이 약속 장소로 가리라 믿고 스파르타군에게도 진영을 철수해 선발 부대 뒤를 좇아가라고 명령을 내렸다. 대장(隊長)들은 모두 파우사니아스 명을 따르는 데 이의가 없었지만, 피타네 군단[50]을 지휘하고 있었던 폴리아데스의 아들 아몸파레토스

---

49) 그리스의 경우도 로마와 똑같이 일몰에서 날이 밝을 때까지를 4야경시로 나누었는지는 명확하지 않다. 그러나 만일 그랬다 하면, 일몰이 오후 6시이고 일출이 오전 6시일테니 제2야경시는 오후 9~12시가 된다.

50) 스파르타의 군제(軍制)는 대부분 수수께끼에 휩싸여 있어 정확히 알 수 없다. 피타네는 스파르타를 구성하는 5개 구(區) 중 하나.

만은 이국 군에게 뒤를 보이는 것이 불쾌하고 또한 스스로 스파르타 이름을 욕되게 하는 일은 할 수 없다고 주장했다. 그는 회의 때 참석하지 않았기 때문에 이러한 행동을 보고 놀람을 금치 못했던 것이다. 파우사니아스와 에우리아낙스[51]는 그가 자신들 명령에 복종하지 않는 데 매우 화가 났지만, 아몸파레토스의 의향이 그렇다 하여 피타네 군단을 두고 떠날 수도 없었다. 다른 그리스 부대와 협정을 이행하기 위해 그 군단을 두고 떠난다면 뒤에 남은 아몸파레토스도, 그 휘하 부대도 전멸할 것이라 생각했기 때문이다. 두 사람은 이렇게 생각하고 진지 이동을 철회한 뒤 아몸파레토스를 설득하기로 했다.

한편, 아테네인의 행동은 다음과 같았다. 말과 생각이 서로 다른 스파르타인의 습관을 잘 알고 있던 아테네인은 처음 위치를 지키며 움직이지 않고 있었다. 그러나 진영이 이동하기 시작하자, 과연 스파르타군이 이동하려는지 아니면 전혀 철수할 의지가 없는지 의문이 들었다. 그들은 그 의문을 풀고 또 취해야 할 행동을 결정하고자 자군 한 사람을 말에 태워 파견했다.

그 사자는 스파르타군 진영에 도착하자 스파르타인 부대가 그대로 자리를 지킨 채 그 수뇌들이 입씨름을 하고 있는 모습을 발견했다. 파우사니아스와 에우리아낙스는 스파르타군 중 그 부대만이 남아 위험에 노출되는 그러한 일을 해서는 안 된다고 아몸파레토스에게 권고했지만, 납득시킬 수 없었다. 그 권유가 마침내 입씨름으로 번져갔는데, 이때 아테네군 사자가 그 자리에 나타났던 것이다. 아몸파레토스는 두 손으로 큰 돌을 부둥켜 들었다가 파우사니아스 발 아래 놓고, 자신은 이 돌을 투표석[52]으로 사용하여 외국인(크세노이)[53] —그는 이방인(바르바로이)을 크세노이라 했다—에게 뒤를 보이는 것에 반대한다고 말했다. 파우사니아스는 그를 미치광이, 바보라고 매도했다.

아테네군 사자가 명령받은 용건에 대해 묻자, 파우사니아스는 스파르타군의 지금 상황을 있는 그대로 전해 달라 말하고, 나아가 아테네군은 자군 가

---

51) 파우사니아스의 상담역(相談役)이었다.

52) 그리스에서는 작은 돌로 투표했는데, 큰 돌을 투표에 이용한 것은 결의의 확고함을 나타내고자 했기 때문이었을 것이다.

53) 보통 바르바로이는 그리스인 이외의 이민족을 가리킨다. 크세노이는 일반적인 외국인으로, 그리스인이라도 폴리스 이외에 사는 자를 가리킨다.

까이로 이동하고[54] 철수 문제에 대해서는 자군과 똑같은 행동을 취해 달라 요청했다. 사자는 아테네 진영으로 돌아왔고 스파르타인들은 다음 날 동이 틀 때까지 논쟁을 계속했다. 이사이 파우사니아스는 부대 위치를 바꾸지 않고 있었는데, 다른 스파르타 부대가 철수해 버리면 아몸파레토스도 남아 있지 않을 것이라 판단하고—그리고 사실 그렇게 됐다—진군 신호를 내려 나머지 전 부대를 이끌고 진지를 떠나 언덕을 따라 이동했다. 그리고 테게아 부대도 이에 따랐다. 아테네군은 받은 지령 그대로 스파르타군과는 반대 방향으로 진군했다. 왜냐하면 스파르타군은 적의 기병대를 두려워하여 높은 키타이론 산기슭에 바짝 붙어 진군했기 때문이다. 이에 반해 아테네군은 평야로 내려와 있었다.

아몸파레토스는 설마 파우사니아스가 자신들을 두고 떠나지는 않으리라 판단했기 때문에 끝까지 떠나지 않겠다 고집했던 것이다. 그러나 파우사니아스가 이끄는 부대가 먼저 떠나는 것을 보자 그들이 믿었던 바가 무너졌음을 깨달았다. 결국 아몸파레토스는 휘하 군단과 함께 무기를 들고 느린 발걸음[55]으로 본대를 뒤따라 행진했다.

한편 먼저 출발한 본대는 약 10스타디온 떨어진 지점에서 아몸파레토스 군단이 도착하길 기다리고 있었다. 부대가 머문 이곳은 몰로에이스 강가의 아르기오피오스라는 곳으로, 여기에는 엘레우시스의 데메테르 신전도 있었다. 여기에서 기다리고 있었던 이유는, 만일 아몸파레토스 군단이 배치된 장소에서 떠나지 않고 머물러 있을 경우에 그들 곁으로 되돌아가 구원하려고 했기 때문이다. 그런데 아몸파레토스가 이끄는 부대가 본대에 이르자마자 적의 기병전 부대가 습격을 가해 왔다. 기병대는 이때까지 줄곧 해왔던 대로 그리스군을 공격했다. 그리스군이 포진하고 있었던 곳이 비어 있는 것을 보고 말을 몰아 추격해 그리스군을 포착하자마자 곧 공격했던 것이다.

마르도니오스는 그리스군이 밤중에 후퇴하여 그 진지가 비어 있는 것을 보자 라리사의 토락스와 그 형제인 에우리필로스와 트라시데이오스를 불러 이렇게 말했다.

---

54) 전선의 중앙부에 있었던 부대가 도주, 탈락한 까닭에 두 날개 사이가 비었기 때문이다.
55) 철수하는 것을 적이 알아채지 못하도록 하기 위해서였을 것이다.

"아레우시스의 아들들이여, 이 비어 있는 진지를 앞에 두고도 그대들은 할 말이 있소? 스파르타 근처에 사는[56] 그대들은, 스파르타인은 결코 전장(戰場)에서 도주하는 일이 없으며 전투에 돌입해서는 용맹무쌍하다고 말했소. 그런데 어젯밤 사이에 그들이 탈주한 것이 이렇게 훤히 밝혀지지 않았소? 그들도 세계 최강 군대 앞에 서면 결국 어쩔 수 없는 약졸인 것이오. 그러나 그대들은 페르시아에 대해서는 아무것도 모를 뿐더러 스파르타인에 대해서도 조금밖에 알지 못했으므로, 스파르타인을 칭찬했다는 것은 그런 대로 용납할 수 있소. 하지만 아르타바조스는 스파르타인들을 두려워하여 마침내는 진지를 거두고 테베 성내를 지켜 자진해서 포위당해야 한다고 주장했소. 나는 참으로 놀라지 않을 수 없소. 그의 의견은 머지않아 내가 전하께 주청할 것이지만 그러한 일은 뒤에 논하기로 하고, 무엇보다 먼저 서둘러야 할 일은 그리스인들이 도망치지 못하도록 하는 것이오. 그들을 따라잡아 이때까지 페르시아군에게 저지른 악행을 톡톡히 보상할 때까지 추궁해야만 하오."

마르도니오스는 이렇게 말한 뒤 페르시아군에게 아소포스강을 건너도록 명령했다. 페르시아군은 그리스군이 정말로 도주한 것으로 여기고 그 뒤를 서둘러 쫓았다. 그들은 스파르타군과 테게아군만을 목표로 공격했다. 평야로 향했던 아테네군 모습이 중간에 있는 언덕에 가려 그들 눈에 비치지 않았기 때문이다.

페르시아인 부대가 그리스군을 추격하는 것을 보자 이국 군의 다른 군단 지휘관들도 곧 출발신호를 내리고 최대한 빠른 속도로 뒤를 쫓았지만, 대형(隊形)은 무너지고 배치 상태도 어지러워 난잡하기 그지없는 모습이었다.

그들은 단번에 그리스군을 따라잡아 섬멸하고자 함성을 높이며 눈사태가 일어나듯 한꺼번에 우르르 돌진해 갔다.

파우사니아스는 적의 기병대가 육박해 오자 아테네군 쪽으로 기마병을 보내 다음과 같이 전하게 했다.

"아테네인이여, 그리스의 자유가 지켜지는가 적에게 굴복하는가 하는 전투를 목전에 두고 우리 스파르타군과 귀(貴) 아테네군은 동맹군으로부터 배반

---

56) 페르시아 왕에게는 테살리아도 스파르타의 인근 국가로 보였던 것이다.

을 당했소. 그들은 어젯밤에 도망쳐 버리고 말았으므로, 지금부터 우리가 해야 할 일은 서로 도와 힘을 다해 싸우는 것뿐이오. 만약 적의 기병대가 먼저 귀군 쪽으로 향했다면, 당연히 우리 군대와 그리스에 충성을 맹세하고 있는 테게아군은 귀군을 돕기 위해 단숨에 달려갔을 것이오. 그러나 지금 적이 우리를 향해 달려오고 있으니, 귀군이 가장 곤경에 처해 있는 부대를 구원하러 와 주는 것이 마땅할 것이오. 어떤 사정이 있어서 귀군이 스스로 구원하러 올 수 없을 때에는 부디 궁병대(弓兵隊)만이라도 보내 주기 바라오. 이번 전쟁에서 귀군이 다른 부대에 비해 남달리 전의(戰意)가 왕성하다는 것은 우리가 익히 아는 바이니, 이 요청도 들어 주리라 믿소.”

아테네군은 이 말을 듣자 스파르타군을 힘이 닿는 한 돕고자 출발을 서둘렀다. 그러나 그때 전면에 포진하고 있던 페르시아 측의 그리스인 부대가 공격해 왔기 때문에, 결국 지원하러 갈 수 없게 되었다. 이리하여 고립된 스파르타군과 테게아군—스파르타군은 경장병을 합쳐 총 5만 명, 테게아군은 3000명이었다—은 마르도니오스가 이끄는 적 부대와 교전하기 위해 희생했다. 그러나 희생의 전조는 좋지 않았으며, 그사이에도 많은 병사가 전사하고 수많은 부상자가 나왔다. 페르시아군이 방패를 나란히 세워 방벽을 만들고 화살을 비 오듯 쏘아 댔기 때문이다. 이 격렬한 공격에 스파르타군은 궁지에 빠지고 말았다. 여기에 희생의 괘도 좋지 않자, 파우사니아스는 멀리 눈을 플라타이아의 헤라 신전으로 돌리고 여신의 이름을 부르며 자신들이 승리의 희망을 잃지 않도록 해달라 기원했다.

기원이 아직 끝나기도 전에 테게아인 부대가 먼저 뛰쳐나가 이국 군을 공격했다. 또한 기원이 끝나자마자 스파르타군의 희생점이 길조를 나타냈다. 이에 스파르타군도 페르시아군을 향해 진격했고, 페르시아군도 활을 버리고 육탄전을 벌였다. 처음에는 방패로 이루어진 방벽을 둘러싸고 싸웠는데, 이것이 무너지자 이번에는 데메테르 신전 부근에서 오랫동안 격전이 계속되었다. 페르시아 병사들은 스파르타군의 긴 창 자루를 잡고 부러뜨렸다. 페르시아군은 용기와 힘은 뒤떨어지지 않았지만 무장(武裝)이 견고하지 못한 데다가 훈련이 미숙했고 전술에도 매우 약했다. 그들은 혼자 또는 10인 안팎 병사들이 한 무리가 되어 스파르타군 속으로 돌진해서 싸우다가 쓰러졌다.

마르도니오스는 백마를 타고 싸웠으며 그 주위에는 선발된 최정예병 1000명이 배치되어 있었는데, 그가 이르는 지점에서 페르시아군은 적을 가장 격렬하게 압박했다. 마르도니오스가 아직 살아 있을 때는 페르시아군이 잘 버티며 힘을 내 싸워 많은 스파르타군을 쓰러뜨렸지만, 그가 전사하고 또한 그 주위에 배치되어 있던 최강 부대도 무너지자 잔존 부대는 스파르타군 앞에 무릎을 꿇고 퇴각했다. 그들이 타격을 입은 가장 큰 원인은 무장이 덜 된 복장이었다. 중무장한 적을 상대로 경무장을 하고 싸웠기 때문이다.

이리하여 스파르타인이 받았던 신탁 그대로[57] 레오니다스의 죽음에 대한 보상은 마르도니오스가 치렀고, 아낙산드리데스의 손자이며 클레옴브로토스의 아들인 파우사니아스는 유사 이래 다시 없던 대승리를 거두었다. 파우사니아스 이전 조상의 이름은 이미 레오니다스의 계보를 말할 때 거론한 바 있다.[58] 두 사람의 조상은 같다.[59] 마르도니오스의 숨을 끊은 인물은 스파르타에서 명망이 있었던 아림네스토스였다. 이 아림네스토스는 페르시아 전쟁이 있은 뒤 얼마쯤 지나 300명의 병사를 이끌고 스테니클레로스[60]에서 온 메세니아인을 상대로 싸우던 중[61] 그 휘하 병사들과 함께 전사했다.

페르시아군은 플라타이아에서 스파르타군에게 격파되어 패주하자, 뿔뿔이 흩어져 그 진지 및 앞서 테베 지구에 세워 두었던 목조 요새로 숨어 들어갔다. 여기에서 내가 기이하게 생각하는 것은, 데메테르 숲 주위에서 전투가 행해졌음에도 페르시아 병사 중 한 사람도 신역(神域) 안으로 들어가거나 그 안에서 죽은 흔적이 없고, 대부분이 성지(聖地)에 속하지 않은 곳에서 전사했다는 것이다. 신들과 관련된 것이지만 감히 내 의견을 밝힌다면, 엘레우시스 신전을 불태운[62] 페르시아군이 신역에 들어오는 것을 여신께서 허락하지 않

---

57) 크세르크세스의 무심한 농담이 사실로 변한 일이 신의 뜻이었다는 것을 말한다(8권 참조).
58) 조상의 이름을 거론한 것은 그 인물을 기리기 위해서다. 파우사니아스의 경우 3대까지만 거론했는데, 그 이유로서 이렇게 서술한 것이다(7권 참조).
59) 파우사니아스는 레오니다스의 조카가 된다. 그의 아버지 클레옴브로토스와 레오니다스는 함께 아낙산드리데스의 자식이다.
60) 메세니아 동북부의 평야 이름인 동시에 그곳에 있는 도시의 이름.
61) 제3차 메세니아 전쟁을 가리킨다.
62) 이 일은 이때까지 서술되지 않았다.

으셨기 때문일 것이다.

싸움은 위와 같이 끝났다. 그런데 파르나케스의 아들 아르타바조스는 왕이 마르도니오스를 뒤에 남겨 두는 것에 대해 처음부터 반대했다. 그리고 더 이상의 전쟁은 안 된다는 논리를 펴며 단념시키려 최선을 다했지만 아무 효과가 없었다. 그래서 마르도니오스의 전략에 불만을 품은 그는 다음과 같이 행동했다. 아르타바조스가 거느린 군대는 결코 적지 않아 그 수가 4만에 이르렀다. 전투가 시작되자 싸움의 귀추를 잘 살피던 아르타바조스는 자신의 부대에게 전투 준비를 시키고, 전군은 자신이 취하는 속도에 맞추어 인솔하는 대로 따라오라고 명했다. 그리고 그는 선두에 서서 전진하며 마치 전쟁터로 향하는 듯이 군대를 이끌고 나갔는데, 길을 따라 나아가던 중 곧 페르시아군이 패주해 오는 것을 보았다. 그러자 아르타바조스는 갑자기 태도를 바꾸어 도망쳤다. 그가 향한 곳은 목조 요새도, 테베 성안도 아닌 포키스였다. 한시바삐 헬레스폰토스에 이르고 싶었기 때문이다.

아르타바조스의 군대가 그 방면으로 향하고 있을 때, 페르시아 왕측에 섰던 그리스인 부대 대부분은 거의 열의 없이 전투에 임했다. 그러나 보이오티아군만은 아테네군을 상대로 장시간에 걸쳐 열심히 싸웠다. 테베군 중에서 가장 훌륭하고 용감한 용사 300명이 이때 장렬히 전사할 정도였다.

그러나 이 테베군도 이윽고 패주하여 테베로 도망쳐 들어갔는데, 그들은 페르시아 부대나 적과 변변히 싸우지도 못해 아무런 무공도 세우지 않은 그밖의 오합지졸 동맹군의 퇴로와는 다른 길로 귀환하였다.

이 전투에서 이국 군이 페르시아군의 패주를 보자 적과 교전도 하지 않고 도망친 사실에서 추측해 볼 때, 싸움의 승패는 결국 페르시아군에 달려 있던 것이 명백하다고 나는 생각한다. 이리하여 기병부대, 그 가운데에서도 보이오티아 기병대를 제외한 전군이 패주했다. 이 보이오티아 기병대는 언제나 적군에 가장 가까이 접근하여 도주하는 우군(友軍)을 그리스군의 공격으로부터 보호하는 등 패주 부대를 지원하는 데 큰 공을 세웠다.

승기를 잡은 그리스군이 크세르크세스의 군대를 바짝 추격하고 있을 때, 이 무렵 헤라 신전 부근에 포진한 채 전쟁터로부터 멀리 떨어져 있었던 그리스 부대에 파우사니아스 부대가 승리를 거두고 있다는 소식이 들어왔다. 그러자 그들은 대오를 무너뜨리고, 코린토스군은 산기슭과 구릉 지대를 지나 데메테르 신전으로 직통하는 길을 취했다. 또한 메가라군과 플레이우스군은 평야로 통하는 가장 평탄한 길을 따라 되돌아갔다. 메가라군과 플레이우스군이 적의 근처까지 왔을 때, 대오도 정비하지 않고 서두르는 이 부대를 발견한 테베 기병대는 말머리를 이 부대 쪽으로 향했다. 기병대를 지휘하고 있었던 것은 티만드로스의 아들 아소포도로스였다. 그들은 그리스군 사이로 돌입하여 그 병사 600명을 쓰러뜨리고 나머지 부대를 추격하여 키타이론 산중으로 몰아넣었다.

이들은 아무도 돌아보지 않는 가운데 모두 개죽음을 당하고 말았다. 한편 페르시아인 부대와 기타 군대는 목조 요새 안으로 도망쳐 들어가자 성루에 올라가 스파르타군의 내습에 앞서 전력을 다해 요새 수비를 강화했다. 이윽고 스파르타군이 내습해 왔을 때, 성을 사이로 맹렬한 싸움이 전개됐다. 아테네군이 전투에 가담해 오지 않았을 동안은, 스파르타군이 성을 공격하는 데에 익숙하지 않았기 때문에 방어군이 스파르타군을 압박하며 훨씬 우세한 형세에 있었다. 그러나 아테네군이 가담해 오자 성을 사이에 두고 격렬한 전투가 장시간에 걸쳐 계속됐다. 최후로 아테네군이 용맹을 발휘하며 불굴의 투혼으로 성벽을 기어올라 결국 서벽을 파괴하자, 그리스군이 성안으로 돌입했다. 성벽 안으로 가장 먼저 들어간 것은 테게아 부대였다. 마르도니오스의 막사를 약탈한 것도 이 부대였는데, 그들이 거기에서 가져온 여러 가지 물품 중에는 실로 훌륭하기 짝이 없는 청동제 말구유도 있었다. 테게아인은 이 구유를 알레아 아테네[63] 신전에 봉납했고, 다른 전리품은 모두 그리스군 노획물 보관소로 옮겼다. 그런데 한번 방벽이 무너지자 이국 군은 이미 통제력을 잃은 채 한 사람도 방어전을 펼치려고 하지 않았다. 수십만이 좁은 지역에 갇혀 공포에 떨며 망연자실하고 있을 뿐이었다. 이리하여 그리스군은 제멋대로 살육을 자행할 수 있었다. 총 30만 군대 중에서 아르타바조스가 인솔해 도망친 4만을 빼고 살아 남은 자가 3천 명이 되지 못하는 형편이었다. 이 전투에서 스파르타인 부대 전사자는 모두 31명, 테게아군은 16명, 아테네군은 52명이었다.[64]

---

63) 이 신에 대해서는 1권 참조.
64) 페르시아에 비해 그리스군의 손해가 매우 적은 데 대해 예로부터 의문이 제기되어 왔다.

페르시아 연합군 중에서 가장 용감하게 싸운 것은, 보병으로서는 페르시아인 부대, 기병으로서는 사카이인 부대였고, 개인으로서는 마르도니오스였다고 전해진다. 그리스 측에서는 테게아군과 아테네군 모두 잘 싸웠지만, 발군의 무용을 발휘한 것은 스파르타군이었다. 아울러 내가 볼 때 개인으로서 가장 두각을 드러낸 자는 아리스토다모스로, 그는 테르모필라이 전투에서 홀로 살아 남아 치욕과 오명을 뒤집어쓰고 있었던 사람이다.[65] 그 다음으로 공을 세운 자는 포세이도니오스, 필로키온, 아몸파레토스 등의 스파르타인이었다. 그런데 이들 중 누가 가장 용감했는가를 논한다면, 전투에 참가했던 스파르타인들의 결정은 포세도니오스다. 아리스토다모스는 실추된 명예를 회복하기 위해 분명히 죽음을 바라며 광란의 상태로 전열에서 뛰쳐나와 큰 공을 세웠지만, 포세이도니오스는 자신의 죽음을 바라지 않고 훌륭한 활약을 했기 때문에 그런 의미에서 포세이도니오스 쪽이 더 뛰어나다는 것이었다. 그러나 스파르타인들의 이러한 판정에는 질투심이 섞여 있을 것이다. 여하튼 사람들은 이 전투에서 전사한 자들 모두의 명예를 높이 기렸는데, 다만 앞에서 말한 이유에서 스스로 죽음을 구했던 아리스토다모스만은 그 은전(恩典)을 받지 못했다.

이들이 플라타이아 전투에서 가장 이름을 떨친 사람들이었다. 당시 스파르타인 사이에서뿐만 아니라 그리스 제일의 미남으로 손꼽히며 이 전투에 참전하고 있던 칼리크라테스가 위의 대열에 끼이지 못한 이유는, 그가 전투에 참여해 죽은 것이 아니었기 때문이다. 이 사람은 파우사니아스가 희생을 올리고 있을 동안 전열 속에 앉아 있었는데, 그때 화살이 옆구리에 날아와 다쳤던 것이다. 그는 전우들이 싸우고 있을 때 후방으로 옮겨졌는데, 좀체로 죽지 않았다. 그는 아림네스토스라는 플라타이아인을 향해, 자신은 그리스를 위해 죽는 것은 슬프지 않으나 팔을 마음껏 휘두를 수 없다는 것과 수훈을 세우고자 그렇게 바랐는데 그다운 활약을 할 수 없는 것이 서글프다고 말했다.

아테네인 중에서 공을 세운 자는 데켈레이아구(區) 출신인 에우티키데스의

플루타르코스는 〈아리스테이데스전〉에서 이때에 전사한 그리스군은 모두 1360명이라 주장했다.

65) 7권 참조.

아들 소파네스였다고 한다. 일찍이 이 데켈레이아구의 주민들은 후세까지 그 공덕이 남는 활약을 했다 한다. 그 옛날 틴다레오스의 자식들이 헬레네를 데리고 돌아가고자 대군을 이끌고 아티카에 침입했는데,[66] 헬레네의 은신처를 알지 못한 채 한쪽 끝에서부터 각 구의 주민들을 퇴거시켰다. 이때 데켈레이아 주민들은—일설에 따르면 데켈로스[67] 자신이었다고 한다—테세우스의 폭정에 분노하고, 나아가서는 아테네(아티카) 전역을 걱정하여[68] 침입자에게 모든 것을 고해 바치는 아피드나이[69]로 안내하였으며, 티타코스라는 그곳의 토착민 남자는 테세우스를 배반하고 그 도시를 틴다레오스의 자식들에게 인도했다고 한다. 이 공적에 의해 스파르타는 데켈레이아인에게 조세 면제와 특별 관람의 특권을 주어 오늘에 이르고 있다. 이보다 훨씬 뒤 아테네와 펠로폰네소스 사이에 전쟁이 일어났을 때에도 스파르타군은 아티카의 다른 지구는 짓밟았어도 데켈레이아만은 손을 대지 않았을 정도이다.

그런데 이 구(區) 출신으로 당시 아테네군 중에서 눈부신 수훈을 세웠던 소파네스에 대해서는 두 가지 설이 전해지고 있다. 그 한 가지 설에 따르면, 그는 언제나 철제 닻을 청동제 사슬로 갑옷의 띠에 연결해 두고, 전장에서 적이 접근하면 이것을 지상에 던져 적이 습격해 와도 그 전열에서 위치를 옮길 수 없게 하고 적이 도망치면 닻을 끌어 올리고 추격했다는 것이다. 또 다른 설에 따르면, 그는 철제 닻을 갑옷에 연결한 것이 아니라 끊임없이 움직이는 큰 방패에 닻 문장을 붙여 두었다고 한다.

소파네스의 또 하나 유명한 공적은, 아테네군이 아이기나를 포위했을 때 5종경기에 능숙한 자로서 그 명성을 구가하던 에우리바테스라는 아르고스인

---

66) 아직 어렸던 헬레네를 테세우스가 유괴하여, 아티카의 아피드나이(아피드나)에 숨겼다는 전설. 트로이 전설의 헬레네 유괴에 앞선 사건으로서 이야기되고 있다. 헬레네의 형제인 카스토르와 폴리테우케스 두 쌍둥이(이른바 디오스크로이)가 아티카에 침입하여 테세우스가 없는 틈을 타 다시 그녀를 빼앗아 왔다고 한다.

67) 데켈레이아의 조상으로, 그 지방의 왕이었다고 한다.

68) 이것이 헬레네 약탈만을 가리키는 것인지, 그보다 더 넓은 의미인지는 확실히 판단할 수 없다. 그러나 테세우스는 아티카의 통치를 완성하고 아테네의 중앙집권을 확립한 인물로, 지방의 권력자들로부터는 원망을 들었으리라 생각된다.

69) 아티카 지방의 동북쪽 모퉁이에 있고, 데켈레이아의 동북쪽에 해당한다.

에게 일 대 일 기마전을 벌이자고 제안하여 이자를 쓰러뜨린 것이다.[70] 그러나 그 훨씬 뒤에 글라우콘의 아들 레아그로스와 함께 아테네군을 지휘하여 다톤에서 금 광산의 소유권을 둘러싸고 싸울 때 결국 에도노이인 손에 전사했다.[71]

그리스군이 플라타이아에서 이국 군을 격멸했을 때의 일이다. 한 여인이 페르시아 진영에서 그리스군 쪽으로 탈주해 왔다고 한다. 이 여자는 테아스피스의 아들인 파란다테스[72]라는 페르시아인의 첩이었다. 그런데 페르시아군이 궤멸되고 그리스군이 승리하게 되었음을 알게 되자 자신은 물론 시녀들에게도 많은 황금 장식품을 치장시키고 자신이 갖고 있는 것 중에서 가장 좋은 옷을 골라 입은 다음 마차를 타고 그리스군 쪽으로 탈주한 것이다. 그녀는 마차에서 내리자 아직 적병을 살육 중이던 스파르타군 쪽으로 향했다. 그리고 모든 지휘를 맡고 있는 파우사니아스의 모습을 보자 그의 무릎에 매달리며 이렇게 말했다.

"스파르타의 왕이시여, 전하의 자비하심을 구하는 저를, 이미 전쟁포로로 전락한 페르시아인의 노예 상태에서 구해 주소서. 저 신들도, 영령(英靈)도 숭배할 줄 모르는 자들을 없애 주신 것만으로도 저로서는 감사하기 짝이 없는 일이옵니다. 저는 코스섬 태생으로 아버지의 이름은 헤게토리데스이고, 할아버지의 이름은 안타고라스입니다. 사실을 말씀드리오면, 저 파란다테스라는 페르시아 놈이 강제로 저를 끌고 와 그의 첩으로 삼아 버렸던 것이옵니다."

그러자 파우사니아스는 다음과 같이 답했다.

"여인이여, 안심해도 좋다. 그대는 내게 자비를 호소해 왔고, 또 만약 그대가 말한 것이 진실이고 그대가 코스의 헤게토리데스 딸이라면, 그대는 나와 가장 친근한 벗의 여식이기 때문이다."

---

70) 6권 참조.
71) 이 사건은 투키디데스의 《펠로폰네소스 전쟁사》 제1권, 제4권에 기록되어 있다. 아테네에 반기를 든 타소스와 아테네가 금 광산을 둘러싸고 싸움을 벌여 아테네가 패했다. 다톤은 트라키아의 스트리몬 하구 근처, 타소스섬 맞은편 지점에 있다. 에도노이인에 대해서는 5권 참조.
72) 이 인물은 7권에서도 볼 수 있다. 다레이오스의 조카.

파우사니아스는 그 자리에 있던 감독관[73]들에게 그 여자를 인도하고 나중에 그녀가 희망한 대로 아이기나에 보내 주었다.

그녀가 온 직후에, 만티네아인 부대가 이미 모든 것이 끝나 버린 전쟁터에 도착했다.[74] 전투에 맞춰 제시간에 오지 못한 것을 알게 된 그들은 몹시 비탄해하며, 자신들은 당연히 처벌받아야 한다고 말했다. 그리고 아르타바조스가 이끄는 페르시아군이 도망 중임을 알고 그들을 테살리아까지 추격하려 했지만, 스파르타군은 이를 허락치 않았다. 만티네아인은 귀국 뒤 군의 지휘관들을 국외로 추방시켜 버렸다.

만티네아군에 이어 엘리스인 부대가 도착했고 그들도 만티네아인과 똑같이 실망감을 안고 귀국했는데, 그들도 귀국 뒤 지휘관들을 추방해 버렸다.

한편 플라타이아의 아이기나군 진영에 피테아스의 아들인 람폰이라는 자가 있었는데, 아이기나에서는 상류 계급에 속하는 인물이었다. 이 남자가 파우사니아스 곁으로 달려와 참으로 충격적인 제안을 했다.

"크레옴브로토스의 아드님이시여, 전하께서는 더할 나위 없이 훌륭한 대사업(大事業)을 성취해 내셨습니다. 신께서 전하로 하여금 그리스를 구하고 유사 이래 그 어떤 그리스인도 미치지 못할 위대한 공훈을 세우도록 허락하셨던 것입니다. 그런데 이 공훈에 더하여 전하의 명성을 더욱 높이고, 또한 금후 이국인들이 그리스인에 대해 포악한 행동을 못 하도록 하기 위해 또 한 가지 일이 남아 있습니다. 마르도니오스와 크세르크세스는 테르모필라이에서 레오니다스님의 목을 자르지 않았습니까? 전하께서도 이와 똑같이 보복을 하신다면, 첫째로는 스파르타의 온 국민으로부터, 다음으로는 온 그리스인으로부터 칭송을 받게 되실 것입니다. 그리고 마르도니오스를 책형에 처해 숙부이신 레오니다스님의 원수 또한 갚으실 수 있을 것입니다."

람폰은 이러한 제안이 받아들여지리라 믿고 이렇게 말했지만, 파우사니아스는 그에 이렇게 답했다.

"아이기나의 친구여, 그대의 호의와 배려에 대해서는 대단히 고맙게 생각하

---

73) 스파르타에서는 출정시 5인의 감독관 중 2인이 왕을 수행하게 되어 있었다.
74) 엘리스 부대와 함께 펠로폰네소스에서 뒤늦게 도착했던 것이다. 양 도시에서는 친페르시아파 세력이 강해 형세를 관망하고 있었기 때문이었다는 설도 있다.

오. 하지만 그대는 올바른 사려가 부족하구려. 맨 처음 나의 일이나 조국·공훈 등을 크게 추어올린 것은 좋았지만, 그 뒤 죽은 시체에 모욕을 가하라든지, 그렇게 하면 내 명성이 더욱 높아질 것이라는 등의 말을 하여 모든 것이 수포로 돌아가도록 만들었기 때문이오. 그러한 행위는 그리스인이 아닌 오랑캐에게나 어울리는 짓이오. 아니, 오랑캐조차 그러한 일은 불쾌하게 생각할 것이오. 나는 그러한 일까지 해, 아이기나인을 비롯하여 그러한 행위를 바라는 자들을 흡족하게 해주고 싶지 않소. 나는 경건하고 도리에 맞는 언행으로 스파르타의 마음만 기쁘게 할 수 있다면 그것으로 족하오. 분명히 말해 두지만, 그대가 말한 레오니다스님의 복수는 이미 충분히 하였소. 여기에 누워 있는 수많은 적병의 목숨으로 레오니다스님을 비롯하여 테르모필라이에서 죽은 장병들 영혼은 충분히 그 보답을 받았소. 이후 다시는 이 같은 제안을 가지고 내 곁에 오지도 말고, 건의하지도 마시오. 그리고 처벌받지 않는 걸 고맙게 여기시오.”

람폰은 파우사니아스의 말을 듣고 물러갔다. 파우사니아스는 포고령을 내려 전리품에 손을 대는 것을 금하고, 국가 노예에게 명하여 금품을 모으게 했다. 노예들은 진영 일대에 흩어져 수색한 끝에 금은제의 가구를 갖춘 막사나 금은 장식이 붙은 침대, 금제 혼주기, 술잔, 그 밖의 술그릇 등을 찾아냈다. 마차에서 발견한 자루 안에는 금은제 냄비가 들어 있었다. 또한 땅 위에 늘어진 시체들로부터는 황금제 팔찌, 목걸이, 페르시아풍 단검 등을 떼어 냈으나 자수(刺繡)를 놓은 그 의상에는 눈길도 돌리지 않았다. 그때 노예들이 훔쳐 아이기나인에게 팔아 넘긴 금품이 다량에 달했다. 물론 숨길 수 없는 것은 모두 인도했는데, 그 양도 적지 않았다. 아이기나인이 거대한 부(富)를 축적한 것은 이 일에서 비롯된 것으로, 그들은 노예들로부터 청동 값으로 황금을 사들였기 때문이다.[75]

그리스군은 금품을 다 모으자, 그 10분의 1을 떼어내 이것으로 황금제 솥을 만들어 봉납했다. 이 솥은 제단 가까이, 청동으로 제조된 세 마리의 뱀 위에 자리잡고 있다. 또한 올림피아 신들에게 제물로 올리는 음식 값에서 얼마

---

75) 물론 이것은 아이기나에 대한 악의가 담긴 풍문으로, 아이기나가 한때 번영을 누린 것은 기원전 7~6세기에 활발한 무역 활동 때문이었다.

를 떼어 내어 이것으로 10페키스 높이 청동 제우스 상(像)을 만들어 헌납하고, 또한 지협의 신에 대해서는 6페키스 높이 포세이돈 청동상을 만들어 바쳤다. 이것을 제외한 나머지는 각각 수훈에 따라 분배했는데, 그것들은 페르시아인들의 첩과 금은을 비롯한 귀중품 및 가축류였다. 플라타이아 전투에서 특히 공적을 세운 자들에게 어느 정도의 특전이 주어졌는지는 전해지지 않지만 나는 당연히 주어졌으리라고 생각한다. 예컨대 파우사니아스에게는 여자, 말, 탈란톤, 낙타 및 기타 귀중품도 모두 몇 사람분에 해당하는 양이 특별히 주어졌던 것이다.

또한 이런 일도 있었다 전해진다. 크세르크세스는 그리스를 탈출할 때, 자신의 가구와 집기를 마르도니오스에게 남겼다고 한다. 파우사니아스는 금은 그릇과 화려한 커튼 등을 갖춘 마르도니오스의 가구와 집기를 보자, 빵을 굽는 기술자와 요리사에게 명하여 그들이 늘 마르도니오스에게 만들어 올렸던 것과 똑같은 요리를 준비케 했다. 이들이 명대로 하자 파우사니아스는 사치스럽게 장식된 소파에 금은 테이블, 화려한 식사용 집기, 그리고 나란히 놓인 산해진미에 경악했다. 그는 장난 삼아 자신의 하인에게 명하여 라코니아풍의 식사를 만들게 했다. 요리가 만들어져 식탁에 올려지자 두 식탁의 차가 너무나 심하므로 파우사니아스는 웃음을 터뜨리고 그리스군 지휘관들을 불러들였다. 지휘관들이 모이자, 파우사니아스는 두 요리를 보이면서 이렇게 말했다. "그리스인 여러분, 여러분을 모이시게 한 것은 다름이 아니오. 이러한 생활을 하면서 이렇게 못 사는 우리에게 물품을 빼앗기러 와준 저 페르시아 지휘관의 어리석음을 그대들에게 보여 주기 위해서였소."

그 뒤 상당한 시일이 지나서 플라타이아인이 금은을 비롯해 여러 재보(財寶)가 든 상자를 발견했다. 또 그로부터 다시 얼마쯤 세월이 흐른 뒤 다음과 같은 사실도 밝혀졌다. 플라타이아인은 적의 전사자들 뼈를 한 곳에 모았는데, 살이 떨어져 나간 시체에서 봉합선이 전혀 없고 모두 한 개의 뼈로 이루어진 두개골이 발견됐던 것이다. 또한 앞이빨도 어금니도 하나의 뼈로 이루어진 턱과 나아가 5페키스[76]나 되는 남자의 뼈도 발견됐다.

---

76) 2, 3미터 이상이라는 이야기가 된다. 7권에 아르타카이에스라는 페르시아에서 가장 큰 남자 이야기가 나오는데, 그조차 5페키스에는 못 미쳤다.

마르도니오스의 시체는 전투가 있은 다음 날 사라지고 말았는데, 그것이 누구의 짓인지 나로서도 확실히 알 수 없다. 그러나 나는 이때까지 마르도니오스를 장사 지냈다는, 여러 나라 많은 사람의 이름을 들었고, 또한 마르도니오스의 아들인 아르톤테스로부터 막대한 은상(恩賞)을 받은 자가 많다는 것도 알고 있다. 그러나 결국 그들 중 과연 누가 마르도니오스의 시체를 남몰래 수습하여 묻었는지는 확실한 정보를 입수하지 못했다. 다만 에페소스인인 디오니소파네스라는 자가 마르도니오스를 장사 지냈다는 소문은 꽤 믿을 만하다고 여겨진다.

그리스군은 플라타이아에서 전리품 분배를 끝낸 뒤 각국별로 자군 전사자를 매장했다. 스파르타군은 세 개의 묘를 파고 포세이도니오스, 아몸파레토스, 필로키온, 칼리트라케스 등의 용사를 비롯한 장병들을 매장했다. 그중 하나에는 스파르타의 젊은이들(에이레네스),[77] 다른 묘에는 그 이외 스파르타인, 세 번째 묘에는 국가 노예가 매장됐다. 스파르타인은 늘 이런 식으로 전사자를 매장했다. 그러나 테게아인은 모두 한꺼번에 매장했고, 아테네인도 모두 합장했으며, 메가라인과 플레이우스인도 마찬가지였다.

그런데 위에 열거한 여러 나라들 묘에는 실제로 전사자 유체가 수습되어 매장되었지만, 내가 듣기로는 전투에 참가하지 않은 것을 부끄럽게 여기고 자손들을 생각해서 거짓 묘를 만든 나라들도 있었다고 한다. 플라타이아에는 아이기나인의 묘라 불리는 것이 있는데, 실제로 이것은 10년이 지난 뒤에 영사(領事) 역할을 맡고 있던 아우토디쿠스의 아들 클레아데스라는 플라타이아인이 아이기나인의 요청을 받고 만든 것이라 한다.

플라타이아에서 전사자 유해를 모두 매장하고 나자 그리스군은 곧 회의를 열고 테베로 군대를 진격시킨 뒤 페르시아 측에 붙었던 자들, 그중에서도 그 원흉이라 할 수 있는 티마게니다스와 아타기노스의 인도를 요구하기로 결정했다. 그리고 만약 인도하지 않을 경우에는 도시를 함락시킬 때까지 철수하지 않을 결심이었다. 전투 개시일로부터 헤아려 11일째 되던 날, 그리스군은 테베

---

77) 에이레네스 또는 이레네스(단수형은 에이렌 또는 이렌)란 20~30세의 스파르타인을 가리킨다. 30세가 넘어야 어른 대접을 받았기 때문에 이 젊은 층은 소년과 어른의 중간에 위치하여 아직 독립된 가정을 꾸릴 수 없었고, 또 집회에서 발언할 수도 없었다.

에 도착하여 위에 언급한 자들의 인도를 요구하며 테베를 포위했다. 그러나 테베인들이 인도를 거부하므로 그리스군은 그 주변 지역을 유린하고 성벽 공격을 개시했다.

그리스군의 폭거가 이어지자, 20일째 되던 날 티마게니다스는 테베인들에게 다음과 같이 말했다.

"테베인 여러분, 그리스군은 테베를 무너뜨리든지, 그대들이 우리의 신병을 그들에게 인도할 때까지는 포위를 풀지 않을 것이오. 우리는 우리 때문에 보이오티아 전역이 더 이상 피해 입는 것을 바라지 않소. 그러므로 그들이 만약 돈을 원해 우리의 인도를 요구하고 있는 것이라면 국고에 있는 돈을 그들에게 주도록 합시다. 본디 우리는 국가의 총의(總意)에 따라 페르시아 측에 가담했지, 우리만의 생각으로 그렇게 한 것은 아니었소. 그러나 만약 진실로 우리 신병을 요구하며 포위하고 있는 것이라면 우리로서도 해명을 위해 그들에게 몸을 맡길 각오요."

테베인들은 그 발언이 매우 타당하고 시기적절한 것이라 생각하고 곧 파우사니아스에게 당사자들을 인도할 뜻이 있음을 통고했다.

이러한 조건으로 협정이 성립되자 아타기노스는 도시에서 도망쳤다. 그의 자식들이 파우사니아스 앞에 끌려왔지만, 자식들에게는 페르시아 측에 가담한 죄가 없다 하여 풀려났다. 테베인들이 인도한 그 밖의 사람들은 변명의 기회가 주어지고, 또 돈을 쓰면 죄를 면할 수 있으리라 믿고 있었다. 그러나 파우사니아스는 그들의 터무니없는 생각을 알아내고는 동맹군을 모두 떠나 보낸 뒤 문제의 이 테베인들을 코린토스로 연행한 다음 처형해 버렸다.

한편 파르나케스의 아들 아르타바조스는 플라타이아에서 이미 멀리까지 도망 가 있었다. 테살리아인은 자국 내에 도착한 그를 연회를 베풀며 환대하고, 플라타이아에서 일어난 일을 모른 채 그에게 다른 부대 소식을 물었다.

아르타바조스는 전쟁의 진상을 그대로 말하면 자신도, 자신의 부대도 파멸 당할 우려가 있다고 생각했다. 그들이 사실을 알게 되면 틀림없이 한 사람도 빠짐없이 모두 공격을 가해 오리라 생각했던 것이다. 그래서 그는 앞서 포키스인에게 했던 것처럼 전장에 대해 아무것도 언급하지 않고 다만 이렇게 말했다.

"테살리아 여러분, 나는 어떤 특별한 용무 때문에 보시는 대로 긴급히 트라키아를 향해 진군하는 중이오. 마르도니오스와 그 부대도 곧 내 뒤를 따라 이 나라에 도착할 것이오. 그대들은 그를 환대하고 그에게 호의를 표해 주시오. 그렇게 해두면 이후 결코 후회하는 일이 없을 것이외다."

이런 말을 남긴 뒤 그는 부대를 이끌고 테살리아, 마케도니아를 거쳐 곧장 트라키아를 목표로 떠났다. 그는 내륙을 택해 길을 서둘렀다.[78]

그들은 도중에 트라키아인에게 살해되거나 기아와 피로 때문에 쓰러진 많은 부하들을 뒤에 남긴 채 드디어 비잔티움에 도착했다. 그리고 그곳에서 배를 타고 아시아로 건너갔다.

이렇게 하여 아르타바조스는 아시아로 귀환했는데, 한편 플라타이아에서 패전한 바로 그날 페르시아군은 이오니아 미칼레에서도 뼈아픈 패배를 맛보았다.

미칼레 전투

스파르타인 레오티키데스가 이끄는 그리스 해상 부대가 델로스에 이르러 정박하고 있을 때였다. 사모스로부터 트라시클레스의 아들 람폰, 아르케스트라티데스의 아들 아테나고라스, 아리스타고라스의 아들 헤게시스트라토스가 사자로서 그리스군을 방문했다. 이 3인은 안드로다마스의 아들 테오메스토르[79] 몰래 사모스인들이 파견한 것이었다. 그들이 그리스의 지휘관들을 면담하게 되자 헤게시스트라토스가 온갖 논리를 동원하며 그들에게 다음과 같이 호소했다. 즉 이오니아인들은 그리스군의 모습을 보기만 해도 페르시아에 반기를 들 것이고 페르시아군은 도저히 이에 저항할 수 없을 것이며, 만약 저항한다면 그리스군에게 이만큼 좋은 기회는 다시 없으리라는 것이었다. 그리고 헤게시스트라토스는 그들이 공통으로 숭상하고 있는 신들의 이름을 부르며, 똑같이 그리스인인 자신들을 예속 상태에서 구출하고 페르시아인을 격퇴해 주기 바란다고 그리스군의 지휘관들에게 촉구했다. 게다가 페르시아군 함선은 성능이 나빠 도저히 그리스군의 상대가 되지 않을 것이라 말했다. 그리

---

78) 해변을 따라가는 것보다 가까웠기 때문이다.
79) 살라미스 해전에서 잘 싸운 공 때문에 사모스의 독재자로 옹립되었다(제8권 참조).

고 자신들이 그리스군을 함정에 빠뜨릴지도 모른다는 의심을 받는다면 인질로서 배에 실려 갈 각오도 되어 있다고 했다.

사모스에서 온 이 남자가 필사적으로 탄원하자, 레오티키데스는 상대의 말을 믿었는지 아니면 때마침 신이 시켰는지 이렇게 물었다.

"사모스에서 온 친구여, 그대 이름은 무엇이오?"

상대가 헤게시스트라토스라고 대답하자, 레오티키데스는 그가 더 말을 이으려는 것을 막고 이렇게 말했다.

"그대의 이름을 좋은 전조(前兆)로서 받아들이도록 하겠소.[80] 사모스의 친구여. 그대도, 그대와 함께 온 두 동료도, 사모스인은 열의를 가지고 우리에게 협력하여 적과 맞서겠다고 맹세한 다음 돌아가 주기 바라오."

이 말이 떨어지기가 무섭게 그들은 맹세했다. 즉 사모스인들은 그리스인과의 동맹에 대하여 신의를 지킬 것을 약속했던 것이다.

이 일이 끝난 뒤 그중 두 사람은 배로 귀국했다. 다만 헤게시스트라토스만은 남았는데, 그 이름이 좋은 전조를 보인다 하여 그리스군과 함께 항해하라고 레오티키데스가 명했기 때문이다. 그리스군은 그날은 움직이지 않고 다음 날 희생을 바치고 길조를 얻었다. 이때 그리스군을 위해 점을 친 사람은 이오니아만(灣)에 접한 아폴로니아[81]인 에우에니오스의 아들 데이포노스였다. 그의 부친인 에우에니오스에게는 아래와 같은 일이 있었다.

아폴로니아에서는 태양신으로 숭배되는 신성한 가축들[82]이 사육되고 있었다. 이 가축들은 낮에는 라크몬산에서 출발하여 아폴로니아 땅을 지나 오리코스 항구 부근에서 풀을 뜯고, 밤에는 특별히 선출된 시민이 1년 교대로 한 사람씩 그 경계를 맡고 있다. 아폴로니아 주민들은 어떤 신탁 때문에 이 가축들을 매우 소중히 다루고 있는 것이다. 가축들은 밤에는 도시에서 떨어진 동굴에서 잠을 잔다. 그런데 그 무렵 이 에우에니오스가 선출되어 여기에서 가

---

80) 헤게시스트라토스라는 이름이 '군(軍)을 안내하는 자'라는 뜻이기 때문이었다.
81) 오늘날의 알바니아 중앙에서 조금 남쪽에 있으며, 서쪽 바다를 사이에 두고 이탈리아의 브린디지와 마주 보고 있다.
82) 《오디세이아》 제12권에 실려 있는, 트리나키아의 태양신 성스러운 소를 연상시킨다. 그러나 여기에서의 가축은 양을 가리킬 것이다.

축들을 지키고 있었다. 그러던 어느 날, 에우에니오스가 밤에 파수를 서다가 잠시 잠든 사이에 이리가 동굴에 들어가 가축 60마리 정도를 죽이고 말았다. 에우에니오스는 달리 가축을 사 이를 메울 요량으로 이 일을 누구에게도 말하지 않았다. 그러나 이 사건은 아폴로니아 주민들에게 결국 알려지고 말았다. 그들은 에우에니오스를 법정에 세우고 불침번을 서다가 잔 죄를 물어 시력을 빼앗는다는 판결을 내렸다. 그런데 그를 맹인으로 만들자 그 뒤로부터 이 나라의 가축들이 새끼를 낳지 못하고, 전답도 곡식을 내지 못하게 되었다. 그러자 아폴로니아 주민들이 현재 일어나고 있는 재난의 원인에 대해 신탁을 청했다. 결국 도도네에서도, 델포이에서도 그들이 신성한 가축을 지키고 있던 에우에니오스의 시력을 부당히 빼앗은 것이 그 원인이라는 신탁이 내려졌다. 이리를 보낸 것은 신(神) 자신이었으며, 그들이 저지른 죄에 대해 에우에니오스가 합당하다고 인정하는 보상을 하지 않는 한 언제까지나 그를 위해 보복을 가할 것이라고 했다. 그리고 그런 보상을 하면 신들도 그에게, 많은 이들이 그를 가리켜 행복한 사람이라고 감탄하게 할 만한 선물을 주리라는 것이었다.

이러한 신탁이 내려지자 아폴로니아인들은 이것을 비밀에 부치고 몇몇 시민에게 일 처리를 위임했다. 일을 맡은 자들은 이 일을 다음과 같이 처리했다. 광장 벤치에 앉아 있는 에우에니오스 곁으로 다가가 그 옆에 앉은 다음 여러 가지 이야기를 하면서 이윽고 그의 불행에 대해 동정의 말을 던졌다. 이렇게 점차 이야기가 핵심으로 접근하자, 만약 아폴로니아인들이 그에게 저지른 죄를 보상하겠다고 제안한다면 어떠한 대가를 바라느냐고 물었다. 그러자 신탁에 관해 전혀 듣지 못한 그는 아폴로니아에서 가장 좋은 두 곳의 땅 이름을 들고, 이 땅을 얻은 다음 더불어 이 도시에서 그가 알고 있는 가장 훌륭한 집을 손에 넣을 수 있다면, 그것으로 한(恨)은 풀어질 수 있을 것이라 말했다.

그러자 곁에 앉아 있던 자들이 곧바로 이렇게 말했다.

"에우에니오스여, 아폴로니아 주민들이 받은 신탁에 따라, 그대의 눈을 멀게 한 보상으로서 방금 말한 것을 그대에게 주기로 하겠소."

에우에니오스는 이 말을 듣고 비로소 일의 전말을 알게 되자 속았다며 분개했다. 그러나 결국 일을 위임받은 자들은 그가 희망한 것을 소유자로부터 사들여 그에게 주었다. 그 뒤 곧 그는 신이 부여한 예언의 힘을 지니게 되었고, 또 이를 통해 그 이름이 널리 알려지게 된다.

이 에우에니오스의 아들인 데이포노스가 코린토스군에 고용되어 군대를 위해 점을 치고 있었던 것이다. 그런데 나는 이 데이포노스가 실은 에우에니오스의 아들이 아니라 그의 이름을 사칭해 그리스 전역을 두루 돌아다니며 돈을 번 인물이란 이야기도 들었다.

한편 희생이 그리스군에게 길조를 나타내자 그리스 해상 부대는 델포스를 출발하여 사모스로 향했다. 이윽고 사모스섬 안의 칼라모이라는 곳에 도착하자, 여기에 있는 헤라 신전 앞에 정박하고 해전 준비를 서둘렀다.

페르시아군은 그리스군이 접근해 오는 것을 알게 되자 앞서 철수시켰던 페니키아군 이외의 함선을 본토로 출항시켰다. 회의 결과 그리스군을 도저히 당할 수 없으니 해전을 피하는 것이 좋다고 판단했기 때문이다. 그리고 함대를 본토로 철수시킨 것은, 크세르크세스의 명에 의해 뒤에 남아 이오니아 경비를 맡고 있었던 육상 부대가 미칼레에 주둔하고 있었으므로 그 엄호 아래들어가려 했던 것이다. 이 부대의 병력은 6만이었고, 그 지휘를 맡고 있었던 자는 페르시아인 중에서 눈에 띄는 용모와 체구를 지니고 있었던 티그라네스[83]였다. 페르시아 해상 부대 지휘관들은 이 부대 엄호 아래 도망쳐 들어가배를 육지로 끌어올리고 함선을 지킴과 동시에 자군의 피난처를 확보하기 위해 주위에 방벽을 둘러치기로 했다.

위와 같은 계획을 세우고 난 뒤 그들은 곧 출항했다. 여신(포트니아이)[84]의 신전을 지나 미칼레 영내의 가이손[85]과 스콜로포에이스에 도착하자—여기에는 그 옛날 파시클레스의 아들인 필리스토스가 코드로스의 아들인 네일레오스(넬레오스)[86]를 수행하여 밀레토스시를 건설하러 갈 때 건립한 엘레우시스

---

83) 7권 참조.

84) 포트니아이란 이름은 여느 여신에게도 통용되는 명칭이지만 여기에서는 데메테르와 페르세포네 두 여신이나, 어머니를 죽인 오레스테스를 괴롭힌 것으로 유명한 원령(怨靈)들, 즉 이른바 에우메니데스를 가리키는 것으로 생각된다.

85) 미칼레 남쪽을 흐르는 작은 개울 이름인 듯하다. 다음의 스콜로포에이스는 그 부근 지명일 것이다.

86) 형제인 메돈 때문에 아티카에서 쫓겨나 밀레토스를 비롯한 이오니아의 여러 도시를 개척했다고 전해진다.

의 데메테르 신전이 있다―여기에서 배를 육지로 끌어올리고 과실나무를 자른 뒤 목재와 석재를 이용해 방어벽을 두르고, 방어벽 주위에 끝이 날카로운 말뚝을 박았다. 이렇게 하여 페르시아군은 적의 포위를 받든지, 또는 이것을 돌파하든지 그 두 가지 중 어느 한쪽의 경우에 대비하여 모든 준비를 마쳤다.

그리스군은 페르시아 함대가 본토로 떠나 버린 것을 알게 되자, 적을 놓친 것을 애석해하고, 되돌아가야 할 것인지 헬레스폰토스로 향해야 할 것인지 그 방향을 놓고 고민했다. 그리고 결국 그 어느 계책도 택하지 않은 채 본토로 진공해 가기로 결정했다. 그들은 해전에 대비하여 교판(橋板)[87] 등의 필요한 장비를 갖추고 미칼레로 향했다. 적의 진영에 가까이 다가가도 누구 한 사람 이쪽을 향해 오지 않았다. 레오티키데스는 함선이 방어벽 내의 육지로 끌어올려져 있고 해안 일대에는 대규모의 지상군이 포진해 있는 것을 발견하자, 먼저 가능한 한 해안에 접근하여 포고자(布告者)로 하여금 이오니아인을 향해 다음과 같은 내용을 외치게 했다.

"이오니아인 여러분, 이 소리를 듣는 사람은 모두 내가 말하는 바를 유념해 주기 바라오. 지금부터 내가 그대들에게 지시하는 것을 페르시아인들은 전혀 알아듣지 못할 것이기 때문이오. 우리가 전투를 시작하면 그대들은 무엇보다도 먼저 자유롭게 된다는 걸 기억해 두어야 할 것이오. 이에 대해서는 우리의 암호인 '헤라'를 잊지 말기 바라며, 또 이 내 말을 듣지 못한 사람에게 전해 주기 바라오."

이렇게 한 의도는 예전에 테미스토클레스가 아르테미시온에게 의도한 바와 같았다. 즉 이 말이 페르시아군에 알려지지 않으면 이오니아인을 설득하게 될 것이고, 또한 페르시아군에게 통보되면 페르시아군이 이오니아인 부대에 대한 불신감을 품게 되리란 것이었다.

레오티키데스의 권고에 이어 그리스군은 다음과 같이 행동했다. 그들은 배를 해안에 대고 상륙했다. 그리스군이 전투 배치에 들어가자 페르시아군은 그리스군이 전투 준비를 서두르고 이오니아인을 대상으로 공작을 꾸미는 것을 목격했다. 그러자 먼저 사모스인이 그리스 측에 마음을 두고 있는 게 아닌

---

87) 적선에 오르기 위한 사닥다리 형태의 판자.

가 의심을 품어 그들의 무장을 해제시켰다. 그들이 사모스인에 대해 의혹을 품은 이유는, 아티카에 남아 있다가 크세르크세스군에 사로잡혔던 아테네의 포로들이 배로 운반되어 왔을 때, 사모스인이 이들을 모두 사들인 다음 여장(旅裝)을 갖추게 하고 아테네로 돌려보내 주었기 때문이다. 크세르크세스의 적에 해당하는 500여 명을 자유의 몸으로 만들어 주었으니 크게 의심을 산 것도 무리는 아니었다. 페르시아군은 또한 미칼레 산꼭대기로 통하는 도로 경비를 밀레토스인에게 맡겼다. 밀레토스인이 그 주변 지리에 정통하다는 것이 그 구실이었지만, 실은 그들을 본진에서 격리해 두고 싶었기 때문이다. 페르시아군은, 기회가 있으면 불온한 행동으로 나올 우려가 있다고 생각한 이오니아인에 대해서는 이러한 예방 조치를 취하고, 자신들은 방패를 늘어 세우고 방어벽을 구축했다.

그리스군은 준비가 끝나자 페르시아군을 향해 진격을 개시했다. 그런데 그 진군 중에 어떤 풍설이 전군에 퍼지고, 또한 해변가에서 그와 관련된 전령의 지팡이[88]가 발견됐다. 그리스 전군에 퍼진 풍설이란, 그리스군이 보이오티아에서 마르도니오스군과 싸워 이를 격파했다는 것이었다. 인간 세상의 사건에 신묘한 힘이 작용한다는 것은 여러 가지 사례들이 분명히 증명해주고 있다. 지금의 경우도 플라타이아에서의 페르시아군 패전과 미칼레에서 바로 일어나려던 참극이 기묘하게도 날짜를 같이하고, 풍설이 미칼레의 그리스군에게 전해진 결과 군대 사기가 갑자기 드높아져 점점 위험을 두려워하지 않게 된 사실을 보면 더욱 그러한 느낌이 짙어진다.

또 한 가지 서로 일치한 것은 두 전쟁 모두 엘레우시스의 데메테르 신전 부근에서 벌어졌다는 것이다. 플라타이아 전투가 데메테르 신전 바로 가까이에서 일어났다는 것은 앞서 서술한 바 그대로이고, 미칼레에서도 그와 비슷한 상황이 벌어진 것이다. 또한 파우사니아스가 이끄는 그리스군이 승리를 거두었다는 소문도 정확한 것이었다. 프라타이아 전투가 그날 이른 시각에 행해지고 미칼레 전투는 오후가 되어서부터 벌어졌지만, 두 전투가 같은 달, 같은 날에 일어난 것은 그 뒤 곧 그들이 조사한 결과 분명해졌다. 이 소문이 전해지기

---

88) 신들의 전령인 헤르메스가 개입했다고 해석됐을 것이다.

이전에 그들이 품고 있었던 위구심은 자신들의 신상에 관한 것이기보다도 (본국의) 그리스 부대를 염려한 데서 나온 것으로, 그리스 부대가 마르도니오스에게 굴복할까 두려웠기 때문이었다. 그러나 소문이 전해지자 그 공격 속도가 빨라지게 되었다. 이리하여 섬지방과 헬레스폰토스 확보가 이 싸움에 걸려 있는 만큼 두 군 모두 무서운 의욕으로 전투에 임했다.

거의 모든 전선의 반을 차지한 아테네군과 그에 인접해 포진한 부대의 진격로는 해안 지대와 평탄한 땅을 지나고 있었고, 스파르타군과 그에 인접한 부대는 협곡과 언덕을 넘어 진격했다. 그 때문에 스파르타군이 아직 언덕을 우회하고 있는 사이 한쪽 날개에 있는 부대는 이미 전투에 돌입해 있었다. 한편 페르시아군은 늘어 세운 방패가 버티고 있는 동안은 잘 방어하고 그 전투 양상도 공격군에 비해 손색이 없었다. 그러나 아테네군과 이에 인접한 모든 부대가, 이 전투의 수훈을 양보할 수 없다고 서로 격려하며 점차 격렬하게 공격을 가하기에 이르자, 전투 양상이 조금씩 변하기 시작했다. 이들 모든 부대가 나란히 늘어서 있는 방패를 넘어 뜨리고 페르시아 진영 내로 산사태가 일어나듯 몰려들어 가자, 페르시아군은 이를 맞아 장시간에 걸쳐 방어전을 펼쳤지만 마침내 방벽 안으로 도망쳐 들어갔다. 아테네군, 코린토스군, 시키온군, 트로이젠군—이 순서로 배치되어 있었다—은 뒤를 쫓아 적과 동시에 방벽 안으로 돌입했다.

이 방벽도 탈취되자 페르시아군 이외 이국 군은 더 이상 저항을 포기하고 앞다투어 도망쳤다. 단지 페르시아인 부대만이 몇 명씩 집단을 이루어 차례로 방벽 안으로 돌입하는 그리스군을 상대로 싸움을 계속했다. 그 혈전 속에서 해상 부대를 지휘하고 있었던 아르타윈테스와 이타미트레스는 도망쳤지만, 마르돈테스와 육상 부대 지휘관인 티그라네스는 적군의 칼에 맞아 비참한 죽음을 맞이했다.

스파르타와 그 인접 부대가 도착한 것은 페르시아인 부대가 아직 저항을 계속하고 있을 때였다. 그들은 앞서 온 부대와 협력하여 이 전투를 결말지어 버렸다. 이 전투에서 그리스군도 많은 전사자를 냈는데, 그중에는 시키온 병사 다수와 그 지휘관인 페릴라오스도 있었다.

전투에 나선 사모스 병사들은 페르시아 진영 내에서 무기를 몰수당한 터였다. 그런데도 그들은 전투가 시작되자 형세가 페르시아에 불리하게 돌아가는 것을 보고 그리스군을 돕기 위해 힘이 닿는 한 최선을 다했던 것이다. 다른 이오니아인 부대도 솔선수범하는 사모스인들의 행동을 보자 페르시아군에 반기를 들고 이국 군을 공격했다.

밀레토스인 부대는 페르시아군 명령을 받고 문제의 통로를 지키고 있었다. 이것은 만약 페르시아군이 패배할 경우에 길 안내인을 확보하여 미칼레 산꼭대기로 도피하려는 의도에서 나온 것이었다. 그리고 나아가 페르시아 진영 내에서 불온한 행동을 기도하는 것을 방지하기 위함이기도 했다. 그러나 그들은 명령과는 전혀 반대의 행동으로 나와 도주하는 페르시아군을 적 부대 방향으로 안내했고, 마침내는 페르시아군에게 가장 가혹한 적이 되어 그들을 무참히 살육했다. 이로써 이오니아는 재차 페르시아에 대해 반란을 일으킨 셈이 되었다.

이 전투에서 그리스군 중 가장 큰 공을 세운 것은 아테네 부대였다. 아테네인 중에서는 판크라티온[89]에 뛰어난, 에우토이노스의 아들 헤르몰리코스가 가장 큰 공을 세웠다. 이 헤르몰리코스는 그 뒤 아테네와 카리스토스[90] 사이에 전쟁이 일어났을 때 전사하여 게라이스토스곶[91]에 매장됐다. 아테네군 다음으로는 코린토스, 트로이젠, 시키온 등 부대의 활약이 눈부셨다.

그리스군은 저항하거나 도주하는 이국 군 다수를 살해한 뒤, 적의 함선과 방어벽을 모두 불태워 버렸다. 그리고 전리품은 그 이전에 미리 해변으로 끌어냈는데, 그때 재보가 든 상자도 여러 개 발견됐다. 아울러 방벽과 함선도 불태워 버린 뒤 그리스군은 바다를 통해 철수했다.

그리스군은 사모스에 도착하자 이오니아 주민에 대한 방안을 검토하고, 결국 그들을 이국 군의 손에 맡기기로 했다. 그리고 주민을 현재 그리스권 세력 하에 있는 어느 지역으로 이주시키는 것이 좋을지 협의했다. 그리스군이 언제까지나 이오니아를 위해 경계를 맡아 줄 수는 없기 때문이었다. 하지만 그들의 보호가 없으면 이오니아인이 페르시아인으로부터 보복을 당할 수도 있었

---

89) 레슬링과 전투가 복합된 격렬한 경기.
90) 에우보이아섬 남부의 도시. 이 전쟁은 기원전 476년의 일인 듯하다.
91) 에우보이아 남단의 곶.

다. 이때 펠로폰네소스군 요직에 있는 자들이 의견을 제시하길, 페르시아 측에 가담한 그리스 여러 도시의 주민을 퇴거시키고 이 지역에 이오니아인을 이주시키는 것이 좋겠다고 했다. 그러나 아테네인은 이오니아를 넘겨주는 것에 결사 반대하고, 펠로폰네소스인이 자국의 식민지에 대해 간섭하는 것을 불쾌하게 여겼다. 아테네인이 이렇듯 강경히 나왔기 때문에 펠로폰네소스도 마침내 양보했다. 이리하여 사모스·키오스·레스보스를 비롯해 그리스군에 가담하여 참전하고 있었던 그 밖의 섬 주민들에게 충성을 다짐받은 뒤 동맹국에 가담시켰다. 이렇게 모든 나라의 서약을 성립시킨 다음, 그들은 (헬레스폰토스의) 선교를 파괴하기 위해 떠났다.

한편 전쟁터를 피해 미칼레 산정으로 도망쳐 들어갔던 이국인—그 수는 얼마 되지 않았지만—은 사르데스로 돌아가고 있었다. 그때 마침 패전 현장에 있었던 다레이오스의 아들 마시스테스[92]가 지휘관인 아르타윈테스를 향해 온갖 욕설을 퍼부었다. 특히 이러한 지휘는 여자만도 못한 것이며, 어떠한 벌로도 책임질 수 없을 만큼 왕가(王家)에 막대한 위해(危害)를 미쳤다고 말했다. 페르시아인에게 여자보다도 못하다는 말은 최대의 치욕이었다. 이에 격노한 아르타윈테스는 마시스테스를 죽이고자 그를 향해 단검을 던지려 했다. 그때 아르타윈테스 뒤에 서 있던 프락실라오스의 아들인 크세(이)나고라스란 할리카르나소스인이 이것을 보고 아르타윈테스의 몸을 잡고 들어올려 땅 위로 내던졌다. 그 사이에 마시스테스 친위대들이 마시스테스 앞을 가로막았다. 이런 활약 덕분에 크세(이)나고라스는 크세르크세스의 신임을 얻게 되었고, 이후 왕으로부터 임명을 받아 킬리키아 전역을 지배하게 된다. 진군 중이던 이 부대는 또 다른 사건 없이 마침내 사르데스에 도착했다. 사르데스에는 해전에 패해 아테네에서 도망쳐 온 페르시아 왕이 줄곧 머무르고 있었다.

크세르크세스의 빗나간 사랑
크세르크세스는 사르데스에 머무르는 동안 그곳에 있었던 마시스테스의 아내를 연모하게 되었다. 크세르크세스는 여러 번 시종을 보내 그녀에게 구

---

92) 다레이오스와 아토사의 아들(7권 참조).

애했지만 설득하지 못했고, 동생인 마시스테스를 의식해서 폭력을 사용할 수도 없었다. 그녀도 이것을 잘 알고 그가 폭력을 가해 오지 못하리라 믿고 있었다. 그러자 크세르크세스는 그러한 방식의 접근을 포기하고 아들인 다레이오스[93]를, 마시스테스의 딸과 결혼시키기로 했다. 그렇게 하면 그녀를 쉽게 손에 넣을 수 있으리라 생각했던 것이다. 크세르크세스는 그 혼인식을 절차대로 끝맺고 난 다음 수사로 돌아갔다.

그러나 수사에 도착하여 다레이오스를 위해 마시스테스의 딸을 궁궐에 맞이하자, 마시스테스의 아내에 대한 사모의 정이 사라지고 이번에는 다레이오스의 아내가 된 마시스테스의 딸을 마음에 두게 되었다. 그리고 마침내 이 여자를 자신의 것으로 만들게 된다. 그녀의 이름은 아르타윈테였다.

비극적인 이 사건의 전말은 이러하다. 크세르크세스의 아내인 아메스트리스가 갖가지 색깔로 수놓은 아름답고 큰 웃옷을 손수 만들어 크세르크세스에게 선물했다. 이 선물을 흡족히 여긴 크세르크세스가 이 옷을 입고 아르타윈테를 찾았다. 그녀 곁에서 커다란 즐거움을 누린 크세르크세스는 자신을 즐겁게 해준 데 대한 보답으로 그녀가 바라는 것이 있으면 무엇이든 주겠다고 말했다. 그러자 그녀는—그 가문 전체가 화를 입을 운명에 처해 있었던 것임에 틀림없을 것이다—크세르크세스에게, 진실로 바라는 것을 말씀드리면 그것을 주시겠느냐고 물었다. 크세르크세스는 바라는 것을 꼭 주겠다고 맹세했다. 크세르크세스가 맹세를 하자, 그녀는 태연히 그 웃옷을 원한다고 말했다. 크세르크세스는 그것을 주지 않고 사태를 마무리짓고자 온갖 수단을 다 동원했는데, 그 이유는 다름 아니라 아메스트리스에 대한 두려움 때문이었다. 그의 아내는 이미 전부터 아르타윈테와의 관계에 깊은 의혹을 품고 있었으니, 이 일로 발목을 잡히게 될까 염려했던 것이다. 그래서 그 대신 도시를 주겠다, 황금을 달라는 대로 주겠다, 또한 그녀 이외에는 그 누구의 지휘도 받을 수 없는 군대를 주겠다—군대를 선물로 주는 것은 페르시아 특유의 풍습이다—는 등 여러 가지 말로 달랬지만 그녀가 응하지 않자, 마침내 그 웃옷을 주고 말았다. 그녀는 그 선물을 받고 몹시 기뻐하며 언제나 그것

---

93) 크세르크세스의 세 자식 중 장남. 뒤에 아르타바조스의 사주를 받은 동생 아르타크세르크세스에 의해 살해된다.

을 입고 자랑했다.

드디어 아메스트리스가 소문을 듣고 그 옷이 그녀에게 있음을 알게 되었다. 그러나 일의 전말을 추측한 아메스트리스는 문제의 그녀에게는 원한을 품지 않았다. 대신 원흉은 그녀의 어머니라 생각하고 마시스테스의 아내를 살해하고자 했다. 그녀는 크세르크세스가 국왕 주최 연회를 베풀 시기를 기다렸다. 이 연회는 1년에 한 번, 국왕 탄생일에 개최된다. 페르시아어로 '틱타'라고 하는데, 이는 그리스어로 '완벽한'이라는 뜻이다. 이날만은 왕도 머리에 향유를 바르고[94] 페르시아 국민에게 선물을 내린다. 아메스트리스는 이날을 기다려 크세르크세스에게 마시스테스의 아내를 자기에게 달라고 말했다. 그러나 크세르크세스는 동생의 아내이기도 하고, 또한 이 사건에 대해서 아무런 죄도 없는 그녀를 아내에게 넘기는 것은 결코 있을 수 없는 일이라고 생각했다. 왜냐하면 아내가 왜 그런 요구를 하는지 잘 알고 있었기 때문이다.

그러나 아메스트리스는 끝까지 양보하지 않고 이를 요구했다. 페르시아에서는 국왕 주최 연회가 있는 날, 누군가 무엇인가를 요구하면 그 바라는 것을 주어야 하는 관습이 있었다. 때문에 크세르크세스는 할 수 없이 아내의 요구를 승낙하여 그녀를 넘기기로 했다. 그는 아내에게는 좋을 대로 하라고 말한 뒤, 동생을 부른 다음 이렇게 말했다.

"마시스테스여, 자네는 다레이오스의 아들이자 내 동생이고, 게다가 실로 훌륭한 인물이기도 하네. 그러니 지금 자네가 아내로 삼고 있는 여자와 헤어지도록 하게. 그 대신 내 딸을 주겠네. 자네의 현재 아내를 그대로 두는 것을 허락할 수 없으니 자리에서 쫓아내도록 하게."

마시스테스는 이 말을 듣고 크게 놀라며 이렇게 말했다.

"전하, 어찌 제게 그런 곤혹스런 말씀을 하십니까! 아내는 제게 자식을 낳아 길러 주었고, 그중 딸 하나는 전하의 뜻에 따라 전하의 아드님과 결혼하게 되었습니다. 뿐만 아니라, 무엇보다 아내는 제 모든 것입니다. 그런 아내와 헤어지고 따님과 결혼하라니요? 왕이시여, 제가 따님을 맞이할 만한 인물이라고 생각해 주신 것은 실로 명예로운 일이지만, 지금 명하신 두 가지 일은 모

---

94) 평상시에는 머리에 티아라라는 것을 쓰고 위엄 있는 복장을 갖추는데, 이날만은 신분에 구애받지 않는 술자리가 벌어져 왕도 티아라를 벗고 머리에 향유를 바른다는 의미일 것이다.

두 받아들일 수 없습니다. 전하께선 제발 제게 무리한 일을 강요하지 마십시오. 따님에게는 저에 못지않은 다른 훌륭한 사윗감이 나타날 것이오니, 아내와 그대로 살게 해주십시오."

마시스테스가 이렇게 대답하자 크세르크세스는 화를 내며 말했다.

"잘 알았네, 마시스테스. 그러면 이렇게 해주겠네. 딸을 자네에게 주지 않을 뿐만 아니라, 자네 아내와도 더 이상 함께 살지 못하게 하겠네. 그리하여 주는 것을 고맙게 받는 방법을 가르쳐 주도록 하지!"

마시스테스는 이 말을 듣자 다음과 같이 말하고 밖으로 나갔다.

"전하, 그래도 제 목숨만은 남겨 주셨습니다!"[95]

크세르크세스가 한창 동생과 이야기하고 있는 사이에, 아메스트리스는 크세르크세스의 친위병을 불러 마시스테스의 아내에게 잔혹한 폭행을 가하게 했다. 두 유방을 잘라 개에게 던져 주고, 코와 귀, 입술도 그렇게 한 다음 혀까지 잘라 내 처참하게 변한 모습 그대로 집으로 돌려보냈다.[96]

마시스테스는 무엇인가 좋지 못한 일이 일어날 것 같은 예감이 들어 서둘러 집으로 달려갔다. 그리고 참혹하게 변해 버린 아내를 보자 곧 자식들과 협의한 뒤 가족들을 데리고 박트라[97]로 향했다. 이것은 박트리아 지구로 하여금 반란을 유도해 가능한 한 왕에게 큰 피해를 주기 위함이었다. 생각건대 만약 그에게 형의 생각을 앞질러 박트리아 및 사카이인 나라에 도착할 시간만 있었다면 이 계획은 실현됐을 것이다. 그는 이들 지방에서 인망이 높았을 뿐더러 박트리아의 총독이기도 했기 때문이다. 그러나 크세르크세스는 마시스테스의 이러한 행동을 들어 알게 되자 토벌군을 보냈다. 결국 마시스테스 일가와 그의 군대는 박트라로 향하던 도중 죽음을 맞이했다.

그리스군의 세스토스 공략

한편 헬레스폰토스를 목표로 미칼레를 떠난 그리스군은 역풍의 방해를 받

---

95) 이 말의 의미는 명확하지 않지만, 목숨이 붙어 있는 한 이 잔혹한 처사에 보복하겠다는 뜻이 포함되어 있을 것이다.
96) 아메스트리스의 잔혹성을 나타내는 다른 이야기가 7권에도 나와 있다.
97) 박트리아 지방의 수도, 박트리아는 동방에서 페르시아의 유력한 거점이었다.

아 우선 렉톤[98] 부근에 잠시 정박해 있다가 아비도스에 도착했다. 그러나 헬레스폰토스의 선교는 이미 파괴되어 있었다. 레오티키데스가 지휘하는 펠로폰네소스 부대는 그리스로 돌아가기로 결정했지만, 크산티포스[99]가 이끄는 아테네 부대는 잔류하여 케르소네소스를 공격하기로 했다. 그리하여 한쪽은 철수하고, 아테네군은 아비도스에서 케르소네소스로 건너가 세스토스를 포위했다.

이 도시에는 견고한 성벽이 있었기 때문에 그리스군이 헬레스폰토스에 나타났다는 소식을 듣자마자 인근 도시 병력이 이곳으로 모여들었다. 카르디아에서 온 페르시아인 오이오바조스는 선교를 만드는 데 사용했던 줄들을 세스토스로 운반해 놓았다. 이 도시에 살고 있던 주민은 토착민인 아이올리스인이었는데, 페르시아인 및 기타 동맹 부대 대군도 이 도시에 머물러 있었다.

이 지구에서 독재권을 휘두르고 있었던 자는 크세르크세스가 임명한 아르타윅테스라는 페르시아인이었다. 그는 잔학무도한 자로서 아테네 원정을 떠난 왕을 속여 엘라이우스에서 이피클로스의 아들인 프로테실라오스[100]의 재보를 횡령하기까지 한 인물이었다. 케르소네소스의 엘라이우스에는 프로테실라오스 묘가 있고, 그 묘 주위는 성지로 되어 있다. 여기에는 금은제 술잔, 청동제 집기, 의류 그리고 기타 봉납품과 같은 재보가 매장되어 있었는데, 그것을 아르타윅테스가 왕의 허가를 얻어 약탈했던 것이다. 그는 다음과 같은 말로 크세르크세스를 속였다.

"전하, 이 땅에는 일찍이 수없이 전하의 영토를 침략하고, 그 때문에 그에 마땅한 벌을 받아 전사한 그리스인의 집이 있습니다. 부디 제게 그자의 집을 하사해 주십시오. 그리하시면 금후 전하의 영토를 침략해서는 안 된다는 교훈이 될 것입니다."

이러한 말로 그는 본심을 의심받지 않고 크세르크세스를 설복해 원하는 바를 손에 넣었다. 프로테실라오스가 왕의 영토를 침략했다고 말한 데는 이

---

98) 미시아 지방이 서남쪽으로 돌출한 끝의 곶으로, 레스보스섬의 북안과 마주 보고 있다.

99) 페리클레스의 부친.

100) 트로이 전쟁에 참가한 영웅. 트로이에 상륙하자마자 전사했다. 엘라이우스시(市)에서는 신으로서 숭상되었고, 여기에 그 신탁소가 있었다.

유가 있다. 페르시아인에게 아시아 전역은 페르시아 영토이자 역대 왕의 영토 였기 때문이다. 그리하여 왕의 허락을 얻자 아르타윅테스는 재보를 엘라이우스에서 세스토스로 옮기고 성지는 농장으로 바꾸어 버린 뒤, 엘라이우스에 갈 때마다 그 묘역으로 여자를 끌어들여 음락(淫樂)을 탐했다.

그런데 이때 아테네군은 전혀 무방비 상태의 아르타윅테스가 있는 곳에 느닷없이 들이쳤다. 그러나 포위 기간이 길어져 가을을 맞게 되었다. 고국을 떠나 낯선 땅에 왔고 게다가 성이 쉽게 공략되지 않자, 사기가 떨어져 아테네 장병들은 지휘관들에게 철수를 요청했다. 하지만 지휘관들은 도시를 함락시키거나 아테네로부터 공식적으로 철수 명령이 오지 않는 한 철수할 수 없다고 말했다. 이리하여 그들은 그 상황을 감수할 수밖에 없었다.

성벽 안에 있던 부대도 최악의 식량난에 빠져들었다. 심지어는 침대 가죽띠를 삶아 먹기까지 했다. 이윽고 그것조차 다 떨어지자 아르타윅테스와 오이오바조스를 비롯한 페르시아인들은 적의 포위망이 가장 허술한 뒤쪽 성벽으로 내려간 뒤 밤을 틈타 도주했다. 날이 밝자 케르소네소스군은 망루 신호를 통해 이 일을 아테네군에게 알리고 성문을 열었다. 대부분의 아테네군은 도망자들을 추격했고, 일부는 도시를 확보했다.

오이오바조스는 트라키아로 도주했는데, 트라키아족의 압신토스인[101]이 그를 잡아 그 지방 신(神)인 플레이스토로스에게 희생물로 바치고, 그 부하들도 살해해 버렸다.

이 사람들보다 늦게 도주한 아르타윅테스와 그 무리는 아이고스포타모이[102]를 조금 지난 곳에서 발견되어 장시간에 걸쳐 싸웠지만 결국 전사하거나 생포되었다. 그리스군은 포로들을 묶어 세스토스로 보냈는데, 그중에는 아르타윅테스와 그의 아들도 끼여 있었다.

그런데 이 포로들의 감시를 맡고 있던 자 중 한 사람이 소금에 절인 물고기를 구울 때 이상한 일이 벌어졌다고 한다. 불 위에 놓인 물고기가 마치 갓 잡은 물고기처럼 뛰어오르며 팔딱거렸던 것이다. 그 남자 주위에 모여 든 사람

---

101) 이 부족에 대해서는 6권에 서술되어 있다.
102) 세스토스 북쪽에 있는, 같은 이름의 하구에 있는 항구 도시. 기원전 405년, 아테네가 여기에서 최후의 해전에 패해 펠로폰네소스 전쟁에 종지부를 찍었다.

들이 놀라자, 그 모습을 본 아르타윅테스가 물고기를 굽던 자를 불러 이렇게 말했다.

"아테네인이여, 무서워할 것 없소. 이 일은 그대와 관련된 것이 아니오. 이것은 엘라이우스에 있는 프로테실라오스가 이미 이 세상 사람이 아니고 소금에 절여진 몸이지만, 자신의 원수에게 보복할 수 있는 힘을 신으로부터 부여받았음을 내게 보여 주고자 하는 것이오. 따라서 나는 지금 스스로 보상금을 정하고자 하오. 신전으로부터 내가 빼앗은 재보의 대가로 100탈란톤을 프로테실라오스에게 봉납하고, 또한 만약 내 목숨을 구하게 된다면 나와 자식의 몸값으로서 200탈란톤을 아테네에 지불하겠소."

그는 이렇게 약속했지만, 지휘관인 크산티포스를 설득하진 못했다. 엘라이우스 주민이 프로테실라오스의 원수를 갚고자 아르타윅테스의 처형을 탄원했고, 지휘관 자신도 그럴 생각이었기 때문이다. 그리하여 그를 크세르크세스가 해협에 설치했던 선교 한쪽 끝에 해당하는 곳—일설에는 마디토스가 내려다보이는 언덕 위라고 한다—으로 끌고 가 판자 위에 못으로 박은 다음 높이 매달았다.[103] 또한 그 자식은 아르타윅테스 눈앞에서 돌로 쳐죽였다.

아테네군은 위와 같은 조치를 취하고 귀향했다. 가지고 돌아온 귀중품 중에는 선교에 사용했던 줄도 들어 있었다. 그들은 이것을 신전에 봉납하고자 했다. 이해[104]에는 위의 일 이외에는 별다른 사건이 없었다.

이 책형에 처해진 아르타윅테스의 조상 중에 아르템바레스[105]라는 자가 있었다. 그는 키루스에게 새로운 제안을 했었다.

"제우스 신께서 (민족으로서는) 페르시아인에게, 개인으로서는 키루스 전하께 아스티아게스를 멸하고 (아시아의) 패권을 부여하려 하시니, 이 좁고 거친 땅을 떠나 더욱 비옥한 땅으로 이주하는 것이 어떻겠습니까? 우리 나라 가까이에도, 멀리에도 많은 땅이 있으니만큼, 그 하나를 손에 넣으면 우리는 더욱 더 세상 사람들의 존경을 받게 될 것입니다. 지배자 위치에 있는 민족이 이런

---

103) 이것은 조금 표현을 달리하여 7권에도 서술되어 있다.
104) 기원전 479년.
105) 1권에 있는 것처럼 키루스가 어릴적 괴롭힌 아이 아버지의 이름과 같은데, 같은 인물인지 어떤지는 확실하지 않다.

일을 하는 것은 당연한 일입니다. 우리가 아시아 전역에 군림하고 있는 지금보다 더 좋은 기회가 언제 또 오겠습니까?"

키루스는 그 말을 듣자 그다지 놀라지 않고, 물론 그렇게 하는 편이 좋은 것이라 말했다. 다만 그렇게 할 경우에는 자신들이 더 이상 지배자가 되지 못하고 다른 민족의 지배를 받게 될 수도 있다는 것을 각오해야 한다고 경고했다. 부드러운 땅에서는 부드러운 인간이 나오듯이, 훌륭한 작물과 전쟁에 강한 남자는 그러한 땅에서 나오지 않는다는 것이었다. 이리하여 페르시아인들은 자신들 생각이 키루스에 미치지 못했음을 인정하고, 키루스 앞에서 물러나왔다. 그들은 이렇게 비옥한 땅을 일구며 다른 나라에 예속되느니보다 척박한 땅에 살며 다른 민족을 지배하는 길을 택했던 것이다.

역사의 아버지 헤로도토스

출생에 대하여

헤로도토스는 그의 저서에서 자신의 집안이나 생애에 대한 이야기를 거의 하지 않았다. 그는 탈선된 이야기나 여담을 비롯해 온갖 사건들을 기록했지만 정작 그 자신의 모습은 그러한 이야기들 뒤에 가려져 그의 생애는 제대로 알려져 있지 않다. 한편 그의 후배 투키디데스는 글의 주제인 펠로폰네소스전쟁에서 탈선하는 일이 매우 드물었지만 전쟁에 직접 참여한 일도 있어서, 그 자신의 생애에 대해 어느 정도 언급하고 있다. 그 내용은 다음과 같다.

헤로도토스

투키디데스는 아테네 사람으로, 전쟁이 시작될 때부터 전쟁사 집필작업을 시작했다(1권). 전쟁 2년째부터 몇 년 동안 아테네에서 무서운 전염병이 유행했는데, 그도 이 병에 걸렸다(2권). 그의 아버지 이름은 올로로스였다. 투키디데스는 트라키아의 광산 채굴권을 가지고 있었고, 그 지방호족들에게 영향력을 가지고 있었기 때문에 전쟁 8년째에는 장군으로 활약했다. 이때 스파르타의 명장 브라시다스에게 대항했지만 결과는 좋지 않았다(4권). 그리하여 투키디데스는 아테네가 항복하기까지 20년 동안 망명생활을 하게 되었다. 덕분에 그는 적군의 사정을 잘 알 수 있었으니 망명생활이 역사 연구에 오히려 도움을 준 셈이다(5권).

이처럼 투키디데스의 생애는, 몇 가지 중요한 사항을 공간적·시간적으로 확정지을 수 있다. 요컨대 그는 27년 동안 전쟁과 함께 살아갔으며, 그 전쟁을 계속해서 관찰해 온 인물임에 분명하다. 그가 기록한 '역사'를 읽어 보면, 그 배후에 존재하는 저자 자신의 냉엄하고 고뇌에 찬 생애를 직접 느낄 수 있다.

그런데 헤로도토스의 경우는 다르다. 그가 어떤 사람이었는지 알 수 있는 자료가 워낙 불분명해서 그의 출생지조차 파악하기 어렵지만 그의 저서 서문 앞머리의 "다음은 할리카르나소스 사람 헤로도토스가 연구한 내용이다" 라는 기록으로 보아 할리카르나소스 출신이었을 것으로 추정된다. 하지만 그보다 오래된 문헌에서는 그를 투리오이 사람으로 보고 있다. 기원전 4세기 아리스토텔레스가 남긴 《변론술(辯論術)》의 서문에 "투리오이 사람 헤로도토스의"라는 인용문이 그것이다. 우리는 다만 그가 할리카르나소스에서 망명해 투리오이 시민으로서 살다가 죽었다고 전해지므로 본디 "투리오이 사람 헤로도토스의"라고 되어 있는 것을 아리스토텔레스 이후 고대의 어느 시점에서 학자들이 고쳐 썼던 것으로 추정한다.

이처럼 헤로도토스의 저서에서는 그 자신에 대하여 분명히 파악할 수 있는 것이 아무것도 없다. 다만 메소포타미아, 시리아, 이집트, 소아시아, 흑해 부근, 그리스 본토, 그 밖의 지방에 있는 사물들을 기술할 때 이따금 "내가 직접 보고 들었다"라는 표현을 썼기 때문에 그 지방을 실제로 여행한 적이 있었던 것으로 판단할 뿐이다. 그러나 그가 여행한 연대는 거의 분명치 않아서 그의 존재를 공간적으로는 다소 확정할 수 있지만, 시간적으로는 어림잡아 파악할 수밖에 없다.

좀 더 시간을 거슬러 올라가 호메로스를 살펴보면 그는 헤로도토스에게 필적할 만큼 많은 작품을 남겼음에도 시인 자신은 작품 뒤에 완전히 숨어 있어서 그의 저서에서는 그가 활약한 연대도 장소도 알아낼 수 없다. 즉 시간적으로나 공간적으로나 확정지을 수가 없다. 이런 점에서 볼 때도 헤로도토스는, 이 시인과 후배 역사가 사이의 중간에 위치하고 있는 셈이다.

그러나 헤로도토스 말고도 누군가가 그에 대해 언급하고 있지는 않을까? 헤로도토스에 이어 오늘날까지 많은 저작을 남긴 사람으로는 투키디데스, 크세노폰, 플라톤 등이 있지만 그들의 저작에서도 헤로도토스에 대한 명확한 언급은 찾아볼 수 없다. 헤로도토스 시대 이후 100여 년이 지나, 아리스토텔레스에게서 비로소 명확한 인용과 언급이 나타날 뿐이다.

사람들이 학자와 문인의 전기에 관심을 갖기 시작한 것은 기원전 3세기 알렉산드리아의 문헌학자 칼리마코스와 그의 제자 헤르미포스 무렵부터로, 기원전 1세기에 디디모스가 이 연구를 집대성한 듯하다. 하지만 그 결과는 오늘날 직접적으로는 전해지지 않고 있다.

기원 전후의 지리학자였던 스트라본은 할리카르나소스에 대해 다음과 같이 기록했다.

> 이곳 출신으로는 (우선) 역사가 헤로도토스를 꼽을 수 있으나 그는 투리오이 식민 활동에 참가했으므로, 나중에 사람들은 그를 투리오이 사람이라고 불렀다. (스트라본)

할리카르나소스에서 태어나 투리오이로 이주해 그곳 시민이 되었다는 점은 헤로도토스의 생애 가운데 핵심적인 사실인 듯하다. 이 때문에 고대에는 그의 국적에 대해 두 가지 설이 있었다. 플루타르코스는 2개의 논문에서 이 점에 대해 언급했다.

> 헤로도토스는 남들에게 투리오이 사람이라고 불렸지만, 그 자신은 할리카르나소스 사람이라고 생각했다. 《헤로도토스의 악의에 대하여》
> "다음은 할리카르나소스 사람 헤로도토스가 연구한 내용이다"라는 문구를 많은 사람들이 "투리오이 사람 헤로도토스"라 고쳐 썼다. 《망명론》

이 말에 따르면 헤로도토스 자신은 자기 저서의 첫머리에서 '할리카르나소스 사람'이라고 말했는데도, 후세 사람들이 그를 '투리오이 사람'으로 여겨 사본을 그렇게 교정했다는 얘기가 된다. 그러나 페리클레스 시대에 이탈리아 남부에 건설된 신도시 투리오이는, 기원전 4세기 이후에는 완전히 쇠퇴해 버린다. 따라서 투리오이의 명예를 위해 누군가가 그런 식으로 굳이 고쳤다고 보기는 어렵다.

게다가 스트라본이나 플루타르코스의 주장과는 달리, 오히려 그보다 오래된 증거에서는 헤로도토스를 투리오이 사람으로 보고 있다. 기원전 4세기의 아리스토텔레스가 남긴 《변론술》과 조금 뒤의 역사가 두리스의 말[1] 등이 그 증거이다. 한편 그를 할리카르나소스 사람으로 보는 설은, 디오니시오스의 《투키디데스론(論)》이나 스트라본 같은 기원전 1세기 말의 저작에서 처음으로 등장한다. 아마 헤로도토스의 사본에는 본디 '투리오이 사람'이라고 적혀 있었는데, 기원전 2세기 전후부터 그것이 '할리카르나소스 사람'으로 정정된 것이리라.

그리고 이 변경의 배경에는 소아시아의 항구도시 할리카르나소스 사람들의 애향심이 자리하고 있었을 것이다. 그들은 이 유명한 역사가를 자기나라 사람이라고 선전했다. 헬레니즘 시대에는 할리카르나소스의 체육장에 헤로도토스의 동상이 세워졌고 또 로마 제정기에는 그 지방의 3가지 화폐 뒷면에 헤로도토스의 얼굴이 새겨졌다. 화폐 앞면에는 각각 하드리아누스 황제(117~138년), 안토니누스 피우스 황제(138~161년), 고르디아누스 3세(238~244년)의 초상이 새겨져 있으므로 연대도 확실하다.

이와 같이 헤로도토스의 저서 앞부분에는 본디 '투리오이 사람'으로 기록되어 있었던 듯하지만, 그가 사망한 뒤에는 투리오이는 쇠퇴하여 거의 소멸했기 때문에 그는 제2의 조국마저 잃게 되었다. 그러나 제1의 조국 할리카르나소스는 헬레니즘 시대와 로마 시대에도 상당한 번영을 누리며 문화를 애호할 여유가 있었기 때문에 이 가장 유명한 역사가를 자기네 도시로 다시 데려온 것이리라. 이리하여 헤로도토스는 죽은 뒤 오랜 시간이 지나 다시 고향으로 돌아온 것이다. 이런 상황에서 학자들은 헤로도토스의 전기를 조사하기 시작했고, 그 결과가 알렉산드리아의 학자들에게도 전해졌을 것이다. 그런데 그 성과는 매우 미미했던 듯하다.

오늘날의 상식에 비추어 판단하자면, 헤로도토스의 출생연도보다는 사망연도가 전해졌을 법하다. 하지만, 고대인이 '알고 있던' 것은 오히려 출생연도와 성년(盛年)[2]이었다. 헤로도토스와 같은 고향 사람으로 역사가이자 수사학

---

1) 《수다 사전》 '파니아시스' 항에 인용.
2) 활약시 약 40세.

자였던 디오니시오스는 《투키디데스론》에서 "헤로도토스는 페르시아전쟁이 일어나기 조금 전에 태어났다"고 말했다. 여기서 '페르시아전쟁'은 아마 크세르크세스의 원정(기원전 480년)으로 생각해도 무방할 것이다. 또 서기 2세기 로마의 문인 아울루스 겔리우스가 쓴 《아티카 야화》에 따르면, 판피라의 저작에 이런 글이 실려 있었다고 한다.

　　"펠로폰네소스전쟁이 시작되었을 때 헬라니코스는 65세, 헤로도토스는 53세, 투키디데스는 40세였던 것으로 추정된다."

　여기서는 분명하게 펠로폰네소스전쟁이 시작되었을 때, 그 전쟁을 기술한 투키디데스는 혈기왕성한 한창 나이(40세)였다고 되어 있다. 앞서 말했듯이 헤로도토스는 투리오이 식민에 참가했다고 전해지는데, 이 식민지가 건설된 해(기원전 444년)에는 40세였던 것으로 추정되는 것이다. 따라서 헤로도토스의 출생연도는 기원전 484년 정도가 되어 디오니시오스의 주장과도 합치하게 된다. 물론 이러한 연대는 고대 학자들이 편의상 추측한 것에 불과하지만 적어도 헤로도토스의 경우에는 이 연대를 부정할 만한 증거가 없고, 또 이렇게 추측해도 별다른 지장이 없으므로, 여기서는 이 연대를 통설로 인정하기로 한다.

　고대 그리스인은 사람이 죽었을 때, 그 사람의 연령을 확인하고 기록해서 후세에 전하려는 노력을 별로 하지 않았다. 그래서 페리클레스나 소크라테스, 플라톤 같은 소수의 예외를 제외하고는 정확한 생멸연대를 알 수 없는 것이다. 가장 큰 원인은 물론 당시 통일된 역법(曆法)이나 기년법(紀年法)이 없었기 때문이겠지만, 그렇다고 하더라도 그 시대 사람들이 사망연도나 나이에 대해 탐구하거나 추측하는 노력을 게을리 했던 것은 사실이다.

　따라서 그에 대해서는 10세기쯤 편찬된 것으로 추정되는 《수다 사전》의 그와 관련된 사항, 고대 작가들의 단편적인 언급들, 그리고 그의 저작 《역사》에서의 기술로 미루어 어림 짐작할 따름이다.

명문의 자손

헤로도토스는 소아시아 남부 도시 할리카르나소스의 명망 있는 집안 자손으로 태어났다. 그의 아버지 이름은 릭세스, 어머니 이름은 도리오였다. 그에게는 테오도로스라는 형제가 있었고, 당시 유명한 서사시인이었던 파니아시스는 그의 사촌이었다고 한다. 누군가는 어머니의 이름이 로이오였다고도 하는데, 이것은 도리오를 잘못 기록한 것이라는 설이 유력하다. 또한 파니아시스가 사촌이 아니라 숙부였다는 설이 일반적으로 알려져 있지만 《수다 사전》의 기술을 정통으로 받아들인다면 결국 그는 사촌으로 해석해야 할 것이다.

사촌 파니아시스는 폴리아르코스의 아들로 할리카르나소스 사람이다. 그는 서사시인으로서 쇠퇴해 있던 시를 부흥시킨 유명한 시인이었으나 그 방대한 작품은 거의 사라지고 30편쯤 되는 인용 단편 61행만이 남아 있을 뿐이다. 그것은 모두 호메로스의 시처럼 6각운으로, 내용은 대부분이 《헤라클레스 이야기》에서 인용된 듯하다. 이 서사시는 헤라클레스의 기구한 삶을 노래하고 있다. 그가 겪는 고난과 모험의 무대는, 서쪽으로는 '헤라클레스의 기둥'에서 동쪽으로는 코카서스 근처까지 포함한다.

헤라클레스에 대한 헤로도토스의 강한 관심이나 지식은, 어쩌면 이 작품에서 비롯되었는지도 모른다. 파니아시스의 대표작인 이 작품에 비해 《이오니아 이야기》는 존재가 희미한 작품이지만 만약 이 작품이 실제로 있었다면 이 또한 헤로도토스에게 영향을 주었을 것이다. 헤로도토스도 '이오니아 식민'에 대해 간단하게나마 언급한 적이 있다(1권). 그러나 헤로도토스는 서사시인 호메로스와 헤시오도스, 서정시인 아르킬로코스, 사포, 알카이오스, 아나크레온, 시모니데스, 핀다로스 등에 대해서는 그의 저서에서 언급했지만 정작 고향이 같은 이 시인에 대해서는 한마디도 하지 않았다. 어쩌면 파니아시스가 그리스에서 명성을 얻게 된 것이 헬레니즘 시대 이후여서 헤로도토스 시대에는 그만큼 유명하지 않았으므로, 언급하더라도 일반 그리스 사람들에게는 통하지 않았을 것이기 때문이었는지도 모르겠다. 어쨌거나 헤로도토스가 어린 시절부터 높은 수준의 문화적 환경 속에서 자란 것만은 분명하다.

또한 헤로도토스는 '명망 있는 집안 자손으로 태어났다'고 했는데, 가계나 친척 관계가 오늘날까지 전해 내려오고 친척들이 협력하여 참주와 항쟁하였다는 사실을 보면 이 내용은 사실인 것으로 보인다. 아테네의 참주 페이시스트라토스를 둘러싼 항쟁 등에서도 알 수 있듯이, 귀족들만이 이런 활동을 할 수 있었기 때문이다.

그럼 헤로도토스의 저작 자체에는 귀족주의적 특징이 나타나 있을까? 헤로도토스의 정치적 입장이나 주의는 상당히 복잡하지만 적어도 전제정치에 대해서는 비판적이었고 반감도 품고 있었던 것이 확실하다. 이는 실제로 그가 겪은 정치적 체험과도 일치한다. 여기서 더 나아가 헤로도토스 자신의 의견으로서 귀족정치를 찬양하는 모습은, 그의 글에서는 전혀 찾아볼 수 없다. 다만 19세기 말 유명한 고대 역사가 마이어가, 헤로도토스의 귀족주의를 보여 주는 증거라며 다음 부분을 지적했다.

그 옛날 헤카타이오스가 이집트에서 제사장들에게 "우리 가계는 16대를 거슬러 올라가면 신(神)과 연결된다"고 자랑하자, 제사장들은 "이집트에서는 인간 왕이 341대나 이어지고 있지만 그동안 신에게서 인간이 태어난 적은 단 한 번도 없었다"고 반론했다는 이야기를 기록한 헤로도토스는, 자신도 제사장들에게서 같은 이야기를 들었지만, 자기네 가계 내력을 그들에게 보여 주지는 않았다고 덧붙였다.(2권)

이 부분에 관해 마이어는 만약 헤로도토스가 헤카타이오스와는 달리, 귀족 가문에 속하지 않았다면 이 대목은 무의미해지고 만다고 주장했다. 고대 그리스 역사학자인 야코비도, 이 대목이 헤로도토스가 귀족 출신임을 증명해 준다고 주장했다. 그러나 슈미트와 슈텔린이 공저한 《그리스 문학사》에서는 오히려 이 대목을 '귀족 가문임을 자랑하는 자존심에 대한 조소'로 파악했다. 그리고 더 나아가 헤로도토스의 반(反) 귀족주의적 경향을 지적했다.

어쩌면 이 대목 자체만으로는 《그리스 문학사》의 해석이 옳을지도 모른다. 하지만 헤로도토스가 반 귀족주의였다고까지는 말하기 어려울 것이다. 왜냐하면 귀족 집안임을 자랑하는 선배를 헤로도토스가 차갑게 비웃을 수 있었던 것은, 오히려 그 자신이 같은 귀족 출신이었기 때문이라고 생각할 수 있기 때문이다. 그러나 헤로도토스는 여러 민족에게서 널리 볼 수 있는 귀족주의

적 수공업 경시 풍조에는 비판적이었던 듯하다(2권). 그리고 할리카르나소스가 항구도시였던 것을 보면 그가 설령 귀족이었다 하더라도 상공업과 무관하지는 않았을 것으로 생각된다. 그가 넓은 지역을 여행할 수 있었던 것도 바로 그런 이유가 아니었을까.

그러나 귀족주의보다도 헤로도토스의 특징으로는 '특이한 종교성'을 들 수 있다. 그 종교성은 어린 시절부터의 소질과 환경에서 태어난 것으로 생각할 수 있다. 《수다 사전》도 이 사실을 다소나마 뒷받침하고 있다. 애초에 '헤로도토스'라는 이름은 '여신 헤라가 내려 주신 자'라는 뜻인데 그의 형제의 이름인 '테오도로스(Theodoros)'도 '신이 내려 주신 자'를 의미한다. 두 사람에게 이런 이름을 지어 준 사람은 아마 아버지 릭세스이겠지만 그는 경건한 사람이었음에 분명하다. 친척인 시인 파니아시스가 점술가이기도 했다는 기록이 사실이라면, 그 점에서도 헤로도토스 일족은 종교적 분위기가 강한 집안이었다고 추측할 수 있다. 헤로도토스는 종교에 깊은 관심을 가지고, 전조나 신의 섭리를 믿고 있었다. 아마도 어린 시절의 가정환경이 그에게 영향을 준 듯하다.

또 주목해야 할 점은 두 형제의 이름과 어머니의 이름은 모두 순수한 그리스어인 반면, 아버지의 이름 '릭세스(Lyxes)'와 사촌(또는 삼촌)의 이름 '파니아시스(Panyassis)'는 그리스 인명이 아니라 카리아 지방 원주민의 이름에서 유래한다는 사실이다.

물론 릭세스나 파니아시스가 그리스인이 아닌, 순수한 원주민이었다는 얘기는 아니다. 당시에는 그리스인 남성과 원주민 여성 사이에서 태어난 아들에게, 아내의 아버지 이름을 붙이는 일이 많았다. 헤로도토스의 집안에도 그런 식으로 원주민의 피와 이름이 섞여 든 것으로 추측된다. 헬레네스와 바르바로이의 전쟁을 기술하고, 또 무수한 이민족의 관습을 기록했던 헤로도토스, 실은 그 자신도 혼혈이었는지 모른다.

역사 탐구 활동

할리카르나소스는 카리아 지방에 있던 그리스 식민도시로, 기원전 10세기 무렵 그리스 본토인 펠로폰네소스반도 아르고리스 지방 옛 도시 트로이젠에

트라키아

아브데라

도리스코스

탄스

아이노스

아토스산

큐지코스

아뷰도스

헬레스폰토스 해협

시게이온

렘노스 섬

트로이아

테르모필레

에게해

아이오리스

엘라이아

레스보스섬

리디아

아르테미시온

에우보이아섬

포카이아

사르디스

카르키스

에레트리아

키오스섬

에리트라이

테베

테오스

이오니아

보이오티아

마라톤

에페소스

플라타이아이

아테네

사모스섬

페이라이에우스

팔레론

사모스

아르골리스

살라미스섬

밀레토스

이아소스

토로이젠

델로스섬

파로스섬

나크소스 섬

코스섬

할리카르나소스

멜로스섬

로도스섬

크레타해

에게해 동부

서 온 이주민이 건설했다. 이는 오늘날 터키의 보드룸에 해당한다. 트로이젠이 도리스계 도시였기 때문에 할리카르나소스도 당연히 도리스계였지만, 일찍부터 북방 이오니아 문화의 강한 영향을 받아 이오니아 색채가 강해졌던 듯하다. 게다가 기원전 5세기의 것으로 보이는 이오니아어로 쓰인 비문도 발견되고 있기 때문에, 헤로도토스 시대에는 이미 이오니아 방언이 공통어로 사용되었다고 볼 수 있다.

할리카르나소스는 기원전 6세기 중엽부터 페르시아제국 지배하에 들어갔는데, 그러한 상태는 이후 오랫동안 지속되었다. 헤로도토스의 탄생을 자세히는 알 수 없지만 통설처럼 기원전 484년이라면 그는 완전히 페르시아제국의 세력권 안에서 적어도 간접적으로는 그 신민으로 태어난 것이다.

《역사》의 주제가 된 페르시아전쟁 때에는 여걸 아르테미시아 1세가 페르시아 종주권하에서 할리카르나소스에 군림하며 근처의 섬들까지 지배하고 있었다. 그녀는 남편이 죽은 뒤, 이미 청년기에 접어든 아들을 제쳐 두고 스스로 참주가 되어 군함 다섯 척을 이끌고 크세르크세스왕의 원정에 참가했다. 그리고 살라미스해전 이전에 그녀는, 서둘러 해전을 벌이기보다 육군이 펠로폰네소스로 진군하면 그리스 함대가 분열되어 각각 자국으로 돌아갈 것이라는 뛰어난 전략을 제시했다. 이 의견은 받아들여지지 않았지만 해전이 벌어지자 행운이 뒤따라 그녀의 함대만 크게 활약했다. 그것을 본 크세르크세스왕은 "우리 군의 남자들은 여자가 되고 여자들은 남자가 되었다"고 평했다. 헤로도토스는 대체로 참주정치에 대해서는 비판적이었지만 이 여성 참주에게만은 "나는 그녀를 절찬하노라"라고 말했다(7·8권). 그때의 여러 상황을 생각해 보면 헤로도토스의 아버지 릭세스가 아르테미시아의 지휘하에 그리스 원정에 종군했거나 아니면 일가친척이나 이웃 중에 종군한 사람이 있었을 것이다. 그래서 그는 어릴 때부터 이 여걸을 향한 찬사를 수없이 들으며 자랐을 것이고 살라미스 해전에 대한 기록에서 아르테미시아의 활약이 생생하게 빛을 발하는 것은 가까운 주위 사람들로부터 많은 이야기를 들었기 때문일 것이다.

그 뒤 그녀의 손자(또는 아들)인 리그다미스 때에 이르러서는 독재자 타도를 부르짖는 반란이 일어났는데, 그 시도는 좌절되었고 헤로도토스는 어쩔 수 없이 사모스섬으로 망명하게 되었다. 그는 그곳에서 이오니아 방언을 배워 9권으로 이루어진 《역사》의 기술을 끝낸 뒤 다시 할리카르나소스로 돌아갔다고 한다. 그러나 할리카르나소스에서는 헤로도토스 시대에 이오니아 방언이 공용어였을 정도이므로 《수다 사전》에 실린 내용은 분명히 잘못되었다. 또한 사모스섬에 망명해 있던 동안에 책을 완성한 듯이 적혀 있는 점도 마찬가지로 잘못된 것이다.

물론 호기심이 왕성한 헤로도토스이므로 철이 들고부터 어떠한 연구를 시작했을 것이 분명하지만, 본격적인 연구자가 된 것은 좀 더 나중의 일이다. 이 무렵 그는 보다 평범한 정치적인 인간으로서 귀국이나 참주추방을 계획했을 것이다. 그러나 참주추방에 성공했음에도 불구하고 동포시민의 질시를 느껴서 또 다시 조국을 떠났다고 한다. 그는 이 단계부터 조국의 정치에 관여하는 것을 단념하고 인생의 목적을 다른 곳에 둘 수밖에 없었을 것이다.

어쨌든 헤로도토스가 사모스섬에서 상당한 기간에 걸쳐 머무른 것만은 확실하다. 책 내용을 보면 본디 헤로도토스는 할리카르나소스 자체에 대해서는 드물게 언급할 뿐이었으며, 그 지방 사람이 아니면 알 수 없는 사항은 거의 기술하지 않았다. 그런데 사모스섬에 대해서는 매우 자세하게 기록하고 있으므로 상당 기간 그곳에 머물렀음을 알 수 있다. 나아가 그 자신의 기술에 의하면 이 섬의 역사는 페르시아전쟁의 발단과 그 이전의 역사에 매우 중요한 역할을 하고 있다. 그렇기 때문에 《역사》를 구상하기 위한 입각점 중 하나를 여기서 얻었을 것이라고 생각할 수 있다.

헤로도토스는 투리오이에 식민으로 참가하기 전에 유럽에서 아시아나 아프리카에 이르는 대여행을 감행했는데 그 정확한 연대나 기간에 대해서는 역시 알 수 없다. 다만 그가 아테네에 상당히 오랜 기간 머물렀다는 것은 의심할 여지가 없다. 그리고 그곳에서 지내는 동안 페리클레스, 소포클레스 등의 명사들과 교우관계를 맺고, 아테네인들로부터 깊은 존경을 받았던 것으로 보인다.

또한 아테네는 그의 저술을 위한 자료 수집에도 크나큰 역할을 했을 것이다. 하지만 그보다 더 중요한 것은 페리클레스의 통치 아래 전성기를 구가하고 있던 아테네 문화가 헤로도토스에게 끼친 정신적 영향이었다고 할 수 있다. 《역사》의 성립과정에 대해서 여러 가지 논란이 있으므로 간단히 결론지을 수는 없지만, 적어도 최종적인 구상은 그가 아테네 문화에 깊은 영향을 받은 뒤에 비로소 이루어졌으리라 생각된다. 아테네가 헤로도토스에 끼친 영향력은 그 정도로 아주 컸으며, 이는 《역사》를 한 번 읽어 보면 잘 알 수 있는 사실이다.

기원전 444년에 남이탈리아 그리스인 식민도시 시바리스 유적지 근처에 투리오이라는 신도시가 건설되었다. 이는 페리클레스 범그리스적 정책의 하나로, 그리스 각지로부터 이주민을 모으고, 유명한 소피스트 프로타고라스가 헌법 초안을 쓰고, 건축가 히포다모스의 도시계획을 토대로 건설된 것으로 주민은 출신지 별로 10개 부족으로 나뉘어졌다고 전해진다.

고전기의 그리스인이 '이탈리아'라고 부른 것은 반도의 남부로, 그 남쪽 해안과 서쪽 해안에는 그리스인 식민도시가 드문드문 있었다. 발뒤꿈치에 해당하는 부분은 이아피기아라고 불리는데, 헤로도토스에 따르면 오래전 크레타섬 사람들이 흘러들어와 정착한 곳이라고 한다(7권). '발바닥 중앙'에 해당하는 부분은 활처럼 굽어들어 타라스만(타렌툼만)을 형성하고 있고, 그 안쪽지역의 가장 북쪽 해안에 스파르타 식민도시 타라스, 그리고 약간 남서쪽에 아카이아인의 식민도시 메타폰티온, 가장 서쪽으로 들어오면 아카이아인과 트로이젠 사람들 식민도시 시바리스가 있고, 서쪽지역 가장 남쪽에는 아카이아인 식민도시 크로톤이 있었다. 이 도시들은 그리스 본토보다 훨씬 풍요로운 농지가 많았기 때문에 크게 번영했지만, 그만큼 항쟁이나 내분도 많았다.

시바리스는 일찌감치 기원전 6세기말에 크로톤에 의해 멸망했다. 그 재건이 몇 번이나 시도되었지만 결국 실패로 끝나 신도시 투리오이가 건설되었다. 그 일대의 토지는 비옥하기로 유명했는데 기원전 1세기 로마의 박물학자 바로의 《농업론》에 의하면 '이탈리아 시바리스 지방에서는(콩과 보리는 파종량의) 백 배나 되는 수확을 올렸다'고 한다. 이런 풍요로운 환경에서 페리클레스는 이상적인 국가건설을 계획하고, 그 식민에 헤로도토스가 참가했다는 사실은 그가 페리클레스의 열렬한 숭배자였음을 보여준다.

앞서 이야기했지만 《수다 사전》에 따르면 헤로도토스가 투리오이에 식민하기 전에 사모스섬에서 저서를 완성한 것으로 되어 있다. 하지만 플리니우스의 《박물지》에 따르면 '헤로도토스는 로마도시력 330년(기원전 446년)에 이탈리아 투리오이에서 그의 《역사》를 저술했다'고 한다. 투리오이 창건은 기원전 444년이기 때문에 이 연대는 명백하게 잘못된 것이지만, 그곳에서 저술활동을 계속하여 거의 완성에 이르렀다는 것만은 확실하다.

헤로도토스는 그곳(투리오이)에서 사망하고 광장에 묻혔다. 하지만 어떤 사람들은 그가 펠라에서 죽었다고 한다. 펠라에서 죽었다는 주장은 그곳에 에우리피데스 같은 저명한 문인이 초대되었다는 사실과 헷갈려서 잘못 전해진 것이다.

그렇다면 투리오이 광장(아고라)에 묻혔다는 것은 사실일까? 그리스 도시에서는 일반적으로 무덤은 시외(성벽 바깥)에 만들어지는 것이 대부분으로 시 중심인 광장에 묻히는 것은 그 도시 식민의 지도자나 특별한 공로자에 한한다. 헤로도토스는 생전에 이미 아테네에서 표창을 받았다고는 해도 사망시점에 반쯤 신격화될 정도로 숭배를 받았다고 생각하기는 어렵다. 그러므로 이 이야기는 헤로도토스가 후세에 상당히 유명해지고 나서 만들어졌을 가능성이 높다.

기원전 430년쯤 헤로도토스가 아테네에 있었다고 하면, 그것은 페리클레스의 전략에 의해 아테네인이 농촌을 버리고 농성생활에 들어간 직후의 대

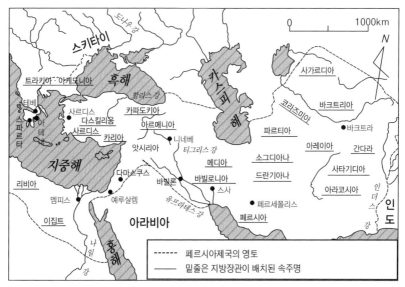

페르시아제국의 판도

혼란기이며, 갑자기 무서운 전염병이 덮친 시점이다.

이 전염병 유행은 2년이나 이어지다가 그 뒤로는 약해졌지만, 기원전 427년 말부터 다시 급격하게 유행하여 1년이나 계속되었다. 사망자 수는 셀 수 없을 정도였다. 헤로도토스는 이 참혹한 상황을 목격했지만, 전혀 언급하지 않았다. 그 혼란 속에서 그 자신도 객사한 것은 아닐까 하는 억측도 가능하다. 사실 그러한 이야기도 나왔을 것이라 생각한다. 고대에서 전해진 바로는 투리오이에서 죽은 것으로 되어 있지만, 오히려 아테네에서 전염병의 혼란 속에서 헤로도토스도 사망한 것은 아닐까 하고 생각한다. 그리고 저작만을 누군가 아테네인이 구했기 때문에 그리스 세계에 유포하게 되었을 거라고 생각한다. 어쨌든 가장 만년의 헤로도토스의 머리를 괴롭힌 문제는 어떻게 해서 아테네인이 전염병의 습격을 받았나 하는 것이었으리라.

다만 만년에 아테네로 돌아갔다는 가설에 대해서는 물론 반론도 나와 있다. 일부러 아테네에 돌아가 정보를 수집하고 저서를 고쳤다고 한다면 그것을 증명할 만한 확실한 기록이 많이 나와야 한다는 것이다. 그러나 만년을 투리오이에서 보냈다 하더라도 아테네의 전염병 소문은 그에게 무엇보다도 빨리 전해졌을 것이고, 가장 중대한 문제가 되었을 것이다.

여기까지가 우리에게 알려진 헤로도토스의 생애이다.

여행과 저작

헤로도토스의 경탄할 만한 긴 여행은, 그가 사모스에서 귀국한 뒤 투리오이로 이주할 때까지 10여 년간 몇 차례에 걸쳐 행해졌다. 그러나 이 긴 여행의 연대나 그 밖의 구체적인 사항에 대해서는 무엇 하나 확실한 것이 없다. 다만 《역사》의 서술내용을 보고 그의 발길이 미친 지역의 범위를 어렴풋이 짐작만 할 뿐이다. 그의 서술에는 단순히 전해 들은 것이 아니라 직접 그곳을 답사해 보고 들은 것으로 추정되는 부분이 많기 때문이다. 그러한 부분들을 종합해 보면 동쪽으로는 바빌론 또는 수사, 서쪽으로는 리비아의 키레네, 바르케, 남쪽으로는 나일강 상류의 시에네,[3] 북쪽으로는 흑해 북쪽 기슭 그

---

3) 오늘날의 아스완.

리스 식민도시인 올비아를 중심으로 크리미아반도, 우크라이나 남부 주변에까지 그의 발길이 미친 것으로 보인다. 참으로 놀랄 만한 대장정이다.

그리스군과 페르시아군이 그려진 도자기

특히 당시의 교통 사정을 감안하면 한 개인에 지나지 않던 헤로도토스가 이러한 대탐험 여행을 어떻게 할 수 있었는지 실로 커다란 수수께끼이다. 경제적인 문제는 물론 언어나 생활습관의 차이에서 오는 여러 장애, 여행 도중에 일어나는 위험이나 재해 등 그 어려움이라는 것은 아마 우리의 상상을 훨씬 뛰어 넘는 엄청난 것이었음에 틀림없다. 그가 상업활동을 해 가면서 여행했다는 설도 있지만, 이것은 솔론의 고사(故事)에서 유추한 것으로 확실한 근거는 없다.

물론 《역사》에 가득 담겨 있는 일화에서 헤로도토스 자신의 체험이 모습을 달리하여 서술된 경우도 있을 것이다. 그러나 그것은 이미 창작이라는 여과 과정을 거친 것이므로 이른바 다큐멘터리적인 성격과는 거리가 멀다. 또한 《역사》에 등장하는 인물들 중에는 그의 대변자 역할을 하는 듯한 인물들도 있다. 예컨대 아르타바노스나 데마라토스의 발언에서 우리는 그의 견해를 읽을 수 있다. 이 사실은 많은 사람들이 인정할 것이다. 그러나 이 또한 결국 비극의 합창과 같이 간접적인 표현일 뿐, 그가 명백하게 자기 목소리를 드러내는 것은 아니다. 크세노폰의 《아나바시스》처럼 자신의 체험을 뼈대로 한 여행기를 헤로도토스가 남기지 않은 것은 아쉬운 일이지만, 《역사》가 본디 동서 항쟁사를 주제로 구상된 작품인 이상 오히려 그게 당연하다고 해야 할 것이다.

《역사》의 구성

오늘날 남아 있는 《역사》는 9권으로 나뉘고 권마다 뮤즈의 이름이 붙여져 있다. 그런데 이것은 이 책의 본디 모습은 아니고 알렉산드리아 시대의 교정자가 그렇게 만든 것으로 알려져 있다. 9권으로 나눈 것도 뮤즈의 수에 맞추기 위해서라는데, 호메로스의 2대 서사시 《일리아드》와 《오디세이》가 각각 24권으로 나뉘고 알파벳으로 권마다 표시되어 있는 것과 같은 수법이라고 할수도 있다. 그러나 호메로스의 경우도 그렇지만 《역사》의 권 구분도 전적으로 교정자의 뜻에 따른 기계적 조작이라고는 할 수 없다. 권마다 그런대로 통합되어 있고, 구분 방식에서 별다른 부자연스러움이 느껴지지 않기 때문이다.

《역사》의 전체적인 서술 배열을 염두에 두고 보면 좀더 적절한 구분도 가능해 보이지만, 현재의 구분으로도 별다른 불편은 없으므로 이 문제를 더 깊이 생각할 필요는 없다.

《역사》는 크게 두 부분으로 되어 있는데, 기원전 499년부터 시작된 예비단계(6권에 묘사된 이오니아의 반란과 마라톤 전투 포함)와 함께 기원전 480~479년의 전쟁을 체계적으로 서술한 전반부와, 페르시아제국의 성장과 조직, 지리와 사회구조 및 역사를 기록한 후반부가 그것이다.

제1권 첫머리에서 헤로도토스는 먼저 자신의 이름을 밝힌 뒤 저술의 목적과 주제를 간단히 서술하고 있다. 그는 동과 서―아시아와 유럽이 어떤 원인에서 전쟁을 하게 되었는가 하는 내용에 중점을 두고, 그리스인이든 비그리스인이든 인간이 이루어 낸 위대한 업적을 후세에 전하는 것이 집필의 주요 목적임을 밝히고 있다. 첫머리에서 저자가 이름을 밝히고 주제를 제시하는 것은 이미 헤로도토스의 선배인 헤카타이오스의 저술(단편)에서도 볼 수 있고, 또한 후배인 투키디데스도 그대로 따른 수법이다.

동서 항쟁의 역사는 전설 시대부터 이야기되지만, 그것은 이른바 서론에 지나지 않는다. 본격적인 서술은 작자에게 최초의 역사적 인물인 리디아의 왕 기게스로부터 시작된다. 기게스가 리디아의 왕위와 왕비를 함께 수중에 넣는 이야기는 플라톤의 《국가》에서

스파르타 전사상

다레이오스와 크세르크세스의 초상

도 변형된 형태로 기술되는 등, 그리스에선 널리 알려진 이야기다. 하지만《역사》의 경우, 작자의 말투가 교묘하여 청중 또는 독자의 흥미를 자극하고 계속해서 서술로 끌어들이는 효과를 가졌다.

리디아는 크로이소스 때에 패권을 신흥국인 페르시아에 빼앗긴다. 동방의 대표 세력으로서 페르시아왕국이 그 모습을 나타낸다. 한편 서방에서는 마침내 페르시아와 대결할 그리스 본토, 특히 아테네와 스파르타의 역사와 현황 이야기가 나온다. 이오니아 여러 도시의 반란에 아테네가 가담해 사르디스를 파괴한 시점부터, 페르시아와 그리스의 적대관계는 결정적인 단계로 접어든다. 다레이오스 때에 시도된 최초의 그리스 공격은 마라톤에서의 패전으로 좌절되지만, 다음 대의 크세르크세스는 다시 그리스 침입을 기도한다.

제7~9권에서 자세히 다루는 크세르크세스 그리스 원정은《역사》의 중심부이다. 여기서는 서술 속도도 자연히 빨라지고 주제에서 어긋나는 설명이나 군더더기도 줄어든다. 살라미스, 플라타이아의 2대 전투로 페르시아전쟁은 실질적으로 종결되지만, 마치 여운과도 같이 그 뒤에도 몇 번의 작은 전투가 벌어진다. 이 책의 기술에서는 미칼레전투가 첫째이고 세스토스공략이 둘째이다. 그리고 저자는 세스토스 함락(기원전 479년)으로 페르시아전쟁이 종결되었다고 보고 글을 끝맺는다.

헤로도토스의《역사》의 현재 형태가 과연 완성된 모습인지는 오늘에 와서도 학자마다 의견이 분분하지만, 완성설을 따르는 것이 옳을 듯하다. 웅대한 계획에 따라 구성된 이 대작의 말미로서는 박력이 부족한 결말이라느니 지나치게 갑작스레 끝난다느니 하는 비판은 터무니없다. 상심한 크세르크세스가 부도덕한 연애에 빠지고 그것이 왕비 아메스트리스의 잔혹한 행위를 유발하는 이야기는 물론 패전 뒤 페르시아 왕실의 퇴폐 양상을 그리는 데 부족한 감이 없진 않다. 그러나 일찍이 나라의 시조인 키루스가 국민에게 내린 훈계를 마지막에 기록함으로써 건국 당시 페르시아인의 뜻을 나타낸 데는 저자의 깊은 의도가 숨겨져 있다고 해야 할 것이다.

지금까지 헤로도토스의 《역사》에 대하여 간략하게 살펴보았다. 그러나 이런 식의 간단한 설명으로는 이 책의 무한한 다양성을 드러내지 못하고, 오히려 배경이 되는 페르시아제국의 다양한 역사·사회·지리 등을 직접 설명한다는 오해를 줄 수 있다.

사실 이 책은 훨씬 더 복잡하게 되어 있다. 그래서 언뜻 보아서는 전체적으로 매우 산만한 서술형태를 취하고 있는 듯 하지만 자세히 보면 사소한 누락—예컨대 제1권에서 '아시리아 역사'를 기술하겠다고 약속했으면서도 그 약속을 지키지 않는 것 등—을 제외한다면, 오히려 놀랄 만큼 정밀한 계획에 따라 집필되고 있음을 알 수 있다. 주제에서 벗어난 내용이라든지 군더더기 기술도, 그 자신이 말하듯이 저자가 의식해서 넣은 것이지 결코 착각을 했다거나 부주의하여 잘못 넣은 것은 아니다. 아마 헤로도토스는 만년에 이르기까지 이 책을 완성하기 위해 계속 노력했을 것이다. 물론 그렇다고 《역사》가 최종적인 완성을 볼 때까지 발표되지 않았다는 것은 아니다. 전해오는 이야기에서도 알 수 있듯이 헤로도토스는 《역사》를 곳곳에서 구연(口演)해서 명성을 얻고 수입도 확보했을 것이다. 그러나 그것은 호메로스의 경우와 마찬가지로 일회성 야사(野史) 같은 형태로 행해졌을 것이다. 즉 그때그때 기회에 따라 청중의 기호에 맞춰 발췌된 이야기였으리라 생각된다.

《역사》는 이런 개별적인 구연활동과는 별도로, 웅대한 구상 아래 퇴고를 거듭하며 이루어낸 일대 역작인 것이다.

《역사》의 서술 방법

헤로도토스의 역사관이나 세계관을 이해하기 위해서는, 그가 망명자이며 거의 만성적인 여행자였음을 먼저 염두에 둘 필요가 있다. 그러나 그가 외국

페르시아제국의 수도 전경

어를 거의 몰랐던 점으로 볼 때, 그의 사상 형성에 중요했던 부분은 역시 그리스 세계 내에서의 조사활동이었다고 생각된다. 거기서는 자유로운 질문을 통해, 이미 전설화되어 의미가 부여된 이야기를 왕성하게 흡수하고 다녔기 때문이다.

그리스 본토 안에서의 그의 여행도 그 연대나 전후관계가 명확하지는 않지만 꽤나 오랫동안 머물렀다고 생각되는 아테네는 제외하고, 명확한 증거가 그다지 많다고 할 수는 없지만 그 밖의 지역에 대한 증거를 들어보면 다음과 같다.

첫째, 그리스 북서쪽의 벽지 도도네에 있는 제우스의 신탁소를 방문하여, 그곳의 세 무녀한테서 그리스 신들에 대한 숭배의 역사에 대해 배웠다. 이에 의하면, 옛날 펠라스고이(그리스의 선주민)는 신들에게 이름도 붙이지 않은 채 무엇이든지 제물로 바치고 있었다. 그 뒤 이집트에서 신들의 이름이 전해지자, 외국에서 들어온 이름을 사용할지 말지에 대해 도도네의 신탁을 구한 뒤 그것을 사용하기로 결정하고, 그 습관을 헬레네스가 계승했다고 한다. 헤로도토스의 보충설명에 의하면, 그 뒤 더욱 시간이 흘러, 지금으로부터 겨우 400년 정도 전에 헤시오도스와 호메로스가 나타나 신들의 형상이나 계보를 묘사하기 시작했다고 한다(2권).

이 무녀들의 가르침을 더욱 보충하여 체계를 세운 헤로도토스의 그리스 종교사의 발전단계론은 매우 주목할 만한 독창적인 의견을 담고 있다. 그 이론의 출발점을 도도네 참배에서 얻었다. 또한 무녀들은 도도네 신탁의 기원에 대해서도 설명해 주었다고 한다. 이집트 테베에서 두 마리 검은 비둘기가 날아올라, 한 마리는 리비아에 도착해서 리비아인에게 아몬의 신탁소를 열도록 명령하고, 다른 한 마리는 도도네로 와서 떡갈나무 가지에 내려 앉아 인간의 말로 이곳에 제우스의 신탁소를 열 것을 명했다고 한다(2권). 헤로도토스는 세 무녀들의 이름까지 기록하고, 나아가서 신탁소와 관계된 다른 사람들의 견해도 위의 이야기와 일치했다고 덧붙였다. 신탁소에는 상상하기 어려운 전설이 잔뜩 쌓여 있었으므로, 적극적으로 그것에 대한 설명을 들었던 것 같다.

둘째, 북동 그리스의 명승지 템페 협곡(페네이오스강 계곡)에 대해서는 그 지형을 상세하게 설명한 뒤, '그 산악 사이의 균열은 지진의 결과로 생겨난 것'이라고 결론지었다(7권). 이것은 스스로 관찰한 다음에 내린 판단이었을 것이다. 이곳의 방문은 마케도니아 지방을 향한 여행의 하나로 이루어졌을 가능성도 있다.

셋째, 중부 그리스의 험준한 산 중턱에 있는 델포이 신탁소를 방문했다는 증거는 매우 많다(1권). 헤로도토스의 저작의 서곡이라고도 할 수 있는 '크로이소스 이야기'는 델포이의 신탁과 특히 관계가 깊다. 크로이소스왕은 델포이의 아폴론 신을 숭배하며 많은 보물을 바쳤음에도 불구하고 그의 왕국은 멸망하고 말았다. 그 원인을 델포이의 무녀와 식자들은 특유의 신학이론에 기초하여 설명하고 있다. 그것은 바로 '지나친 번영은 위험하다'(교만한 자는 반드시 망한다)는 것과 '조상이 범한 죄는 자손이 갚게 된다'는 두 가지 법칙이다. 헤로도토스는 델포이 사람들의 이러한 설명을 적극 수용하여 극적인 이야기로 서술했다고 생각된다.

이 이야기 속에서 헤로도토스도 언급한 아르고스의 '클레오비스와 비톤' 형제상의 실물이 델포이에서 출토되었다. 델포이는 이 조각상뿐 아니라, 많은 역사기념물이 존재하는 일종의 자료관이었다. 또한 신탁을 받기 위해 그리스

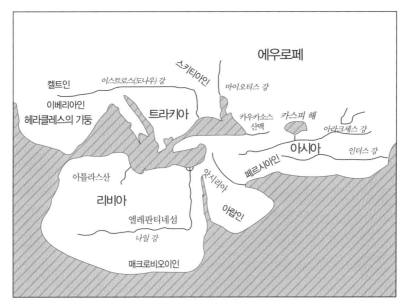

헤로도토스의 세계관

전체에서 사절이 모여들었으므로 각종 정보의 커다란 중심지가 되었을 것이다. 헤로도토스는 여러 차례 이곳을 방문하여 조사한 듯하다. 그리고 델포이적인 역사관을 받아들였을 것이다. 결국 '크로이소스 이야기'의 역사관은 헤로도토스의 역사서 전체에 일관하는 역사관이기도 한 것이다.

넷째, 마찬가지로 중부 그리스의 테베를 방문했다. 헤로도토스에 의하면, 카드모스가 이끄는 페니키아인 일행이 테베를 찾아와 처음으로 그리스에 문자가 전래되었다고 한다. 이 페니키아인은 그 뒤 그리스어로 언어를 바꾸고 문자 모양도 약간 바꾸었는데, 그것을 그때 주변에 살고 있던 이오니아인이 배워 '페니키아문자'라 부르며 사용했다고 한다(5권). 그리고 헤로도토스는 '나는 보이오티아의 테베에 있는 이스메노스의 아폴론 신전 안에서 세발솥에 카드모스문자가 새겨져 있는 것을 보았는데, 대체적으로 이오니아문자와 비슷했다'고 말하며, 비석에 새겨져 있는 시를 일부러 인용했다(5권).

이 헤로도토스의 기록과는 무관하지만, 테베에는 선문자 B종의 점토판 외에 쐐기문자를 새긴 14개의 원통형 석인(cylinder seals)이 출토되어, 그곳의 박물관에 전시되어 있다. 모두 아나톨리아에서 나온 것이며, 대부분 기원전 14세기 무렵의 것이라 한다. 어쨌든 헤로도토스는 페니키아계 그리스문자의 기원에 대해 논하고 있을 뿐이며, 그 이전에 그리스어를 기록하는 문자(선문자 B 종)가 존재했던 것은 전혀 몰랐던 것 같다.

다섯째, 마찬가지로 중부 그리스의 옛 전장인 테르모필레도 방문했던 것으로 생각된다. 그곳의 복잡한 지형을 무대로 전개된 전투의 경과가 매우 상세하게 기술되어 있기 때문이다(7권).

여섯째, 역시 중부 그리스, 보이오티아 남부의 옛 전쟁터였던 플라타이아이도 방문한 것으로 생각된다. 전망이 좋은 평지에서 펼쳐진 최후의 대결전인 만큼 전투의 경과를 상세히 설명하고 있을 뿐만 아니라, 결전에 이르기까지의 양군의 움직임에 대해서도 지리적 조건의 정확한 묘사와 함께 설명되어 있다(9권).

일곱째, 펠로폰네소스반도의 테게아를 방문한 증거가 있다. 옛날 스파르타인이 테게아와 전쟁할 때 적을 포로로 잡기 위해 족쇄를 가지고 다녔는데, 오히려 전쟁에 패하고 자신들이 족쇄를 차게 되었다. 이 족쇄는 '아테나 아레아 신전 주변에 매달린 채로 나의 시대에까지 테게아에 보존되어 있다'고 기술했다(1권).

여덟째, 역시 펠로폰네소스반도의 스파르타를 방문한 것도 확실하다. 그곳의 피타네 지구에서 아르키아스라는 인물을 만나 이름이 같은 조부의 무공에 대한 정보를 얻었다고 직접 얘기했다(3권). 스파르타는 페르시아전쟁에서 그다지 큰 역할을 하지 않았지만, 그런 것 치고는 내부사정이나 역사가 상세하게 기술되어 있다.

아홉째, 코린토스와 그 근방의 지협도 방문했을 것이다. 크세르크세스의 침입에 대항하여 결성된 그리스인 연합은 그 근거지를 '지협부'(이스트모스)에 두고 있었다. 살라미스해전 뒤, 그리스 연합군은 포획한 '페니키아 3단 갤리선 가운데 한 척을 지협의 포세이돈 신전에 봉납했는데, 그것이 나의 시대에까지 존재하고 있다'고 헤로도토스는 기술했다(8권). 헤로도토스는 명백하게 연합함대의 근거지를 방문하여 조사한 것이다. 또한, 근처의 코린토스까지 방문하여 '아리온과 돌고래'전설에 대해 질문하거나(1권), 페르시아전쟁 중에 코린토스군이 한 역할에 대한 의견을 구했을 것이다(8권).

열째, 확실한 증거는 부족하지만 성지 올림피아를 방문하여 봉납품 등을 조사하기도 했다(7권, 9권).

그리고 마지막으로 펠로폰네소스 서쪽에 있는 섬 자킨토스에서는 호수 속에서 역청을 끌어올리는 모습을 직접 보았다고 말하며, 그 방법을 자세히 설명했다(4권). 18세기 말과 19세기 초에 서구에서 온 여행자들은 그곳에서 헤로도토스가 기술한 것과 같은 방법으로 여전히 채취되고 있음을 목격했다.

이상과 같이 확실한 증거가 남아 있는 방문지가 그리스 본토의 각지에 흩어져 있다. 그러므로 그리스 본토의 대부분을 배 또는 도보로 여행하며 자신의 눈으로 바라본 것과 마찬가지라 할 수 있다.

《역사》의 테마

헤로도토스는 본디 도리스계였지만 이오니아 문화의 강한 영향을 받은 식민도시 할리카르나소스에서 태어나 그곳에서 자랐다. 이 사실은 그의 인격이나 사상의 형성에서 깊은 의미를 지닌다. 일반적으로 식민지는 본토와는 달리 인습에 얽매이지 않고 자유로운 기풍이 감돈다. 특히 인류 사상 처음으로 과학적인 관찰 및 사고방식을 창출해 낸 이오니아 식민지에서는 당연히 그 경향이 뚜렷했다. 헤로도토스의 끝없는 지적 호기심과 고난을 두려워하지 않는 모험심은 타고난 것이었을지도 모르지만, 아무래도 그러한 환경적인 영향도 컸을 것으로 본다. 본토 그리스인의 완강하고 고집스러운, 그리스적 중화사상(中華思想)이라고 할 만한 편견이나 오만함을 헤로도토스에게서는 거의 찾아볼 수 없다. 평생 이민족과 접하였으며 그 자신이 혼혈인이었다고도 생각되는 헤로도토스가 민족적 배타심을 가지지 않았던 것은 어쩌면 당연한 일인지도 모른다. 그의 이러한 사고방식은 제3권에 나오는 다레이오스의 흥미로운 실험에 대해 기술한 다음 구절에서도 살펴볼 수 있다.

"관습의 힘은 이러한 것으로, 나는 핀다로스의 '관습(노모스)이야말로 만물의 왕이다'라는 말은 실로 옳다고 생각한다."

페르시아인을 비롯하여 바빌론, 이집트, 스키타이 등 이민족의 풍속이나

사포와 키타라

습관을 기술할 때에도 그는 이러한 태도로 일관했으며, 공정하고 객관적인 입장을 견지했다. 그러나 본토의 많은 그리스인에게는 그의 이러한 태도가 오히려 이상하고 불성실한 것으로까지 느껴졌을지도 모르겠다.

그가 글을 쓸 때 정확성과 공정성을 기했다는 것은 스스로 여러 곳에서 밝히고 있고, 실제 서술방식에서도 충분히 간파할 수 있다. 하지만 그가 수집한 자료 중 그 자신이 직접 보고 들어 확인한 사실은 일부분에 지나지 않는다. 대부분은 구비전설이라든지 풍문이나 전승 등에 기초를 둔 것이다. 각 자료의 진위를 확인하는 것은 쉬운 일이 아니며, 특히 하나의 사항에 대해 여러 가지 설이 유포되어 있을 때, 그는 어느 쪽을 택할지 상당히 고심했을 것이다.

다음은 그의 작품에 실려 있는 이야기 가운데 일부를 정리한 것이다.

레스보스섬 메팀나 출신의 키타라[4] 연주가이자 가수였던 아리온은 이탈리아의 타라스에서 펠로폰네소스반도 북부의 코린토스로 돌아가기 위해 배와 선원을 고용했다. 그런데 아리온이 일을 마치고 바다로 나오자 선원들이 그의 돈을 전부 빼앗더니, 그에게 바다로 뛰어들 것을 종용했다. 체념한 그는 옷을 매만져 제대로 갖춰 입은 후 최후의 노래를 부르고는 갑판에서 바다로 몸을 던졌다. 이때 돌고래가 나타나 그를 바다에서 건져 펠로폰네소스반도까지 데려다 주었다.(1권)

한편 사모스의 참주 폴리크라테스는 행운으로 가득 찬 자신의 인생에 두려움을 느끼곤 했다. 그래서 어느 날 일부러 불행을 겪으려고 그가 소중하게 생각하는 반지를 바다에 버렸다. 시간이 지나 5일 뒤 한 소년이 그를

---

4) 하프와 비슷한 고대 그리스의 현악기.

찾아와 유난히 커다란 물고기가 낚였다며 그것을 그에게 바쳤다. 사람들이 물고기의 배를 가르자 그 속에서 그의 반지가 나왔다. 늘 행운이 따라 붙는 참주 폴리크라테스는 결국 아무리 애써도 행운으로부터 도망칠 수 없음을 깨달았다.(3권)

이처럼 현대인의 상식에 비추어 볼 때 참으로 비현실적인 신화나 전설이 헤로도토스의 작품에는 많이 소개되어 있다. 다음에 소개하는 역사상의 인물에 관한 일화 역시 마찬가지다.

소아시아의 소국 리디아의 왕 크로이소스는 자기야말로 세상에서 제일 행복한 사람이라고 믿었다. 그런데 어느 날 아테네의 현인 솔론이 크로이소스를 찾아왔다. 여기서 솔론은 '솔론의 개혁'으로 유명한 그 사람이다.

아테네 사회는 기원전 6세기 말부터 극심한 빈부의 차에 시달리고 있었다. 사회가 소수의 유복자와 절대다수의 빈곤층으로 갈린 것이다. 이러한 아테네의 혼란상황은 관련 사료(史料)에서도 살펴볼 수 있는데 이때 솔론은 혼란에 빠진 아테네 사회를 바로잡는 역할을 맡게 되었다. 그는 여러 가지 개혁을 단행하여 사회의 혼란을 잠재웠다. 아리스토텔레스의 《아테네인의 국가제도》나 플루타르코스의 《솔론》에서 이 개혁에 관한 기록을 찾아볼 수 있지만, 개혁의 핵심적인 부분은 밝혀져 있지 않다. 기록 자체가 상당히 애매해서 온갖 해석이 가능하므로, 연구자들이 저마다 다른 설을 주장하고 있는 실정이다. 솔론은 개혁을 달성한 뒤 나라밖으로 여행을 떠났다. 이는 《아테네인의 국가제도》 제13장 1절에 기록된 사실이다. 따라서 솔론이 정말로 크로이소스를 만났다면, 그것은 개혁이 실시된 해(기원전 594년) 이후의 일이어야 한다. 그런데

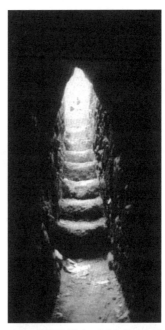

사모스의 참주 폴리크라테스 시대에 건설된 에우팔리노스 터널

크로이소스왕의 재위기간은 기원전 560년 무렵부터 기원전 546년까지다. 두 사람이 실제로 만났다면 그때 솔론은 상당히 고령이었을 것이다. 그 시대에 그렇게 늙은 사람이 외국여행을 했다니 놀라울 따름이다. 이 점을 생각하면 두 사람의 만남 자체가 좀 의심스럽다. 헤로도토스는 두 사람의 만남을 어떻게 그려냈을까.

크로이소스는 이 세상에서 가장 행복한 사람이 누구냐고 솔론에게 물었다. 그는 물론 "그건 크로이소스, 당신입니다"라는 대답을 기대했으나 솔론의 대답은 달랐다. "가장 행복한 사람은 아테네인 텔로스입니다. 그는 자식복이 있었습니다. 그의 자손들은 모두 훌륭하게 성장했지요. 또 텔로스 자신도 명예롭게 전사했습니다. 둘째가는 사람은 아르고스 출신인 클레오비스와 비톤 형제입니다. 그들은 여신 헤라의 제사에 참가하려고 서두르는 어머니를 수레에 태우고, 아르고스에서 헤라 신전까지 45스타디온(약 9km)이나 되는 길을 달렸습니다. 소 대신 직접 수레를 끌고서요. 여신은 그들에게 평온한 죽음을 선물했습니다. 요컨대 긴 인생에서는 갖가지 일이 다 일어나는데, 행복도 불행도 따지고 보면 전부 우연의 산물입니다. 그러니 되도록 부족함 없는 삶을 보내고, 보다 좋은 죽음을 맞이하는 자야말로 행복한 사람이겠지요." 자신이 세상에서 가장 행복한 사람일 거라고 생각했던 크로이소스왕은, 솔론의 대답에 불만을 느꼈다. 그러나 다음 날 왕은 페르시아와의 전쟁에서 패배하여 화형에 처해졌다. 그 순간 왕은 솔론의 말이 얼마나 옳았는지를 깨닫고, 불길에 휩싸인 채 아폴론 신의 이름을 부르며 기도했다. 그러자 갑자기 폭우가 쏟아져 타오르던 불꽃을 꺼뜨렸다.

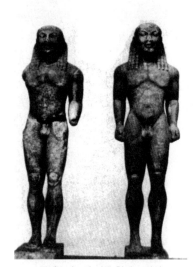

클레오비스와 비톤 형제 조각상

이 이야기에도 아마 일부는 허구가 섞

여 있을 것이다. 앞서 살펴본 것처럼 크로이소스와 솔론이 실제로 만났는지조차 의심스럽다. 헤로도토스도 이 점을 눈치 채지 않았을까. 하지만 인간의 덧없는 운명과 영고성쇠(榮枯盛衰), 성자필쇠(盛者必衰)라는 진리를 단적으로 표현하기에는 이만큼 좋은 일화가 없었을 것이다. 헤로도토스는 사실을 그냥 제시하는 것보다는, 이런 일화를 들려주는 것이 사람들에게 좀 더 강렬한 인상을 줄 수 있으리라고 판단했는지도 모른다.

그의 자료 비판 태도가 반드시 한결같은 것은 아니지만, 기본 원칙은 다음 두 문장으로 요약될 수 있다.

> "이것을 믿는 사람은 이집트인의 이런 이야기를 그대로 받아들이면 될 것이다. 이 책에서 내가 취하는 원칙은, 개개인이 말하는 바를 들은 그대로 서술하는 것이다."(2권)
> "내 의무는 전해지고 있는 내용을 그대로 전하는 것이지만, 그렇다고 해서 내게 그것을 전적으로 믿어야 할 의무가 있는 것은 아니다. 나의 이러한 주장은 이 책 전체에 걸쳐 적용될 것이다."(7권)

헤로도토스는 서술 대상을 '사실'에 한정할 생각이 애초부터 없었다.

헤로도토스는 조사여행에서 들은 내용, 심지어 그 자신도 사실이라고 믿지 못할 이야기조차 무조건 기록한다는 방침을 끝까지 고수했다. 그래서 그의 작품에서 서술대상을 대할 때, 각각의 상황에 맞춰 적당한 거리를 유지했다. 그의 작품을 이해하기 위해서는 그 거리를 잘 측정해야 한다. 지금까지 많은 연구자들이 이 어려운 문제를 해결해 보겠다며 도전장을 냈고 야코비도 그 가운데 한 사람이었다.

고대 그리스사 연구자인 야코비는, 헤로도토스의 작품에 신화·전설이 많이 포함되어 있다는 사실을 일찍부터 주목했다. 1913년에 그는 상세한 분석에 들어갔다. 그는 내용에 따라 작품을 세세하게 나눈 다음 각 부분을 분석했고 각각의 성립 시기가 다르다는 추측을 내놓았다.

야코비는 글의 각 부분이 성립된 과정을 추정했다. 그리고 전반부의 페르시아·이집트·스키타이에 대한 기술과, 후반부의 페르시아전쟁에 관한 기술

사이의 낙차를 지적했다. 이 둘의 서술방식이 크게 다르다는 것이었다. 야코비는 두 부분의 성립시기가 다르기 때문이라고 결론지었다. 그는 헤로도토스의 작품에 두 명의 헤로도토스, 즉 역사가가 되기 전의 헤로도토스와, 역사가로서의 관점을 지니게 된 헤로도토스가 존재한다고 주장했다. 따라서 그의 작품 전체를 하나의 통일체로 보는 것은 불가능하다고 말했다.

야코비에 따르면, 여행을 자주 하던 헤로도토스는 처음엔 지리학자·민족학자의 관점에서 글을 썼으나 아테네에 와서 아테네의 정치적·사회적·문화적 상황을 관찰하고는 페르시아전쟁의 의의를 깨달으면서 역사가로 성장해 갔다고 한다.

야코비의 이런 해석은 면밀한 분석에 그 바탕을 두고 있다. 그래서 현대에도 커다란 영향력을 유지하고 있다. 이처럼 시간의 경과와 작품 각 부분의 성립 시기를 연관 지어, 헤로도토스의 작품 전반부와 후반부에서 보이는 차이점을 설명하는 방법은, 오늘날에도 여전히 효과가 있다.

《역사》의 저작 특징

《역사》의 특징 중 하나는, 제2권의 이집트나 제4권의 스키타이의 풍토 및 습속에 대한 기술과 같이, 각각 독립된 저작이라고도 할 수 있을 만큼 상세한 지리적 서술이 중요한 자리를 차지하고 있다는 것이다. 헤로도토스가 본디 지리학자였다가 뒷날 역사가로 변모했다는 야코비의 주장도 전혀 근거 없는 것은 아니다. 헤로도토스의 지리학이나 민속학에 대한 관심은, 직속 선배라 할 수 있는 밀레토스인 헤카타이오스의 영향에서 비롯되었다고 한다. 또한 거슬러 올라가 생각해 보면, 개척자나 항해자를 위해 예로부터 제작되어온 실용적인 안내서 같은 것과도 관계가 있을 것이다. 그러나 헤로도토스의 경우, 이러한 지리적 조사나 기술이 단순히 실용적인 목적이나 또는 이국의 풍물에 대한 호기심을 충족시키기 위한 것이 아니었다. 우리는 그것들이 《역사》의 기술 속에서 각각 유기적인 관계를 맺으면서 전체를 구성하고 있는 점에 주목해야 한다. 물론 역사서에 대한 우리의 통념에서 볼 때, 이들 지리학적 요소가 비록 역사적 사건의 관련사항이라 하더라도 균형을 잃을 만큼 지나치게 길다는 사실은 인정해야 할 것이다. 그러나 이 책 곳곳에 삽입된 예로부터 전해오는 이야기나 설화들도 그렇기는 매한가지다. 오히려 이것이야말로 《역사》의 특색이자 매력이다. 이것이 전체적으로 청중이나 독자에게 별다른 위화감을 주지 않는 까닭은 결국 튼튼한 뼈대가 전편을 지탱하기 때문이다. 《역사》는 종종 나타나는 탈선이나 정체에도 동요하지 않는 안정감이 높은 구조물이다.

앞서 헤로도토스의 자유롭고 활달한 기상은 식민지 특유의 기풍에서 유래된 것이라고 했다. 그런데 같은 환경에서 만들어진, 언뜻 이것과 모순되는 듯한 그의 또 다른 특성 중 하나는 식민지 사람들을 특징짓는 독특한 보수주의이다. 헤로도토스의 경우, 그것은 오히려 고풍스런 운명관이나 신앙심에서 뚜렷하게 나타난다. 예컨대 제3권에 나오는 폴리크라테스 이야기나 제7권에 서술된 아르타바노스의 말은, 인간의 지나친 행운과 그로부터 생기는 교만심이 신의 비위를 거슬렀다는 데 바탕을 둔 것이다. 이것은 솔론에서 아이스킬로스로 이어진 그리스의 전통적인 운명관·도덕관이었다.

또한 《역사》 전편에서 신탁이나 예언이 매우 큰 역할을 하고 있는 것도 작자의 인생관을 이해하는 유력한 자료가 된다. 헤로도토스 자신이 제8권에서 밝히고 있는 바와 같이, 그는 신탁이나 예언의 진실성을 진심으로 믿고 있던 듯하다. 그 시대 그리스 본토의 지식인 대부분은 이러한 운명관이나 신앙을 이미 시대에 뒤진 것으로 간주하고 있었는데 말이다. 자유롭고 진취적인 탐구심과 보수적인 인생관의 출발점을 그가 식민지 출신이라는 데에서 찾는 것에는 다른 의견도 있겠지만, 여하튼 언뜻 보아 모순되는 듯한 이 두 경향의 기묘한 혼합이야말로 헤로도토스의 《역사》 서술이 지니는 특징이다.

헤로도토스가 살아온 시대에는 역사 기술에 한해서가 아니라 산문체로 쓴 것 자체가 신기한 것이었다. 가장 초기 산문작품이라 하면 기원전 550년 이후에 소아시아 출신 그리스 지식인들이 과학, 철학, 역사 등의 문제에 대해 쓴 것이다. 하지만 그 당시는 학문의 각 분야 사이에 명확한 구별이 없어, 오늘날이라면 지리학자, 인류학자, 경제학자의 연구대상이 되는 범위까지도 모두 역사의 대상이 되었다. 헤로도토스도 이러한 학문적 전통의 산물이고, 특히 그중에서도 가장 재능이 풍부한 카타이오스에서 강한 영향을 받았다.

헤로도토스의 저작을 읽고 느껴지는 또 다른 특징은 바로 작품에 어려 있는 강한 종교성, 즉 소박하고 유치하다고도 할 수 있는 저자의 신앙일 것이다. 이는 저자의 타고난 성격에 기인한 것이기도 하나, 동시에 망명자나 여행자라는 이례적인 입장, 그리고 조사활동의 결과로서 생긴 특징이기도 하다.

평범한 시민이라면 전통적인 가족종교(조상숭배)나 국가종교의 테두리 안에 머물며, 나아가서는 정치활동 등에 몰두하며 정신적으로 안정된 생활을 보낼 수 있다. 그러나 이러한 테두리를 벗어난 사람은, 인간과 세계에 대해 모든 것을 근본부터 다시 생각해 보지 않으면 안 된다. 물론 헤로도토스뿐 아니라 철학자들도 유사한 문제에 직면하기는 했지만, 그들은 추상적인 논리의 세계로 도피하는 경향이 있었다. 그에 비해 헤로도토스는 가능한 한 조사하고 돌아다니면서, 스스로 목격하거나 목격자로부터 정보를 얻은 후에 기술했다.

조국의 울타리 밖으로 나간 헤로도토스에게 탐구해야 할 세계는 광대무변했다. 여행을 하면서, 이집트에는 341대에 이르는 왕조가 이어지고 있고, 따라서 1만년이 넘는 역사가 존재한다는 것을 알게 되었다(2권). 그러므로 헤로도토스로서는 시간적으로나 공간적으로 무한하게 펼쳐져 있는 세계를 염두에 두면서 사물을 판단하지 않으면 안 되었다.

그로 인해 자신의 이해를 넘어서는 전승(다뉴브강 북쪽에 메디아에서 온 이민이 살고 있다는)을 접하고도 간단히 부정하지 않고, '내가 판단할 수는 없으나, 오랜 세월 속에는 어떤 일이든 일어날 수 있을 지도 모른다'며 신중하게 판단을 보류했다(5권). 자신의 좁은 시대적 한계에서 탈피하려고 노력한 것으로, 과거나 드넓은 세계까지 바라볼 수 있는 인간에게만 가능한 사고방식이다. 나일강의 충적작용의 영향에 대해 추측할 때는 2만년이나 1만 년 전의 과거까지도 고려했다(2권).

이렇게 헤로도토스는 일반적인 시민생활의 범주 밖에서 사고했기 때문에, 그 광대무변한 세계에는 인간의 이해를 초월한 불가해한 인과관계가 작용하고 있을지도 모른다는 가능성까지 고려했던 것이다. 그 결과로 헤로도토스는 신탁이나 징조 등을 대부분 무비판적으로 믿게 되었다. 이와 대조를 보이는 것은 투키디데스였다. 그는 그의 역사책 속에 초자연적인 요소를 배제하고 합리주의를 관철했지만, 그런 연구대상을 같은 시대의 전쟁사에 한정했고 그 지리적 범위도 그리스 세계 밖으로 크게 나가는 경우가 전혀 없었다.

헤로도토스는 인생의 주요 부분을 여행자로서 보냈으며, 그로 인해 종교적 인간일 수밖에 없었으나, 이러한 인과관계에 또 다른 요인이 추가된다. 망명자나 개인적인 여행자에게는, 그리스 내부에서든 외부에서든 정치기관에 출입하는 것이 원칙적으로 허용되지 않았다. 그러나 각지의 신전과 신탁소나 밀교신전 등은 이국인도 이른바 순례자로서 맞이해 주는 경우가 많았다. 이집트에서도 바빌론에서도, 헤로도토스가 자세히 조사하고 견학한 것은 주로 신전이었고 여러 가지 설명을 들려준 이도 신관들이었다.

낯선 외국으로 여행하는 자들에게 신전 같은 성역은 이방인들에게도 개방된 공공의 장소였다. 말하자면 항해자들의 항구, 사막 속의 오아시스 같은 역할을 했다. 방랑자들에게 그곳은 영혼의 휴식처이며, 여행의 목적지였던 것이다. 게다가 헤로도토스를 비롯한 고대인들에게는 다행스럽게도, 이집트의 아몬은 제우스, 이시스는 데메테르, 바빌론의 벨은 제우스의 다른 이름인 것처럼, 그러한 외국에도 본질적으로는 그리스의 신들과 동일한 신들이 모셔져 있었던 것이다.

헤로도토스는 신전을 단순히 견학하는 데 그치지 않고, 비밀의식 등에도 적극적으로 참가했던 것 같다. 물론 그 내용에 대해서는 말하기를 주저했으나, 설명의 편의상 언급할 때가 있었다. 예를 들어, 그리스의 선주민 펠라스고이의 종교에 대해 이야기하면서, 그 계통을 잇는 '카베이로이의 비밀의식에의 참가를 허락받은 자라면 내 말의 의미를 알 것이라'고 썼다(2권). 카베이로이의 비밀의식은 에게해 북쪽 끝의 사모트라케섬에서 열렸는데, 헤로도토스는 이런 벽지의 비밀의식까지 참가했던 것이다. 게다가 그는 이집트의 비밀의식에도 참가했던 것 같다.

사이스의 아테나 신역(神域)에는 능묘도 있으나 그 주인의 이름을 이런 문제와 관련하여 발표하고 싶지는 않다. (중략) 밤에 그곳의 연못 안에서 이 사람의 수난극이 개최되는데, 이집트인은 이것을 비의(秘儀)라 부르고 있다. 나는 이에 대한 세부사항까지 자세히 알고 있지만, 그 얘기는 삼가기로 하겠다. 또한 그리스인이 '테스모포리아'라 부르는 데메테르에 밀의에

대해서도 거리낌 없이 말할 수 있는 범위 안에서만 기술하고, 마찬가지로 말을 아낄 것이다.(2권)

이처럼 이집트의 신들을 그리스어로 부르고, 그토록 다른 나라 종교와 친근하게 접촉한 것으로 보아, 헤로도토스는 종교적 세계관의 넓이와 깊이 면에서도 일반 그리스인의 수준을 크게 넘어섰던 것으로 생각된다. 더욱이 그는 결코 우리에게 자기의 전부를 내보이고 있지도 않다.

역사의 아버지 유래

이러한 성격을 지닌 《역사》는 예로부터 어떻게 평가받아 왔을까. 이것은 매우 흥미로운 문제다.

키케로는 플라톤의 대표 저서인 《국가(폴리티아)》를 모방하여 《국가론(De re publica)》을 쓰고, 또 플라톤이 만년에 남긴 대작 《법률(노모이)》을 모방하여 《법에 관하여(De legibus)》를 썼는데, 이 《법에 관하여》의 앞머리에서 헤로도토스를 '역사의 아버지'라고 불렀다. 이 칭호의 의미를 올바르게 파악하려면 그 부분의 전후 관계부터 살펴봐야 한다.

《국가론》은 기원전 129년[5] 소(小)스키피오 아프리카누스의 정원에서 이루어진 대화 형식의 작품이다. 그런데 키케로는 집필 당시 친구로부터 자신이 직접 국가론을 펼치는 편이 효과적일 거라는 지적을 받았다고 한다.

그래서 속편인 《법에 관하여》에서는 키케로 자신이 중요한 화자로 등장하였고, 그의 친구 아티쿠스와 동생 퀸투스는 질문자와 청자 역할을 맡아 키케로를 뒷받침하고 있다. 플루타르코스가 《키케로전》과 《데모스테네스와 키케로의 비교론》 등에서 지적했듯이, 키케로는 특이할 정도로 명예심이 강하여 자신의 저작에서도 직·간접적으로 자기 자랑을 자주 늘어놓았다. 그런 만큼 그의 대화편에서는 플라톤의 경우와는 달리, 저자 자신의 사상과 의견을 쉽게 파악할 수가 있다.

그런데 《법에 관하여》 제1권 앞머리에서 먼저 키케로의 시편 《마리우스》가

---

5) 키케로가 태어나기 약 23년 전.

화제에 오른다.

아티쿠스는 다음과 같이 말한다.

"사람들은 거기에 실린 많은 사건들이 허구(ficta)인지, 진실(vera)인지 그것을 궁금해 하고 있어요. 또 몇몇 사람들은, 최근의 사건이니만큼 당신(키케로)이 진실을 밝혀 주길 기대하고 있습니다."

키케로는 이렇게 대답했다.

"나로서는 결코 허풍선이(mendax)라 불리고 싶진 않지만, 시인에게 증인(testis)과 같은 진실성(veritas)을 요구하는 것은 잘못된 일이오."

이때 동생 퀸투스가 대화에 끼어든다.

"그렇다면 형님은 내가 이해하기로는 역사(historia)에서 지켜야 할 법칙과, 시(poema)에서 지켜야 할 법칙(leges)은 별개의 것이라고 생각하시는 거군요."

그러자 키케로는 다음과 같이 대답했다.

"정답이다, 퀸투스. 전자(역사)에서는 모든 것을 진실성(veritas)을 기준으로 판단하지만, 후자(시)에서는 대개 재미(delectatio)를 기준으로 판단하기 때문이지. 물론 역사의 아버지 헤로도토스(apud Herodotum, patrem historiae)와 테오폼포스는 수많은 이야기(fabulae)를 지어냈지만."

이처럼 키케로는 시와 역사의 원칙상의 구별을 설정하였으나 이 원칙에는 뚜렷한 위반 사례도 있다고 덧붙인다. 헤로도토스에게 '역사의 아버지'라는 존칭을 붙이면서도 그가 역사의 법칙에 위반했다고 했으니 키케로의 이 말에는 중대한 모순이 있다. 그러나 키케로는 이 모순을 문제시하지 않고 화제를 돌려 버린다. 그리고 아티쿠스에게 다음과 같이 말하게 한다.

"이미 오랫동안 귀하에 대해 역사를 쓰도록 하는 희망, 아니 요구가 나오고 있습니다. 만약 귀하가 그것을 다룬다면 이 분야에서도 우리는 그리스에 뒤지지 않을 수 있다고 사람들은 생각하고 있습니다. 그리고 나 자신의 의견을 말씀드리자면 귀하는 단지 문학애호가들의 열의뿐 아니라 조국에 대해서도 이 의무를 지고 있는 것입니다. 귀하가 구한 조국은 또 귀하에 의해 찬미되어 마땅하기 때문입니다. 왜냐하면 우리 문학에서 역사가 약점이 되고 있는 것은 나 자신의 의견이기도 하고 또 귀하도 가끔 그렇게 말했으니까요. 그러나 귀하는 분명 역사적인 면에서 충분히 업적을 올릴 수 있습니다. 적어도 귀하의 평소 의견에 따르면 이 일은 가장 변론술적인 것이기 때문이지요. 이 일을 추진해 주십시오. 이 일을 위해 시간을 할애해 주십시오. 지금까지 우리가 무시하고 방치해 온 이 일을 위해……."

이렇게 강력하게 역사(특히 동시대사) 기술을 요구 받은 키케로는 '다망하여 정신이 흐트러져 있을 때 그런 큰일에 착수하기란 불가능하다'며 사양하고, 법정변론가인 그에게 직접적으로 관계가 있는 법률론 쪽으로 화제를 바꾼다 (1권). 이러한 관련 속에서 헤로도토스는 '역사의 아버지'라 불리고 있지만 이 전후 관계만으로는 그 의미가 매우 애매하다고 하지 않을 수 없다.

그러나 그 의미에 대해서 새삼스럽게 설명하지 않는 점으로 봐서 대화 상대나 일반 독자들도 자명한 일로 받아들이고 있는 듯하다. 그리고 키케로가 모든 것에 대해 결코 독창적인 사상가가 아니라 그리스 사상에 대해 선인들이 말한 바를 바탕으로 서술하는 기록자였다는 데서 판단하건대, 헤로도토스를 '역사의 아버지'로 특별시하는 것도 그리스 학자들(예컨대 아리스토텔레스나 테오프라스토스)에 유래하는 상식적인 평가에 지나지 않았던 것으로 보인다.

단 '역사의 아버지'라는 절묘한 표현 자체는 역시 미사여구의 명인이라 해야 할 키케로에게서 나왔을 것이다. 바꾸어 말하면 '역사의 아버지'라는 의미의 그리스어를 키케로가 라틴어로 번역한 것이 아니라 그가 스스로 만들어낸 것으로 여겨진다. 그 밖의 현존하는 그리스 로마 고전에는 이러한 표현을 볼 수 없는데 키케로의 경우 그의 다른 저작에도 유사한 예가 발견되기 때문이다. 다른 대화편 《변론가론》에서는 이소크라테스에 대해 '변론술의 아버지(ille pater eloquentiae)'라 부르고 또 뒤에서는 '변론가들의 스승 이소크라테스(Isocrates magister rhetorum)'라 바꾸어 부르고 있다(2권). 그리고 만년의 철학적 저작 《신들의 본성에 대하여》에서는 '스토아학파의 아버지 제논(Zeno pater

Stoicorum)'이라는 표현을 볼 수 있다(3권).

이런 유사한 예를 염두에 두면 '~의 아버지'라는 표현은 오히려 키케로 고유의 표현이라 할 수 있다. 그리고 이 표현의 의미는 제논의 경우에는 '스토아학파의 창시자'로 해석하는 것도 가능하지만, 이소크라테스의 경우에는 고르기아스를 스승으로, 리시아스 등을 선배로 두었기 때문에 '변론술의 창시자'라고는 할 수 없다. '변론술을 대성시켜 제자들을 양성한 인물'이라는 의미가 아닐까? 또한 헤로도토스의 경우에도 '역사학의 창시자'가 아니라 그때까지의 무미건조한 역사 서술을 혁신하여 '본격적인 역사를 창시한 인물'이라는 의미일 것이다. 그리고 이 세 사례에서 공통되는 의미를 끌어낸다면 각 부문의 '제1인자, 최고의 지도자' 정도가 될 것이다.

그런데 이 '아버지(pater)'라는 라틴어에는 본디 정치적인 색채가 뚜렷하다. 따라서 이 존칭은 아마도 정치적 용어에서 전용되었을 것으로 생각된다. 또 키케로 자신이 기원전 63년에 집정관에 취임하여 카틸리나의 음모로부터 로마를 구했기 때문에 원로원에서 '조국의 아버지(pater patriae)'라는 칭호를 받은 사실도 여기서 상기해야 할 것이다. 키케로는 철학과 변론술과 역사에 깊은 관심을 가지면서도 그 자신은 무엇보다 먼저 정치가로 활약하여 '조국의 아버지'가 되었다. 그래서 그는 자신과 동격의 칭호를 자신과 관련이 깊은 여러 학문 분야의 대표자에게 선사한 것이다. 자신이 로마 시민으로부터 '아버지'로서 존경 받는 것과 마찬가지로 이들 학문적 지도자들도 존경을 받아야 한다는 의미일 것이다. 이것은 물론 현실정치가와 학자가 섞여 있는 키케로의 특수한 인격에서 나오는 표현이기도 하다.

그렇다면 키케로에게 애초에 '역사'란 무엇이었을까? 키케로는 자신이 각각 '아버지'를 발견한 세 학문 분야 가운데 철학과 변론술에 대해서는 다수의 논고와 작품을 발표하였지만 이상하게도 그것과 대조적으로 역사서만은 한 권도 집필하지 않았다. 이미 살펴보았듯이 《법률론》에 의하면 역사 서술도 넓은 의미의 변론술에 포함되는 것이므로, 시간만 있으면 키케로 자신이 훌륭한 역사를 쓸 수 있었을 것이다. 그러나 키케로가 역사가가 되지 않은 것은 시간적 여유 이상으로 근본적인 정신적 여유가 없었기 때문이다. 현실정치와 재판에서의 연설을 집필하는 것과 역사를 서술하는 것은 마음가짐에서부터 커다란 차이가 있기 때문이다.

그런데 플루타르코스도 지적했듯이, 키케로는 지나치게 직접적으로 명예를 추구했기 때문에 스스로 같은 시대를 기술한다면 자화자찬을 늘어놓았을 것이다. 키케로에게도 이론적으로 역사의 법칙은 진실(veritas)이었으나, 실제로는 그 법칙이 반드시 절대적이지는 않았던 것 같다. 앞에서 말한 '헤로도토스는 역사의 아버지이지만 이야기 같은 요소가 많다'는 키케로의 명제는 그 자신의 법칙에 비춰 보더라도 성가신 모순이 담겨 있으나, 그의 속마음에 비춰 보면 법칙 위반은 실제로 중대한 문제는 아니었던 듯하다. 키케로는 역사 서술을 존중하듯이 보이지만 실제로는 명백하게 경시했던 것이다. 따라서 헤로도토스의 역사에 왜 이야기적인 요소가 포함되어 있는지, 또 포함되지 않을 수 없었는지 그 이유와 의미에 대해 키케로가 진지하게 연구한 것 같지 않다. 앞에서 살펴본 역사에 대한 그의 견해로는 헤로도토스의 역사를 바르게 받아들이기도 곤란했던 것은 아닐까?

본디 키케로는 헤로도토스의 역사서 내용을 어느 정도까지 이해했던 것일까? 독일 학자 바르는 키케로의 저작 속 헤로도토스에 대한 언급과 인용 부분[6]을 검토하고 '키케로는 원저를 읽지 않았다고 생각할 수밖에 없다'고 결론을 내렸다. 하지만 헤로도토스를 한 번도 또 부분적으로도 읽은 적이 없다고는 단언할 수 없다. 헤로도토스의 역사서 내용은 복잡하고 다양하기 때문에 그것을 정확하게 기억하기란 매우 어려운 일이다. 예를 들어 몽테뉴의 《수상록》에는 헤로도토스에게서 인용한 것이 많이 들어 있지만, 그 대부분은 다소 부정확한 인용이다. 그러나 키케로의 경우, 그만큼이라도 헤로도토스에 대해 언급하고 있는 것으로 보아 다소나마 원저를 읽은 경험은 있다고 생각해야 할 것이다. 다만 헤로도토스를 완벽하게 이해한 것은 아니고, 표면적으로 막연하게만 알 뿐이다.

헤로도토스 평가와 업적

키케로보다 먼저 이런 의심을 품고 "헤로도토스는 허풍선이다. 그의 역사

---

6) 전부 12군데 정도.

서술에는 허구가 포함되어 있다"라고 주장
한 사람이 있다. 고대 그리스의 몇몇 저작
가들이다. 현존하는 사료로 볼 때, 헤로도
토스를 공공연히 비판한 최초의 인물은 크
테시아스다. 그는 소아시아의 에게해 연안
도시 할리카르나소스보다 약간 남쪽에 위
치한, 크니도스란 마을에서 태어난 의사였
다. 그는 페르시아 왕 아르타크세르크세
스 2세의 주치의로 일하기도 했다. 그러므
로 페르시아와 관련된 지식이 풍부했을 것
이다. 그는 《페르시아 역사》(전 23권), 《아시

투키디데스

리아 역사》, 《인도지(誌)》를 저술했다고 전해지는데, 이 가운데 현존하는 것은
없다. 그런데 기록에 따르면, 이 인물이 헤로도토스를 허풍선이(프세우스테스)
라 부르며 비판했다고 한다.

　크테시아스 이래 많은 사람들이 헤로도토스를 비판했다. 헤로도토스에
대한 평가는, 투키디데스에 대한 평가보다 꽤나 혹독했던 듯하다. 다만 최근
에는 사정이 좀 달라졌다. 연구에 따르면 크테시아스 본인이 성실하지 못한
저술가였다고 하며, 헤로도토스에 대한 고대인들의 비판은 오해에서 비롯되
었다고도 한다. 이처럼 요즘에는 헤로도토스의 명예가 상당히 회복되고 있
다. 그렇다고 "헤로도토스는 허풍선이었다"라는 평가에 대한 고찰을 여기서
그만둘 생각은 없다. 이 평가는 오늘날까지도 여전히 전해지고 있기 때문이
다. 그러니 조금만 더 살펴보자.

　투키디데스는 《펠로폰네소스전쟁사》에서 자신의 역사 서술태도를 분명히
하는 가운데 이렇게 말했다.

　"산문작가들(로고그라포이)은 진실보다는 청중(독자)에게 주는 효과를 목
　표로 한다. 그러나 내 저작은 일시적으로 청중의 기호에 영합하기 위한 것
　이 아니라 영원히 전해야 할 재산으로서 집필된 것이다."

그의 이러한 말은 헤로도토스에 대한 비판을 암암리에 담고 있다고 해석된다. '로고그라포스'[7]란 말은 서사시 작가(에포포이오스) 등에 대비하여 만들어진 것인데, 헤로도토스가 선배인 헤카타이오스에 대해 언급하거나 그를 비판할 때에도 같은 말을 사용하고 있다. 투키디데스가 젊은 시절에 헤로도토스의 영향을 받았다는 것은 전승에도 남아 있고 또 당연히 그랬으리라고 생각되지만, 투키디데스의 엄격한 역사기술 기준에서 보면 헤로도토스가 그의 비판 대상이 되는 것은 피할 수 없는 일이었을 터이다. 그것은 먼 서사시시대에 헤시오도스가 뮤즈의 말을 빌려, 자신의 시가 진실을 노래하는 데 비해 그들은 진실과 비슷한 거짓을 노래하는 자라 하면서 암암리에 호메로스 일파인 이오니아계 시인들을 비판한 옛일과도 비슷하다.

기원전 5세기 무렵 고대 그리스의 사정은 특수했다. 문헌자료가 아주 한정되어 있었고, 물론 오늘날과 같이 고고학, 구비문학(口碑文學), 고전학(古典學) 등 역사학의 유력한 보조수단들도 없었다. 따라서 신화, 전설은 물론 풍문이나 전해 들은 자료를 믿지 않고 직접 자신이 보고 들은 바에만 의존했다면, 역사서술은 시간적으로도 지리적으로도 심히 제약을 받게 되었을 것이다.

투키디데스의 《펠로폰네소스전쟁사》는 바로 이러한 엄격한 기준에 따라 씌어진 것으로, 그 한도 내에서는 가장 모범적인 역사서로서 영원히 역사서술의 고전으로 존경받아야 할 것이다. 그리고 투키디데스가 쓴 방법은 문헌자료가 풍부해진 후세까지 정통적인 기준으로서 계승되어 로마 시대에 이르기까지 변치 않았다. 이러한 입장에서 보면 시간적으로도 지역적으로도 범위가 넓고, 게다가 기담(奇談)으로 가득 찬 헤로도토스의 《역사》가 역사서로서 의심을 받은 것도 일리가 있다. 헤로도토스가 예로부터 역사가로서보다는 설화작가로서 존중되어 온 이유도 바로 이 때문이었다. '역사의 아버지'라는 명예로운 칭호를 헤로도토스에게 붙여 준 로마의 키케로도 헤로도토스를 무조건 찬미했던 것은 아니다. '역사의 아버지'라는 구절이 나오는 그의 《법률론》 제1권에는 "하긴 역사의 아버지로 일컬어지는 헤로도토스나 테오폼포스의 작품도 꾸며 낸 이야기로 가득 차 있지만"이라고 적혀 있으며, 키케로는

---

7) 복수형이 로고그라포이.

다른 저작에서도 헤로도토스가 지어낸 이야기가 많음을 지적하고 있다. 헤로도토스를 역사가로서보다는 설화작가로 취급하는 태도는 그 뒤 오랫동안 헤로도토스에 대한 평가에서 주류를 차지했다.

헤로도토스가 역사가로서의 면목을 겨우 회복한 것은 18세기 이후의 일이었다. 고고학, 구비문학, 파피루스 문서학, 고전학 등 오늘날 고대사를 연구하는 데 꼭 필요한 보조과학의 확립이, 그의 명예회복에 커다란 공헌을 했다. 특히 이집트와 메소포타미아 및 그 밖의 오리엔트 모든 지역에서의 발굴, 그에 따른 수많은 문헌자료의 발견과 해독이라는 과정을 통해 고대 동양 모든 지역의 사정이 해명되면서, 헤로도토스가―이제까지의 통념에서 보면―의외로 정확한 사실을 전했다는 것이 명확해졌다.

여하튼 오늘날에도 그렇지만 특히 초기 오리엔트 연구가들의 경우, 신뢰도 문제는 불문하고 헤로도토스를 단서로 하지 않고는 작업을 진행하기가 곤란했다. 이런 사정은 일찍이 슐리만이 호메로스의 기술에 의지해서 트로이아(트로이)를 발견한 것과도 비슷하다. 하긴 슐리만은 호메로스의 진실성을 확신하고 있었다는 점에서 큰 차이가 있지만. 어쨌든 헤로도토스를 역사가로서 재평가하는 과정은 오늘날에도 아직 진행되고 있다. 물론 새로운 지식으로 《역사》의 서술이 보충 또는 수정되어야 할 경우도 적지 않겠지만, 도리어 진실성이 입증되는 부분도 앞으로 더욱 증가할 것이다.

지금까지 주로 《역사》의 자료 및 기술방법에 대한 비판을 살펴봤다. 그런데 이것과는 별도의 관점에서 비롯된 헤로도토스에 대한 비판도 고대부터 있었다. 요컨대 헤로도토스의 서술 중에서 악의나 편견이 발견되는데, 이것은 역사가로서의 공정한 입장에서 벗어난 것이라는 비판이다. 이런 종류의 비판은 몇 사람이 남긴 단편적인 글에서 찾아볼 수 있는데, 대표적으로 플루타르코스(플루타르크)의 〈헤로도토스의 악의에 대하여〉라는 글이 있다. 상당히 긴 에세이이므로 그 내용을 일일이 소개할 수는 없지만, 주요 논점을 두세 가지 들어보면 먼저 이 글의 저자가 특히 강조하는 것은 보이오티아인(특히 테베인)과 코린토스인에 대한 헤로도토스의 악의 서린 중상이다. 플루타르코스가 보이오티아 출신이기 때문에 이 반발은 그의 애향심에서 비롯된 것이라고도 할 수 있다. 그러나 플루타르코스의 서술태도는 우리의 동조를 이끌어 내기보다는, 이토록 심하게 규탄하는 쪽이 오히려 편견에 사로잡힌 건 아닐까 하는 인상을 준다. 또한 제7권에 나오는 아르고스의 거취에 대하여 헤로도토스는 몇 개의 설을 열거하고 있는데, 플루타르코스는 이 서술태도를 비난하며 이러한 방식은 공정성이라는 너울을 쓰고 실은 아르고스를 중상하는 악랄한 수법이라고 결론 짓는다. 또한 헤로도토스를 '오랑캐 편'이라고 비난하며 그가 지나치게 아테네를 편 든다고 공격하는 등, 플루타르코스는 헤로도토스에 대한 적의를 적지 않게 드러내고 있다.

이러한 비난으로부터 헤로도토스를 변호하기란 별로 어렵지 않다. 이 항목 첫머리에 쓴 헤로도토스의 성향과 기술태도, 나아가서는 앞서 서술한 그와 아테네와의 관계 등에서 비교적 쉽게 해답을 구할 수 있을 것이다. 플루타르코스가 썼다는 이 글이 실은 그의 작품이 아니라는 설도 있다. 우리로서는 존경해 마지않는 전기작가가 그야말로 악의에 찬 〈헤로도토스의 악의에 대하여〉라는 글을 썼다는 사실을, 그의 명예를 위해서라도 믿고 싶지 않은 것이다.

오래전 《허풍선이 헤로도토스'학파(The Liar School of Herodotos)》라는 책이 출판되었다. 헤로도토스를 허풍선이라고 평가하는 연구자들을 비판하는 책이었다. 이 책의 저자 프리쳇은 캘리포니아대학교 버클리캠퍼스의 교수였다. 그는 고대 그리스사 연구자로 유명했다. 프리쳇은 고대 그리스의 지지(地誌)를 연구하면서 아울러 헤로도토스의 저작 내용을 검토해, 그것의 높은 신빙성을 지적했다. 그러면서 헤로도토스의 기술을 허구라고 주장하는 연구자들, 즉 '허풍선이 헤로도토스'학파를 비판하고 공격했다. 프리쳇이 가장 집요하게 공격한 대상은 독일의 연구자 펠링크였다. 독일어로 된 펠링크의 저서는 영어로도 번역될 만큼 상당한 평판을 얻었다.

펠링크는 그의 저서에서, 헤로도토스의 작품 가운데 상당 부분은 허구(fiction)라고 말했다. 헤로도토스가 창작한 이야기라는 주장이다. 그는 앞서 소개한 아리온의 이야기를 예로 들었다. 헤로도토스는 코린토스와 레스보스에서 이 이야기를 들었다고 했다. 이에 관해 펠링크는, 코린토스에서 벌어진 이야기가 레스보스 같이 멀리 떨어진 지역에서 전해져 내려왔다는 것은 비현

실적이라고 말했다.

또 다른 예를 보자. 뒷날 페르시아 왕이 되는 키루스가 어릴 때 개에게 길러졌다는 이야기는, 사실 그의 부모가 꾸며낸 전설이라고(1권) 헤로도토스가 해설한 부분이 있다. 그런데 펠링크는, 이 전설이 페르시아의 기원이라는 이야기 자체를 허위라고 보았다. 키루스와 관련된 이 이야기는 그리스어의 말장난에서 유래한 허구라는 것이다. 이 전설은 그리스어에서 개를 뜻하는 '키온(kyon)'과 키루스의 '키'를 연관 지어 창작한 이야기로, 이것이 페르시아의 기원이라는 헤로도토스의 말은 거짓이라는 주장이다. 이 주장에 프리쳇은 다음과 같이 반론했다.

"동물 암컷이 인간 아이를 기르는 이야기는 결코 특별하지 않다. 근동에서는 쉽게 찾아볼 수 있다. 그러므로 키루스의 전설을 헤로도토스가 지어냈다는 주장은 억지다."

그런데 펠링크는 헤로도토스를 비난하지는 않았다. 오히려 "헤로도토스는 역사 자체가 아닌, 역사적 사실을 적당히 차용해서 이야기하는 일종의 말하기 기법을 발명했다"라고 말했다. 이런 점에서 펠링크의 태도는, 다음에 소개할 호바르트의 입장과 비슷하다.

헤로도토스의 작품에서 허위를 발견하려고 애쓰는 연구, 반대로 허위의 예로 지적된 많은 항목을 하나하나 반론하는 연구, 사실 이 둘은 공통된 비판을 받고 있다. 《역사》 집필 시기인 기원전 5세기의 그리스란 무대를 배경으로 헤로도토스의 기술을 평가하려는 시점이, 양쪽 모두에 결여되어 있다는 비판이다. 그 시대의 그리스인이 사실과 허위의 차이를, 현대인과 비슷한 감각으로 인식했으리란 보장은 없기 때문이다.

이처럼 헤로도토스의 저작에 실린 신화·전설에 대해서는 지금까지 수많은 견해가 나왔다. 현재 우리는 상식적으로 신화·전설을 역사 서술과 비슷하게 취급하지 않는다. 신화나 전설은 창작이라는 생각과, 헤로도토스를 역사가라고 보는 전제 또는 착각이 우리 머릿속에 존재하므로, 우리는 그의 작품에 신화나 전설이 포함되어 있다는 사실을 황당무계하게 여기며 당황하는 것이리라. 하지만 그렇게 당황할 필요는 없다. 어찌됐든 헤로도토스는 자세한 것을 빠뜨리지 않는 뛰어난 관찰력을 가진 위대한 여행가였으며, 훌륭한 지리학자였다. 오늘날 헤로도토스에 대한 연구가 여러 면으로 활발히 진행되고 있어, 새로운 헤로도토스상(像)이 구축되고 그에 대한 평가는 높아지고 있다.

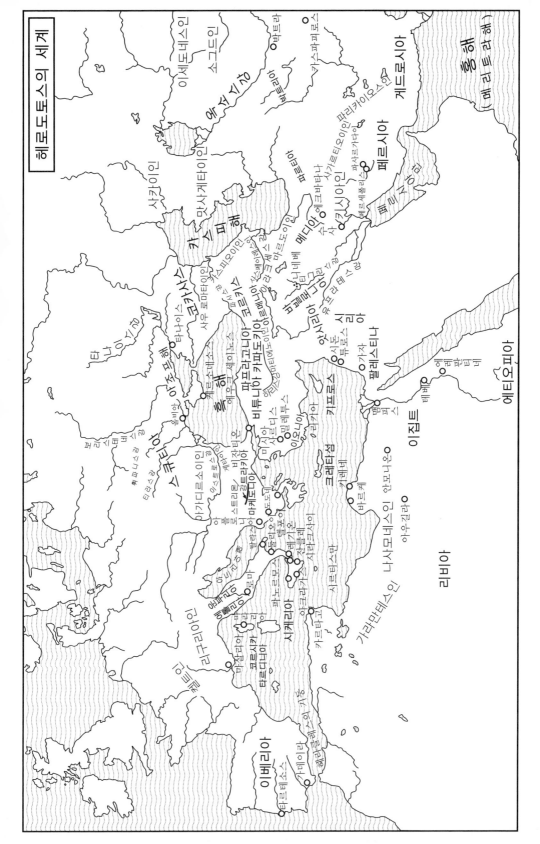

헤로도토스의 세계

그리스의 도량형

1. 길이 단위

그리스에서 길이의 기본 단위는 푸스(발의 길이)였는데, 시대와 장소에 따라 그 기준이 달랐다.

예) 아티카(아테네 지방) 단위＝29.6cm

올림피아 단위＝32.05cm

아이기나 단위＝33cm

사모스 단위＝35cm

아래 표에 열거되어 있는, 미터법으로 환산한 수치는 아티카 단위에 기초해서 계산한 것이다.

단위	닥틸로스	푸스	스타디온	미터	비고
닥틸로스	1	$\frac{1}{16}$		1.85cm	손가락의 너비
콘딜로스	2	$\frac{1}{8}$		3.70cm	제1관절과 제2관절 사이의 너비
팔라스테 (파라메)	4	$\frac{1}{4}$		7.4cm	손가락 네 개의 너비
디카스 (헤미포디온)	8	$\frac{1}{2}$		14.8cm	$\frac{1}{2}$ 푸스
리카스	10	$\frac{5}{8}$		18.5cm	엄지손가락과 집게손가락을 벌린 길이
스피타메	12	$\frac{3}{4}$		22.2cm	엄지손가락과 새끼손가락을 벌린 길이
푸스	16	1	$\frac{1}{600}$	29.6cm	발의 길이
피그메	18	$1\frac{1}{8}$		33.3cm	어깨에서 손가락 뿌리가 시작되는 부분까지

피곤	20	$1\frac{1}{4}$		37.0cm	어깨에서 주먹 쥔 손 끝까지
페키스	24	$1\frac{1}{2}$		44.4cm	어깨에서 손가락 끝까지
베마	40	$2\frac{1}{2}$		74cm	한 걸음 너비
오르기아		6	$\frac{1}{100}$	177.6cm	좌우로 벌린 두 손 끝 사이의 길이
아카이나		10	$\frac{1}{60}$	296cm	
함마		60	$\frac{1}{10}$	17.76m	
플레트론		100	$\frac{1}{6}$	29.6m	
스타디온		600	1	177.6m	
디아울로스		1,200	2	355.2m	
히피콘		2,400	4	710.4m	
파라산게스		18,000	30	5,328m	
스코이노스			60	10,656m	이집트 단위
스타토모스			150	약 27km	행정(行程) 단위

2. 넓이 단위

넓이 단위는 길이 단위를 기초로 하고 있다.

단위	미터법	비고
플레트론	약 10아르	100평방푸스 *1아르는 100평방미터
메딤노스	약 24아르	1메딤노스 양의 밀을 파종할 수 있는 넓이(키레나이카의 단위)
아루라	약 28아르	100평방페키스, 이집트 단위
기에스	약 5헥타르	

3. 부피 단위

부피 단위와 길이 단위는 분명치 않다. 대상물이 고체인가 액체인가에 따라 단위 이름이 다르다. 그러나 부피가 적을 경우에는 공통된 단위가 사용되고 있다.

이것 또한 길이 단위와 마찬가지로 시대와 장소에 따라 기본 단위치가 달랐다.

예) 1 코이니쿠스 $\begin{cases} \text{아이기나 단위}=1.01\text{리터} \\ \text{아티카 단위}=1.094 \\ \text{리터스파르타 단위}=1.52\text{리터} \end{cases}$

아래 표는 아티카 단위를 기초로 해서 미터법으로 환산한 것이다.

	단위	키아토스	코틸레	코이니쿠스	쿠스	리터	비고
고체액체공통단위	키아토스	1				0.045	
	오크시바폰	$1\frac{1}{2}$				0.068	
	헤미코틸리온	3	$\frac{1}{2}$			0.137	코틸레의 반(半)
	코틸레	6	1			0.2736	
	크세스테스	12	2			0.547	
고체단위	코이니쿠스		4	1		1.094	성인 남자가 하루에 먹는 곡물의 양
	헤미니크톤		16	4		4.376	헤크테우스의 반
	헤크테우스		32	8		8.75	
	메딤노스		192	48		52.53	
	아르타베			51~26			페르시아 단위
액체단위	헤미쿠스		6		$\frac{1}{6}$	1.64	쿠스의 반
	쿠스		12		1	3.28	
	암포레우스 (메토레테스)		144		12	39.39	

4. 무게 단위

무게 단위와 길이 단위의 관계, 화폐 무게 단위와 보통 무게 단위의 관계는 분명치 않다. 길이 단위와 마찬가지로 무게 단위 기본치는 시대와 장소에 따라 크게 달랐다.

주요 단위는 아티카 단위(1탈란톤=26.196kg, 1무나=437g)와 아이기나 단위(1

탈란톤＝37.44kg, 1무나＝624g) 두 종류가 있다. 아티카 단위는 아티카, 칼키디케, 시켈리아, 키레네, 에우보이아 등지에서 사용됐다. 아이기나 단위는 펠로폰네소스, 에게해 제도(諸島), 중부 그리스 등지에서 사용됐다. 이것은 기원전 5세기 무렵부터 아티카 단위가 널리 쓰임에 따라 점차 사용하지 않게 되었다.

단위	오볼로스	드라크마	그램	
			아티카 단위	아이기나 단위
칼쿠스	$\frac{1}{8}$		0.091g	0.13g
테타르테모리온	$\frac{1}{4}$		0.182g	0.26g
헤미오볼로스	$\frac{1}{2}$		0.365g	0.52g
오볼로스	1	16	0.73g	1.04g
드라크마	6	1	4.37g	6.24g
스타테르	12	2	8.74g	12.48g
무나	600	100	436.6g	624g
탈란톤	36,000	6,000	26.196kg	37.440kg

박현태(朴鉉兌)

1933년 경남 사천 출생, 서울대 법대 졸, 동 대학원 문학석사, 한양대 대학원 법학박사. 한국일보, 동아일보 사회부기자, 대한일보, 한국일보 정치부장, 서울경제신문 편집국장, 관훈클럽 충무, 한국일보 논설위원을 거쳐, 민정당 정책위 수석 부의장 겸 정책조정실장, 제11대 전국구 의원, 문공부 차관, KBS 사장, 한국 프레스센터 이사장, 수원대 신문방송학과 교수, 동 법정대학장, 부산 동명대학교 총장 역임. 저서에 《하이에나 저널리즘(1996, 동방 미디어 刊)》《21세기를 바로 보지 못하면 우리의 미래는 없다(2004, 샘터 刊)》 등이 있다.

Herodotos
HISTORIAE
헤로도토스 역사
헤로도토스 지음/박현태 옮김

1판 1쇄 발행/1977. 8. 10
2판 1쇄 발행/2008. 7. 1
2판 8쇄 발행/2022. 6. 30
발행인 고윤주
발행처 동서문화사
창업 1956. 12. 12. 등록 16-3799
서울 중구 마른내로 144(쌍림동)
☎ 546-0331~2 Fax. 545-0331
www.dongsuhbook.com
＊
사업자등록번호 211-87-75330
ISBN 978-89-497-0480-7 04080
ISBN 978-89-497-0382-4 (세트)